BAEDEKER

W0194192

SCHWEIZ

www.baedeker.com

Verlag Karl Baedeker

Top-Reiseziele

**Die Schweiz ist klein, die Zahl der erlebenswerten Dinge groß.
Für einen Überblick haben wir berühmte und weniger bekannte –
Landschaften und Städte, Naturschönheiten und große Kunst-
werke – zusammengestellt.**

Lust auf ...

... ungewöhnliche Museen, atmosphärereiche alte Berghäuser, große traditionelle Events oder »Schweizer« Künstler? Einige Anregungen für ein Schweiz-Erlebnis nach Ihren Interessen.

BESONDERE MUSEEN

- **Papiermühle in Basel**
  Vom Papierschöpfen über Bleisatz und Buchdruck zum Binden, hier kann man's erleben. **Seite 207**
- **Saurer-Museum in Arbon** ▶
  Postautos, Lkws und Feuerwehrautos: charakteristisch kraftvoll gestaltete Ikonen des Nutzfahrzeugbaus **Seite 257**
- **Uhrenmuseum in La Chaux**
  Komplizierte Zeitmesser, Automaten, kinetische Kunst und Spieldosen: Wunderwerke der Feinmechanik **Seite 395**
- **Bibliotheca Bodmeriana in Genf**
  »Spiegel der Welt« – einzigartige Zeugnisse der schriftlichen Kultur **Seite 343**

SCHÄTZE DER ROMANIK

- **St. Johann in Müstair**
  Die unter Karl dem Großen begründete Kirche birgt Fresken aus dem 9. und 12./13. Jahrhundert. **Seite 647, 649**
- ◀ **St. Peter in Mistail**
  Der einzige unverändert erhaltene Dreiapsidenbau der Schweiz, entstanden um das Jahr 800 **Seite 484**
- **St. Martin in Zillis**
  Holzdecke mit 153 bemalten Tafeln, ein einzigartiges Kunstwerk der Hochromanik **Seite 507**
- **San Carlo in Negrentino**
  Die ältesten Fresken in dem herrlich gelegenen zweischiffigen Kirchlein datieren aus dem 11. Jahrhundert. **Seite 290**

ALTE BERGHOTELS

SCHWEIZER KÜNSTLER

GROSSE TRADITIONEN

Um 1770 erhielt das Hotel Krone in Trogen (Appenzellerland) seine wunderbare Rokoko-Fassade.

Seit 1892 dampft die Zahnradbahn aufs Brienzer Rothorn.

TOUREN

REISEZIELE VON A BIS Z

Preiskategorien
Restaurants:
Preise für ein Hauptgericht

ⓔⓔⓔⓔ	über 50 CHF
ⓔⓔⓔ	30 – 60 CHF
ⓔⓔ	20 – 50 CHF
ⓔ	15 – 40 CHF

Hotels: Preise für ein Doppelzimmer mit Bad und Frühstück

ⓔⓔⓔⓔ	über 400 CHF
ⓔⓔⓔ	250 – 400 CHF
ⓔⓔ	175 – 250 CHF
ⓔ	bis 175 CHF

Telefonnummern
Gebührenpflichtige Servicenummern sind mit einem Stern
gekennzeichnet: *0900 …

Prächtige »Alpabfahrt« im Simmental

Centovalli-Bahn bei Intragna im Tessin

PRAKTISCHE INFORMATIONEN

nachdenken · klimabewusst reisen
atmosfair

HINTERGRUND

Eidgenossenschaft in der Mitte Europas,
Land der Berge und der Banken,
moderner Industriestaat und weltweit beliebtes Urlaubsziel:
ein kleines Porträt der Schweiz

Vom Rütlischwur zur Willensnation

Matterhorn und edle Uhren, mächtige Banken und jodelnde Sennen, Schokolade, Emmentaler Käse und Hightech: Das kleine Land im Herzen Europas hat es nicht leicht mit den Klischees – von denen und mit denen es aber ganz gut lebt.

Am Anfang der Schweizer Eidgenossenschaft vor über 700 Jahren stand – so will es die Sage – ein tyrannischer Reichsvogt, der die renitenten Bergbewohner piesackte. Anstatt sich zu unterwerfen, trafen sich die Vertreter von Uri, Schwyz und Unterwalden im August 1291 auf der Rütliwiese am Urner See und schworen (nach Schiller), »ein einzig Volk von Brüdern« zu sein und selbst für »Recht und Gerechtigkeit« zu sorgen. Zwar ging die Geschichte ein wenig anders, doch prägt der Mythos von Tells Apfelschuss und Tyrannenmord eine Nation, die sich bis heute viele Besonder-, ja Eigenheiten bewahrt hat, die wohl am besten in Gegensatzpaaren zu fassen sind: mehrsprachige Weltläufigkeit gegen Kantönligeist und Bünzlitum, halbdirekte Demokratie gegen die offene Herrschaft des Geldes, zur Staatsidee überhöhte Neutralität gegenüber der Mentalität einer Alpenfestung. Heute sieht sich die Nation mit tiefgreifenden Problemen konfrontiert, die ein neues Denken und Handeln erfordern: die zunehmende Einbindung in die EU, die Steuerpolitik, die von in anderen Ländern geschaffenen Werten profitiert, und die Rolle der Schweizer Banken in der internationalen Steuerflucht.

Bei einem Straßenfest in Zürich

EIN MODELL FÜR EUROPA?

Grüezi (oder Grüessech im Bernischen), Bonjour, Buon giorno oder Bun di, so wünscht man sich zwischen Basel, Bodensee, Genf, Chiasso und dem Inn-Tal in den Landessprachen Guten Tag, wenn man sich nicht neuzeitlich-familiär mit Hoi, Salü, Ciao grüßt – ja selbst Tschüss ist zu hören. Bis Mitte des 19. Jh.s dauerte es, dass sich die

Eidgenossenschaft konsolidiert hatte, und bis heute sind die Kantone im Prinzip selbständige Staaten, die sich permanent verständigen müssen. Dass dies einigermaßen, wenn auch keineswegs problemlos funktioniert, belegt man gern mit dem Begriff der »Willensnation«, zu der sich Menschen unterschiedlicher Herkunft, Kultur, Religion und Sprache im Lauf der Jahrhunderte zusammengeschlossen haben. Waadtländer oder Bündner ist man ebenso wie »Schweizer« – Zusammenleben auf der Basis einer geschützten, »eigenen« Identität, das könnte auch ein Modell für größere Maßstäbe sein.

DIE FERIENSCHWEIZ

Für die Besucher des Landes bleibt dies alles mehr oder weniger am Wegesrand. Sie kommen, um sich von der einzigartigen Szenerie der Alpen beeindrucken zu lassen, mit weltbekannten Ikonen wie dem Matterhorn, der Jungfrau und dem Eiger, mit berühmten Wintersportplätzen wie Davos, St. Moritz und Zermatt, mit unübertrefflichen Revieren für Skifahrer, Wanderer oder sonst aktive und abenteuerlustige Menschen. Dazu kommt ein ebenso werbe- wie lebenskräftiges Brauchtum, ob es nun Alpfahrten sind, Schwingerfeste oder alemannische Fasnacht, Kuhkämpfe im Wallis oder Älperchilbis. Um diese Säulen der Schweiz als Feriendestination gruppieren sich unterschiedliche, nicht weniger eindrückliche landschaftliche Schätze, von den weiten windgezausten Höhen des Juras über die Obstbaumblütenidylle des Thurgaus und die grünen, buckligen Weiden des Appenzellerlands bis zu den südlichen Pal-

Gepflegte Schweizer Gastlichkeit

men am Lago Maggiore. Apropos Seen: Auch große und kleine Wasserflächen prägen mit ihren sanften oder steilen Ufern ganz wesentlich das Bild der Schweiz; wohl niemand kann sich dem Zauber einer Dampferfahrt auf dem Vierwaldstätter- oder Genfersee entziehen. Mittelalterliche Orte, barocke Städte, propere alte Dörfer und Bauten berühmter Architekten strahlen die »typisch schweizerische« Atmosphäre bürgerlichen oder bäuerlichen Wohlstands aus. Und nicht zuletzt ist die Schweiz ein Mekka für Kunst- und Lifestylefreunde, die zu den Museen, Konzerthäusern und Theatern von Weltrang in Basel, Bern, Zürich oder Winterthur pilgern.

Fakten

Natur und Umwelt

Das Hauptkapital des Ferienlandes Schweiz ist seine atemberaubende Hochgebirgslandschaft. Doch auch die sanften Höhe des Juras und das weite Mittelland sind überaus reizvoll, nicht zuletzt durch ihre idyllischen Seen.

Die Schweiz gliedert sich in drei Hauptgebiete: rund 60 % entfallen auf den **Alpenraum** im Südosten, 30 % auf das vorgelagerte **Mittelland** und ca. 10 % auf den **Jura** im Nordwesten. Rund 77 % der Fläche sind dicht besiedeltes Kulturland, 23 % wenig produktives Land im Gebirge, in dem nur ein Fünftel der Eidgenossen lebt, das jedoch als international begehrtes Urlaubsziel einen überragenden Image- und Wirtschaftfaktor darstellt. Kernraum ist das Mittelland, in dem auch die größten Städte – Genf, Lausanne, Bern und Zürich – liegen. Der einzige Kanton südlich des Alpenhauptkamms ist das Tessin. **Großräume**

ALPEN

Wo heute die Schweiz liegt, breitete sich einst das Tethysmeer aus. Als die Afrikanische Platte sich gegen Ende des Erdmittelalters nordwärts bewegte, wurden in drei Phasen **die Alpen aufgefaltet**. Dabei wurden alte Gesteine wie Granit sowie jüngere Gesteine wie Sedimente in vielfältigster Form unter Druck gesetzt, zusammengeschoben, emporgehoben, übereinandergeschoben, zerbrochen und umgestaltet; gleichzeitig wurde die Oberfläche durch Verwitterung und Abtragung verändert (später taten die **Eiszeiten** das Ihre). Dementsprechend bieten die Alpen geologisch wie morphologisch ein höchst buntes Bild. Reste der alten Penninischen Decken sind noch u. a. am Stanserhorn und den Mythen erhalten. Der markante Säntis und der Pilatus sind aus Kalkstein aufgebaut, in Graubünden und im Wallis trifft man auf Gneismassen und Schiefer, Flysch (gespr. fliesch) – ein weiches, rasch verwitterndes Sedimentgestein – bildet die sanften Hügel- und Berglandschaften am Alpennordrand. **Entstehung der Alpen**

Die Längstäler von Rhone und Vorderrhein sowie die Quertäler von Reuss und Ticino gliedern das Gebirge in eine **nordöstliche Gruppe** (Alpstein/Toggenburg, Glarner, Schwyzer und östliche Urner Alpen), in die **Nordwestalpen** (westliche Urner, Unterwaldner, Berner, Freiburger, Waadtländer Alpen) und die **Südalpen** (Walliser, **Gliederung**

Tessiner, Bündner Alpen). Die mittlere Höhe der Schweizer Alpen liegt bei 1700 m ü. d. M., etwa 100 Gipfel sind um die 4000 m hoch. Das **Matterhorn** (4478 m) ist der bekannteste Gipfel des Landes, die **Dufour-Spitze** im Monte-Rosa-Massiv der höchste (4634 m); der tiefste Punkt der Schweiz ist der **Lago Maggiore** (193 m).

Höhenstufen

Schon um 1770 vermerkte der Züricher Gelehrte J. J. Scheuchzer bewundernd die Tatsache, dass man in der Schweiz in wenigen Stunden das **Vegetationsspektrum** vom Mittelmeerraum bis zur Arktis und die **Jahreszeiten** vom Winter bis zum Sommer erleben kann. Auf der Alpennordseite unterscheidet man fünf Höhenstufen:
– die **Hügelstufe** bis zur Rebengrenze (600 m ü. d. M.), zu der auch die großen Alpentäler und die höher gelegenen Bereiche des Mittellandes zählen, mit Obst-, Gemüse-, Wein- und Getreideanbau
– die **Bergstufe** bis zur Laubwaldgrenze (1200 m) mit Laubmischwald und Weidewirtschaft
– die **Untere Alpenstufe** bis zur Baumgrenze (1800 m), gekennzeichnet durch Nadelwald, der in Legföhren übergeht
– die **Obere Alpenstufe** bis zur Schneegrenze (bis 2500 m) mit Sommerweiden, Einzelbäumen, Legföhren und einer besonders reichhaltigen Blumenflora, und

Naturräume

_____ Generalisierte
Grenzen der Landschaftsräume

Die Kühmaad im Lötschental ist ein typisches Beispiel für die Obere Alpenstufe mit Legföhren, Fichten und freistehenden Lärchen.

– die **Schneestufe** (über 2500 m) mit Schutt- und Geröllhalden, Schneefeldern und Gletschern. Je nach Sonnenexposition können die Grenzen der Stufen stark variieren. Auf der Alpensüdseite liegen sie ca. 300 m höher als auf der Nordseite.

Besonders artenreich und überaus prächtig ist die **Alpenflora**, die unter schwierigen Klimaverhältnissen gedeiht. In der kurzen Vegetationsperiode – in 2000 m Höhe bis zweieinhalb Monate, in 3000 m nur 5, 6 Wochen – kann intensive Sonne über 40 °C erwärmen, nachts kann auch im Sommer Frost auftreten; das Biotop kann wüstenartig sein, aber auch sumpfig-nass. Zu den typischen Arten zählen vor allem Alpenrose, Enziane, Alpenveilchen, Primeln, Türkenbund, Trollblumen, Alpenmohn, Eisenhut und Edelweiß. Von über 3000 blüten- und farnartigen Pflanzen der Schweiz sind 160 ganz oder teilweise geschützt; die betreffenden Vorschriften sind kantonal unterschiedlich. Einige typische Vertreter der alpinen **Tierwelt**: In den höheren Bergregionen sind mit etwas Glück putzige Murmeltiere zu sehen, die bei Gefahr mit gellendem Pfiff verschwinden. Als kühne Flieger zeigen sich die kleinen schwarzen Alpendohlen. Selten sind Steinadler und Bartgeier zu entdecken. Meist nur mit dem Fernglas kann man Gemsen und Steinböcke beobachten, die elegant an senkrechten Felswänden (und Staumauern) herumkraxeln und selbst in höchsten Lagen anzutreffen sind. Immer wieder wandern – von Italien oder vom Balkan her – Wölfe und Bären in die Schweizer Alpen ein. Ebenso ist es gelungen, den Luchs in abgelegenen Bergregionen wieder heimisch werden zu lassen. Weitere Informationen unter www.bafu.admin.ch und www.cps-skew.ch.

Flora und Fauna

MITTELLAND

**Die Entste-
hung des
Mittellandes**

Eng mit der Entstehung der Alpen ist die Entwicklung des Schweizer Mittellands verbunden. Aus dem noch jungen Gebirge wurde Erosionsmaterial geschwemmt, die **Molasse** (von lat. molere, mahlen), die sich im Molassemeer ablagerte. Das Erosionsmaterial wurde im Lauf der Zeit zusammengebacken, wobei die für das Mittelland typischen Gesteine **Nagelfluh, Sandstein und Mergel** entstanden. Die letzte Phase der Alpenfaltung griff auch auf die Molasse über; alpine Decken wurden auf diese geschoben, einzelne Schollen der Molasse

Geologischer Aufbau

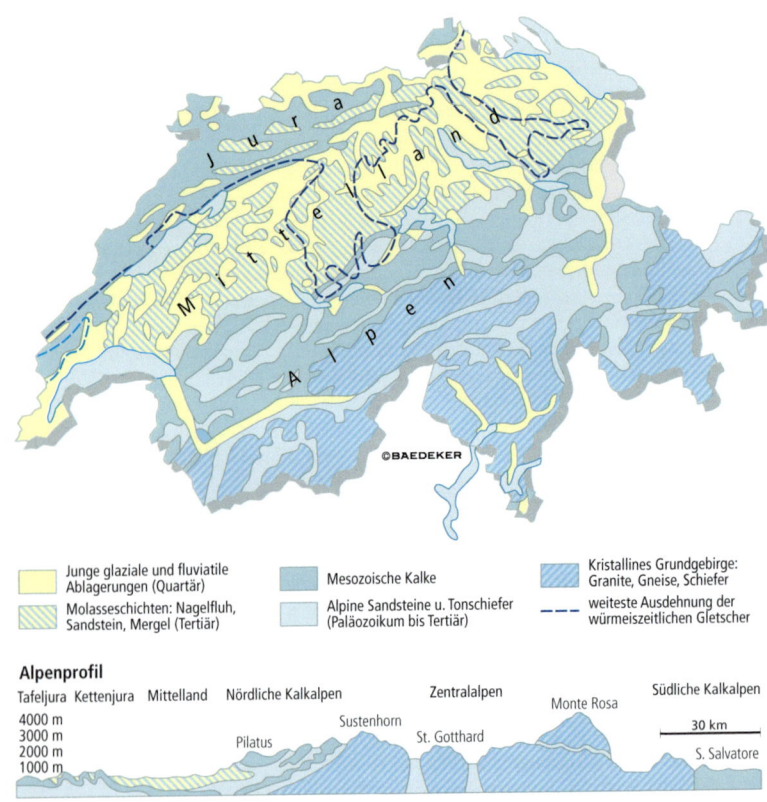

Junge glaziale und fluviatile Ablagerungen (Quartär)	Mesozoische Kalke	Kristallines Grundgebirge: Granite, Gneise, Schiefer
Molasseschichten: Nagelfluh, Sandstein, Mergel (Tertiär)	Alpine Sandsteine u. Tonschiefer (Paläozoikum bis Tertiär)	− − − weiteste Ausdehnung der würmeiszeitlichen Gletscher

©BAEDEKER

Alpenprofil

Tafeljura Kettenjura Mittelland Nördliche Kalkalpen   Zentralalpen   Südliche Kalkalpen

Monte Rosa

Sustenhorn   30 km

4000 m
3000 m   Pilatus   St. Gotthard
2000 m
1000 m   S. Salvatore

Schloss Waldegg bei Solothurn: Hier steigt der Jura
unvermittelt aus dem flachen Mittelland auf.

angehoben. Wohl das imposanteste Zeugnis dafür ist die Rigi, die wie
eine Mega-Sprungschanze ins Mittelland hinausragt.

Sein heutiges Bild und seine Fruchtbarkeit verdankt das Mittelland **Landschafts-**
den Eiszeiten. **End- und Seitenmoränen** prägen die Landschaft **bild**
ebenso wie runde bis längliche Hügel aus Lockermaterial (Drum-
lins), die oft mit Wald bestanden sind. Etliche Seen stauen sich an
Moränen oder sind mit Wasser gefüllte Gletscherzungenbecken. In
Gebieten des Mittellands, die während des Pleistozäns nicht von Eis
und Schnee bedeckt waren, so im **Tössbergland** und im **Napf-
gebiet**, konnten sich Flusslandschaften mit tiefen Kerbtälern, Spor-
nen und Hochflächen entwickeln.

JURA

Auch der Schweizer Jura ist zum Teil ein Ergebnis der alpinen Ge- **Entstehung**
birgsbildung, deren Effekte bis zum nördlichen und westlichen Rand **des Juras**
des Molassebeckens reichten. Zwischen dem Schwarzwald bzw. der
Vogesen im Norden und dem französischen Zentralmassiv im Südwesten wurden die **Ablagerungen des Jurameers**, das im Erdmittel-
alter weite Teile Europas bedeckt hatte, angehoben, gekippt und von
der Faltung erfasst. Ganz im Norden – nördlich des Doubs, entlang
des Hochrheins und im Kanton Schaffhausen – blieben die Kalk-
schichten in ihrer horizontalen Lagerung, wurden aber z. T. angehoben oder durch Brüche versetzt. Typisch sind die Hochflächen des
Tafeljuras und die steilwandigen Täler, die häufig als Verkehrsadern
fungieren. Anders die Situation weiter südwestlich: Von Genf bis
zum Kanton Zürich zieht sich der **Kettenjura** , dessen Schichten regelmäßig gefaltet sind und eine Landschaft steinerner Wellentäler

formen. An etlichen Stellen werden diese Ketten von wildromantischen Quertälern durchbrochen, den **Klusen** (lat. claudere, schließen), so nördlich und südlich von Moutier. Vom Westen her ragt der flachere, jedoch ebenfalls wellenförmige burgundische **Plateaujura** mit den Hochflächen von La Chaux-de-Fonds und den Freibergen in die Schweiz. Die Schichten des Plateaujuras sind nur schwach gefaltet und schon seit langem der Erosion ausgesetzt.

Karstlandschaft Der Kalkstein des Juras wurde im Lauf der Jahrmillionen durch das leicht saure Regenwasser löchrig wie der sprichwörtliche Schweizer Käse. Die typischen **Karsterscheinungen** – Dolinen (Einsturztrichter), Höhlen mit großartigen Tropfsteinbildungen, aus Korallenkalk bestehende Felsbastionen – prägen den Jura. Während die Hänge des Gebirges von schönen Wäldern bestanden sind, trifft man auf den Plateaus **Magerwiesen** mit Busch- und Strauchvegetation an. Der höchste Gipfel des Juras ist der **Crêt de la Neige** (1717 m) auf französischem Gebiet bei Genf, der höchste Gipfel auf Schweizer Gebiet ist der **Mont Tendre** (1679 m) südlich des Lac de Joux.

GEWÄSSER

Flüsse Dass man die Schweizer Alpen als »Dach Europas« bezeichnet, beruht auch auf seiner Funktion als **kontinentale Wasserscheide**. Zwei Drittel der Schweiz werden über den Rhein und dessen Zuflüsse (Aare, Reuss, Limmat, Töss, Thur) in die Nordsee entwässert. Über die Rhone, die im Grimselgebiet entspringt, und den aus dem Jura kommenden Doubs ergießt sich ein knappes Fünftel in den Golfe du Lion. Etwa 10 % gelangen aus dem Tessin, dem Bergell, dem Puschlav und dem Walliser Simplongebiet über Nebenflüsse des Po und der Etsch in die Adria. 5 % strömen vom Engadin durch Inn und Donau zum Schwarzen Meer. Rund 90 % der **Wasserkraft** der Flüsse wird zur Stromgewinnung genutzt; natürliche Fließgewässer sind nur noch wenige vorhanden. Der Oberlauf vieler Alpenflüsse sind mit Staumauern von Speicherkraftwerken verbaut, an den Mittel- und Unterläufen sind Staustufen mit Laufwasserkraftwerken installiert.

Seen Fast **1500 natürliche Seen** zählt man in der Schweiz, die zusammen mit den **44 Stauseen** das Bild des Landes sehr angenehm mitbestimmen. Die meisten – charakteristischerweise langgestreckten und sehr tiefen – Seebecken wurden von den **Gletschern der Eiszeiten** ausgehobelt. Die beiden größten Seen, Bodensee und Genfersee, gehören nur teilweise zur Schweiz. Am Südrand der Alpen liegen die Becken von Lago Maggiore und Luganersee. Weitere große Gewässer sind Neuenburgersee, Vierwaldstättersee, Zugersee, Brienzersee, Thunersee, Zürichsee, Walensee und Bielersee.

NATUR- UND LANDSCHAFTSSCHUTZ

Zwar gehört eine intakte Umwelt zum Kapital des Schweizer Fremdenverkehrs, doch ist die **Überbeanspruchung** des Landes in vielen Formen feststellbar, v. a. durch die massive Zersiedelung inklusive Straßenbau, die die Bergregionen ebenso betrifft wie das Mittelland; alte Kurorte wie St. Moritz und Davos haben sich zu städtischen Zentren mit großer Verkehrsbelastung auch im Umland entwickelt. Hinzu kommt die Schädigung des Gebirgsökosystems durch den Wintersport und seine Anlagen (Pistenplanierung, Lifte, künstliche Beschneiung). Die biologische und landschaftliche Vielfalt nimmt weiter ab. Bedenklich ist der Zustand der Bergwälder. Während Mitte der 1980er-Jahre 7 % als geschädigt eingestuft wurden, liegt dieser Wert heute bei über 30 %. Naturkatastrophen, wie verheerende Erdrutsche und Hochwasser, und die spürbare Klimaveränderung haben die Einsicht wachsen lassen, dass man dieser Entwicklung nicht tatenlos zusehen darf. Eine treibende Kraft im Schweizer Natur- und Landschaftsschutz ist das **Bundesamt für Umwelt** (BAFU).

Umweltprobleme

Am Gantrisch verursachte der Sturm Lothar 1999 große Schäden. Vom »Gäggersteg« bei Ottenleuenbad ist gut zu sehen, wie sich der ungestörte Wald regeneriert.

Gegenwärtig gibt es 16 große Naturschutzgebiete und fast 10 000 kleinere geschützte Areale (www.paerke.ch). Der **Schweizerische Nationalpark**, der älteste Europas (der Parc Adula soll ebenfalls als Nationalpark eingerichtet werden), breitet sich in den Bündner Alpen um den Ofenpass aus. Hier leben Steinböcke, Gemsen, Rothirsche, Steinadler und Bartgeier, weit über 600 Pflanzenarten wurden gezählt. 2001 wurde das **Entlebuch** als UNESCO-Biosphärenreservat anerkannt, im selben Jahr der **Große Aletschgletscher** mit der Bietschhorn- und Jungfrau-Region als erstes UNESCO-Welterbe der Alpen. Im Westen sind der 530 km² große **Parc Jura Vaudois**, der Chasseral und der Doubs unter Schutz gestellt.

Schutzgebiete

KLIMA UND REISEZEIT

Das Klima der Schweiz wird entscheidend von den Alpen geprägt. Die Gebirgsmauer trennt das **gemäßigte Klima Mitteleuropas** vom

Regionaltypische Klimastationen

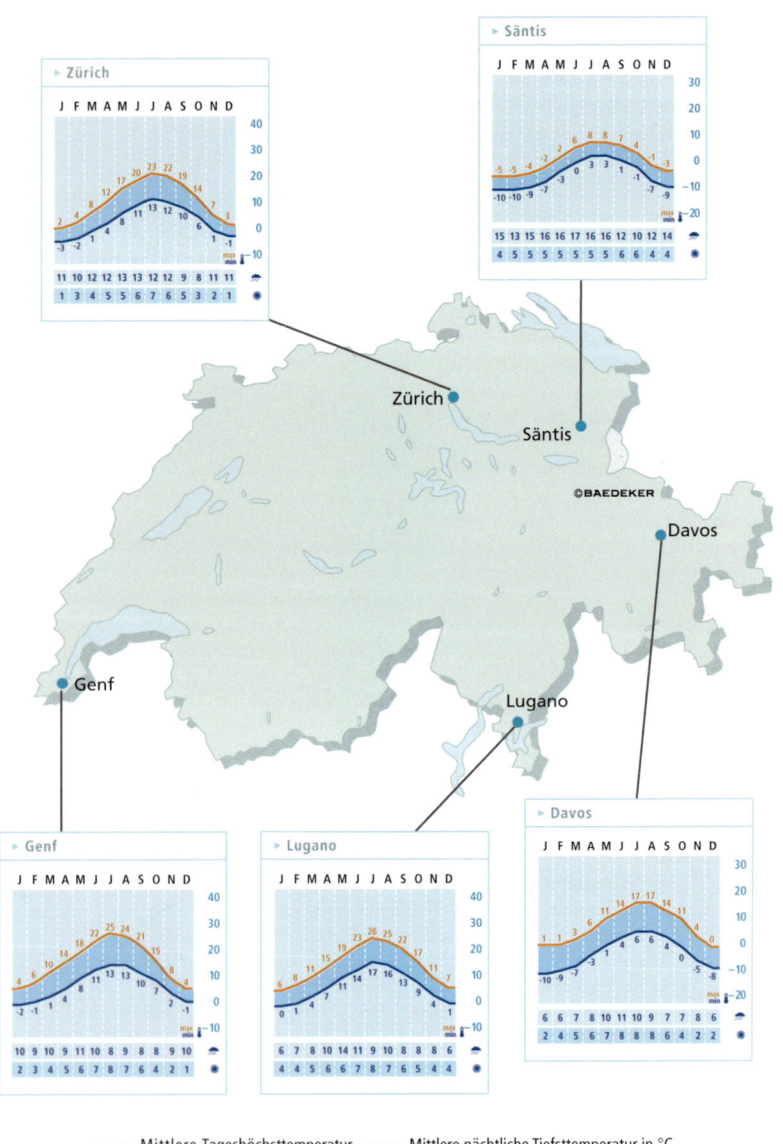

—— Mittlere Tageshöchsttemperatur —— Mittlere nächtliche Tiefsttemperatur in °C

Regentage/Monat Sonnentage/Monat

sommertrockenen **Mittelmeerklima**. Für die klimatischen Bedingungen eines Orts ist die **Höhenlage** ausschlaggebend, vom temperierten Klima der Niederungen über das sonnenreiche Reizklima der Hochtäler bis zum strahlungsintensiven, relativ trockenen Klima der Gletscherregionen. Während nördlich der Alpen die dominierenden nordwestlichen bis westlichen Winde die Luft zum Aufsteigen und Abregnen zwingen, überwiegt südlich des Hauptkamms absinkende Luftbewegung mit Wolkenauflösung und Erwärmung. Entsprechend begünstigt sind das Wallis und das Tessin mit Temperaturen, die in gleicher Höhe um ca. 2 °C über denen der Alpennordseite liegen.

Auf der Alpennordseite sind die **Sommer** mäßig warm, auf der Südseite mäßig warm bis warm. Einige heiße Tage mit 30 °C und mehr sind im Juli und August immer drin. Unangenehm kann es in den windschwachen Sommermonaten in den Tälern des Tessins werden, wenn von der Po-Ebene Schwüle aufkommt. Bei einer Temperaturabnahme von 0,5 °C/100 m liegt die sommerliche Frostgrenze bei etwa 3500 m. Im **Winter** (Dez.– Febr.) herrscht in den höhergelegenen Wintersportorten tagsüber meist leichter Dauerfrost, in klaren Nächten sind –15 bis – 20 °C nicht selten. Das Minimum wurde mit – 41,8 °C im Jura gemessen (▶ S. 397). Zahm zeigt sich der Winter in den Tälern des Tessins, mit 5 bis 7 °C am Tag und um 0 °C in der Nacht. Eine Besonderheit der Bergwelt: Bei winterlichen Hochdrucklagen werden die normalen Temperaturverhältnisse zwischen Berg und Tal auf den Kopf gestellt (**Inversion**). Unter einer zähen Nebeldecke sammeln sich Schadstoffe aus Industrie und Verkehr, während darüber bei bester Fernsicht Sonne herrscht. Der Mangel der Nordalpentäler an Sonne (1500 Std./Jahr) ist auf den häufigen Nebel im Winter zurückzuführen. Wesentlich besser schneiden mit 2000 Sonnenstunden die Zentralalpen ab. Noch sonniger ist das Wetter im Tessin mit 2200 Stunden, überdurchschnittlich freundlich sind hier auch die Wintertage.

Temperaturen und Sonnenschein

BAEDEKER WISSEN ❓ *Über den Wolken*

Wenn das Mittelland, die Täler und die Seebecken wochenlang unter trübem Winterwetter leiden, gibts nur eines: Hinauf auf den Berg! In Zürich zum Beispiel verkünden dann Tafeln: »Uetliberg offen«. Die Webcams im Internet beseitigen letzte Zweifel.

Obwohl die **Alpensüdseite** weniger Wolken und mehr Sonne verzeichnet, regnet es hier mehr als im Norden, besonders im Sommer! Grund ist die feuchtwarme Mittelmeerluft, die sich bei südlichen

Niederschläge

Winden im inneren Alpenbogen staut. Im Spätherbst kommt es zu Unwettern mit sintflutartigen Regenfällen. Von solcher Witterungsunbill weitgehend verschont bleiben die **Zentralalpen**. Im Schutz der Gebirgsketten zeichnen sich die Täler Graubündens und des Wallis durch niederschlagsarmes, sonniges Wetter aus. Mit 529 l/m² Niederschlag im Jahr hält Visp im Rhonetal den Negativrekord – keine 40 km von Jungfraumassiv und Monte Rosa entfernt, deren Gipfellagen mit 4100 l/m² die niederschlagreichsten Regionen der Schweiz sind. Auch auf der **Alpennordseite** ist der Sommer »Regenzeit«. Gute Chancen auf Hochdruckwetter bestehen überall im Februar/ März und ab Mitte September, wenn der Altweibersommer bis weit in den Oktober mit sonnig-milden Tagen glänzt.

Schnee Seit Ende der 1980er-Jahre macht sich die **Klimaerwärmung** bemerkbar, die milde, schneearme Winter verursacht. Beschneiungsanlagen wurden überall installiert, besonders in niedrig gelegenen Bereichen. Als **schneesicher** kann man inzwischen erst Regionen über 1600 m bezeichnen. In den Tälern der Nordalpen kann sich von Dezember bis März eine geschlossene Schneedecke bilden; Tauwetter gefährdet die weiße Pracht aber immer wieder, so dass Talabfahrten nicht immer möglich sind. Mangelware ist Schnee in den Niederungen des Tessins. Oberhalb 2900 m auf der Alpennordseite und über 3400 m auf der Südseite bleibt der Schnee ganzjährig liegen.

Föhn Den einen bringt er Kopfschmerzen, die andern macht er »high«: der Föhn, der auf beiden Seiten des Gebirges bekannt ist, besonders aber auf der Nordseite. Hauptsächlich in Frühjahr und Herbst braust er bis zu 100 km/h heftig durch die Täler. Großräumige Luftdruckunterschiede lassen die feuchtwarme Mittelmeerluft an der Alpensüdseite aufsteigen, wobei sie sich abkühlt; die Feuchtigkeit kondensiert und regnet ab. Durch die freiwerdende Kondensationswärme kühlt sich die Luft beim Aufsteigen weniger ab als sie sich jenseits des Alpenkamms wieder erwärmt – sodass sie wesentlich wärmer und trockener ankommt. Am stärksten ist der Föhn in sog. **Föhngassen**, den großen, aus den Alpen hinausführenden Tälern von Rhone, Reuss und Rhein, in denen pro Jahr 50 bis 70 Föhntage gezählt werden. Zum Bild des Föhns gehören die Föhnmauer (eine Wolkenbank auf dem Gebirgskamm), linsenförmige Wolken (»Föhnfische«), die **Aufheiterung und gute Fernsicht**.

Reisezeit Die **Sommersaison** dauert von Anfang Mai bis Mitte/Ende Okt., in den Bergen von Anfang Juni bis Ende September. Einen bis in den September reichenden Sommer genießt man auf der Alpensüdseite. Mitte September bis Anfang Oktober ist eine großartige Zeit zum Wandern, wenn der **Altweibersommer** mit sonnig milden Tagen das Regiment übernimmt, etwa im Engadin mit knallblauem Himmel, weiß verschneiten Gipfeln und golden glühenden Lärchen. Im Oktober kann es in den Bergen schon schneien, also Winterreifen montieren bzw. Schneeketten mitnehmen. Für den **Wintersport** ist die schneesichere Zeit zwischen dem Jahreswechsel und Ostern ideal, zumal es im Februar und im März auch sehr sonnig ist.

Bevölkerung · Staat · Verwaltung

Die ungebremste Einwanderung, die Zersiedelung der Landschaft und der zunehmende Verkehr sind gegenwärtig die wichtigsten Faktoren der demografischen Entwicklung.

BEVÖLKERUNG

Trotz allen Nationalstolzes ist die Schweiz, die sich in jahrhundertelangen inneren Konflikten formierte, ein Konglomerat unterschiedlicher Zugehörigkeiten, weshalb man sie gern als »Willensnation« kennzeichnet. Bekanntestes Beispiel ist der »Röschtigraben« zwischen der deutschen und der französischen Schweiz, der heute wieder tiefer wird; die Romandie fühlt sich als Minderheit ignoriert, von ihrer Bedeutung in Wirtschaft und Politik bis zur Zurückdrängung des Französischen als erste Fremdsprache. Will man die Schweiz verstehen, sollte man also auf die vielfältigen Differenzen achten: zwischen den Sprachgebieten, zwischen Bauern- und Stadtkantonen, zwischen liberalen und konservativen Gebieten, katholischen und protestantischen Kantonen sowie reichen und armen Gegenden.

Gemäß den topografischen Gegebenheiten ist die Besiedlung **sehr ungleichmäßig**: In den Bergkantonen Graubünden, Uri, Tessin und Wallis mit ca. 40 % der Landesfläche leben 10 % der Schweizer, während die Kantone des Mittellandes nahezu drei Viertel der Bevölkerung umfassen, mit einer Dichte von 480 Einw./km². In den fünf Metropolräumen (Zürich, Basel, Bern, Genfersee, südliches Tessin) leben 40 % der Einwohner, in der Region Zürich allein 15 %. Daher spricht man heute gern von **Downtown Switzerland**: Die flacheren Teile der Schweiz entwickeln sich rasant zu einem geschlossenen Siedlungs- und Wirtschaftsraum, den man – auf den Autobahnen oder mit dem Zug – rascher durchquert als etwa Groß-London oder Los Angeles. Der Siedlungsdruck ist hoch: Von 2002 bis 2012 ist die Bevölkerung um ca. 10 % gewachsen, pro Jahr wird – bisher praktisch ohne echte Raumplanung – eine Fläche von ca. 30 km² überbaut. Die Auswirkungen kann man überall beobachten; Die Orte

Siedlungs-struktur

Sprachgebiete

Deutsch
Französisch
Italienisch
Rätoromanisch

—— Sprachgrenzen

wuchern, meist äußerst unschön, ins Umland, attraktive Hang- und
Berglagen sind mit Wohn- und Ferienhäusern übersät. Entsprechend
ausgebaut wird die Straßeninfrastruktur. Immerhin nahmen Volksabstimmungen die Begrenzung der Zweitwohnungen (2012) und
eine Änderung des Raumplanungsgesetzes (2013) an.

Sprachen   Bedeutendste Sprach- und auch Mentalitätsgrenze ist der berühmte
Röstigraben zwischen der Deutschschweiz und der Suisse Roman-
de. Zwei Drittel der Schweizer sprechen Deutsch, ein Fünftel Franzö-
sisch, 6,5 % Italienisch und etwa 0,5 % Rätoromanisch. Alle vier
Sprachen sind im ganzen Land für den Amtsgebrauch anerkannt.
Während an den Schulen und im Schriftverkehr der deutschsprachigen Landesteile Schriftdeutsch verwendet wird, mit nur wenigen
Sonderformen, ist die gesprochene Sprache das **Schweizerdeutsch**
(Schwyzerdütsch), das aus dem Alemannischen hervorging und sich
in viele Mundarten gliedert (ein Aufhänger für innerschweizerische
Ressentiments). Die schweizerdeutschen Dialekte werden – beson-
ders von der jüngeren Generation – bewusst gepflegt und in offiziel-
len Sprechsituationen, in Rundfunk und Fernsehen, ja selbst im po-

litischen Bereich, dem Hoch- bzw. Schriftdeutsch vorgezogen, das allmählich zur Fremdsprache wird. Schriftdeutsch beschränkt sich, dem Begriff gemäß, mehr und mehr auf alles schriftlich Veröffentlichte. Die jungen Leute in der Romandie lernen Hochdeutsch, verstehen also die Deutschschweizer nicht – weshalb man auf Englisch ausweicht. Die Schweizer Formen des **Französischen** in der Westschweiz (Suisse Romande) bzw. des **Italienischen** im Kanton Ticino und Teilen Graubündens unterscheiden sich nur wenig, v. a. im Tonfall und in der Sprachmelodie, von der Hochsprache. Das **Rätoromanische**, das aus dem Vulgärlatein und dem Rätischen entstand, wird in Graubünden in fünf Hauptdialekten gesprochen: Surselvan, Sutselvan, Surmiran, Puter und Vallader. Jeder besitzt eine eigene Schriftsprache, die einen Kompromiss zwischen den verschiedenen Ortsdialekten darstellt. Um dem Aussterben des Rätoromanischen entgegenzuwirken, konstruierte Professor H. Schmid von der Universität Zürich im Auftrag der Lia Rumantscha, der Organisation der rätoromanischen Sprachvereine (www.liarumantscha.ch), eine gemeinsame Schriftsprache, das **Rumantsch Grischun**, die seit 1982 Amtssprache ist. Sie hat ein beachtliches Eigenleben entwickelt, wird aber auch von vielen Rätoromanen abgelehnt.

Konfessionen

Ein unmittelbares Produkt der Landesgeschichte ist die konfessionelle Prägung der Kantone. Gut **katholisch** sind die Urkantone Uri, Schwyz und Unterwalden, darüber hinaus Luzern, Zug, Fribourg, Wallis, Tessin und Jura; **protestantisch** sind Bern und Genf, weniger stark ausgeprägt Zürich, Thurgau, Waadt, Neuchâtel und Glarus. Im Land von Zwingli und Calvin haben auch **Katholiken** protestantische Qualitäten entwickelt, zumindest ist ein beträchtlicher Teil sehr rom-kritisch, und in den Bistümern Basel, St. Gallen und Chur gilt ein altes Bischofswahlrecht. Als dem Bistum Chur 1988 der ultrakonservative Wolfgang Haas als Bischof oktroyiert wurde, wurde er massiv boykottiert, und nach zehn Jahren wurde er nach Liechtenstein abgezogen. Der **christkatholischen Kirche** (einer altkatholischen Gruppe) gehören 0,3 % an, 0,2 % dem **jüdischen Glauben**, und über 4 % der Bevölkerung sind **Muslime**.

Ausländer

Wie in anderen Industrieländern beruht das Bevölkerungswachstums v. a. auf dem Zuzug von Ausländern. Ihr Anteil liegt bei knapp 22 %; die meisten kommen aus Italien, dem ehemaligen Jugoslawien, Portugal und Deutschland (ca. 275 000). Ursachen für den relativ hohen Anteil sind die Anwerbung von Arbeitskräften in der Nachkriegszeit, die Steuervorteile für Unternehmen und Vermögende und die Attraktivität des Landes für Flüchtlinge aus armen Ländern ebenso wie für qualifizierte Spezialisten wie Ingenieure und Ärzte (die die Schweiz aus dem eigenen Land nicht rekrutieren kann). Die verbreitete Angst vor »Überfremdung« wird besonders von der SVP immer

Die Schweiz auf einen Blick

Lage:
Südliches Mitteleuropa
5° 58' bis 10° 48' östliche Länge
45° 49' bis 47° 55' nördliche Breite

348 km

220 km

Bern

©BAEDEKER

Fläche: 41 284 km²
Zum Vergleich:
Baden-Württem-
berg: 35 750 km²

Einwohner: 8 Mio.
(davon 22 %
ausländische
Staatsangehörige)
Größte Städte:
Zürich (377 000)
Genf (188 200)
Basel (164 500)
Lausanne (129 400)
Bern (125 700)
Winterthur (103 000)

Bevölkerungsdichte:
194 Einwohner/km²

Anrainerstaaten: Deutschland, Frankreich,
Italien, Österreich, Liechtenstein

▶ Staatsform

Parlamentarisch-demokratischer
Bundesstaat mit 26 Kantonen

2 Kammern: **Nationalrat** (Volksvertretung) und **Ständerat**
(Kantonsvertretung)

Bundesstadt: Bern

▶ Wirtschaft

Arbeitslosenquote: **3,6 %**

Bruttoinlandsprodukt: **629 Mrd. CHF**
(pro Kopf 78 600 CHF)

Anteile der Wirtschaftssektoren
am BIP:

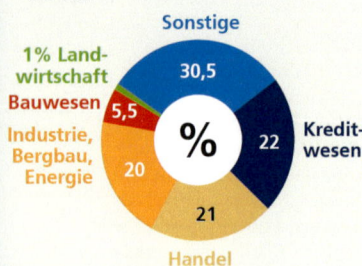

Sonstige 30,5
Kredit-
wesen 22
Handel 21
Industrie,
Bergbau,
Energie 20
Bauwesen 5,5
1% Land-
wirtschaft
%

▶ Nationalflagge

Die Schweizerfahne geht auf das
Feldzeichen der Eidgenossen zurück. Erstmals überliefert ist sie
für die Schlacht von Laupen 1339.

▶ Tourismus

Das Gastgewerbe ist die viertgrößte Export-
branche (ca. 6 % Anteil) und der sechst-
größte Arbeitgeber der Schweiz (234 000
Vollzeitstellen)

ca. 8,5 Mio. ausländische Gäste jährlich

ca. 21 Mio. Übernachtungen jährlich

ca. 12,8 Mrd. Euro Umsatz (15,6 Mrd. CHF)

Die meisten Besucher kommen aus **Deutsch-**
land (25 %), **Asien** (15 %), **Großbritannien**
(8,5 %), **USA** (7,5 %), **Frankreich** und **Italien**.

▶ Sprachen

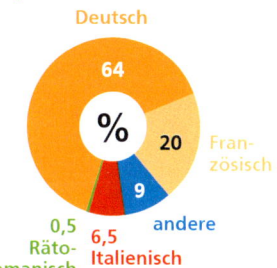

Deutsch
64 %
20 Französisch
9
andere
6,5 Italienisch
0,5 Rätoromanisch

▶ Klimastation Bern

Durchschnittstemperaturen

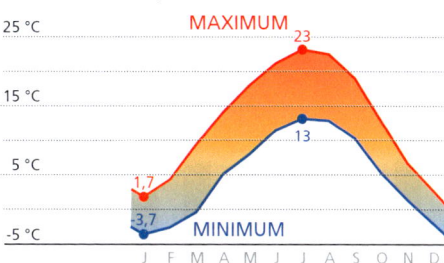

MAXIMUM
25 °C
23
15 °C
13
5 °C
1,7
-5 °C
-3,7
MINIMUM
J F M A M J J A S O N D

▶ Religion

römisch-katholisch 39 %	
evangelisch-reformiert 31 %	
konfessionslos 20 %	
islamisch 4,5 %	
sonstige 3 %	
keine Angabe 2,5 %	

Niederschlag

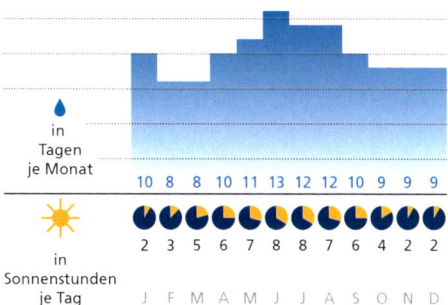

in Tagen je Monat
10 8 8 10 11 13 12 12 10 9 9 9

in Sonnenstunden je Tag
2 3 5 6 7 8 8 7 6 4 2 2
J F M A M J J A S O N D

▶ Was kostet das Leben in der Schweiz?

Deutschland vs. Schweiz

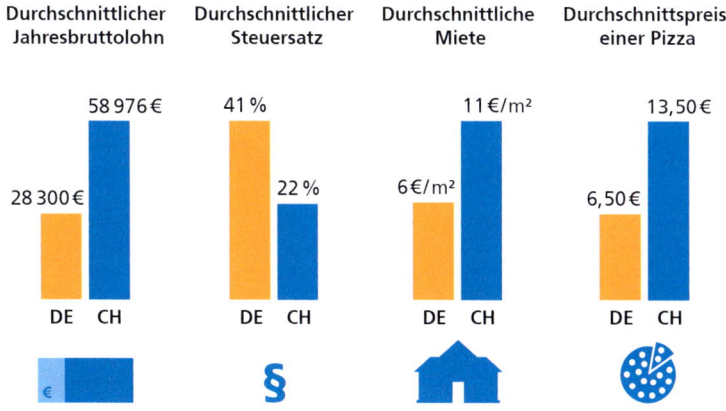

Durchschnittlicher Jahresbruttolohn	Durchschnittlicher Steuersatz	Durchschnittliche Miete	Durchschnittspreis einer Pizza
58 976 €	41 %	11 €/m²	13,50 €
28 300 €	22 %	6 €/m²	6,50 €
DE CH	DE CH	DE CH	DE CH

wieder geschürt; seit einigen Jahren hetzt sie, die allgemeinen Ani-mositäten dem »Großen Kanton« gegenüber nützend, verstärkt auch gegen deutsche Arbeitskräfte. Die 2013 beschlossene »Ventilklausel« begrenzt den Zuzug von EU-Bürgern nur kurzfristig; die Regierung steckt in dem Dilemma, einerseits die »Sorgen der Bevölkerung ernst zu nehmen«, andererseits die EU nicht zu düpieren und die eigene Wirtschaft mit den nötigen Arbeitskräften zu versorgen.

»Fünfte Schweiz« Bis zum Ende des 19. Jh.s war die Schweiz Auswanderungsland: Die schlechte Ernährungslage und religiöse Verfolgung vertrieben viele Menschen. Aus wirtschaftlicher Not entstand auch das Schweizer Söldnerwesen; so kämpften vom 14. Jh. bis zum Verbot des Dienstes in einer fremden Armee 1859 über 1 Million Schweizer auf den Schlachtfeldern Europas. Gegenwärtig leben über 715 000 Schweizer im Ausland, die »Fünfte Schweiz«, die eine eigene Organisation hat (ASO); die meisten in Frankreich, Deutschland und den USA.

STAAT UND VERWALTUNG

Confoedera-tio Helvetica Die offizielle Bezeichnung für »Schweizerische Eidgenossenschaft« lautet »Confoederatio Helvetica«. Ihre Anfangsbuchstaben CH bil-den das Nationalitätskennzeichen an Kraftfahrzeugen. Der **Name** »**Schweiz**« stammt vom Kanton Schwyz und bezog sich zunächst auf die drei Urkantone Uri, Schwyz und Unterwalden, die sich 1291 zum Ewigen Bund zusammenschlossen. Vom 14. bis zum 16. Jh. wurde im wachsenden Staatenbund der Ausdruck **Eidgenossenschaft** be-vorzugt. Schließlich setzte sich »Schweiz« durch.

Flagge Die Nationalflagge (▶ S. 30) hat große Bedeutung, viele Häusle-besitzer schmücken den Garten mit ihr, und nicht nur zum National-feiertag prägt sie das Bild der Städte und Landschaften. (Die kreative Verwendung auf Souvenirs etc. ist ein ganzes Kapitel für sich; man sehe sich z. B. mal www.edelweiss.ch an). Sie entstand als gemein-sames Feldzeichen der alten Eidgenossen, deren Haufen unter ihren eigenen Fahnen in den Krieg zogen; die früheste Verwendung ist für die Schlacht von Laupen 1339 dokumentiert.

Staatsform Seit 1848 ist die Schweiz ein **parlamentarisch-demokratischer Bun-desstaat**. Die Verfassung wurde 1874 revidiert, vielfach ergänzt und ist seit 1. Januar 2000 in modernisierter Form in Kraft. Die Kompe-tenzen des **Bundes** umfassen im Wesentlichen die Bereiche innere und äußere Sicherheit, Wahrung der Kantonsverfassungen und den diplomatischen Verkehr mit dem Ausland. Staatsorgane sind das Volk und die Kantone (»Stände«), die Bundesversammlung (Legisla-tive), der Bundesrat (Exekutive) und das Bundesgericht (Judikative).

Die Bundesversammlung besteht aus zwei Kammern: **Nationalrat** (Volksvertretung) mit 200 Abgeordneten, **Ständerat** (Kantonsvertretung) mit 46 Abgeordneten. Sie werden alle vier Jahre im Proporzverfahren gewählt. Gesetze erfordern die Zustimmung beider Räte. Jeder der Räte und Ratsmitglieder kann Initiativen für Gesetze oder Beschlüsse einbringen. Die **Bundesversammlung** wählt den Bundesrat, seinen Präsidenten und Vizepräsidenten, den Bundeskanzler (Stabschef der Regierung), das Bundesgericht sowie in Krisen einen Oberbefehlshaber der Streitkräfte.

Legislative

Die Schweiz hat weder ein Staatsoberhaupt noch einen Regierungschef. Der siebenköpfige **Bundesrat**, alle vier Jahre durch die Bundesversammlung gewählt, regiert und vertritt das Land nach außen als Kollektiv. Dieser Rat ist – ein Unikum auf der Welt – nach dem Prinzip der **Konkordanz** zusammengesetzt, d. h. der Beteiligung aller wichtigen Parteien, nicht nur der stärksten Partei. 1959 wurde die sog. **Zauberformel** ausgehandelt, die bis 2003 hielt (▶ S. 35). Den Vorsitz des Bundesrats hat der **Bundespräsident bzw. die Bundespräsidentin** als »primus inter pares«. Er/sie wird für nur ein Jahr durch Wahl innerhalb des Bundesrats bestimmt.

Exekutive

Das Prinzip der **direkten Demokratie** macht die Schweiz für viele zum Modell eines Gemeinwesens (eine Untersuchung der Universität Zürich und des Wissenschaftszentrums Berlin hat 2011 jedoch Defizite bescheinigt). Das Volk stimmt nicht nur über die Besetzung der Parlamente ab, sondern auch direkt über Gesetzesvorlagen. Auf Bundesebene genügen 50 000 Unterschriften, um eine Volksabstimmung über ein Gesetz auf den Weg zu bringen, für eine Verfassungsänderung braucht es 100 000. Zur Annahme müssen sowohl das Volk als auch die Kantone zustimmen. Von den mehr als 100 Abstimmungen in den vergangenen vier Jahrzehnten hatten weniger als 10 % Erfolg. Da die Stimmbeteiligung zwischen 30 und 50 % schwankt, werden immer wieder Forderungen laut, dieses direktdemokratische Element einzuschränken. Andererseits genügt manchmal schon die Androhung einer Initiative, damit der Gesetzgeber tätig wird. So stoßen die Initiativen immer wieder öffentliche Diskussionen an und sind somit ein wichtiges Element demokratischer Kultur.

Abstimmungs-demokratie

Der Schweizer Staat ist Resultat einer über 700-jährigen Geschichte, die auf dem Gedanken der Autonomie seiner Mitgliedskantone beruhte (tatsächliche Gleichberechtigung gibt es erst seit 1848, bis dahin waren »innere Kolonialkriege« an der Tagesordnung). Die kleinsten Einheiten sind die knapp 3000 **Gemeinden**. Sie bestimmen u. a. ihren Finanzhaushalt einschließlich der Steuersätze. Die größten Einheiten sind die 23 bzw. 26 **Kantone**, im Grunde souveräne Staaten mit eigener Verfassung, Legislative, Exekutive und Jurisdiktion.

Kantone und Gemeinden

2500 Gemeinden, 26 Kantone, ein Bund

Die Schweiz ist geprägt durch die Kombination von repräsentativer und direkter Demokratie, durch ihre föderalistische Struktur – die Kantone sind im Prinzip autonome Staaten, die einen Teil ihrer Souveränität an den »Bund« delegieren – und die ausgeprägte Kultur der Volksabstimmung. In Initiativen und Referenden können neue Gesetze auf den Weg gebracht bzw. Parlamentsentscheide korrigiert oder abgelehnt werden.

Das Volk
Die Bürger wählen auf allen politischen Ebenen ihre Vertreter und stimmen seit 1874 über Parlamentsentscheide (Bundesgesetze, Staatsverträge etc.) und seit 1891 über Volksinitiativen ab. Das geschieht meist auf dem Postweg, in Zukunft wohl auch via Internet.

▶ **Föderalismus**
Jeder Kanton hat eine Verfassung, eine Regierung und eigene Gerichte. Bildung, Gesundheit, Steuern, Baurecht u.a. liegen ganz oder z.T. in seiner Hand.

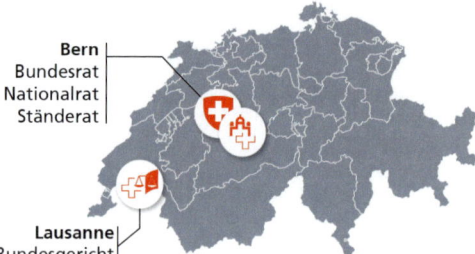

Wahl

Aktivbürger
Bürgerinnen und Bürger ab 18 Jahre

Volksinitiative

Referendum

Wahl

Bern
Bundesrat
Nationalrat
Ständerat

Lausanne
Bundesgericht

▶ **Die wichtigsten Parteien**

■ **Sozialdemokratische Partei der Schweiz** (SP) – klassisch sozialdemokratisch, gewerkschaftsnah und ökologisch, für starken Sozialstaat und EU-Beitritt

■ **Christlichdemokratische Volkspartei** (CVP) – bürgerlich-konservativ, von links der Mitte bis rechts (urspr. katholisch-antiliberal)

■ **FDP.Die Liberalen** (FDP) – klassisch liberal (für freies Unternehmertum und niedrige Steuern, wenig Staat und Regulierung); Mitte-rechts

■ **Bürgerlich-Demokratische Partei** (BDP) – bürgerlich-konservativ, wirtschaftsliberal (Abspaltung von SVP)

■ **Schweizerische Volkspartei** (SVP) – nationalkonservativ-rechtspopulistisch, isolationistisch, z. T. wirtschaftsliberal

Die Grünen (GPS) – ökologisch, pazifistisch; von links über liberal bis konservativ

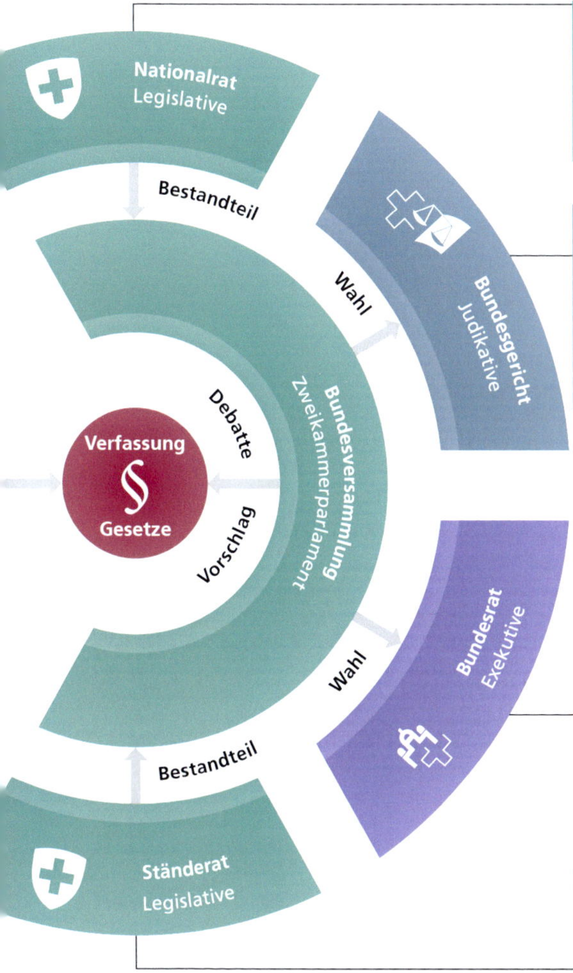

Nationalrat
Legislative

Bestandteil

Wahl

Bundesgericht
Judikative

Debatte

Verfassung § **Gesetze**

Bundesversammlung
Zweikammerparlament

Vorschlag

Wahl

Bundesrat
Exekutive

Bestandteil

Ständerat
Legislative

©BAEDEKER

Nationalrat
Die große Kammer des Parlaments besteht aus 200 Mitgliedern. Jeder Kanton ist mit mindestens einem Abgeordneten vertreten.

Bundesgericht
Die oberste Instanz im öffentlich-rechtlichen und zivilrechtlichen Bereich. Sie entscheidet auch bei Streitigkeiten zwischen Kantonen oder einem Kanton und dem Bund.

Bundesrat
Die siebenköpfige Bundesregierung wird alle vier Jahre gewählt. Unterstützt wird sie von der Bundeskanzlei, die für die Organisation der politischen Abläufe zuständig ist.

Ständerat
Die kleine Kammer des Parlaments besteht aus 46 Kantonsvertretern. Sie sind aber nicht an Weisungen der Kantone gebunden.

► **Die »Zauberformel«**
1959 wurde im Bundesrat (Kabinett) eine »permanente große Koalition« gemäß der Wähleranteile im Verhältnis 2 : 2 : 2 :1 festgelegt. Die Wahlen 2003 und 2008 haben die Kräfteverhältnisse und damit die Formel verändert.

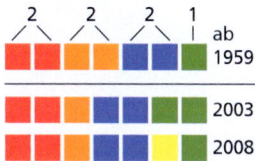

Kantone der Schweiz

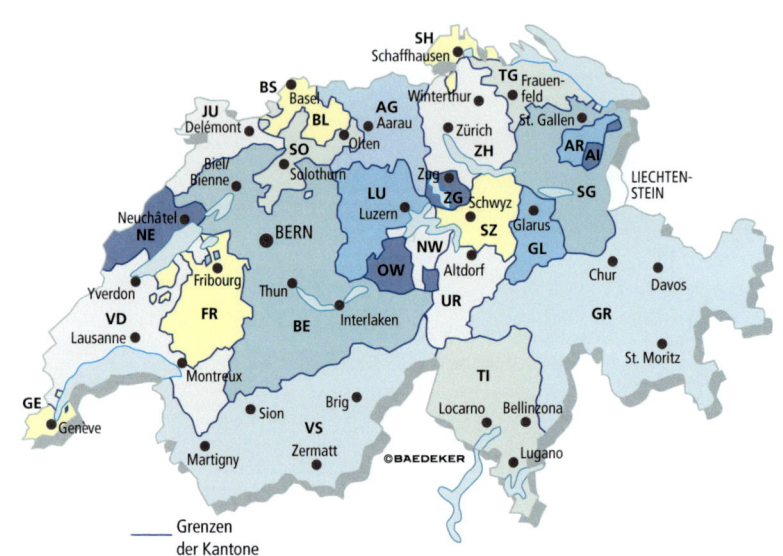

_____ Grenzen
der Kantone

Kanton	Fläche (km²)	Einwohner
Aargau	1404	618 300
Appenzell-Ausserrhoden	243	53 400
Appenzell-Innerrhoden	173	15 800
Basel-Landschaft	518	275 400
Basel-Stadt	37	186 300
Bern	5959	985 100
Freiburg (Fribourg)	1671	284 700
Genf (Genève)	282	460 600
Glarus	686	39 300
Graubünden	7106	193 400
Jura	839	70 600
Luzern	1494	382 000
Neuenburg (Neuchâtel)	803	173 200
Nidwalden	276	41 400
Obwalden	491	35 900
St. Gallen	2026	483 200
Schaffhausen	299	77 200
Schwyz	908	148 000
Solothurn	791	257 000
Tessin	2813	337 000
Thurgau	991	252 000
Uri	1077	35 400
Waadt (Vaud)	3212	726 000
Wallis (Valais)	5225	317 100
Zug	239	115 100
Zürich	1729	1 392 400

Aargau (AG)
Kanton seit 1803
Hauptort: Aarau

Appenzell-Ausserrhoden (AR)
Halbkanton seit 1513
Hauptort: Herisau

Appenzell-Innerrhoden (AI)
Halbkanton seit 1513
Hauptort: Appenzell

Basel-Land (BL)
Halbkanton seit 1501
Hauptort: Liestal

Basel-Stadt (BS)
Halbkanton seit 1501
Hauptort: Basel

Bern (BE)
Kanton seit 1353
Hauptort: Bern

Fribourg · Freiburg (FR)
Kanton seit 1481
Hauptort: Fribourg/Freiburg

Genève · Genf (GE)
Kanton seit 1815
Hauptort: Genève/Genf

Glarus (GL)
Kanton seit 1352
Hauptort: Glarus

Graubünden · Grischun (GR)
Kanton seit 1803
Hauptort: Chur/Cuera/Cuoira

Jura (JU)
Kanton seit 1979
Hauptort: Delémont/Delsberg

Luzern (LU)
Kanton seit 1332
Hauptort: Luzern

Neuchâtel · Neuenburg (NE)
Kanton seit 1815
Hauptort: Neuchâtel/Neuenburg

Nidwalden (NW)
Halbkanton seit 1291
Hauptort: Stans

Obwalden (OW)
Halbkanton seit 1291
Hauptort: Sarnen

St. Gallen (SG)
Kanton seit 1803
Hauptort: St. Gallen

Schaffhausen (SH)
Kanton seit 1501
Hauptort: Schaffhausen

Schwyz (SZ)
Kanton seit 1291
Hauptort: Schwyz

Solothurn · Soleure (SO)
Kanton seit 1481
Hauptort: Solothurn/Soleure

Thurgau (TG)
Kanton seit 1803
Hauptort: Frauenfeld

Ticino · Tessin (TI)
Kanton seit 1803
Hauptort: Bellinzona

Uri (UR)
Kanton seit 1291
Hauptort: Altdorf

Valais · Wallis (VS)
Kanton seit 1815
Hauptort: Sion/Sitten

Vaud · Waadt (VD)
Kanton seit 1803
Hauptort: Lausanne

Zug (ZG)
Kanton seit 1352
Hauptort: Zug

Zürich (ZH)
Kanton seit 1351
Hauptort: Zürich

Drei von ihnen bestehen aus Halbkantonen: Unterwalden aus Nidwalden und Obwalden, Appenzell aus Ausser- und Innerrhoden und Basel aus Basel-Stadt und Basel-Land. Diese Halbkantone wählen nur je einen Ständerat in den Kantonsrat, ihre Stimmen gelten bei eidgenössischen Verfassungsabstimmungen nur zur Hälfte. In den Kantonen Appenzell-Innerrhoden und Glarus versammeln sich die Bürger zur Ausübung des Wahlrechts noch zur **Landsgemeinde** unter freiem Himmel, wobei jeder Teilnehmer das Wort ergreifen darf.

Verteidigung Das Bundesheer ist ein **Milizheer** mit Wehrpflicht für Männer zwischen dem 19. und dem 30. Lebensjahr. Nur die höchsten Offiziere, das Instruktionspersonal, einige Piloten und das Betriebspersonal der Festungen sind Berufssoldaten. Die **Rekrutenschule** (Grundausbildung) dauert 18 oder 21 Wochen, danach gibt es 7 bzw. 6 **Wiederholungskurse** von je 3 Wochen; oder aber man absolviert seine gesamte Wehrpflicht als **Durchdiener** in 10 Monaten. Ausrüstung und Waffe bewahrt jeder Soldat zu Hause auf. Dieses Milizsystem ist fest in der Gesellschaft verankert. In Friedenszeiten zählen die Streitkräfte 4200 Mann, die Mobilisierungsstärke beträgt 191 000 Heeres- und 32 900 Luftwaffenangehörige. Die Militärausgaben betragen 1 % des Bruttoinlandsprodukts. Eine Volksabstimmung 2001 erlaubte die bewaffnete Teilnahme an Friedensoperationen der UNO.

Schweizergarde Ein Relikt der früheren Söldnerdienste für fremde Staaten ist die Schweizergarde, die – heute als Bodyguards ausgebildet – den Wachdienst im päpstlichen **Vatikanstaat** in Rom versieht.

Außenpolitik Zu den erklärten Prinzipien der Außenpolitik gehören Neutralität, internationale Beteiligung und die Förderung von Menschenrechten. Mit nahezu allen Staaten der Welt werden diplomatische Beziehungen gepflegt. In den letzten Jahren wurden zunehmend Kooperationen mit internationalen Organisationen eingegangen (Beitritt zu IWF und Weltbank, NATO-Partnership for Peace, Freihandelsabkommen mit der EU, Beitritt zum Schengener Abkommen).

Bildungswesen Die allgemeine Bildung ist Sache der Kantone und Gemeinden, nur die Berufsbildung fällt in die Zuständigkeit des Bundes. Die 9-jährige **Schulpflicht** wird mit dem Besuch von Grundschule und Sekundarschule (Sekundarstufe I) erfüllt. Die weiterführende Ausbildung (Sekundarstufe II) vermitteln Berufsschulen, Mittelschulen und Gymnasien. International renommiert sind viele der ca. 350 **Privatschulen** und Internate. Die zehn **Universitäten** und die Hochschulen des Landes sind den Kantonen unterstellt, der Bund führt nur die **Eidgenössischen Technischen Hochschulen** (ETH) in Zürich und Lausanne. An den **Fachhochschulen** kann man auch nach einer Berufsausbildung studieren.

Wirtschaft

Die Schweiz prosperiert, dank leistungsfähiger und -williger Firmen und Menschen – und einer Steuerpolitik, die sich jedoch zunehmend als problematisch erweist.

Mit dem Franken verfügt die Schweiz über eine recht stabile Währung (Inflationsrate 2012: 3,4 %), das Pro-Kopf-Einkommen lag im Jahr 2011 bei 72 600 CHF (60 500 €). Das war nicht immer so: Noch bis zum Ende des 18. Jh.s war die Schweiz arm. Viele verließen das Land, um anderswo ein Auskommen zu finden. Ab der ersten Hälfte des 19. Jh.s nahm die Schweiz, wie England und Deutschland, durch die **Industrialisierung** einen raschen wirtschaftlichen Aufschwung. Keimzelle waren Textil- und Uhrenproduktion auf der Basis von Heimarbeit, die vielen Kleinbauern und Taglöhnern neue Verdienstmöglichkeiten eröffneten. Die beiden Weltkriege und die Jahre dazwischen bremsten den Aufschwung etwas ab. Die Schweizer Neutralität und v. a. die unzerstörte Infrastruktur während und nach den Kriegen sorgten dafür, dass der reale Einbruch jedoch vergleichsweise gering blieb und sich der Aufschwung nach 1945 fortsetzte. Die **erste Wirtschaftskrise** war Mitte der 1970er-Jahre zu verzeichnen; in der Folge wurde der Zuzug von ausländischen Arbeitskräften stark begrenzt. die nächste Wachstumsphase dauerte bis 1990. Der anschließende, alle Industrieländer erfassende Strukturwandel führte auch in der Schweiz zu einer Krise mit hoher **Arbeitslosigkeit** (Maximum 1997: 5,7 %). Zwar erholte sich die Wirtschaft ab 2000

Einige Fakten

Basel ist einer der großen Wirtschaftsstandorte der Schweiz. Ca. 15 % des Außenhandels werden über den Rheinhafen abgewickelt.

Willkommen im Alltag!

Erleben Sie die Schweiz einmal abseits der üblichen Pfade, werfen Sie einen Blick hinter die Kulissen – lernen Sie »ganz normale« Leute und ihren Alltag kennen.

ALP-TRAUM

Das »z'Alp gehen«, den Sommer als Senn oder Helfer auf einer Alp zu verbringen, hat inzwischen eine gewisse Berühmtheit und treue »Kunden« gewonnen. Viele, die das einmal gemacht haben, kommen nicht mehr davon los. Wer sich viel Romantik verspricht, sei eindringlich gewarnt: Es ist ein Knochenjob, der den ganzen Mann, die ganze Frau fordert. Auf der Website *www.zalp.ch* kann man etwas über die harten Fakten und die menschlich-allzumenschlichen Aspekte des Sennendaseins nachlesen. Hier findet man auch Informationen über Einsteigerkurse sowie viele Stellenangebote.

WEINLESE

Viele Weingüter in der Schweiz sind klein, reine Familienbetriebe. Das Jahr über ist die Arbeit noch zu bewerkstelligen, doch bei der Ernte braucht man Hilfe. Erntearbeiter einzustellen, wie in Frankreich und sonstwo üblich, dafür ist man – eben – zu klein. So sind Verwandte, Freunde, Nachbarn und andere freiwillige Kräfte willkommen. Da es in der Schweiz keine zentrale Vermittlung gibt, wendet man sich bei Interesse am besten an die Gemeindeverwaltung des Orts, den man sich ausgesucht hat.

ARBEITEN
IM BERGWALD

In den Bergen schützt der Wald vor
Lawinen, Steinschlag und Hochwasser, gleichzeitig dient er als Lebensraum für Tiere und Pflanzen, als
Erholungsraum und Holzlieferant.
Wer seinen Sinnen neue Erfahrungen
ermöglichen und körperlich arbeiten
will, kann das z. B. beim »Bergwald-
projekt« tun – kein Ferienjob für
Langschläfer: um 6 Uhr aufstehen,
Arbeit von 8 bis 17 Uhr. Mindestalter
18 Jahre, als Vergütung werden Kost
und (einfaches) Logis gewährt.
Info unter www.bergwaldprojekt.org
und Tel. +41 (0)81 650 40 40.

HELFENDE HÄNDE GEFRAGT

Vielfältig ist die Schweizer Landwirtschaft, und ebenso vielfältig sind die
Möglichkeiten, hier seinen Horizont
zu erweitern. Mitarbeiter sind auf
Bauernhöfen aller Art gefragt. Wer
seine Arbeitskraft bewusst karitativ
einsetzen will, kann das über die
Caritas Schweiz tun, die Bergbauern-
familien in Notsituationen unterstützt.
Arbeit in der Landwirtschaft allgemein:
www.agroimpuls.ch/de
Für Jugendliche (16 – 25 Jahre) aus
der EU/EFTA: www.agriviva.ch
Caritas: www.bergeinsatz.ch,
Tel. +41 (0)41 419 22 77

wieder, dennoch sind auch in der Schweiz die Zeiten des unbeschränkten Wirtschaftswachstums vorbei. Wie kaum ein anderes westliches Land ist die kleine Schweiz vom **Außenhandel** abhängig. Die Haupthandelspartner sind die EU (besonders Deutschland, Italien, Frankreich), die USA und die Niederlande.

Landwirtschaft Gemessen am Beitrag zum Bruttoinlandsprodukt (1 %) und zur Zahl der Beschäftigten (2 %) hat die Landwirtschaft nur mehr wenig Bedeutung. Auffallend groß ist die Zahl von Familienbetrieben, die v. a. Viehwirtschaft betreiben (ca. zwei Drittel des landwirtschaftlichen Umsatzes werden mit tierischen Produkten gemacht, die Hälfte davon mit Milch und Käse) und die **alte Kulturlandschaft** pflegen, das Grundkapital der Tourismuswirtschaft. Dies erklärt auch die Subventionierung der Landwirtschaft: Rund 66 % des Einkommens der Schweizer Bauern bezahlt der Staat, 2003 gingen fast 8 % des Gesamtbudgets in die Landwirtschaft. Dennoch schrumpft die Anzahl der Beschäftigten weiterhin, vor allem kleine Höfe geben auf; zudem sollen langfristig die Subventionierung heruntergefahren und die Produktion dem internationalen Markt unterworfen werden. Neben der Vieh- und Milchwirtschaft sind Zuckerrüben, Getreide, Kartoffeln, Futtermittel, Gemüse, Obst und Wein wichtige Produkte.

Industrie Die wichtigsten – traditionsreichen – Industriezweige sind die chemisch-pharmazeutische Industrie (Basel), Maschinenbau (Zürich, Winterthur, Baden), Uhren- und Schmuckindustrie (Jura, Genf) und Textilindustrie (Ostschweiz, Zürich). Die überwiegend mittelgroßen

Montage eines Statorgehäuses bei Rieter in Winterthur, um 1900

und kleinen Betriebe – 99,7 % der Unternehmen bieten weniger als 250 Arbeitsplätze und ca. 89 % weniger als 10 – sind im ganzen Land verteilt. Die Binnenlage des Landes und der »starke« Franken verteuern Produktion und Vermarktung. Schweizer Produkte können sich daher nur durch Know-how und Qualität behaupten. Der **Maschinenbau** war seit je ein Aushängeschild, Marksteine wie der Turbogenerator (1898), die elektrische Zahnradbahn (1890), die Turbopumpe (1930) oder das Gasturbinen-Kraftwerk (1978) wurden hier entwickelt. Die größten Firmen in diesem Bereich sind heute, nach vielen Umstrukturierungen und Besitzerwechseln, ABB, Liebherr, OC Oerlikon und Sulzer. Zu den Bereichen mit großem Entwicklungspotenzial gehören Biotechnologie und Medizin. Der **weltweit größte Lebensmittelkonzern** ist Nestlé, zu den mächtigen Unternehmen der Welt gehört auch der **Pharmariese** Novartis.

Hugenottische Flüchtlinge aus Frankreich brachten Mitte des 16. Jh.s die entscheidenden Kenntnisse für die Entwicklung des Uhrenbaus mit, die maschinelle Fertigung wurde 1845 aufgenommen. Die **Quarzuhr** (1967), die mit 0,98 mm dünnste Uhr der Welt und die Swatch sind Schweizer Entwicklungen; mit Schweizer Luxus-Zeitmessern, die schon einmal Zig- oder Hunderttausende Franken kosten, signalisieren die Reichen und Mächtigen ihren Status. Von den heute jährlich etwa 100 Mio. produzierten Uhren und Uhrenteilen gehen 95 % in den Export (drittgrößter Exporteur hinter China und Hongkong). Ende der 1970er-Jahre brachten Elektronik und Billigprodukte aus Fernost die Uhrenindustrie in eine schwere Krise, von der sie sich mittlerweile wieder erholt hat. Entscheidend dafür war der durchschlagende Erfolg der **Swatch**, in dessen Gefolge auch die handgefertigten Luxusuhren boomten: Von 4,6 Mrd. CHF 1986 stieg der Export bis 2000 auf 10 Mrd. und bis 2012 auf 20 Mrd. CHF.

Uhren

In puncto Energie ist die Schweiz stark vom Import abhängig. 2011 wurden 54 % des Primärenergieeinsatzes durch **Erdöl** gedeckt, das in den großen Raffinerien in Cressier (Kanton Neuchâtel) und Collombey (Wallis) verarbeitet wird. Elektrischer **Strom** wurde bis zur Inbetriebnahme des ersten Kernkraftwerks 1969 fast ganz durch Wasserkraft erzeugt; heute liefern über 500 **Wasserkraftanlagen** noch 54 % des inländischen Stromaufkommens. **Kernkraftwerke** (drei im Aargau, je eines bei Bern und Solothurn) bestreiten ca. 40 %, Verbrennungskraftwerke den Rest. 2011 beschlossen Bundesrat und Parlament den Ausstieg aus der Kernenergie.

Energie

In aller Stille ist seit den 1990er-Jahren – durch niedrige Steuern und den leistungsfähigen Bankensektor angezogen – eine Branche gigantisch gewachsen, die die bisherigen Vorzeigeindustrien wie Technik, Pharma und Lebensmittel im Umsatz wie im Gewinn weit in den

Rohstoff-handel

Geld, Banken, große Unternehmen

Auf der vom US-Wirtschaftsmagazin Forbes publizierten Liste der 15 reichsten Nationen der Erde – bemessen nach dem Pro-Kopf-Einkommen – rangiert die Schweiz mit knapp 42 000 US-$ auf Platz 9. Würde man das im Land verwaltete Vermögen auf jeden einzelnen Schweizer umlegen, ergäbe sich ein ganz anderes Bild.

▶ **Die Schweizer Finanzwirtschaft**
Mit 11 300 Mrd. CHF verwalten die Schweizer Banken einen großen Teil des weltweiten Geldvermögens. Bei der grenzüberschreitenden Vermögens-verwaltung von Privatkunden sind es 2300 Mrd. CHF.

©BAEDEKER

Schweizer Banken verwalten 27 % des weltweiten Privatvermögens.

Schweizer Banken verwalten 10 % des weltweiten Vermögens überhaupt.

Die Schweiz stellt 0,1 % der Weltbevölkerung.

www.schweizer-banken.info

▶ **Das Nummernkonto**
Durch eine Nummer wird der Name des Bankkunden verschlüsselt. Der Name erscheint nicht auf Kontoauszügen oder Bankbelegen. Das Nummernkonto ist jedoch nicht anonym und unterscheidet sich weder rechtlich noch steuerlich von einer normalen Bankbeziehung.

1017356511384

▶ **Pro-Kopf-Geldvermögen 2011**
Würde man das verwaltete Vermögen
auf die Bevölkerung aufteilen, erhielte
jede Person:

Schweiz	USA	Deutschland
214 794 €	123 586 €	57 384 €

▶ **Wer verwaltet wieviel?**
Die drei größten Banken im Vergleich

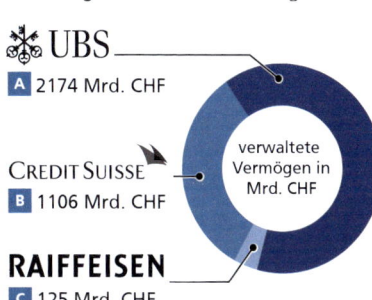

UBS
A 2174 Mrd. CHF

verwaltete
Vermögen in
Mrd. CHF

CREDIT SUISSE
B 1106 Mrd. CHF

RAIFFEISEN
C 125 Mrd. CHF

▶ **Hauptsitze der größten
Schweizer Konzerne**

■ Banken
■ andere
Unternehmen

A Basel

A B Zürich

C St. Gallen

● Bern

3 **2** Baar
Luzern

1 **4** Vevey
Genf

▶ **Bruttoinlandsprodukt (BIP) 2011
in Milliarden US-Dollar**

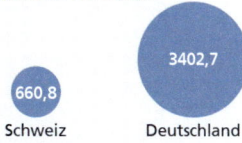

Schweiz	Deutschland
660,8	3402,7

**Pro Kopf in US-Dollar 2012
(kaufkraftbereinigt)**

Schweiz	Deutschland
45 285	39 058

▶ **Anteile der Wirtschaftssektoren**

■ Dienstleistungen 61 % ■ Finanzen 11 %
■ Industrie 27 % ■ Landwirtschaft 1 %

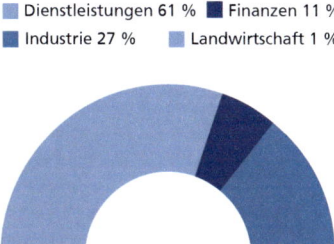

▶ **Die größten Schweizer Unternehmen**
Umsatz 2011 in Mrd. CHF

1 VITOL SA, Mineralölhandel
279
👤 900 Mitarbeiter

2 GLENCORE, Rohstoffhandel
175
👤 58 000 Mitarbeiter

3 TRAFIGURA, Rohstoffhandel
114,7 👤 3400 Mitarbeiter

4 NESTLÉ, Nahrungsmittel
83,7 👤 328 000 Mitarbeiter

Schatten stellt: der Handel mit Rohstoffen aller Art, vom Erdöl bis zur Erdnuss (▶ Baedeker Wissen S. 45). Zwischen 2003 und 2009 haben 269 ausländische Firmen ihren regionalen oder globalen Hauptsitz in die Schweiz verlagert, von 1998 bis 2010 hat der Rohstoffhandel die Nettoeinnahmen verfünfzehnfacht. 15 bis 25 % des weltweiten Handels mit Öl, Erzen, Metallen und Agrarprodukten laufen über in der Schweiz ansässige Firmen. Das sorgt, auch bei geringster Besteuerung, für kräftige öffentliche Einnahmen, hat jedoch eine problematische Seite. Diese Firmen handeln und transportieren nicht nur, sie produzieren in Entwicklungs- und Schwellenländern begehrte Rohstoffe und Lebensmittel, wobei die Wahrung der Menschenrechte und der Umwelt nicht erstes Unternehmensziel sind. Darüber hinaus steuern sie mit ihrer spekulativen Tätigkeit die Preise und machen diese lebenswichtigen Märkte zum Spielball der Finanzindustrie. Ein Postulat, dass der Bundesrat diese Problematik unter die Lupe nimmt, wurde im März 2012 im Nationalrat knapp abgelehnt.

Banken
Gegenwärtig verwalten über 340 Banken ca. 2,3 Bio. CHF ausländisches Privatvermögen. Ca. 120 000 Arbeitsplätze und 6 % des Bruttoinlandsprodukts steuert die Branche direkt bei; 75 % des Geschäfts entfallen auf die Großbanken UBS und Credit Suisse. Zum Höhenflug setzten die Banken in der Zeit der Weimarer Republik an, als reiche Deutsche Milliarden in die Schweiz verschoben, und vollends 1934 mit der Einführung der berühmten Nummernkonten. Damit konnten Juden ihr Vermögen in Sicherheit bringen, v. a. aber wickelte das Dritte Reich seinen Devisen-, Gold- und Zahlungsverkehr über die Banken ab. Im Kalten Krieg wurden sie in der internationalen Vermögensverwaltung weltweit führend, Diktatoren bunkerten gestohlenes Geld (Gegenmaßnahmen: Geldwäschegesetz 1998, »Lex Duvalier« 2011). Solvente Privatpersonen und Firmen in aller Welt brachten ihr Geld, um unter dem Schutz des Bankgeheimnisses Steuern zu sparen, wobei die Banken vielfältig zu Diensten waren. Seitdem die USA die Banken in die Zange nahmen, die Teilhaber der dabei kaputtgegangenen St. Galler Bank Wegelin die Beihilfe zur Steuerhinterziehung offen eingestanden und die seit 2007 von deutschen Behörden gekauften CDs mit Bankdaten den umfassenden Betrug beweisen, gehen die Banken zu einer »Weißgeldstrategie« über: von der Amtshilfe bei Steuerhinterziehung, dem Nachweis ordungsgemäßer Versteuerung bei Neuanlagen bis – möglicherweise – zum automatischen Informationsaustausch mit der EU. Das Schwarzgeldgeschäft ist jedenfalls vorbei.

Steuern
Ein heißes Eisen, auch in der Schweiz selbst. Die Unterschiede in der Besteuerung zwischen den Kantonen sind groß: bei Unternehmenssteuern ca. 10 % (Nidwalden, Luzern) bis ca. 21 % (Genf), bei gut verdienenden Privaten von 23 % (Zug) bis 37 % (Waadt). Gemeinden

und Kantone bestimmen die Steuersätze selbst, nach der Idee, dass die Bürger selbst am besten wissen, wie viel Geld sie für was ausgeben wollen. Was teils naiv, teils zynisch ist: Der Kanton Luzern etwa, der bis 2007 schuldenfrei war und 2009 mit großem Beifall des Stimmvolks die Steuern senkte, hatte 2012 ca. 250 Mio. CHF Schulden, die nun über Einschnitte in die öffentliche Infrastruktur gemildert werden sollen. Andererseits konnte etwa Glencore 2011/2012 legal ca. 500 Mio. $ Einkommensteuer vermeiden, können seine Aktionäre in nächster Zeit 13 Mrd. CHF steuerfrei einnehmen. Die Formel »Niedrige Steuersätze – hohe Steuereinnahmen« erweist sich, je nachdem, als Milchmädchenrechnung oder Raubritterprinzip: Wenn ein Gemeinwesen von der vorhandenen Bevölkerung/Wirtschaft weniger Steuern verlangt, als es braucht, muss es sich den Rest von außen holen. Das gilt für den »Wettbewerb« im eigenen Land wie für die Schweiz im internationalen Verhältnis. Wer das als Wirtschaftskrieg versteht (vgl. Parma/Vontobel, Schurkenstaat Schweiz, München 2009), dem hält man entgegen, dass ein souveräner Staat seine Wirtschaft als »innere Angelegenheit« so einrichten kann, wie er will, und man eben »leistungsfähiger« sei. Der Vorstandsvorsitzende der UBS sprach 2012 ebenfalls von »Wirtschaftskrieg«: »Unsere Banken verwalten 2,2 Bio. Franken ausländische Vermögen. Da wollen sich einige Konkurrenzbanken und ausländische Finanzplätze zusätzliche Marktanteile verschaffen.« Es entging ihm, dass dieses Geld zumindest teilweise schon als Kriegsbeute gelten darf.

NEAT Seit Jahrtausenden sind die Alpen trotz großer Gefahren und Mühen ein Transitland. Knapp **30 Pässe** sorgen heute für Verbindungen im Kfz- und Bahnverkehr, davon drei mit Tunnelalternative. 1980 wurde der St.-Gotthard-Tunnel in Betrieb genommen, mit 17 km Länge der längste Straßentunnel der Welt. Jüngstes Projekt ist die **Neue Eisenbahn-Alpentransversale** (NEAT), die den Personen- und Frachtverkehr wesentlich beschleunigen und darüber hinaus zu großen Teilen von der Straße nehmen soll. Kernstück ist der 57 km lange Gotthard-Basistunnel, der längste Eisenbahntunnel der Welt, der im Jahr 2017 in Betrieb gehen soll (▶ 3 D S. 546).

Tourismus Der Tourismus ist seit dem ausgehenden 19. Jh. eine **wichtige Einnahmequelle**. Heute erwirtschaftet die Branche ca. 6 % der gesamten Exporterlöse. Rund 220 000 Arbeitsplätze (ca. 145 000 Vollzeitstellen) sind direkt oder indirekt diesem Sektor zu verdanken, in den Bergregionen ist er der wichtigste Arbeitgeber. 2011 zählte man etwa 8,6 Mio. ausländische Gäste mit 21,5 Mio. Übernachtungen, die Einnahmen von 15,6 Mrd. CHF brachten. Während das Gesamtaufkommen an ausländischen Gästen weiter leicht wächst, schrumpft die Zahl der Gäste aus der EU seit 2008 deutlich, die der deutschen Gäste bis 2012 um ca. 20 % – der hohe Kurs des Franken schlägt durch.

Geschichte

Wege der Eidgenossenschaft

Rütlischwur und Wilhelm Tell sind die bekannten Symbole am Ursprung der Schweiz, doch was steckt dahinter? Wie kam es zur Neutralität des Landes, wie zu seinem Sonderstatus in Europa? Stationen auf dem Weg vom Trutzbündnis kleiner Bergkantone zum modernen Industriestaat und Finanzplatz.

VORGESCHICHTE UND ANTIKE

um 400 v. Chr.	Keltische Stämme besiedeln den Westen des Landes.
ab 58 v. Chr.	Der Schweizer Raum gerät unter römische Oberhoheit.
4. Jh. n. Chr.	Ansiedlung von Burgundern, Alemannen und Langobarden. Entstehung bedeutender Bistümer wie Genf und Chur.

Höhlenfunde aus der älteren Steinzeit – beim Wildkirchli unterhalb der Ebenalp im Appenzellerland und bei den Felsen Schweizerbild im Kanton Schaffhausen – belegen die Existenz **eiszeitlicher Jäger**. In der Jüngeren Steinzeit (4000 – 2000 v. Chr.) siedelte man bevorzugt an Seen in **Pfahlbauten**, wie sie zuerst 1853 am Zürichsee nachgewiesen wurden. Zwischen 1600 und 1500 v. Chr., im ersten Drittel der Bronzezeit, vollzog sich die Landnahme bis in die Alpen hinein. *(Steinzeit und Bronzezeit)*

Um 400 v. Chr. besiedelten **keltische Stämme** die westlichen Teile der Schweiz; im Osten lebten die **Räter**, deren Herkunft nicht bekannt ist. Nach dem keltischen Kastell bei La Tène nahe Neuchâtel wurde die vorrömische Eisenzeit vom 5. bis zum 1. Jh. v. Chr. benannt (**La-Tène-Kultur**). Anfang des 1. Jh.s v. Chr. drangen die keltischen **Helvetier** aus dem süddeutschen Raum ins Mittelland ein. Als sie später dem germanischen Druck wichen und in Gallien neues Siedlungsgebiet suchten, wurden sie 58 v. Chr. von Julius Caesar bei Bibracte geschlagen und zur Wiederansiedlung im alten Gebiet gezwungen. Caesar überliefert in »De bello Gallico«, dass die Helvetier in »zwölf Städten und 400 Dörfern« wohnten, deren Namen auf »-dunum« endeten, was »befestigter Hügel« bedeutet. 15 v. Chr. wurden auch die Räter von den Römern unterworfen. *(Kelten und Räter)*

In der folgenden jahrhundertelangen Friedenszeit entwickelten sich **viele Städte**: Aventicum (Avenches), Lusonna (Lausanne), Noviodunum (Nyon), Genava (Genf), Octodunum (Martigny), Sedunum *(Römer)*

Die Schlacht von Laupen 1339 in der Berner Chronik von Diebold Schilling: Rechts die Berner, links die österreichischen Freiburger und der Westschweizer Adel.

(Sion), Vindonissa (Windisch), Augusta Raurica (Kaiseraugst), Arbor Felix (Arbon) und Tasgaetium (Stein am Rhein). Kastelle, Straßen, Wasserleitungen, Thermen, Foren mit repräsentativen Gebäuden, Mietskasernen sowie vornehme Villen und stattliche Gutshöfe gehörten zum Bild der römischen Zivilisation. In einem langen Prozess der Assimilierung entwickelten sich fünf **rätoromanische Sprachen** (das Romantsch Grischun, die vierte Schweizer Amtssprache, ist eine künstliche Schöpfung des 20. Jh.s). Ab dem 4. Jh. n. Chr. organisierte sich die Kirche auch in diesem Teil des Römischen Reichs, es entstanden u. a. die **Bistümer** von Genf und Chur. Um 400, als während der Völkerwanderung die Bedrohung Roms zunahm, wurden die römischen Truppen nach Italien abgezogen.

Alemannen, Burgunder, Langobarden

In den letzten 50 Jahren römischer Herrschaft ließen sich im Westen der Schweiz Burgunder, im nordöstlichen Teil Alemannen nieder. Der Süden gelangte Ende des 6. Jh.s unter den Einfluss des Langobardenreichs in Italien. Die wichtigste Hinterlassenschaft dieser Stämme sind die heutigen Sprachen der Schweiz. Die Burgunder verbreiteten das Frankoprovenzalische in der heutigen Westschweiz, den Langobarden ist das Italienische im Süden des Landes zu verdanken, die deutschsprachigen Alemannen drängten die Romanisch sprechenden Räter immer mehr zurück.

Gründungsmythos der Schweiz: Schwur auf dem Rütli im Jahr 1291. So heroisch ist er in der Tellskapelle bei Küssnacht dargestellt.

MITTELALTER

um 1020	Bau der Habsburg in der Nähe von Aarau
um 1190	Berchtold V. von Zähringen gründet Bern.
1200 – 1220	St.-Gotthard-Pass wird kürzeste Alpentransversale
1291	»Ewiger Bund« der Urkantone Uri, Schwyz und Unterwalden
1315 / 1386	Schlachten von Morgarten und Sempach
1476	Schlacht von Grandson

Franken und andere Herrscher

Zwischen dem 6. und 8. Jh. wurden Burgunder, Alemannen, Räter und Langobarden dem **Fränkischen Reich** einverleibt. Nach dessen Zerfall (843) kam die Schweiz zum Mittelreich Lotharingien, nach dessen Auflösung (855) zu Burgund, mit diesem 1033 an das deutsche Kaiserreich. Von Lausanne bis St. Gallen bildeten **Bischöfe und Äbte** geistliche Fürstentümer, **Feudalgeschlechter** traten als Landesherren auf und gründeten Städte. Die Zähringer, Lenzburger, Kyburger und andere starben jedoch nach kurzer Blüte im 12. und 13. Jh. aus. Nur zwei Dynastien konnten Territorialstaaten entwickeln: die **Habsburger** im Norden und die Savoyer im Westen der Schweiz.

Entstehung der Eidgenossenschaft

Die zielstrebige Hausmachtpolitik der Habsburger stieß auf den Widerstand von Städten und Landschaften, die ihre Freiheiten nicht mehr preisgeben wollten. So wurden Uri und Schwyz als strategisch bedeutsame Regionen am ca. 1220 eröffneten **Sankt-Gotthard-Pass**, der kürzesten Verbindung zwischen Oberrhein und Italien, 1231 bzw. 1240 vom Kaiser dem Reich unterstellt, womit einer Aushöhlung der Zentralgewalt durch die Fürsten entgegengewirkt werden sollte. Um sich gegen die habsburgische Expansion zu wehren, schlossen sich 1291 – mit dem historisch nicht belegten »Rütli-Schwur« – die drei »Waldstätten« Uri, Schwyz und Unterwalden im **»Ewigen Bund«** zusammen. Dieser zunächst lockere Bund gilt als Keimzelle der Schweizer Eidgenossenschaft. Erst nach der **Schlacht von Morgarten** (1315), als ein habsburgisches Ritterheer von den Bauern der Urkantone vernichtend geschlagen wurde, festigte sich die Position des Ewigen Bunds. In den folgenden Jahrzehnten erweiterte sich die Eidgenossenschaft um Luzern (1332), die Reichsstadt Zürich (1351), Zug und Glarus (1352) sowie die Reichsstadt Bern (1353) zum **Bund der Acht alten Orte**, der sich in der Schlacht von Sempach 1386 nochmals gegen die Habsburger behauptete. Durch Bündnisse, Erwerb und Eroberung gewann die Föderation weitere Länder, z. T. als »zugewandte Orte«, die verbündet waren, aber nicht in die Eidgenossenschaft aufgenommen wurden. So entstand eine komplizierte Struktur, die zu erheblichen Konflikten zwischen **Bauernkantonen** und **patrizisch-zünftisch regierten Städten** ebenso wie zwischen den Eidgenossen-Kantonen und ausgebeuteten **Unter-**

tanenländern führte. Spannungen brachen zum ersten Mal zwischen Zürich und Schwyz aus (1440–1446). 1460 annektierte man hingegen gemeinsam die Landgrafschaft Thurgau, was das Ende der habsburgischen bzw. adligen Rechtsansprüche südlich des Bodensees bedeutete. 1474 wurde dann Frieden mit den Habsburgern geschlossen, die den eidgenössischen Besitzstand anerkannten. 1476 forderten Habsburg und Frankreich die Eidgenossen zum Kampf gegen Karl den Kühnen von Burgund auf, ließen sie dann jedoch im Stich. Die Eidgenossen schlugen aber die Burgunder bei **Grandson**, was eine weitere Expansion einleitete: Wallis als »zugewandter Ort« (1476), Aufnahme von Freiburg und Solothurn (1481), lockerer Anschluss Graubündens (1498). Im Lauf des 15. Jh.s war aus dem Bund von Städten und Ländern trotz ständiger Konflikte eine nicht mehr auflösbare Einheit geworden. Ihr Kennzeichen wurde das weiße **Schweizerkreuz**, das man bei Kriegsfahrten an die Fahnen heftete.

FRÜHE NEUZEIT

1513	Eidgenossenschaft der 13 Orte (bis 1798)
1520 – 1525	Durchsetzung der Reformation Zwinglis
1653	Großer Bauernkrieg in der Zentralschweiz

Von der Expansion zur Neutralität In neuem Selbstbewusstsein lehnten die außerhalb der Schweiz als Kriegsvolk berüchtigten und als »Reisläufer«, d. h. Söldner, geschätzten Eidgenossen es ab, sich an den Kosten der Reichsreform 1495 zu beteiligen. Der Versuch, sie im **Schwabenkrieg** (1499) dazu zu zwingen, misslang: In zwei Schlachten gegen den König und späteren Kaiser Maximilian I. gingen die Schweizer als Sieger hervor; im Frieden zu Basel 1499 löste sich die Eidgenossenschaft vom Heiligen Römischen Reich Deutscher Nation. (Völkerrechtlich besiegelt wurde die Unabhängigkeit allerdings erst 1648 im **Westfälischen Frieden**, der den Dreißigjährigen Krieg beendete.) 1501 schlossen sich Basel und Schaffhausen, 1513 Appenzell dem Bund an, so dass die Eidgenossenschaft nun aus **13 Orten** bestand – und dies unverändert bis 1798. Ein letztes Mal traten die Schweizer als kriegführende Macht auf, als sie den Konflikt zwischen dem Reich und Frankreich um Oberitalien (1511 – 1516) zur Expansion nach Süden benutzten, wobei 1512 das Tessin und das Veltlin erobert wurden. Nach der vernichtenden Niederlage gegen Frankreich bei **Marignano** 1515 war es jedoch mit dem Mythos der Unbesiegbarkeit vorbei: Im Frieden mit Frankreich 1516 verzichteten die Eidgenossen auf jede expansive Machtpolitik und proklamierten vollkommene Neutralität.

Reformation Dass die Eidgenossenschaft sich dann außenpolitisch tatsächlich neutral verhielt, war die Folge massiver innerer Konflikte. Stärker als

In der »Ambassadorenstadt« Solothurn orientierte man
sich an Frankreich: Schloss Blumenstein.

viele andere europäische Länder erlebte die Schweiz die **Glaubens-
spaltung**. Vor allem in den Städten stießen erst Luthers Thesen,
dann die Lehren des Zürchers Ulrich Zwingli (ab 1522) und des von
Genf aus agitierenden Reformators Jean Calvin (ab 1536; ▶ Berühmte Persönlichkeiten) auf ein großes Echo, bedeutete die Reformation
doch für viele Gemeinden die Befreiung von geistlicher Oberherr-
schaft und die Etablierung eigener politischer und wirtschaftlicher
Macht. Anders sah es in ländlichen Gebieten aus. Zwar fand die Reformation auch hier viele Anhänger, doch blieben die Landkantone
sowie Luzern, Freiburg und Solothurn katholisch. Die energisch
durchgeführte **Gegenreformation** ab 1548 verschärfte die konfessi-
onellen Gegensätze und führte zur inneren Spaltung der Eidgenossenschaft. Zu konfessionell motivierten Waffengängen kam es im
Kappeler Krieg 1531 und in den **Villmergerkriegen** von 1656 und
1712, aus denen die führenden reformierten Kantone Zürich und
Bern siegreich hervorgingen, die dann zu den tonangebenden Territorien der Eidgenossenschaft aufstiegen. Bis ins 19. Jh. hinein um-
fasste die katholische Schweiz rund zwei Fünftel der Bevölkerung in
hauptsächlich ländlich-alpinem Gebiet mit nur drei Stadtkantonen
(v. a. Luzern) zwischen Zürich, Bünden und Bern. Die reformierte
Schweiz war wirtschaftlich stärker, denn zu ihr gehörten die reiche-
ren landwirtschaftlichen Regionen, und viele der Städte sollten sich
später zu Industriestandorten entwickeln.

Nach dem Dreißigjährigen Krieg, an dem sich die Schweiz nicht be-
teiligte und nur Graubünden in Kämpfe verwickelt wurde, erkannten
die europäischen Mächte im Westfälischen Frieden 1648 die Eidgenossenschaft als souveränen Staat an. Dies jedoch vor allem deshalb, weil Frankreich und Österreich sich das schweizerische Gebiet

Ancien
Régime

gegenseitig missgönnten. Ein echter eigenständiger Staat war die Eidgenossenschaft nicht; sie war ein lockerer **Bund von 13 unabhängigen Kantonen**, zwischen denen nicht selten Konflikte ausbrachen. Die Föderation hatte kein Machtzentrum in Form einer Hauptstadt. In einem »Tagsatzung« genannten Rat regelten die Kantone die Außenpolitik und die Verwaltung der hinzugewonnenen Gebiete. Fast absolutistisch regierten **Adels- und Kaufmannsgeschlechter** von den städtischen Zentren aus. Leibeigenschaft gab es formal nicht mehr, doch die meisten Bauern konnten sich nicht aus der Grundherrschaft lösen. Auch wirtschaftlich sah es im Alpenland nicht rosig aus. Zwar äußerten sich im 18. Jh. viele Schweizbesucher voller Lob über den Wohlstand unter Bürgern und Bauern, aber während sich manche durch Neuaufteilung von Land bereichern konnten, führten Kleinbauern ein karges Leben, mussten sich als Taglöhner verdingen oder als **Söldner** auswandern. Bis zum Ende des 18. Jh.s war die Schweiz ein Agrarland, das Getreide importierte, Vieh und Käse exportierte. In Städten wie St. Gallen, Basel und Zürich entwickelte sich im Lauf des 17. Jh.s eine auf Heimarbeit basierende Textilindustrie; in Genf und kurz darauf im Jura wurde die Produktion von Uhren aufgenommen, in Genf entwickelte sich das Bankenwesen.

VOM 19. JAHRHUNDERT BIS HEUTE

1798	Französische Besetzung der Schweiz
1803	Mediationsakte: Restaurierung der alten Patrizierherrschaft
1847	Sonderbundskrieg
1848	Bundesverfassung. Bern wird Bundesstadt.
1981	Rechtliche Gleichstellung der Frau
2002	Beitritt der Schweiz zur UNO
2008	Beitritt der Schweiz zum Schengener Abkommen

Von der Staatskrise zur modernen Schweiz In der Aufklärung und v. a. nach Ausbruch der **Französischen Revolution** mehrten sich in der Schweiz die Stimmen, die mit dem alten Obrigkeitssystem unzufrieden waren. Die Änderung kam – von außen. 1798 besetzten französische Revolutionstruppen das Alpenland und installierten gewaltsam die **Helvetische Republik**, einen Zentralstaat nach französischem Vorbild mit 40 gleichberechtigten Regionen. 1803 verpasste Napoleon den Schweizern seine »Mediationsakte«, die einen machtlosen Staatenbund nach altem Muster schuf, mit 19 Kantonen: Zu den 13 Orten kamen Aargau, St. Gallen, Graubünden, Tessin, Thurgau und das Waadtland hinzu. Nach dem Sturz Napoleons wurde auf dem **Wiener Kongress** (1814/1815) die »immerwährende Neutralität« der Schweiz erneuert, darüber hinaus vermehrte man die Kantone um Genf, Wallis und Neuchâtel, Städte bzw. Regionen, die sich Frankreich 1798 einverleibt hatte. Bald entstand eine **liberale Bewegung**, die einen Bundesstaat forderte. Da die Liberalen sehr antiklerikal eingestellt waren, vor allem gegenüber der katholischen Kirche, wuchs der Widerstand gegen die neue Bewegung, und 1845 schlossen sich die katholisch-konservativen Kantone Luzern, Uri, Schwyz, Unterwalden, Zug, Freiburg und Wallis zu einem **Sonderbund** zusammen. 1847 brach ein 26-tägiger Bürgerkrieg aus – die letzte große gewaltsame Auseinandersetzung in der Schweizer Geschichte –, in dem die liberalen Kantone unter dem berühmten General Dufour siegten. 1848 trat

Das Unspunnenfest in Interlaken 1808 in einem zeitgenössischen Stich

mit Zustimmung des Volks eine neue **Verfassung** in Kraft, aus dem Staatenbund wurde ein Bundesstaat mit der »Bundesstadt« (nicht »Hauptstadt«) Bern.

Doch auch die neue Verfassung war vielen Schweizern zu wenig demokratisch. 1874 kam es daher zu einer Revision mit einer stärkeren Berücksichtigung von Minderheiten und Volksmeinungen. Seither müssen wesentliche politische Entscheidungen durch **Volksabstimmungen** getroffen werden. Zudem war die Schweiz kein Staatenbund mit zahllosen Zöllen und unterschiedlichen Währungen mehr, die den Binnenhandel erschwerten, sondern ein einheitlicher Wirtschaftsraum mit einer Währung (Franken, seit 1850). In dem an Bodenschätzen und Rohstoffen armen Gebirgsland wurden im Boom der **Industrialisierung** die Textil- und Uhrenproduktion ausgebaut, daneben entwickelten sich Chemie- und Nahrungsmittelindustrie, auch im Maschinenbau (Eisenbahn, Waffen, Elektrotechnik) machte sich die Schweiz rasch einen Namen. Für den Durchgangsverkehr baute man Tunnel, ein dichtes Bahnnetz überzog bald das ganze Land. Nach 1848 schossen Banken wie Pilze aus dem Boden, und der Fremdenverkehr entwickelte sich zum Wirtschaftsfaktor. Einen großen innenpolitischen Konflikt erlebte das Land erst wieder in den 1970er-Jahren, als die Bewohner des **Juras** drohten, sich vom Kanton Bern zu lösen; recht dramatische Ereignisse führten schließlich dazu, dass 1979 ein Teil des Juras ein **eigenständiger Kanton** wurde. Erst spät konnte sich die männliche Schweiz zur Anerkennung der **Gleichberechtigung der Frau** durchringen. Seit 1971 dürfen Frauen auf Bundesebene wählen; 1981 verankerte ein Referendum die Rechtsgleichheit von Mann und Frau. 1984 wurde erstmals eine Frau

Wirtschaft und Innenpolitik

Immerwährende Neutralität?

Seit über 400 Jahren geht die Schweiz in der großen Politik ihren eigenen Weg. Unter dem Zauberwort »Neutralität« steht auch die Diskussion um die Rolle des Landes in Europa und der globalisierten Welt.

»Neutralität« ist für die Schweiz ein höchst bedeutsamer Begriff, was man an Sätzen wie diesem ablesen kann: »Neutralität entstammt dem Wurzelboden unserer Eid-Genossenschaft und gehört zum geistigen Urbestand unserer Existenz.« Weniger mythisch ausgedrückt: Als »Staatsmaxime« sei sie ein »historisches Erfolgsmodell«, ohne das der ethnisch und religiös gespaltene Kleinstaat nicht hätte überleben können. Doch wird hier keineswegs einem echten Pazifismus das Wort geredet: Vielen Schweizern gilt die **bewaffnete Neutralität**, das Militär allgemein als wichtigster Garant der Unabhängigkeit und als Motor für die Entstehung des Nationalgefühls.

Historische Stationen

Als erster Schritt zur Neutralität gilt die Niederlage in der **Schlacht von Marignano 1515**, als die Eidgenossen sich mit Frankreich anlegten, die es auf Mailand abgesehen hatten. Dieser fehlgeschlagene Versuch einer Großmachtpolitik wurde gegen Ende des 19. Jh.s in vielfacher Form – von den Schulbüchern und Geschichtswerken bis zur literarischen und musikalischen Verarbeitung – popularisiert und zu »dem« Ereignis verklärt, in dem die Eidgenossenschaft zu ihrer welthistorischen Bestimmung fand. Am eindrücklichsten hat das Ferdinand Hodler in seinem Monumentalgemälde dargestellt, das im Landesmuseum Zürich zu sehen ist. Im **Dreißigjährigen Krieg** hielten sich die Eidgenossen aus den konfessionell verbrämten Kriegen um die Vorherrschaft in Europa heraus. Was einige als weises »Stillesitzen« verstehen wollen, dürfte eher andere Gründe haben: Einmal war die Schweiz mit sich selbst kriegerisch beschäftigt, zum andern war sie weder wirtschaftlich noch militärisch zum »Mitmischen« imstande. Im Westfälischen Frieden 1648 wurde die Unabhängigkeit der Schweiz anerkannt; dann erklärte die **Tagsatzung 1674** die Eidgenossenschaft zum neutralen Staat, der sich an den Auseinandersetzungen anderer Mächte nicht beteilige. Doch muss man auch hier einige Fakten beachten. Die Versorgung anderer Staaten mit **Söldnern** war ein sehr einträgliches Geschäft, man lieferte an deutsche Fürsten und die Niederlande ebenso wie an Frankreich, so dass in vielen Schlachten Schweizer gegeneinander kämpften. Von Frankreich war man so abhängig, dass sich die Eidgenossenschaft zur Zeit Ludwigs XIV. wie ein französisches Protektorat ausnahm. Echte Neutralität war weder im Selbstverständnis der Eidgenossen noch in der Außenwahrnehmung ein Thema. Die 6-bändige Bibliografie zur Schweizer Geschichte von E. von Haller (1788) führte unter dem Stichwort »Neutralität« nur zwei Schriften von 1689 auf, die sich zudem ge-

Grenzpatrouille
im Hochgebirge,
aufgenommen im
November 1939

gen eine neutrale Haltung der Schweiz aussprachen. Die Neuordnung Europas im **Wiener Kongress 1814/1815** erkannte die »immerwährende Neutralität« des Alpenstaates an – dass dies aber nur bei Wohlverhalten gegenüber den Großmächten galt, machten diese 1889 in der »Wohlgemuth-Affäre« unmissverständlich klar. In die **Bundesverfassung 1848** kam der Begriff der Neutralität nur durch die Hintertür; zunächst hatte eine große Mehrheit der Stände gegen die Aufnahme gesprochen, weil »man nicht wissen könne, ob [die Neutralität] nicht einmal im Interesse der eigenen Selbständigkeit verlassen werden müsse«.

Der Zweite Weltkrieg

Der Kriegsberichterstatter W. L. Shirer prophezeite kurz nach Beginn des Zweiten Weltkriegs: »Die Schweiz wird schwerer zu knacken sein, und ich glaube nicht, dass es die Deutschen versuchen werden.« Er behielt de facto Recht, für viele Schweizer heute noch aufgrund der bewaffneten Neutralität oder gar wegen der Uneinnehmbarkeit der Alpenfestung (»Réduit«). Tat-

sächlich aber war eine pro forma unabhängige Schweiz für Deutschland als Drehscheibe der Waren- und Geldströme unverzichtbar. Die neutrale Schweiz erfüllte diese Funktion perfekt, und sie hat sie vielfach erfüllt, wie man spätestens seit 2002 weiß, als die internationale **Unabhängige Expertenkommission** (UEK) ihren 25-bändigen Schlussbericht vorlegte. Die Bundesversammlung hatte die Kommission 1996 ins Leben gerufen und mit der Aufarbeitung der Rolle der Schweiz im Zweiten Weltkrieg beauftragt. Ein dunkles Kapitel war auch die Rolle der **Schweizer Banken** im Zweiten Weltkrieg, die die Vermögen von Opfern und Tätern des Naziregimes auf anonymen Nummernkonten angelegt hatten. Unter der Drohung von Sammelklagen in den USA reagierten die Großbanken UBS und Crédit Suisse, die 1,25 Mrd. US-Dollar Entschädigung an Hinterbliebene des Naziterrors bezahlten. Auch die Verweigerung der Aufnahme von **Flüchtlingen** ab 1942 widersprach den Prinzipien einer humanen Politik. Die Website der UEK: www.uek.ch.

Auf der Hut: Wachsoldat 1943 an der Grenze zu Deutschland

in den Bundesrat gewählt, und als letzte erhielten 1990 die Frauen in Appenzell-Innerrhoden – nach einem Machtwort des Lausanner Bundesgerichts – das Stimmrecht.

Außenpolitik und Zweiter Weltkrieg

Seit Anfang des 16. Jh. waren die Eidgenossen an keinem Krieg außerhalb ihrer Grenzen mehr beteiligt, und sie weigerten sich nach dem Ersten Weltkrieg zunächst, dem Völkerbund beizutreten – obwohl dieser seinen Sitz in Genf nahm, denn bereits seit 1864, als dort das Rote Kreuz gegründet wurde, war die Schweiz bevorzugter Standort internationaler Organisationen. Schließlich trat sie doch dem **Völkerbund** bei, allerdings unter Bedingungen, etwa der, sich nie an militärischen Aktionen beteiligen zu müssen. Im **Zweiten Weltkrieg** blieb das Land offiziell neutral, aus Angst vor einer deutschen Invasion stand die Armee in ständiger Alarmbereitschaft. Andererseits war Bern gegenüber Berlin entgegenkommend. Die Schweizer Banken wickelten den Goldhandel und den Zahlungsverkehr des Dritten Reichs mit dem Ausland ab, die Schweizer Industrie versorgte Deutschland mit Gütern – darunter Waffen –, Kraftwerke lieferten Strom, der Nachschub für Wehrmacht und SS in Italien lief über Schweizer Gleise. Über 10 000 Zwangsarbeiter und Kriegsgefangene arbeiteten in deutschen Filialen schweizerischer Unternehmen. In den ersten Jahren der Naziherrschaft ließ man noch Tausende von **Flüchtlingen** ins Land, dann wurden, unter dem Motto »Das Boot ist voll!«, aber auch auf deutschen Druck hin, die Grenzen dicht gemacht. Flüchtlinge schickte man nach Deutschland zurück, viele damit in den sicheren Tod. Der St. Galler Polizeihauptmann **Paul Grüninger** ließ 1938/1939 Juden einreisen, wurde 1939 aus dem Dienst entlassen und 1940 wegen Amtspflichtverletzung und Urkundenfälschung verurteilt. Er starb 1972 verarmt, da ihm eine Pension verweigert wurde. Erst 1996 wurde er juristisch rehabilitiert.

Obwohl sich nach dem Zweiten Weltkrieg viele UN-Organisationen in Genf niederließen, trat die Schweiz erst 2002 der **UNO** bei. Volksentscheide verhinderten 1992 den Beitritt zur **Europäischen Union**. Die EU-Gegner argumentieren, dass die Schweiz von billigen Arbeitskräften überschwemmt würde und sich vom Bankgeheimnis verabschieden müsste. Auch mit der direkten Demokratie sei es vorbei, und in der so gut wie unkontrollierbaren EU-Bürokratie würden die Interessen der Schweiz verlorengehen. Trotz aller Widerstände ist die Schweiz schon aufgrund wirtschaftlicher Notwendigkeiten, über 60 % der Exporte gehen in die EU, auf dem Weg nach Europa. Die globale Finanzkrise traf die Schweiz besonders heftig. So wies die UBS, der größte Vermögensverwalter der Welt, 2008 einen Verlust von 21,3 Mrd. CHF aus, die Credit Suisse von 8,2 Mrd. CHF. Vor dem Hintergrund der Krise trat die Schweiz im selben Jahr dem **Schengener Abkommen** bei. Im März 2009 wurde das **Bankgeheimnis** gekippt; auf massiven Druck aus den USA hin beschloss der Bundesrat, anderen Ländern bei begründeten Anfragen nicht nur beim Verdacht auf Steuerbetrug, sondern auch bei (bis dato in der Schweiz nicht strafbarer) Steuerhinterziehung Amtshilfe zu leisten. Zur selben Zeit machte sich der deutsche Finanzminister Peer Steinbrück sehr unbeliebt, als er diesbezüglich von »Zuckerbrot und Peitsche« sprach und fragte, ob die Kavallerie gegen die Schweiz ausreiten müsse (Weiteres zum Thema Banken und Steuern ▶ Wirtschaft). Im November 2009 sprachen sich 57,5 % der Schweizer und eine Mehrheit der Kantone für ein Verbot neuer **Minarette** aus (bisher gibt es in der Schweiz vier Minarette), wobei etwa 4 % der Einwohner Muslime sind. 2012 wies eine Volksabstimmung die Einführung eines **Rauchverbots** in öffentlichen Räumen ab, was die Schweizer Presse fast einhellig als Absage an eine »übertriebene Verbotsgesellschaft«, als »Sieg der persönlichen Freiheit« und der »politischen Selbständigkeit der Kantone« feierte. Über die Landesgrenzen hinaus Beachtung fand im März 2013 der Erfolg der **Abzockerinitiative**: Über die Boni, Abfindungen und Gehälter für Manager börsennotierter Unternehmen sollen künftig die Aktionäre entscheiden.

Entwicklung bis heute

Kunstgeschichte

Die Schweiz stand immer im Kontakt zum Ausland und »importierte« die großen Strömungen, dennoch hat sie wichtige Eigenleistungen vorzuweisen. Eindrucksvolle Bauwerke und hervorragende Museen sind im ganzen Land zu finden.

RÖMISCHE ANTIKE

Zur Zeit des Kaisers Augustus gelangt die Schweiz unter den Einfluss Roms. Eine **provinzialrömische Kultur** entfaltet sich von der Mitte des 1. bis zur Mitte des 3. Jh.s n. Chr. in den größeren Orten (▶ S. 49). Von den künstlerischen und kunsthandwerklichen Leistungen zeugen vor allem meisterhafte Porträtbüsten und Reliefszenen auf Sarkophagen, prächtige Mosaiken und Wandmalereien in Villen ebenso wie Glaskunst, Kleinbronzen, Gemmen, Kameen, Medaillen und Silbergeschirr. Einen guten Einblick in die römische Kultur der Schweiz vermitteln die Ausgrabungen von **Kaiseraugst** und **Avenches** sowie das Vindonissa-Museum in **Brugg** bei Baden.

Römisches Moasaik in Boscéaz bei Orbe

ROMANIK

Ausgehend von der römischen Baukunst entwickelt sich die **Basilika** zum Haupttyp des christlichen Kirchenbaus. Von der griechischen »Königshalle« abgeleitet, diente sie den Römern als Markt- oder Gerichtshalle. Seit dem frühen 4. Jh., als das Christentum zur Staatsreligion aufsteigt, werden lange, nach Osten orientierte **Kirchen** mit hohem Mittelschiff und niedrigeren Seitenschiffen gebaut. Im Westen, in Richtung Sonnenuntergang – Symbol für den Tod –, liegt der Eingang, häufig mit einer Vorhalle (Narthex). Im Osten, in Richtung Sonnenaufgang, dem Symbol für Auferstehung, steht in der Apsis der Altar. Der Grundriss verändert sich im Lauf der Zeit aufgrund der Kreuzverehrung von T-förmiger zu kreuzförmiger Gestalt. Die Vie-

Sakralbauten

Die Chesa Clalgüna in Ardez, wohl das schönste Haus im Engadin

Ältester Sakralbau der Schweiz: Baptisterium in Riva S. Vitale (Tessin)

rung kann durch einen Turm oder eine Kuppel akzentuiert werden. Die flache Holzdecke oder der offene Dachstuhl werden später durch Steingewölbe ersetzt.

Karolingische Kunst

Nach den Wirren der Völkerwanderung und dem Untergang des weströmischen Reichs erfährt die christliche Kunst vom Ende des 8. bis zum frühen 10. Jh. eine Erneuerung durch das Erbe der Antike, v. a. durch spätantik-byzantinische Vorbilder, die sich im Frankenreich mit germanischen Formen vermischen. Großartiges Beispiel karolingischer Baukunst ist die Ende des 8. Jh.s errichtete Klosterkirche **St. Johann in Müstair**, die um 800 mit einem monumentalen Freskenzyklus zur Erlösungsgeschichte Christi und der ältesten Darstellung des Jüngsten Gerichts ausgeschmückt wird. Das Baptisterium von **Riva San Vitale**, ein Zentralbau, reicht bis in die Zeit um 550 zurück, erfährt jedoch ab dem 9. Jh. Veränderungen. Um 800 entsteht **St. Peter in Mistail** als Saalkirche mit drei Apsiden. Spätkarolingische Prachthandschriften aus der eigenen Schreibschule bewahrt die **Stiftsbibliothek St. Gallen**, u. a. den Folchart-Psalter (um 870), das Evangelium longum und das Psalterium Aureum. Vermittelt durch die Hofschule Karls des Großen wenden sich die anfangs noch vom Ornament und Tierstil geprägten Illuminatoren der Handschriften immer mehr der ausdrucksvollen Darstellung der menschlichen Gestalt zu. Auch die Gold- und Silberschmiedekunst sowie die Elfenbeinschnitzerei erlebt einen Aufschwung. Einmalig ist das vergoldete Warnebertus-Reliquiar (7. Jh.) im berühmten **Stiftsschatz von Beromünster**, der auch ein Elfenbeindiptychon (um 800) mit Petrus-und-Paulus-Darstellungen sowie weitere kostbare Sakralgegenstände von der Romanik bis zur frühen Gotik enthält.

Die frühe Romanik von der 2. Hälfte des 10. Jh.s bis ins erste Viertel des 11. Jh.s zeichnet sich durch den Bau **monumentaler Basiliken** aus, die zum Teil mit Emporen und Stützenwechsel zwischen Säule und Pfeiler gestaltet sind. Das sog. gebundene System, das den Vierungsgrundriss als Grundmodul verwendet, führt zu einer harmonischen Ordnung der blockhaften Bauteile. Ein hervorragendes Beispiel ist die Kirche des Cluniazenserpriorats **Romainmôtier** (Anfang 11. Jh.), eine dreischiffige Rundpfeilerbasilka mit ausladendem Querhaus und einem von drei Apsiden geschlossenen Chor. Der wehrhafte Westbau wurde im 13. Jh. durch eine gotische Vorhalle ersetzt.

Frühromanik

Unter der Herrschaft der Salier-Kaiser, neben der Geistlichkeit und dem Hochadel Stifter der meisten Großbauten, entsteht die **Klosterkirche von Payerne** (11. Jh.), dem geistlichen Zentrum Hochburgunds, eine eindrucksvolle dreischiffige Rundpfeilerbasilka mit Querhaus und Chor mit fünf Apsiden. Die um 1104 fertiggestellte Kirche des Benediktinerklosters **Allerheiligen in Schaffhausen** bildet den vom Hirsauer Schema beeinflussten Typus einer flachgedeckten, kreuzförmigen Basilika mit Vorchor und gerade geschlossenem Chor mit Nebenkapellen. In **Stein am Rhein** hat sich die Klosterkirche St. Georgen erhalten, eine flachgedeckte Säulenbasilika ohne Querschiff aus der Zeit um 1060. Die Holzdecke der Kirche **St. Martin in Zillis** besitzt noch 140 originale bemalte Felder (um 1130).

Hochromanik

Die Spätromanik (1150 – 1250), etwa zur Zeit der Stauferkaiser, gibt dem Profanbau neue Impulse, so mit den Pfalzen und Burgen, aber auch mit Rat- und Wohnhäusern in den Reichsstädten. Blockhafte Formen, mit Rundbogenportalen und Zwillingsfenstern mit Überfangbögen verziert, herrschen vor. Die **Kyburg** mit ihrem malerischen Burghof und der romanischen Kapelle ist die wichtigste Feudalburg zwischen Limmat und Bodensee im 12./13. Jahrhundert. Zwischen 1152 und 1191 gründet Herzog Berchtold V. von Zähringen, in einer Aare-Schleife **Bern**, das wenige Jahrzehnte später reichsfrei wird. Aarau, eine Gründung der Grafen von Kyburg um 1250, ist eine ovale, durch parallele Straßenzüge unterteilte Anlage. Im Kirchenbau schlägt sich bei der schlichten Saalkirche **S. Nicolao in Giornico** (Mitte 12. Jh.) mit schönen Kapitellen und Hallenkrypta der lombardisch-romanische Stil nieder. Das **Großmünster in Zürich** (12. Jh.), eine Pfeilerbasilika mit Rundbögen und schönen Figurenkapitellen, besitzt eine eindrucksvolle zweigeteilte Krypta. Das **Basler Münster**, eine spätromanisch-frühgotische Basilika, entsteht zwischen 1170 und 1225 über einem ottonischen Bau. Hervorragende Wandmalereien (1150 – 1170), u. a. ein Gastmahl des Herodes und die Enthauptung Johannes des Täufers, schmücken die Mittelapsis von **St. Johann in Müstair**. Sakralgegenstände wie Reliquiare, Kelche, Elfenbeinarbeiten und Schreine von der Romanik bis zur

Spätromanik

Gotik präsentiert das Museum der **Kathedrale von Chur**. Beachtenswerte Kirchenschätze gibt es u. a. in der Augustinerabtei in **St-Maurice** und in der Benediktinerabtei in **Engelberg** zu sehen. Etwa 1170 – 1180 wird die Galluspforte des Basler Münsters gefertigt, mit thronendem Christus zwischen Petrus und Paulus sowie den klugen und törichten Jungfrauen im Türsturz. Schöne spätromanisch-frühgotische Kapitelle zieren die **Kathedrale St. Pierre in Genf**.

GOTIK

Sakralbau

Von Frankreich her hält der gotische Baustil um 1200 Einzug in die Westschweiz. Hoch aufragende, fein gegliederte Türme, Spitzbogen und Maßwerkfenster, Strebewerk zur Ableitung der Gewölbelasten, Figurenportale, mehrteilige Wandgliederungen und ein Chorumgang sind Merkmale des Kirchenbaus. Die Rippen der Kreuzgewölbe

werden in der Spätgotik immer dekorativer zu Stern- und Netzgewölben gestaltet. Die **Kathedrale von Lausanne** (1173 – 1232) besitzt im südlichen Querhaus eine große Fensterrose (um 1240). In der 2. Hälfte des 13 Jh.s wird der Bau von **St. Nicolas in Fribourg** begonnen. Das **Fraumünster in Zürich** ist wesentlich durch die Hochgotik des 14. Jh.s geprägt. Matthäus Ensinger, der vorher mit seinem Vater am Ulmer und Straßburger Münster tätig war, leitet ab 1421 den Bau des spätgotischen **Münsters in Bern**.

Das »Jüngste Gericht« von 1495 im Hauptportal des Berner Münsters

Profanbau

Die romanisch-gotische Burganlage **Chillon am Genfer See** enthält fein dekorierte Gemächer. Als große Dynastenburg mit hohem Palas und kantigem Bergfried tritt **Burgdorf** in Erscheinung, innerhalb des Mauerrings der Vorburg sind Amts- und Wohngebäude eingefügt. **Bellinzona** dient mit seinen drei Kastellen aus dem 13. und 14. Jh. als Sperrfestung zwischen Gotthard und Lombardei. Bei den Bürgerhäusern schmückt ein Laubengang das Erdgeschoss, Spitzbogenportale und Kreuzstockfenster gliedern die Fassaden, die Giebel werden in Stufen gestaltet. Die Gassen und Plätze etwa von **Bern** und **Fribourg** bilden stattliche Ensembles meist spätgotischer Bürger- und Zunftbauten. In **Genf** besitzt die Maison Tavel eine schöne Fassade von 1334. Zahlreiche Tore und Türme aus dem 14. bis frühen 16. Jh. markieren den Verlauf der Mauerringe in **Murten, Romont, Solo-**

thurn, **Luzern und Schaffhausen**, auch der Bruggerturm (1441) in **Baden** oder das Spalentor in **Basel** (um 1390) sind bemerkenswert. Die Fassade des **Basler Rathauses** vom Anfang des 16. Jh.s verbindet Formen der Spätgotik und der Frührenaissance. Ein prunkvoller spätgotischer Raum ist das Zscheckenbürlin-Zimmer (um 1509) in der Kartause in Kleinbasel.

Burgundisch beeinflusst ist der Auftakt der gotischen Plastik im frühen 13. Jh. mit den Skulpturen der **Kathedralen von Fribourg und Lausanne** (das Chorgestühl in Letzterer, um 1260, ist das älteste der Schweiz). In der **Stiftskirche Neuchâtel** steht das Grabmal (1372) der Grafen von Neuchâtel mit 15 farbig gefassten Figuren. Die Ausstattung des **Berner Münsters**, vor allem der reiche Figurenschmuck der Westfassade, ist eine Leistung des ab 1458 dort ansässigen Erhart Küng. Die **Kathedrale von Chur** besitzt eine reiche spätgotische Ausstattung mit Sakramentshäuschen (1484), dem Hochaltar (1492) von Jakob Russ, dem Katharinenaltar (um 1510) und dem Grabstein des Ortlieb von Brandis (um 1485). In der Kirche von **Münster im Goms** beeindruckt der imposante Flügelaltar (1509) des Luzerners Jörg Keller. Skulptur

Um 1340 entstehen die Fresken von **St. Arbogast in Oberwinterthur**, die stilistisch der Züricher Manesse-Liederhandschrift nahestehen. In der Nachfolge von Giotto (S. Francesco in Assisi) stehen die um 1350 geschaffenen detailfreudigen Fresken zum Leben Christi in der Kiiche **S. Maria Assunta in Brione Verzasca**. Die Leonhardskapelle in **Landschlacht** am Bodensee ist fast ganz mit Fresken der Passion (um 1350) und einem Leonhardszyklus (um 1432) ausgemalt. Beeindruckend sind auch die **Georgskirche Rhäzüns** (Hinterrhein) mit Fresken des Waltensburger Meisters (Szenen aus dem Leben des Kirchenpatrons, 14. Jh.) und die Ausmalung der Pfarrkirche **Erlenbach** im Simmental (15. Jh.) mit Christus- und Sakramentsszenen sowie einem Jüngsten Gericht. Das 1444 von **Konrad Witz** gemalte Altarbild im Genfer Musée d'Art et d'Histoire zeigt erstmalig eine realistische Landschaftsabbildung. Unter niederländischem Einfluss steht der Flügelaltar von Albrecht Nentz (1481) in der **Franziskanerkirche Fribourg**. Zwischen 1480 und 1520 ist dort die mit einer roten oder weißen Nelke signierende Nelkenmeisterschule aktiv, die schon zur Renaissance überleitet. Unter den **Glasmalereien** ragen die vom Haus Habsburg zwischen 1325 und 1330 gestifteten Fenster in der **Klosterkirche von Königsfelden** heraus, außerdem die rot- und blaugrundigen Scheiben mit Heiligenfiguren (frühes 14. Jh.) in der **Zisterzienserabtei Kappel** am Albis und die Chorfenster (Mitte des 15. Jh.s) im **Berner Münster**. Sogenannte Schweizer Scheiben, eine bürgerliche Form des Glasbilds, sind u. a. im Landesmuseum in Zürich zu sehen. Malerei

RENAISSANCE UND MANIERISMUS

Die in Italien zwischen 1420 und 1520 entstehende Renaissance fasst in der Schweiz erst Anfang des 16. Jh.s. Fuß und verbindet sich mit der Formensprache der Spätgotik zum Manierismus. Vor dem Hintergrund tiefgreifender Erschütterungen des Weltbilds durch Entdeckungen, Reformation, Bauernkriege und die Bedrohung durch die Türken wird die klassisch-antike Kunst durch einen übertrieben künstlichen und unnatürlichen Formwillen verdrängt.

Baukunst Auffallend sind in der Baukunst der spielerische Umgang mit konstruktiven Elementen und die Ornamentfülle. Sprenggiebel, Figurennischen und illusionistische Fassadenmalerei schmücken vor allem **Bürgerbauten und Rathäuser**. Im Palastbau überwiegt der Typ der Vierflügelanlage. Der Rittersche Palast (1574) in **Luzern** orientiert sich an florentinischen Stadtpalästen. Die Maison des Halles (1570) in **Neuchâtel** fällt durch üppige Zier auf, dekorativ verkleidet ist dort auch das Haus Marval (1609). Das Hôtel Ratzé (1584) in **Fribourg** ist ein französisch geprägter Wohnpalast, das Ital-Reding-Haus (um 1609/1663) in **Schwyz** ein manieristischer Herrensitz. Der Palast (1647) von Kaspar Freuler in **Näfels** im Glarnerland, Oberst der Schweizergarde am Hof Ludwigs XIII., ist überaus prächtig ausgestaltet. Eine Besonderheit des **Bündner Hausschmucks** ist das Sgrafitto (Kratzputz). Die Fassade (1517) von **S. Lorenzo in Lugano** mit kolossaler Pilasterordnung, Gesimsen und triumphbogenartigen Eingängen ist ein wichtiges Werk der Frührenaissance.

Malerei Die perspektivische Erschließung des Raums, die Entdeckung der Landschaft und die humanistische Sicht auf das Diesseits bestimmen die Renaissance-Malerei. Der Festsaal des Abts David von Winkelheim im Kloster St. Georgen in **Stein am Rhein** wird bis 1516 u. a. mit Themen der römischen Geschichte und einer Schilderung der Zurzacher Messe höchst lebendig ausgemalt. Das Haus Weißer Adler zieren um 1520 gemalte Fresken, u. a. mit Szenen aus Boccaccios »Decamerone«. Überaus anschauliche Geschichtsquellen sind die Bilderchroniken von **Diebold Schilling** d. Ä. und d. J., die Gemälde und Zeichnungen von **Niklaus Manuel** gen. Deutsch und die expressiven Holzschnitte von **Urs Graf**. Detailreiche Ansichten von Zürich – als Hintergrund für die Martyrien der Stadtheiligen – liefert **Hans Leu d. Ä.** in seinen Tafeln (Landesmuseum Zürich). Als Porträtmaler macht sich **Hans Asper** einen Namen, für leuchtende Altarbilder **Hans Fries**. Tobias Stimmer bemalt 1570 das Haus zum Ritter in **Schaffhausen** mit Themen aus Mythologie und antiker Geschichte. Ein Hauptwerk der lombardisch beeinflussten Hochrenaissance ist ist die Lettnerwand in S. Maria degli Angioli in **Lugano** mit dem großartigen Passionsfresko (1529) des Leonardo-da-Vinci-Schülers

Der Lettner von S. Maria degli Angioli in Lugano mit seinem Passionsfresko

Bernardino Luini. Der Augsburger **Hans Holbein d. J.** arbeitete lange Zeit in **Basel** und ist im dortigen Kunstmuseum mit Porträts, Holzschnitten und Altargemälden vertreten.

In den freien Städten blüht um 1500 das bürgerliche **Kunsthandwerk**: Gold- und Silberschmiedearbeiten, Schreinerkunst, Glasmalerei, Textilien und Fayencen. Besonderes Interesse gilt auch den **Brunnen** auf öffentlichen Plätzen, z. B. in der Altstadt von **Bern**. Eine Weiterentwicklung der Sakralkunst verhindert die religiös motivierte Sinnesfeindlichkeit der Reformation. Das Chorgestühl (1525) von Jakob Russ und Heini Seewagen im **Berner Münster** zeigt antikisierende Einflüsse. Prächtige Epitaphien sind im Kreuzgang des einstigen **Klosters Allerheiligen in Schaffhausen** aufgestellt.

Skulptur

BAROCK UND ROKOKO

Nur in den katholischen Kantonen sorgt die Geistlichkeit für die Prachtentfaltung im Barock (ab Mitte des 17. Jh.s) und Rokoko (ab etwa 1730). Kuppeln und gestufte Türme, vor- und zurückspringende Glieder geben dem Baukörper der Kirchen Schwung und Bewegung. Aufwendige Ausstattungen in farbigem Stuckmarmor, Figuren mit verzücktem Ausdruck und großartige Illusionsmalerei steigern das Raumerlebnis, wobei die Grenzen zwischen Architektur, Malerei und Plastik im Sinn eines Gesamtkunstwerks aufgelöst werden.

In **Luzern** entsteht 1633–1644 nach Plänen des Jesuiten Jakob Kurrer aus Ingolstadt die Hofkirche mit Chorgestühl von Niklaus Geissler und prachtvollem Chorgitter von J. Reifel. Die Jesuitenkirche (1669)

Sakralbau

Prachtvolles Rokoko: der Hauptsaal in der Stiftsbibliothek St. Gallen

ebenda, eine Pfeilerhalle mit Emporen unter einer Stichkappentonne, ist erstmalig für die Schweiz mit Stuck (1673) der Wessobrunner Schule unter Michael Schmuzer geschmückt. Eine Besonderheit im barocken Sakralbau der Schweiz ist um 1700 die Abkehr von italienischen Vorbildern zugunsten des **Vorarlberger Münsterschemas** durch Baumeister und Handwerker aus dem Bregenzer Wald wie die Familien Thumb und Beer sowie Kaspar Moosbrugger. Sein Kennzeichen sind einschiffige, tonnengewölbte Räume mit weit in das Schiff vorspringenden Wandpfeilern mit Kapellennischen, über denen z. T. Emporen verlaufen. Ein Querschiff ist meist nur angedeutet. Die Klosterkirche St. Remigius (1711 – 1716) in **Münsterlingen** ist ein kleines Meisterwerk von Franz Beer, das tonnengewölbtes Langhaus mit querschiffartigem Ovalkuppelbau und Rechteckchor mit Tambourkuppel kombiniert. Die **Zisterzienserabtei St. Urban** (Franz Beer, ab 1711) zeigt das Vorarlberger Schema in Reinform. Die Kirche der **Benediktinerabtei Muri** wurde nach Plänen von Kaspar Moosbrugger 1695–1698 als überkuppeltes Oktogon errichtet. Die von Kaspar Moosbrugger begonnene Abteikirche **Einsiedeln** (1704 – 1735) ist als Verschmelzung von Zentral- und Längsraum angelegt und entfaltet durch die Ausmalung, Stuckierung und Altäre der Brüder Cosmas Damian und Egid Quirin Asam, Diego und Carlo Carlone sowie Joseph Anton Feuchtmayer eine außerordentliche Wirkung. In der **Stiftskirche St. Gallen** (1755 –1766), einer Schöpfung von Peter Thumb (Langhaus, Rotunde) und Johann Michael Beer (Chor mit Doppelturmfassade), ist die harmonische Durchdringung von Zentral- und Längsbau besonders geglückt. Jakob Engel und Franz Anton Bagnato sind zwischen 1679 und 1760 für den

Neubau der **Domkirche Arlesheim** verantwortlich. Herrlicher
Rokokostuck in grünlicher Tönung und die Ausmalung durch den
Konstanzer F. L. Herrmann machen die Kirche der **Kartause von
Ittingen** (2. Hälfte 18. Jh.) zum Erlebnis. In **Solothurn** bietet die Kathedrale St. Ursen (1773) das Bild einer dreischiffigen Pfeilerbasilika
mit Querhaus und Tambourkuppel. Die 1729 geweihte protestantische **Heiliggeistkirche in Bern** verfügt über einen imposanten Predigtraum, in dem 14 Sandsteinsäulen die umlaufende Galerie und die
Halbtonnenwölbung tragen, die J. A. Feuchtmayer stuckierte.

In den Städten werden die Bürgerhäuser mit Erkern und Malereien **Profanbau**
fantasievoll geschmückt, besonders schön zu sehen in **St. Gallen** und
Schaffhausen. Das erste Geschoss wird in der Regel mit vornehmen
Wohnräumen zur Beletage ausgebaut. In **Ascona** wird die frühbarocke Fassade der Casa Serodine (um 1620) mit Stuck von G. B. Serodine (1587–1626) gestaltet. Der mächtige Magnat und Politiker Kaspar Stockalper lässt sich 1658 – 1678 in **Brig** den schlossartigen Palast
mit Arkadenhof errichten. Das Rathaus von **Sion** (1665) zeigt Einflüsse der frühbarocken italienischen Palazzoarchitektur. In **Basel**
beeindrucken das Wildtsche Haus (um 1764), ein siebenachsiges
Gebäude mit eleganten Pilastern und Segmentgiebeln sowie der
neunachsige Bau Kirschgarten (um 1777) mit dekorativer Betonung
der Fensterpartien. Das Zunfthaus zur Meisen (1757) in **Zürich** ist
ein außen wie innen eindrucksvoller Rokokobau. Ein bewegter, festlicher Rokoko-Raum ist der Saal (1758 – 1767) der **Stiftsbibliothek
St. Gallen**. Im **Simmental** sind die prächtigsten und stattlichsten
Bauernhäuser im Europa des 18. Jh.s zu bewundern.

Die Malerei des Barocks erhält die Aufgabe, den Raum illusionistisch **Malerei**
zu erweitern. Die Entwicklung des Freskos trennt sich von der Tafelmalerei, die in den Formaten und Möglichkeiten der Illusionierung
zurückbleibt; Bewegungsdramatik und Helldunkelkontraste kann sie
jedoch aufgreifen. Wie die Architektur dient die Malerei der Bestätigung des absolutistischen Machtanspruchs ihrer Auftraggeber. Im
kirchlichen Bereich steht die »ecclesia triumphans« im Mittelpunkt
mit den Hauptthemen der Dreifaltigkeit, der Glorifizierung Jesu, der
Verherrlichung Mariens, der Verbreitung des Glaubens in allen Erdteilen sowie der Legenden und Visionen der Heiligen. Dabei steht die
Innenraumgestaltung unter einem Generalthema, das die Sujets der
Deckenfresken, Wandbilder und Altartafeln sowie der Skulpturen
festlegt. Die Programme werden von den Malern nach einem fest-
gelegten Kanon von Typisierungen und Symbolen umgesetzt, z. B. in
den Klosterkirchen von Einsiedeln und St. Gallen. An den Fassaden
und in den repräsentativen Sälen der **Stadtpaläste und Rathäuser**
kommen weltliche Programme zum Zug, meist nach einem ikono-
grafisch-allegorischen Schema, das Tugenden, politische Ideen, his-

torische Ereignisse und antike Mythen umfasst. In der **Tafelmalerei** beeindruckt der Genfer Maler und Kupferstecher Jean-Étienne Liotard (1702–1789) mit detailgenauen, teils genrehaften Bildnissen. Der Winterthurer Anton Graff (1736–1813) porträtiert als Hofmaler in Dresden Repräsentanten des Adels und des Geisteslebens. Bedeutende Landschaftsbilder von Caspar Wolf (1735–1798) sind im Aargauer Kunsthaus in Aarau zu sehen. Der Zürcher Johann Heinrich Füssli (1741–1825) wählt literarische Stoffe und wird für seine Schauerromantik und den fantastischen Realismus bekannt.

Skulptur Stuckateure erhalten ein weites Aufgabenfeld in der Gestaltung von Kirchen und Palästen. Mit Fruchtgebinden, Laubwerk und Engelsköpfen stuckiert Michael Schmuzer (1677) die Wallfahrtskirche in **Oberdorf** bei Solothurn. Ein Tiroler Holzschnitzer schafft um 1740 über 300 Figuren, die in der Ölbergkapelle der **Kreuzlinger Augustinerkirche** die Passion Christi inszenieren. Das kunstvoll geschnitzte, intarsierte Chorgestühl von **St. Gallen** (1767) ist ein Werk von Joseph Anton Feuchtmayer. Die prachtvolle Kanzel in der Pfarrkirche **St. Martin in Schwyz** schuf der Comaske C. A. Galetti um 1774.

KLASSIZISMUS

Als Antwort auf den Prunk des Barocks greift der Klassizismus nach der Französischen Revolution 1789 auf das Kunstideal der Antike zurück. Pierre-Adrien Pâris stellt den Gebäudeachsen des **Rathauses in Neuchâtel** (1790) Mittelrisalite vor und verwendet eine kolossale toskanische Säulenordnung mit skulptiertem Dreiecksgiebel. Hauptwerk des Klassizismus im Tessin ist das **Rathaus Lugano** (1845). **Schloss Arenenberg**, ab 1830 Wohnsitz von Hortense Beauharnais, der Mutter Napoleons III., erhält ein nobles klassizistisches Interieur.

Salon im Schloss Arenenberg

Das Biedermeier, die bürgerlich-ländliche Spielart des Klassizismus, prägt den einheitlichen Wiederaufbau von **Heiden** nach dem Großbrand 1838. **Zürichs** schönste klassizistische Kirche ist die Neumünsterkirche (1839) von Leonhard Zeugherr mit ionischer Säulenvorhalle und viergeschossigem Turm. In der Malerei liefert die in Chur geborene, international gefeierte **Angelica Kauffmann** (1741–1807) gefällige Porträts und Darstellungen aus der antiken Geschichte.

VOM HISTORISMUS ZUR MODERNE

Um die Mitte des 19. Jh.s kommt der Historismus auf, der frühere **Architektur**
Stile von der Romanik bis zum Barock wiederbelebt. Nach der Wahl **im 19. Jh.**
Berns zur Bundesstadt 1848 errichtet F. Studer bis 1857 das erste
Bundesratshaus. In **Basel** errichtet der Zürcher F. Stadler die protestantische Elisabethenkirche ab 1857
als »gotische« Hallenkirche; Karl Moser gestaltet mit neoromanischen
Formen und Jugendstildekor die
Pauluskirche (1901). Das Kaufhaus
Jelmoli (1897) in der Bahnhofstraße
in **Zürich** hat unter der »alten« Schale
ein Eisenbetonskelett. Prunkstücke
des Historismus in Zürich sind auch
das Kunsthaus (K. Moser, 1910), das
Landesmuseum (G. Gull, 1898) und
der Hauptbahnhof (J. F. Wanner,
1871). **Gottfried Semper** errichtet in
Winterthur das Stadthaus (1868) mit
Säulenportikus und Freitreppe sowie
in Zürich das residenzartige Poly-
technikum (1864).

Sempers Stadthaus in Winterthur

Zu Beginn des 20. Jh.s entsteht als Reaktion auf die dekorativen Stile **Architektur**
der Vergangenheit der Funktionalismus. Überragender Vertreter ist **im 20. Jh.**
Le Corbusier (Charles-Edouard Jeanneret, geboren in La Chaux-de-
Fonds, 1887 – 1965); die Villa Turque in La Chaux, die Maison de
Verre in Genf, das Centre Corbusier in Zürich und die Villa Le Lac
in Vevey bestechen durch Materialien wie Stahl und Glas, Beton und
Ziegelstein. Im Siedlungsbau macht sich der Basler Architekt **Hans
Bernoulli** einen Namen. Wie eine expressive Großplastik wirkt das
1927 in Dornach nach Plänen von Rudolf Steiner gebaute Goetheanum. Eine Synthese zwischen Tradition und Moderne findet in den
1920er-Jahren Nicolaus Hartmann in Graubünden für seine Kraftwerke, Bahnhöfe und Hotels. Ein kühner Wurf war die Antoniuskirche (1927) von **Karl Moser** in Basel, ein hallenartiger Sichtbetonbau.
Die Gruppe »Atelier 5« realisiert Terrassensiedlungen in Sichtbeton,
z. B. Halen bei Bern (1955 – 1961). Ab 1963 entstehen die Universitätsgebäude von **Walter M. Förderer** in St. Gallen. **Rudolf Olgiati**
errichtet in Flims massige weiße Häuser im Kontrast zum Heimatstil.
Neue Impulse kommen ab den 1960er-Jahren aus dem Tessin, wo in
Absage an Heimatstil und banalen Modernismus Architekten wie
Mario Botta kombinieren formale Strenge und Materialbewusstsein.
Noch minimalistischer sind die Bauten von **Peter Zumthor**, etwa die
Kapelle Sogn Benedetg in Sumvitg (1984) und die Felsentherme Vals

Mario Botta: Casa Rotonda in Stabio

(1996). Die Lehrtätigkeit von **Aldo Rossi** an der ETH Zürich hat in den 1980er-Jahren große Wirkung auf die junge Generation. Über die Grenzen hinaus bekannt sind das Tinguely-Museum am Rheinufer in Basel von Mario Botta, der in die Landschaft gebettete Bau von **Renzo Piano** für die Fondation Beyeler in Riehen bei Basel sowie das Kultur- und Kongresszentrum von **Jean Nouvel** in Luzern. Zu den bekanntesten Architekten gehören außerdem die Basler **Jaques Herzog und Pierre de Meuron**. Von **A. Gigon und M. Guyer** stammen u. a. das Kirchner-Museum in Davos, die Erweiterung des Kunstmuseums Winterthur und das Museum Liner in Appenzell.

Malerei im 19. Jh. Zwischen Romantik und Naturalismus entstehen in der ersten Hälfte des 19. Jh.s die bekannten Alpenbilder der Genfer Landschaftsmaler **Alexandre Calame** und **François Diday**. Kolorierte Landschafts- und Trachtenradierungen sind typisch für **F. F. Freudenberger** aus Bern. Der Berner **Albert Anker** ist für seine Genrebilder und als Illustrator für Jeremias Gotthelfs Romanen bekannt. Historisierende Monumentalwerke sind das Panorama (M. Wocher, 1814) in Thun und das Bourbaki-Panorama (E. Castres, 1881) in Luzern. Ein Vertreter des Symbolismus ist der Italiener **Giovanni Segantini**, der im Oberengadin mystisch-pantheistische Landschaftsbilder malt (Museum in St. Moritz). Der Basler **Arnold Böcklin**, der lange in Italien lebt, kreiert geheimnisvolle arkadische Landschaften und melancholische Villen (»Toteninsel« im Basler Kunstmuseum). Der vorwiegend in Genf tätige **Ferdinand Hodler** beginnt als Vedutenmaler und wendet sich einem monumentalen, z. T. heroischen figürlichen Symbolismus zu. Der aus Lausanne stammende **Félix Vallotton** schließt sich der französischen Gruppe der Nabis an und verbindet Jugendstilornamentik und Naturtreue zu eigentümlicher Plastizität.

Malerei im 20. Jh. An den französischen Impressionisten orientiert sich zunächst **Cuno Amiet**, der später zu den Fauvisten um Matisse zählt. Einer farb- und formdynamischen Richtung folgen auch **René Auberjonois** und **Augusto Giacometti**. Im Ersten Weltkrieg geht der Dadaismus von Zürich aus, wo Hugo Ball 1916 das »Cabaret Voltaire« eröffnet. Wie der Kunstpädagoge Johannes Itten, bekannt durch seine Farbabstraktionen, geht auch der Maler und Grafiker **Paul Klee**, Mitglied des

Münchner »Blauen Reiters«, 1921 als Lehrer ans Bauhaus nach Weimar bzw. Dessau. Klee, der 1931–1933 in Düsseldorf lehrt und dann in die Schweiz zurückkehrt, gestaltet aus Formen und Farben eine Phantasiewelt, in der sich Gegenständliches, Traumhaftes, Skurriles und Abstraktes verbinden. Vertreter der **Konkreten Kunst**, darunter Max Bill und Richard Paul Lohse, gründen 1937 die Gruppe Allianz. Der Winterthurer **Max Bill** entwickelt seine Form- und Farbsysteme auch als Rektor der legendären Hochschule für Gestaltung in Ulm (1951–1956) weiter. Der Designer und Grafiker Camille Graeser ist ebenfalls ein bedeutender Repräsentant der Konkreten Malerei. Die **Collection de l'Art Brut** des französischen Malers Jean Dubuffet hat in Lausanne ihre Heimat gefunden, mit den Werken von **Adolf Wölfli** (1864 – 1930). Rolf Iseli und Wilfrid Moser sind Vertreter des Informel. **Franz Gertsch**, der von der Naiven Malerei kommt, gilt als einziger Schweizer Hyper- und Fotorealist (Museum in Burgdorf).

Als Begründer der modernen Plastik in der Schweiz gilt **Hermann Haller** mit weiblichen Akten in verhaltener Bewegung und differenzierter Oberflächenbehandlung. **Carl Burckhardt** formt an der archaischen Kunst Griechenlands orientierte Großplastiken und Brunnenfiguren. **Alberto Giacometti** – zunächst Surrealist – stellt unter dem Eindruck des Sartreschen Existenzialismus fadendünne, fast körperlose Figuren als absurd-tragisches Menschenschicksal in den Raum. **Jean Tinguely** stellt mit kinetischen Plastiken aus Schrott, »Metamechanismen«, und sich selbst zerstörenden Skulpturen den modernen Fortschrittsglauben in Frage. Auch **Bernhard Luginbühl** karikiert mit monumentalen Skulpturen aus Eisen und Holz sowie skurrilen Maschinen das übertechnisierte Zeitalter. Peter Travaglini und Urs Lüthi werden der Popart zugerechnet. Die Materialbilder von Dieter Roth und die sog. Fallenbilder von **Daniel Spoerri** erhalten Anregungen vom französischen Nouveau Réalisme. In der Gebrauchs- und Werbegrafik sind Théophile Steinlen durch Plakate und satirische Blätter sowie **Celestino Piatti** durch seine Bucheinbände für den Deutschen Taschenbuchverlag bekannt geworden.

Plastik im 20. Jh.

SCHWEIZER BAUERNHÄUSER

Bäuerliches Wohnen ist so vielgestaltig wie das Land. Standort, Klima und Wirtschaftsweise bestimmen Haus- und Hofformen; jede Landschaft, ja fast jedes Tal besitzt einen eigenen Typ. Da Holz als Baumaterial ausreichend vorhanden war, prägt es in schlichter oder kunstvoller Verarbeitung Konstruktion und Gestaltung. Schon im 17. Jh. rühmten Reisende die Bauernhäuser für ihre Stattlichkeit und ihren für damalige Verhältnisse außergewöhnlichen Komfort. Einen vorzüglichen Einblick gibt das **Freilichtmuseum Ballenberg**.

Schweizer Moderne

Ob in Peking, London, Berlin oder San Francisco: Zeitgenössische Schweizer Architektur ist begehrt auf der Welt. Die Erben von Le Corbusier haben aber natürlich auch in ihrer Heimat Beeindruckendes gebaut.

Schweizerisches
Architekturmuseum Basel
www.sam-basel.org

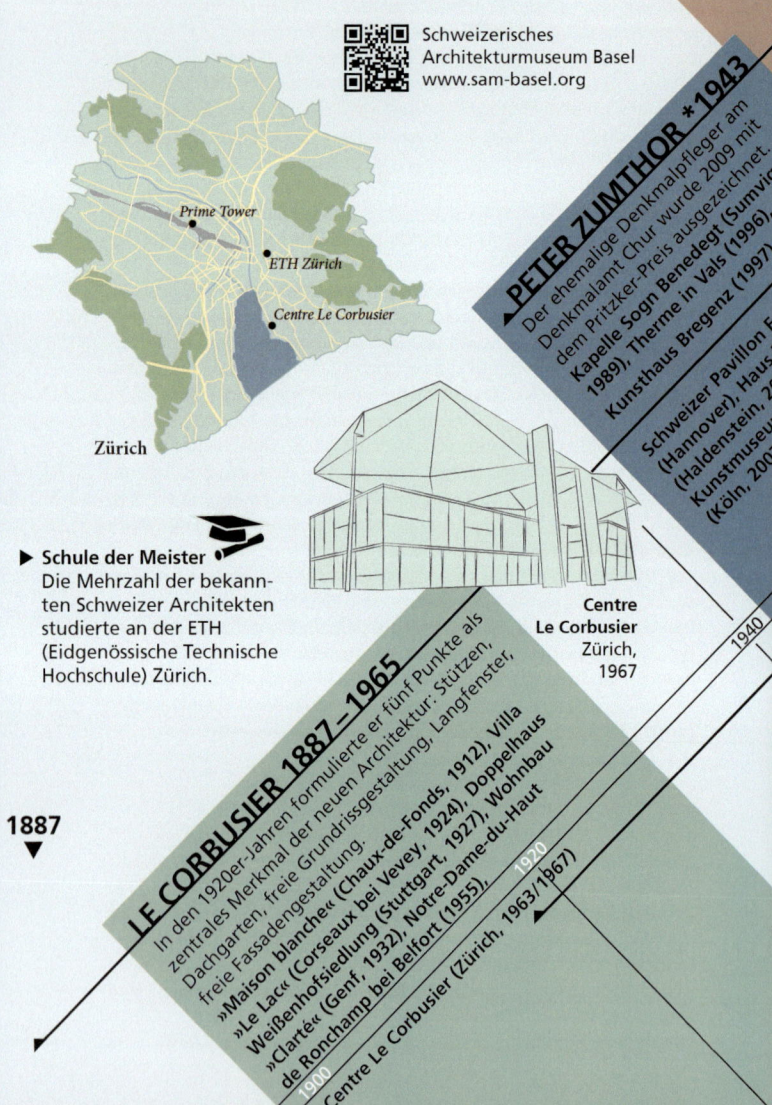

Prime Tower

ETH Zürich

Centre Le Corbusier

Zürich

PETER ZUMTHOR *1943

Der ehemalige Denkmalpfleger am Denkmalamt Chur wurde 2009 mit dem Pritzker-Preis ausgezeichnet. Kapelle Sogn Benedegt (Sumvic*, 1989), Therme in Vals (1996), Kunsthaus Bregenz (1997)

Schweizer Pavillon E* (Hannover), Haus ~ (Haldenstein, 20 Kunstmuseu* (Köln, 200*

▶ **Schule der Meister**
Die Mehrzahl der bekann-
ten Schweizer Architekten
studierte an der ETH
(Eidgenössische Technische
Hochschule) Zürich.

**Centre
Le Corbusier**
Zürich,
1967

1940

LE CORBUSIER 1887–1965

In den 1920er-Jahren formulierte er fünf Punkte als zentrales Merkmal der neuen Architektur: Stützen, Dachgarten, freie Grundrissgestaltung, Langfenster, freie Fassadengestaltung.
»Maison blanche« (Chaux-de-Fonds, 1912), Villa
»Le Lac« (Corseaux bei Vevey, 1924), Doppelhaus
Weißenhofsiedlung (Stuttgart, 1927), Wohnbau
»Clarté« (Genf, 1932), Notre-Dame-du-Haut
de Ronchamp bei Belfort (1955),

1887
▼

1920

Centre Le Corbusier (Zürich, 1963/1967)

1900

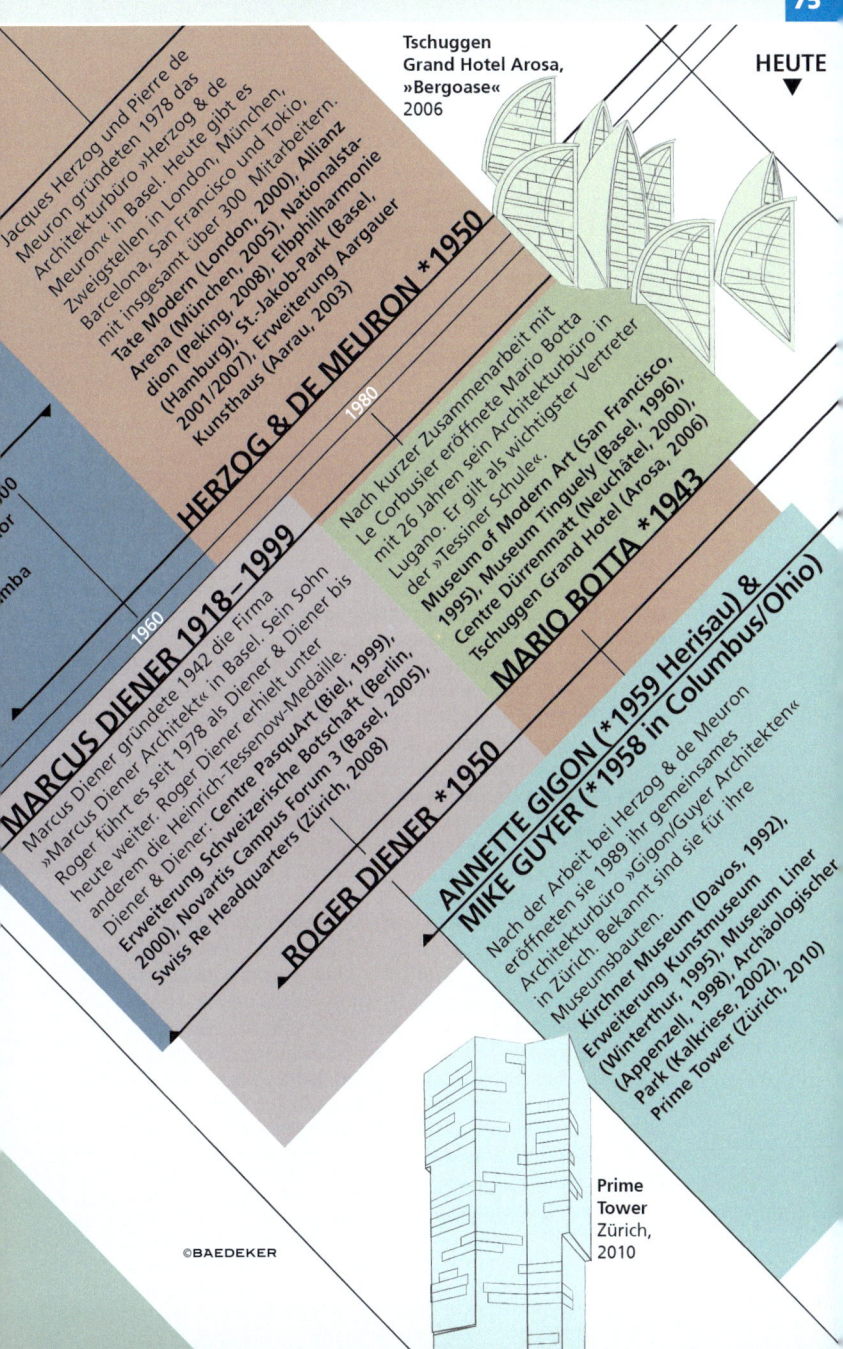

Tschuggen
Grand Hotel Arosa,
»Bergoase«
2006

Jacques Herzog und Pierre de Meuron gründeten 1978 das Architekturbüro »Herzog & de Meuron« in Basel. Heute gibt es Zweigstellen in London, München, Barcelona, San Francisco und Tokio, mit insgesamt über 300 Mitarbeitern. Tate Modern (London, 2005), Allianz-Arena (München, 2005), Nationalstadion (Peking, 2008), Elbphilharmonie (Hamburg), St.-Jakob-Park (Basel, 2001/2007), Erweiterung Aargauer Kunsthaus (Aarau, 2003)

HERZOG & DE MEURON *1950

1980

1960

Nach kurzer Zusammenarbeit mit Le Corbusier eröffnete Mario Botta mit 26 Jahren sein Architekturbüro in Lugano. Er gilt als wichtigster Vertreter der »Tessiner Schule«. Museum of Modern Art (San Francisco, 1995), Museum Tinguely (Basel, 1996), Centre Dürrenmatt (Neuchâtel, 2000), Tschuggen Grand Hotel (Arosa, 2006)

MARIO BOTTA *1943

MARCUS DIENER 1918–1999

Marcus Diener gründete 1942 die Firma »Marcus Diener Architekt« in Basel. Sein Sohn Roger führt es seit 1978 als Diener & Diener bis heute weiter. Roger Diener erhielt unter anderem die Heinrich-Tessenow-Medaille. Diener & Diener: Centre PasquArt (Biel, 1999), Erweiterung Schweizerische Botschaft (Berlin, 2000), Novartis Campus Forum 3 (Basel, 2005), Swiss Re Headquarters (Zürich, 2008)

ROGER DIENER *1950

ANNETTE GIGON (*1959 Herisau) &
MIKE GUYER (*1958 in Columbus/Ohio)

Nach der Arbeit bei Herzog & de Meuron eröffneten sie 1989 ihr gemeinsames Architekturbüro »Gigon/Guyer Architekten« in Zürich. Bekannt sind sie für ihre Museumsbauten.
Kirchner Museum (Davos, 1992), Erweiterung Kunstmuseum (Winterthur, 1995), Museum Liner (Appenzell, 1998), Archäologischer Park (Kalkriese, 2002), Prime Tower (Zürich, 2010)

Prime
Tower
Zürich,
2010

©BAEDEKER

Typische Walliser »Strickbauten«: Speicher in Ulrichen im Goms

Haustypen Im **Appenzell** mit seinen großen Niederschlagsmengen sind Wohnhaus und Wirtschaftsgebäude unter einem Dach zusammengefasst und durch Schindeln geschützt. Die Giebelfront ist dem Tal zugewandt, Fenster lassen Licht in den Keller fallen, um für die Heimarbeit Licht, Luftfeuchtigkeit und geringe Temperaturschwankungen zu erhalten. Die Fensterläden werden vertikal geschlossen und verbergen sich über der Öffnung. Die **Nordostschweiz** besitzt herrliche Fachwerkhäuser mit farbigen Balken und weiß getünchten Ausfachungen. Steile Dächer, durch kleine Vordächer (Klebdächer) geschützte Fensterreihen und Außentreppen zum hochgelegenen Erdgeschoss kennzeichnen die Häuser in der **Zentralschweiz**. Das **Bernerland**, v. a. das Emmental, ist bekannt für die riesigen, tief hinabreichenden Krüppelwalmdächer, unter denen sich ein großer Speicherraum verbirgt. Die Vorderfront ist getäfelt, der Dachvorsprung mit einer (ausgemalten) »Rûnde« gestaltet; an den Wohntrakt schließt die Scheune an. Im **Berner Oberland**, wie generell in den Gebirgsgegenden mit Nadelwald, wird der Strickbau (Blockbau aus horizontal liegenden Balken) bevorzugt. Wirtschaftsgebäude und Wohnhaus sind getrennt, so dass sich Letzteres zu stattlichen Formen entwickeln konnte (▶ Baedeker Wissen S. 562). Für das **Wallis** charakteristisch sind mehrstöckige, flachgiebelige Holzhäuser mit Galerien, die zum gemauerten Küchentrakt führen. Daneben stehen auch die Stadel (Vorratshäuser) auf Pfählen mit großen Steinplatten, den »Mäuseplatten«, die den Nagetieren den Zugang verwehren sollen. Die Häuser im **Tessin** entsprechen denen im angrenzenden Italien: Die Bruchsteinmauern tragen ein schweres Dach aus Steinplatten, die Stockwerke durch Außentreppen und Galerien verbunden.

Das Engadiner Haus weicht stark von den anderen Typen ab: Ihr Kern wird aus Holz aufgeführt und dann ummauert. Seit dem 14. Jh. vereint es Wohnhaus und Stall (Cuort) unter einem Dach. Der Suler (Hausgang) hinter dem Rundbogentor dient als Durchfahrt in die Tablà (Tenne) und als Vorraum der Wohnräume mit Stüva (Stube, Wohnzimmer), Chadafö (Küche) und Chaminada (Speisekammer). Über Letzteren befinden sich die Schlafräume (Chombra), die meist über eine Treppe von der Stube aus zu erreichen sind. Zuweilen gibt es auch eine schön getäfelte obere Stube. Das äußere Bild bestimmen meterdicke Mauern, eingeschrägte Fensteröffnungen und ein großes Tor. Die mit Kalk verputzten, meist asymmetrischen Fassaden sind außer mit Gitterwerk, Freitreppen und Erkern mit Ornamenten in Sgraffito (Kratzputz), teil auch prächtigen Fresken geschmückt. An den Ecken werden Steinquader imitiert, unter dem Dachvorsprung sieht man Wellenbänder, die »laufende Hunde« heißen. Beliebte Motive sind auch Drachen oder Schlangen, der Fantasie sind keine Grenzen gesetzt. In Guarda und Ardez (Foto ▶ S. 60) gibt es besonders schöne Beispiele; beide Dörfer stehen unter Denkmalschutz.

Engadiner Haus

Traditionen

Brauchtumspflege ist in der Schweiz in erster Linie Ausdruck ureigener, lebendiger Kultur. Natürlich ziehen die vielfältigen pittoresken »Anlässe« auch in- und ausländische Gäste an, und so sind – das ist seit Beginn des Tourismus so – die Grenzen zur inszenierten Show fließend. Umgekehrt war der Fremdenverkehr auch ein Motiv für die Erhaltung der Traditionen.

Als »Alpfahrt« bezeichnen die Schweizer den Viehauf- und -abtrieb. Zum »Sömmern« kommen die Kühe für 10 – 12 Wochen auf die saftigen Alpwiesen. Der Zeitpunkt für die Alpauffahrt, bei der rund 300 000 Tiere in der Schweiz unterwegs sind, richtet sich nach der Schneeschmelze, meist Ende Mai / Anfang Juni. Besonders prächtig ist die Unternehmung im Appenzellerland. Die Sennen gehen vor der Herde, die Hunde halten die Rinder mit ihrem Geläut im Zaum, den Schluss bildet die »Ledi«, ein Wägelchen für Käsekessel, Näpfe, Melkstühle und Butterfass. Die Leitkühe sind geschmückt, die Männer tragen gelbe oder schwarze Lederhosen, weißes Hemd, ein rotes Wams und einen schwarzen Hut; Pflicht sind auch der Backseckel (lederner Tabaksbeutel), der geschnitzte Melkkübel über der Schulter, ein prächtiger Silberring am kleinen Finger, die Schuefe (eine vergoldete Schöpfkelle in Miniaturausführung) am rechten Ohrläppchen und eine winzige goldene Kuh am linken.

Alpfahrt

Schwingen Die Bedeutung des »Sumo auf Schweizerisch« ist daran zu erkennen, dass der Schwingerkönig, der beim Eidgenössischen Schwingfest ermittelt wird, populärer ist als ein Olympiasieger. Mit Kraft, Technik und Taktik versuchen sich 100-Kilo-Brocken – in mit Sägemehl ausgestreuten Ringen – an der kurzen Hose aus starker Leinwand zu fassen, um den Gegner auf den Rücken zu werfen. Vor Jahrhunderten (schon seit 1235 ist das Schwingen belegt) diente es nicht nur dem Zeitvertreib der Sennen, sondern auch der friedlichen Beilegung von Konflikten, etwa um Gemarkungsgrenzen oder um Wasserrechte. Praktisch das ganze Jahr über wird geschwungen; die kantonalen und regionalen Schwingeten bis hin zum alle drei Jahre stattfindenden Eidgenössischen Schwingfest ziehen viele Tausend Besucher an; dazu gehören nämlich auch Jodelchöre und Fahnenschwinger, Steinstoßen und Hornussen – veritable Volksfeste also, übrigens ohne Sponsoren und ohne Werbung. Während die Austragungsorte der Turniere wechseln, gibt es einige bestimmte Plätze mit großer Tradition, so die Rigi und die Schwägalp, der Brünig und der Stoos. Schwingen ist nicht nur etwas für gestandene Mannsbilder, junge Buben und Frauen lassen hier ebenso ihre Muskeln spielen; 1992 wurde der Eidgenössische Frauenschwingverband gegründet.

Steinstoßen Eine Kraftprobe anderer Art ist das Steinstoßen. Verwendet werden Steine mit unterschiedlichem Gewicht, bis zu 83,5 kg beim »Unspunnenstein«; Bestleistung in dieser Kategorie sind 4,11 m, erzielt 2004. 1315 sollen die Eidgenossen u. a. mit dieser »Technik« am Morgarten die Habsburger bezwungen haben (www.steinstossen.ch).

Hornussen Das Hornussen, eine Art Baseballspiel, ist in den Regionen Emmental, Bern, Solothurn und Aargau zu Hause. Pfeilschnelle Geschosse müssen in der Luft abgefangen werden. Der Schläger hat die Aufgabe, den Hornuss, eine handgroße Scheibe aus Hartgummi, mit einer biegsamen, knapp 2 m langen Rute (Träf) über das Feld zu schlagen. Sie errreicht dabei eine Geschwindigkeit von fast 300 km/h und eine Höhe von 50 m. Die gegnerische Mannschaft steht mit großen Holztafeln bereit, um den Hornuss durch Hochwerfen der »Schilde« abzufangen. Die beiden 16- bis 18-köpfigen Teams spielen auf einem 200 m langen Feld; wer die wenigsten Strafpunkte und die größten Schlagweiten erzielt, ist Sieger. Vermutlich geht das Spiel auf Kriegszeiten zurück, denn häufig wurden glühende Kugeln über feindliche Mauern geschossen, die die Verteidiger abzufangen suchten. Als »Ablöschen« oder »Abtun« wird auch heute noch das Abfangen des Hornuss bezeichnet. Mehr unter www.ehv.ch.

Jassen Mehr mit Hirnschmalz hat das Jassen zu tun, das beliebte nationale Kartenspiel, das mit 36 Karten in vier Farben gespielt wird. In seiner Anlage ähnelt es dem Skat oder dem Schafkopfen.

Das Ende der Winterzeit kündigt sich mit der Fasnacht an, wenn wil-   Fasnacht
de Gestalten durch die Gegend ziehen (▶Baedeker Special S. 200).
Atavistische Fruchtbarkeitsriten und heidnische Naturauffassung
zeigen sich in den Fasnachtsfiguren, die den Kampf zwischen Winter
und Frühling inszenieren und Namen tragen wie »Butzi«, »Wildma«,
»Bärzeli« oder »Roitschäggätä«. Melancholisch geht es bei der Basler
Fasnacht zu, wenn am Montag nach Aschermittwoch Cliquen mit
Trommeln und Flöten durch die Stadt gehen; die Basler Fasnacht
(wie auch die in Brissago) richtet sich seit altersher nach dem Julianischen Kalender und findet daher nach Aschermittwoch statt. Besonders ausgelassen und chaotisch tobt die Fasnacht im katholischen
Luzern. Auch im Tessin wird lärmend gefeiert; die »Risottata«, das
große öffentliche Risotto-Essen, erinnert an ärmere Zeiten, als die
Gemeinden Gelegenheit gaben, sich gratis satt zu essen; heute be-
dankt man sich mit einem Scherflein zugunsten sozialer Zwecke.

Mit Frühjahrsbeginn macht auch das Musizieren im Freien wieder   Jodeln und
Spaß, wenn Jodler und Alphorn über Berge und durch die Täler klin-   Alphorn-
gen. Beim Schweizer Jodeln überwiegt, anders als in Oberbayern   blasen
oder Österreich, der Naturjodler ohne Text. Wie dieser entstand auch
das Alphornblasen vor langer Zeit, angeblich als Mitteilung von Alp
zu Alp (▶Baedeker Wissen S. 482). Sein urtümlicher weicher Klang
trägt erstaunlich weit. Unverzichtbar als Begleit- und Soloinstrument
ist die Ziehharmonika, »Schwyzerörgeli« oder »Handörgeli« genannt.

Kräftemessen beim Schwingfest auf der Rigi am Vierwaldstättersee

JOHANN CALVIN (1509 – 1564)

Der in Noyon in der Picardie geborene Johannes Calvin, eigentlich Je(h)an Cau(l)vin, wandte sich nach humanistischen, theologischen und juristischen Studien in Paris, Orléans und Bourges dem protestantischen Glauben zu. 1534 musste er aus Paris nach Basel flüchten, wo 1536 sein Hauptwerk »Christianae religionis institutio«, eine Zusammenfassung der reformatorischen Lehre, veröffentlicht wurde. Von 1536 bis 1538 wirkte Calvin als Prediger in Genf, das er 1538 wegen seiner übergroßen Sittenstrenge verlassen musste; bis 1541 war er in Straßburg tätig, wo er Melanchthon und Martin Bucer traf. Nach Genf zurückgerufen, führte Calvin eine strenge Kirchenreform durch. Die heftige Auseinandersetzung zwischen Anhängern und Gegnern seiner Lehre, die sich allein am (angeblich eindeutigen) Bibelwort orientierte, endete erst 1555 zugunsten der neuen Ordnung – bis dahin waren zahlreiche Anhänger Calvins verbannt oder gar hingerichtet worden. Zentraler Begriff des Calvinismus ist die Prädestination, die jedoch nicht Passivität, sondern aktive Frömmigkeit fordert. Materieller Erfolg im Diesseits wird dabei interessanterweise als Zeichen der Erwählung fürs Jenseits interpretiert.

Bedeutender Reformator

Calvin in einem kolorierten Kupferstich von 1562

HENRI DUNANT (1828 – 1910)

Der Genfer Bankier Henri Dunant erlebte 1859 während einer Geschäftsreise die Schlacht von Solferino. Erschüttert durch das unermessliche Leid regte er 1862 die Schaffung von Hilfsorganisationen und eine internationale Übereinkunft zur Linderung der Not von Kriegsopfern an. 1863 schlossen sich einige Genfer Bürger mit Dunant zusammen. Sie stießen international auf Resonanz, so dass am 22. August 1864 zwölf Länder die »Genfer Konvention« unterzeichneten. Um Verwundete und Helfer als neutral kenntlich zu machen, wählte man in Umkehrung der Schweizer Flagge ein rotes Kreuz auf weißem Grund. So erfolgreich sich die Organisation auch entwickelte, Dunant selbst hatte geschäftlich und menschlich wenig Glück. Undurchsichtige Finanzaktionen führten sogar zu seinem Ausschluss aus der Hilfsorganisation. Dunant tauchte mittellos unter, zwischen 1874 und 1886 lebte er u. a. Stuttgart, Rom, Korfu und Basel. Seine letzten Jahre verbrachte er im appenzellischen Heiden, ab

Gründer des Roten Kreuzes

Friedrich Dürrenmatt 1988 in Schwetzingen, als er Abschied vom Theater nahm.

1892 im dortigen Spital. Als 1895 ein Journalist Dunants Lebensgeschichte an die Öffentlichkeit brachte, wurde er mit Ehrungen überhäuft, 1901 erhielt er den ersten Friedensnobelpreis.

FRIEDRICH DÜRRENMATT (1921 – 1990)

Erzähler und Dramatiker Der im bernischen Konolfingen geborene Pfarrerssohn war nach philosophischen, theologischen und germanistischen Studien als Zeichner, Grafiker und Theaterkritiker tätig, bevor er sich in Neuchâtel als freier Schriftsteller niederließ. Berühmt wurde Dürrenmatt mit zeitkritischen Experimentalstücken und geistreich-satirischen Komödien, die moralische und gesellschaftliche Widersprüche aufs Korn nehmen. Zynischer Humor und groteske Verfremdung zeichnen auch seine Romane und Erzählungen aus, die eine Vorliebe für schockierende und kriminalistische Themen zeigen. Zu seinen bekanntesten Werken zählen »Der Richter und sein Henker« (1952), »Der Besuch der alten Dame« (1956) und »Die Physiker« (1962).

GOTTLIEB DUTTWEILER (1888 – 1962)

Gründer der MIGROS Als Sohn des Leiters einer Züricher Konsumgenossenschaft begann Gottlieb Duttweiler eine Lehre im Lebensmittelhandel. Nach Spekulationen im 1. Weltkrieg und einem fehlgeschlagenen Versuch als Farmer in Brasilien gründete er 1925 in Zürich das Handelsunternehmen Migros (mi = halb, gros = altes Mengenmaß). Firmengrundsatz waren großer Umsatz, erstklassige Qualität und erschwingliche Preise. Zunächst verkaufte Duttweiler mit fünf fahrenden Läden Zucker, Teigwaren, Reis, Kaffee und Seife und hatte damit durchschlagenden Erfolg. Seit 1928 stellt Migros eigene Produkte her, 1940 wandelte Duttweiler sein Unternehmen in eine Genossenschaft um, deren Betriebsverfassung wie die Eidgenossenschaft strukturiert war (2002 wurde eine »normale« Unternehmensstruktur eingeführt). Duttweilers soziales Engagement dokumentieren noch heute der Verzicht auf Tabak und Spirituosen im Sortiment (das bekommt man bei Denner, s. u.) sowie das »Kulturprozent«, wonach 1 % des Umsatzes (!) für soziale Zwecke und Kulturförderung ausgegeben werden, heute engagiert man sich auch in biologischer Landwirtschaft, im fairen Handel und im Umweltschutz. Mit einem Umsatz von über 24 Mrd. Franken und ca. 600 Verkaufsstellen (2012) ist die Migros Marktführer im schweizerischen Einzelhandel. Zur Migros-Gruppe gehören u. a. auch die Denner-Supermärkte, die Globus-Warenhäuser, Tankstellen (Migrol), Buchhandlungen (Ex Libris), die Migrosbank, der Reiseveranstalter Hotelplan, der Ferienhausvermittler Interhome und die so firmierenden »Fitnessparks«.

MAX FRISCH (1911 – 1991)

Als Sohn eines Züricher Architekten studierte Frisch Germanistik   Schriftsteller
und Architektur; die Arbeit als Architekt gab er 1955 auf und wurde
freier Schriftsteller. Sein facet-
tenreiches Werk setzt sich kri-
tisch mit existenziellen Wider-
sprüchlichkeiten auseinander;
mit den großen Themen Identität und Freiheit machte er
seine Zweifel an herkömmli-
chen Ordnungen deutlich und
sprach allgemein menschliche
Probleme an (u. a. »Biedermann und die Brandstifter«,
1958; »Homo Faber«, 1957;
»Andorra«, 1961; Tagebücher
1946 – 1949 und 1966 – 1971).
1976 erhielt Max Frisch den
Friedenspreis des Deutschen
Buchhandels.

Max Frisch, aufgenommen 1981 in Paris

ALBERTO GIACOMETTI (1901 – 1966)

Der Spross einer berühmten Künstlerfamilie aus Stampa im Bergell   Bildhauer
(Graubünden) erhielt durch seinen Vater Giovanni, einen bedeuten-   und Maler
den postimpressionistischen Maler, erste Anregungen. Alberto, der
sich auf Bildhauerei verlegte, ging 1922 zum Studium nach Paris, wo
er unter dem Einfluss von Miró und Arp, Aragon und Dalí surrealis-
tische Plastiken schuf, in denen er sich mit den Gegenpolen männ-
lich und weiblich beschäftigte. Ende der 1930er-Jahre und verstärkt
nach dem Zweiten Weltkrieg wandte er sich – durch seine Freund-
schaft mit Jean-Paul Sartre – dem Existenzialismus zu. In seinem
abstrakt-expressiven Spätwerk fand dies Ausdruck in den bekannten
fadendünnen Menschenfiguren auf schweren Sockeln.

JEREMIAS GOTTHELF (1797 – 1854)

Der in Murten geborene Pfarrerssohn Jeremias Gotthelf – eigentlich   Schriftsteller
Albert Bitzius – begann erst mit 40 Jahren zu schreiben. Sein Pseud-
onym wählte er nach dem Helden seines ersten Romans. Gotthelf
zählt zu den großen schweizerischen Erzählern des Realismus, des
klassischen Bauernromans und lebendiger, bildkräftiger Geschichten. In seinem Roman »Der Bauernspiegel« (1837), in dem sechsbän-

digen Werk »Bilder und Sagen aus der Schweiz« (1842 – 1846) mit den Geschichten »Geld und Geist«, »Die schwarze Spinne« und »Uli der Pächter« verband Gotthelf oft humorvolle Betrachtungen mit moralisch-erbaulichen Erörterungen.

FERDINAND HODLER (1853 – 1918)

Maler Bekannt ist Hodler für heroisch-monumentale Gemälde, und zwar in der expressiv-farbkräftigen Malweise ebenso wie in den Sujets, die der schweizerischen und deutschen Geschichte oder der bäuerlichen Lebenswelt entnommen sind. Geboren in Bern, studierte Hodler in Genf Malerei, wo er – abgesehen von Reisen und einer kurzen Lehrtätigkeit in Fribourg – auch zeitlebens tätig war. Sein Stil wandelte sich vom Realismus über Naturalismus zum Symbolismus in den 1890er-Jahren (allegorische Figurenbilder wie »Die Nacht« oder »Der Tag«). Ansichten der Schweizer Alpen und Seen sowie zahlreiche Gemälde und Zeichnungen von seiner Geliebten Valentine bilden Schwerpunkte im Spätwerk. Hodler ist in allen großen Museen der Schweiz vertreten, besonders im Kunsthaus Zürich.

GOTTFRIED KELLER (1819 – 1890)

Erzähler Gottfried Keller hatte als Sohn eines Drechslers in Glattfelden eine entbehrungsreiche Jugend. Er versuchte sich als Landschaftsmaler, bis er sich seiner schriftstellerischen Begabung bewusst wurde.

Gottfried Keller in einem Holzstich von 1875

1848 bis 1850 studierte er mit einem Stipendium des Kantons Zürich Geschichte, Philosophie und Literatur in Heidelberg. Dort machte er die Bekanntschaft von Ludwig Feuerbach, dessen Atheismus ihn nachhaltig prägte. Von 1850 bis 1855 lebte Keller in Berlin, wo der stark autobiografisch geprägte Bildungsroman »Der grüne Heinrich« entstand, der an Goethes »Wilhelm Meister« anknüpft. Zurück in Zürich arbeitete Keller als Stadtschreiber und Schriftsteller. Seine meisterhaften Erzählungen gelten als bedeutendste Werke des bürgerlichen Realismus: »Sieben Legenden«

(1872), »Romeo und Julia auf dem Dorfe« (1876) »Züricher Novellen« (1878). Die Beschreibung von Schönheit und Vielfalt der irdischen Welt verband Keller häufig mit Absonderlichem, liebevollem Spott und geistreicher Ironie.

PAUL KLEE (1879 – 1940)

»Kunst gibt nicht das Sichtbare wieder, sondern macht sichtbar«, war ein Credo des Malers, Zeichners und Grafikers Paul Klee, der als Sohn eines deutschen Musiklehrers in Münchenbuchsee bei Bern zur Welt kam. Seine künstlerische Ausbildung erhielt er u. a. bei Franz von Stuck in München, wo sich Klee 1906 niederließ und enge Kontakte zum Blauen Reiter (Marc, Kandinsky, Macke, Jawlensky) hatte. Die Tunisreise mit August Macke 1914 wurde zum Wendepunkt zu einer neuen Farbgebung und reduzierten Formen. 1921 bis 1931 war Klee als Lehrer am Bauhaus in Weimar und Dessau tätig, dann bis 1933 als Akademieprofessor in Düsseldorf. Nach der nationalsozialistischen Machtübernahme aus dem Lehramt gedrängt, fand Klee in Bern ein neues Zuhause. Er setzte sich mit Jugendstil, Expressionismus und Surrealismus auseinander und entwickelte als Poet traumhafter Erlebnisse einen ganz eigenen Stil. Das Spätwerk ist durch große Intensität angesichts seiner unheilbaren Krankheit geprägt. Das 2005 eröffnete Zentrum Paul Klee in Bern vereint etwa 4000 seiner 10 000 Gemälde, Aquarelle und Zeichnungen, die größte Sammlung eines einzigen Künstlers von Weltformat.

Maler

Paul Klee 1923 in Possenhofen

CONRAD FERDINAND MEYER (1825 – 1898)

C. F. Meyer, Sohn einer alten Patrizierfamilie, stammte aus Kilchberg bei Zürich. Bis zu ihrem Selbstmord 1856 hatte die streng calvinistische Mutter prägenden Einfluss auf ihren sensiblen Sohn, der ein Jurastudium absolvierte. 1852 musste er sich erstmals für ein Jahr in einer Nervenheilanstalt behandeln lassen. Zurück in Zürich brachte ihm eine Erbschaft die wirtschaftliche Unabhängigkeit. Am Zürichsee machte er bei seinem Freund F. Wille die Bekanntschaft von Richard Wagner, Franz Liszt und Gottfried Keller. Erst um 1870 gelang-

Erzähler und Lyriker

te Meyer zu Selbstvertrauen im dichterischen Schaffen. Zweisprachig gebildet, entschied er sich für das Deutsche. Die letzten sechs Jahre seines Lebens verbrachte er in der Nervenheilanstalt von Königsfelden. C. F. Meyer zählt zu den großen Schweizer Dichtern des 19. Jh.s mit Werken wie »Das Amulett« (1873) »Jürg Jenatsch« (1882), »Die Richterin« (1885) oder dem Gedicht »Der römische Brunnen«. In seinen legendenhaften Versepen und den lebensvollen historischen Novellen lässt er mit Vorliebe Personen in politischen Konfliktsituationen auftreten, in denen in einer gewalttätigen Umwelt ohne Moral Gewissensentscheidungen getroffen werden müssen.

HENRI NESTLÉ (1814 – 1890)

Industrieller

Heinrich Nestle, in Frankfurt am Main geborener Sohn wohlhabender Eltern, ging 1833 nach Vevey, wo er als Apotheker 1867 das »Kindermehl« erfand, einen Muttermilchersatz auf der Basis von Milch, Zucker und Brot, der die Säuglingsernährung revolutionierte. Damit legte er den Grundstein für den Konzern, der 1905 durch Fusion der Anglo-Swiss Condensed Milk Co. mit der Henri Nestlé S. A. entstand. Seit 1977 heißt der größte Nahrungs-, Genussmittel- und Getränkeproduzent der Welt Nestlé AG. Heute hat Nestlé Tochterfirmen und Produktionsstätten in aller Welt; die deutsche Niederlassung hat ihren Sitz in Frankfurt am Main.

JOHANN HEINRICH PESTALOZZI (1746 – 1827)

Erzieher und Reformer

Pestalozzi, in Zürich geboren, arbeitete nach seinem Theologie- und Jurastudium als Landwirt, bevor er 1769 auf dem Birrfeld im Aargau die Kolonie Neuhof gründete. Mit seiner Frau Anna führte er dort von 1775 bis 1780 einen Gärtnereibetrieb als Erziehungsanstalt für arme Kinder. Als das Unternehmen aus Mangel an ökonomischem Geschick scheiterte, wurde Pestalozzi Schriftleiter des »Helvetischen Volksblatts«, dann ging er nach Stans als Leiter eines Heims für Kriegswaisen, das ebenfalls nach einem Jahr schließen musste. Nach weiteren pädagogischen Unternehmungen in Burgdorf und Münchenbuchsee leitete er von 1805 bis 1825 die

Pestalozzi in der Erziehungsanstalt Neuhof

berühmte Erziehungsanstalt in Yverdon. Hier entwickelte er, durch Rousseau angeregt, neue Erziehungsmethoden, die u. a. in seinem Werk »Lienhard und Gertrud« festgehalten sind. Pestalozzi gilt als Vater der Volksschule, seine volkserzieherischen und sozialreformerischen Ansichten fanden bereits bei Zeitgenossen großen Widerhall.

JEAN-JACQUES ROUSSEAU (1712 – 1778)

Der neben Voltaire bedeutendste französischsprachige Dichter und Philosoph des 18. Jh.s wurde als Sohn eines Uhrmachers in Genf geboren. Nach erfolgloser Lehrzeit in einer Kanzlei begann er 1728 ein abenteuerliches Wanderleben, in Paris nahm er Stellungen als Hauslehrer und Privatsekretär an und machte die Bekanntschaft von Diderot und anderen »Enzyklopädisten«, denen er später beitrat. Durch seine Schrift »Discours sur les arts et les sciences« (1750), die einen glücklichen naturhaften Urzustand der Menschheit (état naturel) einer durch den Fortschritt verderbten Gesellschaft (état civil) gegenüberstellte, wurde Rousseau über Nacht berühmt. Die Forderung einer größtmöglichen Annäherung natürliche Verhältnisse bedeutete zugleich die Ablehnung von Kultur und Wissenschaft. Der Widerspruch zu den herrschenden Gesellschaftstheorien isolierte ihn zunehmend. 1754 zog Rousseau nach Genf, wo seine Hauptwerke entstanden: der empfindsame Briefroman »Julie ou La Nouvelle Héloïse« (1761) mit eindringlichen Naturbeschreibungen der Schweizer Alpen und Seen, der Erziehungsroman »Emile ou de l'éducation« (1762), in dem Rousseau für eine freie, individuelle Kindererziehung eintrat, und der im gleichen Jahr veröffentlichte staatsphilosophische »Contrat social«, eine Forderung nach Freiheit und Gleichheit aller Menschen in einem idealen Staat. Ruhm und Einfluss von Rousseau waren bereits zu Lebzeiten außerordentlich. Sein Ruf »Zurück zur Natur« fand in der Französischen Revolution wie auch im deutschen Sturm und Drang großen Widerhall. In interessantem Widerspruch zu seinen Ideen steht die Tatsache, dass er seine fünf Kinder, die aus einer erst nach 25 Jahren legalisierten Verbindung mit der Arbeiterin Thérèse le Vasseur stammten, ins Waisenhaus abschob.

Schriftsteller und Philosoph

GIOVANNI SEGANTINI (1858 – 1899)

Giovanni Segantini, der in Arco nahe Riva am Gardasee das Licht der Welt erblickte und aus ärmlichen Verhältnissen stammte, gelangte in Mailand während seiner Lehrzeit als Dekorationsmaler über Abendkurse an der Accademia di Brera zu seinem eigenen Malstil. Die großartige, aber auch geheimnisvolle Natur der Bergwelt und das harte Leben der Bauern und Hirten stehen thematisch im Vorder-

Maler

grund. Zwischen Realismus, Symbolismus, Jugendstil und Neoimpressionismus behauptet sich Segantini, der seine letzten Lebensjahre in Maloja im Oberengadin verbrachte, eigenwillig mit seiner bildnerischen Wahrheitssuche. Bereits 1908, knapp zehn Jahre nach seinem Tod, wurde in St. Moritz das Segantini-Museum eröffnet.

JOHANNA SPYRI (1827 – 1901)

**Schrift-
stellerin**
Johanna Spyri – in aller Welt berühmt durch ihre »Heidi«-Romane – wurde in Hirzel geboren, einem Dorf auf den Höhen südlich des Zürichsees. Dort hatte sich ihr Vater, Dr. Heusser, als Landarzt nie-

dergelassen und die dichterisch begabte Pfarrerstochter Meta Schweizer geheiratet. Ihre Jugend verbrachte Johanna Spyri z. T. in Zürich und am Genfer See, kehrte aber später in ihre Heimat zurück. 1852 heiratete sie den musikalischen Rechtsanwalt Bernhard Spyri, der später Stadtschreiber von Zürich wurde. Als Witwe behielt Johanna Spyri ihren Wohnsitz in Zürich bei, wo sie bis zu ihrem Tod als Schriftstellerin tätig war. Von ihren rund 30 Bänden Erzählungen sind über die Hälfte Geschichten für Kinder (u. a. »Geschichten für Kinder und auch für solche, die Kinder liebhaben«, 1879 – 1895; darunter »Heidis Lehr- und Wanderjahre«, 1881; »Gritli«, 1887; »Heimatlos«, 1881). Die Geschichte von Heidi wurde in über 50 Sprachen übersetzt, mehrfach verfilmt sowie als Oper und Musical vertont.

EMIL STEINBERGER (* 1933)

Kabarettist
Emil Steinberger wurde mit seiner Kunstfigur »Emil« in den 1980er-Jahren nicht nur in der Schweiz, sondern auch in Deutschland zum Inbegriff des Schweizer Kabarettisten. Geboren in Luzern, startete er seine Berufslaufbahn als Postbeamter. Über ein Grafikstudium in Luzern gelangte er zu seiner eigentlichen Berufung: 1967 eröffnete er

»Polizeihauptwache Schnyder, nachts um halb drei … nein, hier spricht nur der Automat!« Emil Steinberger in einem seiner berühmtesten Sketche.

dort das »Kleintheater am Bundesplatz«, in dem er nicht nur Jazzkonzerte und Comedyshows veranstaltete, sondern auch selbst auftrat. In Deutschland bekannt wurde Emil, als er 1977 neun Monate mit dem Zirkus Knie auf Tournee war; legendär ist der Film »Die Schweizermacher« (1978), in dem er als Beamter der Kantonspolizei einbürgerungswillige Ausländer unter die Lupe nehmen muss und dabei sarkastisch die schweizerische Tugendhaftigkeit entlarvt.

ULRICH ZWINGLI (1484 – 1531)

Der aus Wildhaus im Toggenburg stammende Ulrich (Huldrych) Zwingli war der bedeutendste Reformator der deutschsprachigen Schweiz. Zunächst war er als Pfarrer in Glarus und Einsiedeln tätig, ab 1519 am Großmünster in Zürich. Seit der Bekanntschaft mit Erasmus von Rotterdam 1515 forderte Zwingli eine Läuterung des Christentums, später kamen Gedanken Luthers hinzu. Zwinglis Weg zur Reformation begann mit der Schrift gegen das Fastengebot (1522) und zwei durch den Zürcher Rat gegen den Bischof von Konstanz durchgeführten Disputationen, die 1525 zur Annahme der Reformation in Zürich führten. Seine Theologie ist in den Hauptwerken »Schlussreden« und »De vera et falsa religione commentarius« (1525) zusammengefasst. Der Versuch Zwinglis, die ganze Schweiz zu reformieren, löste die Kappeler Kriege gegen die katholischen Kantone aus. Nach dem Tod des Reformators im Zweiten Kappeler Krieg setzten Heinrich Bullinger in Zürich und später Johann Calvin in Genf sein Werk fort.

Reformator

ERLEBEN UND GENIESSEN

Was steht in den Kantonen der Schweiz auf der Speisekarte?
Wie finde ich ein stilvolles oder besonders preiswertes Hotel?
Und wo erhält man genaue Informationen für Wandertouren?
Wissenswertes für schöne, genussreiche Urlaubstage.

Im Land von Rösti und Capuns

»Schweizer Gastronomie« steht für Qualität und Vielfalt. Immerhin begegnen sich in den 26 Kantonen auch süddeutsche, norditalienische und französischen Traditionen.

Nicht nur in den großen Städten und bekannten Urlaubsorten, auch **Restaurants** in unscheinbaren Dörfern sind hervorragende Restaurants – oft als schlichte Wirtschaft »getarnt« – zu finden. Eingehende Hinweise finden den Anhänger der feinen Küche in Restaurantführern (Michelin, Gault-Millau, Guide Bleu) und in Zeitschriften (z. B. »Feinschmecker«; sein Schweizer Pendant ist das herrlich respektlose »Salz & Pfeffer«, www.salz-pfeffer.ch). Essen gehen ist im Allgemeinen sehr teuer, das empfinden auch »normale« Schweizer Bürger so. Daher sind, wie überall in Europa, Fastfood und die italienischen Klassiker Pizza, Pasta und Risotto sehr beliebt.

Für ein »richtiges« Hauptgericht à la carte muß man 25 – 50/60 CHF **Tagesteller** rechnen, in Luxusrestaurants sogar bis 100 CHF. Preiswerter isst **oder Menü?** man, wenn man unter den Tagesgerichten (Tagesteller, Tagesmenü) wählt. Häufig werden kleine Portionen angeboten. Beachten: Beim »Tellerservice« wird der ganze Gang auf einmal (auf einem Teller) serviert, beim etwas teureren »Plattenservice« wird mehr Aufwand getrieben; aufgetragen wird in Pfannen, Schüsseln etc., die warm gehalten werden und aus denen mehrmals serviert wird.

Preiskategorien Restaurants

Preis für ein Hauptgericht

◉◉◉◉	über 50 CHF
◉◉◉	30 – 60 CHF
◉◉	20 – 50 CHF
◉	15 – 40 CHF

SCHWEIZER SPEZIALITÄTEN

Die Berner Platte ist eine mächtige Schlachtplatte mit Sauerkraut. In **Fleischiges** Zürich liebt man das Geschnetzelte (Kalbfleisch in Sahnesauce), in Genf Schweinsfuß in Madeira (pied de porc au madère) und Lammkeule (gigot d'agneau). In Schwyz gibt es vorzüglichen Gamsbraten, in den rheinischen Kantonen gebratene junge Hähnchen, die »Mistkratzerli« oder »Güggeli«. Kurzgebratenes ist auf allen Speisekarten zu finden. Zum eigentlichen Nationalgericht der Schweiz ist jedoch »Schnipo« avanciert – paniertes Schnitzel mit Pommes.

An delikaten Wurstsorten ist die Schweiz reich. Die verbreitete Servelat entspricht der deutschen Fleischwurst bzw. roten Bratwurst. In **Aus der Wurstküche**

Stilvoller Lunch in Zürichs Altstadt

Basel gibt es die Klöpfer (Cervelats), in St. Gallen Schüblige und (Kalbs-)Bratwürste, in Appenzell Pantli und Knackerli. Im Glarnerland sollte man die Chalberwurst mit Zwiebel-Butter-Sauce probieren. Graubünden besitzt eine besondere Vielfalt an Wurstwaren: Salsiz (kleine Salami) aus Haustier- oder Wildfleisch, Engadinerwurst und Tiges sowie Bündnerfleisch (luftgetrocknetes Rindfleisch). Auch die Erzeugnisse des Kantons Waadt haben einen guten Ruf, etwa die Boutefas, die Payerner Würstchen oder Kraut- und Leberwurst. Daneben müssen die Genfer Longeole (deftige Schweinswurst mit Fenchel) und die Walliser Platte (Aufschnitt, u. a. Trockenfleisch) genannt werden. Im Tessin sind v. a. Coppa und Zampone bekannt.

Aus Schweizer Gewässern

Die zahlreichen Seen und Wasserläufe liefern feinen Fisch. Hechte und Barsche (Egli) gibt es im Bodensee, im Genfersee, im Neuenburgersee und im Lauerzersee; Forellen u. a. in den Bächen bei Arth-Goldau, im Genfersee, in der Areuse und in den Gebirgsbächen und -seen der Südschweiz. Die Barben des Zugersees, die Blaufelchen und der Gangfisch des Bodensees, die Weißfelchen (frz. féra) und Saiblinge (frz. omble chevalier) des Genfersees, die Felchen (frz. bondelle) des Neuenburgersees tragen zur Mannigfaltigkeit bei.

Und das gibt es dazu

Typische Beilagen sind die knusprig gebratene Rösti (das spricht man »röschti«, außerdem ist »die Rösti« Einzahl) aus geraffelten Kartoffeln, Stock/Härdöpfelstock (Kartoffelpüree), Polenta und Risotto in Graubünden und im Tessin, Chnöpfli (Knöpfle) im Mittelland und die Chäschtene (Esskastanien).

Eine wunderbare Schweizer Spezialität sind die feinen ländlichen Restaurants wie das »Piz Umbrail« in Santa Maria im Engadin.

In der Deutschschweiz gibt es – wie in Schwaben – Spätzli und Knöpfli, beliebt sind auch die habhaften Älplermagronen (Hohlnudeln mit Käse und Kartoffeln, serviert mit Apfelmus). Und nicht nur der italienische Süden liebt italienische Pasta wie Ravioli.

Nudeln etc.

Die Zubereitung von Süßem liegt den Schweizern offensichtlich, was schon einmal die Schokolade und die Pralinen beweisen. Ein Sonntagsfrühstück wäre undenkbar ohne den frischen Hefezopf (im Bernischen »Züpfe«). Überaus reichhaltig ist die Palette der regionaltypischen Verführungen: z. B. Basler Leckerli, Schaffhauser Zungen, Glarner Pastete, Zuger Kirsch-, Engadiner Nuss- und Aargauer Rüblitorte, die Spanischbrödli in Baden, im Berner Oberland üppig mit Sahne gefüllte Meringen (aus Meiringen), im Jura Bagnoletcrème mit Himbeeren, in Genf Croissants und Rissoles (Birnenmus-Taschen), im Tessin die Torta di pane und der Zabaione; Vermicelles (gespr. »wérmisel«, Spaghetti aus süßem Kastanienmus) mit Nidel (Sahne) mag man fast in der ganzen Schweiz. Im Freiburger- und Greyerzerland ist die Cuchaule beliebt, ein safrangelber Hefekuchen, den man mit süßem Chilbisenf (Moutarde de Bénichon) genießt.

Gebäck und Desserts

Das Zeitalter der Schweizer Schokoladenindustrie begann mit Louis Cailler, der erst in einer Fabrik in Turin arbeitete und 1819 in Corsier bei Vevey seine eigene gründete. Mitte der 1820er-Jahre stieg der Konditor Philippe Suchard in Serrières ins Geschäft ein. Er eröffnete auch die erste Filiale im Ausland, 1880 in Lörrach. Zwei weitere Pioniere waren der Veveyer Kerzenmacher Daniel Peter, Schwiegersohn von Cailler, und Rodolphe Lindt, Confiseur in Bern. Peter machte sich Nestlés Kondensmilch zunutze und stellte 1875 die erste Milchschokolade her; Lindt entwickelte wenig später das Conchieren, durch das die Schokoladenmasse ihre raue Konsistenz verlor und sich in jede Form gießen ließ. Es verhalf den Schweizer Confiseuren zu Weltruhm und der Nation zu einem Exportschlager.

Schokolade (▶Baedeker Wissen S. 614)

Die Schweiz ist berühmt für ihre köstlichen Käsesorten (um die 450 sollen es sein), auf dem Speisezettel ist Käse ein wichtiges Standbein. Über 1000 z. T. handwerklich arbeitende Käsereien verarbeiten die Hälfte der Milch, die die Bauern abliefern, zu Käse. Zuschauen kann man in etlichen Käsereien wie in Gruyère oder Stein im Appenzellerland. Käsesuppen sind besonders in der Mittelschweiz beliebt; flache Tartes mit Käse (Käsewähe, gâteau au fromage) gibt es überall. Aus der Westschweiz kommen zwei berühmte Gerichte. Für Fondue (von frz. »fondre«, »schmelzen«) wird in einer Tonkasserolle Käse mit Weißwein geschmolzen und mit Kirschwasser gewürzt. Man taucht Weißbrotstücke mit einer langen Gabel in den heiß gehaltenen Käse. Für Raclette (frz. »racler«, »schaben«) wird ein halbierter Käse an der Schnittfläche erhitzt und das Geschmolzene abgeschabt; dazu

Käse

Von bürgerlich-schlicht bis fein

So vielfältig wie die Schweizer Kantone sind auch die Gerichte, die auf den Tisch kommen. Gute, handfeste – auf Schwiizerdütsch »währschafte« – Kost dominiert.

Zürcher Geschnetzeltes: Einfach, aber edel – es ziert selbst die Speisekarte von Sternelokalen. Klassisch gehören in ein »Züri Geschnätzlets« Kalbfleisch, Rahm, Champignons, Zwiebeln und Weißwein, Kalbsniere ist fakultativ (oder wird separat gereicht). Die Kunst der Zubereitung besteht darin, das Fleisch nur kurz zu braten, sodass es nicht ganz durchgart und butterzart bleibt. Als Beilage: Rösti, nichts anderes.

Rösti: Vielleicht »das« Schweizer Nationalgericht, meist aus gekochten Kartoffeln, die geraffelt und mit Butter oder Schmalz zu einem goldbraunen Fladen gebraten werden. Sprachliche Klippen sind eingebaut: Es heißt korrekt »die Rösti«, nicht »das«. Im Bernischen liebt man sie mit Speckwürfelchen, im Aargau mit Zwiebeln, im Wallis und im Appenzell auch mit Käse.

Capuns: Graubünden ist die Heimat dieses Gerichts, das sich bestens – so ein einheimischer Pfarrer – »für starke Mägen und Arbeitsleuth« eignet. Blätter vom Mangold werden mit einem Spätzliteig aus Mehl, Milch, Eiern, Salsiz und Bündnerfleisch gefüllt und gedünstet. Serviert wird diese aufwendig herzustellende Spezialität in tiefen Tellern mit Rahmsauce oder mit viel Butter und Käse.

St. Galler Bratwurst: Mindestens 50 % Kalbfleisch (im Fleischanteil), Schweinefleisch, Speck, Milch, Salz, Pfeffer und diverse Gewürze ergeben die bekannteste Bratwurst der Schweiz. Nach dem Brühen kommt die schlanke, weiße Wurst auf den Grill und wird, knusprig gebräunt, bei Festen in der ganzen Deutschschweiz und in der Romandie verspeist. Dazu Bauernbrot oder ein »Bürli«, ein rustikales Brötchen aus Weißmehl – aber niemals Senf.

Älplermagronen: Ein Klassiker von der Alp, wunderbar einfach und nahrhaft. Kurze Makkaroni (Hörnli) – von denen sich der Name ableitet – und gekochte Kartoffelwürfel werden mit Bergkäse, Rahm und gebratenen Zwiebeln in einer Auflaufform überbacken. Als obligatorische Beilage »Ankestückli«, das sind mit Butter (Anken) und Zucker gedünstete Apfelschnitze, oder einfach Apfelmus.

Berner Platte: Als 1798 die Berner in der Schlacht von Neuenegg über die Franzosen siegten, suchten die Frauen für die Siegesfeier das Beste heraus, was die Speisekammer hergab. Das kunterbunte Ergebnis aus Würsten aller Art, »Rippli«, »Gnagi« (Eisbein), Speck, gepökelter Rinderzunge, gekochtem Rindfleisch, dazu Sauerkraut, grünen Dörrbohnen und Kartoffeln ist noch heute ein üppiges Festmahl.

gibt es Pellkartoffeln (Gschwellti) und pikante Zutaten wie Cornichons und Silberzwiebeln, aber auch Bündnerfleisch o. ä.

GETRÄNKE

Wein ▸ unten

Geistvolles Die heimischen Schnäpse sind ausgezeichnet: Kirsch (v. a. aus Zug, Schwyz und Brunnen), Zwetschge, Birne, Grappa (darf so nur im Tessin bezeichnet werden; sonst Traubentresterschnaps oder Marc), Bätzi (aus Äpfeln) u. a.; dazu kommen Enzian, Alpenbitter und Kräuterlikör (Chrüter). Eine Renaissance erlebt der Absinth des Val de Travers. Wer mehr über die feinen Tropfen und ihre Urheber wissen will, sehe unter www.schnapsforum.ch nach.

Aus den Brauereien Die großen traditionellen Brauereien wurden von internationalen Getränkekonzernen aufgekauft. Zu Carlsberg (Brauereien in Rheinfelden – die größte der Schweiz – und Sion) gehören u. a. die Marken Feldschlösschen, Cardinal, Hürlimann und Gurten, zu Heineken (Brauereien in Luzern und Chur) die Marken Haldengut, Eichhof und Calanda. Daneben gibt es ein gutes Dutzend mittelgroßer Brauereien, und die Zahl der kleinen Hausbrauereien geht in die Hunderte. Auch Mais und Reis sind als Rohstoff zugelassen. Man bestellt ein »Grosses« (0,5 l) oder ein »Kleines« bzw. eine »Stange« (0,3 l). Das »Lager« entspricht dem Hellen, »Zwickel« ist ein ungefiltertes, trübes Bier. Das berühmte »Samichlaus« mit 14 % Alkohol, früher von Hürlimann in Zürich gebraut, kommt heute aus der österreichischen Brauerei Schloss Eggenberg.

Nichtalkoholisches Die bekanntesten der vorzüglichen Schweizer **Mineralwässer** sind Adelbodener, Elmer, Eptinger, Henniez, Passugger, Rhäzünser, Valser und Weissenburger. Ein ausgezeichnet schmeckender Durstlöscher ist die auf Milchserum basierende Limonade **Rivella**, die es in drei Sorten gibt: Rot, Blau (kalorienarm) und Grün (mit grünem Tee).

SCHWEIZER WEIN

Wein ist nicht gerade das Erste, was man mit der Schweiz verbindet. Nur 1 – 2 % der Produktion werden exportiert, mit Glück kann man außerhalb des Landes einen einfachen Fendant oder Dôle finden, und das zu einem Preis, der kaum zum Kauf animiert. Gründe dafür sind der große Anteil der Handarbeit – wegen der oft steilen Lagen und kleinen Parzellen – und vor allem die relativ geringen Mengen. In gehobenen Preisklassen stimmen die Relationen eher: Hier ist

Die Weinberge von Villette im Lavaux am Genfersee

man auch pekuniär auf internationalem Niveau. Und dass der Wein den Vergleich nicht zu scheuen braucht, steht außer Frage – in der Tat ist er immer höchst erfreulich. Nützen Sie Ihren Schweiz-Urlaub also zu einer genussreichen Expedition in Sachen Wein.

Drei große Weinbereiche weist die Schweiz auf: die Suisse romande, die Ostschweiz – d. h. Deutschschweiz – und die italienische Schweiz. Reben finden sich in überraschend vielen Kantonen, besonders an Seen und in Flusstälern, die im kühlen Klima der Schweiz für die richtigen Temperaturen sorgen. Wichtig ist auch der Föhn, der die Trauben trocknet und wärmt. Das **Wallis** macht v. a. weißen Fendant aus der Chasselas-Traube (Gutedel), der »schweizerischsten« Sorte überhaupt (42 % der Gesamtrebfläche). Je nach Boden gerät ein Chasselas sehr unterschiedlich; der Trend geht zwar zu körperreichen bis massiven Weinen, doch sind seine jugendlich-frischen Vertreter die besten. Typisch sind auch der Pinot Noir und der Dôle aus Pinot Noir (mind. 80 %) und Gamay. Der Oeil de Perdrix (»Rebhuhnauge«) ist ein Rosé aus Pinot Noir. Der Johannisberg wird aus der Silvaner-Rebe gemacht. Eine ganze Reihe von Rebsorten sind nur im Wallis zu finden (und unbedingt zu »prüfen«), etwa Amigne, Petite Arvine, Humagne, Cornalin und Lafnetscha. Weitere Raritäten sind dort der »Heidenwein« von den höchstgelegenen Weinbergen Europas bei Visperterminen und der Vin du Glacier, der im Val d'Anniviers in einem einfachen Solera-System reift. Auch in der **Waadt**, dem zweitgrößten Weinbaukanton, dominiert Chasselas unter dem Namen Dorin. Den Rest teilen sich die roten Sorten Pinot Noir und Gamay. Hauptanbaugebiete sind die herrlichen Hänge am Genfersee, im Westen die Côte zwischen Nyon und Morges, im Os-

Wein-
landschaften

ten das Lavaux zwischen Lausanne und Montreux, dessen Appellationen Dézaley, St-Saphorin und Epesses zu den besten der Schweiz gehören. Waadtländisch sind auch das Chablais zwischen Villeneuve und Bex, Bonvillars und Côtes-de-l'Orbe südlich des Neuenburgersees sowie der Mont Vully am Murtensee. Nicht zu vergessen der **Kanton Genf**, u. a. mit dem Mandement. Vorzüglich liegen auch die Weinberge des **Kantons Neuchâtel**: an den Ufern von Bieler- und Neuenburgersee am schützenden Hang des Juras. Besonders gut gerät hier der Pinot Noir als einzige rote Sorte; der Chasselas, der über die Hälfte der Weinberge beansprucht, ist lebhaft und leicht. Gute Appellationen sind z. B. Schafiser, Twanner, Cortaillod und Auvernier. In der **Ostschweiz**, zu der hinsichtlich Wein 17 Kantone mit sehr unterschiedlichen Bedingungen zählen, sind die Rebberge wie in einem Flickenteppich verteilt. Als rote Sorte wird fast ausschließlich Blauburgunder (Pinot Noir) produziert, als weiße Müller-Thurgau (früher Riesling × Sylvaner genannt; sie wurde jedoch als Kreuzung von Riesling und Madeleine Royale identifiziert). Das wärmste Eck ist hier die für Blauburgunder berühmte **Bündner Herrschaft**. Die Zürcher Bereiche Zürichsee, Unterland und Weinland sind weniger bekannt und renommiert, im Gegensatz zum **Klettgau** im Kanton Schaffhausen, in dem Hallau einen besonderen Ruf genießt. Im **Tessin** wird zu 90 % Merlot angebaut, aus der ein geschmeidiger, säurearmer Rotwein, aber auch ein überraschend guter Weißwein gemacht wird. Der rote Nostrano (»der Unsere«) wird zu 80 % aus der heimischen Sorte Bondola gewonnen.

Das Etikett Die Bestimmungen, was auf dem Etikett stehen muss bzw. darf, sind kantonal unterschiedlich. Grundsätzlich anzugeben ist nur die Kategorie (mit »Ursprungsbezeichnung«, mit »Herkunftsbezeichnung« oder ohne Derartiges) sowie der Verkäufer oder Erzeuger. Eine Herkunftsbezeichnung tragen Weine aus größeren Gebieten als ein Kanton (z. B. »Ostschweiz«). Die Ursprungsbezeichnung nennt einen Kanton, Bereich oder Ort (»Neuenburg«, »La Côte«), eine Kombination von Ort und Rebsorte (»Fläscher Blauburgunder«) oder eine Sammelbezeichnung wie »Fendant«. Im Wallis und in Genf gibt es über der AOC noch den Grand Cru. Ein Wein aus dem Wallis, der Waadt oder Neuenburg mit Ursprungs-, aber ohne Rebsortenangabe ist immer ein Chasselas; alle anderen Sorten müssen genannt werden. Ein Qualitätssiegel in der Ostschweiz ist der »Winzer-Wy«, das Tessin vergibt das VITI-Zeichen. Wissenswertes über den Schweizer Wein allgemein und detaillierte Beschreibungen vieler Produzenten enthält der »Schweizer Weinführer« (Hrsg. Vinea, erscheint jährlich im Verlag Ringier), weitere Info unter www.swisswine.ch.

Im berühmten Café Odeon zu Zürich

Delikatesse (nicht nur) von der Alp

Die Schweiz ist berühmt für ihre vielen köstlichen Käsesorten. Die Besinnung auf regionale Traditionen kommt auch dem Käse zugute.

Kuhschellengeläut, Alpwiesen und wettergegerbte Sennen, die im Käsekessel rühren, das gehört zum romantischen Bild des Schweizer Käses. Ursprünglich waren es praktische Gründe, die das Käsen nötig machten. Wo Ackerbau nicht mehr möglich ist, reicht es für die Viehwirtschaft allemal. Doch Milch verdirbt rasch, und das Käsen zählt zu den wichtigsten Konservierungsmethoden. Als Urkäse schlechthin gilt der Sauermilchkäse. Hier verwendet man sauer gewordene Milch, schöpft die fest gewordene Masse ab und presst und würzt sie. Zu seinen Vertretern gehören der Toggenburger Bloderkäse und Sauerkäse aus dem St. Galler Rheintal. Man erhält sie fast nur an Ort und Stelle, denn sie lassen sich schlecht lagern und transportieren.

Von der Milch zum Käse

Die gängige Art, Käse herzustellen, funktioniert mit Lab aus Kälbermagen. Es wird der erwärmten frischen Kuhmilch zugesetzt, die Masse stockt und kann dann weiterverarbeitet werden. Dabei sind dem Einfallsreichtum kaum Grenzen gesetzt. Rund 450 Sorten stehen in der Schweiz zur Auswahl. Besonders qualitätvoll und aromatisch ist die Milch, die die Kühe der Bergweiden geben. Während Käse aus pasteurisierter Milch aus Gründen der Hygiene vor allem für den Massenmarkt hergestellt wird, gilt Käse aus Rohmilch unter Kennern als der geschmacksreichere. Eine Reihe von Sorten besitzt das AOC-Siegel (Appellation d'Origine Contrôlée), das bestätigt, dass der Käse in der jeweiligen Region erzeugt und veredelt wurde.

Kleine Sortenkunde

Alp- und Bergkäse

Alpkäse darf sich nur nennen, was tatsächlich auf einer Alp (zu hochdeutsch Alm) erzeugt worden ist. Das bezieht sich auf die Milch von Kühen, Schafen und Ziegen ebenso wie aufs Verkäsen. Alpkäse gibt es daher nur im Sommer. Bergkäse hingegen kann das ganze Jahr hergestellt werden, weil im Winter die Milch der nun im Stall stehenden Tiere verwendet wird.

Appenzeller®

Ein Hartkäse, den rund 60 Käsereien zwischen Bodensee und Säntis herstellen. Der erwärmten Milch werden Milchsäurebakterien und Lab zugesetzt; mindestens drei Monate wird der reifende Käse mit dem geheimen »Kräutersulz« abgerieben. Appenzeller Käse wird in unterschiedlichen Reife- und Qualitätsstufen angeboten von mild bis würzig. Der Käse mit dem schwarzen Etikett ist der edelste: Die besten Laibe werden ausgewählt und reifen sechs Monate.

Emmentaler AOC

Bis zu 130 kg wiegen die mächtigen goldgelben Laibe aus dem Emmental. Sie begründeten den internationalen Ruhm des Schweizer

Käses und warfen die große Frage auf: Wie kommen die Löcher in den Käse? Durch Kohlendioxid, das bei der Reifung entsteht. Geschützt ist der Name »Emmentaler« nicht. Wer den echten Rohmilchkäse aus dem Emmental genießen möchte und nicht eine der weltweit erzeugten Kopien, achte auf das AOC-Siegel.

Etivaz AOC
Ein ungewöhnlicher Käse aus dem waadtländischen Pays d'Enhaut. Die Milch wird in den Bergen über Fichtenholzfeuer auf 57 °C erhitzt und weiterverarbeitet, der Käse reift 5–13 Monate. Charakteristisch ist der leicht rauchige Geschmack mit feiner Haselnussnote. Was exportiert wird, nimmt vor allem der französische Markt auf.

Sbrinz AOC
Rohmilch, Lab, Salz und mindestens 24 Monate Reife, gerne auch länger, so stellen die Innerschweizer ihre Version des Parmesans her. Er gelangte schon im 16. Jahrhundert auf Säumerpfaden von Brienz nach Italien. Diesen kräftigen, trockenen Käse serviert man in Stückchen gebrochen, zu feinen Spänen gerollt oder gerieben.

Tête de Moine AOC
Eine Rohmilch-Spezialität des Berner Juras. Mit Hilfe der Girolle, einem im Kreis zu drehenden Messer, nimmt man von diesem Käse hauchfeine, sich zu rosettenartigen Gebilden ringelnde Schichten ab. Die zergehen fast auf der Zunge und entfalten dabei ihren feinwürzigen Geschmack.

Vacherin Mont d'Or AOC
Einst reiften viele Käse in Behältern aus Fichten- oder Lärchenrinde. Weiße Kunststoffringe haben sich mittlerweile durchgesetzt, hygienisch, tragen aber nichts zum Geschmack bei. Umso begehrter werden Käsesorten wie der Vacherin aus dem Jura, der in einem Fichtenholzmantel reifen darf. Drei Woche bürstet der Käser täglich die Laibchen mit Salzlake ab. Das Ergebnis: ein sahnig-weicher Käse mit weißer bis hellbrauner Rinde, der in der Spanschachtel auf den Markt kommt.

Auch wenn der Käse, in Zahlen gemessen, wirtschaftlich nicht übermäßig bedeutend ist: Was wäre die Schweiz, ihre Landschaft und ihre Kultur, ohne ihn? Hier wird Emmentaler gemacht.

Tradition und große Kultur

Die Schweiz ist reich an bedeutenden Festivals für klassische Musik und Pop, Chanson, Theater, Kino und Tanz, um nur die wichtigsten Themen zu nennen. Dazu kommt eine unübersehbare Zahl von höchst beliebten Brauchtumfesten, Weinfesten, Sportveranstaltungenn, Antiquitätenmessen und vieles mehr.

FEIERTAGE

In der ganzen Schweiz:
1. Jan.: Neujahr
Karfreitag
Ostersonntag / Ostermontag
Auffahrt (Christi Himmelfahrt)
Pfingstsonntag / Pfingstmontag
1. Aug.: Nationalfeiertag
25./26. Dez.: Weihnachten

Feiertage, die in vielen Kantonen begangen werden:
2. Jan.: Berchtoldstag
1. Mai: Tag der Arbeit
Fronleichnam
15. Aug.: Maria Himmelfahrt
3. Sept.-So.: Dank-, Buß- und Bettag
1. Nov.: Allerheiligen
8. Dez.: Maria Empfängnis

TERMINKALENDER

Januar

An vielen Orten: Dreikönigssingen. Appenzell: Silvesterkläuse (▶S. 169). Solothurn: Filmtage. Basel, 12., 19. oder 26. Jan.: Vogel Gryff. Saignelégier: Schlittenhunderennen. St. Moritz: Concours Hippique und Polo World Cup on Ice.

Februar

Fasnacht: In vielen Orten der (alemannischen) deutschsprachigen Schweiz, berühmt sind besonders Basel, Luzern und das Walliser Lötschental. In vielen Tessiner Orten »carnevale«; besonders bekannt sind der Rabadan (Bellinzona), der Nebiopoli (Chiasso) und das Risottoessen am Faschingsdienstag (»risottata«, in Lugano, Ascona, Brissago).

März

Graubünden, 1. März: Chalandamarz. Oberengadin, 2. März-So.: Engadiner Skimarathon. Genf: Internationaler Automobilsalon.

April

Zürich: Sechseläuten (▶S. 663).

April – Juli

Lugano: Lugano Festival (klassische Musik). Lucerne Festival.

Mai

1. Mai: Der Feiertag wird an vielen Orten begangen, besonders in den Kantonen St. Gallen und Waadt. Wallis: Kuhkämpfe. Himmelfahrt: Auffahrtsumritt in Bero-

Festfreudiges Appenzell: beim Alpaufzug am Alpstein

Ein Gefühl von Woodstock

Die Schweiz ist lässig, vor allem die junge – jedes Jahr gibt es Hunderte Gelegenheiten, sich davon zu überzeugen: bei Musik unter freiem Himmel. Vom Afro-Pfingsten in Winterthur bis zum Zürichsee-Festival in Erlenbach spannt sich der Bogen der teils schon legendären Openairs.

Das Wetter ist natürlich der große Mit- bzw. Gegenspieler. Aber was ein echter Openair-Freak ist, macht selbst aus knöcheltiefem Schlamm noch ein Happening, während von der Bühne die Toten Hosen, Patent Ochsner oder Nick Cave tönen. Ein solches Openair-Festival ist nämlich vor allem auch ein großes Gemeinschaftserlebnis; man reist, wenn irgend möglich, mit öffentlichen Verkehrsmitteln an und sucht sich auf dem dicht belegten Zeltplatz sein Plätzchen. Und während in der Sonne die nassen Klamotten trocknen, unterstützt man die gute Laune gern noch mit einem Joint (Cannabis ist, obwohl Handel und Besitz noch strafbar sind, fast zu einer Volksdroge geworden).

Zu hören gibt es bei den Openair-Festivals schlicht alles, was man untern den Begriffen Pop und Jazz verstehen kann. Erwähnt sei hier, dass auch die hehre Klassik, Volksmusik und Kinofilme gern an der frischen Luft genossen werden. Und so die Events nicht in einer Stadt stattfinden – wie in der Altstadt von Winterthur oder auf dem Hauptplatz in Rapperswil –, freut man sich über eine großartige Naturkulisse wie am Sittertobel in St. Gallen oder auf freier Flur mitten im »Tal des Lichts«, dem Val Lumnezia, beim größten Festival in Graubünden.

So ganz unschweizerisch (wenn man das Klischee mal gelten lässt) geht's bei aller Lockerheit denn doch nicht zu, und das ist gut so. Rücksichtnahme ist angesagt, jeder Camper bekommt einen Müllsack, und nach dem Festival wird aufwendig aufgeräumt und wenn nötig sogar renaturiert.

Einige wichtige Termine

Bern Gurtenfestival, um 20. Juli
Frauenfeld Openair, Mitte Juli
Gampel Openair, Mitte August
Interlaken Openair, Mitte Juni
Montreux Jazz, Anf.–Mitte Juli
St. Gallen Openair, Ende Juni
Val Lumnezia Openair, um 20. Juli
Winterthur: Afro-Pfingsten, Mai; Musikfestwochen, Ende Aug
Terminkalender und Links
www.openairguide.net
www.linker.ch/eigenlink/
            openair_festivals.htm
Kino: http://outnow.ch
www.cineman.ch

Beim Openair St. Gallen am Sittertobel

münster.. Ende Mai, Ascona: Festival der Straßenkünstler. Baden: Bluesfestival.

Juni
Basel: Art (Kunstmesse). In den Bergen: Alpfahrt (Alpaufzug).

Ende Juni – Anfang Juli
JazzAscona.in Ascona..

Juni – September
Interlaken: Schillers »Wilhelm Tell« im Freilichttheater Matten.

Juli
Montreux: Jazzfestival. Schwing- und Älplerfeste an vielen Orten, u. a. auf der Rigi, der Riederalp und dem Brünigpass. Alphorn-Festival in Nendaz. Lugano: Jazzfestival. Schäferfest auf der Gemmi am Daubensee in Leukerbad.

Juli – August
Lugano: Settimane Musicali (klassische Musik). Appenzellerland: Schwägalp-Schwinget vor dem Säntis. Bern: Altstadtsommer. St-Ursanne: Mittelalterfest.

August
Der Nationalfeiertag am 1. August wird überall ausgelassen begangen (teils schon am Vorabend, so in Basel und Biel). Bei Einbruch der Dunkelheit gehen Kinder mit Lampions, auf den Bergen lodern meterhohe Holzstöße, überall wird Feuerwerk abgebrannt (besonders eindrucksvoll auf Berggipfeln und an Seen). Altdorf: Festival Alpentöne. Locarno: Filmfestival. Schäferwochenende auf der Belalp. Saignelégier: Großer Pferdemarkt mit Volksfest.

September
Willisau (nahe Luzern): Jazzfestival. Luzern: Musik-Festwochen (klassische Musik). Ascona: Internationales Marionetten-Festival. Zürich: Knabenschießen (Wettschießen der Zürcher Jugend mit Volksfest und Jahrmarkt).

September – Oktober
An vielen Orten Alpabzugsfeste, meist mit Handwerkmarkt, etwa. in Hasliberg, Kerns (Melchsee), Charmey, St-Cergue und Lenk im Simmental. Winzerfeste, z. B. in Neuchâtel, Locarno, Bellinzona, Mendrisio, Döttingen, Lugano, Sierre und am Thunersee.

Oktober
St. Gallen: OLMA (Schweizer Messe für Landwirtschaft und Ernährung). Saignelégier: Marché-Concours (nationales Pferdefest mit Markt und Pferderennen). Tessin: Castagnata (Kastanienfest) in vielen Orten, z. B. Ascona. Zentralschweiz: an vielen Orten Älplerchilbi (Sennenkirchweih) zum Abschluss des Alpsommers.

Oktober / November
Basel: Herbstmesse, ältester und größter Jahrmarkt der Schweiz.

November
Vierwaldstättersee, Mittwoch vor dem 11. Nov.: Rütlischießen. Bern, 4. Mo.: Zibelemärit (Zwiebelmarkt).

Dezember
Niklausumzüge in vielen Orten, z. B. Beckenried, Bulle, Fribourg. Genf: Fête de l'Escalade (nächtliches Fest mit Umzug).

Mit Kindern unterwegs

Abenteuer in den Bergen

Im Land der Schokolade und der Kühe kann beim Urlaub mit Kindern eigentlich nichts schiefgehen. Mit der Gondel hoch hinauf auf die Berge, Wandern und Kraxeln im Sommer, Schlittenfahren im Winter, dazu ein Familienprogramm, das seinesgleichen sucht: Die Schweiz bietet für Kinder 365 Tage im Jahr Urlaub. Nur eines könnte man vermissen: das Meer.

Die Schweizer Eisenbahnen (▶ S. 699) sorgen gut für Familien. Das Swiss Travel System umfasst Pauschaltickets, die für kombinierte Reisen mit Bahn, Bus und Schiff ideal sind. Wer so ein Ticket kauft, kann die kostenlose Familienkarte dazubuchen: Mit ihr fahren Kinder bis 16 Jahre gratis mit. Kinder unter 6 Jahren reisen sowieso umsonst. Und wer öffentlich anreist, genießt in vielen Museen, Zoos und auf Bergbahnen bei Vorlage seines Fahrscheins ermäßigten Eintritt.

Hin und weg mit der Bahn

Kinderurlaub steht und fällt mit dem richtigen Domizil. Wer nicht in einem Bergbauernhof, einem Heuhotels oder einem Feriendorf unterkommen will, checkt in einem der Kids-Hotels ein (www.myswitzerland.com, Stichwort Kids-Hotels). Kinder dürfen sich auf ein besonders zusammengestelltes Programm freuen, die Eltern über Kinderbetreuung und Ausschlafservice, dazu zahlreiche Möglichkeiten, den Tag mit der ganzen Familie zu verbringen. Die diversen Organisationen des ländlichen Tourismus (▶ S. 119 ff.) bzw. ihre Mitglieder bieten die beste Gelegenheit, den Kindern zu zeigen, wo die Milch herkommt, wie nett kleine Kälbchen und wie frech Ziegen sind. Reka-Feriendörfer sind besonders familienfreundliche Ferienunterkünfte (▶ S. 119). Auch eignen sich viele Berghütten des Schweizer Alpen-Clubs (▶ S. 130 f.) für Unternehmungen mit Kindern. Insgesamt sind 37 als familienfreundlich ausgewiesen, der Aufstieg ist sowohl zeitlich wie vom Schwierigkeitsgrad her auch für Kinder machbar. Teils gibt es Hütten mit Familienzimmern. Unter www.sac-cas.ch werden auch Tipps für Bergwanderungen mit Kindern gegeben.

Übernachten

Mit dem Gütesiegel »Familien willkommen« des Schweizer Tourismus-Verbands sind gegenwärtig 23 Ferienorte ausgezeichnet. Das Siegel erhält, wer für familienfreundliche Unterkünfte und Restaurants, für Kinderbetreuung, Wander- und Themenwege für Familien sowie ein attraktives Unterhaltungsprogramm sorgt. Info beim Schweizer Tourismus-Verband, Postfach 8275, 3001 Bern, Tel. 031 307 47 47, www.swisstourfed.ch.

Qualität mit Siegel

Schlitten fahren (»schlitteln«), ein großer Spaß für alle

Bergwandern mit Kindern

Die Reihe »Bergfloh« (4 Bände) des Zürcher Rotpunkt-Verlags enthält gut ausgearbeitete Vorschläge für 1–3-tägige Bergtouren.

Familien-App

Schweiz Tourismus bietet einen »Family Trip Finder« als Smartphone-App an. Hier lassen sich auf verschiedene Altersgruppen zugeschnittene Angebote abrufen. Sie sind auch unter www.myswitzerland.com/familytrips zugänglich.

Erlebnisse in den Bergen

Am Berg der Berge hat **Zermatt** ein umfassendes Angebot für Kinder auf die Beine gestellt. Im Winter können die Frischlinge im Wolli-Park Sunnegga die ersten Stemmbögen üben. Im Sommer stehen Unternehmungen in der Zermatter Bergwelt an: Kickbike fahren, Klettersteige erkunden, mit Bergführer wie Tarzan durch die Gornerschlucht hangeln, in der Bergbahn selber mal den roten Knopf drücken. Das Maskottchen Wolli von Zermatt Tourismus kennzeichnet familienfreundliche Unterkünfte und Restaurants. Info bei Zermatt Tourismus (▶ S. 640).

Wo der Gotthardtunnel im Berg verschwindet, locken die **Göschener Hochtäler** und Flüsse zu unvergesslichen Erlebnissen: z. B. Ausflüge zu Gletschern und Mooren, zu Wasserkraftwerken oder in die alte Welt der alpinen Selbstversorgungswirtschaft.
Wasserwelt Göschenen
Unterdorf 46, 6487 Göschenen
Tel. 0041 887 19 64
www.wasserwelten.ch

Für Schokoladefans

Ein Besuch bei den Schokolademachern ist immer ein besonderes Erlebnis. Kinder erfahren, woher die Zutaten für die Schokolade kommen, dürfen Kakaobohnen in die Hand nehmen, beim Conchieren und Gießen der Schokolade zusehen, ein eigene Schokolade herstellen – und jede Menge probieren.
Maison Cailler, **Broc** (▶ S. 367)
Kinder bis 16 Jahre Eintritt frei
Chocolat Alprose
Caslano, Via Rompada 36
Tel. 091 611 88 56
www.alprose.ch (▶ S. 444)
tgl. 9.00–17.30; Sa./So. bis 16.30 Uhr, jedoch ohne Betriebsführung
Eintritt: Erwachsene 3 CHF, Kinder von 6 bis 16 Jahren 1 CHF

Interessante alte Dinge

Mächtig wummert das Pochwerk in der **Papiermühle in Basel** am Fluss. Auf diese Weise wurden früher Lumpen zerstampft, um daraus Papier herzustellen. Wie einst und heute Papier gemacht und bedruckt wird, macht dieses hervorragende Museum erlebbar. Kinder dürfen auch selber buntes Papier schöpfen.
Basler Papiermühle
www.papiermuseum.ch (▶ S. 207)
Papierwerkstatt Di.–Fr.
13.15–16.30 Uhr
Eintritt: 1 Erwachsener mit 2 Kindern bis 16 J. 30 CHF; 2 Erwachsene mit 4 Kindern 38 CHF

Exotische Tiere aus der Nähe

Der **Zürcher Zoo**, einer der besten der Welt, hat ein erstklassiges

Klettern ist aufregend – Kurse werden an vielen Orten angeboten.

Angebot für Kinder. Tierfütterungen mit Erklärungen durch den Tierpfleger, spezielle Führungen, sogar nachts – geschlafen wird in einer Jurte. Rechtzeitig anmelden!
▶ S. 677, www.zoo.ch

Die **Grande Cariçaie** am Ostufer des Neuenburgersees (▶ S. 480) ist die größte Sumpflandschaft der Schweiz. Wo Frösche quaken und sich allerlei Wasservögel im Schilf verbergen, veranstaltet die Umweltschutzorganisation Pro Natura spannende Exkursionen.
Pro Natura Zentrum Champ-Pittet
Cheseaux-Noréaz
Tel. 024 423 35 70
www.pronatura-champ-pittet.ch
16. März – 3. Nov. Di. – So.
10.00 – 17.30 Uhr
Eintritt Erwachsene 8 CHF, Kinder von 6 bis 16 Jahren 6 CHF

Auf dem Rücken der Pferde

Nicht nur Mädchen fühlen sich in den Bündner Bergen wohl. Der **Reitstall San Jon** veranstaltet

Halbtags- und Tagestouren mit dem Pferd, mehrtägige Pferdeferien sowie Unterricht im Westernreiten. Angeschlossen sind ein Hotel mit Restaurant, sodass die ganze Familie in Pferdenähe bleiben kann.
Reitstall San Jon
7550 Scuol
Tel. 0041 81 864 10 62
www.sanjon.ch

Im **Jura** hat die Rasse der Freiburger Pferde ihre Heimat. Zahlreiche Höfe bieten Reiterferien, Kutschfahrten, Abenteuertrekking mit Übernachtung im Tipi und vieles mehr an. Höhepunkt für alle Pferdefreunde ist der **Pferdemarkt in Saignelégier** am 2. Wochenende im August. Rund 500 Pferde werden hier der Jury vorgestellt und zeigen ihr Können.
Jura Tourisme
Rue de la Gruère 6
2350 Saignelégier
Tel. 032 420 47 70
www.juratourisme.ch

Die Schweiz zum Mitnehmen

Plüschbernhardiner, mit Edelweißen bedruckte Kuhschellen, Offiziersmesser und T-Shirts mit dem Schweizerkreuz füllen jeden Andenkenladen. Doch die Schweiz kann mehr: Feine kulinarische Spezialitäten wie Wein, Wurst und Käse, aber auch Designermode und Uhren sind gefragte Mitbringsel.

Die bekanntesten und begehrtesten, mehr oder minder kostspieligen Souvenirs aus der Schweiz sind **Armbanduhren**: von der poppigen Kultmarke Swatch über die »Bahnhofsuhren« (▶ S. 115) von Mondaine bis zu den Luxustickern von Jaeger LeCoultre, Breitling, Tissot, Patek Philippe, Beaume & Mercier und Audemars-Piguet. Berühmt sind die in allen möglichen angebotenen **Armee- bzw. Offiziersmesser** von Victorinox und Wenger. Qualitätvolles **Kunsthandwerk** bietet das »Schweizer Heimatwerk«, das in Zürich, Basel und Genf Läden betreibt (www.heimatwerk.ch). Hier kann man z. B. bemalte Keramik, Taschen aus alten Armeedecken, Textilien oder Uhren von Mondaine erwerben. »Das« Schweizer **T-Shirt** schlechthin – rot mit weißem Kreuz – wird auch im Land gerne getragen. Seit Jahrhunderten begehrt sind **Spitzen und Stickereien** aus St. Gallen. Das Angebot an typischen **Kulinaria** ist überwältigend. Dazu gehören vor allem Schokolade, Käse, Wein und Spirituosen, Bündner Fleisch und gebackene Spezialitäten wie Appenzeller Biber, Engadiner Nusstorte oder Aargauer Rüeblitorte. Last but not least zu erwähnen sind die Erzeugnisse der berühmten **Confiseure** und Schokoladenfirmen wie Sprüngli, Lindt, Honold und Schober.

Souvenirs

Einzelhandel Mo. – Fr. 8.00 – 12.00, 14.00 – 18.30 Uhr, Sa. nur bis 17.00 Uhr. Kaufhäuser, Einkaufszentren: Mo. – Fr. 8.00 – 18.30, Sa. bis 17.00 Uhr. Einige Geschäfte sind am Montagvormittag geschlossen, andere haben einmal pro Woche (meist donnerstags) bis um 21.00 Uhr offen. Läden in größeren Bahnhöfen sind täglich durchgehend bis 20.00/21.00 Uhr geöffnet. In den meisten Ferienorten haben die Läden abends länger und an Sonntagen zeitweise geöffnet.

Ladenöffnungszeiten

Wenn die Gesamtsumme der Einkäufe über 300 CHF liegt, können sich Ausländer die Mehrwertsteuer (7,4 % der Bruttosumme) an großen Grenzübergängen oder in Flughäfen erstatten lassen. Informationen geben die Hauptagenturen unter www.globalrefund.com und www.taxfreeworldwide.com. Achtung: Unter Umständen ist im Heimatland die Einfuhr-Umsatzsteuer zu entrichten (▶ S. 687).

Tax free

Verführerische, edle Läden in Zürich und anderswo

Starke Marken

Wer kennt nicht die Swatch, das Schweizer Offiziersmesser oder die Toblerone? Das sind nicht nur erfolgreiche Marken, sondern auch Ikonen des Schweizer Designs. Selbst Apple hat sich – ohne zu fragen – bei einer Schweizer Uhr bedient.

Was zeichnet typisches Schweizer Design aus? Bei den Gebrauchsgegenständen verbinden sich ein hohes Maß an Qualität und technischer Reife mit einer gewissen Bescheidenheit im Sinn von klaren, manchmal strengen Linien, von Verzicht auf unnötigen Schnickschnack. Viele Klassiker sind bereits über 100 Jahre auf dem Markt. Seit 1897 stellt die Firma Victorinox das

Reisebegleiter der neuen Zeit: Victorinox Traveller Lite mit bis zu 20 mechanischen und 7 elektronischen Funktionen

Schweizer Offiziersmesser her. Firmengründer Karl Elsener entwarf für die Schweizer Armee ein kompaktes Taschenmesser, das zwischen den roten Griffschalen außer den Klingen eine Ahle, einen Dosenöffner und einen Schraubenzieher enthielt. Für die Zivilisten ließen sich die Messerschmiede allerhand Zusatzfunktionen einfallen: vom Zahnstocher über Pinzet-

te bis hin zu Korkenzieher, Schere, Feile, Lupe, Laserpointer, USB-Stick – insgesamt stehen heute um die 80 weitere Funktionen zur Verfügung. Echt ist das Schweizer Offiziersmesser übrigens nur von Victorinox oder Wenger (wobei Wenger heute eine Tochterfirma von Victorinox ist).

Von der Toblerone zur Recyclingtasche

Die Welt der Schokolade hat mit der **Toblerone** einen Designklassiker. Als 1908 die Tobler AG in Bern eine neue Schokoladensorte erfand, verabschiedete man sich von der gewohnten Tafelform und goss die Masse in gezackte Stangen mit dreieckigem Querschnitt. Sie lassen sich leicht brechen und erinnern an die Schweizer Berge, zumal auf der Packung auch das markante Matterhorn prangt. Bis heute hat sich daran nichts geändert.

Die **Feldflaschen von Sigg** baumeln in jedem Souvenir- und Outdoor-Laden. Zunächst stellte die 1908 in Biel gegründete Firma Bettflaschen aus Aluminium her, dann kamen die ersten Trinkflaschen: leicht, ohne Schweißnähte, schlicht in Form und Funktion, und jahrzehntelang nur naturfarben (also alusilbern) oder rot lackiert erhältlich. Die Flaschen sind unverwüstlich, kein Kratzer und keine Beule schaden ihnen. Seit 1980 bilden die heute in allen Farben lackierten Flaschen das Basisprodukt der Firma, die in Frauenfeld produziert und in 40 Länder exportiert. Noch ganz dem Geist der Nachkriegszeit entspricht der Sparschäler Rex aus dem Jahr 1947. Der in Davos geborene Alfred Neweczerzal entwarf einen Apfelschäler mit quer stehender, messerscharfer Klinge, langlebig und bescheiden, dazu preisgünstig und – produziert von der Firma Zena – bis heute in jedem Haushaltswarenladen erhältlich. Als belastbar und funktionell beweisen sich auch die Produkte der Grafikdesigner Markus und Daniel Freitag. Ihnen gelang 1993 mit aus alten LKW-Planen hergestellten Taschen der große Wurf, heute Kult und daher keineswegs preisgünstig zu haben.

Hart im Nehmen und schick dazu ist die »Messenger« von Freitag

Uhrenlegenden

Beste Technik und ein fairer Preis allein genügen nicht für den Erfolg, wie die Geschichte der **Swatch** – zusammengesetzt aus »Swiss« und »watch« – zeigt. Zwar gelang den Ingenieuren die Fertigung einer besonders flachen elektronischen Uhr, doch die ersten Stücke floppten. Viel zu behäbig und unmodern. Erst als die Zürcher Designer Jean Robert und Käti Robert-Durrer der Uhr quietschbunte Armbänder und verrückte Muster auf dem Zifferblatt verpassten, gelang 1983 der große Durchbruch, der nicht weniger bedeutete als die Rettung der Schweizer Uhrenindustrie. Die Schweizer Bahnhofsuhr, 1944 von dem Schweizer Ingenieur und Gestalter Hans Hilfiker entworfen, tickt noch heute an allen Bahnsteigen des Landes. Dank der Beschränkung aufs Wesentliche – keine Ziffern, dicke schwarze Skalenstriche und Zeiger auf weißem Grund, ein roter Sekundenzeiger in Form einer Schaffnerkelle – ist sie auch aus der Ferne perfekt abzulesen. Auch der Computerkonzern Apple, sonst nicht verlegen um feines Design, fand Gefallen an der Uhr und stellte eine Kopie auf dem iPad zur Verfügung – allerdings ohne die Schweizer zu fragen. Dagegen zogen die Schweizer Bundesbahnen 2012 vor Gericht und erstritten Lizenzgebühren in Höhe von (angeblich) 20 Millionen Schweizer Franken. Fürs Handgelenk »adaptiert« hat die Bahnhofsuhren die Firma Mondaine.

Ein Bett für jeden Geschmack

In Stadt und Land, im Hochgebirge und an den Seen entfaltet sich ein üppiges Angebot an Herbergen. Mondäne Designerhotels, zünftige Gasthöfe, Heuhotels und Campingplätze finden sich überall. Vor allem in den Bergen, wo Kuhglocken den Morgen einläuten, ist der Romantikfaktor hoch.

Die absolute Untergrenze für ein Hotel-Doppelzimmer mit Dusche und Frühstück liegt bei etwa 100 CHF. So billige Häuser sind sehr selten, i. A. muss man mit mindestens 130–150 CHF rechnen. In einem B & B bekommt man für 100 CHF schon Ordentliches. Häufig wird eine Kurtaxe berechnet. In Regionen mit ausgeprägten Reisezeiten variieren die Preise erheblich: In St. Moritz z. B. können die Preise im Winter um 50 bis 200 % höher liegen als im Sommer. Während die Hotellerie in den Tourismuszentren gute Renditen erzielt und entsprechend gepflegt ist, leiden kleinere Häuser im Land z. T. unter dem starken Franken und strukturellen Problemen, sodass Einrichtung und Service nicht immer auf der Höhe der Zeit sind. Nähere Informationen in den regionalen und lokalen Hotellisten und im »Schweizer Hotelführer« auf www.swisshotels.com.

Preise und Standard

Preiskategorien Hotels
Preise für ein Doppelzimmer mit Bad und Frühstück

ⓢⓢⓢⓢ	über 400 CHF
ⓢⓢⓢ	250–400 CHF
ⓢⓢ	175–250 CHF
ⓢ	bis 175 CHF

Zahlreiche Hotelgruppen geben eigene Kataloge heraus. »Einfach und gut« ist das Motto der kleineren **Swiss Budget Hotels**. Idyllische Lage, Qualität und Individualität verbinden die **Idyll Hotels**. Besonders kinderfreundlich sind die **Kidshotels**. Wer die herrliche Hotellerie vergangener Tage genießen will, sucht sich eines der **Swiss Historic Hotels** aus. Erstklassige, aber nicht unbedingt die teuersten Häuser arbeiten als **Swiss Quality Hotels** zusammen.

Hotelgruppen

Schweiz Tourismus listet eine Reihe von relativ »Preiswerten Hotels« (Prospekt/Website). Kann man einige Zeit vorher buchen, sollte man die bekannten Hotelportale (z. B. www.hrs.de, www.trivago.de) konsultieren, die oft niedrigere Preise bieten; einige Orte werben allerdings mit einer Bestpreisgarantie, wenn man über deren Tourismusbüro bucht. Üblich sind Nachlässe bei einem Aufenthalt von mehr als 2 Tagen, oft werden Pauschalarrangements angeboten (z. B. inkl. Skipass, inkl. Festivalkarten u. ä.). Die Mitglieder des Verbands Christlicher Hotels (www.vch.ch) bieten sehr guten Standard zu ver-

Möglichkeiten zum Sparen

Altehrwürdig und fein: das »Rössli« in Mogelsberg (Toggenburg)

Auch hier kann man Ferien machen: in der »Weißen Villa«
in Mitlödi (Glarus), vermittelt über »Ferien im Baudenkmal«

nünftigen Preisen. Wer preisgünstige Unterkunft sucht, sollte die
Budget und Backpacker Hotels, Privatzimmer und Jugendherbergen
in Betracht ziehen. Viele Orte geben **Gästekarten** aus, mit denen
man Museen, Bergbahnen und/oder öffentliche Verkehrsmittel gratis
oder ermäßigt besuchen bzw. benutzen kann.

Privatzimmer Die unübersehbare Zahl der Privatvermieter (Bed & Breakfast) bieten eine gute Möglichkeit, individuell und z. T. 20 – 30 % preiswerter
zu wohnen als in einem vergleichbaren Hotel. Buchen sollte man
bereits zu Hause und einige Zeit vorher, da häufig nur 1, 2 Zimmer
verfügbar sind. Verzeichnisse geben die lokalen und regionalen Tourismusbüros heraus, ebenso Bed & Breakfast Switzerland mit über
1000 Adressen (CHF 28,–; gute Website).

Ferienwoh- Adressen von Ferienwohnungen und -häusern erfährt man bei den
nungen örtlichen Tourismusbüros. Die Kataloge großer Agenturen sind auch
bei den Reisebüros zu bekommen. Besonders schön sind »Ferien im
Baudenkmal«, d. h. in historisch wertvollen Gebäuden, die vom
Schweizer Heimatschutz restauriert und vermietet werden.

Ferien auf »Ferien auf dem Bauernhof« sind besonders bei Familien beliebt, sie
dem bieten Begegnung mit Menschen, Tieren und viel Natur, zudem sind
Bauernhof sie erschwinglich. Kleine und größere Bauernhöfe, aber auch mehr
oder weniger luxuriöse Landhäuser bieten sich als schönes Domizil
an. Der Schweizer »Verein Ferien auf dem Bauernhof« ist an die Reka
(s. u.) angeschlossen. Über 180 Bauernhöfe vertritt der Verein
»Schlaf im Stroh«.

Kindergerechte Feriendörfer und -wohnungen bietet die Schweizer   **Reka-Ferien**
Reisekasse (Reka). Ihre Broschüre »Reka-Ferien« ist über Schweiz
Tourismus (▶ Auskunft) und bei Reka-Ferien zu beziehen.

Die Schweiz verfügt über rund 50 Jugendherbergen (Auberges de   **Jugendher-**
Jeunesse, Alloggi per la Gioventù) und 75 Backpacker-Hostels, die   **bergen und**
preiswerte Unterkunft bieten. Sie sind nicht nur für Jugendliche da;   **Backpacker-**
es gibt keine Altersbeschränkung, viele Reisende schätzen sie als   **Hostels**
schöne Form, mit anderen in Kontakt zu kommen. In den meisten
Häusern gibt es Doppel- und Familienzimmer. In der Hauptreisezeit
ist Reservierung unbedingt nötig, die maximale Aufenthaltsdauer in
einem Haus richtet sich nach der Nachfrage. Man sollte einen Ju-
gendherbergsausweis des Heimatlandes besitzen, man kann aber
auch eine 1-Tages-Mitgliedschaft erwerben. Tipp: Viele Jugendherbergen bieten preiswerte Packages an, z. B. mit reduziertem Skipass
oder Gratis-Skipass vor Weihnachten

In der Schweiz gibt es über 500 Campingplätze, von denen eine Rei-   **Camping und**
he auch im Winter geöffnet ist. Ein Großteil der Campingplätze, die   **Caravaning**
durch den Schweizerischen Camping- und Caravaningverband
(SCCV, jährliches »Schweizer Camping-Verzeichnis«), den Verband
Schweizerischer Campings (VSC / ASC) und den Touring Club der
Schweiz (TCS) kontrolliert werden, ist in Kategorien eingeteilt, von
komfortablen 5-Sterne-Plätzen bis zu 1-Stern-Plätzen mit minimaler
Ausstattung. Zu empfehlen sind auch die Camping- und Stellplatz-
führer des ADAC. **Wildes Campen** ist nur mit Erlaubnis der Gemeinde oder des Landbesitzers gestattet.

HOTELS
Swiss Budget Hotels
www.rooms.ch

Swiss Historic Hotels
3074 Muri, Tel. 031 302 32 26
http://swiss-historic-hotels.ch

Idyll Hotels
Dorfstr. 14, 6391 Engelberg
Tel. 041 639 79 50
www.idyll.ch

KidsHotels
Info bei Schweiz Tourismus
(▶ Auskunft) und unter
www.kidshotels.ch.

Swiss Quality Hotels
www.swissqualityhotels.com
Tel. 044 928 27 27

PRIVATZIMMER
Bed & Breakfast
Switzerland
C.P. 190
1752 Villars-sur-Glâne 1
www.bnb.ch

BAUERNHOFFERIEN
Reka / Ferien auf dem
Bauernhof
Neuengasse 15, 3001 Bern
Tel. 031 329 66 99
www.reka.ch

www.bauernhof-ferien.ch
www.agrotourismus.ch

Ländlicher Tourismus
Avenue des Jordils 1, Lausanne
Tel. 021 619 44 37
www.tourisme-rural.ch

Verein »Schlaf im Stroh«
Brünigstrasse 49, 6078 Lungern
Tel. 041 678 12 86
www.schlaf-im-stroh.ch

FERIENHÄUSER UND
-WOHNUNGEN
Ferien im Baudenkmal
c/o Schweizer Heimatschutz
Tel. 044 252 28 72
www.magnificasa.ch

Interhome
CH: Sägereistrasse 7
8152 Glattbrugg
Tel. 043 810 91 91
www.interhome.ch
D: Hoeschplatz 5
52349 Düren
Tel. 02421 12 20

Inter-Chalet
www.interchalet.de
Tel. +49 (0)761 21 00 77

Casamundo
www.casamundo.de
Tel. (D) 0800 1 01 08 84 (gratis)
+49 (0)40 6 96 91 98 12

AUSGEFALLENE
QUARTIERE
Besondere Übernachtungsmög-
lichkeiten, z. B. im Iglu, Gefäng-
nis, Tunnel oder Bunker, nennt
Schweiz Tourismus (▶ Auskunft).

JUGENDHERBERGEN
Swiss Backpackers
Alpenstrasse 16, 3800 Interlaken
Tel. 033 823 46 46
www.swissbackpackers.ch

Swiss Backpacker News
Am Bach 7, 5502 Hunzenschwil
Tel. 062 892 26 75
www.backpacker.ch

**Schweizer Jugendherbergen
(SJH)**
Schaffhauserstrasse 14
8042 Zürich
Tel. 044 360 14 14
www.youthhostel.ch

**Deutsches Jugendher-
bergswerk · DJH Service**
Bismarckstr. 8, 32756 Detmold
Tel. 052 31 74 01 - 0
www.djh.de

**Österreicher
Jugendherbergsverband**
Zelinkagasse 12, 1010 Wien
Tel. 01 533 53 53
www.oejhv.at

CAMPING
**Schweizerischer Camping-
und Caravanning-Verband
(SCCV)**
Wührestr. 13, 5724 Dürrenäsch
Tel. 062 777 40 08
www.sccv.ch

**Verband Schweizerischer
Campings (VSC / ASC)**
Postfach, 3322 Schönbühl
Tel. 031 852 06 26
www.swisscamps.ch

Jugendherberge in St. Moritz – exklusive Ferien, preiswert gestaltet

Dem Himmel so nah

*Reif für die Insel? In den Bergregionen lautet die entsprechende Ziel-
bestimmung: Flucht nach oben. Ab in die Berghütte, weg von der
Zivilisation: Natur, Stille, einfaches Leben.*

In der Ostschweiz »Maiensäss«, in
der Innerschweiz »Vorsäss« heißen
die Alphütten auf der mittleren
Gebirgsstufe in etwa 1500 m Höhe.
Hier nahmen Ende Mai/Anfang
Juni die Bauernfamilien ihren
»Sitz«, bevor man die Kühe für den
Sommer auf die Hochalpen trieb.
Ringsum erstrecken sich Wiesen für
das Vieh, es gab Ställe, Heuschober
und einen guten Keller für den
hier produzierten Käse. Meist sind
das in Blockbauweise aus Baum-
stämmen errichtete kleine Häuser,
die heute nur noch selten genützt
werden. Doch auch nach dem Ende
der Bewirtschaftung verfielen sie
nicht. Dafür sorgte die Nachfrage
naturverbundener Schweizer, die
sich in ihren geliebten Bergen ein
authentisches Ferienhaus sichern

wollten. Oft »verwirklichen« sich
die Besitzer in ihrem Häuschen,
zimmern die Möbel oder die Türen,
legen selbstgehäkelte Deckchen
aus oder stellen anderweitig ihre
Fertigkeiten unter Beweis. Kurz-
um, es hängt viel Herzblut an solchen Hütten. Häufig werden sie
auch vermietet, daher läuft die Buchung in der Regel über private
Anbieter. Einige Hütten sind richtig
für zwei Menschen, andere bieten
Platz für 20 und mehr für einen er-
lebnisreichen Gruppenurlaub.

Mit Plumpsklo, dafür ohne Strom

Die Lage weitab vom Schuss bringt
schon bei der Anreise so manchen
Komfortverzicht. Nicht alle Hütten

Refugien mit eigenen Regeln: Schlafraum in der Saoseo-Hütte (Puschlav)

sind mit einer Zufahrt gesegnet. Was heißt, dass irgendwer das Gepäck zum Haus schleppen muss. Im Sommer steigt man in die Bergstiefel, im Winter schnallt man sich die Schneeschuhe oder die Ski unter. Bis zu einer Stunde muss man aufsteigen, dort droben ist dann aber Bergeinsamkeit garantiert. Man hat keinen Strom und kein fließendes Wasser im Haus (und schon gar kein warmes), dafür gibt's Katzenwäsche am Brunnen und ein zugiges Plumpsklo. Der nächste Nachbar ist weit weg, höchstens Kühe glotzen über den Weidezaun. Handyempfang? Vielleicht – bis der Akku leer ist. Neulinge sind nach dem ersten Tag oft angezählt, nach dem Anmarsch, wenn das Kaffeewasser auf dem holzgefeuerten Herd eine Ewigkeit bis zum Kochen braucht, das Zähneputzen am Brunnen zur Heldentat wird und nachts die Kälte in die ungeheizte Schlafkammer kriecht. Urlaub als Überlebenstraining. Aber das geht rasch vorbei, der Kopf wird frei fürs Wesentliche. Kaum eine andere Unterkunftsart ist jedoch in puncto Ausstattung so unterschiedlich. Viele Maiensässe tragen nur noch die Bezeichnung, sie wurden in jeder Hinsicht auf die Höhe der Zeit gebracht, mit komfortablem Bad, mit Solaranlage fürs Warmwasser und das Licht am Abend. (Manche mutierten sogar zu Luxushotels, aber von ihnen soll hier nicht die Rede sein.)

Hütten für Wanderer

Zünftige Unterkunft bieten auch die Berghütten des Schweizer Alpen-Clubs SAC, eine Palette unterschiedlichster Häuser von der einfachen kleinen Holzhütte bis zum stattlichen Berggasthof (und Hightech-Bauten wie der Neuen Monte-Rosa-Hütte). Für alle gilt gleichermaßen: Unter der flatternden Schweizerfahne gibt's nur Wanderer und Bergsteiger, hier zählt nur der Mensch – eine egalitäre Gesellschaft im Kleinen. Der Komfort ist einfach, Matratzenlager und z. T. Mehrbettzimmer, Gemeinschaftswaschräume, kalte Klos. Aber was heißt das schon, wenn man nur ein Plätzchen braucht, um seine müden, blasengeplagten Füße von sich zu strecken, bei einem Glas Bier oder Rivella still in die Bergwelt zu schauen und aufs handfeste Abendessen (mit Älplermagronen oder ähnlichem) zu warten. Nach einem gemütlichen Abend mit netten Leuten nimmt man nächtliche Probleme wie Schnarchen oder die Frage »Fenster auf oder zu« mit Großmut (Empfindliche versorgen sich mit Ohrstöpseln). Zur Sicherheit regelt der Hüttenknigge des SAC, so weit wie möglich, die einschlägigen Dinge. Und am nächsten Morgen, nach dem zeitigen Frühstück (zwischen 6.30 und 8.00 Uhr), geht es weiter.

Info Maiensässe und Alphütten
Internetrecherche unter »Maiensäss« oder »Alphütte« + »Region« (z. B. Graubünden)
Schweiz Tourismus ▶ S. 688
Einige Webadressen:
www.graubünden
www.surselva.info
www.sentiero.ch
www.warmesbett.ch
Berghütten
SAC ▶ S. 131
www.schweizer-huetten.ch

Unterwegs mit Bahn & Bus

Die schönsten Panoramastrecken

Riesige Anstrengungen waren von der Eröffnung der Spanischbrödli-Bahn 1847 bis zur Vollendung der Gotthardstrecke 1897 zu bewältigen – heute die Basis für herrliche Bahnerlebnisse. Ging es beim Bahnbau zunächst um den Güter- und Personentransport, spielte doch bald auch das Vergnügen des Touristen eine große (wirtschaftliche) Rolle

Route: Chur/Davos – Filisur – St. Moritz – Bernina – Poschiavo – Tirano (im Sommer weiter mit Bus nach Lugano). 145 km, Fahrtdauer 4 Std. Europas höchste Bahntrasse, die Albula-Bernina-Bahn gehört zum UNESCO-Welterbe. Zunächst fährt man von Chur nach St. Moritz, dann über den Bernina, mit 7 % Steigung die steilste Adhäsionsstrecke (d. h. ohne Zahnrad) der Welt. Im Juli/Aug. werden an bestimmten Tagen zwischen St. Moritz und Tirano auch offene Panoramawagen eingesetzt. Info: Rhätische Bahn, ▶ S. 701.

Bernina-Express

Route: Chur – Landquart – Klosters – Zernez – St. Moritz – Albula – Chur, Fahrtdauer ca. 5 Std. Eine Graubünden-Rundfahrt an einem Tag. Den Zug des Namens »Engadin Star« gibt es nicht mehr, die Strecke ist jedoch unverändert schön (reguläre Züge, mit Umsteigen). Info ▶ Rhätische Bahn, S. 701.

»Engadin Star«

Route: Davos/St. Moritz – Chur – Andermatt – Brig – Zermatt. Ca. 290 km, Fahrtdauer 8 Std. von St. Moritz. Der »langsamste Schnellzug der Welt« fährt auf Meterspurstrecken der Rhätischen Bahn und der Matterhorn Gotthard Bahn (früher Furka-Oberalp-Bahn, Brig-Visp-Zermatt-Bahn). Man bewundert nicht nur eine grandiose Hochgebirgslandschaft, sondern auch Meisterleistungen des Eisenbahnbaus: 291 Brücken, 91 Tunnels, den 2033 m hohen Oberalppass, den längsten Meterspurbahntunnel der Welt. Reservierung obligatorisch (bis zu 3 Monate vorher möglich). Info und Reservierung: Rhätische Bahn und Matterhorn Gotthard Bahn, ▶ S. 701.

Glacier Express

Route: Luzern – Brünigpass – Interlaken – Zweisimmen – Montreux, ca. 240 km, Fahrtdauer 6 Std. Die traditionsreiche Strecke führt in drei Teilen (mit Umsteigen) von der Innerschweiz zum Genfersee: Mit der Zentralbahn über den Brünigpass und am Brienzer See entlang nach Interlaken, mit der BLS weiter nach Zweisimmen und von dort mit dem »GoldenPass Panoramic« (Aussichtsabteil an der Zugspitze!) oder dem »Classic«, einem Nachbau des Golden Mountain

GoldenPass Line

Mit dem Postauto auf dem Furkapass, vor Grimselpass und Finsteraarhorn

Pullman Express der 1930er-Jahre, über Gstaad zum Genfer See. Möglich ist auch eine Fahrt im Führerstand. Info: ▶ S. 701.

Gornergrat-
bahn
Route: Zermatt (1605 m) – Gornergrat (3089 m). 9,34 km, Fahrtdauer 33 Min., Zahnradbahn. Grandiose Ausblicke auf 29 Viertausender, darunter Gabelhorngruppe, Matterhorn und Gornergletscher.

Gotthard-
bahn
Route: Luzern / Zürich – Gotthardtunnel – Lugano. Strecke Zürich – Lugano: 220 km, Fahrtdauer 2.30 – 3 Std. Mit der Gotthardbahn, erbaut 1871 – 1897, verfügt die SBB über die schnellste Nord-Süd-Verbindung über die Alpen. Das Gotthardmassiv wird bis zur Fertigstellung der NEAT (▶ S. 546) im 15 km langen Tunnel mit einer Scheitelhöhe von 1151 m unterquert.

Jungfraubahn
Die wohl berühmteste Bergstrecke der Schweiz (▶ S. 386, 388) zur höchstgelegenen Bahnstation Europas, dem Jungfraujoch (3454 m). Länge 9,3 km, Fahrtdauer ca. 50 Min. Info: Jungfraubahnen, ▶ S. 701.

Lötschberg-
bahn
Centovalli-
Bahn
Die Kombination der Lötschbergstrecke von Bern über Spiez und Brig nach Domodossola (197 km, 1.45 Std.) und von dort mit der schmalspurigen Centovalli-Bahn nach Locarno (52 km, 1.40 Std.) stellt die kürzeste Verbindung zwischen Bern und dem Lago Maggio-

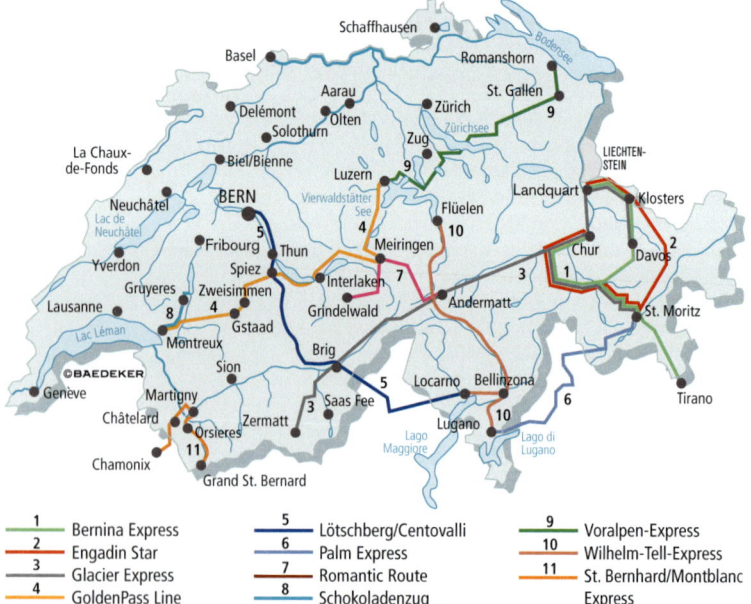

1	Bernina Express	5	Lötschberg/Centovalli	9	Voralpen-Express
2	Engadin Star	6	Palm Express	10	Wilhelm-Tell-Express
3	Glacier Express	7	Romantic Route	11	St. Bernhard/Montblanc
4	GoldenPass Line	8	Schokoladenzug		Express

re dar. Die Centovalli-Bahn verbindet die Transversalen Simplon und Gotthard durch das wildromantische Centovalli über viele Brücken und mit Steigungen bis 61 Promille. Auskunft: FART, ▶ S. 701.

Route: Martigny – Orsières – Großer St. Bernhard. Fahrtdauer: 30 Min. mit Zug, 45 Min. mit Bus. Von Martigny per Bahn durch das Val de Dranse nach Orsières, dann im Bus nach Champex-Lac, La Fouly oder – von Mitte Juni bis Ende Sept. – zum Hospiz Großer St. Bernhard (und weiter nach Aosta).

St.-Bernhard-Express

Route: Martigny – Châtelard Frontière – Chamonix. Fahrtdauer 1.30 Std. Der Zug passiert 28 Brücken, 21 Tunnel und Steilrampen mit bis zu 200 Promille, mit grandiosem Blick auf die Gletscher des Mont Blanc. Die Swiss-Travel-System-Fahrausweise sind bis/ab Châtelard gültig. Anschlussfahrkarten nach und von Chamonix können im Zug und in Chamonix gelöst werden. Info: www.tmrsa.ch.

Mont Blanc Express

Route: Montreux – Gruyères – Broc. Der Swiss Chocolate Train, ein Angebot von GoldenPass und Cailler-Nestlé, verkehrt von Mai bis Oktober mit gediegenen Belle-Époque-Pullman-Wagen. In Broc besichtigt man die Schokoladenfabrik Cailler-Nestlé. Buchung im Bahnhof Montreux. Info: GoldenPass, ▶ S. 701.

Schokoladen-zug

Route: Romanshorn – St. Gallen – Rapperswil – Arth-Goldau – Luzern. 158 km, Fahrtdauer 2.30 Std. Die schönste Verbindung zwischen dem Bodensee und dem Vierwaldstättersee. Auskunft bei der SBB, den Tourismusbüros und unter www.voralpen-express.ch.

Voralpen-Express

Route: Luzern – Vierwaldstättersee – Flüelen – St. Gotthard – Bellinzona – Locarno/Lugano, 170 km, Fahrtdauer ca. 4.45 Std. Der Wilhelm-Tell-Express verbindet ganzjährig zweimal täglich die Zentralschweiz mit dem Tessin. Von Luzern fährt man mit dem Raddampfer (oder Motorschiff) in ca. 2.40 Std. über den Vierwaldstättersee nach Flüelen, unterwegs wird im Salon gespeist. Im Erster-Klasse-Panoramawagen geht es dann über die berühmte Gotthardstrecke ins Tessin nach Locarno oder Lugano. Frühe Reservierung empfohlen. Auskunft: SBB, Schifffahrtsgesellschaft des Vierwaldstättersees (▶ S. 703), www.wilhelmtellexpress.ch.

Wilhelm-Tell-Express

Auch mit den gelben Postbussen, teils in Verbindung mit bestimmten Bahnstrecken, lassen sich wunderbare Touren unternehmen: z. B. mit der Engadin-Meran-Linie von Zernez über den Ofenpass und durch das Val Müstair nach Mals in Südtirol, mit dem Palm Express von St. Moritz nach Lugano, mit der Chur-Bellinzona-Linie über den San Bernardino nach Bellinzona oder auf der »Romantic Route« von Andermatt nach Grindelwald. Auskunft ▶ S. 701.

Postauto-Routen

Sportarena Schweiz

Die majestätische Bergwelt der Alpen und die sanften Berge des Juras stellen sozusagen große Sportgeräte dar, die sich je nach Jahreszeit anders nutzen lassen; aber auch das hügelige oder ebene Mittelland hat seine Reize.

Unter diesem Namen firmiert das »nationale Netzwerk für Langsamverkehr«, also fürs Wandern, Radfahren, Inline-Skaten und Kanufahren. SchweizMobil sorgt nicht nur für das Routennetz, es bietet auch über den Partner SwissTrails umfassenden Service: von buchbaren Komplettpaketen über Vertragshotels, Gepäcktransport und Fahrradmiete bis zum kostenlosen App, das auf den Landeskarten von swisstopo aufbaut. Im Internet unter www.schweizmobil.ch.

SchweizMobil

WANDERN & BERGSTEIGEN

Besonders schön lernt man die Schweiz auf über 60 000 km beschilderter Wanderwege kennen. Die attraktiven Routen werden zu Fuß zurückgelegt, für »Abkürzungen« stehen Bahn, Postauto, Schiff und Bergbahnen zur Verfügung. Viele Ferienorte bieten geführte Wanderungen an. Die Einkehrmöglichkeiten reichen vom Kiosk bis zum Landgasthaus oder alten Berghotel. SAC-Hütten siehe unten.

Wandern

Die Wanderwege sind nach Schwierigkeit klassifiziert und markiert: Gelbe Wegweiser signalisieren leichte Routen, die mit Wanderschuhen begangen werden können, Weiß-Rot-Weiß steht für mittelschwere Strecken und Weiß-Blau-Weiß für anspruchsvolle hochalpine Routen, die nur mit guter Kondition, geeigneter Ausrüstung und ggf. mit einem Bergführer angegangen werden sollten.

Beschilderung

Herrliche, leicht zu begehende Höhenwanderwege gibt es überall: z. B. Bergeller, Prättigauer oder Schächentaler Höhenweg, die Wege durch das Saas-Tal oder das Kiental, der klassische Rigi-Höhenweg, der Stockalperweg über den Simplon. Neue Wege beschreitet man z. B. auf dem Hochgebirgswanderweg **Senda dal Diavel** (Teufelsweg) auf der Diavolezza, auf dem Jakobsweg Graubünden von Müstair nach Amsteg und auf dem **Aaschlucht-Wanderweg** von Engelberg nach Grafenort. Atemberaubende Aussichten eröffnen sich auf dem **Aussichtsweg Stoos – Fronalpstock** in der Zentralschweiz, Reiseabenteuer vergangener Epochen werden auf den **Schweizer Kulturwegen** wieder lebendig (▶ S. 134). Die ganze Schweiz durch-

Höhen- und Weitwanderungen

Beim Aufstieg zum Allalinhorn (Wallis)

Am Strelapass bei Davos

queren mehrere Routen: Trans Swiss Trail Porrentruy – Mendrisio, Alpenpanoramaweg Rorschach – Genf, Via Alpina Vaduz (FL) – Montreux, Via Gottardo Basel – Chiasso. Für den Großen Walserweg ▶ S. 623 und www.walser-alps.eu, www.walserweg.com.

Bergsport

Die Schweiz ist das klassische Land des Bergsports mit einer unerschöpflichen Auswahl an Berg- und Klettertouren aller Schwierigkeitsgrade. Schwierigkeiten wie Orientierung, Wetterumschwung, Steinschlag u. a. sollte man nicht unterschätzen; daher sollte man sich in höheren Regionen nur mit entsprechender Erfahrung und /oder unter sachkundiger Leitung bewegen. Überall in den Bergen werden Führer vermittelt und Kurse sowie geführte Touren angeboten.

Alpine Ausrüstung

In alpinem Gelände erfordern auch leichte Wanderungen ein Mindestmaß an Ausrüstung. Die unverzichtbare »Basis« sind hohe Bergstiefel mit steifer Profilsohle, und zwar eher zu schwer und fest als zu leicht und flexibel: Mit gut passenden Stiefeln geht man auch auf Straßen bequem, leichte, biegsame Schuhe hingegen sind im rauen Gelände eine Tortur, von der Gefahr über Zerrungen und Verstauchungen ganz zu schweigen. Die Sonnenstrahlung ist auch bei bedecktem Himmel intensiv, also Sonnenbrille, Kopfbedeckung und Sunblocker nicht vergessen. Als Schutz vor Wind, Kälte, Regen und Schnee – das Wetter kann schnell umschlagen, selbst im Hochsommer kann es schneien – sind außerdem Pullover, Anorak und Regenschutz notwendig. Mindestens 1 l Wasser und etwas Proviant gehören in den Rucksack, dazu Karte, Erste-Hilfe-Apotheke und Handy.

Schweizer Alpenclub (SAC)

Der 1863 gegründete Schweizer Alpenclub (SAC) unterhält über 150 Hütten, etwa 110 sind bewirtschaftet. Alle Hütten sind das ganze Jahr zumindest zugänglich. Auf vielbegangenen Routen ist frühzeitige Reservierung angezeigt. Ein Verzeichnis ist beim SAC zu bekommen.

Informationen für Wander- und Bergfreunde geben Schweiz Touris-   **Auskunft,**
mus (▶Auskunft), die Schweizer Arbeitsgemeinschaft für Wander-   **Literatur,**
wege (SAW) und die ausgezeichnete, überaus reichhaltige und detail-   **Landkarten**
lierte Website www.wandersite.ch. Der Buchhandel führt eine breite
Palette von Wander- und Bergführer-Reihen, hrsg. u. a. vom Schweizer Alpen-Club (SAC) und vom Deutschen Alpen-Verein (DAV).
Das Schweizer Bundesamt für Landestopographie gibt die »Landes-
karte der Schweiz« heraus (1 : 100 000 in 10 Blättern, 1 : 50 000,
1 : 25 000; Info unter www.swisstopo.ch). Wanderkarten gibt es im
Kompass Verlag (1 : 50 000; Info: www.kompass.at) und beim Schweizer Bundesamt für Landestopographie in Zusammenarbeit mit der
Arbeitsgemeinschaft Schweizer Wanderwege (1 : 50 000, 1 : 25 000).

SPORT & SPASS

Die zu beachtenden Vorschriften variieren von Kanton zu Kanton.   **Angeln**
Man kann sich bei den Tourismusbüros und beim Schweizerischen
Fischerei-Verband (www.sfv-fsp.ch) sowie unter www.angeltreff.org
und www.fischerportal.ch kundig machen.

Im Heißluftballon über die Berge schweben, mit einem erfahrenen   **Flugsport**
Piloten im Tandem fliegen – mit dem Gleitschirm oder dem Segel-
flugzeug –, dafür gibt es viele Möglichkeiten. Der Aero Club der
Schweiz (AECS, www.aeroclub.ch) repräsentiert Motorflug, Segel-
flug, Ballonfahren, Fallschirm, ULM und Helikopter; Rundflüge werden an vielen Plätzen angeboten.

Golfen hat in der Schweiz Tradition, eine ganze Reihe von Plätzen   **Golf**
liegen in prächtigem Hochgebirgsrahmen. Gastspieler sind willkommen, wenn sie Mitglied eines Golfclubs sind oder eine Bestätigung
für die Platzreife vorweisen können. Info bei der Association Suisse
de Golf (www.asg.ch) und unter www.swissgolfnetwork.ch.

WANDERN & KLETTERN
Schweizer Alpen-Club (SAC)
Monbijoustrasse 61, 3000 Bern 23
Tel. 031 370 18 18
www.sac-cas.ch

Schweizer Wanderwege
Adresse wie SAC
Tel. 031 370 10 20
www.wandern.ch
www.trekking-friends.ch

Bergsportschulen Schweiz
Stegenhalde 29, 6048 Horw
Tel. 079 335 10 91
www.bergsportschulen.ch

Weitere Internetadressen
www.wanderland.ch
www.wandersite.ch
www.tourenguide.ch
www.jakobsweg.ch
www.kulturwege-schweiz.ch

Inline-Skaten Die Schweiz ist ein **Paradies für Inlineskater**. Nicht nur in den Städten rollt man dahin, auch Radwanderwege und asphaltierte Feldwege eignen sich bestens. Besonders attraktiv ist z. B. die weitgehend flach verlaufende Mittelland-Route vom Bodensee entlang dem Jura zum Neuenburgersee. Über 1000 km Wege wurden ausgeschildert, sodass die Schweiz über das größte Netz der Welt verfügt, beschrieben im Führer »Skatingland Schweiz« (Werd Verlag, Zürich); im selben Verlag erschienen sind 11 »Swiss Skate Maps« (www.swiss-skate-map.ch). Der »Inline Skate Guide« (Hallwag) stellt 50 Routen vor, mit Fotos detailliert beschrieben, mit herausnehmbaren Streckenkarten und einem Umbinder (Info: www.rolling.ch). Weitere Informationen und Anregungen unter www.skatingland.ch.

Radfahren Für Radwanderer ist in der Schweiz bestens gesorgt. Unter dem Namen **Veloland Schweiz** erschließen insgesamt 3300 km lange und ausgeschilderte Routen – rote Tafeln mit Fahrrad als Signet, mit Angabe von Ziel, Distanz und Höhendifferenz – alle Regionen (Führer im Werd Verlag, Info unter www.veloland.ch und www.tourenguide.ch). Bergfexe finden genaue Erfahrungsberichte im Internet unter www.quaeldich.de, www.radurlaub.de und www.radtouren.de. Einige kleine, abseits gelegene Passstraßen sind zu bestimmten Zeiten für den Verkehr außer Radfahrer gesperrt (www.freipass.ch). Fahrradverleih und Transport ▶ Verkehr, S. 700.

Reiten Viele Reitzentren bieten Ausbildung und Touren unterschiedlichen Zuschnitts an, ein Pferdeparadies ist der Jura. Einige Vorschläge hält Schweiz Tourismus bereit (▶Auskunft), Näheres erfährt man beim Schweizerischen Verband für Pferdesport (www.fnch.ch).

Wassersport In der Schweiz mit über 1400 Seen und großen Flüssen wie Rhein, Rhone, Inn, Ticino, Aare, Reuss und Limmat bieten sich ideale Möglichkeiten für **Ruderer, Kanuten und Rafter**. Als schönstes Rudergewässer gilt der Rotsee bei Luzern, auf dem internationale Wettkämpfe stattfinden (www.ruderwelt-luzern.ch). Wanderfahrten kann man u. a. auf Rhein, Aare und Reuss unternehmen; Kanufahrer schätzen besonders die Birs im Jura und die Muota im Kanton Schwyz. Kajakfahrten werden z. B. auf Inn, Rhein, Reuss, Doubs, Broye, Venoge, Versoix, Ticino, Moesa und Vierwaldstättersee angeboten. Wildwasserstrecken fürs River Rafting finden sich an Inn, Rhein, Simme, Saane, Aare und Rhone. Einer der größten Outdoor-/Adventure-Anbieter – mit einer großen Palette Aktivitäten – in der Schweiz ist Swissraft (Tel. 081 911 52 50, www.swissraft.ch). Für Segler und Windsurfer bieten die von Bergen umgebenen Seen interessante Reviere mit guten Windverhältnissen, legendär ist z. B. der »Malojawind« auf den Oberengadiner Seen. Segel-, Windsurf- und Wasserskischulen geben Unterricht. Nicht vergessen sei das überaus beliebte **Fluss-Schwimmen**, z. B. in Basel im Rhein, in Zürich in der Limmat, in Bern in der Aare (www.aarenet.ch, www.aareschwumm. ch). Seine Klamotten kann man in einem wasserdichten »Wickel-fisch« mitnehmen (www.tiloahmels.ch).

Die Schweiz als Wintersportparadies anzupreisen hieße Eulen nach Athen tragen; Skiregionen wie das Berner Oberland, das Engadin, Zermatt und Saas Fee genießen Weltruf, viele kleinere, aber hervorragende und nicht überlaufene Gebiete warten auf Entdeckung. Ski- und Snowboardfans stehen ca. 7500 km präparierte Pisten zwischen 1000 und 3820 m ü. d. M. (Klein Matterhorn) zur Verfügung, die durch Bahnen aller Art erschlossen werden; Langläufer haben die Wahl unter 5500 km Loipen. In über 200 Skischulen können Anfänger und Kinder ihre ersten Erfahrungen machen und Fortgeschrittene ihr Können perfektionieren. Und die Reize einer Winterwanderung durch unberührte Schneelandschaften wissen immer mehr Menschen zu schätzen. Einen Überblick gibt der ADAC-SkiGuide, den DSV-Skiatlas gibt's nur noch als App. Prospekte und Internet-Info bei Schweiz Tourismus (▶Auskunft) und den Tourismusbüros. | *Wintersport*

SPORT ZUM ZUSCHAUEN

Echte Mussziele für Fußballfans kann man kaum nennen; am ehesten ist ein Spiel des FC Basel im Stadion St.-Jakob-Park (»Joggeli«) oder ein Besuch der Arena in Bern interessant, Nachfolger des legendären Wankdorfstadions. Die höchste Spielklasse ist die nach ihrem Hauptsponsor benannte Raiffeisen Super League (RSL). | *Fußball*

Populärer als Fußball ist das Eishockey. Legendär sind die Matches mit dem HC Ambrì-Piotta bei Lugano (wenn möglich im heimischen Stadion Valascia). Auch beim SC Bern geht's bekanntermaßen heiß her, wenn 15 000 Zuschauer und mehr ihre Teams anfeuern. Die internationale Elite trifft sich Ende Dezember zum Spengler-Cup in Davos. Info unter www.hockeyfans.ch. | *Eishockey*

Der Schweizerische Verband für Pferdesport (SVPS) hat drei Zentren, in Bern, Avenches und Frauenfeld, auf seiner Website www. fnch.ch ist der vollständige Veranstaltungskalender zu finden. Das Top-Springturnier mit internationalen Spitzenteilnehmern ist der CSIO im Juni (wechselnde Orte, www.csio.ch). Im Februar trifft man sich zum White Turf von St. Moritz auf dem zugefrorenen See. Weitere bekannte Rennbahnen finden sich in Aarau, Avenches, Basel, Frauenfeld, Saignelégier, Luzern und Zürich-Dielsdorf. | *Reiten*

▶ S. 77   *Traditionelles*

Erlebnisse auf historischen Wegen

Zwölf nationale »Kulturwege« durchziehen die Schweiz. Diese Weitwanderwege führen auf alten Pfaden und Straßen durch atemberaubende Landschaften und zu eindrucksvollen Kulturgütern.

Alle Kulturwege benützen historisch überlieferte Routen, die wissenschaftlich erforscht wurden, und erschließen jeweils ein einzigartiges Stück Schweizer Geschichte. Am besten sollte man einige Tage Zeit mitbringen, doch sind auch kurze Etappen reizvoll. Die Strecken im Hochgebirge sind ca. Mitte Juni bis Mitte September begehbar. Hier eine Auswahl von Kulturwegen mit alpinen Passagen.

Via Gottardo

Der Saumweg über den wichtigsten Schweizer Pass etablierte sich zu Beginn des 13. Jh.s, nachdem die Schöllenenschlucht passierbar gemacht war – angeblich mit Hilfe des Teufels. Die Route beginnt in Basel und endet in Chiasso. Sie gliedert sich in 20 Etappen und bietet neben Attraktionen wie der Teufelsbrücke, der Tremolastraße und den Burgen von Bellinzona viele Natur- und Kulturschätze. www.viagottardo.ch

Via Jacobi

Als Teil des europäischen Jakobswegs führt die Via Jacobi in 33 Etappen und mehreren Varianten vom Bodensee durch die Schweiz nach Genf. Erster Höhepunkt ist das Pilgerzentrum der Schweiz, das Kloster Einsiedeln mit der Schwarzen Madonna. Es folgen Flüeli-Ranft, die Einsiedelei des Schweizer Nationalheiligen Niklaus von Flüe, die Beatushöhlen am Thunersee und die Klosterruinen Rüeggisberg. Auch sehr reizvoll: die kräftesparende Schiffspassage über den Vierwaldstättersee. www.viajacobi.ch

Via Francigena

Die älteste Beschreibung stammt von Sigerich dem Ernsten, der im Jahr 990 als neu gewählter Erzbischof von Canterbury auf der späteren Via Francigena zum Papst nach Rom reiste. Der Weg beginnt in Pontarlier (F) und hat 14 Etappen. Zeugen der über 2000-jährigen Geschichte der Via Francigena säumen den Weg: römische Meilensteine, Reste von Tempeln, ein Amphitheater, mittelalterliche Klosteranlagen und Marktflecken. Über den Großen St. Bernhard gelangt man vom Wallis ins Aostatal – die Schlüsselpassage. www.viafrancigena.ch

Via Spluga

Bis ins 19. Jh. gehörte der Saumweg und danach die 1822 angelegte Straße über den Splügenpass zu den wichtigsten Transitverbindungen im Alpenraum. Heute zieht die Via Spluga Wanderer aus nah und fern in ihren Bann. An die Kondition stellt die Tour einige Herausforderungen: Über vier Tage führt der 68 km lange Weg durch eine der schönsten Landschaften der Alpen. Höhepunkte wie die Schlucht der

Via Francigena am Großen St. Bernhard, oberhalb des Plan de Barasson

Viamala und kulturelle Attraktionen wie die romanische Kirche St. Martin in Zillis ergänzen sich. www.viaspluga.ch

Via Stockalper

Gegensätze geben der Via Stockalper, die in drei Tagesetappen von Brig über den Simplon führt, ihren besonderen Reiz: Nördlich des Passes durchquert sie das einsame Tafernatal, im Süden die wilde Gondoschlucht. Gut erhaltene und restaurierte Saumpfade führen durch eine herrliche Kulturlandschaft. Besonders sehenswert sind das Stockalperschloss in Brig, das Hospiz südlich der Passhöhe und der Stockalperturm in Gondo, der als schönes Hotel heute wieder Reisende beherbergt.
www.viastockalper.ch

Informationen

Die Wege sind perfekt markiert, die Anforderungen an die Kondition recht unterschiedlich. Tourismusbüros und die genannten Websites bieten Streckeninforma-

tionen inklusive Übernachtungsmöglichkeiten. Alle Wege bieten auch Komplettpakete an: mit Übernachtung, kulturellen und touristischen Routeninformationen, Eintritt in Museen, Fahrkarten für Verkehrsmittel, teils auch Gepäcktransport sowie Lunchpakete. www. kulturwege-schweiz.ch

ViaCook
Genf – Luzern – Pontarlier (F)
www.viacook.ch
ViaJura
Basel – Biel, www.viajura.ch
ViaRhenana
Konstanz (D) – Basel
www.viarhenana.ch
ViaRomana
Genf – Augst, www.viaromana.ch
ViaSalina
Arc-et-Senans (F) – Bern
www.viasalina.ch
ViaSbrinz
Stansstad/Alpnachstad – Ponte (I)
www.viasbrinz.ch
ViaValtellina
Schruns (A) – Tirano (I)
www.viavaltellina.ch

TOUREN

Dramatische Hochgebirgsszenerien,
sanfte Bauernlandschaften oder malerische Seen?
Oder vor allem urbanes Leben und Kunstgenuss?
Einige Vorschläge für abwechslungsreiche,
schöne Wege durch die Schweiz.

Touren durch die Schweiz

Bekannte, klassische Strecken ebenso wie weniger augenfällige sollen das Kaleidoskop Schweizer Attraktionen erschließen. Weitere wichtige, topografisch vorbestimmte Routen, wie der Rhein – von Basel flussaufwärts zu seinen Quellen –, das Wallis, das Bergell und das Engadin, sind im Teil »Reiseziele von A bis Z« beschrieben.

Tour 1   **Vom Appenzellerland zum Gotthard**
Von der idyllischen, bäuerlich geprägten Bergszenerie der Nordostschweiz ins Zentrum der alten Passstraßen
▶ Seite 140

Tour 2   **Durch die Zentralschweiz ins Rhonetal**
Der »Goldene Weg der Schweiz« mit legendären Landschaften, hervorragenden Kunstschätzen und den Metropolen Zürich und Luzern.
▶ Seite 141

Tour 3   **Durch das Mittelland zum Genfersee**
Hier stehen schöne alte Städte wie Solothurn, Murten und Fribourg auf dem Programm, vor allem aber die Bundesstadt Bern. Der Weg zum Genfersee führt dann durch das bezaubernde Greyerzerland.
▶ Seite 144

Tour 4   **Der Schweizer Jura**
Die sanfte, einsame Landschaft mit grandiosen Aussichten ist etwas für Natur- und Wanderfreunde. Unterwegs gewinnt man Einblick in die Geschichte der Schweizer Uhrenfertigung. Nicht weit ist es zu den Winzerdörfern an Bieler- und Neuenburgersee. Den krönenden Abschluss bildet Genf, die Metropole am Genfersee.
▶ Seite 146

Unterwegs in der Schweiz

Das Verkehrsmittel der ersten Wahl ist in unseren Zeiten der eigene fahrbare Untersatz, ob Auto, Motorrad oder Campingmobil. Damit ist man sowohl für einen »nomadischen« Urlaub wie für Ausflüge und Erkundungen von einem Standort aus bestens gerüstet. Es sei hier aber auch eine Lanze für die Benützung öffentlicher Verkehrsmittel gebrochen. Das Schweizer Bahnnetz ist exzellent, und mit dem Postauto sind auch entlegene Täler zu erreichen. Der Gewinn ist das Urlaubsgefühl: sich chauffieren lassen, Zeit haben, sich in Ruhe die herrliche Landschaft zu Gemüte führen und dann und wann, durch ein nettes Gespräch, mehr über die Schweiz erfahren.

Welches Verkehrsmittel?

Hier hat man die Qual der großen Wahl! Unterkunft unterschiedlichsten Zuschnitts, vom schlichten Gasthof oder der einfachen Berghütte bis zum luxuriösen Grandhotel, sind überall zu finden. Dasselbe gilt für Ferienhäuser/-wohnungen und Campingplätze. Für Familienferien sind Ferienwohnungen optimal, viele davon in hübschen alten Bauernhäusern. Besonders hingewiesen sei auf die Zimmer bei privaten Vermietern, eine gute Möglichkeit, die Schweiz individuell und preiswert kennenzulernen.

Wo nächtigen?

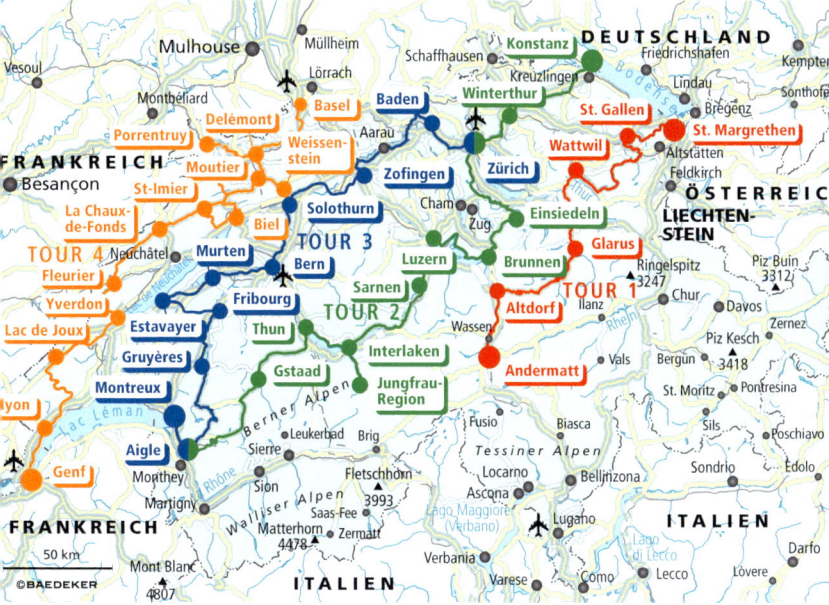

Tour 1 # Vom Appenzellerland zum Gotthard

Länge: 230 km   **Dauer:** 4–6 Tage

Das Appenzellerland mit dem Säntis, Toggenburg, Walensee, Glarnerland und Klausenpass, alles herrliche Berglandschaften, die ein näheres Hinsehen lohnen. Vom Ziel Andermatt bieten sich wie in alten Zeiten mehrere Möglichkeiten der Weiterfahrt: über die Furka ins Wallis, über die Grimsel nach Interlaken, über den St. Gotthard ins Tessin oder über den Oberalppass nach Graubünden.

Von St. Margrethen nach Wattwil

Von ❶ **St. Margrethen**, der Verkehrsdrehscheibe am östlichen Bodensee, fährt man nach Rheineck, dann im ***Appenzellerland** mit schönem Blick auf den See hinauf nach Heiden, dem hübschen Kurort, in dem der Gründer des Roten Kreuzes Henri Dunant lange lebte. Nach kurven- und aussichtsreichen 10 km erreicht man Trogen mit seinem überraschend städtischen Hauptplatz. Über Speicher steuert man dann ❷ ****St. Gallen** an, das für die barocke Benediktinerabtei und ihre Stiftsbibliothek, für seine Altstadt und die Spitzenstickerei berühmt ist. Über Teufen fährt man nach ***Appenzell**, den Hauptort des Halbkantons Innerrhoden; außer dem Museum Appenzell sollte man sich auch das Museum Liner ansehen. Nach einer anspruchsvollen oder gemütlichen Bergwanderung im Alpsteinmassiv geht es am Fuß des ****Säntis** über Urnäsch zur Schwägalp (Talstation der Säntis-Seilbahn). Dann hinunter ins ***Toggenburg** und an der Thur entlang nach ❸ **Wattwil**; vor der Fortsetzung der Tour lohnt sich ein Besuch des weiter nördlich gelegenen Lichtensteig.

Von Wattwil führt die Route südwestlich über den Ricken und – am Ostende des Zürichsees vorbei – über Kaltbrunn und Schänis nach Näfels im *Glarnerland. Dabei überquert man den breiten Kanal, mit dem die Linth-Ebene Anfang des 19. Jh.s trockengelegt wurde. In **Näfels** ist der prächtige Freulerpalast nicht zu verpassen; darüber hinaus kann man einen lohnenden Abstecher zum *Walensee machen (mit Bootsfahrt nach Quinten). Bei der Fahrt durch den »Zigerschlitz«, wie das Glarnerland genannt wird, sollte man auf die alte Industrie achten; auch gibt es schöne Möglichkeiten für Ausflüge in Seitentäler, etwa in das Klön- oder das Sernftal. Im Kantonshauptort ❹ *Glarus, der nach einem großen Brand 1861 neu angelegt wurde, ist das Kunsthaus interessant. Von Linthal führen Serpentinen hinauf zum urtümlichen Urnerboden und zum *Klausenpass (1952 m); schließlich erreicht man ❺ Altdorf, einen zentralen Ort des Tellsmythos nahe dem **Vierwaldstättersee. Von dort südlich an der Reuss aufwärts; hinter Amsteg folgt man deren engem, wildromantischem Tal – in dem sich die spektakuläre Strecke der Gotthardbahn emporwindet – nach **Wassen**, wo die Straße über den Sustenpass abzweigt, Teil der großartigen Dreipässerundfahrt (▶Andermatt). Durch die geschichtsträchtige, dramatische *Schöllenenschlucht kurvt man hinauf nach ❻ *Andermatt, dem reizvoll gelegenen Urlaubsort zwischen Furka- und Oberalppass. Bei Hospental beginnen dann die alten Straßen über den **Sankt Gotthard, der ins Tessin hinüberführt, und den **Furkapass ins Wallis.

Von Wattwil nach Andermatt

Durch die Zentralschweiz ins Rhonetal

Tour 2

Länge: 400 km   **Dauer:** 10 – 14 Tage

Diese Route darf als der »Goldene Weg der Schweiz« gelten: Sie vereint einige der größten Anziehungspunkte des Landes – legendäre Landschaften wie den Vierwaldstättersee und die Jungfrau-Region –, hervorragende Kunstschätze sowie die beiden Metropolen Zürich und Luzern.

In ❶ **Konstanz** geht es über die Grenze, dann fährt man durch die Obstgärten des *Thurgaus nach Frauenfeld mit Schloss und spätbarocker Altstadt. Unverzichtbar ist von hier der kleine Ausflug zur *Kartause Ittingen. In ❷ **Winterthur** erwarten vier hochkarätige Institutionen den Kunstfreund: die Sammlungen Reinhart, das Kunstmuseum und die Sammlung Hahnloser. Wirtschaftliches und kulturelles Zentrum der Schweiz ist ❸ **Zürich**; neben dem Flair

Von Konstanz nach Luzern

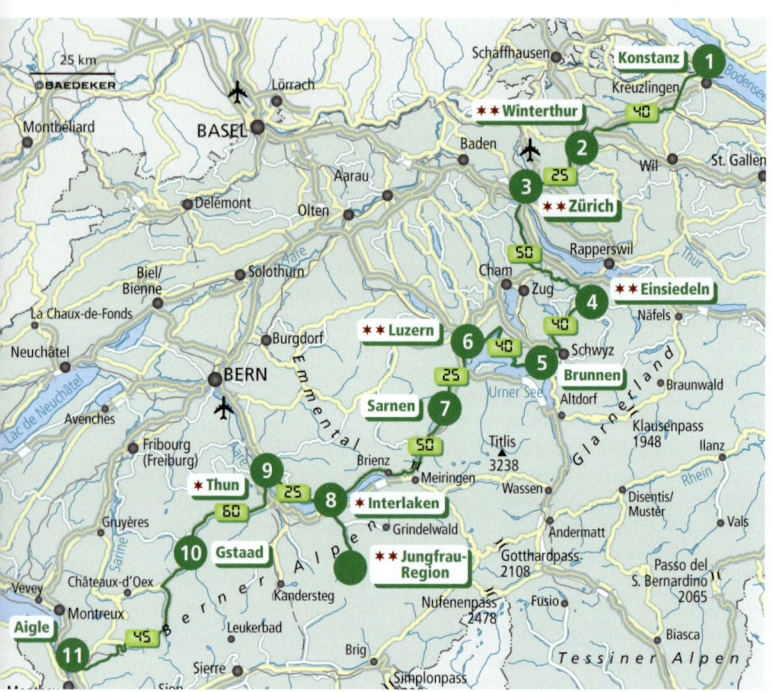

seiner Einkaufsstraßen, der Altstadtgassen an der Limmat und im »Kreis 4« sind das Landesmuseum und das Kunsthaus die großen Attraktionen. Auf der Weiterfahrt Richtung Süden biegt man von der Straße Nr. 4 hinter Adliswil ab hinauf zum **Albispass**, der einen herrlichen Ausblick gewährt. Der Landschaftsgenuss setzt sich fort auf den Nebenstraßen über Hausen, Kappel, Schönenberg und Schindellegi nach ❹ **★★Einsiedeln** mit der berühmten Benediktinerabtei, ein Werk des großen Vorarlberger Baumeisters Kaspar Moobrugger. Von Einsiedeln aus steuert man – rasch über die Straße 8 oder mit Muße über die Ibergeregg – **Schwyz** an, wo der »Bundesbrief« aufwahrt wird, die Gründungsurkunde der Eidgenossenschaft. Von ❺ **Brunnen** folgt man dem Nordufer des **★★Vierwaldstättersees** in herrlicher Szenerie nach Küssnacht; von Vitznau bringt die älteste Zahnradbahn Europas auf die **★★Rigi**, den berühmten Aussichtsberg. Nach dem Gang durch die Hohle Gasse bei Küssnacht und dem Besuch der Tellskapelle fährt man nach ❻ **★★Luzern** mit seinem schönen Stadtbild an See und Reuss; von den Sehenswürdigkeiten seien das Picasso-Museum und das Verkehrshaus hervorgehoben, das größte Verkehrsmuseum Europas.

Von Luzern fährt man am **Vierwaldstättersee** entlang nach Stans und dann in das reizvolle Sarnenland, wie das weite Tal mit ❼ **Sarnen** und dem Sarnersee genannt wird. Auf den Höhen an seinem Ostrand liegt das zauberhafte **Flüeli-Ranft**, Wirkungsort des Schweizer Nationalheiligen Niklaus von -Flüe. Über Giswil und Lungern erreicht man den **Brünigpass** (1008 m), den Übergang zum Berner Oberland. Nach dem Besuch im Bauernhausmuseum **✶✶Ballenberg** bei **Brienz** geht es am Brienzersee entlang zum schön gelegenen Städtchen ❽ **✶Interlaken**, dem Tor zur **✶✶Jungfrau-Region**, einem der landschaftlichen Höhepunkte der Schweiz; selbst wer auf einer raschen »Sightseeing-Tour« ist, sollte sich für sie mindestens zwei Tage Zeit nehmen. Nicht so spektakulär, aber nicht weniger attraktiv ist die Weiterfahrt nach ❾ **✶Thun** am Thunersee mit Schloss und hübscher Altstadt; kurz vor Thun ist am Ufer das prächtige Schloss Oberhofen einen Blick wert.

Von Luzern nach Thun

Man umrundet das Westende des Thunersees und stattet Spiez einen Besuch ab, dann kann man sich von der Seilbahn auf den **✶✶Niesen** bringen lassen, um das großartige Panorama zu genießen. Bei Wimmis fährt man ins **✶Simmental** ein, das zu den typischsten Schweizer Bauernlandschaften zählt und für seine prächtigen alten Holzhäuser und Kirchen bekannt ist. Über Erlenbach und Zweisimmen – hier lohnt ein Abstecher nach Lenk vor der Szenerie des mächtigen Wildstrubels – erreicht man **Saanen**, in dessen herrlich ausgemalter Kirche Konzerte des Menuhin-Festivals stattfinden. Über den mondänen Urlaubsort ❿ **Gstaad** geht es im enger werdenden Saanetal aufwärts nach Gstig, einem schönen Weiler am Fuß des Col du Pillon (1546 m); jenseits des Passes liegt der bekannte Ferienort Les Diablerets im reizvollen Tal Ormont-Dessus. Von hier kann man westlich nach ⓫ **Aigle** im Rhonetal fahren, sehr empfehlenswert ist auch die südlichere Variante über den Col de la Croix (1776 m) nach Villars-sur-Ollon und schließlich über Ollon nach Aigle.

Von Thun nach Aigle

Reisen wie anno dazumal: mit der Gotthardpost (▸S. 530)

Tour 3

Durch das Mittelland zum Genfersee

Länge: 370 km	Dauer: 5 – 7 Tage

Im Mittelland kommen Kultur- und Landschaftsfreunde gleichermaßen auf ihre Kosten. Schöne alte Städte wie Solothurn, Murten und Fribourg, allen voran aber die Bundesstadt Bern sind kennenzulernen, bevor man durch das idyllische Greyerzerland und die Waadtländer Alpen ins Rhonetal und zum Genfersee gelangt.

Von Zürich nach Bern

Von ❶ **★★ Zürich** folgt man der Limmat flussabwärts zur kleinen Kurstadt ❷ **★ Baden**; vor Baden glänzt das **★ Kloster Wettingen** mit hervorragenden Glasmalereien des 13.–17. Jh.s. Nun geht es im teilweise engen Aaretal aufwärts über Brugg – von Windisch aus kann man die Ruine Habsburg erreichen, den Ursprung des gleichnamigen Herrscherhauses – nach **Aarau** mit seiner schönen Altstadt. Hinter **Olten** verlässt man in Aarburg das Aaretal, um ❸ **★ Zofingen** – eben-

falls mit sehenswerter Altstadt – und weiter westlich dem ***Kloster St. Urban** einen Besuch abzustatten. Von Langenthal kann man über Niederbipp oder Herzogenbuchsee zum hübschen mittelalterlichen Wangen an der Aare fahren, bevor man in die Barockstadt ❹ ***Solothurn** gelangt. Anschließend folgt man der Straße 12 nach Süden bis Jegenstorf, dessen Schloss von 1720 als Museum zugänglich ist. Südwestlich macht man einen kleinen Umweg über Münchenbuchsee (in der Kirche St. Johannes bedeutende Glasmalereien des 13. Jh.s) und fährt dann zur schweizerischen Bundesstadt ❺ ****Bern**.

Von Bern aus sollte der »Schweiz-Neuling« nicht direkt Fribourg ansteuern, sondern den Weg über Murten nehmen. Auf der Straße 1 verlässt man Bern nach Westen; hinter Gümmenen macht man den kleinen Abstecher nach Norden zum Bauernhausmuseum Jerisberghof. Am idyllischen Murtensee liegt ❻ ****Murten**, die stimmungsvolle alte Stadt, die in der Geschichte der Schweiz eine große Rolle spielte. Dem Südufer des Sees folgt man nach Avenches, in dessen Nähe die Reste der römischen Kolonie ***Aventicum** zu sehen sind. Aus dem weiten Tal der Broye fährt man über den Hügelzug an den ***Neuenburgersee** zum reizvollen Städtchen ❼ **Estavayer-le-Lac**, das noch über seine mittelalterliche Befestigung verfügt. Nächste Etappe ist das östlich gelegene ***Payerne**, einst Residenz der burgundischen Könige mit einer Klosterkirche, die zu den bedeutendsten romanischen Bauten der Schweiz zählt. ❽ ****Fribourg**, die zweisprachige Universitätsstadt mit teils mittelalterlich-barockem Stadtbild, liegt malerisch auf einem Bergsporn, der von der tief eingeschnittenen Saane umflossen wird.

Von Bern nach Fribourg

Auf der Straße 12 (hier sollte man außerhalb Fribourgs das Kloster Hauterive besuchen) oder der östlich parallel verlaufenden Straße über La Roche erreicht man den Stausee Lac de la Gruyère, der schon zum zauberhaften ***Greyerzerland** gehört. In **Bulle**, seinem Hauptort gibt das Greyerzer Museum Einblick in die reiche Volkskultur. Der Höhepunkt des Landstrichs ist ❾ ***Gruyères**, das mit der Burg der Greyerzer Grafen auf einem Berg über der Saane liegt – ein großartiges Bild vor dem Dent de Broc und dem Dent de Bourg. Dann geht es in den Waadtländer Alpen im Saanetal weiter nach Süden. Jenseits der Kantonsgrenze, im Pays-d'Enhaut, sind Pausen in Rossinière und in Château d'Oex zu empfehlen. Die Straße 11 führt dann über den 1445 m hohen Col des Mosses nach ❿ ***Aigle** im Rhonetal. Hinter Sépey passiert man dabei das Ormont-Tal; hier lohnt der Abstecher hinauf nach Leysin und mit der Seilbahn auf die ***Berneuse**: herrlicher Blick auf das untere Rhonetal und den Genfersee. Von Aigle geht es dann auf der Straße 9 – über Roche mit dem Schweizer Orgelmuseum, Villeneuve und das berühmte trutzige ****Schloss Chillon** – nach ⓫ ***Montreux** am Genfersee.

Von Fribourg nach Montreux

Wege über die Alpen

Von jeher waren die Alpen eine nicht leicht zu überwindende Barriere
zwischen dem Norden und dem Süden Europas. Auch heute noch
stellen sie Verkehrsplaner und Ingenieure vor technische und mittler-
weile auch landschaftsschützerische Probleme.

▶ **Die Schweiz setzt auf die Schiene**
Warentransporte in Mio. Tonnen pro Jahr

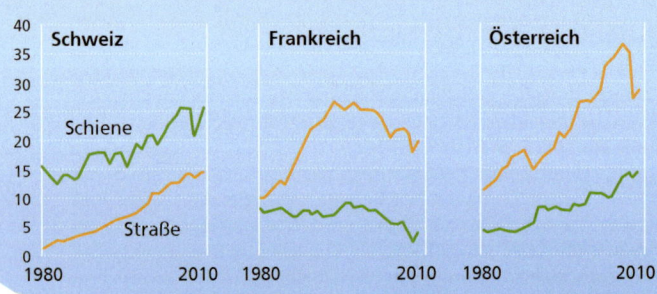

▶ **Der Gotthard-Basistunnel – das größte Infrastrukturprojekt Europas**
Wenn der Gotthard-Basistunnel nach 17 Jahren Bauzeit Ende 2016 in Betrieb geht, wird er der längste Eisenbahntunnel der Welt sein. Mit zwei 57 km
langen Röhren verbindet er das Nordportal in Erstfeld mit dem Südportal in
Bondio. Für Urlauber verkürzt sich die Reisezeit um rund eine Stunde. Aber auch
die Umwelt profitiert: Denn mit der Fertigstellung des Tunnels soll der Güter-
verkehr über die Alpen von der Straße auf die Schiene verlagert werden und
die Transportkapazität nahezu verdoppeln.

Die wichtigsten Wege über die Alpen

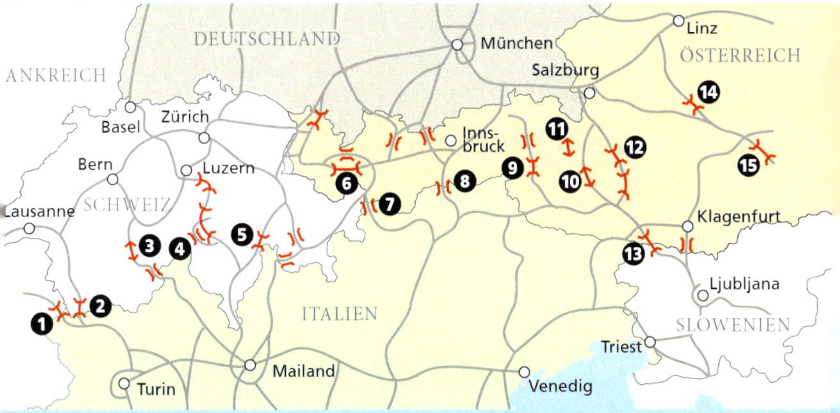

— Straße	❶ Mont-Blanc (geschlossen)	❼ Reschen	⓭ Karawanken-
⟊ Tunnel	❷ Großer St. Bernhard	❽ Brenner	tunnel
⟷ Autoverladung	❸ Lötschberg/Goppenstein	❾ Felbertauern	⓮ Bosruck
⫝̸ Pass-Straße	❹ St. Gotthard	❿ Großglockner	⓯ Gleinalm
	❺ San Bernardino	⓫ Tauernschleuse	
	❻ Arlbergtunnel	⓬ Tauernautobahn	

Das Projekt »Alpeninitiative«

Die »Alpeninitiative« ist ein Zusammenschluss von Schweizer Naturschutzinitiativen und richtet sich vor allem gegen den wachsenden Transitverkehr auf den Straßen. Sie wurde im Anschluss an eine Volksabstimmung gegründet, die den Ausbau des Transitverkehrs ablehnte. Der Schutz der Alpen genießt heute Verfassungsrang in der Schweiz.

▶ **Hannibals Zug über die Alpen**
Schon im 3. Jh. v. Chr. zog der karthagische Feldherr Hannibal mit 50 000 Soldaten, 10 000 Reitern und 37 Kriegselefanten über die Alpen gegen Rom. Die genaue Route ist nicht mehr bekannt.

©BAEDEKER

Tour 4 # Der Schweizer Jura

Länge: 270 km   **Dauer:** 3 – 5 Tage

Zwischen Basel und Genf lädt eine ruhige, sanfte Landschaft mit grandiosen Aussichten zum Wandern ein. Alte Orte mit bedeutenden Kulturdenkmälern und die Uhrenstadt La Chaux-de-Fonds setzen reizvolle Akzente, Abstecher in die heitere Landschaft von Bieler- und Neuenburgersee gehören dazu.

Von Basel nach La Chaux-de-Fonds

Von ❶ **＊＊Basel**, der modernen Metropole im Dreiländereck, geht es durch das reizvolle Birstal über Arlesheim und Dornach nach Laufen. ❷ **Delémont** ist Ausgangspunkt für einen Ausflug in die Ajoie nach Porrentruy (28 km) mit Rückweg über **＊Saint-Ursanne**. Von ❸ **Moutier** sollte man den Abstecher zum **＊Weissenstein** (südöstlich, 13 km) mit seiner berühmten Aussicht nicht versäumen, von Tavannes nach Norden zum Kloster Bellelay (8 km). Dem **Vallon de Saint-Imier** folgend – in ❹ **Saint-Imier** ist das Museum Longines interessant – erreicht man ❺ **＊La Chaux-de-Fonds**, die neben Genf bedeutendste Uhrenstadt der Schweiz (Musée de l'Horlogerie), die auch städtebaulich ungewöhnlich ist.

Variante Bielersee

Sehr empfehlenswert ist auch die 55 km lange Schleife entlang der Rebhänge am **＊Bielersee**: zunächst von Sonceboz durch die Taubenlochschlucht nach **＊Biel**, dann über die Winzerdörfer Twann und Ligerz nach La Neuveville, schließlich über den **＊Chasseral** mit seiner grandiosen Aussicht nach Saint-Imier.

Weiter geht es in südwestlicher Richtung, dem Verlauf der Juraketten folgend. Von **Le Locle** aus sollte man sich die unterirdischen Mühlen von Col-des-Roches sowie den Lac de Brenets mit dem **＊Doubs-Wasserfall** ansehen (ca. 10 km). La Brevine mit dem Lac des Taillères – in einer stillen, idyllischen Talmulde gelegen – ist die kälteste Ecke der Schweiz. Man wechselt südlich in das **Val de Travers** und erreicht ❻ **Fleurier**, dann folgt man dem engen Vallon des Noirvaux nach Sainte-Croix, dem alten Ort der Spieldosenmacher; der **＊＊Chasseron** eröffnet ein großartiges Pa-

Von
La Chaux-
de-Fonds
nach Nyon

norama. Am steilen Osthang des Juras, der von Weinbergen überzogenen Côte, geht es hinunter nach ❼ **＊Yverdon-les-Bains**, dem waadtländischen Thermalkurort am Südende des Neuenburgersees. Über Orbe mit großartigen römischen Mosaiken und das hübsche **＊Romainmôtier** – bekannt durch das Cluniazenserpriorat aus dem 10. Jh. – geht es zum einsamen ❽ **Lac de Joux**. In Le Brassus an seinem Südende lohnt das Museum von Audemars Piguet einen Besuch (Anmeldung nötig). Über den Col de Marchairuz gelangt man in die Côte, die schöne Rebenlandschaft nordwestlich des **＊＊Genfersees**, und nach ❾ **Nyon**. Auf der Fahrt nach ❿ **＊＊Genf**, der »internationalsten« und »französischsten« Stadt der Schweiz, kann man unterwegs das Schloss Coppet besuchen, das durch Madame de Staël bekannt wurde.

Jura-Panorama: Blick von der Dôle über den Genfersee zum Montblanc

REISEZIELE VON A BIS Z

Vom Boden- über den Vierwaldstättersee bis zum Genfersee,
von den Eisgiganten des Wallis und des Berner Oberlands
zu den südlichen Gefilden des Tessins:
In der Schweiz gibt es viel zu entdecken.

Aarau

⭐ D 14

Kanton: Aargau
Höhe: 388 m ü. d. M.

Einwohner:
19 800

**Der kleine, am Rand des Juras an der Aare gelegene Kantons-
hauptort besitzt eine schöne Altstadt. Kunstfreunde schätzen
die hervorragende Sammlung Schweizer Maler im Kunsthaus.**

**Aarau
gestern
und heute**

Der von dem Kyburger Grafen Hartmann IV. 1248 gegründete Ort
kam 1273 durch Kauf an dessen Neffen Rudolf von Habsburg – den
späteren deutschen König – und 1415 unter Berner Herrschaft. 1798
war er für ein halbes Jahr Hauptort der Helvetischen Republik von
Napoleons Gnaden, wovon noch die klassizistischen Bauten in der
Laurenzenvorstadt zeugen. Im 19. Jh. war Aarau Gründungs- oder
erster Festort der Verbände der Schützen, Turner und Sänger. Seit
1803 Hauptstadt des damals gegründeten Kantons Aargau, ist die
Stadt kulturelles, administratives und wirtschaftliches Zentrum einer
Region mit etwa 150 000 Einwohnern und 25 000 Arbeitsplätzen.

SEHENSWERTES IN AARAU

Altstadt

Die Altstadt über der Aare besitzt **spätgotische Häuserzeilen** und
stattliche **barocke Giebelhäuser** mit geschnitzten Dachschrägen
und bemalten Giebelverschalungen, v. a. in der Halde, die als schöns-

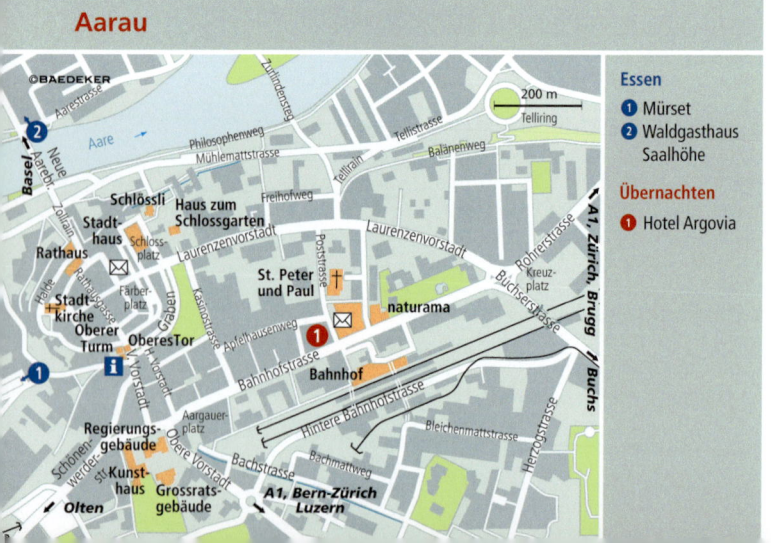

Aarau

©BAEDEKER

200 m

Essen
❶ Mürset
❷ Waldgasthaus
Saalhöhe

Übernachten
❶ Hotel Argovia

Aarau erleben

AUSKUNFT
Aarau Info, Schlossplatz 1, 5000 Aarau
Tel. 062 834 10 34, www.aarauinfo.ch

FESTE & EVENTS
1. Freitag im Juli: Maienzug (traditionsreiches Kinderfest). Sept.: Bachfischet
(mit Lampionumzug der Kinder durch
die dunkle Altstadt). Pferderennen auf
dem Schachen in Mai und September.

ESSEN
❶ *Mürset* ⊜⊜–⊜⊜⊜
Aarau, Schachen 18
Tel. 062 822 13 72, kein Ruhetag
Traditionsreiches, stilvolles Haus mit
Gourmetrestaurant Alte Stube, Brasserie
und Weinstube. Zuverlässige Schweizer
Küche, z. T. mit ungewöhnlichen Kombi-
nationen; wochentags preisgünstige
Mittagskarte. Beliebte, schöne Terrasse.

❷ *Waldgasthaus Saalhöhe* ⊜–⊜⊜⊜
Kienberg, Tel. 062 844 10 14

Erbaut 1926 als schlichtes Chalet, ist
die »Saalhöchi« heute ein beliebtes
Ausflugsziel nördlich von Aarau (Mo.
geschl.). Die Küche hält es mit den einfachen Klassikern (Fleisch, Fondue etc.).

ÜBERNACHTEN
❶ *Argovia* ⊜⊜
Aarau, Kasernenstrasse 24
Tel. 062 823 21 21
www.hotelargovia.ch
Restauriertes, dezent modern ausgestattetes Sorell-Hotel in guter, dennoch ruhiger Lage. Kein Restaurant.

Bergwerksilo ⊜
Herznach, Bergwerkstrasse 36, Tel. 062
534 02 44, www.bergwerksilo.ch
10 km nördlich von Aarau
Im Siloturm eines stillgelegten Eisenerz-
bergwerks wurden vier modern-gemüt-
liche Zimmer eingerichtet, im rundum
verglasten Raum drüber frühstückt man
mit prächtigem Ausblick.

te Gasse des Aargaus gilt. Das **Rathaus** (um 1520, 1762 barockisiert)
umschließt den Turm Rore (um 1250), den ältesten Bau der Stadt. An
der höchsten Stelle steht die spätgotische Stadtkirche (1479); aus ihrer katholischen Vergangenheit ist noch der schöne Lettner vor dem
chor erhalten. Wahrzeichen der Stadt ist das **Obertor** mit 61 m hohem Turm (1270, Oberteil um 1530), dessen Uhrwerk von 1532 noch
heute täglich von Hand aufgezogen wird. Das **Schlössli**, einst ein
Bergfried (11. Jh.), ist ein gutes Beispiel für Findlingsbauten im Aargau (Stadtmuseum). Das **Haus zum Schlossgarten**, der erste Regierungssitz der Helvetischen Republik (1798), wird für kulturelle Veranstaltungen genützt. Im Regierungsgebäude (1739/1834) ist die
Kantonsregierung zu Hause. Als Hauptwerk des aargauischen Klassizismus gilt das Großratsgebäude (1828), heute tagt hier das Kantonsparlament. Das **✶✶Aargauer Kunsthaus** ist eine »Nationalgale-
rie« mit einer hervorragenden Sammlung Schweizer Malerei, Grafik
und Plastik von 1780 bis heute (Erweiterungsbau von Herzog & de
Meuron, 2003). Das Aargauische Naturmuseum wurde zum **Natura-**

ma modernisiert. Von der **Neuen Aarebrücke** (1949) hat man einen schönen Blick auf die Altstadt.

Stadtmuseum: Voraussichtlich bis 2014 geschlossen.
Kunsthaus: Di.–So. 10.00–17.00, Do. bis 20.00 Uhr, Eintritt 15 CHF
Naturama: Di.–So. 10.00–17.00 Uhr, Eintritt 10 CHF

UMGEBUNG VON AARAU

Jura-wanderung

Eine interessante Wanderung (3–4 Std.) mit zwei Aufstiegen und herrlicher Aussicht bis zum Schwarzwald und den Berner Alpen: Mit AAR-Bus nach Hard, hinauf zur Wasserflue (843 m), dann nach Westen über die Saalhöhe (779 m) zur Geissflue (962 m) und zur Rohrerplatte; hinunter zum uralten Barmelhof, wo man den Gang mit einer zünftigen Brotzeit krönt (die Produkte seiner Wurstküche sind berühmt). Zurück mit AAR-Bus von Barmelweid.

Schönenwerd

Schönenwerd (4600 Einw.) 3 km südwestlich war Stammsitz der berühmten Schuhfabrik Bally: Das Wohnhaus des Firmengründers ist **Bally-Schuhmuseum** (Fabrikverkauf: Gösgerstr. 15). Einen Blick wert ist die Stiftskirche St. Leodegar (11. Jh., barockisiert; Kreuzgang 1610) auf dem Bühl. Das Paul-Gugelmann-Museum zeigt skurrile Metallskulpturen nach Tinguely-Art. In **Kölliken** 6 km südlich von Schönenwerd ist ein Strohdachhaus als Bauernmuseum eingerichtet.

Bally-Museum: Letzter Fr./Sa. im Mt. 14.00 Uhr, außer Mitte Juli–Mitte Aug.
Gugelmann-Museum: Mi., Sa., So. 14.00–17.00 Uhr
Bauernmuseum: Ende April–Juni, Mitte. Aug.–Anf. Okt. So. 15.00–17.00 Uhr

Wildegg

Rund 10 km östlich von Aarau liegt Wildegg (357 m) am Fuß des Kestenbergs. Über dem Ort thront das stattliche **Schloss Wildegg** (12./17. Jh.) mit Waffensammlung, Erlach-Haus von 1825 (mit Bistro) und schönem Garten.

Schloss Wildegg: April–Okt. Di.–So. 10.00–17.00 Uhr, Eintritt 12 CHF

Schinznach-Bad

Zwischen Aarau und Koblenz sind an der Aare viele schöne **Auengebiete** zu finden, so bei Schinznach-Bad (ca. 6 km flussabwärts), einem kleinen Badeort mit altem Kurhotel, modernem Thermalbad Aquarena, herrlichem Park und Golfplatz. Die stärkste Schwefelquelle der Schweiz, 1651 dokumentiert, wird bei Krankeiten des Bewegungsapparats verwendet. Von Schinznach-Dorf jenseits der Aare lohnt sich ein Gang durch die Weinberge im **Schenkenbergertal** und auf die **Gisliflue** (772 m) mit Blick über Aaretal und Mittelland.

Ruine Habsburg

Ein steiles Strässchen führt von Bad Schinznach hinauf zum Wülpelsberg mit der **Habsburg**, um 1020 erbaut und im 12./13. Jh. Sitz der Grafen von Habsburg, mithin Stammsitz der später Weltgeschichte schreibenden Dynastie (▶ S. 51). Mit Restaurant (Mo. geschl.), vom schattigen Wirtsgarten und vom 24 m hohen Burgturm herrlicher Ausblick.

Habsburg: Mai – Sept. Mo., sonst Mo./Di. geschl., Eintritt frei

Das Städtchen Lenzburg (400 m, 7400 Einw.) ist für seine Konserven-   **Lenzburg**
fabriken (besonders Konfitüren) bekannt, außerdem für die Straf-
anstalt und den mitternächtlichen Joggeli-Umzug zu Ende Oktober.
Über der hübschen **Altstadt** mit ihren spätgotischen und barocken
Häusern erhebt sich der Burgberg (512 m) mit einem riesigen
Schloss (11.–17. Jh.), darin das historische Museum Aargau. In der
Stadt sind das **Rathaus** (1677/1692) und die **Stadtkirche** (1667) zu
beachten. Westlich steht der aussichtsreiche **Staufberg** (520 m) mit
einer gotischen Wallfahrtskirche (Glasmalereien 15. Jh.).

Museum Aargau: April – Okt. Di. – So. 10.00 – 17.00 Uhr, Eintritt 12 CHF

Aigle

L 7

Kanton: Waadt · Vaud   **Einwohner:**
Höhe: 420 m ü. d. M.   9600

Aigle, südöstlich des Genfersees rechts der Rhone gelegen, ist das Zentrum des Weinbaus im Waadtländer Chablais. Der renommierte Kurort Leysin und die berühmten Skigebiete Villars und Les Diablerets liegen in Reichweite.

Die Rue de la Gare führt nordöstlich ins Viertel La Fontaine mit der   **Sehenswer-**
malerischen Rue Jerusalem, deren alte Häuser durch Lauben verbun-   **tes in Aigle**
den sind. Einkaufsstraße ist die parallele Achse Rue du Bourg / Rue
de Farel (Fußgängerzone); östlich davon liegt der Marktplatz. Durch
die Avenue du Cloître erreicht man die Kirche St-Maurice (12. Jh.),
in der der Reformator Guillaume Farel (1489 – 1565) predigte.

Inmitten von Chasselas-Weinbergen, die eleganten Fendant liefern,   ✶✶ **Schloss**
thront über der Stadt das Château d'Aigle, eine der bedeutendsten
Burganlagen der Schweiz, erbaut im 12. Jh. von den Savoyern und ab
1476 – nach der Eroberung durch Bern – Residenz der Berner Landvögte. Sehr sehenswert ist hier das **Musee de la Vigne et du Vin**. In
der Zehntscheuer zeigt das Musée International de l'Etiquette über
800 Weinetiketten aus 52 Ländern. Im Restaurant **Pinte du Paradis**
(Mo. und Jan. geschl.) kann man die Studien – im Sommer auf der
Terrasse mit Blick auf Berge und Genfersee – praktisch ergänzen.

Château d'Aigle: April – Okt. Di. – So. 11.00 – 18.00 Uhr, Juli/Aug. auch Mo.,
Eintritt 11 CHF

Im Schloss von Aigle erfährt man alles über den Walliser Wein.

Leysin Die Straße durch das Ormont-Tal führt nordöstlich nach **Le Sépey** (979 m) am Fuß des Mont-d'Or und der Tour d'Aï. Von hier geht es hinauf nach **Leysin** (1263 – 1500 m, 3900 Einw.), dem renommierten, auch für seine Internate und die Hotelfachschule berühmten Kur- und Kongressort mit grandiosem Panorama. Seilbahnen bringen auf die ***Berneuse** (Bernenspitze, 2048 m, mit Drehrestaurant und fantastischer Aussicht zum Genfersee und zum Mont Blanc) sowie nach **Mayen** (1842 m). Das Skigebiet gehört zum Verbund der »Alpes Vaudoises«, das u. a. Villars, Les Diablerets und Glacier 3000 umfasst. Von den vielen Wanderwegen seien die zu den Aussichtspunkten am Grat südwestlich von Leysin empfohlen, dazu die Bergtouren auf die Tour d'Aï (2331 m) und die Tour de Mayen (2327 m).

ÜBER DEN COL DE LA CROIX INS BERNER OBERLAND

Ollon Eine reizvolle Möglichkeit für die Fahrt nach Les Diablerets und weiter ins Saanenland (▶ Gstaad) ist die Route über den **Col de la Croix** (1776 m). Vom Rhonetal steuert man zuerst das freundliche Ollon an (7000 Einw.), das eine Kirche aus dem 15. Jh. und ein hübsches altes Hotel besitzt (»Hôtel de la Ville«, gutes Restaurant). Mit Blick auf Dents de Morcles (2969 m) und links davon Grand Muveran (3051 m) sowie ins Rhonetal kurvt man hinauf nach **Huémoz** (1008 m).

Chesières Villars-sur-Ollon Chesières (1220 m) und Villars-sur-Ollon (1256 m) sind zu einem beliebten Wintersportort zusammengewachsen. Von der Bergterrasse hat man eine wundervolle Aussicht auf das Rhonetal sowie die Waadtländer und Savoyer Berge bis zur Montblanc-Gruppe. Zum großen Freizeitangebot gehören ein Soleschwimmbad und ein Golfplatz. Von **Bex** im Rhonetal (424 m, ▶ S. 515) ist Villars mit der BVB-

Zahnradbahn zu erreichen (40 Min.), die weiter zum **Col de Bretaye** (1850 m) fährt. Alternativ kann man von Villars die Kabinenbahn zum Roc d'Orsay (1951 m) nehmen. Lifte erschließen den **Grand Chamossaire** (2120 m), die höchste Erhebung mit berühmtem Blick über Berner, Walliser und Savoyer Alpen sowie auf den Genfersee.

Von Gryon lohnt sich der Ausflug östlich in die urtümliche Szenerie der Alp Anzeinde, die ca. 1900 m hoch unter den Diablerets liegt (Bus bis Solalex, dann 1.10 Std. zum Refuge Giacomini). Auch der Gang über den Pass de Cheville (2038 m) nach Derborence (▶ Sion) vermittelt großartige Eindrücke. ***Alp Anzeinde**

Die Passstraße führt durch ein Hochtal hinauf zum Col de la Croix (1776 m), wobei rechts die Kette der **Diablerets** (3210 m, Teufelshörner) immer eindrucksvoller vor Augen tritt. Dann geht es hinunter in das reizvolle Tal **Ormont-Dessus**, in dem die Häuser des populären Urlaubsorts **Les Diablerets** (1163 m, 1400 Einw.) verstreut sind. **Col de la Croix**

Aigle erleben

AUSKUNFT
Office du Tourisme
Rue Colomb 5, 1860 Aigle
Tel.. 024 466 30 00
www.aigle-tourisme.ch, www.villars.ch

ÜBERNACHTEN
Auberge de la Couronne ⓖ
Yvorne, Maisons Neuves 38, Tel. 024 466 94 22, www.aubergedelacouronne.ch
Charmante Herberge im kleinen Dorf 1 km nördlich von Aigle, jüngst modernisiert. Im angenehmen Restaurant genießt man gute regionale Küche und die Grands Crus von Yvorne.

Hôtel Ecureuil ⓖⓖ
Villars, Rue Centrale, Tel. 024 496 37 37
www.hotel-ecureuil.ch
Zwei Häuser im Chaletstil, ruhig 200 m südlich des Zentrums und des Bahnhofs gelegen, mit großem Garten. Hübsche Zimmer mit Balkon, z. T. mit Küche.

Auberge de la Poste ⓖ–ⓖⓖ
Les Diablerets, Rue de la Gare
Tel. 024 492 31 24
www.aubergedelaposte.ch
Gemütliches Chalet aus dem Jahr 1789, mit viel Holz geschmackvoll modernisiert. Im hübschen, großen Restaurant und auf der Terrasse genießt man eine währschafte Regionalküche.

ESSEN
Auberge de Vouvry ⓖⓖⓖ
Vouvry, Avenue du Valais 2
Tel. 024 481 12 21
www.aubergedevouvry.ch
Eine sympathische Mischung: gutbürgerliche Herberge im Zentrum mit preiswerten, netten Zimmern und einem noblen, hochklassigen Restaurant (So.abend/Mo. geschl.). In der Brasserie nebenan und im romantischen Weinkeller (Carnotzet) werden traditionelle Gerichte zu erschwinglicheren Preisen serviert.

Trotz der Zersiedelung macht der Ort einen angenehmen Eindruck, da man auf überdimensionierte Betonbauten verzichtet.

*Creux de Champ Südlich des Orts führt ein kurzes Tal zum Creux de Champ, einem Felsenhalbrund unter den Gipfeln der Diablerets, in das Wasserfälle stürzen (schöner Spaziergang, 1.30 Std.). Die Ski- und Wandergebiete werden durch die Kabinenbahn nach Isenau (1770 m, nördlich) und den Sessellift Les Mazots (1717 m, südlich) erschlossen.

Col du Pillon Eine Attraktion ist das Skigebiet **Glacier 3000** (www.glacier3000.ch, Skifahren auf dem Glacier de Tsanfleuron ab Nov.), zu erreichen vom Col du Pillon (1546 m) – die futuristischen Bauten von Tal- und Bergstation der Kabinenbahn wurden von Mario Botta entworfen – sowie von Reusch auf der anderen Seite des Passes. Durch ein herbes Mattental erreicht man das schöne **Gsteig** (▶ Gstaad), bevor man im idyllischen Tal der oberen Saane im weltberühmten Ferien- und Festivalort Gstaad ankommt.

Altdorf

G 17

Kanton: Uri	**Einwohner:**
Höhe: 458 m ü. d. M.	8900

Südlich des ▶ Vierwaldstättersees erstreckt sich bis zum Gotthard der Kanton Uri, der zusammen mit Schwyz und Unterwalden die Eidgenossenschaft begründete.

Sehenswertes in Altdorf Altdorf, der Hauptort des Kantons, liegt 3 km südlich des Urnersees im Talboden der **Reuss**, dem kleinen ebenen Teil des Kantons. Durch das schmale, von steilen Bergflanken eingefasste Tal quetschen sich Autobahn, Kantonsstraße, Eisenbahn, die Reuss und Hochspannungsleitungen, was die Bewohner nicht froh macht. In Altdorf beginnt die Gotthardstraße, weshalb es schon im Mittelalter eine wichtige Rolle spielte; 1231 wurde es reichsfrei. Der Sage nach fand hier der Apfelschuss der Tellsgeschichte statt, daher führen die Bürger in unregelmäßigen Abständen, zuletzt 2012, im **Tellspielhaus** Schillers Drama auf (dort auch das Tourismusbüro). Mehr über die Geschichte der Stadt und des Kantons erfährt man im **Historischen Museum** (Gotthard-str. 18). Das Ortsbild ist durch die Bauten geprägt, die nach dem Brand 1799 entstanden. Das **Rathaus** (1806) und ein Wohnturm aus dem 13. Jh. bilden den Hintergrund für das **Denkmal** des berühmten Armbrustschützen und seines Söhnchens (R. Kissling, 1895; ▶ Abb. S. 1). In der 1810 wiederaufgebauten Kirche **St. Martin** ist schöner Stuck von Anfang des 17. Jh.s erhalten. Der Spaziergang zum hoch-gelegenen **Kapuzinerkloster** (1581) lohnt wegen des Blicks über Altdorf und Umgebung. Nach Osten steigt die großartige **Klausen-passstraße** an (▶ Glarnerland).

Historisches Museum: Mai, Juni, 15. Aug. – 15. Okt., Dez. - 6. Jan. Mi., Sa., So. 13.00 – 17.00 Uhr, Eintritt 7 CHF

UMGEBUNG VON ALTDORF

Bürglen (552 m, 4000 Einw., an der Klausenstraße) will **Geburtsort**   **Bürglen**
von Wilhelm Tell sein; am Platz der Tellskapelle (1582) soll sein Wohnhaus gestanden haben. Der **Wattigwilerturm**, einer von vier mittelalterlichen Wehrtürmen, enthält ein Tellmuseum. Beachtens-wert ist die auf einer romanischen Krypta erbaute Kirche (17. Jh.).

In Seedorf ist prächtige Barockkirche des Frauenklosters **St. Lazarus**   **Seedorf**
zu beachten, die bis 1696 wohl nach Plänen von Kaspar Moosbrugger entstand (▶ Einsiedeln). Ein Ökonomiegebäude im Wasserschloss **A Pro** (1588, nördlich des Orts) enthält das hervorragende *Urner Mineralienmuseum mit herrlichen Schätzen der Zentralalpen.

Mineralienmuseum: Mitte Mai – Okt. Do., Sa., So. 13.00 –17.00 Uhr, Eintritt 5 CHF

In Attinghausen südlich von Seedorf erinnern die Reste der im   **Attinghausen**
14. Jh. zerstörten **Festen Burg** an Werner II. von Attinghausen, der 1291 hier den ersten Bundesbrief siegelte. Weithin zu sehen ist das Haus im Schweinsberg (14. Jh.). Über Isleten (nördlich) gelangt man zum reizvoll gelegenen Dörfchen **Isenthal** (778 m, 520 Einw.), Aus-gangspunkt für Touren auf den *Urirotstock (2932 m, 6 – 7 Std.).

Südlich des Urnersees steigt das Tal der Reuss nach ▶ Andermatt an.   **Von Altdorf**
Vor **Erstfeld** kann man sich in einem Infocenter über den Bau des   **nach Bristen**
Gotthardtunnels informieren (▶ Baedeker Wissen S. 546). Der 1962 entdeckte Goldschatz von Erstfeld, der bedeutendste keltische Fund in der Schweiz, ist im Schweizerischen Nationalmuseum Zürich zu sehen. Im »Scheidnössli«, einer Felswand am nördlichen Ortsrand, zählt man auf 5 m Höhe 14 Gesteinsschichten. Bei **Amsteg** am Fuß des 3073 m hohen Bristenstocks zweigt das *Maderanertal ab, eines der schönsten Alpentäler, Basis für großartige Wanderungen und Bergtouren. Auf steilem Sträßchen geht es 4 km hinauf nach **Bristen**

Altdorf erleben

AUSKUNFT
Tourist Info Uri
Schützengasse 11 6460 Altdorf
Tel. 041 874 80 00, www.uri.info

FESTE & EVENTS
März: Tonart Festival (Jazz). Mitte Aug.:
Festival Alpentöne (zeitgenössische Mu-
sik aus dem ganzen Alpenraum). 2.
Okt.-So.: Sennenchilbi in Bürglen.

ESSEN/ÜBERNACHTEN
Hotel Reiser **€**–**€€**
Schmiedgasse 1, 6460 Altdorf
Tel. 041 870 10 66
www.hotelreiser.ch
Gediegenes Haus aus dem 18. Jh. im
Zentrum, modern ausgestattet. Mit Fa-
milienzimmern. Das gute, nicht überkan-
didelte Restaurant serviert schweizerisch-
internationale Gerichte (So. geschl.).

(797 m). Mit dem Taxi oder zu Fuß (2 Std.) gelangt man von dort
zum 1354 m hoch gelegenen, 1864 eröffneten **Hotel Maderanertal**,
das viele berühmte Gäste sah.
InfoCenter Gotthardtunnel: März – Okt. Di.–So. 9.00 – 17.00 Uhr, sonst Di.–Sa.
Hotel Maderanertal: geöffnet Pfingsten – Okt., www.hotel-maderanertal.ch,
Tel. 041 883 11 22

Andermatt

✳ **J 17**

Kanton: Uri
Höhe: 1447 m ü. d. M.

Einwohner:
1300

**Andermatt in einem weiten Hochtal am Nordfuß des Gott-
hardpasses hat sich – bisher – die Atmosphäre eines schlichten
alten Orts bewahrt. Von hier kann man herrliche Bergtouren
und Fahrten auf berühmten Pässen unternehmen.**

Andermatt liegt im breiten, flachen Urserental (»Tal der Bären«) an
der vom ▶ Vierwaldstättersee zum ▶ Sankt Gotthard führenden Straße, die hier von der Verbindung vom Oberrheintal ins Wallis ge-
kreuzt wird (Oberalppass/Furkastraße), außerdem an der Matterhorn-Gotthard-Bahn. Es ist touristisch nicht überbeansprucht, was
sich auch in einem angenehmen Preisniveau äußert. Das wird sich
allerdings ändern: 2009 wurde mit dem Bau eines **riesigen Luxusre-
sorts** begonnen. Der ägyptische Milliardär und Bauunternehmer
Samih Sawiris will für 1,8 Mrd. Franken sechs Hotels mit 844 Zimmern und 42 Appartementhäuser errichten, ergänzt durch Kongress-
und Konzertsäle, Geschäfte, Freizeitzentrum und Golfplatz. Nach der
Auflösung des seit 1885 bestehenden Militärstützpunkts wurde das

von fast allen Bürgern als neue Einnahmequelle begrüßt, allerdings gibt es auch heftigen Protest gegen die Zerstörung des Orts. 2600 Arbeitsplätze sollen entstehen (bei bisher 1300 Einwohnern), und damit sich das rentiert, soll das Skigebiet um Andermatt mit dem von Sedrun verbunden (die dortigen Bergbahnen gehören auch Sawiris) und alles massiv ausgebaut werden.

Besiedelt wurde das **Urserental** vom Wallis her; die ältesten Teile von Andermatt und Hospental sind heute noch walserisch geprägt. Lange Zeit gehörte das Tal der Abtei Disentis, ab 1382 war es frei mit eigener Verfassung. Das **Wintersportgebiet** an Gemsstock, Stöckli und Winterhorn ist nicht spektakulär, aber schön und schneesicher. Eine Loipe führt über Hospental bis nach Realp.

Die Kirche **St. Peter und Paul** (1695) besitzt einen Hochaltar des berühmten Walliser Bildhauers Johann Ritz (1698). An der Bergwand steht das spätromanische Kirchlein **St. Kolumban** (13. Jh.). Im prächtigen Schönbächler-Haus mit Rokokomalereien (1786) ist das **Talmuseum Ursern** untergebracht. Eine gute Rundsicht bietet sich bei der **Mariahilfkapelle** (1742) südlich oberhalb des Dorfs: westlich zum Spitzberg (2935 m) und Furka mit Muttenhorn (3099 m), östlich zum Badus (2928 m).

Sehenswertes in Andermatt

Talmuseum: Mi. – Sa. (im Winter auch So.) 16.00 – 18.00 Uhr, 20. Okt. bis 26. Dez. geschl., Eintritt 7 CHF

Im alten Zentrum von Andermatt

Andermatt erleben

AUSKUNFT
Andermatt-Urserntal Tourismus
Gotthardstrasse 2, 6490 Andermatt
Tel. 041 888 71 00, www.andermatt.ch

VERKEHR
Die Straße von Göschenen ist ganzjährig offen, Furka-, Gotthard- und Sustenpass sind winters gesperrt, der Oberalppass kann offen sein (aktuelle Situation unter www.ig-alpenpaesse.ch). Die Matterhorn-Gotthard-Bahn (früher Furka-Oberalp-Bahn) sorgt das ganze Jahr über für zuverlässige Verbindungen ins Vorderrheintal und ins Wallis.

ESSEN/ÜBERNACHTEN
Hotel zur Sonne ⊙–⊙⊙
Andermatt, Gotthardstrasse 76

Tel. 041 887 12 26
www.hotelsonneandermatt.ch
Gediegen-heimeliges Holzhaus mit gepflegten Zimmern und rustikalem Restaurant (kein Ruhetag). Zentral gelegen, 2 Minuten zur Gemsstock-Seilbahn.

Handeck ⊙⊙
Guttannen, Am Grimselpass
Tel. 033 982 36 11, www.grimselwelt.ch
Geöffnet Juni–Okt.
Herrlich gelegene Ferienoase u. a. mit einem 200 Jahre alten und geschmackvoll renovierten Haus. Auch für Kinder ist gut gesorgt. Ausgezeichnete Küche und ebensolcher Weinkeller. Wie das Grimsel Hospiz (▶Baedeker Tipp S. 165) wird das Handeck von der Kraftwerke Oberhasli AG betrieben.

Umgebung von Andermatt Eine Seilschwebebahn bringt hinauf auf den Gemsstock (2961 m, herrliche Aussicht). Schön ist die Wanderung auf dem Urschner Höhenweg nach Tiefenbach an der Furkastraße (ca. 5 Std.). Das benachbarte **Hospental** (1484 m, 190 Einw.) ist ein altes Dorf an der Gotthardstraße, sein Name kommt von lat. hospitium, »Herberge«. Der Turm (13. Jh.) ist der Rest des Stammsitzes der Edlen von Hospental, der Ministerialen des Klosters Disentis; die Kirche wurde 1711 geweiht. Hier kann man in netten Gasthäusern wie dem St. Gotthard – in dem Barockhaus, in dem General Suworow 1799, Quartier nahm (s. u.) – oder in der einzigen Jugendherberge des Urserentals nächtigen (www.jugendherberge-hospental.ch). Und im Winter gehört die Straße zum **Oberalppass** (▶S. 504) den Wanderern und Schlittenfahrern; für eine Pause gibt es am Nätschen ein Restaurant.

✳ SCHÖLLENENSCHLUCHT

✳Teufelsbrücke Von Andermatt geht's nach Norden. Vorbei am **Urner Loch**, dem ersten Tunnel der Alpen (1707), erreicht man die 1956 eröffnete **Teufelsbrücke**, auf der man einen 30 m hohen Wasserfall der Reuss überquert; ihr Name rührt von der sagenumwobenen Brücke aus dem 13. Jh., von der tief unten noch Reste erhalten sind. Die sog.

Alte Brücke von 1830 steht den Wanderern zur Verfügung. Ein 12 m hohes Steinkreuz erinnert an den Kampf 1799 zwischen den vom Gotthard kommenden Russen unter General Suworow und den Franzosen; an der alten Straße liegt das Restaurant Teufelsbrücke. Nun passiert man die wilde Granitschlucht der **＊Schöllenen** (der Name kommt wohl von lat. scala, »Leiter«). In **Göschenen** (1106 m) beginnen der 1882 fertiggestellte Eisenbahntunnel und der 16,9 km lange Straßentunnel durch den ▶ Sankt Gotthard nach Airolo.

Von Göschenen aus lohnt sich der Ausflug ins schöne, für seine Mineralien berühmte Göschenertal mit Stausee und großartigem Blick auf den Dammastock (3630 m) und seinen Gletscher. Die **Göscheneralp** ist Stützpunkt für Hochtouren auf den Lochberg (3074 m, 4.30 Std.), den Dammastock (5 – 6 Std.) und das Sustenhorn (3503 m, 6 – 7 Std.). Der Weiler **Gwüest** ist im Winter nur auf Skiern zu erreichen (2 Std. von Abfrutt), dennoch hat das angenehme Gasthaus Göscheneralp ganzjährig geöffnet (Tel. 041 885 11 74).

＊Göschenertal

Auf der Weiterfahrt nach Wassen ist der gewaltige **Teufelsstein** zu beachten, der 1973 für den Bau eines Straßentunnels um 127 m talaufwärts verschoben wurde. An Wattingen (920 m) vorbei erreicht man Wassen (934 m). Von der Terrasse der Kirche (1734) – die, wie seit Emil Steinberger (▶ S. 88) bekannt, bei der Fahrt mit der Gotthardbahn dreimal zu sehen ist – hat man einen prächtigen Ausblick.

Wassen

Die im Folgenden beschriebene Rundfahrt von Wassen über Susten-, Grimsel- und Furkapass verknüpft drei großartige Passrouten zu einem einzigartigen Erlebnis. Alle sind gut ausgebaut und ca. Ende Mai bis Anfang November passierbar. Am besten kann man die Fahrt im Postauto genießen, besonders an den Sommerwochenenden, wenn die Straßen überlastet sind.

＊＊Drei-Pässe-Rundfahrt

＊＊ SUSTENSTRASSE

Von Wassen führt die Sustenstraße (Nr. 11), die 1939 – 1946 als letzter der drei Pässe erbaut wurde, in das wildromantische Meiental. Die Schlucht der Meienreuss überquert man auf hoher Betonbrücke; voraus der Titlis. Hinter der nächsten Kehre öffnet sich der Blick auf Fleckistock (3416 m) und Stucklistock (3308 m); dann hoch am Hang nach **Meien** (1300 m), das hübsch in der Talweitung liegt. Voraus im Talschluss erscheinen die Zacken des Wendenhorns (3023 m) und der Fünffingerstöcke. Unterhalb der Straße, am alten Saumweg zum Susten, liegt **Färnigen** (1459 m). Am Hang des wilden und öden Tals – mit Blick auf Sustenhorn mit Rütti- und Kalchtalfirn und vorbei am Gasthaus Sustenbrüggli – hinauf zum **Sustenpass**, der im

Meiental

Wächter am Sustenpass: Sustenhorn mit Steingletscher

325 m langen Scheiteltunnel (2224 m) unterfahren wird. Vom Westportal (kleiner See) lohnt der Aufstieg in 5 Min. zur Passhöhe (2259 m, Gasthaus) auf der Grenze zwischen den Kantonen Uri und Bern: Aussicht auf das imposante Titlis-Massiv nördlich des Meientals, auf die Gruppe von Gwächtenhorn (3425 m) und Tierbergen (3447 m), die über dem Steingletscher aufragt, sowie auf die Enge des Gadmentals beim Himmelrank mit den Tunneln der Sustenstraße und der Gadmerfluh dahinter.

Gadmental Die Berner Seite des Passes beeindruckt landschaftlich ebenso wie durch die kühne Straßenführung. Mit Blick auf Steingletscher und Steinsee geht es an den Felswänden des ***Himmelranks** hinab zum Hotel Steingletscher (1865 m) auf der Alp Stein, von hier zu Fuß in 20 Min. zum Steingletscher (Gletscherlehrpfad, 3 Std.). Durch eine wilde Felslandschaft fährt man hinunter ins Gadmental, das bald ein freundlicheres Bild mit grünen Matten und Ahorn-Arven-Wäldern zeigt; voraus ist das Wetterhorn (3701 m) zu sehen. Malerisch unter den schroffen Wänden der Gadmerfluh liegt **Gadmen** (1207 m, 230 Einw.). Auf der hohen Schwendibrücke über die Schlucht des Gadmerwassers und hinab zur Einmündung des Trifttals, in dem der Triftgletscher sichtbar wird. Die abenteuerliche Triftbahn (Seilbahn) führt hinauf in das Tal, von der Bergstation geht man in 30 Min. zur Windegghütte (Trittsicherheit nötig), wobei eine 170 m lange Hängebrücke über die Schlucht führt: nichts für Leute mit Höhenangst. Am rechten Hang des Gadmentals liegt **Nessental** (930 m), das dem an Obstbäumen reichen unteren Talabschnitt den Namen gab. Über Mühletal (837 m) – hier mündet das von der Engstlenalp und dem Titlis (▶ Sarnen) kommende Gental (Mautstraße) – und Wiler geht es hinunter in die Talebene der Aare und zum Ferienort **Innertkir-chen** (626 m, 840 Einw.). Die Straße zur Grimsel führt dann im wal-digen, enger werdenden **Haslital** aufwärts nach **Guttannen** (1057 m, 300 Einw.) am Fuß des schroffen Ritzlihorns (3282 m), das seine La-winen durch die Rinne des Spreitlaui herabschickt. Das **Kristall-museum Guttannen** zeigt v. a. Mineralien aus dem Haslital.

Kristallmuseum: Juni – Sept. Mo. – Fr. 8.00 – 17.00 Uhr, Eintritt 3 CHF

✶✶ GRIMSELSTRASSE

Die großartige Gebirgswelt zwischen Innertkirchen sowie Susten- und Grimselpass ist durch die Anlagen der **Kraftwerke Oberhasli AG** geprägt, die zwischen 1925 und 1980 entstanden. Neun Kraftwer-ke nutzen Wasser aus einem Einzugsgebiet von 1 % der Fläche der Schweiz, das in sieben Stauseen und einem natürlichen See gesam-melt wird, und liefern ca. 7 % der nationalen Wasserkraftenergie (3 % der Gesamtenergieproduktion). Außerdem betreibt sie die Bahn Meiringen – Innertkirchen sowie die Hotels Handeck und Grimsel Hospiz. Führungen durch das **Kraftwerk Grimsel 2** schlie-ßen die berühmte, 20 m lange **Kristallkluft Gerstenegg** ein.

Kraftwerke Oberhasli

Besucherzentrum Grimsel Hospiz: Juni – Okt. tgl. 8.00 – 20.00 Uhr, www.grimselwelt.ch. **Kraftwerk Grimsel 1:** Juni – 20. Okt. 13.00/14.30 Uhr, Eingang zum Kraftwerk beim »Sommerloch«. **Kraftwerk Grimsel 2:** Führungen ab Innertkirchen, Info und Anmeldung Tel. 033 982 26 26.

In **Guttannen** beginnt die Grimselstraße (Nr. 6), die 1891 – 1894 an-gelegt wurde. Hinter der Tschingelbrücke machen schwarze Felsen und Geröllmassen die Wirkung von Lawinen und Wasser deutlich. Am Ausgleichsbecken beim Kraftwerk Handegg 1 (1309 m) vorbei geht es 150 m hinauf zur Talstufe der **Handeck** (auch Handegg); dann bietet sich ein fantastischer Blick auf den ✶**Handeckfall**, in dem die Wasser der graugrünen Aare und des hellen Ärlenbachs in einen 46 m tiefen Kessel stürzen. Rechts abseits liegt das Hotel Handeck (1404 m; ▶ S. 162); von dort gelangt man auf einer 70 m hohen Hänge-brücke zur Talstation der steilsten Standseilbahn der Welt (106 %) hin-auf zum **Gelmersee** (1849 m) mit 35 m hoher Staumauer. Die Grim-selstraße überwindet in düster-urtümlicher Landschaft – vom Glet-schereis gerundete Granitfelsen – die Stufe zur Alp Kunzentännlen (1616 m) mit den letzten Tannen und vielen Alpenrosen.

Grimselstraße

BAEDEKER TIPP

! *Gepflegte Rast*

Im Grimsel Hospiz kann man nicht nur in dramatischer Umgebung nächtigen, sondern auch sehr gut speisen. Ein Highlight ist zudem der glänzend bestückte Wein-keller. Geöffnet Juni – 20. Okt. und Dez.–Mitte April, Tel. 033 982 36 11, www.grimselwelt.ch.

*Grimselsee

Unter der Staumauer des **Räterichsbodensees** (1767 m) windet sich die Straße zu diesem empor; das Spiel wiederholt sich bei der mächtigen Mauer der Seeuferegg-Sperre am Grimselsee (1909 m), der sich 5,5 km lang bis zum Unteraargletscher erstreckt (Naturschutzgebiet). Rechts befindet sich die Zufahrt über die 352 m lange und 42 m hohe Mauer der Seeuferegg-Sperre zum markanten Hotel **Grimsel Hospiz** auf der Granitkuppe des Nollen (1960 m) – eine »Grande Dame« der Schweizer Hotellerie, um 1930 erbaut und schön modernisiert. Von hier sieht man auf die 258 m lange und 114 m hohe Mauer der Spitallamm-Sperre sowie über den See auf Zinkenstock, Finsteraarhorn und Agassizhorn. Eine lohnende Wanderung führt in 2 – 3 Std. vom Hotel zum Unteraargletscher.

*Kristallkluft
Gerstenegg

Beim Bau des Zugangsstollens zum tief unter dem Grimselsee gelegenen Pumpwerk Grimsel 2 entdeckte man 1974 die einzigartige, 20 m lange Kristallkluft Gerstenegg. Führungen veranstalten das Tourismusbüro ▶ Meiringen und die Kraftwerke Oberhasli.

**Grimsel-
pass

Die Straße steigt – bei prächtigem Blick zurück und westlich auf das 4078 m hohe Schreckhorn – zum Grimselpass an (2165 m, Hotel Grimselblick), der auf der Grenze zwischen den Kantonen Bern und Wallis liegt. Ein großartiges Panorama bietet das Sidelhorn (2764 m, Aufstieg 2.30 Std.). Man passiert den Totensee (2144 m), der an die Kämpfe zwischen Österreichern und Franzosen 1799 erinnert, und das **Hotel Grimselpasshöhe**. In der Kristallgrotte Grimsel sind Mineralien aus der Gegend zu sehen. An der steilen Meienwand, die für ihre reiche Insektenfauna berühmt ist, geht es – mit ebenso berühmtem Blick auf Rhonegletscher und Furkastraße, links auf Galenstock und Dammastock, südöstlich auf Pizzo Rotondo – hinunter zur Hotelsiedlung **Gletsch** (dazu ▶ Goms).

** FURKASTRASSE

In Gletsch überquert die 1864 – 1866 angelegte Furkastraße die junge Rhone, die bis Lenk »Rotten« heißt. Am Anstieg zum Furkapass steht das altehrwürdige, zauberhafte **Hotel Belvédère** von 1882 (2272 m, geöffnet Anf. Juni – Mitte Okt., Tel. 027 973 37 77, www.gletscher.ch). Von ihm geht man zum **Rhonegletscher**, der zwischen den Furkahörnern (3169 m) und den Gerstenhörnern (3189 m) heraustritt und kaum noch über die Talwand hängt. Anfang des 19. Jh.s reichte er noch bis Gletsch hinunter! Mit herrlichem Blick rechts auf den Gratschluchtgletscher und das Große Muttenhorn (3099 m) erreicht man

*Furkapass

den die Passhöhe (2431 m). Die Furka (»Gabel«) zwischen Kleinem Furkahorn (3026 m) und Blauberg (2757 m) auf der Grenze zwischen Wallis und Uri bietet eine großartige Aussicht: nach Nordosten in das

Paradies für Passfans: Grimsel- und Furkastraße. Links der Rhonegletscher.

Urserental bis zum Oberalppass, nach Westen auf die Berner Alpen mit dem Finsteraarhorn und die Walliser Alpen mit dem Weisshorn. Die Straße passiert das alte Hotel Furkablick – modernisiert von Rem Koolhaas, dennoch geschlossen – und führt am kahlen Hang des **Garschentals** abwärts (Blick auf Sidelengletscher und die Nadeln des Büelenhorns, 2947 m). Bei der Ebnetenalp (1995 m) hat man den prächtigen Blick voraus in das Urserental und südlich ins **Witenwasserental** mit dem Piz Lucendro (2963 m). Über den Hang der Fuchsegg windet sich die Straße hinab zum Talboden mit dem kleinen Dorf Realp (1547 m, 140 Einw.), dessen Name von lat. »riva alpa« (»Bachalp«) rührt; hier liegt das Ostportal des Furka-Tunnels (Autoverladung). Südwestlich ragt der **Pizzo Rotondo** auf (3192 m), der höchste Gipfel der Gotthardgruppe. Nun im breiten Urserental in herber Landschaft mit wuchtigen, wenig gegliederten Bergformen abwärts, voraus erkennt man den markanten Burgturm von **Hospental** (1484 m). Dort zweigt der Gotthardpass nach Süden ab. Auf der Straße Nr. 2 erreicht man wieder **Andermatt**.

Realp

✴✴ Appenzellerland

✳ **D/E 21 – 23**

Kantone: Appenzell-Ausserrhoden, Appenzell-Innerrhoden

Höhe: bis 2502 m ü. d. M.

Buckelige Bergwiesen zwischen dunklen Tannenwäldern, tief eingeschnittene Tobel und verstreut liegende Bauernhöfe prägen das zauberhafte Land zwischen Bodensee und Säntis.

In der Ostschweiz, südlich des Bodensees, breitet sich das Appenzellerland aus, das vom See rasch auf Höhen von 800 – 1000 m ansteigt. Den eindrucksvollen Höhepunkt bildet das **Alpsteinmassiv,** das im

Idyllisches Appenzellerland: zwischen Stein und Appenzell

Säntis 2502 m Höhe erreicht. Appenzell ist der einzige Kanton, der von einem anderen – St. Gallen – vollständig eingeschlossen wird. Die St. Galler reden vom Kuhfladen auf ihrem Gebiet, während die selbstbewussten, mit trockenem Witz begabten Appenzeller sich als das Goldstück im St. Galler Kuhfladen sehen. Die bevorzugten Aktivitäten sind hier (Berg-)Wandern und Radfahren – die großen Höhenunterschiede sind eine echte Herausforderung. Dazu bieten sich Ausflüge zum ▶ Bodensee, nach ▶ St. Gallen, ins ▶ Toggenburg, nach ▶ Bad Ragaz und in die Bündner Herrschaft an.

Appenzellerland gestern und heute Das Land ist in zwei selbständige Halbkantone geteilt: Innerrhoden (Hauptort Appenzell) besteht, von der Exklave Oberegg abgesehen, hauptsächlich aus dem Bergzug des Alpsteins, während Ausserrhoden (Hauptort Herisau) das nördlich vorgelagerte Hügelland umfasst. Der Grund: 1525 stellte es die Landsgemeinde den Orten frei, sich zum neuen reformierten oder zum katholischen Glauben zu bekennen; die inneren »Rhoden« und Oberegg blieben katholisch. Als sich die Spannungen zwischen ihnen verschärften, wurde der Kanton 1597 geteilt. Ab 1381 unterstand das Appenzellerland dem Fürstabt von St. Gallen. In heftigen Kämpfen 1403 und 1405 befreite sich das eigenwillige Volk von der Herrschaft des Abts und von habsburgischen Machtansprüchen. 1513 trat Appenzell der »Dreizehn-örtigen Eidgenossenschaft« bei, deren Hoheitsgebiet sich bis zur Französischen Revolution nicht mehr änderte. Die Armut der Bevölkerung, die vor allem von der Viehwirtschaft lebte, ließ früh eine auf Heimarbeit beruhende Textilindustrie entstehen. Vom Wohlstand der Fabrikanten und Kaufleute zeugen die herrschaftlichen Häuser, teils mit geschweiften barocken Giebeln, die viele Dörfer prägen.

Während Ausserrhoden diese fast heilige Institution 1997 aufgab, werden in Innerrhoden die wichtigsten politischen Entscheidungen immer noch bei der alljährlichen Landsgemeinde unter freiem Himmel getroffen. Seitdem 1990 unter dem Druck des Bundesgerichts in Lausanne das Frauenwahlrecht eingeführt wurde, nehmen auch Frauen an ihr teil, und sie gehörten sofort fest zur politischen Szene. Die stimmberechtigten BürgerInnen (ab 18 Jahre) versammeln sich am letzten April-Sonntag auf dem Landsgemeindeplatz in Appenzell. Die Stimmberechtigung wird heute durch ein Papier nachgewiesen, dennoch tragen viele Männer wie dazumal einen Degen oder ein Bajonett. Landammann und Regierungsmitglieder werden durch das »Handmehr« gewählt und anschließend feierlich vereidigt.

»Landsgemeinde«

Alte Bräuche werden intensiv gepflegt, wenn auch mit Blick auf ihre touristische Verwertung. Die Motive der Bauernmalerei sind seit dem 16. Jh. praktisch unverändert. Man trifft noch auf Schellensattler, Weißküfer und Handstickerinnen. Die Streichmusik mit Geige, Cello, Kontrabass und Hackbrett sowie die schmucken Trachten gehören ebenso zu den Traditionen der geselligen Appenzeller wie die Bräuche: die »Chläuse« mit großen Schellen, Masken aus Naturmaterialien oder kunstvollem Kopfputz zu Silvester und am 13. Januar (dem Silvester nach dem Julianischen Kalender), die Fasnacht und das Bloch eine Woche danach, die Alpfahrten (Viehauf- und -abtrieb) und die Stobeden (Feste mit Tanz) im Sommer, die Jakobifeier auf der Hochalp und der Sennenball im Rossfall, beides Ende Juli in der Nähe von Urnäsch.

Appenzeller Brauchtum

> **!** **BAEDEKER TIPP**
>
> ### Bier-Beef
>
> Mit Biertreber, -hefe und -vorlauf füttert und massiert Landwirt Sepp Dähler in Stein seine Charolais- und Limousin-Rinder und die Schweinchen, die sich damit sehr wohl fühlen. Dafür liefern sie ein fantastisches Fleisch, das zu heftigen Preisen in Restaurants kredenzt (so etwa im Bären in Grub, S. 170) und an Privat verkauft wird. Besuch nach Anmeldung Tel. 071 367 17 19, www.kabier.ch.

SEHENSWERTES IM APPENZELLERLAND

Vom ▶ Bodensee gelangt man mit Zahnradbahnen rasch in luftige Höhen: von Rheineck (400 m) nach **Walzenhausen** (673 m) oder von Rorschach nach **Heiden**. Herrliche Ausblicke hat man auf der Fahrt über **Wolfhalden** (Ortsmuseum) nach Heiden; nordwestlich unterhalb liegen die (nota bene!) **Weinberge** von Wienacht-Tobel.

Rheineck

Der hübsche Ort (806 m, 4000 Einw.) wurde nach dem Brand 1838 im klassizistischen **Biedermeier** neu angelegt, was das Biedermeierfest alle vier Jahre feiert; der Dorfplatz gehört zu den schönsten der

Heiden

Appenzellerland erleben

AUSKUNFT
Appenzellerland Tourismus
Innerrhoden:
Hauptgasse 4, 9050 Appenzell
Tel. 071 788 96 41 www.appenzell.info
Ausserrhoden:
Bahnhofstrasse 2, 9410 Heiden
Tel. 071 898 33 00
www.appenzellerland.ch

EISENBAHNEN
Das Appenzellerland ist gut erschlossen: St. Gallen – Trogen, St. Gallen – Gais – Appenzell, Gais – Altstätten, Gossau – Urnäsch – Appenzell – Wasserauen. Zahnradbahnen vom Bodensee: Rorschach – Heiden, Rheineck – Walzenhausen. Auf einigen Strecken fahren im Sommer offene Wagen, von Mai bis Okt. schnauft die Dampflok »Rosa« am 1. Sonntag des Monats von Rorschach nach Heiden.

FESTE & EVENTS
2. Juli-Sonntag: Schutzengelfest im Wildkirchli. Anf. Aug.: Schwägalp-Schwinget. Anf. Sept. alle vier Jahre (wieder 2014): Biedermeierfest in Heiden. Mitte Sept. – Mitte Okt.: Viehschauen. 31. Dez. und 13. Jan.: Silvesterklausen in Außerrhoden.

ESSEN
Bären ©©–©©©
Gonten, Tel. 071 795 40 10
www.hotel-baeren-gonten.ch
So.abend/Mo. geschl.
Ausgezeichnete Appenzeller Küche genießt man in einem beeindruckenden Haus des 17. Jh.s. Gerühmt werden v. a. die Zicklein-Spezialitäten. Schöne, jüngst modernisierte Zimmer (allerdings gibt es da die Kirchturmuhr …).

Rössli ©–©©
Appenzell, Weissbadstr. 25
Tel. 071 787 13 55; Mo./Di. geschl.
www.roessli-appenzell.ch
Beliebtes »Ländlermusik-Lokal« mit lebhafter Wirtsstube. Serviert werden (verfeinerte) Genüsse der Region.

Hirschen ©©
Gais, Tel. 071 793 13 03
www.hirschen-gais.ch
Familiär-gediegener Gasthof in stattlichem Haus von 1796. Bodenständige Küche, preisgünstiges Schlemmermenü incl. Wein und Kaffee, eigene Bäckerei. So.abend, Mo. geschl., Fr. – So. reservieren. Es gibt auch einfache Zimmer.

Bären ©©
Grub (westlich von Heiden; von Grub noch 1 km Richtung Eggersriet)
Tel. 071 891 13 55, www.baeren-grub.ch
Ein typischer prächtiger Gasthof: In der lebhaften Wirtsstube isst man einfach und gut, im feinen Stübli wird gehobener Küche serviert (Mo./Di. geschl.). Mit einigen schlichten Gästezimmern.

ÜBERNACHTEN
Hotel Heiden ©©©
Heiden, Seeallee 8
Tel. 071 898 15 15, www.hotel-heiden.ch
Moderner Bau mit herrlichem Blick auf den Bodensee. Schlichte, elegante Zimmer. Mit Restaurant, Gartenterrasse, Pool, Gesundheitszentrum etc.

Swiss Dreams Hotel ©©–©©©
Walzenhausen, Dorf 45
Tel. 071 886 21 21
www.swissdreamshotels.com
Das ehemalige Kurhaus Walzenbad von

1903 liegt herrlich über dem Bodensee. Moderne, komfortable Zimmer. Einen wunderbaren Blick hat man auch im guten Restaurant mit seiner Terrasse.

Hotel Appenzell ⊖⊖

Appenzell, Landsgemeindeplatz
Tel. 071 788 15 15
www.hotel-appenzell.ch
Gemütliches Haus im Zentrum mit rusti-

kalen Zimmern. Café-Restaurant mit eigener Konditorei.

Frohe Aussicht ⊖

Schwende, Tel. 071 799 11 74
www.froheaussicht.ch
Familiäres Haus 7 km südlich von Appenzell in wunderbarer Alleinlage. Schlicht-geschmackvolle Gästezimmer, auch für Familien. Gutes Restaurant .

Schweiz. Das **Henri-Dunant-Museum** erinnert an den Gründer des Roten Kreuzes, der 23 Jahre bis zu seinem Tod 1910 in Heiden lebte. Vom Dunant-Platz beim Kurhaus hat man einen schönen Blick auf den Bodensee. Ein Ausflug südlich nach **St. Anton** (1121 m, von Oberegg 1 Std. zu Fuß) wird mit herrlichem Panorama belohnt.
Dunant-Museum: April – Okt. Di.– So. 13.00 – 16.00, So. auch 10.00 bis 12.00 Uhr, sonst nur Mi., Sa., So.; Eintritt 7 CHF

Trogen (903 m, 1700 Einw.) war bis Ende des 19. Jh.s Hauptort von **Trogen** Ausserrhoden und ist noch Sitz des Kantonsgerichts. Am noblen Hauptplatz steht die **reformierte Kirche** von H. U. Grubenmann (1782) mit schönem Stuck von P. A. Moosbrugger und sehr »katholischen« Deckengemälden. Die Häuser am Platz gehen auf die reichen Textilhändler und -fabrikanten Zellweger zurück, u. a. der **Doppelpalast** (1747/1788), die **Krone** von 1727 (schönes Hotel mit gutem Restaurant) und auch das **Rathaus** (1805). Südwestlich des Orts liegt das 1946 von dem Philosophen W. R. Corti gegründete Pestalozzi-Kinderdorf, in dem Waisenkinder unterschiedlicher Nationen aufwachsen. Von Trogen führt eine landschaftlich lohnende Straße über den **Ruppen** (1010 m) ins Rheintal nach Altstätten. 2 km von Trogen entfernt liegt der idyllische Ort **Speicher** (926 m, 4000 Einw.); an der aussichtsreichen Vögelinsegg (Restaurant) erinnert links der Straße nach St. Gallen ein Denkmal an den Sieg der Appenzeller 1403 über den Abt von St. Gallen. Hier beginnt der Spazierweg über die **Eggen** nach Teufen (2 Std.) mit herrlichem Blick auf den Alpstein.

Wie Speicher hat sich Teufen (837 m, 5800 Einw.) zum beliebten **Teufen** Wohnort vor den Toren St. Gallens entwickelt. Sehenswert ist am Dorfplatz die 1776 – 1778 von H. U. Grubenmann erbaute **Kirche** mit Stuck von P. A. Moosbrugger. Das interessante **Museum in der Gemeindebibliothek** ist der Teufener Baumeisterfamilie Grubenmann gewidmet, die für ihre Holzkonstruktionen berühmt war.

Gais   Gais (933 m, 3000 Einw.) besitzt einen schönen **Dorfplatz** mit Schweifgiebelhäusern. Sehr empfehlenswert ist der Gang auf den ***Gäbris** (1251 m, 1 Std.); vom Gasthaus dort hat man einen prächtigen Blick auf den Alpstein. 4 km östlich von Gais liegt **Stoss** (938 m, Gasthaus) mit Kapelle und Denkmal: Im Jahr 1405 siegten hier 4000 Appenzeller Bauern über 12 000 Mann des Herzogs Friedrich von Tirol und des Abts Cuno von St. Gallen.

Gasthaus Gäbris: Tel. 071 793 16 01, Mi. geschl., im Winter auch So./Mo./ Do. ab 18.00 Uhr; Zufahrt Sa. 13.00 – 18.00, So. bis 18.00 Uhr gesperrt.

*Appenzell   Appenzell (780 m, 5700 Einw.) zeigt – besonders in der **Hauptgasse** mit bemalten Holzhäusern und kunstvollen Ladenschildern – gepflegte Tradition und eine sehr touristische Atmosphäre. Das Westende der Hauptgasse markiert der **Landsgemeindeplatz**, am östlichen stehen die Kirche **St. Mauritius** (Turm 14. Jh., Langhaus 1826, weitere Teile 16. Jh.), nebenan das Haus Buherre Hanisefs und das **Rathaus** (beide nach dem Dorfbrand 1560 erbaut) mit dem Touris-

In der Hauptgasse von Appenzell

musbüro und dem liebevoll eingerichteten **Museum Appenzell**. Das **Schloss** wurde um 1563 für den 1584 hingerichteten Protestantenführer Anton Leu erbaut. Einen Besuch verdienen unbedingt das **Museum »Im Blauen Haus«** (Appenzeller Volkskunde) an der Straße nach Weissbad und die Museen der Stiftung Liner: das ***Museum Liner** (Unterrainstr. 5, östlich des Bahnhofs), ein starker moderner Kontrapunkt zum idyllischen Land, geschaffen von A. Gigon und M. Guyer (1998), und die **Kunsthalle Ziegelhütte** (Ziegeleistr. 14, südwestlich des Bahnhofs). Sie sind den Malern Carl August Liner (1871 – 1946) und dessen Sohn Carl Walter Liner (1914 – 1997) gewidmet, deren Werk für die Schweizer Kunst des 20. Jh.s exemplarisch ist. In wechselnden Ausstellungen sind auch Werke anderer bedeutender Zeitgenossen zu sehen, bisher etwa von E. L. Kirchner, Karl Schmitt-Rottluff, Hans Arp und Eduardo Chillida.

Museum Appenzell: April–Okt. tgl. 10.00 – 12.00, 14.00 – 17.00, sonst Di.–So. 14.00 – 17.00 Uhr, Eintritt 7 CHF

Museum Liner / Kunsthalle Ziegelhütte: April–Okt. Di.–Fr. 10.00 – 12.00, 14.00 – 17.00, Sa., So. 11.00 – 17.00, sonst Di.–Sa. 14.00 – 17.00, So. 11.00 bis 17.00 Uhr, Eintritt je 9 CHF, Kombikarte 15 CHF; www.museumliner.ch

Das Alpstein-Massiv, das von drei parallelen Bergketten zwischen   ****Alpstein**
den Appenzeller Vorbergen, dem Rheintal und dem Toggenburg gebildet wird, ist ein herrliches Wander- und Klettergebiet mit einer
großen Zahl schön gelegener Berggasthäuser. Vom **Säntis** (2502 m),
seinem höchsten Gipfel mit 123 m hohem Sendeturm, hat man eine
großartige Rundsicht über Vorarlberger, Bündner, Glarner und Urner Alpen sowie über den Bodensee bis weit nach Schwaben hinein.

Zu erreichen zu Fuß von Wasserauen (s. u.), von der **Schwägalp**
(1283 m) südlich von Urnäsch mit
der Seilschwebebahn – was dem
Berg Ausflügler in Mengen bringt –
oder zu Fuß in 3.30 Std. (anstrengend, Trittsicherheit nötig). Mit
herrlichem Ausblick gut essen und
urig übernachten kann man im
schlichten, 150 Jahre alten und 2012
erweiterten Berggasthof **Alter Säntis** unterhalb des Gipfels (reservieren, Tel. 071 799 11 60).

> **BAEDEKER TIPP** !
>
> *Auf hohem Niveau*
>
> Viel höher geht's in Ausserrhoden
> nicht: Auf 1038 Metern, hoch
> über Rehetobel und mit großarti-
> ger Aussicht über Alpstein und
> Bodensee, liegt das herrschaft-
> liche Gasthaus zum Gupf. Auf
> ebenso hohem Niveau sind Küche,
> Keller und Ambiente. 9038 Rehe-
> tobel, Restaurant Mo./Di. geschl.,
> Tel. 071 877 11 10, www.gupf.ch.

Wasserauen ist Ausgangspunkt für viele Wanderungen und Ausflüge.   **Wasserauen**
Eine Kabinenbahn bringt hinauf zur **Ebenalp** (1644 m, Gasthaus);
von dort geht man in 15 Min. durch eine Höhle hinunter zum ***Wildkirchli** (1477 m), einer Kapelle in einer Grotte, die von 1658 bis 1853
von Einsiedlern bewohnt war und als Fundort altsteinzeitlicher
Werkzeuge und Tierskelette bekannt ist. Auf hölzernem Steig geht es
zum an der Felswand klebenden ***Gasthaus Äscher** mit großartigem
Ausblick (geöffnet Mai – Okt., Tel. 071 799 11 42). Zurück nach Was-
serauen in ca. 1.30 Std. Wunderschön ist auch die Wanderung von
Wasserauen zum ***Seealpsee** (1141 m, 1 Std.) und weiter zur
Meglisalp (1520 m, 1.30 Std.), einer großen Alpe mit der Kapelle
Maria zum Schnee und legendärem Gasthaus (www.meglisalp.ch,
Tel. 071 799 11 28, geöffnet Mai – Okt.). Auf den **Säntis** braucht man
vom Seealpsee über den Lisengrat 4.30 – 5 Std. (Trittsicherheit nötig).

Von Brülisau (922 m, 600 Einw.) sind die beiden südlichen Ketten   **Brülisau**
des Alpsteins zugänglich. Eine Seilbahn bringt auf den ***Hohen Kasten** (1794 m, zu Fuß 1 Std.; er bietet den besten Überblick über das
Alpsteinmassiv), von dort auf dem Kamm nach Stauberen und zur
Saxerlücke (3 Std.); zurück über das heimelige Gasthaus Bollenwees
und am idyllischen **Sämtisersee** vorbei (2.30 Std.).

Auf dem Weg nach Urnäsch passiert man das stattliche Dorf Gonten   **Gonten**
(902 m, 1500 Einw., mit Golfplatz und dem Museum für Appenzeller
Volksmusik im prachtvollen »Rothuus« von 1765) und **Jakobsbad**

Alpstein mit dem Säntis, dem Herren des Appenzellerlands

(876 m, Eisenquelle). Von hier sollte man – mit der Seilbahn oder zu Fuß (hin und zurück 4 Std.). – auf den ***Kronberg** (1663 m, Gasthaus), um den großartigen Blick auf den Säntis zu genießen.

Urnäsch Urnäsch (838 m, 2300 Einw.), die flächenmäßig größte Gemeinde in Ausserrhoden, wurde nach einem Großbrand 1641 neu aufgebaut. Am schönen **Dorfplatz** stehen Holzhäuser des 17./18. Jh.s sowie das **Museum für Appenzeller Brauchtum**. Etwa 10 km südlich liegt die **Schwägalp**, Ausgangspunkt von Seilbahn und Fußweg auf den Säntis (s. o.); außerdem gibt es hier eine Schaukäserei. Sehr schön ist die Fahrt von Urnäsch über **Hemberg** nach Wattwil (► Toggenburg).
Museum für Brauchtum: April–1. Nov. Mo.–Sa. 9.00–11.30, 13.30–17.00, So. 13.30–17.00 Uhr, sonst Mo.–Sa. 9.00–11.30 Uhr, Eintritt 6 CHF

Hundwil Hundwil (788 m, 950 Einw.) besitzt schöne **Appenzeller Häuser**; die Kirche (13. Jh.) wurde 1750 durch die Baumeister Grubenmann umgestaltet. Die **Hundwiler Höhi** (1306 m) ist ein beliebtes Ausflugsziel mit Gasthaus (gesamt ca. 3 Std.). In Richtung Herisau überwindet ein 105 m langer Betonviadukt den Hundwiler **Tobel**.

Stein In Stein (2 km östlich, 814 m, 1350 Einw.) blühen im März unter Naturschutz stehende **Narzissen**. In der **Appenzeller Schaukäserei** ist die Käseproduktion zu verfolgen. Das **Volkskundemuseum** nebenan besitzt eine bedeutende Sammlung von Bauernmalereien, die alten Handwerke Weben und Sticken werden vorgeführt. Vom »Reservoir« (45 Min.) sieht man bis zum Bodensee. Ein 99 m hoher Fussgängersteg (1937) über die Sitter verbindet mit St. Gallen.
Schaukäserei: tgl. ab 8.30, April–Okt. bis 18.30, sonst bis 17.30 Uhr
Volkskundemuseum: Di.–So. 10.00–17.00 Uhr, Eintritt 7 CHF

Auch Herisau (757 m, 15 200 Einw.), der weitläufige Hauptort von Ausserrhoden, besitzt einen hübschen **Hauptplatz** mit stattlichen Appenzeller Häusern mit Schweifgiebeln. Bedeutend ist die spätgotische Kirche **St. Laurentius** (1520) mit Rokoko-Ausstattung von dem Vorarlberger A. Moosbrugger (1782; besonders schöner Stuck über dem Netzgewölbe im Chor). Im **Alten Rathaus** nebenan ist das Museum Herisau untergebracht, das v. a. der Textilindustrie um 1800 gewidmet ist; das Robert-Walser-Zimmer erinnert an den Schriftsteller, der von 1933 bis zu seinem Tod 1956 in der Heilanstalt Herisau lebte. Der westliche Ortsteil am Glattbach war seit dem Mittelalter ein wichtiger Industriestandort, woran besonders das **Schwarze Haus** von 1778 erinnert, eines der ältesten erhaltenen Fabrikgebäude der Schweiz (Cilanderstr. 5).

Herisau

Museum Herisau: Mai – 24. Dez. Mi. – So. 13.00 – 17.00 Uhr, Eintritt 5 CHF

Arosa

———————— ⋇ H 23

Kanton: Graubünden
Höhe: 1739 – 189 0 m ü. d. M.

Einwohner:
2200

Einer der renommiertesten Sommer- und Winter-Ferienorte der Schweiz, versteckt in einem abgeschiedenen Bergkessel Graubündens gelegen.

Südöstlich von ▶Chur führt das wildromantische Tal der Plessur, das **Schanfigg**, hinauf nach Arosa, das eine Geländeterrasse unter dem Weisshorn (2653 m) einnimmt. Im 13. Jh. ließen sich **Walser** an den schwer zugänglichen Platz nieder. Nachdem 1890 die Poststraße von Chur fertiggestellt war, entwickelte sich das **sonnenreiche Dorf** zwischen sanften Berghängen und kleinen Seen zum beliebten Ferienziel. Auch Juden besuchen Arosa gern, ihr Stützpunkt ist das koschere Hotel Metropol. Zwei Drittel der Gäste kommen im Winter, um sich auf über 70 km präparierten und 40 km Freeride-Pisten auszutoben, dazu kommen Schlittenwege, Loipen usw. mit allem, was zum Wintervergnügen gehört. Eine feste Position ist das Humor-Festival im Dezember. Das Sommerangebot ist ebenso attraktiv, vom gemütlichen Waldweg bis zur knackigen Bergtour, ergänzt durch einen hübschen

! *Bahnerlebnis*

BAEDEKER TIPP

Genießen Sie die einstündige Fahrt von Chur nach Arosa auf der 1914 fertiggestellten Schmalspurstrecke der Rhätischen Bahn (rechts sitzen!): Mit 19 Tunneln und 20 größeren Brücken, darunter dem berühmten, 62 m hohen Langwieser Viadukt über die Plessur, ist sie eine technische Meisterleistung.

Arosa erleben

AUSKUNFT
Arosa Tourismus
Poststrasse, 7050 Arosa
Tel. 081 378 70 20
www.arosa.ch

ÜBERNACHTEN
Arosa Kulm ❸❸❸ – ❸❸❸❸
Arosa, Innere Poststrasse
Tel. 081 378 88 88
www.arosakulm.ch
Neuzeitliches Haus am Golfplatz mit allem Luxus. Noble Restaurants, AlpinSpa mit herrlichem Ausblick.

Tschuggen Grand Hotel ❸❸❸❸
Arosa, Sonnenbergstrasse
Tel. 081 378 99 99, www.tschuggen.ch
Modernes großes Luxushotel, recht plüschig und nicht ganz stilsicher gestaltet, mit vier Restaurants. Die Bergoase, ein

echter Hingucker, steht auch Nicht-Hausgästen offen (Anmeldung nötig).

Astoria ❸❸
Arosa, Alteinstrasse
Tel. 081 378 72 72
www.astoria-arosa.ch
Angenehmes, familienfreundliches Haus, sonnig und ruhig gelegen, mit viel Holz modern oder romanisch gestaltete Zimmer. Fitnesseinrichtungen. Zu buchen mit Halbpension (5-Gänge-Abendmenü).

Hotel Sonnenhalde ❸❸
Arosa, Sonnenbergstrasse
Tel. 081 378 44 44
www.sonnenhalde-arosa.ch
Heimeliges Holzchalet oberhalb von Inner-Arosa. Schlichte, helle Zimmer, meist mit Balkon und herrlichem Ausblick. Der Bus hält fast vor der Haustür.

Badesee, Golfplatz und ein großes Kulturprogramm, u. a. mit Konzerten im Bergkirchli, Opern auf der Waldbühne und den Musikkurswochen (www.kulturkreisarosa.ch). Interessant: Die Hotelpreise sind im Sommer bis zu 60 % niedriger als im Winter und umfassen dazu noch Bergbahnen und andere Attraktionen.

Sehenswertes in Arosa Von Chur her kommt man in Ausser-Arosa an, dem belebteren Ortsteil zwischen Ober- und Untersee; Inner-Arosa ist der ältere Teil. Arosa ist ein »Architekturmuseum« mit bemerkenswerten Gebäuden vom alten Bauernhaus über die Ferienchalets des 19. Jh.s bis zur Moderne; auch brutale Bausünden sind zu verzeichnen, die im Sommer besonders krass auffallen. Ein markanter Gag sind die Kathedralenfenster in der von Mario Botta entworfenen **Bergoase** (2006) des Tschuggen Grand Hotels; innen beeindruckt das Wellnesszentrum mit starken, schlichten Formen. Das **Bergkirchli** von 1492 ist ein echtes Kulturdenkmal, zugänglich in Führungen und bei Konzerten (im Sommer u. a. Di. 17.00 Uhr). Das **Schanfigger Heimatmuseum** im Eggahuus (1545) erzählt vom Leben der Dorfbewohner, u. a. ist eine 500-jährige Wohnstube zu sehen. Von Ausser-Arosa bringt eine Seilbahn aufs **＊Weisshorn** (2653 m), attraktiver Aussichtspunkt sowie Ausgangspunkt von Wanderwegen und Skipisten. 2012 wurde auf den Gipfel ein futuristisches Aussichtsrestaurant geklotzt – mit »Europas höchstgelegener Schaubäckerei«. In Inner-Arosa beginnt die Seilbahn auf das **Hörnli** (2512 m).

Schanfigger Heimatmuseum: Mitte Juni – Mitte Okt. Mo., Mi., Fr. 14.30 bis 16.30 Uhr, 21. Dez.–Mitte April nur Di. und Fr., Eintritt 3 CHF

* Ascona

Kanton: Tessin · Ticino

Höhe: 196 m ü. d. M.

✳ M 18

Einwohner:

5500

Mildes Klima, herrliche Lage und mediterrane Atmosphäre machten Ascona am Nordufer des ▶Lago Maggiore ebenso zum renommierten Urlaubsort wie das benachbarte ▶Locarno.

Zu Beginn des 20. Jh.s ließ sich eine Gruppe von Esoterikern und russischen Anarchisten auf dem Monte Verità nieder und machte Ascona, damals ein einfaches Fischerdorf, über die Landesgrenzen hinaus bekannt. Ihnen folgten Künstler und andere Geistegrößen, Aristokraten und andere Touristen, und Ascona entwickelte sich zu einem recht mondänen Ort, was die luxuriösen Villen an den Berghängen und die Boutiquen und Kunstgalerien in der verwinkelten Altstadt verraten.

Ascona gestern und heute

SEHENSWERTES IN ASCONA

Hinter der schönen Uferpromenade (Piazza Motta) mit ihren Restaurants und Cafés liegt die Altstadt. Zwischen dem **Rathaus** (16. Jh.) und dem Hotel Elvezia hindurch erreicht man die Piazza SS. Pietro e Paolo mit der **Casa Serodine**, dem Palast der Baumeister- und Künstler-Familie Serodine (um 1620 erbaut von Cristoforo und G. B. Serodine) mit prunkvoller *Fassade. Sehenswert ist auch der elegante Innenhof. Im Gebäude ist die renommierte **Libreria della Rondine** mit Literatur zum Tessin und zum Monte Verità ansässig.

Casa Serodine

Die Kirche SS. Pietro e Paolo mit ihrem weithin sichtbaren Campanile wurde 1264 erstmals erwähnt und um 1530 umgestaltet. Drinnen sind hervorragende Altarbilder von **Giovanni Serodine** (Bruder von Giovanni Battista) zu sehen – herausragend der Hauptaltar mit einer Marienkrönung –, Gewölbefresken von P. F. Pancaldi gen. Mola († 1783) und das Grabmal der Brüder Vacchini, das G. B. Pancaldi schuf, der Bruder von P. F. Pancaldi.

Santi Pietro e Paolo

*Santa Maria della Misericordia

Die Kirche S. Maria della Misericordia (1399 – 1442, Turm 1488) besitzt einen bedeutenden **spätgotischen Freskenzyklus**: Die Szenen aus Altem und Neuem Testament im Chor datieren aus dem frühen 15. Jh., die im Schiff aus dem frühen 16. Jahrhundert. Das **Polyptychon** des Hochaltars mit der Schutzmantelmadonna malte der einheimische G. A. de Lagaia 1519. Das angeschlossene **Collegio Papio**, erbaut 1585 – 1602 (heute Gymnasium), besitzt einen schönen zweigeschossigen Renaissancehof im lombardischen Stil.

Museen

Das **Museo Comunale d'Arte Moderna**, untergebracht im Palazzo Pancaldi (15. Jh.), präsentiert Werke der klassischen Moderne, v. a. von Alexej Jawlensky, Cuno Amiet, Paul Klee und der russischen Expressionistin Marianne Werefkin, die 1914 in die Schweiz floh und von 1918 bis zu ihrem Tod 1938 in Ascona lebte.

Im **Museo Epper**, dem Atelier von Ignaz und Mischa Epper (1892 – 1969 bzw. 1901 – 1978), sind Holzschnitte und Bilder des Schweizer Expressionisten und Skulpturen seiner Frau zu sehen (auch Wechselausstellungen werden veranstaltet).

Museo d'Arte Moderna: Via Borgo 34, Di. – Sa. 10.00 – 12.00, 15.00 – 18.00, So. 10.30 – 12.30, Eintritt 7 CHF

Museo Epper: Via Albarelle 14, geöffnet April – Mitte Okt., Mo. geschl.

Ascona

1	Centro del Bel Libro
2	Hotel

Übernachten
- ❶ Castello Seeschloss
- ❷ Elvezia

Essen
- ❶ Giardino
- ❷ Osteria dell'Enoteca
- ❸ Al Faro

200 m   ©BAEDEKER

Unter südlichen Palmen: Uferpromenade in Ascona

Die Strada della Collina führt zum 321 m hohen **Monte Verità** hin-auf. An der Stelle der einstigen »Licht-und-Luft-Hütten« der Utopis-ten stehen das bis 1929 erbaute **Hotel Monte Verità** – ein Juwel des Bauhausstils (herrlicher Blick, auch vom Restaurant mit seiner Ter-rasse) – und die **Casa Anatta**, benannt nach dem Sanskritwort für »Seele«, in der Ideen und Geschichte der Reformbewegung doku-mentiert werden. Erhalten sind u. a. auch die um 1900 als Gästehaus erbaute **Casa Selma** und ein Pavillon mit dem Panoramagemälde »Helle Welt der Seligen« des Balten Elisar von Kupffer (1923). Zu empfehlen ist der eineinhalbstündige Gang am Berghang entlang nach Ronco (▶ Lago Maggiore).

❶ Rundgang So. April–Okt. 15.00 Uhr, Eintritt 15 CHF
Restaurant im Hotel Monte Verità: April–Ende Okt. tgl. geöffnet.
Info über das Kultur- und Vortragsprogramm unter www.monteverita.org.

Monte Verità

Ein beschilderter schöner Weg führt weiter hinauf zur turmlosen Wallfahrtskirche **Madonna della Fontana**, die 1617 – 1677 am Nordhang des Monte Verità über einer Quelle erbaut wurde. Der Überlieferung zufolge soll im 15. Jh. ein stummes Hirtenmädchen die Quelle entdeckt und ihre Sprache wiedergefunden haben; ver-mutlich gab es aber hier schon ein keltisches Quellenheiligtum. Das Innere der Kirche ist mit Fresken des 17. Jh.s, Gemälden und Votiv-bildern reich geschmückt.

Madonna della Fontana

UMGEBUNG VON ASCONA

Im Vorort Losone (6300 Einw.) sind schöne **Granithäuser** (»Rusti-ci«) aus dem 15. – 18. Jh. erhalten; eine moderne Antwort auf sie ist

Losone

Ascona erleben

AUSKUNFT
Ente Turistico Lago Maggiore
Viale Papio 5, 6612 Ascona
Tel. 848 091 091, www.maggiore.ch

FESTE & EVENTS
Am Fastnachtsdienstag 12 Uhr Risotto-
essen, gratis für alle. Ende Mai: Festival
der Straßenkünstler. Ende Juni bis Anf.
Juli: JazzAscona. 1. Aug.: Feuerwerk
zum Nationalfeiertag. Ende Aug.: Mee-
ting Rolls Royce & Bentley. Sept./Okt.:
Musikwochen. Anf. Okt.: Kastanienfest.

ÜBERNACHTEN
❶ *Castello Seeschloss* €€€
Ascona, Piazza Motta, Tel. 091 791 01
61, Anf. Nov.–Anf. März geschl.
www.castello-seeschloss.ch
Aus der mittelalterlichen Burg am Süd-
ende der Uferpromenade wurde ein
Romantik-Hotel mit modernem Komfort
(Zimmer teils mit bemalter Decke).
Elegantes Restaurant mit Terrasse.

❷ *Hotel Elvezia* €€–€€€
Ascona, Piazza G. Motta 15
Tel. 091 791 15 14
www.hotel-elvezia.ch
Seit 1909 in Familienbesitz, an der See-
promenade. Schlichte Zimmer, im ersten
Stock mit weinumranktem Balkon.
Restaurant und Pizzeria mit Terrasse.

ESSEN
❶ *Hotel Giardino* €€€–€€€€
Ascona, Via del Segnale 10
Tel. 091 785 88 88, www.giardino.ch
»Toskanisches« Luxushotel mit zeitgenös-
sisch-kühlem Chic. Zum Speisen wählen
Sie zwischen mediterran (Restaurant
Aphrodite, nicht überteuert) und experi-
mentell (Ristorante Ecco, 2 Michelin-
Sterne, Mo./Di. geschl.). Südlich der
Stadt nahe dem Jachthafen gelegen.

❷ *Osteria dell'Enoteca* €€€
Losone, Contrada Maggiore 24
Tel. 091 791 78 17, Mo./Di. geschl.
Tessiner und italienische Küche vom
Feinsten. Kleines, stilvoll-informelles
Restaurant mit schönem Garten. Relativ
preiswerte Mittagsmenüs.

❸ *Al Faro* €–€€
Ascona, Piazza G. Motta 27
Tel. 091 791 11 81
Tessiner und italienische Gerichte (auch
Holzofenpizza) genießt man auch an der
Hafenpromenade. Gehört zum guten
Hotel Piazza nebenan, das schöne Zim-
mer zu akzeptablen Preisen bietet.

die **Casa Bianda** von Mario Botta (1989, Via Ubrio 6). Besuchenswert sind außer den **Grotti**, die im Freien feine Imbisse servieren,
auch einige Kirchen, die jeweils im gleichnamigen Ortsteil stehen:
San Lorenzo (1597, um 1776 barockisiert) besitzt einen bemerkenswerten Altar von G. Buzzi (1751), Gemälde von Pancaldi und Orelli,
kunstvolle Beichtstühle und ein schönes Taufbecken (1580). **San
Giorgio** (1799) geht auf einen Bau des 11. Jh.s zurück, von dem Campanile und Chor erhalten sind; innen sind Fresken von Nicola da
Seregno und Antonio da Tradate (14./15. Jh.) zu sehen. **San Rocco**
(1584/19. Jh.) wurde 1860 von G. A. Vanoni ausgemalt. Das Gemälde

der Muttergottes mit Sebastian und Rochus hinter dem Altar datiert aus dem Jahr 1614.

Westlich über Losone liegt in Kastanienwäldern das alte Dorf Arcegno (400 m, 300 Einw.). Die Pfarrkirche S. Antonio Abate (14. Jh., im 17. Jh. erweitert) besitzt eine bemalte Fassade (17. Jh.) und Freskenreste des 14. – 16. Jh.s. An der Straße nach Losone steht die um einen Bildstock von 1692 erbaute barocke Kapelle Madonna della Valle; im Chor ein Fresko von 1593 (Maria zwischen Antonius und Rochus).   **Arcegno**

Baden

✦ D 15

Kanton: Aargau
Höhe: 385 m ü. d. M.

Einwohner:
18 200

Sein Flair hat das hübsche Städtchen als stilvoller Kurort gewonnen, als Ort der sinnlichen Genüsse und der Lebenslust vor den Toren des puritanisch-protestantischen Zürichs.

Auch heute kommt man noch gerne aus dem 20 km entfernten Zürich, um sich im Grand Casino oder den Kultur- und Szenelokalen zu vergnügen, die in alten Industriearealen entstanden (Trafo, Merker-Areal, ABB). Eingebettet in eine Klus des Kettenjuras, die von der Limmat durchflossen wird, liegt die malerische, autofreie Altstadt; nördlich von ihr gruppiert sich im Limmat-Bogen der Badebezirk um den Kurplatz (das Areal vom Thermalbad bis zum Museum Langmatt soll neu gestaltet werden, um dem Wellness-Tourismus neue Impulse zu geben). Weiter flussabwärts dehnt sich der neuere Stadtteil aus, Standort bedeutender Unternehmen wie ABB und Alstom, die auch architektonische Akzente setzen (u. a. »Power Tower«).

Traditionsreicher Kurort mit hübscher Altstadt

Das römische Aquae Helveticae entwickelte sich im Mittelalter zum bedeutendsten Kurort des Landes. Die 46 °C warmen Schwefelquellen, die bei rheumatischen Erkrankungen und Stoffwechselstörungen eingesetzt werden, waren schon den Kelten bekannt und sahen Berühmtheiten wie Goethe oder Nietzsche. Nachdem die Eidgenossen   **Ein wenig Geschichte**

Baden erleben

AUSKUNFT
Info Baden
Oberer Bahnhofplatz 1, 5401 Baden
Tel. 056 200 87 87, www.baden.ch

FESTE & EVENTS
Mitte/Ende Mai: Bluesfestival (www.blues
festival-baden.ch). August, ca. alle zehn
Jahre (wieder 2017): »Badenfahrt«,
wohl die größte Party der Schweiz –
10 Tage und Nächte hindurch. Advent:
Romantische Illumination der Innenstadt.

ESSEN
❶ *Trudelkeller* €
Obere Halde 36, Tel. 056 222 07 77

www.trudelkeller.ch
Nette, heimelige Quartierbeiz mit Garten
und unprätentiöser Schweizer / mediterraner Küche (Sa.mittag/So. geschl.). Im
Trudelhaus ist auch eine Kunstgalerie
ansässig (www.igtrudelhaus.ch).

ÜBERNACHTEN
❶ *Atrium-Hotel Blume* €€–€€€
Kurplatz 4, Tel. 056 200 02 00
www.blume-baden.ch
Etwas Besonderes: Schon 1421 erwähn-
tes, 1840 umgestaltetes Haus mit einem
zauberhaften mehrstöckigen Innenhof,
auf dessen Balustraden man speist. Mit
eigenen Thermalbadeanlagen.

1415 den Aargau auf Geheiß König Sigismunds erobert hatten, wurde Baden zum Ort der jährlichen »Tagsatzung« (1416 – 1712), einer
Versammlung, auf der die Vögte der Gemeinen Herrschaften den
Rechenschaftsbericht gaben. In der Reformation blieb Baden katholisch, was für die Rolle als Kur-Vorort für das puritanisch-lustfeind-
liche Zürich sehr vorteilhaft war. 1847 wurde, als erste Bahnlinie der
Schweiz, die »Spanischbrödli-Bahn« nach Zürich (▶ Tipp S. 184)
und 1892 das erste Flusskraftwerk des Landes in Betrieb genommen.

SEHENSWERTES IN BADEN

Altstadt   Den nördlichen Eingang zur Altstadt bildet der 54 m hohe **Brugger-
turm** (1441). Die katholische Kirche **Mariä Himmelfahrt**, in der
1526 die Reformatoren Oecolampad und Haller mit Dr. Eck aus Ingolstadt disputierten, wurde 1457 – 1470 erbaut, im 17. Jh. barockisiert und 1815 klassizistisch umgestaltet (Museum). Nördlich gegenüber das **Stadthaus** mit dem 1497 erneuerten Tagsatzungssaal.

Landvogtei-   Eine gedeckte Holzbrücke (1810) führt über die Limmat zum Land-
schloss   vogteischloss (1489). Dort und im benachbarten modernen Bau zeigt
das **Historische Museum** Sammlungen zur Geschichte von Stadt
und Region. Westlich über der Altstadt thront die **Ruine Stein**, einst
lenzburgischer, kyburgischer und habsburgischer Amtssitz.
Museum: Di. – Fr. 13.00 – 17.00, Sa., So. 10.00 – 17.00 Uhr, Eintritt 7 CHF

Sehr interessant ist das Kindermuseum, das die Welt der Kinder und ihre Lebensumstände in Familie und Gesellschaft in den letzten 300 Jahren vor Augen führt. Spielen kann man hier aber auch! ***Schweizer Kinder-museum**

❶ Ländliweg 7, Di. – Sa. 14.00 – 17.00, So. 10.00 – 17.00 Uhr, Eintritt Erwachsene 12 CHF, Kinder 4 CHF

Ein schöner Spaziergang entlang der Limmat führt zum Bäderviertel mit Grünanlagen und dem **Grand Casino** – das größte Casino der Schweiz, mit abwechslungsreichem Entertainment –, **Thermalbad und Kurhotels** aus mehreren Jahrhunderten. **Bäderviertel**

Die **Jugendstilvilla Langmatt** (R. Curjel / K. Moser, 1901) beherbergt die Gemäldesammlung von Sidney und Jenny Brown. Sidney Brown begründete mit seinem Bruder Charles und Walter Boveri das Elektrounternehmen **Brown, Boveri & Cie** (heute ABB). Ausgestellt sind Werke von Cézanne, Gauguin, Degas, van Gogh, Renoir u. a.; darüber hinaus gibt das Haus Einblick in den großzügigen Lebensstil einer Industriellenfamilie zu Beginn des 20. Jh.s. Ein feiner Ort für eine Pause ist die Cafeteria, am 21. Juni findet ab 18.00 Uhr im Park ein **Mittsommerfest** mit Picknick statt (freier Eintritt). ***Museum Langmatt**

❶ März – Nov. Di. – Fr. 14.00 – 17.00, Sa., So. 11.00 – 17.00 Uhr, Eintritt 12 CHF

Im **Kraftwerk Kappelerhof** (die Römerstraße flussabwärts) kann man in einem kleinen technischen Museum imposante Apparaturen aus der Pionierzeit der Stromerzeugung bewundern.

❶ Mo. – Fr. 9.00 – 17.00, Sa. bis 15.00 Uhr, Eintritt frei

UMGEBUNG VON BADEN

Von der Höhe der **Baldegg** 2 km westlich (568 m, Restaurant) hat man eine schöne Sicht auf die Alpen. Eine echte Bergwanderung (5 Std., Trittsicherheit nötig) ist die Überschreitung der **Lägeren**, des letzten Ausläufers des Kettenjuras, über das

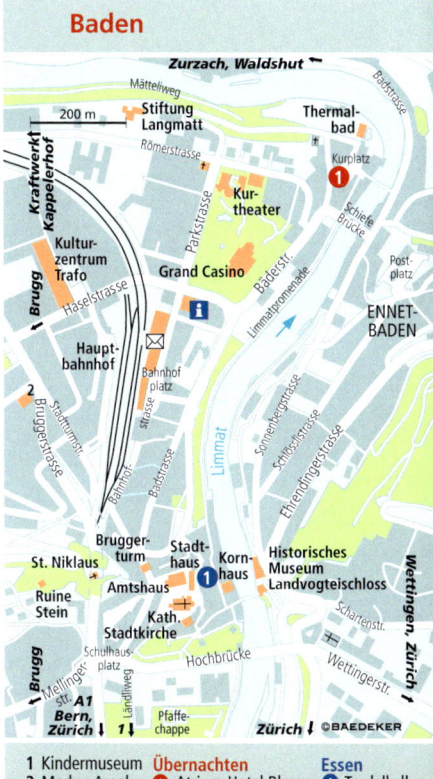

Baden

Zurzach, Waldshut

200 m

Stiftung Langmatt
Thermal-bad
Kurplatz
Kraftwerk Kappelerhof
Römerstrasse
Kur-theater
Schiefe Brücke
Kultur-zentrum Trafo
Grand Casino
Post-platz
Haselstrasse
Bäderstr.
Limmatpromenade
ENNET-BADEN
Haupt-bahnhof
Bahnhof-platz
Brugg
Bruggerstrasse
Limmat
Sonnenbergstrasse
Ehrendingerstrasse
Wettingen, Zürich
Brugger-turm
Stadt-haus
St. Niklaus
Korn-haus
Historisches Museum
Ruine Stein
Amtshaus
Landvogteischloss
Schartenstr.
Kath. Stadtkirche
Schulhaus-platz
Hochbrücke
Wettingerstr.
Brugg
Mellingen
A1
Bern, Zürich
Ländliweg
Pfaffe-chappe
Zürich
©BAEDEKER

1 Kindermuseum
2 Merker-Areal
Übernachten
❶ Atrium-Hotel Blume
Essen
❶ Trudelkeller

Burghorn (659 m, mit Blick auf Alpen und Schwarzwald) nach Regensberg (▶ Zürich, Umgebung). Zugang zu diesem Höhenzug hat man von Ennetbaden und von Wettingen aus (dort von der Limmatbrücke zunächst in 30 Min. zum Restaurant **Schloss Schartenfels**). Eine bequeme Variante führt von Schartenfels durch die Weinberge zum Burghorn (2 Std.).

Wettingen

Das benachbarte Wettingen (395 m, 20 000 Einw.), die größte Aargauer Gemeinde, entwickelte sich nach dem Zweiten Weltkrieg rasch vom verträumten Weinbauerndorf zur beliebten Wohnstadt. In der Limmatschleife im Süden liegt die ehemalige **Zisterzienserabtei**. Die Kirche des 1227 gestifteten und 1841 aufgehobenen Klosters besitzt eine hervorragende Ausstattung aus Spätrenaissance (Chorgestühl 1604) und Rokoko (Kanzel, Wandgemälde), im Kreuzgang sind *182 Maßwerkscheiben aus dem 13. bis 17. Jh. erhalten, die zu den bedeutendsten Glasmalereien in der Schweiz gehören. Der noble **Gasthof Sternen** soll, da ebenso alt wie das Kloster, das älteste Gasthaus der Schweiz sein (www.sternen-kloster-wettingen.ch).

BAEDEKER TIPP

! **Spanische Brödli**

Die »Spanischen Brötchen« eines Badener Bäckers waren in Zürich sehr beliebt, und damit sie morgens frisch auf dem Tisch kamen, mussten die Bediensteten – zu Fuß natürlich – schon um Mitternacht nach Baden aufbrechen. Mit der Bahn war dieses logistische Problem gelöst. Seit 2007 gibt es die feinen Brödli aus Blätterteig wieder, meist süß mit Haselnuss-Rüebli-Füllung.

Brugg

Brugg (10 km westlich von Baden, 10 500 Einw.), in der Tat eine alte Brückenstadt, liegt oberhalb des Zusammenflusses von Aare, Reuss und Limmat. An der Aarebrücke ragt der **Schwarze Turm** (11. Jh.) auf, das Wahrzeichen der reizvollen Altstadt; er wird vom Rathaus (1482) umschlossen. In der Hauptstraße Nr. 39 starb der bedeutende Erzieher **J. H. Pestalozzi** (▶Berühmte Persönlichkeiten; Grab in Birr, 7 km südlich). Im Salzhaus ist das Heimatmuseum untergebracht. Das **Vindonissa-Museum** zeigt Funde aus dem Römerlager Vindonissa (1. Jh. n. Chr.), dem »Urahnen« von Brugg. Im benachbarten **Windisch** sind noch Reste von drei Toren und einem Amphitheater erhalten. Ein »Legionärspfad« mit rekonstruierten Häusern, Werkstätten u. v. m. soll römischen Alltag erfahrbar machen. Für die nahe Ruine Habsburg ▶Aarau.

Vindonissa-Museum: Di.–Sa. 13.00–17.00, So. 10.00–17.00 Uhr, Eintritt 8 CHF. **Legionärspfad:** April–Okt. 9.00–17.00/18.00 Uhr, Eintritt 12 CHF

*Kloster Königsfelden

Das ehemalige Kloster Königsfelden in Windisch ist das **wertvollste Kulturdenkmal** des Kantons. Wo der deutsche König Albrecht I. von seinem Neffen Herzog Johann von Schwaben ermordet worden war, gründete seine Witwe Elisabeth 1308 das Doppelkloster. Der Chor der 1310 – 1330 erbauten, turmlosen Kirche verfügt über elf einzigartige **Glasfenster**, die von Mitgliedern des Hauses Habsburg gestiftet wurden (ca. 1325 – 1330); sie zeigen v. a. Szenen aus dem Leben Christi, aus der Apostelgeschichte und dem Leben des hl. Franziskus. Der Klosterschatz wird im Historischen Museum in Bern verwahrt; 1415 hatte Bern den Aargau erobert, 1528 das Kloster säkularisiert und zum Sitz seines Vogtes gemacht.

❶ Di. – So. April – Okt. 10.00 – 17.00 Uhr, sonst auf Anfrage, Eintritt 5 CHF

Bad Ragaz und Bündner Herrschaft

✳ F 22/23

Kantone: St. Gallen, Graubünden **Einwohner:**
Höhe: 517 m ü. d. M. 5500

Das kleine Bad Ragaz, im Tal des Alpenrheins – am Fuß des mächtigen Pizol – in abwechslungsreicher, schöner Umgebung gelegen, ist einer der traditionsreichsten und renommiertesten Thermalbadeorte der Schweiz.

Seit 1840 wird warmes Mineralwasser aus der Quelle in der Taminaschlucht (s. u.) nach Bad Ragaz geleitet, wo die Helena-Therme das wohlhabende Großbürgertum und Kulturgrößen anzog. Hier kann

Traditionsreicher Kurort

Eleganz mit Tradition: das Helenabad im Grand Hotel Quellenhof

Kleines Schlaraffenland

Das Sarganserland und die Bündner Herrschaft sind reich an schönen Wirtschaften und feinen Restaurants. Hier eine Auswahl: Bad Ragaz: Äbtestube, Rössli, Löwen. Pfäfers: Hotel Wartenstein. Fläsch: Adler, Mühle. Maienfeld: Schloss Brandis, Falknis. Jenins: Bündte. Malans: Weisskreuz, Krone. Vilters: Ilge. Mels: Schlüssel, Waldheim. Heiligkreuz: Stiva Antica.

man sich heute ganz auf Kur und Erholung konzentrieren, es wird sonst wenig »geboten«, selbst ein Kino gibt es erst wieder in Buchs oder Chur. Herz des Kurorts ist das **Grand Resort**, das zwei Luxushotels mit fünf erstklassigen Restaurants, die Tamina-Therme, eine Klinik, Wellnesszentrum, Casino und zwei Golfplätze umfasst. Die Umgebung – das Sarganserland und die Bündner Herrschaft (die mit dem ▶ Walensee die »Ferienregion Heidiland« bilden) – bietet vielfältige Möglichkeiten, einen herrlichen Sommer- oder Winteraufenthalt abseits der Massen und weitgehend ohne die »Segnungen« der Tourismusindustrie zu genießen: ein Kapital, das heute zunehmend wieder entdeckt wird.

Sehenswertes in Bad Ragaz

Von Sargans (s. u.) kommend trifft man noch vor dem Ort auf die **St.-Leonhard-Kapelle** (1410) mit einem nach italienischen Vorbildern ausgemalten Chor. Ein überaus hübscher Platz ist die Terrasse des Restaurants Schlössli Büel südwestlich nahe St. Leonhard. Über der Talstation der Pizol-Bahn steht, von Reben umgeben, die Ruine der **Burg Freudenberg**, die 1437 von den Eidgenossen zerstört wurde. Im Ort, links der Sarganserstraße, die Kirche **St. Pankraz** (1705), erbaut von dem Bregenzer U. Lang; auf dem Friedhof ist der Philosoph F. W. von Schelling bestattet, der 1854 in Bad Ragaz starb. (Der Durchgangsstraße folgend erreicht man die Tiefgarage der Tamina-Therme.) Das Ortszentrum lässt noch da und dort, etwa mit dem Dorfbad, alte Atmosphäre ahnen. Im großzügigen **Kurpark** liegen die Grands Hotels Hof Ragaz und Quellenhof (www.resortragaz.ch), dahinter die **Tamina-Therme**, das moderne Bäder- und Therapiezentrum. Besonders schön ist es im bis zu 34 °C warmen Außenbecken, wenn Schnee liegt. An der Straße nach Maienfeld, östlich der neogotischen evangelischen Kirche, erstrecken sich der Golfplatz und der **Giessenpark** mit einem See.

UMGEBUNG VON BAD RAGAZ

Wartenstein

Die Straße Richtung Pfäfers (s. u.) führt hinauf zum empfehlenswerten Hotel **Schloss Wartenstein** (750 m); die herrliche Aussicht hier reicht bis zu den kühnen Gipfeln der Churfirsten. Unterhalb des Hotels die Ruine der Burg Wartenstein, die 1206 vom Kloster Pfäfers errichtet wurde, und die Georgskapelle. Einen schönen Ausblick hat man auch vom **Guschakopf** (751 m, 45 Min.) westlich über dem Eingang der Taminaschlucht.

Südwestlich von Ragaz ragt der mächtige, 2848 m hohe Pizol auf. Das gute Skigebiet gipfelt bei der modernen, gemütlichen **Pizolhütte** (2227 m), die von Bad Ragaz mit der Gondel nach Pardiel (1630 m), dem Sessellift zu den Laufböden (2226 m) und einem Verbindungslift zu erreichen ist. Von Wangs aus führen eine Gondelbahn bis Furt und dann zwei Sessellifte hinauf. Unter den vielen schönen Wandermöglichkeiten ragen die **Fünf-Seen-Tour** durch die Wildseelücke (4.30 Std.) und die Überschreitung des Pizols nach Vättis (5 – 6 Std.; s. u.) heraus. Ein großer Spaß im Winter ist die 7 km lange **Schlittelbahn** von Furt nach Wangs hinunter. ***Pizol**

Wo das Rheintal in einer großen Weitung auf das Tal der zum Zürichsee fließenden Seez trifft, thront das **Schloss Sargans**. Der 1282 erwähnte, im 15. Jh. erneuerte trutzige Bau war bis 1798 Sitz der eidgenössischen Landvögte. Im Bergfried – mit schönem Restaurant – stellt das Museum Sarganserland Land und Leute vor. Die winzige **Altstadt** von Sargans (5500 Einw.) wurde 1811 durch einen Brand fast völlig zerstört; aus dem 19. Jh. stammen das Rathaus (»Gallatihaus«) und das Broderhaus. Die Kirche **St. Oswald** wurde bis 1708 erbaut, möglicherweise nach Plänen des berühmten Kaspar Moosbrugger. In geraden Jahren zu Ende August swingt Sargans beim **Jazzfest**. Das **Gonzenbergwerk**, in dem bis 1966 Eisenerz geschürft **Sargans**

Bad Ragaz & Bündner Herrschaft erleben

AUSKUNFT
Heidiland Tourismus
Am Platz 1, 7310 Bad Ragaz
Tel. 081 300 40 20, www.badragaz.ch
Infostelle: Raststätte Heidiland, A 13
bei Bad Ragaz, Tel. 081 300 40 23

ESSEN
▶ Baedeker Tipp S. 186

ÜBERNACHTEN
Rössli ⊙⊙–⊙⊙⊙
Bad Ragaz, Freihofweg 3
Tel. 081 302 32 32
www.roessliragaz. ch
Wohltuend geradlinig-modern gestalte-

tes Haus in Ortsmitte. Ebenso moderne, hochklassige Küche, großartige Weinkarte (So./Mo. geschl.).

Parkhotel ⊙⊙
Bad Ragaz, Florastr. 7
Tel. 081 302 22 44
www.parkhotel-badragaz.ch
Kleineres, gemütliches Haus, idyllisch in einem romantischen Park gelegen.

Tamina ⊙
Vättis, Tel. 081 306 11 73
www.tamina-hotel.ch
Traditionsreiches familiäres Hotel im abgeschiedenen Tamina-Tal.

**Wahrzeichen von Sargans:
das Schloss vor dem Gonzen**

wurde, ist zu besichtigen. Sehenswert sind auch die Kapellen St. Sebastian auf Splee (1502) und St. Maria (1684) in Vild. Von Vild ist der **Gonzen** (1830 m) zu besteigen, ein einzigartiger Aussichtsbalkon über Rhein- und Seetal. Die Bergtour über die »Gonzenleitern« (ca. 2.30 Std.) setzt Schwindelfreiheit voraus; vom Berghaus Gonzen ist es eine leichte Wanderung (1 Std.). Nordwestlich des Gonzen breitet sich unter dem 2343 m hohen **Alvier** (gespr. alf_ier_) die weite Alp Palfris (gespr. palfr_ies_) aus; schöne Wanderung zum Berggasthaus Sennisalp. Über Oberschan kann man auf schmaler Bergstraße zur Alp Palfris fahren (Gasthaus). Der Aufstieg auf den Alvier (2 Std.) wird mit einem herrlichen Ausblick belohnt.

Schloss: April – Okt. 10.00 – 12.00, 13.30 – 17.30 Uhr, Eintritt 6 CHF, Restaurant März bis ca. 22 Dez. geöffnet

Gonzen-Bergwerk: Führungen März – Mitte Dez., Anmeldung unter Tel. 081 723 12 17 erforderlich, Eintritt 30 CHF

TAMINATAL

Bad Pfäfers   Von Bad Ragaz führt eine Privatstraße (4 km; Mai – Mitte Okt. »Schluchtenbus« vom Bahnhof) an der steingrauen Tamina zwischen fast 250 m hoch aufragenden Felswänden hinauf nach Bad Pfäfers (685 m, nicht mit Pfäfers verwechseln). In dem seit dem Mittelalter bekannten Heilbad, das von den Mönchen des Klosters betrieben wurde, wirkte schon Paracelsus. Im Badehaus (1716) wird seine Geschichte illustriert; in den Repräsentationsräumen der Fürstäbte finden Konzerte statt. Vom dort geht man hinunter in die ***Taminaschlucht**, in der die 36,6 °C warme Hauptquelle entspringt. Im 14. Jh. hat man Badehäuschen in die Schlucht geklemmt, erst 1630 wurde eine hölzerne Leitung zu einem Badehaus außerhalb der Schlucht gebaut; 1969 wurde der Betrieb eingestellt. Westlich oberhalb der Straße nach Bad Pfäfers führt eine Straße 6 km nach **Bad Valens** (915 m) mit Kurhotels, renommiertem Reha-Zentrum und einem Thermalbad, das auch das Wasser aus der Taminaschlucht nützt.

Oberhalb von Wartenstein (▶S. 186) liegt das Dorf Pfäfers (822 m, **Pfäfers**
1500 Einw.) mit der psychiatrischen Klinik St. Pirminsberg. Sie ist in
dem Benediktinerkloster (1677) ansässig, das um 740 – der Legende
nach durch den fränkischen Bischof Pirmin – gegründet wurde und
bis ins 16. Jh. hochbedeutend war (»Liber Aureus«, im Stiftsarchiv
St. Gallen). Das zugehörige Kulturzentrum veranstaltet interessante
Ausstellungen. Ein sehr schönes Zeugnis des Vorarlberger Barocks
ist die **Klosterkirche* (1694): Weißer Stuck, schwarzer Marmor und
goldener Zierat verbinden sich zu maßvoller Pracht. Nicht auslassen
darf man den Ausflug zum **Pizalun* (1478 m), den man von St. Margrethenberg auf einem bequemen Spaziergang durch das Hochtal
erreicht (hin und zurück ca. 1.45 Std.): grandioser Blick ins Rheintal
und den Prättigau, das Tal der Landquart. In der ab 1939 erbauten
Festung Furggels bei St. Margrethenberg, einer der größten des
Landes, kann man die »wehrhafte Schweiz« erleben.
Festung Furggels: Führungen Mitte März – Mitte Dez. Sa./So, Anmeldung
48 Std. vorher unter Tel. 081 250 04 04 erforderlich, Eintritt 15 CHF

Das Taminatal verläuft von Valens weiter nach Süden entlang der **Vättis**
mächtigen Barriere des **Calanda**. Das stattliche Vättis (951 m) liegt
schön am Fuß des Haldensteiner Calanda (2806 m), der fast 2000 m
über den Talboden aufragt. Im engen **Calfeisental* erreicht man
über die Staumauer des Gigerwaldsees das Walserdorf **St. Martin**
(1350 m, Kapelle von 1312, Gasthaus; www.sankt-martin.ch). Am
Ringelspitz südlich ist die Trennschicht der Glarner Hauptüberschiebung (▶Glarnerland) deutlich erkennbar. Herrliche Wanderrouten
von St. Martin aus: zu Sardonahütte (2158 m, 3 Std.); über den Heu-
bützli- und den Foopass nach Elm im Sernftal (▶Glarnerland; anspruchsvoll, 9 Std.) oder über den Heidelpass (2387 m) nach **Weiss-
tannen** (6 Std.; Bus nach Mels). Schön ist auch die Wanderung von
Vättis über den **Kunkelspass** ins bündnerische Tamins (6 Std.).

BÜNDNER HERRSCHAFT

Östlich des Rheins steigen unter den markanten Pyramiden von
Falknis (2562 m) und Vilan (2376 m) die Weinberge von **Maienfeld,
Jenins und Malans** sanft an. Angebaut wird hier zu 80 % Blauburgunder, den Rest teilen sich moderne Sorten und alte lokale Spezialitäten wie Completer und Freisamer; stabile Herbstwetterlagen und
Föhn verhelfen den Trauben zur Reife. Zwischen Fläsch und Malans
verlaufen in verschiedenen Höhen viele schöne Spazierwege.

Maienfeld (525 m, 2600 Einw.) ist ein hübsches Städtchen mit alten **Maienfeld**
Herrenhäusern. Das dominierende **Schloss Brandis** wurde um 1100
erbaut (schönes Restaurant). Das **Schloss Salenegg**, das auf eine

1000-jährige Geschichte zurückblickt, ist seit langem Weingut; zu bestaunen ist hier ein riesiger Torkel aus dem 17. Jh. Die Rolle, die Maienfeld in Johanna Spyris Heidi-Romanen spielt, wird natürlich genützt; zum **Heidihaus** führt über Rofels der Kleine Heidiweg, von dort der Große Heidiweg zur »original« **Heidialp** auf dem Ochsenberg (1111 m; gesamt ca. 5 Std.). Die Wanderung ist in der Tat schön, auch ohne den Heidi-Zinnober. Auch die anstrengende Tour auf den **Falknis** (2562 m, 5.30 Std.) lohnt; leichter zu bewerkstelligen ist sie von der Bergstation der Älpli-Bahn aus (4 Std.; s. u.).

Heidihaus: 15. März – 15. Nov. 10.00 – 17.00 Uhr, Eintritt Erw. 7, Kind 3 CHF

Jenins Von Jenins führt das Sträßchen unter den Burgruinen Aspermont, Wyneck und Klingenhorn vorbei zur Talstation der Gondelbahn zum **Älpli** (1802 m) mit Aussicht und Restaurant. In 2 Std. steigt man von hier zum **Vilan** (2376 m) auf – grandioser Ausblick! **Malans** (566 m), ein hübscher Weinort mit stattlichen Bürgerhäusern aus dem 17. Jh.s, wird von der Burg Bothmar (16./18. Jh.) überragt.

** **Basel**

C 11

Kanton: Basel-Stadt
Höhe: 265 – 282 m ü. d. M.

Einwohner:
165 000

Die Wirtschaftsmetropole im Dreiländereck am Rhein ist eine Reise wert: mit stimmungsvoller Altstadt, hochkarätiger Kulturszene, weltberühmten Museen, der Fasnacht und einer lebhaften, im Sommer »italienischen« Atmosphäre.

Basel ist anders: Das meinen nicht nur die Basler, sondern auch die – wie die Basler sagen – »Restschweizer«, wobei das positiv wie negativ gemeint ist. Jedenfalls weist Basel einige Besonderheiten auf: Die drittgrößte Stadt der Schweiz, zwischen Jura und Schwarzwald am Rheinknie gelegen, ist zugleich ihr kleinster Kanton (1833 hat sich Basel-Land abgelöst), sie grenzt an Deutschland und Frankreich (die mit Tram und Bus zu erreichen sind), sie ist ebenso weltoffen und fortschrittlich wie überschaubar und traditionsbewusst.

Wirtschafts-
metropole
am Rhein
Die Lage an einem wichtigen Flussübergang machte Basel früh zu einem bedeutenden Handelsplatz; bereits 1471 erhielt es das kaiserliche Privileg, zwei Messen im Jahr abhalten zu dürfen. Heute dienen dem Warenumschlag zwei große Bahnhöfe und der Rheinhafen in Kleinhüningen, über den 15 % des Schweizer Außenhandels abgewickelt werden; im Elsass liegt der EuroAirport Basel-Mulhouse-Freiburg. Zwei weltweit tätige Speditionen, Danzas und Panalpina,

Der Rhein, die Lebensader Basels, überragt vom Münster in der Altstadt

sind in Basel ansässig. Außer chemisch-pharmazeutischer Industrie von Weltgeltung (Novartis, Roche) sind Maschinenbau, Elektrotechnik, Textil- und Nahrungsmittelindustrie bedeutend; zahlreiche Banken und Versicherungen haben hier ihren Sitz, so auch die Bank für Internationalen Zahlungsausgleich. Die älteste Universität des Landes, internationale Forschungsinstitute, eine multikulturelle Bevölkerung mit 30 % Ausländern und die Zusammenarbeit über die Grenzen hinweg (Regio TriRhena) sind weitere Faktoren für eine lebendige, zukunftsorientierte Atmosphäre.

Die frühesten Spuren keltischer Besiedlung (ca. 100 v. Chr.) fand man im Quartier St. Johann; um 50 v. Chr. bestand auf dem heutigen Münsterhügel ein keltisches Oppidum. Durch die Nachbarschaft zu der 44 v. Chr. gegründeten Kolonie Augusta Raurica (▶ S. 212) entwickelte sich um 20 v. Chr. eine römische Militärstation, die erstmals 374 n. Chr. unter dem Namen Basilia (»Königsburg«) erwähnt wird. Als Bischofssitz ist Basel seit ca. 740 bezeugt. In der ersten Hälfte des 10. Jh.s kam Basel zum Königreich Burgund, 1033 an das Deutsche Reich. 1348 wütete hier die Pest, der man mit einem Judenpogrom Herr zu werden suchte, 1356 wurde die Stadt durch ein Erdbeben zerstört. Von 1431 bis 1448 fand ein Konzil statt, auf dem sogar ein Gegenpapst gewählt wurde; in Folge des Konzils wurde 1460 die Universität gegründet, und Basel entwickelte sich zur Druck- und Verlagsstadt. Lange Kämpfe mit dem Haus Habsburg endeten 1501 mit dem Beitritt zur Eidgenossenschaft. 1529 nahm die Stadt die Reformation an, und der Fürstbischof ging ins Exil nach Pruntrut (seit 1828 ist Solothurn Bischofssitz). Durch Erasmus von Rotterdam, der 1521 – 1529 und ab 1535 in Basel lebte, wurde die Universität zum

Kleine Geschichte Basels

Basel

Rheinhafen St.-Johanns-park

Schiffsstation Basel–Rotterdam

↑ *Freiburg i. Br.*

200 m

©BAEDEKER

Oetlingerstrasse

Matthäus-kirche

Messe Basel

Messe-platz

Messe-turm

Rosental-anlage

Sportplatz Landhof

Kongress-zentrum

Clara-matte

Clara-kirche

Kaserne

Museum Kleines Klingental

↑ *Flughafen Basel-Mulhouse*

Frauen-spital

Prediger-kirche

Universitäts-spital

Universitäts-bibliothek

Peters-kirche

Stadthaus

Martins-kirche

St.-Theodor-Kirche

Grenzacherstrasse

↑ *Belfort*

Botan. Garten Spalentor

Universität

Pharmazie-historisches Museum

Rathaus

Naturhist. Museum

Museum der Kulturen

Münster

Museum für Gestaltung

Jüd. Museum

Feuerwehr-Mus.

Leonhards-kirche

Synagoge

Musikinstr.-Sammlung

Histor. Museum

Antiken-museum

Casino

Tinguely-Brunnen

Kunst-museum

Kunsthalle

St. Marien

Komödie

Stadt-theater

Elisabethen-kirche

Schauspiel-haus

Haus zum Kirschgarten

Karikatur und Cartoon Museum

Museum für Gegenwarts-kunst

Basler Papiermühle

St.-Alban Tor

Rhein ←

St.-Alban-Fähre

Bahnhof BTB

Hallenbad

Zoologischer Garten

Gross-markt-halle

Elisabethen-schanze

SNCF

BIZ

Bahnhof SBB

Rosenfeld-park

Christoph-Merian-Park

↓ *Laufen*

Essen
1. Quatre Saisons im Hotel Europe
2. Stucki
3. Charon
4. Löwenzorn
5. Rhyschänzli

Übernachten
1. Drei Könige
2. Der Teufelho[f]
3. Krafft
4. Au Violon

Basel erleben

AUSKUNFT

Basel Tourismus
Stadtcasino Barfüsserplatz, 4010 Basel
Tel. 061 268 68 68
www.basel.com, www.visitbasel.ch
www.bs.ch, www.mybasel.ch

VERKEHR

Vom EuroAirport fahren Busse der Linie 50 zum Bahnhof SBB. In der Stadt verkehren Tram und Busse der Basler Verkehrs-Betriebe (BVB, Kundenzentrum Barfüsserplatz 24), ins Umland der Baselland Transport AG (BLT). Die Basler Personenschifffahrt (Schalter an der Schifflände/Mittlere Brücke) bedient die Strecke Rheinhafen Basel – Rheinfelden.

VERGÜNSTIGUNGEN

BaselCard (1 – 3 Tage, 20 – 35 Fr.) umfasst Eintritt für einige Museen, Zoo und Augusta Raurica sowie Schiffsfahrten und diverse Rabatte. Das Mobility Ticket (gratis für jeden Logiergast) gewährt freie Benützung des ÖPNV in Basel und Umgebung (Zonen 10, 11, 13, 15, Euro-Airport). In vielen Museen ist am 1. So. des Monats der Eintritt frei. Zu empfehlen ist der Oberrheinische Museumspass (www.museumspass.com).

FESTE & EVENTS

Vogel Gryff: Am 13., 20. oder 27. Jan. tanzen Vogel Gryff, Leu und Wilder Mann unter Trommelklang auf einem Floß und durch Kleinbasel. Fasnacht: Vom Mo. nach (!) Aschermittwoch 4 Uhr morgens (»Morgestraich«) bis Do. 4 Uhr morgens (»Endstraich«). Ihre besondere Atmosphäre bestimmen »Cliquen« (Trommler und Pfeifer) und »Guggenmusiken«, »Cortèges« und Bänkelsän-

ger. Feuerwerk zum Nationalfeiertag am 31.7. (!). Herbstmesse: Nicht nur Warenmesse (Messegelände), sondern auch Jahrmarkt und Rummel in der Innenstadt (Beginn am letzten Okt.-Sa., 16 Tage). Weihnachtsmarkt auf dem Barfüsserplatz. Messen ▶ S. 209. Veranstaltungstermine im kostenlosen »Basel Live«.

SHOPPING

Die Großbasler Alt- und Innenstadt und die Gegend um den Kleinbasler Claraplatz sind reich an schönen, edlen Läden. Märkte: Marktplatz (Viktualien), Mo. – Sa.; Petersplatz (Trödel), Sa.; Barfüsserplatz (»Barfimärt«), Do.; Barfüsserplatz (Trödel), 2.+4. Mi. im Monat.

ESSEN

❶ *Quatre Saisons* ❸❸❸–❸❸❸❸
Basel, Clarastr. 43, www.balehotels.ch
Tel. 061 690 87 20, So. geschl.
Exquisite Küche im Hotel Europe von der zuverlässigen Crew um Chef Peter Moser. Ob Entenlebertorte mit Birne und Kakao oder Langustine und Curcuma-Crevette mit Zitronenverbene, die Karte glänzt mit immer neuen Ideen. Hotel mit 155 sehr schicken Zimmern.

❷ *Stucki* ❸❸❸–❸❸❸❸
Basel, Bruderholzallee 42
Tel. 061 361 82 22, So./Mo. geschl.
(nicht während der großen Messen)
www.stuckibasel.ch
Der legendäre Hans Stucki hat in Tanja Grandits eine würdige Nachfolgerin gefunden, die Vertrautes mit Exotischem so gekonnt wie überraschend kombiniert (z. B. Hirsch in Lavendel-Lack mit Mohnbrioche und Heidelbeer-Schwarzwurzeln). Elegantes Ambiente.

❸ *Charon* ❸❸–❸❸❸
Basel, Schützengraben 62
Tel. 061 261 99 80, Mai – Sept. Sa./So.,
Okt. – April Sa.mittag/So./Mo. geschl.
Schönes Jugendstil-»Bistro« mit franzö-
sisch angehauchter Küche, besonders
Fisch und Meeresfrüchte.

❹ *Löwenzorn* ❸❸
Basel, Gemsberg 2/4, Tel. 061 261 42
13, tgl. geöffnet, www.loewenzorn.ch
Aus drei mittelalterlichen Anwesen ent-
stand im Lauf der Zeit ein gediegenes
Wirtshaus, Stammlokal von Zünften,
mit Basels romantischstem Wirtsgarten.
Gutbürgerliche Küche.

❺ *Rhyschänzli* ❸❸
Basel, Elsässerstr. 17, Tel. 061 272 23 23
In der schön getäfelten Wirtsstube ge-
nießt man bestes Fondue und andere
Rezepte Schweizer Regionen. Gemütlich
und beliebt, tgl. ab 18 Uhr geöffnet.

Wirtshaus zur Säge ❸❸–❸❸❸
Flüh, Steinrain 5 (▶S. 215), Tel. 061 731
15 77, Sa.mittag/Mo./Di. geschl.
Heimeliges, unprätentiöses Restaurant,
fast noch ein »Wirtshaus«. Kleine Karte
mit ungewöhnlich variierten Klassikern.

Landgasthof Klus ❸❸
Aesch, Klusstrasse 178 (▶S. 214)
Tel. 061 751 77 33, Mo./Di geschl.
www.landgasthofklus.ch
Gediegene Wirtschaft der bekannten
Domaine Nussbaumer (gute Weine und
Schnäpse). Jahreszeitengemäße Küche.
Terrasse in schöner Umgebung.

ÜBERNACHTEN
Während der Messen sind die Hotelpreise meist ca. 50 % höher, außerdem
muss man früh reservieren.

❶ *Drei Könige* ❸❸❸❸
Basel, Blumenrain 8, Tel. 061 260 50 50
www.lestroisrois.com
Traditionsreichstes Hotel der Stadt, dessen Geschichte bis ins 11. Jh. zurückgeht
und das schon Könige und andere VIPs
gesehen hat. Zimmer in klassischer Eleganz oder im Art déco, die Hälfte hat
Blick auf den Rhein. Zauberhafte Terrassen am Fluss. Das Restaurant Cheval
Blanc gehört zu den besten des Landes
(Reservierung Tel. 61 260 50 07). Nicht
ganz so teuer ist's in der Brasserie.

❷ *Der Teufelhof* ❸❸–❸❸❸❸
Basel, Leonhardsgraben 49
Tel. 061 261 10 10, www.teufelhof.com
Fünf alte Häuser mutierten zum »Kultur-
und Gasthaus« mit Kunst- und Galerie-
hotel, Theater, zwei Restaurants (besonders schön das Bel Etage, schlicht und
preiswerter das Atelier), Café, Vinothek
und einen lauschigen Garten.

❸ *Krafft* ❸❸❸–❸❸❸❸
Basel, Rheingasse 12, Tel. 061 690 91 30
http://krafftbasel.ch
Gediegenes Haus am Kleinbasler Ufer mit
großartigem Panorama und herrlicher
Terrasse am Rhein. Wohltuend schlichte
Zimmer zum Fluss (teils mit Balkon) oder
zur Stadt. Stilvolles Restaurant mit einfallsreicher Küche, nicht überteuert (bemerkenswert preiswerte Mittagskarte).

❹ *Au Violon* ❸–❸❸
Basel, Im Lohnhof 4
Tel. 061 269 87 11, www.au-violon.com
Das Kloster aus dem 14. Jh. wurde 1835
zum Gefängnis und 1995 zum liebevoll
gestalteten Hotel. Gepflegt und preiswert, daher früh buchen. Zum Haus gehört eine hübsche Brasserie mit schönem
Wirtsgarten (So. geschl.).

Zentrum des Humanismus; sie war auch später für hervorragende Gelehrte berühmt: 1526 – 1528 arbeitete hier der Arzt Paracelsus, im 17./18. Jh. lehrten die Mathematiker Jakob und Johann Bernoulli, 1858 bis 1893 der Kultur- und Kunsthistoriker Jakob Burckhardt, 1869 bis 1879 der Altphilologe und Philosoph Friedrich Nietzsche. In der bildenden Kunst sind besonders Hans Holbein d. J., der zwischen 1514 und 1531 in Basel lebte, der Vedutenstecher Matthäus Merian (*1593 in Basel) und der Maler Arnold Böcklin (*1827 in Basel) zu nennen.

! **BAEDEKER TIPP**

Basel »erfahren«

Veritable Stadtrundfahrten sind die Tour mit Bus 36 von der Schiffslände nach Kleinhüningen (zurück mit Tram 8) sowie die Tramlinien 15 und 16 durch die Innenstadt, die zweimal den Rhein überqueren. Oder entdecken Sie Basel gemütlich mit der Oldtimer-Tram vom SBB-Bahnhof aus (So. 10.30 und 11.30 Uhr, zu buchen bei Basel Tourismus). Ein großer Spaß ist die Fahrt mit einer der vier Gierseil-Fähren über den Rhein.

Stadtteile

Großbasel mit der Altstadt und den meisten Dienstleistungsfirmen liegt auf dem höheren linken, Kleinbasel mit Industrie und Messe am niedrigeren rechten Flussufer (der Rhein bildet bis heute eine Art »Demarkationslinie«). Die Mittlere Brücke verbindet die Zentren in Groß- und Kleinbasel; von ihr hat man einen schönen Blick auf das Münster. Stromaufwärts liegen die nach dem Bürgermeister des 17. Jh.s benannte Wettsteinbrücke, die dem Durchgangsverkehr dienende Schwarzwaldbrücke und die Eisenbahnbrücke, stromabwärts die Johanniter- und die Dreirosenbrücke.

VOM MARKTPLATZ ZUM MÜNSTER

*Rathaus

Der Marktplatz wird vom repräsentativen Rathaus beherrscht, einer »Orgie in Rot«. Den Mittelteil mit den Arkaden erbaute wohl Ruman Faesch 1504 – 1521 in burgundischer Spätgotik; bis 1608 wurde die Vordere Kanzlei angefügt, an der Marktfront kamen 1898 – 1904 der linke Trakt mit dem Erker und rechts der Turm hinzu. Die Uhr ist ein Werk des Meisters Wilhelm (1512). Die Fassadenbilder (1611) stammen von Hans Bock d. Ä.; seine Wandbilder im **Hof** wurden, da nicht restaurierbar, 1902 in seinem Stil übermalt. Die Figur am Fuß der Freitreppe (von dem Straßburger Bildhauer Hans Michel, 1574), stellt Munatius Plancus dar, den Gründer von Augst und Basel. Der **Regierungsratssaal** mit seiner eindrucksvollen Holztäfelung und der **Großratssaal** (u. a. 15 Wappenscheiben der Schweizer Kantone) sind in Führungen zugänglich. Gegenüber dem Rathaus residiert die **Confiserie Schiesser**, die klassische Basler Konditorei.

Führungen: Do. 18.00 Uhr ohne Anmeldung; durch Basel Tourismus: April bis Anf. Nov. Di./Sa. 15.30/16.30 Uhr, Anf. Nov.–März nur Sa., Eintritt 5 CHF

Durch die **Eisengasse** gelangt man zur Schifflände und zur **Mittleren Brücke** (1905); hier stand ab 1226 die erste Basler Brücke, jahrhundertelang die einzige auf viele Kilometer flussabwärts. Auf der Brücke steht das **Käppelijoch** von 1478 (Kopie), von der Kindsmörderinnen und Ehebrecherinnen gefesselt in den Rhein geworfen wurden. Am Haus Schifflände 1 streckt der **Lällekönig** den Kleinbaslern die Zunge heraus (das Original vom 1839 abgerissenen Rheintor ist in der Barfüsserkirche zu sehen). Am Blumenrain liegt das Luxushotel **Drei Könige**, dessen Vorgänger u. a. Kaiser Konrad II. und dessen Sohn, Kaiser Heinrich III., beherbergte.

Rheinsprung und Augustinergasse

Mittelalterliche Fachwerkhäuser umgeben die **Martinskirche** (um 1287, Chor 1398), die älteste Pfarrkirche Basels. Steil geht es den »Rheinsprung«, an dem links (Nr. 11) das Kollegiengebäude der alten Universität steht, zum Münsterhügel hinauf. Zwischen Rheinsprung und Martinsgasse erhebt sich der prächtige Komplex von **Blauem und Weißem Haus**, der 1763–1770 für den Seidenband-Fabrikanten Sarasin erbaut wurde. Das Ende des Rheinsprungs markiert der Augustinerbrunnen (um 1530), einer der vielen Basiliskenbrunnen der Stadt; der **Basilisk**, der Halter des Stadtwappens, ist vielfältig anzutreffen. Die Augustinergasse wird von einem spätklassizistischen Gebäude mit zwei interessanten Museen beherrscht. Highlight des **Naturhistorischen Museums** ist die 2–3 Mio. Exemplare große Käfersammlung des bayerischen Lodenfabrikanten Dr. Georg Frey (1902–1976). Vom Münsterplatz zugänglich ist das **Museum der Kulturen**, das über großartige Sammlungen v. a. zu Tibet, Afrika, Mittelamerika und der Südsee verfügt, außerdem zur Schweizer Volkskunde. Den Erweiterungbau (2011) mit seinem »gefalteten« Dach entwarfen die berühmten Basler Architekten Herzog & de Meuron. Für ein Päuschen sind das Museumsbistro (der alte »Rollerhof«) oder das »Isaak« gegenüber dem Münster zu empfehlen.

Markt am roten Rathaus

Naturhistorisches Museum / Museum der Kulturen: Di.–So. 10.00 bis 17.00 Uhr, Eintritt 7 / 16 CHF

Die Freie Straße, die eleganteste Einkaufsstraße Basels, wurde Mitte des 19. Jh.s gestaltet. An das Rathaus schließt sich das **Geltenzunft-haus** der Weinleute an (1233, Renaissance-Fassade 1578). Ein herr-licher Palazzo von Ende des 19. Jh.s ist Nr. 23 (einst Kaufhaus Fügli-staller). Nr. 25, die **Zunft zum Schlüssel** (R. Faesch, 1488), wurde 1733 barockisiert und beherbergt das gleichnamige Restaurant mit schönem Zunftsaal und Innenhof. Hinter der neogotischen Haupt-post (1880) folgt das Haus der **Zunft zu Hausgenossen** (Nr. 34) mit schönen Sgraffiti von 1894.

Freie Straße

✴ MÜNSTER

Auf dem Münsterhügel beherrscht das **Münster** aus rotem Vogesen-sandstein mit buntem Dach und schlankem Turmpaar das Stadtbild. Wo sich das römische Lager befand, dehnt sich der **Münsterplatz** aus, eine großartige Anlage aus dem 18. Jh.; in Haus Nr. 4 hat die Stiftung des Basler Dirigenten und Mäzens Paul Sacher (1906 – 1999) ihren Sitz, eine weltberühmte Institution für die Musik des 20. Jh.s.

Münsterplatz

Die ältesten, romanischen Teile des Münsters stammen von Bauten des 9. – 13. Jh.s. Die 1019 geweihte, von Kaiser Heinrich II. gestiftete **Bischofskirche** wurde nach dem Erdbeben 1356 von Johannes Parler

Ein wenig Geschichte

Highlights Basel

▶ **Altstadtbummel**
Zauberhafte Gassen und lauschige Winkel zwischen Petersgraben, Stei-nengraben und St.-Alban-Vorstadt.
Seite 204 – 206

▶ **Kunst**
Weltbekannt sind die Sammlungen der Fondation Beyeler, des Kunstmu-seums und des Museums Tinguely. Architekturfans besuchen das Vitra Design Museum in Weil am Rhein.
Seite 202, 209, 210, 211

▶ **Münster**
Ein Werk der großen Baumeister Jo-hannes Parler und Ulrich von Ensin-gen. Die Galluspforte gilt als bedeu-tendste romanische Bauskulptur der Schweiz.
oben

▶ **Ein Bad im Rhein**
Im Sommer ein beliebter Spaß
Seite 208

▶ **Zolli**
Für Groß und Klein hat der Zoo viel Interessantes zu bieten.
Seite 207

▶ **Fasnacht**
Die frühmorgendliche Attraktion in der ungemütlichen Jahreszeit mit »Cliquen« und Mehlsuppenessen.
Seite 193, 200

teils im alten Stil, teils gotisch erneuert; beim Bildersturm der Reformation 1529 wurden der Hochaltar und ein großer Teil der Ausstattung zerstört. Der berühmte **Münsterschatz** blieb, da gut versteckt, verschont, bei der Kantonsteilung 1833 wurde der Anteil von Basel-Land jedoch verkauft, so dass ein Teil sich im Historischen Museum zu Basel befindet und der Rest in aller Welt verstreut ist.

Westfassade Die Westfassade gehört bis auf das Untergeschoss des Georgsturms (Ende des 11. Jh.s) der gotischen Bauperiode an. Der 64,2 m hohe **Georgsturm** wurde bis 1429 von dem berühmten Baumeister Ulrich von Ensingen (Ulmer Münster, Straßburger Münster) wieder aufgebaut, der südliche, 62,7 m hohe **Martinsturm** von dem ebenfalls bedeutenden Hans von Nussdorf bis 1500 (Türme zugänglich während der Münster-Öffnungszeiten, Minimum zwei Personen).

Die Galluspforte

Samstags um 17 Uhr bläst der Posaunenchor vom Georgsturm zur Vesper. Die Bogenläufe über dem **Hauptportal** zeigen von außen nach innen Propheten, Rosen und tanzende Engel. Rechts des Portals steht der »Fürst der Welt« (um 1280), der mit einer der törichten Jungfrauen tändelt; während sie ihr Kleid öffnet, zeigt in seinem Rücken giftiges Gewürm das drohende Verderben an. Links der Stifter, Heinrich II., mit dem Münstermodell und Kaiserin Kunigunde, weiter außen die heiligen Reiter St. Georg (links) und St. Martin (rechts), über Letzterem eine mechanische und eine Sonnenuhr. Am **Giebel** des Mittelschiffs ist ebenfalls das Stifterpaar zu sehen und über ihnen die Kirchenpatronin Maria mit dem Jesuskind.

Gallus- Die Galluspforte am nördlichen Querhaus (um 1180) ist eines der **pforte ältesten Figurenportale im deutschsprachigen Raum und gilt als **bedeutendste romanische Bauskulptur der Schweiz**. Ihre Figuren zeigen noch archaische Strenge, verlassen aber schon die Starrheit der frühen Romanik. Zu Seiten des Tors stehen je zwei Evangelisten, weiter außen werden Werke der Barmherzigkeit dargestellt; darüber links Johannes der Täufer mit dem Lamm Gottes, rechts Johannes der Evangelist. Über ihnen rufen Engel mit Posaunen die Toten zum Jüngsten Gericht. Das **Giebelfeld** zeigt die klugen und die törichten Jungfrauen, darüber thronend Christus als Weltenrichter zwischen Petrus und Paulus, die ihm die Kirchenstifterin und den Bildhauer anempfehlen. Das große **Rundfenster** stellt ein Glücksrad dar (das hölzerne Original, um 1220, ist im Museum Klingental zu sehen).

Von der »Pfalz«, der über dem Rhein gelegenen Terrasse, hat man einen schönen Blick auf Kleinbasel und den Schwarzwald, aber auch auf den im Unterbau romanischen Chor. Die im Boden eingelassenen Linien markieren den Grundriss einer Außenkrypta des 9. Jh.s. | Pfalz Chorpartie

Der schlichte, 65 m lange und 32,5 m breite spätromanische Kirchenraum ist fünfschiffig, wobei die äußeren Seitenschiffe ab dem 13. Jh. aus Grabkapellen entstanden. Unter dem erhöhten Chor mit Umgang liegt die Krypta. Der als Orgelempore dienende gotische **Lettner** trennte bis 1852 den Chor vom Langhaus. An Bauplastik sind die romanischen Säulenkapitelle in Langhaus und Chorumgang zu beachten. Die höchst kunstvolle gotische **Kanzel**, die wie aus Holz geschnitzt wirkt, schuf Hans von Nussdorf 1486. Vor ihr ist im Boden ein Drachenmedaillon eingelassen (um 1170). Im äußeren nördlichen Seitenschiff findet man eine Reihe von Grabmälern, darunter das des 1536 in Basel verstorbenen Humanisten **Erasmus von Rotterdam**. Die Vincentius-Tafel mit acht dramatischen Szenen von Marter und Tod des hl. Vinzenz von Saragossa sowie die Aposteltafel im äußeren südlichen Seitenschiff entstanden um 1100, vielleicht beide vom selben Meister. Das **Chorgestühl**, das in Teilen am Eingang, in der Vierung und im Chor aufgestellt ist, stammt aus dem späten 14. Jh.; im nördlichen Chorumgang befindet sich der Sarkophag der Anna von Hohenberg († 1281), Gemahlin von König Rudolf von Habsburg, und ihres Söhnchens Karl († 1271). | Inneres

❶ Sommerzeit Mo. – Sa. 10.00 – 17.00, So. 11.30 – 17.00 Uhr; sonst kürzer

Die **Krypta** enthält Gräber von Basler Bischöfen des 10. – 13. Jh.s. Die romanischen Pfeilerfriese zeigen Fabel- und Jagdszenen, die Deckenfresken (um 1400) Szenen aus dem Leben Marias sowie den Viten des hl. Martin von Tours und der hl. Margarethe. Zu Seiten des ehemaligen Marienaltars lebensgroße Wandbilder (datiert 1202) von Bischöfen, links Lüthold, unter dem der spätromanische Bau vollendet wurde, rechts Adalbero, vielleicht der Urheber des 1019 geweihten Vorgängerbaus. Unter der Vierung liegen ein Lapidarium und die freigelegten Mauern einer Vorgängerkirche (9. Jh.). | *Krypta und Kreuzgang

Sehr reizvoll ist der im 15. Jh. unter Verwendung romanischer Teile erbaute doppelte **Kreuzgang** (Zugang von der Rittergasse) mit Grabmälern aus fünf Jahrhunderten, u. a. die des Bürgermeisters J. R. Wettstein († 1666) und des Mathematikers Jacob Bernoulli († 1705).

Basler Pfeiffer und Walliser Tschäggätä

Turbulente Tage brechen an, wenn am Ende des Winters bunte Narren-umzüge durch die Städte ziehen. Über 200 Orte feiern Fasnacht und locken damit viele Gäste an. Die berühmteste Fasnachtshochburg ist Basel, die gruseligste das Lötschental.

Ausnahmezustand in Basel: Die Fasnacht bringt nicht nur die halbe Stadt lange vor Morgengrauen auf die Beine, sondern auch ein internationales Publikum. Pechschwarze Nacht hüllt die Stadt ein, wenn um 3.55 Uhr alle Straßenlaternen verlöschen und um 4 Uhr der »Morgestraich« beginnt: »Cliquen«, Maskierte mit riesigen Laternen, streifen unter dem Gelärm von Trommeln und Piccoloflöten in einem wilden Zug durch die Gassen. Alles freut sich, nur ein paar schwarze Schafe stören die faszinierende Stimmung mit Blitzlicht-gewittern und fangen sich böse Blicke ein. Ab 13.30 Uhr wälzen sich die »Cortèges« durch Basel, zwei bunte Umzüge auf kreisförmigen Routen, in den sich die Masken-Gruppen frei nach Lust und Laune einreihen. Der Dienstag gehört den »Guggenmusiken« mit ihrer lärmigen, schrägen, oft südamerikanisch inspirierten Musik, der Mittwoch wieder den Masken. Exakt 72 Stunden nach dem Morgenstreich, am Donnerstag um 4.00 Uhr, ist mit dem »Ändstraich« alles vorbei.

Mit kirchlichem Segen

Was hinter dem Fasnachts-Mum-menschanz steckt, darüber streiten sich die Geister. Die am häufigsten erzählte und spannendste Geschichte geht so: In grauer Vorzeit pflegten die Heiden Winterdämo-nen mit Hilfe von Lärm und schauerlichen Masken zu vertreiben. Was heute zelebriert wird, habe seinen Kern also in uralten Bräuchen. Und in den entlegenen Alpentälern hielten sich so archaischen Sitten länger als anderswo. Aber so war es nicht, sagen Kulturwissenschaftler. Die meisten Narrenfeste seien weder heidnisch noch uralt, sondern hätten sich erst relativ spät (in der Schweiz im Spätmittelalter) und in Anlehnung an christliche Traditionen entwickelt. Mit dem Segen der katholischen Kirche durfte man vor Beginn der 40-tägigen vorösterlichen Fastenzeit noch einmal so richtig auf den Putz hauen und Narrenfreiheit genießen. Schweizer Reformatoren versuchten später zwar, dem »papistischen Treiben« einen Riegel vorzuschieben, doch nicht mit dauerhaftem Erfolg. Selbst Bern ergab sich der immer drängenderen Feierlust und zelebriert seit 1982 wieder Fasnacht. Im Lauf der Geschichte vermischten sich verschiedene Festelemente. So fügten sich Trommler und Pfeifer aus den militärischen Musterungstraditionen in die Basler Fasnacht ein. Luzern gilt als eine Hochburg der Guggenmusiken. Zürich lädt schwerpunktmäßig in noble Hallen zum »ZüriCarneval«. Zum Tessiner Karneval gehört ein

Risotto-Essen für alle unter freiem Himmel. Archaisch wird es in den Bergen: Wenn die Tschäggättä umgehen, ist das nichts für schwache Nerven. Ihre Heimat ist das Lötschental im Wallis. Junge Männer verwandeln sich in gehörnte Monster mit zotteligen Schaf- und Ziegenfellen, mit Stroh zu hünenhaften Gestalten aufgepolstert, mehr Tier als Mensch. Traditionell dürfen sie sich nur zwischen 12 Uhr Mittag und Betzeitläuten um 19 Uhr sehen lassen. Teils ziehen sie schweigend um die Häuser, teils mit voller Kraft Kuhschellen schwingend. Hatten einst junge Frauen allen Grund, vor den Tschäggättä zu flüchten, die auch für unmoralische Umtriebe standen, beschränken sich die wilden Kerle heute darauf, das vergnügte Publikum mit Schnee einzuseifen.

Narrenfreiheit

Man muss ein wenig auf den Terminkalender achtgeben, damit man das Beste nicht verpasst. Denn die Fasnachtstermine sind in der Schweiz keineswegs einheitlich. Schon ab Lichtmess (2. Februar) gehen die **Walliser Tschäggättä** um und tun das bis in die Nacht zum Aschermittwoch. Ganz klassisch beginnt in **Luzern** die Fasnacht am Schmutzigen Donnerstag. Das protestantische **Basel** feiert am Montag nach Aschermittwoch, und am Donnerstag nach Aschermittwoch greifen die **Zürcher** ins Geschehen ein. Wenn die Narrenkostüme sonstwo längst wieder eingemottet sind, geht's in **Ermatingen** am Bodensee erst richtig los: Drei Wochen vor Ostern steigt hier die Groppenfasnet mit einem bunten Umzug.

Von melancholisch bis lärmend und anarchisch: Basler »Morgestraich«

ZWISCHEN MÜNSTER UND STADTTHEATER

**Kunst-
museum
Vom Münster gelangt man durch die Rittergasse – vorbei an schönen Bürgerhäusern aus Barock und Rokoko – zum St.-Alban-Graben. Hier steht das Kunstmuseum Basel mit einer der bedeutendsten Gemäldesammlungen der Schweiz und einem sehenswerten Kupferstichkabinett (v. a. Veduten von Matthäus Merian d. Ä.). Vertreten sind die Renaissance von Konrad Witz über Mathias Grünewald, Niklaus Manuel gen. Deutsch und Lucas Cranach bis Holbein d. J. (weltgrößte Sammlung der Holbein-Familie), Künstler der Niederlande und vom Oberrhein des 15./16. Jh.s sowie das 19./20. Jh. (u. a. Gauguin, van Gogh, Corot, Corinth, Cézanne, Braque, Kokoschka, Picasso, Kandinsky, Léger, Chagall, Paul Klee, Juan Gris, Dalí, Max Ernst). Eine Klasse für sich sind die Gemälde des Baslers Arnold Böcklin (u.a. »Toteninsel«, älteste Fassung 1880) und von Ferdinand Hodler. 2016 soll der Erweiterungsbau fertiggestellt sein (Christ & Gantenbein, Basel). Die Bibliothek ist mit etwa 160 000 Titeln die größte Kunstbibliothek der Schweiz. Den »Giardino all'italiana« auf dem Picassoplatz schuf der Italiener Luciano Fabro.
❶ Di.–So. 10.00–17.00 Uhr, Eintritt 14 CHF

Antiken-
museum
Atemberaubend schön sind die Werke der ägyptischen, griechischen, italischen und römischen Antike im Antikenmuseum.
❶ St.-Alban-Graben 5, Di.–So. 10.00–17.00 Uhr, Eintritt 20 CHF

Kunsthalle
Freunde der zeitgenössischen Kunst lassen sich die Ausstellungen in der neobarocken Kunsthalle nicht entgehen. Im Obergeschoß dokumentiert das Architekturmuseum internationale und Schweizer Baugestaltung. Entspannen kann man dann im Kunsthalle-Restaurant mit dem gemütlichen »braunen« und dem gediegenen »weißen« Teil und schönem Garten.
❶ Steinenberg 7, beide Museen Di., Mi., Fr. 11.00–18.00, Do. 11.00–20.30, Sa./So. 11.00–17.00 Uhr, Kombikarte 10 CHF

Haus zum
Kirschgarten
An der Elisabethenstraße stehen die protestantische **Elisabethenkirche** (1865) – die als die bedeutendste neogotische Kirche der Schweiz gilt, gestiftet gegen den »Ungeist der Zeit« –, und eines der schönsten Basler Patrizierhäuser, das **Haus zum Kirschgarten** (1780). Als Teil des Historischen Museums demonstriert es Basler Wohnkultur im 18./19. Jh.; zu sehen sind auch Porzellan, Uhren, Silber und Spielzeug.
Haus zum Kirschgarten: Di.–Fr., So. 10.00–17.00, Sa. 13.00–17.00 Uhr, Eintritt 7 CHF (Eintritt für alle Häuser des Historischen Museums 18 CHF)

Stadttheater
Der moderne Bau (1975) an der Theaterstraße mit dem geschwungenen Dach ist das Stadttheater, eine der besten deutschsprachigen Bühnen mit den Sparten Schauspiel, Oper und Ballett. Auf dem Vor-

platz der originelle **Fasnachtsbrunnen** (1977) von Jean Tinguely mit quietschenden und klappernden Wasserspielen; sein wuchtiges Gegenstück ist die Stahlplastik »Intersection« (1992) von Richard Serra.

UM DEN BARFÜSSERPLATZ

Zentrum der südlichen Altstadt ist der Barfüsserplatz, einst als Schweinemarkt »Seibi« genannt, heute »Barfi«. Unter den vielen Bars und Cafés, dem bevorzugten Treff junger Leute, gibt es hier zwei Basler Institutionen, das Grand Café Huguenin und der »Braune Mutz«, im Erdgeschoß die »heilige« Bierhalle und oben das gepflegte Restaurant. Rest eines Bettelordensklosters ist die *Barfüsserkirche aus dem 14. Jh., in der das Historische Museum eine bedeutende kultur- und kunstgeschichtliche Sammlung zeigt. Glanzstücke der Sammlung sind der Münsterschatz, die Totentanz-Fragmente vom Predigerkirchfriedhof, spätgotische Bildteppiche, Kunsthandwerk, Schätze der Basler Zünfte und historische Interieurs. Den Platz der Konventsgebäude nimmt das **Stadtcasino** ein (Touristeninformation). Sein prächtiger Saal von 1876 mit hervorragender Akustik ist Zentrum des Basler Musiklebens. Gegenüber (Steinenvorstadt 1) sind im **Spielzeugwelten-Museum** u. a. über 2500 Teddybären, zu Szenen arrangiert, und wunderbare Puppenhäuser zu sehen.

Barfüsserplatz

Barfüsserkirche: Di. – So. 10.00 – 17.00 Uhr, Eintritt 12 CHF
Spielzeugwelten: tgl. 10.00 – 18.00 Uhr, Eintritt 7 CHF, Kinder gratis

Basler Kunstmuseum, mit einer Skulptur von Eduardo Chillida

Kleinstadtidylle im Spalengraben

St. Leonhard Westlich über dem Platz thront die **Leonhardskirche** (1480 – 1512), die als bedeutendste spätgotische Hallenkirche am Oberrhein gilt. Die Krypta stammt noch aus romanischer Zeit (um 1100). Innen ist außer der Kanzel (1720) und dem Taufbecken (15. Jh.) die **Orgel von J. Silbermann** (1718) interessant, die freitags 18.15 Uhr zu hören ist. Im Lohnhof, einst Teil des Klosters (später Polizei und Gefängnis), präsentiert das zum Historischen Museum Basel gehörende **Musik-museum** die größte Instrumentensammlung der Schweiz; einer der Schwerpunkte ist die Musik in Basel.
Musikmuseum: Mi. – Sa. 14.00 – 18.00, So. 11.00 – 17.00 Uhr, Eintritt 7 CHF

*Altstadt-gassen Am Leonhardskirchplatz beginnt der Heuberg, der zusammen mit Unterem Heuberg, Gemsberg und Nadelberg zu den malerischsten Gassen Basels gehört.

WESTLICHE ALTSTADT · SPALENVORSTADT

Fischmarkt Den Fischmarkt nordwestlich des Marktplatzes ziert der schöne **Fischmarktbrunnen** (um 1390, Becken 1851). Die Originalfiguren des Brunnenstocks werden in der Barfüsserkirche aufbewahrt.

Stadthaus Im klassizistischen Stadthaus (1775) hat die Bürgergemeinde ihren Sitz. Nebenan, über die Stufen des Totengässleins zu erreichen, gibt im »Haus zum Vorderen Sessel« (1316 erwähnt) das **Pharmaziehistorische Museum** der Universität Basel Einblick in die Geschichte der Heilmittel und ihrer Herstellung.
Pharmaziehistorisches Museum: Di.–Fr. 10.00 – 18.00, Sa. 10.00 – 17.00 Uhr, Eintritt 5 CHF, Kombikarte mit Anatomischem Museum 8 CHF

Totengässlein und Kellergasse führen hinauf zur schönen Peterskirche, die in den Beginn des 13. Jh.s zurückgeht (nach dem Erdbeben 1356 erneuert). Die Süd-Empore wurde 1686 eingezogen, die anderen im 19. Jh.; der Chor ist ein Rest das älteren Baus. Interessant sind die **Fresken** im Schiff und in der Eberler-Kapelle, die zwischen 1400 und 1500 entstanden und von vornehmen Bürgern aus der Nachbarschaft gestiftet wurden. Zu beachten sind auch die **Orgel von J. A. Silbermann** von 1770 und die **Epitaphe** berühmter Basler Bürger, darunter der beiden Mathematiker Johann Bernoulli (1667 – 1748) und Daniel Bernoulli (1700 – 1782). Vor der Kirche erinnert eine Bronzebüste an den alemannischen Dichter **Johann Peter Hebel** (1760 – 1826), Verfasser des Liedes »Z'Basel an mym Rhy«, der Basler »Nationalhymne«. In Petersgasse und Nadelberg sollte man einen Blick in den Innenhof eines der **alten Patrizierhäuser** werfen.

St. Peter

Folgt man dem Petersgraben zum Rhein, gelangt man zur Predigerkirche mit zierlichem Dachreiter (13. Jh.). Die 1805 abgerissene Friedhofsmauer trug **Totentanzfresken** von 1473, Bruchstücke werden in der Barfüsserkirche verwahrt. Gegenüber steht das Geburtshaus von Johann Peter Hebel (Gedenktafel).

Prediger-kirche

Zentrum der Spalenvorstadt ist der baumbestandene Petersplatz, auf dem samstags Flohmarkt ist. Seine Nordseite wird von dem schönen **Wildt'schen Haus** (1763) eingenommen, auf der Westseite lädt der 1898 angelegte **Botanische Garten** der Universität ein. Hinter ihm liegt die **Universitätsbibliothek** (1896/1968) mit großem Bestand an Handschriften und Inkunabeln. Sie ist öffentlich zugänglich, hier kann man aktuelle Zeitungen und Zeitschriften einsehen und im Dachcafé Pause machen.

Petersplatz

Den Petersplatz begrenzt südlich das **Kollegiengebäude** der Universität (1939). Im und um den Bau sind eine große Zahl von Gemälden und Büsten verteilt; den Haupteingang ziert ein Mosaik von W. Eglin (1946), beim Westeingang steht die Granitbüste von Papst Pius II. (Aeneas Silvius Piccolomini), der 1460 die Universität gestiftet hat. Schöner Hof mit Seerosenteich. Im südlich anschließenden Gebäude ist die öffentliche Fachbibliothek der **Schule für Gestaltung** untergebracht, ein Mekka für Designer, Architekten und Kunsthandwerker (über 120 000 Bände und 200 Fachzeitschriften).

Botanischer Garten: April – Okt. 8.00 – 18.00, sonst bis 17.00 Uhr, Gewächshäuser 9.00 – 17.00 Uhr, Eintritt frei

BAEDEKER TIPP

Refugium

Der Andreasplatz an der Schneidergasse gehört zu den abgeschiedenen Winkeln der Stadt, wo alles etwas geruhsamer zugeht – außer zur Fasnacht, wenn die gemütlichen, echt Basler Lokale wie das Gifthüttli und die Hasenburg gesteckt voll sind.

*Spalenberg Der große Brunnen gegenüber, mit einem Wandbild »Johannes der Täufer«, wurde 1919 von Numa Donzé (1885 – 1952) gestaltet. Hier beginnt der Spalenberg, die stimmungsvollste Einkaufsstraße Basels, mit zwei Kabaretts in einem Haus, dem **»Fauteuil«** und dem **»Tabourettli«**; Letzteres hat 1989 Santiago Calatrava umgestaltet, weshalb auch Architekturfreunde hierher pilgern (www.fauteuil.ch).

Jüdisches Museum der Schweiz Dieses Museum gibt Einblick in jüdische Geschichte und jüdisches Leben. Hier sei auch auf die **Synagoge** von 1869 (Eulerstraße) und den **Israelitischen Friedhof** an der französischen Grenze hingewiesen, der seit dem 13. Jh. besteht (Theodor-Herzl-Straße).
❶ Kornhausgasse 8, geöffnet Mo., Mi. 14.00 – 17.00, So. 11.00 – 17.00 Uhr

Spalentor Vorbei am **Spalenbrunnen** mit einem Dudelsackpfeifer (gestaltet nach Holbein und Dürer, Original in der Barfüsserkirche) gelangt man zum prächtigen Spalentor am Rand der Altstadt (1390). Das westliche Vorwerk mit seinen skurrilen Figuren schuf J. Sarbach 1474; die Marienstatue (um 1420) ist ein schönes Beispiel für den Weichen Stil. An der Stadtseite hängt einer der **Briefkästen** von Melchior Berri (1801 – 1854) mit dem Basler Täubchen (»Dybli«).

WESTSTADT

Skulpturhalle Zum Antikenmuseum gehört die Skulpturhalle, in der über 2000 Abgüsse antiker Plastiken zu sehen sind (Mittlere Straße 17). Einzigartig ist die Zusammenführung der Plastiken des Athener Parthenons.
❶ Di. – Fr. 10.00 – 17.00, Sa./So. 11.00 – 17.00 Uhr, Eintritt 10 CHF

Anatomisches Museum Im Anatomischen Museum sind Präparate menschlicher Organe aller Art zu bewundern, darunter das älteste der Welt von 1543.
❶ Pestalozzistr. 20, Mo. – Fr. 14.00 – 17.00, So. 10.00 – 16.00 Uhr, Eintritt 5 CHF

*St. Antonius Die Antoniuskirche an der Kannenfeldstraße mit ihrem 62 m hohen Turm gilt als einer der kühnsten **modernen Sakralbauten** der Schweiz (Karl Moser, 1927). Die farbigen Fenster vermitteln dem nüchternen Stahlbeton-Raum eine meditative Stimmung.

ST.-ALBAN-VORSTADT

St.-Alban-Vorstadt Sehr hübsch ist die St.-Alban-Vorstadt südöstlich des Zentrums mit gleichnamiger Straße, die zum **St.-Alban-Tor** führt (Untergeschoss 13. Jh., Wachhaus 1871). Unterwegs kann man im Haus 28, im **Cartoonmuseum**, über satirische Zeichnungen aller Art schmunzeln.
Cartoonmuseum: Di. – Fr. 14.00 – 17.00, Sa., So. 11.00 – 18.00 Uhr, Eintritt 9 CHF

Vom St.-Alban-Tor führen Kanäle, der »St.-Alban-Teich«, zum Rhein hinunter. Seit dem Spätmittelalter gab es hier **Papiermühlen**, die Gallician-Mühle wurde zum erlebenswerten Museum für Papier, Schrift, Druck und Buchbinderei. Erhalten sind auch Teile der äußeren **mittelalterlichen Stadtmauer** mit dem Letziturm.

* Basler Papiermühle

Basler Papiermühle: Di. – So. 11.00 – 17.00, Sa. ab 13.00 Uhr, Eintritt 15 CHF

Hinter dem St.-Alban-Rheinweg hat das Museum für Gegenwartskunst eine Papierfabrik bezogen. Es präsentiert Werke der Öffentlichen Kunstsammlung und der Emanuel-Hoffmann-Stiftung von ca. 1960 bis heute. Wenige Schritte von hier lädt am Rheinufer der **Goldene Sternen**, eines der ältesten Wirtshäuser der Schweiz (1412, 1974 hierher »umgesiedelt«), zu gepflegter Rast.

* Museum für Gegenwartskunst

Museum für Gegenwartskunst: Di. – So. 11.00 – 18.00 Uhr, Eintritt 12 CHF

Die benachbarte St.-Alban-Kirche geht ins 11. Jh. zurück (schöner gotischer Chor); heute ist sie an die serbisch-orthodoxe Kirche vermietet. Die Gebäude des Klosters wurden im 19./20. Jh. zu Wohnungen. Vom romanischen **Kreuzgang** ist der Nordflügel erhalten.

St.-Alban-Kirche

Den Aeschenplatz südöstlich der Altstadt dominieren das Gebäude der **BIZ** (bis 1998 Sitz der UBS) von Mario Botta (1994) und der 13,5 m hohe »Hammering Man« von Jonathan Borofsky.

Aeschenplatz

SÜDSTADT

Am Südrand der Innenstadt liegt der imposante neobarocke Bahnhof Basel SBB (1909, mit Tourismusbüro), davor der von Hotels umgebene Centralbahnplatz mit unterirdischer Ladenpassage. Das runde Hochhaus (1977) vor dem Bahnhof ist Hauptsitz der **Bank für Internationalen Zahlungsausgleich** (BIZ), die 1930 auf der Haager Konferenz gegründet wurde. In der Elisabethenanlage erinnert ein Denkmal von F.-A. Bartholdi, dem Schöpfer der Freiheitsstatue in New York, an die Unterstützung Straßburgs durch die Eidgenossenschaft im Deutsch-Französischen Krieg 1870/1871. Vor dem SNCF-Bahnhof ragt die 60 m hohe Kuppel der **Großmarkthalle** (1929) auf.

Bahnhof Basel SBB

Bei Alt und Jung beliebt ist der Zoologische Garten, genannt **Zolli**, 1874 gegründet. Etwa 8000 Tiere aus über 600 Arten leben in Anlagen, die ihrer natürlichen Umwelt nachgebildet wurden (u. a. Etoscha-Anlage). Natürlich gibt es auch einen **Zoo für Kinder**; besondere Attraktionen sind die Fütterungen und das Elefantenbad.

* Zoologischer Garten

❶ Haupteingang: Binningerstraße, Tram 2/10/17; geöffnet ab 8.00 Uhr, Nov.–Febr. bis 17.30, März/April und Sept./Okt. bis 18.00, Mai–Aug. bis 18.30 Uhr, Eintritt 18 CHF, Familienkarte 39 CHF

Bruderholz Südlich über der Stadt liegt das Bruderholz (Tram 15/16), ein beliebtes Erholungsgebiet mit einem 36 m hohen **Wasserturm** an der höchsten Stelle (von oben herrliche Aussicht). Am 1. August findet hier ein großes Fest zum Nationalfeiertag statt (mit Feuerwerk). Den nahen Oberen Batterieweg säumt eine Ginkgo-Allee, und in der Bruderholzallee ist das »Stucki« zu finden, eines der besten und schönsten Restaurants der Schweiz (▶S. 193).

*Brüglingen Der südöstliche Vorort Brüglingen (Bus 26 / Tram 14 bis St. Jakob) ist ein schönes Ausflugsziel mit großem Park, Botanischem Garten, Joggeli-Freibad, der **Villa Merian** (1711) mit schönem Café und der **Kutschen- und Schlittensammlung** des Historischen Museums. Westlich des Freizeitgeländes, an der Münchensteinerstrasse, liegt der **Wolf-Gottesacker**, eine herrliche Anlage (seit 1872) mit Gräbern von bedeutenden Persönlichkeiten wie J. J. Bachofen und C. Burckhardt. Wer etwas über die National- und Volksspiele der Schweiz erfahren will, ist im **Sportmuseum Schweiz** richtig (Reinacherstrasse 1, Straße 18 Richtung Neumünchenstein).
Kutschenmuseum: Mi., Sa., So. 14.00 – 17.00 Uhr, Eintritt frei
Sportmuseum: Mo.–Fr. 14.00 – 17.00 Uhr, Führung So. 14.00 Uhr

KLEINBASEL

*Rhein-promenade Entlang dem Kleinbasler Ufer kann man – mit prächtigem Blick auf die Altstadt – unter Linden fast bis zum Rheinhafen hinausgehen. Im Sommer ist die »Riviera« richtig bevölkert, und viele erfrischen sich im (sauberen) Rhein. Am Unteren Rheinweg werden im **Museum Kleines Klingental**, in einem Nonnenkloster des 13. – 15. Jh.s, die Originalplastiken aus dem Münster verwahrt, außerdem ein Modell der Altstadt 1:400 nach dem Merian-Stich 1615. Interessant sind auch das Kloster selbst und die Schau zu seiner Geschichte. Die nördlich benachbarte **Kaserne** gilt als Zentrum für die freie Kulturszene in der Nordwestschweiz (www.kaserne-basel.ch); der Hof wird u. a. für das »Basel Tattoo« im Juli und bei der Herbstmesse genützt.
Museum Klingental: Mi., Sa. 14.00 – 17.00, So. 10.00 – 17.00 Uhr, Eintritt frei

Claraplatz Der Claraplatz und die zum Messeplatz führende Clarastraße sind Herz und Hauptschlagader Kleinbasels mit vielen Geschäften, Bars, Hotels und Restaurants. Die katholische **Clarakirche** geht auf ein 1279 gegründetes Clarissinnenkloster zurück (heutiger Bau von 1861). Beliebt ist der Park **Claramatte** mit hübschem Pavillon. Wieder zurück zum Rhein. In der Rheingasse, gegenüber dem Hotel Krafft, findet man den **Consum**, eine wunderbare Kombination aus Feinkostladen und Bistro (ab 17.00 Uhr geöffnet). An der Wettsteinbrücke liegt das **Kartäuserkloster**, das seit 1669 als Waisenhaus

Kleinbasler Rheinufer, ein bevorzugter Platz an schönen Tagen

dient; seine Kirche (1416) besitzt ein Chorgestühl von 1428, Fresken zum Leben des hl. Bruno und einen hübschen Kreuzgang. Die hochgotische Kirche **St. Theodor** entstand nach dem Erdbeben 1356 neu, zu beachten sind das Taufbecken (um 1500), die Kanzel von 1497 und der Chor mit Gestühl von 1470 und alten Glasmalereien (um 1370).

Auf dem Schaffhauserrheinweg und der Solitude-Promenade gelangt man zum Tinguely-Museum (Mario Botta, 1996). Es zeigt eine repräsentative Reihe von Werken von Jean Tinguely (1925 – 1991), der in Basel aufwuchs und für seine skurrilen **Maschinenskulpturen** bekannt wurde. Der Bau ist eine Stiftung der Hoffmann-La Roche AG, deren Fabrikanlagen sich westlich des Solitude-Parks ausdehnen.
Museum Tinguely: Di. – So. 11.00 – 18.00 Uhr, Eintritt 15 CHF

Museum Tinguely

Am Riehenring liegen die Komplexe des Kongresszentrums und der Messe Basel, signalisiert durch den 105 m hohen **Messeturm** (2003) mit Hotel Ramada Plaza in der 4. – 14. Etage und der Bar Rouge ganz oben (geöffnet ab 17.00 Uhr). Eine bedeutende Messen: BaselWorld (Weltmesse für Uhren und Schmuck; April), ART Basel (Kunst des 20./21. Jh.s; Juni), die Herbstwarenmesse (Ende Okt.), Swisstech (mechanisch-technische Komponenten; Nov., in geraden Jahren) und Igeho (Hotellerie, Gastronomie, Außer-Haus-Konsum; Nov.).

Messegelände

Die Regionalzüge nach Deutschland fahren im Badischen Bahnhof ab, einem Jugendstilbau von 1913. Die Brunnenplastiken »Rhein« und »Wiese« (auch dies ein Fluss) davor schuf C. Burckhardt. Nördlich des Bahnhofs, entlang dem Flüsschen Wiese, dehnt sich ein schönes Naherholungsgebiet mit großen Auwäldern aus; hier liegt auch der beliebte **Tierpark Lange Erlen** mit gutem Gartenrestaurant.

Badischer Bahnhof

DREILÄNDERECK UND RHEINHAFEN

Ein interessantes Ausflugsziel ist das Dreiländereck (Tram 8 bis Kleinhüningen, dann 10 Min. zu Fuß, oder mit dem Schiff). Zwischen dem Rhein und dem Hafen I symbolisiert ein **Metallpylon** das Zusammentreffen von Schweiz, Deutschland und Frankreich. Gruppen können an einer Hafentour teilnehmen; alle können sich die Ausstellung **»Verkehrsdrehscheibe Schweiz und unser Weg zum Meer«** ansehen und mit dem Lift auf den **Siloturm** fahren, dessen Terrasse in 53 m Höhe eine großartige Aussicht bietet. Im Sommer gibt es dort oben bei gutem Wetter abends Kino (ab etwa 21.30 Uhr).

Hafentour: www.portofbasel.ch

Verkehrsdrehscheibe Schweiz: Westquaistr. 2, März – Nov. Di. – So. 10.00 bis 17.00, Dez. – Febr. Di., Sa., So. 10.00 – 17.00 Uhr

Siloturm: Hafenstraße 7, Mi. 10.00 – 12.00, 13.30 – 17.00, Fr. – So. 10.00 bis 17.00 Uhr. Kino: Karten am Vorführtag zwischen 17 und 18.30 Uhr unter Tel. 078 679 20 97 reservieren (www.neueskinobasel.ch).

RIEHEN · BETTINGEN · WEIL AM RHEIN

Riehen Ein Ausflug nach Riehen (20 600 Einw.), dem weit in deutsches Gebiet vordringenden »guten« Wohnvorort Basels, lohnt mehrfach. Im Anwesen des Basler Bürgermeisters J. R. Wettstein (1594 – 1666) – der im Frieden zu Münster und Osnabrück 1648 die Loslösung der Eidgenossenschaft vom Reich bewirkte – sind ein **Dorf- und Rebbaumuseum** sowie ein **Spielzeugmuseum** eingerichtet. In den fünfzig Jahren seiner Galeristentätigkeit trug das Sammlerehepaar Hildy und Ernst Beyeler hervorragende Werke der klassischen Moderne zusammen. Das weltberühmte Museum der ****Fondation Beyeler** (Renzo Piano, 1997) zeigt Bilder und Skulpturen vom späten Impressionismus bis zur amerikanischen Pop-Art; nach der Kunst nimmt man einen Imbiss im Restaurant der stimmungsvollen Villa Berower (18. Jh.). Über einen herrlichen französisch-englischen Park verfügt der **Landsitz Wenkenhof** (1736) an der Bettingerstraße. Einen Besuch lohnt auch der große **Friedhof am Hörnli**, auf dem viele Persönlichkeiten bestattet sind, etwa J. Burckhardt, K. Barth, K. Jaspers; vom höchsten Punkt hat man einen schönen Blick über Basel.

Wettsteinhaus: Baselstraße 34, Mi. – Mo. 11.00 – 17.00 Uhr), Eintritt 7 CHF

Fondation Beyeler: Baselstr. 101, tgl. 10.00 – 18.00, Mi. bis 20.00 Uhr, Eintritt 25 CHF; Tram 6 ab Badischer Bahnhof; www.fondationbeyeler.ch

Bettingen Bettingen, das »andere« Dorf (1150 Einw.) im Kanton Basel-Stadt, hat sich zum Wohnvorort entwickelt. Ein beliebtes Ausflugsziel ist der idyllische Weiler **St. Chrischona** auf dem höchsten Punkt des Kantons (522 m) mit dem Sitz der »Pilgermission St. Chrischona«,

Ikone moderner Architektur: Vitra Design Museum in Weil am Rhein

einer spätgotischen Kirche von 1516 und dem höchsten Bauwerk der Schweiz, dem 250 m hohen Swisscom-Sendeturm.

Das **Design-Museum** des Möbelherstellers Vitra in Weil am Rhein (D), erbaut 1989 von Frank Gehry, gehört zu den bedeutenden Museen für modernes Möbeldesign und ist – als hervorragendes Beispiel dekonstruktivistischer Architektur – selbst sein wichtigstes Exponat. Von der Sammlung ist nur wenig zu sehen, da im Jahr zwei Themenausstellungen veranstaltet werden. Der große Publikumsmagnet ist jedoch das **VitraHaus** nebenan (Herzog & de Meuron, 2010), ein »Mikadohaufen« von fünf übereinander gestapelten Hausformen, die als Vitra-Kaufhaus dienen. Auf dem Werksareal stehen weitere Bauten berühmter Gestalter: u. a. Produktionshalle von N. Grimshaw (1981), Feuerwehrhaus von Zaha M. Hadid (1993), Konferenzpavillon von Tadao Ando (1993) und Fabrikhalle von Alvaro Siza (1994). ❶ Charles-Eames-Str. 2, Bus 55 vom Basler Claraplatz. Tgl. 10.00 – 18.00 Uhr, Eintritt 8 € (Museum zwischen den Ausstellungen geschlossen, Info: www. design-museum.de).

*Vitra

VON BASEL ÜBER AUGUSTA RAURICA NACH SISSACH

Bis nach Rheinfelden (▶Rhein) kann man mit den Basler Personenschiffen fahren. Beim **Kraftwerk Birsfelden** (1954, Besuchergalerie) passieren sie die Schleuse. 4 km flussaufwärts folgen die **Schweizerhalle** mit den Rheinsalinen, die seit 1837 ausgebeutet werden und den Schweizer Salzbedarf zur Hälfte decken, sowie chemische Industrie. Auch beim Kraftwerk von **Augst** (275 m, 850 Einw.) wird eine Schleuse passiert. Hier mündet die Ergolz, die die Grenze zwischen den Kantonen Basel-Land und Aargau bildet, in den Rhein.

Birsfelden

Kaiseraugst Im hübsch am Rhein gelegenen Kaiseraugst (5300 Einw.) – das bis 1803 im Besitz des österreichischen Kaisers war – sind Reste eines Römerkastells (Castrum Rauracense) zu sehen. Von der Anlegestelle geht man in 15 Min. zum Gelände der römischen Kolonie * **Augusta Raurica**, die um 44 v. Chr. von Munatius Plancus gegründet wurde und sich bis zum 3. Jh. n. Chr. zu einer Stadt mit etwa 30 000 Einwohnern entwickelte. Grabungen seit 1582 (!) brachten viele Gebäudereste zu Tage: ein großes Theater und ein Amphitheater, Tempel, das Hauptforum mit einer Basilika, Wohnhäuser und Thermen. Im **Römermuseum** (Giebenacherstr. 17) sind Funde aus Augusta Raurica und der * **Silberschatz** des Kastells Kaiseraugst ausgestellt. Zu den Einrichtungen des beliebten Ausflugsziels gehören auch ein römischer Haustierpark und Picknickplätze.
Augusta Raurica: Museum 10.00/11.00 – 17.00 Uhr (Mo. ab 13.00 Uhr), Eintritt 7 CHF; Haustierpark und Gelände tgl. 10.00 – 17.00 Uhr

*Bad Schauenburg Von Pratteln führt eine schöne Wanderung (1.15 Std.) südlich hinauf zum Bad Schauenburg, einem alten **Kurhotel** in herrlicher Lage auf einer Jurahöhe mit feinem Restaurant im Biedermeierstil.
❶ Tgl., So. bis 16.00 Uhr; Tel. 061 906 27 27, www.badschauenburg.ch

Liestal Liestal (330 m, 13 600 Einw.) ist der Hauptort des Kantons Basel-Land. Vom **Freihof** (1779 / 19. Jh.; Sitz der Kantonsregierung) führt die Rathausstraße durch die Altstadt zum malerischen spätgotischen **Obertor**. Neben dem Olsbergerhof (Rathausstr. 28; 1571) das **Stadtmuseum**, in dem die 1477 bei Nancy erbeutete goldene Schale Karls des Kühnen von Burgund zu sehen ist, außerdem erinnert es an den in Liestal geborenen Nobelpreisträger C. Spitteler (1845 –1924) und an den Vormärz-Dichter Georg Herwegh (1817 – 1875), der hier im Exil lebte. Das prächtig bemalte **Rathaus** stammt von 1590/1939. Im Korn- und Zeughaus der Stadt Basel ist das **Museum.BL** (Lokalmuseum) untergebracht; im Harmonium-Museum sind über 100 Instrumente ausgestellt (Anm. Tel. 061 921 64 10). Am Nordwestrand der Stadt sind bei **Munzach** Reste eines römischen Gutshofs mit schönen Mosaikfußböden erhalten. In ca. 1 Std. geht man von der Altstadt hinauf den **Schleifenberg** (»Alti Stell«, 614 m) mit Aussichtsturm und Gartenwirtschaft (nur So./Fei. bis 18 Uhr geöffnet).
Stadtmuseum: Di. – Fr. 14.00 – 18.00, Sa., So. 10.00 – 16.00 Uhr, Eintritt 5 CHF
Museum.BL: Di. – So. 10.00 – 17.00 Uhr, Eintritt 7 CHF

Sissach Sehr makaber ist das Henkermuseum – das einzige in Europa – in Sissach 5 km östlich von Liestal. Eine umfassende Sammlung von Geräten von der Folter bis zur Hinrichtung macht das Grauen der Strafverfolgung vergangener Zeiten annähernd nachvollziehbar.
❶ Kirchgasse 2 (Ortsmitte, gegenüber Hotel Sonne), 1. und 3. So. im Monat 14.00 – 17.00 Uhr, Eintritt 10 CHF, www.henkermuseum.ch

VON BASEL ÜBER DORNACH NACH LAUFEN

Die Gemeinden im Birstal, das von Birsfelden nach Süden führt, ge- **München-**
hen wie die im Birsigtal praktisch nahtlos ineinander über. Im Kern **stein**
von Münchenstein sind die Kirche von 1613, die Trotte (Kelter) von
1560 sowie einige gotische und barocke Häuser zu beachten. Für die
Sammlung der Emanuel-Hoffmann-Stiftung erstellten Herzog & de
Meuron 2003 das spektakuläre »Schaulager« (Ruchfeldstr. 19, geöffnet zu Ausstellungen, http://schaulager.org).

Arlesheim (340 m, 8900 Einw.), das 1678 – 1792 Sitz des Basler Dom- **Arlesheim**
kapitels war, entwickelte sich im 19./20. Jh. zu einem Villenvorort.
Die große Sehenswürdigkeit ist der ***Dom**, 1679 – 1687 von dem aus
dem Graubündner Misox stam-
menden Jakob Engel errichtet
und bis 1760 von F. A. Bagnato zu
einer der besten Schöpfungen des
Rokokos in der Schweiz umgestaltet (Orgel von J. A. Silbermann, 1761). Das **Forum Würth**
(Dornwydenweg 11) zeigt moderne Kunst aus der Sammlung des
bekannten Schrauben-Magnaten.
Auf waldiger Höhe thronen die
Burg Reichenstein (480 m) und
das ehemals fürstbischöfliche
Schloss Birseck (13. Jh., Privatbesitz). Zu Letzterem gehört der
1785 / 1810 angelegte, zugängliche
romantische Landschaftsgarten
Ermitage mit kleinen Seen, Grot-
ten und einer Einsiedelei.

Forum Würth:
tgl. 11.00 – 17.00 Uhr, Eintritt frei

Klein, aber ein Juwel:
Dom zu Arlesheim

Das hübsche Dorf Dornach (300 m, 6300 Einw.) wird von der Ruine **Dornach**
der mächtigen **Burg Dorneck** überragt. Nahe der Burg das Restau-
rant Schlosshof (Terrasse mit schönen Blick, Mo. und Jan. geschl.).
Unterhalb von ihr liegt das 1925 – 1929 erbaute ***Goetheanum**, das
Weltzentrum der Anthroposophie. Den von Expressionismus und
Jugendstil beeinflussten Betonbau entwarf deren Begründer **Rudolf
Steiner** (1861 – 1925); charakteristisch sind fließende Formen und
die Vermeidung des rechten Winkels. Auf der Bühne finden Konzerte, Theater u. a. statt. Das **Speisehaus** bietet biologisch-dynamische
Küche in ungewöhnlicher Atmosphäre (tgl. 12.00 – 16.00 Uhr). Es
gibt auch eine Terrasse unter Platanen und einen Naturkost-Laden.

*Gempenfluh   Von Dornach führt eine kurvige Straße östlich 7 km durch Wald hinauf nach Gempen (676 m) und links zur Gempenfluh (Schartenflue, 759 m); vom Turm hat man einen großartigen Blick auf den Jura und den Rhein über Basel bis Straßburg. Schöne Wanderung von Dornach über Gempen und Sichteren nach Liestal (ca. 3.30 Std.).

Laufental   Bei **Aesch** verlässt die Birs die Talenge, die vom **Schloss Angenstein** beherrscht wird, einer Burg der Basler Bischöfe (13. Jh.). Das Laufental, das 1815 dem Kanton Bern zugeschlagen wurde, bildete nach der Abspaltung des Kantons Jura 1979 eine bernische Exklave; 1989 trat es dem Kanton Basel-Land bei. Hinter Grellingen und der Einmündung des Kaltbrunnentals weitet sich das Tal, und rechts erhebt sich der bewaldete **Blauen** (Kammwanderung ▶ S. 197), an dessen sonnigem Südhang Kirschbäume gedeihen.

Seewen   Im idyllisch gelegenen Seewen 7 km östlich von Grellingen ist das moderne ***Museum für Musikautomaten** sehr sehenswert.
◕ Di. – So. 11.00 – 18.00 Uhr, Eintritt 5 / 15 CHF

Laufen   Das Städtchen Laufen (358 m, 5300 Einw.), gegründet im 13. Jh. vom Basler Bischof, ist bekannt für die Keramikindustrie (Laufen Bathrooms) und die Bonbons von **Ricola** (früher Richterich & Co. Laufen). 2006 wurde das neue Werk eröffnet (keine Besichtigung), das »verbretterte« Lagerhaus entwarfen, wie etliche andere Ricola-Bauten, Herzog & de Meuron. In der Stadt erhalten sind 400 Meter der Ringmauer mit Basler, Ober- und Wassertor. Nahe der barocken **Katharinenkirche** (1698) befindet sich der **fürstbischöfliche Hof**, heute Sitz der Präfektur.

VON BASEL DURCH DAS BIRSIGTAL ZUM BLAUEN

Allschwil   In Allschwil, südwestlicher Vorort Basels an der Grenze zum Elsass, umgeben giebelständige **Sundgauer Fachwerkhäuser** – darunter das Heimatmuseum – die Kirche St. Peter und Paul von 1698. Störche machen die Idylle perfekt.

Binningen   In Binningen (285 m, 14 800 Einw.) beherbergt das **Schloss**, das 1299 erstmals erwähnt und im 18. Jh. umgebaut wurde, ein nobles Hotelrestaurant (gutes Preis-Leistungs-Verhältnis, Tel. 061 425 60 00, Mo. geschl.). Die **Monteverdi Car Collection** – Peter Monteverdi fertigte bis 1982 exklusive Sportwagen – zeigt 70 herrliche Autos und Europas größte Modellautosammlung mit 11 000 Exemplaren (Oberwilerstr. 20, nur Gruppen, Anmeldung unter Tel. 061 421 45 45, www.monteverdi.ch).

Ein weiteres Ziel für Feinschmecker ist das romantische **Weiher-schloss** in Bottmingen (295 m, 6000 Einw.) mit seinem teuren Restaurant (Tel. 061 421 15 15, Mo. geschl.). Die Burg des 14. Jh.s mit Ecktürmen, Zugbrücke und Fallgitter wurde 1720 zum Landsitz umgebaut. Die Adventsillumination ist allerdings des Guten zu viel. Beachtenswert sind u. a. der Steinsaal mit Rokoko-Stuck und der Festsaal mit Deckenbild von Isaak Merian (1721) und Porträtmedaillons von protestantischen Feldherren des Dreißigjährigen Kriegs.

Bottmingen

Etwa 6 km südwestlich von Bottmingen ragt der Blauen auf, der bis 875 m hohe nördlichste Kamm des Juras auf Schweizer Gebiet. Unmittelbar an der elsässischen Grenze liegt **Flüh** (381 m) mit gleich zwei exzellenten Restaurants (Martin, Zur Säge); auf der Höhe jenseits der Grenze steht die mächtige Ruine der **Burg Landskron**, erbaut um 1200 vom Basler Bischof. Hinter Flüh geht es hinauf nach **Mariastein** (512 m), einem 1645 gegründeten Benediktinerkloster mit bedeutender Wallfahrtskirche (1655) und der Felskapelle Maria im Stein. Über Metzerlen fährt man über den Pass (747 m) und hinunter nach Laufen (s. o.). Sehr empfehlenswert ist die * Wanderung über den **Blauen** (ca. 6 Std.): Von Flüh (von Basel Tram 10) über Mariastein und Metzerlenchrüz zum Kamm, dann vom Blattenpass über den Glögglifels nach Grellingen (SBB-Bahnhof).

Blauen

* Bellinzona

✳ L 19/20

Kanton: Tessin · Ticino
Höhe: 230 m ü. d. M.

Einwohner:
17 500

Drei Burgen, eindrucksvolle Beispiele mittelalterlicher Wehrarchitektur und UNESCO-Weltkulturerbe, signalisieren die einstige strategische Bedeutung der Hauptstadt des Tessins.

Bellinzona liegt am Südfuß von drei seit Jahrtausenden wichtigen Alpenübergängen: St. Gotthard, San Bernardino und Lukmanier. Die Römer, die das Gebiet bis 450 n. Chr. beherrschten, errichteten hier ein Bollwerk gegen die »Barbaren« aus dem Norden. Später bewachte eine Festung des Bischofs von Como die engste Stelle des Tals. Als Schwyz, Uri und Nidwalden immer häufiger gen Süden drängten, ließen die Mailänder Herzöge, denen die Stadt ab 1242 gehörte, Bellinzona aufrüsten; das Castelgrande wurde durch die höher gelegenen Festungen Montebello und Sasso Corbaro ergänzt. Die Murata, eine gut 4 m dicke Mauer, verlängerte den Burgenriegels über den Ticino. Trotzdem fiel »Bellenz« 1500 an die Eidgenossen. Seit 1803 gehört die Stadt zum Kanton Tessin, seit 1878 ist sie sein Hauptort.

»Tor zum Süden«

Die Collegiata. darüber die Burg Montebello

SEHENSWERTES IN BELLINZONA

**Burgen Nachdem die drei Burgen noch im 19. Jh. als Zeughaus, Kaserne und Gefängnis dienten, sind sie heute friedliche Museen.

Die älteste, **Castelgrande**, wurde im 13. Jh. auf einer römischen Festung erbaut. Torre Bianca und Torre Negra bilden den ältesten Kern, der Rest stammt aus dem 15. Jh. Bis 1991 wurde die Anlage neu gestaltet; es gibt hier ein elegantes, ausgezeichnetes Restaurant und einen guten, preiswerteren Grotto. Im modernen Südflügel sind ein historisch-archäologisches und ein kunsthistorisches Museum untergebracht. Steile Gässchen führen von der Piazza Nosetto und der Piazza Collegiata zum Castello, von der Piazza del Sole gelangt man per Aufzug oder Treppe zum Burgplatz.

Das jüngste und am höchsten gelegene **Castello Sasso Corbaro** – 230 m über dem Tal – ist mit dem Postbus vom Bahnhof zu erreichen (nach Artore). Es entstand 1479 nach der Schlacht von Giornico in nur sechs Monaten. Hier finden Ausstellungen statt, im herrlichen Innenhof beherbergt ein erstklassiges Restaurant.

Dann steigt man zum malerischen **Castello di Montebello** ab, anders als das »modernisierte« Castelgrande eine Ritterburg aus dem Bilderbuch. Bergfried, Palas und Innenhof datieren aus dem 13./14. Jh., ihr heutiges Aussehen geht auf die Sforza zurück (Ende 15. Jh.). Im Museum sind Fundstücke von der Bronzezeit bis ins Mittelalter ausgestellt. Von der Burg und den (ungesicherten!) Wehrgängen sieht man über die Stadt bis zum Lago Maggiore.

Burgen: Tgl. 10.00–18.00 Uhr, Montebello und Sasso Corbaro Anf. Nov. bis Anf. April nur Gruppen nach Anmeldung. Eintritt je Burg 5 CHF (»Cultura Pass«: Burgen + Villa dei Cedri 15 CHF). Museum Castelgrande: Nov.–März 10.00–17.00, April–Okt. 10.00–18.00 Uhr.

Die zwischen Castelgrande und Montebello gebettete Innenstadt hat ihren lombardischen Charakter bewahrt. Stattliche **Bürgerhäuser** aus dem 18. Jh. mit Arkaden, schmucken Portalen und schmiedeeisernen Balkonen säumen Gassen und Plätze. Das **Rathaus** (Municipio) an der Piazza Nosetto mit seinem eleganten Innenhof entstand erst 1924, allerdings nach alten Vorbildern.

*Altstadt

Die Kollegiatkirche Santi Pietro e Stefano, ein kühler Renaissance-Bau, entstand ab 1517 nach Plänen von Tomaso Rodari, Baumeister des Doms von Como. Im prunkvoll barocken, einschiffigen Inneren sind die **Kanzel** (1784) und das **Weihwasserbecken** aus dem 15. Jh., ein ehemaliger Brunnen, zu beachten.

*SS. Pietro e Stefano

Knapp 2 km südlich der Innenstadt liegen lohnende Sehenswürdigkeiten. Die Kirche **Santa Maria delle Grazie** des 1848 aufgehobenen Franziskanerklosters besitzt mit den Renaissance-Fresken an der Lettnerwand ein großartiges Werk lombardischer Malerei: 15 Szenen aus dem Leben Christi, die ein unbekannter Meister um 1500 schuf. Die Fresken im Langhaus und Chor datieren aus derselben Zeit. Die romanische Kirche **San Biagio** (13. Jh.) wird am Westportal von einem monumentalen Christophorus (14. Jh.) und einer Maria mit Kind geziert; innen weitere Fresken, u. a. Darstellungen der Märtyrer

Südstadt

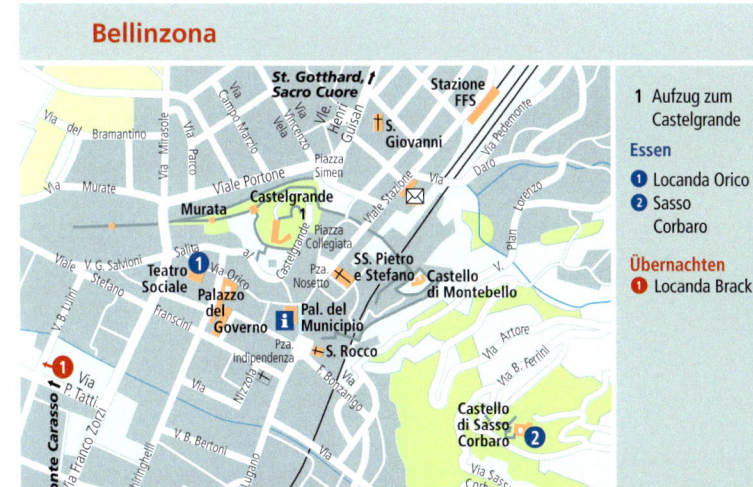

Bellinzona erleben

AUSKUNFT
Bellinzona Turismo
Palazzo Civico, 6501 Bellinzona
Tel. 091 825 21 31
www.bellinzonaturismo.ch

FESTE & EVENTS
Sa. 8.00–13.00 Uhr großer Tessiner Markt auf Piazza Collegiata/ Nosetto. Febr. Großer Karneval des »Re Rabadan« (am So. Maskenzug, am Di.Risotto-Essen). Mai/ Juni: Openair-Kino im Castelgrande. Juli: Kammermusik im Castello Montebello. Anf. Sept.: Bacchica (Weinfest).

ESSEN
❶ *Locanda Orico* ⓔⓔⓔ
Bellinzona, Via Orico 13
Tel. 091 825 15 18
So./Mo., Mitte Juli–Mitte Aug. geschl.
Das Restaurant in einer Altstadtgasse ist

ebenso klein und erlesen wie die italienisch-französische Speisekarte.

❷ *Sasso Corbaro* ⓔⓔ–ⓔⓔⓔⓔ
Bellinzona, Castello di Sasso Corbaro
Tel. 091 825 55 32
Gute traditionelle Küche in der mittelalterlichen Burg. Im Sommer speist man im Hof. So.abend/Mo. geschl.

ÜBERNACHTEN / ESSEN
❶ *Locanda & Osteria Brack* ⓔ–ⓔⓔ
Gudo, Via delle Vigne, Tel. 091 859 12 54, www.osteriabrack.ch
Idylle in den Weinbergen zwischen Bellinzona und Locarno. Sehr geschmackvoll eingerichtete Zimmer mit herrlichem Ausblick. Handgemachte Pasta und eigenen Merlot genießt man in der Osteria. Wunderbarer Garten mit Pool. Osteria abends geöffnet, Di./Mi. geschl.

Agathe und Bartholomäus. Die Städtische Kunstgalerie in der **Villa dei Cedri** (19. Jh.) präsentiert in Wechselausstellungen Werke schweizerischer und italienischer Künstler des 19. und 20. Jh.s.
Villa dei Cedri: Di.–Fr. 14.00–18.00, Sa./So. 11.00–18.00 Uhr, Eintritt 8 CHF

⁎ Bergell · Val Bregaglia

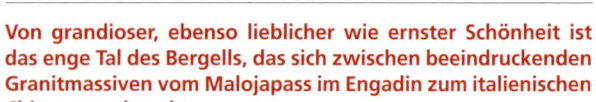

⁎ K / L 22 – 24

Kanton: Graubünden · Grischun · Grigioni

Von grandioser, ebenso lieblicher wie ernster Schönheit ist das enge Tal des Bergells, das sich zwischen beeindruckenden Granitmassiven vom Malojapass im Engadin zum italienischen Chiavenna absenkt.

Das Bergell (ital. Val Bregaglia), die 32 km lange wildromantische Talschlucht der Meira (ital. Mera), bildet zusammen mit dem Puschlav (▶Bernina), dem Misox und dem Calanca-Tal (▶San Bernardino) Italienischbünden. Schon den Römern diente das Tal als Weg von der Po-Ebene ins Engadin. Allerdings war der Malojapass schwer begehbar; der Septimerpass zwischen Bivio und Casaccia war kürzer, im Winter jedoch lawinengefährdet. Später verloren die Bergeller Pässe ihre Bedeutung an den Gotthard (1290) und den San-Bernardino-Tunnel (1967). Der zwischen steilen Bergflanken eingeschlossene Talgrund bekommt zwischen November und Februar keine Sonne, und obwohl Transitader, blieben die strengen alten Dörfer praktisch unverändert – hier scheint die Zeit stillzustehen. Die Felswände des Bergells sind ein berühmtes Kletterparadies. Das Tal durchqueren schöne Wanderwege, z. B. die **Panoramica** von Casaccia nach Soglio (4.30 Std.) und der **Sentiero Storico**, der die wichtigsten Sehenswürdigkeiten des Bergells verbindet (gesamt 11 Std.). Die prächtige Palazzi in den malerischen Dörfern erbauten sich z. T. reich gewordene Heimkehrer – vor allem Künstler und Konditoren –, die einst aus wirtschaftlichen Gründen ausgewandert waren.

VON MALOJA NACH CHIAVENNA

Maloja (300 Einw.) am Ende des Silsersees (▶Engadin) ist das letzte **Maloja** Dorf vor dem Malojapass. Hier hatte **Giovanni Segantini** (▶Berühmte Persönlichkeiten) in den 1890er-Jahren sein Atelier; auf dem Friedhof ist er auch begraben. Der »Sentiero Segantini« folgt den Spuren des berühmten Malers im Ort. Auf dem Weg zum **Turm Belvedere**, Rest der Residenz des Grafen de Renesse aus dem 19. Jh.s, kommt man an Gletschermühlen vorbei, von gerade mal faustgroßen bis zu 11 m tiefen. Sie zeugen von den 800 m mächtigen Eismassen, die vor rund 10 000 Jahren über den Malojapass ins Bergell flossen.

Soglio, wie auf einem Balkon vor der Sciora-Gruppe gelegen

Vom Aussichtspunkt beim Maloja Kulm Hotel hat man einen herrlichen Blick ins Bergell und auf den oberen Teil der *Maloja-Passstraße mit 13 dicht übereinander liegenden Haarnadelkurven.

Atelier Segantini: ca. 20. Juni – 20. Okt. Mi., Sa., So., 15.00 – 17.00 Uhr

Casaccia

In Casaccia (1458 m, 100 Einw.) zweigt der alte **Septimerpass** nach Nordwesten ab; Reste des **Turratsch-Wachturms** und das **Hospiz** (16. Jh.) erinnern an den einst wichtigen Weg über die Alpen. Vor dem Piz Cacciabella ist die 115 m hohe Staumauer des **Albigna-Stausees** (2163 m, Seilbahn) zu erkennen. In **Vicosoprano** (1067 m, 440 Einw.), dem ursprünglichen Hauptort des Bergells, kann man im Albergo Corona schön und preiswert rasten; unterhalb des Orts lösen Kastanien, Reben und Obstbäume die alpine Vegetation ab.

Stampa

Aus Stampa (994 m, 600 Einw.) stammte die **Künstlerfamilie Giacometti**: Giovanni (1868 – 1933), sein Cousin Augusto sowie die drei Söhne Giovannis, Alberto (▶Berühmte Persönlichkeiten), Diego und Bruno. Das Leben im Bergell wird in der *Ciäsa Granda von 1581 dokumentiert, erbaut von Giovanni Stampa; auch Werke der Giacomettis und des wenig bekannten Malers Varlin (Willy Guggenheim, 1900 – 1977) sind hier zu sehen. Bei der Weiterfahrt fasziniert rechts der **Palazzo Castelmur**, ein schaurig-schönes maurisch-gotisches Schloss, den sich der in Marseille reich gewordene Konditor Baron (!) Giovanni di Castelmur im 19. Jh. errichtete; hier wird das Leben der Bergeller Auswanderer dokumentiert, die im Ausland als Konditoren Karriere machten.

Ciäsa Granda: Juni – 20. Okt. tgl. 14.00 – 17.00 Uhr, Eintritt 8 CHF
Palazzo Castelmur: Juni – 15. Okt. 14.00 – 17.00 Uhr (15. Juli – 15. Sept. ab 11.00 Uhr), Eintritt 5 CHF

Bergell erleben

AUSKUNFT
Ente Turistico Pro Bregaglia
Strada Principale 101, 7605 Stampa
Tel. 081 822 15 55, www.bregaglia.ch

ESSEN/ÜBERNACHTEN
Palazzo Salis ❷❸–❷❸❹
Soglio, Tel. 081 822 12 08
www.palazzosalis.ch
Ein ebenso edles wie anheimelndes Domizil ist dieser barocke Palazzo von 1630/1710 mit wunderbarem Garten.

Traditionelle Küche im feinen Restaurant mit Gewölben und großem Kamin.

Hotel Pension Stampa ❷
Casaccia, Tel. 081 824 31 62
www.hotelstampa.ch
Ein stattliches Haus aus dem 16. Jh., das viele berühmte Gäste sah. Bezauberndes altes Interieur mit Bibliothek und Kunstgalerie, familiäre Atmosphäre. Es gibt auch einfache Touristenlager. Bodenständiges Restaurant im Haus.

Der Weiler Promontogno (821 m) liegt an der schon zur Römerzeit **Promontogno** befestigten Engstelle des Tals; eine Sperrmauer (Müraia) sicherte die Grenze zwischen alpinem und mittelmeerischem Bergell. Über ihr liegen die Reste einer mittelalterlichen Burg. Die Kirche **Nossa Donna** wurde im 19. Jh. erneuert (Turm 11. Jh.). Etwas für Nostalgiker ist das wunderbare **Hotel Bregaglia** von 1887 (Tel. 081 822 17 77), auch die Pension Sciora ist zu empfehlen (Tel. 081 822 14 90).

Auf einer sonnigen Terrasse in 1090 m Höhe liegt das Dorf Soglio *** Soglio** (180 Einw.): Hier hat man einen herrlichen Blick über das Maira-Tal auf die Sciora-Gruppe mit der berühmten Nordkante des **Piz Badile**. Es war Stammsitz der Bündner Familie **Salis**, für die die meisten der stattlichen Palazzi aus dem 16.– 18. Jh. errichtet wurden. Mitten im Dorf die als **Hotel Palazzo Salis** (▶ S. 220) geführte Casa Battista, ein Refugium mit Möbeln aus vier Jahrhunderten und schönem Barockgarten. Rainer Maria Rilke verbrachte hier den Sommer 1919.

Bondo hat einen besonders hübschen Ortskern mit dem **Palazzo** **Bondo** **Salis** (18. Jh., nicht zugänglich). Die obere Straße säumen **Grotti**, in den Felsen gehaune Vorratskeller. Ein Grotto fungiert als gemütliche Trattoria. Die romanische **Kirche S. Martino** (13. Jh.) ist eines der wichtigsten kunsthistorischen Denkmäler des Tals, sie besitzt guten Fresken von 1480.

Die italienische Grenze erreicht man bei Castasegna (697 m, 200 **Castasegna** Einw.). Das von Kastanienwäldern umgebene Dorf hat seinen alten Kern bewahrt. Hier hat die Kosmetikfirma Soglio ihren ist Sitz (Laden an der Hauptstraße); eine Besonderheit sind die Flakons aus diversen Gesteinen. Die **Villa Garbald**, erbaut nach Plänen des berühmten Klassizisten Gottfried Semper (1864), wurde 2004 mit einem »Roccolo« (Vogelfängerturm) zum Seminarzentrum erweitert; das Bündner Kunstmuseum Chur nutzt die Villa als »Außenstation« (www.garbald.ch). Die Bergeller Kraftwerke in Castasegna versorgen Zürich mit Strom.

Noch 10 km sind es bis nach Chiavenna (8000 Einw.), v. a. samstags **Chiavenna** zum Markt ein beliebtes Einkaufsziel der Engadiner. Die Stadt liegt am Fuß der Splügen- und der Maloja-Route. Von der Schlüsselposition rührt auch der Ortsname (ital. »chiave«, »Schlüssel«). Charakteristisch sind die Grotti, Höhlen in den Bergwänden, die den Ort einfassen. In einigen sind urige Lokale eingerichtet. Im Baptisterium der Kirche **S. Lorenzo** (1538, im Barock verändert) steht ein Taufbecken von 1156; als beste Pasticceria gilt Folini (Via Pedretti 24). Sehenswert ist auch der Parco **Marmitte dei Giganti** (»Töpfe der Riesen«, Zugang über Strada di Poitengo) mit Ritzzeichnungen und Gletschermühlen.

** Bern

⟡ G 10

Kanton: Bern
Höhe: 542 m ü. d. M.

Einwohner:
125 700

Als »Bundesstadt« ist Bern die politisch-diplomatische Metropole der Schweiz. Dass es auch als Reiseziel ein Hauptort ist, liegt an vor allem seiner einzigartigen Altstadt, die 1983 in das UNESCO-Welterbe aufgenommen wurde.

Die eidgenössische Bundesstadt (nicht »Hauptstadt«) nimmt einen Sandsteinrücken ein, den die Aare in einer engen, 35 – 40 m tief eingeschnittenen Schleife umfließt, und lässt noch die Grundrisse der mittelalterlichen Siedlungsabschnitte erkennen. Die »Gassen« – in Wirklichkeit sind das höchst stattliche, breite Straßen, geschmückt mit elf alten Brunnen – zeigen mit ihren Fassaden aus dem 17./18. Jh. und weit vorspringenden Dächern ein Bild selbstbewussten bürgerlichen Wohlstands. Ihre Besonderheit sind die Lauben im Erdgeschoss, die sich über insgesamt 6 km erstrecken und zum Flanieren einladen – auch bei schlechtem Wetter ist es in Bern gemütlich. Trotz seiner Funktion als Bundesstadt besitzt Bern eine gelassene kleinstädtische Atmosphäre; die berühmte bernische Langsamkeit, die die Berner selbst als Bedachtsamkeit schätzen, verbindet sich angenehm mit französischem Savoir-vivre.

Wirtschaft und Verwaltung

Mit über 12 % der Beschäftigten hat die Verwaltung – auf städtischer, kantonaler und eidgenössischer Ebene – den höchsten Anteil unter den Schweizer Städten. Bern ist Mittelpunkt einer Wirtschaftsregion mit ca. 0,5 Mio. Einwohnern und ausgezeichnet mit dem Umland und dem Ausland verbunden (Flugplatz Belp, ICE, TGV, Cisalpino). Die traditionellen Industriezweige wie Textilien, Maschinenbau, Schokolade, Pharmazie, Nahrungsmittel und Medizinaltechnik werden heute durch Informationstechnik ergänzt. In Bern haben die Post, die SBB und die Swisscom ihren Sitz, neben der traditionsreichen Universität gibt es zahlreiche Fachhochschulen, u. a. für Technik, Architektur, Wirtschaft und Verwaltung.

Ein wenig Geschichte

Vor 1190 erbaute Herzog Berchtold V. von Zähringen die Burg Nydegg im Aarebogen, vermutlich 1191 gründete er die Stadt in hervorragend geschützter Lage. Der Bär im Berner Wappen geht auf die Sage zurück, dass der Herzog hier als erstes Tier einen Bären erlegt hat. Nach dem Aussterben der Zähringer (1218) machte Kaiser Friedrich II. Bern zur Freien Reichsstadt; im Jahr 1353 trat es der jungen Eidgenossenschaft bei (»Bund der Acht alten Orte«). 1528 wurde die Reformation angenommen. Wirtschaftskraft und militäri-

Die Bundesstadt vor der herrlichen Kulisse des Berner Oberlands

sche Expansion machten Bern – mit der Besetzung des Waadtlands 1536 – zum größten Stadtstaat nördlich der Alpen, der dann mit dem Westfälischen Frieden 1648 volle Souveränität erhielt. In der unangefochtenen Zeit bis 1798 konnte sich die Oligarchie der Patrizier, der »Burger«, etablieren, die bei formal demokratischer Verfassung autokratisch regierten. Noch heute gibt es die Burgergemeinde, eine Art Schattengemeinde öffentlichen Rechts, die wie die »normale« Einwohnergemeinde der Kantonsverwaltung untersteht. Sie ist größter Grundeigentümer der Stadt, ihr gehören der Großteil des Stadtwalds, Altenheime, die Stadtbibliothek, eine Bank, das Casino und anderes mehr. Im Jahr 1848 wurde Bern zur Bundesstadt gewählt. Bedeutende internationale Organisationen haben sich hier angesiedelt, etwa 1874 der Weltpostverein und 1893 das Zentralamt für internationalen Eisenbahnverkehr. Mit Bern eng verbunden sind der Gelehrte Albrecht von Haller (1708 – 1788), der Schriftsteller Jeremias Gotthelf (Albert Bitzius, 1797 –1854), die Maler Ferdinand Hodler (1853 – 1918) und Paul Klee (1879 –1940); Albert Einstein (1879 bis 1955) verfasste hier seine Relativitätstheorie.

Elegante **Geschäfte**, von Antiquitäten über Mode, Kunsthandwerk und Delikatessen bis zur Innenausstattung, machen den Bummel durch die Lauben zum Erlebnis (montags sind kleinere Geschäfte bis 14.00 Uhr geschlossen). Nicht auslassen sollte man den Besuch in einem der **Berner Weinkeller** wie dem Klötzlikeller (Gerechtigkeitsgasse 62). Bern ist auch die Stadt der **Kleintheater**, zu nennen etwa das Theater 1230 und das Katakömbli. In einstigen Industrieanlagen

Zeitvertreib in Bern

hat sich die **Kulturszene** etabliert, so in der Dampfzentrale (Marzilistr. 47), im Wasserwerk (Wasserwerkgasse 5) und im Gaskessel (Sandrainstr. 25); in puncto Jazz sind Dampfzentrale, Marians Jazzroom (▶ Hotels, S. 229) und das Bierhübeli einschlägige Adressen. Die Alte Reitschule (Neubrückstr. 8), ein alternatives Kulturhaus, gilt als das Kraftzentrum der Schweizer Rockszene. Im Sommer sehr beliebt ist das **Marzilibad** an der Aare, in deren kaltem Wasser man sich – nach einem Gang flussaufwärts – flussabwärts treiben lässt.

VOM HAUPTBAHNHOF ZUM BUNDESHAUS

Bahnhofplatz   Tor zur Altstadt ist der Bahnhofplatz mit dem südlich anschließenden Bubenbergplatz. Am **Hauptbahnhof** findet man außer der Postautostation eine Tiefgarage und das Tourist Center. In der unterirdischen Passage sind Reste des **Christoffelturms** erhalten, der zur Stadtbefestigung von 1344 – 1346 gehörte. Das stattliche **Burgerspital** (Altersheim, 1742) erinnert an französische Vorbilder wie das

Highlights Bern

▶ **Altstadt**
In den Lauben der Altstadt shoppen, dann in einem Café Kräfte sammeln zur Besteigung des Münsterturms.
Seite 229 – 234

▶ **Museumstour**
Mit Kunstmuseum, Kunsthalle und Klee-Zentrum ist Bern ein Mekka für Kunstfreunde. Nicht auslassen sollte man auch das Historische und das Alpine Museum.
Seite 231, 233 – 235

▶ **Bundeshaus**
Auch wenn man nicht hinter die Kulissen sieht, eine Führung durch das Herz der Eidgenossenschaft gehört dazu. Darstellungen zur Schweizer Geschichte schmücken die zentrale Kuppelhalle und die beiden Ratssäle.
Seite 225

▶ **Kornhauskeller**
Eine imposante Treppe führt hinunter in eines der grandiosesten Restaurants der Schweiz.
Seite 233

▶ **Sommer an und in der Aare**
Abgehärtete Naturen lassen sich in der kalten Aare abwärts treiben, andere planschen in den Becken des Marzilibads.
Seite 224

▶ **Berner Bären**
Im Bärenpark leben die Berner Wappentiere wie im Paradies.
Seite 231

▶ **Gurten**
Nicht nur zum sommerlichen Rockfestival ist der Ausflug auf den Berner Hausberg zu empfehlen.
Seite 236

Hôtel des Invalides in Paris. Die protestantische ***Heiliggeistkirche** (1729) gilt als schönster barocker Predigtsaal der Schweiz; der lebhafte Régence-Stuck stammt vom berühmten Joseph Anton Feuchtmayer aus der Wessobrunner Schule. Ein Kaufhaus mit Nimbus ist **Loeb**, dessen Schaufenster immer originell gestaltet sind.

Heiliggeistkirche: Di.–Do. 11.00–18.30, Fr bis 16.30 Uhr, am So. zu Gottesdiensten.

Bevor man das Bundeshaus kennenlernt, den Sitz des eidgenössischen Parlaments, sollte man den Blick von der Kleinen Schanze auf die 48 m tiefer fließende Aare und die Berner Alpen genießen. In den Anlagen, einst ein Vorwerk der Stadtbefestigung, ist das Café ein netter Platz. Vorbei am Marzilibähnli, der Standseilbahn zum Stadtviertel Marzili, spaziert man über die **Bundesterrasse** vor dem Bundeshaus, die auf gewaltigen Stützmauern ruht. ***Kleine Schanze**

Über die Schönheit des Bundeshauses darf man geteilter Meinung sein. Zuerst entstand der Westflügel (1857) im »Münchner Maximiliansstil«, dann folgten – am Platz des alten Inselspitals – der Ostflügel in Neorenaissance (1892) und der Kuppelbau, das **Parlamentsgebäude** mit den Sitzungssälen des Nationalrats und des Ständerats (1902). Bei der Ausgestaltung hat man alle Regionen der Schweiz berücksichtigt; im Ständeratssaal beeindruckt ein 1,5 t schwerer schmiedeeiserner Leuchter. Östlich schließt an das Bundeshaus seine »Wohndependance« an, das ehrwürdige Luxushotel **Bellevue Palace**; auf der Terrasse lässt es sich besonders schön tafeln. ***Bundeshaus**

❶ Führungen Mo.–Sa. 11.50, 15.00, Sa. auch 14.00 Uhr; Personaldokument nötig. Anmeldung unbedingt am Vortag unter Tel. 031 322 85 22. Achtung: An vielen Tagen keine Führung! Besuchereingang auf der Fluss-Seite. Während der Sitzungen Zutritt zu den Tribünen möglich (www.parlament.ch).

VOM BUNDESPLATZ ZUM MÜNSTER

In den Cafés am Bundesplatz (autofrei und mit Wasserspielen gestaltet) und an dem sich anschließenden reizvollen **Bärenplatz** (Di.- und Sa.vormittag Gemüse- und Blumenmarkt) lässt sich die lebhafte Atmosphäre genießen. Das berühmte **Café Fédéral** (»Entrecôte«, der Name ist Programm), quasi ein Ableger des Bundeshauses, ist mit den Konterfeis aller Bundesräte seit 1848 geschmückt. **Bundesplatz**

An der Kirchenfeldbrücke liegt das neobarocke **Casino** (1909), ein Kongress- und Konzerthaus mit drei Restaurants und Aussichtsterrasse. Nördlich gegenüber die **Stadt- und Universitätsbibliothek**, ursprünglich Kornhaus (1760, Umbau 1792); besonders schön ist der Schultheissensaal. Literatur zu Bern ist ein Sammlungsschwerpunkt. **Casinoplatz**

Bern

Biel, Olten ↑ **2**

Schützenmatt-str.

LÄNGGASSE

Botanischer Garten

Lorraine-brücke

Schützen-matte

Bollwerk

Hodler

Uferweg

Aare →

Staats-archiv

Kunst-museum

str.

Falken-platz

Universität

SBB-Direktion

Hochschulstr.

Speichergasse

Stadt-polizei

Schüttestr.

RBS-Bahnhof

Aarbergergasse

Waisenhaus-platz

Nägeligasse

Theater-sammlung

Grosse Schanze

Postauto-bahnhof

Haupt-bahnhof

Bollwerk

Genfer

Neuengasse

Waisen-hausplatz-brunnen

Französische Kirche

Schanzenstrasse

Stadtbach-strasse

Schanzen-post

Burger-spital

Bahnhof-platz

Heilig-Geist-Kirche

Spital-

gasse

Käfigturm

Marktgasse

Seiler-brunnen

Schützen-brunnen

Bubenbergplatz

Pfeiffer-brunnen **5**

Bären-platz

Bärenplatz-brunnen

Amthausgasse

Laupenstrasse

Heilsarmee-Museum

Schauplatzgasse

Bundesplatz

Fribourg, Murten ↑

strasse

Seilerstr.

Hirsch-graben

Schwanen-

gasse

Bundes-

gasse

Kochergasse

Bundeshaus Ost **1**

Bundeshaus West

Parlaments-gebäude

Widmann-brunnen

Weltpostdenkmal

Bundes-rain

Monbijou

Welhergasse

Kapellen-

Belp

Kleine Schanze

Dreifaltigkeits-Kirche

str.

Dalmazi-brücke

Dalmaziquai

Köniz, Schwarzenburg ↓

Schwarztor-

strasse

Monbijoustrasse

strasse

Sulgeneckstrasse

MARZILI

Bundesverwaltung

Erlenweg

Marzilistrasse

Aarstrasse

DALMAZI

Radio DRS

Mühlemattstrasse

Brücken

Aare →

Marzili-bad

Monbijoustrasse

Sulgen-

rain

Kulturhallen Dampfzentrale

Schweiz. Bundesarchiv

Monbijou-brücke

Kirchenfeld **6**

200 m

©BAEDEKER

↓ Thun, Flugplatz Belp

Eigerstrasse

Marzilistrasse

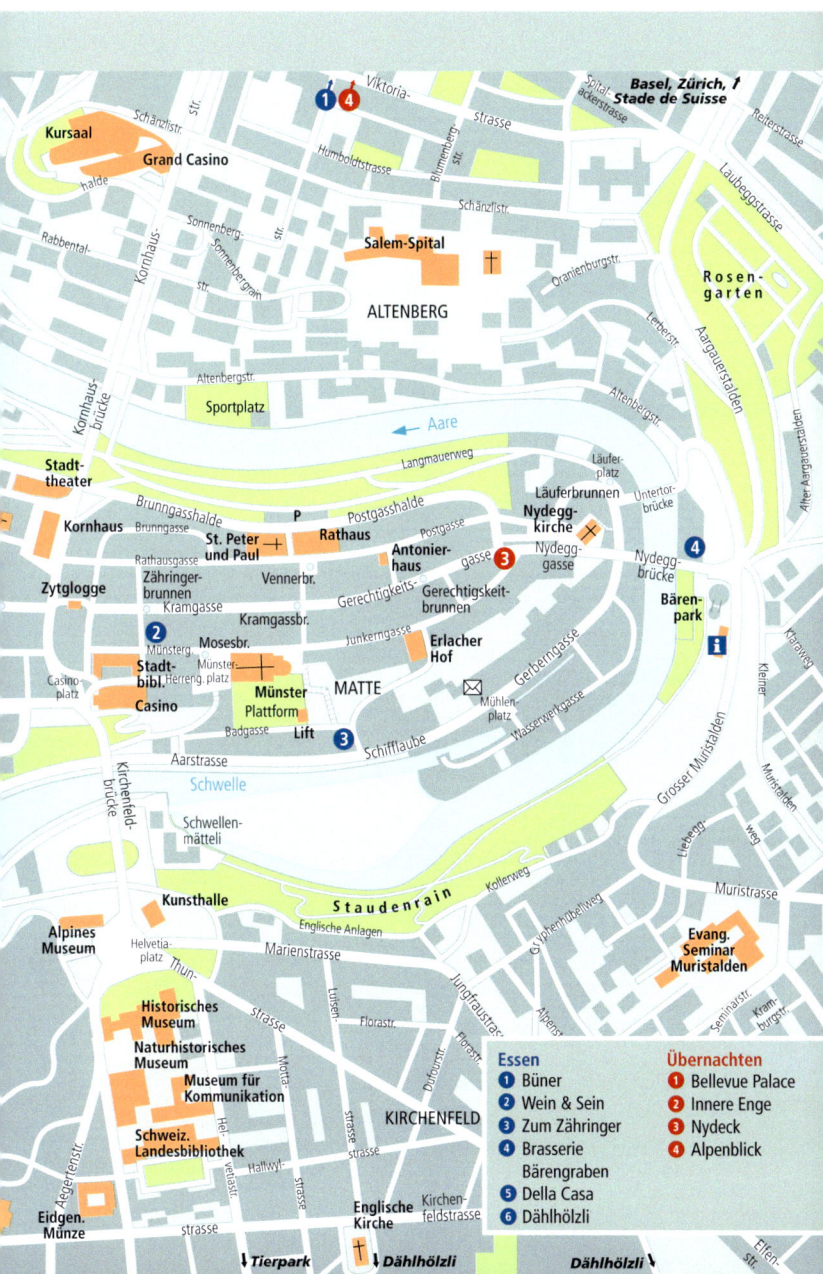

Kursaal
Grand Casino
Schänzlistr.
Schänzlistr.
Humboldtstrasse
Sonnenberg str.
Sonnenbergrain
str.
Kornhaus str.
Viktoria-
strasse
Blumenbergstr.
Schänzlistr.
Salem-Spital
ALTENBERG
Oranienburgstr.
Spital-
ackerstrasse
Basel, Zürich,
Stade de Suisse
Reiterstrasse
Läubeggstrasse
R o s e n -
g a r t e n
Rabbental-
Kornhaus-
brücke
Altenbergstr.
Sportplatz
← Aare
Langmauerweg
Altenbergstr.
Aargauerstalden
Alter Aargauerstalden
Stadt-
theater
Brunngasshalde
Brunngasse
Kornhaus
Rathausgasse
Zytglogge
Zähringer-
brunnen
Kramgasse
Mösesbr.
Stadt-
bibl.
Casino-
platz
Casino
P
Postgasshalde
Postgasse
St. Peter
und Paul
Rathaus
Vennerbr.
Kramgassbr.
Münster-
Herreng. platz
Münster
Plattform
Badgasse
Antonier-
haus
Gerechtigkeit-
gasse
Gerechtigkeits-
brunnen
Junkerngasse
Erlacher
Hof
MATTE
Mühlen-
platz
Lift
Schifflaube
Läufer-
platz
Läuferbrunnen
Nydegg-
kirche
Nydegg-
gasse
Untertor-
brücke
Nydegg-
brücke
Bären-
park
Gerberngasse
Wasserwerkgasse
Klösterlistalden
Kleiner
Muristalden
Nydegg-
brücke
Aarstrasse
Schwelle
Kirchenfeld-
brücke
Schwellen-
mätteli
Grosser Muristalden
Muristalden
weg
Muristrasse
Kunsthalle
Helvetia-
platz
Thun str.
S t a u d e n r a i n
Englische Anlagen
Marienstrasse
Kollerweg
Gsteighalbweg
Dalmaziquai
Liebegg-
weg
Evang.
Seminar
Muristalden
Seminarstr.
Kram-
burgstr.
Alpines
Museum
Historisches
Museum
Naturhistorisches
Museum
Museum für
Kommunikation
Schweiz.
Landesbibliothek
Eidgen.
Münze
Aegertenstr.
Luisen str.
Motta str.
Florastr.
Dufourstr.
Florastr.
Jungfraustr.
Alpen str.
Helv str.
Hallwyl str.
velastr.
KIRCHENFELD
Englische
Kirche
Kirchen-
feldstrasse
Thunstr.
Elfen-
str.
↓ Tierpark   ↓ Dählhölzli   Dählhölzli ↘

Essen
1 Büner
2 Wein & Sein
3 Zum Zähringer
4 Brasserie
  Bärengraben
5 Della Casa
6 Dählhölzli

Übernachten
1 Bellevue Palace
2 Innere Enge
3 Nydeck
4 Alpenblick

Bern erleben

AUSKUNFT
Bern Tourismus
Tourist Center Bahnhof, 3011 Bern
Tel. 031 328 12 12
www.bern.com, www.bern.ch

VERKEHR
Flugplatz Bern-Belp (▶ S. 701). Busse
und Tram der Berner Verkehrsbetriebe
(www.bernmobil.ch; Knotenpunkt am
Hauptbahnhof, Infocenter Bärenplatz 8).
Fahrradverleih im SBB-Bahnhof und bei
»Bern rollt« (vor dem Bahnhof).

FESTE & EVENTS
Febr.: Fasnacht. März–Mai: Jazzfestival.
Juli/Aug.: Altstadtsommer (Konzerte
u.a.). Mitte Juli: Gurtenfestival (Rock-
Openair auf dem Gurten). Anf. Aug.:
Straßenmusik-Festival. Nov.: Zibelemärit
(Baedeker Tipp ▶S. 232). Weihnachts-
markt auf Münster- und Waisenhaus-
platz. Veranstaltungstermine unter www.
kulturagenda.be, Karten bei Bern Billet,
Tel. 031 329 52 52, www.bernbillett.ch.

ESSEN
❶ *Büner* ⓔⓔ–ⓔⓔⓔ
Kasernenstr. 31
Tel. 031 333 15 15, www.buener.ch
Kreative Schweizer Küche mit franzö-
sisch-mediterranem Einschlag. Das traditionsreiche Restaurant besticht durch
beste Qualität, vielleicht »das« Berner
Kultlokal. Sa.mittag/So. geschl.

❷ *Wein & Sein* ⓔⓔ–ⓔⓔⓔ
Münstergasse 50, Tel. 031 311 98 44,
Di.–Fr. ab 18 Uhr geöffnet
Steil geht's hinunter in das kleine Keller-
gewölbe, kulinarisch jedoch hinauf. Nur
ein 4- oder 5-Gänge-Menü. Reservieren.

❸ *Zum Zähringer* ⓔⓔ–ⓔⓔⓔ
Badgasse 1, Tel. 031 312 08 88
Sa.mittag/So. geschl.
Schönes Haus an der Aare, der Garten
und die Terrasse sind einfach prachtvoll.
Typische Bistrospezialitäten und Gour-
metgerichte vereinen Schweizer und ita-
lienische Küche.

❹ *Brasserie Bärengraben* ⓔⓔ
Grosser Muristalden 1
Tel. 031 311 42 18
Reizvolle Beiz im Zollhaus mit lauschiger
Veranda. Klassische Bistroküche, beson-
ders gerühmt werden die Desserts.

❺ *Della Casa* ⓔⓔ
Schauplatzgasse 16
Tel. 031 311 21 42, So. geschl.
Entgegen dem Namen ist das »Delli«
seit 1892 ein Hort bernischer Bürger-
lichkeit und Küche wie Berner Platte,
Kutteln, Ochsenschwanzragout etc.
(Vegetarier müssen aber nicht darben).

❻ *Dählhölzli* ⓔ–ⓔⓔ
Tierparkweg 2
Tel. 031 351 18 94, tgl. geöffnet
Nach dem Zoobesuch oder einem Spaziergang an der Aare: Großes Restaurant
(auch Selbstbedienung) mit guter Küche
zu sehr angenehmen Preisen.

ÜBERNACHTEN
Die meistens Hotels verlangen
am Wochenende niedrigere Preise.

❶ *Bellevue Palace* ⓔⓔⓔⓔ
Kochergasse 3–5
Tel. 031 320 45 45
www.bellevue-palace.ch
»Das« Grand Hotel der Bundestadt von

angemessener Noblesse. Großartiger Ausblick über Aare oder Altstadt. Mindestens einmal auf der Terrasse speisen oder Tee trinken … (tgl. geöffnet).

➋ *Hotel Innere Enge* ●●●
Engestrasse 54
Tel. 031 309 61 11
www.innere-enge.ch
Seit dem 18. Jh. ist der Park nördlich der Stadt ein beliebtes Ausflugsziel. Große, individuell gestaltete Zimmer, man frühstückt im historischen Pavillon. Im Untergeschoss liegt Marians Jazzroom, »der« Jazztempel Berns, der viele Größen gesehen hat (www.mariansjazzroom.ch). Gutes, nicht überteuertes Restaurant.

➌ *Hotel Nydeck* ●–●●
Gerechtigkeitsgasse 1, Tel. 031 311 86 86, www.hotelnydeck.ch
Kleines, familiäres Haus am östlichen Eingang zur Altstadt mit schlicht-modern eingerichteten Zimmern. Mit beliebter Café-Bar »Junkere«.

➍ *Hotel Alpenblick* ●–●●
Kasernenstrasse 29
Tel. 031 335 66 66
www.welcomegroup.ch
Hübsches, denkmalgeschütztes Haus in ruhigem Wohnviertel nahe dem Messegelände und dem Stade de Suisse. Schlicht-moderne Zimmer, ebenso gestaltet ist das preiswerte Restaurant.

In der Münstergasse mit ihren vielen Kellereingängen ist Di.- und Sa.vormittag Fleischmarkt. Nr. 62 ist das 1515 erbaute Ältere **Mayhaus**. Der **Mosesbrunnen** (1791) wurde nach einem Vorgänger von 1545 gestaltet. Im spätbarocken **Stiftsgebäude** (1748) am Südrand des Platzes residiert die Kantonsregierung.   **Münstergasse**

Das spätgotische Münster St. Vinzenz, eine dreischiffige Pfeilerbasilika ohne Querhaus, wurde 1421 nach Plänen des bedeutenden Ulmer Architekten **Matthäus Ensinger** (Münster in Ulm und Straßburg) begonnen und – nach der Reformation 1528 – im Wesentlichen 1588 fertiggestellt (der Turm erst 1893). Den Bildersturm der Reformation hat das **＊Hauptportal** mit seinen 294 Figuren unbeschadet überstanden (Originale im Historischen Museum); im Tympanon ein Jüngstes Gericht von Erhart Küng (1495). Die prachtvollen Netzgewölbe in Mittelschiff und Chor besitzen figürliche Schlusssteine und Ornamentmalerei von Niklaus Manuel (um 1517). Im **Chor** zu beachten das Renaissance-Gestühl (1525), der Taufstein (1524), der Zelebrantendreisitz (1430) sowie die Glasfenster in der Achse und an der linken Wand (um 1450). Am Ende des linken Seitenschiffs ein Ehrenmal für die 1798 gegen die Franzosen gefallenen 702 Berner, am Ende des rechten (in der Matterkapelle) das 1601 gestiftete Denkmal für den Stadtgründer Berchtold von Zähringen sowie das Totentanzfenster (1918) mit Szenen nach dem Totentanz von Niklaus Manuel (1516–1519). Die prächtige Barockorgel (1729) besitzt 5404 Pfeifen. Der 101 m hohe **Turm** bietet eine überwältigende Aussicht auf die Stadt und das Berner Oberland; letzter Zugang 30 Min. vor   **＊Münster**

Gemütliche Pause am Café Fédéral vor dem Bundeshaus

Schließung des Münsters. Ein beliebter Treffpunkt – man spielt hier auch Boule – ist die baumbestandene **Münster-Plattform** mit einem Cafépavillon und hübschem Blick hinunter ins Aare-Tal. Am ersten Samstag im Monat findet hier März – Dez. der **Handwerkmarkt** mit handgefertigten Sachen statt. Mit dem Mattenlift (»das Senkeltram«) gelangt man hinunter in das Viertel »Matte«.

❶ Sommerzeit Mo. – Sa. 10.00 – 17.00, So. ab 11.30 Uhr, Winterzeit Mo. – Fr. 12. – 16.00, Sa. 10.00 – 17.00, So. 11.30 – 16.00 Uhr; Turm Eintritt 5 CHF

VOM MÜNSTER ZUM BÄRENPARK

Matte Das mittelalterliche **Handwerkerviertel** war eine eigene, »niedrige« Welt mit eigener Sprache (»Mattenenglisch«); seine Einwohner besaßen kein Bürgerrecht. Anfang des 20. Jh.s wurden ganze Straßenzüge abgerissen und neu aufgebaut, dennoch hielt sich bis zur Nobelsanierung der 1980er-Jahre viel von der alten Kultur. Mani Matter, der berühmte, unvergessene Berner Chansonnier (1936 – 1972), wurde im Café Zähringer bekannt.

Junkerngasse Die von Laubenhäusern gesäumte Junkerngasse, die den ältesten Stadtbezirk durchzieht, war einst Residenz der alten Adelsgeschlechter. Man achte auf die unterschiedliche Bebauung: zur Aare hin die Wohnpalais, gegenüber die Wirtschaftsgebäude (z. B. Nr. 10). Das **Wattenwyl-Haus** (Nr. 59) wurde 1709 fertiggestellt. Der **Erlacherhof** (Nr. 47; 1752), für den Schultheißen Hieronymus von Erlach erbaut, ist das einzige Berner Stadtpalais in Hufeisenform nach französischem Vorbild (Sitz des Stadtpräsidenten).

Über die Nydeggbrücke (1844) – links vor ihr steht seit 1494 am Platz der verschwundenen Burg Nydegg die kleine Nydeggkirche –, erreicht man die beliebteste Attraktion der Stadt, den **Bärenpark** (Rundgang um den Park jederzeit). Schon seit 1441 hält Bern sein Wappentier, den »Mutzen«, in lebender Form, seit 2009 in einer großzügigen, schönen Anlage; der Bärengraben von 1857 blieb erhalten. Um Ostern begutachtet »tout Berne« die Bärenjungen. Im **Alten Tramdepot** nebenan kann man sich mit dort gebrautem Bier erfrischen, außerdem zeigt das Tourist Centers eine **Multimediashow** über Bern. Vom **Rosengarten** am Aargauerstalden, einem beliebten Refugium, bietet sich eine herrliche Aussicht auf die Altstadt. Flussabwärts überspannt die Untertorbrücke, die älteste Brücke Berns (1468), die Aare.

Nydegg-brücke

Im Schöngrün südlich des Schosshaldenfriedhofs (an der A 6 östlich des Stadtzentrums) vereint das spektakuläre, 2005 eröffnete Zentrum Paul Klee 40 % des Klee-Œuvres mit ca. 4000 Werken, die in Wechselausstellungen präsentiert werden. Den wellenförmigen, teils unter die Erde verlegten Komplex entwarf Renzo Piano. Auch ein Museum für Kinder ist vorhanden, im Auditorium finden Konzerte statt (www.zpk.org). Das **Restaurant Villa Schöngrün** neben dem ZPK gehört zu den besten in Bern.

**Zentrum Paul Klee

Zentrum Paul Klee Di.– So. 10.00 – 17.00 Uhr, Eintritt 20 CHF, Bus 12 vom Bahnhof. **Villa Schöngrün:** Mo./Di. geschl., Tel. 031 359 02 90,

VON DER NYDEGGBRÜCKE ZUM BUBENBERGPLATZ

Von der Nydeggbrücke führt der 1700 m lange, überaus malerische Straßenzug von **Gerechtigkeits-, Kram-, Markt- und Spitalgasse** als Hauptachse durch die Altstadt. Die Gerechtigkeits- und die Kramgasse – ehemals »Märitgasse«, die Marktstraße der ersten mittelalterlichen Stadtsiedlung – zeigen mit ihren Barock- und Régence-Fassaden aus dem 18. Jh. ein schönes geschlossenes Bild. Den von Hans Gieng geschaffenen Gerechtigkeitsbrunnen (1543) krönt eine Justitia (Kopie, Original im Historischen Museum). Die Kramgasse wird von Kramgassbrunnen (N. Sprüngli, 1778), Simsonbrunnen (1544) und Zähringerbrunnen (1542) geziert, der das Berner Wappentier in Turnierrüstung zeigt (Denkmal für den Stadtgründer).

**Haupt-gassen

Das Rathaus – in dem die **Kantonsregierung** und das Stadtparlament tagen – wurde 1406 – 1417 in burgundischer Spätgotik errichtet (Besuchertribüne und Führungen, Info Tel. 031 633 75 18). Die Halle im Erdgeschoss diente ab 1488 als Kornspeicher. Auf dem Platz davor steht der Bannerträger- oder **Vennerbrunnen** von 1542.

Rathaus

Einstein-Haus In der Kramgasse 49 wohnte von 1903 bis 1905 der weltberühmte Physiker und Nobelpreisträger **Albert Einstein** (1879–1955), der von 1902 bis 1909 als Angestellter des Patentamts in Bern lebte. Hier schrieb Einstein allein 1905 sechs epochemachende Abhandlungen, u. a. zu seiner Relativitätstheorie. Auf zwei Etagen empfängt das modern-heimelige **»Einstein Kaffee«** zum Apéro oder Imbiss.

❶ 18. Febr.–März Mo.–Sa., April–Dez. tgl. 10.00–17.00, Eintritt 6 CHF

*Zytglogge Den Abschluss der Kramgasse bildet das Wahrzeichen Berns, der **Zeitglockenturm**, der bis etwa 1250 das westliche Stadttor war und seine heutige Form bis 1771 erhielt. An seiner Ostseite die astronomische Uhr von Kaspar Brunner (1530) mit einem Figurenspiel, das vier Minuten vor der vollen Stunde zu laufen beginnt. (Zu frequentierten Zeiten sollte man eine Viertelstunde vorher Posten beziehen.) Von Ende des 19. Jh.s stammt die letzte Berner »Vespasienne« – vulgo Pissoir – an der Nordseite des Zytglogge.

❶ Führungen April–Okt. 14.30 Uhr, Eintritt 7,50 CHF

Theaterplatz Westlich des Turms liegt rechts der Kornhausplatz (s. u.), links der Theaterplatz, an dem Bauten von Niklaus Sprüngli erhalten sind: die **Hauptwache**, eine Säulenhalle von 1767, und das **Hôtel de Musique**, das 1771 als Ball- und Kaffeehaus des Patriziats eröffnet wurde. Seit 1973 gibt es hier eines der schönsten italienischen Restaurants Berns, das **Lorenzini** (tgl.) mit der Lounge Du Théâtre.

*Marktgasse Die Fußgängern vorbehaltene Marktgasse ist die Achse der zweiten Stadterweiterung 1255–1265. Alte **Zunfthäuser mit Lauben** und zwei Brunnen prägen das Bild: der Schützenbrunnen (1543) und der Anna-Seiler-Brunnen (um 1545, Becken 1785). Die Benennung nach Anna Seiler, der Gründerin des Inselspitals (1354), kam erst im 19. Jh.s auf. Der **Käfigturm** wurde am Platz eines Stadttors als Gefängnis errichtet (1643); heute dient er als »Polit-Forum« des Bundes (Ausstellung, So. geschl.). Dahinter liegen Bären- und Waisenhausplatz.

Die **Spitalgasse** (Fußgängerzone), die Ende 19./Anfang 20. Jh. neu bebaut wurde – wobei große Geschäftshäuser entstanden – führt zum Bubenbergplatz. Der **Pfeiferbrunnen** stammt von Hans Gieng (1545); den besten Espresso der Stadt soll es im Kellergewölbe des **Caffè Roma** geben (Spitalgasse 14, So. geschl.).

! **BAEDEKER TIPP**

Zibelemärit

Am 4. November-Montag beginnt um 4 Uhr (offiziell um 6 Uhr) der Zwiebelmarkt, einer der ältesten Jahrmärkte der Schweiz. An über 700 Ständen – in der oberen Altstadt sowie auf Waisenhaus- und Bundesplatz – werden Zwiebeln verkauft, meist zu kunstvollen Zöpfen geflochten. Doch nicht nur das, es herrscht eine ausgelassene Stimmung mit Musik und Konfettischlacht um 16 Uhr.

Prächtig beflaggte Kramgasse mit dem Zähringerbrunnen
und dem berühmten »Zytglogge«

VOM KORNHAUSPLATZ ZUM KUNSTMUSEUM

Den Kornhausplatz ziert der **Kindlifresserbrunnen** (H. Gieng, um 1540) mit dem Riesen, der ein Kind verschlingt und zwei weitere schon parat hat. Das barocke ***Kornhaus** (1718) fungiert als Kulturzentrum. Beliebte Treffpunkte sind hier das sehr angenehme Kornhauscafé und der berühmte **Kornhauskeller**, dem man wieder seine historistische Gestaltung der Zeit um 1900 gegeben hat (Schweizer Bistro-Küche, großer Weinkeller, mittlere Preise).

Kornhausplatz

Die Französische Kirche, seit 1623 ein schlichter Saalbau, entstand um 1280 als Dominikanerkirche. Der gotische **Lettner** vor dem seit 1534 durch eine Mauer abgetrennten Chor ist mit Wandbildern aus dem Umkreis des »Berner Nelkenmeisters« (1495) geschmückt. Die Kirchhofmauer, die 1660 geschleift wurde, war mit einem 80 m langen Totentanz von Niklaus Manuel bemalt (1517); Kopien von 1649 sind im Historischen Museum zu sehen. An der Kornhausbrücke steht das neobarocke **Stadttheater** (1909).

Französische Kirche

Seinen Namen hat der Platz vom einstigen **Knabenwaisenhaus** (1786), jetzt Domizil der Stadtpolizei; davor der skurrile **Meret-Oppenheim-Brunnen** (1983), der von Zeit zu Zeit von seinem Bewuchs befreit wird. Di./Sa. ist Markt, Anf. April – Okt. auch Do.

Waisenhausplatz

Für Kunstfreunde eine der großen Adressen der Schweiz. Der Neorenaissance-Bau (1879) enthält bedeutende Werke des italienischen Tre-/Quattrocento (Duccio, Fra Angelico), der älteren und neueren Schweizer Malerei, der klassischen Moderne und der Gegenwart. Unter den **Schweizer Künstlern** sind v. a. der Berner »Meister mit

**Kunstmuseum

der Nelke« und Niklaus Manuel gen. Deutsch (1484 – 1530, ein Hauptmeister der Frührenaissance), Karl Staufer (1857 – 1891), Albert Anker (1831 – 1910; z. T. Leihgabe des SVP-Politikers Christoph Blocher, der die größte Anker-Sammlung besitzt) und Ferdinand Hodler (1853 – 1918) zu nennen. Besondere Beachtung verdienen die **Klassische Moderne** (wie Braque, Léger, Picasso, Kandinsky) und das Werk des schizophrenen Adolf Wölfli (1864 – 1930), der in der Heilanstalt Waldau lebte. (Diese Heilanstalt im Vorort Ostermundigen ist heute Psychiatrische Universitätsklinik, die ein **Psychiatrie-Museum** unterhält.) Auch zeitgenössische Kunst und Fotografie werden gesammelt.

❶ Di. 10.00 – 21.00, Mi. – So. 10.00 – 17.00 Uhr, Eintritt 7 – 22 CHF

NÖRDLICH UND WESTLICH DER ALTSTADT

Kornhaus-brücke Vom Kornhausplatz führt die 1898 eröffnete Kornhausbrücke, eine 48 m hohe und 115 m lange Eisenkonstruktion, über die Aare in den neueren Stadtteil auf dem Spitalacker. Gleich jenseits der Brücke liegt auf dem Schänzli, einst ein Außenwerk der Stadtbefestigung, der **Kursaal** mit Konzertsaal und **Grand Casino**. Die Terrasse gewährt den schönsten Blick auf Bern und die Alpen. Westlich unterhalb am Hang lädt der 1858 begründete **Botanische Garten** zum Relaxen.

Botanischer Garten: März – Sept. 8.00 – 17.30, sonst bis 17.00 Uhr, Eintritt frei

＊Große Schanze Vom Hauptbahnhof bringen Aufzüge und Treppen hinauf zur Großen Schanze, Hauptbastion der von 1634 bis 1834 bestehenden Festung, heute beliebter **Park mit großartiger Aussicht**. In der Schanzenstraße 15 ist die Schweizerische Theatersammlung mit einem Museum zum Theaterwesen ansässig.

Theatermuseum: Fr. – So., Eintritt 8 CHF

SÜDLICH DER ALTSTADT

Kirchenfeld Vom Casinoplatz führt die Kirchenfeldbrücke, eine Eisenkonstruktion von 1883, hinüber zum Villenviertel Kirchenfeld mit einer Reihe von Museen. Sein Zentrum ist der Helvetiaplatz mit dem Welttelegrafen-Denkmal (1922). Die 1918 erbaute **＊Kunsthalle** – die seit den 1960er-Jahren für Unkonventionelles bekannt ist, 1968 hat Christo sie verpackt – zeigt in Wechselausstellungen zeitgenössische Werke. Gegenüber erläutert das **Schweizerische Alpine Museum** die alpine Welt der Schweiz und ihre Erschließung; auch ein großes Relief des Berner Oberlandes ist zu sehen.

Kunsthalle: Di. – Fr. 11.00 – 18.00, Sa., So. 10.00 – 18.00 Uhr, Eintritt 8 CHF
Alpines Museum: Di. – So. 10.00 – 17.00, Do. bis 20.00 Uhr, Eintritt 12 CHF

Das »Renaissance-Schlösschen« (1894) am Helvetiaplatz ist das His- ****Histori-**
torische Museum mit Sammlungen von der Ur- und Frühgeschichte **sches**
(v. a. Funde aus dem Kanton Bern) bis zur neueren Geschichte. Be- **Museum**
sonders hervorzuheben sind die Beute aus der **Schlacht bei Grand-**
son (1476; u. a. der grandiose Millefleurs-Teppich Karls des Kühnen), die Figuren des **Münsterportals**, die Kopien des **Totentanzes**
von Niklaus Manuel (Albrecht Kauw, 1649; s. Französische Kirche),
der Domschatz von Lausanne und der **Königsfelder Kirchenschatz**.
Eine Kuriosität ist die Sammlung des Abenteurers Henri Moser-
Charlottenfels (Kunstgewerbe aus dem Orient). Auf ungewöhnliche
Weise gibt das sehenswerte **Einstein-Museum** gibt Einblick in Leben
und Werk des Physikers. Weitere Sammlungsgebiete sind Völkerkunde, Kunsthandwerk und Münzen.

❶ Di. – So. 10.00 – 17.00 Uhr, Eintritt 13 CHF

Im Westflügel des Historischen Museums (Bernastraße 5) gibt das **Weitere**
Schweizer Schützenmuseum Einblick in einen wichtigen Teil der **Museen und**
Schweizer Identität. Das dahinter liegende **Naturhistorische Muse-** **Institutionen**
um (Bernastr. 15) führt mit 220 Dioramen die Lebenswelt einheimi- **in**
scher und exotischer Tiere vor Augen; attraktiv sind auch die Samm- **Kirchenfeld**
lungen zu Geologie, Mineralogie und Paläontologie, außerdem ist
hier eine Schweizer Legende zu sehen: der berühmte **Bernhardiner**
Barry, der 1814 zu Bern verschied
(▶ S. 462). Für Literaturinteressierte
ist die **Schweizerische National-**
bibliothek mit dem nationalen Lite-
raturarchiv ein Muss (Hallwylstr. 15,
So. geschl.). In der Helvetiastraße 16
befindet sich das sehr unterhaltsame
Museum für Kommunikation, das
alle Mittel und Formen der Kommunikation illustriert; darüber hinaus
besitzt es verkehrs- und post-
geschichtliche Sammlungen mit der
größten Briefmarkensammlung der
Welt. Das **Schweizerische Bundes-**
archiv (Archivstr. 24) ist das »Gedächtnis« der Eidgenossenschaft.

Schützenmuseum: Di. – So. 14.00 – 17.00, So. auch 10.00 – 12.00, Eintritt frei
Naturhistorisches Museum: Mo. 14.00 – 17.00, Di.– Fr. 9.00 – 17.00, Sa./So.
10.00 – 17.00 Uhr, Eintritt 8 CHF
Museum für Kommunikation: Di. – So.10.00 – 17.00 Uhr, Eintritt 12 CHF

> ! **BAEDEKER TIPP**
>
> *Rast an der Schwelle*
>
> Nach einer Museumstour braucht
> man einen schönen Platz zum Re-
> laxen. Den findet man unter der
> Kirchenfeldbrücke an der Aare:
> das »Schwellenmätteli« mit Café-
> Bistro Terrasse und italienischem
> Restaurant Casa im gemütlichen
> Fachwerkhaus. Hier ist die Ferien-
> stimmung perfekt. Anfahrt über
> den Dalmaziquai.

Die Thormannstraße führt südlich zum Dählhölzli mit dem **Tier-** **Dählhölzli**
park. An der Aare entlang geht man von dort in 15 Min. zum Naturschutzgebiet **Elfenau**, einem beliebten Naherholungsgebiet mit der
Stadtgärtnerei, einst das Brunnadern-Gut (zugänglich). Die Orange-

rien sind reizvoller Rahmen für Musik und Theater. Noch 30 Min. an der Aare aufwärts geht man zum beliebten Fährbeizli.

Tierpark: Sommerzeit 8.30 – 19.00, Winterzeit 9.00 – 17.00 Uhr, Eintritt 10 CHF

AUSSENBEZIRKE VON BERN

**Gurten Der 861 m hohe Hausberg Berns ist vom südöstlichen Vorort Wabern mit einer Standseilbahn zu erreichen. Oben gibt es ein Gartenrestaurant mit schönem Blick auf Bern. Vom Ostsignal (10 Min. östlich) sowie vom Westsignal (3 Min. westlich) genießt man eine grandiose Aussicht auf die Berner Alpen.

Stade de Suisse Das Wankdorfstadion, in dem die deutsche Fußballelf 1954 Weltmeister wurde, erlebte das letzte Spiel am 3. August 2001. Nachfolger ist das 2005 eröffnete Stade de Suisse mit Einkaufszentrum, Gastronomie etc., Austragungsort bei der Fußball-Europameisterschaft 2008. Die alte Stadionuhr wurde auf dem Quartierplatz vor dem Stade installiert. Anfahrt vom Hauptbahnhof mit S-Bahn oder Bus 20.

UMGEBUNG VON BERN

Münchenbuchsee In Münchenbuchsee 10 km nördlich von Bern sind in der Kirche **St. Johannes** bedeutende Glasmalereien von Ende des 13. Jh.s erhalten. Feine moderne Küche bietet hier die michelin-besternte **»Moospinte«** an der Straße nach Wiggiswil (Mo./Di. geschl.).

Schloss Jegenstorf Etwa 6 km nordöstlich von Münchenbuchsee liegt dieser barocke Landsitz von 1720, der auf eine Wasserburg des 12. Jh.s zurückgeht. Das **Museum für bernische Wohnkultur** macht hier den Lebensstil des Berner Patriziats erlebbar. Mit Café im alten Waschhaus.

❶ Ca. 10. Mai – 20. Okt. Di. – Sa. 13.30 – 17.30, So. 11.00 – 17.30 Uhr, Eintritt 7 CHF

Laupen Wer von Bern nach Murten strebt, kann unterwegs in Laupen Halt machen (ca. 20 km, 2800 Einw.), das mit der Geschichte Berns verknüpft ist: In der Schlacht 1339 setzte es sich gegen den Rest der »Burgundischen Eidgenossenschaft« durch, der sich gegen die Übermacht Berns auflehnte. Das hübsche **altertümliche Städtchen** wird von der Burg (12. Jh.) überragt, die ab 1324 als bernische Vogtei diente und um 1650 erweitert wurde (schöner Rittersaal).

Belp In **Belp**, 6 km südöstlich von Bern am Fuß des Belpbergs (892 m) gelegen, sind das malerische Schloss aus dem 16./17. Jh. (Bezirksverwaltung) und die Kirche St. Peter und Paul zu beachten, die einen großen spätgotischen Freskenzyklus (um 1460) besitzt.

Von Belp führt das hübsche Gürbetal, das wegen des Weißkraut-
anbaus als »Kabisland« bekannt ist, nach Süden. In **Toffen** sind die
Oldtimer-Galerie (Auktionshaus, Gürbestr. 1) und das 1671 barock
umgestaltete mittelalterliche Schloss einen Besuch wert. Auch das
Schloss in **Rümligen** wurde im Barock dem Zeitgeschmack ange-
passt; letzte Besitzerin war das Berner »Original« Madame de Meuron. Rund 7 km fährt man – mit Blick auf das **Stockhorn** (2190 m)
– nach **Wattenwil** (604 m) unterhalb der **Stafelalp** (983 m, Gasthaus, lohnende Auffahrt 3 km). In **Blumenstein** sind im Chor der
Kirche aus dem 14. Jh. schöne Glasmalereien zu sehen (um 1325).
Für die Weiterfahrt über Amsoldingen ▶ Thun.

Gürbetal

Als Alternative zur Route durchs Gürbetal bietet sich eine Fahrt auf
den aussichtsreichen Höhen westlich davon an. Dazu fährt man von
Kehrsatz rechts bergauf und weiter nach Riggisberg. In **Zimmerwald**
(840 m) fand im September 1915 die Konferenz zur Gründung der
»Dritten Internationalen« statt, wobei W. I. Lenin und L. Trotzki an-
wsend waren. In **Riggisberg** (768 m, 1900 Einw.) sollte man die
*Abegg-Stiftung besuchen, die alte Gewebe sammelt und restauriert.
Ihr Bestand an jahrhundertealten prachtvollen Stoffen aus Europa
und Asien genießt Weltruf. Von Riggisberg lohnen Abstecher nördlich zur *Bütschelegg (herrlicher
Ausblick, u. a. auf die Berner Alpen)
und nordwestlich nach **Rüeggisberg** (ca. 5 km) mit den Resten eines 1528 aufgehobenen Cluniazen-
ser-Priorats. Über **Burgistein** (775
m) mit seinem weithin sichtbaren,
großartigen Schloss (1535, schöner
Ausblick) erreicht man Wattenwil
im Gürbetal.
Abegg-Stiftung: 28. April – 10. Nov.
14.00 – 17.30 Uhr, Eintritt 10 CHF

Von Riggisberg lohnt sich auch die Fahrt südwestlich in die Freiburger Alpen. **Gurnigelbad** (1151 m) und **Schwefelbergbad** (1389 m)
sind alte Heilbäder in schöner, waldreicher Umgebung mit seit Ende
des 16. Jh.s genützten Schwefelquellen. Empfehlenswerte Wanderungen sind z. B. die auf den **Ochsen** (2190 m, 2.30 Std.), den Bürglen
(2165 m, 2 Std.) oder den **Gantrisch** (2175 m, 2 Std.).

**Freiburger
Alpen**

Wer von Bern übers Land nach Fribourg fährt, sollte sich in Köniz
(575 m, 39 000 Einw.) den Landsitz **Morillongut** von 1832 und die
ehemalige **Augustinerpropstei St. Peter und Paul** ansehen. Die
romanisch-gotische Kirche, die 1226 von Deutschordensrittern übernommen wurde, besitzt schöne Wand- (1398) und Glasmalereien
(um 1330). Die Komturei wurde im 17. Jh. zum Schloss ausgebaut.

Köniz

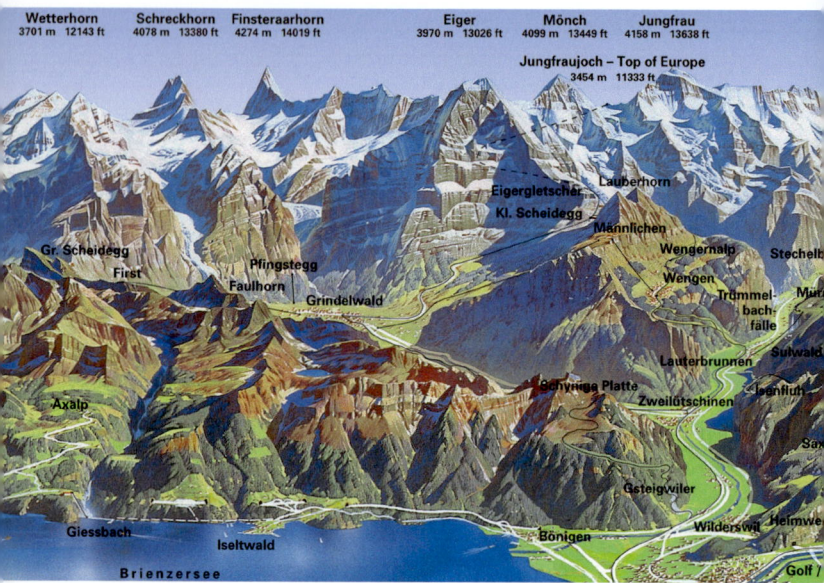

Wetterhorn 3701 m 12143 ft — Schreckhorn 4078 m 13380 ft — Finsteraarhorn 4274 m 14019 ft — Eiger 3970 m 13026 ft — Mönch 4099 m 13449 ft — Jungfrau 4158 m 13638 ft

Jungfraujoch – Top of Europe 3454 m 11333 ft.

Schwarzen-burg
Bei Niederscherli (7 km südwestlich von Köniz) überwindet man das tief eingeschnittene Tal des **Scherlibachs** und kommt dann nach Schwarzenburg (795 m) mit einem Schloss von 1575, einst Sitz des bernischen Landvogts, und sehenswertem Heimatmuseum. Im benachbarten **Wahlern** steht die ungewöhnliche, schindelverkleidete Kapelle Maria Magdalena (Chor 1463, Schiff und Turm 17. Jh.). Auf der Weiterfahrt nach ▶ Fribourg überquert man auf einer gedeckten Holzbrücke die Schlucht der Sense, über der gut 1 km nördlich die beeindruckende Ruine der **Reichsfeste Grasburg** liegt (13. Jh.).

✳✳ Berner Oberland

✳ H – K 9 – 15

Kanton: Bern

Die grandiose Szenerie des Berner Oberlands – mit Thuner- und Brienzersee, mit der Jungfrau-Region, Kandersteg und Adelboden, Lenk und Gstaad – ist ein Höhepunkt des alpinen Fremdenverkehrs.

Der zwischen Thuner- und Brienzersee sowie der südlichen Kantonsgrenze gelegene Teil der Berner Alpen, war viele Jahrhunderte ein

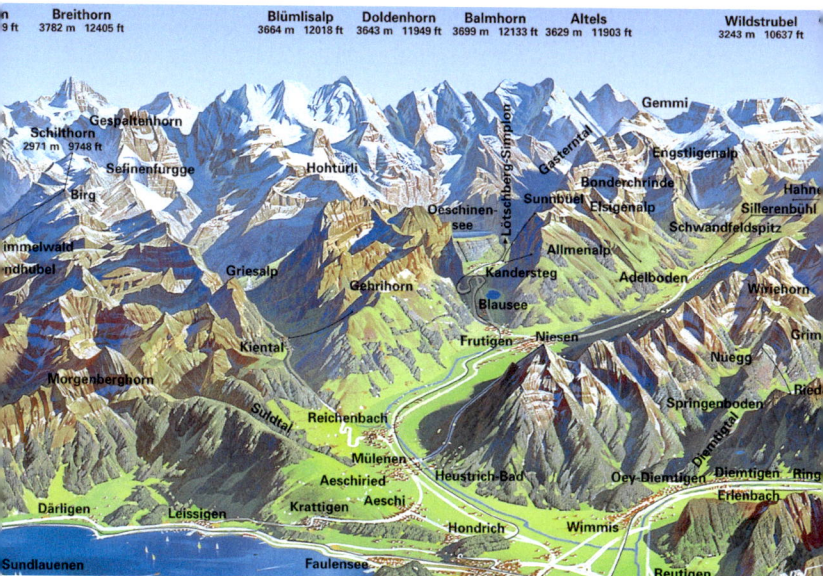

bäuerliches, von Bern ausgebeutetes Untertanenland. Im 18. Jh. begann man jedoch die Alpen zu »entdecken«, wobei romantische Erwartungen von Anfang an eine große Rolle spielten; bald kamen auch sportlich-heroische Motive hinzu – in beidem waren die Engländer führend. Heute ist das Berner Oberland mit einem perfekten Freizeit- und Sportangebot das bekannteste und meistbesuchte Urlaubs- und Ausflugsgebiet der Schweiz. Im Sommer sind Wandern und Mountainbiken auf gut markierten Wegen sowie Klettern und Hochtourengehen auf Routen aller Schwierigkeitsgrade das Hauptvergnügen, im Winter ist die Region ein großes Skiparadies. Es versteht sich, dass die bedeutendsten »Höhepunkte« durch Bergbahnen erschlossen sind, allen voran das Jungfraujoch (3454 m) mit dem höchstgelegenen Schienenbahnhof Europas.

Die z. T. vergletscherten Bergmassive reichen im östlichen Berner Oberland über die 4000-Meter-Grenze hinaus, so im Finsteraarhorn (4274 m), dem höchsten Gipfel der Berner Alpen, im Schreckhorn (4078 m), in Mönch (4107 m) und Jungfrau (4158 m). Entwässert wird das ganze Berner Oberland über die Aare, wobei mit Ausnahme der Saane alle Flüsse (Simme, Kander, Lütschine) in den Thuner bzw. den Brienzersee münden. Später fließt auch die Saane der Aare zu und diese dem Rhein. Der zum Wallis gehörende Südteil der Berner Alpen entwässert über die Rhone zum Mittelmeer. Die wichtigste

Topografie

Nord-Süd-Verbindung durch das Zentrum des Berner Oberlands war der 14,6 km lange Lötschberg-Eisenbahntunnel; seit 2007 ersetzt ihn der 34,6 km lange **Lötschberg-Basistunnel**, der Frutigen im Berner Oberland mit Raron im Kanton Wallis verbindet, bis zur Fertigstellung des Gotthard-Basistunnels der längste Tunnel der Alpen.

Jungfrau-Region Es ist insbesondere der bis zum Haslital reichende Ostteil des Berner Oberlands, auf dem sein Ruf gründet: die ▸ **Jungfrau-Region mit so berühmten Orten wie Grindelwald, Wengen und Mürren sowie dem Höhepunkt des Berner Oberlands, dem Trio aus Eiger, Mönch und Jungfrau. Zugänglich ist sie von ▸ **Interlaken** aus, das – wie der Name besagt – zwischen dem Thuner und dem Brienzersee liegt. Nach Westen erstreckt sich das Oberland bis zu den Kantonen Fribourg und Waadt; somit gehören auch das ▸ Frutigland mit **Kandersteg** und **Adelboden**, das ▸ Simmental mit **Lenk** und auch noch das Saanenland mit ▸ **Gstaad** dazu, alles renommierte und sommers wie winters beliebte Urlaubsziele.

*Die Seen Auch der ▸ Thunersee und der ▸ Brienzersee gehören zu den traditionsreichen Fremdenverkehrszielen der Schweiz. Nicht nur Alexander von Humboldt, Goethe, Kleist und Brahms reisten mit Begeisterung zum **Thunersee** mit seinem reizvollen Hauptort Thun. In der Stadt und ihrer Umgebung sind drei berühmte Schlossanlagen als Historische Museen zugänglich. Bei Spiez gewährt der Gipfel des **Niesen** (2367 m) – eine markante, perfekte Pyramide, die Maler immer wieder als Sujet anzog – eine traumhafte Aussicht auf die Seen sowie die Viertausender des Jungfraumassivs und der Walliser Alpen. Großer Beliebtheit erfreut sich auch der etwas »ernstere« **Brienzersee**; bei Brienz an seinem Ostende liegt das großartige Bauernhausmuseum Ballenberg.

**** Berninastraße**

✦ **J – L 25 – 27**

Kanton: Graubünden ·
Grischun · Grigioni

Passhöhe:
2323 m ü. d. M.

Eine der schönsten Schweizer Gebirgsrouten führt von ▸ Pontresina über den Berninapass ins Puschlav und weiter nach Tirano im italienischen Veltlin.

»Vom Eis zum Wein« Die rund 60 km lange Passstraße wurde 1842 – 1865 erbaut und ist ganzjährig geöffnet. Zunächst hat man bei der Fahrt die Eisriesen des Oberengadins um sich. Im Puschlav (Valposchiavo, Poschiavo-Tal) atmet man noch Bergluft, doch macht sich schon die Nähe zu Italien

Berg-Fahrt: Blick ins Morteratsch-Tal und zur Bernina-Gruppe

bemerkbar. Ganz südländisch mutet dann das Veltlin (Valtellina) mit seinen Reben und Palmen an. Die Passhöhe markiert die Grenze zwischen dem rätoromanischen und dem italienischen Kulturgebiet. Im Puschlav wird etwas Wein gekeltert; einige renommierte Weinhäuser wie Plozza und Triacca haben im Veltlin Rebberge und machen »italienische« Weine (Sassella, Grumello, Inferno, Sforzato). Man versäume nicht, auch die heimische Küche kennenzulernen, wie Capunet (Spinatnocken), Maluns (Kartoffel-Buchweizen-Tarte) und Pizzöcar (Buchweizenspätzle, oft mit Gemüse und Käse).

Ein großartiges Erlebnis ist die Fahrt mit der Rhätischen Bahn – im Sommer mit offenen Wagen – von St. Moritz nach Tirano. Die 1910 eröffnete Strecke (UNESCO-Welterbe) ist die höchste und eine der steilsten Adhäsionstrassen der Alpen (bis 7 %, Gipfel 2253 m). Zu Fuß braucht man auf der Via Valtellina von Pontresina nach Poschiavo zwei gemütliche Tage, Mountainbiker schaffen's an einem Tag. **Bernina-Bahn

VOM ENGADIN INS PUSCHLAV

Auf der idyllischen Alp Nova bei der Bahnstation Morteratsch (5 km von Pontresina) produziert die Sennerei Pontresina Käse auf traditionelle Art. Von der Bahnstation, auch Ausgangspunkt eines interessanten **Gletscherlehrpfads**, gelangt man in 35 Min. zur ✶✶**Chünetta**, von der man einen herrlichen Blick auf den Morteratschgletscher zwischen Piz Palü (3905 m), Bellavista (3827 m), Piz Bernina (4049 m), Piz Morteratsch (3751 m) und Piz Boval (3353 m) hat. **Morteratsch**
Alp Nova: Ende Juni – Anf. Okt. tgl. 9.00 – 17 Uhr

Bernina erleben

AUSKUNFT

Pontresina ▶dort

Ente Turistico Valposchiavo
Stazione, 7742 Poschiavo
Tel. 081 844 05 71
www.valposchiavo.ch

ESSEN/ÜBERNACHTEN

Hotel Belvedere ⊕
Alp Grüm, Tel. 081 844 03 14

Kleines gemütliches Berghaus in 2189 m
Höhe, mit großartigem Panorama. Feine
hausgemachte regionale Spezialitäten
aus biologischen Produkten.

Hotel Albrici ⊕⊕
Poschiavo, Plaza da Cumün
Tel. 081 844 01 73, www.hotelalbrici.ch
Schöner Bau von 1682 am Hauptplatz
der Stadt. Große Zimmer mit alten Mö-
beln, gutes Restaurant (Holzofen-Pizza).

**Diavolezza Der 2973 m hohe »Teufelsberg« ist eines der beliebtesten Skigebiete
der Alpen (Seilbahn von der Bahnstation Bernina-Diavolezza). Beim
Diavolezza-Haus (2978 m) hat man unvermittelt die atemberaubenden Riesen der Berninagruppe vor sich: gegenüber der Piz Palü, links
der Cambrena-Gletscher, rechts der dreiteilige Gipfel des Piz Bellavista, dann folgen Piz Bernina (4049 m, der höchste Gipfel der Bündner Alpen und der einzige Schweizer 4000er außerhalb des Wallis
und der Berner Alpen), weiter rechts Piz Bianco, Prievlus und Morteratsch. Gletscherwanderungen nach Morteratsch (5 Std.) führt die
Bergsteigerschule Pontresina durch (Tel. 081 838 83 33).

*Piz Lagalb Der Piz Lagalb (2959 m) ist der letzte und einer der anspruchsvolle-
ren der St. Moritzer Skiberge (Seilbahn von der Bahnstation Lagalb).
Vom Gipfel prachtvoller Ausblick über die Bündner Alpen.

Bernina- Die Seen Lej Pitschen (Kleiner See, 2220 m), Lej Nair (Schwarzer See,
Hospiz 2222 m) und Lago Bianco (Weißer See, 2234 m), in dem sich der
Cambrena-Gletscher spiegelt, passierend erreicht man das **Ospizio
Bernina** (2309 m) mit einem der höchstgelegenen ganzjährig be-
dienten Bahnhöfe Europas. Beim Hospiz trennen sich Straße und
Bahntrasse. Von der Bahnstation ***Alp Grüm** (2091 m) hat man
einen schönen Blick auf den Palügletscher und hinunter ins Pusch-
lav; in **Cavaglia** sind eindrucksvolle Gletschermühlen zu sehen.

Bernina-Pass Die Berninastraße steigt am Lago della Crocetta vorbei zum Bernina-
Pass an (ital. Passo del Bernina, 2323 m, herrlicher Ausblick). Nun
geht es steil bergab, auf 18 km um 1100 Höhenmeter. Bei La Motta
zweigt die Straße über die **Forcola di Livigno** (2315 m) nach Livigno
ab, das als zollfreie Zone und Skiort bekannt ist (bis zur italienischen
Grenze sind es 3,5 km, bis Livigno 15 km).

Bei **San Carlo** (1095 m) hat man die Sohle des Puschlav-Tals (Valle   **Puschlav-Tal**
di Poschiavo) erreicht. Anders als das **Veltlin**, das 1815 mit der Lombardei an Österreich und 1859/1861 an Italien gelangte, blieb es bei
Graubünden. Die Nähe zu Italien macht sich überall bemerkbar: an
Sprache und Lebensart, an Vegetation und Baustil. Im Gelände trifft
man auf die **Crotti**, mörtellose Steingebäude, die als Keller für die auf
der Alp hergestellten Milchprodukte dienten. Quellwasser fließt
durch die Crotti und hält sie kühl.

Hauptort des Puschlav-Tals ist Poschiavo (dt. Puschlav, 1014 m, 3500   **Poschiavo**
Einw.). Das Städtchen zeigt mit weithin sichtbarem Campanile, Plätzen und Palazzi, mit engen Gassen und Rosengärten ein mediterranes Bild. Auf dem Dorfplatz wird mittwochs Markt gehalten. Das
Museum Poschiavino im **Palazzo Mengotti** (17. Jh.) illustriert bäuerliche Kultur und informiert über die Geschichte der Auaswanderung
im 18./19. Jh. Das **Rathaus** wurde im 12. Jh. als Wohngebäude errichtet (Casa Torre, Führungen). Im **Alten Kloster** (1654) sind Col-
lagen von Wolfgang Hildesheimer ausgestellt, der im Puschlav seine
Heimat fand, 1991 in Poschiavo starb und dort auf dem evangelischen Friedhof beigesetzt ist. Die Stiftskirche **San Vittore** wurde
1503 vollendet, der schöne romanische Turm stammt vom Vorgängerbau. Das Oratorio Sant'Anna südlich davon (1732) diente als
Beinhaus. Das Kunstmuseum in der **Casa Console** besitzt eine große
Spitzweg-Sammlung und weitere bedeutende Gemälde des 19. Jh.s.
Im **Spaniolenviertel** am Südrand des Orts errichteten in Spanien
reich gewordene Konditoren im 19. Jh. prächtige Palazzi mit bunten
Fassaden. Beachtenswert ist auch die barocke Kirche **Santa Maria
Assunta**, ein hübscher Zentralbau aus dem frühen 18. Jh.; das illusi-
onistische Kuppelgemälde datiert von 1720.

Am **Lago di Poschiavo** liegt der schöne Sommerferienort Le Prese   **Le Prese**
(962 m). Hier werden Heilkräuter angebaut. Ein schöner Spaziergang
führt am östlichen Seeufer entlang nach Miralago. Bei **Brusio** passiert man den berühmten Kreisviadukt der Rhätischen Bahn; im Ort
sind die Casa Besta (17. Jh.) mit einer schönen Ratsstube und kleinem Museum sowie die protestantische Kirche mit einer Serassi-
Orgel von 1786 zu beachten.

Im wenige Kilometer hinter der Grenze liegenden Städtchen Tirano   **Tirano**
(438 m, 9000 Einw.) ist die Wallfahrtskirche **Madonna di Tirano**
(1504 – 1533) interessant, die bis ins 19. Jh. das religiöse Zentrum des
Veltlins war. Innen ist sie reich mit manieristischen und barocken
Fresken geziert. Sie steht im nordwestlichen Ortsteil Richtung Berninapass. Von Tirano kann man über Sondrio und Chiavenna (85 km)
ins Bergell und über den Malojapass nach St. Moritz zurückfahren
(gesamt ca. 135 km).

★ Biel & Bielersee

✦ E/F 8/9

Kanton: Bern
Höhe: 440 m ü. d. M.

Einwohner:
51 600

Ein charmanter Platz ist die zweisprachige Uhrenstadt Biel mit ihrer hübschen Altstadt und interessanten Museen. Schöne Ausflugsmöglichkeiten bieten Bielersee und Berner Jura.

Ungefähr drei Fünftel der Einwohner von Biel / Bienne sind deutschsprachig, zwei Fünftel französischsprachig. Tatsächlich aber gehen die beiden Sprachen und Kulturen hier bunt durcheinander, von den Straßenschildern bis zum französisch-bernischen Kauderwelsch im Alltag. Bekannt ist Biel als Zentrum der feinmechanischen Industrie; **renommierte Uhrenfirmen** wie Rolex, Tissot und die Swatch Group (zu der viele große Marken gehören wie Omega, Blancpain, Longines, Union Glashütte) sind fest mit Biel verbunden. Auf den Zuzug französischer Uhrmacher geht auch die kulturelle Zweigleisigkeit der Stadt zurück, die um 1220 vom Basler Fürstbischof gegründet wurde und trotz Versuchen, sich an Bern und die Eidgenossenschaft anzuschließen, bis 1792 von dessen Nachfolgern abhängig blieb. Erst 1815 wurde sie dem Kanton Bern zugeschlagen.

SEHENSWERTES IN BIEL

Altstadt　Die kleine, hübsche Altstadt ist zweigeteilt. Am **Burgplatz** – hier ist Di., Do. und Sa. Gemüsemarkt – stehen das Theater (ursprünglich Zeughaus, 1591), das ehemalige Amtshaus und das spätgotische Rathaus (1534); vor dem Rathaus der Gerechtigkeitsbrunnen von 1714. Das Burggässli führt zum **Ring**, einem stimmungsvollen, von Laubenhäusern umgebenen Platz. Die spätgotische reformierte **Stadtkirche St. Benedikt** (1492) besitzt Fenster und Wandmalereien aus der Bauzeit. Das **Zunfthaus der Waldleute** – zu denen auch das Baugewerbe gehörte –, ein spätgotischer Stufengiebelbau mit Renaissanceelementen (1561, Sitz des Kunstvereins), stammt von M. Wumard, ebenso der Bannerträgerbrunnen davor und der Teufelsbrunnen (16. Jh.) in der Obergasse. Am ehemaligen **Gasthaus Alte Krone** (1582) erinnert eine Tafel an den Besuch Goethes im Jahre 1779; im Keller ist das Kleintheater »Théâtre de Poche« zu Hause. Am Rosiusplatz sind noch Teile der 1387 zerstörten **Burg** erhalten. Auch stehen dort der **Zeitglockenturm** von 1843 und die Ingenieurschule.

Museumsviertel　In Richtung See liegt die Bieler »Museumsmeile«. An der Schüss stehen die beiden Häuser des **Neuen Museums Biel**. Eine Indienne-

Der hübsche Burgplatz mit dem Gerechtigkeitsbrunnen

Stoffdruckerei von Mitte 18. Jh. (Schüsspromenade 26; bis 2012 das Museum Neuhaus), beherbergt die Sammlungen zu Geschichte, Kunst und Archäologie der Region: industrielle Entwicklung Biels und Wohnkultur des 19. Jh.s; das Werk der Malerfamilie Robert (Tier- und Pflanzenaquarelle); die Ausstellung Karl und Robert Walser, die das spannungsreiche Verhältnis der aus Biel gebürtigen Künstlerbrüder dokumentiert; Vor- und Frühgeschichte (der Urheber der Sammlung, Friedrich Schwab, entdeckte 1857 die eisenzeitliche Siedlung La Tène am Neuenburgersee). Im Haus Schwab (Seevorstadt 50) finden Sonderausstellungen zu allen drei Bereichen statt. Zeitgenössische Kunst v. a. aus der Schweiz wird im **Centre PasquART** (Seevorstadt 71) mit modernem Erweiterungsbau gezeigt, außerdem gibt es hier ein Photoforum und das Filmpodium. Die von Bäumen gesäumte **Seevorstadt** führt zum Strandboden und zum Freizeitgelände am See. Uhrenfans dürfen das **Museum Omega** im Osten der Stadt nicht auslassen (Stämpflistr. 96).

Neues Museum Biel: Neuhaus und Haus Schwab Di. – So. 11.00 – 17.00 Uhr, Eintritt Neuhaus 8 CHF, mit Haus Schwab 10 CHF
PasquArt: Mi. – Fr. 14.00 – 18.00, Sa., So. 11.00 – 18.00 Uhr, Eintritt 11 CHF
Museum Omega: Di. – Fr. 10.00 – 18.00, Sa. 11.00 – 17.00 Uhr, Eintritt frei

Im **Bahnhof** von 1923 ist noch die Jugendstil-Wartehalle mit ihren Wandmalereien erhalten; das Buffet, eines der berühmtesten der Schweiz, konnte sich mangels Kunden nicht halten, jetzt hat sich ein McDonald's eingemietet. Das Straßendreieck nordöstlich des Bahnhofs bis zum Zentralplatz wurde ab 1925 im Stil des »Neuen Bauens« angelegt, eine Schweizer städtebauliche Strömung, die sich an Bauhaus und Le Corbusier orientierte. Beispielhaft dafür ist die »Rotonde« am Guisanplatz (Restaurant).

Das Biel der 1920/30er-Jahre

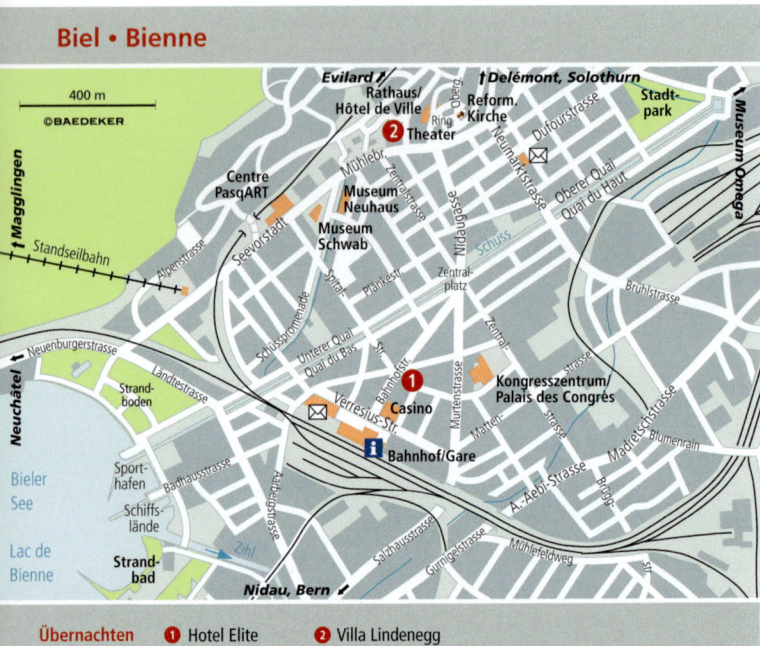

Biel • Bienne

Übernachten   ❶ Hotel Elite   ❷ Villa Lindenegg

Nidau   Das **Schloss** im benachbarten Ort am See, heute Sitz der Bezirksverwaltung, war einst eine prächtige Wasserburg (vor 1196) der Grafen
gleichen Namens. Im Schloss dokumentiert eine Ausstellung die Probleme der Juragewässer und den Kampf gegen diese. Zum Relaxen
lockt das Strandbad, ein typisches Volksbad der 1930er Jahre.

UMGEBUNG VON BIEL

Jura   Die Höhen des Juras bieten einen weiten Ausblick über das Mittelland mit seinen Seen bis zu den Berner Alpen. Standseilbahnen bringen von Biel hinauf nach Leubringen (frz. Evilard) und nach **Magg-
lingen** (frz. Macolin, 875 m), bekannt als Sitz der Eidgenössischen
Sportschule (einst Grand Hotel und Kurhaus). Eine schöne Wanderung führt von hier südwestlich über den Twannberg und durch die
Twannschlucht nach Twann (▶ S. 248).

*Taubenloch-   Vom nördlichen Vorort Bözingen lohnt sich der Gang (45 Min.)
schlucht   durch die dramatisch-malerische Szenerie der Taubenlochschlucht
nach Frinvillier (zurück mit Bahn oder Bus).

Im südöstlichen Vorort Studen zeigt die **Fondation Saner** Werke von Exponenten der Schweizer Kunst des 19./20. Jh.s von Anker über Hodler bis zu den »Zürcher Konkreten« wie Max Bill.
Studen
❶ Zugänglich für Gruppen nach Anmeldung unter Tel. 032 373 13 17

Büren an der Aare (443 m, 3150 Einw.), 10 km östlich von Biel, bezaubert mit seinem alten Ortskern, dem **Stedtli**, mit Rathaus (um 1500), Schloss der Landvögte (1620 – 1623) und gotischer Kirche (1290/1510). Im Spittel ist das Ortsmuseum ansässig.
Büren an der Aare

Biel & Bielersee erleben

AUSKUNFT
Tourismus Biel Seeland
Bahnhofplatz 12, 2501 Biel
Tel. 032 329 84 84
www.biel-seeland.ch

SCHIFFSVERKEHR
Die Schiffe der BSG (▶ S. 702) fahren Anf. April – Ende Okt., im Winter nur So., die der NLM Ende März – Mitte Okt. Der Bieler See ist über Zihl- und Broye-Kanal mit Neuenburger See und Murtensee verbunden, außerdem kann man die Aare bis Solothurn hinunterfahren.

FESTE & EVENTS
Biel: Anfang Juli: Braderie (großer Markt, mit Musikbühnen). 31. Juli: Bielerseefest mit Feuerwerk. Mitte Juli: Pod'Ring (Kulturwoche in der Altstadt mit buntem Programm). Ende Aug.: Altstadt-Chilbi. Bieler See: Ende Sept./Anf. Okt.: Lesesonntage in vielen Orten.

ESSEN/ÜBERNACHTEN
❶ *Hotel Elite* ⓔ–ⓔⓔⓔ
Biel, Bahnhofstrasse 14
Tel. 032 328 77 77
Edles Art-déco-Hotel. Exzellentes Restaurant mit schweizerisch-internationaler Küche (Sa.mittag/So. geschl.). Die Bar »Baramundo« ist ein Hotspot in Biel.

❷ *Villa Lindenegg* ⓔⓔ–ⓔⓔⓔ
Biel, Lindenegg 5
Tel. 032 322 94 66, www.lindenegg.ch
Die kleine klassizistische Villa im Park besitzt eine wohltuende, unprätentiöse Atmosphäre. Zauberhaftes Bistrot mit herrlicher Veranda und feiner Küche (Mo. geschl.).

Hotel St. Petersinsel ⓔⓔⓔ
Erlach, Tel. 032 338 11 14, Nov. bis Mitte März geschl., www.st-petersinsel.ch
Das Kleinod im Bielersee (▶ S. 250). Modern oder antik gestaltete Zimmer ohne TV und Minibar. Man speist im Saal, im Hof oder auf der Terrasse.

Hotel Bären ⓔ–ⓔⓔ
Twann, Tel. 032 315 20 12
www.baeren-twann.ch
Gepflegte Bürgerlichkeit strahlt der klassische Gasthof am See aus. Spezialität des Restaurants (mit Terrasse) ist fangfrischer Fisch.

Hotel Krone ⓔ–ⓔⓔ
Aarberg, Stadtplatz 29, Tel. 032 391 99 66, www.krone-aarberg.ch
Seit dem 14. Jh. ist der imposante Gasthof am Stadtplatz bezeugt. Große, komfortable Zimmer. Mit Gaststube und gutbürgerlichem Restaurant.

Vom Bielersee – hier Ligerz – kommen vorzügliche Weine.

BIELERSEE

*Weinregion Zwischen den langgestreckten Höhenzügen des Juras und dem Seeland (▶S. 250) breitet sich der 39 km² große, 14,5 km lange und 3,5 km breite **Bielersee** aus. Seine steilen Nordufer sind für den Weinbau prädestiniert, weshalb sich hier hübsche **Winzerdörfer** reihen (leider meist von Straße und/oder Bahn durchschnitten). Das Südufer ist flacher und weniger besucht, vor Jahrtausenden standen hier viele Pfahlbauten. Die Weinberge am Bielersee tragen zu 75 % weiße Reben (fast nur Chasselas) und 25 % Pinot Noir (Blauburgunder) als einzige rote Sorte. Der Kalkboden und der frühe Abzug von der Hefe ergeben feine, leicht perlende Weine, die nach ihrer Herkunft als »Twanner« usw. bezeichnet werden. In Ligerz lohnt der Besuch des **Rebbau-Museums**, viele Winzer bieten Degustationen in ihren **Carnotzets** (Kellern) an. Am Sept./Okt. finden **Winzerfeste und Läsetsunntige** statt, und im Jan./Februar geht man zu den Winzern zum Treberwurstessen (alle Info: www.bielerseewein.ch). Sehr schön ist die Wanderung durch die Rebhänge zwischen Biel und La Neuveville (gesamt ca. 4 Std.).

Twann Twann (frz. Douanne, 434 m, 850 Einw.) besitzt idyllische Gassen, alten Weinbauernhäuser und den schönen Gasthof Bären am See. Wegen des stark schwankenden Seespiegels wurde das Erdgeschoss der Häuser früher als Weinkeller genützt, die Wohn- und Vorratsräume lagen darüber. Das **Fraubrunnenhaus** (Dorfgasse 120) wurde 1574 als Rebhaus des Klosters Fraubrunnen errichtet. Das **Rebhaus** in Wingreis, das sich um 1624 ein reicher Berner baute, dient als Museum und Degustationslokal. Aus der **Twannbachschlucht** (lohnender Spaziergang) hat man einen traumhaften Blick auf Ort und See.

Ligerz (frz. Gléresse, 433 m, 520 Einw.) zeigt mit seinen Häusern aus dem 16.–18. Jh. ein schönes Bild. Im herrlichen Herrensitz derer von Ligerz (um 1555) ist das **Rebbau-Museum »Hof«** untergebracht (am südlichen Ortsrand). Oberhalb Ligerz wurde an einem Pilgerweg nach Santiago de Compostela um 1480 die **Pfarrkirche** errichtet. Die Standseilbahn »Vinifuni« fährt durch die Weinberge nach **Prêles** (dt. Prägelz) auf dem ***Tessenberg** (818 m) hinauf, wo man einen grandiosen Ausblick hat.

Ligerz

Rebbau-Museum: Mai–Okt. Sa., So. 13.00 – 17.00 Uhr

Die letzte Berner Gemeinde ist das reizvolle, 1312 gegründete Städtchen La Neuveville (438 m, 3500 Einw.). Das **»Montreux des Juras«** besitzt noch seine Stadtmauer mit Toren und Türmen. Am unteren Ende der schönen Hauptstraße (Rue du Marché) bilden das Ufertor (14. Jh.), der Temple du Lac (1720) und das Drachenhaus von 1758 ein hübsches Ensemble. Im Rathaus ist ein **Historisches Museum** eingerichtet. An der Straße nach Biel steht die schon im Jahr 866 erwähnte **Weiße Kirche** (Blanche Eglise, 1345 und 1458 vergrößert) mit schöner Holzdecke und gotischen Fresken.

La Neuveville

?　BAEDEKER WISSEN

Auf Bärlachs Spuren

Als ungewöhnlichen Reiseführer für Bern und das idyllische Land am Bielersee kann man den 1950 erschienenen, fesselnden Kriminalroman »Der Richter und sein Henker« lesen. Friedrich Dürrenmatt kannte, was er beschrieb, geografisch und psychologisch sehr genau; er lebte, als er den Roman schrieb, in Schernelz.

Einen herrlichen Blick auf die Phalanx der Berner Alpen, auf den Mont Blanc, den Jura und bis zum Schwarzwald hat man vom unbewaldeten Chasseral (1609 m), dem höchsten Punkt des Bergrückens, der sich von Biel bis Neuchâtel hinzieht. Von La Neuveville führt ein kühnes Sträßchen hinüber nach **St-Imier** (26 km), vom Pass geht eine Stichstraße zum Gipfel mit Berghotel und Antennenanlagen.

*Chasseral

Schon zum Kanton Neuchâtel gehört das 1325 gegründete Le Landeron (433 m, 4500 Einw.), das für den größten Floh- und Antiquitätenmarkt der Schweiz bekannt ist: Die zweitägige **Fête de la Brocante** findet am letzten September-Wochenende auf dem großartigen Hauptplatz statt, der von Häuserzeilen des 16./17. Jh.s mit Tortürmen eingeschlossen wird. Für Schnäppchen bietet sich der Freitagnachmittag an, wenn die Stände aufgebaut werden.

Le Landeron

Zu Füßen des rebenbestandenen Jolimont liegt am Südende des Sees das malerische Erlach (frz. Cerlier, 433 m, 1100 Einw.). Spätgotische Häuserzeilen mit Laubengängen flankieren die Junkerngasse, die vom Rathaus zum Schloss hinaufführt; es geht auf die Burg zurück, die um 1100 vom Basler Bischof erbaut wurde (nicht zugänglich, da

Erlach

Kantonale Heimschule). Im Weindorf **Lüscherz** illustriert das Pfahl-
baumuseum die Entwicklung der Kulturlandschaft im Seeland.

*Sankt
Petersinsel
Ein herrliches, bekanntes Ausflugsziel ist die unter Naturschutz stehende St. Petersinsel, die bis zur Aareregulierung wirklich eine Insel
war. Von Erlach geht oder radelt man 4 km zum idyllisch gelegenen,
gediegenen Klosterhotel (▶ S. 247), einst ein Cluniazenser-Priorat
(1127 gegründet, 1484 aufgehoben). Im Jahr 1765 fand **Jean-Jacques**
Rousseau hier für zwei Monate Zuflucht; sein Zimmer ist zugänglich. Die St. Petersinsel ist auch mit dem Schiff erreichbar.

BERNER SEELAND

Aare-
Regulierung
»Seeland« heißt das Gebiet von Bieler-, Murten- und Neuenburgersee,
im engeren Sinn ist damit aber die Ebene östlich des Bielersees bzw.
nordöstlich des Murtensees mit dem **Großen Moos** gemeint, ein
Gemüseanbaugebiet, in dem ein Viertel der nationalen Produktion
geerntet wird. 1868 – 1875 wurde der Lauf der Aare umgestaltet: Der
Fluss, der früher in rund 7 km Entfernung am See vorbeiströmte,
wurde durch einen Kanal bei Hagneck in den See eingeleitet und
durch einen weiteren zwischen Nidau und Büren in das ursprüngliche Bett geführt. Mit den Kanälen zwischen den drei Seen entstand
ein großes Ausgleichssystem, das den Wasserspiegel des Bielersees
um 2,5 m senkte, seine großen Schwankungen beseitigte und die
Ebene des Seelands dauerhaft landwirtschaftlich nutzbar machte. Bekannt ist das Seeland für seine vielen Ofenhäuser, in denen noch traditionelle Köstlichkeiten gebacken werden.

Ins
In Ins (2900 Einw.) ist das Atelier von **Albert Anker** (1831 – 1910),
einem der beliebtesten Schweizer Maler, fast original erhalten. Acht
Ofenhäuser gibt es in Ins, darunter das älteste der Schweiz. Für das
südöstlich gelegene Kerzers ▶ Murten.
Atelier Anker: Führungen April – Okt. 1. +. 3. So. im Monat 15.00 – 17.00
Uhr oder nach Anmeldung beim Infozentrum Ins, Tel. 058 327 24 30

Aarberg
Aarberg (455 m, 4100 Einw.), ein um 1220 von Graf Ulrich III. von
Neuenburg gegründetes Städtchen, war für Jahrhunderte einer der
bedeutendsten Verkehrsknotenpunkte des Landes; heute ist es lan-
desweit für seine **Zuckerfabrik** bekannt, die etwa die Hälfte des nationalen Bedarfs deckt. Sehenswert sind der riesige **Stadtplatz** –
einst Station für Hunderte Fuhrwerke und Kutschen – mit seinen
behäbigen Bürger- und Gasthäusern und die **gedeckte Brücke** über
die alte Aare von 1568; seit dem Bau des Hagneck-Kanals stehen ihre
Pfeiler auf dem Trockenen. Zu beachten sind die Fratzen an den Brü-
ckenjochen. Die spätgotische reformierte Kirche entstand bis 1484

(Turm 1529); innen sind die Renaissance-Glasmalereien zu erwähnen. Das **Amthaus** (1610) birgt eine Galerie der Wappen von über 80 Landvögten. Am letzten Fr./Sa. im April und im August ist die Altstadt ein großer Antiquitätenmarkt.

BERNER JURA

Der Zugang zum Berner ▶ Jura führt von Biel durch die Taubenlochschlucht (▶ S. 246) nach Sonceboz (656 m) im Vallon de St-Imier; hier macht man gern in der Poststation von 1707 halt, heute das erstklassige Restaurant Du Cerf (mit weniger teurer Brasserie; für beide reservieren, Tel. 032 488 33 22). Nahe der Passhöhe **Pierre Pertuis** Richtung Tavannes ist ein 12 m hohes und 8 m breites Felsentor (lat. »petra pertusa«, »durchlöcherter Fels«) mit römischer Inschrift zu sehen. **Tavannes** (757 m, 3500 Einw.) am Ursprung der Birs entwickelte sich ab etwa 1870 zum Industrieort mit neobarockem Gepräge; einen Blick wert ist die Christkönigskirche von 1930.

Sonceboz

Das westlichste Zeugnis der Vorarlberger Bauschule ist das ehemalige **Prämonstratenserkloster Bellelay** 8 km nördlich von Tavannes, erbaut 1708 – 1714 von dem Vorarlberger Franz Beer sozusagen als »Fingerübung« zu St. Urban (▶ Zofingen); nach der Aufhebung 1797 dienten die Gebäude als Uhrenfabrik und Brauerei, heute als Psychiatrische Klinik. In der von den Wessobrunnern J. und F. Schmuzer stuckierten Kirche, die das Vorarlberger Wandpfeilerschema zeigt, finden u. a. Konzerte und Ausstellungen statt. Seit Jahrhunderten wird im Kloster Käse produziert, der Ende des 19. Jh.s den Namen **Tête de Moine** (Mönchskopf) bekam; die Girolle, mit der man den Käse in hauchfeine Locken schabt, kam erst 1982 auf den Markt. In der Klosterscheune kann man die Herstellung des Käses verfolgen. Fährt man nach Moutier weiter, verdienen **Sornetan** mit der Kirche von 1709 und das reizvolle **Souboz** einen Halt.

Bellelay

Die Industriegemeinde Reconvilier (731 m, 2200 Einw.) ist bekannt für die Foire de Chaindon mit Pferde- und Viehmarkt am 1. Sept.-Wochenende. Im oberhalb gelegenen Weiler **Loveresse** kam der legendäre Clown Grock zur Welt (Adrian Wettach, 1880 – 1959); im guten, bodenständigen Restaurant du Cerf wird seiner gedacht. Über Malleray-Bévilard und Court sowie durch den malerischen **Birs-Durchbruch** erreicht man das Industriestädtchen **Moutier** (dt. Münster, 532 m, 7500 Einw.). Es geht auf das 640 gegründete, bedeutende Kloster **Moutier-Grandval** (weltberühmte Bibel im British Museum London) zurück, von dem nur Reste erhalten sind. Schloss (1742) und Temple St-Germain (1858, Glasfenster 1961) entstanden auf mittelalterlichen Grundmauern. Ein Leckerbissen für Technik-

Reconvilier

fans ist das Drehautomatenmuseum (Musée du Tour Automatique). Südwestlich der Stadt ist die romanische Kapelle von **Chalières** sehenswert, die in ottonischem Stil ausgemalt ist (um 1020).

Grandval
Corcelles
Östlich von Moutier sind in Grandval das Haus des Bannerträgers Wisard (1535.) mit einer noch benützten offenen Küche und in Corcelles eine Hammerschmiede aus dem 19. Jh. interessant. Nähere Info findet man unter www.jurabernois.ch.

Saint-Imier
St-Imier (814 m, 4800 Einw.) im von der Suze (dt. Schüss) durchflossenen Vallon de St-Imier ist ebenfalls ein bedeutender Uhrenort: Im **Museum Longines** erfährt man alles über die Geschichte der berühmten Uhrenfabrik; von Jean Nouvel stammt das Werksgebäude der Gruppe Cartier (1993). Zu beachten sind die romanische Stiftskirche (um 1100) und die Tour de la Berthe, ein Rest der romanischen Martinskirche. Eine Standseilbahn bringt auf den **Mont Soleil** (1290 m) mit einem Photovoltaik-Sonnenkraftwerk (übernachten und essen kann man in der Auberge L'Assesseur, Mo./Di. geschl.); ein Lehrpfad verbindet es mit der Windkraftanlage auf dem Mont Crosin (1 Std.). Im Winter ein Paradies zum Langlaufen.
Museum Longines: Zu den Geschäftszeiten, Anm. Tel. 032 942 54 25

** **Bodensee**

✧ **B/D 19 – 24**

Fläche: 545 km²
Mittlerer Wasserspiegel:
395 m ü. d. M.   **Kantone:** Thurgau, St. Gallen

Ein Garten Eden bildet im Nordosten das Entree zur Schweiz: das in eine zauberhafte Voralpenlandschaft gebettete, von geschichtsträchtigen Orten umgebene »Schwäbische Meer«.

Der See
und seine
Umgebung
Der Bodensee liegt im Alpenvorland im Dreiländereck Deutschland, Österreich und Schweiz. Seine unverwechselbare Gestalt gewinnt er durch die Gliederung in Obersee, Überlinger See und Untersee mit jeweils einer größeren Insel: der Hafenstadt Lindau, der Blumeninsel Mainau und der Gemüseinsel Reichenau mit ihren großartigen Kulturdenkmälern. Die herrliche Bergkulisse südlich des Sees bildet das ▶ Appenzellerland mit dem 2504 m hohen Säntis; östlich des Sees ragen die Berge des Bregenzerwalds und die Allgäuer Alpen auf, im Südwesten schließt sich das idyllische Bauernland des ▶ Thurgaus an. Der Blick von der Schweiz über den See zum deutschen Ufer – ein reizvolles Hügelland mit Obstkulturen und Rebhängen – ist weniger spektakulär. Der See entstand nach der letzten Eiszeit, in der der

Prachtvoller Ausblick mit der Rorschach-Heiden-Bahn

Rheingletscher ein **tiefes Becken** aushobelte. Mit 545 km² Fläche ist
er nach dem Genfer See (582 km²) der zweitgrößte Alpenrandsee.
Seine größte Länge von 76 km erreicht er zwischen Bregenz und
Stein am Rhein, seine breiteste Stelle hat er zwischen Kreßbronn und
Rorschach mit 14,8 km. Die größte Tiefe wurde zwischen Fischbach
und Uttwil gemessen (252 m). Von der 263 km langen Uferlinie entfallen 168 km auf deutsches, 69 km auf Schweizer und 26 km auf
österreichisches Gebiet. Hauptzufluss und -abfluss ist der ▶ Rhein.

Der Bodenseeraum ist ein uraltes Siedlungsgebiet. Die frühesten   Geschichte
menschlichen Spuren sind 20 000 bis 10 000 Jahre alt. Vor ca. 3000
Jahren entstanden die ersten Pfahlbauten von Jägern, Fischern und
Bauern. Dann siedelten hier keltische Helvetier, die bis 15 v. Chr. von
den Römern unterworfen wurden; Arbor Felix (Arbon) ist eine ihrer
Gründungen am Schweizer Ufer. Prägend für Sprache und Lebensweise im Bodenseeraum wurden die germanischen Alemannen, die
um 250 von Norden vordrangen. Heute werden rund um den See
verschiedene Formen des Alemannischen und des Schwäbischen
(das sich im 13. Jh. aus dem Alemannischen entwickelte) gesprochen.
Irisch-schottische Wandermönche, v. a. Columban d. J. und sein
Schüler Gallus, predigten und tauften hier um 610. Zur gleichen Zeit
wurde Konstanz Bischofssitz und damit zur wichtigsten Stadt im Bodenseeraum. In ▶ Sankt Gallen und auf der Reichenau entstanden
Klöster, die sich zu berühmten geistlichen und kulturellen Zentren
entwickelten. Nach der karolingischen Pfalz Bodema (Bodman) erhielt der See seinen heutigen deutschen Namen; die englische, die
französische und die italienische Bezeichnung entstanden mit dem
Konzil in Konstanz 1414. 1312 gründeten Konstanz, St. Gallen und
Schaffhausen den ersten Schwäbischen Städtebund. 1499 sagten sich

Bodensee erleben

AUSKUNFT

Tourist Information
Hauptstrasse 56, Hafenbahnhof
9400 Rorschach, Tel. 071 841 70 34
www.tourist-rorschach.ch
www.st.gallen-bodensee.ch
www.romanshorn.ch

Kreuzlingen Tourismus
Sonnenstr. 4, 8280 Kreuzlingen
Tel. 071 672 38 40
www.kreuzlingen-tourismus.ch

Tourismus Untersee
Im Kohlgarten 2, D-78343 Gaienhofen
Tel. + 49 (0)7735 91 90 55
www.tourismus-untersee.eu

VERKEHR

Von Rheineck nach Walzenhausen und
von Rorschach nach Heiden (▶Appen-
zellerland) fahren Zahnradbahnen.
Die Schiffe der Weißen Flotte (▶S. 702)
fahren von April bis Mitte Okt. (Vor-
und Nachsaison nur Sa./So.), die Autofähre Romanshorn–Friedrichshafen
ganzjährig tgl. Der Untersee wird von
der Schiffahrtsgesellschaft Untersee
und Rhein bedient.

WANDERN / RADFAHREN

Um den See führen in wechselndem
Abstand vom Ufer ein Wander- und ein
Radweg (ca. 270 km), beide sind mar-
kiert (www.fernwege.de).

ESSEN

Urs Wilhelms Restaurant ⓔⓔⓔ
Altnau, Kaffeegasse 1
Tel. 071 695 18 47, Mi./Do. geschl.
Gemütliches Gasthaus gegenüber der
Dorfkirche mit exzellentem Restaurant.

Seelenwärmende klassische Küche mit
vielen Kräutern, kleines Gartenrestaurant. Auch vier nette Zimmer.

Neue Blumenau ⓔⓔ–ⓔⓔⓔ
Lömmenschwil, Romanshornerstrasse 2
Tel. 071 298 35 70, Sa.mittag/So./Mo.
geschl. Pilze, Blüten und Kräuter machen
die neue Schweizer Küche zum Erlebnis.
Elegant modernisiertes Haus in wunder-
schöner Lage oberhalb des Bodensees.
Ebenso lohnend ist die Wirtschaft Rug-
gisberg südlich des benachbarten Dorfs
Watt (Mo./Di. geschl., reservieren, Tel.
071 298 54 64, www.ruggisberg.ch).

Englers am See ⓔⓔ
Rorschach, Hauptstrasse 56
Tel. 071 841 08 08, Mo./Di. geschl.
www.englers-amsee.ch
Große Fenster im ersten Stock des Ha-
fenbahnhofs eröffnen einen wunderbaren Ausblick. Gute schweizerisch-
französisch-italienische Küche, große
Weinkarte mit exzellenten Tropfen:

Grödeli ⓔⓔ
Kreuzlingen, Konstanzerstr. 58
Tel. 071 672 43 62, Mo./Di. geschl.
http://grödeli.ch
Das »Grödeli« ist ein herrliches, Anfang
des 17. Jh. erbautes Fachwerkhaus. Im
nobel-heimeligen Lokal werden unkomplizierte, handfeste Gerichte aufgetischt

Adler ⓔ–ⓔⓔ
Mammern, Hauptstrasse 4
Tel. 052 741 29 29, Juni–Aug. Di. geschl.,
sonst auch Mo. Auch dies ein schöner
Thurgauer Gasthof, mit stimmungsvol-
lem Wintergarten und Terrasse. Etwas
für Liebhaber feiner Hausmannskost auf

der Basis regionaler Produkte.Mit netten, sehr preisgünstigen Gästezimmern.

ÜBERNACHTEN

Romantikhotel Krone ●●–●●●

Gottlieben, Seestrasse 11
Tel. 071 666 80 60
www.hoteldiekrone.ch
Geöffnet Mi.–Sa. ab 18 Uhr, So.
Prächtiger Fachwerkbau von Ende des 17. Jh.s am Rhein, antik eingerichtete Zimmer. In den unterschiedlich gestalteten Restaurants tafelt man in mehr oder minder festlichem Rahmen.

Hotel Restaurant Adler ●●

Ermatingen, Fruthwilerstrasse 2
Tel. 071 664 11 33
www.adler-ermatingen.ch
Eine der ältesten Herbergen der Schweiz: außen wie innen beeindruckendes Fachwerkhaus von 1500, das viele prominente Gäste sah, u. a. Napo-

léon III. Bodenständig-feines Restaurant (Mo./Di. geschlossen).

Schloss Wartegg ●●–●●●

9404 Rorschacherberg
Tel. 071 858 62 62, http://wartegg.ch
Ein Schlösschen mit englischem Park, über der südlichsten Stelle des Bodensees gelegen. Biologisch modern gestaltete Zimmer ohne TV und Mini-Bar. Mit edlem Restaurant (Terrasse!), Bibliothek, Sauna und der »schönsten Badewanne der Schweiz« (Bad von 1928).

Hotel Hecht ●

Ermatingen, Schiffländestrasse 25
Tel. 071 664 16 15
www.hotelhecht-ermatingen.ch
Ruhig und günstig gelegenes, sehr preiswertes kleines Hotel. Im überaus schönen, getäfelten feinen Restaurant genießt man frischen Fisch aus dem See oder Wild (Mi./Do. geschl.).

die Eidgenossen und mit ihnen das Südufer des Bodensees vom Heiligen Römischen Reich los. Im Basler Frieden 1795 wurden die bis heute gültigen Staatsgrenzen zwischen Deutschland und der Schweiz im Bodenseegebiet festgelegt. Konstanz, bis dahin Hauptstadt des Thurgaus, wurde deutsche Grenzstadt; der Thurgau andererseits verlor damit sein städtisches Zentrum.

SCHWEIZER BODENSEE-UFER

In Altenrhein am Mündungsdelta des Alten Rheins ist die »**Markthalle**« (2001) an der Durchgangsstraße der Blickfang, das letzte Bauwerk von Friedensreich Hundertwasser. Einen Markt gibt's hier nicht, dafür ein Café, eine Galerie (mit Tonbildshow) und einen Laden mit Tand im Hundertwasserlook. Man beachte den Zebrastreifen vor der Halle (so offiziell bewilligt). Einen Besuch wert ist das **Fliegermuseum** im Flughafen St. Gallen-Altenrhein mit flugtüchtigem Gerät, das z. T. auch für Rundflüge eingesetzt wird.

Altenrhein

Fliegermuseum Altenrhein: März – Okt. Sa., So. 13.30 – 17.00 Uhr, Eintritt 10 CHF, www.fliegermuseum.ch

Wie gemalt: Sonnenuntergang bei Mannenbach am Untersee

Rorschach

Rorschach (398 m, 8800 Einw.) hatte als Hafen- und Marktort für St. Gallen schon früh Bedeutung; der Handel mit Getreide und Weinen sowie die Stickindustrie prägten bis ins 20. Jh. die Stadt. Am Hafen steht das stattliche **Kornhaus**, der schönste Getreidespeicher der Schweiz (Johann Caspar Bagnato, 1748) mit dem aufwendig gestalteten Heimatmuseum, das sich als »Wissens- und Erlebniswelt« versteht. Bemalte Bürgerhäuser aus dem 17./18. Jh. mit Erkern säumen die **Hauptstraße**. Die barocke Kirche St. Kolumban und Konstantius (17. Jh., 1783 vergrößert) besitzt Deckenmalereien des Vorarlbergers Andreas Brugger. Im Sommer spielt die hölzerne Badeanstalt im See (»Badi«) eine große Rolle. Über der Stadt liegt das 1484–1519 erbaute **Kloster Mariaberg**, das nie als Kloster genützt wurde (heute Teil der Pädagogischen Hochschule des Kantons St. Gallen); sehr schön sind der spätgotische Kreuzgang (1519, Mensa), das Refektorium und der Kapitelsaal (Führungen Tel. 071 844 18 18).

Museum Kornhaus: April–Ende Okt. tgl. 10.00–17.00 Uhr, Eintritt 9 CHF

Arbon

Arbon (398 m, 13 800 Einw.) liegt auf einer kleinen Halbinsel. Die Kelten nannten ihre Siedlung Arbona, »gute Erde«, die Römer Arbor felix, »glücklicher Baum«. Die Blütezeit der Stadt begann mit der Leinenproduktion im 17. Jh., ab Mitte des 19. Jh.s wurden die Maschinenfabrik Saurer – die »Wiege« markant-schöner Lkws und Busse – und die Stickerei Heine wirtschaftlich prägend; sozial und kulturell überaus aktiv war die Arbeiterschaft. Bis 1987 wurde die Produktion von Lkws, Motoren und Stickereimaschinen eingestellt, ein schwerer Schlag für die Stadt. In der Altstadt stehen einige schöne alte Gebäude, u. a. das **Rathaus** (1791), der Römerhof (1500), daneben das an die Stadtmauer gebaute **Haus zur Torwache** (14. Jh.), das Rote Haus (1783) und das **Haus zur Straußenfeder** mit hübschem Renaissancegiebel. Den See säumt eine 3 km lange Promenade. Beim Alten Hafen steht die Kirche **St. Martin** (Chor 1490, Langhaus 1788) mit einer Madonna von 1525. Die benachbarte **St. Galluskapelle** wurde der Legende nach im 10. Jh. vom hl. Gallus gegründet (Fresken aus dem 14. Jh.). Das **Schloss** (1520) entstand auf den Fundamenten des römischen Kastells, der Turm datiert aus dem 13. Jh.; das **Historische Museum** gibt hier einen Überblick über die 5500jährige Geschichte der Stadt. Das **Saurer-Museum** (Weitegasse 8, am See) ist ein Paradies für Oldtimer-Fans.

> ! **BAEDEKER TIPP**
>
> ### *Badefreuden am Bodensee*
>
> Einige besondere oder besonders schöne Badeplätze am See:
> **Rorschach**, Badhütte: Seit 1924 »der« Badeplatz der Stadt.
> **Arbon**, Buchhorn: Mit alten Bäumen und Badehütte von 1930.
> **Tägerwilen:** Seit 1939 beliebtes Bad, gut ausgestattet.
> **Mammern**, Gemeindebad: kleine Liegewiese mit nettem Café.

Historisches Museum: Mai – Sept. Di. – So. 14.00 – 17.00, März, April, Okt., Nov. So. 14.00 – 17.00 Uhr, Eintritt 6 CHF
Saurer-Museum: Tgl. 10.00 – 18.00 Uhr, Eintritt 8 CHF, Kasse im (sehr »besonderen«, empfehlenswerten) Hotel Wunderbar neben dem Museum.

Romanshorn (399 m, 10 000 Einw.) hat den größten Hafen am Schweizer Bodenseeufer. Nördlich von ihm erstreckt sich der **Seepark** mit schönem Blick über den See. Ein hübsches Plätzchen ist der vom Park über einen Steg erreichbare Felsen »Inseli«. Das 1829 auf einer Anhöhe im Zentrum erbaute **Schloss** wurde zum schicken Hotel umgestaltet. Die benachbarte Kirche St. Maria, Petrus und Gallus enthält beachtenswerte Wandmalereien aus dem 14. Jahrhundert.

Romanshorn

In Landschlacht ist die romanische Kapelle **St. Leonhard** (um 900) mit gotischen Wandmalereien aus dem 14./15. Jh. einen Blick wert. Auf der Halbinsel von Münsterlingen (2 km) liegt ein ehemaliges **Benediktinerinnenkloster**. In den Nordflügel hat Franz Beer, einer der bedeutendsten Vorarlberger Barockbaumeister, eine schöne Kirche errichtet (1716); den Régence-Stuck schufen die Wessobrunner J. und F. Schmuzer, die Deckengemälde J. K. Stauder. Die spätgotische Büste des Johannes (16. Jh.) wird nach altem Brauch bei der »Seegfrörne«, also wenn der Bodensee ganz zugefroren ist, hierher bzw. nach Hagnau hinüber gebracht. Zuletzt kam sie 1963 übers Eis.

Landschlacht

Münsterlingen

Kreuzlingen (404 m, 20 000 Einw.) ist von Konstanz nur durch die schweizerisch-deutsche Grenze getrennt. Es entstand erst 1928 durch den Zusammenschluss dreier Dörfer. Die Ursprünge gehen allerdings ins 11. Jh. und auf eine Reliquie vom Kreuz Christi zurück, die in der Stiftskirche aufbewahrt wird. Das **Augustiner-Chorherren-Stift** an der Hauptstraße, dessen Geschichte bis 1125 zurückreicht,

Kreuzlingen

> ❗ *Sommernächte am See*
>
> Kreuzlingen und Konstanz veranstalten in ihren Anlagen am See bzw. um den Hafen Mitte August Sommerfeste mit Musik: Kreuzlingen das mehrtägige »Fantastical«, Konstanz das »Seenachtfest«. Ein Höhepunkt ist jeweils das Feuerwerk am Samstag, besonders groß das in Konstanz.

ist ein Werk der Vorarlberger Michael Beer und Jakob Sayler (1640 – 1653; 1765 verändert, heute Lehrerseminar). Die nach einem Brand 1963 rekonstruierte Stiftskirche *St. Ulrich und St. Afra ist prachtvoll ausgestattet: Deckenfresken (F. L. Hermann, 18. Jh.), Chorgitter (1740) und eine Ölberggruppe mit 280 von ursprünglich 322 Figuren aus Arvenholz (um 1730). Noch aus gotischer Zeit stammt der große Gnadenkruzifixus mit echtem Haar.

Besuchenswert sind das Feuerwehrmuseum im **Rathaus** sowie weiter südlich das **Museum Rosenegg**. Eine Anlage, halb Park und halb Naturschutzgebiet, zieht sich am See entlang. Hier gibt es ein Gehege mit heimischen Tieren, Spielplätze, Restaurants und das **Schloss Seeburg**, einst Sommersitz der Kreuzlinger Augustiner-Äbte (16. Jh.; 1870 umgebaut, stilvolles Restaurant). In der wenige Schritte östlich gelegenen Kornschütte (1715) ist ein interessantes **Seemuseum** eingerichtet. In der »Kulturscheune« des **Schlosses Girsberg** (westlich des Zentrums) sind 500 Puppen aus verschiedenen Epochen und Ländern zu sehen. Im Zeppelinzimmer wird an Graf Ferdinand von Zeppelin erinnert, der hier aufwuchs und später, zwischen 1890 und 1900, an seinen Projekten arbeitete.

Rosenegg: Mi. 17.00 – 19.00, Fr., So. 14.00 – 17.00 Uhr, Eintritt 8 CHF

Seemuseum: Juli – Sept. Di. – So. 11.00 – 17.00, April – Juni / Okt. Mi., Sa., So. 14.00 – 17.00 Uhr, sonst nur So. 14.00 – 17.00 Uhr, Eintritt 8 CHF

Kulturscheune Girsberg: 1. So. des Monats 15.00 – 17.00 Uhr

Conny-Land — Bei Lipperswil 12 km südwestlich von Kreuzlingen lockt der Freizeitpark Conny-Land u. a. mit Dino-Park, Artisten, Papageienshow, Seelöwen, Badespaß und Streichelzoo.

❶ Ca. 20. März – 20. Okt. tgl. 10.00 – 18.00 Uhr, Eintritt Erw. 29, Kind 22 CHF

Tägerwilen — Etwa 1,5 km südlich über Tägerwilen thront das **Castel**, ein Schloss, das im 16. Jh. bei der 1499 zerstörten Burg der Konstanzer Bischöfe errichtet wurde (Umbau Ende 18. Jh., Privatbesitz). Aus Tägerwilen stammte Hermann Müller (1850 – 1927), der Züchter der Rebsorte Müller-Thurgau (Kreuzung aus Riesling und Madeleine Royale).

*Gottlieben — Eine idyllische Hafenpartie hat das einstige Fischerdorf Gottlieben (280 Einw.) am Seerhein. **Prächtige Riegelhäuser** wie die Drachenburg, das Waaghaus und die Krone (alle 17. Jh.), heute stilvolle Hotels, bestimmen das Ortsbild. Die Konstanzer Bischöfe bauten sich 1251 eine Burg; 1415, beim Konstanzer Konzil, wurden hier der böhmische Reformator Jan Hus und der Gegenpapst Johannes XXIII. gefangengehalten. Louis Napoléon ließ das Gebäude 1838 neogotisch umbauen; ab 1950 war das **Schloss** im Besitz der Opernsängerin Lisa della Casa (1919 – 2012). Eine feine Leckerei sind die unterschiedlich gefüllten **Gottlieber Hüppen** (u. a. im Seecafé zu haben).

Ermatingen

Ermatingen (2900 Einw.) dehnt sich auf der Landzunge Staad aus. Im Ort finden sich alte Fischer- und malerische **Fachwerkhäuser**, u. a. das Haus zum Schiff (1708), der Kehlhof (1694) und das stattliche **Hotel Adler** (»Auberge Napoléon«). Das stattliche Haus Phönix wurde mit Remise und Rosenpark zum **Museum Vinorama**, in dem die Geschichte Ermatingens und der Weinbau der Umgebung illustriert werden. Alle drei Jahre (wieder 2016) findet am Laetare-Sonntag drei Wochen vor Ostern (!) die pittoreske Groppenfasnacht statt (der Gropp/die Groppe ist ein kleiner Raubfisch des Bodensees).
Vinorama: Mai – Okt. Fr. – So. 14.00 – 17.00 Uhr, sonst nur Sa./So.

* Schloss Arenenberg

Einen herrlichen Ausblick hat man vom Schloss Arenenberg westlich von Ermatingen. Von 1830 bis zu ihrem Tod 1837 lebte hier **Hortense de Beauharnais**, Stieftochter Napoleons I. und Königin von Holland. Ihr Sohn Louis Napoleon, später Napoleon III., verbrachte hier seine Jugendjahre. Kaiserin Eugénie, die Gemahlin Napoleons III., erwarb das Schloss 1855 und schenkte es 1906 dem Kanton Thurgau. Napoleonmuseum mit wertvollem Mobiliar, schöner Park.
❶ 25. März – 14. Okt. tgl. 10.00 – 17.00 Uhr, sonst Di. – So.; 24. Dez. – Ende Jan. geschl., Eintritt 12 CHF

Steckborn

Steckborn (404 m, 3600 Einw.) am Untersee besitzt im Ortskern hübsche Fachwerkhäuser. Am Ufer steht das Schlösschen **Turmhof** mit seinen markanten Ecktürmchen (17. Jh.), das um 1320 vom Reichenauer Abt Diethelm von Castell erbaut wurde. Hier präsentiert das **Heimatmuseum** Prähistorisches und Steckborner Fayenceöfen. Die barocke **Stadtkirche** ist ein Werk von F. A. Bagnato (1766). Die weltbekannte **Nähmaschinenfabrik Bernina** bietet im Creative Center Kurse an (Info Tel. 052 762 13 37, www.bernina.com).

Mammern

In der Parklandschaft am Untersee liegt der auch als Kneippbad bekannte Ferienort Mammern (600 Einw.). Das **Schloss** (17./18. Jh.) fungiert heute als Klinik. In der barocken Schlosskapelle (J. M. Beer, 1749; ▶Sankt Gallen) ist die illusionistische Ausmalung von F. L. Hermann bemerkenswert; hier finden auch Konzerte statt (Info Tel. 052 742 11 11). Schöner Ausflug hinauf nach **Klingenzell**, mit gutem Wirtshaus, Wallfahrtskapelle von 1705 und prächtigem Panorama.

Stein am Rhein

▶dort. Bevor man Stein erreicht, gehe man über den Steg zum idyllisch gelegenen Inselchen Werd mit winzigstem Kloster.

Brienz am Ostende des Brienzersees. Links steigt das Rothorn an.

Brienz & Brienzersee

H 13/14

Kanton: Bern
Höhe: 567 m ü. d. M.

Auch wenn man nicht mehr, wie der Baedeker »Schweiz« 1844 vermerkte, »von meist hübschen Schifferinnen« über das hellgrüne Wasser des Brienzersees gerudert wird, bietet der sauberste See der Schweiz mit seiner Umgebung viele schöne Ausflugsmöglichkeiten.

Das östliche Berner Oberland wird im Norden vom ▶ Thunersee und dem Brienzersee begrenzt, die von der Aare durchflossen werden und einst zusammenhingen; heute sind sie bei ▶ Interlaken durch das »Bödeli« getrennt, und der Brienzersee liegt 7 m höher. Er erstreckt sich über 14 km Länge und 2 – 2,5 km Breite zwischen der Kreidekette des Brienzer Grats und der jurassischen Faulhorngruppe; tief ist er 259 m. Er wird von steilen bewaldeten Berghängen und Felswänden eingefasst und bietet im Vergleich mit dem Thunersee ein ernsteres Bild, an seinen Gestaden gibt es nur wenige Orte, vor allem am sonnigen Nordufer. Zentrum ist das hübsche Brienz.

Brienz Ländlich-städtischen Charakter zeigt Brienz (571 m, 3000 Einw.), das sich am Ostende des Sees am Hang des schroffen Brienzer Grats entlangzieht. Hübsche Promenaden am See. Westlich der Schiffsstation Dorf liegt das **Aenderdorf** mit schönen alten Blockbauten an der Brunngasse. Brienz ist Mittelpunkt der Oberländer Holzschnitzkunst – wovon viele Skulpturen, Werkstätten und Läden zeugen – und Sitz der 1884 gegründeten **Schule für Holzbildhauerei** (Ausstellung Sa./

So. und in den Ferien geschl.) sowie der einzigen Schweizer **Geigen-bauschule**. Von der reformierten Kirche, die 1680 und 1940 umgestaltet wurde (Turm 12. Jh.), gelangt man durch die Chilchgasse zum Geburtshaus des Schriftstellers Heinrich Federer (1866 bis 1928) am See. Vom Bahnhof sind es 10 Min. zum **Wildpark**, gegründet 1896, damit die Schnitzer lebendige Modelle haben.

Uralte **Zahnrad-Dampfloks** und moderne Dieselloks schieben ihre Wagen auf der 1892 eröffneten, 7,6 km langen Strecke zum **Brienzer Rothorn** hinauf. Oberhalb der Bergstation (2244 m) thront das **Hotel Rothorn Kulm**, das ins Jahr 1867 zurückgeht. Von hier geht man in 15 Min. zum Gipfel (2350 m) mit herrlicher Aussicht über Appenzeller, Urner, Engelberger, Berner und Walliser Alpen. Von Sörenberg im ▶Entlebuch führt eine Kabinenbahn herauf. Vom Rothorn gehen schöne **Höhenwege** aus, z. B. zum Brünigpass (4.30 Std.) oder Schönbüel (2011 m, 2.30 Std., Seilbahn nach Lungern).

**Brienzer Rothorn

Rothorn-Bahn: Mitte Mai – Okt., 55 Min. Fahrzeit, Tel. 033 952 22 22, Hotel Rothorn Kulm Tel. 033 951 12 21, www.brienz-rothorn-bahn.ch

Ein großartiges Bild von der ländlichen Schweiz, wie sie einmal war, vermittelt das Schweizerische Freilichtmuseum für ländliche Kultur auf dem Ballenberg. Auf 66 ha alpiner Landschaft wurden über

**Freilicht-museum Ballenberg

Brienz & Brienzersee erleben

AUSKUNFT
Brienz Tourismus
Hauptstrasse 148, 3855 Brienz
Tel. 033 952 80 80
www.brienz-tourismus.ch
Meiringen & Hasliberg ▶ S. 463

SCHIFFSVERKEHR
Die Schiffe der BLS (▶ S. 702 fahren Ende März – Anf. Mai Sa./So., Anf. Mai bis 20. Okt. tgl. zwischen Brienz und Interlaken-Ost. Schmuckstücke sind die Schaufelraddampfer »Blümlisalp« (1906) und »Lötschberg« (1914).

ESSEN/ÜBERNACHTEN
Grandhotel Giessbach ⊜⊜⊜–⊜⊜⊜⊜
Brienz (▶ S. 262)
Tel. 033 952 25 25, www.giessbach.ch

Geöffnet ca. 20 April – 20. Okt. Wunderbarer Hotelpalast von 1883, original eingerichtet, aber mit modernem Komfort. Das Restaurant »Le Tapis Rouge« bietet eine atemberaubende Aussicht auf den See, das Parkrestaurant mit Orangerie und Terrasse blickt auf die Giessbachfälle. Zauberhaft ist die Atmosphäre bei den Konzerten und Bällen.

Hotel Linde ⊜–⊜⊜⊜
Brienz, Lindenhofweg 15
Tel. 033 952 20 30
Am Hang über dem Ort – ruhig und mit fantastischem Blick – gelegener Komplex aus mehreren Häusern im alpenländischen Stil mit viel Holz. Gutes Restaurant mit Terrasse und Wintergarten, zivile Preise. Mit Swimmingpool.

Bauerngarten mit Speicher aus dem 17. Jh.

100 jahrhundertealte Häuser und Bauernhöfe aufgebaut, die original eingerichtet sind. Es ist aber kein totes Museum, sondern ein lebendiges Dorf mit Feldern, Gärten und Tieren, mit Bäckerei, Metzgerei, Käserei und Werkstätten, in denen fast täglich gearbeitet wird. Die Produkte sind zu erwerben, dazu gibt es Wirtshäuser und Picknickplätze mit Feuerstellen. Viele Tätigkeiten und Gewerbe werden vorgeführt oder als Kurse angeboten. Für einen Rundgang sollte man sich mindestens 4 Std. Zeit nehmen, Familien können hier einen ganzen Tag schön verbringen.

❶ Mitte April – Okt. 9.00 – 18.00 Uhr, Häuser 10.00 – 17.00 Uhr. Eintritt 22 CHF Eingang West in Hofstetten, Eingang Ost in Brienzwiler, Postauto von den Bahnhöfen Brienz und Brünig. Info Tel. 033 952 10 30, www.ballenberg.ch

Brünigpass ▶Sarnen

DAS SÜDUFER DES BRIENZERSEES

Axalp Südlich von Brienz breitet sich die aussichtsreiche Axalp aus, ein beliebtes Wander- und Skirevier in ca. 1500 m Höhe (Bus vom Bahnhof Brienz). Schöne Bergwanderungen führen auf **Axalphorn** (2321 m) und **Tschingel** (2244 m), keine Bergschuhe braucht man für die bequemen Wanderungen zum **Hinterburgseeli** (1 Std., Naturschutzgebiet), begleitet von schönen Holzskulpturen, oder durch das **Giessbachtal** hinunter zum See (s. u., 2 Std.).

✳Giessbach- Von der Straße zur Axalp, viel schöner aber per Schiff gelangt man
fälle zu den Giessbachfällen, die schon Ende des 18. Jh.s Landschaftsmalern Modell standen. Von der Landestelle Giessbach-See geht es zu Fuß in ca. 20 Min. oder mit der 1879 erbauten Standseilbahn – der ältesten Europas – zum **Grandhotel Giessbach**, das mit seiner Lage und Ambiance zu den schönsten Hotels der Schweiz zählt (▶ S. 261). Hier hat man einen herrlichen Blick auf den Giessbach, der in 14 Stufen 400 m tief zum See hinabstürzt. Wege führen in 45 Min. zur obersten der drei Brücken, wo sich das Wasser in einen 60 m tiefen Felsenkessel ergießt.

Iseltwald Iseltwald (400 Einw.), der einzige Ort am Südufer, liegt abseits vom Verkehr auf einer **verträumten Halbinsel** mit der Seeburg. Auf den

Terrassen der Restaurants lässt es sich schön speisen. Hoch über dem Ufer führt die alte Straße nach Bönigen und ▶ Interlaken.

DAS NORDUFER DES BRIENZERSEES

Über Oberried am Fuß des Rieder Grats (2042 m) und das von Obst-
bäumen umgebene Niederried unter dem Augstmatthorn (2140 m) gelangt man nach Ringgenberg, das auf einer Terrasse über dem See liegt und schöne wettergebräunte Holzhäuser besitzt. 1671 – 1674 wurde in die Ruine einer Burg von 1230 die frühbarocke Kirche hin-
eingebaut (schöner Orgelprospekt, 1837), der Bergfried dient als Kirchturm. Auf dem **Planetenweg** (12 km) zwischen Ringgenberg und Oberried kann man in 3 Std. das Sonnensystem durchwandern. — Ringgenberg

Am **Strandbad am Burgseeli** vorbei führt die Straße zum hübsch gelegenen Goldswil mit einem prächtigen romanischen Turm, Rest einer Kirche aus dem 11. Jahrhundert. Am bewaldeten Hang des **Harders** entlang erreicht man ▶ Interlaken. — Goldswil

Brig

K 13/14

Kanton: Wallis · Valais
Höhe: 684 m ü. d. M.

Einwohner:
12 500

Brig, Hauptort des deutschsprachigen Oberwallis, war viele Jahrhunderte ein wichtiger Umschlagplatz an den Passrouten über ▶ Simplon, Furka, Grimsel (▶ Andermatt) und Nufenen.

Die Siedlung zwischen den Brücken – daher der Name – über den Rotten (Rhone) und die Saltina hatte ihre große Zeit in der Ära des »Königs vom Simplon«, Kaspar Stockalper vom Thurm (1609 bis 1691; er hieß übrigens nicht »Kaspar Jodok«, wie häufig zu lesen), der als Handelsherr und Militärunternehmer zu Zeiten des Dreißigjährigen Kriegs ein immenses Vermögen erwarb und alle hohen Ämter der Republik Wallis bekleidete; er baute Straßen, »Susten« (Rasthäu-
ser) und Hospize an den Passstraßen und betrieb Bergwerke. — Aus der Geschichte

SEHENSWERTES IN BRIG

Vom **Bahnhof** (Parkplätze) gelangt man durch die Bahnhofstraße, die Einkaufsmeile, zum Sebastiansplatz im Zentrum der Altstadt. Vor der Sebastianskapelle (1637) erinnert ein Brunnen an den Perua-

Fürstlich residierte Kaspar Stockalper, der »König vom Simplon«

ner Geo Chavez, der 1910 als erster den Simplon überflog, bei der Landung aber abstürzte. Bei der Herz-Jesu-Kirche (1970) beginnt die **Alte Simplonstraße**, an der zunächst rechts das Theiler-Haus und gegenüber das Wegener-Haus (17./19. Jh.) zu beachten sind. Weiter oben steht das eindrucksvolle, 1658–1678 errichtete *Stockalper-Schloss. Beherrschender Teil ist der Arkadenhof mit seinen mächtigen, von vergoldeten Zwiebelhauben bekrönten Türmen, die nach den Heiligen Drei Königen benannt sind. Daran schließt das vierstöckige Hauptgebäude an, in dem neben dem Stockalperarchiv und dem Geschichtsforschenden Verein Oberwallis das **Museum Stockalperschloss** untergebracht ist. Im großen Saal finden u. a. Konzerte statt. Schön ist der wiederhergestellte Garten.

Schloss: Mai–Okt. Di.–So. 9.15–11.45, 13.15–16.45 Uhr, Eintritt 8 CHF

Haus Stockalper
Arkaden verbinden das Schloss mit dem **Haus Peter Stockalper** (1533), in dem 1815 der Beitritt der Republik Wallis zur Eidgenossenschaft besiegelt wurde. Gegenüber dem Arkadenhof das Haus Fernanda Stockalper (18. Jh.), weiter oben stehen die Kollegiatkirche **Spiritus Sanctus**, ein nüchterner Jesuitenbau von 1687 (Gemälde im Chor von Salvator Rosa, 17. Jh.), die Ursulinenkirche (1732) und die gotische Kapelle St. Antonius Eremita (um 1300).

Naters
Das nördlich benachbarte Naters (8300 Einw.) verfügt über einen alten Dorfkern mit schönen, restaurierten Häusern – darunter Stadel mit den typischen »Mäusesteinen« – in den Gassen »Hof«, »Uf em Platz« und Judengasse (hier sind auch Sagenbilder zu sehen). In der frühbarocken Kirche St. Mauritius (1664) mit romanischem Turm (12. Jh., Haube 1514) bilden die Altäre eine eindrückliche Front. Neben der Kirche das schaurige Beinhaus (U. Ruffiner, 1514). Aus Naters kamen von 1852 bis 1998 fast 90 päpstliche Schweizergardisten, was das »zentrum garde« in der Festung (1939) dokumentiert.

zentrum garde: Juni–Okt. Sa. 14.00–18.00 Uhr, Führung 10 CHF

Den westlichen Vorort Glis beherrscht die Wallfahrtskirche Unserer lieben Frau, die v. a. auf das 16./17. Jh. zurückgeht; aber auch romanische und gotische Teile sind noch erhalten. Von der überaus **prächtigen Ausstattung** seien erwähnt: Hauptaltar (H. Isenhut, 1480), rechts davon Skapulieraltar (G. Bernardi, 1650) und Courten-Kapelle mit einer Pietà aus dem 17. Jh., links der Rosenkranzaltar (1650) und die **Supersaxo-Kapelle** mit dem herrlichen Annenaltar (Albrecht von Nürnberg, 1519); ihr Netzgewölbe ist mit Wappen verziert (»WGW«, »Wie Gott will«, war der Leitspruch von Georg Supersaxo; ▶ Sion). Der gotische Chor ist wie die **Goldene Pforte** (Nordeingang) das Werk von Ulrich Ruffiner (1540 bzw. 1519).

* **Wallfahrtskirche Glis**

Brig & Aletsch erleben

AUSKUNFT
Brig Belalp Tourismus
Bahnhof, 3900 Brig
Tel. 027 921 60 30, www.brig-belalp.ch

BAHNVERKEHR
Von Brig gehen die Simplonbahn (Autoverladung Brig – Iselle), die Lötschbergbahn und die Matterhorn-Gotthard-Bahn aus (ehemals Furka-Oberalp und Brig-Visp-Zermatt).

FESTE & EVENTS
Um den 20. Juli, Belalp: Jakobsfest (Älplerfest). Ende Juli, Riederalp: Kulturwoche (Folklore). Ende Aug., Belalp: Schäferwochenende. Mitte Sept., Riederalp: Schafscheid.

ESSEN
Schlosskeller ⓔⓔ
Brig, Alte Simplonstrasse 26
Tel. 027 923 33 52, So./Mo. geschl.
Im Haus Stockalper pflegt der junge Mario Inderschmitten, der sich bei der Kocholympiade 2012 als Patissier einen Titel geholt hat, eine feine schweizerisch-internationale Küche. Im Sommer speist man auch im wunderschönen

Arkadenhof. Große Auswahl an Walliser und anderen Weinen.

ÜBERNACHTEN
Du Pont ⓔⓔ
Brig, Marktplatz 1, Tel. 027 923 15 02
www.hoteldupont.ch
Traditionelles, angenehmes Haus im Stadtzentrum, familiäre Atmosphäre (im alten Teil gibt's noch sehr einfache, preiswertere Zimmer). Die sehr beliebte Gastwirtschaft serviert gute Walliser Küche und Weine.

Hamilton Lodge ⓔⓔ–ⓔⓔⓔ
Belalp, Tel. 027 923 20 43
www.hamiltonlodge.ch
Alpin, rustikal und gemütlich, dennoch mit Stil wohnt man hier, und dies mit großartigem Blick. Kleines Privileg im Winter: Piste und Lift direkt vor der Tür. Restaurant mit Terrasse.

Hotel Slalom ⓔ–ⓔⓔⓔ
Bettmeralp, Tel. 027 927 17 87
www.slalom.ch
Familiäres Hotel garni im Chaletstil mit gutem Komfort, akkurat und sehr freundlich geführt.

UMGEBUNG VON BRIG

Brigerbad Westlich von Brig, nördlich der Rhone, lockt Brigerbad mit einem großen **Thermalbad** (u. a. Freischwimmbecken, 182 m lange Rutsche, Grottenschwimmbad mit 42 °C). Das auf 1200 m gelegene 500-Seelen-Dorf **Mund** ist bekannt für den **Safran-Anbau** – der nördlichste Ort der Welt, an dem das teuerste Gewürz der Welt wächst. Im Jahr erntet man ca. 3 kg, die zum Teil in den Restaurants des Orts verbraucht werden (Jägerheim, Tel. 027 923 46 63; Salwald, Tel. 027 923 08 12; beide Mo. geschl.). Im Herbst kann man die Krokusblüten bewundern, es gibt einen Lehrpfad und ein Museum im Zehndenstadel von 1437. Mit Safran wird auch der ungewöhnliche Likör »Munder Gold« gemacht.

Visp Rund 9 km südwestlich liegt der Industrieort Visp (660 m, 7200 Einw.) an der Mündung des **Vispertals**, das den Zugang nach ▶ Zermatt und Saas Fee (▶ Saas-Tal) bildet. Im südlich der modernen Durchgangsstraße gelegenen alten Ort sind Reste der Befestigung und stattliche wappengeschmückte Häuser erhalten. Auf einem Felsen über der Vispa steht die große **Burgerkirche** von 1761 mit romanischem Turm und, etwas höher, die 1953 erbaute **Martinskirche** mit einer Arkadenhalle der alten Kirche von 1651.

Visperterminen Eine kurvenreiche Straße führt durch die höchstgelegenen Weinberge Europas (700 – 1150 m) hinauf zum alten Dorf Visperterminen (1340 m, 1400 Einw.). Aus der Sorte Heida (Savagnin Blanc, Weißer Traminer) wird ein charaktervoller trockener Weißwein gemacht; außerdem werden Chasselas, Sylvaner und Pinot Noir angebaut. Auf einem Kreuzweg – an Suonen (alten Wasserkanälen) vorbei – gelangt man hinauf zur 1581 m hoch gelegenen Wallfahrtskapelle **Mariä Heimsuchung** (1652) mit einer wertvollen Orgel von 1619. Eine Sesselbahn führt nach **Giw** (1925 m). Auf dem ***Rebenweg** geht man in ca. 2 Std. von Visperterminen hinunter nach Visp.

Raron Das alte Raron (14 km westlich von Brig) wird von einem **Burgberg** mit einer 1505 – 1517 von Ulrich Ruffiner erbauten Kirche überragt. An ihrer Südwand ist der Dichter **Rainer Maria Rilke** (1875 – 1926) bestattet, der in Sierre seine letzte Heimat gefunden hatte; innen das mit 8 × 12 m **größte Fresko der Schweiz** (»Jüngster Tag«, 1512). Vom benachbarten St. German kann man nördlich ins **Bietschtal** wandern, das von einem schönen Bahnviadukt überspannt wird.

Stockalperweg Der Weg, den Kaspar Stockalper von Brig über den ▶ Simplon nach Gondo anlegen ließ, konnte rekonstruiert und freigelegt werden. In drei Tagen lässt sich dieses großartige, 35 km lange »Ecomuseum« erwandern (www.ecomuseum-simplon.ch). Zurück mit Postauto.

GROSSER ALETSCHGLETSCHER UND RIEDERALP

Ein grandioses Bild bietet der Große Aletschgletscher nordöstlich von Brig, mit 85 km² Fläche und rund 23 km Länge der größte Eisstrom Europas. Er reicht vom Jungfrau-Massiv (▶ Jungfrau-Region) zum **Konkordiaplatz**, wo die Eisdecke etwa 900 m dick ist, und von dort südlich bis zum **Aletschwald**, dem höchstgelegenen Arvenwald Europas. Der zum Rhonetal hin steil abfallende Bergzug zwischen Riederhorn (2230 m) und Eggishorn (2937 m) – ein Sonnenbalkon mit Blick auf die Viertausender ums Matterhorn, auf dem sich eine Reihe von bekannten **Sommer- und Winterurlaubsorten** entwickelt hat – ist mit Bergbahnen vollständig erschlossen. Die Region Jungfrau-Aletsch-Bietschhorn gehört zum **UNESCO-Welterbe**.

**Großer Aletschgletscher

Von Brig-Naters führt eine Straße im Chelchbachtal nach Blatten (1327 m, 300 Einw.), einem zum Ferienort mutierten Bergdörfchen. Auf der **Kühmatt** ist in der Kapelle Mariä Heimsuchung (1654) ein J. Sigristen zugeschriebener Hochaltar zu sehen. Eine Kabinenbahn bringt hinauf zur ***Belalp** (2080 m). Etwa 25 Min. braucht man zu Fuß zum 1856 gegründeten, schön eingerichteten Hotel Belalp (gute Walliser Küche) mit dem berühmten, heute jedoch nicht mehr spektakulären Blick auf den Aletschgletscher. Von hier ist die Besteigung des **Sparrhorns** zu empfehlen (3021 m, Aufstieg 3 Std.; Sesselbahn). Auch der großartige, mittelschwere Wanderweg zur Riederalp (s. u., 5 Std.) beginnt hier; er passiert eine 124 m lange Hängebrücke, die in 80 m Höhe über die Massaschlucht führt – nur für Schwindelfreie.

Blatten

Von Brig 7 km rhoneaufwärts liegt Mörel (750 m, 500 Einw.) mit der mittalterlichen Pfarrkirche **St. Hilarius**. Die einstige Poststation ist Ausgangspunkt für die Fahrt zur Riederalp (s. u.) mit zwei Seilbahnen. **Breiten ob Mörel**, 150 m über dem Tal gelegen, ist ein Solbad (33 °C) mit Kurzentrum und eigenem Alpbetrieb (Käserei aus dem Jahr 1713). Die 1950 m hoch gelegene autofreie **Riederalp** hat sich mit ihren Weilern voll auf den Tourismus eingestellt; hier liegt der höchstgelegene Golfplatz der Schweiz (9 Löcher), im Winter ist es ein schneesicheres Skigebiet. Sehenswert sind die Kapelle Riederalp (1679) und das Alpmuseum in einer Hütte von 1606; im Sommer kann man Di. 14.00 – 16.00 Uhr beim Buttern zuschauen. Seilbahnen führen zur Hohfluh (2227 m) und über den Blausee (2204 m) zur **Moosfluh** (2335 m); von dort verläuft der ***Aletschweg** am Aletschgletscher entlang zum **Märjelensee** (2345 m). Knapp 30 Min. sind es von der Riederalp zur **Riederfurka**, wo die elegante **Villa Cassel** überrascht, die sich der deutsch-englische Bankier Sir Ernest Cassel bis 1902 errichten ließ. Hier informiert das Pro Natura Zentrum u. a. über den ***Aletschwald**, ein Reservat mit bis zu 800 Jahre alten Arven; im Sommer werden viele interessante Exkursionen angeboten.

Mörel

Übers nicht mehr ewige Eis

Der größte Gletscher der Alpen erstreckt sich von Mönch und Jungfrau im Berner Oberland bis ins Wallis: 27 Milliarden Tonnen Eis, 23 km lang, bis 900 m dick. Eine Tour über den Großen Aletschgletscher gehört zu den eindrucksvollsten Wanderungen in den Alpen.

Ganz oben, im Kreis der Viertausender Eiger, Mönch und Jungfrau, beginnt die Tour ohne Anstrengung. Die Jungfraubahn bringt die Wanderer hinauf zum Jungfraujoch in 3454 m Höhe. Dort oben müssen sich viele erst akklimatisieren – die Luft ist deutlich dünner geworden. Von der Aussichtsplattform aus hat man einen grandiosen Blick auf den Aletschgletscher, der zum Welterbe der UNESCO zählt. Wie eine mächtige weiße Schlange windet er sich zwischen den Alpengipfeln hindurch dem Wallis zu.

Die wachsende Treppe

Kaum hat sich die Wandergruppe ins Seil eingehängt und die schützende Station verlassen, geht es in den ewigen Schnee und über den Jungfraufirn hinunter. Schnee, der hier oben fällt, schmilzt nicht, sondern wird zu Eis gepresst und talwärts geschoben. Der Jungfraufirn ist eines der vier »Nährgebiete« des Gletschers, die sich am Konkordiaplatz vereinen. Erst hier beginnt offiziell der Aletschgletscher, hier erreicht er auch seine größte Mächtigkeit: Die Seilschaft steht auf einer 900 Meter dicken Eisschicht, umgeben von einer grandiosen Bergwelt. Am Rand des Platzes wartet das Ziel dieses Tages, die 1877 erbaute und mehrmals erneuerte Konkordiahütte.

Bevor Abendessen und Bett winken, müssen die Wanderer noch eine Metalltreppe mit über 400 Stufen bewältigen. Lag die Hütte einst nur 50 m über dem Gletscher, sind es heute mehr als 150 m: Der Gletscher schmilzt stetig ab, was auch längenmäßig feststellbar ist. Seit 1870 ist der Große Aletsch um gut 2,8 km kürzer geworden.

Gang übers Eis

Die Nacht ist kurz im Matratzenlager. Schon im ersten Tageslicht bricht man auf. Ein mit Seilen gesicherter, steiler Pfad führt zurück aufs Eis. Der Rücken des Gletschers ist breit und eben wie eine gigantische Autobahn. Kaum steht die Sonne höher, leuchtet das Eis blaugrün, Strudellöcher und Klüfte tun sich auf, kleine Bächlein überziehen den Gletscher und verschwinden gurgelnd und gluckernd irgendwo in der Tiefe. Nie kommt der Gletscher zur Ruhe. Er gleicht einem gefrorenen Fluss, der sich mit einer Höchstgeschwindigkeit von 200 m pro Jahr talabwärts schiebt. Zwei breite graue Streifen zeichnen den Rücken des Aletsch und machen ihn selbst aus großer Höhe unverwechselbar. Solche Mittelmoränen entstehen, wenn zwei Gletscherströme zusammenfließen und zwei Randmoränen sich vereinigen. Für die Wanderer bildet das Moränengeröll einen guten, wenn

Unschwierig, aber nicht ganz ungefährlich ist die Gletscherwanderung.

auch anstrengenden Weg. Unwegsam wird das Gelände erst wieder dort, wo der Gletscher am Berg entlangschrammt. Hier türmen sich bizarre Eisabbrüche, tun sich tiefe Spalten auf. Um den Gletscherrücken gegen Ende des Tages zu verlassen, muss das chaotische Eisfeld durchquert werden. Spätestens jetzt ist Trittsicherheit gefragt. Die letzte Etappe bietet wieder Besonderes mit dem Aletschwald, dessen knorrige Lärchen, Fichten und Arven bis 1000 Jahre alt sind. Am Ende des Tages ist die autofreie Riederalp erreicht. Ideal, um zu übernachten und mit erholten Beinen am nächsten Tag das Gletschertor in der Massaschlucht zu besuchen und die Schlucht auf der Hängebrücke in 80 m Höhe zu überqueren.

Nur mit Führer

Zwar ist die zweitägige Wanderung nicht anspruchsvoll, schon ältere Kinder können sie bewältigen. Dennoch sollte man den Gang über den Aletsch nur mit einem Bergführer unternehmen. Es gibt keine markierten Wanderwege, und zu groß ist die Gefahr, in verborgene Gletscherspalten zu stürzen. Außerdem stellen die Bergführer Steigeisen und das Material für die Sicherung zur Verfügung.

Informationen

Die Naturschutzorganisation Pro Natura (Villa Cassel, 3987 Riederalp, Tel. +41 (0)27 928 62 20, www.pronatura-aletsch.ch) veranstaltet Touren, die von einem Bergführer und einem Experten für Fauna und Flora begleitet werden. Die Website der Konkordiahütte (www.konkordiahuette.ch) verzeichnet Bergsteigerschulen, die die Gletscherwanderung im Programm haben. Weitere ein- und mehrtägige Touren im Aletschgebiet findet man unter www.wanderland.ch.

Bettmeralp   Auf fast ebenem Weg spaziert man nach Bettmeralp, einem autofreien Sommer- und Winterferienort. Das Dorf gruppiert sich um
die Kapelle **Maria zum Schnee** (1679) mit einem Hochaltar von
J. Sigristen und einer Marienstatue von Johann Ritz. Vom Tal führt
eine Kabinenbahn herauf (Talstation nahe der Bahnstation Betten);
weiter hinauf geht's dann mit einer Kabinenbahn zum Bettmerhorn
(2647 m) sowie über Blausee zur Moosfluh (s. o.).

Fiesch   Das Aletschgebiet ist auch von Fiesch (18 km östlich von Brig) zu-
gänglich, das schon 1050 m hoch liegt und zum ▶Goms gehört.
Kabinenbahnen führen hinauf zur **Fiescheralp** (Kühboden, 2212 m)
und zum **Eggishorn** (2927 m), das eine prächtige Aussicht bietet.
Sehr schön ist die Wanderung vom Kühboden oder Bettmerhorn am
Aletschgletscher entlang zur Riederalp (2.30 – 3 Std.).

Chur

✳ G 23

Kanton: Graubünden
Höhe: 585 m ü. d. M.

Einwohner:
36 900

**Dank der Lage im Tal des Alpenrheins (▶ S. 498), am Fuß wich-
tiger Pässe, entwickelte sich Chur früh zum politisch-kulturel-
len Zentrum Graubündens. Eine atmosphärereiche Altstadt,
die Kathedrale und das Kunstmuseum lohnen einen Besuch.**

Mit 5000 Jahren Siedlungsgeschichte sieht sich die Hauptstadt des
Kantons Graubünden als die **älteste Stadt der Schweiz.** Heute fahren die meisten auf dem Weg in die Berge oder in den Süden rasch
vorbei, nicht unverständlich bei den schauderhaften Hochhäusern
und Industriearealen, die die Altstadt umgeben. Dabei gibt es in der
einst mächtigen Bischofsstadt viel Interessantes zu entdecken. Und
was man angesichts der gebirgigen Umgebung nicht erwarten würde:
Chur hat die höchsten Durchschnittstemperaturen aller Schweizer
Städte – ein Effekt der geschützten Lage und des Föhns – und gewinnt durch seine Weinberge ein besonderes Bild.

SEHENSWERTES IN CHUR

Nördlich   Im Norden der Stadt sind interessante Kulturinstitutionen angesie-
der Altstadt   delt. Das **Bündner Naturmuseum** gibt Einblick in Geologie, Mineralogie sowie Tier- und Pflanzenwelt Graubündens (Masanserstr.
31). Im nahen **Weinbaumuseum** (Neubruchstr./Falknisstr.) lernt
man den Weinbau in Graubünden kennen, hier ist ein 14,5 m langer

Chur, Metropole des Alpenrheins und Hauptort von Graubünden

Torkel von 1604 (Weinpresse) zu bewundern. Das **Forum Würth** (Aspermontstr. 1) veranstaltet Wechselausstellungen mit moderner Kunst. Als Entrée zur Stadt präsentiert sich der **Bahnhof** mit altem Empfangsgebäude und riesigem modernem Glasdach. Hier fahren die Züge der SBB und der Rhätischen Bahn sowie die Postautos ab. Durch die Bahnhofstraße – mit den guten Cafés Maron und Merz – gelangt man zum **Postplatz** mit dem Bündner Kunstmuseum.

Naturmuseum: Di.–So. 10.00–17.00 Uhr, Eintritt 6 CHF
Weinbaumuseum: Anm. Tel. 081 254 42 73
Forum Würth: 10.00–17.00 Uhr, Do. bis 20.00 Uhr, Eintritt frei

In der Villa (1876) des Kaufmanns J. A. von Planta werden Gemälde und Skulpturen Bündner und mit Graubünden verbundener Künstler vom 18. Jh. bis zur Gegenwart gezeigt, darunter Werke der aus Chur gebürtigen Malerin **Angelica Kauffmann** (1741 – 1807, eine der bedeutendsten Künstlerinnen des 18. Jh.s), des symbolistischen Alpenmalers **Giovanni Segantini**, des Expressionisten **Ernst Ludwig Kirchner** (1880 – 1938) und der Künstlerfamilie **Giacometti**: Giovanni (1868 – 1933) war einer der führenden Schweizer Postimpressionisten, sein Vetter Augusto malte abstrakt, Giovannis Sohn Alberto wurde mit fadendünnen Bronzefiguren berühmt.

**Bündner Kunstmuseum

❶ Di. – So. 10.00 – 17.00 Uhr, Do. bis 20.00 Uhr, Eintritt 12 CHF

Die Storchengasse führt östlich zur spätgotischen **Regulakirche** (um 1500) mit modernen Glasfenstern von Hanns Studer (1973). Das **»Neue Gebäu«** an der Reichsgasse wurde als Herrschaftssitz für Oberst Andreas von Salis-Soglio errichtet (J. Grubenmann, 1752), ehemals »Graues Haus«, heute Regierungsgebäude. Der Obelisk (1881) vor dem Regierungsgebäude erinnert an die Vereinigung der Drei Bünde 1471. Wenige Schritte weiter, im Haus Reichsgasse 57, erblickte **Angelica Kauffmann** das Licht der Welt.

Reichsgasse

Chur erleben

AUSKUNFT
Chur Tourismus
Bahnhofplatz 3, 7001 Chur
Tel. 081 252 18 18
www.churtourismus.ch

BAHNVERKEHR
Chur ist Sitz der Rhätischen Bahn, deren
Züge von hier nach Arosa, Scuol, Davos,
St. Moritz / Tirano / Lugano und Zermatt
fahren (▶S. 701).

FESTE & EVENTS
Große Fasnacht. Mitte Juni: JazzWelt-
Festival. Mitte Aug.: Churer Stadtfest;
Alpenbarttreffen auf dem Brambüesch.

ESSEN
❶ *Obelisco* ⊜⊜
Chur, Vazerolgasse 12
Tel. 081 252 58 58, So. geschl.
Solide italienische Küche in feinem,
ungezwungenem Rahmen. Manchmal
steht Padrone Garofalo – soigniert im
Anzug – selbst am Grill. Die Weinkarte
vereint große italienische Namen.

❷ *Brasserie Süsswinkel* ⊜–⊜⊜
Chur, Süsswinkelgasse 1
Tel. 081 252 28 56, So./Mo. geschl.
Idyllisches Lokal mit bezaubernder Gar-
tenterasse, lockere Atmosphäre. Herz-
hafte regionale Kost und gelungene
Ausflüge in Gourmetsphären.

ÜBERNACHTEN
❶ *Hotel Stern* ⊜⊜–⊜⊜⊜
Chur, Reichsgasse 11
Tel. 081 258 57 57, www.stern-chur.ch
»Das« Churer Hotel mit über 300-jähri-
ger Geschichte. Die Zimmer und das
hervorragende Restaurant (Bündner
Spezialitäten) – sind mit Arvenholz ebenso stilvoll wie anheimelnd gestaltet.

❷ *Zunfthaus Rebleuten* ⊜
Chur, Pfisterplatz 1
Tel. 0 81 255 11 44,www.rebleuten.ch
In der autofreien Zone der Altstadt gele-
gen, schlichte, nette und komfortable
Zimmer. In der wunderschönen Zunftstu-
be speist man, zu angenehmen Preisen,
bodenständig bis fein und raffiniert.

---

*Rätisches Museum Durch die Süsswinkelgasse erreicht man das **Buolsche Haus**, einen barocken Patrizierbau (um 1675). Hier lernt man Graubünden an-hand archäologischer und kulturgeschichtliche Objekte von der Ur-geschichte bis in die Gegenwart näher kennen. Wechselausstellungen widmen sich interessanten historischen oder aktuellen Themen.
⊕ Di.–So. 10.00 – 17.00 Uhr, Eintritt 6 CHF

Bischöfliches Schloss Das Bischöfliche Schloss, ein **eleganter Barockbau** (1733) mit re-präsentativer Westfassade, birgt eine prachtvolle Treppenanlage so-wie herrlichen Régence-Stuck. Im mittelalterlichen Turm »Marsöl« befinden sich die Bischöfliche Kapelle (17. Jh.) und eine Bibliothek. Den Platz des Römerkastells nimmt der malerische **Hof** ein.

*Kathedrale Über Vorgängerkirchen des 5. und 8. Jh.s erhebt sich die romanisch-gotische Kathedrale **St. Maria Himmelfahrt**, erbaut 1154 – 1272.

Durch ein romanisches Rundbogenportal betritt man das kleine Gotteshaus, dessen Grundriss eine »Linkskurve« bildet. Von der Ausstattung sind die Kapitellskulpturen im Langhaus, die hageren Apostelstatuen (um 1200) am Eingang zur Krypta, das Sakramentshäuschen von 1484 und Reste karolingischer Reliefplastik am Krypten- und Laurentiusaltar hervorzuheben. Im Chor der wohl **schönste ✶✶ Flügelaltar der Schweizer Spätgotik** (Jakob Russ aus Ravensburg, 1492) mit der Muttergottes im Schrein, assistiert von den Heiligen Luzius und Emerita sowie Ursula und Florinus. Im linken Seitenschiff beim Eingang ist **Georg Jenatsch** (1596 – 1639) bestattet, der Pfarrer und Politiker, der mit den Franzosen unter Herzog von Rohan Graubünden von der spanisch-österreichischen Besatzung befreite (▶ S. 279, 298). Der prächtige, wertvolle **✶ Domschatz** ist bis zur Eröffnung des Dommuseums im Rätischen Museum zu sehen. Einen Besuch lohnt auch die ehemalige Klosterkirche **St. Luzi** mit

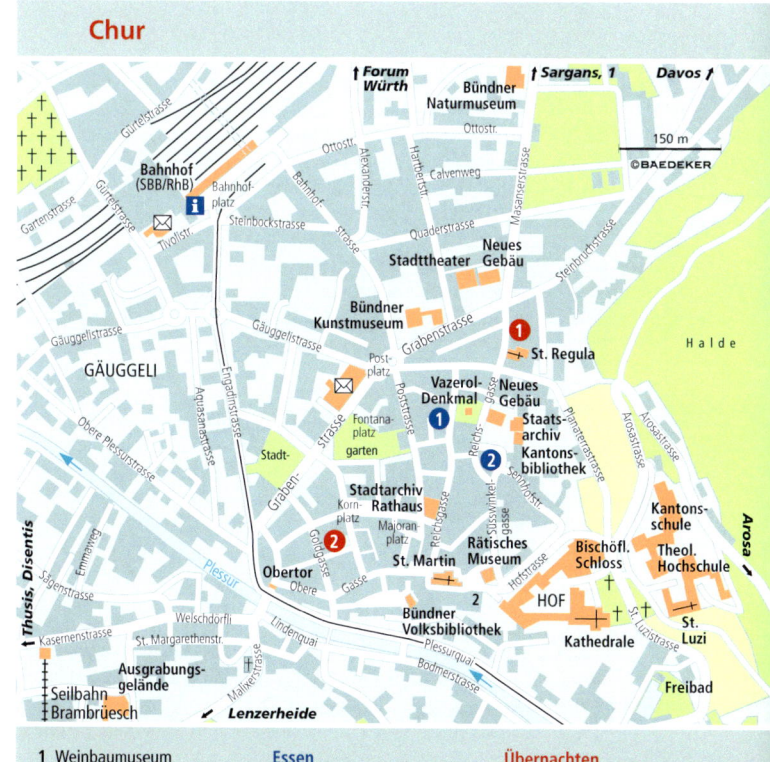

Chur

1 Weinbaumuseum
2 Klibühni (Theater)

Essen
❶ Obelisco
❷ Brasserie Süsswinkel

Übernachten
❶ Hotel Stern
❷ Zunfthaus zur Rebleuten

karolingischer Ringkrypta (8. Jh.) und romanischer Hallenkrypta (12. Jh.).

Museums-platz

Von der Kathedrale gelangt man durch den **Hoftorturm** zum Museumsplatz mit dem Herrensitz **Oberer Spaniöl**, in den 1640er-Jahren für Carl von Salis mit dem in der spanischen Armee verdienten Geld erbaut. Weiter durch die Kirchgasse, vorbei am Antistitium (Nr. 12), dem Sitz des protestantischen Hauptpfarrers, zum Martinsplatz; hier die **Martinskirche** (8. Jh., bis 1491 spätgotisch umgebaut) mit Chorgestühl des späten 15. Jh.s und Glasmalereien von Augusto Giacometti (1918). Südwestlich der Martinskirche liegt das alte Viertel **Bärenloch** mit pittoresken Durchgängen und Höfen. Vom Martinsplatz mit seinem Säulen-Ritter-Brunnen (17. Jh.) aus stößt man am Ende der **Oberen Gasse**, einer hübschen Einkaufsstraße, auf das imposante **Obertor**.

> **BAEDEKER TIPP**
>
> *Klibühni*
>
> Seit 1974 ist die »Kleinbühne« im Zunfthaus der Schneider (Kirchgasse 14, Tel. 081 252 48 04) mit Theater, Konzerten und Lesungen aus dem Kulturleben Churs nicht wegzudenken. In den Theaterferien – ca. 20. Juli bis Ende August – kann man sich in der gemütlichen Höflibeiz rekreieren.

*Rathaus

Der Rückweg führt über den Kornplatz zum 1464 erbauten Rathaus, dessen lombardisch anmutende **Gewölbehalle** (16. Jh.) mit der Reichsgasse vermittelt. Sehenswert sind die **Ratsstube** (1583) mit Winterthurer Kachelofen (1632) und der **Ratssaal** von 1494 mit geschnitzter gotischer Decke und Kachel-Turmofen (1734). Durch die Poststraße – vorbei am Alten Gebäu (1729, nicht zugänglich; www.gkb.ch/web/Altes_Gebaeu) – gelangt man zum Postplatz zurück.

UMGEBUNG VON CHUR

Brambrüesch

Eine Luftseilbahn führt vom Welschdörfli über das Känzeli zum Brambrüesch (1595 m), dem Hausberg Churs mit Wander- und Mountainbike-Wegen bzw. Skipisten und Schlittelbahnen. Herrliche Sicht über das Rheintal und das Schanfigg. Im Winter Sessellift zum Dreibündenstein (2174 m).

Bad Passugg

Von Chur fährt man – mit herrlichem Blick über die Stadt – in Richtung ▶Lenzerheide. Bad Passugg (780 m, Kurhaus) ist für sein Mineralwasser bekannt, die eisenhaltige Theophil-Quelle entspringt an der **Rabiosa-Schlucht** (Trinkhalle für Besucher offen). Über Praden (1160 m) erreicht man **Tschiertschen** (1343 m, 200 Einw.), Ausgangspunkt für die schöne Wanderung auf dem Schanfigger Höhenweg über die Ochsenalp nach ▶Arosa (4.30 Std.).

Crans-Montana

K 10/11

Kanton: Wallis · Valais
Höhe: 1500 – 1680 m ü. d. M.

Einwohner:
4400

Der berühmte Sommer- und Winterurlaubsort – das »St. Moritz des Wallis« – liegt auf einer sonnigen Terrasse 800 m über dem Rhonetal und ist für sein mildes Gebirgsklima bekannt.

Zwei Orte, Crans und das höher gelegene Montana-Vermala, sind zu einem mehr oder weniger luxuriösen Ferienzentrum mit allen Sport- und Einkaufsmöglichkeiten zusammengewachsen. Lage und Umgebung sind sehr schön, an die Ästhetik der langgezogenen »Straßendörfer« darf man jedoch keine Erwartungen stellen. Von ▶ Sierre aus ist Montana-Vermala auch mit einer Standseilbahn zu erreichen.

Die Bergwelt im Gebiet von Chetzeron, Mont-Lachaux, Cry d'Er, Bella Lui, Plaine Morte und Petit Bonvin ist mit zwei Dutzend Kabinenbahnen, Sessel- und Schleppliften und 140 km Skipisten bestens erschlossen. Sommerskilauf ist im Gletschergebiet Plaine Morte (3000 m, Kabinenbahn von Les Violettes) möglich. Zahlreiche Pisten liegen zwischen Les Violettes (2208 m, Kabinenbahn von Vermala-Zaumiau) und dem Petit Bonvin (2383 m, Kabinenbahn von Aminona). Herrliche Loipen findet man zwischen Crans, Montana und Vermala, dazu kommt die Loipe auf der Plaine Morte. Außerdem gibt es natürlich Eisbahnen sowie Schlittenwege.

* Dorado für Sportliche

Crans-sur-Sierre (1480 m) gruppiert sich um kleine Seen (Strandbad am Etang Long). Die Golfplätze Ballesteros (18 Löcher), Jack Nicklaus und Super-Crans (9 Löcher) zählen zu den schönsten der Schweiz; weiterer Möglichkeiten zum Zeitvertreib wären etwa Gleitschirmfliegen, Wasserskifahren und Reiten oder Veranstaltungen wie Reit- und Golfturniere, Oldtimer-Treffen und Trachtenfeste.

Golfen in gesunder Höhenluft

*Bella Lui Von Crans führt eine Seilbahn zur Cry d'Er (2267 m), zu Fuß weiter in ca. 1 Std. zur Bella Lui (2548 m): Hier hat man eine prächtige Aussicht über Rhonetal, Mont-Blanc und die Kette der Südalpen bis zum Monte Leone. Ein spektakulärer, nur für Schwindelfreie geeigneter Weg führt am ***Bisse du Ro** entlang. In den Bisses (auch Suonen genannt; Kanäle) wurde Wasser gesammelt und zu den Höfen im Tal geführt. Dafür geht man von der Bella Lui hinunter nach Le Tsan und steigt dann in südwestlicher Richtung, zunächst entlang der Ertentse, nach Plans Mayens oberhalb von Crans ab (ca. 3 Std.).

Montana Von Montana bringt eine Kabinenbahn über den Grand Signal (1712 m) zur Cry d'Er (2267 m). Etwa 1,5 km oberhalb von Montana erstreckt sich der Ortsteil Vermala (1680 m). Von Vermala-Zaumiau gelangt man mit einer Seilbahn zur Cabane des Violettes (2208 m), mit einer weiteren zur Plaine Morte (2927 m).

Aminona Ca. 10 km nordöstlich von Montana liegt der Satellitenort Aminona (1437 m), der sich vom geplanten »Luxury Resort« des russischen Milliardärs Sergej Polonski – ein 1960er-Jahre-Alptraum mit sechs Appartementtürmen und weiteren Gebäuden (insgesamt 2500 Betten) – den großen Aufschwung erhofft. Dafür hat der Schweizer Bundesrat das Gelände kurzerhand aus dem »Bundesinventar der Trockenwiesen und -weiden von nationaler Bedeutung« gestrichen.
Die Kabinenbahn zum Petit Bonvin (2411 m) erschließt das Skigebiet; außerdem führt eine 2,5 km lange Rodelbahn nach Aminona. Das kleine Alpmuseum von Colombire demonstriert das Leben der Sennen um 1930.
Alpmuseum: Ende Juni – Mitte Sept., Eintritt 6 CHF

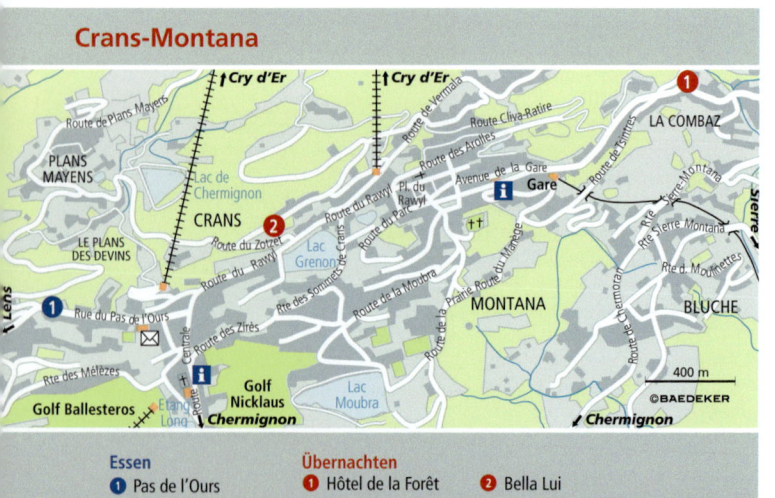

Crans-Montana

Essen
❶ Pas de l'Ours

Übernachten
❶ Hôtel de la Forêt
❷ Bella Lui

Crans-Montana erleben

AUSKUNFT
Crans-Montana Tourisme
Montana, Avenue de la Gare
3963 Crans-Montana
Tel. 027 485 04 04
www.crans-montana.ch

ESSEN
❶ *Pas de L'Ours* €€–€€€€
Crans-Montana
Tel. 027 485 93 33, www.pasdelours.ch
In der auf alt gemachten, noblen Hostellerie Du Pas de L'Ours (Relais & Chateaux) gibt es ein Gourmetrestaurant (So.abend – Di.mittag geschl.) und ein preisgünstigeres Bistrot (Di.abend – Do. mittag geschl.).

ÜBERNACHTEN
❶ *Hôtel de la Forêt* €–€€€
Crans-Montana, Route de la Combaz 19
Tel. 027 485 91 91, www.delaforet.ch
Sehr freundliche Zimmer, meist mit Balkon und herrlichem Blick auf die Walliser Alpen, gutes Preis-Leistungs-Verhältnis. Mit Restaurant, Bar und Wellnessbereich.

❷ *Hôtel Bella Lui* €€–€€€
Crans-Montana, Route du Zotzet 8
Tel. 027 481 31 14, www.bellalui.com
Die klaren Formen von 1930 und viele zeitgenössische Details machen (neben dem modernen Komfort) das »Schöne Licht« zum besonderen Domizil. Mit Restaurant, Sauna, Physiotherapie etc.

Davos

✦ H 25

Kanton:	Graubünden	Einwohner:
Höhe:	1560 m ü. d. M.	10 800

Davos gehört zur Riege der renommiertesten Wintersportorte der Alpen. In aller Welt bekannt ist er außerdem durch seine Sanatorien und als Tagungsort (vor allem für Mediziner) und den Weltwirtschaftsgipfel.

Die »Landschaft Davos«, wie die Gemeinde amtlich heißt, liegt zwischen Chur und dem Engadin im weiten Landwasser-Tal. Eine **wunderbare Berglandschaft** zwischen 1120 und 2844 m ü. d. M. mit 450 km Wanderwegen, das vielfältige Angebot an kulturellen, gesellschaftlichen und sportiven Ereignissen und das Kirchner-Museum, das Casino, Discos und Nachtclubs lassen keine Wünsche an Zeitvertreib offen. Das Ski- und Snowboard-Dorado verfügt zusammen mit ▶ Klosters über 59 Transportanlagen, die die Gebiete Schatzalp, Parsenn, Madrisa, Pischa, Jakobshorn und Rinerhorn mit 320 km Pisten für alle Geschmäcker und Könnensstufen erschließen. Dazu kommen lange Rodelbahnen, Snowboard-Funparks, über 100 km Loipen und 120 km Winterwanderwege.

Am Davosersee scheint die Zeit manchmal noch stillzustehen.

Von den Walsern zur »Welt- wirtschafts- hauptstadt«

Ab dem 13. Jh. ließen sich Walser in der Landschaft Davos nieder. 1436 schlossen sie sich mit den Gemeinden im Prättigau zum Zehn- gerichtebund zusammen. Der Aufstieg zum Luftkurort setzte 1865 ein, als der Mannheimer Arzt Alexander Spengler die heilende Kraft der Davoser Bergluft entdeckte. Es entstanden zahlreiche Sanatorien, »die vor lauter Balkonlogen von weitem löchrig und porös … wie ein Schwamm« wirkten (so Th. Mann im »Zauberberg«). 1877 wurde die erste Eisbahn eröffnet, 1899 die Standseilbahn zur Schatzalp. So rich- tig setzte der Wintersport um 1930 ein, aus einem beschaulichen Kurort wurde eine boomende Stadt. Zu den berühmtesten Gästen zählten der Sherlock-Holmes-Erfinder A. C. Doyle, der Maler Ernst Ludwig Kirchner und Th. Mann. Mann besuchte 1912 seine Frau, die sich im Waldsanatorium (heute Waldhotel) zur Kur aufhielt, und setzte ihm in seinem Roman »Der Zauberberg« (1924) ein Denkmal. Die Ortsteile Dorf und Platz sind längst zusammengewachsen, das Bild der höchstgelegenen Stadt Europas wird v. a. von banalen Flach- dach-Bauten der 1960er-/1970er-Jahre bestimmt. Im Februar treffen sich Staatsoberhäupter und Wirtschaftsgrößen zum Weltwirtschafts- gipfel. Das ganze Jahr über finden Kongresse statt, v. a. zu medizini- schen Themen, aber auch die Friseure haben hier ihren standesgemä- ßen Treffpunkt. Die Luft ist längst nicht mehr sauber (bei ca. 30 000 Bewohnern in der Hochsaison), und v. a. als Folge der deutschen Gesundheitsreform wurden um 2005 mehrere Kliniken geschlossen.

SEHENSWERTES IN DAVOS

Davos-Platz

Hauptort ist Davos-Platz (1560 m). Aus alter Zeit stammen die Pfarr- kirche **St. Johann Baptista** (Langhaus um 1285, Chor um 1500) mit Paradies-Fenster von Augusto Giacometti (1928) und das benachbarte **Rathaus** (1930 umgebaut) mit seiner getäfelten Großen Stube (1564), dem Repräsentationsraum des Zehngerichtebunds. Die Abgesandten wohnten in der »Alten Post« gegenüber.

Ernst Ludwig Kirchner (1880 – 1938), Hauptvertreter des deutschen Expressionismus und Mitbegründer der Künstlergruppe »Die Brücke«, lebte von 1923 bis zu seinem Tod in Davos. In dieser Zeit entstanden Gemälde, die vordergründig die Bergwelt darstellen, häufig jedoch Todesahnungen zum Ausdruck bringen. Kirchner und seine Frau sind auf dem Waldfriedhof in Davos-Wildboden bestattet. Seit 1922 gibt es das Kirchner-Museum, das moderne Haus entwarfen die Zürcher Architekten A. Gigon und M. Guyer (1992). Es besitzt mit über 500 Werken die umfangreichste Kirchner-Sammlung der Welt.

* Kirchner-Museum

❶ Di.– So., ca. 20. Juni–20. Okt. sowie 10. Dez.–20. April 10.00–18.00, sonst 14.00–18.00 Uhr, Eintritt 12 CHF

Im benachbarten Kurpark liegen das großzügige **Hallen- und Freibad** mit 34 °C warmem Wasser und das **Kongresshaus** (1969), Zentrum des Davoser Tagungs- und Kulturbetriebs.

Kurpark

Die Kirche **St. Theodul** in Davos Dorf (1563 m) datiert aus dem 14. Jh.; das **Alte Pfrundhaus**, das Georg Jenatsch (▶ S. 273, 298) 1634 für seine Familie kaufte, ist heute **Heimatmuseum**. Ausgestellt sind Gegenstände aus dem Alltagsleben, Brauchtum und Handwerk, eine Dokumentation informiert über das Davos der Sanatorien.

Davos-Dorf

Heimatmuseum: In der Saison Di.–So. 15.00–17.00 Uhr, Eintritt frei

Davos

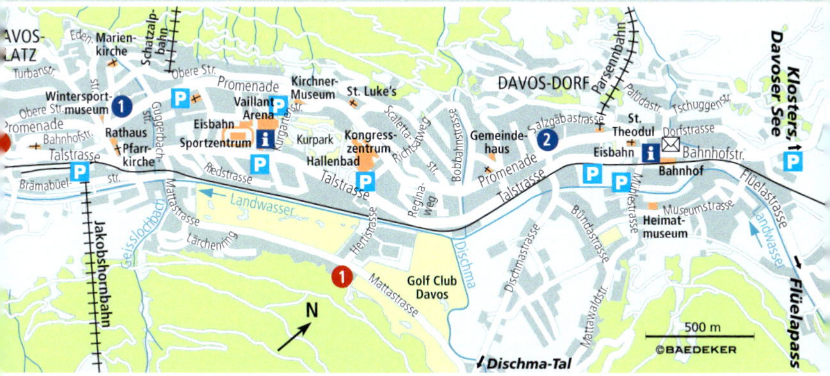

Essen
❶ Restaurant Pöstli
❷ La Canetta

Übernachten
❶ Arabella Sheraton Waldhuus
❷ Larix

Weitere Sehenswür- digkeiten	Davos besitzt ein **Wintersport-Museum** mit Sportgerät von den Anfängen bis zur Gegenwart (Promenade 43) sowie in Davos Platz ein **Medizinmuseum** (Platzstr. 1) und die Schaukäserei **Milcharena**, die in die lokale Milchwirtschaft Einblick gibt.

Wintersportmuseum: Juli–Okt. Di., Do., Dez.–März Di., Do., Sa. 16.30 bis 18.30 Uhr, Eintritt 5 CHF
Medizinmuseum: Dez.–April, Juni–Okt. Do. 17.00–19.00 Uhr, Eintritt 3 CHF
Milcharena: Mi., Do. 10.00–12.00 Uhr, Mai geschl.

Hohe Promenade	Ein beliebter Wanderweg ist die 2,5 km lange »Hohe Promenade«, die im Winter schneefrei gehalten wird. Sie verläuft am oberen Rand von Davos-Platz und Davos-Dorf (hin und zurück ca. 1 Std.).

UMGEBUNG VON DAVOS

**Weissfluh	Schönster Davoser Aussichtspunkt ist die Weissfluh (2844 m). Man erreicht sie von Davos-Dorf mit der 1932 eröffneten **Parsennbahn** und einer Luftseilbahn. Der Ausblick ist grandios: im Westen Chur, Arosa und in der Ferne das Jungfraujoch, im Norden Klosters und die Silvretta, im Osten das Flüelatal und im Süden das Berninamassiv; im Restaurant »Weissfluhgipfel« kann man einfach oder auch fein speisen (im Winter mittags geöffnet). 12 km lang ist die Abfahrt nach Küblis. Auf dem **Weissfluhjoch** ist das Eidgenössische Institut für Schnee- und Lawinenforschung angesiedelt, das den Lawinenbericht herausgibt. Vom Weissfluhjoch geht ein steiler Weg zur Parsennhütte (2200 m, ca. 45 Min.), dann 2 Std. bis nach Wolfgang. Beliebt ist der **Panoramaweg** von der Parsennhütte durch das Meierhof-Tälli zur Station Höhenweg und durch das Dorf-Tälli zum Strelapass (2350 m, ca. 2.30 Std., s. u.).

Schatzalp	Eine Standseilbahn bringt von Davos-Platz zur Schatzalp (1861 m, zu Fuß 1 Std.). Hinter dem **Hotel Schatzalp** – das auf das bis 1900 erbaute Sanatorium zurückgeht und heute noch ein Jugendstil-Juwel ist (für eine Führung an der Rezeption fragen) – liegt der botanische Garten **Alpinum** mit ca. 2000 Arten. Weiter mit der Gondelbahn zum **Strelapass**; in 2300 m Höhe führt von dort der bequeme und überaus lohnende **Parsenn-Höhenweg** zum Gotschnagrat (3 Std.).

Alpinum: Mitte Mai–Mitte Nov. tgl. 9.00–18.00 Uhr

*Jakobshorn	Auch die gegenüberliegende Talseite bietet schöne Ausflüge. Seit 1954 führen Seilbahnen von Davos Platz auf die Ischalp (1931 m) und das Jakobshorn (2590 m). Mit dem Bus des VBD fährt man durch das traumhaft schöne **Sertigtal** bis zum alten ***Sertig-Dörfli** (1861 m, Restaurants), einem beliebten Ausflugsziel; Anfang August zieht das traditionelle »Sertigschwinget« viele Besucher an Von Gla-

ris erreicht man mit der Gondel die Alp Jatzmeder (2054 m, Restaurant mit teilweise seltsamer Deko), von dort erklimmt man in etwa 1.30 Std. das **Rinerhorn** (2528 m).

Monstein, 4 km südlich von Glaris auf einer sonnigen Bergterrasse gelegen, ist ein malerisches **Walserdorf** mit zwei Kirchen – St. Peter im Jugendstil von 1897 – und zwei Gasthäusern. Bis 1848 wurde im Silberberg v. a. Blei und Zink gefördert. Nahe dem Bahnhof liegt das interessante **Bergbaumuseum Schmelzboden** mit Schauberwerk. Die **Kleinbrauerei** Monstein, die höchstgelegene der Schweiz, kann man besichtigen und ihr Bier ausgiebig prüfen.   ***Monstein**

Schauberwerk: Führungen Anf. Juni – Mitte Okt., Anm. bei Davos Tourismus
Kleinbrauerei: Fr. 16.00 – 19.00 Uhr, www.monsteiner.ch

Davos erleben

AUSKUNFT
Davos Tourismus
Talstrasse 41, 7270 Davos Platz
Tel. 081 415 21 21, www.davos.ch

GÄSTEKARTE
Umfasst die Benützung der RhB und der Ortsbusse des VBD in der Landschaft Davos (mit Ausnahme der Seitentäler), dazu Rabatte bei Bergbahnen sowie vielen Sport- und Freizeitangeboten.

FESTE & EVENTS
Ende Jan.: World Economic Forum. Anf. März: Hornschlittenrennen in Glaris. Anf. Juli: Harley Davidson Rally. Mitte Juli: Jazztage. Aug.: Davos Festival. 1. Sa. im Aug.: Schwingfest in Sertig.

ESSEN
❶ *Restaurant Pöstli* ©©–©©©©
Davos Platz, Promenade 42
Tel. 081 415 45 00, tägl. geöffnet
Im traditionsreichen Posthotel Morosini pflegt man eine zuverlässig gute Küche. Abwechslung bieten der Fonduekeller »La Cave« und das »Pöstli Corner« mit preiswerten Bistro-Angeboten.

❷ *La Carretta* ©©
Davos Platz, Talstrasse 2 (nahe Bahnhof)
Tel. 081 413 32 16
Reelles, angenehm heimeliges Restaurant, bekannt für hausgemachte Pasta, Pizza und andere italienische Klassiker. Es gibt aber auch eine gute Auswahl an Schweizer Gerichten sowie Fisch- und Pferdefleisch-Spezialitäten.

ÜBERNACHTEN
❶ *Sheraton Waldhuus* ©©–©©©©
Davos Platz, Mattastrasse 58
Tel. 081 417 93 33
Modernes Haus in Bündner Architektur, ruhig am Golfplatz nahe dem Zentrum gelegen, mit allem entsprechenden Komfort. Schönes Restaurant mit ausgezeichneter Küche.

❷ *Larix* ©©–©©©
Davos Platz, Obere Albertistr. 9
Tel. 081 413 11 88, www.hotel-larix.ch
Ein Haus zum Sichwohlfühlen: das einzige Hotel im Chalet-Stil in Davos, ruhig und zentrumsnah gelegen. Ordentliches Restaurant (nur abends geöffnet, im Sommer Mi. geschl.).

*Zügen-schlucht Südwestlich von Monstein passiert man die wilde Zügenschlucht, die sich die Landwasser gegraben hat. (Vom Bergbaumuseum ist ein Gesteinslehrpfad ausgeschildert.) Vom 1265 m hoch gelegenen Aussichtspunkt Bärentritt hat man einen herrlichen Blick. Bei **Wiesen** taucht der 1906 – 1908 erbaute, 210 m lange und 88 m hohe ***Wiesner Viadukt** auf, eine der berühmten Brücken der Rhätischen Bahn. Die Brücke ist begehbar und bietet einen atemberaubenden Blick in die Zügenschlucht. Hinter Schmitten vereinen sich Landwasser und Albula, kurz vor Surava zweigt die Albulapass-Straße ins Engadin ab. Ein besonderes Erlebnis ist die Fahrt mit der **Albulabahn** von Tiefencastel nach Preda (▶ Oberhalbstein).

*Dischma-Tal Das Dischma-Tal ist das längste der linken Seitentäler des Davoser Hochtals (12 km). Von Davos Dorf verläuft südlich des Bachs Dischma ein angenehmer Fußweg nach **Dürrboden** (2007 m, Gasthaus), der letzten bewohnten Alp des Tals (von Davos Dorf 3 Std.). Von Mitte Juni bis Anfang Okt. fahren die Busse des VLD. Dürrboden ist Ausgangspunkt der Wanderung zur **Grialetschhütte** in 2542 m Höhe (2 Std.), wo man eine herrliche Bergwelt erleben kann.

*Flüelapass Die kürzeste und wintersicherste Verbindung von Rheintal/Prättigau/Davos ins Unterengadin ist der 19 km lange **Vereina-Tunnel** (Autoverladung) zwischen ▶ Klosters-Selfranga und Sagliains nahe Lavin. Eine schöne Alternative ist die 1867 eröffnete, 27 km lange **Flüelapass-Straße** mit 10 % Steigung (im Winter gesperrt) nach Susch. An der Passhöhe (2383 m) liegen zwei Seen, das Hospiz (mit hübsch ältlichen Zimmern und gemütlicher Beiz; geöffnet Mitte Mai bis Mitte Okt.) und die Geröllfelder von Schwarz- und Weisshorn.

Delémont

─────────── ✳ D 9/10

Kanton: Jura   **Einwohner:**
Höhe: 430 m ü. d. M.   11 700

Das reizvoll gelegene kleine Delémont, einst Residenz der Basler Fürstbischöfe, ist ein guter Ausgangspunkt für die Erkundung der Ajoie, der Schluchten des Doubs, der Freiberge und des Berner Juras.

Delémont (dt. Delsberg) ist größte Stadt und Hauptort der »Republik und des Kantons Jura« im äußersten Nordwesten der Schweiz. Seine hübsche Altstadt im breiten Tal der Sorne zeugt von einer bemerkenswerten Vergangenheit: Schon 728 als Marktort erwähnt, erhielt es 1289 vom Basler Fürstbischof das Stadtrecht; nach der Reformation 1527 war es bis 1792 Sommerresidenz der Bischöfe von Basel. Nach französischem Zwischenspiel wurde Delémont 1815 Bern zugeschlagen, 1979 wurde es Hauptort des Kantons ▶ Jura, der damals nach langen Konflikten mit Bern gebildet wurde.

Beim Pruntruter Tor im Südwesten der Altstadt beginnt die breite ehemalige **Grand'Rue**, heute Rue du 23 Juin genannt. Das mächtige **Schloss**, das die ganze Südwestecke der Altstadt einnimmt, entstand 1716 – 1721 als Sommerresidenz der Basler Fürstbischöfe und besitzt prachtvolle Régence-Stuckdecken. In fünf Bürgerhäusern des 18. Jh.s ist das *Musée Jurassien d'Art et d'Histoire untergebracht, das Kultur und Geschichte der Region präsentiert; hervorzuheben sind

Sehenswertes in Delémont

Delémont & Kanton Jura erleben

AUSKUNFT
Jura Tourismus
Place de la Gare 9, 2800 Delémont
Tel. 032 420 47 71
Grand'Rue 5, 2900 Porrentruy
Tel. 032 420 47 72
Rue de la Gruère 6, 2350 Saignelégier
Tel. 032 420 47 70
www.juratourisme.ch

FESTE & EVENTS
Jan., Saignelégier: Schlittenhunderennen. Mitte Juli, St-Ursanne: Les Médiévales (Mittelalterfest). 2. Aug.-Wochenende, Saignelégier: Nationaler Pferdemarkt, ein herrliches Volks- und Pferdefest.

ÜBERNACHTEN
Le Mexique ⓔ
Delémont, Route du Vorbourg 142
Tel. 032 422 13 33, www.lemexique.ch
Hotelrestaurant nördlich des Zentrums, 5 Min. von der Vorbourgkapelle entfernt. Terrasse mit schönem Ausblick. Restaurant So.abend/Mo. geschlossen.

Auberge d'Ajoie ⓔ
Porrentruy, Rue Gustave Amweg 1
Tel. 032 466 18 48

www.aubergedajoie.ch
Netter Gasthof in einem herrschaftlichen Gebäude von Mitte des 19. Jh. zwischen Altstadt und Bahnhof. Komfortable, moderne Zimmer. Kein Restaurant.

Haus Neumühle ⓔ–ⓔⓔ
Roggenburg, Tel. 032 431 13 50
www.neumuehle.ch, Nov.–Febr. geschl.
Eine schön restaurierte Mühle aus dem 17. Jh., versteckt nördlich von Delémont an der Grenze zu Frankreich gelegen. Schlichte, freundliche Zimmer, das Restaurant (Di./Mi. geschl.) bietet Vollwertküche. Eine herrliche Etappe auch für Reiter, Wanderer und Radfahrer.

ESSEN
Georges Wenger ⓔⓔⓔⓔ
Le Noirmont, Rue de la Gare 2
www.georges-wenger.ch
tel. 032 957 66 33, Mo./Di. geschl.
Große, einfallsreiche Küche in prachtvoll-plüschigem Ambiente, mit Produkten aus dem Jura, aber auch Südseefisch oder Hummer aus der Bretagne. Für ein 3-Gang-Menü à la carte rechne man 150 – 200 Fr., das Tagesmenü kostet 90 – 115 Fr. Mit 5 Zimmern/Suiten.

Exponate aus den Klöstern Bellelay, Saint-Ursanne und Moutier-Grandval, so der Abtsstab des hl. German, das um das Jahr 700 geschaffene Werk eines unbekannten Goldschmieds. Die Kirche **St-Marcel** (P.-F. Pâris/P. A. Pisoni, 1766) verwahrt die Reliquien der hll. German und Randoald, irischer Mönche von Moutier-Grandval, die 675 ermordet wurden. Das stattliche barocke **Hôtel de Ville** errichtete der süddeutsche Deutschordens-Baumeister Johann Caspar Bagnato (1745). Fünf große Brunnen mit hübschen Figuren aus dem 16. Jh. setzen schöne Akzente im Stadtbild von Delémont.

Musee Jurassien d'Art et d'Histoire: Di. – Fr. 14.00 – 17.00, Sa./So. 11.00 bis 18.00 Uhr, Eintritt 6 CHF

Wenger

Weniger bekannt als Victorinox (▶ S. 114), dennoch genauso »echt« sind die Offiziersmesser der edlen Marke Wenger (2005 von Victorinox übernommen), die in Delémont hergestellt werden.

❶ Laden: Route de Bâle 63, Mo. – Fr. 9.00 – 12.00, 13.30 – 17.30 Uhr, www.wenger-knife.ch

Schlösser

Nordöstlich der Stadt thront über der Klus von Soyhières die Festung **Vorbourg**, der Rest einer frühmittelalterlichen Anlage. Die Kapelle wurde im 11. Jh. von Papst Leo IX. geweiht, einem der hier ansässigen Grafen von Egisheim (Hauptaltar 16. Jh.). In der 2. Sept.woche große Wallfahrt. Westlich der Stadt steht das Schloss **Domont**, das 1561 von Max Vorbourg errichtet und 1594 ausgebaut wurde.

IN DIE AJOIE

Landschaft

Das hügelige Grenzland zu Frankreich mit der **Ajoie** (dt. Elsgau) – einer von den Juraketten zur Burgundischen Pforte hin abfallenden Kalkhochfläche – wird als **Pruntruter Zipfel** bezeichnet. Eine Spezialität der Ajoie, die als der Obstgarten des Juras gilt, sind die Damaszenerpflaumen (»damassine«), die zu einem feinen Schnaps verarbeitet werden. Die Straße von Delémont nach Delle (43 km) mit der A 16 Transjurane ist Teil der Verbindung Bern – Belfort.

*Corniche du Jura

Von Delémont gelangt man über Develier auf der wildromantischen Corniche du Jura zur Passhöhe Les Rangiers (856 m, guter Gasthof) mit schönem Ausblick auf die Ajoie. Etwa 1 km weiter stand ein großes Denkmal (1924), das an die Grenzwacht im Ersten Weltkrieg erinnerte; 1989 wurde der »Alte Fritz« von Jura-Separatisten zerstört.

*Saint-Ursanne

Über Les Malettes (Gasthof) führt die Corniche du Jura durch die **Combe Maran** – Autobahn- und Eisenbahnviadukt unterquerend – hinunter nach Saint-Ursanne (dt. Sankt Ursitz, 440 m, 750 Einw.), einem romantischen mittelalterlichen Städtchen am Doubs (s. u.).

Um das Chorherrenstift, das auf die Einsiedelei des irischen Mönchs Ursicinus (eines Gefährten von Columban) zurückgehen soll, hat sich das im 7. Jh. gegründete St-Ursanne entwickelt. Das Städtchen wird von der *** Stiftskirche** beherrscht, einer querhauslosen Säulenbasilika mit romanischer Chorpartie (12. Jh.), gotischem Langhaus (13./14. Jh.) und Frontturm (1441). Hervorragend ist das bemalte romanische Südportal; erhalten sind außerdem ein Kreuzgang, merowingische Sarkophage und eine romanische Krypta. Zu beachten sind in der Stadt die Tortürme (16./17. Jh.), die Brücke von 1728 und die **Burgruine** (schöner Blick auf die Stadt).

Zurück nach Les Malettes. Mit Blick auf Dorf und Ruine Asuel geht es nach Cornol, wo die Hügellandschaft der Ajoie beginnt. Courgenay wurde berühmt durch die junge **Gilberte Montavon**, die im Ersten Weltkrieg die hier stationierten deutschschweizerischen Soldaten bemutterte und mit einem bekannten Lied ein Denkmal gesetzt bekam (»On la connaît dans toute la Suisse et toute l'armée«). Das **Hôtel de la Gare**, ihr »Wirkungsort«, ist auch heute ein besuchenswerter schlichter Gasthof (Mo. geschl., im Winter auch So.; nette Zimmer). Gut ist auch das »Du Bœuf«. Courgenay

Porrentruy (dt. Pruntrut, 6700 Einw.) ist das wirtschaftliche und kulturelle Zentrum der Ajoie. Über der gepflegten barocken Altstadt thront das mächtige **Schloss**, das nach dem Übertritt Basels zur Reformation Residenz der Fürstbischöfe von Basel war (1529 – 1828); ihr ältester Teil ist die runde Tour Réfouse (13. Jh.). Die **Porte de France** (1536/1764) am Faubourg de France zeugt von der Stadtbefestigung. An der Rue Péquignat stehen das stattliche **Hôtel des Halles** (1769) und das **Hôtel de Ville** (1763) mit einem »süddeutschen« Haubentürmchen; daneben das prächtige **Hôtel-Dieu** (Spital, 1765; Tourismusbüro) mit einer Apotheke von 1847 und dem interessanten Ortsmuseum. Westlich des Rathauses (Faubourg de France 1) dokumentiert die **Fondation Horlogère** die bedeutende Uhrenindustrie der Stadt. In der Grand'Rue davor der Samariterbrunnen (1564). Weiter östlich steht die katholische Pfarrkirche **St-Pierre** (vor 1349) mit schönen spätbarocken Seitenaltären. Im Süden der Altstadt liegt das ehemalige **Jesuitenkolleg** (um Porrentruy

Schloss Porrentruy

1600); seine Kirche wurde von Wessobrunner Künstlern stuckiert, die Orgel (Ahrend/Leer, 1985) ist eine Kopie der Silbermann-Orgel im sächsischen Glauchau. Im **Botanischen Garten** der Kantonsschule ist ein Foucault-Pendel installiert. In der Rue des Annonciades sind der Brunnen der goldenen Kugel (16. Jh.) und das **Hôtel de Gléresse** zu beachten (um 1750).

Musée de l'Hôtel-Dieu: Di. – So. 14.00 – 17.00 Uhr, Eintritt 6 CHF

Boncourt
Nach 12 km erreicht man den Grenzort Boncourt (375 m, 1300 Einw.) mit einer Kirche aus dem 12./13. Jh., außerdem gibt es hier eine seit 1814 bestehende, heute von British American Tobacco betriebene Tabakfabrik und Tropfsteinhöhlen.

IN DIE FRANCHES-MONTAGNES

Landschaft
Im Südwesten des Kantons Jura, zwischen Montagne du Droit und Doubs, liegen die 1000 – 1100 m hohen **Freiberge**, eine sanft gewellte, parkartige Landschaft mit Wiesen und Wäldern – ein Paradies für Wanderer zu Fuß und zu Pferd. Das trockene, winterkalte Land, das erst im späten Mittelalter durch die Gewährung von Freibriefen besiedelt wurde (daher der Name), ist bekannt für seine Pferdezucht.

Glovelier
Glovelier (12 km westlich von Delémont) ist Ausgangspunkt für die Fahrt am Hang der wilden **Combe Tabeillon** aufwärts. Hier beginnt

Heiße Fahrt beim Marché-Concours (Pferdemarkt) in Saignelégier

auch die Strecke der schmalspurigen **Jura-Bahn** (Chemins de fer du Jura, www.les-cj.ch), die über Saignelégier nach ▶La Chaux-de-Fonds fährt. Im Sommer kann man vom Dampfzug aus die Tabeillon-Schlucht erleben. Großartig ist auch die Fahrt vom Pass Les Rangiers (▶S. 284) auf der **Corniche du Jura** nach Südwesten. In **Montfaucon** (1006 m, 600 Einw.) ist die klassizistische Pfarrkirche (19. Jh.) sehenswert, hinter ihr ein lohnender Aussichtspunkt.

Saignelégier (982 m, 2500 Einw.) ist Hauptort der Freiberge und Mittelpunkt der Pferdezucht. An der Hauptstraße steht die massige **Préfecture** mit dem Gefängnisturm (16. Jh.). Am Ortsrand Richtung Delémont ist die **Fromagerie de Tête de Moine** zu besichtigen. Eine schöne Wanderung führt zum **Etang de la Gruère** (ca. 2 Std.). **Fromagerie:** Juli/Aug. und 1 Woche Mitte Okt. Mo. – Fr. 15.00 – 17.00 Uhr, sonst nur Fr. 15.00 – 17.00 Uhr

Saignelégier

Der Doubs, der in der Nähe von Pontarlier entspringt und als Kajakrevier bekannt ist, bildet auf weite Strecken die Grenze zu Frankreich (▶S. 396 f.). In einer engen Schleife um den **Clos du Doubs** fließt er durch Schweizer Gebiet. Von Saint-Ursanne empfiehlt sich die schöne zweitägige Wanderung nach **Goumois** (je 4 Std. Gehzeit, mit Station in Soubey) am schäumenden Fluss aufwärts, wobei die Felswände immer höher werden und enger zusammenrücken.

*Doubs

Disentis & Blenio-Tal

✳ **H – K 18/19**

Kanton: Graubünden
Höhe: 1130 m ü. d. M.

Einwohner:
2100

Am Fuß von Oberalppass und Lukmanier beherrscht die Benediktinerabtei Disentis mit ihrer bedeutenden Barockkirche das Oberrheintal. Sommers wie winters bieten die Berge der Umgebung herrliche Betätigungsreviere.

Disentis (gesprochen »dísentis«, rätoromanisch Mustér), im weiten Oberrheintal (▶Rhein) gelegen, ist Hauptort der von den Benediktinern urbar gemachten Surselva (▶Flims) und bis heute ihr geistliches, kulturelles und wirtschaftliches Zentrum. Der Tourismus setzte 1870 mit dem Bau des Bade- und Kurhotels Disentiserhof ein. Schöne Wanderwege und Loipen sowie ein abwechslungsreiches, bis fast in 3000 m Höhe reichendes Skigebiet sind die wesentlichen Vorzüge des ruhigen Urlaubsorts. Die Rhätische Bahn und die Matterhorn-Gotthard-Bahn sowie der Glacier Express erweitern den Aktionsradius auf schönste Art.

SEHENSWERTES IN DISENTIS

*Abtei St. Martin

Den Ort beherrscht die mächtige Benediktinerabtei, eine der ältesten der Schweiz, gegründet um 720 von dem fränkischen Mönch Sigisbert. 940 wurde sie von Sarazenen (!) zerstört. Die ältesten heutigen Gebäude datieren aus dem 17., die übrigen aus dem 19./20. Jh. (Schu-

le). Die zweitürmige **Abteikirche St. Martin** entstand 1695 – 1712 nach Plänen von Kaspar Moosbrugger (▶ Einsiedeln) und gilt als einer der bedeutendsten Bauten im Vorarlberger Münsterschema. Ihre Krypta geht auf die Apsiden der frühmittelalterlichen Vorgängerkirche zurück. Die Ausstattung ist entweder restauriert oder entstand zu Anfang des 20. Jh.s, da die Abtei 1799 vom französischen Revolutionsheer in Brand gesteckt wurde. Zu beachten sind der Castelberg-Altar (Michaelsaltar), entstanden 1572 nach einer Vorlage von Dürer,

Disentis mit seiner Abtei

und das Chorgitter (Régence, frühes 18. Jh.). Das **Klostermuseum** informiert über die Geschichte der Abtei sowie über Kultur und Natur der Gegend. Die Pfarrkirche **St. Johann Baptist** (1643) besitzt einen Flügelaltar von dem Memminger Künstler Ivo Strigel (1489). Nachdem im Jahr 2000 ein 1,4 kg schweres Nugget gefunden wurde, gibt es in Disentis **Goldwaschkurse** (Info im Tourismusbüro).

Klostermuseum: Juni – Okt. Di., Do., Sa. 14.00 – 17.00 Uhr, Weihnachten – Ostern nur Mi., Eintritt 7 CHF

Disentis 3000

Die Luftseilbahn zum Caischavedra (1863 m, Restaurant) bildet den Zugang zum eher gemütlichen Skigebiet Disentis 3000, das am Péz Ault bis in 2833 m Höhe reicht; im Sommer kann man bis zum Lai Alv (2506 m) hinaufgondeln.

Weitere Umgebung

▶ S. 502 f.

ÜBER DEN LUKMANIERPASS NACH BIASCA

Wer nach einem »ursprünglich« gebliebenen Pass sucht, sollte einmal den Lukmanier unter die Räder nehmen. Sein Name – rätoromanisch Cuolm Lucmagn, ital. Passo di Lucomagno – kommt von lat. »lucus magnus«, »großer Hain«. Mit 1914 m Höhe ist er der niedrigste Schweizer Alpenpass, er verbindet die Kantone Graubünden und Tessin. Bis zum Bau anderer Passstraßen wurde er viel benützt. Die bis Biasca 62 km lange Straße ist nicht großartig ausgebaut und wenig befahren. Von Disentis führt sie im **Val Medel** nach Süden, zunächst durch die **Höllenschlucht** mit den Wasserfällen des Medelser Rheins. In **Curaglia** (1332 m) lohnt die Kirche (1672) mit spätgotischem Hochaltar einen Blick, Haus Nr. 3 trägt ein Wandbild von Antonio da Tradate (1510). Kurz hinter dem Lai da Sontga Maria erreicht man die Passhöhe, durch Arvenwälder fährt man im reizvollen **Valle di Santa Maria** abwärts.

Olivone (893 m, 850 Einw.), der erste Ort des für seine wilden Orchideen bekannten **Blenio-Tals** (Valle di Blenio), wird von der kühnen Pyramide des Sosto (2221 m) überragt. Villen und Adelspaläste zeugen vom einstigen Wohlstand der Einwohner, die bis ins 19. Jh. v. a. von Wegzöllen lebten. Die **Casa Cesare Bolla** (um 1500, heute Wohnhaus) war Sitz der Landvögte, in der **Cà da Rivöi** (um 1600) ist ein sehenswertes Heimatmuseum untergebracht. Empfehlenswert ist das schöne alte Hotel Olivone & Posta (Tel. 091 872 13 66).
Cà da Rivöi: Mai – Ende Okt. Di. – Do. 14.00 – 17.00 Uhr

Olivone

Aquila (788 m, 500 Einw.), Hauptort des mittleren Blenio-Tals, liegt am Fuß der Cima di Pinaderio (2490 m) und besitzt hübsche Tessiner Häuser. In der **Kirche S. Vittore Mauro** ist das Altarbild beachtenswert, eine freie Kopie von Dürers Holzschnitt der Dreifaltigkeit.

Aquila

Disentis & Blenio-Tal erleben

AUSKUNFT
Sedrun Disentis Tourismus
Via Alpsu 62, 7188 Sedrun
Tel. 081 920 40 30
www.disentis-sedrun.ch

Blenio Turismo
6718 Olivone
Tel. 091 872 14 87, www.blenio.com

ÜBERNACHTEN/ESSEN
Hotel Alpsu €–€€
Disentis, Via Alpsu, Tel. 081 947 51 17
Das Restaurant ist bekannt für Bündner Spezialitäten, v. a. die (sehr habhaften)

Capuns. Gute Bündner Weine. Das Hotel besitzt schöne, preiswerte Zimmer, liegt aber an der Hauptstraße.

Osteria Centrale €
Olivone, Tel. 091 872 11 07
www.osteriacentraleolivone.ch
Außer Juli/Aug. Mi./Do. geschlossen
»Der« Treff von Olivone, sozial wie lukulisch. Echte regionale Hausfrauenküche mit lokalen, oft biologischen Produkten, selbstgemachte Pasta und Wurstwaren. Mit netten Zimmern, unter dem Dach ein schönes Studio mit Balkon. Ab und zu finden Jazzkonzerte statt.

Lottigna Lottigna (695 m, 60 Einw.) liegt schön auf einer Anhöhe. In der mit Wappen der Landvögte bemalten **Casa dei Landvogti** (1460 / 1550) ist das reichhaltige, interessante Historische Museum untergebracht. Die Pfarrkirche SS. Pietro e Paolo über dem Ort, ursprünglich romanisch, wurde im 17. Jh. barockisiert.

Casa dei Landvogti: April–Okt. Di. – So. 14.00 – 17.30 Uhr, Eintritt 5 CHF

Prugiasco Die Bewohner von Prugiasco (633 m, 150 Einw.) lebten bis ins 17. Jh. etwa 200 m oberhalb des heutigen Orts. Von dieser Siedlung ist nur das wunderschön gelegene romanische Kirchlein ****San Carlo in Negrentino** erhalten, eine der bedeutendsten romanischen Kirchen des Landes mit hervorragenden Fresken des 11. – 15./16. Jh.s. Man erreicht sie zu Fuß (15 Min.) vom Parkplatz der Nara-Sesselbahn in Leontica, Schlüssel gibt es in den Restaurants von Acquarossa und Leontica sowie bei Blenio Turismo in Olivone. Sesselbahnen führen von Leontica nach Cancorì und weiter zum Pian Nara (1490 m, Skigebiet), wo die längste Rodelbahn des Tessins beginnt (5 km, Verleih).

San Carlo in Negrentino

Dongio Südwestlich von Dongio, das im 18. Jh. zum größten Teil durch einen Bergsturz zerstört wurde, steht die romanische Kapelle **San Remigio** (11. Jh.) mit schönen Fresken. Von Motto gelangt man über Ludiano nach **Semione** (402 m, 250 Einw.). In der Casa San Carlo sind Fossilien und Mineralien ausgestellt. Etwas nördlich ragt die Ruine der Burg Serravalle (12. – 14. Jh.) auf, in der sich Kaiser Friedrich Barbarossa vor der Schlacht von Legnano (1176) einige Tage aufhielt.

Malvaglia Am gegenüberliegenden Hang fällt der hohe romanische Campanile von Malvaglia auf. Die Kirche S. Martino wurde 1525 neu erbaut und 1603 erweitert; an der Fassade und innen Fresken des 16. Jh.s. Von hier lohnt ein Abstecher in das schöne, unberührte **Val Malvaglia**. Nun wird das Tal breiter und einförmiger. Vor Biasca (▶ Sankt Gotthard) umrundet die Straße die **Buzza di Biasca**, den Schuttkegel des gewaltigen Bergsturzes von 1512, dessen Abbruchstelle oben am Pizzo Magn (2329 m) noch heute zu erkennen ist.

** Einsiedeln

F 18

Kanton: Schwyz
Höhe: 882 m ü. d. M.

Einwohner:
14 400

Reizvoll in den Voralpen zwischen Zürich- und Vierwaldstätter See liegt der berühmte Wallfahrtsort mit seinem eindrucksvollen Kloster, einem Höhepunkt der Barockarchitektur.

Um das Jahr 829 ließ sich der Reichenauer Mönch Meinrad auf dem Etzel (s. u.) nieder, einige Jahre später im »Finstern Wald«, 861 wurde er ermordet. Über seiner Klause entstand ab 931 ein Kloster, dessen Kapelle mit einem wundertätigen Marienbild 948 geweiht wurde. Durch Schenkungen der Kaiser, insbesondere Ottos I. und Heinrichs II., und anderer Fürsten wurde es neben St. Gallen zum reichsten Kloster der Schweiz. Als der letzte Mönch 1525 zu Zwinglis Reformation übertrat, bestellten die Schwyzer 1536 einen neuen Abt. Zwischen 1704 und 1718 entstand das neue Kloster, zwischen 1721 und 1748 die Kirche, der Vorplatz wurde 1745 bis 1747 gestaltet. Heute bilden Landwirtschaft mit Vieh- und Pferdezucht – der Marstall gilt als ältestes bestehendes Gestüt Europas –, das Pilgerwesen, die Theologische Schule und ein Gymnasium die wirtschaftliche Basis des Benediktinerklosters. Die ruhige, sanfte Landschaft der Umgebung macht Einsiedeln für Wanderer und im Winter für Langläufer attraktiv.

Ein wenig Geschichte

> ! **BAEDEKER TIPP**
>
> *Welttheater*
>
> Seit 1924 wird in Abständen von 5–8 Jahren – zuletzt 2013 – im Sommer das »Große Welttheater« von Calderón de la Barca (1600 bis 1681) aufgeführt. Dieses Barockdrama um den Sinn von Leben und Tod wirkt vor der grandiosen Kulisse besonders eindrücklich (www.welttheater.ch).

BENEDIKTINERABTEI MARIA EINSIEDELN

Wie ein gewaltiger Bühnenprospekt empfängt die **Klosterfront** den Besucher. In den ansteigenden großen Platz greifen geschwungene Arkaden (mit Devotionalien- und Souvenirläden) aus, deren Balustraden mit Figuren von J. B. Babel (1749) bestückt sind, darunter überlebensgroß die kaiserlichen Gönner **Otto I. und Heinrich II.** Der Madonna auf dem Giebel zwischen den Türmen antwortet auf dem Platz der **Fraubrunnen** (H. G. Kuen, 1686), dessen siebeneckiger Tempietto auf die Sieben Freuden und Schmerzen Marias verweist.

Vorplatz

Die **Abtei**, geplant von dem großen Vorarlberger Baumeister und Laienbruder Kaspar Moosbrugger (1656 – 1723), nimmt eine Fläche

Konvent

Typisch Vorarlberger Schule: die Abteikirche von Einsiedeln

von 156 × 136 m ein. In den Konvent ist die Klosterkirche eingestellt, gemäß dem »Escorial-Typ« wie im schwäbischen Weingarten.

Kirche Die grandiose Abteikirche (113 m lang, 41 m breit), die die Funktionen von Wallfahrts- und Mönchskirche zu vereinen hatte, gliedert sich in vier Baukörper, die z. T. durch die bereits vorhandene Gnadenkapelle und den Chor von 1674 bestimmt wurden. Die für die Vorarlberger Schule typischen durchbrochenen Wandpfeiler mit Emporen betonen die Breitenwirkung. In der Gestaltung hatten die Künstler freie Hand, das Bildprogramm bestimmten die Theologen des Klosters. Am Ort der Meinradsklause steht in einem **Oktogon die **Gnadenkapelle** von 1683 (1817 erneuert) mit dem Gnadenbild der Schwarzen Madonna (um 1440). Darüber zeigt ein vierteiliges Fresko des berühmten Cosmas Damian Asam die Weihe der Kapelle durch Christus. Der **Predigtraum** mit der kunstvollen Kanzel von seinem Bruder Egid Quirin Asam (1726) wird von einer Flachkuppel mit einer Abendmahlsdarstellung (C. D. Asam) überspannt. Die Altäre für St. Meinrad und St. Benedikt schuf der Comaske Diego Carlone (1743), die Bilder sein Bruder Carlo. Im **Kuppelraum** schildert das Deckenfresko von C. D. Asam die Weihnachtsgeschichte. Weitere acht Altäre schuf J. A. Feuchtmayer (aus der Wessobrunner Schule) ab 1730. Ein perspektivisches dreitoriges Eisengitter (1675 – 1685) schließt den von F. A. Kraus aus Ulm-Söflingen 1746 umgestalteten **Chor** ab, dessen Gestaltung mit dem Hochaltar von D. Pozzi und dem Altarbild (Kraus) sich auf das Thema der Erlösung konzentriert. Das reich verzierte Chorgestühl (um 1680) ist ein Werk von Michael Hartmann aus Luzern. Die **Beichtkirche** (H. G. Kuen, ab 1680) wurde von Pietro Neurone aus Lugano stuckiert, das Bild der hl. Magdalena im 1902 neu erstellten Altar schuf 1680 der Münchner Hofmaler J. K. Sing.

Die **Stiftsbibliothek** (im Rahmen der Führungen zugänglich) umfasst ca. 230 000 Bände aus dem 16. – 20. Jh., 1200 Manuskripte aus der bedeutenden mittelalterlichen Schreibschule und 1100 Inkunabeln. Im herrlichen **Großen Saal** im Südflügel des Klosters, der um 1705 von Marsiglio Roncati aus Lugano und Johann Brandenberg aus Zug gestaltet wurde, finden Ausstellungen und Konzerte statt.

Weitere Höhepunkte der Abtei

Die Hauptstrasse ist durch überraschend städtische fünfstöckige Häuser geprägt. Bekannt sind die Einsiedler »Schafböcke«, etwas trockene Lebkuchen, die im alten Laden der **Bäckerei Goldapfel** (Kronenstr. 1) zu erstehen sind. Nördlich des Klosterplatzes ist das **Diorama Bethlehem** mit 450 Holzfiguren zu finden (im Untergeschoss

Was es sonst noch gibt

Einsiedeln erleben

AUSKUNFT
Einsiedeln Tourismus
Hauptstrasse 85, 8840 Einsiedeln
Tel. 055 418 44 88
www.einsiedeln.ch
www.kloster-einsiedeln.ch

VERANSTALTUNGEN & FESTE
Klosterführungen Mo. – Sa. 14.00 Uhr, Gebühr 15 Fr., Treff beim Tourismusbüro. Konzerte auf den Orgeln der Abteikirche Mitte Juli. – Ende Aug. Di. 20.15 Uhr. Um 16.30 Uhr singen die Mönche die Vesper und (seit 1547) in der Gnadenkapelle das Salve Regina.
Letztes Aug.-Wochenende: Chilbi (Kirchweih, Volksfest). 14. Sept. Engelweihe, großes Fest in Erinnerung an die Weihe der ersten Kirche 948. Am Dienstag vor dem 29. Sept. großer Viehmarkt.

ÜBERNACHTEN
Hotel Linde ⓔ–ⓔⓔ
Einsiedeln, Schmiedenstr. 28, Tel. 055 418 48 48, www.linde-einsiedeln.ch

Gepflegtes Mittelklassehotel am Klosterplatz, Zimmer teils mit Blick zum Kloster (es gibt auch sehr billige mit fließend Wasser). Dachterrasse, gehobenes Restaurant mit prachtvollem Täfer.

St. Meinrad ⓔ
Egg, Etzelpasshöhe
Tel. 055 412 25 34, www.stmeinrad.ch
Ein besonderer, ein idyllischer Platz mit Geschichte (▶S. 291). Gepflegte, sehr preisgünstige Zimmer. Gutbürgerliche Küche mit österreichischem Einschlag und überraschenden Variationen.

ESSEN
Bürgi's Burehof ⓔⓔ–ⓔⓔⓔ
Euthal, Euthalerstrasse 29
Tel. 055 412 24 17
www.buergis-burehof.ch
Mo./Di. und Mitte Juli – Anf. Aug. geschl.
Ein Schwyzer Bauernhaus von 1860 am Südende des Sihlsees. Trotz der Abgelegenheit ist das schöne Gourmetlokal meist gut besucht. Zwei stilvolle Zimmer.

ein Mineralienmuseum), einige Schritte weiter das **Panorama der Kreuzigung Christi**, ein 2000 m² großes Rundgemälde.

Diorama: Mai–Okt. 14.00–17.00, 1. Advent-So.–6. Jan. 12.00–16.00 Uhr, Eintritt 5,50 CHF **Panorama:** Karfreitag–Ende Okt. Mo.–Fr. 13.00–17.00, Sa., So./Feiertag 10.00–17.00 Uhr, Eintritt 6 CHF

UMGEBUNG VON EINSIEDELN

Sihlsee

Der 892 m hoch gelegene **Sihlsee** gibt der Voralpenlandschaft bei Einsiedeln einen besonderen Reiz. Der 9 km lange Stausee des Etzelwerks wurde 1934 angelegt; man überquert ihn auf dem 1015 m langen Willerzeller Viadukt. Von Willerzell kann man seine Fahrt auf zwei schönen Passstraßen fortsetzen: über die **Sattelegg** (1190 m) zum ▶ Zürichsee oder in südwestlicher Richtung über die **Ibergeregg** (1406 m) nach ▶ Schwyz.

*Etzel

Nördlich von Einsiedeln steigt das Sträßchen nach Pfäffikon (▶ Zürichsee) zum 20 % steilen **Etzelpass** an, einem jahrhundertealten Übergang am Jakobsweg. An der **Teufelsbrücke** (1699) über die Sihl steht das **Gasthaus Krone** – hier werden Einsiedler Spezialitäten aufgetischt (Mo./Di. geschl.) –, in dem der Arzt und Naturforscher Theophrastus Bombastus von Hohenheim genannt **Paracelsus** (1493–1541) geboren wurde. Von der Passhöhe mit der Meinradskapelle (Kaspar Moosbrugger, 1697) und dem Gasthaus St. Meinrad von 1759 (▶ S. 293) geht man in gut 30 Min. zum **Etzel-Kulm** hinauf (1098 m, Gasthaus; www.etzel-kulm.ch), der eine großartige Aussicht bietet. Für die herrliche Wanderung von Willerzell über das Stöcklichrüz und den Etzel nach Schindellegi ▶ Zürichsee.

Engadin

G – K 24 – 28

Kanton: Graubünden · Grischun · Grigioni

Der Name Engadin hat einen hat fast magischen Klang: Er steht für eine harmonische Berglandschaft mit einem ganz besonderen Licht, klarem Himmel, leuchtenden Farben und vielen Sonnentagen.

Das Engadin (rätoromanisch Engiadina) ist das rund 90 km lange, von mächtigen Bergketten gesäumte **Tal des Inns** (rätorom. En), das im Osten der Schweiz vom Malojapass bis zur österreichischen Grenze bei Martina reicht. Das **Oberengadin** (Engiadin' ota), ein weites Tal mit den Seen von Sils, Silvaplana, Champfèr und St. Moritz, er-

Silvaplanersee mit dem Schloss Crap da Sass

streckt sich im Südwesten zwischen Maloja und Zernez, das **Unterengadin** (Engiadina bassa, ein enges, von steilen Hängen eingefasstes Tal, zwischen Zernez und der Grenze. Wuchtige, weiß gekalkte Steinhäuser mit Sgraffito-Schmuck, schönen Erkern und kunstvollen Fenstergittern bestimmen das Bild der Dörfer. Die Bevölkerung ist überwiegend rätoromanisch und evangelisch, obwohl das Engadin ab dem 10. Jh. erst unter der Herrschaft des Bistums Chur und später, bis 1652, der Österreicher stand. Ab dem 17. Jh. verließen viele Engadiner aus Not ihre Heimat und verdienten als Konditoren in Oberitalien ihren Unterhalt. Die alten ladinischen Ortsnamen wurden 1938 als amtliche Bezeichnungen eingeführt.

Die ganze Region, zu der auch der **Schweizerische Nationalpark** gehört, ist ein Paradies für Naturliebhaber, Sport- und Kulturfreunde. Die Verkehrsverbindungen mit Bahn und Postauto sind bestens, die Sportangebote vielfältig, von Angeln über Golf, Mountainbiken und Skifahren bis zum Wandern und Wildwasser-Rafting. Am **Engadiner Skimarathon** von Maloja nach S-chanf (am 2. März-So.) nehmen weit über 10 000 LäuferInnen teil. Fast überflüssig zu erwähnen, dass die Gastronomie des Engadins im doppelten Sinn »ausgezeichnet« ist. Während sich in den berühmten Oberengadiner Orten ▶ Sankt Moritz, Celerina und ▶ Pontresina die Highsociety tummelt, wirbt das Unterengadin mit seiner reizvollen Landschaft und vielen Möglichkeiten zu sportlicher Betätigung. Kenner kommen im Oktober ins Engadin, wenn sich ein tintenblauer Himmel über weiß verschneiten Gipfeln, grünen Wiesen und goldenen Lärchen wölbt.

Urlaubslandschaft

** OBERENGADIN

Das beschauliche Sils (rätorom. Segl, 1797 m, 800 Einw.) liegt 10 km von ▶ Sankt Moritz in der topfebenen Talweitung zwischen Silvaplaner und Silsersee (rätorom. Lej da Segl, mit Schiffsverkehr). Es besteht aus **Sils-Maria** (»Meierei«) am Ausgang des Fex-Tals und **Sils-**

Sils

Engadin erleben

AUSKUNFT OBERENGADIN
Engadin St. Moritz
Via San Gian 30, 7500 St. Moritz
Tel. 81 837 33 33

AUSKUNFT UNTERENGADIN
Tourismus Engadin Scuol Samnaun
Staziun Scuol-Tarasp, 7550 Scuol
Tel. 081 861 88 00, www.engadin.com

ESSEN
Pirani ©©©©
La Punt-Chamues-ch
Tel. 081 854 25 15, www.chesapirani.ch
ab 18.30 Uhr geöffnet, So./Mo. geschl.
In einem herrlich eingerichteten Patrizierhaus von 1750 kocht der hochdekorierte Daniel Bumann regional und international, u. a. mit Safran aus Mund im Wallis (S. 266). Erstklassige Weine, die auch glasweise zu bekommen sind.

Chesa Rosatsch ©©–©©©©
Celerina, Via San Gian 7
Tel. 081 837 01 01, www.rosatsch.ch
300 Jahre alter Gasthof am Inn, modernisierte Engadiner Spezialitäten in gepflegter Atmosphäre, Preiswerteres, wie Flammechueche und Capuns, gibt's im »Uondas«. Mit hübschen Zimmern.

Crusch Alva ©©–©©©
Zuoz, Hauptstrasse 26
Tel. 081 854 13 19, www.cruschalva.ch
Feine Bündner Küche in einem wunderschönen, stattlichen Gasthaus, das ins Jahr 1499 zurückgeht. Große Auswahl an Weinen. Mit stilvollen Zimmern.

ÜBERNACHTEN
Chesa Randolina ©©©
Sils-Baselgia

Tel. 081 838 54 54, www.randolina.ch
Schön gelegenes einstiges Bauernhaus.
Sehr gute Küche (HP nur für Hotelgäste) aus Bio-Produkten, große Weinkarte.
Idealer Stützpunkt für Wanderungen und Langlauf.

Hotel Fex ©©©
Sils-Fex, Tel. 081 826 53 55
www.hotelfex.ch
Von Sils geht's hinein ins berühmte Fex-Tal: Völlige Ruhe mit Blick auf die Dreitausender. Schlichtes, sehr gemütliches Haus, schöne Terrasse. Gute Bündner Küche. Eigener Hotelbus.

Saluver ©©–©©©
Celerina, Via Maistra 128
Tel. 081 833 13 14, www.saluver.ch
Stattlicher Bau in ruhiger Lage am Dorfrand. Gemütliche Zimmer, die meisten mit Balkon. Gutbürgerliche Küche.

Posthotel Engiadina ©©©
Zuoz, San Bastiaun 13
Tel. 081 851 54 54
www.hotelengiadina.ch
Seit 1876 bietet das Posthotel den stilvollen Rahmen für den Urlaub. Schöne, nicht überteuerte Restaurants. Mit Pool, Tennisplatz und Gratis-Leihrädern.

Romantica Val Tuoi ©–©©©
Guarda, Tel. 081 862 24 70
www.romanticavaltuoi.ch
Bauernhaus von 1728, später Pension, heute ein heimeliges, persönlich geführtes Domizil mit modernem Komfort.
Nahe dem Hauptplatz gelegen, mit herrlichem Ausblick auf Dorf und Berge. Im Restaurant (nur abends geöffnet) gibt's Bündnerisches zu angenehmen Preisen.

Baselgia (»Kirche«). In Sils-Maria verbrachte F. Nietzsche zwischen 1881 und 1888 »schaffensreiche« Sommermonate; in seinem Wohnhaus wird an den Philosophen erinnert. Im **Robbi-Museum** kann man Werke der Silser Maler A. Robbi und S. Giovanoli sehen. Schön sind der Spaziergang auf der bewaldeten Halbinsel **Chastè**, wo ein Gedenkstein Nietzsche zitiert, und der Weg am Südufer des Silsersees in 45 Min. zum Weiler Isola (im Sommer bewirtschaftet) und weiter nach **Maloja** (▶Bergell, ca. 1.15 Std.). Herrlich ist eine Wanderung, Schlitten- oder Kutschfahrt ins romantische ***Val Fex**. Das romanische Kirchlein in **Fex Crasta** besitzt Fresken von 1511.

Nietzsche-Haus: Di. – So. 15.00 – 18.00 Uhr (außer Zwischensaison), 8 CHF

BAEDEKER TIPP

Nietzsche-Haus

Wer dem Philosophen besonders nahe kommen möchte, kann einige Tage im Nietzsche-Haus in Sils-Maria wohnen. Angesprochen sind alle, die sich mit Nietzsche beschäftigen. Info Tel. 081 826 53 69, www.nietzschehaus.ch.

Wo der Julierpass Richtung Chur abzweigt, liegt Silvaplana (1815 m, 1000 Einw.) auf dem Schwemmkegel »Ova da Vallun«, der den Champfèrer vom Silvaplanersee trennt. Eine Brücke führt hinüber zur romantischen Burg **Crap da Sass**, erbaut 1906 (privat) und den Häusern von Surlej (»überm See«). Oberhalb Surlej die Talstation (1870 m) der Bahn auf den ****Piz Corvatsch** (3451 m). Der Ausblick von der Bergstation (3303 m) ist grandios: im Osten Piz Morteratsch, Piz Palü, Bernina und Piz Roseg, im Nordwesten ragen über den Seen Piz Lagrev, Piz Julia, Piz Bever und Piz Ot auf.

Von der Mittelstation Murtèl (2702 m) führen Wanderwege zum **Hahnensee** (2153 m) und zurück nach Surlej, über das Berghaus Fuorcla Surlej (2755 m) ins **Roseg-Tal** und nach ▶Pontresina oder zur herrlich gelegenen Coaz-Hütte (2610 m, zurück durch das Fex-Tal). Die Skipisten des Corvatsch sind mit denen von Sils verbunden, eine Seilbahn erschließt das Ski- und Wandergebiet Furtschellas (La Chüdera 2312 m, Bergstation 2800 m). Der **Silvaplanersee** (Lej da Silvaplauna) ist – aufgrund des heftigen »Malojawinds«, der vom Bergell heraufkommt – ein Surfparadies, ob auf Wasser oder Schnee. Trendsport ist das Kitesurfen, bekannt das Surfcenter von Stefan Popprath (www.kitesailing.ch). Im Sommer wird es im Oberengadin wegen des Winds um Mittag allerdings oft recht »frostig«.

Silvaplana

▶ dort

Sankt Moritz

Celerina Nordöstlich von St. Moritz, im allseitig offenen Tal an der Abzweigung der ▶Berninastraße, liegt der ruhigere, weniger »exklusive« Urlaubsort Celerina (rätorom. Schlarigna, 1730 m, 1500 Einw.). Einige Häuser sind in dem schönen Engadiner Ort zu beachten, so das Haus Secchi (1660), das Haus Küderli (1829), die Chesa Frizzoni (1845). In **Celerina-Cresta** enden die St. Moritzer Bob- und Skeletonbahnen, hier stehen auch die größeren Hotels. Am 3. August-Wochenende findet das New Orleans Jazz Festival statt. Mit der Gondelbahn gelangt man in das Wander- bzw. Skigebiet **Marguns** (2279 m). Auf einem Hügel östlich außerhalb des Orts thront die Kirche **San Gian** mit kleinem romanischem und größerem spätgotischem Glockenturm (1682 durch einen Blitz beschädigt); sie besitzt eine schöne bemalte Holzdecke und Fresken aus dem 15. Jahrhundert.

San Gian: Mo., Mi., Fr. 14.00–16.00 Uhr, Eintritt frei

> ! **BAEDEKER TIPP**
>
> *Bündner Köstlichkeiten*
>
> Bündnerfleisch und Salsiz – von Rind, Hirsch, Reh und Gams – in Vollendung macht seit 1883 der Familienbetrieb Hatecke. Läden gibt es in Scuol (Center Augustin), Zernez (Via Suot 68) und St. Moritz (Via Maistra 16).

Samedan Samedan (rätorom. Samaden, 1721 m, 3000 Einw.) ist der Hauptort des Oberengadins. 1820 wurde hier das erste Gasthaus im Engadin eröffnet, der Golfplatz 1882, und auf dem Flugplatz schwebt die St. Moritzer Schickeria ein, heute auch aus Russland. Der gepflegte Dorfkern besitzt viele **stattliche Häuser** aus dem 16.–18. Jh. mit schönen Sgraffiti, so die **Chesa Planta** von 1595, Stammsitz der von Salis-Samedan, einer der ältesten Bündner Familien (Museum für Wohnkultur des 18./19. Jh.s, Kulturarchiv Oberengadin, Rätoromanische Bibliothek). Der mittelalterliche Wohnturm »La Tuor« fungiert heute als Kultur-Plattform für Südbünden (www.latuor.ch). Die spätgotische Kirche **St. Peter** entstand 1491/92; zu beachten sind die Grabplatten der Planta und der Salis aus dem 17.–19. Jh. Die Pfarrkirche in **Plaz** (1682/1770) gehört mit dem zierlichen Turm zu den schönsten Kirchen Graubündens. Aus Samedan stammte der Pfarrer und Politiker Georg Jenatsch (1596 – 1639), den C. F. Meyer in seiner fesselnden Erzählung »Jürg Jenatsch« porträtierte (▶ S. 273, 279). In Samedan kann man Rätoromanisch lernen (www.samedan.ch).

Chesa Planta: Do., im Sommer auch Di., 16.30 Uhr, Eintritt 10 CHF

Bever Ein paar Kilometer talabwärts liegt das hübsche Feriendorf Bever (1710 m, 660 Einw.). Einst mussten viele Bewohner im Ausland ihr Glück suchen. Dass sie es fanden, bezeugen die zahlreichen stattlichen Engadiner Häuser, die sich die Heimkehrer erbauen ließen.

*Zuoz Über **La Punt Chamues-ch** am Fuß des Albula-Passes (▶Oberhalbstein & Albula) – mit dem renommierten Restaurant Chesa

Das eindrucksvolle Planta-Haus in Zuoz mit barocker Außentreppe

Pirani (▶ S. 296) –, gelangt man in das altertümliche Zuoz (1716 m, 1300 Einw.), einst Hauptort des Oberengadins und Sitz der mächtigen Familie von Planta. Im Ortskern stehen viele schöne Bürger- und Patrizierhäuser aus dem 16./17. Jh.; den Hauptplatz zieren ein Bär, das Symbol der Planta (»planta« heißt »Bärentatze«), das wappengeschmückte Gasthaus **Crusch Alva** (1570/18. Jh.) und das prächtige **Planta-Haus**. In der Pastizaria des wunderbaren Bündner Hotels Klarer (http://klarerconda.ch) gegenüber gibt es eine hervorragende Nusstorte. In der spätgotischen Kirche (1507) sind moderne Glasfenster zu beachten, zwei in der Apsis stammen von Augusto Giacometti (1929/1933), das dritte von J. Casty (1957). Tradition hat der **Chalandamarz**, mit dem am 1. März, dem Jahresbeginn des Römischen Reichs, der Winter ausgetrieben wird. Zuoz ist auch ein schöner Wintersportort und als Ziel des **Engadiner Skimarathons** (▶ St. Moritz) an das Loipennetz des Oberengadins angeschlossen.

** UNTERENGADIN

Über ▶ Zernez, den Angelpunkt zwischen Ober- und Unterengadin – dort zweigt die Straße über den Ofenpass ins Münstertal ab –, erreicht man **Susch**. Hier beginnt die Flüelastraße nach ▶ Davos. Etwas innabwärts, in Richtung Lavin, beginnt der Vereina-Eisenbahntunnel, die kürzeste Verbindung nach ▶ Klosters. Von Lavin führt ein 60 km langer, leicht zu begehender Wanderweg über Guarda, Ardez, Ftan, Sent, Ramosch und Tschlin nach Vinadi vor der österreichischen Grenze. Das Skigebiet des Unterengadins am Südhang der Silvretta hat sein Zentrum in ▶ Scuol.

Chalandamarz – das Engadiner Winteraustreiben – in Guarda

*Guarda Steile Serpentinen führen zu dem auf einer Terrasse gelegenen Dorf Guarda (1653 m, 170 Einw.), das als schönster Ort des Unterengadins gilt und wie das benachbarte Ardez unter Denkmalschutz steht. In Guarda spielt die Geschichte vom »Schellen-Ursli« (▶ S. 693); hier lebte und arbeitete Steivan Liun Könz (1940 – 1997), ein Sgraffitomeister, der den Fassadenschmuck wesentlich wiederbelebt hat.

*Ardez Auch Ardez (1470 m, 450 Einw.) besitzt typische Unterengadiner Häuser mit wundeschönen Sgraffiti, unterschiedlichsten Erkern und abgesetzten Giebelfronten. Hervorragende Beispiele sind die **Chasa Clalgüna** (▶ Abb. S. 60) mit einer großartigen Darstellung des Sündenfalls (1647/1707) und das **Haus Planta**. Mit ihren Emporen bietet die zweischiffige spätgotische **Kirche** (1577, Turm 1445) das typische Bild reformierter Schweizer Gotteshäuser. Ftan ▶ Scuol.

Scuol Das Tal wird nun breiter und führt nach ▶ Scuol, das aus mehreren verstreuten Ortschaften besteht, über die das **Schloss Tarasp** auf hohem Felsen wacht. Unterhalb von Scuol wird das Tal wilder und einsamer; Dörfer wie **Sent**, **Ramosch** und **Tschlin** liegen auf sonnigen Terrassen über dem Talgrund. Vor Ramosch mündet das tief eingeschnittene **Val Sinestra** ein, mit dem ehemaligen Bad Val Sinestra (1471 m), das für Arsen-Eisen-Quellen bekannt war; das Kurhaus ist heute ein familiäres Hotel (▶ Baedeker-Tipp rechts).

Sent Sent (1440 m, 900 Einw.) besitzt ein besonders hübsches Ortsbild mit den barocken **Senter Giebeln** (etwa an der Chasa dals Spus, dem »Haus des Brautpaars«), der malerischen Ruine der Kirche St. Peter (12. Jh.) und der spätgotischen reformierten Kirche (1496).

Letztes Schweizer Dorf ist **Martina** in der Waldschlucht des Finstermünz-Engpasses, wo bei Vinadi noch alte Befestigungen erhalten sind. Hier zweigt eine kühn angelegte Straße ins **Samnauntal** ab, das letzte Engadiner Seitental. Das Zollausschlussgebiet ist als Einkaufsland beliebt, außerdem bildet es mit Ischgl und dem Paznauntal auf der österreichischen Seite die **Silvretta Arena**, mit 240 km Pisten und über 40 Bahn-/Liftanlagen das größte Skigebiet der Ostalpen.

! BAEDEKER TIPP

Fast wie Neuschwanstein …

thront das Hotel Val Sinestra im einsamen Tal. Großzügige Atmosphäre von Anfang des 20. Jh.s, gleichzeitig familiär und stilvoll, dazu geradezu billig – man hilft beim Abwasch und hält das Zimmer selbst sauber. Mit schönen Aufenthaltsräumen, Spielzimmer, Aktivitäten und viel Platz, daher ideal für Familien. Hotel Val Sinestra, 7554 Sent, Tel. 081 866 31 05, www.sinestra.ch.

Engelberg

✧ H 16

Kanton: Obwalden	Einwohner:
Höhe: 1050 m ü. d. M.	3900

Südlich des Vierwaldstättersees liegt ein Paradies für Naturfreunde: das Tal von Engelberg mit dem Titlis, das sommers und winters alles für aktive oder ruhige Ferien bietet.

Von Stans (▶ Vierwaldstättersee) dringt das schmale Tal der Engelberger Aa zum Massiv des mächtigen, eisbedeckten Titlis (3239 m) vor. An seinem Fuß liegt Engelberg, bekannt für sein Benediktinerkloster (das heute auch Gäste beherbergt). Bis 1798 war der Abt das weltliche Oberhaupt des unabhängigen Staats Engelberg, fünf Jahre war Letzterer souverän, dann kam er zu Nidwalden und 1815 zu Obwalden. Engelberg, das für sich in Anspruch nimmt, der älteste Ferienort der Schweiz zu sein, wirbt mit seinem großen Angebot an Abenteuersportarten und Freizeitaktivitäten (u. a. Golfplatz).

Eine schöne Möglichkeit, sich das Engelberg-Tal zu erschließen, ist der Benediktus-Höhenwanderweg. Er führt von Niederrickenbach bei Dallenwil (ca. 5 km südlich von Stans; von Dallenwil Seilbahn nach Niederrickenbach) über den Hang des Haldigrats nach Oberrickenbach (894 m, Busverbindung mit Wolfenschiessen), dann über Eggeligrat (1233 m), Spissegg (1670 m) und Stock (1730 m) hinunter nach Engelberg (gesamt 7 Std.). Zu beachten sind in **Dallenwil** die Wallfahrskirche von 1754, in **Wolfenschiessen** das Höchhus (1586), in **Grafenort** das Herrenhaus (1690) und die Heiligkreuz-Kapelle (1689) gegenüber.

Benediktus-Höhen-wanderweg

*Abtei Am Südrand von Engelberg thront die im Jahr 1120 gegründete Benediktinerabtei, die nach einem Brand 1729 von dem Vorarlberger Johannes Rueff 1730 – 1737 neu erbaut wurde. In der stattlichen **Kirche** wird das alte, klare Vorarlberger Münsterschema vom süßlichen Régence-Dekor der Bauzeit unglücklich konterkariert. Der Hauptaltar (mit Bild »Mariä Himmelfahrt« von F. J. Spiegler, dem großen schwäbischen Meister) und die Altäre vor dem Chor stammen von J. A. Feuchtmayer aus der Wessobrunner Schule, die Orgel ist mit über 9000 Pfeifen die größte der Schweiz. Der **Kirchenschatz** enthält kostbare Stücke aus dem 12. – 14. Jh. wie ein romanisches Reliquienkreuz und den Chormantel der Königin Agnes von Ungarn. Von der großen Vergangenheit der Schreibschule zeugt die **Bibliothek** mit wertvollen Handschriften, Inkunabeln und Miniaturen. Im Kloster gibt es auch eine kleine **Schaukäserei** mit Laden und Imbiss.

Kloster: Führungen 20. Juni – 20. Okt., 19. Dez. – 6. April Mi. – Sa. 10.00, 16.00, 24. Okt. – 18. Dez. Mi./Do. 10.00 Uhr, Fr./Sa. 16.00 Uhr, Eintritt 8 CHF

Was es noch gibt Das **Talmuseum** ist in einem Bauernhaus von 1786 untergebracht (Dorfstraße). Südlich des Klosters, am linken Ufer der Aa, erstrecken sich hübsche Anlagen. Einen Blick wert sind die Kapellen **St. Jakob** in Espen (17. Jh.) und **Maria im Horbis** (17. Jh.) am »End der Welt«.

Talmuseum: Mi. – So. 14.00 – 18.00 Uhr, Eintritt 6 CHF

Trübsee Das Haupt-Wander- bzw. Skirevier von Engelberg ist das Gebiet Trübsee / Jochpass / Titlis. Über die Gerschnialp und an der steilen Pfaffenwand empor bringen parallele Seilbahnen zum Hotel Trübsee

Engelberg erleben

AUSKUNFT
Engelbert-Titlis Tourismus
Klosterstrasse 3, 6390 Engelberg
Tel. 041 639 77 77, www.engelberg.ch
www.kloster-engelberg.ch

VERKEHR
Engelberg ist auch mit der Zentralbahn
Luzern-Stans-Engelberg zu erreichen
(ca. 50 Min.; www.zentralbahn.ch).

ÜBERNACHTEN
Schweizerhof ⓔⓔ–ⓔⓔⓔ
Dorfstrasse 42, Tel. 041 637 11 05
www.schweizerhof-engelberg.ch

Klassisches, gut 100 Jahre altes Hotel mitten im Ort. Zimmer z. T. mit Balkon und grandiosem Blick. Mit Garten, Sauna und Solarium. Im Bauernstübli gibt's vor allem Fondue (Fleisch, Käse).

Bellevue Terminus ⓔ–ⓔⓔⓔ
Bahnhofplatz, Tel. 041 639 68 68
www.bellevue-terminus.ch
Teils Charme des 19. Jh.s (aber einwandfrei und sehr preiswert), teils schön modernisiert und deutlich teurer. Trotz der Größe familiäre Atmosphäre. Mit modernem Restaurant (»junges, internationales Trendfood«) und lebhafter Bar.

(1796 m). Von dort geht es mit der Gondel zum Stand (2428 m) und weiter mit der **Rotair-Bahn**, deren Kabine sich während der Fahrt um 360° dreht, zum Klein Titlis (3028 m) mit fantastischem Panorama. Von der Gipfelstation zur Bergstation des Ice Flyer (Gletscher-Sesselbahn) spannt sich über 500 m tiefem Abgrund der **Cliff Walk**, Europas höchstgelegene Hängebrücke. Der höchste Punkt der Zentralschweiz, der ****Titlis**, (3238 m), ist vom Klein

Mit dem Rotair auf den Titlis

Titlis oder vom Hotel Trübsee aus zu erreichen, beides hochalpine Touren (Anstieg von Trübsee ca. 4 Std.). Ein geologischer Wanderweg führt vom Stand nach Trübsee hinunter (1.30 Std.).

Jochpass Vom Trübsee (1764 m) gelangt man mit Sessellift oder zu Fuß in 1.15 Std. zum **Jochpass** (2207 m, Gasthaus). Für die sehr empfehlenswerte Fortsetzung der Wanderung zur **Engstlenalp** und nach Melchsee-Frutt (3 Std.) ▶ Sarnen.

Weitere Touren Eine schöne Wanderung führt am Tätschbachfall vorbei über die Alp Herrenrüti zur Nieder-Surenenalp (1260 m, Restaurant). Im Weiteren bildet der **Surenenpass** (2291 m) den Übergang ins Reuss-Tal: eine der schönsten Wanderrouten der Zentralschweiz, von Engelberg bis Brüsti oberhalb von Attinghausen in 6 – 7 Std. zurückzulegen.

Entlebuch & Emmental

✦ **F/G 11 – 14**

Kantone: Bern, Luzern

Das Gebiet zwischen Bern und Luzern ist ein altes Bauernland, an dem die Touristenströme vorbeigehen bzw. -fahren. Kenner schätzen die wohltuende, schöne Landschaft, deren Höhepunkt im doppelten Sinn der 1408 m hohe Napf bildet.

Das protestantische Emmental gehört zum Kanton Bern, das katholische Entlebuch zum Kanton Luzern – die unterschiedliche Historie ist heute noch sicht- und spürbar, z. B. an unterschiedlichen Rinderrassen, Bräuchen und Spielkarten. Die beiden Talschaften werden von mehreren Flüssen mit Namen Emme gebildet: Die Kleine Emme im Entlebuch mündet bei Luzern in die Reuss, die Große Emme, die

Entlebuch & Emmental erleben

AUSKUNFT
Tourismus UBE
Chlosterbüel 28, 6170 Schüpfheim
Tel. 041 485 88 50, www.biosphaere.ch

Tourismus Entlebuch
Pfisterhaus, Hauptstr., 6162 Entlebuch
Tel. 041 480 11 65
www.tourismus-entlebuch.ch/

Tourismus Emmental
Bahnhofstrasse 44, 3401 Burgdorf
Tel. 034 402 42 52

Bauernhof bei Langnau

FESTE & EVENTS
Mitte Mai, Escholzmatt: Schybi-Schwinget. Mitte Mai, alle 3 Jahre (2015): Amts-und Wyberschiesset im Entlebuch (in Entlebuch, Schüpfheim oder Escholzmatt). Letzter Juni-Mo., Burgdorf: Solennität (Kinderfest). Ende Juli, Langnau: Jazz Nights. Anf. Sept., alle 3 Jahre (2016): Cartoon-Festival in Langnau. Ende Sept., Schüpfheim: Alpabzug mit Älplerchilbi.

ESSEN
Emmenhof ●●–●●●
Burgdorf, Kirchbergstrasse 70
Tel. 034 422 22 75, www.emmenhof.ch
Mo./Di., ca. 10. Juli – 10. Aug. geschl.
Familiär geführter Gasthof, die kulinari-sche Nummer eins im Emmental. Französische und Schweizer Haute Cuisine im Restaurant; in der rustikalen Gaststube isst man preisgünstiger. Mit Zimmern.

Gasthof Rössli ●●–●●●●
Escholzmatt, Hauptstr. 111
www.gasthofroessli.ch
Tel. 041 486 12 41, Mo./Di. geschl.
Die Gaststube ist das soziale Zentrum des Dorf, im Jägerstübli gibt's großartige 6-Gang-Menüs mit »avantgardistischer Naturküche« (Mi.- bis Sa.abend und So. mittag, mind. 1 Tag vorher reservieren). Berühmt sind die Bratwürste. Ein Bett im Bauernhof wird gern vermittelt.

ÜBERNACHTEN
Hotel Kreuz ●
Romoos, Tel. 041 480 13 51
www.kreuz-romoos.ch
Eine wunderbare Zeitreise: Seit 1906 gibt es dieses kleine Hotel, die einfachen Zimmer blieben praktisch unverändert. In den schönen Gaststuben genießt man handfeste Entlebucher Spezialitäten.

Gasthof Kreuz & Bären ●–●●
Dürrenroth, Dorf 139
Tel. 062 959 00 88
www.gastro-duerrenroth.ch
Herrliches, über 200 Jahre altes Ensemble. Geschmackvoll-zurückhaltend modernisierte Zimmer. Interessant variierte schweizerisch-internationale Küche.

Althüsli & Ofenhüsli ●
Dürrenroth, Tel. 044 350 05 00
www.huben-ferien.ch
Zwei zauberhafte alte Holzhäuser im Weiler Huben als Domizil für naturnahe Familienferien (4 – 7 Betten).

das Emmental bildet, entspringt am Hogant nördlich des Brienzersees, fließt nach Nordwesten und mündet bei Solothurn in die Aare.

ENTLEBUCH

Landwirtschaftlich geprägt, relativ arm und touristisch kaum entdeckt ist dieses schöne hügelige Land. Die Einwohner versuchen ihre Heimat als UNESCO-**Biosphärenreservat** nachhaltig zu bewirtschaften. Wanderfreunde und Langläufer finden ein reiches Betätigungsfeld. Besonderheiten sind die **Moorgebiete**, v. a. zwischen Sörenberg und Habkern, und die * **Schrattenfluh** (2091 m) zwischen Sörenberg und Marbach, ein pittoreskes Karstfeld, nach dem der geologische Begriff »Schrattenkalke« geprägt wurde. Die letzten **Köhler** der Schweiz sind in Romoos tätig (www.koehlerei.ch); die Familie Renggli, die auch für ihre Jodelkünste bekannt ist, lädt zum Besuch ein (www.familie-renggli.ch).

Romoos

Von ▶ Luzern geht es an der Kleinen Emme entlang nach Wolhusen, dem Tor zum Entlebuch. Unterwegs lohnt in Werthenstein das hochgelegene einstige Kloster mit seiner Kirche von 1608 (originelle Fassadenlösung) und dem herrlichen Arkadenhof von 1636 einen Halt.

Wolhusen

Das malerische Dorf Entlebuch (684 m, 3300 Einw.) liegt über der reißenden Entlen, die hier in die Kleine Emme mündet. Sehenswert ist die um 900 erbaute Kirche St. Martin mit festlicher Rokoko-Ausstattung (Turm 13./14. Jh.). **Schüpfheim** (719 m, 3900 Einw.) ist Hauptort des Amts Entlebuch und war einst Richtstätte des verhassten Luzerner Vogts von Wolhusen; von hier ging der Große Bauernkrieg des Jahres 1653 aus. Bis 1808 erbaut wurde die klassizistische Kirche St. Johannes; das **Entlebucher Heimatmuseum** gibt Einblick in den Alltag früherer Zeiten. Über dem Ort die schön gelegene, reich ausgestattete **Kapelle Heiligkreuz** (1593/1753).

Entlebuch

Entlebucher Heimatmuseum: Mi. und 1. So. im Monat 14.00 – 17.00 Uhr oder nach Vereinbarung Tel. 041 484 22 21, Eintritt 7 CHF

Von Schüpfheim führt eine Panoramastraße an der Waldemme ins ursprünglich gebliebene **Mariental**. Von Flühli lohnt die Wanderung über den **Sattelpass** (1589 m) nach Giswil im Sarnenland . Im Talschluss, am Fuß des Brienzer Rothorns (2350 m, ▶ Brienz), liegt der Ferienort **Sörenberg** (1159 m). Die vermoorten Bergföhrenwälder von Sörenberg und Flühli wurden von der UNESCO zum Biosphärenreservat erklärt. Auf das **Brienzer Rothorn** führt eine Seilschwebebahn, die Seilbahn zur Rossweid und Skilifte erschließen weitere Gebiete. Von Sörenberg gelangt man in herrlicher Fahrt über den **Glaubenbüelenpass** (1611 m) nach Giswil (▶ Sarnen).

Mariental

Escholzmatt

Auf der Wasserscheide zwischen Entlebuch und Emmental liegt das stattliche Escholzmatt (852 m, 3200 Einw.). Auf dem Dorfplatz steht das Denkmal für Christian Schybi, den Führer des Bauernaufstands von 1653. Die Straße 10 führt weiter durchs Emmental nach ▶ Bern; über Marbach und den Schallenberg dagegen erreicht man ▶ Thun.

Über den Schallenberg nach Thun

Von **Marbach** (871 m, 1250 Einw.) führt eine Bahn zur **Marbachegg** (1470 m), die einen schönen Rundblick eröffnet. Schangnau ist Ausgangspunkt der Besteigung des **Hohgants** (2197 m, 3.30 Std.), die mit herrlichem Blick auf die Eisriesen des Berner Oberlands belohnt; möglich ist der Abstieg nach Habkern (▶ Interlaken). Nach Überquerung der Emme, die flussabwärts durch die **Räblochschlucht** tost, steigt die Straße zum **Schallenbergpass** (1167 m) an. Dahinter lohnt ein Abstecher zum idyllischen **Würzbrunnen** (über Röthenbach) mit der 1148 erwähnten romanisch-spätgotischen Kirche (1495 umgestaltet, Ausmalung 1779). Nach Thun sind es noch 10 km.

✳ EMMENTAL

Landschaft und Kultur

Das durch seinen Käse in aller Welt bekannte Emmental – zu ihm gehört nach traditioneller Definition das Land zwischen dem Napf und dem Berner Münster – ist ein idyllisches, beschauliches Hügelland mit **alter bäuerlicher Kultur**. Viele Höfe sind seit Jahrhunderten im Besitz der Familie, Traditionen sind tief verwurzelt, und doch gehören die Emmentaler Bauern zu den Pionieren der modernen Landwirtschaft in der Schweiz. Die behäbigen Bauernhäuser mit weit

Bei Lützelflüh im Emmental, der Heimat des berühmten Käses

ausladendem Walmdach sind mit Lauben, Schnitzereien und Blumen reich geziert; typisch ist der – des öfteren sogar ausgemalte – geschwungene Giebel, die »Ründe«. Daneben gibt es die Spycher (Speicher) und Stöckli (Austragshäuschen), da sind die schönen alten Gasthäuser, die »Bären«, »Löwen«, »Sternen« oder »Krone« heißen, in denen sich ebenso bodenständig wie gediegen tafeln und nächtigen lässt. Fast unübersehbar ist die Zahl der Märkte und »Chilbis«, der bunten Kirchweihfeste.

> **!** BAEDEKER TIPP
>
> *Napfläufer und Napfmeringen*
>
> Es gibt Leute, die den Napf 100-mal im Jahr besteigen oder im Okt. beim Napf-Marathon hinaufrennen (von Trubschachen aus). Nicht nur die wissen die gewaltigen Meringen zu schätzen, die es im 1882 erbauten Berghotel gibt. Auch für Familienferien ist das einfache Haus auf der Gipfelwiese ideal. Berghotel Napf, Tel. 034 495 54 08, www.hotelnapf.ch. Ganzjährig geöffnet (im Winter Mo./Di. geschl.), früh reservieren.

Trubschachen (1500 Einw.), der östlichste Ort des Emmentals, verfügt über stattliche Ständerbauten; am östlichen Ortsrand die renommierte Biskuitfabrik **Kambly** (Laden Mo. – Sa. geöffnet). Vom nördlich gelegenen Trub geht es im schönen Fankhausgraben zur **Mettlenalp** (1051 m, Bergrestaurant, Postautostation) und von dort in ca. 1 Std. auf den 1410 m hohen bewaldeten ****Napf**, einen wunderbaren Aussichtspunkt zwischen Jura, Ostschweizer und Berner Alpen (die Grenze zwischen den Kantonen Bern und Luzern geht unmittelbar am Berghotel vorbei). Herrlich ist auch die Wanderung von der Lüderenalp auf den Napf (bis zur Mettlenalp ca. 4 Std.).

Langnau (673 m, 9100 Einw.), der lebhafte, schöne Hauptort des oberen Emmentals und Zentrum der Käsevermarktung, wartet mit **prächtigen Gasthäusern** an gleichnamigen Plätzen auf, dem Hirschen und dem Bären (geschl.); am Bärenplatz steht das **Chüechlihus** (um 1525) mit dem Heimatmuseum. Eine wichtige Institution des Orts ist das Bahnhofsbuffet, dessen Zukunft leider unklar ist.
Chüechlihus: Ende März – Anf. Nov. Di. – So. 13.30 – 18.00, So. 10.00 – 18.00 Uhr, Eintritt 6 CHF

In **Lauperswil** ist die spätgotische Kirche mit Glasfenstern von 1519 zu beachten. Ebenso schöne alte Häuser sind in **Rüderswil** zu sehen. Lützelflüh ist berühmt durch seinen Pfarrer Albert Bitzius (1797 bis 1854), der unter dem Namen **Jeremias Gotthelf** in Erzählungen und Romanen seine Landsleute und die Härten des bäuerlichen Lebens beschrieb. Im stattlichen Pfarrhof mit Pfarrhaus, Speicher und Ofenhaus ist das Gotthelf-Zentrum untergebracht, im Friedhof nebenan ist Gotthelf begraben.
Nicht versäumen sollte man den Abstecher über Trachselwald und Sumiswald (beide mit Schloss und schönen Häusern) zum nördlich

Trubschachen

Langnau i. E.

Lützelflüh

gelegenen **Affoltern** mit einer **Schaukäserei** (tgl. geöffnet). In Hasle-Rüegsau steht die größte der gedeckten **Emmentaler Holzbrücken** (59 m Spannweite, erbaut 1839); sie geht auf das Können der Baumeisterfamilie Grubenmann in Teufen (Appenzell) zurück. In der Region zählt man fast 30 dieser Meisterwerke der Zimmermannskunst.

Lützelflüh, Gotthelf-Zentrum: April–Anf. Nov. Di.–Fr. 13.30–17.00, Sa./So. 10.00–17.00 Uhr, Eintritt 8 CHF

Burgdorf

Das nordwestliche »Tor zum Emmental« ist Burgdorf (533 m, 15 600 Einw.), der stattliche Bezirkshauptort und Zentrum des Viehhandels (ganzjährig Märkte). Die Oberstadt wird von der mächtigen, vollständig erhaltenen **Burg** der Zähringer dominiert (ab 1200). Der große Pädagoge J. H. Pestalozzi unterhielt 1798–1804 dort eine Erziehungsanstalt. Sehenswert sind in der Burg das **Historische Museum**, das **Helvetische Goldmuseum** und ein **Völkerkundemuseum**. Am Westrand der Oberstadt mit ihren gotischen Häusern steht die **Stadtkirche** (1490) mit kostbarem spätgotischem *Lettner (1512), der 1867 zur Orgelempore umfunktioniert wurde. In der Unterstadt mit ihren schönen Zunfthäusern und malerischer Marktlaube steht das **Niedere Spital** (13. Jh., ab 1836 Schlachthaus), heute sind hier Plastiken von **Bernhard Luginbühl** zu sehen. Dem Werk des hyperrealistischen Malers **Franz Gertsch**, eines bedeutenden Gegenwartskünstlers der Schweiz (*1930), ist ein Museum gewidmet. Sehenswert ist die Konstruktion der **inneren Wynigen-Brücke** von 1776.

Museen in der Burg: April–Okt. Mo.–Sa. 14.00–17.00, So. 11.00–17.00 Uhr, Nov.–März nur So., Eintritt 7 CHF **Museum Gertsch:** Platanenstrasse 3, Mi.–Fr. 10.00–18.00, Sa., So. 10.00–17.00 Uhr, Eintritt 12 CHF

Schloss Burgdorf wacht über dem westlichen Zugang zum Emmental.

Flims - Laax - Falera

G/H 21

Kanton: Graubünden   Einwohner:
Höhe: 810 – 3028 m ü. d. M.   4600

Boarden und Biken, Freeriding und Freestyling, Nightlife, Wellness und Top-Events in der Alpenarena, dem größten Schneeresort der Alpen – so wirbt Flims-Laax-Falera.

Flims (rätoromanisch Flem, 2600 Einw.) liegt auf einer sonnigen Terrasse 500 m über dem Tal des Vorderrheins (▶ Rhein), der sich hier eine enge Schlucht durch einen gewaltigen eiszeitlichen Bergsturz gegraben hat (s. u.). Sein Renommee erwarb Flims ab 1875 als Sommerkurort, der Wintertourismus setzte nach 1945 mit dem Bau der Bahn zur Alp Foppa ein. Heute hat Flims – mit den Gemeinden bzw. Ortsteilen Flims-Dorf (dem einstigen Bergdorf), der Hotelsiedlung Flims-Waldhaus, Murschetg, Laax und Falera – ca. 60 Hotels mit 24 000 Gästebetten, das Sport-, Unterhaltungs- und Freizeitprogramm lässt sommers wie winters keine Wünsche offen.

Die **»Alpenarena«** dehnt sich zwischen Crap Masegn, Vorab, Crest la Siala, Piz Segnas und Cassons aus und bietet in 1100 bis 3000 m Höhe 220 km Pisten aller Schwierigkeiten, meist jedoch gemütlicherer Art. Erschlossen ist sie von Flims-Dorf, Laax-Murschetg und Falera aus durch 30 Bergbahnen und Lifte. Freeride-Routen und Freestyle-Parks runden das Angebot für die Winterspezialisten ab. **Bergbahnen und Skireviere**

Das Hochtal von Flims ist die Surselva, eine herrliche Landschaft mit Wiesen, Wäldern und kleinen Seen. Ihr Name bedeutet »über dem Wald«. Gemeint ist damit der **Uaul Grond**, der »Großwald«, eines der größten Waldgebiete in Graubünden. Ihre Entstehung verdankt die Surselva dem ****Ruinaulta** (»Großer Abbruch«), dem Flimser Bergsturz, als vor ca. 15 000 Jahren ein Teil des Piz Sardona zu Tal rutschte. Die 18 km lange Schlucht, die sich der Rhein durch den Bergsturz schnitt, gehört zu den großartigsten Landschaften der Alpen, und eine der interessantesten Unternehmungen ist eine Wanderung von Flims aus durch den Wald und die Rheinschlucht. Von Flims-Waldhaus geht man eine knappe Stunde zum »Spir« (»Mauersegler«), einer spektakulären **Aussichtsplattform** über den Canyon. ***Surselva**

SEHENSWERTES IN FLIMS UND UMGEBUNG

Das **Grand Hotel Waldhaus Flims** mit Villa Silvana und Pavillon ist ein beeindruckendes Zeugnis der Belle Époque. Zu ihm gehörte auch **Flims-Waldhaus**

Freeriding-Spaß in Flims

die Badeanstalt am **Caumasee** und ein eigener Lift, der modernisiert immer noch in Betrieb ist. Das Hotelmuseum im Hotel Waldhaus führt die große Blüte der Schweizer Hotellerie vor Augen; das Flimser Panorama in der Halle stammt von Giovanni Giacometti (1904). Im Hotel Waldhaus sind auch die schönen Einrichtungsgegenstände ausgestellt, die der heimische Architekt Rudolf Olgiati (1910–1995) in Graubünden sammelte, außerdem Werke des berühmten Bündner Künstlers Alois Carigiet (1902–1985). Im Ortsbild **Flims-Dorf** – unter dem Absturz des Flimsersteins (Crap da Flem, 2696 m) gelegen – fallen die massiven, dennoch noblen Wohnhäuser von Rudolf Olgiati auf. Das von seinem Sohn Valerio umgestaltete weiße (!) **Gelbe Haus** an der Hauptstraße dient heute v. a. für Ausstellungen; einen Blick wert sind auch die spätgotisch umgestaltete **Kirche** (1512) und das **Schlössli** (1682, Gemeindehaus). Die Walsersiedlung **Fidaz** (1180 m) ist mit ihren typischen Holzhäusern ein seltenes Beispiel für eine spätere Romanisierung.

Ausstellungen im Hotel Waldhaus: Fr.–So. 16.00–18.00 Uhr

*Cassonsgrat   Eine herrliche Aussicht gewährt der 2675 m hohe Cassonsgrat, der mit der Sesselbahn von Flims-Dorf über Foppa (1420 m) und Naraus (1842 m) zu erreichen ist. Ein Naturlehrpfad (2.30 Std.) erläutert Geologie und Flora der umgebenden Bergwelt.

Laax   Der Name von Laax (1018 m, 1400 Einw.) ist vom rätoromanischen »ils lags« (»die Seen«) abgeleitet, von denen nur noch der Laaxer See existiert. Der Ort besaß schon im 13. Jh. Marktrecht, schöne Patrizierhäuser zeugen von altem Wohlstand. Die Kirche **St. Otmar und Gallus** erbaute Domenico Barbieri aus Roveredo (1678); das Beinhaus dient heute als Totenkapelle. Der **Crap dallas Siarps** nahe der Kirche ist einer der zahlreichen bronzezeitlichen Schalensteine der Gegend. Das **Ortsmuseum** in einer ehemaligen Sennerei illustriert, u. a. mit einer Einrichtung aus dem 19. Jh., frühere Lebensweise.

Ortsmuseum: Di./Do.15.00–18.00 Uhr, Eintritt 3 CHF

Falera   In Falera (1213 m, 600 Einw.), das auf einer Terrasse am Fuß des Crap Sogn Gion (2228 m) liegt, ist die hübsche Pfarrkirche **St. Remigius** zu beachten (Turm 13. Jh., Chor 15. Jh., Chorfresken 17. Jh.).

Flims-Laax-Falera erleben

AUSKUNFT
Flims Laax Tourismus
Via Nova 62, 7017 Flims-Dorf
Tel. 081 920 92 00
www.alpenarena.ch

FESTE & EVENTS
Juli: Flimserstein (Konzerte im Stroh oder
auf dem Bergsee). Sommerkonzerte in
St. Remigius in Falera. Ende Juli/Anf.
Aug.: Konzerte im Jugendstil-Festsaal
des Hotels Waldhaus Flims.

ESSEN / ÜBERNACHTEN
Schweizerhof ❺❺❺-❺❺❺❺
Flims-Waldhaus, Tel. 081 928 10 10
www.schweizerhof-flims.ch
Ein liebevoll restaurierter Belle-Époque-
Traum von 1903: Stil mit Understate-
ment. Zauberhafte Veranda mit herr-
lichem Ausblick. Ebenso schön sind

Restaurant (schweizerisch-internationale
Küche), Hallenbad und Wellnessoase.

Posta Veglia ❺❺-❺❺❺
Laax, Tel. 081 921 44 66
www.poestlilaax.ch
Traditioneller Gasthof von 1880 an
der Hauptstraße, bekannt für seine
gute, echte Bündnerküche, mit preiswerter Mittags- und teurerer Abend-
karte. Elegant-rustikale Zimmer.

Rocksresort ❺-❺❺
Laax, Tel. 081 927 90 00
www.rocksresort.com
Appartementhäuser in neuer Regional-
architektur: schnörkellos mit grauem
Quarzit und hellbrauner Eiche. Appartements für 4 bis 8 Personen, viele Service-
leistungen. An der Talstation der Kabinenbahn Crap Sogn Gion gelegen.

Die drei Dutzend **Menhire** und Schalensteine, die auf der Wiese
nebenan stehen (La Mutta, die größte Steinsetzung in der Schweiz),
sind in astronomisch-kalendarischen Linien angeordnet.

** Fribourg · Freiburg

⊹ H 8/9

Kanton: Fribourg · Freiburg
Höhe: 630 m ü. d. M.

Einwohner:
35 700

**Ein wunderbares mittelalterliches Stadtbild, die Melange aus
französischer und deutscher Kultur, Studenten aus aller Herren Länder, dies alles gibt der kleinen Stadt im Westen der
Schweiz ein ebenso heimeliges wie kosmopolitisches Flair.**

Fribourg/Freiburg ist die Hauptstadt des gleichnamigen Kantons und
wie dieser zweisprachig. Die Sprachgrenze bildet in etwa die Saane
(frz. Sarine), die sich hier tief in das Mittelland eingesenkt hat; westlich von ihr spricht man französisch, östlich deutsch, die Straßen-

Die Altstadt von Fribourg mit Kathedrale und Zähringerbrücke

schilder sind zweisprachig. Die lebhafte Universitätsstadt bezaubert mit einem der schönsten mittelalterlichen Stadtbilder der Schweiz. Über 200 gotische Gebäude sind erhalten, daneben gibt es zahlreiche Bürgerhäuser, die deutschen Barock mit französischem Klassizismus verbinden. Die Topografie ist komplex: In der nördlichen Fluss-schleife liegt der Stadtteil Auge, westlich darüber die Oberstadt (Bourg, Les Places), die nördlich und südlich durch steile Felshänge begrenzt wird. Die Unterstadt an der südlichen Flusschleife bilden die Viertel Neuveville links und Planche rechts der Sarine.

Ein wenig Geschichte

Die Namensgleichheit mit Freiburg im Breisgau ist kein Zufall: Die-ses entstand ab dem 11. Jh. um eine Burg Bertholds II. von Zährin-gen, das schweizerische wurde 1157 von Herzog Berthold IV. von Zähringen gegründet. 1478, nach den Burgundischen Kriegen, wur-de es freie Stadt, die sich 1481 der Eidgenossenschaft anschloss. Seit 1613 ist Fribourg Bischofssitz, 1889 wurde die Universität gegründet, die einzige katholische der Schweiz.

SEHENSWERTES IN FRIBOURG

Place de l'Hôtel de Ville

Mittelpunkt der Altstadt ist die Place de l'Hôtel de Ville mit dem **Rat-haus**, am Platz der zähringischen Burg 1501 – 1522 von G. Aetterli und Hans Felder d. J. erbaut, der aus Oettingen im Ries stammte. Der Aufsatz des Uhrturms und die Freitreppe entstanden um 1660, die schönen Bogenreliefs am Portal 1881; sehenswert ist der Großrats-saal mit Täfelung im Louis-Seize-Stil und einem Prunktisch von Hans Gieng (1546). Der »Saal der verlorenen Schritte« besitzt goti-sche Kreuzstockfenster, eines mit einem Kruzifixus von Martin Gramp aus Lindau im Bodensee (1508). Benachbart das barock-klas-sizistische **Stadthaus** (H. Fasel, 1731). Gegenüber dem Rathaus steht die **Murten-Linde**: Der Legende zufolge konnte nach der Schlacht

beim 17 km entfernten ▶ Murten ein Bote – ganz wie der von Mara-
thon – nur noch die Siegeskunde überbringen, bevor er starb; seinen
Hutschmuck, einen Lindenzweig, ließ man zu einem Baum heran-
wachsen, der in den 1970er-Jahren aber dem Verkehr zum Opfer fiel.
Die heutige Linde wurde aus einem Ableger der alten gezogen.

Der beherrschende, 76 m hohe (unvollendete) Turm signalisiert die   ***Kathedrale**
Kathedrale **St-Nicolas**, die ab 1283 in Etappen bis ca. 1630 entstand;
trotzdem bietet sie ein geschlossenes hochgotisches Bild. Über dem
eindrucksvollen **Hauptportal** wertvolle Bildwerke des 14./15. Jh.s
(Hl. Nikolaus, Apostel und Englischer Gruß, Jüngstes Gericht), die
Portalgewände zieren 14 Statuen aus dem 15. Jh. (Originale im
Kunstmuseum). Bemerkenswert ist auch das **Südportal** (Maria mit
hl. Nikolaus und Hl. Drei Königen, um 1330). Beachtlich ist die **Ausstattung**: Kanzel (Hans Felder d. J., 1516), Taufstein von 1498, Chorgitter von 1474, Chorgestühl von A.
Peney (1464), Heiliggrabkapelle mit
einer wertvollen Grablegung (1433),
mehrere Fenster von Jozef Mehoffer
(bedeutender Vertreter des polni-
schen Jugendstils, 1869 – 1946) und
die berühmte Orgel von Aloys Mooser (1831). Der **Kirchenschatz** ist
auf Anfrage zu besichtigen, vom
Turm (zugänglich April – Okt., So.
nur nachm.) hat man einen großartigen Ausblick.

> **!** **BAEDEKER TIPP**
>
> ### Schoko-Laboratorium
>
> Ein Mekka für Pralinenfreaks ist
> die Patisserie-Confiserie Chantilly
> (Rue de Romont 13): Jean-Marc
> Suard macht überwiegend in
> Handarbeit süße Köstlichkeiten
> in 30 Sorten. Hier bekommen Sie
> auch einen echten »Moutarde
> de Bénichon« (Chilbi-Senf).

An der nahen Place de Notre-Dame mit dem Samsonbrunnen von   **Notre-Dame**
Hans Gieng (1547, Original im Museum) lohnt die Kirche **Notre-
Dame** (um 1200) einen Besuch. Das mehrfach umgestaltete Gottes-
haus erhielt 1785 – 1787 die barock-klassizistische Fassade.

In einem ehemaligen Straßenbahndepot wurde ein Museum einge-   **Espace**
richtet, das dem 1925 in Fribourg geborenen **Jean Tinguely** († 1991)   **Jean Tinguely**
gewidmet ist; auch Arbeiten seiner ebenso berühmten Frau **Niki de
Saint-Phalle** sind hier zu sehen.
❶ Mi. – So. 11.00 – 18.00, Do. bis 20.00 Uhr, Eintritt 6 CHF

Im Jahr 1256 wurde das Franziskanerkloster gestiftet. Seine Kirche   ***Eglise des**
mit dreischiffigem gotischen Chor von 1281 (Langhaus und Fassade   **Cordeliers**
1748) ist überaus wertvoll ausgestattet: **Flügelaltar** von Albrecht
Nentz und dem »Meister mit der Nelke« (1481; Hochaltar), **Predella**
mit dem Gemälde »Tod des Wucherers« von Hans Frics (1506; linke
Chorwand), **Chorgestühl** von 1280 (nachdem in Lausanne das älteste der Schweiz), Furno-Flügelaltar (um 1513).

Fribourg erleben

AUSKUNFT
Fribourg Tourisme
Place Jean-Tinguely 1, 1701 Fribourg
Tel. 026 350 11 11
www.fribourgtourisme.ch
www.fr.ch, www.fribourgregion.ch

FESTE & EVENTS
Bolzen-Fasnacht. 21. Juni. Musikfest.
Anf. Juli: Jazzfestival. Juli/Aug.: Kino-
Openair. Anf. Sept.: Mittelalterwoche.
Mitte Sept.: Chilbi (»Benichon«), großes
Volks- und kulinarisches Fest. Juli, in ge-
raden Jahren: Festival der Sakralmusik.
1. Okt.-Sonntag: Murten-Fribourg-
Gedächtnislauf. 1. Dez.-Wochenende:
St.-Niklaus-Umzug mit Volksfest.

ESSEN
❶ *Des Trois Tours* ⓒⓒ–ⓒⓒⓒⓒ
Fribourg-Bourguillon
Route de Bourguillon 15
Tel. 026 322 30 69, www.troistours.ch
So./Mo., 3 Wochen Juli/Aug. geschl.
In einem Patrizierhaus aus dem 19. Jh.
pflegt Alain Bächler eine fantasievolle bis
experimentelle Küche. Im Café-Bistro
gibt's eher Traditionelles (nur mittags).

❷ *Zum Schild* ⓒⓒ–ⓒⓒⓒⓒ
Fribourg, Planche Supérieure 21
Tel. 026 322 42 25, www.le-schild.ch
So./Mo., 3 Wochen Anf. Aug. geschl.
Der »Schild« beherbergt ein feines Restaurant und eine etwas schlichtere,
preiswertere Brasserie. Herzliche Atmosphäre, umwerfender Blick von der kleinen Terrasse.

❸ *Le Beausite* ⓒⓒ
Fribourg, Route de Villars 1
Tel. 026 424 66 46, www.le-beausite.ch
Ein wirklich »schöner Platz« ist diese
Belle-Époque-Brasserie, dem entspricht
die Karte mit handfesten französischen
Genüssen. Gute, nicht überteuerte
Weinkarte. Sa./So. geschl.

ÜBERNACHTEN
❶ *Au Sauvage* ⓒⓒⓒ
Fribourg, Planche Superieure 12
Tel. 026 347 30 60
www.hotel-sauvage.ch
Liebevoll eingerichtetes Bürgerhaus aus
dem 16. Jh., Zimmer z. T. mit Holzdecke.
Mit Bar und angenehmem Restaurant
(So./Mo. geschl.).

Musée d'Art et d'Histoire Der **Ratzehof** (1584), erbaut für den Kommandanten der Schweizer Garde in Lyon, beherbergt das **Museum für Kunst und Geschichte** mit Plastik und Malerei des 11. – 20. Jh.s. Eine Passage führt zum ehemaligen **Schlachthof** (1838), in dem u. a. Skulpturen von der Kathedrale und Werke von Tinguely ausgestellt sind.
Museum für Kunst und Geschichte: Di. – So. 11.00 – 18.00, Do bis 20.00 Uhr, Eintritt 8 CHF

Couvent de la Visitation Die Visitantinnenkirche mit ihrer festlichen Mischung aus Spätgotik und Frühbarock (1656) wurde von H. F. Reyff geplant; die Orgel baute Aloys Mooser (1826). Am Ende der Rue de Morat steht das gut erhaltene, 34 m hohe Murtentor (Porte de Morat, 1414); innen hat der Schweizer Alpen-Club eine Kletterwand installiert.

Von der Place de l'Hôtel de Ville geht man durch die lebhafte Rue de Lausanne oder – mit schönem Ausblick – durch die **Route des Alpes** hinauf zur Place G.-Python (610 m ü. d. M.). Dort hinauf führt von Neuveville (Place du Perthuis) die **Standseilbahn** (Funiculaire), die 1899 eröffnet wurde und mit Wasserballast (Abwasser!) betrieben wird. Am Platz steht das **Bischöfliche Palais** (1845), nördlich davon das eindrucksvolle **Jesuitenkollegium St. Michael** (1584 – 1613); in der 1757 im Rokoko umgestalteten Kirche ist der hl. **Petrus Canisius** bestattet (Pieter Kanijs aus Nimwegen, 1521 – 1597), der »erste deutsche Jesuit«, der ab 1580 in Fribourg lebte.

Place Georges-Python

Im Südwesten der Oberstadt liegt das neuere Bahnhofsviertel mit den **Grand-Places**, die einen schönen Blick auf Altstadt und Sarine bieten. Die Fontaine Jo Siffert von Tinguely erinnert hier an den aus Fribourg stammenden, 1971 verunglückten Formel-1-Rennfahrer. In

Bahnhofsviertel

Fribourg

1 Biermuseum	**Essen**	**Übernachten**
	❶ Des Trois Tours	❶ Au Sauvage
	❷ Schild	
	❸ Le Beausite	

der Passage du Cardinal ist in den Kellern der **Brauerei Cardinal** ein Biermuseum untergebracht (mit Bistro).
Brauerei Cardinal: Di., Do. 14.00 – 18.00 Uhr, Eintritt 10 CHF

Modellbahn-museum

Im Modelleisenbahnmuseum Kaeserberg kann man im Maßstab 1 : 87 auf 2045 m Gleis durch die Schweiz fahren. Nordwestlich des Zentrums im Viertel Paccot nahe der A 12 (Impasse des Ecureuils 9).
❶ Sporadisch geöffnet (meist Mi./Sa./So.), Info und Reservierung über www.kaeserberg.ch, Tel. 026 467 70 40, Eintritt Erw. 18 CHF, Kind 10 CHF

Quartier de Pérolles

Von der Place de la Gare – mit der Kantonalbank von Mario Botta (1981) – führt der Blvd. de Pérolles südlich zum Pont de Pérolles. Bei der Christkönigskirche (1953) ist im Jardin de Pérolles die **St.-Bartholomäus-Kapelle** (Anfang 16. Jh.) sehenswert mit Renaissance-Glasmalereien von Lukas Schwarz und einem Kruzifix von Hans Geiler. Vor der Ingenieurschule geht es rechts zum **Naturhistorischen Museum** (Geografie, Biologie) und zum **Botanischen Garten**. Nördlich der Ingenieurschule führt der Sentier Ritter steil hinunter zu einem Stauwehr (interessante Vögel und Pflanzen).
Naturhistorisches Museum: tgl. 14.00 – 18.00 Uhr, Eintritt frei

Neuveville

Mit der »Funi« fährt man hinunter nach Neuveville zur Place du Pertuis (553 m ü. d. M.) mit dem hübschen **Wildermannbrunnen** (1626). Am Ende der Rue de la Neuveville steht der **Weisheitsbrunnen**, wie viele Brunnen der Stadt ein Werk von Hans Gieng (1550). Nahe der Kirche der Vorsehung (1757) stellt die Kunsthalle **Fri-Art** zeitgenössische Künstler aus (Mo. geschlossen).

Planche

Über die St.-Johann-Brücke von 1746 – hier das Denkmal für den »Röstifrieden« (1990) – erreicht man die Unterstadt Planche (dt. Matte), eine ehemalige **Johanniter-Komturei** mit der Kirche St-Jean (1259), dem Johannesbrunnen von H. Gieng (1547) und der Kornhalle von 1709. Südwestlich liegt in einer Schleife der Sarine das **Zisterzienserinnenkloster Maigrauge** (dt. Magerau; mit Laden); in der um 1285 geweihten Kirche ist ein einzigartiges »Heiliggrab« (um 1330) zu sehen, ein bemalter Sarg mit einer Holzfigur des toten Jesus.

Auge

Über die Mittlere Brücke (Pont du Milieu, 1720) geht es zum altertümlichen **Viertel Auge** in der Sarine-Schleife. Gleich rechts das **Schweizer Marionettenmuseum**. Das **Augustinerkloster** bzw. dessen 1311 geweihte Mauritiuskirche besitzt einen überwältigenden *Hochaltar aus dem Manierismus: An dem Werk mit 46 Figuren arbeiteten die Brüder Spring ab 1593 etwa 20 Jahre lang (1602 geweiht). Die Gebäude des 1842 aufgehobenen Klosters enthalten das Kantonsarchiv mit über 80 000 Pergamenturkunden, die älteste von 928.
Marionettenmuseum: Mi. – So. 10.00 – 17.00 Uhr, Eintritt 5 CHF

Von Auge führt der gedeckte **Pont de Berne** (Mitte 17. Jh.) unter der Felswand zur Place des Forgerons mit dem Treuebrunnen (Hans Gieng, 1558). Zu den Resten der **Stadtbefestigung** gehören das Berner Tor (1290, 1660 erneuert), der Katzenturm (Tour des Chats, 1383) und der mächtige Rote Turm (Tour Rouge, um 1250).

Place des Forgerons

Eine kleine Rundfahrt östlich der Sarine eröffnet schöne Perspektiven auf Fribourg. Zunächst geht es über den Pont de Zaehringen, dann rechts am Roten Rurm vorbei und über den 60 m hohen **Pont du Gotteron** (Galternbrücke). Dann am Dürrenbühlturm (um 1370) vorbei zum Westrand von Bourguillon (dt. Bürglen) mit der **Kapelle Unserer Lieben Frau** (erwähnt 1453, Gnadenbild 14. Jh.). Von hier fährt man westlich auf dem Beau Chemin zur Porte de Bourguillon; hinter ihr die 1647/48 erbaute **Loretokapelle**, auch hier hat man eine schöne Aussicht auf die Stadt. Man passiert die **Kapelle St. Jost** (1684) und das 1626 gegründete **Kapuzinerkloster Montorge** (nicht zugänglich). Dann geht es hinunter in die Planche und entweder über den Pont du Milieu und das Viertel Auge oder über den Pont St-Jean und Neuveville zurück zur Oberstadt.

*Aussichtstour

UMGEBUNG VON FRIBOURG

In Tafers 5 km östlich birgt die Kirche **St. Martin**, deren älteste Teile aus dem 8./10. Jh. stammen (im 16., 18. und 20. Jh. verändert), eine schöne Pietà aus Holz (15. Jh.). Im prächtigen Holzhaus von 1780 ist das sehr sehenswerte **Sensler Heimatmuseum** eingerichtet.
Heimatmuseum: Do.–So. 14.00–17.00 Uhr

Tafers

Etwa 3 km südwestlich Richtung Bulle überquert man auf der 50 m hohen Glâne-Brücke den Fluss. Weitere 4 km südwestlich liegt in einer Sarine-Schleife die 1138 gegründete **Zisterzienserabtei Hauterive** (auch Altenryf, von lat. »alta ripa«, »hohes Ufer«). Die im kargen Stil des Ordens erbaute Kirche (1162) besitzt prächtige Glasfenster (1332) und ein schönes Chorgestühl (1472–1486).
Führungen tgl. außer So.nachmittag

*Abtei Hauterive

Eine reizvolle Fahrt (26 km) führt in die **Freiburger Alpen**. Zunächst über Bourguillon und Giffers nach **Plaffeien** (851 m) im Tal der Sense. Von Zollhaus (902 m) am Zusammenfluss von Warmer und Kalter Sense schöne Fahrt nach **Schwefelbergbad** (▶ Bern). Weiter im Tal der Warmen Sense aufwärts gelangt man zum **Schwarzsee** auf 1048 m Höhe (Gasthof) inmitten bewaldeter Berge. Ein Sessellift führt hinauf zur **Riggisalp** (1500 m, Gasthaus); von hier erklimmt man in 2.30 Std. die **Kaiseregg** (2189 m), die eine prächtige Aussicht vom Mont-Blanc bis zum Berner Oberland eröffnet.

Schwarzsee

*Romont Auf einem »runden Hügel«, wie der Name besagt, thront 23 km süd-westlich von Fribourg – vor der eindrücklichen Kulisse der Dents du Midi – diese mittelalterliche, von Mauern umgebene Stadt (4600 Einw.). Im **Schloss** aus dem 13. Jh. ist das Schweizerische Museum für Glasmalerei interessant, die benachbarte **Kollegiatkirche** von 1244 / 1451 besitzt vorzügliche Glasmalereien (15. Jh.).
Museum für Glasmalerei: Di. – So. 10.00 – 13.00, 14.00 – 18.00 Uhr, Nov. – März bis 17.00 Uhr, Eintritt 10 CHF

Frutigland

—————————————————————— ✶ **J/K 11/12**

Kanton: Bern

Adelboden und Kandersteg sind die bekanntesten Sommer- und Winterurlaubsorte im Frutigland, einer wunderschönen, wohltuenden Berglandschaft an der Grenze zum Wallis.

Südlich des ▶Thunersees – von Spiez aus – führt ein Fächer von drei Tälern in die beeindruckende Gebirgswelt des westlichen Berner Oberlands. Zunächst zweigt das **Kiental** vom Frutigtal ab, bei Fruti-gen teilt sich dieses dann in das **Engstligental** mit Adelboden und das **Kandertal** mit Kandersteg. Letzteres ist eine wichtige alte Ver-kehrsader ins Wallis; hier beginnt der Lötschbergtunnel nach Gop-penstein (Autoverladung). **Lötschenpass** und **Gemmipass** waren jahrhundertelang bedeutende Übergänge; wichtig war und ist – heu-te hinter dem Fremdenverkehr – die Viehwirtschaft.

Suldtal Bevor man ins Frutigtal einfährt, kann man von Aeschi (▶Thun) einen Abstecher ins unter Naturschutz stehende Suldtal machen. In **Suld** (1080 m) sind die alten Käsespeicher interessant, oberhalb liegt der Pochtenfall. Lohnende Rundwanderung von Aeschiried über Greberegg, Brunni, Louene und Suld (ca. 5 Std.).

KIENTAL

Reichenbach In Reichenbach (3400 Einw.) sind, wie im ganzen Tal, **prächtige**
und Kiental **Bauernhöfe** zu sehen; ein Juwel ist der Gasthof Bären von 1542. Auf schmaler Straße geht es ins enge bewaldete **Kiental**. Schon vor dem Ort Kiental (958 m, 200 Einw.) öffnet sich der Blick auf das 3664 m hohe Massiv der **Blümlisalp**. Ein Sessellift erschließt das Wander- und Skigebiet am Gehrihorn (2133 m). Die nun sehr schmale, gebüh-renpflichtige Straße (mehr Genuss hat man im Postauto) führt im Gorneregrund weiter aufwärts, vorbei am Hotel Alpenruhe, zum

verlandenden **Tschingelsee** (1151 m), der 1972 durch einen Bergsturz entstand. Dahinter geht es in bis 28 % (!) steilen Kurven hinauf zu den wildromantischen Pochtenfällen und zur **Griesalp** (1407 m, Postauto-Endstation); die schlichten alten Gasthäuser dort wurden zum »Hotelzentrum« aufgemotzt; ohne Viersternekomfort, Deko-Overkill und Nachhaltigkeitsparolen geht es leider auch hier nicht mehr (www.griesalp-hotel zentrum.ch). Sehr schön ist die *Wanderung vom Kiental entlang des Wildbachs in dieses Naturreservat (2 Std.). Von der

Eines der schönsten Häuser im Kiental: der »Bären« in Reichenbach von 1542

Griesalp erreicht man in 4.30 Std. die **Blümlisalphütte** am Hohtürli vor der grandiosen Kulisse der Blümlisalp (s. u.).

KANDERTAL

In Frutigen (803 m, 6700 Einw.) ist im Ortsteil Oberfeld noch die Bebauung des 16. – 19. Jh.s erhalten, die dem großen Brand von 1827 entging. Die Kirche, eine der Thunersee-Kirchen (▶S. 589), wurde nach dem Brand 1727 barock wieder aufgebaut (Turm 1421). Bei Frutigen überquert die Lötschberglinie der BLS die Kander auf dem Viadukt von 1913 und einer danebengestellten Betonbrücke. Westlich davon die Ruinen der Tellenburg (13. Jh.).   **Frutigen**

Ca. 5 km vor Kandersteg liegt der klare Blausee; die Forellen aus der Zucht kann man sich im Restaurant schmecken lassen. Eine Attraktion für Kinder ist der nahe Tierpark Riegelsee. Am Osthang des Tals klettert die BLS in einer Doppelschleife nach Kandersteg hinauf.   **Blausee**

Kandersteg (1200 m, 1200 Einw.) – ein Dorf an der alten Lötschbergstrecke – zieht sich, umgeben von kühnen Bergmassiven, fast 4 km im grünen Talboden hin. Im Osten ragen die schneebedeckte **Blümlisalp** (Blümlisalphorn 3663 m) und das Doldenhorn (3643 m) auf, im Südosten die kahlen Fisistöcke (2947 m) und im Süden – am Talschluss – das Gällihorn (2284 m). Neben hübschen alten Bauernhäusern und einer kleinen Kirche aus dem 16./17. Jh. (Anfang 20. Jh. erweitert) verfügt das Dorf über 20 Hotels und alle Einrichtungen eines modernen Urlaubsorts. Südlich, bei Eggeschwand, beginnt der   **Kandersteg**

Frutigland erleben

AUSKUNFT

Kandersteg Tourismus
Hauptstrasse, 3718 Kandersteg
Tel. 033 675 80 80, www.kandersteg.ch

Adelboden Tourismus
Dorfstrasse 23, 3715 Adelboden
Tel. 033 673 80 80, www.adelboden.ch

Frutigen Tourismus
Dorfstrasse 18, 3714 Frutigen
Tel. 033 671 14 21
www.frutigen-tourismus.ch

FESTE & EVENTS

Anf. Juni, Adelboden: »Bärgrechnig«
(Verteilung von Alprechten, mit Markt).
Ende Juni, Engstligenalp: Alpaufzug.
Anf. Juli, Adelboden: Vogellisi-Festival
(Rockmusik). Anfang Juli, Engstligenalp:
Ländlertreffen. Um den 20. Juli, Adel-
boden: Gaukler-Festival. 1. Sonntag im
Aug.: Gasternpredigt.

DER »LÖTSCHBERGER«

Seit der Eröffnung des Basistunnels bedient die Bern-Lötschberg-Simplon-Bahn
(BLS) ihre traditionelle Bergstrecke von
Spiez über Frutigen, Kandersteg und
Goppenstein mit dem RegioExpress
»Lötschberger«, das Rückgrat eines
großen Angebots an schönen Aus-
flügen. Weitere Informationen unter
www.loetschberger.ch.

ESSEN

Waldhotel Doldenhorn ©©-©©©
Kandersteg, Tel. 033 675 81 81
www.doldenhorn-ruedihus.ch
In der Nebensaison Di. geschl.
Kleines »Hoteldorf« in einem schönen
Park am Waldrand, eine der besten Fein-
schmeckeradressen der Region. Unter-
schiedliche Restaurants für das feine
Mahl, in der nobel-rustikalen Buurestube
speist man preisgünstiger.

ÜBERNACHTEN

Hotel Bären ©-©©©
Adelboden, Dorfstrasse 2
Tel. 0 33 673 21 51
www.baeren-adelboden.ch
Hübsches Chalet im Ortszentrum, ge-
mütliche rustikale Zimmer. Gute bürger-
liche Küche zu fairen Preisen, großer
Weinkeller. Mit Sauna und Tiefgarage.

Landgasthof Ruedihus ©©-©©©
Kandersteg, Tel. 033 675 81 81
www.doldenhorn-ruedihus.ch
Ein Chalet von 1753, im Biedermeierstil
eingerichtet, ein wunderbarer Platz zum
Speisen und Nächtigen. Schöne Gäste-
zimmer in ruhiger Umgebung, gute
Schweizer Küche. Restaurant in der
Nebensaison Mi. geschlossen.

Hotel zur Post ©
Kandersteg, Tel. 033 675 12 58
www.hotel-zur-post.ch
Hübsches kleines Chalet im Zentrum
neben der Kirche, sehr preiswert, dennoch tipptopp und komfortabel.
Gepflegtes Restaurant (Mo. geschl.).

Berghotel Waldhaus ©
Gasternholz, Tel. 033 675 12 73
Hier ist die Zeit stehengeblieben:
eines der letzten Schweizer Gast-
häuser ohne Strom und fließendes
Wasser. Bei Kerzenlicht genießt man
währschafte Dinge wie Raclette,
Rösti und Fondue. Geöffnet von
Mai bis Oktober.

alte, 1911 eröffnete **Lötschbergtunnel** nach Goppenstein. Das Skigelände bietet leichte bis mittlere Abfahrten, außerdem gibt es gut
75 km Loipen, u. a. auf Oeschinen und Sunnbüel.

Im 1582 m hoch gelegenen Oeschinensee spiegelt sich der gewaltige   *Oeschinen-
Fels- und Gletscherzirkus der Blümlisalp. Man fährt mit der Gondel-   see
bahn (Mai – Okt.) hinauf und spaziert in 30 Min. über die Matten
zum Läger am See oder man geht vom Hotel Victoria am Oeschinen-
bach aufwärts (1.15 Std.). Trittsichere und Schwindelfreie können die
Runde um den See über die »Fründenschnur« – 200 m fast senkrecht
über dem Wasser – machen (2.30 Std., Klettersteigausrüstung).

Vom Oeschinensee steigt man in knapp 4 Std. zur **Blümlisalphütte**   **Blümlisalp
(2837 m) am Übergang zum Kiental auf, eine schöne und beliebte
Wanderung. In 5 Std. erklettert man das **Blümlisalphorn** (3664 m),
den höchsten Gipfel des Gebirgsstocks. Zu seinem Namen gibt es
natürlich eine Sage: Einst habe ein böser, verschwenderischer Senner
seine Mutter, die ihn besuchte, entwürdigend bewirtet, worauf sie ihn
verfluchte: Eismassen begruben die blumenreiche Alp mitsamt Senner und Tieren.

Mit der Gondel von Kandersteg-Bütschels aus (Ende Mai – Okt.) er-   Allmenalp
reicht man die westlich gelegene Allmenalp (1725 m) unterhalb des
Firsts (2549 m), ein beliebtes Wander- und Paraglider-Revier mit
einem landschaftlich hervorragenden Klettersteig: eine 350 m hohe,
durch Pfeiler und Schluchten gegliederte Mauer, über die und durch
die in vier Wasserfällen der Allmibach stürzt.

Südlich von Kandersteg braust die Kander durch die enge »Klus« am   *Gasterntal
Beginn des Gasterntals, und im Weiteren führt seit römischen Zeiten   Lötschenpass
ein Saumpfad über den Lötschenpass ins Wallis (▶Lötschental). Bis
Selden geht die Mautstraße (Bus vom Bf. Kandersteg, Reservierung
nötig). Zu Fuß erreicht man die Klus von Kandersteg in 45 Min., Selden in 2.30 Std. (Weg abseits der Straße). Der großartige Talboden
von ***Gasternholz** (1365 m) mit dem urigen Gasthaus Waldhaus
wird von den gewaltigen Wänden von Tatlishorn und Altels überragt.
Am 1. Aug.-So. wird hier unter freiem Himmel die **Gasternpredigt**
gehalten und aus der bernischen Staatsbibel mit der Übersetzung des
süddeutschen Theologen Johannes Piscator gelesen, die 1696 hierher
kam. In 3 Std. erreicht man den **Lötschenpass** (2690 m, Berghütte);
auch Bergwanderer können von hier aus in 2 Std. das Große Hockenhorn bezwingen. Abstieg nach Ferden 3 Std., das Postauto bringt
dann nach Goppenstein (▶Lötschental).

Ebenfalls uralt ist der leicht begehbare Weg über den Gemmipass   *Gemmipass
nach ▶Leukerbad. Der heutige Pfad wurde um 1740 angelegt, das

Östlich von Adelboden schließt der Lohner das Engstligental ab.

Berghotel Schwarenbach, über das später Mark Twain lästerte, im Jahr 1743 gegründet. Zunächst in 40 Min. nach Eggeschwand, dann per Seilschwebebahn zum **Sunnbüel** oder zu Fuß in 1.15 Std. zum Stock (1837 m) hinauf. Über die **Spittelmatte** mit dem Arvenseeli erreicht man in 1.15 Std. das **Hotel Schwarenbach** (2067 m), Stützpunkt für Hochtouren. Am 8 bis 10 Monate im Jahr zugefrorenen **Daubensee** (2205 m) vorbei – am letzten Juli-Wochenende ist hier Schäferfest – gelangt man in 1.15 Std. zur **Passhöhe** (2316 m; Hotel Wildstrubel, Restaurant und Terrasse) mit überraschender, großartiger Aussicht auf das Rhonetal und die Walliser Alpen. Eine Kabinenbahn bringt hinunter nach **Leukerbad**. Der Abstieg auf dem Saumpfad an der 600 m tief dramatisch abstürzenden Felswand ist leicht, aber nur Schwindelfreien zu empfehlen (ca. 1.30 Std).

ENGSTLIGENTAL

Adelboden Am Ende des Engstligentals liegt der beliebte Sommer- und Winterurlaubsort Adelboden (1350 m, 3500 Einw.) mit zahlreichen Hotels und Chalets; reizvolle **alte Bauernhäuser** sind eher außerhalb des Ortes zu sehen. Gerühmt wird das windgeschützte, sonnenreiche und schneesichere Klima des weiten Tals, über dem im Südosten die Lohnerkette, im Süden der Wildstrubel aufragt. Die Südwand der **Kirche** von 1433 ziert ein Fresko des Jüngsten Gerichts (um 1500), die Glasfenster (1936) fertigte Augusto Giacometti, der Cousin des berühmteren Giovanni. Besichtigen kann man die Abfüllung des **Adelbodner Mineralwassers** und das **Heimatmuseum** in der ehemaligen englischen Kirche. Zusammen mit Lenk (▶Simmental) bildet Adelboden ein Skigebiet mit 72 Aufstiegshilfen und 210 km Pisten, eines der schönsten in der Schweiz; entsprechend vielfältig sind die weiteren Wintersportangebote.

In 1 Std. geht man zur Choleren-Schlucht nördlich von Adelboden, die der **Tschentenbach** eingeschnitten hat, und in weiteren 20 Min. zum **Pochtenkessel**, in dem Tschenten und Engstligen zusammentreffen. Eine Sesselbahn bringt von Adelboden hinauf zum Berg **Tschenten** (1940 m) mit prächtiger Aussicht auf Lohner und Wildstrubel. Westlich führt ein Sträßchen 3,5 km im **Allenbachtal** aufwärts zum Gasthaus Schermtanne. Anspruchsvoll, aber sehr lohnend ist von hier die Besteigung des Albristhorns (2763 m, 4.30 Std.), das eine großartige Aussicht bis zum Montblanc bietet. Eine Gondelbahn verbindet Adelboden-Oey mit dem Sillerenbühl (1970 m); von hier geht man in 1 Std. bequem zum **Hahnenmoospass** (1956 m, Gasthaus), dem Übergang nach Lenk im ▶ Simmental. Alternativ mit dem Bus im Geilsbachtal nach Geils und mit der Gondel zur Passhöhe. Von dort kann man in 45 Min. zum Gasthaus Bühlberg (1660 m) absteigen und mit dem Bus nach **Lenk** fahren (6 km).

Choleren-schlucht

6 km südlich von Adelboden sind die **Engstligenfälle** zu bestaunen. Vom unteren Fall fährt man mit der Seilbahn am oberen Fall vorbei zur Engstligenalp (1964 m; Loipen); das ehemalige Seebecken bildet eine schöne weite Alp, auf der Hunderte von Kühen den Sommer verbringen. Lohnend ist der Übergang durch die Rote Chumme zur Gemmi bzw. nach Schwarenbach (4 – 5 Std., s. o. Gemmipass).

*Engstligen-alp

✳✳ Genf · Genève

───────────────────── ✦ L 2/3

Kanton: Genf · Genève
Höhe: 373 m ü. d. M.

Einwohner:
188 200

Französische Lebensart und internationale Kultur, dazu die herrliche Lage am größten See der Alpen – zwischen Jura und Montblanc-Massiv –, machen den Reiz von Genf aus.

Ist Genf eine Schweizer Stadt? Diese Frage kann man nicht einfach mit »ja« beantworten. Die Lage im äußersten Südwesten der Eidgenossenschaft, fast ganz von französischem Staatsgebiet umgeben und zu Land nur durch einen schmalen Korridor mit der Restschweiz verbunden, ist eine besondere Situation, die sich aus der Geschichte erklärt. Die Hauptstadt eines der kleinen Schweizer Kantone, der sich stolz »République et Canton de Genève« nennt, ist heute eine wahrhaft internationale Stadt: Ihre Einwohnerschaft besteht zu ca. 47 % aus Ausländern aus etwa 190 Nationen; vom Rest sind etwa 40 % »ausgewanderte« Deutschschweizer), und etwa 300 internationale Organisationen – insbesondere das europäische Büro der UN – haben hier ihren Sitz (Liste unter www.cagi.ch).

Internationalste Stadt der Schweiz

Willkommen Welt!

Mit diesem Slogan wirbt der Kanton Waadt für sich, schließlich übt die Region um den Genfer See eine besondere Anziehungskraft auf internationale Organisationen aus. Man kann ihn aber getrost auf die ganze Schweiz beziehen, denn das neutrale Alpenland bietet im Schlepptau der Regierungsorganisationen auch vielen sog. NGOs (non-government organizations) ideale Standortbedingungen.

Montréal [1, 2, 5]

KANADA

New York [4]

USA

Pazifischer Ozean

Atlantischer

▶ **Wichtige Organisationen
und Verbände in der Schweiz**
Genf, nach Zürich die zweitgrößte Stadt im Land, gilt derzeit als die viertteuerste Stadt der Welt. Denn hier haben sich die meisten der in der Schweiz ansässigen internationalen Organisationen niedergelassen. Lausanne ist als Sitz von 23 Sportverbänden die Welt-Sporthauptstadt.

▐ Hauptsitz

Organisationen und Verbände	Gründung	Sitz
ACI (Airports Council International)	1991	Genf
BIS (Bank of International Settlements)	1930	Basel
CERN (Conseil Européen pour la Recherche Nucléaire)	1954	Genf
EFTA (European Free Trade Association)	1960	Genf
FIFA (Fédération Internationale de Football Association)	1904	Zürich
Global Fund (to fight AIDS, Tuberculosis and Malaria)	2002	Genf
IATA (International Air Transport Association)	1945	Genf
IBE-UNESCO (International Bureau of Education)	1925	Genf
ICRC (International Committee of the Red Cross)	1863	Genf
IFRC (Intern. Fed. of Red Cross and Red Crescent Societies)	1919	Genf
ILO (International Labour Organization)	1919	Genf

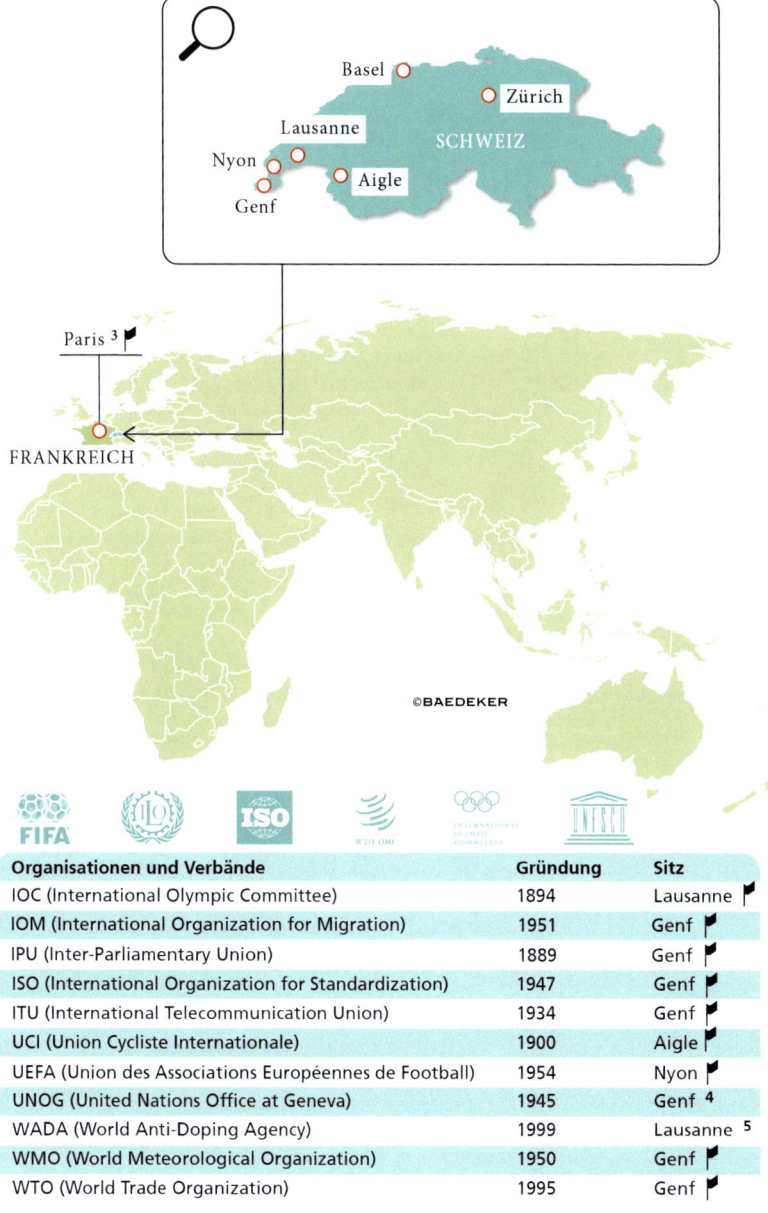

Organisationen und Verbände	Gründung	Sitz
IOC (International Olympic Committee)	1894	Lausanne
IOM (International Organization for Migration)	1951	Genf
IPU (Inter-Parliamentary Union)	1889	Genf
ISO (International Organization for Standardization)	1947	Genf
ITU (International Telecommunication Union)	1934	Genf
UCI (Union Cycliste Internationale)	1900	Aigle
UEFA (Union des Associations Européennes de Football)	1954	Nyon
UNOG (United Nations Office at Geneva)	1945	Genf [4]
WADA (World Anti-Doping Agency)	1999	Lausanne [5]
WMO (World Meteorological Organization)	1950	Genf
WTO (World Trade Organization)	1995	Genf

Wirtschafts-metropole
Zu Calvins Zeit wurde im »protestantischen Rom« zwar das Tanzen verboten, das Erheben von Zinsen aber gestattet. Seit Jahrhunderten ist Genf ein bedeutender Finanz- und Handelsplatz. Weltweit tätige Firmen wie Procter & Gamble, DuPont, JP Morgan, Caterpillar und die Nachrichtenagentur Reuters haben hier ihren Sitz, neben vielen anderen Rohstoffen werden hier 75 % des russischen Ölexports gehandelt, unter den Geldinstituten sind v. a. die vielen Privatbanken wichtig. Die legendäre Uhrenindustrie ist mit Rolex, Patek Philippe, Piaget und Vacheron & Constantin vertreten, exklusive Schreibgeräte kommen von Caran d'Ache; unter den traditionsreichen Chocolatiers seien Favarger, Godiva und Stettler genannt (Letzterer empfängt Besucher). Der große Magnet unter den Messen ist der Automobilsalon Anfang März, dazu kommen Messen für Bücher und Medien, für Telekommunikation, neue Technologien und Luxusuhren. Genf gilt noch vor Zürich als **teuerste Stadt der Schweiz**. Dementsprechend geht man gerne im nahen Frankreich einkaufen und essen, kostenbewusste Besucher nächtigen in Frankreich.

Geschichte
Im Bereich des heutigen Hafens bestand um 2500 v. Chr. eine Pfahlbausiedlung; auf dem Altstadthügel lag später ein Oppidum der keltischen Allobroger, die 120 v. Chr. von den Römern unterworfen wurden. Die erste Nennung der Stadt, als »**Geneva**«, findet sich bei Caesar, der 58 v. Chr. die Rhone-Brücke zerstören ließ, um das Vorrücken der Helvetier nach Gallien zu verhindern. Im Jahr 1033 kam Genf zum Heiligen Römischen Reich. Ab dem 12. Jh. entwickelte es sich, an den großen Routen zwischen Italien und Frankreich, Spanien und Süddeutschland gelegen, zum bedeutenden **Messe- und Finanzplatz**, in dem z. B. die Medici eine Filiale hatten. Den langen Streit zwischen Genfer Bischof, Kaiser und Savoyen um die Herrschaft beendete die Reformation, der sich Genf entschieden zuwandte. 1536 kam der aus Paris geflohene **Jean Calvin** nach Genf, wo seit 1528 der Reformator Guillaume Farel wirkte. Calvin erlangte in allen kirchlichen und staatlichen Angelegenheiten großen Einfluss, insbesondere durch sein unduldsames theokratisches Regime. 1559 gründete er eine Akademie, v. a. zur Ausbildung von Theologen. Ihre Nachfolgerin, die Universität mit über 15 000 Studenten, ist heute noch für protestantische Theologie bedeutend. Die reformierte freie Stadt wurde Zuflucht vieler Glaubensflüchtlinge, die dem gehobenen Bürgertum entstammten und zum wirtschaftlichen Aufschwung beitrugen. Auf sie geht auch die Uhrenfabrikation zurück, die um 1700 neben London die bedeutendste der Welt war. 1602 konnte Genf den letzten Eroberungsversuch Savoyens abwehren, die »**Escalade**«, was heute noch gefeiert wird. J.-J. Rousseau, der großen Einfluss auf die Französische Revolution und die Romantik hatte, kam 1712 in Genf zur Welt. Um 1800 entstanden die ersten Manufakturen der Indienne-Fabrikation. 1798 kam die Besetzung durch das revolutionäre

Genfer Panorama vom Quai du Mont-Blanc. Im Hintergrund der Salève

Frankreich, bis 1813 war Genf Hauptstadt des Départements du Léman. Erst 1815 trat Genf als 22. Kanton der Eidgenossenschaft bei.
1865 wurde das Internationale Komitee vom Roten Kreuz gegründet,
1920 – 1946 war Genf Sitz des Völkerbunds, seitdem ist es europäisches **UNO-Zentrum**. Die Kantone Genf, Waadtland und Neuenburg
führten 1959 als erste das Frauenwahlrecht ein.

Orientierungspunkte in Genf sind die Seeufer und die Rhone, die **Stadtanlage**
durch die Stadt fließt und sie in **Rive droite** und **Rive gauche** teilt.
Über ihrem linken (südlichen) Ufer liegt auf einer Anhöhe die von
der dreitürmigen Kathedrale überragte **Altstadt** mit stimmungsvollen Gassen, Treppen und Brunnen. Im Westen, Süden und Osten ist
sie von einem Ring ansehnlicher Bauten und breiter Straßen umgeben, der den **Verlauf der einstigen Befestigung** markiert; hier sind
die meisten Museen angesiedelt. Nördlich unterhalb der Altstadt
konzentriert sich das »Geschäftsleben« im doppelten Sinn. Den **See**
säumen zu beiden Seiten schöne Promenaden und ausgedehnte
Parkanlagen. Im **nördlichen Bereich** mit dem Hauptbahnhof sind
außer Wohnvierteln Industrie- und Handwerksbetriebe angesiedelt.
Noch weiter nördlich haben sich in parkartigem Gelände die meisten
der großen internationalen Organisationen niedergelassen.

RHONE-BRÜCKEN UND UNTERSTADT

Zentraler Verteiler ist der **Pont du Mont-Blanc** (1862/1969), die ers- **Rhone-**
te von acht Genfer Rhone-Brücken (am Südende liegt die Einfahrt in **Brücken**
die Tiefgarage unter der Rhone). Zwischen dieser und dem Pont des

Genf

Cointrin, Palexpo, CERN

Nyon, A1

Essen
1. Les Armure
2. Brasserie du Parc des Eaux-Vives
3. Bistrot du Boeuf Roug
4. Le Bistrot de Charlott

Übernachten
1. Beau-Rivag
2. Les Arcades
3. Bel' Espera
4. De la Cloch

Vieux-Bois
Palais des Nations
Musée Ariana
Jardin Botanique
Conservatoire Botanique
WTO
Place des Nations
WIPO
EFTA
OMM
UIT
CICG
UNHCR
Parc Barton
Villa Barton IHEI
WMO
Villa Bartholoni
Villa Moynier
St-Nicolas de Flüe
La Perle du Lac
Villa Monrepos

Parc Trembley

Lac Léman

300 m
©BAEDEKER

Palais Wilson

Parc Beaulieu

Temple

LA SERVETTE
Eglise néoap.
Ecole d'Ingénieurs
Parc Geisendorf
LES DÉLICES
Les Délices de Voltaire

Les Cropettes

LES PÂQUIS

Gare de Cornavin

Grand Casino
Bains des Pâquis
Phare

Eglise Américaine
Gare routière
Eglise angl.
Monument Brunswick
Phare
Jet d'eau

BFM
Temple St-Gervais
Tour de l'Île
Île Rousseau
Rade de Genève
Pierres du Niton

LA JONCTION
Cimetière de Plainpalais
Grand Théatre
Victoria Hall
Ste-Clotilde
Sacré-Coeur

Musée Rath
Tour du Molard
Jardin Anglais
Eglise de la Madeleine
Maison Tavel
Cath.
St-Pierre Collège Calvin
Hôtel de Ville
Mon. de la Réformation
Pal. Eynard
Temple de l'Auditoire
Pal. de Justice
Mus. d'Art et d'Hist.
Casemates
Collection Baur
St-Joseph
Mairie
Mus. d'Histoire Naturelle
Immeuble Clarté
Egl. Russe

MAMCO
Bois de la Bâtie
Université
Mus. d'Ethnographie
PLAINPALAIS
RSR
Centre sportif d. Vernets

Plaine de Plainpalais
Université
Mus. Athénée
SAINT-LEGER
Petit Palais

MALOMBRE
FLORISSA
Musée d'Orloger

St. Julien, Annecy
Carouge

Bergues liegt die **Rousseau-Insel** mit einem Standbild des Philosophen (1835). Flussabwärts folgen der **Pont de la Machine** (Fußgängerbrücke mit Wehr; Tourismusbüro) und die **Ponts de l'Ile**, bis ins 19. Jh. die einzige Brücke Genfs; auf der Rhone-Insel ist die Tour de l'Ile (1219) erhalten, Rest einer Burg der Savoyer Bischöfe. Das Westende der Insel nimmt das 1888 in Betrieb genommene Wasserkraftwerk ein (**Bâtiment des Forces Motrices**, www.bfm.ch), heute ein ungewöhnliches Theater- und Konzerthaus.

Zwischen dem Südufer der Rhone und dem Altstadthügel erstreckt   Unterstadt
sich die Unterstadt, das **Hauptgeschäftsviertel** Genfs. Die belebtesten Straßen sind die Rue du Rhône und die **Rues Basses**, der Straßenzug Rue de la Confédération, Rue du Marché, Rue de la Croix-d'Or (z. T. Fußgängerzone) und Rue de Rive. Auf der Höhe der Rhone-Insel liegt die von Bankhäusern umstandene **Place de Bel-Air**, weiter östlich die Place de la Fusterie (Mi., Sa. Gemüsemarkt, Do. Kunsthandwerk, Fr. Büchermarkt) mit dem klassizistischen **Temple de la Fusterie** (1710); sein achteckiger Innenraum ist von Emporen umgeben. Ein charmanter Platz mit schönen Läden und Cafés ist die **Place du Molard**. An der Tour du Molard (1591), einem Rest der Stadtbefestigung, ehrt ein Relief Genf als »Stadt der Zuflucht«, das **Kaufhaus Globus** hat sich in einem Gebäude von 1690 eingerichtet.

Highlights Genf

▶ **Altstadt und Kathedrale**
Verwinkelte, stille Gassen mit Antiquitätenläden und Boutiquen, lauschige Plätze mit Cafés, mittendrin die altehrwürdige romanisch-gotische Kathedrale.
Seite 330–333

▶ **Kunst- und andere Museen**
Ob Musée d'Art et d'Histoire oder Musée d'Art Moderne, die Collection Baur oder das Musée Ariana: Schöne Entdeckungen sind garantiert.
Seite 332–335

▶ **Quais und Parks am See**
Gepflegtes Nichtstun an Nord- (Parc Monrepos, Quai du Mont-Blanc und Bains des Pâquis) und Südufer (Quai

Ador mit dem Parc des Eaux-Vives).
Seite 337, 338

▶ **Palais des Nations und Internationales Viertel**
Etwa 300 internationale Organisationen machen hier Weltpolitik.
Seite 340

▶ **Carouge**
Piemont nördlich der Alpen – noch heute ist der katholische Vorort etwas frecher als das calvinistische Genf.
Seite 343

▶ **Auf der Rhone ins Mandement**
Ländliches Genf: Weinberge am Rand des Juras, durchflossen von der Rhone.
Seite 342

Place de la Madeleine

Der hübsche Platz unterhalb der Altstadt gruppiert sich um die **Eglise de la Madeleine** (15. Jh.), in der Guillaume Farel 1528 die Reformation zu predigen begann; neben ihr dreht sich ein Karussell, und von Mo. bis Sa. findet ein Kunsthandwerkmarkt statt.

* TEMPLE DE ST-PIERRE · KATHEDRALE ST. PETER

Baugeschichte und Äußeres

Von der Place de Bel-Air führen die kopfsteingepflasterten Gassen Rue de la Cité / Grand'Rue in die Altstadt, deren höchsten Punkt der Temple de Saint-Pierre einnimmt, die seit der Reformation so bezeichnete **Kathedrale**. Wo zu römischer Zeit vermutlich zwei Tempel und seit dem 4./5. Jh. christliche Basiliken standen, wurde von etwa 1160 bis 1232 die romanisch-gotische Bischofskirche erbaut (seither mehrfach umgestaltet). Die beiden unvollendeten **Haupttürme** stammen aus dem 13. Jh., der metallene Spitzhelm über der Vierung ersetzte 1895 den im 15. Jh. abgebrannten Glockenturm. Ein Stilbruch ist der **Portikus** mit sechs korinthischen Säulen (1756), der die ursprüngliche Portalfassade ersetzte. 157 Stufen führen auf den **Nordturm**, der einen herrlichen Rundblick gestattet.

*Inneres

Das Innere der 64 m langen Kathedrale beeindruckt durch **harmonische Proportionen** und die für calvinistische Gotteshäuser typische Strenge (die Ausstattung wurde teils zerstört, teils entfernt). Das von großen Bündelpfeilern in drei Schiffe gegliederte **Langhaus** mit Laufgang, Blendbögen und Triforien mündet in ein schmales Querhaus mit halbrundem Chor. In den Seitenschiffen sind an den Wänden Grabplatten von geistlichen und weltlichen Würdenträgern des 15./16. Jh.s aufgestellt. Das schöne spätgotische **Chorgestühl** unter dem 5. Joch stammt aus der zerstörten Chapelle des Florentins. Vor dem letzten Wandpfeiler des nördlichen Seitenschiffs steht die **Chaise de Calvin**, ein dreieckiger Stuhl, den Calvin benutzt haben soll. Zu den schönsten Ausstattungsstücken gehören die **Kapitelle** in Langhaus und Chor. Die große Empore über dem Portal nimmt die **Orgel** mit 6000 Pfeifen ein (1965; Rezital Juni – Sept. Sa. 18.00 Uhr).

Cafés im Schatten der Kathedrale

Die **Glasfenster** im Chor (um 1160) sind Kopien, die Originale des 15. Jh.s werden im Musée d'Art et d'Histoire aufbewahrt (dort sind auch die erhaltenen Teile der berühmten Hochaltarbilder von Konrad Witz zu sehen). In der **Rohan-Kapelle** steht das Grabmal des Führers der französischen Protestanten unter Ludwig XIII., Herzog Henri de Rohan (1579 – 1638), mit einer Sitzfigur von C. Iguel (1890). Die **Makkabäerkapelle** wurde 1406 als Grabstätte für den Stifter Kardinal Jean de Brogny erbaut und gehört zu den schönsten Werken der Hochgotik. Während der Reformation diente sie als Salz- und Pulverlager, Ende des 17. Jh.s als Hörsaal der Akademie. Als der Platz nicht mehr ausreichte, zog man zwei Stockwerke ein (1888 neogotisch restauriert).

Unter dem Temple liegt eine der größten archäologischen Grabungsstätten Europas: Tempel und frühe Kirchen, eine Taufkapelle aus dem 4. Jh. sowie herrliche Mosaiken (5. Jh.). Eine unterirdische Passage verbindet sie mit den Reformationsmuseum (s. u.).   *** Site Archéologique**
❶ Tgl. 10.00 – 17.00 Uhr, Eintritt 8 CHF

UM DIE KATHEDRALE

Die baumbestandene Cour Saint-Pierre vor der Kathedrale ist von alten Häusern umgeben. Die **Maison Mallet**, 1721 im Louis-XV-Stil errichtet, beherbergt das **Musée International de la Réforme**, das ein umfassendes Bild der Reformation von den Anfängen bis zur Gegenwart vermittelt. In der Kirche **Notre-Dame-la-Neuve** (13./19. Jh.) südlich der Kathedrale predigten Calvin, Bèze und Knox; heute dient sie niederländischen, italienischen (Waldenser) und schottischen Protestanten (Ausstellung historischer Dokumente).   **Cour St-Pierre**   **Auditoire de Calvin**
Musée de la Réforme: Di – So. 10.00 – 17.00 Uhr, Eintritt 13 CHF

Die Place du Bourg-de-Four südöstlich der Kathedrale, einst römisches Forum, ist mit stattlichen Gebäuden des 16. – 18. Jh.s – darunter der **Palais de Justice** (1712, seit 1860 Gericht) – einer der schönsten Plätze der Stadt. Am Südostrand des Altstadthügels erstreckt sich die **Promenade de St-Antoine**, einst eine Bastion. Unterhalb die 1559 von Calvin gegründete **Predigerakademie**, heute Gymnasium.   *** Place du Bourg-de-Four**

Sitz der Kantonsregierung ist das **Rathaus** aus dem 15.– 18. Jh. mit Renaissancefassade und einer zu den oberen Stockwerken führenden stufenlosen Rampe; an sie schließt die **Tour Baudet** (1455) an. Sehr sehenswert sind die **Salle des Pas Perdus** (15. Jh.), der **Ratssaal** mit kostbaren Malereien des 15.–17. Jh.s und der **Alabama-Saal**, ein historischer Ort: Dort wurde 1864 die erste Genfer Konvention unterzeichnet, aus der das Rote Kreuz entstand, 1872 wurde der »Alaba-   **Hôtel de Ville**

Das Rathaus in der Altstadt

ma-Konflikt« zwischen den USA und Großbritannien beigelegt, und 1920 fand hier die erste Generalversammlung der Vereinten Nationen statt. Zugänglich ist das Rathaus bei Stadtführungen; im romantischen Innenhof finden im Sommer Konzerte statt. Gut und relativ preisgünstig isst man in den Gewölben des Restaurants »Papon« (So. geschl.).

Gegenüber dem Rathaus ist das **Alte Arsenal** interessant, erbaut 1588/1634 als **Kornhalle** und bis 1877 als Waffenarsenal genützt; es beherbergt das **Staatsarchiv**. Die Mosaiken in der Halle (1949) illustrieren Daten der Stadtgeschichte.

Die schmale **Grand-Rue** nordwestlich des Rathauses ist die wohlerhaltene Achse der ruhigen Altstadt mit Häusern des 15. – 18. Jh.s; Galerien, Cafés und Antiquitätenläden laden zum Flanieren und Verweilen ein. In Nr. 40 kam J.-J. Rousseau zur Welt. In seinem Geburtshaus ist der **Espace Rousseau** untergebracht, der über das Leben des großen Philosophen unterrichtet.

Espace Rousseau: Di. – So. 11.00 – 17.30 Uhr, Eintritt 5 CHF

*Maison Tavel Beim Arsenal geht die Rue du Puits-St-Pierre nach Norden ab. Hier steht die Maison Tavel (Nr. 6), das älteste Genfer Bürgerhaus (erste Erwähnung 1303, nach einem Brand 1334 erneuert; schöne gotischer Fassade). Das **Musée du Vieux Genève** zeigt hier ein Modell der Stadt im Jahre 1850 – vor der Schleifung der Befestigung –, Interieurs des 18./19. Jh.s und anderes Interessante aus der Stadtgeschichte.

❶ Di. – So. 10.00 – 17.00 Uhr, Im Sommer bis 18.00 Uhr, Eintritt frei

*Musée Barbier-Mueller Gleich ums Eck liegt die weite Welt: Das Musée Barbier-Mueller (Rue J.-Calvin 10) versammelt **Kunsthandwerk** sogenannter primitiver Völker – von der Antike bis heute, von Afrika bis Ozeanien, aber auch aus den Tälern der Zentralschweiz. Auch die Wechselausstellungen sind hervorragend.

❶ Tgl. 11.00 – 17.00 Uhr, Eintritt 8 CHF

Rue des Granges In der Rue des Granges sind die Kirche **St-Germain** (15. Jh.) mit der Kopie eines frühchristlichen Altars (um 400) und das herrschaftliche

Hôtel de Sellon (Nr. 2, 1723) interessant, das mit kostbarem Interieur des 18./19. Jh.s ausgestattet ist, insbesondere aus dem Russland Katharinas der Großen (Fondation Tatiana Zoubov).
Musée Zoubov: Mo.–Fr. 14.30–17.00 Uhr, Eintritt 5 CHF

WESTLICH DER ALTSTADT

Die Promenade de la Treille führt vom Rathaus hinunter zur Place Neuve. Hier erinnert ein bronzener Reiter (1894) an den aus Genf stammenden General Dufour, der im Sonderbundskrieg 1847 die Truppen der liberalen Kantone zum Sieg über die konservativen führte. Das **Grand Théâtre** (1879), das Opernhaus, wurde der Pariser Oper nachempfunden. Neben ihr beherbergt der klassizistische Bau das **Musée Rath** (1826), das erste Kunstmuseum der Schweiz (hier finden Wechselausstellungen statt, Mo. geschlossen). Im **Conservatoire de Musique** (1858) wirkte u. a. Ernest Ansermet (1883–1969), der Gründer und langjährige Leiter des Orchestre de la Suisse Romande. Weiter westlich (Rue Général Dufour) ist ein weiterer Musiktempel zu finden, die 1894 eröffnete, in schwülstigem Neorokoko gestaltete **Victoria Hall**.

Place Neuve

> **?** **BAEDEKER WISSEN**
>
> ### Frühling in Genf
>
> Südlich hinter dem Rathaus liegt die Promenade de la Treille mit einer 126 m langen Bank von 1767 und schönem Ausblick auf den Salève und den Jura. Von den Kastanienbäumen hat das schiefe Exemplar am Ende der Promenade eine wichtige Funktion: Wenn ihre erste Knospe aufbricht, beginnt in Genf der Frühling.

Südöstlich der Place Neuve lädt die schöne Promenade des Bastions mit alten Bäumen und Büsten prominenter Genfer zu einem Spaziergang. An der Mauer unter der Promenade de la Treille beeindruckt das über 100 m lange *Reformationsdenkmal von 1917 (Foto S. 334): In der Mitte 4,5 m hoch die Hauptvertreter des Calvinismus – Guillaume Farel, Jean Calvin, Théodore de Bèze, John Knox –, zu beiden Seiten folgen politische Förderer des reformierten Bekenntnisses und Reliefs mit Szenen aus der Geschichte der calvinistischen Reformation (auch Gedenksteine für Luther und Zwingli). Im oberen Teil der Denkmalwand steht das Motto des Calvinismus und des Kantons Genf: »Post tenebras lux« (»Nach dem Dunkel das Licht«).

Promenade des Bastions

Im Südteil der Promenade des Bastions steht der neoklassizistische Gebäudekomplex (1872) der Universität, die aus der von Calvin begründeten Theologieakademie hervorging. Im Ostflügel ist die im 16. Jh. gegründete **Bibliothek** untergebracht (ca. 2 Mio. Bände, rund 6000 kostbare Handschriften). Im **Espace Ami Lullin** werden Schätze der Bibliothek präsentiert.

Universität

Heute im Hintergrund: die Reformatoren Farel, Calvin, Bèze und Knox

Palais Eynard Das elegante **Palais Eynard** in der Ostecke der Promenade des Bastions, von dem italienischen Architekten Giovanni Salucci für den Bankier Gabriel Eynard errichtet (1821), wird von der Stadtverwaltung zur Repräsentation und als Sitzungsort genutzt. Südöstlich liegt das **Palais Athénée** (1826) mit einer Kunstgalerie.

Plaine de Plainpalais Auf dem Platz ist Di., Fr. und So. **Markt**, Mi./Sa. lassen sich auf dem Trödlermarkt Schnäppchen machen. Weiter westlich zeigt das **Musée d'Ethnographie** über 60 000 Exponate aus allen Erdteilen.
Musée d'Ethnographie: Blvd. C.-Vogt 67, Di.–So. 10.00–17.00 Uhr, 5 CHF

*Patek Philippe Museum In einem Industriebau des frühen 20. Jh.s (W. Henssler, 1919) sind prächtige Produkte Schweizer und anderer europäischer **Uhrmacher und Emailleure** vom 16. bis zum 20. Jh. zu bewundern, natürlich auch solche aus eigenem Haus seit 1839.
❶ Rue des Vieux-Grenadiers 7, Di.–Fr. 14.00–18.00, Sa. ab 10.00 Uhr, Eintritt 10 CHF

Musée d'Art Moderne Das **Museum für moderne und zeitgenössische Kunst** (MAMCO) in einem ehemaligen Fabrikgebäude gegenüber demonstriert die Entwicklung der bildenden Kunst ab 1960. Im **Cimetière de Plainpalais**, einem schönen Park, der nördlich über die Rue des Bains zu erreichen ist, ruhen u. a. Calvin (1712–1778, Stein mit Initialen J. C.) und der Schriftsteller Jorge Luis Borges (1899–1986).
MAMCO: Di.–Fr. 12.00–18.00, Sa./So. 11.00–18.00 Uhr, Eintritt 8 CHF

ÖSTLICH DER ALTSTADT

Musée d'Art et d'Histoire Zwischen den Boulevards Jacques-Dalcroze und Helvétique bilden zwei große Gebäude (1903–1910) das »kunsthistorische Zentrum« Genfs: das **Museum für Kunst und Geschichte und die **Casemates**.

Das Museum für Kunst und Geschichte ist das älteste Schweizer Museum für die Schönen Künste, die reichen Sammlungen umfassen Kunstgewerbe, Archäologie, Waffen und Gemälde sowie die Bestände des Musée de l'Horlogerie. Neben alten Meistern (Italien, Flandern, Schwaben) sind vor allem Holländer und Franzosen des 16. – 18. Jh.s und die Genfer Schule des 18./19. Jh.s vertreten., aber auch Klassiker des 19./20. Jh.s wie Renoir, Modigliani, Picasso und Hodler. Hier sind das berühmte Altarbild von **Konrad Witz** (»Wunderbarer Fischzug«, 1444; das erste Bild der westlichen Kunstgeschichte mit konkretem landschaftlichem Hintergrund: Genfersee mit Voirons und Montblanc), die Glasfenster aus der Kathedrale, herrliche Interieurs aus dem Unteren Schloss Zizers (▶ Rhein) und aus Genf zu sehen. Die **Brunnenfigur** im Hof war ein Geschenk des bayerischen Königs Ludwig I. für seine Geliebte Lola Montez. Das **Druckkabinett** (Casemates, Promenade du Pin 5) verfügt über 300 000 Blätter aus fünf Jahrhunderten. Dieselbe Adresse haben die Mediathek und die **Collection Iconographique du Vieux-Genève** (reiches Bildmaterial zur Geschichte der Stadt).

*Cabinet des Estampes

Musée d'Art: Di. – So. 11.00 – 17.00 Uhr, Eintritt frei
Cabinet des Estampes: Di. – So. 11.00 – 18.00 Uhr, Eintritt 3 CHF

Unweit südlich (Terrasse St-Victor 2) sind im Petit Palais Kunstwerke des 19./20. Jh.s von Renoir bis Picasso zu sehen. Eine der besten Sammlungen fernöstlicher Kunst und Kunsthandwerks in der Schweiz, mit Objekten des 8. – 19. Jh.s, ist die Collection Baur.

*Petit Palais Collection Baur

Petit Palais: Zur Zeit geschlossen
Collection Baur: Rue Munier-Romilly 8, Di. – So. 14.00 – 18.00 Uhr, Eintritt 10 CHF

An der Place Sturm im Quartier des Tranchées glänzen die neun vergoldeten Kuppeln der sehr sehenswerten **Russischen Kirche** (1866). Der russische Romancier F. Dostojewskij ließ 1868 seine Tochter Sofija hier taufen, nur wenige Tage vor ihrem plötzlichen Tod.

Eglise Russe

❶ Zugänglich Di. – So. nachmittags

Im **Naturkundemuseum** (Route de Malagnou 11) sind besonders die Nachbildung von »Lucy«, die Dioramen mit regionaler Fauna und die Großfossilien interessant. Die paläontologische und die mineralogische Abteilung gehen auch auf die Schweizer Geologie ein.

Muséum d'Histoire Naturelle

Muséum d'Histoire Naturelle: Di. – So. 10.00 – 17.00 Uhr, Eintritt frei

Architekturfreunde pilgern zum Immeuble Clarté, dem einzigen größeren Bau von **Le Corbusier** in der Schweiz (Wohnblock, 1932; Rue St-Laurent 2 – 4). Ein Besuch der Galerie Bonnier, die sich auf Werke von Jean Tinguely und Niki de Saint-Phalle spezialisiert hat, vermittelt einen Einblick in die Konstruktion des Hauses.

Immeuble Clarté

Genf erleben

AUSKUNFT
Genève Tourisme
Rue du Mont-Blanc 18, 1201 Genf
Tel. 022 909 70 00
www.geneve-tourisme.ch
www.ville-ge.ch, www.geneve.ch

VERKEHR
Flughafen Cointrin ▶ S. 701. Parkplätze
sind absolute Mangelware, Parkhäuser
sehr teuer. Die Busse und Straßenbahnnen der Transports Publics Genevois
(TPG, www.tpg.ch) fahren auch in die
Vororte in der Schweiz und in Frankreich. Den Pendelverkehr und Rundfahrten im Petit Lac besorgen die Mouettes
Genevoises und Swiss Boat. Hotelleriegäste erhalten die Geneva Transport
Card, mit der TPG, SBB/CFF und Mouettes im Stadtbereich kostenlos zu benützen sind (www.uni reso.ch). Die Schiffe
der CGN (▶ S. 702) haben mehrere Anlegestellen, Büro am Jardin Anglais.

FESTE & EVENTS
Anf. März: Internationaler Automobilsalon. Mitte Juni: Bol d'Or, Segelregatta
mit über 600 Booten zum anderen See-Ende und wieder zurück. 4. Juli: Unabhängigkeitstag der USA. Anf. August
(10 Tage): Fêtes de Genève mit vielen
Attraktionen und großem Feuerwerk.
Anf./Mitte Dezember: »Escalade« mit
nächtlichem Umzug in historischen Rüstungen und Kostümen, mit Fackeln,
Pferden, Trommeln und Trompeten. Zu
diesem Fest gehören mit Marzipan gefüllte Töpfe aus Schokolade, die enthusiastisch »niedergemacht« werden.
Aktuelle Veranstaltungstermine findet
man in »L'Agenda de Genève« (Engl./
Frz., gratis, auch im Internet).

SHOPPING
Das Portemonnaie kann man besonders
im Viertel nördlich unterhalb der Altstadt
(»Rues Basses«) und im Quartier St-Gervais am rechten Ufer erleichtern. Galerien, Antiquitätenläden etc. reihen sich
an der Grand-Rue in der Altstadt; auf
der Plaine du Plainpalais kann man mittwochs und samstags in Trödel stöbern.

ESSEN
Domaine de Chateauvieux ⓔⓔⓔⓔ
Peney-Dessus (▶ S. 342)
Tel. 022 753 15 11
www.chateauvieux.ch, So./Mo. und
Ende Juli – ca. 10. Aug. geschl.
Immer wieder als bestes Restaurant des
Kantons gerühmt, ja als »Paradies« (das
gilt auch für die ländliche Umgebung).
Einfallsreiche Küche und astronomische
Preise. Fast ein Schnäppchen sind da
die Halbpension-Varianten.

❶ *Les Armures* ⓔ–ⓔⓔ
Genf, Rue Puits-St-Pierre 1
Tel. 022 310 34 42 (Restaurant)
www.hotel-les-armures.ch
Französische und Schweizer Küche in
geschichtsträchtigen Mauern mit rustikalem Charme – in der Innenstadt, zu
überraschend reellen Preisen. Die edlen
Zimmer sind hingegen sehr teuer.

❷ *Brasserie du Parc des Eaux-Vives*
ⓔⓔ–ⓔⓔⓔ
Genf, Quai Gustave Ador 82
Tel. 022 849 75 75
Modern-elegantes Lokal, ein Ableger
des Firstclass-Restaurants Parc des Eaux-Vives im gleichnamigen romantischen
Park, mit Blick auf den See. (Das Schlösschen hat auch fünf luxuriöse Zimmer.)

❸ *Bistrot du Boeuf Rouge* ⊜⊜
Genf, Rue Dr Alfred-Vincent 17
Tel. 022 732 75 37, Sa./So. geschl.
Ausgezeichnete fleischbetonte Lyoner
Küche in echter Bistro-Atmosphäre,
d. h. recht eng, laut und familiär.
Ebenso gut ist ist Weinauswahl.

❹ *Le Bistrot de Charlotte* ⊜⊜
Genf, Place des Bergues 3
Tel. 022 731 81 81, Sa.mittag/So. geschl.
Ein »frisches«, sehr angenehmes Lokal
mit exzellenter, traditioneller französisch-
schweizerischer Küche. Hervorragende
Weinkarte, zuvorkommender Service.

ÜBERNACHTEN
❶ *Beau-Rivage* ⊜⊜⊜⊜
Genf, Quai du Mont-Blanc 13
Tel. 022 716 66 66, www.beau-rivage.ch
Grandhotel, seit 1865 in Familienbesitz
und eines der 50 besten Hotels der Welt.
Mit Restaurants Chat Botté (klassisch,
ein Stern) und Patara (thailändisch).

❷ *Hotel Les Arcades* ⊜⊜
Genf, Place Cornavin 14
Tel. 022 715 48 00, www.hotel-arcades.ch
Gutes, »romantisches« Mittelklassehaus
gegenüber dem Hauptbahnhof mit allem Komfort (Schallschutzfenster). Eingang neben Hennes & Mauritz.

❸ *Bel' Esperance* ⊜–⊜⊜
Genf, Rue de la Vallée 1
Tel. 022 818 37 37
www.hotel-bel-esperance.ch
Ein hübsches, solides Domizil in bester
Lage nahe der Altstadt, ausgezeichnetes
Preis-Leistungs-Verhältnis. Schöner Blick
von der Dachterrasse.

❹ *Hôtel de la Cloche* ⊜
Genf, Rue de la Cloche 6, Tel. 022 732
94 81, www.geneva-hotel.ch/cloche
Charmant ältliches Hotel garni mit Kami-
nen und knarzendem Parkett, teils Balkone mit Blick auf die Fontäne. Nahe
dem See gelegen.

AM SÜDLICHEN SEEUFER

Zu den bevorzugten Freizeitvergnügen gehört der Bummel auf den **Promenade** Seepromenaden. Im **Englischen Garten** mit der Blumenuhr erinnert **du Lac,** das **Monument National** (»Helvetia« und »Geneva«, 1869) an die **Jardin** Eingliederung Genfs in die Eidgenossenschaft 1815. Vor dem Quai **Anglais** G.-Ador ragen zwei Felsen aus dem Wasser, die **Pierres du Niton** (»Neptun-Steine«); den größeren wählte General Dufour 1864 als Bezugspunkt der Landesvermessung (373,6 m ü. d. M.). An der Jetée des Eaux-Vives schießt der **Jet d'eau*, das Wahrzeichen Genfs, mit 200 km/h 140 m hoch in den Himmel: Zwei insgesamt 1360 PS star-ke Pumpen sorgen dafür, dass permanent 7 t Wasser in der Luft sind. Bei heftigerem Wind ist der Jet nicht in Betrieb.

Rosen begleiten den Quai Gustave Ador, ein herrlicher **Rosengarten** **Parkanlagen** ziert auch die großzügigen, idyllischen Anlagen des Parc de la Gran-ge und des Parc des Eaux-Vives mit altem Baumbestand. Weiter stadtauswärts liegt das Genève-Plage, ein großes **Strandbad** mit mehreren Schwimmbecken und 100 m langer Rutsche.

AM NÖRDLICHEN SEEUFER

*Quai du Mont-Blanc Von der Promenade vor den prächtigen Hotelpalästen hat man den berühmten **Blick auf die Montblanc-Kette,** besonders gegen Abend bei klarem Wetter; beim **Hotel Beau-Rivage** findet man eine Orientierungstafel. Eine Statue erinnert daran, dass am 10. September 1898 die österreichische Kaiserin Elisabeth (»Sisi«) hier von dem italienischen Anarchisten Luigi Lucheni mit einer Feile erstochen wurde – ein tragischer Zufall, denn eigentlich hatte er es auf Henri-Philippe d'Orléans abgesehen. Vor dem **Hôtel de la Paix** legen die schönen Schaufelraddampfer an. Das prunkvolle **Monument Brunswick,** eine Kopie der Veroneser Skaligergräber, ist ein Mausoleum für Herzog Karl II. von Braunschweig (1804 – 1873), der der Stadt sein Vermögen vermachte. Im **Grand Casino** im Hotel Noga-Hilton kann man sein Glück versuchen. Die alte **Badeanstalt** am Jetée des Pâquis ist – obwohl aus Beton erbaut – eine Genfer Institution.

Palais Wilson Am anschließenden Quai Wilson steht der gleichnamige Palais, erbaut als Hôtel National (1875) und 1925 – 1936 Sitz des Völkerbunds. 1987 durch einen Brand zerstört, ist hier jetzt das **Hochkommissariat für Menschenrechte** ansässig. Weiter nördlich dehnen sich die Parkanlagen Mon-Repos und Barton aus; in der **Villa Bartholoni** (1828) sind im Museum der Geschichte der Wissenschaften ingeniöse Instrumente und Apparaturen zu bestaunen. Herrlich sitzt man auf der Terrasse des Restaurants »Perle du Lac« an der Schiffslände. **Villa Bartholoni:** Mi. – Mo. 10.00 – 17.00 Uhr, Eintritt frei

Jardin Botanique Nördlich der **WTO** (Welthandelsorganisation, 1926) und dem gläsernen Schiff der **WMO** (World Meteorological Organization, 1999) liegt der 1902 angelegte **Botanische Garten** mit Gewächshäusern, schönem Alpinum und Tiergehege. Zwischen der Route de Lausanne und dem See das zugehörige **Conservatoire Botanique,** eine renommierte wissenschaftliche Einrichtung mit berühmtem Herbarium, Gewächs- und Vogelhäusern. **Jardin Botanique:** April – ca. 24. Okt. tgl. 8.00 – 19.30, sonst 9.30 – 17.00 Uhr, Gewächshäuser tgl. 9.30 – 16.30 Uhr, Eintritt frei

NÖRDLICHE INNENSTADT

Rue du Mont-Blanc Vom Pont du Mont-Blanc führt die Rue du Mont-Blanc (Fußgängerzone) mit **Geschäften und Boutiquen** – vorbei am Hôtel des Postes (Hauptpost, Tourismusbüro) – hinauf zum Hauptbahnhof Gare de Cornavin (SBB/CFF, SNCF) mit unterirdischen Ladenpassagen. Ein »anderes«, bunteres Genf findet man in den Gassen des sich nordöstlich ausdehnenden **Viertels Pâquis.**

Bummel vor der mächtigen Fontäne

Das Quartier Les Grottes westlich des Hauptbahnhofs blieb in seiner Art erhalten und wurde behutsam restauriert. Ein ungewöhnliches Wohnhaus, stilistisch Hundertwasser und Gaudí vereinigend, ist in der Rue Louis-Favre zu sehen, genannt **Les Schtroumpfs** (Nr. 23), erbaut 1982 – 1984. Zwischen Bahnhof und Rhone erstreckt sich das alte Uhrmacher-und-Goldschmiede-Viertel St-Gervais. In seinem Zentrum der **Temple de St-Gervais** von 1435/1478, beachtenswert sind hier die Fresken und und das Chorgestühl (15. Jh.).

Les Grottes

Saint-Gervais

Westlich von St-Gervais, jenseits der Bahnlinie, liegt im Stadtteil Les Délices das gleichnamige Anwesen, in dem Voltaire (1694 – 1778) in den Jahren 1755 – 1763 Schöngeister aus ganz Europa um sich scharte, bevor er sich nach Ferney zurückzog (▶ S. 344). In dem Palais (1735, für Voltaire erweitert) erinnert das **Institut et Musée Voltaire** an den Dichter und Philosophen; die Bibliothek verwahrt zahlreiche Manuskripte.

Les Délices de Voltaire

Musée Voltaire: Mo. – Fr. 14.00 – 17.00 Uhr, Eintritt frei

VIERTEL DER INTERNATIONALEN ORGANISATIONEN

Die Place des Nations ist Verkehrsmittelpunkt für den Bereich der internationalen Organisationen. Östlich das Verwaltungsgebäude des **UN-Hochkommissariats für Flüchtlinge** (UNHCR); sein Besucherzentrum wurde 1927 als Tankstelle erbaut. Südlich des Platzes stehen moderne Bauten wichtiger Institutionen: die Weltorganisation für geistiges Eigentum (**WIPO**, 1962), die Internationale Fernmelde-Union (**UIT**, 1962) mit sechseckigem Turm; zahlreiche zwischen-

Place des Nations

staatliche Verbände im Centre International (Rue de Varembé/Rue de Montbrillant), ferner die Europäische Freihandelsgemeinschaft (**EFTA**, 1969) mit schönem Innenhof und das Internationale Konferenzzentrum (**CICG**, 1971). Einen Blick wert ist auch die moderne katholische Kirche **St-Nicolas-de-Flüe** (1967).

UNHCR-Besucherzentrum: Rue de Montbrillant 94, Mo. – Fr. 9.30 – 12.00, 14.00 – 16.00 Uhr (außer Mo.vormittag)

*Palais des Nations

Das »Herz« des internationalen Genf ist der monumentale Palais des Nations. Das exterritoriale Terrain mit Rechts-, Steuer-, Zoll- und Postautonomie war Teil des 200 km² großen Ariana-Parks, den 1890 der Adlige Gustave de Revilliod der Stadt vererbte. Sie trat ihrerseits 1929 das Areal an den 1920 gegründeten **Völkerbund** ab. Die Pläne für einen neuen Palast, die Le Corbusier / P. Jeanneret und H. Meyer / K. Wittwer lieferten, wurden zugunsten der schwerfälligen, altbackenen Entwürfe einer internationalen Architektengruppe verworfen, der Bau 1929 – 1937 ausgeführt. Als Nachfolgerin des 1946 formell aufgelösten Völkerbunds hat die am 24. Oktober 1945 in San Francisco gegründete Organisation der **Vereinten Nationen** (UNO/ ONU, Hauptsitz in New York, 193 Mitglieder) ihren europäischen Sitz, der nur mit nichtmilitärischen Fragen befasst ist, im Palais des Nations. Der Komplex, mit 25 000 m² Fläche nach dem Versailler Schloss der **zweitgrößte Europas**, hat drei Teile: in der Mitte der dreiflügelige, zum See geöffnete Haupttrakt mit Versammlungs- und Ratssaal, Konferenzräumen und Bibliothek, im Süden die Sekretariatsgebäude, nach Norden der Erweiterungstrakt von 1972 (Büros) mit einem von großen polygonalen Kuppeln überspannten Vorbau (Konferenzsäle). Die aufwendigen Innenausstattungen sind Ge-

Palais des Nations, der europäische Sitz der UN

schenke von Mitgliedsstaaten. Die **Bibliothek**, gestiftet 1920 von John D. Rockefeller jun., bewahrt zahlreiche Manuskripte und Briefe von Persönlichkeiten aus aller Welt auf. Der **Ehrenhof** – die Terrasse zwischen den Flügeln des Haupttrakts – gewährt einen prächtigen Blick auf den See und die Alpen; die große Armillarsphäre, ein vergoldeter Bronzeglobus mit den Tierkreiszeichen, ist ein Geschenk der Woodrow-Wilson-Stiftung (1939). Ein 26 m hohes Denkmal symbolisiert die Eroberung des Weltraums; die Skulptur mit Titanspitze wurde 1971 von der Sowjetunion gestiftet.

Palais des Nations: www.unog.ch. Führungen (Beginn) Juli/Aug. tgl. 10.30 bis 16.00, sonst 10.30 – 12.00, 14.30 – 16.00 Uhr; ca. 7. Dez. bis 4. Jan. geschlossen. Zugang: Westportal, Avenue de la Paix 14, Eintritt 12 CHF Ein Identitätsnachweis ist nötig.

> **!** **BAEDEKER TIPP**
>
> *Villa Vieux-Bois*
>
> Ein hübscher Platz zum Relaxen nach dem UNO-Sightseeing liegt nebenan: die Villa Vieux-Bois aus dem 18. Jh., in deren Restaurant Schüler der renommierten Genfer Hotelfachschule arbeiten. Geöffnet Mo. – Fr. 12.00 – 14.30 Uhr, geschlossen Mitte Juli bis Anf. Aug., Tel. 022 919 24 26.

VOM PALAIS DES NATIONS ZUM FLUGHAFEN

Die breite Avenue de la Paix zieht sich um den **Ariana-Palast** (1884) des Genfer Schriftstellers und Philanthropen Gustave de Revilliod (1817 – 1890). Das prächtige Gebäude im Stil der italienischen Renaissance beherbergt die Internationale Akademie für Keramik und die von Revilliod begründete Sammlung des **Schweizer Glas- und Keramikmuseums**, eine der schönsten und größten in Europa.
❶ Mi.–Mo. 10.00 – 18.00 Uhr, Eintritt frei

* Musée Ariana

Gegenüber dem Westtor des Palais des Nations ragt der Komplex des Internationalen Komitees vom Roten Kreuz auf. Die 1864 auf Initiative von Henri Dunant (1828 – 1910) gegründete Hilfsorganisation, auch heute eine private Organisation mit ausschließlich Schweizer Mitgliedern, verfolgt humanitäre Ziele in aller Welt (u. a. Kriegsgefangenen- und Vermisstenkartei seit 1916). Im **Musée International de la Croix-Rouge et du Croissant-Rouge** kann man sich über seine Geschichte informieren.
❶ Mi.–Mo. 10.00 – 17.00 Uhr, Eintritt 10 CHF

Comité International de la Croix-Rouge

Rund 500 m nördlich des Palais des Nations (Chemin de l'Impératrice 18) liegt in einem herrlichen Park (mit Restaurant) das Château de Penthes. Hier dokumentiert das **Musée des Suisses dans le Monde** die vielfältigen Beziehungen des Landes zum Rest der Welt.
❶ Di. – So. 10.00 – 12.00, 13.00 – 17.00 Uhr, Eintritt 12 CHF

Château de Penthes

Großer Auftritt für Fahr- bzw. Spielzeuge: Genfer Automobilsalon

Palexpo Die Genfer Messen – darunter der Internationale Automobilsalon – finden im Vorort Grand-Saconnex im **Palais des Expositions et des Congrès** (Ausstellungs- und Kongresszentrum) statt. Westlich benachbart ist der internationale Genfer **Flughafen** Cointrin (Zug- und Busverbindung mit dem Hauptbahnhof Cornavin, ▶ S. 701).

UMGEBUNG VON GENF

Jonction Im Westteil der Stadt mündet in der »Jonction« die aus den Savoyer Alpen kommende gelblich-trübe **Arve** in die grünblau-klare **Rhone**. Südlich der Mündung breitet sich auf dem höchsten Punkt des Stadtbereichs der **Bois de la Bâtie** aus, mit Wald, Wiesen und einem Tiergehege – ein Paradies für Kinder, schöner Blick auf die Stadt. 1 km westlich überspannt als letzte der Genfer Rhone-Brücken der **Pont Butin** (1927 /1970) das hier fast 50 m tief eingeschnittene Flusstal.

Mandement Genf ist vom See bis zum Jura von Rebflächen umgeben, auf 1300 ha baut man vor allem weißen Chasselas und roten Gamay an. Im Mandement, der heiteren Hügellandschaft westlich von Genf, ist mit **Satigny** die größte Weinbaugemeinde der Schweiz zu finden; **Russin** ist für sein großes Winzerfest Ende September berühmt, **Peney-Dessus** für das Restaurant Domaine de Châteauvieux (▶ S. 336). Sehr lohnend ist die Fahrt auf der Rhone vom Pont de l'Ile bis zur Staumauer von Verbois (2.30 Std.). Zunächst geht es an steilen Felswänden vorbei, später hat man einen freien Blick auf den Jura (Crêt de la Neige, s. u.) und die Alpen.

Der Höhepunkt des Juras – geografisch wie von den Eindrücken, die er bietet – ist der Crêt de la Neige (1718 m) westlich von Genf in Frankreich. Eine Wanderung entlang des Kamms vom **Col de la Faucille** bei Gex bis zum **Fort de l'Ecluse** am Rhone-Durchbruch dauert 2 – 3 Tage; da der französische Jura touristisch wenig erschlossen ist, muss man ein wenig planen (Führer im Buchhandel).

*Über den Crêt de la Neige

Kein Genf-Besuch ohne eine Stippvisite im südlichen Vorort Carouge (20 000 Einw.), der 1777 von Savoyen gegründet wurde, um das Handelsmonopol von Genf zu brechen (1816 eingemeindet). Die typisch **piemontesische Anlage** mit hübschen Plätzen und Reihenhäusern hat sich zum trendigen Wohnviertel mit Boutiquen, Bistros etc. gemausert. Die Kirche **Ste-Croix** ist ein Werk des Sarden G. B. Piacenza (1780, Fassade 1824); das **Musée de Carouge** (Place de la Sardaigne 2) ist der Ortsgeschichte gewidmet und besitzt auch eine Keramiksammlung (Wechselausstellungen). In Carouge liegen überdies der große Genfer Güterbahnhof und das Zollfreilager La Praille.

*Carouge

In Compesières bei Bardonnex im Süden Genfs (Bus 46) ist die Commanderie, die **Komturei des Malteserordens** (15. Jh.), als Museum zugänglich (nach Anmeldung Tel. 079 202 55 64).

Compesières

Prächtige Anwesen aus dem 17./18. Jh. und moderne Villen prägen den südöstlichen Vorort Cologny (5000 Einw.), der am Hang ansteigt. Hier hat man eine herrliche Aussicht über den See zum Palais des Nations und auf den Jura, besonders von der Terrasse zwischen dem noblen Restaurant **Lion d'Or** und der Kirche sowie vom Byron-Stein am Chemin de Ruth. In der **Villa Diodati** (nicht zugänglich) hielt sich 1816 der englische Dichter Lord Byron auf (1788 – 1824); hier traf er Percy Bysshe Shelley (1792 – 1822), hier hatte Mary Shelley die literarisch bahnbrechende Idee zum »Frankenstein«.

Cologny

Eine der bedeutendsten privaten Bibliotheken der Welt ist die Bibliotheca Bodmeriana in Cologny. Martin Bodmer (1899 – 1971) hat eine einzigartige, ja atemberaubende Sammlung von Schätzen der literarischen Welt zusammengetragen: u. v. a. antike und mittelalterliche Handschriften, Inkunabeln wie eine Gutenberg-Bibel, Luthers 95 Thesen, die ältesten Manuskripte des Johannes-Evangeliums. Das Museum wurde von Mario Botta neu gestaltet (2003).
❶ Route Martin Bodmer 19 – 21, Di.– So. 14.00 – 18.00 Uhr, Eintritt 15 CHF, http://fondationbodmer.ch

**Bibliotheca Bodmeriana

Wanderer, Kletterer und andere finden am bzw. auf dem Salève, dem langgestreckten Kalkrücken südöstlich von Genf auf französischem Gebiet, reiche Betätigung. Man kann mit Bus 8 nach **Veyrier** fahren, durch den Zoll gehen und sich mit der Seilschwebebahn zur Bergsta-

*Salève

tion (1143 m) bringen lassen und dort den fantastischen Ausblick genießen. Oder man macht die **schöne Rundfahrt** (von Genf und zurück ca. 70 km) über die kurvenreiche Straße, die von Mornex im Norden des Massivs nach Cruseilles im Süden führt. In **Mornex** (572 m) am Südhang des Petit Salève wohnte 1856 Richard Wagner in einem Gartenhaus bei der evangelischen Kirche. Von **Monnetier** (696 m), das im Einschnitt zwischen Petit und Grand Salève liegt, ist in etwa 30 Min. der Gipfel des **Petit Salève** zu erreichen (900 m, Aussicht). Ca. 1,5 km hinter der Bergstation, oberhalb des Gasthauses Treize-Arbres, gibt es einen Aussichtspunkt (1212 m, Orientierungstafel) mit großartigem Blick auf Montblanc-Kette, Genfersee und Jura. Von hier bringt ein Fußweg (30 Min.) zum **∗Crêt de Grange-Tournier** (1308 m), dem höchsten Punkt des Grand Salève.

∗Voirons

Lohnend ist auch der Ausflug auf den Bergrücken östlich von Genf (in Frankreich; 75 km). Zunächst geht es über **Annemasse** nach Pont-de-Fillinges, dann auf aussichtsreicher Strecke im **Tal der Menoge** über Boëge zum **Col de Saxel** (945 m). Von hier kurvt man zum Sanatorium Grand Chalet (1400 m) hinauf, zu Fuß erreicht man in 30 Min. den **∗Grand Signal**, den Gipfel der Voirons (1480 m), der eine prachtvolle Aussicht auf Savoyer Hochalpen, Genfersee und Jura bietet. Zurück nach Genf fährt man über Bons und Annemasse.

Meyrin

Der Grenzort Meyrin rund 2 km nordwestlich des Flughafens hat sich zu einer internationalen Wohnstadt entwickelt (Bus 9). Hier ist ein Besuch des **Alpengartens** zu empfehlen, in dessen Villa zeitgenössische Kunst gezeigt wird. In der Nähe südöstlich zeigt das **Vivarium Elapsoidea** Reptilien aus aller Herren Länder (Rue Cardinal Journet 32 a). Technikbegeisterte besuchen das Kernforschungszentrum **∗CERN** (Conseil Européen pour la Recherche Nucléaire), das mit seinen gigantischen Anlagen – u. a. dem 100 m unter der Erde verlaufenden Large Hadron Collider mit 27 km Umfang – teils auf französischem Gebiet liegt. Im »Globe of Science and Innovation« und im »Microcosm« werden die modernen Theorien vom Aufbau der Welt im Kleinsten anschaulich erläutert.

Vivarium: Mo.–Fr. 14.00–17.00, Sa./So. 10.00–17.00 Uhr, Eintritt 9 CHF
CERN: Mo.–Sa. 10.00–17.00 Uhr, Eintritt frei, www.cern.ch

Ferney-Voltaire

Ferney-Voltaire (2000 Einw.), 7 km nordwestlich von Genf auf französischem Gebiet, ist bekannt für sein Töpferhandwerk und das westlich des Orts gelegene **Schloss**, das der Lyriker, Dramatiker, Epiker und Philosoph Voltaire 1758 erwarb und ausbauen ließ. Hier hielt der große Spötter bis kurz vor seinem Tod Hof. Über der Kapelle ist »Deo erexit Voltaire« (»Dem Gott hat's Voltaire gebaut«) eingraviert. Vor dem Rathaus sein Standbild.

❶ April–Okt. Di.–So. 10.00–13.00, 14.00–18.00 Uhr, Eintritt 5,50 €

✶✶ Genfersee

⊹ J – L 2 – 7

Kantone: Genf, Waadt, Wallis
Mittl. Wasserspiegel: 371 m ü. d. M.

Die Landschaft am Genfersee ganz im Südwesten der Schweiz wird für ihre Schönheit gerühmt: malerische alte Städte, von Rebhängen umgebene Dörfer und Burgen, und dies alles vor dem Panorama der Savoyer und Walliser Alpen. Voltaire und Lord Byron, Charlie Chaplin und Audrey Hepburn waren nur einige der Berühmtheiten, die sich gern hier aufhielten.

Zwischen den Waadtländer Alpen im Norden, den Savoyer Alpen im Süden und dem Schweizer Jura im Westen bildet der Genfersee – hochdeutsch Genfersee, französisch Lac Léman oder Lac de Genève – einen 72 km langen und bis zu 14 km breiten Bogen. Der größte Alpenrandsee ist 310 m tief und wird von der Rhone durchflossen. Von 584 km² Fläche gehören 60 % zur Schweiz und 40 % zu Frankreich. Das zum Waadtland gehörende Nordufer – hier spricht man vom »Lac Léman«, nicht vom »Lac de Genève« – teilt sich in die Landschaften **La Côte** und **Lavaux** westlich bzw. östlich von Lausanne. Zu den international renommierten Musik- und anderen Festivals in ▶ Lausanne, ▶ Vevey und ▶ Montreux kommen viele lokale Feste und Veranstaltungen, wobei der Wein eine große Rolle spielt.

Größter Alpenrandsee

Die steilen Weinberge des Lavaux

Weinbau Die in der Côte sanft, im Lavaux – das 2007 ins UNESCO-Welterbe aufgenommen wurde – steil ansteigenden Hänge und Terrassen sind mit Reben überzogen, die in dem fast mediterranen Klima feine, dennoch körperreiche Weiß- und Rotweine liefern. Angebaut werden vor allem Chasselas, Gamay und Pinot Noir, daneben Pinot Gris, Pinot Blanc, Gamaret und Garanoir. Nach den Bestimmungen der Appellation d'Origine erzeugte Weine tragen den Namen der Herkunftsgemeinde wie Morges, Vinzel, Epesses, St-Saphorin; die AOC Salvagnin gilt für Rotwein aus Gamay und/oder Pinot Noir. Vielerorts sind Weinstraßen und -wanderwege ausgeschildert.

DIE CÔTE

Genthod Genthod (2700 Einw.), 6 km nördlich von ▶ Genf, besitzt eine Reihe schöner Landhäuser aus dem 18. Jh. wie die **Maison Ami-Lullin** von 1730, in der der Naturforscher und Montblanc-Erstbesteiger H.-B. de Saussure wohnte. In der oberhalb der Bahnlinie gelegenen **Maison de la Rive** (1730) weilte Goethe 1779.

Versoix Das freundliche Versoix (13 000 Einw.) kurz vor der Grenze zum Waadtland lädt mit einer schönen **Seepromenade** ein. In der Villa Barakat am See starb 1957 der dritte Aga Khan, Sultan Mohammed Schah, das Oberhaupt der Hodscha-Ismailiten. Das benachbarte **Château Rouge** ist im Besitz eines arabischen Potentaten. Versoix ist mit den Firmen Cartier und Favarger eine Stadt der **Schokolade**, Mitte März findet das Festival du Chocolat statt (www.versoix.ch).

Coppet Das im 14. Jh. gegründete Städtchen Coppet (3100 Einw.) besitzt schöne alte **Häuser mit Laubengängen**; zu beachten in der Grand-Rue die Nr. 42 (Logis de l'Ange) und Nr. 44 (1539). Sehenswert sind die Dominikanerkirche (15. Jh., Flamboyant-Gotik) und das Musée du Vieux Coppet. Berühmt ist das große **Schloss** über dem Ort; die Residenz – um 1770 am Platz der Burg erbaut, die 1536 von Bern zerstört worden war – wurde 1784 von dem Genfer Bankier und Finanzminister Ludwigs XVI. **Jacques Necker** (1732–1804) erworben; seine Tochter, die freigeistige Schriftstellerin **Madame de Staël** (Germaine von Staël-Holstein, 1766–1817), machte sie zum Treffpunkt europäischer Geistesgrößen.

Schloss: Ostern – Okt. 14.00 – 18.00 Uhr, Eintritt 8 CHF, Park nicht zugänglich

> **!** BAEDEKER TIPP
>
> *Pinte und Caveau*
>
> Zu den schönsten Vergnügungen am Genfersee gehört ein gemütlicher Abend in einem »Caveau« oder einer »Pinte Vaudoise«. Um 17 Uhr öffnen die Winzer – meist reihum innerhalb des Dorfs – ihre Keller (im Winter nur Fr. – So.), in denen man in einer ganz besonderen Atmosphäre Weine und Menschen kennenlernen kann.

Abends besonders reizvoll: Nyon mit seinem mächtigen Schloss

Etwas abseits vom See liegt das hübsche Dorf Céligny, eine Genfer **Céligny**
Exklave. Das Schloss **Crans-près-Céligny** wurde im 18. Jh. für den
Genfer Finanzier Antoine Saladin erbaut.

Das schön gelegene, altertümliche Nyon (19 100 Einw.) markiert den **Nyon**
Übergang vom Petit zum Grand Lac. In römischer Zeit wurde es ein
bedeutender Stützpunkt; im Noviodunum der Helvetier ließ Caesar
um 58 v. Chr. eine Garnison einrichten. Während der Blütezeit unter
Berner Herrschaft entstanden im 16. Jh. **schöne Bürgerhäuser**, von
1781 bis 1813 bestand eine Porzellanmanufaktur. Im imposanten
Schloss, 1536 – 1798 Sitz des Berner Landvogts, zeigt das Musée Historique et des Porcelaines u. a. Porzellan aus Nyon. Von der Terrasse
herrlicher Blick auf See und Alpen mit dem Montblanc. Benachbart
ist das **Musée Romain** mit Funden aus der Römerzeit, weiter westlich liegt die Kirche **Notre-Dame** (z. T. 12. Jh., im Untergeschoss römische Mauern). Sehenswert ist auch das **Genfersee-Museum** (Musée du Léman) am Seeufer, das Flora und Fauna, Naturkunde und
Schifffahrt des Sees vor Augen führt; den Park Bourg-de-Rive nebenan zieren Reste römischer Säulen. Das Opernair-»Paléo Festival« ab
Mitte Juli bietet ein riesiges Programm v. a. mit Popmusik.
Museen in Nyon: April – Okt. Di. – So. 10.00 – 17.00, sonst ab 14.00 Uhr,
Kombikarte 8 CHF

Von Nyon führen eine großartige Passstraße und eine ebenso ein- **Ausflug in**
drückliche Bahnlinie über St-Cergue und den **Col de la Givrine** **den Jura**
nach La Cure am Südende des Vallée de Joux (▶ Yverdon). Weiter
südlich kann man über Gingins (s. u.) zum Châlet de la Dôle hinauf-
kurven und wie Goethe ***La Dôle** ersteigen (ca. 1 Std.), den zweit-
höchsten Gipfel des Schweizer Juras (1677 m). Danach Rast auf dem
Vorberg **La Barillette** im gleichnamigen Restaurant mit Ausblick.

Genfersee erleben

AUSKUNFT

Office du Tourisme
du Canton de Vaud
Avenue d'Ouchy 60, C.P. 164
1000 Lausanne 6
Tel. 021 613 26 26
www.genferseegebiet.ch

Nyon Région Tourisme
Avenue Viollier 8, 1260 Nyon
Tel. 022 365 66 00
www.nyon-tourisme.ch

▶ Genf, ▶ Lausanne, ▶ Montreux

SCHIFFSVERKEHR

Auf dem See verkehren ganzjährig die
Schiffe der CGN (▶ S. 702). Am schönsten ist die Fahrt mit einem der acht großen alten Schaufelradschiffe, von denen
fünf echte Dampfer sind.

ESSEN

Le Maître Jacques ©©
Nyon, Ruelle des Moulins 2
Tel. 022 361 28 34, So./Mo. geschl.
www.maitrejacques.com
Nettes, würdiges Haus unterhalb des
Schlosses. Speisen können Sie im Bistro,
im romantischen Saal oder auf der Ter-
rasse. Französische Küche; insbesondere
Fisch; preiswerter Tagesteller.

Auberge de l'Onde ©©–©©©
Saint-Saphorin, Tel. 021 925 49 00
www.aubergedelonde.ch, Mo./Di. geschl.
Auf zwei Etagen kann man die örtlichen
Weine zu exzellenter Küche genießen:
feine »Rôtisserie« und schlichte »Pinte«;
dazu kommt ein kleiner Gewölbekeller
als elegante Jazzbar. Riesige Weinkarte
zu reellen Preisen.

ÜBERNACHTEN / ESSEN

Auberge de l'Etoile ©–©©
Duillier, Tel. 022 361 28 12
www.auberge-de-duillier.ch
Gepflegtes kleines Haus nördlich von
Nyon mitten im Weinbaugebiet, mit
Sicht auf See und Alpen. Die Zimmer
wurden in jüngerer Zeit renoviert, die
Küche ist in der Region renommiert.

Auberge de l'Ecu Vaudois ©©
Begnins, Route de St-Cergue 1
Tel. 022 366 49 75, www.ecu-vaudois.ch
Eine stattliche, charmante »auberge
communale« aus dem 15. Jh. noch wei-
ter nördlich von Nyon. Klassische Küche
mit maghrebinischem Einschlag. Mit
Carnotzet (Weinkeller) und Terrasse.

Fleur du Lac ©©©
Morges, Rue de Lausanne
Tel. 021 811 58 11, www.fleur-du-lac.ch
Modernes Haus, sehr ruhig am Seeufer
in einem Park gelegen. Gediegene Zim-
mer mit Balkon zum See. Das Restaurant
mit schöner Terrasse und das rustikale
Café des Amis servieren Klassisches.

Le Funi ©–©©
Cossonay, Avenue du Funiculaire 11
Tel. 021 863 63 40, www.lefuni.ch
Gepflegt nächtigen in einem würdigen
Haus aus dem 19. Jh. in privilegierter
Lage, und dies zu sehr angenehmen
Preisen (in Gemeindebesitz).

L'Ermitage des Ravet ©©©–©©©©
Vufflens-le-Château
Tel. 021 804 68 68, www.ravet.ch
So./Mo. geschl.
Elegant-ländliches Ambiente, franzö-
sische Küche vom Allerfeinsten.

Auberge du Raisin ⓔ–ⓔⓔ
Cully, Place de l'Hôtel de Ville 1
Tel. 021 799 21 31
www.aubergeduraisin.ch, So. geschl.

Distinguiertes Haus mit antikem Mobiliar, 8 km von Lausanne in den Weinbergen gelegen (preisgünstige Zimmer). Kreativ variierte französische Küche.

Die Mühle von Chiblins (7 km nordwestlich von Nyon) beherbergt ein **Museum für landwirtschaftliche Maschinen** (u. a. alte Traktoren). Weiter westlich liegt die 1536 unter Berner Herrschaft aufgehobene ***Abtei Bonmont**, eine der frühesten Gründungen der Zisterzienser (um 1110); ihre Kirche gilt als ein Hauptwerk der Schweizer Spätromanik (zugänglich April – Okt.; Konzerte). ***Chiblins**
Moulin de Chiblins: März – Okt. Do., Sa., So. 14.00 – 18.00 Uhr, Eintritt 8 CHF

Das herrschaftliche **Schloss** in Prangins (3900 Einw.), erbaut 1748, ist als Filiale des Schweizerischen Nationalmuseums der **Geschichte der Schweiz** von der Aufklärung bis Anfang des 20. Jh.s gewidmet. Von hier sollte man die hochgelegene Straße durch die ****Côte** nehmen, den Hang am Südrand der waadtländischen Hochfläche; herrliche Rebberge und Obstgärten, Schlösser und Landsitze kennzeichnen die sanfte Landschaft. In Dörfern und Weingütern kann man Wein testen und sich »Malakoffs« (Käsebeignets) schmecken lassen. **Prangins**
Château de Prangins: Di. – So. 10.00 – 17.00 Uhr, Eintritt 10 CHF

Das langgezogene Städtchen Rolle (376 m, 5800 Einw.) besitzt ein viertürmiges **Schloss** (13. Jh.) am See und schöne Bürger- und Winzerhäuser entlang der **Grand-Rue** (besonders Nr. 50, Maison d'Allinges). Auf einer Insel im Hafen erinnert ein Obelisk an den aus Rolle stammenden General de la Harpe (1754 – 1838), der 1798 die Trennung des Waadtlands von Bern mitbewirkte. Spezialität der Stadt sind die »Petits pains au sucre« (Zuckerbrot). Am Weg hinauf zum Signal de Bougy (707 m, schöne Aussicht) liegt das hübsche Dorf **Mont-sur-Rolle**; die renommierten Weine sind u. a. im Château und im Caveau des Vignerons zu verkosten. **Rolle**

*Signal de Bougy

Auf einer gut zu verteidigenden Landzunge wurde um 1230 St-Prex (5200 Einw.) gegründet; das **Stadttor** ist das einzige, das im Waadtland erhalten blieb. Schon 885 erwähnt und 1663 umgestaltet wurde die **Kirche** außerhalb der Mauern; das **Schloss** der Lausanner Bischöfe an der Spitze der Landzunge war ab 1635 Sitz des Berner Landvogts. Schöne Spaziergänge in den Parks und am Seeufer. **Saint-Prex**

Morges (381 m, 14 800 Einw.), das im Frühling ein Tulpen- und im Herbst ein Winzerfest veranstaltet, wurde 1286 von den Savoyern gegründet. Ihr **Schloss** am See, ein typisches »Carré savoyard« **Morges**

(1291), wurde 1475 z. T. zerstört und 1547 wieder aufgebaut. Hier sind vier »kriegerische« Museen untergebracht: Waadtländer Militärmuseum, eine große Zinnsoldatensammlung, ein Artillerie- und das Waadtländer Gendarmeriemuseum. Der Hafen mit Molen von 1696 ist der älteste des Genfersees. Die Stadt ist von schönen **Bürgerhäuser** des 16. – 18. Jh.s geprägt; die barock-klassizistische **Kirche** (1776) gehört zu den bedeutendsten reformierten Schweizer Gotteshäusern, das spätgotische **Rathaus** entstand um 1520. Im **Musée Alexis Forel** im Patrizierhaus Blanchenay sind Werke des einheimischen Radierers ausgestellt, außerdem Interieur, Porzellan und Gemälde. Am Ortsrand Richtung Lausanne liegt die Werft, in der eine 55 m lange **Galeere** des 17. Jh.s nachgebaut wurde.

Museen im Schloss: März – Nov. Di. – Fr. 10.00 – 12.00, 13.30 – 17.00 Uhr, Sa./So. 13.30 – 17.00 Uhr (Juli/Aug. tgl. 10.00 – 17.00 Uhr), Eintritt 10 CHF
Musée Forel: Mitte März – Anf. Dez. Mi. – So. 14.00 – 18.00 Uhr, Eintritt 8 CHF
Galeere: Fahrten Mai – Okt., 15 CHF, Tel. 021 803 50 31, www.galere.ch

*Schlösser-tour

Von Morges aus kann man gleich vier Schlösser und zwei der besten Schweizer Restaurants kennenlernen. Jenseits des Morges-Tals liegt **Monnaz** (14. Jh.), dann geht es über **St-Saphorin-sur-Morges** (1725) und **Vullierens** (mit schönen Gärten) nach **Cossonay**. Gegründet im 13. Jh., besitzt es eine hübsche Altstadt mit einer Kirche aus dem 11. Jh.; in einem Haus aus dem 16. Jh. pflegt Carlo Crisci eine einfallsreiche Küche (Le Cerf, Rue du Temple 10, Tel. 021 861 26 08, So./Mo. geschl.). Eine Standseilbahn – nahe der Bergstation das herrlich gelegene Hotel Le Funi (▶ S. 348) – verbindet den Ort mit dem Bahnhof an der Strecke Yverdon – Lausanne. Auf der anderen Seite des Venoge-Tals liegt **Vufflens** mit seinem prachtvollen Schloss, das sich an piemontesischen Vorbildern orientiert (1395 – 1430; privat). Im Ort das Restaurant Ermitage des Ravet (▶ S. 348).

L'Isle

Lohnend ist auch der Ausflug nach L'Isle (666 m, 850 Einw.) 18 km nordwestlich von Morges am Jura-Hang. Oberhalb des stattlichen Dorfs liegen im Wald die **Quellen der Venoge** – ein Arkadien. Am Fluss, der durch ein Lied des Chansonniers Gilles (J. Villard) berühmt wurde, steht in einem Park das Schlösschen Chandieu (1696).

Lausanne

▶ dort

DAS LAVAUX

**Corniche de Lavaux

Die »Waadtländer Riviera« östlich von Lausanne zählt zu den schönsten Landschaften der Schweiz. Zwischen Lutry und Vevey verläuft die Hauptstraße unmittelbar am Ufer; wer Zeit hat, sollte die Corniche de Lavaux durch die steilen Rebterrassen über dem See

Zwischen Reben und See: Saint-Saphorin

wählen, die einen herrlichen Ausblick zu den Savoyer und Walliser Alpen gewährt und renommierte Weinorte verbindet. Sie führt von Lutry über Grandvaux, Riex und Epesses zum * **Signal de Chexbres** (655 m) und nach Chexbres (2000 Einw.); dann über Chardonne (bemerkenswerte Kirche von 1419) nach **Corsier** (445 m, 3200 Einw.); sehenswert ist die reformierte Kirche (11./15. Jh.) mit romanischem Turm und alten Glocken (1427, 1523). Auf ihrem Friedhof sind Charlie Chaplin (1889 – 1977) und seine Frau Oona begraben.

Das hübsche Uferstädtchen **Lutry** (9400 Einw.) geht auf ein 1025 gegründetes Benediktinerpriorat zurück. Erhalten ist dessen Kirche, heute St-Martin (14. Jh.; reich skulptiertes Renaissanceportal um 1575; im 16. Jh. manieristisch ausgemalt). Im malerischen Weindorf Cully (380 m, 1800 Einw.) steht nahe dem Schiffsanleger ein Denkmal für Major Davel, der 1723 versuchte, das Waadtland von der bernischen Herrschaft zu befreien, und dafür hingerichtet wurde. Die Uferstraße führt an den Weinbergen von Epesses entlang – vorbei am modernen Vinorama, das den Weinbau des Lavaux näherbringt – nach **Rivaz** und zum **Schloss Glérolles**, dem »Chillon des Lavaux«, erbaut im 13. Jh. von den Bischöfen von Lausanne.
Glérolles: Weingut, Verkostung und Verkauf Di. – Sa.; Tel. 021 946 25 30

*Lutry

Cully

Einen klangvollen Namen in der Weinwelt – vor allem für weißen Chasselas, daneben gibt es Pinot Noir und Gamay – hat das hübsche Dorf St-Saphorin (350 Einw.) mit seinen engen Gassen, alten Häusern und einer **Kirche** (um 1520) in Flamboyant-Gotik. Gegenüber der Kirche schmückt ein schmiedeeisernes Schild von 1750 die **Auberge de l'Onde** (▶ S. 348) in dem auffälligen, geschichtsträchtigen Haus. Interessant sind die »Verkehrsvorschriften für Kutscher« auf einer »Pierre à sabot« (1812) an der Place du Peuplier.

St-Saphorin

Villeneuve Über ▶ Vevey und ▶ Montreux erreicht man das Ostende des Genfersees mit dem Städtchen Villeneuve (378 m, 5000 Einw.), das 1214 von den Savoyern als »Neue Stadt von Chillon« gegründet wurde; die Kirche St-Paul geht ins 13. Jh. zurück. Westlich der Stadt dehnt sich das **Mündungsdelta der Rhone** aus (Naturschutzgebiet), dessen Auwälder und Sümpfe von Sträßchen durchzogen sind. Musikfreunde machen den Abstecher nach Roche (4 km südlich von Villeneuve), wo in einem Rasthaus aus dem 15. Jh. an der Route zum Großen St. Bernhard das **＊Schweizer Orgelmuseum** untergebracht ist.

Orgelmuseum: Mai – Okt. Di. – Sa. 10.15, 14.15, 15.45 Uhr, So. nur nachmittags, Eintritt 10 CHF; außer Sa. ist Anm. nötig, Tel. 021 960 46 57.

> **!** BAEDEKER TIPP
>
> *Jazz im Weinkeller*
>
> Anfang April werden in Cully für eine Woche die Weinkeller und Wirtschaften zur Jazzbühne: Über 60 Gratis-Gigs ergänzen beim Cully Jazz Festival – dem wichtigsten der Schweiz – die Hauptkonzerte, die in einem Zelt auf der Place d'Armes am Wasser stattfinden (www.cullyjazz.ch).

Bouveret Wer zum französischen Südufer des Genfersees möchte, muss im Rhonetal südlich bis Chessel ausholen. Dort überquert man den Fluss bei der **Porte du Sex**, einem einst befestigten Engpass an der Felswand. In **Port-Valais** das Hôtel de la Tour, ein ehemaliges Schloss (16. Jh.). Der Ferienort Bouveret an der Rhone-Mündung lockt mit Attraktionen für kleine und große Kinder: den **Aquaparc**, den größten Wasservergnügungspark der Schweiz, und den **Swiss Vapeur Parc** mit Nachbauten berühmter Dampfloks und Bahnanlagen.

Aquaparc: außer Mitte Nov. – Mitte Dez. ab 10.30 Uhr geöffnet, Eintritt 5 – 15 J. 33 CHF, ab 16 J. 43 CHF

Swiss Vapeur Parc: 21. Mai – 16. Sept. tgl. 10.00 – 18.00 Uhr, 19. März bis Anf. Nov. Mo. – Fr. 13.30 – 18.00, Sa./So. 10.00 – 18.00 Uhr, Eintritt 18 CHF

Glarnerland

✴ F/G **18 – 21**

Kanton: Glarus

»Zigerschlitz«, so wird der kleine Kanton zutreffend genannt: Wer von Norden aus der Linthebene hierherkommt, hat ein schmales, von hohen Bergen eingeschlossenes Tal vor sich.

Glarus liegt südlich des ▶ Walensees und ist trotz seiner Abgeschiedenheit der am stärksten industrialisierte Kanton der Schweiz. Seine von Linth und Sernf durchflossenen Täler werden von mächtigen Bergmassiven überragt – im Westen Glärnisch (2332 m), im Osten Magerrain (2524 m) – und enden an der Kette von **Tödi** (3614 m),

Hausstock (3158 m) und Piz Sardona (3056 m). Das Kantonswappen zeigt den hl. Fridolin, der gemäß der Legende das Christentum hierherbrachte. »Große« touristische Attraktionen findet man hier nicht, dafür ein vielfältiges Wanderland zwischen grünen Wiesen und eindrucksvollen Gipfeln. Und was hat es mit dem »Ziger« auf sich? Der Ziger ist ein Frischkäse, aus dem unter Zugabe von Hornklee die Spezialität des Glarus entsteht, der harte Schabziger.

Die Glarner standen ab 1264 unter der Herrschaft der Habsburger und schlossen sich 1352 dem Bund der Eidgenossen an. Seit 1387 findet auf dem Zaunplatz in Glarus die Landsgemeinde statt, seit 1972 auch mit den Frauen. 1388 konnten die Glarner die österreichische Herrschaft durch den Sieg bei Näfels beenden, eines der heiligen Daten der Eidgenossenschaft. Zwischen 1500 und 1800 verdingen sich viele Glarner als »Reisläufer«, d. h. Söldner, in fremden Heeren. In der Reformation – Zwingli wirkte 10 Jahre in Glarus als Pfarrer – teilte sich Glarus in Katholisch Glarus (mit Näfels und Oberurnen) und Reformiert Glarus, mit der Verfassung 1837 wurde das Land wieder geeint. Die Industrie, v. a. Textilien, hielt schon im 18. Jh. Einzug; durch die Mechanisierung mit Hilfe der Wasserkraft im 19. Jh. entstanden große Betriebe, in denen die üblen Verhältnisse des Manchester-Kapitalismus herrschten; allerdings war Glarus auch der erste Kanton, in dem Arbeitszeit und Kinderarbeit begrenzt wurden. Heute ist die Industrie bedeutendster Wirtschaftszweig mit ca. 30 % der Arbeitsplätze, immerhin noch ca. 6 % der Beschäftigten arbeiten in der Landwirtschaft. Die Broschüre »Glarner Industrieweg« (in Tourismusbüros, Buchhandlungen etc.) führt durch Vergangenheit und Gegenwart der Glarner Industrielandschaft.

Geschichte und Wirtschaft

Bei der Landsgemeinde in Glarus

DURCH DAS TAL DER LINTH

Am Taleingang liegt Niederurnen (432 m, 3900 Einw.). Ein romantischer Weg führt durch den 1640 angelegten Rebberg hinauf zum **Schlössli** (Restaurant) an der Stelle der 1386 zerstörten Burg Oberwindegg; schöne Aussicht auf Linth-Ebene und Walensee. Typische »Glarner Tüechli« etc. sind bei Blumer & Cie zu erstehen.

Niederurnen

Blumer & Cie: Windeggstrasse 16, Mo./Mi. 13.30 – 17.00 Uhr

Glarnerland erleben

AUSKUNFT
Glarnerland Tourismus
Raststätte Glarnerland an der A 3
8867 Niederurnen
Tel. 055 610 21 25
www.glarus.ch, www.gl.ch

VERKEHR
Die SBB erschließt das Haupttal, in Ziegelbrücke hat man Anschluss zu den Schnellzügen Zürich – Chur. Das Postauto bringt in die Seitentäler und fährt über den Klausenpass (▶ S. 357).

FESTE & EVENTS
1. Do. im April: »Näfelser Fahrt« zum Gedenken an den Sieg über die Habsburger 1388. 1. Mai-Sonntag: Landsgemeinde in Glarus. Um den 6. Dez.: Klausschellen.

ESSEN
Wirtschaft Sonnegg ⊙⊙
Glarus, Asylstrasse 32, Tel. 055 640 11 92, Di./Mi. sowie ca. 15.7.–5.8. geschl. Schlichtes Haus 400 m nördlich der Stadtkirche mit winziger Beiz, kleinem Gärtchen und etwas größerem Speiseraum. Chef Hans Hauser pflegt eine einfallsreiche Küche auf regionaler Basis mit italienischen und französischen Einschlägen. Die Kalberwurst mit Zwiebelsauce probieren (auf Bestellung).

ESSEN / ÜBERNACHTEN
Hotel Schwert ⊙–⊙⊙⊙
Netstal, Landstrasse 13 a, Tel. 055 640 77 66, www.schwert-netstal.ch So./Mo. und 2 Wo. Juli/Aug. geschl. Kulinarische Nr. 1 im Glarnerland, mit biedermeierlichem Glarnerstübli und moderner Wiggisstube. Schweizer Küche. Zimmer zu moderaten Preisen.

Gasthaus Bergli ⊙⊙
Linthal, Am Klausenpass
Tel. 055 643 33 16, www.bergli.gl Zauberhaftes altes Holzhaus mit herrlichem Blick übers Tal, preiswerten Zimmern und ländlich-feinem Restaurant (hervorragende Weinkarte). An schönen Tagen und am Wochenende geöffnet; bei schlechtem Wetter fragen, im Winter reduziert geöffnet (nachfragen).

Näfels Näfels (438 m, 4800 Einw.) verfügt über das bedeutendste Bauwerk des Glarnerlandes, den prunkvollen **Freulerpalast** (1648), erbaut für Kaspar Freuler, Oberst des Schweizer Garderegiments in Frankreich. Das **Museum des Landes Glarus** illustriert hier Landesgeschichte, Volkskunde und Textilindustrie. Die katholische Kirche **St. Hilarius** (1781) entstand nach dem Vorbild der Pfarrkirche von Schwyz; ihre Orgel baute die renommierte Näfelser Firma Mathis. Etwas nordöstlich von ihr steht bei der Letzimauer das Denkmal für die Schlacht von Näfels. Einen Besuch lohnt das hochgelegene, burgartige **Kloster Mariaburg** (1679). Empfehlenswert ist auch der Ausflug zum reizenden **Obersee** (989 m) und von dort die Besteigung der *Rautispitz (2283 m, 3.30 Std.), anspruchsvoll die anschließende Überschreitung des **Wiggis** mit 1800 m Abstieg nach Netstal (4 Std.).

Freulerpalast: April – Nov. Di. – So. 10.00 – 12.00, 14.00 – 17.30 Uhr, 8 CHF

Auf der anderen Seite der Linth liegt das vom mächtigen Fronalpstock **Mollis**
überragte Mollis (448 m, 3000 Einw.) mit alten Bürgerhäusern. Im
Rosengarten des um 1787 erbauten »Hofs« (heute Altenwohnanlage)
steht eine kleine **Orangerie**; das benachbarte **Ortsmuseum** widmet
sich auch der Anna Göldi, die 1782 in Glarus als eine der letzten
Frauen in Europa als Hexe hingerichtet wurde (die Gründe für den
Justizmord waren damals schon klar; 2008 wurde sie rehabilitiert).
An der Straße nach Netstal ist der **Fabrikhof** zu finden (1785). Die
Straße über den **Kerenzerberg** ist unter ▶ Walensee beschrieben.
Ortsmuseum: Di. 15.00 – 17.00 Uhr oder nach Anm. Tel. 055 612 38 60

Am Flugplatz (www.flugplatz-mollis.ch) entlang fährt man zum **Netstal**
Industrieort **Netstal** (2800 Einw.), der von der gewaltigen Wand des
Wiggis überragt wird, mit der Zentrale des 1909 erbauten Löntsch-
kraftwerks und der spätbarocken Dorfkirche von 1813.

Von Riedern führen eine Straße (Postauto-Linie 504) und ein Wan- ***Klöntal**
derweg über die **Schwammhöhe** – mit herrlicher Sicht auf die Glarner Berge und gutem Gasthaus – ins romantische **Klöntal** (850 m)
mit dem Klöntaler See, der sommers stark frequentiert ist (Campingplätze). Die Straße führt am See, über dessen Südufer die Wände des
Glärnisch aufragen, entlang zur **Richisau** (1095 m, gutes Gasthaus).
Hier beginnt das sehr schmale, auf der Schwyzer Seite bis 20 % steile
Sträßchen über den ***Pragelpass** (1548 m, Sa./So. für Kfz gesperrt)
nach Muotathal (▶ Schwyz). Man passiert die ***Silberen**, das größte
Karstgebiet der Schweiz, und den **Bödmerenwald**, einen unweg-
samen Urwald mit bis zu 500 Jahre alten Fichten. Zu Fuß braucht
man von Richisau bis nach Muotathal etwa 5 Stunden.

Der Kantonshauptort Glarus (481 m, 6000 Einw.) am Fuß des Vor- **Glarus**
derglärnisch (2328 m) wurde nach dem Stadtbrand 1861 schach-
brettförmig neu aufgebaut, eine für die Schweiz seltene Anlage. Die
Stadtmitte markiert an der Haupt-
straße das **Rathaus** von 1865. Die
neoromanische **Stadtkirche** (1866)
etwas nordwestlich besitzt einen beachtlichen Kirchenschatz, außerdem
ist hier ein Modell der Stadt vor dem
Brand zu sehen. An der Vorgängerkirche war der Reformator **Huldrych
Zwingli** 1506 – 1516 Pfarrer. Auf
dem Zaunplatz südlich des Rathauses versammeln sich am 1. Sonntag
im Mai die Glarner zur **Landsgemeinde**. Am Volksgarten steht das
*Kunsthaus (1952), das Schweizer

! *Köstliches aus Glarus*

BAEDEKERTIPP

Gegenüber dem Rathaus hat die
Confiserie Läderach 1981 ihren
ersten Laden aufgemacht, heute
gibt es über 20 Filialen in der
Schweiz, dazu etliche in Deutschland und schon in Japan und
Korea. Im Stammhaus können Sie
sich mit aufregenden Sorten von
»Frischschoggi« und seelenwär-
menden Pralinés eindecken.

Kunst seit dem 19. Jh. sammelt (z. B. Hodler, Kirchner, Vallotton) und in Wechselausstellungen präsentiert. Aus der Zeit vor dem Stadtbrand sind noch Gebäude erhalten, so das **Haus Leuzinger-Paravicini** (16. Jh.) und das **Haus in der Wies** (1748), das sich J. H. Streiff, der Begründer der Glarner Textilindustrie, erbauen ließ. In Glarus ist die einzige Schabziger-Fabrik tätig (GESKA).
Kunsthaus: Di. – Fr. 14.00 – 18.00, Sa./So. 11.00 – 17.00 Uhr, Eintritt 6 CHF

Ennenda   Im benachbarten Industrieort Ennenda (2800 Einw.) sollte man dem Komplex der ehemaligen Textildruckerei Jenny einen Blick widmen; im **Hänggiturm** (rekonstruiert) ist ein Museum für Ingenieurbau eingerichtet. In diesen Türmen wurden die bedruckten Stoffe zum Trocknen aufgehängt. Im alten »Oberdorf« sind noch typische Glarner Blockhäuser erhalten, im »Mitteldorf« die lange Mülizeile, Arbeiterhäuser von Ende des 18. Jh.s. Im oberen Teil von **Mitlödi** steht das reich bemalte **Schönenbergerhaus** von 1759.
Hänggiturm: Mai – Anf. Okt. Sa. 14.00 – 17.00 Uhr

Schwanden   Am Zusammenfluss von Sernf und Linth liegt Schwanden (528 m, 2600 Einw.) mit der ältesten mechanischen Spinnerei des Tals, die 1989 den Betrieb einstellte. Die ehemalige **Textildruckerei** Blumer verkauft ihre »Tüechli« seit 2011 am neuen Standort in Niederurnen (▶ S. 353). Das »Rysläuferhus«, der älteste Blockbau des Kantons (15. Jh.), ist heute Museum. Eine schöne Wanderung führt ins **Niederental**, wo eine Seilbahn zur Mettmenalp (Gasthaus) und zum Stausee Garichti bringt; Jan./Febr. treffen sich hier die Angler zum Eisfischen. Lohnende Touren bieten sich weiter südlich an Charenstock und *Kärpf im ältesten noch bestehenden Jagdbanngebiet (Wildschutzgebiet) der Schweiz (seit 1548), das für seinen Reichtum an Gemsen, Birkhühnern und Steinböcken berühmt ist.

Sernftal   Von 1905 bis 1969 fuhr eine elektrische Straßenbahn ins Sernftal. In **Engi** (Weberei von 1864) ist das Naturmuseum des Kantons interessant. In Engi-Hinterdorf informiert ein Pavillon über den jahrhundertealten Schieferabbau (Führungen im **Landesplattenberg**). Von Engi kann man eine 2-tägige Wanderung über den **Spitzmeilen** (2501 m) nach Matt unternehmen. In **Matt** steht die älteste erhaltene Kirche im Glarnerland (1261); die schöne Holzdecke entstand 1497. Das Stationsgebäude der Sernftalbahn wurde zum Restaurant umfunktioniert. Schöne alte gestrickte Holzhäuser und eine bekannte Mineralquelle besitzt **Elm** (977 m, 750 Einw.). Berühmt ist das **Martinsloch** in der Kette der Tschingelhörner, durch das am 12./13. März um 8.53 Uhr MEZ und am 30. Sept./1. Okt. 9.33 Uhr MESZ die Sonne auf den Elmer Kirchturm scheint. Der Schieferabbau in Elm verursachte 1881 einen Bergsturz, dem 114 Menschen zum Opfer fielen.
Naturmuseum: Mi., Do., Fr., So.. 11.00 – 17.00 Uhr, Eintritt 5 CHF

Die hinterste Siedlung im Haupttal ist **Linthal** (653 m, 1200 Einw.)   **Linthal**
vor einem fantastischen Bergpanorama: der beherrschende Zacken
des **Selbsanft** (3029 m) mit Griesgletscher über den Stauseen der
Linth-Limmern-Kraftwerke, daneben Bifertenstock (3421 m), Tödi
(3614 m) und Clariden (3268 m). Das Suworow-Museum im Linth-
park dokumentiert den Zug der russischen Armee unter General
Suworow von Italien nach Vorarlberg im Jahr 1799. Von 1860 datiert
die »Curanstalt« in **Tierfehd** südlich
im Talschluss, in der Karl Kraus seine »Letzten Tage der Menschheit«
vollendete; heute als »Hotel Tödi«
geführt und mit einem modernen
Anbau in Schiefer (2009) versehen,
dient es bis 2015 als Basisstation für
den Bau des leistungsstärksten
Pumpspeicherwerks Europas. Das
allgemein zugängliche Restaurant
bietet interessante schweizerisch-internationale Küche. Tierfehd ist Ausgangspunkt für einen Spaziergang
zur **Linthschlucht**, Touren in die Tö-
di-Gruppe sowie den Gang über den
Kistenpass (2638 m) nach Breil im
Vorderrheintal (2 Tage, Gehzeit 10
Std.; Strecke ca. 25 km; ▶ Rhein).
Suworow-Museum: Mi., Fr.–So.,
10.00–17.00 Uhr, Eintritt frei

? **BAEDEKER WISSEN**

Tektonikarena Sardona

Die Gipfel der Tschingelhörner
sind deutlich dunkler als ihre Basis, wobei die Schichten messer-
scharf voneinander getrennt sind.
Im Grenzgebiet der Kantone
St. Gallen, Glarus und Graubünden ist dieses Phänomen, die
»Glarner Hauptüberschiebung«,
zu beobachten (besonders gut
auch am Foostock zwischen Elm
und dem Calfeisental), das wesentlich zum Verständnis der Alpen beitrug: Das hellere Gestein
ist 50 Mio. Jahre alt, das dunkle
aber ca. 250–300 Mio. Jahre. Seit
2008 ist das Gebiet UNESCO-Welterbe (www.unesco-sardona.ch).

Von Linthal erreicht man mit der Braunwaldbahn die autofreie Ho-   **Braunwald**
telsiedlung **Braunwald** (1256 m, 350 Einw.), Ausgangspunkt für
Bergwanderungen an Ortstock und Bös Fulen. Bekannt sind die bis
1900 m hoch gelegenen **Rosengärten** und die Musikwochen Anfang
Juli. Das Grandhotel Bellevue von 1907 firmiert als »Märchenhotel«,
Kinder und Eltern machen hier mit viel Spaß Urlaub (Tel. 055 653 71
71, www.maerchenhotel.ch). Mit Seilbahnen geht es zum Grotzen-
büel und zum Berghaus Gumen (1904 m) hinauf.

Von Linthal führt die 1893–1899 erbaute Straße über den **Klausen-**   **Klausenpass**
pass nach ▶ Altdorf (48 km, Nov.–Mai geschlossen; der Urnerboden
ist im Winter von Osten her meist erreichbar). In Erinnerung an die
Klausenpassrennen der Jahre 1922–1934 findet ab und zu eine Old-
timer-Trophy statt. Man überschreitet das Scheidbächli, seit 1196 die
Grenze zwischen den kantonen Glarus und Uri, zum **Urnerboden**,
einem 7 km langen Tal in 1300–1400 m Höhe mit rauer Szenerie, das
entlang dem Ortstock-Kamm auf 4 km fast eben verläuft. Auf dieser
größten Alp der Schweiz verbringen bis zu 1200 Kühe den Sommer,

**Blick vom Hotel Klausenpasshöhe
ins Schächental und auf den Urirotstock**

im Winter sind Loipen gespurt (Gasthäuser; www.urnerboden. ch). Die Seilbahn zum Fisetengrat erschließt u. a. eine 8 km lange Rodelbahn. Jenseits der Passhöhe (1952 m) und des urig-altertümlichen **Hotels Klausenpasshöhe** (1900 m, Mitte Okt. – Mitte Mai geschl., Tel. 041 879 11 64) geht es durch das **Schächental** mit dem 93 m hohen Stäubifall. Bei Unterschächen (994 m) sieht man links in das steile **Brunnital** mit Großem Windgällen (3192 m) und Großem Ruchen (3136 m) im Hintergrund. Von Brügg führt eine Seilschwebebahn zum Berggasthaus Biel (1634 m) unter dem **Kinzigpass** (2076 m), den der russische General Suworow 1799 mit 18 000 Mann überschritt. Aus dem 17. Jh. stammt die Loreto-Kapelle über dem folgenden Gasthaus Kinzigpass. **Bürglen**, 3 km vor ▶ Altdorf, will Heimatort des sagenhaften Wilhelm Tell sein; im Wattigwilerturm gibt's daher ein Tell-Museum.

✴ Goms

K 14/15

Kanton: Wallis · Valais

Der oberste, östliche Teil des Rhonetals bietet mit Wiesen, oft nur handtuchkleinen Äckern und schönen Dörfern mit ebenso schönen Barockkirchen ein hübsches Bild.

Eine Steilstufe trennt das untere Rhonetal (▶ Wallis) vom Goms (frz. Val de Conches, von »conches«, »Mulde«), dem obersten Abschnitt zwischen Fiesch und Gletsch am Fuß von Grimsel- und Furkapass. Das trogförmige Hochtal, das von der Rhone – hier »Rotten« genannt – durchflossen wird, wurde schon im 8. Jh. von den Alemannen besiedelt und urbar gemacht; zu erkennen ist dies an den Ortsnamen auf »-ingen«. Ernen, Mühlebach, Niederwald, Blitzingen, Selkingen, Ritzingen, Reckingen und Geschinen wurden ins Kulturgüterinventar der Schweiz aufgenommen, aufgrund ihrer typischen Holzhäuser und der vielen, reich ausgestatteten Barockkirchen, die von der religiösen Erneuerung im 17./18. Jh. zeugen.

Beliebt ist der **Gommer Höhenweg**, der zwischen Oberwald und Bellwald am Nordhang entlangführt (ca. 30 km, 8 Std.). Für eine Einkehr oder Übernachtung muss man in eines der Dörfer absteigen. Den **Rottenweg**, der zwischen Oberwald und Brig (52 km) am linken Rotten-Ufer verläuft, kann man auch mit den Fahrrad zurücklegen (5 – 6 Std.). Von Oberwald (1368 m) geht man in ca. 5.30 Std. über den Bidmergrat zum **Furkapass** (2431 m), belohnt durch herrliche Ausblicke auf Rhonegletscher, Userental, Berner und Walliser Alpen. Ein Muss ist die leichte Wanderung vom Kühboden aus am **Großen Aletschgletscher** entlang (▶ Brig). **Wanderungen und Radtouren**

Von Grimsel- bzw. Furkapass (▶ Andermatt) kommt man hinunter nach **Gletsch** (1759 m), der Hotelsiedlung am Fuß des berühmten Rhonegletschers. Das 1857 eröffnete **Hotel Glacier du Rhone** hat **Gletsch**

Goms erleben

AUSKUNFT
Eggishorn Tourismus
Furkastrasse 44.3984 Fiesch
Tel. 041 27 970 60 70
www.fiesch.ch, www.goms.ch

Gästecenter Obergoms
Furkastrasse 53, 3985 Münster
Tel. 027 974 68 68, www.obergoms.ch

Welcome Center Ernen
3995 Ernen
Tel. 027 971 17 42, www.ernen.ch

ÜBERNACHTEN
Croix d'Or & Poste €–€€
Münster, Tel. 027 974 15 15
www.hotel-postmuenster.ch
Seit 1620 Raststation, auch Goethe nächtigte schon hier. Mehrere hübsche, gemütliche Häuser mit modernem Komfort und sehr plüschigen Zimmern. Gutbürgerliches Schweizer-Walliser Restaurant.

Drei Tannen €
Niederwald, Tel. 027 971 11 73

www.dreitannen.ch
Schön nächtigen im kleinsten Gommer Dorf: hübsche einfache Zimmer in einem Walliser Holzhaus von 1642. In der Gaststätte wird schlichte, aber ordentliche regionale Kost aufgetischt.

Schmitta €
Fiesch, Tel. 027 970 10 20
www.rhone.ch/schmitta
Familiengeführtes Hotel in einem schönen Holzhaus, mit angenehmen Zimmern. In der Alten Schmiede und in der Schmittastube wird Schweizer »Normalküche« serviert. Angebote für Familien.

ESSEN
Restaurant St. Georg €€
3995 Ernen, Tel. 027 971 11 28
www.stgeorg-ernen.ch
Mo./Di. geschl.
Prächtiges Haus von 1535 am »Hengert«, dem Hauptplatz. Ausgezeichnete, ungewöhnliche Küche mit Bioprodukten. Feines »Zendenmeister-Stubji« im 1. Stock, urige Beiz im Erdgeschoss, Terrasse am Platz.

Künden von stolzen Zeiten: Gasthaus St. Georg und Tellenhaus in Ernen

noch viel nostalgischen Charme bewahrt (Ende Mai – Anf. Okt., Tel. 027 973 15 15, www.glacier-du-rhone.ch). Nebenan hat die **Dampf-bahn Furka-Bergstrecke** (DFB) ihren Stützpunkt. Seit 2010 wird die 1929 eröffnete Schmalspurstrecke Realp – Furkapass – Oberwald wieder ganz befahren; im Sommer veranstaltet die DFB *Dampfzug-fahrten, auch in Kombination mit Postauto und Schusters Rappen.
Dampfbahn Furka: Betriebszeiten Ende Juni – Anf. Okt. Fr. – So., ca. 8. Juli bis 18. Aug. tgl.; Info und Reservierung Tel. 084 800 01 44, www.dfb.ch

Oberwald In Oberwald (1370 m, 200 Einw.) ist die mit einem Lawinenbrecher versehene, reich ausgestattete Kirche Hl. Kreuz (1710) zu beachten.

*Obergesteln Ulrichen Obergesteln und Ulrichen verfügen über viele alte Häuser, bemerkenswert ist das vom »Wohn-Ort« getrennte Wirtschaftsviertel mit Scheunen und Ställen. In Obergesteln ist die Friedhofskapelle zu beachten, der Rest der Kirche von 1309; der Flugplatz in Ulrichen wurde zum »Rollerpark Obergoms« für Inlineskater umfunktioniert.

*Nufenen-pass Der höchste Innerschweizer Pass, der Nufenen (2478 m), führt von Ulrichen ins **Val Bedretto** im Tessin (▶ Sankt Gotthard). Von einer Kehre kurz vor der Passhöhe (Parkplatz) geht man in gut 30 Min. zur Staumauer des herrlich gelegenen **Griessees**, in den der beeindruckende Griesgletscher mündet. Auf der Passhöhe hat man einen großartigen Blick nach Nordwesten auf Finsteraarhorn, Schreckhorn und Lauteraarhorn.

Münster (1388 m, 500 Einw.), der Hauptort des Obergoms, konkur-   ***Münster**
rierte jahrhundertelang mit Ernen um die Vorherrschaft im »Zenden
Goms«, einer relativ unabhängigen Republik. In der 1664 geweihten
Kirche **St. Maria**, einer der schönsten im Wallis, ist der Chor der
gotischen Vorgängerkirche mit dem herrlichen Flügelaltar von Jörg
Keller (1509) erhalten; die wunderbare Orgel von 1679 wird C. Aebi
zugeschrieben. An der Mündung des **Blindentals**, das vom 3378 m
hohen Blindenhorn überragt wird,
liegt ***Reckingen** (1337 m, 400
Einw.), das über eine der prächtigsten Barockkirchen des Wallis verfügt, erbaut 1743 – 1745 von den
Vorarlberger Brüdern Bickel.
Zwischen Gluringen und Ritzingen
sollte man der Muttergotteskapelle
oberhalb der Straße einen Blick widmen.
In **Selkingen** steht das Geburtshaus
des Schnitzers Johann Ritz (1666 bis
1729), der viele Altäre im Oberwallis schuf; einer seiner Nachkommen
war der berühmte Hotelier César
Ritz (1850 – 1918), geboren im winzigen **Niederwald**, das heute noch
ca. 40 Einwohner hat.

> ! BAEDEKER TIPP
>
> *Winterfreuden am »Ende der Welt«*
>
> Wenn das obere Goms unter di-
> ckem Schnee liegt und die Pässe
> gesperrt sind, kann man sich wie
> am Ende der Welt fühlen. Genau
> das Richtige, um diese winterliche
> Ruhe zu genießen. Und einmal
> auf Schneeschuhen den Grimsel
> zu bezwingen, anschließend per
> Skivelo oder Rodel endlose Ab-
> fahrten genießen. Das Langlauf-
> paradies macht der Loipenpass
> zugänglich. Wer dann doch mal
> alpin brettern will, fährt mit dem
> Zug nach Fiesch oder Andermatt
> (im Skipass inbegriffen).

Ernen (550 Einw.), 1200 m hoch auf einer Terrasse über dem Tal ge-   ***Ernen**
legen, hatte einst große Bedeutung als Umschlagplatz an den Passrouten und als Zendenhauptort. Seine malerischen Häuser aus dem
16. – 18. Jh. (u. a. **Tellenhaus**, 1576, **Gasthaus St. Georg**, 1535) sind
mit Friesen, Wappen und Sinnsprüchen geschmückt. Am Platz davor
steht das **Zendenrathaus** von 1762. Die Kirche **St. Georg** (1518),
erbaut von Ulrich Ruffiner, prunkt mit prächtigen dreiteiligen Altären (um 1720) und einem geschnitzten Chorgestühl von 1666. Sehenswert ist das Sigristen-Jost-Haus, 1581 erbaut und 1772 von J.-V.
Sigristen (1723 – 1808), dem letzten Landeshauptmann der Republik
Wallis, im Rokoko-Stil gestaltet (Museum). Im Tellenhaus und in der
St.-Georgs-Kirche finden im Sommer **Klassikkonzerte** statt. Manchmal ist auch die herrliche Aebi-Orgel von 1679 mit ihrem besonderen Klang zu hören. Info Tel. 027 971 10 00, www.musikdorf.ch.

Der letzte Ort im Goms – schon deutlich tiefer liegend – ist Fiesch   **Fiesch**
(1050 m, 970 Einw.), das 1203 in einer Urkunde des Abtes von Disentis erstmals erwähnt wurde und sich seit 1860 zum Tourismusort
entwickelt hat. Sehenswert ist die **Kapelle im Wiler** mit einem Altar
von 1704. Für Sommer- und Winteraktivitäten ▶ Brig, Umgebung.

Binntal Sehr lohnend ist ein Abstecher ins abgelegene Binntal, das als Mineralienfundort weltberühmt ist und über eine reiche Flora verfügt (»Naturdenkmal von nationaler Bedeutung«). Schön ist auch das Dorf **Binn** (eigentlich Schmidigehischere, 1400 m, 140 Einw.) mit Antoniuskapelle von 1690 (Altar von Johann Ritz), Eselsrückenbrücke von 1564, Hotel Ofenhorn von 1883 und dem Regionalmuseum. Von hier erreicht man über den schönen Weiler Fäld (Imfeld) und die Binntalhütte in ca. 4 Std. den **Albrunpass** (2409 m). Dieser alte Übergang ins italienische **Formazza-Tal** ist eine Etappe auf dem Großen Walserweg nach Bosco Gurin (▶ Locarno, Maggia-Tal).

Graubünden

✦ F – L 18 – 28

Kanton: Graubünden · Grischun · Grigioni

Graubünden, das sich weit nach Osten zwischen Österreich und Italien vorschiebt, nennt sich zu Recht die »Ferienecke der Schweiz«. Eine einzigartige Gebirgslandschaft verbindet sich mit alter Kultur und moderner Infrastruktur zu einem Reiseziel erster Klasse.

Graubünden ist der größte Kanton der Schweiz (ein Sechstel der Landesfläche) und derjenige mit der geringsten Bevölkerungsdichte. Wegen der Vielfalt der Landschaft und Kulturen – hier werden drei Sprachen (Deutsch, Rätoromanisch und Italienisch) gesprochen, wobei sich das Rätoromanische in fünf Idiome gliedert (Sursilvan, Sutsilvan, Surmiran, Putér, Vallader) – und weil Graubünden eine ähnliche politische Entwicklung nahm wie die Urkantone, gilt es für sich als Miniaturausgabe der Eidgenossenschaft.

Topografie und Wirtschaft Graubünden ist ein Gebirgsland, 90 % der Fläche liegen über 1200 m hoch. Im Nordosten umfasst es die steil abfallende Südseite der Glarner Alpen, im Westen Teile der Gotthardgruppe und der Lepontinischen Alpen, im Osten und Süden die Rätischen Alpen. Den Südostteil durchzieht in nordöstlich-südwestlicherRichtung das **Engadin** – d. h. das Inn-Tal – zwischen Maloja und Martina Das Moësano, bestehend aus dem Misox und dem Calanca-Tal, bildet mit dem Bergell (Val Bregaglia) und dem Puschlav (Poschiavo) das **Italienische Bünden**. 150 Täler, 615 Seen und 937 Gipfel werden gezählt, zu den imposantesten gehören Piz Bernina (4049 m), Piz Kesch (3418 m) und Tödi (3416 m). Zwischen dem höchsten Punkt und den Kastanienwäldern bei San Vittore (279 m) liegen fast 3800 m Höhenunterschied. So ist eine Tour durch Graubünden auch eine Reise durch die verschiedensten **Klima- und Vegetationszonen**: Weinberge im

Der »Plaz« in Zuoz. Der Bär war das Emblem der mächtigen Familie Planta.

Rheintal im Norden sowie ganz im Süden am Tor zum mediterranen Veltlin, dazwischen liegen Bergwiesen, Fels mit alpiner Flora und ewiges Eis. Seit je hat die Geografie die Wirtschaft Graubündens bestimmt. Die immer noch wichtige Landwirtschaft konnte schon früh nicht alle Menschen ernähren; viele Bewohner suchten als Söldner, Konditoren oder Kaufleute ihr Glück draußen in der Welt. Mineralquellen und die Luft der Berge riefen den Bäder- und Kurtourismus ins Leben, dem der Bau von Straßen und Bahnlinien Auftrieb gab; im 20. Jh. kamen Winter- und Bergsport hinzu. Mittlerweile lebt rund die Hälfte der Bündner vom Fremdenverkehr.

In Graubünden waren seit der Bronzezeit verschiedene Völker unbekannten Ursprungs ansässig, die von den Römern als »Räter« bezeichnet wurden; ein etruskischer Einfluss ist an ihren Alphabeten festzustellen. 15 v. Chr. stießen die Römer zum Bodensee vor und brachten damit das Gebiet unter ihre Herrschaft; 284 n. Chr. wurde Chur Hauptstadt der römischen Provinz Raetia. Im 5. Jh. wurde das Bistum Chur eingerichtet, das erste nördlich der Alpen. 536 kam Rätien zum Frankenreich, später zum Deutschen Reich. Von Kaiser Otto I. erhielt das Bistum Chur umfangreiche Besitzungen und Herrschaftsrechte, wodurch es im Hochmittelalter zur führenden Macht in Graubünden aufstieg. Im 13. Jh. traten mit dem Bürgertum und den Walsern neue Kräfte auf, die sprachliche, wirtschaftliche und rechtliche Veränderungen bewirkten. Sie führten zur Entstehung dreier territorialer Gebilde: Gotteshausbund (1367), Grauer Bund (1395) und Zehngerichtebund (1436), die sich 1471 in Vazerol zum Freistaat der Drei Bünde vereinten und ab 1498 mit der Eidgenossenschaft assoziiert waren. Der Vazerol-Pakt beendete auch die weltliche Macht des Churer Bischofs. 1512 eroberten die Drei Bünde das Velt-

Ein wenig Geschichte

Herbst am Silvaplanersee. Über Silvaplana ragt der Piz Polaschin auf.

lin, das sie 1797/1815 aufgrund innerer Uneinigkeit wieder abtreten mussten. Das föderalistische Staatswesen mit drei Sprachen und zwei Konfessionen behauptete sich trotz mancher Zwistigkeiten bis 1803, als es in der Mediationsakte der 15. Kanton der Eidgenossenschaft wurde; Hauptort wurde Chur.

Urlaub in Graubünden

Die Topografie der Region ermöglicht eine fast grenzenlose Palette von Urlaubsaktivitäten. Entsprechend hochwertig sind Hotellerie und Gastronomie, egal ob es sich um berühmte Plätze wie ▶ Arosa, ▶ Davos, ▶ Flims, ▶ Klosters, ▶ Lenzerheide, ▶ Pontresina, ▶ Scuol oder ▶ St. Moritz handelt oder um Bergdörfer, die sich ihren Charakter bewahrt haben. Im Sommer kann man auf gemütlichen oder steilen Wegen wandern, klettern, Golf spielen, auf reißenden Flüssen Kajak fahren, in Bergseen baden, Gleitschirmfliegen, Radfahren und noch vieles mehr. Von Dezember bis Ostern ist Graubünden ein Mekka für Skifahrer und Snowboarder, über 1500 km präparierte Pisten und Loipen sind ausgewiesen. Darüber hinaus gibt es eine Reihe berühmter oder auch weniger bekannter Badeorte, wie ▶ Bad Ragaz, Andeer, Scuol oder Vals (▶ Rhein), wo Natur, Heilquellen und Architektur eine besonders schöne Verbindung eingegangen sind.

Graubünden erleben

AUSKUNFT
Graubünden Ferien
Alexanderstrasse 24, 7001 Chur
www.graubuenden.ch
Info in der Raststätte Heidiland, A 13
bei Bad Ragaz, Tel. 081 300 40 23

VERKEHR
Besonders schön lernt man die Höhepunkte Graubündens kennen mit der Rhätischen Bahn oder mit den Postautos (beide ▶ S. 701), die auch die entlegensten Dörfer und Naturschönheiten ansteuern.

Einen Besuch wert ist die Bündner Hauptstadt ▶ Chur, die älteste Stadt der Schweiz. Besonders reizvoll sind die vielen schönen Bündner Täler wie das ▶ Bergell, das ▶ Engadin, Puschlav, Misox, Schams (▶ Rhein) oder das Val Müstair, dessen Klosterkirche St. Johann zum UNESCO-Welterbe gehört. In ▶ Davos begegnet man den Werken Ernst Ludwig Kirchners, in ▶ St. Moritz denen von Giovanni Segantini; auf Friedrich Nietzsche stößt man in Sils im Engadin, um nur einige der Künstler und Geistesgrößen zu nennen, die von Graubünden begeistert waren. Der Schweizerische Nationalpark im Südosten des Kantons (▶ Zernez) hält besondere Naturerlebnisse bereit. Weinfreunde sollten sich in der Bündner Herrschaft bei ▶ Bad Ragaz umsehen, einem der berühmtesten Rotweingebiete der Schweiz.

Was es zu entdecken gibt

✳ Greyerzerland · Gruyères

───────── ✧ H/J 8

Kanton: Fribourg · Freiburg

Das Greyerzerland, der »mittlere Süden« des Kantons Fribourg, ist ein idyllisches, sanfthügeliges Voralpengebiet südlich der Stadt ▶ Fribourg mit bedeutender Viehwirtschaft, als Ursprung des Greyerzer Käses wohlbekannt.

Schöne Szenerien, alte Städtchen und lebendige Bräuche machen das Greyerzerland zum reizvollen Reiseziel. Zum Landschaftbild trägt der * **Lac de la Gruyère** bei, ein ca. 14 km langer, 9,6 km² großer und 75 m tiefer Stausee, der von der Saane (frz. Sarine) durchflossen wird. Ein besonders hübscher Platz im Greyerzersee ist das Inselchen **Ogoz** mit der Ruine einer mittelalterlichen Burg und Kapelle. Die Insel entstand erst 1948, als der Stausee geflutet wurde.
❶ Insel Ogoz: Zu erreichen Mai – Okt. So. 14.00, 15.00 und 16.00 Uhr mit dem Boot von Le Bry aus. Tel. 079 653 87 55, www.ogoz.ch

Rund 27 km südlich von Fribourg liegt das ganz französisch wirkende Bulle (769 m, 18 600 Einw.), der politische, wirtschaftliche und kulturelle Mittelpunkt des Greyerzerlandes. Das **klassizistische Stadtbild** entstand nach dem Großbrand von 1805. Bedeutende Bauwerke sind die katholische Kirche **St-Pierre** (1816), die Kapuzinerkapelle und das **Rathaus**. Den typischen »Carré-savoyard«-Grundriss zeigt das **Schloss**, das die Bischöfe von Lausanne, 1196 bis 1537 Herren des Marktfleckens, Ende des 13. Jh.s errichteten. Benachbart ist das volkskundliche * **Musée Gruérien**; besonders interessant sind die »Poyas«, farbenfrohe Bauernmalereien, die Ställe und Scheunen schmückten und Alpaufzüge. Im Stadtpark erinnert ein Denkmal an **Abbé Joseph Bovet** (1879 – 1951), einen Freiburger

Bulle

Komponisten und Pfleger des traditionellen Liedguts; von ihm stammt z. B. das Lied »Là-haut sur la montagne«, das in jedem Schweizer Liederbuch zu finden ist.

Musée Gruérien: Di. – Sa. 10.00 – 12.00, 13.30 – 17.00, So. 13.30 – 17.00 Uhr, Eintritt 8 CHF

＊Gruyères Die große Attraktion der Region ist Gruyères (dt. Greyerz, 801 m, 1850 Einw.) ca. 6 km südöstlich von Bulle. Mit seiner **Burg** und den **mittelalterlichen Festungsmauern**, eingebettet in grüne Hänge vor den Massiven von Moléson und Dent du Chamois, bietet es ein malerisches Bild. Es war ab 1139 Sitz von Grafen, bis im Jahr 1555 der

letzte – der sich durch seinen Lebenswandel verschuldet hatte – seinen Besitz an Fribourg und Bern abgeben musste. Das reich ausgestattete **＊Schloss** (nach dem Brand 1493 wiederaufgebaut) war bis 1798 Residenz der Freiburger Vögte. Zu den Höhepunkten hier zählen Chorröcke der »Ritter vom Goldenen Vlies« aus den Burgunderkriegen, die sagenumwobene Hand einer ägyptischen Mumie und die ab Mitte des 19. Jh.s von Camille Corot u. a. ausgemalten Säle. Um Weihnachten werden Krippen aus Papier ausgestellt.

In der Hauptstraße von Gruyères

Im tiefergelegenen **Château St-Germain** ist die fantastische Kunst des HR Giger zu erleben, der für den Film »Alien« die grausigen Figuren erfunden hat. Die **Hauptstraße** ist von Häusern des 15. – 17. Jh.s gesäumt; hervorzuheben ist die **Maison de Chalamala** (1531) mit Renaissance-Doppelfenstern, die angeblich einem Hofnarren der Grafen von Gruyère gehörte. In der Kapelle St. Josef zeigt die Fondation Bordier in ihrem **Tibet-Museum** buddhistische Kunst aus dem Himalaya. In Pringy im Tal, beim Bahnhof, kann man in der **Maison du Gruyère** die Herstellung des Greyerzer Käses verfolgen.

Burg: April – Okt. tgl. 9.00 – 18.00, sonst 10.00 – 16.30 Uhr, Eintritt 10 CHF
Château St-Germain: April – Okt. tgl. 10.00 – 18.00 Uhr, sonst Di. – So., Eintritt 12,50 CHF
Tibet-Museum: April – Okt. tgl. 11.00 – 18.00 Uhr, sonst Di. – So., Eintritt 10 CHF
Maison du Gruyère: tgl. 9.00 – 19.00/18.00 Uhr, Eintritt 7 CHF

Moléson Am Moléson, dem eindrucksvollen Bergstock südwestlich von Bulle, hat sich mit **Moléson-Village** (1130 m) ein Feriengebiet moderner Prägung entwickelt: mit einer Unzahl gleichartiger Chalets und allerlei »Fun-Angeboten«, im Winter mit 35 km Abfahrten. Eine Alpkäserei in einem Holzhaus aus dem 17. Jh. ist zu besuchen, außerdem ein Wachsfigurenkabinett zur Schweizer Geschichte. Standseilbahn und Gondelbahn bringen zum Gipfel des **Moléson** (2002 m) mit Restaurant, Schlafsaal (auch winters offen) und Observatorium; das herrliche Panorama reicht vom Montblanc bis zum Titlis.

Zwischen dem Südufer des Lac de Gruyère und dem Dent-de-Broc (1833 m) liegt der Industrieort Broc (719 m, 2200 Einw.), in dem es süß duftet: Hier produziert die 1898 gegründete, heute zu Nestlé gehörende **Schokoladenfabrik Cailler** (»Erlebniswelt« für die ganze Familie mit Verkostung; Confiserie-Kurse im Atelier du Chocolat). Interessant ist auch das **Electrobroc**, das alte Elektrizitätswerk. **Broc**

Cailler: April–Okt. tgl. 10.00–18.00, sonst bis 17.00 Uhr, Eintritt 10 CHF
Electrobroc: Führung März–Anf. Nov. Mo.–Sa., Anm. Tel. 00840 40 40 30

Von Broc gelangt man östlich über den **Jaunpass** ins ▶ Simmental. Interessanter Abstecher vom Lac de Montsalvens nördlich in das **Javroz-Tal** zum 1295 gegründeten Kartäuserkloster **La Valsainte**; der heutige Komplex wurde um 1730 erbaut. Noch weiter oben überrascht die schlichte, aber nicht billige »Pinte des Mossettes« mit ungewöhnlicher, hochklassiger Küche: ein zauberhafter Platz (Mitte **Jaunpass**

Greyerzerland erleben

AUSKUNFT
Freiburger Tourismusverband
Route de la Glâne 107, 1701 Fribourg
Tel. 026 407 70 20
www.fribourgregion.ch

La Gruyère Tourisme
Place des Alpes 26, 1630 Bulle
Tel. 084 842 44 24, www.la-gruyere.ch

ÜBERNACHTEN / ESSEN
Hostellerie St-Georges ❷❸
Gruyères, Tel. 026 921 83 00
http://gruyeres-hotels.com
Charmantes historisches Haus im Stadtzentrum (manchmal laut): schöner Blick über das Saane-Tal auf die Berge der Waadt oder auf das Städtchen. Feine Regionalküche auf französischer Basis.

Hostellerie du Vignier ❸
Avry-devant-Pont
Tel. 026 915 99 15, www.vignier.ch
Kleines, unprätentiöses Haus in herrlicher, ruhiger Lage über dem Greyerzer See, schlichte Zimmer mit französischen Fenstern und Balkon. Ambitionierte, teils etwas artifizielle französische Küche, im Restaurant (So.abend/Mo. geschl.) und in der preiswerteren Brasserie.

FESTE & EVENTS
Fronleichnam: Prozessionen in vielen Orten. Um 24. Juli, Jaun: St.-Jakobs-Chilbi. Mitte Sept., Jaun: Schafscheid. Letzter Sept.-Sa., Charmey: Alpabzug mit großem Fest. Mitte Sept.–Anf. Okt. in vielen Orten: Chilbi (Kirchweih, frz. Bénichon) mit großem traditionellem Menü.

April – Anf. Jan. Do. – So.mittag, reservieren, Tel. 026 927 20 97). Vom Ferienort **Charmey** mit Lokalmuseum und 2007 eröffneter, spektakulärer Therme (Les Bains de La Gruyère) führt eine Gondelbahn auf den 1627 m hohen Vounetz. Noch 10 km sind es bis zum schon deutschsprachigen **Jaun** (1015 m), dessen Kirche (13. Jh.) das Cantorama (Haus des Freiburger Chorgesangs) beherbergt. Die 2 km lange und 400 m hohe Felsmauer des **Gastlosen** (1935 m) – ein Kletterparadies – umrundend erreicht man die Passhöhe (1506 m).

* Gstaad & Saanenland

✦ J/K 9

Kanton: Bern

Nach ▶Zermatt und ▶St. Moritz zählt Gstaad zu den renommiertesten Wintersportorten der Schweiz, wobei das Skifahren allerdings eher Alibifunktion hat. Ansonsten ist das Saanenland zauberhaft.

Diese Landschaft nimmt das Südwesteck des ▶Berner Oberlands ein und ist sein einziger Teil, der nicht zum Einzugsbereich der Aare gehört; die Saane entspringt an den Diablerets und fließt nach Westen durch das waadtländische Pays d'Enhaut ins ▶Greyerzerland. Die hübsche Szenerie ist von sanft gerundeten Bergen und weiten Tälern geprägt, die mit kleinen Weilern und Höfen übersät sind, ein Erbe der alemannischen Besiedelung im 8. Jahrhundert. Hauptort ist seit 1555 – als Bern es vom bankrotten Grafen von Greyerz übernahm – Saanen nahe der Kantons- und Sprachgrenze.

Saanen In Saanen (1020 m, 2300 Einw.) zeugen prächtige Holzhäuser von altem Wohlstand. Die 1447 geweihte Kirche **St. Mauritius** mit stattlichem Turm besitzt einen herrlich ausgemalten Chor (um 1480, an der Südwand die Geschichte des Kirchenheiligen); die Emporen wurden nach der Reformation eingebaut. Hier finden Konzerte des Menuhin-Festivals statt. In einem Haus von 1615 (im Kern mittelalterlich) am Dorfplatz illustriert das Museum der Landschaft Saanen Geschichte und Kultur der Region. Schöne Bergtouren: nördlich über **Rellerligrat und Hugeligrat** (1898 m) mit großartiger Aussicht zur Alphütte Bire und

Gemütlich ist es in Gstaad, bei entsprechendem Portemonnaie.

zurück nach Schönried (ca. 5 Std.). Oder südwestlich über Eggli (Seilbahn von Gstaad) und Wild Boden hinauf zur **Videmanette** (2130 m, 6 Std.) zwischen Rubli und Gummfluh; zurück nach Saanen (2.30 Std.) oder mit Seilbahn nach Rougemont.

Museum der Landschaft Saanen: Ende Mai – Mitte Okt. und Mitte Dez. – Ostern Di. – So. 14.00 – 17.00 Uhr, Eintritt 6 CHF

Gstaad (1050 m, 3700 Einw.) hat sich seit 1898, nach dem großen Gstaad Brand, aus einem Bauerndorf zu einem der **berühmtesten Urlaubsorte** der Schweiz entwickelt, wobei die Nähe zum Genfersee und der Bau der Montreux-Oberland-Bahn bis 1905 eine große Rolle spielte. Vor allem im Winter, zu den Suisse Open im Tennis und zum Polo Silver Cup trifft sich hier die Prominenz, im autofreien Ortsbild dominieren Chalets und teure Boutiquen, ein Großteil der Bebauung besteht aus nur zeitweise genützten Feriendomizilen. »Herausragendes« Wahrzeichen ist das **Palace Hotel**, ein 1912 erbautes Märchenschloss, auch heute die erste Adresse. Gstaad hat einen Golfplatz, und 1956 begründete Yehudi Menuhin, Ehrenbürger von Saanen, sein Musikfestival. Die **Umgebung** ist nicht spektakulär, aber schön; im Westen ragt der Bergstock mit dem markanten »Zahn« **Le Rubli** (2284 m) und der **Gummfluh** (2458 m) auf. Bergwanderungen werden durch Bahnen auf den Wasserngrat (2000 m), zum Eggli (1580 m) und auf die Hohe Windspillen (Höhi Wispile, 1940 m) erleichtert, und natürlich kann man sich mit allen Abenteuersportarten austoben. Man kann hier allerdings die Frage hören: »Und wo fährt man Ski?« Die Areale der Region reichen gerade bis in 2000 m Höhe, nur Les Diablerets (▶ S. 371) liegt über 3000 m hoch. Mit St. Stephan/ Zweisimmen, Saanenmöser, Schönried, Château-d'Oex und Col du Pillon/Diablerets bildet Gstaad die Region **Gstaad Mountain Rides** mit 220 km Abfahrten und über 50 Bergbahnen und Liften, mit Loipen und Rodelbahnen. Zusammen mit den Alpes Vaudoises sind es sogar 420 km Pisten mit einem einheitlichen »SuperPass«.

Gstaad & Saanenland erleben

AUSKUNFT
Gstaad Saanenland Tourismus
Promenade 41, 3780 Gstaad
Tel. 033 748 81 81, www.gstaad.ch

VERKEHR
Die 1905 eröffnete Montreux-Oberland-Bahn, die den Genfer See mit Gstaad und Zweisimmen (▶Simmental) verbindet, sollte einem vermögenden Publikum die Annehmlichkeiten einer Sommerfrische in den Bergen erschließen; heute genießt man die Landschaft auf der »GoldenPass Line« (▶S. 701). Privatflugplatz bei Saanen.

FESTE & EVENTS
Mitte Juli – Anf. Sept.: Menuhin Festival (klassische Musik, www.menuhinfestival gstaad.com). Juli-/Aug.-Sonntag, auf mehreren Alpen: »Suufsunntige« (Alpfeste). Mitte Sept.: Country Night.

ESSEN
Chesery ⊖⊖⊖–⊖⊖⊖⊖
Gstaad, Lauenenstrasse
Tel. 033 744 24 51, www.chesery.ch
Dez. – März, Mitte Juni – Anf. Okt.
Die »Käserei«, 1962 am Platz der alten

Molkerei im typischen Stil erbaut, ist das Gstaader Toprestaurant, seit 1984 geführt von dem hochdekorierten Robert Speth. Mo. geschlossen.

ÜBERNACHTEN
Alpine Lodge ⊖⊖
Saanen, Wyssmülleriweg, Tel. 033 748 41 51, www.alpinelodge. ch
Modernes Chalet, besonders bei jungen Leuten und Outdoor-Fans beliebt. Die 30 Themenzimmer sind IT-technisch bestens ausgestattet. Mit Terrasse, Außenpool und Fitness-etc.-Programmen.

Posthotel Rössli ⊖⊖⊖
3780 Gstaad, Tel. 033 748 42 42
www.posthotelroessli.ch
Kleines charmantes Haus aus dem 19. Jh. in Ortmitte, geschmackvoll mit viel Holz eingerichtet. Im Stübli und in der »Alti Poscht« werden modernisierte Ober- und Saanenländer Gerichte serviert.

Hotel Viktoria ⊖
Gsteig, Tel. 0 33 755 10 34
Gemütliches Gasthaus an der Hauptstraße, in herrlicher Landschaft nahe dem Skigebiet Diablerets/Glacier 3000.

Lauenen Rund 7 km südöstlich liegt Lauenen (1250 m, 800 Einw.) mit der spätgotischen Kirche **St. Peter** (1524, schöne Holzdecke) und alten Häusern (u. a. Heidenhaus, 1456). Beliebte Wanderziele sind der **Lauenensee** (1379 m, 1.15 Std.) und der 100 m hohe Wasserfall **Geltenschuss** (1985 m, weitere 1.15 Std.).

Gsteig Die Straße zum **Col du Pillon** führt durch das kleine Dorf Gsteig (1184 m, 950 Einw.). Der **Gasthof Bären** von 1756 ist mit schönen Friesen geschmückt; oberhalb die 1453 geweihte **Joder-Kirche** mit intarsierter Renaissance-Kanzel und Bibelsprüchen an den Wänden. Auf dem Passweg ins Wallis über den **Sanetschpass** (2252 m) braucht man bis zum Hotel du Sanetsch 4.30 Std. (Fahrstraße und

Postauto nach ▶ Sion). Über den Col du Pillon (1546 m) gelangt man
– vorbei an den **Diablerets** – nach ▶ Aigle im Rhonetal.

Das Saanetal setzt sich im **Pays d'Enhaut** fort, das zum Kanton
Waadt gehört; das Bild bleibt unverändert angenehm. In **Rouge-
mont** (1007 m, 900 Einw.) ist das um 1080 gegründete ehemalige
Cluniazenserpriorat sehenswert. **Château-d'Oex** (985 m, 3200
Einw.) bietet in Sommer und Winter viele Betätigungsmöglichkeiten.
Geschichte und das reiche Kunsthandwerk der Region werden im
Musée du Vieux Pays d'Enhaut dokumentiert. In der letzten Januar-
woche wird Château-d'Oex – beim größten derartigen Treffen im
Alpenraum – zum Mekka der **Heißluftballons**; besonders spektaku-
lär die »Night of Glow« am Abschluss-Samstagabend.

***Pays
d'Enhaut**

Musée Pays d'Enhaut: Dez.–Okt. Di.–So. 14.00–17.00 Uhr, Eintritt 8 CHF

Nach Süden führt die Straße über den **Col des Mosses** (1445 m)
nach ▶ Aigle. Unterwegs kann man in **L'Etivaz** die Käsegenossen-
schaft besuchen; der gleichnamige Käse war das erste Produkt der
Schweiz neben dem Wein mit einer AOC.

**Col des
Mosses**

Maison d'Etivaz: Tgl. 8.00–17.30/18.30 Uhr, Eintritt 6–12 CHF

Die Saane hingegen fließt weiter nach Rossinière, an dessen Dorfplatz schöne Châlets stehen; im gewaltigen ****Grand Châlet** (1756),
dem größten und großartigsten Holzhaus der Schweiz, lebte der
Maler Balthus (Balthasar Klossowski de Rola, 1908 – 2001), der v. a.
durch mehr oder weniger schwüle Bilder von jungen Mädchen berühmt wurde. Hinter La Tine beginnt das freiburgische **Haute Gruyère** (▶ Greyerzerland) mit hübschen Dörfern im tief eingeschnittenen Tal der Sarine (Saane), das **Intyamon** genannt wird.

Rossinière

Ilanz

 ⬥ H 21

Kanton: Graubünden   Einwohner:
Höhe: 702 m ü. d. M.   2500

**Am Weg von Chur zum Oberalppass liegt dieses geschichts-
trächtige Städtchen, Ausgangspunkt für das Valser- und das
Lugnezer Tal. Ein echter Geheimtipp ist das hervorragende
Skigebiet von Obersaxen am Piz Sezner.**

Ilanz, rätoromanisch Gliwon, liegt im Vorderrheintal (▶ Rhein) an
einem alten Flussübergang und ist das wirtschaftliche und politische
Zentrum der Landschaft Surselva (▶ Flims). 765 wurde der Ort erstmals erwähnt, Ende des 13. Jh.s erhielt er das Stadtrecht. Seither

**Erste Stadt
am Rhein**

Auf einer kleinen Terrasse liegt Vrin, das letzte Dorf im Lugnez.

kann sich Ilanz die **erste Stadt am Rhein** nennen. Hier gründeten 1395 der Abt von Disentis, Feudalherren und Bauern den **Grauen Bund**, aus dem Graubünden hervorging. In Ilanz zweigen zwei besuchenswerte Täler nach Süden ab, das Valsertal und das Val Lumnezia.

SEHENSWERTES IN ILANZ UND UMGEBUNG

Ilanz In dem pittoresken Städtchen erinnert noch einiges an die alte Station am Weg zum Oberalp- und zum Lukmanierpass. Von der nach einem Brand 1717 erneuerten **Stadtbefestigung** sind Teile erhalten. Das **Obertor** (1512) bekam sein Obergeschoss 1717. Unter den barocken Herrensitzen ragt die **Casa Gronda** (1677) heraus. Die spätgotische reformierte Kirche **St. Margarethen** wurde um 1483 erbaut; als Glockenturm dient ein Wehrturm. Sie besitzt schöne Gewölbefresken von 1518 und einen reich verzierten Orgelprospekt (1760). Die Kirche **Sogn Martin** oberhalb der Straße ins Lugnez stammt aus dem 14. Jh., ihre Decke aus dem 17. Jahrhundert. Die **Casa Carniec** beherbergt das **Museum Regiunal Surselva** mit einer sehenswerten volkskundlichen Sammlung.

Museum Regiunal Surselva: Juni–Okt., 27. Dez.–Anf. April Di., Do., Sa. sowie 1. So. des Monats 14.00–17.00 Uhr, Eintritt 7 CHF

Obersaxen In westlicher Richtung führt eine Straße an der Nordflanke des **Piz Mundaun** (2064 m) steil bergan und über Flond (1075 m, Rodelbahn nach Ilanz) nach **Meierhof** (1302 m), Hauptort der Gemeinde Obersaxen (800 Einw.), einer alten deutschsprachigen Walsersiedlung, die für ihr ausgezeichnetes Skirevier an den Nordhängen von Stein (2170 m) und Piz Sezner (2310 m) bekannt ist (120 km Pisten, 18 Lifte). Einen Besuch lohnen in Meierhof die katholische Pfarrkirche (1905) und ein Dutzend Kapellen, z. B. die **St.-Georgs-Kapelle** (17. Jh.) mit einem spätgotischen Flügelaltar (um 1480) aus der Werkstatt des Memmingers Bernhard Strigel.

Von Ilanz erstreckt sich in südwestlicher Richtung das 25 km lange Val Lumnezia (Lugnez). Es gehört zum westlichsten Bereich des Rätoromanischen, die etwa 2000 Bewohner sprechen Sursilvan. Die Dörfer bestehen v. a. aus gestrickten Holzhäusern. Wichtigstes Gebäude ist die Kirche, überhaupt gibt es überraschend viele Kapellen, Kirchen und Bildstöcke in dem Tal, wo sich doch in Ilanz und Umgebung (bis auf ▶ Disentis und das obere Talende) die Reformation durchgesetzt hat. Hauptort ist **Vella** (440 Einw.) mit schönen alten Häusern und dem **Schloss** der Familie De Mont (1666), eines der ältesten Geschlechter Graubündens. Die einstige Schlosskapelle St. Rochus besitzt einen Flügelaltar von H. Ardüser (1601) und Apostelkreuze von Alois Carigiet (1940). Von Vella gelangt man mit dem Lift zum Hitzeggen (2112 m), wo man Anschluss zum Skigebiet **Obersaxen** hat (s. o.). Auch die spätgotische Pfarrkirche von **Igels** und die Kapelle Nossadunna in **Lumbrein** besitzen sehenswerte gotische Altäre, eine Besonderheit sind die eigenartigen Wohntürme in Lumbrein. **Vrin**, das letzte Dorf im Tal (1454 m, 250 Einw.), liegt auf einer

Val Lumnezia

Ilanz erleben

AUSKUNFT
Surselva Information
Bahnhof RhB, 7130 Ilanz
Tel. 081 920 11 05
www.ilanz.ch, www.surselva.info

Visit Vals
Poststrasse 45, 7132 Vals
Tel. 081 920 70 70
www.vals.ch

ÜBERNACHTEN
Hotel Casutt ⓔ
Ilanz, Glennerstrasse 18
Tel. 081 925 11 31
Familiengeführtes, würdiges Haus von 1903, vom Flimser Architekten R. Olgiati stilvoll renoviert. Nahe dem Bahnhof, idealer Stützpunkt für Radtouren und Wanderungen. Das Restaurant (abends

geöffnet) bietet Bünderisches, im Sommer gibt's eine Gartenwirtschaft.

Hotel Therme ⓔⓔ–ⓔⓔⓔⓔ
Vals, Tel. 081 926 80 80
www.therme-vals.ch
Peter Zumthor gestaltete die Häuser der 1960er Jahre um – ästhetischer Purismus zum Sich-rundum-Wohlfühlen. Im »Roten Saal« pflegt man eine feine, kreative Küche (Halbpension empfehlenswert).

Hotel Péz Regina ⓔ
Lumbrein, Nossadunna 1
Tel. 081 931 11 72, www.pezregina.ch
Ein schlichteres Haus, sonnig und ruhig gelegen, mit viel Holz gemütlich gestaltet. Mit Bündner Restaurant. Gut isst man auch in der Ustria Alpina (Mi. – Sa. ab 17.00 Uhr, Tel. 081 931 15 37).

Terrasse vor einem großartigen Felsenkessel. Um die barocke Pfarrkirche (1694) mit riesigem Turm und schaurigem Beinhaus gruppieren sich Holzhäuser mit steinbeschwerten Dächern. Vrin war eine wichtige Etappe am Weg über den Diesrut- und den Greinapass ins **Blenio-Tal**, der kürzesten Verbindung vom Vorderrhein ins Tessin.

*Valsertal   Vom Lugnezer Tal zweigt bei Uors das Tal von Vals (gespr. »fals«) ab, das im 13. Jh. von Walsern aus der Gegend von Zermatt besiedelt wurde. In der »Wildnis«, wie heute noch mancher das Tal bezeichnet, blieben sie angeblich deshalb, weil das Zervreilahorn, der Valser Hausberg, dem Matterhorn so ähnlich sei. Bis heute ist das Tal eine deutschsprachige Insel in der romanischen Surselva. ***Vals** (1252 m, 1000 Einw.) gilt als eine der schönsten Walsersiedlungen in Graubünden; das »Gandahuus« (16. Jh.) ist als Walsermuseum eingerichtet. Das 30 °C warme eisenhaltige Wasser der einzigen Thermalquelle Graubündens wurde angeblich schon in der Bronzezeit genützt.

Purismus in der Felsen-Therme

Die ****Felsen-Therme** hat sich auch für Architekturfreunde zu einem Magneten entwickelt: Die puristisch mit graugrünem Valser Quarzit gestalteten Räume, gestaltet vom renommierten Peter Zumthor (1996), vermitteln ein magisches Gefühl. Sie gehört zum Hotel Therme und ist 7.00 – 11.00 Uhr sowie am Mi., Do., So. 23.00 – 0.30 Uhr für dessen Gäste reserviert. Andere müssen spätestens am Vortag – fürs Wochenende etliche Monate vorher – im Internet, über ihr Hotel oder persönlich buchen (www.therme-vals.ch, Tel. 081 926 89 61). Das seit 1961 in Flaschen abgefüllte

Valserwasser (im Besitz von Coca-Cola, die Gemeinde ist am Gewinn beteiligt) gehört zu den beliebtesten Mineralwässern der Schweiz. Um den Ersatz der wenig schönen Hotelbauten aus den 1960er-Jahren tobt ein Kampf der Investoren, wobei der Architekt der Therme Peter Zumthor ausgebootet wurde. Das kleine, schneesichere Skigebiet von Vals liegt am 2941 m hohen Dachberg. Ein traumhafter Rundblick bietet sich nach 4.30 Std. Aufstieg vom **Piz Tomül** (Weissensteinhorn, 2950 m). 8 km oberhalb von Vals liegt der Zervreila-Stausee (1862 m) unter der kühnen Spitze des **Zervreilahorns** (2898 m); der Bau der Staumauer (Inbetriebnahme 1957) war der Startschuss für den Aufschwung von Vals.

Interlaken

✳ H 13

Kanton: Bern
Höhe: 570 m ü. d. M.

Einwohner:
5400

Interlaken im Berner Oberland wäre als Reiseziel kaum interessant, wäre es nicht der – schön gelegene – Ausgangspunkt für den Besuch der ▶Jungfrau-Region mit ihren berühmten Urlaubsorten und dem »Dreigestirn« Eiger, Mönch und Jungfrau.

Das Städtchen, das zwischen ▶Thunersee und ▶Brienzersee in der grünen Aare-Ebene liegt, dem »Bödeli«, zählt viele Gäste aus englischsprachigen Ländern (25 %) und Japan (10 %); beliebt ist es als Standort und Treffpunkt erlebnishungriger junger Leute, die sich in der Umgebung beim Paragliding, Eisklettern, River Rafting oder Heli-Skiing ihren Adrenalinkick holen wollen. Ein Riesenevent ist das Greenfield-Rockfestival Anfang – Mitte Juni.

Bedeutend für die Entwicklung Interlakens war das 1133 dokumentarisch bezeugte und kurz davor gegründete Augustinerchorherrenstift »inter lacus«, das bald einer der größten Grundbesitzer des Berner Oberlandes war. Als Bern 1528 zur Reformation übertrat, wurde

**Ein wenig
Geschichte**

der Besitz konfisziert, die Gebäude bezog der bernische Landvogt. Als erster »Tourist« kam 1690 der Markgraf Friedrich von Brandenburg, Goethe war 1779 hier. Vor ihm hatte der englische Reiseschriftsteller William Coxe über das Berner Oberland berichtet, und schon in den 1830er-Jahren war Interlaken bei britischen Touristen eine feste Größe. 1864 wurde mit dem Bau des ersten Grandhotels begonnen, des »Victoria«; im selben Jahr erwarben 37 Hotelbesitzer und

Interlaken erleben

AUSKUNFT
Interlaken Tourismus
Höheweg 37, 3800 Interlaken
Tel. 033 826 53 00, www.interlaken.ch

SCHIFFSVERKEHR
Die Thuner-See-Schiffe legen beim Bahnhof West an, die Brienzer-See-Schiffe beim Bahnhof Ost (Zugverbindung). BLS Schiffahrt ▶ S. 703.

FESTE & EVENTS
2. Jan.: Harder-Potschete. März/April: Interlaken Classics. Mitte Juni – Anf. Sept.: Tell-Spiele. Mitte Juni: Greenfield-Festival (Rock). Ende Juni: Trucker- & Country-Festival. Alle 12 Jahre (wieder für 2017 geplant): Unspunnenfest. Um den 20. Sept.: Chästeilet im Justis-Tal.

ESSEN
❶ *Grand Café Schuh* **©©**
Interlaken, Höheweg 56
Tel. 033 888 80 50
Gediegenes Haus am Rand der Höhematte mit interessanter schweizerisch-fernöstlicher »Crossover-Küche«, unter der Woche sehr preiswerte Mittagsmenüs. Herrliche Confiserie.

❷ *Spice India* **©©–©©©**
Interlaken, Postgasse 6
Tel. 033 821 00 91
Echte Tandooris und Curries im Berner

Oberland – der Boom der Bollywood-Filme, die in der Gegend gedreht werden, macht's möglich, aber nicht billig.

ÜBERNACHTEN
❶ *Gasthof Hirschen* **©–©©**
Interlaken-Matten, Hauptstr. 11
Tel. 033 822 15 45
www.hirschen-interlaken.ch
Berner Holzhaus aus dem 16. Jh., schön getäfelte Räume mit modernem Komfort. Recht edles Restaurant mit traditioneller Küche und reellen Preisen.)

❷ *Balmer's Herberge* **©**
Interlaken-Matten, Hauptstr. 23
Tel. 033 822 19 61, www.balmers.com
Private Jugendherberge, Treff internationaler Traveller und Fun-Freaks.

❸ *Jugendherberge* **©**
Interlaken, Untere Bönigstrasse 3
www.youthhostel.ch/de/hostels/interlaken
Tel. 033 826 10 90
Ultramodernes, 2012 eröffnetes Haus am Bahnhof Ost. Das preisgünstige hauseigene Restaurant 3a serviert internationale Klassiker.

Gasthaus Steinbock **©–©©**
Gsteigwiler, Tel. 033 823 30 01
www.gasthaus-steinbock.ch
Altehrwürdiger Gasthof mit gepflegt-gemütlicher Atmosphäre.

Interlaken mit der Aare, im Hintergrund der Große Rugen

Privatpersonen die Höhematte in der Mitte der Stadt und ließen ein
»ewiges« Bauverbot im Grundbuch eintragen.

SEHENSWERTES IN INTERLAKEN

Die Hauptachse Interlakens ist der **Höheweg**, die vom Bahnhof
West zum Bahnhof Ost führende Promenade, die von Hotels, Cafés
und den üblichen Souvenir- und Uhrengeschäften gesäumt ist. Auf
halbem Weg öffnet sich die **Höhematte**, die nur landwirtschaftlich
genutzt werden darf und einen großartigen Blick auf die Jungfrau
bietet (am schönsten im Abendlicht); vis-à-vis steht das Grand Hotel
Victoria-Jungfrau. Den besten Ausblick hat man vom Restaurant Top
o' Met im 18. Stock des von außen abscheulichen Hotels Metropole
(man fragt sich, wie die Baugenehmigung zustandekam). Im **Casino
Kursaal** mit seiner fernöstlich-bernischen Stilmischung gibt es ein
Spielcasino, außerdem wird im Folklorerestaurant Spycher die Swiss
Folklore Show geboten (etwas für Hardcore-Touristen). Am Ostrand
der Höhematte liegt der Komplex des einstigen **Augustinerchorher-
renstifts**; erhalten blieben der gotische Chor der Kirche (neogoti-
sches Langhaus 1911, Glasfenster von P. Zehnder 1952) und ein Teil
des Kreuzgangs (15. Jh.). Klostergebäude und **Neues Schloss** (1751)
sind heute Sitz der Bezirksverwaltung.

*Höheweg
und
Höhematte

Hübsch ist der Spaziergang am Nordufer der Aare oder über die
Spielmatten-Insel zum 1279 gegründeten Nachbarort **Unterseen**
(5500 Einw.) am Fuß des Harders. Es wird von einem spätgotischen

Unterseen

?

Das Unspunnenfest

Eines der großartigsten Volksfeste der Schweiz wird alle 12 Jahre Anfang Sept. gefeiert (wieder 2017). Dazu gehören ein Umzug in Trachten, Kämpfe im Schwingen und Steinstoßen (der »Unspunnenstein« wiegt 83,5 kg), Musik und Tanz etc. Die romantischen Alphirtenfeste fanden zuerst 1805 und 1808 statt und wurden schon damals für die Tourismuswerbung kräftig genützt. Gedacht war das Fest als (vergebliche) Geste der Versöhnung zwischen den Patriziern Berns und dem ausgebeuteten bäuerlichen Oberland, das sich gegen die Repressionen der »kleinen Restauration« zu Napoleons Zeiten zu wehren suchte.

Turm (1471) überragt, die zugehörige Kirche stammt von 1853. Den Stadthausplatz dominiert, klar, das Stadthaus (1471), ehemals Kaufhaus; westlich gegenüber, im giebelständigen Haus, ist das **Touristik-Museum** der Jungfrau-Region untergebracht. Das Schloss Unterseen am Südwesteck des Platzes entstand 1653 – 1656.

Touristik-Museum: Mai – Mitte Okt. Di. – So. 14.00 – 17.00 Uhr, Eintritt 5 CHF

Die 1906 eröffnete Standseilbahn zur Heimwehfluh bringt von der Rugenparkstrasse in 3 Min. 120 m höher (zu Fuß 20 Min.). Neben Restaurant und schöner Aussicht (Turm) gibt es dort eine große Modelleisenbahn. Am **Großen Rugen** (800 m) und am benachbarten **Kleinen Rugen** (Rugenwald mit allen einheimischen Baumarten) sind Spazierwege angelegt, u. a. in südlicher Richtung zur Ruine Unspunnen (s. u. Wilderswil).

Bönigen Die östliche Fortsetzung des Höhewegs führt zum Südufer des ▶ Brienzersees und nach Bönigen (2200 Einw., Schiffsanlegestelle). Im schönen alten Dorfkern sind mit Schnitzereien **reich verzierte Holzhäuser** aus dem 16. – 19. Jh. zu sehen, auch gibt es ein Dorfmuseum.

Matten Der südöstliche gelegene **Matten** (3700 Einw.) mit seinen alten Holzhäusern wurde schon 1133 erwähnt, der schöne Gasthof Hirschen an der Hauptstraße ist über 300 Jahre alt. Am Fuß des Kleinen Rugen steht die Freilichtbühne für die bekannten * **Tell-Spiele**: Etwa 200 Darsteller, dazu Pferde, Kühe und Ziegen setzen Schillers Drama eindrucksvoll in Szene (www.tellspiele.ch).

UMGEBUNG VON INTERLAKEN

*Harder An der Straße nach ▶ Brienz liegt beim **Alpenwildpark** (ganzjährig geöffnet) die Talstation der 1908 eröffneten Standseilbahn (Ende April – Ende Okt.) zum **Harder Kulm**, dem besten Aussichtspunkt über Interlaken (1322 m, schönes Restaurant von 1912). In 2 Std. geht es auf Waldwegen über den Hardermandli (1113 m) und den Pavillon Hohbüel zurück nach Interlaken. Sehr schön ist auch die Wanderung vom Harder Kulm auf dem Grat zum **Augstmatthorn** (2137 m) und nach **Habkern** (insgesamt gut 6 Std.; zurück mit Postauto).

Auf der Fahrt westlich nach *Beatenberg hat man immer wieder schöne Ausblicke. Der Ort (1150 m, 1200 Einw.) erstreckt sich auf einer sonnigen Terrasse hoch über dem See und bietet eine prachtvolle Aussicht auf die Berner Alpen vom Schreckhorn bis zum Niesen (grandioses **Alpenglühen**). Am westlichen Ortsrand liegt die Bergstation der Standseilbahn von der Beatenbucht her (▶ Thunersee); gegenüber die Talstation der Seilbahn zum *Niederhorn (1950 m, fantastische Aussicht) auf dem **Güggisgrat**, über den eine großartige Tour führt (bis Oberberg; zurück durch das **Justistal**, insgesamt 5 Std.). Auf dem Spicherberg in der Mitte des Tals wird am Freitag nach dem 3. Sept.-So. die **Chästeilet** gehalten, die viele Zuschauer anzieht.

Der Unspunnenstein fordert alles.

In Wilderswil (2200 Einw., ca. 3 km südlich von Interlaken) stehen noch jahrhundertealte Häuser. Bei der **Ruine Unspunnen** am Fuß des Großen Rugen findet das Unspunnenfest statt. Die alte Mühle am Saxet-Bach beherbergt das **Dorfmuseum** mit bedeutender Mineraliensammlung. In **Gsteig** wurde 1738 eine gedeckte Holzbrücke über die Lütschine geschlagen. Einen Blick wert ist auch der alte Dorfkern mit dem Gasthof Steinbock (vor 1800) und der 1000-jährigen Kirche (interessante Wandmalereien, um 1470); im Friedhof sind zwei Töchter von Robert Schumann und die Tochter von Felix Mendelssohn Bartholdy, Lili Wach, begraben.

Wilderswil

Eines der **schönsten Panoramen** im Berner Oberland bietet sich von der Schynigen Platte (1987 m), zu der von Wilderswil eine 1893 eröffnete Zahnradbahn fährt (ca. 25. Mai – 20. Okt., 55 Min. Fahrzeit); hinter dem Grätli-Tunnel öffnet sich der grandiose Blick auf die Jungfrau-Gruppe. Nicht auslassen sollte man die Wanderung von der

**Schynige Platte

Schynigen Platte zum **★★Faulhorn** (2681 m; 4 Std., leicht; ▶ Jungfrau-Region); neben der fantastischen Aussicht lockt das zweitälteste Berghotel Europas von 1832 in atemberaubender Lage (offen Ende Juni bis ca. 20. Okt., Tel. 033 853 27 13). Weiter geht es am Bachalpsee vorbei nach **First** (1.30 Std.) und von dort mit der Seilbahn nach Grindelwald. An je einem späten Abend Anfang Juli und Anfang Aug. fährt die Schynige-Platte-Bahn zu geführten Mondscheinwanderungen (6 Std.), zum Sonnenaufgang ist man auf dem Faulhorn.

★★ Jungfrau-Region

✦ **J 12 – 14**

Kanton: Bern

Wenn Baedeker drei Sterne für die ganz großen Sehenswürdigkeiten der Welt vergeben würde: Die grandiose Bergwelt von Eiger, Mönch und Jungfrau hätte sie verdient.

»Spielplatz Europas«
Von ▶ Interlaken hat man Zugang zum Jungfrau-Massiv mit Eiger (3970 m), Mönch (4107 m) und Jungfrau (4158 m), tief eingeschnittenen Tälern mit senkrechten Felswänden, tosenden Wasserfällen und leuchtend grünen Matten. Hier stand die Wiege des Schweizer Tourismus; der Engländer L. Stephen bezeichnete 1871 die Jungfrau-Region als »The Playground of Europe«, heute müsste man den Titel in »Spielplatz der Welt« ändern. Spektakuläre Seil- und Eisenbahnen bringen zu herrlich gelegenen Orten wie Wengen und Mürren sowie zum höchsten Bahnhof Europas, Wanderwege vermitteln großartige Eindrücke, und die »Jungfrau Top Ski Region« bietet über 200 km Abfahrten, darunter so legendäre wie die vom Lauberhorn und vom Schilthorn. Die Jungfrau-Region gehört mit dem Großen Aletschgletscher und der Bietschhorn-Region zum UNESCO-Welterbe.

Täler, Orte, Bahnen
Die Jungfrau-Region ist eine abgeschlossene, nur von Interlaken her erreichbare Talschaft, die von der Schwarzen und der Weißen Lütschine gebildet wird; bei Zweilütschinen vereinen sie sich zur Lütschine, die in den Brienzersee fließt. Voneinander getrennt werden diese Täler – ersteres das **Lütschental**, das nach Grindelwald führt, letzteres das **Lauterbrunnental** – durch das Massiv von Männlichen (2343 m) und Lauberhorn (2472 m). Die meterspurigen Berner-Oberland-Bahnen (BOB, 1890 eröffnet) verbinden Interlaken Ost mit Lauterbrunnen (vorderer Zugteil) bzw. Grindelwald (hinterer Zugteil). Zwischen Lauterbrunnen und Kleiner Scheidegg (2061 m) sowie Grindelwald und Kleiner Scheidegg verkehrt die **Wengernalpbahn** (WAB, 1893 eröffnet) mit 800-mm-Spur und der längsten Zahnstangenstrecke der Schweiz (19,2 km, Steigung bis 25 %). Von

Eiger, Mönch und Jungfrau, davor Wengen auf seiner Terrasse

der Kleinen Scheidegg nimmt man mit der 1896 – 1912 erbauten meterspurigen **Jungfraubahn** (JB) die Fahrt zum Jungfraujoch (3454 m) in Angriff, der höchstgelegenen Bahnstation Europas (Steigung bis 25 %). Die Westseite des Lauterbrunnentals wird von den 1891 eröffneten **Bergbahnen Lauterbrunnen – Mürren** (BLM) erschlossen; von Lauterbrunnen bringt eine Luftseilbahn zur Grütschalp (1487 m) und von dort eine Adhäsions-Schmalspurbahn nach Mürren (1650 m). Zwischen Lauterbrunnen und Stechelberg verkehrt das Postauto. Wengen, Gimmelwald und Mürren sind autofrei.

** LAUTERBRUNNENTAL

Das Lauterbrunnental zieht sich von Zweilütschinen bis zum Fuß des Breithorns. Das eindrucksvolle **Trogtal** – das größte der Welt – wird von 500 m hohen Kalkfelswänden eingefasst, an denen pittoreske Wasserfälle herabstürzen. Erwähnt wurde das Tal der »luteren Brunnen«, also der »reinen Quellen«, erstmals 1240 als »claro fonte«. Ein schöner Themenwanderweg, der sieben Wasserfälle passiert (3 Std.), und eine 12 km lange Langlaufloipe verlaufen zwischen Lauterbrunnen und Stechelberg. Größtes Trogtal der Welt

Das malerisch gelegene Lauterbrunnen (796 m, 2500 Einw.) ist ein beliebter Ferienort. Die Kirche wurde 1488 geweiht, der Turm entstand 1955. Das **Talmuseum** bei der Brücke, einst eine Getreidemühle, gibt einen Eindruck vom bäuerlichen Leben und der Entwicklung des Fremdenverkehrs. Am südlichen Ortsrand stieben die Wasser des **Staubbachfalls** – bei genügend Nachschub – 288 m tief Lauterbrunnen

Jungfrau-Region erleben

AUSKUNFT

Lauterbrunnental Tourismus
Gegenüber dem Gemeindehaus
3822 Lauterbrunnen
Tel. 033 856 85 68
www.mylauterbrunnen.com

Grindelwald Tourismus
Sportzentrum, 3818 Grindelwald
Tel. 033 854 12 12
www.grindelwald.ch

Rail Info Jungfraubahnen
Höheweg 37, 3800 Interlaken
Tel. 033 828 72 33, www.jungfrau.ch

VERKEHR

Empfehlenswert sind der Regionalpass
Berner Oberland (7/15 Tage) und der
Jungfraubahnen-Pass (6 Tage). Eine Fahrt
von Interlaken zum Jungfraujoch und zurück kostet (Erwachsene, Normalpreis)
ca. 200 CHF, zum Schilthorn ca. 125 CHF.
Die verschiedenen Sportpässe (Skipässe)
schließen die Anfahrt von Interlaken mit
Bahn oder Skibus ein.

FESTE & EVENTS

Ende Juni: Frühlingsfest auf dem Männ-
lichen. Mitte Juli: Chilbi auf der Bussalp.
Mitte August: Eiger Bike Challenge. Anf.
Sept.: Jungfrau-Marathon.

ESSEN / ÜBERNACHTEN

Hotel Kreuz & Post ●●●
Grindelwald, Dorfstrasse
Tel. 033 854 54 92, www.kreuz-post.ch
Zentral, dennoch ruhig gelegenes neu-
zeitliches Haus, großzügige Zimmer mit
herrlicher Aussicht. Die rustikal-feinen
Restaurants servieren eine gutbürgerli-
che, schweizerisch-internationale Küche.

Sonnenberg ●–●●
Grindelwald, Tel. 033 853 10 15
www.sonnenberghotel.ch
Hübsches »Schweizer« Haus, sehr schön
wenige Minuten oberhalb des Ortszen-
trums gelegen, familiär und stilvoll. Ordentliches Restaurant. Ein herrliches
Panorama bietet die Terrasse.

Hotel Falken ●●–●●●
Wengen, Tel. 033 856 51 21
www.hotelfalken.com
Haus von 1895 mit atemberaubender
Aussicht auf die Jungfrau, modernem
Komfort und familiärer Atmosphäre, ge-
schätzt von vielen Stammgästen. Bar,
Musikzimmer und Salons mit antiken
Möbeln und Bildern.

Hotel Jungfrau ●●●●
Wengernalp
Tel. 033 855 16 22
www.wengernalp.ch
Hotel Weihnachten – Ostern geöffnet,
Restaurant auch im Sommer
Wunderbares, stilvolles Berggasthaus
von 1841 in der Einsamkeit der Wen-
gernalp, oberhalb der Bahnstation ge-
legen. Sehr gute Küche (Halbpension).

ÜBERNACHTEN

Hotel Staubbach ●
3822 Lauterbrunnen
Tel. 033 855 54 54
www.staubbach.com
Charmantes, behutsam modernisiertes
Haus von 1890 in einzigartiger Lage:
Von den Südzimmern und dem Früh-
stücksraum hat man freien Blick auf
den Staubbachfall. Gemütlich-schlicht
gestaltet, dennoch komfortabel. Sympathische US-Schweizer Eignerfamilie.

von der überhängenden Felswand; er inspirierte 1779 Goethe
zu seinem berühmten »Gesang
der Geister über den Wassern«:
»Des Menschen Seele / gleicht
dem Wasser: / Vom Himmel
kommt es, / Zum Himmel steigt
es, / Und wieder nieder / Zur Erde
muß es, / Ewig wechselnd …«
Ca. 4 km südlich liegen die
*Trümmelbachfälle fast ganz im
Schwarzen Mönch versteckt. Mit
ungeheurem Getöse stürzen bis
zu 20 m³ Wasser pro Sekunde
mitsamt Geröll durch die enge,
schraubenförmig ausgewaschene
Schlucht.

Talmuseum: 14. Juni – 14. Okt. Di.,
Do.– So. 14.00 – 17.30 Uhr, sonst auf
Anfrage, Eintritt 5 CHF
Trümmelbachfälle: zugänglich Anf.
April – Anf. Nov., je nach Wetterlage

Lauterbrunnen gab dem Tal seinen Namen.

Weiter 2 km südlich liegt die Talstation der **Schilthornbahn**, die in   ****Schilthorn**
vier Sektionen mit den Zwischenstationen Gimmelwald (1367 m),
Mürren (1638 m, s. u.) und Birg (2677 m) zum Schilthorn (2970 m)
bringt. Wegen der spektakulären Aussicht bis zum Montblanc und
zum Schwarzwald baute man hier ein **Drehrestaurant**, das seit seiner Rolle im James-Bond-Film »Im Geheimdienst Ihrer Majestät«
den Namen »Piz Gloria« trägt. Mittlere bis sehr anspruchsvolle Skiabfahrten nach Mürren; seit 1928 wird das **Inferno-Rennen** auf der
Abfahrt nach Lauterbrunnen ausgetragen, mit 14,9 km Länge und
1990 m Höhenunterschied das längste Amateurrennen der Welt (die
Strecke kann von allen befahren werden). Beim Bergrestaurant Birg
hat man Eiger, Mönch und Jungfrau noch eindrücklicher vor Augen.

Das Walserdorf Mürren (1650 m, 450 Einw.) liegt 700 m über dem   ***Mürren**
Lauterbrunnentalauf einer sonnigen Terrasse und bietet eine herrliche Aussicht auf das Jungfraumassiv. 1257 erstmals urkundlich erwähnt, war Mürren im 19. Jh. bei britischen Alpenfans beliebt. Nahe
der BLM-Station das **Alpine Sportzentrum** mit Hallenbad, Eisbahn
und weiteren Angeboten; im selben Gebäude das Verkehrsbüro und
das interessante **Ballonsport-Museum** (von Mürren aus gelang 1910
die erste Alpenüberquerung im Freiballon). Auf den ***Allmend-
hubel** (1938 m) gelangt man mit der 1912 eröffneten Standseilbahn
oder in 30 Min. zu Fuß (schöne Aussicht).

Gimmelwald Gimmelwald (1367 m, 130 Einw.), ein ruhiges Walserdörfchen, ist mit der Schilthornbahn oder in 30 Min. zu Fuß zu erreichen. Eine schöne Wanderung führt in 1.30 Std. hinauf ins **Sefinental** und zum **Gspaltenhorngletscher**. Anspruchsvoll, aber lohnend ist die Rundwanderung über Chilchbalm, Schneeige Lücke und Tanzboden (grandiose Aussicht) nach Gimmelwald oder Stechelberg (7 Std.).

Stechelberg Die Straße durch das Lauterbrunnental endet im Dörfchen Stechelberg (922 m, 300 Einw.). Empfehlenswert ist die Wanderung zum unbewohnten Walserdorf **Trachsellauenen** (1263 m, ca. 1 Std., Gasthaus), wo im 18. Jh. Silber und Blei gewonnen wurden; Teile des Schmelzofens und des Knappenhauses sind erhalten. Von dort geht man in 1.15 Std. zum beeindruckenden ***Schmadribachfall** oder in 1.30 Std. zur **Alp Obersteinberg** (1770 m) mit dem gemütlichen Berggasthof Tschingelhorn und herrlicher Aussicht.

*Wengen Die Wengernalpbahn bringt von Lauterbrunnen in 15 Min. auf die Sonnenterrasse östlich über dem Tal. Wengen (1274 m, 1200 Einw.) ist ein traditionsreicher Ferienort mit Skipisten und Wanderwegen an **Männlichen** (2343 m, Seilschwebebahn, großartiger Blick; s. u. Grindelwald) und **Lauberhorn**, an dem Mitte Januar das berühmte Abfahrtsrennen stattfindet. Die schöne reformierte Kirche von 1953 steht unter Denkmalschutz; im Aug. findet die Mendelssohn-Musikwoche statt. Ein hübscher Spaziergang (25 Min.) führt nach Schiltwald zu den Staubbachbänkli; ein Muss ist die Wanderung direkt (1.45 Std.) oder mit Abstecher zur **Alp Mettla** (1700 m), die unmittelbar gegenüber der Jungfrau liegt, in 3 Std. zur ***Wengernalp** (1873 m), die eine prächtige Aussicht auf Trümletental und Jungfrau bietet.

*** GRINDELWALD**

»Gletscherdorf« Am Hang über dem Tal der Schwarzen Lütschine liegt das langgezogene Grindelwald (1034 m, 3800 Einw.), wohl der berühmteste Urlaubsort des Berner Oberlands. Noch bis um 1860 reichte der Untere Grindelwaldgletscher bis an den Rand des Orts, was ihm viele Besucher und den Beinamen »Gletscherdorf« einbrachte. Mächtige Bergstöcke schließen das Tal im Süden ab: der **Eiger** (3970 m), links von ihm der Mättenberg (3104 m, ein Vorberg des **Schreckhorns**), und das markante **Wetterhorn** (3701 m), der Blickfang des Grindelwalder Tals. Zwischen ihnen treten die beiden Grindelwaldgletscher hervor. Ein hübsches Bild vor dem Wetterhorn bietet die Dorfkirche (1793, Turm 1875), die beim großen Brand 1892 verschont blieb. Im »Talhaus« nebenan das **Heimatmuseum**. Einen schönen Blick über ***Terrassenweg** Grindelwald und Umgebung gewährt der Terrassenweg, der 20 Min. oberhalb der Kirche vor der Mühlbachbrücke von der Straße links abzweigt und am Hang nach Duftbach führt (30 Min.). Von hier geht es in 20 Min. zur Ortsmitte hinunter.

Heimatmuseum: Jan.–März, Juni–Mitte Okt. Di.–Fr., So. 15.00–18.00 Uhr, Eintritt 6 CHF

Lange Zeit war die Nordwand des Eigers – in der abends die Lichter der Jungfraubahn-Station zu erkennen sind – die größte Herausforderung der Bergsteiger, viele fanden hier unter dramatischen Umständen den Tod. Im Juli 1938 gelang den Deutschen Vörg und Heckmayr und den Österreichern Harrer und Kasparek in drei Tagen die Erstbegehung. Im Jahr 1983 bewältigte Thomas Bubendorfer die Wand in 4.50 Std., und 2011 brauchte Daniel Arnold ganze 2.30 Std. Heute stürzen sich Basejumper mit dem Gleitschirm die Nordwand hinunter. Die Wengernalpbahn bringt zum **Eiger Run** unterhalb der Nordwand, der als spektakulärste Rodelbahn der Schweiz gilt, ****Eiger**

Eine Seilschwebebahn führt zur **Pfingstegg** (1387 m, Mai – Okt.). Mehrere Lehrpfade dokumentieren an markierten Aufschlüssen die Geologie der Region. Dazu gehören auch die Wege zum ***Oberen Grindelwaldgletscher** und zum Unteren Grindelwaldgletscher (je ca. 45 Min.). Der Obere Gletscher ist von Grindelwald zu erreichen (bis Hotel Wetterhorn mit Kfz oder zu Fuß 1.15 Std., dann 15 Min.). An Ende des Gletschers öffnet sich eine Eisgrotte. Vom Restaurant Milchbach kann man noch über Holzleitern 150 m hoch zum Oberen Gletscher hinaufkraxeln. **Bergbahnen und Wanderungen**

Der Klimawandel macht sich am **Unteren Grindelwaldgletscher** dramatisch bemerkbar. Auf dem abschmelzenden Gletscher hat sich ein See gebildet, dessen Wasserstand durch einen Stollen begrenzt wird; Rutschungen haben zur Aufgabe der Stieregg-Hütte geführt (von der Feuerwehr abgebrannt), 2006 erlebte man einen spektakulären Bergsturz. Überblicken kann man die Szenerie vom Berghaus Bäregg (1775 m), das von der Pfingstegg (s. o.) in 1.30 Std. oder direkt vom Bf. Grindelwald in einer eindrucksvollen Wanderung (ca. 2.30 Std.) zu erreichen ist (www.baeregg.com). ***Bäregg**

Die mit 6240 m längste Gondelbahn Europas führt von Grindelwald auf den Männlichen (2343 m; s. o. Wengen). Von hier gibt es eine sehr lohnende Wanderung östlich unter Tschuggen (2520 m) und Lauberhorn entlang zur Kleinen Scheidegg (2061 m, ca. 1.45 Std.) und zurück nach Grindelwald (gesamt ca. 3 Std.). ***Männlichen**

Das dritte große Ausflugsgebiet Grindelwalds liegt nördlich zwischen First und Faulhorn. Eine Gondelbahn bringt über Bort und Schreckfeld zum First (2168 m, 20 Min.). Ein Muss ist dann die Wanderung vorbei am Bach- oder **Bachalpsee** (2264 m, 1 Std.) – mit großarti- **First**

gem Panorama – zum **★★Faulhorn** (2681 m, ca. 1.30 Std.), einem der berühmtesten Aussichtsberge der Schweiz; man kann noch weiter zur Schynigen Platte gehen (▶ S. 380). Herrliche Ausblicke bietet der Rückweg in 3.30 Std. über die **Bussalp** (1800 m, Postauto-Endstation) nach Bort (Gasthaus); der Weg zwischen Bussalp und Bort ist auch im Winter sehr beliebt. Ein Knüller: Im Winter kann man vom Gipfel des Faulhorns (Aufstieg von der Bussalp ca. 3 Std.) über die Bussalp bis nach Grindelwald rodeln: Mit ca. 15 km Länge und 1700 m Höhenunterschied die **längste Schlittelbahn Europas**.

Über die Große Scheidegg ins Rosenlaui-Tal Nordöstlich von Grindelwald bildet die Große Scheidegg den Übergang ins Rosenlaui-Tal. Am nördlichen Talhang entlang führt der Weg in 2.30 bis 3 Std. zur Passhöhe (1961 m, Hotel). Von Mitte Mai bis Ende Oktober fahren das Postauto und der Grindelwaldbus zwischen Grindelwald und ▶Meiringen (sehr schmale Straße, für öffentlichen Verkehr gesperrt – eine Attraktion für Radsportler).

★★ JUNGFRAUJOCH

Tipps Für eine Fahrt von der Kleinen Scheidegg auf das Jungfraujoch – neben dem Matterhorn die größte Touristenattraktion der Schweiz – sollte man einen Tag mit gutem Wetter abwarten. Ab April ist eine Reservierung am Vortag angezeigt. Mit dem **Good-Morning-Ticket** (ca. 6.30 Uhr ab Interlaken Ost) fährt man nicht nur deutlich billiger, sondern auch mit weniger Gedränge. Wichtig sind auch im Sommer warme Kleidung, feste Schuhe und eine Sonnenbrille. Die Bahn bringt schnell in große Höhe; Luftdruckabfall und Sauerstoffmangel können Schwindel und Atemnot verursachen.

★Kleine Scheidegg Auf der Kleinen Scheidegg (2061 m; Foto S. 389) treffen die Trassen der Wengernalpbahn von Grindelwald und Lauterbrunnen/Wengen zusammen. Hier, auf dem Sattel hinter dem Lauberhorn, hat man die mächtige Nordwand des Eigers zum Greifen nah vor sich. Die beiden altertümlichen **Hotels Bellevue** und **Des Alpes** von 1841 bzw. 1896 sind immer noch ein guter Standort für Ferientage im Sommer oder Winter. Leichte Wanderungen führen nach Wengen/Lauterbrunnen, zum Männlichen und nach Grindelwald. Zwischen den Stationen Eigergletscher und Alpiglen verläuft die »Eiger Trail«, die spektakuläre Wanderroute an der Eiger-Nordwand (ca. 2 Std., ausgesetzte Stellen mit Seilen gesichert).

Die Trasse der Jungfraubahn verläuft zunächst durch Wiesen zur Station **Eigergletscher** (2320 m). Hier beginnt die 7,1 km lange Tunnelstrecke, die durch Eiger und Mönch zum Jungfraujoch führt. Nach 4,4 km folgt die Station **Eigerwand** (2865 m); hier gewähren Fenster

Welt des Eises: links oben die Sphinx mit dem Observatorium, rechts der Große Aletschgletscher

einen großartigen Blick hinunter zum 1800 m tiefer liegenden Grindelwald, auf den Thunersee und über die Nordwestschweiz. Nach 5,7 km folgt die Station **Eismeer** (3160 m) in der Südwand des Eigers, rund 40 m über dem oberen Grindelwald-Fiescher-Firn, mit einmaliger Aussicht über den zerklüfteten Absturz des Gletschers auf Wetterhorn, Schreckhorn und Fiescherhörner.

Nach ca. 50 Min. und 9,3 km erreicht die Zahnradbahn das Jungfraujoch (3454 m), den Sattel zwischen Mönch und Jungfrau. Durch die Empfangshalle mit Aussichtsgalerie und Cafeteria gelangt man zum Eispalast, einer Gletscherhöhle mit Eisplastiken. Den Eispalast verbindet die »Alpine Sensation« mit der Sphinx-Halle. Die Restaurants im **Top of Europe** bieten Verköstigung mit Ausblick auf eine grandiose Bergwelt. Vom Sphinxstollen führt ein Lift 112 m hinauf zur **Sphinx** (3571 m) mit Observatorium und Aussichtsterrasse. Der Sphinxstollen hat einen Ausgang zum **Jungfraufirn**, wo man eine Hundeschlittenfahrt unternehmen und auch im Sommer Ski fahren kann (Verleih). Auf ebenem Weg geht man in 45 Min. zur **Mönchsjochhütte**. Der Ausblick ist einzigartig: nach Süden auf den **Aletschgletscher**, nach Norden auf die Alpen und das Mittelland, über dem an klaren Tagen Vogesen und Schwarzwald zu erkennen sind.

∗∗ Jungfraujoch

Zum höchstgelegenen Bahnhof Europas

Eines der kühnsten Eisenbahnprojekte war der Bau der Strecke quer durch Eiger und Mönch. Seit über 100 Jahren gelangen auf diese Weise Touristen bequem auf das Jungfraujoch.

Rund 800 000 Passagiere lösen jährlich ein Ticket für die teuerste Bahnfahrt der Schweiz. Für 120 Franken lässt sich das Jungfraujoch auch mit Turnschuhen und Baseballkäppi »erstürmen«, den Blick aus der Eiger-Nordwand inklusive. Startpunkt ist der Bahnhof auf der Passhöhe der Kleinen Scheidegg. Dort gruppieren sich Touristen vor dem grandiosen Bergpanorama und lassen sich mit Bernhardiner und Schweizerflagge ablichten, bevor sie zu der 9,3 km langen Fahrt, davon 7 km im Tunnel, aufbrechen. Sie nehmen Platz in den Wagen der elektrischen Zahnradbahn, bestaunen schroffe Felswände und weiße Firnfelder.

Bequemer Aufstieg

Jenseits des Bahnhofs Eigergletscher (2320 m) beginnt der Tunnel durchs Eigermassiv. Hoch und immer höher klettert das rote Züglein. Die Steigung beträgt 25 %, und längst sind die Flachbildschirme über den Türen zum Leben erwacht. Wem es mulmig wird im Berg – und das sind nicht wenige –, konzentriert sich auf die Werbefilme rund um Sport und Fun in der Jungfrauregion. Auf 2865 m Höhe hält der Zug, fünf Minuten Zwischenstopp mitten in der Eiger-Nordwand. Panoramafenster geben hier wie auch an der nächsten Station (Eismeer, 3160 m) den Blick auf die grandiose Landschaft der Jungfrauregion frei. 50 Minuten nach dem Start ist das Jungfraujoch erreicht, mit 3454 m der höchste Bahnhof Europas. Kaum sind die Türen offen, drängen die Ausflügler hinauf auf die Aussichtsplattform, um den Blick auf 200 Gipfel zu genießen. Manchen wird in der großen Höhe und der dünnen Luft schwindelig, Herzkranke und Schwangere sollten die Hinweise auf www.jungfrau.ch/tourismus/reiseinfos/medizinische-tipps beachten. Größere Gefahren bestehen in der Regel jedoch nicht. Das sah bei den Bauarbeiten vor über 100 Jahren anders aus.

Ein tollkühnes Werk

»Ein grossartiges Werk, ein Triumph moderner Ingenieurkunst, erhielt mit dem 21. Februar 1912 seine Weihe. Um 5 Uhr 35 Minuten in der Morgenfrühe krachte der entscheidende Schuss. Der Jubelruf ›Durch‹ widerhallte an den mächtigen Wänden, und in tiefer Ergriffenheit sanken die Kameraden sich in die Arme.« So schrieb die Neue Zürcher Zeitung. Nicht weniger als 16 Jahre waren vergangen, seit der Zürcher Industrielle Adolf Guyer-Zeller in einem nächtlichen Geniestreich seine ersten Skizzen für die Jungfraubahn aufs Papier warf. Schon mehrere Ingenieure hatten vorher Konzepte ersonnen, doch realisiert wurde bis dato keiner. Guyer-Zellers Einfall: ab dem Pass

Jungfraubahn auf der Kleinen Scheidegg vor dem mächtigen Eiger

Kleine Scheidegg (2061 m) quer durch den Eiger zu bohren, um über das Jungfraujoch den Jungfrau-Gipfel zu erreichen. Nachdem 1896 der Startschuss erteilt war, musste die Streckenführung mehrfach geändert werden (auch der Plan, bis zum Gipfel zu fahren, wurde aufgegeben), und der Zeitplan erwies sich als unrealistisch. Und auch die veranschlagten Kosten verdoppelten sich.

Makkaroni, Kartoffeln und Zigaretten

Die rund 200 Arbeiter aus der Schweiz und Italien rackerten sich auf der Baustelle im Hochgebirge im Dreischichtbetrieb ab. Da die Arbeitersiedlung auf dem Eigergletscher in der kalten Jahreszeit von der Außenwelt abgeschnitten war, galt es ausreichend Vorräte einzulagern. Jeder Arbeiter hatte pro Tag Anrecht auf einen Liter Wein; für die Schweizer mussten Kartoffeln und für die Italiener Makkaroni in rauen Mengen bereitgestellt werden. Der Wintervorrat an Zigaretten für alle lag bei 50 000 Stück. Bei Baubeginn wusste keiner, wie die Arbeiter überhaupt mit der großen Höhe zurechtkommen würden, mit der Kälte, und in den Baracken auf engstem Raum zusammengepfercht. Im Stollen selbst betrug die Temperatur im Schnitt nur 6 °C, was zu Problemen beim Sprengen führte. Kein Arzt konnte helfen, wenn es zu Unfällen kam, denn es war keiner da. Zahlreiche Streiks prägen die Geschichte des Baues. Als Adolf Guyer-Zeller am 3. April 1899 starb, stand das ganze Vorhaben Spitz auf Knopf. Doch seinen Erben gelang die weitere Finanzierung, obwohl in Teilen der Öffentlichkeit die Begeisterung verhalten war. Nicht jedem Schweizer schmeckte die »Entheiligung« der Berge.

✳ Jura

✦ **D – L 1 – 15**

Kantone: Jura, Bern, Neuenburg, Waadt

Mit seinen sanften Bergen ist der Jura ein klassisches Wandergebiet. Dünne Besiedelung und eine schwach ausgebaute Infrastruktur, sonst eher Negativpunkte, sorgen für ein wichtiges touristisches Kapital: Stille und Einsamkeit.

Landschaftsbild

Die ganze West-/Nordwestseite der Schweiz wird auf ca. 120 km – von Genf bis vor die Tore Basels – von einem Bergzug begleitet, dem Jura. Er ist Teil des geologisch jungen Gebirges, das sich von Frankreich bis nach Tschechien zieht und aus hartem, fossilienreichem Kalk besteht. In der Schweiz kann man drei Bereiche unterscheiden: Der **Kettenjura**, ein Faltengebirge mit langgestreckten, parallelen Höhenzügen, nimmt fast den ganzen Jura ein; nordwestlich geht er in den stark abgetragenen **Plateaujura** über und ganz im Norden in den ungefalteten **Tafeljura**. In der schönen, sanften Landschaft, die durch Weiden und Wälder geprägt ist, hat der Wanderer keine großen Höhen zu überwinden: Der höchste Punkt, der **Crêt de la Neige** bei Genf, erreicht nur 1718 m; der höchste Punkt auf Schweizer Gebiet ist der **Mont Tendre** (1679 m) südlich des Lac de Joux.

Zentrum der Uhrenfabrikation

Wie die Schwäbische Alb ist der Schweizer Jura traditionell ein armer Landstrich. Ein raues Klima – hier liegt der Schweizer Kältepol mit Temperaturen bis unter – 40 °C –, wenig fruchtbares Land und eine aufgrund des Karstuntergrunds unsichere Wasserversorgung machten das Leben schwer. Es lag daher nahe, sich als Heimarbeiter für die Genfer Uhrenindustrie zu betätigen, die schon im 17. Jh. einen hervorragenden Namen hatte, und heute ist der Jura neben Genf das Mekka der Uhrenfreunde, mit vielen klangvollen Namen wie Jaeger-Le Coultre, Audemars Piguet und Blancpain.

Kanton Jura

Seit dem 1. Januar 1979 gibt es als 26. Schweizer Kanton den Kanton Jura. Bis es so weit war, wurde viel gestritten, und auch heute ist das Problem noch nicht gelöst. Der Jura, der von etwa 1000 bis 1798 den Bischöfen von Basel gehörte, wurde 1815 Bern zugeschlagen. Obwohl der deutschsprachige Anteil der Bevölkerung ständig abnahm, wurde man als französischsprechende Katholiken vom protestantischen Bern benachteiligt, und die Affäre Moeckli 1947 legte dann den Grundstein zur Separatistenbewegung und zur schrittweisen Ablösung des Nordjuras. Der häufige Straßenname »Rue du 23 Juin« feiert

Jura erleben

AUSKUNFT

▶ Delémont, Biel, La Chaux-de-Fonds, Yverdon

den 23. Juni 1974, an dem eine Volksabstimmung eine Mehrheit für den neuen Kanton brachte. Der Südjura mit den Bezirken Moutier, Courtelary und La Neuveville blieb jedoch bei Bern, was 1998 noch einmal bestätigt wurde. Aber die Situation ist schwierig, man sitzt dort zwischen den Stühlen, und viel Papier und Sitzfleisch wird strapaziert bei der

Wanderer am Creux du Van

Diskussion, ob man mit einem Sonderstatus bei Bern bleiben soll oder zu einem großen Kanton Jura tendiert; besonders in Moutier kämpft man gegen die »bernische Besetzung«.

Orte und Landschaften

Die Landschaften und interessanten Punkte des Juras sind unter bestimmten Stichwörtern als Umgebungsziele beschrieben. Ganz im Norden findet man bei ▶ Basel den **Blauen**. Im Nordwesten ist ▶ Delémont, der Hauptort des Kantons, Ausgangspunkt für die Fahrt in die **Ajoie** und die **Franches-Montagnes**. Südlich davon liegt der bei Bern verbliebene Teil mit **Moutier und dem Vallon de St-Imier**, für den ▶ Biel die beste Zugangsmöglichkeit bildet. Von der »Uhrenhauptstadt« ▶ La Chaux-de-Fonds ist der **Neuenburger Jura** zu erschließen, hier finden sich großartige Naturschönheiten wie der Lac des Brenets, das Val de Travers und der Creux du Van. Der südlichste Bereich, der **Waadtländer Jura**, lässt sich von ▶ Yverdon aus kennenlernen; der Chasseron ist für sein Panorama berühmt, Romainmôtier für die romanische Kirche und Le Brassus als Sitz der Uhrenfirma Audemars. Von ▶ Genf ist der höchste Punkt des französisch-schweizerischen Juras zu erreichen, der **Crêt de la Neige**.

Klosters

✦ G 25

Kanton: Graubünden
Höhe: 1200 m ü. d. M.

Einwohner:
3900

In Klosters im Prättigau pflegten die britischen Royals Skiurlaub zu machen. Nicht nur sie schätzten den Charme der zugehörigen alten Dörfer und den Mangel an lautem Lifestyle.

Klosters ist das oberste Dorf im Prättigau, das bei Landquart östlich vom ▶ Rheintal abzweigt; ca. 8 km ist ▶ Davos entfernt. Der Ort geht tatsächlich auf ein Kloster zurück, das Prämonstratenser aus Churwalden im 13. Jh. gründeten und das nach der Reformation aufgelöst

Klosters erleben

AUSKUNFT
Klosters Tourismus
Alte Bahnhofstr. 6, 7250 Klosters
Tel. 081 410 20 20, www.klosters.ch

ESSEN/ÜBERNACHTEN
Walserhof ❻❻❻❻
Klosters, Landstrasse 141
Tel. 081 410 29 29, www.walserhof.ch
Wer königlich speisen will, ist hier richtig. Hervorragende Küche der Jahreszeiten. Mit 4 luxuriösen Suiten.

Chesa Grischuna ❻❻-❻❻❻❻
Klosters, Bahnhofstrasse 12, Tel. 081

422 22 22, www.chesagrischuna
Unter Denkmalschutz stehendes, sehr schönes Bündner Haus von 1938 im Zentrum, mit gemütlicher Atmosphäre und erstklassigem Restaurant.

The Rustico Hotel ❻-❻❻❻
Klosters, Landstrasse 194, Tel. 081 410 22 88, www.hotel-rustico.ch
Zentral und daher nicht ganz ruhig gelegen, schön gestaltete Landhaus-Zimmer. In den ebenso schönen Gaststuben im Haus und im »Prättiger Hüschi« nebenan wird man mit bodenständiger und feiner internationaler Küche verwöhnt.

wurde. Der Fremdenverkehr setzte nach dem Bau der Straße Mitte des 19. Jh.s ein, v. a. aber nach Eröffnung der Bahnlinie von Landquart 1889. 1879 entstanden die ersten großen Hotels, »Silvretta« und »Vereina«; in Letzterem – das durch einen modernen Bau ersetzt wurde – logierten 1904/05 die ersten Wintergäste. Trotz seiner Bekanntheit als Wintersportort ist Klosters immer noch ein Dorf.

Bergsport und andere Aktivitäten
Die Klorserer Bergsport- und Skireviere sind die **Madrisa** im Norden (Madrisabahn) und der **Gotschnagrat** im Süden (Gotschnagratbahn); von Letzterem hat man Zugang zum **Parsenn** (▶ Davos). Das Skigebiet Klosters/Davos gibt einen Regionalpass für 320 km Pisten und 59 Transportanlagen aus. Die längste Abfahrt, Weissfluh – Küblis, überwindet auf 14 km Länge 2030 m Höhenunterschied; als heftigste Abfahrten gelten Gotschnawang und Drostobel (wenn nicht wegen Lawinengefahr gesperrt). Darüber hinaus gibt es reizvolle Reviere für alle Sportarten vom Mountainbiken bis zum Paragliding, dazu Eisbahn und Schlittelwege (u. a. Madrisa – Saas, 9 km), im Sommer ein Frei- und Hallenbad sowie ein 9-Loch-Golfplatz.

Sehenswertes in Klosters
Der Ort ist zweigeteilt, östlich liegt Klosters-Dorf, westlich Klosters-Platz mit dem Bahnhof. Wenige Schritte nördlich von ihm steht die einstige Klosterkirche **St. Jakob** (älteste Teile und Turm 13. Jh.); im Chor sind spätgotische Fresken erhalten. Die drei Chorfenster schuf Augusto Giacometti 1928 (»Jakobs Traum von der Himmelsleiter«). Das Heimatmuseum **Nutli-Hüschi** ist in einem typischen Bauernhaus aus dem 16. Jh.s untergebracht. Von den über 20 wasserbetrie-

benen Getreidemühlen ist die **Alte Kornmühle** im Rohr erhalten geblieben; im Sommer wird sie manchmal in Betrieb genommen. In Klosters-Selfranga beginnt der 19 km lange **Vereina-Tunnel** nach Susch, die kürzeste Verbindung ins ▶Engadin (Autoverladung). Im Berghaus Alpenrösli, 30 Min. oberhalb Klosters-Dorf, kann man bei herrlichem Ausblick gut essen (tgl. geöffnet, Tel. 081 422 13 57).

Nutli-Hüschi: Anf. Jan. – Mitte April, Mitte Juni – Mitte Okt. Mi./Fr. 15.00 – 17.00 Uhr, Eintritt 5 CHF

UMGEBUNG VON KLOSTERS

Nordwestlich von Klosters erstreckt sich der vom Fluss Landquart durchflossene Prättigau (»Wiesental«, rätoromanisch Val Partens), der von **Landquart** durch eine »Chlus« (Enge) zwischen dem Vilan (▶Bad Ragaz) und der Valzeina zugänglich ist. Vor Jahrhunderten ließen sich hier Walser nieder, weshalb in den freundlichen Dörfern mit ihren typischen Holzhäusern trotz der älteren romanischen Ortsnamen Deutsch gesprochen wird. In **Grüsch** (633 m) erinnern prächtige Herrenhäuser an die großen Graubündner Familien Salis und Ott. **Schiers** (660 m), an der Mündung des Schraubachs gelegen, besitzt eine spätgotische Kirche mit Wandmalereien und einer bemalten Decke. Hübsch sind auch **Luzein** (960 m) und **St. Antönien** (1420 m) im Tal des Schaniela-Bachs, **Fideris** (903 m) und **Küblis** (813 m). Die Glasmalereien der Kirche St. Nikolas in Küblis fertigte Augusto Giacometti (1921), im Chor sind Fresken von 1491 erhalten.

Prättigau

Schöne Wanderung ins Landquart-Tal mit dem Walserdorf Monbiel

Rätikon Die Nordseite des Prättigaus wird vom Massiv des Rätikons (Schesaplana 2967 m) gebildet, auf dem die Grenze zu Vorarlberg verläuft. Die erste Etappe des **Prättigauer Höhenwegs** (nur für Geübte) führt in 5 Std. von der Madrisa-Bergstation (1884 m) über das Jägglischhorn-Fürggli (2255 m) – hier schöner Blick auf die Sulzfluh, die Drusenfluh mit dem Schweizertor und die Schesaplana – nach St. Antönien. Die weiteren Etappen (2 – 3 Tage): St. Antönien – Carschina-Hütte (2221 m) – Schesaplana-Hütte (1908 m) – Seewis-Grüsch oder Fläscher Alp, dann mit der Älplibahn nach Malans.

Oberster Prättigau Von Klosters führt eine schmale Straße nördlich der Landquart, mit schönem Blick auf die Silvretta, in den obersten Prättigau. 4 km entfernt liegt die Walsersiedlung **Monbiel** (1313 m), nach weiteren 4 km (für Kfz gesperrt) folgt die schön gelegene **Alp Novai** (1368 m, Alpkäserei) an der Vereinigung des Sardasca- und des Vereina-Bachs zur Landquart. Von hier bieten sich zwei lohnende Wanderungen an: südlich zum **Berghaus Vereina** (1944 m, im Sommer Bus von Klosters) oder östlich über die Alp Sardasca (1648 m) zur **Silvrettahütte** (2341 m, von Klosters 5 Std.).

La Chaux-de-Fonds

 F 6 / 7

Kanton: Neuenburg · Neuchâtel **Einwohner:**
Höhe: 997 m ü. d. M.   37 800

Die Wiege der Schweizer Uhrenindustrie stand im Neuenburger Jura, einem Füllhorn von Naturschönheiten. La Chaux-de-Fonds, sein Hauptort, besitzt ein großartiges Uhrenmuseum und ein besonderes Stadtbild (UNESCO-Welterbe).

La Chaux-de-Fonds, ca. 20 km nordwestlich von Neuchâtel gelegen, wurde nach einem verheerenden Brand 1794 schachbrettartig wieder aufgebaut, ganz im Geist des wirtschaftlichen und sozialen Aufbruchs der Zeit. Die Uhrenfabrikation diktierte die geradlinige Architektur, meist mit vier Etagen, hohen Fenstern und nach Süden ausgerichteten Werkstätten. Neben den erhaltenen Gebäuden der Altstadt sind auch die Zeugnisse des Jugendstils, wie Balkone und Fenster, interessant. Aus La Chaux stammten einige

»Juwelen« im Internationalen Uhrenmuseum

La Chaux-de-Fonds erleben

AUSKUNFT

Tourisme Neuchâtelois-Montagnes
Espacité 1, 2302 La Chaux-de-Fonds
Tel. 032 889 68 95
www.neuchateltourisme.ch
www.chaux-de-fonds.ch

ESSEN

Café du Petit-Paris ⓔ–ⓔⓔ

La Chaux, Rue du Progrès 4
Tel. 032 968 65 33
Sympathisches Café-Restaurant seit

1844, eines der typischen Quartierlokale
der Stadt. Französische Bistro-Küche. Im
Gewölbekeller sind Jazz und Schweizer
Chansonniers zu hören.

ÜBERNACHTEN

Hotel Athmos ⓔⓔ–ⓔⓔⓔ

La Chaux, Av. Léopold-Robert 45
Tel. 032 910 22 22
Solides, gediegenes Haus in der Stadtmitte, wenige Schritte vom Turm Espacité. Fr. – So. deutlich preiswerter.

Berühmtheiten: der Autobauer Louis Chevrolet (1878 – 1941), der
Schriftsteller Blaise Cendrars (Frédéric Sauser, 1887 – 1961) und der
Architekt Le Corbusier (Charles-Edouard Jeanneret, 1887 – 1965).

SEHENSWERTES IN LA CHAUX-DE-FONDS

Im Turm **Espacité** (1994) an der Avenue Leopold-Robert, der 1,5 km
langen, baumbestandenen Hauptachse der Stadt, hält das Tourismusbüro einen guten Prospekt für einen Stadtrundgang bereit. Vom 14.
Stock des Turms (Café) hat man einen schönen Blick über die Stadt.

Avenue Leopold-Robert

Im Parc des Musees südich der Espacité ist die Hauptattraktion der
Stadt zu finden, das **Internationale Uhrenmuseum**, das die Ge-
schichte der Zeitmessung vom alten Ägypten bis zu den neuesten
Errungenschaften vor Augen führt. Die Restauratorenwerkstatt hat
Sammler in aller Welt als Auftraggeber.
Uhrenmuseum: Di. – So. 10.00 – 17.00 Uhr, Eintritt 15 CHF

**Musée International de l'Horlogerie

Benachbart sind das **Musée des Beaux-Arts** mit Werken einiger
berühmter Künstler und das **Historische Museum** mit Neuenburger
Interieurs und einem Corbusier-Salon. Am Rand des noch erhaltenen alten Ortskerns steht das **Rathaus** (1803), der Brunnen davor
erinnert an die Revolution von 1848. Der ovale reformierte **Grand
Temple** von 1796 wurde nach einem Brand 1921 wieder aufgebaut.
Weiterhin sehenswert sind das **Naturmuseum** (Av. Léopold-Robert
63), das **Bauern- und Handwerksmuseum** (Rue des Crêtets 5) und
die **Villa Turque** (1917), ein frühes Werk von Le Corbusier, heute

Weitere Sehenswür-digkeiten

PR-Zentrum der Uhrenfirma Ebel. Westlich über der Stadt liegt der hübsche **Zoo**, in dem v. a. heimische Tiere gehalten werden.

Musée des Beaux-Arts: Di. – So. 10.00 – 17.00 Uhr, Eintritt 15 CHF

Naturmuseum: Di. – So. 14.00 – 17.00, So. ab 10.00 Uhr, Eintritt 6 CHF

Bauern- und Handwerksmuseum: April – Okt. Di. – So. 14.00 – 17.00 Uhr, sonst Mi., Sa., So., Eintritt 6 CHF

Villa Turque: Rue du Doubs 167, Zugang beim Tourismusbüro erfragen

NEUENBURGER JURA

Vue des Alpes

Nach Neuchâtel nimmt man die schöne Strecke über den Pass **Vue des Alpes** (1283 m, Gasthaus); von dort kann man zum Hotel am **Tête de Ran** (1422 m) fahren: Beide eröffnen eine herrliche Aussicht über den Jura und zu den Alpen (Mont-Blanc). Dann geht es hinunter ins **Val de Ruz**, eines der schönsten im Jura, mit Wiesen und Getreidefeldern. Das alte Städtchen **Valangin** besitzt ein Schloss aus dem 14. Jh. (Museum) und eine spätgotische Kirche. Durch die **Gorges du Seyon** erreicht man ▶ Neuchâtel.

Le Locle

Das 8 km südwestlich von La Chaux-de-Fonds liegende **Le Locle** (925 m, 10 000 Einw.) teilt dessen Geschichte als Zentrum der Uhrenindustrie (Denkmal bei der Post für den Uhrenpionier D. Jeanrichard) und als Neuaufbau nach einem Großbrand 1833 (UNESCO-Welterbe). Ansässig sind hier u. a. Certina, Mido und Tissot. Vor dem Technikum erinnert ein Denkmal an **Julius Großmann** (1829 – 1907), den aus Eberswalde stammenden ersten Direktor der 1868 eröffneten Uhrmacherschule. Das **Kunstmuseum** zeigt v. a. Werke von Schweizer Künstlern des 19./20. Jh.s (Rue M.-A.-Calame 6). Das Château des Monts, ein prächtiges Landhaus im Louis-Seize-Stil, beherbergt ein bedeutendes **Uhrenmuseum** mit Uhren und Automaten des 15. – 18. Jh.s (Route des Monts 65).

Kunstmuseum: Di. – So. 14.00 – 17.00 Uhr, Eintritt 8 CHF

Uhrenmuseum: Di. – So. 10.00 – 17.00, Nov. – April 14.00 – 17.00 Uhr, Eintritt 10 CHF

Col des Roches

Südwestlich von Le Locle ist in Col des Roches ein besonderes Werk menschlichen Erfindungsgeistes zu bewundern, die **unterirdischen Mühlen**, die ab dem 16. Jh. bis 1896 das Wasser des Flusses Bied für die Herstellung von Mehl und Leinen nutzten.

❶ Mai – Okt. tgl. 10.00 – 17.00, sonst Di. – So. 14.00 – 17.00 Uhr, Eintritt 14 CHF (Temperatur im Berg 7 °C!)

Lac des Brenets

Ein lohnender Abstecher führt westlich zum Lac des Brenets, einem 4 km langen, 100 – 200 m breiten und von pittoresken Felswänden eingeschlossenen natürlichen Stausee des Doubs, der hier die Grenze

Mächtige Kalkbänke bilden den beeindruckenden Kessel des Creux du Van

zu Frankreich bildet. Vom Uhrmacherdorf **Les Brenets** (849 m, 1100 Einw.) erreicht man mit dem Motorboot in 20 Min. oder zu Fuß in 45 Min. das Hôtel du Doubs, von dort in 5 Min. den Aussichtspunkt beim ***Saut du Doubs**, einem 27 m hohen Wasserfall. Flussabwärts schließt sich der 4,5 km lange Stausee **Lac de Moron** an.

Das »Sibirien der Schweiz« – man hat hier schon Temperaturen von unter – 41 °C gemessen – findet man südwestlich von Le Locle mit dem abgelegenen Tal von **La Brévine**. In **Cerneux-Péquignot**, der höchstgelegenen Gemeinde des Kantons (1092 m), ist die Kirche Notre-Dame-de-la-Visitation (1690) mit ihrem Barockaltar einen Blick wert. Jenseits von La Brévine (1046 m, 650 Einw.) dehnt sich der idyllische **Lac des Taillères** aus, im Winter eine Eislaufarena. Vallée de la Brévine

Südwestlich parallel verläuft das Val de Travers, das von der Areuse durchflossen wird. Von **Noiraigue** (729 m) führt ein Wanderweg durch die **Gorges de l'Areuse** nach Boudry (▶ Neuchâtel); außerdem ist von hier einer der spektakulärsten Punkte des Jura zu erreichen, der ***Creux du Van**, ein 500 m tiefer halbkreisförmiger Felsenkessel. In 1 Std. steigt man zur Ferme Robert auf, einem wunderbaren alten Berggasthof, und in weiteren 1.30 Std. zum **Soliat**, dem höchsten Punkt am Rand des Kessels (1463 m; urige Ferme Soliat). Bei **Travers** kann man die bis 1986 genutzten Asphaltminen besichtigen, außerdem ein Industriemuseum (Strickmaschinen, Uhren). Im hübschen Bezirkshauptort **Môtiers** (800 Einw.) lebte Rousseau von 1762 bis 1765; sein Haus ist als Museum eingerichtet; nebenan das Museum für Geschichte und Handwerk der Region. Beim Bahnhof liegen das 1107 gegründete Priorat St-Pierre, Sitz der Caves Mauler (Schaumwein), und das stattliche Hôtel des Six Communes. Das Schloss (14. Jh.) beherbergt das Léon-Perrin-Museum und eine Abteilung des Regionalmuseums. Lohnender Spaziergang zur wild- *Val de Travers romantischen Schlucht Poëta Raisse. In **St-Sulpice** ist die Dampfbahn des Val de Travers beheimatet, die über eindrucksvolle Loks verfügt und im Sommer Dampffahrten durchführt (www.vvt. ch). Nördlich des Orts liegt die **Quelle der Areuse** in einem eindrucksvollen Felskessel mit 250 m hohen Wänden (alte Wasserkraftwerke). Oberhalb von **Fleurier** hat man vom Restaurant »Chapeau de Napoléon« einen ausgezeichneten Blick über das ganze Val de Travers, das übrigens als **Wiege des Absinths** gilt. Nach langen Jahren des Schwarzbrennens darf die verrufene »Grüne Fee« seit 2005 wieder legal hergestellt werden.

Asphaltminen: April – Okt. 10.30, 14.30, Juli/Aug. auch 12.30, 16.30 Uhr; sonst nur So. 12.30, 14.30 Uhr, Eintritt 16 CHF (Temperatur 8 °C!)

** Lago Maggiore

✦ L – N 17/18

Kanton: Tessin · Ticino
Mittl. Wasserspiegel: 194 m ü. d. M.

Palmen am blauen, von steilen grünen Hängen gerahmten See, italienische Kirchtürme vor schneebedeckten Gipfeln, dazu die atmosphärereichen Städte ▶Ascona und ▶Locarno – am Lago Maggiore ist die südliche Idylle perfekt.

Der Lago Maggiore – italienisch auch »Verbano« (nach der keltischen Wassergottheit Verbeia) und deutsch früher »Langensee« genannt – ist mit 212 km² Fläche der zweitgrößte der oberitalienischen Seen. In diesem Band wird nur der zur Schweiz gehörende Teil beschrieben; italienischer Teil ▶ Baedeker »Oberitalienische Seen«. Der See entstand nach den Eiszeiten, nachdem Gletscher sein Becken aushobelt hatte. Seine Arme sind insgesamt 65 km lang und 2 – 4 km breit; die mit 372 m tiefste Stelle liegt zwischen Ghiffa und Porto Valtravaglia. Die wichtigsten Schweizer Zuflüsse sind der Ticino, der bei Magadino einmündet, die Maggia, die für den weit in den See vorspringenden, 6 km² großen Schwemmfächer zwischen ▶Locarno und ▶Ascona verantwortlich ist, und die Verzasca. Die Landschaft um den See ist außerordentlich schön. Die nördlichen Ufer sind von hohen, meist bewaldeten Hügeln umschlossen, deren Hintergrund die Tessiner Alpen bilden. Im Süden flachen die Ufer zur lombardi-

Frühling in Brione bei Locarno

schen Ebene ab. Besonders begünstigt, sowohl klimatisch als auch landschaftlich, ist das Westufer; hier haben sich bekannte Kurorte entwickelt, ziehen sich noble Villen und Gärten die Hänge hinauf. Das steil abfallende, bewaldete »arme« Ostufer wirkt ursprünglicher. Subtropische Pflanzen und prächtige Parks sucht man hier vergebens, dafür sind lange Uferbereiche kaum vom Tourismus vereinnahmt. Das milde Klima am See lässt mediterrane Pflanzenpracht gedeihen; im hügeligen Hinterland und im Hochgebirge trifft man auf eine reiche subalpine und alpine Flora.

REISEZIELE AM LAGO MAGGIORE

Der hübsche alte Ort (335 m, 670 Einw.), südwestlich von ▶ Ascona am Hang des Corona dei Pinci gelegen, hat den **schönsten Kirchplatz im Tessin** mit wunderbarem Ausblick. Im Chor der Kirche **S. Martino** (16./19. Jh.) sind spätgotische Fresken von Antonio da Tradate (1492) erhalten, das Altarbild (Hl. Martin) schuf Antonio Ciseri um 1860. Auf dem Friedhof ist E. M. Remarque (1898 – 1970) bestattet, der durch seinen Antikriegsroman »Im Westen nichts Neues« berühmt wurde. Gegenüber der Kirche die **Casa Ciseri** (ursprünglich 17. Jh.), Geburts- und Wohnhaus des Malers A. Ciseri (1821 –1891), der die »Grablegung« in der Madonna del Sasso (▶ Locarno) schuf. In der schlichten Kapelle **S. Maria delle Grazie** (1712) oberhalb der Kirche sind Fresken von G. A. F. Orelli (um 1730) zu sehen. Ein steiler Treppenweg mit 800 Stufen, die »Himmelsleiter«,

* Ronco

führt hinunter nach **Porto Ronco** (Schiffe zur Isola Grande, s. u.). Der Aufstieg zur **Corona dei Pinci** (1293 m, ca. 3.30 Std.) wird mit einer großartigen Aussicht belohnt: über den Lago Maggiore mit den Brissago-Inseln, nordwestlich ins Centovalli und über das Onserone-Tal hinweg ins Val di Vergeletto. Das malerische Bergdorf **Fontana Martina** ca. 2 km südwestlich von Ronco war verlassen, als es der Schweizer Buchdrucker Fritz Jordi 1923 erwarb, um eine Künstlerkommune einzurichten; aus ihr ist ein beliebter Ferienort geworden.

Brissago Zigarrenfreunden ist der letzte Schweizer Ort (1800 Einw.) vor der Grenze ein Begriff. Seit der Mitte des 19. Jh.s werden hier die langen, dünnen **Virginias »Brissago«** und andere Glimmstengel hergestellt (die alte Fabrik wird heute als Centro Dannemann für Events genützt, normale Besucher können hier die Welt der Dannemann-Zigarren kennenlernen). Mittelpunkt des alten Dorfs ist die Kirche **SS. Pietro e Paolo** (1526 – 1610); innen sind der geschnitzte Orgelprospekt (1697) und ein Kruzifix aus dem 16. Jh. beachtenswert. Die nahe **Casa Branca** (Palazzo Baccalà) wurde um 1750 für die Kaufmannsfamilie Branca erbaut; das Fresko unter der Loggia an der Seefront wird B. A. Orelli zugeschrieben. Ein Museum erinnert hier an Ruggiero Leoncavallo, den Komponisten des »Bajazzo« (I Pagliacci, 1892), der lange in Brissago lebte. Die Kirche **S. Maria di Ponte** am südlichen Ortsrand, am Seeufer, ist eines der wichtigsten Beispiele

Lago Maggiore erleben

AUSKUNFT
▶Ascona, ▶Locarno, ▶Tessin

SCHIFFSVERKEHR
Die Schiffe und Tragflügelboote (Aliscafi, Reservierung notwendig) der Navigazione Lago Maggiore (▶S. l) fahren Mitte März – Mitte Okt. zwischen Locarno und Arona, ganzjährig zwischen Magadino und Locarno. Autofähre Intra – Laveno.

ESSEN
Osteria Borei ❻-❻❻
Brissago-Piodina, Via Ghiridone
Tel. 091 793 01 95, Do. geschl.
Mit grandiosem Panorama hoch über dem See gelegener familiärer Grotto mit echter Tessiner Hausfrauenküche.

Della Posta ❻❻
Ronco sopra Ascona, Via Ciseri 9
Tel. 091 791 84 70, Mo. geschl.
http://www.ristorantedellaposta.ch
Tessiner und mediterrane Küche mit Schwerpunkt Fisch. Herrliche Terrasse über dem See. Mit großzügigen, komfortablen Zimmern (mittlere Preise).

ÜBERNACHTEN
Hotel Rivabella ❻
Brissago, Via R. Leoncavallo 43
Tel. 091 793 11 37
www.rivabellaaulac.ch
Familiäres Haus am See nahe der Schiffsanlegestelle. Schöne Frühstücksterrasse, kein Restaurant. Mit prachtvollem Palmenpark und eigener Liegewiese.

der lombardischen Renaissance in der Schweiz (Giovanni Beretta aus Brissago, 1528). Ihr schönes Portal stammt von Berettas Sohn Pietro. Innen sind der Buntmarmoraltar in der Nordkapelle (G. P. Fossati, 1686) und das Chorfresko der Himmelfahrt Mariä (1569) beachtenswert. In der Wallfahrtskapelle **Sacro Monte dell'Addolorata** oberhalb von Brissago sind Fresken von G. Orelli zu sehen. Man erreicht sie auf dem von der Via Leoncavallo abgehenden Kreuzweg.

Der herrliche **Parco Botanico** del Cantone Ticino auf der Isola Grande ist ein beliebtes Ausflugsziel. Knapp 1 km vor Porto Ronco liegen die beiden langgestreckten Inselchen **Isola Grande** (Isola di San Pancrazio) und **Isolino** (»Inselchen«).   *Isole di Brissago*

Im 13. Jh. hatte sich der Bettelorden der Humiliaten auf den Inseln niedergelassen, 1571 wurde das Kloster aufgehoben, die Gebäude verfielen. 1885 erwarb Baronessa Antoinette de St-Léger die Inseln, legte auf der Isola Grande einen einzigartigen Garten an und sorgte für ein reges kulturelles Leben. 1927 errichtete der Hamburger Kaufhausbesitzer Max Emden hier eine prachtvolle Villa, in der man nächtigen und Hochzeit feiern kann (www.isole brissago.ch). Sehr hübsch sitzt man auf der Terrasse des Ristorante Isole di Brissago. Schiffe fahren von Porto Ronco (halbstündlich), Brissago, Ascona und Locarno zur Isola Grande.

Parco Botanico: März – Mitte Okt. tgl. 9.00 – 18.00 Uhr, Eintritt 8 CHF

Blick von Ronco auf die Brissago-Inseln

Von Vira am Nordosteck des Sees führt eine schöne Bergstraße zum Sattel zwischen Monte Tamaro und Monte Gambarogno. Weiter südlich ist das Bergdorf **Indemini** an der italienischen Grenze (942 m) mit seinen 40 Einwohnern einen Abstecher wert. Vom erwähnten Sattel steigt man in knapp 3 Std. zum Monte Tamaro auf (1962 m, herrlicher Ausblick). Weiter in 1 Std. hinunter zur **Alpe Foppa** mit der atemberaubend in die Landschaft gebauten Kapelle ****Santa Maria degli Angeli** (Mario Botta, 1996). Eine Seilbahn verbindet die Alpe Foppa mit Rivera südlich des Monte Ceneri. Klassisch ist die Gratwanderung vom Monte Tamaro südlich zum ***Monte Lema** (ca. 5 Std., auch hier grandioser Blick). Seilbahn nach Miglieglia (751 m).   *Monte Tamaro*

* Lausanne

J 5

Kanton: Waadt · Vaud
Höhe: 372 – 647 m ü. d. M.

Einwohner:
129 400

Die herrliche Lage am Nordufer des Genfersees – der »Schweizer Riviera« –, eine zauberhafte Altstadt mit einer der schönsten Kathedralen der Schweiz und eine internationale Atmosphäre zeichnen die Metropole des Waadtlands aus.

Lausanne ist Sitz internationaler Sportverbände (z. B. IOC) und des höchsten Gerichts der Schweiz (Bundesgericht), im Herbst findet die Verbrauchermesse Comptoir Suisse statt, die berühmte Hotelfachschule ist die älteste der Welt. Die Universität, die aus der 1537 gegründeten Akademie hervorging, ist mit der Eidgenössischen Technischen Hochschule im modernen Campus im westlichen Vorort Dorigny angesiedelt. Von den großen Firmen, die Verwaltungs- oder Forschungseinrichtungen in Lausanne haben, seien Kodak, Alcoa, Nestlé, Philip Morris, Reynolds und TetraPak genannt; auch Weinbau und Weinhandel spielen eine Rolle. Säulen des Kulturlebens sind Oper und Stadttheater, das Orchester und die Balletttruppe von Maurice Béjart († 2007). Sehr reizvoll, wenn auch komplex, ist Lausanne auch durch seine Topografie: Vom Hafenviertel Ouchy (372 m) zieht es sich über drei Hügel und Taleinschnitte bis zum fast 300 m höher

Steile Gassen und Treppen steigen zur Cité mit der Kathedrale an.

liegenden Signal de Sauvabelin hinauf. Neben atmosphärereichen Einkaufsstraßen wie der Rue du Bourg tragen herrliche Parks – mit schönem Blick über den See – zum Ambiente bei.

Ein wenig Geschichte

An der Mündung des Flon bestand eine keltische Siedlung, später das römische Lusonna. Um 590 wurde der Bischofssitz von Avenches hierher verlegt, und ab 1011 war der Bischof auch Graf der Waadt und Herr der Stadt. Der Ort gehörte wie Genf nacheinander den Burgundern, den Franken und dem burgundischen Reich, 1033 fiel er an das deutsche Kaiserreich, im 15. Jh. wurde er zur freien Reichsstadt erhoben. 1536 eroberten die Berner das Waadtland und führten kurz darauf die Reformation ein. Nach dem erfolglosen Aufstand des Majors Davel 1723 wurde das Land 1798 als République Lémanique von Napoleons Gnaden selbständig, und 1803 trat es als 19. Kanton der Schweizerischen Eidgenossenschaft bei. Seit 1915 ist Lausanne Sitz des Internationalen Olympischen Komitees.

BOURG · PALUD · ST-LAURENT

Verkehrsdrehscheibe in der Oberstadt ist die Place St-François im alten Quartier du Bourg. Hier steht die Kirche **St-François** (um 1260, Turm um 1400; im Chor schöne Glasgemälde, 1907), unweit östlich ist der hübsche Park **Derrière Bourg** (schöne Aussicht) zu finden.

Place St-François

Nördlich schließt **Palud** an, das Marktviertel, das sich als Erweiterung der Cité im 9. Jh. entwickelte; Mi. und Sa. vormittags wird hier **Markt** gehalten. An der stimmungsvollen Place de la Palud mit dem Gerechtigkeitsbrunnen (1557, Kopie) steht das **Rathaus** aus der Renaissance (1675, 18./19. Jh.); zu beachten sind die Glasmalereien (16. Jh.) und eine Allegorie der Gerechtigkeit an der Turmuhr. Gedeckte Treppen und schmale Gassen führen hinauf zur Kathedrale (s. u.).

❗ BAEDEKER TIPP

Shopping in Lausanne

Schickste Einkaufsstraße ist die Rue de Bourg, die bei St-François beginnt. In der Rue Centrale ist die Confiserie Maier zu finden, Heimstatt der legendären Maierli-Pralinés, auch der »Globus« ist für seine Landesspezialitäten einen Blick wert. Mode-, Wein- und Feinkostläden – wie La Ferme Vaudoise – gruppieren sich an der und um die Place de la Palud.

Das mächtige Palais de Rumine (1906) beherbergt die Kantons- und Universitätsbibliothek sowie mehrere Museen. Das **Kunstmuseum** (Musée des Beaux-Arts) besitzt Gemälde Schweizer Künstler des 18. – 20. Jh.s (G. Giacometti, Vallotton, Hodler, Soutter, Disler) und einiger Franzosen (Cézanne, Utrillo u. a.). Das **Archäologische Museum** verwahrt Funde aus der Waadt und ein Kabinett mit Münzen von der römischen Antike bis zur Eidgenossenschaft. Die naturwissenschaftlichen Einrichtungen umfassen ein zoologisches (besonders interessant ist die **»Kryptozoologie«** zu Rätseln wie dem Yeti und dem Ungeheuer von Loch Ness) und ein geologisches Museum.

Palais de Rumine

Musée des Beaux-Arts: Di., Mi., Fr. 11.00 – 18.00, Do. bis 20.00, Fr. – So. bis 17.00 Uhr, Eintritt 10 CHF

Musée d'Archéologie und Musée de Zoologie: Di. – Do. 11.00 – 18.00, Fr. – So. bis 17.00 Uhr, Eintritt jeweils 6 CHF

Im Quartier St-Laurent ist die gleichnamige protestantische Kirche interessant, erbaut bis 1719 auf den Resten einer Kirche aus dem Jahr 1000; 1763 erhielt sie die – für Lausanne seltene – **barocke Fassade**.

St-Laurent

Lausanne

↗ **Collection de l'Art Brut, Palais de Beaulieu**

Place Chauderon

Pont Chauderon

Place de la Riponne

↖ **Signal de Sauvabelin, Villa Ermitage**

↑ **Musée de la Main**   **Moudon** ↑

2

Palais de Rumine

4

Musée de la Pipe

CITÉ

Théâtre

Bel-Air Métropole

Théâtre

U

St-Laurent

3

Cathédrale

Hôtel de Ville

Musée Historique

U

Caroline

Avenue de Béthusy

U

Avenue de

FLON

Avenue Jules Gonin

Av. Mercier

1

U

Rue Centrale

Piscine

Tribunal Fédéral

Casino

MONTBENON

Place St-François

✉ **St-François**

Rue de Bourg

Avenue Montrepos

Villa Perdonnet

Ferme Mon-Repos

Av. Louis Ruchonnet

R. du Petit-Chêne

Conservatoire de Musique

Av. du Théâtre

Rue Beau-Séjour

Opéra

MON REPOS

St-Rédempteur

Boulevard

de Grancy

U

Place de la Gare

Avenue de la Gare

✉

Synagogue

Av. Juste Olivier

Avenue des Alpes

Gare Centrale **i**

Ed. Dapples

d'Ouchy

Bibliothèque

Théâtre du Triangle

U

Av. de Cour

↑ **Dorigny**

Chemin des Mouettes

Avenue

Avenue

Avenue de Mont-Choisi

Avenue de Jurigoz

Chemin de Chandieu

Ch. de Fantaisie

Avenue

École d'Art

Rivage

du Servan

Av. Fantaisie

Chemin du Pont du Diable

La Vuachère

Avenue C. F. Ramuz

Musée de l'Elysée

Piscine l'Elysée

Chemin de Chamblandes

Avenue C. F. Re

Chemin de Champittet

OUCHY

Dorigny

U

1

Musée Olympique

Avenue du Denantou

Av. Général Guisan

U **i**
2

Château d'Ouchy

Place du Port

Quai de Belgique

Parc du Denantou

Port d'Ouchy

Bassin de Plaisance

Quai d'Ouchy

Lac Léman

Tour Haldimand

300 m

©**BAEDEKER**

Essen

1 La Grappa

2 Le Vaudois

3 Vieux Lausanne

4 L'Esquisse

Übernachten

1 Beau Rivage Palace

2 Au Lac

--- **U** --- Mé

CITÉ

Die prachtvolle frühgotische **Kathedrale Notre-Dame** – geweiht 1275 durch Papst Gregor X. in Gegenwart König Rudolfs von Habsburg – gilt als schönstes Bauwerk der Epoche in der Schweiz. Am Platz von Vorgängerbauten seit dem 6. Jh. – in der Krypta sind Reste einer **karolingischen Basilika** aus dem 8. Jh. erhalten – begann man 1173 mit den Arbeiten, und ab 1874 führte Viollet-le-Duc, der große französische Restaurator, eine umfassende Erneuerung durch. Aus dieser Zeit (1876) stammt auch der 75 m hohe Vierungsturm. Seit der Reformation 1536 ist die Kathedrale protestantische Kirche. Das **Hauptportal** (1515–1532) und das als »Apostelpforte« berühmte ***Südportal** (»Portal peint«, um 1220) zeigen bedeutenden Skulpturenschmuck. Der Innenraum wirkt sehr harmonisch, besonders eindrucksvoll ist der Blick nach vorn zum Chor. Im südlichen Querschiff beeindruckt die ***Fensterrose** (9 m Durchmesser) mit herrlichen Glasmalereien (»Das Weltall«), die vor 1235 entstanden und Pierre d'Arras zugeschrieben werden. In der **Makkabäerkapelle** ist ein großartiges Chorgestühl von 1509 zu sehen, im **Chor** der Rest eines frühgotischen Gestühls (um 1260, das älteste der Schweiz). Im Nordteil des Chorumgangs steht das Grabmal des Minnesängers Otto von Grandson († 1328). Im Sommer Orgelkonzerte Fr. 20.00 Uhr (z. T. gratis). Von der Terrasse vor der Kathedrale hat man einen schönen Ausblick. Lohnend ist auch die Besteigung des **Südturms**, von dem zwischen 22 und 2 Uhr ein Wächter die Stunden ausruft.

**Kathedrale

Das Rathaus inmitten der Altstadt

An die Terrasse schließt der ins 11. Jh. zurückgehende Palast an, in dem die Bischöfe von Lausanne bis ins 15. Jh. wohnten. Der erhaltene Festungsturm beherbergt das **Musée Historique** (u. a. Stadtentwicklung, Modell der Stadt im 17. Jh, Musikinstrumente). Nebenan ist das **Musée de Design et d'Arts Appliqués** (mudac) sehr sehenswert.

Ancien Evêché

Musée Historique: Di.–So. (Juli/Aug. auch Mo.) 11.00–18.00/17.00 Uhr, Eintritt 8 CHF
mudac: Place de la Cathédrale 6, Di.–So. (Juli/Aug. auch Mo.) 11.00–18.00 Uhr, Eintritt 10 CHF

Lausanne erleben

AUSKUNFT
Lausanne Tourisme
Av. de Rhodanie 2, 1000 Lausanne 6
Tel. 021 613 73 73
www.lausanne-tourisme.ch

STADTVERKEHR
Das Auf und Ab in der Stadt wird durch (Trolley-)Busse, Métro und Vorortbahnen erleichtert (SBB, LEB, Transports Publics de la Région Lausanne, www.t-l.ch). Hotelgäste erhalten die Transport Card zur kostenlosen Benützung des ÖPNV.

SCHIFFSVERKEHR
Vom Hafen Ouchy legen die Schiffe der CGN ab (▶S. l). In 35 Min. fährt man über den See nach Evian.

FESTE & EVENTS
Mai: Carnaval. Ende Juni: Stadtfest. Anf. Juli (9 Tage): Festival de la Cité. Mitte Sept.: Comptoir Suisse (Verbrauchermesse). Ende Okt.: Jazzfestival 11+.

ESSEN
❶ *La Grappa* ©©–©©©
Cheneau-de-Bourg 3, Tel. 021 323 07 60, Sa.mittag/So./Mo.mittag geschl. Historisches Haus in einer Seitengasse der Rue de Bourg, edles Ambiente mit großem Kamin. Das »klassische« Restaurant von Lausanne bietet heute eine sehr gute italienische Küche.

❷ *Le Vaudois* ©©
Lausanne, Place de la Riponne 1
Tel. 021 331 22 22, kein Ruhetag
Ein gediegenes, beliebtes Carnotzet (Waadtländer Brasserie bzw. Weinstube) mit herzhafter Bistro-Küche. Terrasse mit Blick auf die Kathedrale.

❸ *Vieux Lausanne* ©©
Lausanne, Rue Pierre-Viret 6
Tel. 021 323 53 90, So./Mo. geschl. Schönes Barockhaus von 1795, eine zuverlässige Adresse für französische und skandinavische Küche. Drei unterschiedliche, geschmackvolle Gaststuben; im Sommer Veranda nach hinten hinaus.

❹ *L'Esquisse* ©
Lausanne, Route du Signal 2
Tel. 021 320 50 07, So.abend und Mo. geschl., www.lesquisse.ch
Edles Bistro in traumhafter Lage: in der Orangerie der Villa Hermitage (▶S. 407). Eine Schiefertafel bildet die kleine Speisekarte, die Küche ist dennoch anspruchsvoll. Preiswerte Weine.

ÜBERNACHTEN
❶ *Beau Rivage Palace* ©©©©
Lausanne, Place du Port 17
Tel. 021 613 33 33, www.brp.ch
Traumhaftes Grandhotel von 1861 am Hafen mit Park und modernem Spa. Großzügige, prunkvolle Zimmer und Suiten. Im schlicht-modernen Restaurant begeistert die französische Drei-Sterne-Köchin Anne-Sophie Pic mit ebensolcher Küche. Zu »normalen« Preisen speist man hier im Café Beau-Rivage, im Miyako (japanisch) und im Terrasse.

❷ *Au Lac* ©©
Lausanne, Place de la Navigation 4
Tel. 021 613 15 00, www.aulac.ch
Malerisches Haus von Ende des 19. Jh.s wenige Schritte vom Hafen und von der Zahnradbahn, angenehme Zimmer, z. T. mit Balkon und Seeblick. Gemütliche Brasserie Le Pirate mit Fisch- und Fleischspezialitäten, Gartenterrasse.

Nördlich der Kathedrale (Rue Cité-Devant 7) liegt die Alte Akademie (1587), die erste Fakultät für reformierte Theologie in französischer Sprache in der Schweiz, und weiter nördlich das Schloss St-Maire (1397 – 1431), die »neue« Bischofsburg, 1536 –1798 Sitz der Berner Landvögte und seit 1803 der waadtländischen Kantonsregierung. Das Backstein-Obergeschoss zeigt norditalienischen Einfluss. Im Gang des Erdgeschosses sind allegorische Wandmalereien aus dem 15./16. Jh. erhalten.

Ancienne Académie Château St-Maire

ÖSTLICH UND NÖRDLICH DER CITÉ

Im Osten der Stadt lädt der herrliche, 1818 – 1826 angelegte Parc Mon-Repos zum Relaxen ein. Die gleichnamige Villa, in der Voltaire seinen »Zaïre« aufführte, ließ sich der Finanzier V. Perdonnet um 1820 umbauen. Im nahen Pavillon ein nettes Café, im Sommer gibt's abends Openair-Kino, handgemachte Musik u. a. Oberhalb des Parks steht der neoklassizistische Bau (1927) des **Schweizerischen Bundesgerichts** (Tribunal Fédéral Suisse). Sehenswert ist auch das Musée de la Main, das dem Thema »Die menschliche Hand in der Kunst« gewidmet ist (Rue du Bugnon 21).
Musée de la Main: Di. –Fr. 12.00 – 18.00, Sa., So. 11.00 – 18.00 Uhr, Eintritt 9 CHF

Mon-Repos

Zu Fuß geht man vom Schloss St-Maire in ca. 20 Min. auf die Höhe des Signal de Sauvabelin (647 m, **Aussichtsturm**) mit berühmtem Panorama. An der Route du Signal (Nr. 2) liegt in einem schönen Park die **Villa Hermitage**, die sich der Bankier C. Bugnion bis 1855 umgestalten ließ; die Fondation de l'Ermitage veranstaltet hier hervorragende Kunstausstellungen. Hinter dem Signal dehnt sich der 60 ha große, ab 1855 angelegte Park **Bois de Sauvabelin** aus, der mit kleinem See, Tierpark und Restaurant ausgestattet ist. Diverse Reptilien und anderes Getier, darunter die bedeutendste Sammlung an europäischen Giftschlangen, präsentiert das **Vivarium** am Nordrand des Parks (Chemin de Boissonet). 15 km nordwestlich liegen **Zoo und Tropicarium** von Servion (tgl. geöffnet).
Vivarium: tgl. 10.00 – 18.00 Uhr, Eintritt 12 CHF

*Signal de Sauvabelin

Im Nordwesten der Stadt (ca. 1 km von der Place de la Riponne, Avenue des Bergières 10) liegt das **Messe- und Kongresszentrum** des Palais de Beaulieu (1920/1954). Der Komplex umfasst außer Ausstellungsflächen (die bedeutendste und für alle interessante Messe ist der Comptoir Suisse, insbesondere mit seinen lukullischen Produkten des Landes), Kino und Restaurants auch einen Konzertsaal. Hier hat auch das ***Béjart Ballet Lausanne** sein Zuhause, das unter dem Choreografen Maurice Béjart (1927 – 2007) weltberühmt wurde.

Palais de Beaulieu

*Collection de l'Art Brut Eine in doppeltem Sinn fantastische Kunstsammlung beherbergt nebenan das stattliche, bis 1776 erbaute **Château de Beaulieu** (Avenue des Bergières 11), die von dem bekannten französischen Maler Jean Dubuffet initiierte Collection de l'Art Brut mit Werken sogenannter Außenseiter der Gesellschaft: Alpträume, Visionen, Obsessionen.
❶ Di.– So. 11.00 – 18.00 Uhr, Juli/August auch Mo., Eintritt 10 CHF

FLON · MONTBENON

Von der Place St-François führt der 180 m lange Viadukt **Grand-Pont** (1844) – hier schöner Blick über die Altstadt zur Kathedrale –

Place Bel-Air nordwestlich über das Tal der Flon zur Place Bel-Air mit dem 67 m hohen **Geschäftshaus Bel-Air** (1932, gilt als erstes Hochhaus der Schweiz) mit der Salle Métropole, einem hervorragenden Konzertsaal. Weiter nordwestlich ragt die 21 m hohe **Tour de l'Ale** (1340) auf, der einzige Rest der Stadtbefestigungen aus dem 14. Jahrhundert.

Flon Das Tal der Flon wurde 1874 – 1915 aufgefüllt und mit Lagerhäusern bebaut, eine eigenartige »Stadtlandschaft«, in der sich heute die alternative Kultur- und Kunstszene betätigt. Im Westen wird das Gelände vom 240 m langen **Pont Chauderon** begrenzt.

Montbenon Unterhalb liegt der zauberhafte Park **Esplanade de Montbenon** mit dem Casino, in dem Konzerte, Theateraufführungen und Tagungen stattfinden. Für Cineasten ist hier das ***Schweizerische Filmarchiv** ein Muss (www.cinematheque.ch); in drei Vorstellungen täglich sind interessante alte und neue Filme zu sehen.

Gare Centrale Im Hauptbahnhof (1916) hat Lausanne Tourismus ein Büro; die Métro, die Ouchy am See mit Flon und der Altstadt verbindet, hält hier.

OUCHY

Viertel am See Prächtige Hotelpaläste, schattige Uferpromenaden, große Bootshäfen und gepflegte Parks prägen Ouchy. Zwischen Altem Hafen und Sporthafen signalisiert ein Turm – Rest einer Festung aus dem 12./13. Jh. – das neogotische **Château d'Ouchy** (1893), heute Hotel mit schöner Brasserie; 1923 wurde hier der Friedensvertrag zwischen der Türkei und der Entente geschlossen. Am **Hôtel de l'Angleterre** (1880) erinnert eine Tafel an Lord Byron, der hier den »Gefangenen von Chillon« (►Montreux) schrieb. Als schönstes Grandhotel der Schweizer Riviera gilt das **Beau-Rivage Palace**; 1932 wurde hier der »Accord de Lausanne« unterzeichnet, eine Übereinkunft zur Regelung von Rechtsstreitigkeiten aus dem Krieg 1914 – 1918.

Vom Hafen verläuft eine Promenade ca. 1 km nach Osten zum Parc   **Quai d'Ouchy**
Denantou mit der **Tour Haldimand**, einer »romantischen« Turmruine von 1830. Man passiert den
Parc de l'Elysée mit einem spätbarocken Landhaus, in dem das
Musée de l'Elysée die Geschichte der Fotografie dokumentiert
(besonders wertvoll ist das Bild-
archiv von Charlie Chaplin), und
das **Musée Olympique**, in dem
man alles über die olympische Bewegung seit dem Gründer Pierre
de Coubertin erfährt.

Musée de l'Elysée: Di. – So.
11.00 – 18.00 Uhr, Eintritt 8 CHF
Musée Olympique: Wiedereröff-
nung für Ende 2013 vorgesehen.   **Lebhafte Cafés am Hafen von Ouchy**

Nordwestlich oberhalb von Ou-   **Jardin**
chy erstreckt sich auf dem Crêt de Montriond der lauschige Botani-   **Botanique**
sche Garten mit interessantem Alpinum, einem Pharmazeutischen
Garten und einem Arboretum.

VORORTE VON LAUSANNE

Im westlichen Vorort Vidy lag das gallo-römische **Lusonna**; südwest-   **Vidy**
lich des Kreisels am Beginn der Autobahn sind die Reste zu sehen.
Ein Park mit Sportanlagen zieht sich zum See mit dem Jachthafen.
Weiter westlich liegt das **Château de Vidy**, Sitz des IOCs. Archäo-
logische Funde sind im **Römischen Museum** ausgestellt (Chemin du
Bois-de-Vaux 24, nördlich der Autobahn; Mo. geschlossen). Dem
Chemin du Bois-de-Vaux nach Norden folgend gelangt man zum
Friedhof Bois-de-Vaux, einem großen Park mit beeindruckenden
Wandelalleen und dem Grab von **Pierre de Coubertin** (1863 – 1937).

Im vornehmen St-Sulpice ist die gleichnamige **Klosterkirche** aus   **Saint-Sulpice**
dem 11./12. Jh. zu beachten, ein »klassischer« romanischer Bau mit
drei Apsiden und massigem Vierungsturm, der zu einem Cluniazenserpriorat gehörte. **Crissier** nordwestlich von Lausanne ist berühmt für das Restaurant de l'Hotel de Ville, eines der besten der
Schweiz (bis 2012 Philippe Rochat, Tel. 021 634 05 05).

In Pully östlich von Ouchy – hier beginnen die **Weinberge des La-**   **Pully**
vaux (▶ Genfersee) – kann man am Quai de Milliquet oder im
Strandbad relaxen, nachdem man sich an der Place du Prieuré (frei-

tags Markt) die Reste einer **römischen Villa** aus dem 1. Jh. mit einem 16 m langen Fresko angesehen hat. Auf den Fundamenten des Landguts entstand später das Ortszentrum mit dem Priorat (gutes Restaurant, So./Mo. geschl.).

Römische Villa: April–Dez. So. 14.00–18.00 Uhr

Lenzerheide-Valbella

✴ H 23

Kanton: Graubünden
Höhe: Valbella 1476 m ü. d. M.

Einwohner:
2600

Südlich von ▸ Chur öffnet sich ein weites Hochtal, das mit Wiesen, Wäldern und einem See einer Parklandschaft gleicht: ein schöner Rahmen für geruhsame oder aktive Ferien.

Vom Fremdenverkehr »entdeckt« wurden die Dörfer Valbella und Lenzerheide (rätorom. Lai, Teile der Gemeinde Vaz), die sich um den Heidsee (1493 m) gruppieren, erst Mitte des 20. Jh.s; heute sind sie zusammengewachsen und bilden ein Ferienzentrum, für das die Berge der Umgebung – im Osten die Kette, die sich vom Parpaner Schwarzhorn (2683 m) über das Aroser Rothorn (2980 m) zum Lenzerhorn (2906 m) hinzieht, im Westen Dreibündenstein (2160 m), Faulberg (2572 m), Stätzerhorn (2574 m) und Piz Scalottas (2322 m) – die natürliche »Infrastruktur« bilden.

Idyllischer Platz: der Heidsee

Von der Lenzerheide fährt eine Sesselbahn über Tgantieni (1793 m) zum **Piz Scalottas**, in Valbella liegt die Talstation der Kabinenbahn über die Alp Scharmoin (1900 m) auf das **Parpaner Rothorn**. Ein Netz markierter Wanderwege erschließt Berg und Tal, für Biker sind 250 km Routen signalisiert. Der 18-Loch-Golfplatz in Lenzerheide gehört zu den schönsten in Europa. Im Winter finden Skifahrer und Snowboarder ein Revier zwischen 1230 und 2865 m mit 155 km Pisten. Für Langläufer stehen Loipen von Parpan bis Lantsch (Lenz) zur Verfügung. Rodeln (u. a. von der Station Scharmoin, 3,8 km), Eisstockschießen, Pferdeschlittenfahrten u. v. a. runden das Angebot ab. Zu den Highlights gehört die längste ganzjährig befahrbare **Rodelbahn** der Welt nach Churwalden und für Kinder der 7 km lange Globi-Wanderweg mit vielfältigen Erfahrungs- und Lernangeboten. Das **Sportzentrum** umfasst eine Eishalle und Fitnesseinrichtungen; das 2009 eröffnete Wellnessbad **H2Lai** ist mit 35 °C warmem Wassser, Außenpool, Sauna etc. Balsam für die Seele.

Bergbahnen und Aktivurlaub

> ! **Bündner Fleisch und Salsiz**
>
> **BAEDEKER TIPP**
>
> Im Rabiusa-Tal sind einige Trocknereien ansässig, die das Fleisch von Rind, Schwein und Wild köstlich veredeln. Man kann sich z. B. in der Fleischtrocknerei Grischuna in Churwalden und bei Jörg Brügger in Parpan mit Bündner Fleisch oder Hirschsalsiz versorgen, Führungen machen mit der Herstellung vertraut

VON CHUR NACH TIEFENCASTEL

Im engen Tal der **Rabiusa** steigt die Straße rasch nach Churwalden an (1280 m, 2100 Einw.). In der Kirche des einstigen **Prämonstratenserklosters** (15. Jh.) sind Fresken des Waltensburger Meisters (▶S. 501) erhalten; grandios der über 7 m hohe Hochaltar (1477) mit einem geschnitzten Retabel aus einer Ulmer Werkstatt, ungewöhnlich ist auch der Lettner. Im Turm tickt die älteste datierte Großuhr Graubündens. Sessellifte führen zur **Alp Stätz** (1824 m) und zur **Alp Pradaschier** (1817 m), Ausgangspunkt der 3 km langen, spurgeführten Sommer-Winter-Rodelbahn.

Churwalden

In Parpan (1511 m, 300 Einw.) am Fuß des Rothorns sind alte Herrenhäuser zu sehen, darunter das **Schlössli** aus dem 16./17. Jh., und der frei auf einer Anhöhe stehende **Kirchturm** (16. Jh.). Die deutschrätoromanische Sprachgrenze bildet der Pass **Acl' Alva** (1549 m), der auch Valbellasattel oder Lenzerheidepass genannt wird. Von hier hat man einen schönen Blick ins ▶Oberhalbstein.

Parpan

Ein Sträßchen führt südwestlich nach Lain, Muldain und Zorten. Die 1677 geweihte Kirche **St. Johannes Baptista in Muldain** besitzt schönen Stuck, eine prächtige geschnitzte Kanzel und in der Vorhal-

Lain, Muldain, Zorten

Lenzerheide-Valbella erleben

AUSKUNFT
Ferienregion Lenzerheide
Voa Principala 37, 7078 Lenzerheide
Tel. 081 385 57 00
www.lenzerheide.com

ÜBERNACHTEN/ESSEN
Guarda Val ⊖⊖⊖–⊖⊖⊖⊖
Lenzerheide-Sporz
Tel. 081 385 85 85, www.guardaval.ch
Von außen ein altes Maiensäss – eine
Frühlingsalpe mit mehreren Gebäuden
– oberhalb von Lenzerheide, innen ein

luxuriöses Romantik-Hotel mit großzügigen alpinen Zimmern. Entsprechend gemütliches, edles Restaurant; preisgünstiger speist man im Crap Naros.

Hotel Seehof Valbella ⊖⊖
Valbella, Voa davos Lai 26, Tel. 081
384 35 35, www.seehof-valbella.ch
Am Heidsee gelegenes modernes Haus,
großzügige Zimmer mit Balkon. Gutbürgerliches Restaurant mit mehreren Stuben und Terrasse. Viele Freizeitmöglich-
keiten in der Nähe.

le einen bemalten Dachhimmel. Über frühere Lebensweisen unterrichtet das **Museum Local in Zorten**. Setzt man die Fahrt fort, gelangt man in die von der Albula durchflossene wilde *✴Schin-Schlucht**.

Lenz / Lantsch Verlässt man Lenzerheide auf der Hauptstraße nach Süden, passiert
man den Golfplatz sowie den Naturschutzpark Bual und gelangt
nach Lantsch (Lenz, 1320 m). Die westlich außerhalb stehende
Marienkirche (schöner Ausblick) besitzt Fresken aus dem 14. Jh.
und einen überreichen spätgotischen Flügelaltar von 1479. Ihr Friedhof ist berühmt für seine schmiedeeisernen Kreuze aus Gotik, Renaissance und Barock. 2 km hinter Lantsch liegt rechts unterhalb der
sagenhafte »Rütli Graubündens«, der Hof **Vazerol**, wo angeblich
1471 der Pakt der Drei Bünde beschworen wurde. In **Tiefencastel**
(▶Oberhalbstein) gehen die Straßen über den Julierpass nach Silvaplana und den Albulapass nach La Punt Chamues-ch ab (▶Engadin).

Leukerbad

✴ L 11

Kanton: Wallis · Valais	**Einwohner:**
Höhe: 1411 m ü. d. M.	1600

**Eine beeindruckende Felskulisse umgibt den renommierten
Walliser Kurort Leukerbad nördlich des Rhonetals.**

Leukerbad (frz. Loèche-les-Bains) kann stolz sein auf seine Lage in
einem nach Süden offenen Kessel, der von den schroffen Wänden der

Leeshörner und der Plattenhörner sowie vom Torrenthorn gebildet wird. Wer hier Ferien machen will, darf jedoch vor banalen Appartementhäusern, die einen Großteil des Jahres nicht genützt werden, vor Beton und Tiefgaragen keine Scheu haben. Oder er muss die Heilkraft der seit Jahrhunderten geschätzten Quellen suchen: Die älteste Urkunde von »Baden« – so hieß das Dorf früher – stammt von 1315. Das 48 – 51 °C warme Calciumsulfat-Heilwasser wird bei Rheuma und Lähmungen verwendet. Leukerbad besitzt sechs öffentliche Bäder mit Innen- und Außenbecken (darunter das Burgerbad, die größte Anlage in den Alpen), ein Solebad, eine Rheuma- und Rehabilitationsklinik sowie eine Klinik für neurologische Rehabilitation. Das wenig spektakuläre Skisportgebiet liegt am Torrenthorn, Bahnen und Lifte bringen bis in 2610 m Höhe.

Von Leuk in Rhonetal kommend trifft man zunächst auf das **Burgerbad** (Parkhaus). Weiter geht es zum **Rathaus** (Tourismusbüro) und zur Brücke über die Dala; jenseits eine Gruppe alter Holzhäuser, rechs führt die **Kirchgasse** durch das recht gemütliche Ortszentrum (Pfarrkirche von 1864) zum **Dorfplatz**, der noch ein wenig alte Kurortatmosphäre ahnen lässt (Hotels Maison Blanche, De France); nebenan setzt die **Alpentherme** wieder einen modernen Akzent.

Ortsbild

UMGEBUNG VON LEUKERBAD

Der Gemmipass (2316 m) ist ein wichtiger Übergang ins Berner Oberland, den Händler und Viehherden jahrhundertelang nutzten. An der **600 m hohen Felswand** führt ein 1739 – 1741 angelegter, in

**Gemmipass

Relaxen im Burgerbad vor eindrücklicher Bergkulisse

Leukerbad erleben

AUSKUNFT
Leukerbad Tourismus
Rathaus, 3954 Leukerbad
Tel. 027 472 71 71, www.leukerbad.ch

FESTE & EVENTS
1. Juli-Wochenende: Internationales Literaturfestival.Um den 20. Juli: Mittelerdefest. Letzter Juli-So.: Schäferfest am Daubensee auf der Gemmi. Um den 10. Sept.: Schafabzug auf dem Gemmiweg.

ÜBERNACHTEN / ESSEN
Les Sources des Alpes ⓖⓖⓖⓖ
Leukerbad, Tuftstrasse 17
Tel. 027 472 20 00

www.sourcesdesalpes.ch
Ein kleines Juwel aus dem 19. Jh. mit überaus großzügigen Zimmern und Suiten, erstklassigem Restaurant »La Malvoisie«, Wellness- und Therapie-Abteilungen mit Innen- und Außen-thermalbad.

De la Croix-Fédérale ⓖ-ⓖⓖ
Leukerbad, Kirchstrasse 43
Tel. 027 472 79 79
www.croix-federale.ch
Modernes Haus im Chalet-Stil im Zentrum nächst Kirche und Alpentherme, einfache rustikale Zimmer. Mit Restaurant »Walliser Kanne« und Pizzeria.

doppeltem Sinn atemberaubender Weg hinauf (3 Std. von Leukerbad). Die Seilschwebebahn braucht 5 Minuten zum **Berghotel Wildstrubel** (mit Aussichtsplattform über dem 300 m tiefen Abgrund). Vom Pass geht man in 1.15 Std. am **Daubensee** entlang zum Hotel Schwarenbach (Weiteres ▶ Frutigland, S. 321).

***Torrenthorn**   Zum modernen Panoramarestaurant **Rinderhütte** (2315 m) führen von Leukerbad die Torrentbahn und von Albinenleitern die Flaschen-Bahnen hinauf. Am Berghotel Torrenthorn (2459 m) vorbei gelangt man in 2.30 Std. aufs **Torrenthorn** (2998 m), die »Rigi des Wallis« mit fantastischer Sicht auf die Gemmiwand und die Walliser Alpen mit 20 Viertausendern (Rückweg 1.30 Std.).

Dala-Schlucht   Hoch über der Dala-Schlucht (imposanter Thermalquellen-Steg)
Albinen   liegt das alte Dorf Albinen (260 Einw.), dessen dichtgedrängte Häuser einheitlich mit dem Giebel zum Tal ausgerichtet sind. Ein kühner **Leiternweg** an 100 m hoher Felswand verbindet mit Leukerbad.

Leuk   Über der Rhone, am Eingang der Dala-Schlucht, liegt der französisch wirkende Bezirkshauptort **Leuk** (725 m, 3400 Einw.), einst Sommersitz des Bischofs von Sitten. Zum Tal hin grüßen der **Turm der Viztume** (1543 von Ulrich Ruffiner erweitert, heute Rathaus) und das **Bischofsschloss** (1254 erstmals erwähnt, 1457 neu erbaut), das von Mario Botta zum Kulturzentrum umgebaut und schon als solches genützt wird; auch die gläserne Bischofsmütze ist schon aufgesetzt.

Ab 1497 entstand die katholische Pfarrkirche **St. Stephan** (Turm 12. Jh.); zu beachten sind die Kanzel von 1679, der Altar im Seitenschiff (1668) und das Beinhaus. Einen Blick lohnt der Herrensitz der Familie von Werra aus dem 16./17. Jh. an der Straße in Richtung Varen. Oberhalb Leuk ragen **Antennenschüsseln** in den Himmel, die teils der Firma Signalhorn gehören, einer Tochterfirma von General Electric, teils dem Abhörsystem Onyx des Schweizer Staatsschutzes.

Die Ringackerkapelle (1694) unterhalb von Leuk gilt mit ihrer überschwenglichen Ausstattung als eine der schönsten Barockkirchen im Wallis. Der monumentale Hochaltar (1705) stammt von J. Ritter und J. Sigristen, beeindruckend ist auch die Carlen-Orgel von 1722.

***Ringacker-
kapelle**

Liechtenstein

✦ E/F 22/23

Fläche: 160 km²
Hauptstadt: Vaduz   Einwohner:
Höhe: 430 – 2599 m ü. d. M.   36 600

Zwischen dem Kanton St. Gallen und dem österreichischen Bundesland Vorarlberg liegt das Fürstentum Liechtenstein, einer der kleinsten, aber reichsten selbständigen Staaten der Erde. Ein Abstecher hierher lohnt sich vor allem für Kunstliebhaber, Wanderfreunde und Winterurlauber.

Das 24,8 km lange und 12,5 km breite Liechtenstein ist topografisch zweigeteilt: Aus der ca. 430 m ü. d. M. liegenden Ebene des Rheintals steigt es nach Osten steil zum Rätikon an; in der Grauspitz, dem höchsten Berg, erreicht es 2599 m. Zu zwei Dritteln besteht der Staat aus Gebirge, rund 40 % der Fläche sind bewaldet. 35 % werden landwirtschaftlich genutzt, doch ist nur noch 1 % der Erwerbstätigen im Agrarbereich beschäftigt. Reich geworden ist Liechtenstein, dessen Bewohner über eines der höchsten Pro-Kopf-Einkommen der Welt verfügen (monatliches Bruttoeinkommen rund 6000 CHF), als Industriestandort (z. B. Hilti, Hilcona, Oerlikon) und als internationaler Finanzplatz. Wegen der günstigen Steuergesetze und des Bankgeheimnisses siedelten sich hier zahlreiche Briefkastenfirmen und Stiftungen an. Nachdem die internationale Steuerhinterziehung, an der Liechtensteiner Banken (darunter die fürstliche LTG) Milliarden verdienten, 2008 aufgeflogen war, fährt man heute eine »Weißgeldstrategie« mit Doppelbesteuerungsabkommen und Aufhebung des Bankgeheimnisses. Mit dem Effekt, dass viele Anleger abwanderten und die Finanzwirtschaft, die einst ca. 30 % des Bruttosozialprodukts beisteuerte, kräftig schrumpft; der Staatsetat weist heute trotz der

**Land und
Leute**

Staatsflagge

Wirtschaftskraft ein beachtliches Minus auf. Bei ca. 36 000 Einwohnern verfügt Liechtenstein über ca. 3600 Unternehmen mit 34 000 Arbeitsplätzen, was bedeutet, dass fast 70 % der Arbeitnehmer aus dem Ausland einpendelt. Die Amtssprache ist Deutsch, im Alltag spricht man einen alemannischen Dialekt. Ausländer – vor allem Schweizer, Österreicher und Deutsche – machen rund ein Drittel der Bevölkerung aus. Währung ist der Schweizer Franken. Die Briefmarken, die das Fürstentum herausgibt, sind weltweit begehrt.

Ein wenig Geschichte

Die Geschichte des Fürstentums am Rhein begann 1342, als aus der Linie der Grafen von Montfort die Grafschaft Vaduz entstand; ein weiteres wichtiges Datum ist 1396, als die Grafschaft Vaduz reichsunmittelbar wurde. 1699 erwarb Fürst Hans Adam – aus altem niederösterreichischem Adel mit großen Besitzungen in Mähren – die Herrschaft Schellenberg, 1712 Vaduz. 1719 erhob Kaiser Karl VI. die Herrschaften zum unmittelbaren Reichsfürstentum Liechtenstein. 1806 schloss Napoleon das Fürstentum dem Rheinbund an; 1815 trat Liechtenstein dem Deutschen Bund bei, dem es als souveräner Staat bis zu dessen Zerfall 1866 angehörte. In dieser Zeit näherte sich Liechtenstein dem Nachbarn Österreich-Ungarn an, mit dem es 1852 – 1919 ein Zoll- und Steuergebiet bildete. Erst im 20. Jh. siedelte das Fürstenhaus an den Alpenrhein um. 1923 ging es, das 1918 mit der K.-u.-k.-Monarchie seinen wichtigsten Partner verloren hatte, mit der Schweiz eine Zoll- und Währungsunion ein, und 1938 verlegte Franz Josef II. seinen Wohnsitz nach Vaduz. Im Zweiten Weltkrieg blieb das Land, das sein Militär 1868 aufgelöst hatte, neutral. Seit 1989 regiert Fürst Hans Adam II. (*1945), der 2004 seinen Sohn Alois Philipp Maria (*1968, vermählt mit Prinzessin Sophie von Bayern) zu seinem Stellvertreter – faktisch Staatsoberhaupt – bestimmte. 2003 hatte er unter der Drohung, den Staat zu verlassen, von seinem Volk eine Verfassung bestätigen lassen, die ihm praktisch absolutistische Befugnisse einräumt und den Anforderungen des Europarats bezüglich demokratischer Rechte nicht genügt. 1997 wurde der ultrakonservative Wolfgang Haas, der als Bischof von ▶Chur für Aufruhr gesorgt hatte, Erzbischof des neu gegründeten, nur dem Papst unterstellten Erzbistums Liechtenstein; seitdem ist es ein Magnet für entsprechend gesinnte Kleriker aus ganz Europa.

Staatswappen

Verfassungsorgane und Mitgliedschaften

Das Fürstentum Liechtenstein ist seit 1921 eine in männlicher Linie erbliche konstitutionelle Monarchie. Das Parlament (Landtag) besteht aus 25 für vier Jahre gewählten Abgeordneten. Durch Initiativen und Referenden kann die Bevölkerung auf die Gesetzgebung einwirken. Liechtenstein ist Mitglied des Europarats, der Europäischen Freihandelszone (EFTA), der Vereinten Nationen (UN), des Europäischen Wirtschaftsraums (EWR) und der Welthandelsorganisation (WTO); es strebt die EU-Mitgliedschaft an.

Hier residieren die Fürsten von Liechtenstein: Schloss Vaduz

VADUZ

Vaduz (460 m, 5200 Einw.), Residenz und Regierungssitz des Fürstentums, ist auch Zentrum des Fremdenverkehrs. Leider hat dem
einst netten Städtchen, das mit seinen **Rebbergen** eher den Eindruck
eines Weinbaudorfs macht(e), geschmacklose neuzeitliche Zweck-
architektur fast den Garaus gemacht. Zwischen dem Rathaus im Norden und der neogotischen Pfarrkirche St. Florin im Süden (1873, seit
1997 Kathedrale) verläuft die autofreie Hauptstraße **Städtle**, an der
die meisten interessanten Punkte liegen.

Das im Jahr 2000 eröffnete Kunstmuseum gehört zu den wichtigeren   ***Kunst-**
Häusern in Europa. Entworfen wurde der strenge **Kubus** aus schwarz   **museum**
gefärbtem Zement und schwarzem Basalt von den Schweizern   **Liechtenstein**
M. Morger, H. Degelo und C. Kerez. In Wechselausstellungen wird
moderne und zeitgenössische Kunst präsentiert, v. a. Skulpturen, Objekte und Installationen; Schwerpunkte sind Arte Povera, Rationalis-
ten und Minimalisten. Hin und wieder sind Werke aus der Sammlung des Fürsten zu sehen, eine der bedeutendsten Privatsammlungen
der Welt, ansässig im Wiener Palais Liechtenstein.
❶ Di. – So. 10.00 – 17.00, Do. bis 20.00 Uhr, Eintritt 12 CHF

Im »Engländerbau« von 1933 (Städtle 37) dokumentiert das seit 1930   **Weitere**
bestehende **Postmuseum** die berühmten Briefmarken des Landes.   **Sehenswür-**
Nebenan das Liechtenstein Center (Touristeninfo). Das historische   **digkeiten**
Gasthaus Zum Hirschen (Städtle 43) beherbergt das Liechtensteini-

Liechtenstein erleben

AUSKUNFT
Liechtenstein Center
Städtle 38, FL-9490 Vaduz
Tel. +423 239 63 63, www.tourismus.li

FESTE & EVENTS
Anf. Juli: Openair-Pop in Schaan. Juli:
Openair-Filmfest in Vaduz. 15. Aug.:
Staatsfeiertag mit Feuerwerk (in Vaduz
sind die meisten Straßen gesperrt).
Musik, Kabarett usw. gibt's im Schlössle-
keller Vaduz (Fürst-Franz-Josef-Str. 68,
www.schloesslekeller.li).

ESSEN
Torkel ©©–©©©
Vaduz, Hintergass 9
Tel. +423 232 44 10

Historisches Haus im fürstlichen Hera-
wingert. Auf der wohl schönsten Terrasse des Landes kann man sich vorzüglichen Süßwasserfisch und moderne
Hausmannskost schmecken lassen. Über
500 Weine, v. a. aus der Hofkellerei.
So. und Ende Dez.–März geschl.

ÜBERNACHTEN
Sonnenhof ©©©–©©©©
Vaduz, Mareestrasse 29
Tel. +423 239 02 02, www.sonnenhof.li
Vornehm-gemütliches Hotel mit traum-
haftem Blick (auch von der Veranda des
Restaurants), absolut ruhig in einem
schönen Park im Villenviertel gelegen.
Mit michelinbesterntem Restaurant und
diversen Wellnessangeboten.

sche **Landesmuseum**, das archäologische, historische und volkskundliche Aspekte berücksichtigt. Es folgen das kühne neue **Land-
tagsgebäude** (2008) und das Regierungsgebäude von 1905, dann
das Amtshaus (um 1550), in dem der Komponist **J. G. von Rheinberger** (1839 – 1901) geboren wurde; Autographen, Ausgaben und
Literatur von und über Rheinberger werden hier aufbewahrt. Am
nördlichen Stadtrand ist das spätmittelalterliche **Rote Haus** mit
Turm im Abtswingert nicht zu übersehen, angebaut ist der alte Torkel. Unbedingt sehenswert ist das **FIS-Ski-Museum** (Fabrikstr. 5).
Postmuseum: 10.00 – 12.00, 13.00 – 17.00 Uhr, Eintritt frei
Landesmuseum: Di. – So. 10.00 – 17.00, Mi. bis 20.00 Uhr, Eintritt 8 CHF
FIS-Ski-Museum: Mo. – Fr. 14.00 – 18.00 Uhr, Eintritt 6 CHF

Schloss Vaduz Östlich über der Stadt thront das **Schloss Vaduz**, der Wohnsitz der
Fürstenfamilie (nicht zugänglich). Seine Anfänge reichen ins 12. Jh.
zurück; den ältesten Teil bilden der Bergfried und die Ostseite. Nachdem die Eidgenossen im Schwabenkrieg 1499 das Schloss in Brand
gesteckt hatten, wurden anfangs des 16. Jh.s die Rundbastionen im
Nordosten und im Südwesten angelegt. Die Westseite erhielt ihr Aussehen im 17. Jh. Oberhalb des Schlosses beginnt ein Wanderweg zur
Ruine Wildschloss (30 Min., herrliche Aussicht). Noch 1 Stunde
braucht man vom Schloss hinauf zum alten Walser-Weiler **Hinder
Prufatscheng** (1107 m).

WEITERE ORTE IN LIECHTENSTEIN

Etwa 5 km südlich von Vaduz liegt Triesen (463 m, 4800 Einw.) mit **Triesen**
altem Ortskern im Oberdorf. Die Kapelle **St. Mamertus** aus dem
9./10. Jh. besitzt wertvolle gotische Vesperbilder und Schnitzaltäre.
Sehenswert ist auch die Pfarrkirche **St. Gallus** mit einem Hochaltar
aus der Werkstatt von Jörg Syrlin (1492). Ausgangspunkt für Touren
in das Gebiet von Lavena, Rappenstein und Falknis (▶ Bad Ragaz).

Im oberhalb gelegenen Triesenberg (884 m, 2600 Einw.), einer alten **Triesenberg**
Walsersiedlung, vermittelt das **Heimatmuseum** einen Einblick in
das Leben der Walser, die sich im 13. Jh. hier niederließen
Heimatmuseum: Mo. – Fr. 7.45 – 12.00, 13.30 – 17.45, Sa 8.00 – 11.00,
13.30 – 17.00 Uhr), Eintritt 2 CHF

Über **Steg** (1300 m) mit seinem ungewöhnlichen Ortsbild – zwei um **Malbun**
Landwirtschaftsflächen angelegte ringförmige Siedlungen – erreicht
man das 1600 m hoch gelegene Malbun. Hier enden das Hochtal und
die Fahrstraße. Im Winter ist der Weiler der familienfreundliche Mittelpunkt des **Liechtensteiner Skisports**. Die Sesselbahn auf das Sa-
reiser Joch (2014 m) ist auch im Sommer in Betrieb. Auch ein kin-
derwagenfähiger Weg führt hinauf (2 km); ebenfalls bequem ist der
Weg von Malbun zum Sass-Seelein (2 km).

Der südlichste Ort Liechtensteins ist Balzers (476 m, 4500 Einw.). Die **Balzers**
Burg Gutenberg, die ins 11. Jh. zurückgeht, ist im Sommer romantischer Rahmen für Konzerte und Theateraufführungen. Beachtenswert sind die schlichte Kapelle St. Peter (16. Jh.) im Ortsteil Mäls und
die Wallfahrtskapelle Maria Hilf.

Der Industrieort Schaan (5900 Einw.) liegt 3 km nördlich von Vaduz **Schaan**
am Fuß des Drei-Schwestern-Massivs. Die spätgotische Kapelle St.
Peter steht auf den Grundmauern eines römischen Kastells (4. Jh.).
Das **Dorfmuseum** im Rathaus – zugleich Kultur- und Infozentrum
– informiert über die Geschichte von Schaan. Über dem Ort liegt die
barocke Wallfahrtskapelle **Maria zum Trost** (»Dux«; 18. Jh.), einer
der wenigen Barockbauten des Landes. Auf einer Nebenstraße gelangt man zur kleinen Walsersiedlung **Planken** (800 m, 350 Einw.),
von der man einen weiten Blick über das Rheintal hat. Es ist Ausgangspunkt für Touren im Gebiet der Drei Schwestern (2053 m).

Nendeln, 5 km nordöstlich von Schaan, bildet mit dem benachbarten **Nendeln**
Eschen das Zentrum (40200 Einw.) des Liechtensteiner Unterlandes. **Mauren**
In beiden Orten kamen bemerkenswerte **römische Häuserreste** zu-
tage. In Mauren locken die Freizeitanlage »Weiherring« und das Vo-
gelparadies »Birka« viele Besucher an.

Bendern
Schellenberg

Am Ausläufer des Eschnerbergs liegt Bendern (1200 Einw.). Von hier führt der »Historische Höhenweg« nach Schellenberg mit den Ruinen von Oberer und Unterer Burg; beide waren im 13. Jh. im Besitz der aus dem Isartal stammenden Herren von Schellenberg. Das **Biedermann-Haus** von 1518 gehört zum Landesmuseum und gibt Einblick in die bäuerliche Wohnkultur um 1900. Vor dem Gasthaus Zum Löwen erinnert ein **Denkmal** an 500 russische Soldaten, die in der deutschen Wehrmacht gekämpft hatten und in der Nacht zum 3. Mai 1945 nach Schellenberg übergetreten waren, um sich dem Zugriff der Alliierten zu entziehen. Die liechtensteinische Regierung verweigerte der in Vaduz residierenden sowjetischen »Repatriierungskommission« die Auslieferung der Soldaten und ließ sie zwei Jahre später ausreisen; viele gingen nach Argentinien.

!

BAEDEKER TIPP

Schöner Platz

Für viele ist der denkmalgeschützte »Löwen« in Hinterschellenberg die schönste Wirtschaft in Landes. Im Sommer sitzt man auf der blühenden Terrasse, genießt den Blick ins Tal und – zum Beispiel – die berühmten Käsknöpfli. Mi./ Do. geschl., Tel. +423 373 11 62.

---

* Locarno

⊹ **L 18**

Kanton: Tessin · Ticino
Höhe: 205 m ü. d. M.

Einwohner:
15 300

Zusammen mit dem benachbarten ▸ Ascona beherrscht Locarno den Schweizer Teil des ▸ Lago Maggiore, der mit zauberhafter Landschaft und mildem Klima seit dem 19. Jh. Gäste anzieht. Internationalen Ruf hat das Filmfestival, auf dem der Goldene Leopard verliehen wird.

Locarno
gestern und
heute

In Locarno wurde große Geschichte geschrieben: Im Oktober 1925 trafen sich Vertreter Großbritanniens, Frankreichs und Deutschlands zu einer Friedenskonferenz, die mit dem Pakt von Locarno und dem Eintritt Deutschlands in den Völkerbund endete. Das historische Stadtzentrum mit der Piazza Grande und dem Castello Visconteo lag ursprünglich am See: In Jahrhunderten hat die Maggia zwischen Locarno und Ascona einen riesigen Fächer aufgeschüttet, der sich weit in den See vorschiebt; von der ursprünglichen Seebreite ist nur noch die Hälfte frei. Der Name Locarnos rührt von den keltischen Leukarni, die an der Mündung der Maggia lebten, die »Leukera« (»die Weiße«) genannt wurde. Dank seiner Lage an der Route zu wichtigen Alpenpässen entwickelte sich der Ort rasch. Im Mittelalter beherrschten lombardische Adelsfamilien die durch Handel – v. a. mit Seide – reich gewordene Stadt, der 1164 Kaiser Friedrich Barbarossa das Marktrecht verlieh. In der Mitte des 14. Jh.s bauten die Mailänder Visconti das Castello zu einer mächtigen Festung aus, die 1513 von den Eidgenossen erobert und wenig später zum größten Teil zerstört wurde. Der Niedergang setzte ein, als der Bergsturz bei Biasca 1512 und die Überschwemmung des unteren Ticino-Tals 1515 die Pässe unerreichbar machten (▶ S. 290), und wurde in der Reformation durch die Vertreibung der Protestanten 1555 verstärkt, mit der der einträgliche Seidenhandel an Zürich verlorenging. Neuen Aufschwung brachte erst der Fremdenverkehr Ende des 19. Jh.s. Heute prägen vor allem Neubauten und die an den Berghängen verstreuten Villen das Bild Locarnos; die Attraktivität der Stadt zeigt sich auch im Baueifer – nur Lugano und entfernt Ascona können mit einer ähnlichen Zersiedelung aufwarten. Mit fast 2300 Sonnenstunden im Jahr und durchschnittlich 15,5 °C ist das Klima überaus mild.

SEHENSWERTES IN LOCARNO UND UMGEBUNG

Mittelpunkt der Stadt ist die langgestreckte Piazza Grande, deren Nordseite von eleganten **Arkadenhäusern** im lombardischen Stil (19. Jh.) gebildet wird, dahinter ragt der **Torre del Comune** (14. Jh.) auf. Am Donnerstagmorgen findet hier der traditionsreiche Markt statt. Westlich der Piazza liegt die **Altstadt** mit malerischen Gassen und stattlichen Patrizierhäusern aus dem 16./17. Jahrhundert. ***Piazza Grande**

Die Burg der Visconti, die das Südwesteck der Altstadt markiert, ist der Rest einer sehr viel mächtigeren Anlage. Nachdem die **Mailän-** ***Castello Visconteo**

Locarnos Herz ist die Piazza Grande mit ihren einladenden Cafés.

Locarno

Übernachten
- ① Hotel Esplanade
- ② Schlosshotel

Essen
- ① Centenario
- ② Cittadella
- ③ Da Luigi

der Herzöge Visconti 1432 die einheimischen Adelsfamilien Orelli, Muralti und Magoria unterworfen hatten, erstellten sie am Platz der Orelli-Festung (13. Jh.) ein »Castrum fortissimum«, das die späteren Lehnsherren Rusca erweiterten. Es lag am Seeufer und besaß einen Hafen. 1532 ließen die Eidgenossen die Anlage bis auf den Palas und den Rundturm (13. Jh.) schleifen. Bis 1798 war sie Sitz der Landvögte, heute beherbergen sie das Städtische Museum. Hervorzuheben sind der **Arkadenhof**, die Renaissance-Loggia, das Fresko im Treppenhaus (»Giovanni Rusca und seine Mutter«, um 1490) und die geschnitzten Balkendecken. Ausgestellt sind lokale Funde von der Bronzezeit bis ins Mittelalter, römische Gläser, Skulpturen aus der Kirche S. Vittore in Muralto, Kunsthandwerk sowie eine Dokumentation zum Locarno-Pakt. Im 16. Jh. wurde die **Casorella**, eines der

*Museo Civico

schönsten Patrizierhäuser Locarnos, an das Schloss angebaut. Das Deckengemälde »Urteil des Paris« (1773) im Ehrensaal stammt von dem Locarneser G. A. F. Orelli.

Museo Civico: Di. – Fr. 10.00 – 12.00, 14.00 – 17.00, Sa., So. 10.00 – 17.00 Uhr

Etwas westlich oberhalb des Castellos steht die Kirche **S. Francesco**, erbaut 1538 – 1572 nach Plänen von G. Beretta aus Brissago. In der für den Bettelorden typischen schlichten Fassade mit romanischer Anmutung wurden Quader eines Vorgängerbaus (14. Jh.) und des Castello Visconteo verwendet. Über dem Chorbogen eine schöne **Verkündigung** (16. Jh.). Durch ein Portal rechts vor der Apsis kommt man in das ehemalige Kloster (heute Lehrerseminar). Das **Refektorium** malte B. Orelli 1716 mit illusionistischen Fresken aus. Gegenüber der Kirche befindet sich das Grabmal für Giovanni Orelli (von Stefano de Vellate, 1347).

San Francesco

In der katholischen Hauptkirche von Locarno (1664 – 1692), die innen im 19. Jh. unschön neu gestaltet wurde, sind die **Verherrlichung des hl. Antonius Eremita** im Chor (1771) und die grandiose **illusionistische Ausmalung** im nördlichen Querschiff zu beachten (1744), beides von Giuseppe Antonio Felice Orelli.

Sant'Antonio Abate

Die Casa Rusca an der Südseite von S. Antonio, einer der schönsten Paläste Locarnos aus dem 17. Jh., beherbergt die Städtische Gemäldegalerie, die v. a. auf die Sammlungen von **Hans und Marguerite Arp**, die lange in Locarno lebten, sowie von Nesto Jacometti zurückgeht. Gezeigt werden sind viele Arbeiten des Dada-Künstlers Arp und befreundeter Künstler wie Max Ernst, Braque, Picasso und Chagall, außerdem Wechselausstellungen von Künstlern des 20. Jh.s.

*Casa Rusca

❶ Di. – So. 10.00 – 12.00, 14.00 – 17.00 Uhr

Die Friedhofskapelle S. Maria in Selva westlich von S. Antonio ist der Rest einer 1884 abgerissenen Klosterkirche aus dem 15./16. Jh. Sie verfügt über **bedeutende Fresken** des sog. Internationalen Stils aus dem 14./15. Jh.; von den Urhebern namentlich bekannt ist nur Jacobino da Velate, der die Grablegung Mariä an der oberen Südwand schuf. An der Nordwand eine prächtige »Darstellung im Tempel« (16. Jh.). Auf dem Friedhof mit seinen teilweise prunkvollen Grabmonumenten ist **Hans Arp** (1887 – 1966) bestattet.

Santa Maria in Selva

Der Bereich zwischen S. Antonio und der Piazza Grande ist reich an schmucken **Patrizierhäusern**, etwa die Casa Simona (16. Jh.) in der Via S. Antonio (Nr. 3), einem der hübschesten Gässchen, und die Casa del Negromante (Via Borghese 14), vermutlich einer der ältesten Adelspaläste der Stadt (14. Jh.). In der Via Citadella lohnt die 1636 geweihte Kirche **S. Maria Assunta** (Chiesa Nuova) einen Blick.

Weitere Sehenswürdigkeiten in der Altstadt

Locarno erleben

AUSKUNFT

Ente Turistico Lago Maggiore
Largo Zorzi 1, 6600 Locarno
Tel. 0848 091 091, www.maggiore.ch

FESTE & EVENTS

Faschingsdienstag: Risottata. Ende März: Kamelienfest. Mitte Mai: Notte Bianca. Mitte Juli: Seenachtsfest mit Feuerwerk. Das 1946 begründete Filmfestival Anf. bis Mitte Aug., nach der Biennale von Venedig das zweitälteste Europas, zieht über 150 000 Besucher an (www.pardo live.ch). Höhepunkt sind die abendlichen Vorführungen auf der Piazza Grande.

ESSEN

❶ *Osteria del Centenario* ⊖⊖⊖
Locarno-Muralto, Viale Verbano 17
Tel. 091 743 82 22, So.abend/Mo. geschl.
Top-Adresse mit Terrasse an der Seepromenade, rustikal-informelles Ambiente. Serviert wird fein variierte Tessiner und italienische Küche.

❷ *Cittadella* ⊖⊖
Locarno, Via Cittadella 18
Tel. 091 751 58 85, Mo. geschl.
www.cittadella.ch
Beliebtes italienisches Lokal im Herzen der Altstadt: Trattoria mit Pizza aus dem Holzofen, im ersten Stock rustikal-elegantes Restaurant. Auch nette, gut ausgestattete Zimmer.

❸ *Trattoria da Luigi* ⊖⊖
Locarno, Via Dogana Vecchia 1
Tel. 091 751 97 46
Zuverlässiger »Italiener« mit hervorragender Küche und gutem Preis-Leistungs-Verhältnis.

ÜBERNACHTEN

❶ *Hotel Esplanade* ⊖⊖⊖–⊖⊖⊖⊖
Minusio, Via delle Vigne 149
Tel. 091 735 85 85, www.esplanade.ch
Stattliches Hotel – hier logierte die deutsche Delegation bei den Verhandlungen 1925 – über Minusio, einem vornehmen Ortsteil von Locarno. Moderner Komfort verbindet sich mit historischem Charme. Herrlicher Blick über den See.

❷ *Schlosshotel /Albergo Castello* ⊖–⊖⊖
Locarno, Via B. Rusca 9/S. Francesco 7 a
Tel. 091 751 23 61, April–Mitte Okt.
www.schlosshotellocarno.ch
Zentrale Lage in der Altstadt, neben dem Schloss Visconti und dank eigenem Garten angenehm ruhig. Prächtig nostalgisches Ambiente.

Eine mächtige Statue des hl. Christophorus mit winzigen Füßen beherrscht die Fassade; das üppig stuckierte und freskierte frühbarocke Innere birgt kostbare Reliquienschreine. An die Kirche schließt die **Casa dei Canonici** an (1590–1605, Arkadenhof).

Giardini Pubblici Südlich der Piazza Grande folgt die rechtwinklig angelegte Neustadt. Im Stadtgarten steht der Belle-Époque-**Kursaal** (1910) mit Theater, Grand Casino und Touristeninfo, an der südwärts führenden Via della Pace der **Palazzo della Conferenza**, in dem 1925 die Friedenskonferenz stattfand. Auf der schönen *Uferpromenade Lungolago

Motta gelangt man südlich zum Bosco Isolino (Giardini Jean Arp), einer hübschen Grünanlage mit Plastiken von Hans Arp.

Die älteste Kirche der Stadt und neben San Nicolao in Giornico (▶S. 532) die **bedeutendste romanische Kirche des Tessins** steht östlich des Bahnhofs im Stadtteil Muralto. Lombardische Baumeister errichteten San Vittore zwischen 1090 und 1110, der mächtige Campanile wurde um 1525 angefügt (Abschluss 1932). Dessen Südwand ziert ein ursprünglich für das Castello bestimmtes Marmorrelief mit dem hl. Viktor zu Pferd; die drei bärtigen Heiligenköpfe auf seiner Standarte stellen die Dreifaltigkeit dar (1462). Der großartige **romanische Freskenzyklus** an der Südwand des Mittelschiffs stammt aus dem 12. Jh., die Fresken im Chor aus dem 15. Jh.; das »Pfingstwunder« in der Apsis schuf der Augsburger Hans Schmidt (1583). Die romanische ***Krypta** unter dem Chor gilt als eine der schönsten der Schweiz. Besonders beachtenswert sind die fantasievoll skulptierten Kapitelle mit figürlichen und ornamentalen Motiven; die spätgotischen Fresken im ersten Gewölbejoch entstanden um 1500.

**San Vittore

Über Locarno (355 m) thront die Kirche **Santa Maria Assunta**, auch Madonna del Sasso (Felsenmadonna) genannt. Man erreicht sie mit der Standseilbahn von der Via Ramogna, mit dem Auto und zu Fuß auf dem Kreuzweg (Via Crucis) oder dem Sentiero della Valle. Sie steht der Überlieferung nach an der Stelle, an der 1480 der Franziskanermönch Bartolomeo d'Ivrea eine **Marienerscheinung** hatte. Erbaut wurde sie Ende des 16./Anfang des 17. Jh.s mit dem benachbarten Kloster; ihre Westfassade mit dem fünfbogigen Portikus entstand erst Ende des 19. Jh.s. Das Innere ist überreich stuckiert und mit Fresken geschmückt. Unter der Ausstattung sind die unzähligen Votivtafeln beachtenswert, Danksagungen für die Wunder, die der Felsenmadonna zugeschrieben werden. Wertvollster Schatz ist die »Flucht nach Ägypten« von Bramantino (um 1520) im südlichen Seitenschiff; die ausdrucksvolle »Grablegung Christi« in einer Seitenkapelle

*Madonna del Sasso

Wallfahrtskirche Madonna del Sasso, das Wahrzeichen von Locarno

malte der aus Ronco stammende Antonio Ciseri 1870. Im Klosterbereich gibt es noch einige sehenswerte Kapellen, u. a. die Von-Roll-Kapelle mit einer hölzernen Gruppe der **Beweinung Christi** (Mailänder Meister, spätes 15. Jh.); die Pietà-Kapelle und ihr Altar gehen auf die Zeit Fra Bartolomeos zurück. In zwei weiteren Kapellen werden mit Terrakottafiguren Szenen aus dem Neuen Testament dargestellt, darunter das »Letzte Abendmahl« und das »Pfingstwunder«; beide Arbeiten werden F. Silva aus Morbio zugeschrieben (1560 – 1641). Im **Kirchenmuseum** (Museo Casa del Padre; Anmeldung Tel. 091 743 62 65) sind Votivbilder, Skulpturen, Gemälde und sakrales Gerät ausgestellt. Eine herrliche ****Aussicht** über Locarno und den Lago Maggiore hat man von der seitlichen Arkadengalerie der Kirche und von der Terrasse.

*Cardada

Von der Madonna del Sasso führt eine Seilbahn in 10 Min. hinauf nach Cardada (Alpe Cardada, 1350 m); die Gondeln und die Stationen wurden von Mario Botta entworfen. Von Cardada kann man weiter mit einer Sesselbahn (zu Fuß 1 Std.) zur Cimetta (1676 m) in einem gut erschlossenen Skigebiet gelangen. Eine großartige Aussicht lohnt den Aufstieg von der Cimetta zur ****Cima della Trosa** (1871 m, ca. 1 Std.); empfehlenswert ist der Abstieg (2 Std.) über die Alpe Bietri nach Mergoscia über dem Stausee der Verzasca (▶unten).

TÄLER BEI LOCARNO

*Verzasca-Tal

Von Norden münden drei Talsysteme in den Lago Maggiore, in denen sich noch vieles von der traditionellen Tessiner Kultur erhalten hat: von Ost nach West Val Verzasca, Valle Maggia und Centovalli. Der Name des Verzasca-Tals kommt von ital. »verde aqua« (»grünes Wasser«). Von **Tenero** 4 km östlich von Locarno führt die Straße steil zu der 380 m langen **Staumauer** (zugänglich), von der sich James Bond in dem Film »Golden Eye« 220 m (!) in die Tiefe stürzte. Wer möchte, kann es ihm nachtun (Tel. 091 780 78 00, www.trekking. ch). Die Straße führt dann am ca. 6 km langen **Stausee** entlang, in dem das Dorf Pioda unterging. Oberhalb des Sees liegt das malerische Dorf **Vogorno**, in dessen oberer Kirche Heiligen-Fresken aus dem 13. Jh. erhalten sind. Etwa 2 km dahinter biegt links ein Sträßchen (1 km) nach **Corippo** (565 m) ab, das wie ein Schwalbennest am steilen Hang klebt. In **Lavertezzo** (548 m) am Ausgang des weiten gleichnamigen Tals wird das smaragdgrüne Wasser des Flusses von einer berühmten mittelalterlichen Steinbrücke überspannt, dem zweibogigen **Ponte dei Salti**. Dort beginnt der **Sentiero per l'arte**, ein 4,5 km langer Kunstwanderweg nach Brione, an dem 32 Skulpturen internationaler Künstler stehen. An der Einmündung des Valle d'Osola liegt das malerische **Brione Verzasca**. Die Kirche S. Maria Assunta, das bedeutendste Gotteshaus des Tals, ist außen mit einem Christophorus (14. Jh.), innen mit Fresken eines Giotto-Schülers (14./15. Jh.) geschmückt. Das Schlösschen am Kirchplatz wurde von

In Lavertezzo zwängt sich die Verzasca durch pittoreske Felsen.

der Adelsfamilie Marcacci aus Locarno im 17. Jh. erbaut. Das letzte Dorf des Verzasca-Tals ist **Sonogno** (920 m); hier gibt das Museo di Val Verzasca in der Casa Genardini am Ortseingang Einblick in Kultur, Brauchtum und Wirtschaftsleben des Tals. Im Artigianato pro Verzasca werden heimische Produkte verkauft.

Museo di Val Verzasca: Mai–Okt. tgl. 13.00–17.00 Uhr, Eintritt 5 CHF

Das Maggia-Tal, auch Vallemaggia/Valmaggia genannt, die »Gigantin« unter den Tälern des Locarnese, erstreckt sich 50 km weit vom 3274 m hohen Basodino bis Ponte Brolla (254 m). Der Hauptteil ist der 25 km lange Unterlauf der Maggia zwischen Ponte Brolla und Cevio / Bignasco, wo sich sich mehrere Täler vereinen: Val Rovana, Val Lavizzara, Val Bavona. Das »Tor zum Maggia-Tal« ist **Ponte Brolla**, wo der Fluss eine tiefe, enge Schlucht in den Fels geschnitten hat. Den schönsten Blick hat man von der 33 m hohen Römerbrücke. In **Gordevio** ist die Kirche SS. Giacomo e Filippo (erwähnt 1334) bemerkenswert, die im 17. Jh. ihren üppigen Barock erhielt; die Ausmalung stammt großenteils von G. A. Vanoni (1810–1886); der aus Aurigeno stammende Künstler hat viele Kirchen und Häuser im Locarnese geschmückt. Kurz vor **Maggia**, oberhalb einer alten Steinbrücke, liegt die Kirche S. Maria delle Grazie in Campagna (um 1510) mit bedeutenden Renaissance-Fresken (um 1525). Hinter Someo ist links der **Sasso Trolcia** zu sehen, über den der Soladino 100 m tief ins Tal stürzt, nach **Cevio** (418 m), dem Hauptort des Maggia-Tals. An die einstige Bedeutung – der Ort war Sitz der eidgenössischen Landvögte – erinnern an der Piazza das wappengeschmückte Vogtshaus (Pretorio, 17. Jh.) und die Casa Respini. Im Palazzo Franzoni (17. Jh.) ist das Museo di Valmaggia untergebracht.

Palazzo Franzoni: April–Okt., So.vormittag/Mo. geschl., Eintritt 6 CHF

* Valle Maggia

In Bosco Gurin wird noch ein altertümliches Deutsch gesprochen.

* Bosco Gurin In Cevio zweigt das **Val Rovana** ab. Die Serpentinen führen zunächst über der düsteren Rovana-Schlucht aufwärts. In Cerentino teilt sich das Tal abermals, in das freundliche **Val di Campo** und das herbe Valle di Bosco Gurin. Am Ende dieses Tals liegt Bosco Gurin, das höchstgelegene Dorf im Kanton (1504 m) mit 60 Einwohnern. Im 13. Jh. wurde es von durchsprachigen Walsern aus dem Oberwallis gegründet; ihre Nachkommen haben den deutschen Dialekt und die Kultur ihrer Vorfahren bewahrt. Das **Museum Walserhaus** dokumentiert die Geschichte und Kultur Gurins.

Museum Walserhaus: Ostern – Okt. Di. – Sa. 10.00 – 11.30, 13.30 – 17.00, So. 13.30 – 17.00 Uhr, Eintritt 5 CHF

Val Lavizzara Zurück ins Maggia-Tal. In Bignasco teilt es sich in Val Lavizzara und Val Bavona (▶Baedeker Special S. 430). Das Lavizzara-Tal, benannt nach dem schon von den Römern gebrochenen Lavezstein, reicht noch 17 km bis Fusio und zum Lago Sambuco. Über **Prato Sornico**, eines der hübschesten Dörfer des Tals, und Peccia, wo das wildromantische Valle di Peccia einmündet, erreicht man den Weiler **Mogno**, Standort eines beeindruckenden Baues von Mario Botta (1996), der Kirche **** San Giovanni Battista**: Typisch der schräg abgeschnittene Zylinder (mit Glasdach) und der ausdrucksstarke Kontrast von weißem Marmor und grauem Granit. Von Peccia geht es noch 400 Höhenmeter hinauf nach **Fusio**, dem letzten Ort im Tal und Ausgangspunkt für schöne Bergwanderungen. Oberhalb liegt der Lago di Sambuco (1460 m), die oberste Stufe des Kraftwerkssystems im Maggia-Tal.

* Centovalli Von Locarno kommend biegt man in **Ponte Brolla** (▶S. 427) Richtung Domodossola ins Centovalli ab, das nicht »100«, sondern über 150 Seitentäler zählt und mit seinen Kastanienwäldern einen freund-

lichen Eindruck macht. Ein Erlebnis ist die Fahrt mit der 1923 eröffneten schmalspurigen *Centovalli-Bahn (FART, ▶S. 701). Auf den
52 km bis Domodossola überwindet sie mit 83 Brücken und 34 Tunnels 1100 Höhenmeter. Ab Ponte Brolla genießt man immer wieder
atemberaubende Ausblicke. In **Verscio** bezaubert das bedeutendste
Kleintheater der Schweiz, das **Teatro Dimitri** (www.teatrodimitri.
ch), begründet 1971 von dem Clown Dimitri. Sehenswert ist auch die
monumentale Barockkirche S. Fedele mit romanischen und spätgotischen Fresken. In **Cavigliano** zweigt eine Straße ins Onsernone-Tal
(s. u.) und ins Val di Vergeletto ab. Vor **Intragna** schwingt sich eine
72 m hohe Eisenbahnbrücke über den Isorno, von ihr stürzen sich
die Bungeespringer (www.trekking.ch). Intragna, auf einem Fels-
sporn zwischen dem Isorno und der Melezza gelegen, drängt sich mit
engen Gassen um die Kirche S. Gottardo mit 65 m hohem Campanile (18. Jh.), dem höchsten im Tessin; zu beachten die schöne Rokoko-
Balustrade (1764) vor dem Chor. Die Casa Maggetti (17. Jh.) beherbergt das Heimatmuseum (Museo Centovalli e Pedemonte). Von
Verdasio führen zwei Seilbahnen in luftige Höhen, die eine über die
atemberaubende Schlucht ins romantische **Rasa**, die andere nach
Monte di Comino, die beide sonst nur zu Fuß erreichbar sind. Oberhalb des Palagnedra-Sees (662 m) liegt in Kastanien- und Nussbaum-
wäldern **Palagnedra**. Seine Kirche S. Michele (1663) besitzt noch
den Chor des Vorgängerbaus mit sehenswerten Fresken, dem Hauptwerk von Antonio da Tradate (15. Jh.). Hinter Camedo passiert man
die Grenze nach Italien. Motorisierte können für den Rückweg zum
Lago Maggiore die Straße von Malesco durch das romantische **Valle
Cannobina** nach Cannobio nehmen.

Intragna, Casa Maggetti: April–Okt., Di.–So. 14.00–18.00 Uhr

Das waldige, düstere Onsernone-Tal erstreckt sich nördlich parallel
zum Centovalli. Bekanntester Ort ist **Berzona**, in dem sich diverse
Künstler, v. a. Schriftsteller wie Golo Mann, Max Frisch und Alfred
Andersch (hier auch bestattet), niedergelassen hatten. Hinter Russo
mit dem Centro Sociale Onsernonese (1989) zweigt das unberührte
Val di Vergeletto ab. Die schweren Lebensbedingungen zwangen
einst die Männer und Buben des
Tals, sich ihren Unterhalt als Arbeiter bzw. Kaminfeger in Italien zu
verdienen (▶Literaturempfehlun-
gen, S. 693). Der bedeutendste Ort
ist **Comologno** (1080 m, 200 Einw.),
der überraschenderweise über einige Palazzi aus dem 18. Jh. verfügt.
Die Fahrstraße endet in **Spruga**.
Von hier lohnt ein Fußmarsch zum
imposanten Talschluss.

**Val
Onsernone**

BAEDEKER TIPP

! **Grotto du Rii**

Vom westlichen Ortsrand von Intragna lohnt sich der Spaziergang
zum rustikalen Grotto du Rii
(Tel. 091 796 18 61, mit Zimmern)
und noch eine Viertelstunde weiter in den Talgrund der Melezza
zum sogenannten Ponte Romano,
der 1578 erbaut wurde.

Reiche arme Täler

Glitzernde Seen, mediterranes Klima, üppige Vegetation, prunkvolle Architektur: Das ist das Tessin der Seen, das viele Vermögende angezogen hat. Doch das Tessin hat auch ganz andere Seiten.

Wenige Kilometer von den Promenaden in Ascona oder Lugano öffnet sich ein Tessin der Stille, der kargen Zweckbauten, der demütigen Naturverbundenheit. Im Tessin der Täler liegen die Wurzeln einer Mentalität, die weniger mit südlicher Leichtlebigkeit als mit dem Ernst des Lebens in den Bergen zu tun hat. Natürlich haben die abgelegenen, rauen Täler einen schweren Stand; viele Dörfer kämpfen ums Überleben. Doch gibt es interessante Ansätze, traditionelle Strukturen zu erhalten.

Val Bavona

Aus Cavergno stammte **Plinio Martini** (1923 – 1973), der in »Nicht Anfang und nicht Ende«, einem seiner bekanntesten Romane, das Leben in den Tessiner Tälern beschreibt: »Damals starb man im Dorf öfter durch einen Unglücksfall als auf natürliche Weise. Oben auf der Alp ließen jedes Jahr ein paar Leute das Leben, und immer traf es uns, die Jungen. Die Alten blieben beim Milchkessel, und wir mußten hinter den verirrten Ziegen her die Felsen hinaufkraxeln, bei gutem wie bei schlechtem Wetter. Und dann gab es Erdrutsche und Lawinen und das Hochwasser, das Felder, Ställe, Vieh und manchmal auch Menschen forttrug.« Das **Bavona-Tal** ist ein traumhaft schöner Seitenarm des Maggia-Tals, doch liebt man es nicht auf An-

hieb: »Dal bel u na s'mangia vèe nuta – von der Schönheit allein hat man nicht gegessen«, heißt es hier. In sommerliches Licht getaucht, wirkt das von 300 m hohen Felswänden gerahmte Tal einladend. Im Winter aber, wenn wochenlang kein Sonnenstrahl zum Talboden dringt, ist es abweisend und gefährlich. Felsstürze, Lawinen und Wasserfluten haben ihm den Mythos des Ausgeliefertseins gegeben. Schon im Mittelalter bewohnten die Bauern das Val Bavona nicht ganzjährig. **Terre** nennen die Einheimischen die zwölf Weiler, die sich im 12 km langen Tal reihen. In den verschachtelten, unverputzten, mit Granitplatten gedeckten Steinhäusern verbrachte man den Sommer. Heute gibt es nur noch wenige Landwirte, doch die alten Siedlungen sind erhalten geblieben, die Wiesen werden gepflegt, das Tal lebt. Heute gibt es hier eine neue »Wanderwirtschaft«: Im Sommer kommen die Zweitwohnungsbesitzer ins Tal, sorgen für ihren Rustico, mähen gegen Honorar die Wiesen und stoppen so das Vordringen des Waldes. Die Fäden dieses mindestens für Tessiner Verhältnisse einzigartigen Landschaftsschutzes laufen bei der **Stiftung Bavona-Tal** zusammen. Sie unterhält eine Expertengruppe, die für die kleinen, in den roten Zahlen steckenden Gemeinden die Baugesuche prüft,

Viele Rustici, einst schlichte bäuerliche Behausungen, werden heute als Feriendomizil genützt.

und dies mit viel Liebe und altem Wissen: Trockenmauern etwa werden schon dann nicht mehr zugelassen, wenn sie aus exakt behauenen Steinen aufgeführt werden sollen und die Fugen deshalb nicht tief genug und zu regelmäßig sind. Die Hartnäckigkeit der Landschaftsschützer hat dazu geführt, dass es im Tal bis auf San Carlo, von wo eine Seilbahn nach Robiei führt, noch keine Stromversorgung gibt, obwohl hier drei Kraftwerke an Stauseen Strom erzeugen.

Valle di Muggio

Im Grenzstädtchen **Chiasso** glaubt sich von landschaftlicher Schönheit weit entfernt: Bürohäuser, Fabriken und der dröhnende Verkehr auf der Autobahn, die Wohnquartiere durchschneidet, verleihen der Region mit der größten Luftverschmutzung des Landes stickiges Großstadt-Ambiente. Doch wenige Kilometer am Hang über Chiasso wird alles anders: Es öffnet sich ein kaum 10 km langes, tief eingeschnittenes Tal, an dessen Flanken kompakte Dörfchen kleben. Anders als die rauen Täler des Nordtessins wirkt das **Muggio-Tal**

sanft. Denn hier macht sich der Übergang von den Alpen in den Mittelmeerraum bemerkbar. Die Landschaft ist alpin, doch die Vegetation bereits von mediterraner Üppigkeit. Auf den Höhen liegen Viehweiden, in tieferen Lagen Terrassen für den Ackerbau, die zwar heute mit Gras überwachsen sind, aber die Szenerie nach wie vor prägen. Im Muggio-Tal gibt es nicht die brachialen Granitwände wie im Bavona-Tal. Hier dominiert weicheres Gestein, und das hat Folgen. Weil das Wasser schnell versickert, ersannen die Bauern Anlagen zur Kühlung ihrer Produkte. Sie bauten Schneekeller aus Schiefer. Sie konstruierten abenteuerliche Anlagen zum Trocknen von Kastanien und Türme zum Vogelfang. Diese bäuerliche Architektur wird heute nicht mehr genutzt, doch sie lebt weiter. Eine Gruppe von Idealisten hat ein Museum ins Leben gerufen, die Zeugnisse der Volkskultur restauriert und mit Wanderwegen verbunden. Auskunft: Bavona-Tal: www.valle-bavona.ch, Tel. 091 754 25 50. Muggio-Tal: www.valledi muggio.ch; Museum in Cabbio: Tel. 091 690 20 38.

✳ Lötschental

✳ K 12/13

Kanton: Wallis · Valais

Vom Rhonetal zwischen ▶Brig und ▶Sierre dringt das Löt-schental in die vergletscherte Bergwelt des Aletsch- und Jung-fraumassivs vor. Die Touristenströme gehen an dem schönen, abgeschiedenen Tal in herrlicher Gebirgsszenerie vorbei.

Dennoch ist das Lötschental mit Bahn und Auto leicht zu erreichen: von Norden (Spiez am Thunersee) durch den Lötschbergtunnel (Autoverladung Kandersteg – Goppenstein), von Süden von Gampel aus durch den Mittal-Tunnel. Im Tal stellt das Postauto das Verkehrsmittel der Wahl dar. Das sonnige, schneesichere Skigebiet der Laucheralp bei Wiler bietet 55 km Pisten bis in 3111 m Höhe, gespurte Loipen führen an der Lonza entlang..

Traditions-reiches Lötschental

Im unteren Teil, zwischen Goppenstein und Gampel, hat die Lonza eine Schlucht gegraben, die früher im Winter unpassierbar war. In dieser Abgeschiedenheit – der Lötschbergtunnel wurde erst 1913 eröffnet – entstand ein vielfältiges **Brauchtum**, das auch heute noch lebendig ist; dazu gehört auch der selbst für andere Schweizer nicht leicht zu verstehende altertümliche Dialekt. Besonders hervorzuheben sind die **Herrgottsgrenadiere**, die an den Prozessionen bei Fronleichnam und Kirchweih teilnehmen, und die Tschäggätä, furchterregende Gestalten mit übergroßen **geschnitzten Masken**, die zwischen Lichtmess (2. Februar) und Aschermittwoch Mädchen, Kinder und Touristen erschrecken. In den schönen alten Dörfern

Lötschental erleben

AUSKUNFT
Lötschental Tourismus
3918 Wiler, Tel. 027 938 88 88
www.loetschental.ch

ESSEN
Dorfkeller ❻
Kippel, Tel. 027 939 16 26
Schöner alter Gasthof von 1666 wenige Schritte westlich der Kirche, hier trifft man sich bei handfester Schweizer und Lötschentaler Kost. Gute Weinkarte.

ÜBERNACHTEN
Hotel Fafleralp ❻-❻❻
3919 Fafleralp, Tel. 027 939 14 51
www.fafleralp.ch, Mitte Okt. bis Ende Jan und Mitte April–Anf. Mai geschl. Altes Holzchalet, innen stilvoll-schlicht modernisiert (preiswertere Dépendance: Hotel Langgletscher). Auch die Walliser Küche hat einen guten Ruf. Winters wie sommers großes Angebot an Betätigungen, von Schneeschuh-, Berg- und Gletschertouren bis zum Maskenschnitzen.

Eindrucksvolle Bergszenerie im Lötschental: der Hauptort Kippel

sind neben dem einstöckigen Typ des **Lötschentalhauses** mehrstöckige Holzhäuser aus dem 17./18. Jh. mit Inschriften und Malereien erhalten, außerdem viele Speicher und Stadel.

Das eigentliche, nach Nordosten verlaufende Lötschental beginnt bei ***Ferden** Ferden (1389 m, 260 Einw.). Das sanfte Trogtal wird hier von beeindruckenden Gebirgskämmen eingefasst. Von Ferden lohnt der Aufstieg in ca. 4.30 Std. über die Kummenalp (2083 m) zur Hütte am ***Lötschenpass** (2690 m), dem Übergang ins Berner Oberland; großartige Eindrücke vermitteln auch die Besteigung des Großen Hockenhorns (3293 m, 2 Std.) und die Fortsetzung der Wanderung ins Gasterntal (▶ Frutigland). Von der Kummenalp führt der familientaugliche *****Lötschentaler Höhenweg bis zur Fafleralp (ca. 3.30 Std.).

Der hübsche Hauptort des Tals (1376 m, 380 Einw.) gruppiert sich ***Kippel** um die Pfarrkirche St. Martin von 1779 mit bemerkenswertem Hochaltar (1747) und Renaissance-Tabernakel; nebenan das Beinhaus (1546), einst Teil der Vorgängerkirche, und das Lötschentaler Museum, das die Kultur des Tals dokumentiert. Auf dem Dorfplatz das »Große Haus« (1666). Zwischen Kippel und Wiler liegt die Talstation der Seilbahn zur **Lauchernalp** (1968 m); von dort erschließen weitere Lifte das Wander- und Skigebiet am **Hockenhorn**.
Lötschentaler Museum: Juni – Okt. Di. – So. 14.00 – 17.00, 20. Dez. – März Mi. – Fr. 15.00 – 17.00 Uhr, Eintritt 5 CHF

Wiler (1421 m, 570 Einw.) zeigt als einziger Ort des Tals ein neuzeitliches Bild, da die alte Siedlung 1900 einem Brand zum Opfer fiel. Die **Wiler** kleine Kirche besitzt schöne Fenster von Richard Seewald (1952).

Blatten Letzter Ort im Tal ist Blatten (1542 m, 300 Einw.) mit typischen Chalets und Speichern. Einen modernen Akzent liefert die Marienkirche (1985), die Elemente des traditionellen Baustils aufnimmt. Die Straße führt, vorbei an Kühmad mit der sehenswerten barocken Kapelle Mariä Heimsuchung (1655), in den Talschluss hinauf zur **Faferalp** (1788 m), Postauto-Endstation und Ausgangspunkt für Hochtouren. Klassisch ist die **Gletscherroute** über die Lötschenlücke (3178 m) zur Lötschenhütte (3238 m, atemberaubendes Panorama) und über den Aletschfirn zum Konkordiaplatz, von dort entweder zum Jungfraujoch (▶Jungfrau-Region) oder zum Märjelensee (▶Brig).

✶✶ Luganersee

✦ M/N 19/20

Kanton: Tessin · Ticino
Mittl. Wasserspiegel: 271 m ü. d. M.

Mit seinen schmalen Armen, flankiert von steil aufragenden, bewaldeten Bergen, besitzt der Luganersee ein abwechslungsreiches Landschaftsbild. Südliches Klima und italienische Atmosphäre in alten Orten sorgen für Ferienstimmung.

Der nach seinem bedeutendsten Ort ▶Lugano benannte See (auch Lago Ceresio, von keltisch »keresios«, »Horn«), liegt am Südrand der Alpen zwischen dem ▶Lago Maggiore im Westen und dem Comer See im Osten. Er ist 48,9 km² groß und 279 m tief. Zum größten Teil gehört er zur Schweiz, nur der Ostarm, das Westufer zwischen Ponte Tresa und Porto Ceresio sowie die Enklave Campione d'Italia sind italienisch. Für die Farbe des Wassers, meist tiefgrün und trüb, ist sein Algenreichtum verantwortlich (seit 1996 darf man im Schweizer Teil wieder baden). Mit Ausnahme des Ostufers nördlich von Campione führen **malerische Uferstraßen** um den See; in der Mitte, zwischen Melide und Bissone, wird er von einem 700 m langen Damm für Straße, Autobahn und Eisenbahn gequert.

REISEZIELE AM LUGANERSEE

Ceresio Die Halbinsel südlich von Lugano, die fast ganz vom See umschlossen wird, heißt Ceresio. Ihren Ostteil nimmt der vom Monte San Salvatore (912 m) zum Monte Arbostora (822 m) reichende Bergrücken ein, den Westteil die reizvolle Collina d'Oro mit dem Monte Croce (654 m). Oberhalb des alten, in Kastanienwäldern gelegenen Orts **Gentilino** (388 m, 1400 Einw.) steht einsam die Barockkirche Sant'Abbondio. Auf dem Friedhof gegenüber fanden u. a. Hermann

Berge, Wasser, üppiges Grün: Luganersee (hinten links Lugano)

Hesse und der Dirigent Bruno Walter ihre letzte Ruhe. **Hermann Hesse** ließ sich 1919 in ***Montagnola** (472 m, 2200 Einw.) nieder, und zwar in der Casa Camuzzi, der »Imitation eines Barock-Jagd-schlosses« (Hesse). Das Museo Hesse im Nebengebäude stellt persönliche Gegenstände, Manuskripte und Aquarelle des Literatur-Nobelpreisträgers von 1946 aus. 1931 zog Hesse in das Haus seines Freundes Hans C. Bodmer (Via H. Hesse), wo er bis zu seinem Tod 1962 lebte. Eine Stele erinnert dort an den Schriftsteller, der sich in vielen Romanen mit der Gegend beschäftigte.

Museo Hesse: März – Okt. tgl. 10.00 – 18.30, sonst Sa., So. 10.00 – 17.30 Uhr, Eintritt 8,50 CHF, www.hessemontagnola.ch

Das herrlich gelegene Carona (602 m, 800 Einw.) hat sein spätmittel-alterliches Ortsbild bewahrt. Die eindrucksvolle Kirche **S. Giorgio** (Spätrenaissance, fertiggestellt 1598) besitzt große Fresken (1585), darunter Kopien des »Jüngsten Gerichts« von Michelangelo und der »Disputation« von Raffael. Den Turm verbindet die Loggia del Co-mune (1591) mit dem Pfarrhaus. In der ursprünglich romanischen Kirche **S. Marta** oberhalb des Dorfs sind spätgotische Fresken (um 1468) erhalten. Ein Kreuzweg führt südwestlich durch den Wald zur Wallfahrtskirche **S. Maria d'Ongero**, einem barocken Juwel mit herrlichem Stuck- und Skulpturenschmuck von A. Casella (um 1645) sowie Malereien von G. A. Petrini (um 1750), beide aus Carona.

*Carona

Auf dem Weg von Carona nach Morcote passiert man das verwinkel-te **Vico Morcote**. Eine herrliche Aussicht hat man von der Kirche Santi Fidele e Simone (1625), bemerkenswert an ihrer Südseite das skulptierte Frührenaissance-Triptychon (16. Jh.) mit dem Grab Christi. Unten am Ufer liegt Morcote, das »Schmuckkästchen des Tessins« (277 m, 720 Einw.) mit altem Ortskern und Laubengängen am See – an Sommerwochenenden mit Touristen vollgestopft. Eine

**Morcote

Luganersee erleben

AUSKUNFT
▶Lugano

SCHIFFSVERKEHR
Die Schiffe der Navigazione del Lago di Lugano (▶S. 702) fahren Ende Okt. bis Anf. Jan. und Anf. Febr. bis Ende März nur zwischen Lugano und Gandria.

ESSEN
Antico Grotto Fossati ⊖–⊖⊖
6866 Meride
Tel. 091 646 56 06, Mo. geschl.
Versteckt im Wald nordwestlich über Mendrisio liegt dieses traditionsreiche, beliebte Wirthaus. Echte Tessiner Spezialitäten wie Spanferkel und Wachteln mit Polenta, riesige Weinkarte.

ÜBERNACHTEN / ESSEN
Hotel Dellago ⊖–⊖⊖⊖
Melide, Lungolago Motta 9
Tel. 091 649 70 41
www.hotel-dellago.ch
Prachtvoll an der Promenade gelegenes Hotel von 1910 mit modernen, originellen Zimmern unterschiedlicher Größe. Ambitionierte Crossover-Küche.

Albergo della Posta ⊖
Morcote, Piazza Grande, Tel. 091 996 11 27, www.hotelmorcote.com
Unmittelbar am Wasser gelegenes, sympathisches, familiäres Haus mit großzügigen, schönen Zimmern. Gutes italienisches Restaurant mit Terrasse im ersten Stock und über dem Ufer.

1732 angelegte Treppe mit 408 Stufen führt zur Wallfahrtskirche **Santa Maria del Sasso** (13. Jh., 1758 barockisiert); schöner freistehender Campanile, z. T. aus spätromanischer Zeit. Innen sind hervorragende Fresken aus dem 16. Jh. erhalten. Am anderen Ende des Vorplatzes steht die achteckige Kapelle Sant'Antonio di Padova (1676). Auf dem **Friedhof** mit sehenswerten Grabmälern aus dem 19. Jh. sind u. a. der Komponist Eugen d'Albert (1864 – 1932) und der Dramatiker Georg Kaiser (1878 – 1945) bestattet. Westlich des Orts, an der Straße nach Figino, schuf der Textilkaufmann Arthur Scherrer (1881 – 1956) den exotischen »Zaubergarten« ***Parco Scherrer** mit Palmen und Bambusstauden, in dem er Erinnerungen an seine Reisen aufstellte, u. a. eine Kopie des Erechtheions, einen indischen Palast und ein siamesisches Teehaus. Scherrer bewohnte ein Haus aus dem 14. Jh., das er von Lugano hierher versetzen lassen hatte.
Parco Scherrer: Mitte März – Okt. tgl. 10.00 – 17.00, Juli/Aug. bis 18.00 Uhr, Eintritt 7 CHF

Melide Aus dem einstigen Fischerdorf Melide, am Damm über den See gelegen, stammte der berühmte Barockbaumeister **Domenico Fontana**, der in Rom und Neapel tätig war (Denkmal auf der Piazza). Hauptattraktion ist jedoch die Anlage **Swissminiatur** mit den bedeutendsten Sehenswürdigkeiten der Schweiz im Maßstab 1 : 25.
Swissminiatur: Mitte März – Okt. tgl. 9.00 – 18.00 Uhr, Eintritt 19 CHF

Riva San Vitale (279 m, 2500 Einw.) am Südende des Luganersees wird von Turm und Kuppel der gelb-weiß leuchtenden Kirche **Santa Croce** dominiert, eines bedeutenden Zentralbaus aus der Renaissance (Ende 16. Jh.); im grandiosen Inneren hervorzuheben sind die Wandmalereien der Brüder Pozzi (1592) und die Altarbilder von Camillo Procaccini. Berühmt ist der Ort aber für den ältesten erhaltenen Sakralbau der Schweiz, das **∗∗Baptisterium San Giovanni** neben der Pfarrkirche S. Vitale (10./18. Jh.; ▶ Foto S. 62). Die achteckige Taufkirche datiert aus dem 5./6. Jh., ebenso das Becken für die Immersionstaufe. Im frühen Mittelalter, als die Taufe durch Benetzen aufkam, stellte man einen monolithischen Taufstein in das Becken. In der Ostapsis sind Reste von Fresken des 10. Jh.s, in den Seitennischen des 12. Jh.s erhalten. Im Wald versteckt liegt die Casa Bianchi, ein markantes Frühwerk von Mario Botta (1973, Via Fomeggie 6). Beachtenswert sind auch die Casa Comunale und der Palazzo Della Croce aus der Renaissance.

Der bewaldete, 1097 m hohe Bergkegel zwischen den Südarmen des Luganersees ist berühmt für seine 230 Mio. Jahre alten, hervorragend erhaltenen Fossilien (UNESCO-Welterbe). In Meride wurde 2012 das von Mario Botta entworfene Museum dazu eröffnet. Von dem pittoresken Dorf erreicht man in ca. 1.30 Stdt die Kapelle auf dem Gipfel, der, wie zu erwarten, einen großartiges Panorama eröffnet.
Museo dei Fossili: Di.–So. 9.00–17.00 Uhr, Eintritt 12 CHF

Riva San Vitale

∗Monte San Giorgio

Morcote, einer der hübschesten Plätze des Tessins

Capolago

Aus »Seeshaupten« (277 m, 750 Einw.) stammte **Carlo Maderna**, der berühmte Barockbaumeister und Urheber der Fassade von St. Peter in Rom; in der Tipografia Elvetica druckten in der Mitte des 19. Jh.s die Anhänger des italienischen Risorgimento ihre Pamphlete gegen die österreichische Herrschaft. Eine Zahnradbahn bringt in 40 Min. auf den 1704 m hohen ****Monte Generoso**, von dem sich ein grandioser Blick über die Alpen und in die Po-Ebene bis Mailand bietet. Ebenso herrlich sitzt man im **Grotto Eremo San Nicolao** ca. 1 km von der Bergstation (Mo. geschl.).

Mendrisio

Mendrisio (371 m, 6800 Einw.) ist Hauptort des Mendrisiotto, der reizvollen Hügellandschaft südlich und östlich des Sees (»Toskana der Schweiz«). Trotz rücksichtsloser Zersiedelung hat sich der Ort seinen lombardisch geprägten **mittelalterlichen Borgo** erhalten, mit Loggien, eleganten Innenhöfen und Palazzi wie Pollini (18. Jh.) und Torriani (16. – 18. Jh.). Überragt wird die Altstadt von der Hauptkirche **Santi Cosma e Damiano** (1875). Das **Museo d'Arte** in einem Servitenkloster verfügt u. a. über Werke von Klee, Braque, Giacometti und Wotruba. Seit 1996 ist Mendrisio Sitz der Architekturakademie; so ist es nur natürlich, dass der aus Mendrisio gebürtige **Mario Botta** hier Spuren hinterlassen hat (Piazza alla Valle). Sehenswert sind auch die Pinacoteca Giovanni Züst in **Rancate** (4 km westlich von Mendrisio) mit Gemälden Tessiner Künstler und das Museo Vela im benachbarten **Ligornetto**, der Heimat der Künstlerfamilie Vela. In **Stabio** ist mit der Casa Rotonda ein berühmtes Bauwerk von Mario Botta zu sehen (1981, Via Pietane 12), außerdem das interessante Bauernmuseum des Mendrisotto (Via al Castello).

Mendrisio, Museo d'Arte: Di.–Fr. 10.00 – 12.00, 14.00 – 17.00, Sa., So. 10.00 – 18.00 Uhr, Eintritt 8 CHF

Rancate, Pinacoteca Züst: Juli, Aug. Di.–So. 14.00 – 18.00, März–Juni, Sept.–Anf. Jan. auch 9.00 – 12.00 Uhr, Eintritt 7 CHF

Stabio, Bauernmuseum: Di., Do., Sa., So. 14.00 – 17.00 Uhr, Eintritt 5 CHF

Chiasso

Wer der hässlichen Grenzstadt Chiasso (7800 Einw.) einmal einen Blick schenken will, beachte den Palazzo Züst (1906, italienischer Jugendstil), den Camponovo-Palast im Klassizismus des 18. Jh.s, das Gebäude der Crédit Suisse (1996) sowie symbolträchtige Kunstwerke in der Bahnhofshalle: das Fresko »Die Auswanderer« (1933) und die Plastik »Italien und Schweiz« (1932). Unbedingt zu empfehlen ist hingegen ein Abstecher ins Valle di Muggio nördlich von Chiasso

*Valle di Muggio

(▶Baedeker Special S. 431), ein ursprünglich gebliebenes, bäuerliches Stück Tessin, das für seinen Käse und hübsche Barockkirchen bekannt ist. In **Morbio Inferiore** bezaubert die Kirche Santa Maria dei Miracoli (16./17. Jh.), ein Hauptwerk des Tessiner Barocks; von Botta stammt die Kantonale Mittelschule (1977), ebenso die Casa Pusterale in **Morbio Superiore**.

Bissone am Ostende des Seedamms, Heimat des großen Barockbaumeisters Francesco Borromini, ist mit noblen Fassaden an der Uferpromenade ein Bilderbuchort. Die 4 km² große, 2200 Einwohner zählende italienische Enklave Campione d'Italia (Zollanschlussgebiet, keine Grenzformalitäten), das »Las Vegas Italiens«, verdankt seinen Ruf dem Spielcasino am Seeufer (von Mario Botta) und zahlreichen Nachtclubs. Sein Status geht auf das Jahr 777 zurück, als das Gebiet dem Mailänder Kloster S. Ambrogio geschenkt wurde. Im Mittelalter waren die »Maestri Campionesi« berühmt, Baumeister, Bildhauer und Maler, die in der ganzen Lombardei wirkten. Sehr sehenswert ist die südlich von Campione über dem See gelegene Wallfahrtskirche *Santa Maria dei Ghirli (»Madonna der Schwalben«, 13./14. Jh.; 1623/1636 barockisiert) mit einer monumentalen Treppenanlage von 1740 und hervorragenden Wandmalereien. Die Fresken an der südlichen Außenwand (»Jüngstes Gericht«) stammen von Lanfranco de Veris und seinem Sohn Filippolo (1400); noch älter ist der Zyklus innen an Süd- und Rückwand von einem unbekannten lombardischen Meister aus der Giotto-Schule (Szenen aus dem Leben Johannes des Täufers). Die Malereien im Chor stammen von Isidoro Bianchi aus Campione (1634).

Bissone

Campione d'Italia

* Lugano

M 19

Kanton: Tessin · Ticino
Höhe: 272 m ü. d. M.

Einwohner:
55 200

Lugano, die eigentliche Hauptstadt des Tessins, bezieht ihre Attraktivität aus ihrer herrlichen Lage in der Szenerie des ▶Luganersees. Aber nicht nur dies: Lugano ist der drittgrößte Finanzplatz der Schweiz.

Die florierende Wirtschaftsmetropole – die reiche Lombardei ist nahe – besticht durch ihre Lage in einer weiten Bucht des Luganer Sees, eingebettet zwischen die Kegel von Monte Brè und Monte San Salvatore. Auch auch die Lebensart besitzt südländisches Flair; das ganze Jahr trifft man auf Gäste aus aller Welt, was der Stadt erfrischende Weltoffenheit verleiht. Exklusive Boutiquen und Juwelierlä-

Perle des Luganese

Traumhafter Blick von der Villa Ciani auf den Monte S. Salvatore

den sorgen für mondäne Eleganz. Lugano ist auch ein Kulturzentrum mit der 1996 gegründeten Universität und dem Sender Radio-Tele-visione della Svizzera Italiana. Der Preis der Attraktivität ist jedoch hoch: Lugano hat nur eine winzige, verwinkelte Altstadt und einige hübsche Parkanlagen. Das Stadtbild wird beherrscht von hässlichen Bürohochhäusern, für die viel historische Bausubstanz – darunter berühmte Hotels von Ende des 19. Jh.s – zerstört wurde; der 933 m hohe Monte Brè ist mit Häusern übersät. Die Stadt gehört zu den besonder eklatanten Beispielen Schweizer Baupolitik. Offensichtlich tut das jedoch ihrer Anziehungskraft wenig Abbruch. Ursprünglichkeit, Natur und Ruhe sind immerhin in der Umgebung zu finden.

Ein wenig Geschichte — Wegen der Lage an der Handelsroute über die Alpen war die Gegend am Luganersee schon von Etruskern und Kelten besiedelt. Im Mittelalter war sie wiederholt in die Auseinandersetzungen zwischen Mailand und dem Bischof von Como verstrickt, 1512 kam sie unter eidgenössische Herrschaft. Von 1803 bis 1868 war Lugano in sechs-jährigem Wechsel mit Bellinzona und Locarno Hauptstadt des Tessins. Die Eröffnung der Gotthardbahn 1882 führte zu einem raschen wirtschaftlichen Aufschwung, besonders der Tourismus wurde bald zu einer der wichtigsten Erwerbsquellen.

SEHENSWERTES IN LUGANO

*Piazza della Riforma — Die um den **Palazzo Civico** (Rathaus, 1845) gruppierten Plätze bilden den Mittelpunkt der Altstadt, vor allem die Piazza della Riforma, die von repräsentative Bürgerhäusern des 19. Jh.s umgeben ist. Unter den Arkaden reihen sich Cafés, Restaurants und Boutiquen. Im Palazzo Riva (18. Jh.) an der Piazza Manzoni hat die Banca della Svizzera Italiana ihren Sitz, vor dem Rathaus legen die Luganer-See-Schiffe an. Westlich steigt die Altstadt mit ihren schmalen, arkaden-gesäumten Gassen an. Das Einkaufsparadies hier sind die **Via Nassa** (südlich) und die **Via Pessina** (nördlich) mit ihrem verführerischen Angebot an Kulinarischem und modischem Outfit.

Die Kirche Santa Maria degli Angioli, 1499–1515 als Kirche eines 1848 aufgehobenen Minoritenklosters erbaut, ist trotz ihres schlichten Äußeren ein **kunsthistorischer Höhepunkt des Tessins**. Der Lettner vor dem Mönchschor (▶ S. 67) ist mit einer bewegten Passion (1529) bemalt, das Hauptwerk von **Bernardino Luini**, einem der bedeutendsten lombardischen Maler der Renaissance. Der Schüler Leonardos da Vinci fertigte auch das Abendmahlsfresko an der Südwand und die Madonna mit Jesus und Johannes in einer Seitenkapelle rechts. Zu beachten auch die Fresken von Domenico de Pet (»Flucht nach Ägypten«, »Anbetung der Drei Könige«; 1520).

**S. Maria degli Angioli

Das legendäre Palace Hotel von 1904 nebenan wurde 1969 geschlossen und verfiel – jetzt ersteht es als Appartementhaus wieder. Im

Lugano Arte e Cultura

Lugano

Locarno, Bellinzona — Tesserete

Basilica del Sacro Cuore

Via Genzana · Via San Gottardo · Via M. Ceneri · Via Dufour · Franscini · Via C. Maderno · Viale · Via agli Orti · Via al Lido

Villa Saroli · Via A. Fusoni · Elvezia · Cassarate · Via al Chioso · Via Maggio

Chiesa dei Cappuccini · Via Serafino · Balestra

Via San Gottardo · Via Cantonale · Viale Pretorio · Via · Via C. Marzio · **Centro Esposizioni**

Palazzo Ransila · Via E. Bossi · Corso · Via Luigi Canonica · Viale Castagnola · Castagnola, Gandria

Piazzale di Basso · Via Coremmo · Palazzo di Giustizia · Corso Pestalozzi · Palazzo dei Congressi · Viale C. Cattaneo

Stazione FFS · San Lorenzo · San Rocco · Parco Civico · **Piscina Comunale**

Via Tomaso · Palazzo Riva · Villa Ciani · **Lido**

Ponte Tresa, Agno · Via Basilea · Palazzo Riva-Primavesi · Piazza Riforma · Casino · Biblioteca Cantonale · Museo di Storia Naturale · Porto Comunale

Municipio · Museo Cantonale d'Arte · Piazza Rezzonico

Via Aprica · Via Montarina · Via Clemente Maraini · Via Giuseppe Motta · Via Nassa · Riva V. Vela

Parco Tassino · Piazza B. Luini · **Santa Maria degli Angioli**

Lugano Arte e Cultura

Lago di Lugano

Circolo Vela

300 m · ©BAEDEKER

Museo d'Arte Moderna

neuen Anbau soll 2014 das neue **Kulturzentrum** der Stadt (LAC) eröffnen: mit Konzert-/Theatersaal, Ausstellungsräumen und einem Panoramarestaurant ganz oben.

S. Maria di Loreto Südwestlich in der Nähe ist die kleine, 1524 erbaute Wallfahrtskirche Santa Maria di Loreto eine Oase der Ruhe. Das wie ein Palazzo anmutende Gotteshaus gehörte zu einem Karlistenkloster. Der reizvolle **Portikus** datiert wie der Turm von 1633. Innen sind der reiche Stuck (um 1530) und die Fresken aus dem 17. Jh. bemerkenswert.

*San Lorenzo Von der Kathedrale über der Altstadt hat man eine prächtige Aussicht. Ihre beeindruckende lombardische **Renaissance-Fassade** entstand 1500 – 1517, die weitere Bausubstanz im 13.–16. Jh.; im 18. Jh. wurde die Kirche barock ausgestattet. Aus dem 13. Jh. sind nur eini-

Lugano erleben

AUSKUNFT
Lugano Turismo
Palazzo Civico, Riva Albertolli
6900 Lugano
Tel. 058 866 66 00
www.luganoturismo.ch

FESTE & EVENTS
Mitte April – Anf. Juli: Lugano Festival (klassische Musik). Anf. Juli: Estival Jazz. 1. Aug.: Nationalfeiertag mit Feuerwerk über dem See. Ende Juli: Blues to Bop (Openair-Festival). Im Stadtzentrum ist Di. und Fr. Markt, im Sommer am Samstag Kunst- und Antiquitätenmarkt.

ESSEN
❶ *Al Portone* ⓔⓔⓔ
Lugano, Viale Cassarate 3
Tel. 091 923 55 11, So./Mo. geschl. Luxuriöses, intimes Restaurant unter junger Leitung. Hervorragende Küche zwischen Italien und Frankreich.

❷ *Osteria Calprino* ⓔⓔ
Lugano-Paradiso, Via Carona 18
Tel. 091 994 14 80

So. sowie August geschlossen
Ausgezeichnete Hausmacherküche des Tessins und der Lombardei, in einem Haus aus dem 17. Jh. an der reizvollen Serpentinenstraße nach Carona. Reservieren ist angezeigt.

ÜBERNACHTEN
❶ *Villa Principe Leopoldo* ⓔⓔⓔⓔ
Lugano, Via Montalbano 5
Tel. 091 985 88 55
www.leopoldohotel.com
Ehemalige Villa des Prinzen Leopold von Hohenzollern, exklusiv im Grünen gelegen mit herrlichem Blick auf den See. Hervorragendes Restaurant mit italienisch-französischer Küche.

❷ *Hotel Fischer* ⓔⓔ
Lugano-Castagnola
Sentiero di Gandria 10
Tel. 091 971 55 71, www.fischer-hotel.ch
Sympathisches, familiengeführtes Hotel östlich der Villa Heleneum unmittelbar am See – einfach schön. Nette, schlichte Atmosphäre. Das gute Restaurant hat, natürlich, eine Terrasse am Wasser.

In der Via Pessina, dem »Bauch« von Lugano

ge Freskenreste erhalten. Den marmornen Hochaltar schuf A. Biffi (1690), F. Pozzi die Statuen der hll. Laurentius und Stephanus (1708).

Drei Palazzi aus dem 16.– 18. Jh. beherbergen das Kantonale Kunstmuseum, das Werke von Tessiner Künstlern, anderen Schweizern und Europäern (Hodler, Klee, Werefkin, Bill u. a.) sowie französischen Impressionisten (Renoir, Degas u. a.) besitzt. Darüber hinaus finden das ganze Jahr über Wechselausstellungen statt.   *** Museo Cantonale d'Arte**
❶ Di. 14.00 – 17.00, Mi. – So. 10.00 – 17.00 Uhr, Eintritt 8/12 CHF

Im Stadtpark stand einst das 1512 von den Eidgenossen zerstörte Kastell der Sforza; seinen Platz nimmt die noble Villa Ciani (18. Jh.) ein, die Wechselausstellungen aus den Bereichen Kunst, Geschichte und Anthropologie beherbergt. Einen Besuch wert ist das **Kantonale Naturkundemuseum** weiter östlich mit Sammlungen zu Botanik, Geologie und Paläontologie des Tessins.   *** Villa Ciani**
Naturkundemuseum: Di. – Sa. 9.00 – 12.00, 14.00 – 17.00 Uhr, Eintritt frei

Die von Lugano südlich bis Paradiso reichende Seepromenade wird vom Giardino Belvedere gesäumt, in dem sich subtropische Pflanzen und Skulpturen international bekannter Künstler abwechseln. Hier (Riva Caccia 5) steht die Villa Malpensata (19. Jh.) mit dem *** Museo d'Arte**. Es zeigt Werke Tessiner und ausländischer Künstler aus dem 15.– 20. Jh., darunter Monet, Vuillard, Derain, Rousseau, Matisse.   *** Giardino Belvedere**
Museo d'Arte: Di. – So. 10.00 – 18.00 (Fr. bis 21.00) Uhr, Eintritt 12 CHF

UMGEBUNG VON LUGANO

Castagnola
In Castagnola östlich von Lugano steht am Ufer die **Villa Favorita** mit 600 m langem Park, ursprünglich ein Palast der Familie von Beroldingen (1687), den Baron von Thyssen 1932 kaufte. Bis 1992 war hier die berühmte Kunstsammlung Thyssen-Bornemisza zu sehen. Auf der Via Cortivo entlang dem Ufer erreicht man die **Villa Heleneum** (1934), eine Kopie des Versailler Trianonschlösschens, mit dem **Museo delle Culture Extraeuropee** (Völkerkunde Ozeaniens, Indonesiens und Afrikas).

Villa Heleneum: Di. – So. 10.00 – 18.00 Uhr, Eintritt 12 CHF

*Gandria
Am schönsten geht man zu Fuß zum malerischen einstigen Fischerdorf Gandria (300 m, 200 Einw.), das sich am steilen Hang des Monte Brè an den See schmiegt (von Castagnola ca. 3 km). Das Dörfchen mit engen Treppengassen und Rebenterrassen liegt unterhalb der Straße. Mit dem Schiff fährt man über den See nach **Cantine di Gandria** zum interessanten Schweizer Zollmuseum im Zollhaus von 1904. Wanderschuhe braucht man dann für den 4,5 km langen Weg entlang dem Ufer nach **Caprino** bei Campione, einem kleinen Zufluchtsort der Luganer mit Badeplätzen; unterwegs kann man in einem Grotto rasten. Mit dem Schiff zurück nach Lugano.

Museo delle Dogane: April – 20. Okt. tgl. 13.30 – 17.30 Uhr, Eintritt frei

**Hausberge von Lugano
Eine Standseilbahn bringt vom Stadtteil Cassarate (Via Pico) in 20 Min. auf den Gipfel des 933 m hohen **Monte Brè**. Der beliebte Aussichtsberg, der die Bucht von Lugano nach Osten abschließt, ist auch in etwa 2.30 Std. zu Fuß oder auf einer schmalen Bergstraße zu »erklimmen«. Von den Terrassen der Restaurants hat man einen prächtigen Blick auf die Walliser und Berner Alpen. Ebenso lohnend ist die Fahrt auf den **Monte San Salvatore** (»Erlöserberg«, 912 m) mit der Standseilbahn vom südlichen Stadtteil Paradiso (Viale delle Scuole; Mitte März – Anf. Nov.).

Malcantone
Das hügelige Hochland Malcantone, ein beliebtes Wandergebiet, erstreckt sich vom Lago di Lugano westlich bis zur italienischen Grenze, wo es von dem mächtigen Gebirgszug mit **Monte Lema** (1621 m) und **Monte Tamaro** (1961 m) abgeschlossen wird (▶ S. 401). Benannt ist es nach den »magli«, die hier früher Blei, Zink, Gold und Silber abbauten. Bei **Agno**, dem wichtigsten Ort des Malcantone (4000 Einw., 8 km westlich von Lugano), liegt der Flughafen des Kantons. **Magliaso** besitzt einen Tierpark Löwen, Tigern und exotischen Vögeln. In **Caslano** besuchen alle gern die Schokoladenfabrik **Alprose** (tgl. geöffnet; mit Verkauf und Museum); der von Wasser umgebene **Monte Sassalto** (Monte Caslano) südlich von Caslano ist wegen seiner reichen Voralpenflora als Naturpark ausgewiesen.

Luzerner Wahrzeichen: Kapellbrücke mit Wassertum und Altem Rathaus

✳✳ Luzern

———————————— ✳ F 16

Kanton: Luzern
Höhe: 436 m ü. d. M.

Einwohner:
78 000

Luzern, die Metropole der Zentralschweiz am Vierwaldstättersee, gilt vielen als die schönste Stadt des Landes: Heimelige Bürgerhäuser, Zuckerbäcker-Hotelpaläste der Belle Époque und kühne Postmoderne bilden mit dem unvergleichlichen Bergpanorama eine wunderbare Melange.

Der ▶ Vierwaldstättersee, der Hausberg Pilatus und die Rigi wären schon Grund genug für einen Besuch Luzerns. Doch hat Luzern selbst weltweiten Ruf als Kulturstadt mit einer hochklassigen Kunst- und Musikszene. Geschätzt wird auch die Atmosphäre der »Lässigkeit«, die vielleicht damit zu tun hat, dass Luzern in der Reformation katholisch blieb (nicht zufällig ist die Fasnacht von Luzern berühmt). War dies einst ein Nachteil für die wirtschaftliche und politische Entwicklung – durch seine Lage an der Gotthardroute und als Mitglied der Ur-Eidgenossenschaft wäre Luzern zur Hauptstadt prädestiniert gewesen –, so resultierte daraus die frühe große Bedeutung des Tourismus und die heute so anziehend wirkende Kombination von Kleinstadt und großer Welt.

Wo die Reuss den Vierwaldstättersee verlässt, lag im 8. Jh. das Kloster Luciaria. Um das Kloster und die Brücke über den Fluss entstand ein Marktort. Als Jahr der Stadtgründung gilt 1178, als die Pfarrei vom Kloster im Hof an die Bürger von Luzern überging. Im Mittelalter war die Stadt ein wichtiger Umschlagplatz für den Schiffs- und Landverkehr, insbesondere nach der Eröffnung der Gotthardstraße um 1220. 1291 kaufte König Rudolf von Habsburg die Stadt. Aus Furcht um ihre Freiheiten schlossen die Luzerner 1332 einen ewigen Bund mit den drei Waldstätten; wahrscheinlich hat erst der Beitritt Luzerns

Ein wenig Geschichte

als einziger Stadt das Überleben der jungen Eidgenossenschaft gesichert. Der Sieg der Eidgenossen 1386 bei Sempach über den Habsburger Herzog Leopold III. löste Luzern aus den Bindungen an Österreich und ermöglichte die Bildung eines luzernischen Territorialstaats. Rat und Bürger lehnten die Reformation ab; stattdessen machten sie ihre Stadt zum Zentrum der katholischen Schweiz und riefen 1574 die Jesuiten in die Stadt. Ende des 18. Jh.s regierte ein Patriziat von nur 29 Geschlechtern das 4300 Einwohner zählende Städtchen. Nachdem die Truppen Napoleons 1798 die Schweiz besetzt hatten, wurde Luzern für kurze Zeit Hauptstadt der Helvetischen Republik. Die Niederlage der Katholisch-Konservativen, deren Führer Luzern war, im Sonderbundskrieg 1847 isolierte die Stadt im neuen Schweizer Bundesstaat, was man durch die Förderung des Tourismus – damals entstanden die prächtigen Promenaden und Hotels – zu kompensieren suchte.

Luzern

Essen	Übernachten	
① Jasper	① Schweizerhof	④ Astoria
② Galliker	② The Hotel	⑤ Pickwick
③ Taube	③ Des Balances	⑥ The Bed + Breakfast

SEHENSWERTES IN LUZERN

Von der 1870 erbauten Seebrücke hat man einen **schönen Blick** auf   ***An der Reuss**
den Vierwaldstättersee und die Berge: im Südwesten der Pilatus, im
Osten die Rigi. Die Wahrzeichen von Luzern sind auf der anderen
Seite zu sehen: Wasserturm und Kapellbrücke, beide um 1300 erbaut.
Luzern wies schon um 1400 – beispiellos in Europa – vier Brücken
auf, fünf weitere kamen später hinzu. Die 204 m lange ***Kapellbrücke**, die älteste erhaltene Holzbrücke Europas, war Teil der Stadtbefestigung. Nach dem Brand 1993 wurde sie originalgetreu restauriert;
von den 111 dreieckigen Bildtafeln im offenen Dachstuhl waren 86
verloren, 25 blieben intakt und wurden wieder installiert. Sie entstanden im frühen 17. Jh. und stellen die Geschichte der Stadt, ihres
Schutzheiligen St. Leodegar und der Eidgenossenschaft dar. Der
achteckige, gut 34 m hohe **Wasserturm** gehörte zur inneren Stadtbefestigung und diente auch als Archiv, Schatzkammer und Gefängnis. Die benachbarte **Reussbrücke** von 1877 steht an der Stelle des
ältesten, 1246 erstmals als Pons Lucernensis erwähnten Flussüber-
gangs, der für die Entstehung der Stadt entscheidend war.

Südlich der Seebrücke ziehen die Ikonen des modernen Luzerns den   **Südufer**
Blick an: Die Vorhalle des **neuen Bahnhofs** von Santiago Calatrava
(1989; auf dem Platz das Hauptportal des 1971 abgebrannten alten
Bahnhofs) und das spektakuläre **Kultur- und Kongresszentrum**,
kurz KKL (Jean Nouvel, 1998). An der Schiffslände mit den herrlichen Raddampfern ragt sein düsteres Dach weit vor, unter dem ein
(optisch-atmosphärisch bescheidener) Konzertsaal mit hochgelobter
Akustik und das **Kunstmuseum Luzern** vereint sind. Letzteres, das
viertgrößte der Schweiz, besitzt Schweizer Kunst seit dem Mittelalter,
europäische Malerei des frühen 20. Jh.s sowie Schweizer Nachkriegs-
kunst. Gezeigt werden allerdings, zu horrendem Preis, meist Ausstellungen zeitgenössischer, nicht unbedingt bedeutender Kunst, also
vor dem Besuch Info einholen. Fürs Frühstück oder den Lunch empfiehlt sich das Bistro im KKL.
Kunstmuseum: Di. – So. 10.00 – 18.00/17.00 (Mi. 20.00) Uhr, Eintritt 15 CHF,
www.kunstmuseumluzern.ch

Die pittoreske **Altstadt** am rechten Ufer der Reuss bezaubert mit al-   ***Altstadt**
ten Bürgerhäusern und brunnengeschmückten Plätzen. Am Kapell-
platz bildet die **St.-Peters-Kapelle** (1178/18. Jh.) mit dem **Haus zur
Gilgen** (1510, Nr. 1) ein reizvolles Ensemble. Durch die Kapell- oder
Furrengasse zum Kornmarkt mit dem freskierten **Zunfthaus zu
Pfistern** (Gasthaus) und dem **Alten Rathaus** in italienischer Renaissance (1606), sein Walmdach zitiert dagegen den Berner Baustil. Die
prunkvollen Ratssäle sind nicht zugänglich. Östlich angebaut ist das
stattliche **Am-Rhyn-Haus** (1618/1786). Die **Arkaden an der Reuss**

Luzern erleben

AUSKUNFT
Luzern Tourismus
Zentralstrasse 5 (Bhf.), 6003 Luzern
Tel. 041 227 17 17, www.luzern.org

VERKEHR
Busse der Verkehrsbetriebe Luzern (vbl).
LucerneCard für ÖPNV und 50 % Rabatt
in vielen Museen. Die Vierwaldstätter-
see-Schiffe (►S. 703) legen vom KKL ab.

FESTE & EVENTS
Bei der Fasnacht (ab Do. 5 Uhr) gleicht
die Stadt sechs Tage einem Hexenkessel.
Lucerne Festival (klassische Musik) mit
drei Teilen: Ostern, August und November. Ende Juni: Luzerner Fest. Ende Juli:
Blue Balls Festival (Jazz/Pop, mit über
130 Events). Anf. Nov.: Blues Festival.
Termine im Monatsprogramm von Luzern Tourismus und im »Kulturmagazin«
(monatlich); www.kulturluzern.ch,
www.insider-luzern.ch.

ESSEN
❶ *Jasper* ⊜⊜⊜
Luzern, Haldenstrasse 10
Tel. 041 416 16 16, tgl. geöffnet
Im klassischen Hotel Palace: leicht unter-
kühltes, modernes Ambiente mit japani-
schen Anklängen und schönem Ausblick
(»der« Treff ist die Terrasse am See). Einfallsreich variierte Schweizer Küche.

❷ *Galliker* ⊜-⊜⊜
Luzern, Schützenstrasse 1
Tel. 041 240 10 02, So./Mo. sowie Mitte
Juli – Mitte Aug. geschl.
Ein echtes Wirtshaus: Gebäude aus dem
17. Jh., seit 100 Jahren unveränderte
Gaststube. Gutbürgerliche Schweizer
Küche. Reservieren ist angezeigt.

❸ *Wirtshaus Taube* ⊜⊜
Luzern, Burgerstrasse 3
Tel. 041 210 07 47, So. geschl.
Gilt als »die« Adresse für echte Luzerner
Kost. Altes Haus mit vier gemütlichen
Stuben, umkompliziert-gediegen.

ÜBERNACHTEN
❶ *Hotel Schweizerhof* ⊜⊜⊜⊜
Luzern, Schweizerhofquai 3
Tel. 041 410 04 10
www.schweizerhof-luzern.ch
Großartige Schweizer Grandhotel-
tradition seit 1845. Der eindrucksvolle
Palazzo am See wurde aufwendig
modernisiert. Die Zimmer zum See
sind naturgemäß teurer.

❷ *The Hotel* ⊜⊜⊜
Luzern, Sempacherstrasse 14
Tel. 041 226 86 86, www.the-hotel.ch
Das »hipste« Hotel in Luzern, schnörkellos gestaltet von Jean Nouvel, dennoch freundlich. In Halle, Bar und Restaurant trifft sich die amüsierwillige
junge Generation.

❸ *Des Balances* ⊜⊜⊜
Luzern, Weinmarkt
Tel. 041 418 28 28, www.balances.ch
Ehemaliges Zunfthaus in der Altstadt,
geschmackvoll gestaltet. Viele Berühmtheiten sind hier abgestiegen. Fantasie-
voll-internationale Küche im Restaurant
(reservieren); preisgünstiges Mittagsme-
nü. Herrliche Veranda über der Reuss.

❹ *Hotel Astoria* ⊜⊜⊜
Luzern, Pilatusstrasse 29
Tel. 041 226 88 88
www.astoria-luzern.ch
Topmodernes, edles First-class-Hotel, mit

viel Glas gestaltet von Herzog & de Meuron. Zimmer mit Kirschbaumböden und Marmorbädern, z. T. ganz in Weiß mit raumhohen Schallschutzfenstern. Mehrere exotische Restaurants, »italienisch« im romantischen Saal. Toller Ausblick von der Penthouse-Bar mit Terrasse.

❺ Pickwick ⊜

Luzern, Rathausquai 6
Tel. 041 410 59 27
Beliebtes Hotel 5 Minuten vom Bahnhof, sehr schön an der Reuss gelegen.

Schlichte, angenehme kleine Zimmer. Kein Frühstück. Restaurant »Mr. Pickwick Pub« mit Tischen am Fluss.

❻ The Bed + Breakfast ⊜

Luzern, Taubenhausstrasse 34
Tel. 041 310 15 14, März – Okt.
www.thebandb.ch
Sehr angenehm und persönlich betreut logiert man in dem älteren Privathaus 15 Gehminuten vom Bahnhof. Feine Zimmer für 1 – 4 Personen (kein eigenes Bad), exzellentes Frühstück.

---

dienen wie einst als Markt (Di., Sa.), die darüberliegende Kornschütte, das städtische Warenhaus, wird für Konzerte u. a. genützt.

Westlich des Kornmarkts erstreckt sich der malerische Weinmarkt mit einer Kopie eines spätgotischen **Brunnens** (Original im Historischen Museum), bekrönt vom hl. Mauritius, dem Schutzpatron der Soldaten. Hier beschworen die Luzerner 1332 den Bund mit Uri, Schwyz und Unterwalden. Nordwestlich des Weinmarkts liegt der **Hirschenplatz**, der nach dem mittelalterlichen Gasthof dort benannt ist. Im Goldenen Adler übernachtete 1779 J. W. von Goethe.

*Weinmarkt

Im Norden wird die Altstadt von der 1386 – 1408 erbauten Museggmauer eingeschlossen, die auf über 800 m **neun unterschiedliche Türme** aufweist. Zugänglich sind Schirmer-, Zyt- und Männliturm. Die **Uhr** am Zytturm, gefertigt 1535 von Hans Luter, hat das Privileg, eine Minute vor allen anderen Uhren der Stadt zu schlagen.

Musegg-mauer

Über den **Mühlenplatz** – mit Rokoko-Brunnenstock (1755) im chinesischen Stil – kehrt man zur Reuss zurück, zur malerischen Spreuerbrücke (um 1408), eine ebenfalls **überdachte Holzbrücke**, die 1626 – 1635 mit **Totentanzbildern** des Luzerners Kaspar Meglinger geschmückt wurde. Flussaufwärts ist das technikgeschichtlich einzigartige **Nadelwehr** von 1860 zu beachten.

*Spreuer-brücke

Im Zeughaus von 1568 ist das Historische Museum untergebracht. Neben Waffen, Fahnen und Uniformen aus Stadt und Kanton sind der Weinmarktbrunnen (1481), das Panzerhemd des bei Sempach 1386 gefallenen Habsburger Herzogs Leopold III., ein goldenes Siegel des Burgunderherzogs Karls des Kühnen sowie Arbeiten heimischer Glasbläser und Goldschmiede sehenswert. In »Theatertouren« stel-

Historisches Museum

Restaurant an der Reuss

len Schauspieler unterschiedliche Themen der Luzerner Geschichte dar. Das benachbarte **Naturmuseum** bringt die Geheimnisse der Natur auf anschauliche und auch humorvolle Art nahe (»Natur zum Anfassen«), ein Schwerpunkt sind die Erdgeschichte sowie die Tier- und Pflanzenwelt der Zentralschweiz.

Historisches Museum: Di. – So. 10.00 – 17.00 Uhr, Theater-Touren zur vollen Stunde, Eintritt 10 CHF
Naturmuseum: Di. – So. 10.00 – 17.00 Uhr, Eintritt 8 CHF

Regierungs-
gebäude

Das Gebäude der Kantonsregierung war bis 1804 Jesuitenkolleg. Im Kern enthält es den **Ritterschen Palast**, der ab 1556 für den Schultheissen Lux Ritter als privater Palazzo in florentinischer Renaissance erbaut wurde (prächtiger mehrstöckiger Arkadenhof).

*Jesuiten-
kirche

Die Jesuitenkirche St. Franz Xaver gilt als **erste große Barockkirche** der Schweiz. Als Echo zur Hofkirche (▶ S. 451) ist ihre noch renaissancehafte Fassade ebenfalls von zwei Türmen akzentuiert. Die Pläne für den lichten, gestalterisch geschlossenen Einheitsraum stammten wohl von Michael Kuen und Heinrich Mayer (der auch die Mariahilfkirche entwarf) aus Vorarlberg, beteiligt waren auch Christoph Vogler aus Luzern und T. Comacio. Der Stuck wurde 1672/73 nach Entwürfen Mayers durch den Wessobrunner Michael Schmuzer ausgeführt, der rosafarbene Rokokostuck datiert von 1750. Die Fresken zur Lebensgeschichte des hl. Franz Xaver, der in Indien und Asien missionierte, schufen G. und G. A. Torricelli. Die überragenden Ausstattungsstücke sind Kanzel und der **19 m hohe Hochaltar** – auf den die ganze Architektur ausgerichtet ist – aus rotem Stuckmarmor; das Altarblatt (F. I. Torriani, 1681) stellt die Glorie des Kirchenpatrons dar. Im Bruder-Klaus-Altar (2. Seitenkapelle rechts) trägt die Statue eine echte Kutte des Schweizer Nationalheiligen (▶ S. 538).

Franziskaner-
kirche

Ein typisches Bauwerk der Bettelordensarchitektur des 13. Jh.s ist die Franziskanerkirche. Im schlichten Inneren sind die Langhauswände in Erinnerung an die Kriegszüge der Luzerner seit 1622 mit Bannern bemalt. Zu beachten aind die geschnitzte **Kanzel** von Niklaus Geissler aus Schweinfurt (1628) und das monumentale Chorgestühl (1651) von K. Tüfel aus Sursee. Die Chorausmalung entstand um 1280, die **Kreuzigung** über dem Chorbogen 1430 – 1450. Überaus interessant sind auch die Antonius- und die Marienkapelle.

Die hochbedeutende Sammlung Rosengart (Pilatusstr. 10), gestiftet und geleitet von **Angela Rosengart** (*1932), ist in der einstigen Schweizer Nationalbank (1924) untergebracht. Hervorragende Werke von Picasso (ca. 180) und Klee (ca. 125) werden ergänzt durch Künstler der klassischen Moderne von den Impressionisten bis zu den Kubisten, wie Monet, Renoir, Cézanne, Braque, Miró.

**Sammlung Rosengart

❶ April – Okt. tgl. 10.00 – 18.00, sonst 11.00 – 17.00 Uhr, Eintritt 18 CHF

Am Nordufer des Sees führt vom Schwanenplatz ein breiter Quai mit **großartigen Hotelpalästen** des 19. Jh.s nach Osten. Hier erlebt man, am schönsten frühmorgens, das sagenhafte **Panorama** mit (von links) Rigi-Gruppe, Bürgenstock, Stanserhorn und Pilatus, hinter den Letzteren Glarner und Engelberger Alpen. Am Nationalquai liegt auch der **Kursaal** (1882/1910) mit dem Grand Casino.

**Quai am Nordufer

Die Hofkirche St. Leodegar und St. Mauritius – die Hauptkirche von Luzern – bildete bis ins 19. Jh. mit den Chorherrenhäusern einen Bezirk, der heute noch **Hof** genannt wird. Am Platz des im 8. Jh. gegründeten Benediktinerklosters entstand 1634 – 1645 nach einem Brand die **Spätrenaissance-Kirche** nach Plänen des Jesuiten J. Kurrer aus Ingolstadt, die zwei spätgotischen Türme blieben erhalten. Das **Hauptportal** (1641) stammt ebenso von Niklaus Geissler wie die **Kanzel** und das **Chorgestühl** in der Pfeilerbasilika. Das prächtige dreiteilige **Chorgitter**, das früheste in perspektivischer Gestaltung, schuf der Konstanzer J. Reifel (1643). Im **Maria-End-Altar** (mit »Maria End« ist der Tod Marias gemeint) ist eine spätgotische Relieftafel

*Hofkirche

Highlights Luzern

▶ **Kapellbrücke und Altstadt**
Die älteste Holzbrücke Europas, prächtige Zunfthäuser in der Altstadt
Seite 447–451

▶ **Kunst für Kenner**
Große Künstler der klassischen Moderne in der einzigartigen Sammlung Rosengart, Zeitgenössisches im Kunstmuseum des KKL am Hafen.
Seite 447, 451

▶ **Verkehrshaus der Schweiz**
Alte und moderne Loks, Autos und Flugzeuge, Flugsimulatoren und

IMAX-Kino im beliebtesten Museum der Schweiz.
Seite 452

▶ **Sagenhafter Pilatus**
Ein Muss: Per Schiff und Zahnradbahn auf den grandiosen Aussichtsbalkon über dem Vierwaldstätter See.
Seite 454

▶ **Lebhaftes Luzern**
Von der Fasnacht übers Sommernachtsfest bis zum Musikfestival: Der Veranstaltungskalender ist lang.
Seite 448

(um 1500) eingelassen, der **Hochaltar** (1643) war ein Geschenk des päpstlichen Nuntius Ranuccio Scotti. Das Hauptblatt des Benedikts-altars (1644) gilt als eines der schönsten Bilder von K. Meglinger (▶Spreuerbrücke, S. 449). Die **Große Hoforgel** (Hans Geisler aus Salzburg, 1650) mit fast 6000 Pfeifen kann man beim Orgelsommer Mitte Juli bis Mitte Sept. erleben. In den **Arkaden**, die den Hofbezirk umgeben, liegen Grabstätten alteingesessener Luzerner Familien.

*Bourbaki-Panorama

Beim Löwenplatz ist das Bourbaki-Panorama zu bestaunen, ein **Ge-mälde von 110 m Länge** und 10 m Höhe, das der Genfer Edouard Castres mit anderen Künstlern, darunter F. Hodler, 1881 schuf. Es zeigt, wie im Deutsch-Französischen Krieg die geschlagene französi-sche Ostarmee unter **General Bourbaki** 1871 die Grenze zur neu-tralen Schweiz überschreitet und entwaffnet wird. Ein Museum ver-mittelt Hintergrundwissen zur Bourbaki-Armee und zur Geschichte des Bildes. Zum Relaxen gibt es ein sympathisches großes Bistro.
❶ April–Okt. 9.00–18.00, sonst 10.00–17.00 Uhr, Eintritt 12 CHF

*Löwen-denkmal

Unweit nördlich ist der berühmte **Sterbende Löwe** in eine Sand-steinwand gemeißelt, geschaffen 1820/1821 nach einem Entwurf des großen dänischen Bildhauers **Bertel Thorvaldsen**. Er erinnert an den Tod der ca. 1000 Schweizer Offiziere und Soldaten im Dienst Ludwigs XVI. beim bzw. nach dem Sturm auf die Pariser Tuilerien 1792.

Gletscher-garten

Ein großartiges **Naturdenkmal** wurde 1872 nebenan entdeckt: Glet-scherschliffe, Gletschermühlen etc. belegen, dass das Alpenvorland vor 20 000 Jahren mit Gletschern bedeckt war; bei Luzern waren sie fast 1000 m dick. Ein Museum (mit einem Stadtmodell von 1792), eine Spiegelgalerie und ein Garten runden die Attraktion ab. In der Nähe (Denkmalstr. 11) präsentiert das **Alpineum** mit einem 3D-Panorama von verblüffender Tiefenwirkung die schönsten Gebirgs-regionen der Schweiz.
Gletschergarten: April–Okt. 9.00–18.00, sonst 10.00–17.00 Uhr, Eintritt 12 CHF. **Alpineum:**April–Okt. 9.00–12.30, 13.30–18.00 Uhr, Eintritt 5 CHF

*Dietschiberg

Ein kleiner Ausflug auf den Dietschiberg lohnt sich: Mit Bus 14 zur Klinik St. Anna, dann zur Utenbergschule und auf dem Wanderweg, vorbei am Schlössli Utenberg von 1751 (edles Restaurant, Mo./Di. geschl., Tel. 041 420 00 22), dem Wiesenweg folgend ansteigen.

**Verkehrs-haus der Schweiz

Im Osten der Luzerner Bucht liegt an der Haldenstraße das größte Verkehrsmuseum Europas. Jung und Alt begeistern sich an Loko-motiven und Autos, Flugzeugen und Schiffen, ob Oldtimer oder mo-dern. Ergänzt wird die Schau durch Modelle und audiovisuelle Dar-stellungen, dazu kommen ein Planetarium, IMAX-Kino (kostet extra), Swissarena (200 m² große, begehbare Luftaufnahme der

Überwältigend: Blick vom Pilatus auf den Vierwaldstättersee

Schweiz) und das Hans-Erni-Museum (Erni ist ein bekannter Luzerner Künstler, geb. 1909). Restaurants sorgen fürs leibliche Wohl.
❶ Sommerzeit 10.00 – 18.00, Winterzeit 10.00 – 17.00 Uhr, Eintritt 30 CHF, www.verkehrshaus.ch

Auch Luzern hat ein »Neuschwanstein«, das Château Gütsch von 1888 auf dem Berg westlich der Altstadt. Ein russischer Milliardär wollte es zum Luxushotel umbauen, gegenwärtig ist jedoch »alles offen«. Von der Baselstraße führt der Gütschweg hinauf (die Zukunft der Standseilbahn ist ebenfalls unklar), der Blick über die Stadt und den Vierwaldstättersee ist superb.

* Gütsch

Am Westufer des Sees, im Südosten der Stadt, liegt das Landhaus Tribschen, in dem **Richard Wagner** 1866 – 1872 mit seiner Geliebten und späteren Ehefrau Cosima wohnte. Hier schrieb er das »Siegfried-Idyll«, vollendete er die »Meistersinger« und den »Siegfried«. Zu sehen sind u. a. Originalpartituren und sein Erard-Flügel aus Paris.
❶ 15. März – Nov. Di. – So. 10.00 – 12.00, 14.00 – 17.00 Uhr, Eintritt 8 CHF

Tribschen

UMGEBUNG VON LUZERN

3 km südwestlich von Luzern liegt der industriereiche Vorort Kriens (482 m) mit dem **Schlösschen Schauensee** (1595, Rundturm aus dem 13. Jh.). Im Industriegebiet hat der **Alphornbauer Stocker** seine Werkstatt (Tel. 041 340 88 86, www.alphorn.com). Eine Standseilbahn führt nördlich auf den 780 m hohen **Sonnenberg** (herrliche Aussicht), eine Schwebebahn südlich auf den **Pilatus** (s. u.).

Kriens

**Maria Loreto

In Hergiswald ca. 5 km südwestlich von Kriens überrascht die schlichte Wallfahrtskapelle Maria Loreto von 1662, zu der eine **tausendstufige Treppe** führt, mit prächtigem Innerem. Ihre Holzdecke ist mit 324 Bildern mit Marien-Symbolik bemalt (»Bilderhimmel«), ein Werk des Luzerner Malers Kaspar Meglinger von 1654. Die Straße führt weiter zum Kurort Schwarzenberg (831 m, 1600 Einw.).

**Pilatus

Das zerklüftete Bergmassiv ist neben der Rigi der **bekannteste Aussichtspunkt der Zentralschweiz.** Seinen Namen hat der Pilatus wohl von lateinisch »pileatus«, »der (mit Wolken) Bedeckte«, bis zum 17. Jh. wurde er »Brochen brig« oder »Frakmunt« genannt (von lat. »fractus mons«, »zerbrochener Berg«). Einer Sage zufolge soll der tote Pontius Pilatus in dem einstigen See auf der Bründlenalp versenkt worden sein, auch soll ein Drache hier gehaust haben. Von Kriens führt die Seilbahn über die Fräkmüntegg (1415 m) zum **Pilatus-Kulm** (2073 m), von Alpnachstad die steilste Zahnradbahn der Welt (Steigung 48 %, 4,6 km, Fahrzeit 30 Min.; Info ▶S. 701). Das 1890 eröffnete, denkmalgeschützte **Hotel Pilatus-Kulm** besitzt ein stilvolles Ambiente und moderne Zimmer (Tel. (041 329 12 12, www.pilatus.ch); in der Nähe das preiswertere runde Hotel Bellevue. In wenigen Minuten steigt man zum **Esel** (2119 m) auf, dem zentralen Gipfel, der eine großartige Aussicht vom Säntis bis zur Blümlisalp, auf Vierwaldstätter und Zugersee und das Hügelland gewährt. Von Pilatus-Kulm geht man in 30 Min. zum **Tomlishorn** (2128 m), dem höchsten Punkt des Kalkmassivs. Beliebt ist die **Goldene Rundfahrt**: von Luzern mit Schiff nach Alpnachstad, mit Zahnrad- und Seilbahnen über den Pilatus nach Kriens und zurück mit Bus 1 nach Luzern. Von der Fräkmüntegg führt im Winter eine 6 km lange Rodelpiste hinunter nach Kriens.

Werthenstein

Westlich von Luzern, an der Kleinen Emme, lohnt sich auf der Fahrt ins ▶Entlebuch ein Halt in Werthenstein. Das hochgelegene ehemalige **Kloster** mit seiner Kirche von 1608 besitzt eine originelle Fassade und einen herrlichen Arkadenhof von 1636.

Willisau

Weiter nordwestlich liegt das Städtchen Willisau (557 m, 7300 Einw.) mit mittelalterlichen Wehrbauten und einer prächtigen Hauptgasse. Neben dem **Obertor** von 1551 steht die Wallfahrtskapelle **Heiligblut** (1675) mit bemalter Holzdecke (1854). Das ***Landvogteischloss** gilt als einer der bedeutendsten weltlichen Barockbauten der Innerschweiz (1695, herrlicher Stuck, schöne Malereien im Gerichtssaal); sein Turm gehört zur um 1400 angelegten Ringmauer. Die Pfarrkirche St. Peter und Paul am Fuß des Schlosshügels wurde 1810 geweiht (romanischer Turm, 13. Jh.). Ende Aug. findet das gut besetzte **Jazzfestival** statt (www.jazzwillisau.ch).

SEMPACHERSEE · BALDEGGERSEE · HALLWILERSEE

Nördlich von Luzern erstreckt sich ein reizvolles Seengebiet. Am Südende des Sempachersees (507 m, 40 km²) ist die Schweizerische Vogelwarte beheimatet, am Ostufer liegt das hübsche **Sempach** (4000 Einw.) mit sehenswertem Rathaus (1474). Etwa 2 km nordöstlich von Sempach erinnert die 1387 geweihte **Schlachtkapelle** St. Jakob an den Sieg der Eidgenossen am 9. Juli 1386 über die zahlenmäßig überlegenen Truppen des Herzogs Leopold III. von Österreich. Diesen Sieg verdankten sie nach einer berühmten, aber nicht belegten Sage **Arnold von Winkelried**, der etliche gegnerische Spieße packte (»Der Freiheit eine Gasse«) und dabei durchbohrt wurde. In der Kapelle ein Fresko des Luzerners H. H. Wägmann (17. Jh.). Im malerischen Dorf **Kirchbühl** nördlich von Sempach lohnt die Kirche St. Martin (13. – 16. Jh.) wegen ihrer Wandmalereien von Anfang des 14. Jh.s einen Besuch.

Sempacher See

Am Nordende des Sees liegt Sursee (507 m, 9000 Einw.) mit einer liebevoll gepflegten **Altstadt**. Interessant sind die Pfarrkirche St. Georg (1641), die Friedhofskapelle hinter ihr (reich geschnitzte Holzdecke, 1497), das spätgotische Rathaus (1546) und Bürgerhäuser des 17./18. Jh.s, darunter das eindrucksvolle **Beck-Leusche Haus** (1632). Den Mühlplatz mit Wassergraben umgeben zierliche Häuserzeilen mit Dieb- und Hexenturm. Das **Museum der Schweizer Kapuzinerprovinz** erläutert Leben und Geschichte der Kapuziner (im Kapuzinerkloster; Führungen nach Anmeldung Tel. 041 922 12 50). Im Kreuzgang ist eine Bilderfolge (17. Jh.) zum Leben des hl. Franziskus

Sursee

Wer Ruhe sucht, findet sie am Sempacher See.

zu sehen. Ein großes Fest ist der kuriose **Gansabhauet** am 11. November. Schöne Wanderung auf dem alten Römerweg am See entlang nach Süden; die ganze Runde um den See dauert 5 – 6 Std.

Beromünster   Beromünster (642 m, 4700 Einw.) liegt auf der flachen Höhe zwischen Sempacher und Baldeggersee. Seine von schönen Chorherrenhäusern umgebene Kirche **St. Michael** (um 1030), Teil des um 980 gegründeten Stifts, wurde Ende des 17. Jh.s sowie 1775 barockisiert (Renaissance-Chorgestühl, um 1610). Berühmt ist der **✶✶Kirchenschatz**, der zu den großen Kostbarkeiten des Landes zählt. Einige herausragende Stücke: Warnebert-Reliquiar (2. Hälfte 7. Jh.), Kruzifix aus Limoges (um 1250), Prozessionskreuz (13. Jh.) mit vermutlich spätantikem Frauenkopf aus Amethyst, Evangeliar mit prachtvollem Deckel (nach 1300) und silberne Christophorus-Statuette (um 1480). Im Schlossmuseum ist u. a. die rekonstruierte Druckerstube von Helias Helye zu sehen, der 1470 das **erste datierte Buch** der Schweiz druckte. Seit 1506 findet an Himmelfahrt der einzigartige **Auffahrtsumritt** in die Umgebung statt, danach Segen in der Stadt.

Kirchenschatz Beromünster: Führungen nach Anmeldung Tel. 041 930 21 30 (Anrufzeit 10 – 12 Uhr und ab 19 Uhr)

Baldeggersee   Über dem nördlichen Ende des 5 km² großen Baldeggersees thront das **Schloss Heidegg** (11./12. Jh., 1618 umgestaltet) mit mächtigem Wohnturm und schönem Rosengarten (Schloss April – Oktober Di. bis So. geöffnet, Park tägl.). In **Hitzkirch** nördlich des Sees steht eine Deutschordenskomturei (um 1750) des süddeutschen Baumeisters J. C. Bagnato; in der Kirche von 1680 eine vollplastische spätgotische Grablegung. Im Hauptgebäude (1749) das Baldegger Museum mit stein- und bronzezeitlichen Funden aus dem See. Für eine kulinarische Pause ist in **Hochdorf** das exzellente Braui zu empfehlen (Brauiplatz 5, Tel. 041 910 16 66, Sa.mittag/So./Mo. geschl., ❷❷).

Muri   Ein Abstecher führt von Hitzkirch nach Muri (458 m, 6700 Einw.). 1027 stifteten hier die Habsburger ein **Kloster**. Die heutige Anlage entstand v. a. im 16. Jh. am Platz eines 1064 geweihten Vorgängerbaus, von dem noch die Krypta erhalten ist. 1534 entstand der Kreuzgang, den Glasgemäldezyklus schuf 1588 Karl von Egeri aus Zürich. Die **✶Kirche**, 1695 – 1697 von G. B. Bettini und Kaspar Moosbrugger umgebaut, gilt als ein Hauptwerk des Barocks in der Schweiz. Ihr ungewöhnliches Zentrum ist ein prachtvoll ausgestattetes Oktogon mit 25 m hoher Kuppel, der größte derartige Bau der Schweiz. Die fünf Orgeln und vier Emporen der Kirche sind wichtige »Mitspieler« bei den Konzerten (Mai – Sept.). Die Loretokapelle beim Eingang dient seit 1971 als **Familiengruft der Habsburger**, hinter dem Altar wird das Herz von Karl I. aufbewahrt, dem letzten Herrscher der Donaumonarchie (1916 – 1918).

Zwischen Boniswil und Seengen nördlich des **Hallwilersees** steht    **＊Schloss**
eine schöne, von Wasser umgebene Burg-Schloss-Anlage aus dem   **Hallwyl**
12./14. Jh. mit einem Museum zur herrschaftlichen Wohnweise des
17./18. Jh.s und zum aargauischen Landleben (Anfang des 20. Jh.s
gingen wichtige Stücke an das Landesmuseum in Zürich). Als kulinarische Etappe ist der Bären in Birrwil am Westufer der Hallwilersees zu empfehlen (Do. – Sa. ab 17.00, So. ab 11.00 Uhr).
❶ April – Okt. Di. – So. 10.00 – 17.00 Uhr, Eintritt 12 CHF (Schlosshof 3 CHF)

Martigny

Kanton: Wallis · Valais   **Einwohner:**
Höhe: 477 m ü. d. M.   16 900

✦ M 8

**Wo die Rhone nach Norden in Richtung Genfersee abknickt,
liegt zwischen Wald und Reben das alte Städtchen Martigny
mit reizvoller französisch-südlicher Atmosphäre.**

Der Ort am Schnittpunkt wichtiger Straßen – zum Genfersee und
zum Simplonpass einerseits, nach Savoyen und ins Piemont andererseits – war schon in keltischer Zeit als »Octodurum« und später als
das römische »Forum Claudii Vallensium« bedeutend.

Martigny, umgeben von herbstlichen Weinbergen

Martigny erleben

AUSKUNFT
Martigny Tourisme
Avenue de la Gare 6, 1920 Martigny
Tel. 027 720 49 49, www.martigny.com

VERKEHR
Von Martigny gehen die Straßen zum
Großen St. Bernhard und zum Col de la
Forclaz (Chamonix, Montblanc-Tunnel)
aus. Züge der TMR nach Orsières bzw.
Le Châble (St-Bernard-Express) und nach
Chamonix (Mont-Blanc-Express). Die
Busse der TMR fahren auch über den
Großen St. Bernhard nach Aosta.

FESTE & EVENTS
Anf. Okt.: Foire du Valais mit großem
Finale der Kuhkämpfe im Amphitheater
von Octodurum.

ÜBERNACHTEN/ESSEN
Le Chalet d'Adrien ❸❸❸❸
Verbier, Chemin des Creux
Tel. 027 771 62 00, www.chalet-adrien.
com, 20. April–Juni, 16. Sept.–Nov. geschl.
Modernes Chaletl an der Savoleyres-
Bergbahn mit allem Komfort. Hochklas-
siges Restaurant »Le Table d'Adrien«, im
»Grenier« tafelt man relativ preisgünstig.

Hôtel-Pension Beau-Site ❸
Chemin-Dessus (8 km von Martigny)
Tel. 027 722 81 64, www.chemin.ch
Historisches Kleinod: Kleines Berghotel
von 1912 in 1150 m Höhe, behutsam
biologisch renoviert (Badezimmer auf
der Etage). Restaurant für Hausgäste;
schlichte, gute regionale Spezialitäten
mit heimischen Produkten.

SEHENSWERTES IN MARTIGNY

**Fondation Pierre Gianadda
Im Südosten der Stadt (Rue du Forum) entstand um die 1976 ent-
deckten Fundamente eines gallorömischen Merkur-Tempels das Kulturzentrum. Das **Musée Gallo-Romain** zeigt die Hauptfunde der
Ausgrabungen von Martigny, u. a. die Bronzen von Octodurum, den
Schatz von La Délèze und eine Kopie der Venus von Knidos des Pra-
xiteles. Die **Collection Franck** enthält Werke von van Gogh, Cézanne, Picasso, Lautrec u. a. Pierre Gianadda sammelte **Oldtimer**, seine
Kollektion umfasst über 40 Autos aus den Jahren 1897 – 1939: u. a.
Mercedes SS, Bugatti, den Delaunay-Belleville von Zar Nikolaus II.
von Russland sowie rare Schweizer Produkte. Den **Garten** zieren
Skulpturen von Rodin, Miró, Moore und Brancusi, ein Pavillon enthält ein großes Mosaik von Marc Chagall. Im Kulturzentrum finden
auch hochkarätige **Konzerte** statt. Die **Proménade Archeologique**
erschließt weitere Ausgrabungen von Octodurum, u. a. Amphitheater, Mithräum und Villa Minerva.
❶ Juni – Okt. 9.00 – 19.00, sonst 10.00 – 18.00 Uhr, Eintritt 15 CHF

In der Stadt
Zentrum des neueren Stadtteils Martigny-Ville ist die hübsche Place
Centrale mit dem **Rathaus** (1869, Tourismusbüro); im Treppenhaus
stellen Glasgemälde (1948) von E. Bille Episoden aus der Geschichte

Martignys dar. An der nördlich abgehenden Rue M.-Morand steht das ehemalige Gasthaus **Grand-Maison** (16. Jh.), in dem Berühmtheiten wie Goethe (1779), Dumas und Liszt weilten, und etwas links abseits das **Manoir Ganioz**, ein Patrizierhaus von 1730 (Kulturzentrum). Auf der **gedeckten Brücke** von 1823 überquert man die Dranse zur Kapelle Notre-Dame-de-Compassion (1748, viele Exvoten), bevor man zur Ruine der **Burg La Bâtiaz** hinaufsteigt, die Anfang des 13. Jh.s durch die Bischöfe von ▶ Sion an strategisch hervorragendem Platz erbaut und 1518 von Georg Supersaxo zerstört wurde (zugänglich Mai – Okt.). Supersaxo, der Feind des mächtigen Kardinals Schiner, wohnte in der **Maison Supersaxo** (südöstlich der Place Centrale, Rue des Alpes 1), die er sich Ende des 15. Jh.s bauen ließ. Am Weg dorthin steht die Pfarrkirche **Notre-Dame-de-la-Visitation** (um 1670, Turm 1719); an der Außenwand des Chors ein römischer Meilenstein (um 300 n. Chr.). Wenige Schritte südlich der Place Centrale befindet sich das **Centre Valaisan du Film** (Walliser Filmzentrum), die Büste der Helvetia als Liberté schenkte Gustave Courbet 1876 der Stadt.

Im hübschen alten Stadtteil Le Bourg 1 km südlich sind das ehemalige Gemeindehaus (17. Jh.), die Residenz (17. – 19. Jh.) der Statthalter des Bischofs und die Semblanet-Mühle sehenswert.

Martigny-Bourg

UMGEBUNG VON MARTIGNY

Eine fantastische Aussicht hat man vom Pierre Avoi (2476 m), der östlich von Martigny zwischen Rhone und Drance aufragt. Von Martigny-Bourg führt ein Sträßchen über Chemin-Dessous (774 m) und Chemin (1154 m) zum **Col des Planches** (1409 m), dem Ausgangspunkt für die Tour zum Pierre Avoi (4 Std.). Ein schöner, meist ebener Hangweg verläuft vom Col des Planches nach Isérables (4 Std.).

*Pierre Avoi

VAL DE TRIENT

Ein eindrucksvolles Produkt der Erosion ist die tief eingeschnittene **Schlucht des Trient**, der ca. 4 km nordwestlich von Martigny der Rhone zufließt. Das Sträßchen dorthin steigt über La Bâtiaz an und überquert den Trient 187 m hoch auf dem spektakulären **Pont de Gueuroz**. Von **Salvan** (927 m, 1100 Einw.) führt ein kühnes Sträßchen über Les Granges (1044 m) zum **Lac de Salanfe** im weiten Kessel unterhalb der Dents du Midi. Die schlichte Auberge de Salanfe steht auf dem Unterbau des Betonwerks, das das Material für den 1947 – 1952 erbauten Staudamm lieferte. Von Les Granges ist die großartige **Schlucht von Dailly** zu Fuß in 30 Min. zu erreichen.

Gorges de Trient

Les Marécottes

Ein bekannter Sommer- und Winterurlaubsort ist Les Marécottes (1100 m) mit einem Alpinzoo und einem Freibad in Felsgelände. Einen herrlichen Blick hat man von **La Creusaz** (1780 m, Sesselbahn) am Luisin. Die Straße im Val du Trient führt bis Le Trétien; eine Weiterfahrt nach **Finhaut** (s. u.) ist nur mit Mountainbike oder der kühnen Schmalspur-Zahnradbahn möglich (Steigungen bis 20 %).

ÜBER DEN COL DE LA FORCLAZ NACH CHAMONIX

Col de la Forclaz

Die Straße über den Col de la Forclaz führt von Martigny-Bourg vorbei an La Fontaine und Le Fays zur **Passhöhe** (1527 m) zwischen der Croix de Prélayes und dem Mont de l'Arpille (2089 m, tolle Aussicht, gesamt gut 3 Std., leicht). Ein lohnender Spaziergang führt nach Süden entlang der **Bisse de Trient** zum **Trientgletscher** (ca. 4 km). Hinter der Passhöhe geht es mit reizvollem Blick ins Trient-Tal nach **Trient** (1305 m), einem Ferienort in einer lichten Talweitung. Von Le Châtelard ist die 180 m hohe Staumauer des **Lac d'Emosson** zu erreichen, entweder auf dem Sträßchen über Finhaut oder mit einer der steilsten Standseilbahnen der Welt (87 %), immer mit großartigem Blick auf das Mont-Blanc-Massiv. Oben geht's weiter mit einem Bähnchen und einer Mini-Standseilbahn. Hinter **Le Châtelard** überquert man die schweizerisch-französische Grenze; über Vallorcine und den Col des Montets (1461 m) errreicht man **Chamonix**.

Pause an der SAC-Hütte Mont-Fort (2457 m)

VAL D'ENTREMONT

Sembrancher

Von Martigny führt die Straße 21 im engen Tal der Drance nach Sembrancher (800 Einw.) mit einer Pfarrkirche von 1676 (schöner spätgotischer Turm) und stattlichen Bürgerhäusern. Bei Sembrancher zweigt das **Val de Bagnes** nach Osten ab, das die Gemeinde Bagnes bildet: Mit 295 km² Fläche ist sie die größte der Schweiz und größer als einige Kantone. Im Hauptort **Le Châble** ist die Kirche (1524, Turm 1488) mit schönen Schmiedeeisenarbeiten zu beachten. Oberhalb liegt auf einer nach Süden ausgerichteten Terrasse – mit großartigem Blick auf Grand Combin und Mont-Blanc – der renommierte Wintersportort ***Verbier** (1400–1500 m); im Sommer findet hier eine renommierte Musikakademie statt. Das zu den **Quattre Vallées** gehörende Skiparadies mit sieben Kabinenbahnen und ca. 175 km Abfahrten erreicht im **Mont-Fort** 3300 m Höhe. Über Fionnay (1497 m), das sich durch das große Kraftwerk und den Tourismus entwickelt hat, erreicht man den **Lac de Mauvoisin** mit einer 237 m hohen Staumauer, der höchsten Spannbogenmauer der Welt.

Im Val d'Entremont folgt Orsières (900 m) mit einem schönen Ortskern, einem romanischen Glockenturm und dem vorzüglichen **Restaurant Les Alpes** in der Poststation von 1750. **Orsières**

Für die Rückfahrt aus dem Val d'Entremont oder dem Val Ferret (s. u.) nach Martigny sollte man die Route über Champex wählen, das östlich 300 m über Orsières am idyllischen Lac de Champex liegt. Sehenswert ist der Alpengarten »Florealpe«. Ein Sessellift führt auf die **Breya** (2194 m), die ein herrliches Panorama bietet; Rückweg durch das geschützte **Arpettaz-Tal**. Kurz vor dem Nordwestende des reizvollen Tals, vor Les Vallettes, hat sich der reißende **Durand** eine tiefe Schlucht mit 14 Wasserfällen gegraben. **Champex**

Gorges de Durnand

Das abseits gelegene, von Suonen durchzogene Tal ist ein schönes Wanderrevier. Sehenswert sind die Wassermühle von 1633 in **Issert** und das Musée des Traditions in **Praz-de-Fort-Saleinaz**. Von **Ferret** im Talschluss (1705 m, nicht ganzjährig bewohnt) gibt es unschwierige Bergtouren über die Alpe Plan de la Chaux und die Lacs de Fenetre zum Hospiz St. Bernhard und zur Pointe de Drone (2950 m). **Val Ferret**

Weiter im Vallée d'Entremont. Südliche Atmosphäre zeigt Bourg-St-Pierre (1632 m, 220 Einw.), ein ehemals befestigter Marktortflecken. Die Pfarrkirche von 1739 weist einen frühromanischen Glockenturm (Anfang 11. Jh.) auf. In der Friedhofsmauer ist ein römischer Meilenstein aus dem 4. Jh. erhalten. Oberhalb, an der alten Passstraße, die **Karlsbrücke** (um 800). Hinter Bourg-St-Pierre beginnen die Galerien, die über der Schlucht **Défilé de Saraire** und am Stausee von Toules vorbei zum **Großer-St.-Bernhard-Tunnel** führen (Gebühr, Grenzkontrolle in Richtung Italien). Links ragen der Petit Vélan (3233 m) und die Firnkuppe des Mont Vélan (3727 m) auf. **Bourg-St-Pierre**

* GROSSER ST. BERNHARD · GRAND ST-BERNARD

Der Große St. Bernhard ist ein alter Verkehrsweg, der zwischen der Montblanc-Gruppe und den Walliser Alpen ins italienische Aosta-Tal hinüberführt. Er wurde möglicherweise 218 v. Chr. von Hannibal, seit 105 v. Chr. von den Römern sowie von vielen deutschen **Aus der Geschichte**

Kaisern benutzt (u. a. 1077 von Heinrich IV. auf dem berühmten Gang nach Canossa). Das **Hospiz** wurde um 1049 vom Archidiakon von Aosta Bernhard († 1081) zur Versorgung der Reisenden gegründet. Etwa seit 1650 züchteten die Mönche die **Bernhardinerhunde**, mit denen sie im Winter Verirrten zu Hilfe kamen (das Rumfässchen war jedoch die Erfindung eines cleveren Postkartenverlegers). Der Rüde Barry rettete zu Beginn des 19. Jh.s über 40 Menschen; er ist ausgestopft im Naturhistorischen Museum in Bern zu sehen. Im Mai 1800 zog Napoleon mit 30 000 Mann über den Pass, um die Österreicher aus der Lombardei zu verdrängen (Schlacht von Marengo). Der 1964 eröffnete, 5828 m lange **Tunnel** macht den Übergang ganzjährig passierbar und verkürzt im Winter die Verbindung von der Westschweiz nach Italien um einige hundert Kilometer.

*Passstraße Der 2469 m hohe Pass, nach Umbrail und Nufenen der dritthöchste der Schweiz, ist überwiegend gut ausgebaut (max. 11 % Steigung) und ca. Juni bis Mitte Oktober befahrbar. Die Straße führt über die geröllbedeckten Matten des Pian de Proz zur **Cantine d'En Haut** (1905 m), dann durch die wilde Felsenge Pas de Marengo zu den Hütten von **Hospitalet** (2100 m). Weiter geht es auf dem Pont de Nudry (2190 m) über die Drance und durch die öde, bis weit in den Sommer mit Schnee gefüllte **Combe des Morts** zur **Passhöhe** zwischen Mont Mort (2867 m, links) und Pic de Drône (2950 m).

Hospiz Die Gebäude des Hospizes, das seit Ende des 12. Jh.s mit Augustinerchorherren besetzt ist, stammen aus dem 17. – 19. Jh.; der 1898 angefügte Bau dient seit 1925 als Hotel – auch im Winter geöffnet, mit Tourenski oder Schneeschuhen zu erreichen. Die barocke **Klosterkirche** (1678) besitzt ein schönes Chorgestühl (1687/1793) und beachtliche Fresken (1686) im Chor. Ein **Museum** zeigt lokale antike Funde (u. a. eine römische Jupiter-Statue), den wertvollen Kirchenschatz, Dokumente zur Geschichte des Passes sowie eine Mineraliensammlung. Im Sommer leben hier auch einige **Bernhardiner**, betreut von der in Martigny ansässigen Fondation Barry.

Weiterfahrt nach Aosta Hinter dem kleinen, auch im Sommer selten eisfreien See, durch den die Grenze verläuft, stehen rechts auf dem **Plan de Jupiter** ein Steinkreuz von 1616 und ein Standbild des hl. Bernhard (1905). An den Hütten von La Baux und am Felsen Gour des Fous vorbei geht es zur **Cantine de Fonteintes** (2217 m). Später folgt links das südliche Tunnelportal (1875 m) mit der Grenzstation Richtung Schweiz. Hinter Etroubles verläuft die Straße bis Aosta an der rechten Seite des Vallée du Grand-St-Bernard. Links öffnet sich das ***Valpelline** mit seiner eindrucksvollen Gebirgsszenerie; bei Gignod – hier bekommt die Landschaft südlichen Charakter – hat man herrliche Ausblicke in das Talende mit dem **Dent d'Hérens** (4171 m).

Meiringen & Haslital

✦ H 15

Kanton: Bern
Höhe: 600 m ü. d. M.

Einwohner:
4600

Im Haslital zwischen dem Brienzersee und dem Grimselpass lohnt Meiringen einen Stopp. Der östlich des Tals ansteigende Hasliberg mit seiner sonnigen Terrassenlage ist im Sommer und im Winter als Ferienort beliebt.

Meiringen wurde 1879 und 1891 durch Brände zu großen Teilen zerstört. Erhalten blieb die reformierte Pfarrkirche **St. Michael** (1684) am Berghang, erbaut auf den Resten einer Kirche aus dem 13./14. Jh.; innen bezaubert sie mit ihrer schlichten Gestaltung in Holz. Die Fresken an der Südwand datieren aus dem 12. Jh., der mächtige Turm (14./17. Jh.) birgt die älteste Glocke des Kantons (1351). Nebenan das **Museum der Landschaft Hasli**. In der viktorianisch-neogotischen

Sehenswertes in Meiringen

Meiringen & Haslital erleben

AUSKUNFT

Tourist Information Meiringen
Bahnhofplatz 12, 3860 Meiringen
Tel. 033 972 50 50, www.haslital.ch

Touristinformation Hasliberg
Twing, 6084 Hasliberg-Wasserwendi
Tel. 033 972 51 51

FESTE & EVENTS

Anf. Juli, Meiringen: Musikwoche. Mägisalp, Mitte Juli »Niidleten« (Feststellung der Milchleistung der Kühe), Mitte Sept. »Chästeilet« (Käseverteilung), beides große Volksfeste mit Musik und Tanz.

ÜBERNACHTEN/ESSEN

Rebstock ❻-❻❻
Meiringen, Bahnhofstrasse 21
Tel. 033 971 07 55
Im kleinen denkmalgeschützten Haus und im modernen Neubau wohnt man sehr angenehm. Schlichte, gepflegte Gastzimmer, ordentliches Restaurant, sehr gutes Preis-Leistungs-Verhältnis.

Landgasthof Tännler ❻-❻❻
Innertkirchen-Wyler, Sustenstr. 33
Tel. 0 33 971 14 27
www.landgasthof-taenner.ch
Schönes ehemaliges Bauernhaus von 1633 an der Straße zum Sustenpass. Rustikale Zimmer und angenehme Gaststube. Mit Gartenterrasse.

Hotel Rosenlaui ❻-❻❻
Tel. 033 971 29 12, www.rosenlaui.ch
Geöffnet ca. 10. Mai – 20. Okt.
Altehrwürdiges Hotel im romantischen Rosenlaui-Tal, eine ideale Etappe am Weg zur Großen Scheidegg (▶ Baedeker Tipp S. 464). Es gibt Doppelzimmer und Touristenzimmer mit 2 – 4 Betten (für letztere JH-Schlafsack und eigene Handtücher nötig), Dusche/WC auf dem Flur. Kein Handy-Empfang, keine Kreditkarten.

Englischen Kirche beim Parkhotel du Sauvage ist ein Museum für den berühmten Meisterdetektiv Sherlock Holmes untergebracht (s. u. Reichenbachfall), gezeigt wird eine Rekonstruktion seines Salons in der Londoner Baker Street 221 B. Vor der Kirche sitzt die Holmes-Statue von J. Doubleday (1988). In Meiringen soll um 1600 ein Konditor namens Gasparini die **Meringen** erfunden haben, in den Cafés sind sie natürlich in vielerlei Form präsent.

Hasli-Museum: Juni – Mitte Okt. tgl. 15.00 – 18.00 Uhr, Eintritt frei
Sherlock-Holmes-Museum: Mai – Okt. Di. – So. 13.30 – 18.00, Dez. – April Mi., So. 16.30 – 18.00 Uhr, Eintritt 4 CHF

UMGEBUNG VON MEIRINGEN

* **Aare-**
schlucht
Etwa 2 km südöstlich hat die Aare in den Felsriegel des Kirchet eine beeindruckende, 1400 m lange, bis 200 m tiefe und teils nur 1 m breite Schlucht gegraben (geöffnet April – Okt., Postauto-Haltestelle).

* **Oberer**
Reichenbach-
fall
Vom linken Aareufer fährt eine Standseilbahn zum Oberen Reichenbachfall (Anf. Mai – Anf. Okt.). Hier ließ Arthur Conan Doyle (in »The Final Problem«) seinen Detektiv **Sherlock Holmes** im Kampf mit seinem Erzfeind Professor Moriarty zu Tode kommen. Nach entrüsteten Protesten der Leser musste Holmes allerdings Jahre später wieder auferstehen. Der Wasserfall ist auch über die Straße ins Rosenlaui-Tal (s. u.) zu erreichen.

* **Rosenlaui-**
Tal
Eine herrliche Wander- und anspruchsvolle Radroute führt durchs Rosenlaui-Tal über die Große Scheidegg nach Grindelwald (▶ Jungfrau-Region). Gehzeiten Meiringen – Schwarzwaldalp ca. 3.30 Std., Schwarzwaldalp – Große Scheidegg 2 Std. Die z. T. sehr schmale Straße ist bis Schwarzwaldalp öffentlich, Postauto/Grindelwaldbus fahren bis Grindelwald. Zunächst nimmt man die Standseilbahn oder geht zu Fuß von **Willigen** (600 m) zum **Reichenbachfall** und weiter nach Zwirgi (983 m, Gasthaus). Am Hang der Hohbalm (1371 m) – mit Blick auf die Wellhörner, rechts davon das Wetterhorn – geht es nach Kaltenbrunnen und **Gschwandtenmaad** (1298 m), wo sich der berühmte grandiose Blick auf Engelhörner (2781 m), Rosenlaui-Gletscher und Wetterhorn (3703 m) auftut. Nach

Alter Charme und Stil …

und Bergstiefel vertragen sich prächtig im Hotel Rosenlaui von 1862/1905. Eine 1771 entdeckte Quelle entwickelte sich zum Bad, das u. a. Goethe und Nietzsche zu Gast hatte. Das liebevoll restaurierte Haus bezaubert mit schönem Speisesaal und Jugendstilsalons. Die Zimmer sind original (d. h. einfach) ausgestattet, die Küche bietet handfeste Brotzeiten und feine Menüs (Di. Soirée). Für Wochenenden und Ferienzeiten muss man früh buchen.

Rosenlaui-Tal bei Gschwandtenmaad mit den prächtigen Wellhörnern

1 km folgt **Rosenlaui** (1330 m) mit dem gleichnamigen Hotel. Hier ist die wilde Rosenlaui-Schlucht zu bestaunen (Mai – Okt.), in der ein Felsenpfad in 30 Min. aufwärts führt. Nach weiteren 2,5 km erreicht man die **Schwarzwaldalp** (1467 m); von hier bringt ein Saumpfad auf die ***Große Scheidegg** (1961 m), wo sich die herrliche Aussicht auf das weite Tal von Grindelwald öffnet (Abstieg 2 Std.).

Beeindruckend ist die Besichtigung der Kraftwerke Oberhasli und der Kristallkluft Gerstenegg am Grimselpass (▶Andermatt; Auskunft gibt auch das Tourismusbüro Meiringen).

Kristallkluft Gerstenegg

Östlich von Meiringen steigt der Hasliberg, der einen herrlichen Blick auf das Wetterhorn-Massiv sowie viele Wanderwege und Skiabfahrten bietet, zu den Gipfeln von Glogghüs (2534 m) und Planplatten (2245 m) an. Die Weiler am Hasliberg, in denen im 19. Jh. die Seidenweberei Konjunktur hatte, sind mit dem Auto nur vom Brünigpass (▶Sarnen) zu erreichen. Am **Hasliberger Hausweg** zwischen Hohfluh und Reuti (2.30 Std.) liegen viele schöne Höfe. Von Meiringen bringen Seilbahnen über Reuti, Bidmi und die **Mägisalp** zu den **Planplatten** mit Panoramarestaurant »Alpentower« (von hier »Horizontweg« nach Engstlenalp, ca. 3.30 Std.; ▶S. 303, 539). Von **Käserstatt** (1840 m, Seilbahn von Wasserwendi) kann man über den Gibel (2035 m) nach Lungern oder zum **Brünigpass** gehen (4 Std.).

Hasliberg

Militär-
flugplatz Bei Unterbach liegt ein wichtiger Stützpunkt der Schweizer Luftwaf-
fe. Die Starts und Landungen der Jets im nur 950 m breiten Haslital
sind hautnah und sehr eindrücklich zu erleben, auch nachts.
❶ »Große« Besichtigungen an je einem Tag in April, Juli und Okt., »kleine«
Termine Mai – Okt. Mi. 14.00 – 15.30 Uhr. Info und erforderliche Anmeldung
bei den Tourismusbüros im Haslital und in Brienz.

* **Montreux**

✦ K 7

Kanton: Waadt · Vaud   **Einwohner:**
Höhe: 350 – 500 m ü. d. M.   25 200

Dank der herrlichen Lage und des milden Klimas ist die »Perle
des Lavaux« der meistbesuchte Kurort am Genfersee.

Auslöser für den ersten Touristenboom war Rousseaus Roman »Julie
ou La Nouvelle Héloïse«, in dem die Landschaft enthusiastisch beschrieben wird; später lebte hier eine Reihe von Geistes- und sonsti-
gen Größen. Die Gemeinde reicht von Clarens über das Schloss Chillon bis Villeneuve, und der Spaziergang entlang diesem 8 km langen
Abschnitt der **Waadtländer Riviera** zählt zu den größten Attraktionen. Berühmt ist Montreux auch für die große Zahl hochkarätiger
kultureller Veranstaltungen, allen voran das Jazzfestival. Unter den
Luxushotels des 19. Jh.s gilt das Montreux Palace als das schönste.

SEHENSWERTES IN MONTREUX

Stadtzentrum Mittelpunkt des Kurorts ist **Montreux Ville** auf dem in den See vorspringenden Schuttkegel, den der Bach Baye de Montreux gebildet
hat. Der Teil südlich der Bahnlinie ist unschön neuzeitlich bebaut, da
und dort unterbrochen von alten Hotelpalästen. Am Seeufer liegt das
Casino mit Freibad und Park. Am 1. Sept.-Wochenende versammeln
sich Freddie-Mercury-Fans bei seinem Denkmal vor der Markthalle
(die Gruppe »Queen« arbeitete viele Jahre in Montreux). Die **Maison**
Visinand (Rue du Pont 32) – ein schönes Haus von 1592 im Berner
Stil – wurde als Kulturzentrum eingerichtet (Ausstellungen etc.). In
einer Gebäudegruppe aus dem 17. Jh. lässt das **Musée du Vieux-**
Montreux die Geschichte der Stadt Revue passieren (Rue de la Gare
40). In der hochgelegenen, schönen Kirche **St-Vincent** von 1507 ist
Juli / Aug. Do. die großartige Metzler-Orgel (2009) zu hören. Von der
Terrasse vor der Kirche hat man einen herrlichen Blick.
Musée du Vieux-Montreux: April – Anf. Nov. tgl. 10.00 – 12.00,
14.00 – 17.00 Uhr, Eintritt 6 CHF

Spaziergang an der Seepromenade

Im westlichen Ortsteil **Vernex** steht gegenüber dem Hotel Montreux Palace von 1906 das moderne Kongresszentrum. Dann folgt der hübsche Villenvorort **Clarens**; am See baute der bedeutende Wiener Jugendstil-Architekt Adolf Loos die fantastische **Villa Karma** (1906; Rue du Lac 352). Östlich des Zentrums erstreckt sich auf dem schmalen Ufersaum unter den steilen Hängen von Glion der Ortsteil **Territet**. Im alten Grand Hôtel war bis 2008 das Musée National Suisse de l'Audiovisuel ansässig, seine Zukunft ist ungewiss. Beim Bahnhof erinnert ein Denkmal (1902) an die österreichische Kaiserin Elisabeth (»Sisi«), die sich mehrmals in Territet aufhielt.

Außenbezirke

** CHÂTEAU DE CHILLON

Inbegriff einer trutzigen, romantischen Burg und das meistbesuchte historische Schweizer Bauwerk ist Chillon, das 1,5 km südlich von Territet im See steht. Die **Burg der Grafen und Herzöge von Savoyen**, die den Weg von Burgund über den Großen St. Bernhard nach Italien kontrollierte, wurde im 9./10. Jh. angelegt und bis ins 13. Jh. erweitert. In ihren Kerkern büßte so mancher für seine Aufmüpfigkeit, zuletzt François de Bonivard, der Prior von St-Victor in Genf, den der Herzog 1530 an einen angeblich noch vorhandenen Ring schmieden ließ und der erst 1536 freikam, als die Berner das Waadtland eroberten. Er ist der Held in Lord Byrons berühmtem Gedicht »Der Gefangene von Chillon« (1816). Aber auch andere Künstler wie Victor Hugo, William Turner und Alexandre Dumas haben das Bauwerk bekannt gemacht. Bis 1733 war es Sitz des Berner Landvogts. Bei der Ende des 19. Jh.s begonnenen Restaurierung wurde der Wassergraben vor dem Schloss wiederhergestellt, das aus 25 Gebäuden mit fünf Höfen besteht.

Aus der Geschichte

Montreux erleben

AUSKUNFT

Montreux-Vevey Tourisme
Rue du Théâtre 5, 1820 Montreux
Tel. 0848 86 84 84
www.montreuxriviera.com
http://mymontreux.ch
Hotelgäste erhalten die Montreux Riviera
Card für die Gratis-Benützung des ÖPNV
und viele Rabatte.

VERKEHR

Die Montreux-Oberland-Bahn (MOB)
fährt durch das Pays d'Enhaut und das
Saanenland nach Zweisimmen, eine der
schönsten Panoramastrecken der
Schweiz (GoldenPass Line, ►S. 701).

FESTE & EVENTS

Anf. April: Internationales Chorfestival.
Erste Juli-Hälfte: Jazzfestival (Info Tel.
021 966 44 44, www.montreuxjazz.
com). Juli/Aug.: Orgelfestival in St-Vincent. Septembre Musical (Klassik).

ESSEN/ÜBERNACHTEN

❶ *L'Ermitage* ⑥⑥⑥–⑥⑥⑥⑥
Montreux-Clarens, Rue du Lac 75
Tel. 021 964 44 11
www.ermitage-montreux.com
So./Mo. geschl. (außer Juni–Anf. Sept.)
Bezauberndes kleines Haus am See. Der
vielfach ausgezeichnete Etienne Krebs
pflegt eine raffiniert verfeinerte traditionelle Küche. Mit schöner Gartenterrasse.

ÜBERNACHTEN

❶ *Helvetie* ⑥⑥
Montreux, Avenue du Casino 32
Tel. 021 9 66 77 77, www.helvetie.ch
Schönes Belle-Époque-Hotel 200 m vom
See, prächtige große Räume mit hohen
Decken. Vom Dachgarten herrlicher Blick
auf Montreux (und das Hochhaus).

❷ *Hôtel Masson* ⑥⑥
Montreux-Veytaux, Rue Bonivard 5
Tel. 021 966 00 44, www.hotelmasson.ch
Das älteste Hotel in Montreux (1829),
ein schlichtes, familiäres »Schweizer«
Haus. Ruhig gelegen mit herrlicher Aus-
sicht, wunderbar nostalgische Zimmer.
Abends 4-Gänge-Menü möglich.

Hotel de Sonloup ⑥–⑥⑥
Les Avants, Tel. 021 964 34 31, www.
sonloup.com, geöffnet April–Nov.
Hübsches »Schweizerschlösschen« mit
dem Charme des ausgehenden 19. Jh.s
auf dem Col de Sonloup (►S. 470).

Montreux

Essen
❶ L'Ermitage

Übernachten
❶ Helvetie
❷ Hôtel Masson

Von der **Kapelle des hl. Pantaleon** (10. Jh.) blieb nur die St.-Try-phon-Krypta erhalten. Sie enthielt den nach ▶ Saint-Maurice frühes-ten christlichen Altar der Gegend. Ein hier entdecktes karolingisches Reliquiar ist im Waffensaal ausgestellt. Auf der Höhe des Sees liegen Räume mit imposanten Kreuzrippengewölben; der größte gilt als das **Gefängnis** von Bonivard. Im Erdgeschoss befinden sich die **Küche** (»Große Bernerküche«) mit mächtigen originalen Säulen aus Kastanienholz und der **Gerichts-saal**. Im Obergeschoss zum See hin liegen der **Festsaal**, anschlie-ßend das **Bernische Zimmer** mit hübschem Vogel- und Blumende-kor und der prunkvolle **Rittersaal** mit Wappenschildern Berner Landvögte. Im alten Turm zeigt das **Schlafgemach des Herzogs** Spuren der einst reichen Ausstat-tung mit Tier- und Pflanzenmoti-ven (13./14. Jh.). Die Gewölbe der kleinen **St.-Georgs-Kapelle** sind ganz mit Figuren und Ranken ausgemalt. Nach Durchquerung

Besichtigung

Château de Chillon vor den Dents du Midi

des oberen Hofs betritt man den **Großen Grafensaal** mit einer prächtigen Kassettendecke (15. Jh.) und vier Fenstern (13. Jh.) mit graziösen Vierpässen über lanzettförmigen Spitzbogen. Durch die herrliche **Schatzkammer**, einst Gefängnis und Pulverkammer, ge-langt man zum 26 m hohen **Hauptturm**, der in drei Phasen erstellt wurde (12. – 14. Jh.). Von oben hat man einen herrlichen Blick auf das Schloss und die Alpen.
❶ April – Sept. 9.00 – 19.00, März/Okt. 9.30 – 18.00, sonst 10.00 – 17.00 Uhr (letzter Einlass 1 Std. vor Schließung), Eintritt 12 CHF

UMGEBUNG VON MONTREUX

Der Ausflug nach Les Avants (974 m), einem Sommer- und Winter-urlaubsort hoch über dem Tal der Baye de Montreux, ist mit der Montreux-Oberland-Bahn (MOB) oder per Straße über Chernex und Chamby zu bewerkstelligen. Bei der Ausfahrt aus Montreux pas-siert man das wuchtige **Château Châtelard**, das Jean de Gingins als Fluchtburg für die Bevölkerung von Montreux errichten ließ; ihr mächtiger Donjon zeigt piemontesischen Einfluss. In **Brent** ist das »Le Pont de Brent« ansässig, eines der besten Schweizer Restaurants (Route de Blonay 4, So./Mo. geschl.); zwischen Chamby und Blonay (▶ Vevey) fährt Mai – Okt. Sa./So. eine **Museumseisenbahn**. Von

Les Avants

Les Avants geht es auf der Straße oder mit der Standseilbahn auf den **Col de Sonloup** (1149 m, Hotel ▶ S. 468) mit herrlichem Ausblick. Wanderwege gibt es zwischen Les Avants, Sonloup und Le Cubly, wo im Frühjahr **wilde Narzissen** die Wiesen weiß färben.

Col de Jaman

Immer wieder großartige Ausblicke vermittelt auch die Fahrt zum Col de Jaman (1512 m, Restaurant) bzw. zu den Rochers de Naye, die über Glion (689 m, auch Standseilbahn von Territet) und den Luftkurort Caux (1050 m) führt. Die von Montreux kommende Zahnradbahn bringt auf die auch zum Skifahren beliebten ***Rochers de Naye**. Von der Bergstation (1973 m, Hotel) erreicht man in 10 Min. den Gipfel (2042 m) mit prachtvollem Panorama. Von Juni bis Mitte Oktober ist der schöne Alpengarten geöffnet.

> ! *Mongolische Nächte*
>
> **BAEDEKERTIPP**
>
> Ein einzigartiges Erlebnis: auf den Rochers de Naye in einer der echten Jurten nächtigen. Sie bieten 8 Personen Platz, Bad/WC im Hotel nebenan. Bettwäsche bzw. Schlafsack sind mitzubringen. Info beim GoldenPass Center, S. 701.

** Murten

G 8

Kanton: Freiburg · Fribourg	**Einwohner:**
Höhe: 450 m ü. d. M.	6200

Mit seiner stimmungsvollen Altstadt aus dem 15. – 18. Jh., gelegen auf einem »Balkon« über dem idyllischen Murtensee, ist dies eines der schönsten Städtchen der Schweiz.

Murten (frz. Morat), 35 km westlich von Bern, geht auf eine Gründung der Zähringer zwischen 1157 und 1177 zurück und ist auf der Landseite bis heute mit einer begehbaren Mauer gesichert. Etwa 70 % der Bevölkerung sind deutschsprachig. Für die Schweiz ist Murten einer der »heiligen Orte«: Hier besiegten die Eidgenossen im Jahr 1476, wenige Monate nach dem ersten Sieg bei Grandson (▶ Yverdon), Karl den Kühnen von Burgund.

SEHENSWERTES IN MURTEN

*Befestigung

Vom Wehrgang der **Stadtmauer** aus dem 13. – 15. Jh. mit ihren zwölf Türmen und Toren (Zugang bei der Deutschen Kirche und beim Grossen Schimmel) hat man einen schönen Blick über die Stadt und den See zum Mont Vully und den Höhen des Juras. Das Westeck der Altstadt wird von dem **Schloss** markiert, das Graf Peter II. von

Savoyen 1255 – 1263 erbauen ließ und seit 1816 als Sitz des Oberamts dient. Im Sommer ist der Schlosshof stimmungsvoller Rahmen für Konzerte und Theateraufführungen.

Die malerische, inklusive der Lauben aus dem 17./18. Jh. fast 30 m breite Hauptgasse führt auf das **Berntor** zu, das seine heutige Gestalt 1778 erhielt; die Turmuhr wurde 1712 gefertigt. Am oberen Ende wird die Hauptgasse vom spätgotischen Doppelhaus *** Zum Rübenloch** (16. Jh.) mit Zwerchgiebel, Kielbogenfenstern und Berner Dach (1672) abgeschlossen. In der Häuserzeile zum See liegen das **Rathaus** von 1416, das im 16. Jh. Arkaden und 1832 seine klassizistische Fassade erhielt, und die spätgotische **Französische Kirche** (1480) mit ihrem Pfarrhaus im Berner Stil (1732). Ebenfalls sehenswert ist die **Deutsche Kirche**, deren Schiff 1713 geweiht wurde (Kanzel und Chorgestühl Ende 15. Jh); auch sie hat ihr »Berner« Pfarrhaus (1729). Dort kam der Schriftsteller Jeremias Gotthelf zur Welt (Albert Bitzius, 1797 – 1854), der als Pfarrer in Lützelflüh im ▶ Emmental wirkte. Im Speichergässlein sind alte Speicher und Ställe zu sehen.

* Hauptgasse

In der Unterstadt am See – der Name kommt von lat. »ripa«, »Ufer« – sind gotische Handwerkerhäuschen erhalten. Die **Stadtmühle** wurde zum historischen Museum umgestaltet, das u. a. die Murtenschlacht mit Kriegsgerät illustriert. Von den Parkanlagen am Hafen führt ein Spazierweg am Ufer nach Muntelier.

*Unterstadt
Ryf*

Stadtmühle: April – Nov. Di.– Sa. 14.00 – 17.00, So. ab 10.00 Uhr, Eintritt 6,00 CHF

Die herrliche Hauptgasse in Murten: hinten das Berntor

UMGEBUNG VON MURTEN

*Murtensee Den idyllischen Hintergrund Murtens liefert der Murtensee (27 km² groß, 9 km lang, 46 m tief). Jenseits erstreckt sich der flache Rücken des **Mont Vully** (653 m), der den Murten- vom Neuenburgersee trennt. Seine Rebhänge liefern vorzügliche Weine (meist Chasselas), die sich in den hübschen Dörfern zu frisch gefangenem Fisch genießen lassen. In Praz wird um den 20. Sept. das Winzerfest gefeiert.

Muntelier Das wohl älteste Dorf Europas wurde nordöstlich von Murten in Muntelier entdeckt: Der Untersuchung der Jahresringe von Pfählen zufolge wurde die Siedlung 3867 v. Chr. erbaut. Südlich von Murten hat man von der Höhe des **Bois Domingue** einen herrlichen Blick über See und Jura. Am südlichen Ortsrand von Meyriez steht das **Denkmal für die Schlacht bei Murten**, ein Obelisk, errichtet 1823 am Platz eines 1798 von den Franzosen zerstörten Beinhauses. Das Schlachtfeld reichte südöstlich bis nach Cressier.

Jerisberghof Am Übergang des Berner Mittellands zum Großen Moos, ca. 10 km nordöstlich von Murten, ist der Weiler Jerisberghof mit vier alten

Murten erleben

AUSKUNFT
Murten Tourismus
Franz. Kirchgasse 6, 3280 Murten
Tel. 026 670 51 12
www.murtentourismus.ch

SCHIFFSVERKEHR
Auf dem Murtensee fahren Schiffe der LNM und der BSG (▶ S. 702), mit Verbindung zum Neuenburger und zum Bieler See. Linienverkehr ca. April – Sept., Drei-Seen-Fahrten auch im Winter sonntags.

FESTE & EVENTS
22. Juni: »Solennität«, großes Kinder- und Jugendfest am Jahrestag der Schlacht von Murten. 1. Aug.: Feuerwerk. Mitte Aug.: Stadtfest. 2. Aug.-Hälfte: Murten Classics (klassische Musik). Anf. Okt.: Gedenklauf Murten – Fribourg (▶ Fribourg).

ÜBERNACHTEN / ESSEN
❶ *Murtenhof & Krone* ❸–❸❸
Murten, Rathausgasse 1 – 3
Tel. 026 672 90 30, www.murtenhof.ch
Zwei Patrizierhäuser aus dem 15. Jh. in bester Lage. Restaurant mit (verglaster) Veranda zum See, interessante Speisekarte. Großzügige, etwas prätentiös gestaltete Zimmer.

❷ *Vieux Manoir* ❸❸❸–❸❸❸❸
Meyriez, Rue de Lausanne 18
Tel. 026 678 61 61, www.vieuxmanoir.ch
Prachtvolles englisches Landhaus im Park am See (geschl. Nov. – Ende März). Leichte französische Küche genießt man im Wintergarten, auf der Terrasse oder auf dem Landungssteg. Ebenso hübsch ist das relativ preisgünstige Restaurant Pinte de Meyriez (geschlossen Nov. – Anf. März sowie Mo./Di.).

Höfen zu finden. Das mächtige **Althuus** wurde als Museum eingerichtet. Nördlich des nahen **Kerzers** beherbergen vier große Kuppeln
die Tropical Gardens mit dem **Papiliorama**, in dem u. a. über 1000
Falter leben, und dem Nocturama, in dem ein Urwald bei Nacht si-
muliert wird. Bei Eisenbahnfreunden ist Kerzers für das Stellwerk
von 1896 und die einzige Normalspur-Schienenkreuzung Europas
bekannt (am Südwestrand des Bahnhofs; www.stellwerk-kerzers.ch).
Althuus: März – Ende Okt., 24. Dez. – 8. Jan. tgl. 9.00 – 18.00, Nov. – 23.
Dez., 11. Jan. – Ende Febr. Sa., So. 9.00 – 18.00 Uhr, Eintritt 5 CHF
Papiliorama: tgl. 9.00/10.00 – 18.00/17.00 Uhr, Eintritt 18 CHF

Das zum Kanton Waadt gehörende Avenches (474 m, 3500 Einw.)   **Avenches**
liegt mit seinen hübschen, teils gotischen Häusern auf einer Anhöhe,
umgeben von Resten der **mittelalterlichen Befestigung**. Das
Schloss wurde 1259 als Bischofssitz errichtet (Renaissance-Fassade
1568, Nordflügel 18. Jh.). Avenches entwickelte sich aus der Hauptstadt der Helvetier und der späteren römischen Kolonie ***Aventicum
Aventicum**, die im 1. – 2. Jh. n. Chr. ihre Blüte erlebte (etwa 20 000
Einw.) und um 260 von den Alemannen zerstört wurde. Die Reste
(frei zugänglich) liegen östlich des Ortskerns: das 10 000 Zuschauer

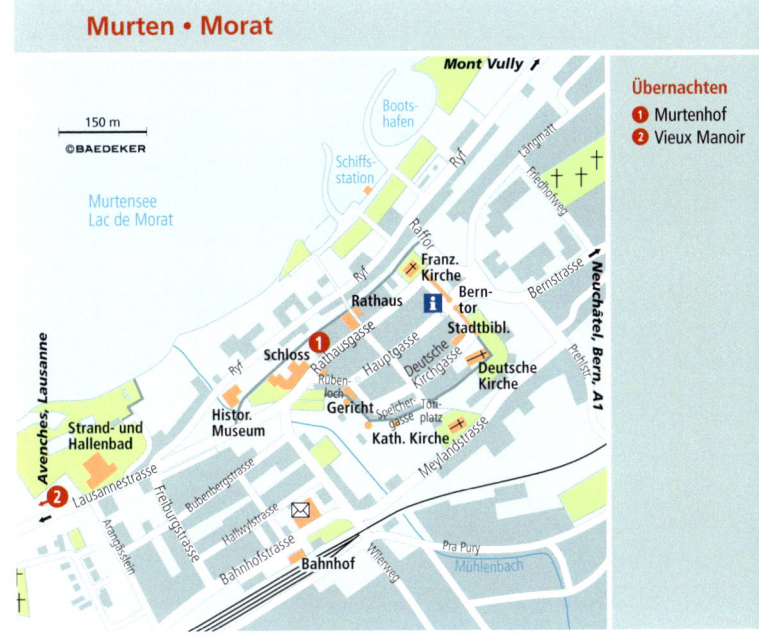

Murten • Morat

fassende Amphitheater, das u. a. für das **Opernfestival** im Juli und das **Rockfestival** Mitte Aug. genützt wird, das Theater (ein Halbkreis mit 106 m Durchmesser), Teile der fast 6 km langen Ringmauer mit dem rekonstruierten Turm Tornallaz, Resten der Thermen etc. Die Funde sind im Römermuseum ausgestellt. Berühmt ist die **Büste des Kaisers Marc Aurel** aus fast 1,6 kg purem Gold – zu sehen ist eine Kopie, das Original wird in einer Lausanner Bank verwahrt.

Römermuseum: April–Sept. Di.–So. 10.00–17.00, sonst Di.–So. (Jan./Febr. Mi.–So.) 14.00–17.00 Uhr, Eintritt 4 CHF

✳ Neuchâtel · Neuenburg

✳ G 7

| **Kanton:** Neuenburg · Neuchâtel | **Einwohner:** |
| **Höhe:** 430 m ü. d. M. | 32 600 |

Der Charme einer französisch-schweizerischen Kleinstadt, die lebendige Atmosphäre einer Universitätsstadt, die schöne Lage am Neuenburgersee zu Füßen des Juras, all dies macht Neuchâtel besuchenswert.

Ein wenig Geschichte

Urkundlich wurde Neuchâtel, Hauptort des gleichnamigen Kantons, erstmals 1011 als »novum castellum« erwähnt. Die Besitzer der Stadt, die sich um die Burg entwickelte, wechselten öfter; den Grafen von Neuenburg folgten die von Freiburg im Breisgau, 1457 die von Hochberg. Von 1504 bis 1707 gehörte die Stadt den Herzögen von Orléans-Longueville; nach deren Aussterben kam sie – auf eine kurios-komplizierte Weise – an die preußischen Hohenzollern. Ab 1814 war Neuchâtel, eine einzigartige Situation, gleichzeitig preußischer Besitz und Mitglied der Eidgenossenschaft. 1857 verzichtete der preußische König Friedrich Wilhelm IV. auf seine Rechte, nachdem 1848 die Schweizer Bundesverfassung in Kraft getreten war, nach der alle Kantone republikanisch regiert werden mussten. Im 18./19. Jh. vollzog sich der Aufschwung zum Zentrum der Uhrenindustrie und des Textildrucks (Indienne); in der Krise der 1970er-und 1980er-Jahre gingen etwa 10 000 Arbeitsplätze verloren, die nur zu einem kleinen Teil ersetzt werden konnten.

Das Schloss der Grafen von Neuenburg mit der Collégiale

SEHENSWERTES IN NEUCHÂTEL

Repräsentative Adels- und Bürgerpaläste des preußischen 18./19. Jh.s **Hafenviertel**
nehmen das Seeufer um den **Hafen** ein: an der Place du Port die Post
(1896), südlich davon, an der Place Numa Droz, das Collège Latin
(Lateinschule, 1835), einer der ersten, richtungweisenden Schulbau-
ten der Schweiz, heute Universitäts- und Stadtbibliothek. Das ***Musée d'Art et d'Histoire** (1880) auf der anderen Seite des Hafens besitzt drei »**Automaten**« von H.-L. Jacquet-Droz, Androiden, die zu
ihrer Zeit (1764 – 1774) unerhörte Leistungen darstellten. Außerdem
verfügt es über große Sammlungen Schweizer Malerei des 19. Jh.s,
historischer Dokumente und Uhren.
Musée d'Art: Di. – So. 11.00 – 18.00 Uhr. Die Automaten werden am 1. So.
des Monats in Gang gesetzt (14.00, 15.00, 16.00 Uhr). Eintritt 8 CHF

Am Jardin Anglais liegt das **Universitätsgebäude** von 1886 (die **Universität**
1838 durch den preußischen König Friedrich Wilhelm III. gegründete Akademie wurde 1909 Universität). Nördlich des Englischen
Gartens erstreckt sich das vornehme Viertel **Faubourg de l'Hôpital**
mit schönen Patrizierhäusern des 18. Jh.s, u. a. dem **Hôtel Du Peyrou** (1771) im Louis-XVI-Stil. Das von einem französischen Garten
umgebene Herrenhaus ist ein nobles Restaurant (▶ S. 476). Prachtvoll ist auch der Herrensitz **La Grande Rochette** (1730/19. Jh.; Privatbesitz). Das westlich gelegene **Musée d'Histoire Naturelle** besitzt
Sammlungen zu Zoologie, Mineralogie und Geologie.
Musée d'Histoire Naturelle: Di. – So. 10.00 – 18.00 Uhr, Eintritt 8 CHF

Die Altstadt steigt nordwestlich des Hafens zum Schloss an. An ihrem **Hôtel de Ville**
Ostrand steht das klassizistische **Rathaus** (1790), entworfen von dem
Franzosen P.-A. Pâris. Den Giebel über dem dorischen Säulenvorbau

Neuchâtel erleben

AUSKUNFT
Neuchâtel Tourismus
Hôtel des Postes, 2000 Neuchâtel
Tel. 032 889 68 90
www.neuchateltourisme, www.ne.ch

SCHIFFSVERKEHR
Auf dem See fahren April – Mitte Okt.
Schiffe der LNM (▶ S. 702). Er ist mit
dem Murten- und dem Bielersee durch
Kanäle verbunden (Drei-Seen-Fahrten).

FESTE & EVENTS
Mitte Aug.: Straßenmusik-Festival. Letztes Sept.-Wochenende: Fête des Vendanges (großes Winzerfest, Tag und
Nacht von Fr. bis So.).

ÜBERNACHTEN
❶ *Hotel du Marché* €
Neuchâtel, Place des Halles 4
Tel. 032 723 23 30
www.hoteldumarche.com
Historisches Haus bei der Markthalle
mit einfachen Zimmern (Etagendusche).

Schöner Speisesaal mit französischer
Küche, lokale Spezialitäten werden
im Carnotzet (Weinkeller) serviert.

❷ *Hôtel Palafitte* €€€€
Neuchâtel-Monruz, Rue des Gouttes d'Or
Tel. 032 723 02 02, www.palafitte.ch
Einzigartiges »Pfahlbauhotel« im Vorort
Monruz: moderne Pavillons (für 1 – 3 P.)
auf dem Wasser bzw. am Ufer mit eigener Terrasse. Das Restaurant bietet eine
feine regionale und saisonale Küche.
Alles in schickem, schlichtem Design.

ESSEN
❶ *Hôtel du Peyrou* €€€–€€€€
Neuchâtel, Avenue du Peyrou 1
Tel. 032 725 11 83, www.dupeyrou.ch
So./Mo. und Ende Juli/Anf. Aug. geschl.
Stilvoll speist man in der herrschaftlichen
Villa oder auf der Terrasse am französischen Garten. Der Küchenchef, ein gebürtiger Australier, brilliert mit fantasievoller Marktküche, insbesondere Fisch
aus dem See und aus dem Meer.

---

schmückt eine Allegorie von Krieg und Frieden. Sehenswert sind der
getäfelte Ratssaal mit schönen Fayenceöfen und das Stadtmodell im
Erdgeschoß. Südlich des Rathauses das städtische **Theater** von 1775.

*Maison des Halles   Die Einkaufsstraße Rue du Seyon querend erreicht man das »Herz«
der Stadt, die schöne Place des Halles mit Cafés und der ehemaligen
Markthalle, einem feinen Renaissancebau von 1569; unten logiert
eine Café-Bar, im ersten Stock ein nicht teures Restaurant. Die reich
verzierte Fassade zum Platz trägt das Wappen von Léonor d'Orléans,
unter dem der Bau errichtet wurde. Die Rue du Tresor führt nördlich
zur zur hübschen **Place da la Croix-du-Marche** mit dem Bannerträgerbrunnen (1584, Figur von L. Perroud).

Château   Von der Rue du Château führen ein Treppenweg und eine Straße
zum **Schloss der Grafen von Neuenburg**, heute Sitz der Kantonalregierung. Der Westflügel stammt vom Ende des 12. Jh.s, die übrigen

Teile aus dem 15. – 17. Jh.; der z. T. romanische Südflügel (um 1180) besitzt eine reich gestaltete Fassade mit Galerien und Zwillingssäulen. Innen sehenswert die Malereifragmente (15. Jh.) in der Salle Marie de Savoie und die mit Wappen (17. Jh.) dekorierte Salle des Etats.

❶ Führungen April – Sept. tgl., Sa. – Mo. nur nachmittags, Eintritt frei

Die benachbarte, außen romanische Stiftskirche (Helme der Chortürme 1870) zeigt innen frühgotische Formen; das spiegelt die Bauzeit von 1170 bis 1276 wider. Eine Besonderheit ist der Vierungsturm. 1530 wurde die Collégiale von der reformierten Gemeinde übernommen, im 17. Jh. wurden Holzgalerien eingebaut und Rundfenster eingesetzt. Im romanischen Chor steht das 1372 begonnene, später vergrößerte ****Grabmal der Grafen von Neuenburg**, ein Kenotaph mit fünfzehn bemalten Statuen, das stattlichste gotische Grabdenkmal der Schweiz. Die steinernen Ritter und Damen stammen aus dem 14. Jh., die Gestalten von Jean und Conrad von Freiburg von 1425 bzw. 1458. Die einzige unbemalte Figur stellt den Neuenburger Grafen Rudolf von Hochberg († 1487) dar. Die doppelte Bogenreihe des Grabsockels mit Trauernden und die Giebel über dem Grabmal werden in das 15. Jh. datiert. Nördlich schließt sich an die Kirche der romanische **Kreuzgang** an (1875 wiederhergestellt), westlich vor der Kirche ein imposantes Standbild des Reformators **Guillaume Farel** (1489 – 1565), der ab 1538 hier tätig war. Von der Terrasse des Kirchplatzes hat man eine großartige Aussicht.

Collégiale Notre-Dame

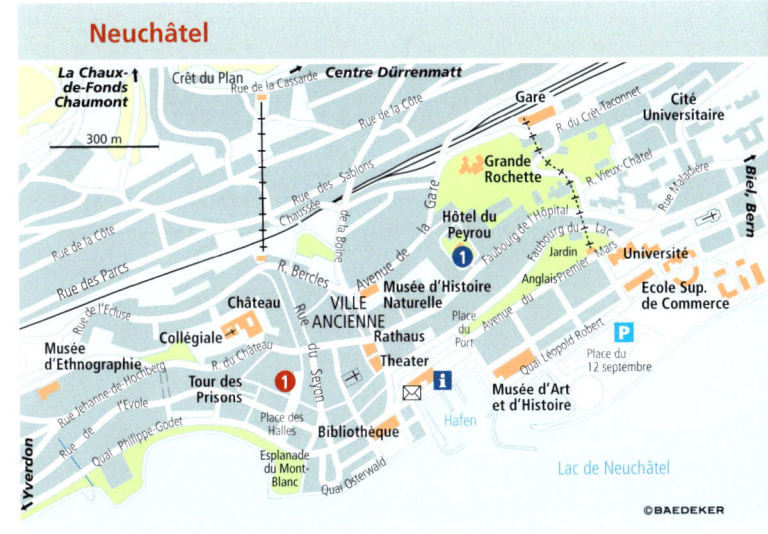

Neuchâtel

La Chaux-de-Fonds Chaumont · Crêt du Plan · Rue de la Cassarde · **Centre Dürrenmatt** · Gare · Cité Universitaire · Rue de la Côte · R. du Crêt-Taconnet · R. Vieux-Châtel · **Grande Rochette** · Rue des Sablons · Rue de la Boine · Chaussée · Avenue de la Gare · Faubourg de l'Hôpital · Jardin Anglais · Avenue du Premier-Mars · **Université** · **Hôtel du Peyrou** · R. Bercles · Rue du Seyon · **Musée d'Histoire Naturelle** · **VILLE ANCIENNE** · **Château** · **Collégiale** · R. du Château · Place du Port · **Rathaus** · **Theater** · **Ecole Sup. de Commerce** · Quai Léopold Robert · Place du 12 septembre · **Musée d'Ethnographie** · Rue Jehanne-de-Hochberg · Rue de l'Ecluse · **Tour des Prisons** · Place des Halles · **Bibliothèque** · **Musée d'Art et d'Histoire** · Hafen · Rue de l'Evole · Quai Philippe-Godet · Esplanade du Mont-Blanc · Quai Osterwald · **Lac de Neuchâtel** · Yverdon · Biel/Bern · Rue des Parcs

300 m

©BAEDEKER

Essen
❶ Hôtel du Peyrou

Übernachten
❶ Hôtel du Marché

Tour de Prison	Einen schönen Blick hat man auch vom Gefängnisturm, der möglicherweise auf die burgundische Burg zurückgeht; außerdem sind hier Modelle der Stadt im 15. und im 18. Jh. zu sehen.
*Musée d'Ethnographie	An der Rue St-Nicolas steht in einem Park das Ethnologische Museum mit hervorragenden Exponaten zur Völkerkunde von Asien, Afrika und Ozeanien sowie einem Kuriositätenkabinett unserer Welt. ❶ Di.–So. 10.00–17.00 Uhr, Eintritt 8 CHF
*Crêt du Plan	Von der Rue de l'Ecluse am Rand der Altstadt führt eine Standseilbahn hinauf zum Crêt du Plan (598 m), von dem man einen weiten Blick über den See bis zu den Alpen hat. In 10 Min. geht man zum **Botanischen Garten** (Chemin de Pertuis-du-Sault). Wenige Schritte weiter oben am Chemin de Pertuis-du-Sault liegt das **Centre Dürrenmatt**, das dem großen, aber kaum bekannten zeichnerischen und malerischen Werk Friedrich Dürrenmatts gewidmet ist. Zu dem Wohnhaus, in dem Dürrenmatt von 1952 bis zu seinem Tod 1990 lebte (lassen Sie sich nicht die »Sixtinische Kapelle« entgehen!), schuf Mario Botta in seiner typischen Formensprache eine teils in den Hang gebaute Erweiterung (2000). Centre Dürrenmatt: Mi.–So. 11.00–17.00 Uhr, Eintritt 8 CHF

UMGEBUNG VON NEUCHÂTEL

Serrières	Im südlichen Vorort Serrières produzierte die Schokoladenfabrik Suchard von 1826 bis 1996. Erhalten sind außer Fabrikgebäuden die **»orientalische« Villa** des Gründers Philippe Suchard (»Le Minaret«, 1865; Rue Guillaume-Farel 11, Führungen) und **Arbeiterhäuser** von 1887 (www.cite-suchard.ch).
*Chaumont	Vom nördlichen Vorort La Coudre führt eine Standseilbahn auf den Hausberg von Neuchâtel, den Chaumont (1087 m), von dem sich ein weites Panorama bietet: der Jura, das Schweizer Mittelland mit seinen Seen, die Alpen vom Säntis bis zum Montblanc.
La Tène	In **Marin-Epagnier** am Nordende des Sees liegt die bedeutende prähistorische Fundstätte La Tène, die einem Abschnitt der jüngeren Eisenzeit ihren Namen gab. Die Funde von dort und anderen Orten sind im modernen Museum *Laténium in **Hauterive** zu sehen, am Ufer illustriert ein Entdeckungspark Lebensformen von der Steinzeit bis zu den Römern. Laténium: Di.–So. 10.00–17.00 Uhr, Eintritt 9 CHF
Neuenburger Jura	▶ La Chaux-de-Fonds

NEUENBURGERSEE

Der Neuenburgersee ist der größte See, der ganz auf Schweizer Ge- *** Lac de** biet liegt (Länge 39 km, Breite 8 km, Tiefe 153 m, Fläche 212 km²). **Neuchâtel** Seine zum Jura ansteigenden **Weinberge** am Nordufer bieten mit ihren alten Dörfern ein hübsches Bild. Angebaut wird zu über 50 % Chasselas, der einen feinen, spritzigen Wein liefert; einzige rote Sorte ist der Pinot Noir, der als einer der besten in der Schweiz gilt. Ein Weinmuseum ist im Schloss Boudry (s. u.) untergebracht.

Das Weindorf Auvernier (1600 Einw.) besitzt schöne Herrenhäuser **Auvernier** aus dem 15. Jh., so das Haus des **Bürgerspitals** von Solothurn mit schönem Renaissanceportal (Rue de la Roche), und mehrere Häuser aus dem 16./17. Jh. in der Grand-Rue. Außerhalb liegt das zweitürmige **Schloss** (16. – 18. Jh.).

Colombier (5500 Einw.) wird von einem mächtigen **Schloss** be- **Colombier** herrscht, das im 12. Jh. auf römischen Grundmauern errichtet wurde (Erweiterungen 14./16. Jh.). Ab 1754 war es zeitweilig Wohnsitz des preußischen Gouverneurs von Neuenburg. Heute enthält es ein **Militärmuseum** und ein **Stoffdruckmuseum**, das an die einst bedeutende Indienne-Industrie erinnert. In den Weinbergen steht der prachtvolle Landsitz Vaudijon (J.-P. du Pasquier, 1807).

Das pittoreske Städtchen Boudry (5000 Einw.) ist Geburtsort des Re- *** Boudry** volutionärs Jean-Paul Marat (1744 – 1793) und des Schokoladenpioniers Philippe Suchard (1797 – 1884). Durch die beeindruckenden **Gorges de l'Areuse** führt ein Wanderweg nach Noiraigue (▶La

Herbstliche Weinberge bei Auvernier

Chaux-de-Fonds). Das Schloss oberhalb des Orts (13. Jh.) beherbergt ein **Weinmuseum** (Degustation, Verkauf). Sehenswert ist auch **Cortaillod**, einer der renommiertesten Weinorte der Gegend; neben der Kirche (1505) das **Hôtel de Commune** von 1761. Nahe dem Hafen kann man die lokalen Weine in einem malerischen Keller probieren (Caveau de Cortaillod, Petit-Cortaillod 19). Schöner **Spaziergang am Ufer** nach Le Moulin. In **Bevaix** sind die Kirche von 1605 (Portal mit romanischem Fries), ein Herrenhaus von 1722 und die ehemalige Abtei zu beachten. **Gorgier** besitzt ein **Schloss** aus dem 14./16. Jh., das im 19. Jh. romantisch umgestaltet wurde (schöne Aussicht).

Saint-Aubin

St-Aubin (474 m, 1300 Einw.) ist Hauptort der Weinregion **La Béroche**, die sich mit malerischen Dörfern und Landhäusern an den Hängen der Montagne de Boudry erstreckt. Die Kirche im oberen Dorf besitzt ein schönes Kreuzgewölbe, das Schloss stammt aus dem 17. Jahrhundert. Später passiert man das malerische **Schloss Vaumarcus** mit Restaurant, Café und einem (!) fürstlichen Gästezimmer (Buchung Tel. 032 836 36 36) sowie das ehemalige Kartäuserkloster **La Lance** mit eindrucksvollem spätgotischem Kreuzgang. Über Grandson erreicht man das Südende des Sees und ▶ Yverdon.

Südostufer

Das Südostufer des Neuenburgersees ist auf weite Strecken mit Schilf bestanden und als »Grande Cariçaie« geschützt. Das Centre Pro Natura de Champ-Pittet in Cheseaux-Noréaz bei Yverdon – in einem netten Schlösschen mit Restaurant – hält Informationen bereit und veranstaltet Exkursionen. Ansonsten findet man am Seeufer viele Campingplätze und Strandbäder. In Gletterens wurde ein prähistorisches Dorf rekonstruiert (www.village-lacustre.ch).

Estavayer-le-Lac

Die Perle am Ostufer ist Estavayer (448 m, 5400 Einw.), ein zum Kanton Fribourg gehörendes **altertümliches Städtchen** mit romantischen Laubengängen, Stadtmauern und Tortürmen. Die spätgotische Kollegiatkirche **St-Laurent** verfügt über ein herrliches Chorgestühl (1522) und eine Orgel von Aloys Mooser (1811). Sehenswert sind auch das **Dominikanerinnenkloster** (1316/18. Jh.) in der Grand-Rue, das **Hôtel du Cerf** (16. Jh.) und die **Maison de la Dîme** (15. Jh., Rue du Musée). Hier sind in einem skurrilen Museum prähistorische Funde, mittelalterliches Küchengerät, Waffen und die berühmten ***Frösche von François Perrier** zu sehen. Perrier, 1813 in Estavayer geboren, diente Papst Pius IX. als Schweizergardist und widmete sich nach seiner Rückkehr 1849 seinem Hobby: Er fing Frösche, präparierte sie und arrangierte 108 davon zu verblüffend »menschlichen« Szenen. Beim **Rosenfestival** um den 20. Juni kann man in herrlichen Düften und Aromen schwelgen.

Museum: März–Okt. Di.–So. 10.00–12.00, 14.00–17.00 (Juli/Aug. auch Mo.), sonst Sa., So. 14.00–17.00 Uhr, Eintritt 5 CHF

Das reizvolle Städtchen Payerne (9000 Einw.), 8 km östlich von Esta- **Payerne**
vayer an der Broye gelegen, gruppiert sich um eine ****Klosterkirche**,
die zu den Hauptwerken der cluniazensischen Baukunst und der romanischen Architektur in der Schweiz zählt. Das 962 von Kaiserin
Adelheid, Tochter König Rudolfs II. von Burgund und Gemahlin
Ottos I., der Abtei Cluny übergebene Benediktinerpriorat hatte für
die Stadt, die wiederholt Residenz burgundischer Könige war, große
Bedeutung. In der Reformation wurde es 1536 aufgehoben. Die monumentale dreischiffige **Pfeilerbasilika**, die im 11. Jh. auf den Resten
einer römischen Villa und dem Fundament einer Vorgängerkirche
erbaut wurde, erhält ihre Wirkung aus dem Farbwechsel der unterschiedlich hohen Quader und dem Höhenzug. Die **Kapitelle** in
Querschiff und Staffelchor lassen
burgundischen Einfluss erkennen; die qualitätvollen **Fresken** in
der Vorhalle entstanden um 1200.
Ausgrabungen ab 1920 brachten
das **Grab der Königin Bertha**,
Adelheids Mutter, ans Licht. Die
südlichste Kapelle des Querhau-
ses ließ Prior Jean de Grailly 1454
gotisch umgestalten und aus-
malen. Die Fresken, die zu den
bedeutendsten ihrer Art im
Waadtland zählen, wurden in der
Reformation beschädigt und bis
1982 restauriert. An der Außenwand kniet der Stifter im Gewand

Aus dem 13. Jh.: musizierender Engel

der Mönche von Cluny zu Füßen
der Dreifaltigkeit. Vom Konvent blieb nur der **Kapitelsaal** (16. Jh.)
erhalten. Hier sind eine historische Sammlung, eine Ausstellung über
romanische Kirchen im Schweizer Raum und ein Museum für den
in Payerne geborenen Napoleon-General Jomini untergebracht.
Neben der Abteikirche steht die schlichte reformierte Pfarrkirche
Notre-Dame (14./16. Jh.); ein Wandbild zeigt das Leichentuch Christi (16. Jh.). Von der **mittelalterlichen Stadtanlage** zeugen vier
Türme aus dem 13. / 14. Jahrhundert. Schöne Renaissancemalereien
(1576) sind im spätgotischen **Gerichtsgebäude** neben der Pfarrkirche zu sehen. Aus dem 16. Jh. stammen auch der Bannerträgerbrunnen und der Brunnen der Schlosser unweit der Abteikirche.
Nördlich von Payerne ist auf dem Flugplatz von Morens das **Luft-
waffenmuseum** »Clin d'Ailes« angesiedelt.

Basilika: Di. – So. 10.00 – 12.00, 14.00 – 18.00, Okt. – April bis 17.00 Uhr,
Eintritt 6 – 12 CHF
Musee d'Aviation Militaire: April – Okt Di. – So. (Juli/Aug. Di. – Sa.),
Nov. – März Mi., Sa. 13.30 – 17.00 Uhr, Eintritt 10 CHF

Alpenklang

Unter den Schweizer Nationalsymbolen ragt das Alphorn im wahrsten Sinne des Wortes hervor. Obwohl es aus Holz besteht, wird es wegen der Art der Tonerzeugung (Prinzip der Polsterpfeife = Tonerzeugung mit den Lippen) zu den Blechblasinstrumenten gezählt. Sein voller Ton erinnert an Blechblas-, die Weichheit des Tons an Holzblasinstrumente.

▶ **Der Ursprung des Alphorns**
Das Alphorn ist höchstwahrscheinlich aus kurzen Hirtenhörnern wie dem Unspunnenhorn hervorgegangen, die als Ruf- und Signalhorn eingesetzt wurden. Seit dem 16. Jh. ist aber auch belegt, dass die Sennen oft stundenlang zum Zeitvertreib den »Kühreihen« bliesen, mit dem eigentlich die Kühe zum Melken getrieben wurden.

Schweizer Alphornbläser

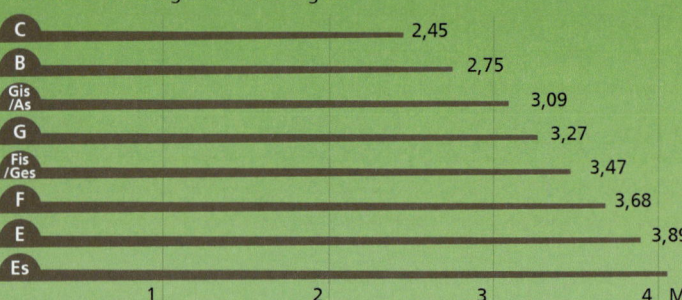

▶ **Jedes Alphorn spielt seine eigene Melodie**
Die Tonhöhe ist abhängig vom Grundton, der sich aus der Länge des Horns ergibt.

Ton	Länge
C	2,45
B	2,75
Gis/As	3,09
G	3,27
Fis/Ges	3,47
F	3,68
E	3,89
Es	4,05

1   2   3   4 Meter

Bau des Alphorns

Ein Alphorn zu bauen braucht seine Zeit. Ungefähr 70–100 Stunden werden dafür benötigt. Das hat seinen Preis: um die 3000 CHF.

1 Der passende Baum
Am besten eignen sich Stämme, die am Hang gewachsen sind, da sie bereits die typische Krümmung aufweisen.

2 Spalten und aushöhlen
Der Baum wird entrindet und gespalten. Anschließend müssen beide Teile ausgehöhlt werden.

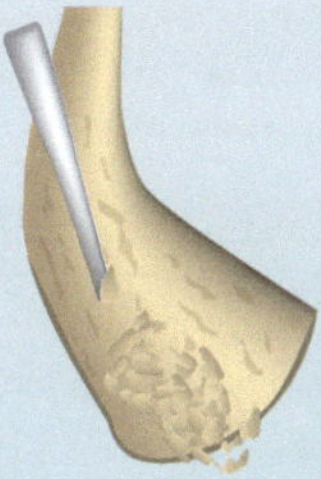

3 Verkleben und umwickeln
Beide Hälften werden nun wieder zusammengefügt und mit Peddigrohr fest umwickelt. Damit es transportierbar wird, wird es zwei- oder dreiteilig angefertigt.

©BAEDEKER

Naturtrompeten

Alphörner lassen sich auch als »Naturtrompete« klassifizieren: Sie besitzen keine Klappen, Ventile oder Ausgleichslöcher.

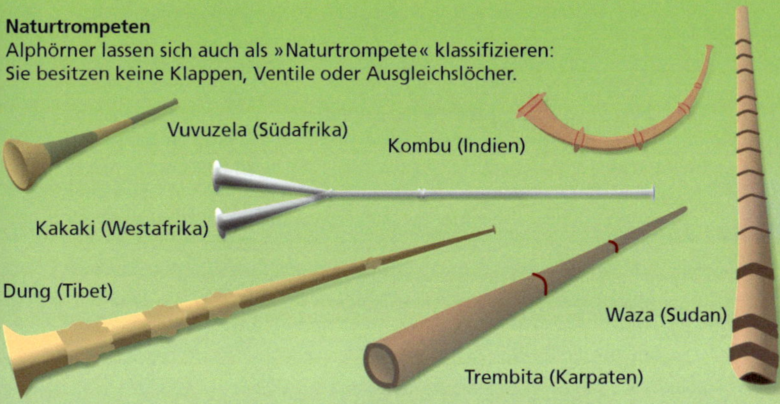

Vuvuzela (Südafrika)

Kombu (Indien)

Kakaki (Westafrika)

Dung (Tibet)

Waza (Sudan)

Trembita (Karpaten)

Oberhalbstein & Albula

J / K 23 – 25

Kanton: Graubünden · Grischun · Grigioni

Zwischen Vorderrhein und Engadin finden Bergfreunde, ob zu Fuß, mit Rad, auf Ski oder Schlitten, ein herrliches Revier vor. Auch uralte Pässe, atemberaubende Bahntrassen und interessante Kunstdenkmäler wollen entdeckt werden.

Das Oberhalbstein – rätoromanisch Sursès – ist das etwa 23 km lange Tal des Flusses Julia (rätoromanisch Gelgia), die vom Julierpass kommt und bei Tiefencastel südlich der ▶ Lenzerheide in die Albula mündet. Schon zu Zeiten der Römer führte ein wichtiger Weg durch das Oberhalbstein, über den Septimer- oder Julierpass und weiter ins ▶ Engadin und ▶ Bergell. Seit 1903 sorgt die Rhätische Bahn mit ihrer kühnen Streckenführung für den Transport; ihre Albula- und Bernina-Linien zählen zum UNESCO-Welterbe. In den Dörfern wird überwiegend Surmiran gesprochen, das Oberhalbsteiner Romanisch.

Tiefencastel
Am nördlichen Ausgang des Oberhalbsteins, am Platz des Römerkastells Imacastra, liegt Tiefencastel (rätoromanisch Casti, 851 m, 250 Einw.). Hier treffen sich die Straßen nach ▶ Chur, durch das **Landwassertal** nach ▶ Davos und die parallel verlaufenden Straßen über den **Albulapass** und durchs Oberhalbstein zum **Julierpass**. Der Ort – nach dem Brand 1892 neu aufgebaut – wird von der barocken Pfarrkirche **St. Stephan** (1652) auf dem Hügel zwischen den Flüssen Julia und Albula beherrscht. Ihre reiche Innenausstattung zeigt den Einfluss Misoxer Meister, der Hochaltar (1655) stammt von einem Tiroler. Ein kunsthistorisches Juwel steht nordwestlich von Tiefencastel über der Schin-Schlucht: **** St. Peter in Mistail**, eine der **ältesten Schweizer Kirchen**. Der karolingische Dreiapsiden-Saalbau entstand Ende des 8. Jh.s, das zugehörige Kloster ist nicht erhalten.

AUF DER JULIERSTRASSE DURCH DAS OBERHALBSTEIN

Alte Straße
Wer Zeit hat, nimmt von Tiefencastel nach Süden nicht die Nationalstraße 3, sondern die alte Straße über die Dörfer Mon, Salouf und Riom. In der Kirche von **Mon** sind Wandmalereien aus dem 15. Jh. erhalten. Von Riom kann man südlich nach **Radons** fahren (1890 m), Ausgangspunkt für die Wanderung auf den **Piz Cagniel** (2970 m, ca. 4 Std.). Im schön gelegenen **Cunter** (1182 m, 250 Einw.) mit der reich ausgestatteten Kirche San Borromeo (1677) erreicht man wieder die Julierstraße.

Auf MTB-Tour bei Savognin

Savognin

Hauptort des Oberhalbsteins ist Savognin (1210 m, 970 Einw.), das sich seit Anfang der 1970er-Jahre aus drei Dörfern zu einem **beliebten Urlaubsort** entwickelt hat. Im Winter stehen in einem weitläufigen, schönen Gebiet 80 km Skipisten zwischen 1200 und 2713 m, 40 km Loipen und 45 km Wanderwege zur Verfügung, im Sommer erschließen 200 km Wanderwege die Bergwelt. Beliebt sind der Badesee **Lei Barnagn** (der unter Wasser gesetzte Winterparkplatz) und der Stausee von Marmorera (s. u.), auf dem man gut windsurfen kann. In den drei Dörfern gibt es je eine **sehenswerte Barockkirche** (17. Jh.). Der Maler Giovanni Segantini lebte von 1886 bis 1894 in Savognin (▶ Berühmte Persönlichkeiten; Kulturzentrum Sala Segantini). Das **Museum Regiunal** im Ortsteil Sur Curt ist in einem Oberhalbsteiner Bauernhaus aus dem 16. Jh.s untergebracht. Westlich von Savognin erhebt sich der **Piz Curvèr** (2972 m, 6 Std.). Mit dem Sessellift gelangt man über Tigignas auf den Somtgant (2112 m) und den **Piz Martegnas** (2670 m); Radons am Ende des **Val Nandro** ist Ausgangspunkt für Wanderungen auf den Piz Cagniel (s. o.) sowie ins Val Ferrera. Sehr empfehlenswert ist die Wanderung auf einem Teil der **Veia Surmirana** (auch als MTB-Tour möglich) von Savognin am östlichen Talhang entlang über Plang da Crousch (herrlicher Aussichtspunkt), die Lais Blovs (Blaue Seen) und die Alp Flix nach **Marmorera** (ca. 4 Std.).

Museum Regiunal: Di. 19.30 – 21.00, Do. 15.00 – 18.00 Uhr, im Winter Di. 16.30 – 18.00 Uhr, Eintritt 4 CHF

Tinizong

Tinizong (1232 m, 330 Einw.), das einstige römische Tinnetio, ist Ausgangspunkt für Wanderungen ins **Val d'Err**. In der einfachen Pfarrkirche (1647) ist der spätgotische Schnitzaltar (1512) von Jörg Kändel aus dem schwäbischen Biberach zu beachten. In **Mulegns**

Oberhalbstein & Albula erleben

AUSKUNFT
Bergün Tourismus
Plazi 2 A, 7482 Bergün
Tel. 081 407 11 52, www.berguen.ch

Savognin Tourismus
Stradung, 7460 Savognin
Tel. 081 659 16 16, www.savognin.ch

ÜBERNACHTEN / ESSEN
Hotel Post ❷–❷❷
Bivio, Tel. 081 659 10 00
www.hotelpost-bivio.ch
Klassisches Haus am Julierpass mit modernen, gemäßigt rustikalen Zimmern bzw. Appartements. Gutes Restaurant mit gemütlicher Bünderstube.

Tgesa Scarpatetti ❷–❷❷
Cunter, Stradung 18
Tel. 081 684 26 66
www.hotel-tgesa-scarpatetti.ch
Ein Patrizierhaus von 1822 mit viel Holz, Schieferböden und Stuck. Familiäre Atmosphäre. Zwar an der Straße gelegen, aber von ihr abgewandt mit wunderbarem Ausblick.

Weisses Kreuz ❷–❷❷
Bergün, Dorfplatz
Tel. 081 407 11 61
www.weisseskreuz-berguen.ch
Gemütliches Restaurant mit edler historischer Arventäferstube, rustikale Chamineda. Freundliche, moderne Zimmer.

Kurhaus ❷–❷❷
Bergün, Tel. 081 407 22 22
www.kurhausberguen.ch
Ein Juwel: Kurhaus aus dem 19. Jh. mit Restaurant, Café und schöner Sonnenterrasse. Im wunderbaren Jugendstil-Kursaal gibt es ab und zu Musik, Kabarett oder Tanz. Man kann sich auch wochenweise einmieten (Wohnungen für 2 – 7 P. mit Balkon oder Terrasse).

zweigt das Sträßchen zur ***Alp Flix** ab, einem großen Weidegebiet auf schöner Bergterrasse in 2000 m Höhe. Im folgenden **Marmorera-Stausee** (1680 m) versank 1954 der alte Ort gleichen Namens.

Bivio Auf der obersten Talstufe liegt Bivio (rätoromanisch Beiva, von lat. »bivium«, »Wegteilung«, 1756 m, 200 Einw.). Hier trennen sich zwei alte Übergänge ins Inn-Tal, der **Septimerpass** und der **Julierpass**. Wer dem Rummel im Engadin entgehen will, ist hier richtig. Die Bewohner sind mit sechs Sprachen und Dialekten vertraut: Deutsch und Italienisch, den Dialekten des Bergells und der Lombardei, dem Surmiran und dem lokalen rätoromanischen Idiom. Im Ortskern drängen sich Häuser mit dicken Mauern und kleinen Fenstern. Die St.-Gallus-Kirche besitzt einen schönen spätgotischen Flügelaltar (um 1500). Lifte erschließen 40 km Skipisten unter dem Piz Turba. Über den 2310 m hohen **Septimerpass**, an dem Reste der Römerstraße erhalten sind, erreicht man zu Fuß in ca. 4 Std. Casaccia im ▶ Bergell; über den **Stallerberg** (2581 m) geht es in 3 Std. nach Juf im Aversertal (2126 m, ▶ Rhein, Hinterrhein).

Hinter Bivio steigt die 1825 erbaute, ganzjährig geöffnete Straße zum ***Julierpass**
Julierpass (2284 m) an; die zwei Säulenstümpfe auf der Passhöhe
stammen vermutlich von einem römischen Heiligtum. Jenseits hat
man bald einen herrlichen Blick auf das Bernina-Massiv und die
Oberengadiner Seen. Bei Silvaplana erreicht man das ▶Engadin.

ÜBER DEN ALBULAPASS

Von Tiefencastel geht es nach Osten an der Albula aufwärts, über
Alvaneu und vorbei am großartigen, 90 m hohen **Landwasservia-**
dukt der Rhätischen Bahn. In Filisur, einem alten Dorf mit schönen **Filisur**
Engadiner Häusern (1032 m, 460 Einw.), zweigt die RhB-Strecke
nach Davos ab. Einen Abstecher wert ist die Kirche in **Stuls** (rätorom. Stugl) mit qualitätvollen Fresken (14. Jh.).

Die stattlichen Engadiner Häuser von Bergün (rätorom. Bravuogn, **Bergün**
1367 m, 470 Einw.) werden von der barocken Haube des Platzturms
(12. Jh.) überragt; die reformierte Kirche (12./15. Jh.) ist mit schens-
werten Wandmalereien des15. Jh.s geschmückt. Das ***Bahnmuseum**
Albula im einstigen Zeughaus beim Bahnhof, signalisiert von einem
RhB-Krokodil der Baureihe Ge 6/6, setzt die Geschichte der Albulabahn spannend in Szene, bis hin zur virtuellen Fahrt im Führerstand.
Von Bergün gehen schöne Wanderungen und Bergtouren aus, z. B.
durch das **Val Tuors** zu den Seen von **Ravaisch** (2569 m, im Sommer
Postauto bis Chants, 1822 m).
Bahnmuseum Albula: Di.–Fr. 10.00–17.00, Sa., So. 10.00–18.00 Uhr, Nov.
geschl., Eintritt 12 CHF

In Bergün beginnt der spektakulärste Teil der 1896–1903 angelegten ***Albulapass**
Albulabahn, die zwischen Tiefencastel und **Preda** (1789 m) 940 m
Höhe überwindet und sich über elegante Viadukte, durch Kehrtun-
nels und Galerien in der wildromantischen Landschaft emporwindet. Ein 8 km langer **Bahn-Erlebnis-**
weg zwischen Bergün und Preda
(begehbar Mai bis Okt.) erläutert
mit Schautafeln die Entstehung der
Bahntrasse. Nicht weniger eindrücklich ist die Albula-Passstraße
für Radsportler und Motorisierte.
Die **Passhöhe** (2312 m) wird vom
mächtigen Piz Kesch (3418 m) und
Piz Ot (3240 m) flankiert. Auf der
anderen Seite erreicht man nach vielen Kurven bei **La Punt** das Inntal
(▶Engadin).

BAEDEKER TIPP

!

Heißer Schlittenspaß

Im Winter wird die Albulastraße
von Preda nach Bergün zur
(abends beleuchteten) Rodelbahn. Schlitten kann man mieten,
die Bahn bringt mitsamt Gerät
zum Ausgangspunkt der 6 km
langen Strecke. Größer ist der
Nervenkitzel auf der 4 km langen,
steilen Bahn von Darlux ins 576 m
tiefer gelegene Bergün.

Olten

D 13

Kanton: Solothurn
Höhe: 396 m ü. d. M.

Einwohner:
17 000

Zwischen Aarau und Solothurn entstand Olten an einem verkehrsgünstigen Platz. Das ist immer noch an seiner Rolle als Kongressstadt und Eisenbahnknotenpunkt mit den Hauptwerkstätten der Schweizerischen Bundesbahnen abzulesen.

Die hübsche kleine Altstadt an der Aare mit schmalen spätgotischen Häusern lässt noch die Umrisse der im Jahr 1201 erstmals erwähnten Stadt erkennen. Gegründet wurde sie durch die Grafen von Froburg am Platz eines römischen Castrums aus dem 4. Jahrhundert.

SEHENSWERTES IN OLTEN UND UMGEBUNG

Olten   Über die große **gedeckte Holzbrücke** (1803) gelangt man von Westen in die Altstadt mit ihrem Wahrzeichen, dem spätgotischen Glockenturm (1521) der 1844 abgetragenen **Martinskirche**. Im alten Rathaus (1701) ist die Stadtbibliothek zu Hause. Im **Kunstmuseum** sind besonders die Werke des 1802 in Olten geborenen Malers, Karikaturisten und kämpferischen Liberalen **Martin Disteli** († 1844) interessant, im **Historischen Museum** wird die Entwicklung

Olten

Essen
❶ Traube

Übernachten
❶ Löwen

Ziegelfeldstrasse

Froburgstr.

Bahnhofbrücke

Hauptbahnhof

Bahnhofplatz

strasse

Stadttheater

Römerstr.

Baslerstrasse

Amthausquai

Bahnhofquai

Dornacher

Stadthaus

Munzingerplatz

Kapuzinerkloster

Stadtkirche

Klosterplatz
Zielemp

Basel, Bern, Solothurn

Histor. Museum

Kunst-/
Natur-
museum

Kirchgasse

Hauptgasse

Ehem.
Rathaus

Aare

Bahnhofstrasse

Mühlegasse

Ildefonsplatz

Stadtturm

Alte
Brücke

Zürich, Aarau

Lebengasse

Marktgasse

Hexenturm

Aarburgerstrasse

Dünnern

100 m

©BAEDEKER

Schützenmatte

Kulturzentrum
Schützi

Bern, Luzern, Aarburg ↓

Olten erleben

AUSKUNFT

Olten Tourismus
Froburgstrasse 1, 4600 Olten
Tel. 062 213 16 16
www.oltentourismus.ch

ESSEN

❶ *Traube* ❻❻❻
Trimbach, Baslerstrasse 211
Tel. 062 293 30 50, So./Mo. geschl.
Im nördlichen Vorort überzeugt Arno
Sgier seit 1993 mit seiner kreativen,

ungewöhnlichen Küche zu relativ fairen
Preisen. Zurückhaltendes, modernes
Ambiente, grandiose Weinkarte.

ÜBERNACHTEN

❶ *Gasthof Löwen* ❻
Wisen, Hauptstrasse 23
Tel. 062 289 40 30, Mi./Do. geschl.
Gepflegter Gasthof im Jura-Dorf 10 km
nördlich von Olten. Gut ausgestattete,
komfortable Zimmer, nette Gaststube
und gutbürgerliche Hausmacherküche.

der Stadt nachgezeichnet. Gegenüber das **Stadthaus** von 1996. Die
zweitürmige **Stadtkirche** entstand bis 1806 nach Plänen von Niklaus Purtschert (Vorarlberger Herkunft) und P. A. Pisoni; das
»Jüngste Gericht« im Hauptaltar wurde von dem antiklerikal einge-
stellten Disteli entworfen und von S. Gutzwiller gemalt (1845). In
der Kirche des **Kapuzinerklosters** ist die »Passion« von J. Wil
(1640) bemerkenswert. Am Klosterplatz lädt der stimmungsvolle
»Rathskeller« zur Einkehr (»Chübu« genannt, legendäre Hamburger, So. geschl.).
Kunstmuseum: Di.–Fr. 14.00–17.00 (Do. bis 19.00), Sa., So. 10.00–17.00
Uhr, Eintritt 7 CHF. **Historisches Museum:** Di.–Sa. 14.00–17.00, So. 10.00
bis 17.00 Uhr, Eintritt 5 CHF

Von der Höhe südlich der Stadt leuchtet das Schloss **Neu-Wartburg**, **Umgebung**
das in den 1860er-Jahren auf der Ruine der vorderen Wartburg er- **von Olten**
baut wurde (Restaurant Säli-Schlössli; Ausblick auf Alpen und Atom-
kraftwerk). Wanderungen in der Umgebung: Von Trimbach (419 m)
steigt man in 2 Std. zur Ruine der **Froburg** auf, Sitz der gleichnamigen Grafen und 1356 durch ein Erdbeben zerstört. Abstieg zur Passhöhe Unterer Hauenstein (691 m, Bus nach Olten). Von Hauenstein
lohnt der Gang auf die **Belchenflue** (2 Std.) mit herrlichem Blick
vom Schwarzwald bis zu den Alpen.

Aarburg (415 m, 7000 Einw.), ein malerisch über die Aare ansteigen- **Aarburg**
des mittelalterliches Städtchen, wird von einer ins 12. Jh. zurückgehenden **Festungsanlage** beherrscht. Ab 1415 war sie Sitz des bernischen Landvogts, heute Heim für straffällige Jugendliche .
Festung: Führungen Anf. April–Mitte Okt. Sa. 14.00 Uhr, Eintritt 10 CHFI

Pontresina

✳ K 25

Kanton: Graubünden
Höhe: 1800 m ü. d. M.

Einwohner:
2000

**Wie das benachbarte St. Moritz gehört Pontresina zu den be-
rühmten Ferienorten des Engadins. Es ist der beste Stützpunkt
für Touren in der grandiosen Bernina-Gruppe.**

Pontresina (rätoroman. Puntraschigna) liegt östlich von ▶St. Moritz
an der ▶Berninastraße im höchsten Seitental des Oberengadins,
sonnig und windgeschützt auf einer nach Südwesten ausgerichteten
Hangterrasse. Der langgestreckte, noch recht typische Engadiner Ort
ist von Arven- und Lärchenwäldern umgeben. Das Angebot an Zerstreuung und sportlicher Betätigung lässt keine Wünsche offen, im
Winter locken die großartigen Skigebiete Diavolezza und Piz Lagalb
(▶Berninastraße) und die anderer Oberengadiner Orte (▶Engadin),
die mit Bahn/Bus erreichbar sind, dazu schöne Loipen.

SEHENSWERTES IN PONTRESINA
UND UMGEBUNG

Pontresina Aufgrund eines Brands im Jahr 1720 sind nur wenige alte Gebäude
erhalten. So bestimmen **stattliche Hotels,** darunter das Grand Hotel
Kronenhof (1850), und typische **Bündner Häuser** mit kunstvollen
Sgraffiti und Fenstergittern das Ortsbild. Zu den ältesten Gebäuden
gehören die hochgelegene Ruine des fünfeckigen **Spaniola-Turms**
(13. Jh.) und das spätromanische Kirchlein **St. Maria** mit Arvenholz-
decke (1497) und bemerkenswerten Fresken (um 1200 bzw. Ende
15. Jh.). Aus dem 12. Jh. stammt die »Hohe Brücke« Punt Ota. Pontresina ist eines der klassischen Bergsteigerzentren des Landes, an
alte Zeiten erinnert das sehenswerte **Museum Alpin** in der Chesa
Delnon (1716). Die Bergsteigerschule Pontresina, die größte der
Schweiz, führt Berg-, Ski- und Schneeschuhtouren durch (Via Maistra 163, Tel. 081 842 82 82, http://bergsteiger-pontresina.ch).
Museum Alpin: Via Maistra 199, 10. Juni–19. Okt., 17. Dez.–13. April
Mo.–Sa. 16.00–18.00 Uhr, Eintritt 6 CHF

**Muottas Das Hochplateau Muottas Muragl (gesprochen »muraj«, 2456 m), zu
Muragl erreichen mit der Standseilbahn von 1907, bietet eine berühmte Aus-
sicht: die Kette der Seen und das von Piz Rosatsch im Süden und Piz
Julier im Nordwesten eingerahmte Oberengadin, weiter links das Val
Roseg und die Berninagruppe. Im Winter erschließen Lifte mittel-
schwere Pisten; ein Muss ist die Schlittenfahrt (4,2 km, 705 Höhen-

meter) zur Talstation Punt Muragl an der Straße nach Samedan. Von Muottas Muragl steigt man in knapp 1.30 Std. (anspruchsvoll) zur **✶✶Segantini-Hütte** (2731 m) auf, in der 1899 der Maler Giovanni Segantini starb (▶Berühmte Persönlichkeiten); das Panorama umfasst hier die ganze Berninagruppe. Abstieg zum Unteren Schafberg oder zur Alp Languard (s. u.). Beliebt ist der bequeme Höhenweg (7 km, 2 Std.), der von Muottas Muragl auf halber Höhe zum **Unteren Schaf-**

Die Segantini-Hütte, ein schönes Ausflugsziel

berg (Munt da la Bes-cha, Restaurant) und weiter zur **Alp Languard** führt. Mit dem Sessellift von der Alp Languard oder zu Fuß gelangt man nach Pontresina zurück.

Herrlich ist die Wanderung ins Roseg-Tal. Vom Konzertplatz im Taiswald führt ein Fußweg durch den Wald zur Fahrstraße (für den öffentlichen Verkehr gesperrt), auf ihr weiter zum **Hotel Roseggletscher** (1999 m, gesamt ca. 7 km). Alternative: mit der Pferdekutsche fahren. Vom Hotel geht man unterhalb eines prachtvollen Ar-

✶Val Roseg

Pontresina erleben

AUSKUNFT
Pontresina Tourismus
Kongresszentrum Rondo
Via Maistra 133, 7504 Pontresina
Tel. 081 838 83 00
www.pontresina.ch

ÜBERNACHTEN / ESSEN
Grand Hotel Kronenhof ❻❻❻❻
Pontresina, Via Maistra
Tel. 081 830 30 30
www.kronenhof.com
Prächtiges Grand Hotel aus der Belle Époque, das »schönste im Engadin«. Grandioses Grand Restaurant. Eine international erweiterte Schweizer Küche wird im Kronenstübli gepflegt.

Hotel Saratz ❻❻❻–❻❻❻❻
Pontresina, Via Maistra
Tel. 081 839 40 00, www.saratz.ch
»Elegant, aber familiär«, Kombination von Alt und Neu: Der Bau von 1875 (klassischer Speisesaal) wurde durch einen kühnen modernen, geschmackvoll eingerichteten Wohntrakt erweitert. Einzigartiger Ausblick ins Rosegtal.

Pontresina Sporthotel ❻❻–❻❻❻
Pontresina, Via Maistra
Tel. 081 838 94 00, www.sporthotel.ch
Würdiges, großes Haus von 1881 im Zentrum, modern gestaltete Zimmer. Von der Wellness-Anlage auf dem Dach hat man eine wunderbare Aussicht.

venhains in 30 – 45 Min. zum Ende des stark zurückgegangenen Rosegggletschers; sehr lohnend ist der Aufstieg zur **Coaz-Hütte** (2610 m, von Pontresina insgesamt ca. 5.30 Std.).

Weitere Ausflugsziele

▶ Berninastraße

Rhein

✳ B – J 11 – 23

Kantone: Graubünden, St. Gallen, Thurgau, Schaffhausen, Zürich, Aargau, Basel-Land, Basel-Stadt

Mehr noch als ein deutscher ist der Rhein ein Schweizer Fluss. Seine Talschaften – Hochrhein, Alpenrhein, Vorder- und Hinterrhein –, die einen großen Teil der Schweiz umfassen, bilden überaus reizvolle Landschaften ganz unterschiedlicher Prägung mit prachtvollen, geschichtsträchtigen Orten.

Insgesamt ist der Rhein 1320 km lang, davon entfallen 375 km auf sein Ursprungsland. Bis Basel entwässert er zwei Drittel der schweizerischen Landesoberfläche, was sich zu durchschnittlich 1027 m³ Wasser /Sekunde summiert, die von Basel nach Norden fließen. Die Herkunft seines Namens ist nicht sicher; man vermutet eine Ableitung von dem deutschen Wort »rinnen«. Die Kelten nannten den Strom »renos«, die Römer »Rhenus«; auf Rätoromanisch heißt er »Rein« oder wie auf Italienisch »Reno«, auf Französisch »Rhin«.

Vorderrhein und Hinterrhein
G – J 18 – 22

Im Osten des Gotthardmassivs entspringen die beiden etwa 70 km langen Quellflüsse des Rheins. Der **Vorderrhein** (rätorom. Rein Anteriur) entfließt dem kleinen Toma-See (Lai da Tuma, 2345 m) rund 3 km südlich des Oberalppasses. Der **Hinterrhein** (Rein Posterior) hat seine Quelle etwa 35 km südöstlich davon zwischen Rheinquellhorn und Rheinwaldhorn westlich des San-Bernardino-Passes. Sie vereinigen sich bei Reichenau/Tamins 9 km westlich von Chur zum Rhein, der bis zum Bodensee auch Alpenrhein heißt.

Alpenrhein
D – G 22 / 23

Der ca. 100 km lange Alpenrhein fließt nordwestlich an Chur vorbei, nimmt die Plessur auf und strömt dann nordwärts durch das breite **Bündner Rheintal**, das Sedimente eingeebnet haben. Bei Landquart fließt ihm von Osten die Landquart, bei Bad Ragaz von Südwesten die Tamina zu. Bei Sargans im **St. Galler Rheintal** zweigt das Seeztal nach Nordwesten ab, wobei die Seez aber zum Zürichsee fließt. Auf 25 km bildet der Rhein die Westgrenze des Fürstentums Liechtenstein. Vom Grenzort St. Margrethen fließt der Rhein seit 1900 auf österreichischem Gebiet durch einen Kanal in die Fussacher Bucht, wobei seine Mündung bisher um 4,5 km in den See vorgebaut und nach Nordwesten umgelenkt werden musste. Der **Alte Rhein**, der weiter westlich bei Altenrhein in den Bodensee mündet, bildet heute das Endstück des Rheintalischen Binnenkanals.

Der Fluss durchquert in einer 200 – 500 m breiten Strömung den Bodensee, und ab Stein fließt er als **Hochrhein** gut 140 km in westlicher Richtung bis Basel, wobei er stark mäandert. Bis auf drei kurze Abschnitte – unterhalb von Stein a. R., im Stadtgebiet von Schaffhausen sowie zwischen der Mündung der Thur und Eglisau – markiert er die Grenze zwischen der Schweiz und Deutschland. Westlich von Schaffhausen, bei Neuhausen, bildet der Rhein den **mächtigsten Wasserfall Mitteleuropas**; das Wasser stürzt auf etwa 150 m Breite 15 – 22 m tief über eine Jurakalkschwelle. Im Stadtgebiet von Basel wendet sich der Rhein nach Norden und tritt in den 30 – 40 km breiten Graben der **Oberrheinischen Tiefebene** ein.

Hochrhein
B / C 11 – 19

HOCHRHEIN: VON BASEL ZUM BODENSEE

Von ▶Basel fährt man am Südufer des rasch fließenden Hochrheins entlang, der bis über Basel hinaus schiffbar ist und in Kraftwerken zur Energiegewinnung genutzt wird. Die freundliche Stromlandschaft wird nördlich von den Hängen des Schwarzwalds, südlich von den Ausläufern des Schweizer Juras umrahmt.

Start in Basel

Rheinfelden (277 m, 12 300 Einw.), gegenüber dem deutschen Rheinfelden hübsch am linken Rheinufer gelegen, gilt als früheste Grün-

Rheinfelden

Hochrhein erleben

AUSKUNFT
Verkehrsbüro Laufenburg
Tel. 062 874 44 55, www.laufenburg.ch
Bad Zurzach Tourismus
Tel. 056 269 00 60, www.badzurzach.ch
▶Basel, ▶Schaffhausen

ÜBERNACHTEN
Gasthof zur Waag ⊜
Bad Zurzach, Hauptstr. 25
Tel. 056 249 33 22
www.gasthof-zur-waag.ch
Als eines der »Messehäuser« 1586 erbaut, mit romantischem Innenhof und

liebevoll eingerichteten Zimmern. Das Thermalbad ist zu Fuß 5 Min. entfernt.

ESSEN / ÜBERNACHTEN
Gasthaus zum Salmen ⊜
Rheinau, Zollstrasse 18
Tel. 052 319 12 52, Di./Mi. geschl.
www.salmen-rheinau.ch
Hübsches Barockhaus – 1691 erwähnt – an der gedeckten Brücke über den Rhein (im Nordwesten der Halbinsel). Gutbürgerliche Küche, auch Fisch; draußen lädt ein Kastaniengarten ein. Mit netten, sehr preiswerten Zimmern.

Laufenburg, eine der schönsten Städte am Hochrhein, gibt es …

dung der Zähringer (Stadtrecht 1130) und ist heute ein Solekurort (modernes Kurzentrum »sole uno«). Das reizvolle **mittelalterliche Stadtzentrum** prägen Mauern und Türme über dem Strom. In der Marktgasse sehenswert sind das **Rathaus** (1531) mit barocker Fassade und prunkvollem Saal und das benachbarte **Fricktaler Museum** im Haus zur Sonne (Marktgasse 12, Geologie, Urgeschichte, Handwerk und Gewerbe der Region); auch Modelle von Schweizer und ausländischen Burgen im Maßstab 1 : 200 sind hier zu sehen. Weiter südlich, im Zentrum, steht die Stadtkirche **St. Martin** (11./15. Jh.), die um 1770 eine prachtvolle Rokoko-Ausstattung erhielt (Renaissance-Hochaltar 1607). Nach Anmeldung (Tel. 0848 125 000) kann man die **Brauerei Feldschlösschen** besuchen, die größte der Schweiz (im Besitz von Carlsberg). Nordöstlich von Rheinfelden, bei Möhlin, ist in der seit 1848 arbeitenden **Saline Riburg** altertümliche und moderne Technik zu bewundern, u. a. der gewaltige Saldome (Besichtigung möglich, Anmeldung Tel. 061 825 51 51, www.salz.ch).
Fricktaler Museum: Mai–Dez. Di., Sa. So. 14.00–17.00 Uhr, Eintritt 4 CHF

Stein Über Möhlin gelangt man nach Stein, das mit Bad Säckingen u. a. durch die **längste gedeckte Holzbrücke Europas** verbunden ist.

*Laufenburg Mit seinem gleichnamigen deutschen Nachbarort – bis 1801 war es tatsächlich *eine* Stadt – bildet Laufenburg (318 m, 3200 Einw.), umrahmt von bewaldeten Uferhöhen, einen der schönsten Plätze des Hochrheins. In dem in einer Flussbiegung liegenden Städtchen, das 1408 –1801 zu Vorderösterreich gehörte, ist die **spätgotische Stadtkirche** (1489) mit Barockausstattung von 1755 zu beachten. Eine

... gleich zweimal: in der Schweiz und in Deutschland

heimatkundliche Einführung gibt das **Museum »Zum Schiff«** in der Fluhgasse 156; in der Gaststube trifft sich auch die Narrenzunft (Laufenburg ist eine Hochburg der alemannischen Fasnacht). Nicht auslassen sollte man einen Spaziergang entlang dem deutschen Ufer.

Gegenüber von Waldshut liegt Koblenz (321 m, 1600 Einw.), ein wichtiger Straßenknotenpunkt östlich des Punkts, wo die Aare in den Rhein mündet; der Name der Stadt geht auf lat. »confluentes« (»Zusammenfließende«) zurück. Von hier verläuft die Straße Nr. 7 Richtung Winterthur weiter am Rhein entlang, die Straße nach Schaffhausen überquert den Rhein und führt dann durch deutsches Gebiet.

Koblenz

Bei Reuenthal in der Flussbiegung westlich von Koblenz sollte eine kleine **Festungsanlage** von 1939 mit zwei 7,5-cm-Kanonen einen »Rheinübergang von deutscher Seite« verhindern. Sie wurde als Armeemuseum eingerichtet, der ehemalige Essraum zum »gemütlichen Festungsbeizli« umgestaltet (Zitate aus der Website).
Festung: Anf. April–Ende Okt. Sa. 13.00–17.00 Uhr, Eintritt 12 CHF

Reuenthal

Ca. 8 km südlich von Koblenz steht bei Böttstein das **älteste Kernkraftwerk der Schweiz** (1969/1971). Das Tal der **unteren Aare** zwischen Böttstein und Rhein wurde 1886–1904 tiefgreifend umgestaltet, um dem häufigen Hochwasser zu begegnen; damals entstanden auch das Wasserkraftwerk Beznau und der **Klingnauer Stausee**, ein Lebensraum für viele Wasservögel.
KKW: Führungen nach Anm. Tel. 056 250 00 31. Besucherzentrum Axporama in Böttstein, Mo.–Fr. 9.00–17.00, Sa./So. ab 11.00 Uhr, Eintritt frei

Beznau

Malerisch in einer Rheinschleife liegt das Kloster Rheinau.

Bad Zurzach   Das hübsch am Rhein gelegene Zurzach (340 m, 4100 Einw.), zu römischen Zeiten als Flussübergang wichtig (Tenedo, Reste eines Kastells) und im Mittelalter als Hafen mit Warenmessen, ist heute ein bedeutender **Thermalkurort**. Die 39,5 °C warme Glaubersalzquelle wird in den **Kuranlagen** nordwestlich des Stadtzentrums genutzt; signalisiert werden sie vom Turmhotel, das als Wasserturm entstand. Die Bohrtürme, mit denen man nach Salz bohrte und auf Thermalwasser stieß, sind in der Nähe des Bahnhofs zu sehen. Beachtenswert im Ort sind die **Messehäuser** an der breiten Haupt- und Schwertgasse sowie das **Verenamünster** (10./14. Jh.); seine Krypta birgt den Sarkophag (1603) der hl. Verena, die mit der Thebäischen Legion (▶ Saint-Maurice) ins Land gekommen sein soll († 314). Interessant ist auch der Grabstein eines römischen Legionärs (1. Jh. n. Chr.). Gegenüber im **Höfli** befindet sich das historische Bezirksmuseum (u. a. ur- und frühgeschichtliche Funde). Am Rhein steht das derzeit nicht genützte **»Schloss«** (1900) von Jakob Zuberbühler (1840 – 1904), der als Schuh- und Stickereifabrikant Wirtschaft und Wohlergehen des Marktfleckens wesentlich bestimmte.
Höfli: tgl. 14.00 – 17.00 Uhr, Eintritt frei

Kaiserstuhl   Im 13. Jh. wurde Kaiserstuhl (339 m, 400 Einw.), ein romantisches mittelalterliches Brückenstädtchen, auf dreieckigem Grundriss angelegt. Vom mächtigen **Oberen Turm** (12./13. Jh.) führt die Hauptgasse steil hinunter zum Ufer des Rheins; auf der anderen Seite liegen das **Schloss Röteln** und Hohentengen. Die gotische **Kirche St. Katharina** (um 1500/1601) erhielt 1755 eine barocke Ausstattung; die Rokokokanzel stammt – wie die Nepomukstatue auf der Rheinbrücke – von dem heimischen Bildhauer F. L. Wind (1756). Sehenswert

sind auch das **Herrenhaus zur Linde** (1764) und das gleich alte dreiflügelige **Meyenfisch- oder Marschallhaus**.

Auf der Straße Nr. 7 erreicht man Glattfelden (387 m, 4400 Einw.) an **Glattfelden**
der Glatt, die in der Nähe in den Rhein mündet. Bekannt gemacht
wurde der Ort durch **Gottfried Keller** (v. a. in seinem Roman »Der
grüne Heinrich«), dessen Eltern aus Glattfelden stammten. Ein Haus
von 1526 neben der Kirche enthält eine Ausstellung über Leben und
Werk des Dichters und ein Restaurant; an der S-Bahn-Station informiert eine Tafel über den schön angelegten **Dichterweg** (3 Std.).
G.-Keller-Zentrum: Sa., So. 14.00 – 16.00 Uhr, außer Dez. und Sommerferien

Den Rhein überquerend erreicht man das hübsche, von Reben um- **Eglisau**
gebene Städtchen Eglisau (360 m, 4500 Einw.). Der Kraftwerksbau
1919 hob den Flussspiegel um über 8 m, so dass die alte Holzbrücke
und die Häuser der Rheingasse abgebrochen werden mussten. Die
hochgelegene **Kirche** entstand 1716 am Platz eines gotischen Baus.
Im **Weierbachhus**, einem barocken Weinbauernhaus, ist das Ortsmuseum untergebracht. Westlich überquert die Bahnlinie den Rhein
auf einem schönen Bogen-Gitterwerk-Viadukt. Von Eglisau sind
schöne Wanderungen durch die Rebhänge am Rhein, durch das Rafzerfeld und in den deutschen **Klettgau** möglich.

Anschließend durchquert man das Rafzerfeld – der Ort **Rafz** verfügt **Rafzerfeld**
über schöne Fachwerkhäuser aus dem 18. Jh. (z. B. Gasthof Kreuz)
und eine Kirche von 1685/1708 – und dann einen Zipfel deutschen
Gebiets, der durch einen schmalen Korridor mit dem Kreis Waldshut
verbunden ist. Östlich des deutschen Orts Jestetten liegt das schweizerische ***Rheinau** reizvoll an der engsten Stelle einer Flussschleife,
ergänzt durch eine Insel im Rhein mit dem um 778 gegründeten
Kloster Rheinau. Seine heutige Gestalt entstand etwa 1700 – 1740
(1862 aufgehoben, 1867 – 2000 Psychiatrie). Die herrliche barocke
Klosterkirche (1711; Mo. geschl.) des bedeutenden Vorarlberger
Baumeisters Franz Beer von Bleichten wurde von den Wessobrunnern Franz und Joseph Schmuzer
stuckiert. Die prachtvolle Ausstattung – besonders zu beachten der
Hochaltar von Th. Sichelbein und
das Chorgestühl (1710) – entstand
bis 1759. Die Hauptorgel ist das einzige erhaltene Werk des Augsbur-
gers J. C. Leu (1715). Die Rheinauer
Konzerte finden wegen der Restaurierung erst ab 2015 wieder statt. Im
Sommer fahren Motorboote zum
Rheinfall (Tel. 052 659 69 00).

? **BAEDEKER WISSEN** **Zürcher Wein**

Die Rebhänge von Rheinau gehören zum Zürcher Weinland, und
im über 100 m langen Klosterkel-
ler von 1585 entstehen die Weine
der Staatskellerei Zürich. In der
Weinloge sind sie zu verkosten
und zu erstehen. Auch eine Führung ist interessant (für Gruppen,
Anmeldung Tel. 052 319 16 39).

Rheinfall Über Dachsen gelangt man zum Industrieort Neuhausen am berühmten Rheinfall, der unter ▶ Schaffhausen beschrieben ist.

*Diessen- Ca. 10 km östlich von Schaffhausen liegt dieses pittoreske Städtchen
hofen (416 m, 3500 Einw.) – im Mittelalter Freie Reichsstadt – mit schönen Bürgerhäusern, alten Befestigungsanlagen (Siegelturm von 1545) und der Kirche St. Dionysius (um 1200, Langhaus 1487). Westlich am Rhein das Dominikanerinnenkloster **St. Katharinental**, erbaut 1732 – 1735 von den Vorarlbergern Franz Beer und Johann Michael Beer. Im gegenüberliegenden deutschen Ort **Gailingen**, zu dem eine alte gedeckte Holzbrücke hinüberführt, sind die Nikolauskapelle (um 1100) und der 1676 angelegte jüdische Friedhof interessant; im 19. Jh. war etwa die Hälfte der Bevölkerung jüdisch. Am Fluss entlang erreicht man über ▶ Stein am Rhein den Ort **Eschenz**, wo der Rhein den ▶ Bodensee (Untersee) verlässt.

ALPENRHEIN:
VOM BODENSEE NACH REICHENAU

Sankt Am Fuß der Appenzeller Voralpen liegt am Alten Rhein St. Margre-
Margrethen then (410 m, 5500 Einw.), beliebt als Einkaufsort – der **Rheinpark** unmittelbar an der Autobahn ist das größte Einkaufszentrum der Ostschweiz –, früher auch als Mineral- und Kneippbad. Die prominent gelegene Kapelle **St. Margaretha** (1090) besitzt alte Fresken und spätbarocke Altäre. In einen Bergausläufer südlich des Rheinparks wurde 1938 – 1940 die **Festung Heldsberg** gebaut.
Festung: April – Okt. Sa. 13.00 – 18.00 Uhr, Eintritt 11 CHF (Temp. 14 °C!)

Altstätten In Altstätten (11 000 Einw.) stehen an der **Marktgasse** alte Laubenhäuser. Die Kirche St. Nikolaus wurde 1798 geweiht, in der Gerbergasse zeigt das Museum im **Herrensitz Prestegg** v. a. historisches Interieur und sakrale Kunst. Die **Burg Neu-Altstätten**, im 14. Jh. erwähnt, entstand nach Zerstörung im 15. Jh. neu. Von hier gelangt man über den **Pass Stoss** nach Gais und über den **Ruppenpass** nach Trogen, beides landschaftlich schöne Strecken (▶ Appenzellerland).
Prestegg: April – Nov. Sa., So. 10.00 – 16.00 Uhr, Eintritt 6 CHF

Buchs Der Bezirkshauptort Buchs (450 m, 11 400 Einw.), der 1839 durch einen Großbrand zerstört wurde, nahm ab 1858 als Eisenbahnknotenpunkt seinen Aufschwung. Ein Juwel aus der Gründerzeit, in dem man vorzüglich und preiswert isst, ist die Traube in der Ortsmitte (Tel. 081 756 12 06, So./Mo. geschl.). Lohnende Ausflüge: südwestlich hinauf zum **Berghaus Malbun** (1369 m) in herrlicher Aussichtslage; vom nordwestlich gelegenen Grabs hinauf zum **Kurhaus Voralp** von 1908 und zum reizvollen **Voralpsee** (1123 m).

Sehr sehenswert ist Werdenberg, die kleinste Stadt (seit 1289) der Schweiz mit ca. 60 Einwohnern und zwei Gassen. Mit dem **Schloss** aus dem 12./13. Jh. (Ortsmuseum), dem kleinen See und alten Häusern bietet sie ein zauberhaftes Bild. Im Aug. werden im Schlosshof Opern aufgeführt (www.werdenberg.ch). Das prachtvolle »Schlangenhaus« beherbergt ein regionalhistorisches Museum. *Schlangenhaus:* April – Okt. Di. – So. 13.30 – 17.00 Uhr, Eintritt 5 CHF

* Werdenberg

Bei Sargans (►Bad Ragaz) zweigt das zum ►Walensee führende Seez- vom Rheintal ab – ein landschaftlich besonders reizvoller Platz zwischen dem über dem **Schloss Sargans** hoch aufragenden **Gonzen** und dem **Falknis** gegenüber, an dessen Fuß sich die Rebhänge der Bündner Herrschaft ausbreiten. Ergänzt wird die freundliche Urlaubslandschaft durch das traditionsreiche ►**Bad Ragaz**.

Sargans

Auch **Landquart** (527 m) entstand ab 1858 als Eisenbahnknotenpunkt; von hier gehen Straße und schmalspurige RhB-Bahnlinie ins Prättigau nach ►Klosters und ►Davos ab. Der Abschnitt des Rheintals zwischen Landquart und dem Kantonshauptort ►Chur trägt den Namen »Fünf Dörfer«, auch wenn mit Mastrils, Igis, Zizers, Says, Trimmis, Untervaz und Haldenstein seit 1880 mehr Orte dazugehören. Politisches und kulturelles Zentrum waren viele Jahrhunderte lang **Zizers** mit zwei Schlössern und das **Schloss Marschlins**. Letzteres, ca. 1,5 km südöstlich von Landquart, ist ein stattliches ehemaliges Wasserschloss aus dem 13. Jh.; ab 1633 barock umgestaltet, war es im 18. Jh. Sitz des bedeutenden Seminars von Martin Planta.

»Fünf Dörfer«

Über Igis (Landwirtschaftsschule im Plantahof) gelangt man nach **Zizers** (540 m) mit Rebhängen, zwei Kirchen und zwei Schlössern der Familie Salis: das mächtige **Untere Schloss** (1683) und das im oberen Teil des Orts gelegene kleinere **Obere Schloss**, das Fresken und Régence-Stuck aus dem 18. Jh. besitzt. (Herrliches Interieur aus dem Unteren Schloss ist im Genfer Musée d'Art et d'Histoire zu sehen.) Hoch über Trimmis liegt **Says**, das im 13. Jh. von Walsern besiedelt wurde. **Haldenstein** auf der anderen Talseite war 1424 – 1803 ein souveräner Staat; im Schloss Haldenstein aus dem 16. Jh. gibt's im August Oper unter freiem Himmel (www.schloss oper.ch).

Zizers

? BAEDEKER WISSEN

Schloss Reichenau

am Zusammenfluss von Vorder- und Hinterrhein (S. 500) ist ein ganzer Weiler mit einem Zollhaus aus dem 16. Jh. (heute Hotel Adler, www.adlerreichenau.ch, Tel. 081 641 10 44, ⊙⊙), einer Landwirtschaft und einem Weingut – hier wird der »erste Rheinwein« gemacht. Verkostung und Führung nach Anmeldung Tel. 081 641 11 95). Vom schönen Schlossgarten hat man einen herrlichen Blick auf den Zusammenfluss von Vorder- und Hinterrhein.

In dramatischer Landschaft durchquert der Rhein die Ruinaulta.

Domat/Ems Von ▶Chur geht die Fahrt weiter nach Domat/Ems (584 m) mit der 1730–1738 in italienischem Barock erbauten Kirche **Mariä Himmelfahrt**. Auf einem Felshügel stehen die romanisch-spätgotische Kirche **St. Johannes** (1515, mit Flügelaltar aus der Werkstatt des Ulmers Jörg Syrlin d. J., 1504) und die romanische Peterskapelle.

Reichenau Malerisch am Zusammenfluss von Vorderrhein und Hinterrhein liegt das Schloss Reichenau, das 1775 und 1820 umgestaltet wurde. Nordwestlich ragt der **Flimserstein** auf, von dem der größte prähistorische Bergsturz der Alpen herunterkam; der Vorderrhein hat sich durch die Massen eine enge, überaus beeindruckende Schlucht gegraben, die **★★Rheinschlucht**, die man mit der Rhätischen Bahn, zu Fuß, mit MTB oder Kajak durchqueren kann (▶Flims).

VORDERRHEIN: VON REICHENAU ZUM OBERALPPASS

Tamins Die Straße in Richtung Disentis/Oberalppass (Nr. 19) führt unterhalb an Tamins vorbei (668 m, rätorom. Tumein, »Hügel«), das vom weithin sichtbaren Turm seiner Kirche (16. Jh.) überragt wird. Nach Süden schöner Blick in das **Domleschg** (s. u. Hinterrhein) mit dem **Schloss Rhäzüns** sowie auf die **Rheinschlucht**. Eine reizvolle Alternative zur Straße 19 ist die kurvenreiche Strecke südlich des Vorderrheins von Reichenau über Bonaduz, Versam und Valendas nach Ilanz mit Ausblick auf die **Ruinaulta** (s. u.) und die Rheinschlucht.

Auf einem Felsen thront der alte Burgturm Hohentrins. In Trin (dt. **Trin**
Trins, 876 m), das hübsch auf einer Terrasse über der Rheinschlucht
liegt (sehr enge Durchfahrt, Umgehungstunnel), sind die Solarwohn-
häuser interessant. Hinter Trin fährt man über die Bergsturzmassen,
die das Tal des Rheins auf ca. 50 km² zuschütteten (**Ruinaulta**, dt.
»Großer Abbruch«). Links abseits beim kleinen **Cresta-See** (850 m)
öffnet sich ein schöner Blick ins Tal. **Flims** ▶ dort.

Hinter ▶ Ilanz, von dem man Zugang zum Lugnezer und zum Valser **Pardella-Tal**
Tal hat, verläuft die Straße nach Disentis neben den Gleisen der Rhätischen Bahn durch das Tal, das hier **Pardella** heißt. Hinter dem Pa-
nixer Bach thront auf bewaldetem Felsen die **Ruine Jörgenberg**. Im
1010 m hoch gelegenen, langgestreckten **Waltensburg** (rätorom.
Vuorz) ist die Kirche mit bedeutenden *Fresken sehenswert: im
Langhaus von dem anonymen »Waltensburger Meister« (um 1350),
die im Chor datieren von 1459. Von Waltensburg sollte man die Nebenstraße wählen, die hoch über
dem Tal nach **Breil** führt, einem angenehmen, nicht überlaufenen Urlaubsort (dt. Brigels, 1289 m, 1300
Einw.) mit gutem Skigebiet am Mi-
ret (2418 m). Zu beachten sind die
spätgotische Kirche Mariä Himmelfahrt (1397, Chor 1486; Hochaltar
von dem Walliser Johann Ritz,
1738), die Kapelle St. Martin (Flügelaltar von 1518) und die Casa
Fausta Capaul (erstklassiges Restaurant mit schlichten Zimmern, Tel.
081 941 13 58). Schöne Spazierwege
in die Umgebung, etwa zur **Kapelle
St. Eusebius** mit einem Altar des
Memmingers Ivo Strigel (1486) und
Außenfresken von 1451. Über den
2640 m hohen **Kistenpass** geht man
in 9 – 10 Stunden nach **Tierfehd**
im ▶ Glarnerland.

> ### ? BAEDEKER WISSEN
>
> ### *Für Naturfreunde*
>
> Das Vorderrheintal ist auch west-
> lich von Flims ein Dorado für
> Wanderer wie für Alpin- und Tou-
> renskifahrer. Zwar gibt es dort
> nicht die »großen« Anlagen, da-
> für steht mit der Rhätischen Bahn
> (empfehlenswert ist der Graubün-
> denPass) das ganze Revier zur
> Verfügung, mit dem Vorteil der
> Familien- und Budgetfreundlich-
> keit. Ein ganzes Erlebnis ist der
> 100 km lange Höhenweg »Senda
> Sursilvana« zwischen Chur und
> Oberalppass, der in 5 – 6 Tagen
> absolviert werden kann – auch im
> Winter, wenn über dem Nebel-
> meer die Sonne scheint (www.
> wandersite.ch/Sursilvana.html).

In Trun (dt. Truns, 855 m, 1200 Einw.) an der Mündung des Val Pun- **Trun**
teglias gibt es ein **Bündner Rütli**: eine Wiese mit einem Ahornbaum,
wo 1424 der »Obere« oder »Graue Bund« gegen die adlige Unterdrü-
ckung beschworen wurde. Sie liegt bei der Kapelle Sontg'Onna (St.
Anna, 1704) oberhalb des Bahnhofs. Im Ort lohnen die Kirche **St.
Martin** (1662, romanischer Turm) und der prachtvolle **Hof** der Äbte
von Disentis (um 1675) einen Besuch. Letzterer beherbergt das *Museum Sursilvan** mit landwirtschaftlichen und handwerklichen Ge-

Vorderrhein erleben

AUSKUNFT
▶Flims, ▶Ilanz, ▶Disentis

ÜBERNACHTEN
Casa Tödi ⊚
Trun, Via principala 78
Tel. 081 943 11 21, www.casa-toedi.ch
Mächtiges Patrizierhaus aus dem 16. Jh.,
ab 1830 Poststation, heute ein wunder-
bares Domizil. In der schönen Stube wird
einfache regionale Kost serviert.

Biohotel Ucliva ⊚⊚
Waltensburg, Tel. 081 941 22 42
www.ucliva.ch
Auf der Sonnenseite des Tals, 300 m
über dem Rhein, kann man stilvoll-
schlicht und dabei zu 100 % bio- bzw.
ökologisch Ferien machen, vom Lärchen-
holzboden bis zu den Bündner Leib-
gerichten. Viele kurzweilige Angebote
in Haus und Natur, auch für Familien/
Kinder wird bestens gesorgt.

räten. Die herrlichen Räume dienten dem Grauen Bund als Rathaus;
ein Saal ist dem Maler und Grafiker **Alois Carigiet** (1902 – 1985)
gewidmet, der die bekannte Geschichte vom »Schellen-Ursli« illustrierte. Etwas oberhalb die Kirche Santa Maria della Glisch (17. Jh.).
Museum Sursilvan: 15. April – Okt. Mo., Mi., Sa. und 2.+ 4. So. d. Mt.
14.00 – 17.00 Uhr, Eintritt 7 CHF

Somvix   Das hübsche Somvix (1050 m, rätorom. Sumvtg, von lat. »summus
vicus«, »höchstes Dorf«) ist seit 1988 ein Ziel für Freunde modernen
Bauens. Peter Zumthor, einer der profiliertesten Schweizer Architek-
ten, ersetzte die 1984 zerstörte gotische **St.-Benedikt-Kapelle** (Sontg
Benedetg) durch einen ebenso schlichten wie kühnen Bau an anderer
Stelle: mit tropfenförmigem Grundriss und Schindelverkleidung.

Rabius   Bei Rabius (955 m) geht die Straße ins **Val Sumvitg** (Somvixer Tal)
ab, in dem das seit 1977 verlassene **Tenigerbad** liegt (1273 m); nach
weiteren 2 km endet die Straße bei Runcahez (1300 m) an einem kleinen Stausee. Ganz im Schluss des Tals, 2200 m hoch, liegt die **Greina-
Hochebene**, die zum Stausee werden sollte, dank breiten Wider-
stands aber unter Naturschutz gestellt wurde.

Disentis,   Von ▶Disentis – hier zweigt die Straße über den Lukmanierpass ins
Tujetsch   Tessin ab – führt die Straße 19 hoch am Hang über dem Vorderrhein
im **Tujetsch** (Val Tavetsch) aufwärts, mit schönem Blick zurück auf
Disentis und sein großes Kloster. Vor Sedrun überquert die Strecke
der Matterhorn Gotthard Bahn (ehemals Furka-Oberalp-Bahn) den
Bach Bugnei auf einem hohen, im Bogen geführten Viadukt.

Sedrun   Sedrun (1401 m, 1700 Einw.), der Hauptort des Tujetsch, zieht sich
an einem sanft geneigten Wiesenhang hin und wird zum Sommer-

wie Winterurlaub gern besucht. Das **Bogn Sedrun** ist eine Wellness-Oase mit Bädern, Sonnenterrasse, Therapiehaus etc.; vom benachbarten Weiler Dieni erschließen Bahnen das Skigebiet am Cuolm Val (2215 m) bis zum Oberalppass. Die Kirche **St. Vigilius** (1693, romanischer Turm) birgt einen Schnitzaltar von 1515 und Barockaltäre von 1703. Das Museum **La Truaisch** an der Hauptstraße zeigt außer Heimatkundlichem die wertvollste Mineraliensammlung der Schweiz. In einem »Zwischenangriff« wird von Sedrun aus am 57 km langen **Gotthard-Basistunnel** gebaut (▶ Sankt Gotthard); ein Informationszentrum demonstriert die Dimensionen des Unternehmens. Empfehlenswert ist der Aufstieg südöstlich auf den ✱**Piz Pazzola** (2582 m, 4 Std.), der mit traumhafter Aussicht belohnt wird.

La Truaisch: Juni – Okt., 20. Dez. – Anf. April Di., Fr. und 1. So. im Monat 15.00 – 18.00 Uhr, Eintritt 7 CHF

Gotthard-Tunnel: Infozentrum Mi. – So. 10.00 – 12.00, 14.00 – 17.00 Uhr, Eintritt frei; Baustellen-Führungen Anmeldung Tel. 081 936 51 20

Bei der Fahrt talaufwärts hat man den **Badus** (2928 m) vor Augen, an dessen Westflanke der **Lai da Tuma** (Toma-See, 2345 m) liegt, die »offizielle« Quelle des Rheins. Hinter Rueras (1450 m) mit kleiner Kirche, schönen Holzhäusern und der empfehlenswerten Ustria Alpsu führt die Straße aus der Talweitung bergauf über die Wildbäche des Val Mila und des Val Giuf – links ein Rest der **Burg Pontaningen** (13. Jh.) – zur Kapelle St. Brida. Kurz vor Tschamut liegen links die Dörfer **Selva** und **Sut Crestas** (1540 m) mit einer reizvollen Kapelle.

Rueras

Das Val Tavetsch, der obere Teil des Vorderrheintals am Oberalppass

Tschamut

Der letzte Ort vor dem Oberalppass ist das hübsch gelegene Tschamut (1648 m), im Sommer Treff der Motorrad-, im Winter der Tourenskifahrer. Am Fuß des Calmot (2309 m) steigen die Serpentinen zum *Oberalppass (2044 m) an. Gute Küche und preiswerte Unterkunft bietet dort ganzjährig (!) das **Gasthaus Piz Calmot**. Vom Pass leichte Wanderung in 1.30 Std. zum **Lai da Tuma** (s. o.).

HINTERRHEIN:
VON REICHENAU ZUM SAN BERNARDINO

Bonaduz

Von Bonaduz (665 m, 2800 Einw.) verläuft die Straße 13 nach Thusis auf einer Terrasse über dem Hinterrhein. Hinter Bonaduz steht links abseits auf einem Waldhügel hoch über dem Fluss die spätromanische Kapelle **St. Georg** (Sogn Gieri). Den Kirchenraum malte vermutlich der Waltensburger Meister (▶ S. 501) um 1340 aus; bemerkenswert ist außerdem der spätgotische Schnitzaltar. In **Rhäzüns** (648 m) – dessen Mineralwasser zählt zu den bekanntesten der

Schweiz – ist die romanische Kirche **St. Peter und Paul** einen Blick wert, die ebenfalls Werke des Waltensburger Meisters enthält. Auf steilem Felsen über dem Fluss thront das stattliche **Schloss Rhäzüns** (erwähnt 1288), das den Eingang zum Domleschg bewachte; heute gehört es de facto dem Industriellen (»Ems-Chemie« in Domat) und rechtskonservativen SVP-Politiker Christoph Blocher. Am Ortsrand liegt die Talstation der Luftseilbahn nach **Feldis** (1470 m, 120 Einw.), das einen wunderbaren Blick ins Domleschg bietet (s. u.).

St. Georg bei Bonaduz

*Domleschg

Bei Rothenbrunnen (625 m) weitet sich das Tal: Die Talsohle mit dem sanft auslaufenden Osthang wird **Domleschg** genannt, der steilere westliche Hang **Heinzenberg**. Beide sind mit Obstbäumen übersät, die zur Blüte im Frühjahr mit dem noch verschneiten **Piz Beverin** im Hintergrund ein herrliches Bild abgeben. Das Domleschg gilt mit 21 Burgen als das burgenreichste Gebiet Europas; ein Großteil der auf Felsvorsprüngen aufragenden Bauten (soweit erhalten, in Privatbesitz) wurde Ende des 15. Jh.s nach dem Entstehen der Drei Bünde zerstört. **Rothenbrunnen** (jodhaltige Eisenquelle), das unter mächtigen Felswänden liegt, wird von der Burgruine Ober-Juvalta dominiert. Weiter südlich rechts der Straße das prächtig gelegene **Schloss Ortenstein** (754 m) mit frühmittelalterlichem Bergfried und Wohnbauten aus dem 15. Jahrhundert. In **Tomils** (Tumegl, 800 m) ist die spätgotische Kirche Mariä Krönung (1486) mit einem Flügelaltar von 1490 und Wandmalereien aus dem 15./16. Jh. interessant. Ein teil sehr steiles Sträßchen führt über Scheid hinauf nach **Feldis** (Veulden), einem Luftkurort in herrlicher Lage mit kleinem Skigebiet (Seilbahn von Rhäzüns. s. o.).

An der Straße nach Thusis folgt Paspels (778 m) mit der romanischen Kapelle **St. Lorenz** (Sogn Luregn, 11. Jh., Fresken aus dem frühen 13. Jh.; Schlüssel im Restaurant Triangel oder im Pfarrhaus Tomils) und der wiederhergestellten Burg Alt-Sins. Links oben sieht man die Burgruine Neu-Sins (Canova, 13. Jh.). Rodels (700 m) mit hübschen Häusern aus dem 17./18. Jh. wird überragt vom **Schloss Rietberg** (12. Jh.), das in der dramatischen Erzählung »Jürg Jenatsch« von C. F. Meyer eine Rolle spielt. **Paspels** **Rodels**

Fürstenau besitzt zwei Schlösser, das bischöfliche Untere Schloss (1272/1742) und das Obere Schloss (1676/1742); im Letzteren, dem Hotelrestaurant **Schloss Schauenstein** – ein herrlich romantischer Platz – wirkt Andreas Caminada, der junge Superstar der Schweizer Gastroszene (Tel. 081 632 10 80, www.schauenstein.ch). Am Haus Stoffel sind Wandmalereien von 1490 und 1590 erhalten. Oberhalb **Scharans** liegt das schöne Dorf Scharans (780 m), wo Georg Jenatsch 1617/18 Pfarrer war, bevor er ins Veltlin verbannt wurde. Auf der Zollbrücke überquert man die aus der Schin-Schlucht kommende Albula; links die mächtige Burg Baldenstein (12./16. – 17. Jh.) und die Kapelle St. Cassian (13. Jh.). Die **Burg Ehrenfels** (13. Jh.) über Sils im Domleschg ist Jugendherberge. **Fürstenau**

Am Fuß des langgestreckten Heinzenbergs liegt **Cazis** (658 m) mit der ungewöhnlichen »Steinkirche« (2002) am nördlichen Ortsrand. Das Dominikanerinnenkloster wird bereits 765 erwähnt; seine Kirche (1504) besitzt im Chor spätgotische Wandmalereien (um 1505). Beachtenswert ist auch die romanische Kapelle St. Wendelin. Hinter Cazis bietet sich ein **herrliches Bild**: links vor der Schin-Schlucht liegt Scharans, rechts thront Schloss Baldenstein, und über der Schlucht erheben sich das Tinzenhorn (3179 m) sowie rechts davor der Piz Curvèr (2972 m). Weiter südlich passiert man das oberhalb bei Masein liegende **Schloss Tagstein**, voraus kann man den Eingang zur Via Mala erahnen, der links von der beeindruckenden Ruine der **Burg Hohenrätien** (Realta, 11. – 15. Jh.) markiert wird. **Heinzenberg**

In Thusis (rätorom. Tusaun, 722 m, 2900 Einw.), einem stattlichen Marktort, teilen sich die Straßen zum San Bernardino und nach Tie- **Thusis** fencastel – Davos/St. Moritz (Autoverladung nach Samedan 2011 eingestellt). Der Ort wurde 1845 durch eine Feuersbrunst fast ganz zerstört. Die evangelische **Pfarrkirche** stammt noch von 1506. In 45 Min. kann man zur Burg Hohenrätien über der Via Mala aufsteigen. Schöne Ziele sind auch die Ruine **Ober-Tagstein** (1130 m, 1.15 Std.) und das **Schloss Tagstein** (Nieder-Tagstein, 848 m, 30 Min.).

Via Mala Die berühmte Via Mala (»schlechter«, »böser Weg«) ist eine höchst eindrucksvolle, von 300 m hohen Kalkwänden gebildete Klamm des Hinterrheins. Ihr besonders wilder unterster Teil, das **Verlorene Loch, ist erst seit dem Straßenbau 1822 passierbar. Der mittelalterliche Saumpfad umging die Schlucht und führte aus dem Nollatal am Felsen Crapteig entlang nach Rongellen, während die spätere (jetzt alte) Straße der Schlucht folgt. Die A 13 führt durch Tunnels und Galerien, so dass man von der Dramatik nichts mitbekommt; wer Zeit hat, wählt die alte Straße. 2,5 km hinter Thusis, bei den Häusern von **Rongellen** (863 m), öffnet sich die Schlucht zu einem kleinen Talkessel; dahinter verengt sie sich zur eigentlichen Via Mala des Mittelalters. Von Thusis führt der markierte Wanderweg **Via Spluga** nach Zillis (3 bzw. 4 Std., für Trittsichere). Tafeln erläutern Natur, Kultur und die bewundernswerten Leistungen der Brückenbauer; hervorragend der kühne **»Traversinersteg«** (2006) gegenüber von Rongellen. Wanderfreunde können den Gang über den Splügenpass nach Chiavenna fortsetzen (noch ca. 19 Std.). Die **alte Via-Mala-Straße** (für große Kfz gesperrt) biegt 1 km hinter Rongel-

Schaurige Sagen ranken sich um die Via Mala, die enge Schlucht des Hinterrheins.

len unmittelbar vor einer Galerie von der A 13 rechts ab. Knapp 1 km weiter überquert man die **Erste Brücke**, 1941 an der Stelle einer Brücke von 1738 erbaut. Rechts hinter der Brücke liegt ein Parkplatz mit Kiosk, von dem ca. 300 Stufen zu einer Galerie am tosenden Wasser hinunterführen (Gebühr). Etwa 300 m weiter folgt die **Zweite Brü-**

cke (1941) neben der alten Brücke von 1739, die den Fluss in 50 m Höhe überspannt. Nach weiteren 1,3 km fährt man über die **Dritte Brücke** am Ende der Via Mala. Nun hat man die freundliche Talweitung des **Schams** (rätoromanisch Schons) vor sich, in dessen Hintergrund der spitze Hüreli (Hirli, 2855 m) aufragt.

Das schön gelegene Zillis (rätorom. Ciraun, 933 m) ist berühmt für die Kirche **St. Martin**, deren Langhaus und Turm aus dem 12. Jh. stammen, der Polygonalchor von 1509. Sie besitzt eine der ältesten vollständig **bemalten Holzdecken** des Abendlands mit 153 Tafeln (13 davon wurden 1939/1940 ergänzt). Die Bilder – in Tempera auf gipsgrundiertem Holz – mit Szenen aus der biblischen Geschichte entstanden um 1110 oder etwas später. Eine **Ausstellung** am Postplatz erläutert die Bilder audiovisuell. Im **Schamser Talmuseum** (Tgea da Schons) wird mit Werkzeugen, Mobiliar und Dokumenten das bäuerliche Leben in der Gegend veranschaulicht. **Kirche:** tgl. 9.00 – 17.00/18.00 Uhr, Eintritt 4 CHF. **Ausstellung:** April – Okt. tgl. 9.00 – 18.00 Uhr **Talmuseum:** Juli/Aug. tgl. 10.00 – 12.00, 14.00 – 17.00 Uhr, Eintritt 5 CHF

★★Zillis

Am Schamserberg gegenüber von Zillis liegen Donath (1033 m) und darüber die Ruine der **Burg Fardün** (1214 m), an die sich eine Sage aus dem Bauernaufstand des 15. Jh.s knüpft: Der anmaßende Vogt von Fardün habe dem Bauern Johannes Calcar ins Mittagsmahl gespuckt und sei von diesem dann darin erstickt worden. Von Donath sind es 6 km hinauf zum Bergdörfchen **Mathon** (1521 m), Ausgangspunkt für die Besteigung des **Piz Beverin** (2998 m, 5 Std.).

Donath

In Clugin ist die romanische **Saalkirche** (12. Jh.) zu beachten, deren Apsis Fresken des Waltensburger Meisters (um 1340), des Rhäzünser Meisters (wohl identisch mit dem Waltensburger, um 1350) und eines weiteren Künstlers (um 1400) aufweist. Ca. 1 km südwestlich steht die Burgruine **Cagliatscha**. Dann folgt der Weiler **Bad** mit einer alkalischen Eisenquelle, deren Wasser nach Andeer geleitet wird. An der Brücke über den vom Piz Curvèr herabkommenden Pignieuer Bach ist eine lateinische Inschrift aus dem 15. Jh. erhalten.

Clugin

Andeer (979 m, 850 Einw.), der Hauptort des Schams, hat als Luftkurort und **Heilbad** (Mineralbad 34 °C, diverse Therapieangebote) sowie als Wintersportort eine kleine, aber gute Infrastruktur. Der einstige Stapelplatz an der mittelalterlichen Passstraße bietet einige Sehenswürdigkeiten, wobei italienischer Einfluss erkennbar ist: die hochgelegene große **Pfarrkirche** (1675, Turm 1584), Steinhäuser des 16. Jh.s mit **prächtigem Sgraffitoschmuck**, u. a. das Haus Pedrun, das Haus Conrad von 1599 und das Haus Veia Granda Nr. 97. Loh-

Andeer

Hinterrhein erleben

AUSKUNFT
Splügen Rheinwald Tourismus
Bodenplatz, 7435 Splügen
Tel. 081 650 90 30
www.viamala.ch

ÜBERNACHTEN/ESSEN

Hotel Fravi ⊜⊜⊜
Andeer, Veia Granda, Tel. 081 660 01 01
Würdiges Kur- und Badehotel von 1828/
1907, sehr gepflegt und, wo nötig, mit
Geschmack modernisiert. Mit gutem
Restaurant und direktem Zugang zum
Mineralbad (tgl. 8–21 Uhr offen).

Alte Herberge Weiss Kreuz ⊜-⊜⊜
7435 Splügen, Tel. 081 630 91 30
www.weiss-kreuz.ch
Mächtige, sorgsam restaurierte Säumer-
herberge von 1519, in einzigartiger Lage
im autofreien Dorfkern. Herrliche Aussicht im Panoramarestaurant.

nende, relativ leichte Bergtouren führen auf den **Piz Vizan** (2471 m,
4.30 Std.) und den **Piz la Tschera** (2627 m, 5 Std.).

*Rofla-schlucht An der alten Via-Mala-Straße ca. 3 km südlich von Andeer liegt der
traditionsreiche, gute **Gasthof Rofflaschlucht**, von dem man Zu-
gang zu ebendieser hat – sie ist kaum weniger spektakulär als die Via
Mala (Kasse im Gasthof, 3,50 CHF). Von der Autobahn-Anschluss-
stelle Avers kann man den lohnenden Abstecher ins **Averser Tal** und
nach **Juf** machen (▶ S. 510). Über die Kantonsstraße Richtung Sufers
(s. u.) erreicht man die Festung Crestawald (Anf. Juni – Ende Okt. Sa.
10.00 – 17.00 Uhr, Eintritt 10 CHF).

Sufers Alte Straße und Schnellstraße führen am Sufner See entlang (1401 m,
58 m hohe Staumauer, Aussichtskanzel). Rechts folgt das Dörfchen
Sufers (1387 m). Bald darauf öffnet sich der prächtige Hochgebirgsrahmen des **Rheinwalds** (Val Rhein): links die Pyramide des **Pizzo
Tambo** 3279 m), rechts von ihr der stumpfe **Guggernüll** (2886 m),
anschließend das spitze Einshorn (2944 m), im Hintergrund des Tals
das Höhberghorn (3005 m).

Splügen Das stattliche, von den Walsern gegründete Dorf Splügen (1457 m,
400 Einw.) war ein Säumerort an Splügen- und San-Bernardino-Pass.
Nach dem Bau der Splügenstraße bis 1823 setzte der Tourismus ein,
der eine Reihe illustrer Gäste hierher brachte; mit der Eröffnung des
Gotthard-Tunnels 1882 war das vorbei, und erst mit dem San-
Bernardino-Tunnel (1967) kamen Sommer- und Winterurlauber
zurück. Außer den behäbigen Stein-Holz-Häusern sind die **Kirche**
von 1690 und das **Heimatmuseum Rheinwald** interessant, das die
Geschichte der beiden Pässe lebendig werden lässt, auch landwirtschaftliche Geräte u. a. sind zu sehen. Von der **Burg** 15 Min. nord-

östlich, einem Rest der alten Straßensicherung, hat man einen herrlichen Blick ins Tal und auf den Pizzo Tambo. Lohnender Ausflug (2.30 Std.) südöstlich zu den drei **Suretta-Seen** (2266 m) am Fuß des Surettahorns (3031 m); zu empfehlen ist auch der Aufstieg auf den **Guggernüll** (2886 m, 4.30 Std.).

Heimatmuseum: Juli – Mitte Okt. Di., Do., Sa. 16.00 – 18.00 Uhr, Ende Dez. – Mitte März ab 5 Pers. nach Anm. Eintritt 5 CHF

Vorbei an **Medels** im Rheinwald (1533 m) und **Nufenen** (1568 m) gegenüber der Mündung des Areua-Tals, das vom Pizzo Tambo herabkommt, erreicht man Hinterrhein (1624 m, 65 Einw.), das letzte Dorf des Rheinwalds vor den Gipfeln und Gletschern des Rheinwald-oder Adula-Massivs. Lohnende Wanderung talaufwärts zur **Zapporthütte** (2276 m, 4 Std.) am Rheinwaldgletscher, dem Quellgebiet des Hinterrheins. Geübte Gipfelstürmer haben zahlreiche Möglichkeiten für schöne Touren, u. a. Rheinwaldhorn (3402 m, 4 Std.), Güferhorn (3383 m, 3.30 – 4 Std.) und Zapporthorn (3152 m, 4 Std.). Jenseits von Hinterrhein liegt das Nordportal des ▶San-Bernardino-Tunnels; vor ihm zweigt die alte Passstrecke ab.

Hinterrhein

Die Landbrugg von 1692 bei Hinterrhein

VAL FERRERA · AVERSER TAL

Bei der Roflaschlucht (s. o.) zweigt nach Süden das schöne Hochgebirgstal des wilden Averser (gesprochen »Áferser«) Rheins ab. Eine Talenge trennt das **Val Ferrera** mit rätoromanischer Bevölkerung vom **Averser Tal**, das im 14. Jh. durch deutschsprachige Walser besiedelt wurde. Das abgeschiedene, ca. 25 km lange Tal ist schön für Wanderungen, Skifahren und für Hochgebirgstouren.

Hinter Ausserferrera (1321 m) passiert man die Talenge **Ragn da Ferrera** mit der Maschinenkaverne Ferrera. An der Mündung des Val d'Emet (Val Niemet) vorbei erreicht man Innerferrera (rätorom. Canicül/Calantgil, 1480 m). Nach 3 km geht es durch besagte großartige Talenge, dann über den **Reno di Lei**, der vom Stausee Lago di Lei herabkommt. Der Stausee liegt auf italienischem Boden, die Staumauer (138 m hoch, 635 m Kronenlänge) auf schweizerischem. In einem 6,9 km langen Druckstollen wird das Wasser zur Maschinenkaverne Ferrera geleitet.

Ausserferrera, Innerferrera

Lago di Lei

Averser Tal   Zunächst passiert man den Weiler **Campsut** (1670 m), dann Cröt (1720 m) an der Mündung des Madriser Tals, in dessen Hintergrund die Cima di Lägh (3083 m) und der Piz Gallagiun (3107 m) aufragen. Die Straße windet sich hinauf zur obersten Talstufe nach **Cresta** (Avers, 1960 m), einem hübsch gelegenen Dorf mit dichtgedrängten Holzhäusern. Außerhalb steht die malerische spätromanische Kirche (Chor und Turm 1764), in der Wandbilder aus dem 15. Jh. zu sehen sind. Östlich ragen der dreigipflige **Weissberg** (Wissberg, bis 3053 m, 3 Std.) und die kühne Pyramide des **Piz Platta** (3392 m, 4 – 5 Std.) in den Himmel. Am 1664 erbauten **Podestatshaus** (2042 m) vorbei geht es 6 km hinauf nach **Juf** (2126 m, 30 Einw.), der höchstgelegenen ständig bewohnten Siedlung Europas. Auf einem 3 km langen, bequemen Erlebnispfad erfährt man einiges über die Murmeltiere (www.murmata.ch). Von hier schöne Bergwanderung über die Forcellina und den ＊**Septimerpass** (2310 m) nach Bivio, Maloja oder Casaccia (jeweils ca. 6 Std.; ▶ Oberhalbstein, Bergell, Engadin).

Saas-Tal

✳ L/M 13

Kanton: Wallis · Valais

Dieses Tal im Wallis verfügt mit Saas-Fee über einen bekannten Wintersportort, dessen Umrahmung aus schneebedeckten Viertausendern so großartig ist wie die von Zermatt.

Bei Visp im Rhone-Tal (▶ Brig) zweigt das Vispertal nach Süden ab, und bei Stalden teilt es sich ins Mattertal, an dessen Ende ▶ Zermatt liegt, und das von der Saaser Vispa durchflossene, etwa 20 km lange, enge Saas-Tal. Seine Orte verfügen über eine ausgezeichnete Infrastruktur, so dass außer den Ski- und Après-Ski-Fans auch Sommer-Aktivurlauber und »einfache« Bergwanderer des guten alten Schlags auf ihre Kosten kommen. Kleiner Tipp: Außerhalb von Saas-Fee lebt sich's billiger.

Ein wenig Geschichte   Eine Reihe von Namen wie Saas, Almagell, Allalin und Mischabel sollen arabischen Ursprungs sein; um 910 – 940 machten Sarazenen das Gebiet zwischen Mittelmeer, Piemont und Rhone-Tal unsicher. Saas-Fee wird erstmals im Jahre 1217 erwähnt, und zwar in einer Urkunde des Bischofs von Sion, in der er erklärte, der Antronapass – zu dem von Almagell aus das Furgtälli hinaufführt – unterstehe nicht seinem Schutz. Um 1400 wurde das Gemeindegebiet von Saas selbständige Pfarrei. Der Pfarrer Johann Josef Imseng (1806 – 1869) fuhr 1849 auf Holzlatten von Saas-Fee nach Saas-Grund und gilt damit als der erste Wintersportpionier der Schweiz.

Herrliche Wanderlandschaft. Rechts hinten steigt das Allalinhorn an.

In Gspon, das in 1893 m Höhe über dem Talbeginn liegt (Seilbahn von Stalden), beginnt ein großartiger Höhenweg zum Kreuzboden (2397 m, 5 – 6 Std., Übernachtung), dann über die Weissflue zur Almageller Alp und nach Almagell (4 – 5 Std.) ***Gsponer Höhenweg**

Erster Ort der Gemeinde Saas ist Saas-Balen (1467 m, 420 Einw.), das mit der ungewöhnlichen **Kirche Mariä Himmelfahrt** (1812) aufwartet. Der hohe Bau in italienischem Barock vereint im Grundriss zwei Kreise; die Altäre (J. J. Ritz, 1744) stammen vom Vorgängerbau. Zwischen Balen und Almagell wird die Saastal-Loipe (26 km) gespurt. **Saas-Balen**

Hauptort ist Saas-Grund (1562 m, 1080 Einw.), eigentlich »Saas im Grund«, da im Talgrund zwischen Mischabelgruppe im Westen und dem Weissmies (4023 m) gelegen. Zwischen die Hotels, Ferienchalets und Appartementhäuser mischen sich die große **Pfarrkirche** (1939) und alte schwarzbraune **Holzhäuser**. Gondelbahnen führen über den Kreuzboden zum **Hohsaas** (3200 m, Skigebiet). Das nordöstlich gelegene, von Talgrund aus nicht sichtbare ***Fletschhorn**, das in den Karten mit 3993 m Höhe verzeichnet ist, sollte auf 4000 m Höhe aufgemauert werden. Ein Antrag dazu wurde abgelehnt, die gloriose Idee fallengelassen. Der Gipfel, der eine großartige Aussicht eröffnet, ist über die Weissmieshütte (2726 m, 3 Std.) zu erreichen (weitere 5 Std.). Für jeden ein Erlebnis ist der ***Kapellenweg**, der in 2 Std. nach Saas-Fee führt; in den 1707 – 1710 geschaffenen Kapellen sind mit über 100 Figuren die Rosenkranzgeheimnisse dargestellt. **Saas-Grund**

Von Saas-Grund kurvt man 4 km hinauf zum autofreien, dennoch verkehrsreichen Saas-Fee (1798 m, 1700 Einw.), das in einem Halb- **Saas-Fee**

Saas-Tal erleben

AUSKUNFT
Saas-Fee Tourismus
3906 Saas-Fee
Tel. 027 958 18 58, www.saas-fee.ch

FESTE & EVENTS
Mai: Fronleichnamsprozession mit Trachten. Juni/Juli: Alpaufzüge mit Kuhkämpfen. Anf. Juli: Alpine Music (Festival für Blasmusik, v. a. Volksmusik). Letztes Juli-Wochenende: Festival Lugano (Bergfilm-Openair). 1. Aug.: Nationalfeier mit Folklore-Umzug. 15. Aug.: Älplerfest auf der Triftalp.

ÜBERNACHTEN / ESSEN
Waldhotel Fletschhorn ©©©
Saas-Fee
Tel. 027 957 21 31, www.fletschhorn.ch
Modernes Haus, 10 Min. nördlich des Orts in einer Waldlichtung gelegen, herrlicher Blick in die Berge. Das Restaurant gehört zu den besten der Schweiz (französisch-schweizerische Küche).

The Dom ©©–©©©
Saas-Fee, Dorfplatz 2
Tel. 027 958 77 00, www.thedom.ch
Alter Charme und moderne Eleganz vereinen sich in dem 2011 restaurierten Hotel in bester zentraler Lage. Hervorragender, zuvorkommender Service.

Mattmarkblick ©
Saas-Almagell, Tel. 027 957 30 40
www.mattmarkblick.ch
Komfortables, modern-familiäres Haus, besonders gutes Preis-Leistungs-Verhältnis. In der Saison gibt's Unterhaltungsabende. Walliser Spezialitäten.

kreis von rund zehn Viertausendern am Fuß des großes Feegletschers liegt – als **schönste Perle der Alpenwelt**, wie man um 1900 begeistert schrieb. Doch wer von seinem Urlaubsort ein gewisses Maß Ursprünglichkeit und ein einigermaßen akzeptables Preis-Leistungs-Verhältnis erwartet, ist hier nicht richtig. Wohl das beeindruckendste Bauwerk des Orts ist das Parkhaus, ein paar wettergegerbte Holzhäuser sind erhalten geblieben. Auf dem Friedhof bei der Kirche mit freistehendem Glockenturm (1963) ist **Carl Zuckmayer** (1896 – 1977) begraben, der ab 1958 in Fee lebte. Im **Saaser Museum** nebenan ist das Arbeitszimmer des Schriftstellers zu sehen, außerdem eine Sammlung zur Geschichte des Tals. Im Hotel Imseng wurde in einer Backstube von 1920 ein **Bäckermuseum** eingerichtet; neben dem Museum entstand eine neue Backstube.

Bergbahnen und Bergtouren
Eine Gondelbahn führt südöstlich zum aussichtsreichen **Plattjen** (2567 m). 30 Min. unterhalb steht das Berghaus Plattjen, das das »erste klimaneutrale Berghaus« sein will, aber auf »stylischen Alpengroove« nicht verzichtet. Von der Bergstation in ca. 2 Std. zur Britanniahütte (3029 m), Stützpunkt für die Besteigung »leichter« 4000er wie des **Allalinhorns** (4027 m). Zum **Felskinn** (2990 m, Eispavillon, geologischer Wanderweg) bringen Kabinenbahnen. Von hier führt

die **Metro Alpin**, die höchste unterirdische Standseilbahn der Alpen, zum * **Mittelallalin** (3500 m) mit dem höchstgelegenen Drehrestaurant der Schweiz (grandioses Panorama). Über den Spielboden (2450 m) fahren Kabinenbahnen zur * **Längfluh** (2870 m) mit herrlich gelegenem Gasthaus; zu Fuß braucht man von Saas-Fee über die Gletscheralp (2135 m) ca. 3 Stunden. Die anspruchsvollsten Abfahrten sind die von der Längfluh über den Spielboden und die vom Felskinn durch das »Kanonenrohr«.

Von Saas-Grund steigt die Straße an **Zenlauenen** (»Zu den Lawinen«) und Moos vorbei nach Saas-Almagell (1679 m) an, dem obersten Kirchdorf des Tals und familiären Urlaubsort. Schöne Wanderung zum **Berghotel Almagelleralp** (2194 m, 1.30 Std.), Stützpunkt u. a. für die Besteigung des Weissmies (4023 m). **Saas-Almagell**

Die Straße führt noch weiter, vorbei an den Hütten von Zermeiggern (1716 m) und der riesigen Moräne des **Allalingletschers**, zur 115 m hohen und 780 m langen Staumauer des Mattmarksees (2197 m). Von der Staumauer erreicht man zu Fuß in etwa 3.30 Std. den * **Monte-Moro-Pass** (2853 m, mit Marienstatue), früher ein bedeutender Übergang ins italienische **Valle d'Anzasca**, der im Mittelalter mit Steinplatten »ausgebaut« wurde (Trittsicherheit nötig). Vom Pass führt eine Kabinenbahn hinunter nach **Macugnaga** (1307 m). **Mattmarksee**

Saint-Maurice

L 7

Kanton: Wallis · Valais
Höhe: 420 m ü. d. M.

Einwohner:
4200

Eine der großen kunsthistorischen Attraktionen der Schweiz ist in Saint-Maurice zu finden, das in einem malerischen Engpass des Rhone-Tals liegt: die Abtei mit ihrem Kirchenschatz.

Der Engpass etwa 25 km südlich des Genfersees war seit je strategisch wichtig, da man hier die Rhone überqueren musste; deshalb bemächtigten sich die Römer des keltischen Orts Agaunum. Gegen Ende des 3. Jh.s n. Chr. war hier eine Legion aus dem ägyptischen Theben stationiert, die christlichen Glaubens war; als sie sich der Legende zufolge unter ihrem Führer Mauritius weigerte, heidnischen Göttern zu opfern, wurden alle hingerichtet. Der burgundische König Sigismund gründete 515 ein Kloster, das die wachsende Zahl der Pilger betreute und wirtschaftlich wie kulturell bedeutend wurde. Im Jahr 1128 wurde es Augustinerchorherrenstift. Im Lauf der Jahrhunderte erfuhr der Bau viele Erweiterungen und Umgestaltungen. **Ein wenig Geschichte**

SEHENSWERTES IN SAINT-MAURICE

Augustiner-chorherren-stift

Das Stift, das **älteste Kloster der Schweiz**, liegt am Nordrand des Orts. Die heutige **Kirche** wurde 1611–1627 im rechten Winkel zum Felsmassiv erbaut, wobei romanische und gotische Teile (1148 bzw. 1365) erhalten blieben; auch der mächtige Glockenturm ist romanisch (11. Jh.). Sie besitzt ein herrliches Chorgestühl von 1706, die schönen Fenster im Chor und in den östlichen Seitenkapellen stammen von E. Bille (1950). Die **Konventgebäude** (um 1710) sind heute Schulen. Im Martolethof zwischen dem Konvent und der Felswand wurden Krypten der ältesten Bauten freigelegt, u. a. eine Kapelle aus dem 4. Jahrhundert. Der **✶✶Kirchenschatz** enthält hervorragende Zeugnisse mittelalterlicher Goldschmiedekunst, darunter den Schrein des Teuderich (7. Jh.), das »Kännchen Karls des Großen« (vermutlich byzantinisch, 11. Jh.), das Kopfreliquiar des hl. Candidus (um 1165), den Schrein des hl. Mauritius (12./13. Jh.) und den Schrein des Stifters, des hl. Sigismund (um 1100). Großartig sind auch eine römische Sardonyxvase (1. Jh. v. Chr., mit karolingischer Montur), die Inschriftensammlung und mittelalterliche Textilien.

❶ So.vormittag/Mo. geschlossen. Führungen Juli/Aug. 10.30, 14.45 Uhr, Mai/Juni, Sept./Okt. 14.45 Uhr; Nov., Febr.–April 14.45 Uhr nach Anmeldung mindestens 2 Tage vorher unter Tel. 024 486 04 04; Eintritt 10 CHF

Festlich geschmückte Hauptstraße in Saint-Maurice

An der schmalen Grand Rue, der Hauptachse der **Altstadt**, stehen das Rathaus (1732), schräg gegenüber das Haus de la Pierre (1764) mit dreistöckigen Arkaden und das Haus de Bons (1729). Nördlich führt die Grand Rue zum **Schloss** an der Rhone, im 13. Jh. von den Savoyern angelegt und von Ulrich Ruffiner 1523 neu aufgebaut; heute beherbergt es das **Kantonale Museum für Militärgeschichte**. Jenseits der Brücke (1491/1523) kann man die Befestigungsanlagen besichtigen, die ab 1830 entstanden. Die Pfarrkirche **St-Sigismond** (1717, südlich des Stifts) besitzt bemerkenswerte barocke Seitenaltäre. 100 m über der Stadt ist die Wallfahrtskirche **Notre-Dame-du-Scex** in die Felswand gebaut. Nördlich oberhalb der Stadt (zu Fuß von der Rhonebrücke 10 Min.) sind in der Tropfsteinhöhle **Grotte aux Fées** ein See und ein 77 m hoher Wasserfall zu sehen (10 °C Lufttemperatur). Beim Restaurant hat man eine gute Aussicht auf die Stadt.

Saint-Maurice erleben

AUSKUNFT

Saint-Maurice Tourisme
Av. des Terreaux 1, 1890 St-Maurice
Tel. 024 485 40 40
www.saint-maurice.ch
www.abbaye-stmaurice.ch

UMGEBUNG VON SAINT-MAURICE

Massongex

In Massongex (4 km nördlich), dem römischen Tarnaiae, entdeckte man 1953 ein **Faustkämpfer-Mosaik** aus einem Badehaus des 1. Jh.s n. Chr., zu sehen am Kirchplatz (Fa. ID Electronic).

Bex

Rund 6 km nördlich von St-Maurice liegt das einzige in Betrieb befindliche **Salzbergwerk** der Schweiz. Die Stollen erstrecken sich über etwa 50 km bis unter die Dörfer Villars, Chesières und Arveyes. Die Entwicklung des Bergbaus seit 1684 wird in einem Solereservoir von 1826 vorgestellt. Ein »Bähnli« bringt ins Abbaugebiet. In Bex ist außerdem das **Musée Historique du Chablais** interessant.
Salzbergwerk: Führungen April – Okt. Mo.–Fr., sonst Sa / So.; Jan. geschl.; Eintritt 20 CHF. Feste Schuhe und Jacke nötig.

Monthey

Einen hübschen **mittelalterlichen Ortskern** besitzt das Industriestädtchen Monthey (428 m, 16 600 Einw.) ca. 8 km nordwestlich von St-Maurice. Von Saint-Maurice kommend kann man die Vièze auf einer gedeckten Holzbrücke von 1809 überqueren, links auf dem Hügel liegen die Reste der **alten Burg** (Château de la Motte) aus dem 13. Jahrhundert. Das **neue Schloss**, erwähnt 1437, wurde 1664 als Sitz des Oberwalliser Landvogts neu erbaut; heute vermittelt hier das **Musée du Vieux Monthey** einen Einblick in die Stadtgeschichte. Einen Blick wert ist auch die neoklassizistische Pfarrkirche von 1851.

Dent de la Chaux und Dent de Bonavan am Schluss des Val d'Illiez

VAL D'ILLIEZ

Von Monthey führt das freundliche Val d'Illiez – das auch durch die Schmalspurbahn Aigle – Ollon – Monthey – Champéry erschlossen wird – etwa 10 km weit südwestlich zu den Felszacken der **Dents du Midi**. Von anderen Walliser Tälern unterscheidet es sich besonders durch seine Streusiedlungen mit dem »Dreiklang« Kirche, Pfarrhaus und Gasthaus als Zentrum und die reiche Gestaltung der behäbigen Holzhäuser. Die Bergbahnen und Lifte des Val d'Illiez gehören – wie das französische Avoriaz – zum Verbund »Les Portes du Soleil«.

Durch Weinberge und Kastanienwälder gelangt man zunächst auf den Nordhang des Tals, an dem zahlreiche Findlinge verstreut sind, u. a. der auf kaum handgroßer Fläche ruhende **Pierre à Dzo** und der **Pierre des Marmettes**, auf dem ein Häuschen steht. Troistorrents (760 m) liegt hübsch an der Mündung des Val de Morgins; sehenswert hier die **alten Mühlen** an der Tine. Neben der Bahntrasse geht es im romantischen Tal mit beeindruckendem Blick auf Dents du Midi und Dents Blanches nach Val-d'Illiez (952 m), einem netten Urlaubsort mit barocker Kirche von 1687 und einem Thermalbad.

Troistorrents

Val-d'Illiez

Champéry

In dem von Hütten übersäten Hochtal gelangt man nach Champéry (1052 m, 1200 Einw.), dem ältesten Sommer- und Wintersportort der Region mit einschlägigem Angebot bis hin zum Bungeejumping von der Kabinenbahn. Die Dorfstraße ist von herrlichen alten Häusern gesäumt, etwa dem **Avanthey-Haus** von 1778 (Restaurant Le Centre); der Glockenturm von 1765 neben der Kirche (1965) besitzt eine eigenartige Steinkrone. Eine Kabinenbahn (vom Bahnhof) und eine Sesselbahn (vom Südrand des Orts) erschließen die Ski- und Wanderregion **Planachaux** (1800 m), die eine herrliche Aussicht auf die Kette der Dents du Midi bietet. Die Umgebung von Champéry bietet lohnende Ausflugsmöglichkeiten: die **Galerie Defago** südlich des Orts, die 1864 in den Felsen gehauen wurde (für Leute mit Höhenangst nicht zu empfehlen); die Chalets d'Ayerne (1473 m, 1.15 Std.; schöner Blick über das Tal); die **Chalets de Bonavau** (1556 m, 1.45 Std; Gasthaus); die Alpe Barmaz (Berghütte) und der **Col de Bretolet**, ein wichtiger Vogelzugpass mit Vogelwarte. Herrliche, nicht schwierige Bergtouren führen auf den **Croix de Culet** (1966 m, 2.30 – 3 Std., von Planachaux 30 Min., fantastisches Panorama), auf die Dents Blanches (2764 m, 7 Std.) und über die Cabane du Susanfe (2102 m) auf die **Dents du Midi** (Haute Cime, 3260 m, 7 Std.).

San Bernardino

✴ J/K 20/21

Kanton: Graubünden · Grischun · Grigioni
Passhöhe: 2065 m ü. d. M.

Der San-Bernardino-Pass, eine der Haupttransitstraßen der Alpen, führt vom Hinterrheintal ins Misox, beides eindrückliche Landschaften mit alten, pittoresken Orten.

Der San Bernardino ist seit je ein wichtiger Pass zwischen Bodensee und Tessin. Bekannt war er wohl schon in der Bronzezeit; die Römer legten eine gepflasterte Straße an, von der noch Reste erhalten sind. Den Pass nannten sie »mons avium«, also »Vogelberg«. Seinen heutigen Namen erhielt der Pass zu Ehren des hl. Bernhardin von Siena, der zu Beginn des 15. Jh.s in der Gegend gepredigt haben soll. Heute kann man den Pass im Tunnel unter- oder auf der Passstraße überqueren. Die Landschaft südlich des Passes, das **Moësano**, besteht aus dem **Misox** (Valle Mesolcina) und dem westlich parallel verlaufenden **Calanca-Tal**; die Bewohner sprechen Deutsch, Italienisch und einen rätoromanischen Dialekt.

ÜBER DEN SAN BERNARDINO NACH BELLINZONA

Bei Hinterrhein (▶ S. 509) liegt das Nordportal des 1967 eröffneten San-Bernardino-Tunnels (Autobahn-Vignette erforderlich). Er ist 6,6 km lang und endet westlich des Orts San Bernardino.

Tunnel

Zwischen 1818 und 1823 wurde die »Alte Straße« über den Pass gebaut. Sie zweigt vor dem Tunnel von der A 13 ab und steigt in 9 % steilen Serpentinen unter dem Mittaghorn an, wobei sich herrliche Rückblicke auf das **Rheinwaldtal** und die Dreitausender dahinter bieten. Nach 4 km passiert man das kahle Hochtal mit der **Thälialp**

Passstraße

San Bernardino erleben

AUSKUNFT
▶ Graubünden

Ente Turistico del Moesano
6565 San Bernardino
Tel. 091 832 12 14
www.visit-moesano.ch

ÜBERNACHTEN
Hotel Bellevue ⊙
San Bernardino, Tel. 091 832 11 26
www.bellevue-sanbernardino.ch
Stattliches, ca. 150 Jahre altes Berghotel
im Ortszentrum, mit herrlichem Ausblick. Komfortable, mit viel Holz gestaltete Zimmer. Im netten Speisesaal wird Schweizerisch-Italienisches aufgetragen.

ESSEN
Groven ⊙⊙
Lostallo, Tel. 091 830 16 42
Sehr rustikal ist das Ambiente, die Karte – wiewohl bodenständig – jedoch ungewöhnlich, raffiniert und einfallsreich. Seit drei Generationen in Familienbesitz. Große Weinauswahl. Mit Zimmern.

(1920 m). Das einfache **Hospiz** auf dem Pass in 2065 m Höhe entstand mit der Straße. Östlich ragt der spitze Pizzo Uccello (»Vogelberg«, 2716 m) auf, westlich das stumpfe Marscholhorn (2902 m), neben dem später das Zapporthorn erscheint. Die Straße umrundet den Lago Moësola und führt der Moësa folgend durch eine Felslandschaft bergab, begleitet von einem **unvergesslichen Panorama**. Besonders eindrucksvoll wirken rechts der schroffe Pan de Zucchero (2601 m) und links rückwärts der Pizzo Uccello; östlich ragen Piz Lumbreida (2977 m) und Piz Curciusa (2875 m) auf.

San Bernardino San Bernardino (1607 m, 180 Einw.) ist ein beliebter Ferienort, Wander- und Spazierwege erschließen das parkartige Wald-und-Wiesen-Hochtal. Eine Gondelbahn bringt von der **Alpe Fracch** (1630 m) nach **Confin** (1950 m, Restaurant). Skilifte bis auf 2500 m, 40 km Pisten und 24 km Loipen stehen zur Verfügung. Schon die Römer kannten das Mineralwasser von San Bernardino, davon zeugen einige römische Holztröge. Bis heute wird das Wasser in Flaschen abgefüllt. Von San Bernardino geht man auf dem **Sentiero Alpino Calanca** auf dem Kamm zwischen dem Misox und dem Calanca-Tal in drei Tagen nach Santa Maria (50 km; www.sentiero-calanca.ch).

Mesocco Mesocco (Misox; 769 m, 1200 Einw.) ist der unansehnliche Hauptort des 42 km langen, gleichnamigen Tals der **Moësa**, die nordöstlich von Bellinzona in den Ticino mündet. Unterhalb des Orts thront auf einem Felsklotz die Ruine des *Castello di Mesocco, Stammburg der Grafen Sax von Misox (11. Jh.). Ende des 15. Jh.s verkauften die Grafen von Misox das Tal einschließlich der Burg an die Mailänder Trivulzi, 1526 zerstörten die Bündner das Symbol der verhassten

Prominente Landmarke im engen Tal: San Martino (1639) in Soazza

Fremdherrschaft. Die Kapelle **Santa Maria del Castello** (12. Jh.) am Fuß des Burgfelsens ist mit beachtlichen Fresken aus dem 15. Jh. ausgemalt (Besichtigung über das Rathaus, Tel. 091 822 91 40).

Talabwärts folgt das hübsche Soazza (623 m, 350 Einw.), das malerisch auf einer von Kastanienwäldern umgebenen Anhöhe liegt.

*Soazza

Von Grono führt eine schmale Straße ins schöne Calanca-Tal, wohl die abgeschiedenste Ecke Graubündens. Granitbrüche und ein wenig Wandertourismus sind die Haupteinnahmequellen. Hauptort ist **Arvigo** (818 m); im stillen Bergdorf **Rossa** (1088 m) endet die Straße. Nur zu Fuß oder mit Seilbahnen von Arvigo und Selma gelangt man nach **Braccio** bzw. **Landarenca**, zwei auf sonnigen Terrassen gelegenen Bilderbuchdörfern. In **Augio**, am Ende der Welt, überrascht eine Verrücktheit: Der aus Paris zurückgekehrte Glaser Carlo Spadino erbaute ab 1914 einen toskanischen Palazzo mit Fresken und luxuriösem Spiegelsaal (heute ***Hotel Cascata** mit schlichten, getäfelten Zimmern, Tel. 091 828 13 12).

Abstecher ins Val Calanca

Roveredo (297 m, 2400 Einw.), Hauptort des unteren Misoxer Tals, besitzt schöne Wohnhäuser aus dem 17. Jh., so das Geburtshaus des Baumeisters **Enrico Zuccalli** (1642 – 1724), der in Bayern tätig war (u. a. Schloss Schleißheim, Theatinerkirche München), und das Haus Gabrieli, das sich **Gabriele de Gabrieli** (1671 – 1747) umbaute; Gabrieli gestaltete ab 1715 das barocke Eichstätt. Vor Lumino passiert man die Grenze zum Tessin. In ▶Bellinzona endet die Route.

Roveredo

* Sankt Gallen

─────────────── * D 22

Kanton: St. Gallen
Höhe: 670 m ü. d. M.

Einwohner:
73 500

Aus der Klause des irischen Wandermönchs Gallus entstand im bergigen Hinterland des Bodensees die Metropole der Ostschweiz. Eine hübsche Altstadt, das weltberühmte Stift und die lebhafte Kulturszene machen St. Gallen besuchenswert.

St. Gallen gestern und heute

Auf der Weg nach Bobbio in Oberitalien im Jahr 612 erkrankte der irische Wandermönch Gallus, Begleiter der berühmteren Columban. Er blieb und errichtete eine Klause, aus dem sich ein Kloster und später die Stadt St. Gallen entwickelte. Das im 8. Jh. unter Abt Othmar gegründete **Benediktinerkloster** erlebte vom 9. bis zum 11. Jh. seine Hochblüte; mit der Schule und der Bibliothek wurde es – neben der Insel Reichenau – zum kulturellen Zentrum von europäischer Bedeutung (▶ Baedeker Special S. 648). Von 1206 bis zur Säkularisierung 1805 waren die Äbte Reichsfürsten. Im 10. Jh. entwickelte sich die um das Kloster entstandene Handwerkersiedlung zur Stadt (seit 1212 Freie Reichsstadt); 1454 verbündete sie sich mit den Eidgenossen und löste sich 1457 vom Kloster. Ab dem 16. Jh. blühten die Leinen- und Baumwollweberei, Ende des 18. Jh.s wurde die **Stickerei** zu einer Exportindustrie von Weltgeltung, auch heute sind edle Spitzen aus St. Gallen in der Modewelt begehrt. 1803 wurde die Stadt Hauptort des neu geschaffenen Kantons. Als siebtgrößte Stadt der Schweiz mit 60 000 Arbeitsplätzen ist St. Gallen die Wirtschaftsmetropole im Ostteil des Landes; international renommiert ist die **Universität** für Wirtschafts-, Rechts- und Sozialwissenschaften. Die Säulen des kulturellen Lebens sind das 1805 gegründete, renommierte Drei-Sparten-Theater, kleine Bühnen (wie Figurentheater, Kellerbühne, Parfin de siècle) und das Sinfonieorchester.

? BAEDEKER WISSEN

OLMA und Bratwurst

Die größte Schweizer Messe für Landwirtschaft und Ernährung zieht im Oktober an elf Tagen Hunderttausende Besucher an. Zum Spaß gehört auch der Genuss der berühmten Olma-Bratwurst, der Stolz der St. Galler Metzgerzunft. Für die ebenso berühmte, kleinere St. Galler Bratwurst ist ein Rezept von 1438 erhalten.

SEHENSWERTES IN ST. GALLEN

**Abtei

Die einstige Benediktinerabtei (17./18. Jh.) gehört seit 1983 zum UNESCO-Welterbe. Die weitläufigen Gebäude dienen als Sitz des Bischofs (seit 1846), des Domkapitels und der Kantonsregierung. Das

St. Gallen vor der Kulisse des Alpsteins

Besucherzentrum ist nördlich der Stiftskirche zu finden (Gallusstrasse 11) Mitte Juni / Anfang Juli ist der Klosterhof der stimmungsvolle Rahmen für die St. Galler Festspiele (Oper, Konzerte).

Die Stiftskirche (heute Kathedrale), ein Hauptwerk des süddeutschen Barocks und der Vorarlberger Baumeister, wurde zwischen 1755 und 1766 von Peter Thumb aus Bezau und Johann Michael Beer von Bildstein errichtet; an der Planung beteiligt waren auch der süddeutsche Deutschordensbaumeister Johann Caspar Bagnato und der St. Galler Klosterbruder Gabriel Loser. Architektonische Grundstruktur ist die Kombination zweier gleich langer Längsräume mit einem runden Zentralraum in der Mitte. Ein Hauptthema der süddeutschen Sakralarchitektur des 18. Jh.s war die Integration von Lang- und Zentralraum, und die St. Galler Variante gilt als ihre klassische Vollendung. Die Gegenüberstellung der beiden Längsarme wurde zudem durch die Lage des Gallusmünsters und der Othmarskirche aus dem 9. Jh. bestimmt, deren Krypten erhalten sind. Die Ostfassade entstand 1761 – 1766 – nach Abbruch des gotischen Chors und des Turms von 1215 – nach Plänen von Johann Michael Beer. Weiteres ▶ 3D, S. 524.

**Stiftskirche

Die Stiftsbibliothek liegt im Südwestflügel zum Gallusplatz hin. Den wunderbaren Barocksaal (1758 – 1767) entwarf Peter Thumb, den Stuck fertigten die Brüder Gigl und die Deckengemälde Joseph Wannenmacher. Hier werden Werke der Klosterschule verwahrt, die sich vom 9. bis zum 11. Jh. zu einer der bedeutendsten Europas entwickelte. Buchmalerei, Dichtkunst und die Übersetzung lateinischer Schriftsteller wurden hier gepflegt. Besonders wertvoll sind die 2000 Handschriften aus der Blütezeit des Klosters, dazu kommt eine

**Stiftsbibliothek

Sankt Gallen erleben

AUSKUNFT

St. Gallen - Bodensee Tourismus
Bahnhofplatz 1 a, 9001 St. Gallen
Tel. 071 227 37 37
www.st.gallen-bodensee.ch
Aktuelle Veranstaltungstermine im Kulturmagazin »Saiten« (im Zeitschriftenhandel, www.saiten.ch).

ANFAHRT ZUR KATHEDRALE

Zum Stiftsbezirk den Schildern »P Klosterviertel« folgen.

Die prunkvollen Erker der Altstadt

FESTE & EVENTS

Mitte April: Ostschweizer Frühlingsausstellung. Ende Mai/Anf. Juni, alle drei Jahre (2015): großes Kinderfest. Anf. Juni: Internationales Reitturnier CSIO. Ende Juni: Openair im Sittertobel (Popmusik). Ende Juni/Anf Juli: St. Galler Festspiele. Mitte Aug.: Stadtfest. Anfang Sept.: Museumsnacht. Mitte Okt.: OLMA (Schweizer Messe für Landwirtschaft und Ernährung).

ESSEN

❶ *Neubad* €€€
St. Gallen, Bankgasse 6

Tel. 071 222 86 83, Sa./So. geschl.
Ein Gourmettreff mit regionaler und internationaler Küche. Gediegene alte Gaststube im ersten Stock, preisgünstigeres Bistro im Parterre.

❷ *Zum Goldenen Schäfli* €€
St. Gallen, Metzgergasse 5
Tel. 071 223 37 37
www.zumgoldenenschaefli.ch
Eine weiteres der schönen St. Galler »Erststock-Beizli« mit Geschichte. Im ehemaligen Zunfthaus der Metzger wird eine feine Regionalküche gepflegt.

❸ *Zum Schlössli* €€–€€€
St.Gallen, Zeughausgasse 17
Tel. 071 222 12 56, Sa./So. geschl.
Ein Schlösschen aus dem 17. Jh. mit mehreren wunderbaren, unterschiedlichen Stuben. Hervorragende, raffinierte Küche auf regionaler Basis.

ÜBERNACHTEN

❶ *Hotel Dom* €€
St.Gallen, Webergasse 22
Tel. 071 227 71 71, www.hoteldom.ch
Sehr geschmackvoll und sehr modern gestaltetes Hotel. In dem vom Verein Förderraum geführten Haus arbeiten leicht behinderte Menschen. Im Restaurant (tagsüber geöffnet) kann man einen preisgünstigen Imbiss zu sich nehmen.

❷ *Appenzellerhof* €€
Speicher, Trogenerstr. 6, Tel. 071 343 71 10, www.appenzellerhof.ch
Schönes Appenzeller Haus aus dem Jahr 1740 mit modern-schlichten und eleganter eingerichteten Zimmern. Feines Restaurant (So./Mo. geschl.) mit Bio-Küche, Ayurveda-Kurangebote.

Sammlung seltener Wiegen- und Frühdrucke (1635 Bände). Die wertvollsten Stücke werden abwechselnd ausgestellt. Das kostbarste Buch ist der **Goldene Psalter** (um 860), ein karolingisches Meisterwerk, das mit Goldtinte geschrieben und herrlich illustriert ist. Zu den bedeutendsten Schätzen gehören weiter der **Casus Monasterii Sancti Galli** (um 1200), die Geschichte des Klosters, die **Handschrift B des Nibelungenlieds** (um 1250) und die **Abrogans-Handschrift** (um 770), das älteste deutsche Buch, ein lateinisch-althochdeutsches Synonymenwörterbuch. Von besonderem Interesse sind der auf der Insel Reichenau gefertigte **karolingische Klosterplan** (820, zu sehen ist eine Kopie), der eine ideale Klosteranlage nach den Regeln des hl. Benedikt zeigt, sowie ein Sarkophag mit einer Mumie aus Oberägypten (ca. 610 v. Chr.).

❶ Tgl. 10.00 – 17.00/16.00 Uhr, Eintritt 12 CHF, www.stiftsbibliothek.ch

St. Gallen

1 Kunsthalle	**Essen**		**Übernachten**
2 Museum im Lagerhaus	❶ Neubad	❸ Zum Schlössli	❶ Dom
	❷ Zum Goldenen Schäfli		

** *Ein Höhepunkt barocker Sakralarchitektur*

Das einstige Benediktinerkloster wird von der herrlichen Stiftskirche (heute Kathedrale) beherrscht, einem Hauptwerk des süddeutschen Barocks und der Vorarlberger Baumeisterschule.

Besichtigung: Mo.–Fr. 9.00–18.00, Sa. 9.00–16.00, So. 12.15–17.30 Uhr
Besucherzentrum: Gallusstrasse 11, Tel. 071 227 37 37

❶ Hauptfassade

Zwei 68 m hohe Türme flankieren den kraftvoll-bewegten, dreigeschossigen Mittelteil, dessen Schmuck Joseph Anton Feuchtmayer schuf (im Giebel eine Marienkrönung). Die heutigen Skulpturen sind Nachbildungen von 1933. Ein Portal besitzt die Fassade nicht.

❷ Rotunde

Im zentralen Rundraum treffen sich zwei gleich große Chorräume mit je drei Jochen: »Mit der Sammlung zur Mitte gelangt (…) der Grundriß zu symmetrischer Auswägung, zu einem Bewegung und Ruhe haltenden Gleichgewicht.« (N. Lieb). Dennoch unterbricht die Rotunde die durchgehende Perspektive des Langraums nicht, ihre vier Hauptpfeiler sind weit nach außen gerückt.

❸ Stuck

Die reichen Stuckarbeiten sind im Wesentlichen das Werk von Johann Christian Wenzinger, einem Bildhauer aus Freiburg im Breisgau. Herausragend die acht Stuckreliefs im Umgang der Rotunde, die das Leben des hl. Gallus darstellen. Der elegante Stuckdekor im Chorraum stammt von den Wessobrunner Brüdern J. G. und M. Gigl.

❹ Ausstattung

Das großartige, zwischen Spätbarock und Klassizismus angesiedelte vergoldete Chorgitter schmiedete 1769 bis 1771 J. Mayer aus Bütschwil nach einem Entwurf von F. A. Dirr. Die Kanzel, gefertigt von Dirr 1786 nach einem Entwurf von J. A. Feuchtmayer, zeigt die vier Evangelisten und Szenen aus den Viten von Gallus, Othmar, Notker und Eusebius. Die Beichtstühle, deren Bekrönungen das Thema »Buße« illustrieren, schuf ebenfalls J. A. Feuchtmayer ab 1761.

Gegen die Symmetrie des Grundrisses ist die Ausstattung ganz auf den liturgisch bestimmenden Chorraum ausgerichtet. Die für das Vorarlberger Schema typischen Wandpfeiler fassen den Blick zusammen, bevor sich die Rotunde zur gestaffelten Kulisse von Chorgitter, Seitenaltären und Hauptaltar weitet.

Die dunkel mit schwachen Lichtakzenten gehaltenen Deckengemälde führte Joseph Wannenmacher (1722–1780) nach Entwürfen von J. C. Wenzinger aus, dem künstlerischen Leiter der Ausstattung.

2

4

eit vorspringenden,
erbesetzten Wandpfeiler
mit hohen Bögen durchbrochen
ufen damit fast den Eindruck
eischiffigkeit hervor.

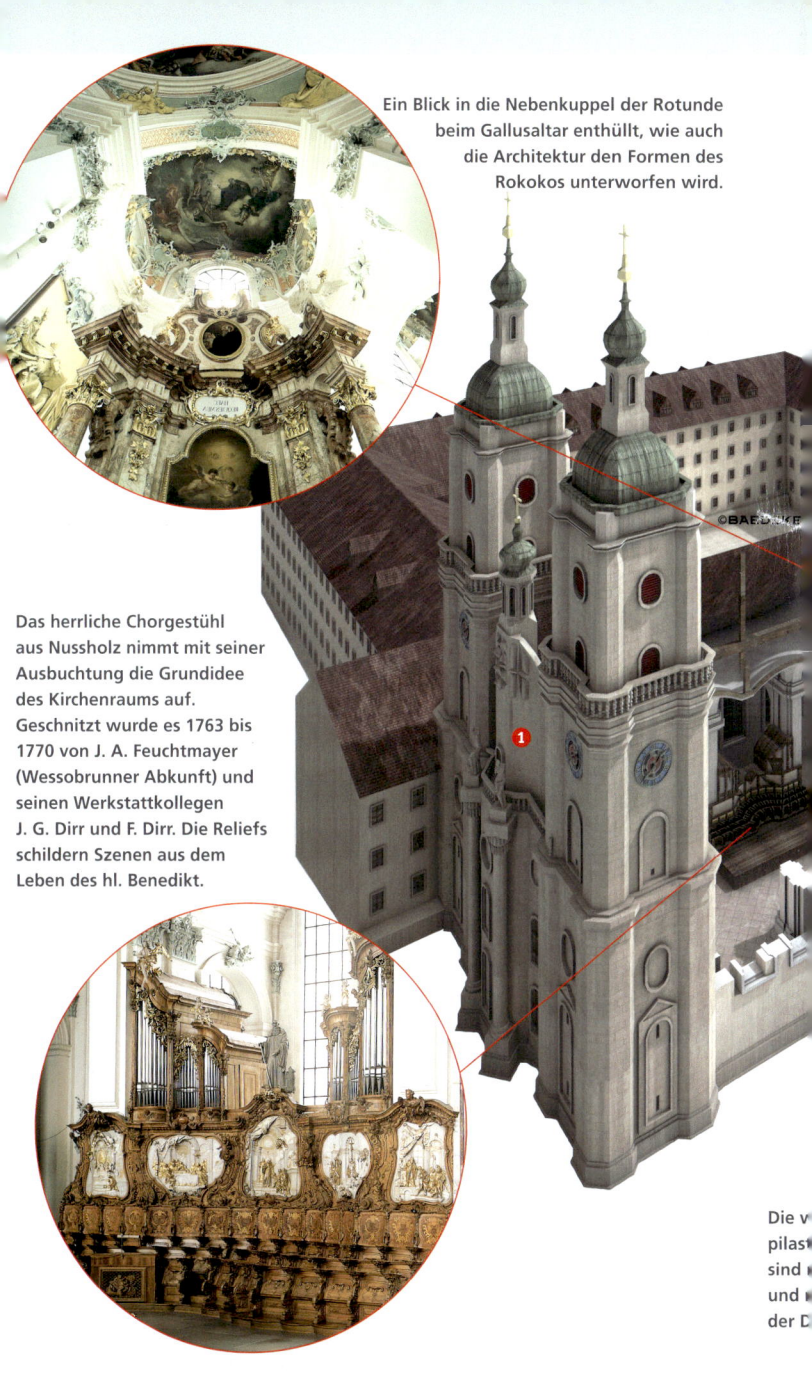

Ein Blick in die Nebenkuppel der Rotunde beim Gallusaltar enthüllt, wie auch die Architektur den Formen des Rokokos unterworfen wird.

Das herrliche Chorgestühl aus Nussholz nimmt mit seiner Ausbuchtung die Grundidee des Kirchenraums auf. Geschnitzt wurde es 1763 bis 1770 von J. A. Feuchtmayer (Wessobrunner Abkunft) und seinen Werkstattkollegen J. G. Dirr und F. Dirr. Die Reliefs schildern Szenen aus dem Leben des hl. Benedikt.

❶

©BAEDEKE

Die v
pilas
sind
und
der D

Südliche Altstadt Das Kloster liegt im Süden der Altstadt, deren Umriss einer 8 ähnelt; der Verlauf der Stadtmauer entspricht dem Straßenzug Oberer / Unterer Graben, Burggraben und Moosbruggstraße. Von ihren elf Toren ist nur das **Karlstor** (1570) im Stiftsbezirk erhalten. Das futuristische Glasdach daneben gehört zur kantonalen **Notrufzentrale** (1998), entworfen von Santiago Calatrava, der auch das Foyer des **Pfalzkellers** im Regierungsgebäude gestaltete (zu Veranstaltungen geöffnet). Die Gassen verlaufen heute noch etwa so, wie sie nach dem großen Brand 1418 angelegt wurden; **Spiser-, Multer-, Markt- und Neugasse** sind das Herz der Stadt. Glanzpunkt der Bürgerhäuser aus dem 17./18. Jh. sind die prächtigen Erker. Beim Uhrmacher **Labhart** (Marktgasse 23) ist das St. Galler Spieldosenkabinett interessant. **St. Laurenzen** (1422), die Kirche der reformierten Bürgerschaft, wurde 1851 neogotisch umgestaltet.

Spieldosenkabinett: zu Geschäftszeiten, Vorführungen Di., Sa. 11.00 Uhr

Nördliche Altstadt Auf dem Marktplatz ist Mi./Sa. Markt, von April bis Nov. auch Fr. Das **Waaghaus** (1584) diente bis ins 19. Jh. als Warenlager, heute ist es Sitz des Großen Gemeinderats und Veranstaltungsort. Das Buswartehäuschen davor entwarf S. Calatrava. Das 1228 gegründete **Katharinenkloster** nördlich des Bohls wurde rund 300 Jahre später aufgehoben (Bibliothek, Festsaal). Beschaulich ist der schöne gotische **Kreuzgang** von 1504, in dem im Sommer Konzerte stattfinden.

*Textilmuseum Das Textilmuseum (Vadianstr. 2) zeigt v. a. Stickerei und St. Galler Spitzen vom 15. bis zum 20. Jahrhundert. Ein Bereich südlich der Vadianstrasse wurde nach einer Idee der Künstlerin Pipilotti Rist zur **Stadtlounge** – ein roter Bodenbelag macht die Freiräume zum »Wohnzimmer«. Der nahe **Hauptbahnhof**, erbaut 1902 – 1914, wirkt noch heute unglaublich grandios. Weiter südlich, in der Davidstraße 40, trifft sich die aktuelle Kunstszene: Die **Kunst Halle** dient Wechselausstellungen, das **Museum im Lagerhaus** zeigt naive Kunst und Art brut (beide Mo. geschl.).

Textilmuseum: Tgl. 10.00 – 17.00 Uhr, Eintritt 12 CHF

Museumstraße Nordöstlich der Altstadt liegen einige Museen an der – eben – Museumstrasse. Das **Naturmuseum** (Nr. 32) präsentiert Mineralien, Edelsteine und Fossilien, außerdem einheimische Fauna. Das **Kunstmuseum**, signalisiert durch die Eisenplastik »Trunk« von Richard Serra (1989), beherbergt niederländische Malerei des 17. Jh.s, deutsche und französische Malerei des 19. Jh.s (wie Spitzweg, Waldmüller, Böcklin, Feuerbach), Werke des 20. Jh.s von Hodler über Klee, Picasso und Tàpies bis zu Tinguely und Bruce Nauman. Auch im Kulturzentrum Lokremise (westlich des Hauptbahnhofs) veranstaltet das Kunstmuseum Ausstellungen und spartenübergreifende Projekte. Das **Historische Museum** (Nr. 50) illustriert die Geschichte und Volkskunde von St. Gallen: die bedeutende Textilindustrie, prachtvolle Altschweizer Glasmalerei sowie Appenzeller und Toggenburger Volkskunst.

Naturmuseum: Di.–So. 10.00–17.00 Uhr, Eintritt 10 CHF (schließt Besuch des Kunst- und des Historischen Museums am selben Tag ein)

Kunstmuseum: Di.–So. 10.00–17.00 Uhr

Historisches und Völkerkunde-Museum: Di.–So. 10.00–17.00 Uhr

Nördlich oberhalb des Stadtzentrums ist die international renommierte Universität St. Gallen für Wirtschafts-, Rechts- und Sozialwissenschaften angesiedelt. In den architektonisch bemerkenswerten Gebäuden (Architekt: W. M. Förderer, 1963) und im Freien sind zahlreiche Werke namhafter Künstler zu sehen, so von Joan Miró, Alberto Giacometti, Antoni Tàpies und Hans Arp.

Universität

UMGEBUNG VON ST. GALLEN

Im nordöstlichen Stadtteil Neudorf liegt der Botanische Garten (Stephanshornstr. 4) mit 8000 Pflanzenarten aus allen Vegetationszonen der Erde. Besonders interessant sind die Orchideen mit 1000 Arten und das Alpinum Säntisgebiet. Im 4 km nördlich der Stadtmitte in die reizvolle Voralpenlandschaft gebettete **Wildpark Peter und Paul** (789 m) leben häufige und seltene Tiere der Alpen, wie Steinbock, Luchs, Wildkatze und Gemse.

Botanischer Garten

Mit dem automatischen, unterirdischen Mühlegg-Bähnli von 1893 geht es südlich der Stadt hinauf zu drei zauberhaften Weihern – angelegt um 1610 bzw. 1713 für die Wasserversorgung der Stadt – mit schönen Jugendstil-Badehäusern und herrlichem Blick auf St. Gallen bis zum Bodensee (Restaurants). Achtung: Um die Drei Weieren gibt nur wenig Parkplätze (Gebühr). Vom **Freudenberg** (886 m) ca. 3 km südlich der Stadt hat man einen noch freieren Ausblick.

* Drei Weieren

Der 7,5 km lange Brückenweg vom Bahnhof St. Gallen-Haggen zur Spisegg (Postauto-Haltestelle) macht mit der bewegten Topografie der Stadt näher bekannt, nicht weniger als 18 Brücken überspannen die Sitter. Näheres bei St. Gallen Tourismus.

* Brückenweg

Das 5 km westlich gelegene Gossau ist Zentrum der landwirtschaftlichen Produktion des Kantons St. Gallen (Butter und Käse, Mühlen). Schöne Möglichkeiten zum Zeitvertreib sind hier das Motorradmuseum und das Abenteuerland Walterzoo mit Streichelzoo und Tropenhaus (tgl. geöffnet).

Gossau

▶ Toggenburg

Wil

Sankt Gotthard

J 17

Kantone: Uri, Tessin
Passhöhe: 2108 m ü. d. M.

Der Gotthard und das Valle Leventina sind in Zeiten des Autobahn-Massenverkehrs fast nur noch als langer Tunnel und rasch vorbeifliegende Tallandschaft »bekannt«. Es lohnt sich, sich Zeit zu nehmen und die alte Passroute mit ihren atmosphärereichen Orten kennenzulernen.

Ein wenig Geschichte

Das Gotthard-Massiv ist so etwas wie der Mittelpunkt der Schweiz, geografisch wie historisch: Es ist der Kern, um den sich der Staat der Eidgenossen entwickelt hat, hier treffen sich die vier Kultur- und Sprachbereiche des Landes. Durch die tief ins Gebirge eindringenden Täler von Reuss und Tessin kann man hier den Alpenhauptkamm in nur einem An- und Abstieg überqueren. Schon vor den Römern war der Weg über den Mons Elvelinus bekannt, doch stand der besonders auf der Nordseite schwierige Alpenübergang bis ins Mittelalter im Schatten des bequemeren Lukmanier-Passes. Als es den Urnern im 13. Jh. gelang, die wilde Schöllenenschlucht durch eine Hängebrücke zu überwinden, entwickelte sich der Saumpfad über den St. Gotthard zu einer Haupthandelsroute. 1775 überquerte der schottische Natur-

Etwas für Pass- und Kurvenfans ist die alte Gotthardstraße

kundler C. F. Greville den Pass erstmals mit einer Kutsche, die er
mehrmals zerlegen und tragen lassen musste. Goethe fuhr im November 1799 über den Pass. 1817 – 1830 wurde die Poststraße gebaut, 1872 – 1882 die Gotthardbahn.

Das Gotthardmassiv wird von einem 15 km langen Eisenbahntunnel **Eisenbahn-**
(max. Steigung 2,6 %, eröffnet 1880) zwischen Göschenen und Airo- **und Straßen-**
lo unterquert, eine überragende technische Leistung, die 177 Arbei- **tunnel**
ter das Leben kostete. Auf der Gotthardbahn, der schnellsten Zugverbindung von der Zentralschweiz ins Tessin, braucht man von
Zürich nach Lugano ca. 3 Stunden. 1980 wurde der 16,9 km lange
zweispurige Straßentunnel, ebenfalls zwischen Göschenen und Airolo, fertig; seitdem ist die Gotthard-Autoroute ganzjährig befahrbar
(Autobahn-Vignette). Um den immer weiter wachsenden Verkehr zu
bewältigen, wird der AlpTransit bzw. die Neue Eisenbahn-Alpentransversale (NEAT) mit einem 57 km langen Tunnel zwischen Erstfeld und Bodio gebaut, der 2017 in Betrieb gehen soll (▶ S. 546).

ÜBER DEN ST.-GOTTHARD-PASS
NACH BELLINZONA

Der 25 km lange Pass über den St. Gotthard (geöffnet ca. Ende Mai **Passstraße**
bis Okt.) führt von **Hospental** (▶ Andermatt) zunächst zum öden
Tal der Gotthard-Reuss hinauf. Die ernste Landschaft des für seine
Mineralien berühmten Massivs ist durch glattgeschliffene Felsen aus
Gneis oder Granit geprägt, zwischen denen im Sommer kleine Seen
blinken. Im sanft ansteigenden Gamsboden öffnet sich links der
Blick durch das Guspis-Tal zum **Pizzo Centrale**, dem höchsten Gipfel des Gotthardmassivs (2999 m). Vom Gasthaus **Mätteli** (1790 m)
am Fuß des Winterhorns (2661 m) windet sich die Straße bergauf
zum **Brüggloch** (1908 m) mit der Grenze zwischen Uri und dem
Kanton Tessin, der etwas über die Passhöhe nach Norden ausgreift.
Voraus erscheint die Fibbia (2739 m), die jäh zum Val Tremola ab-
stürzt. Die **Capanna di Rodont** (1966 m) passierend erreicht man
die Brücke (2015 m) über die Reuss, die vom Lucendro-See (2077 m)
herabkommt. Vom See kann man in 3.30 Std. zum Piz Lucendro
(2963 m) aufsteigen. Die **Passhöhe** (2108 m) liegt in einer kahlen
Senke, überragt vom Monte Prosa (2737 m) und der Fibbia; dahinter
das **Hospiz** (2095 m; im 14. Jh. gegründet, heutiger Bau 1834) mit
Hotel, Wetterwarte und dem interessanten **Gotthardmuseum**, das
Geografie und Geschichte dieser wichtigen Verkehrsachse erläutert.
In den Kavernen der Festung **Sasso da Pigna,** erbaut ab 1939 und
bis 1999 in Betrieb, reflektiert die »Themenwelt Sasso San Gottardo«
über den Umgang mit grundlegenden Ressourcen. Die alte Straße
(1830/1935) – trotz Kopfsteinpflaster auch von Radsportlern bevor-

zugt – führt dann in 38 Kehren im wildromantischen **Val Tremola** (»Tal des Zitterns«) hinab. Nach 5,5 km (1695 m) öffnet sich ein fantastischer Blick auf das Val Bedretto (rechts) und das Valle Leventina (links). Die Bundesstraße umgeht das Val Tremola westlich.

Gotthardmuseum: Zu Passöffnungszeiten 9.00 – 18.00 Uhr, Eintritt 8 CHF
Sasso da Pigna: Zu Passöffnungszeiten 10.00 – 18. 00 Uhr, Eintritt 20 CHF

Airolo Der durch Bahnhof und Autobahn geprägte, wenig ansehnliche Ort Airolo (1154 m, 1500 Einw.). – durch Großbrand 1877 und Bergsturz 1898 teilweise zerstört – liegt in einer großartigen Bergkulisse im Tal des jungen Flusses Tessin (Ticino); westlich ragt der Pizzo Rotondo (3192 m) auf. Der romanische Turm der Kirche **Santi Nazario e Celso** (1879) stammt noch aus dem 12./13. Jahrhundert. Am Bahnhof gedenkt ein Bronzerelief (V. Vela, 1882) der Toten des Gotthardtunnel-Baues. Südwestlich von Airolo liegt die Talstation der Seilschwebebahn zum Sasso della Boggia (2065 m, Skigebiet).

Sankt Gotthard erleben

AUSKUNFT
▶ Andermatt, ▶ Bellinzona, ▶ Tessin

Leventina Turismo
6780 Airolo, Tel. 091 869 15 33
www.leventinaturismo.ch

ESSEN / ÜBERNACHTEN
La Claustra ⊜⊜⊜
Airolo, San Gottardo
Tel. 091 880 50 55, www.claustra.ch
Vom Künstler Jean Odermatt zum Hotel umfunktionierte Festung: mitten im Berg, außerhalb von Raum und Zeit (geöffnet Anf. Mai – Ende Okt.).

Ospizio San Gottardo ⊜⊜
Airolo, Tel. 091 869 12 35
www.gotthard-hospiz.ch
Warum nicht einmal die Atmosphäre auf dem Pass genießen, wenn die Durchfahrer weg sind? Jüngst modernisierte Zimmer, zwei Restaurants. Preisgünstiger nächtigt man im Albergo San Gottardo oder im Touristenlager nebenan.

Albergo Defanti ⊜
Lavorgo
Tel. 091 865 14 34, www.defanti.ch
Solides Haus mit einfachen, netten Zimmern (für bis zu 6 Menschen), seit über 100 Jahren in Familienbesitz. Angenehmes bodenständiges Restaurant.

GOTTHARDPOST
Die Fahrt im luxuriös ausgebauten Fünfspänner von Andermatt nach Airolo dauert einen ganzen Tag und kostet (inkl. Mittagsmahl, Jause in Airolo etc.) pro Person ca. 700 CHF. Saison: Mitte Juni – Anf. Sept. Historische Reisepost, Postfach 113, 6490 Andermatt, Tel. 041 888 00 05, www.gotthardpost.ch.

STRADA ALTA LEVENTINA
In Airolo beginnt die Strada Alta Leventina (42 km), ein Wanderweg, der in 2 – 3 Tagen am Nordhang über Osco und Anzonico nach Biasca führt. Als schönstes Teilstück gilt Lurengo – Rossura (4 Std., jeweils mit Postauto zu erreichen).

Lago Ritom im Piora-Tal, ein Traumrevier für Wanderer

Ein Abstecher führt ins Bedretto-Tal, das von Wanderern wegen seiner Stille und Schönheit geschätzt wird. Erschlossen wird es durch
die erst 1969 eröffnete Straße über den **Nufenenpass** (2478 m), die
ins Rhone-Tal führt (▶Goms). Es gibt einige Dörfchen mit gestrickten Holzhäusern, darunter **Villa** (1358 m) mit einem als Lawinenbrecher gestalteten Kirchturm und das malerische **Bedretto** (1402 m).
Letztes Dorf ist **All'Acqua** (1605 m); von sind es zu Fuß 3 Std. zum
San-Giacomo-Pass, dem Übergang ins italienische **Val Formazza**.

Val Bedretto

Die Hänge des prächtigen Valle Leventina (Livinental) sind von grünen Matten und Bergwäldern überzogen, und je südlicher man
kommt, auch von Kastanien und Nussbäumen; zahlreiche Wasserfälle stürzen an den Felswänden in die Tiefe. Alte, zunehmend entvölkerte Dörfer sind einen Abstecher wert; viele verfügen über romanische Kirchen mit charakteristischen Türmen des alpinen Typs.

*Valle Leventina

Von Piotta (1012 m) lohnt sich der Ausflug ins Val Piora, das als
Wanderparadies und für seine Flora berühmt ist: entweder auf einer
schmalen Bergstraße oder mit der Standseilbahn zur Bergstation
(1795 m), dann zu Fuß in 20 Min. zum **Ritóm-See** (1830 m) und in
weiteren 3 Std. auf den **Piz Taneda** (2667 m), der wegen seiner großartigen Aussicht zum Berner Oberland als »Gotthard-Rigi« gilt.

**Val Piora

Am Dorfplatz von Quinto (1014 m, 1100 Einw.) mit seinen behäbigen Holzhäusern steht die Kirche SS. Pietro e Paolo (1681) mit romanischem Turm (12. Jh.). Von Rodi lohnt sich der Abstecher auf
schmaler Bergstraße nach **Prato Leventina** (1030 m) und **Dalpe**
(1200 m) über der Schlucht der Piumogna. – Hinter Rodi passiert die
Gotthardstraße beim alten Zoll- und Susthaus **Dazio Grande**
(949 m, ▶Tipp S. 532) die wildromantische **Piottino-Schlucht**.

Quinto

Faido Hauptort der Leventina ist das schön gelegene Faido (725 m, 2000 Einw.). Neben gestrickten Holzhäusern sind immer mehr Tessiner Steinhäuser zu sehen, ebenso die ersten Edelkastanien und Maulbeerbäume. An der westlichen Talseite stürzt die **Piumogna** in drei Fällen zu Tal. Bei Lavorgo zweigt ein Sträßchen nach **Chironico** (800 m) ab; dort ist die Kirche S. Ambrogio (12. Jh.) einen Blick wert, die über einen trapezförmigen Grundriss, zwei Apsiden und Fresken aus dem 14. Jh. verfügt. – Weiter talabwärts bricht der Ticino in der ***Biaschina-Schlucht** mit einem herrlichen Wasserfall zur unteren Talstufe der Leventina durch.

> ! **BAEDEKERTIPP**
>
> *Dazio Grande in Quinto*
>
> Auch heute kann man in dem wuchtigen Bau rasten, einem Juwel aus dem 16. Jh. mit sechs komfortablen Zimmern (❻). Serviert wird herzhafte Tessiner Kost. Geöffnet April–Dez., Mo. geschl. (Nebensaison auch Di.), Tel. 091 874 60 60, www.daziogrande.ch.

***Giornico** Das stattliche, z. T. städtisch wirkende Giornico (378 m, 850 Einw.) war eine wichtige Station an der Gotthardroute. Am Ortsrand erinnert ein Denkmal (1927) an den Sieg – und damit den Besitz der Leventina –, den hier 600 Leventiner und Urner 1478 über das 10 000 Mann starke Heer der Mailänder Visconti errangen. Im Ortskern bestimmen schöne alte Steinhäuser das Bild; im 19. Jh. kamen klassizistische Gebäude hinzu. Die **Casa Stanga**, ein Rasthaus aus dem 16. Jh., beherbergt das volkskundliche Museo di Leventina. Rechts des Ticino steht ****San Nicolao**, die bedeutendste romanische Kirche des Tessins (frühes 12. Jh.); besonders zu beachten sind die dreischiffige Krypta, die Kapitellskulpturen und die spätgotischen Fresken in der Apsis (1478). Etwas oberhalb von S. Nicolao am Fuß der Felswand die Kirche **Santa Maria di Castello** (urspr. 12. Jh., Schlüssel im Pfarrhaus gegenüber S. Michele), die zur 1518 zerstörten mailändischen Burg gehörte. Sie besitzt eine bemalte Kassettendecke von 1575 und Fresken des 15. und 16. Jh.s. Am nordwestlichen Ortsrand, zwischen Bahnlinie und Fluss, liegt ein grauer Betonklotz in der Wiese: das **Museum La Congiunta** (P. Märkli/S. Bellwalder, 1992) für den Schweizer Bildhauer Hans Josephsohn (1920-2012); den Schlüssel hält die Osteria Bar Giornico bereit.

***Biasca** Hoch über Biasca (301 m, 6000 Einw.), wo sich die Täler von Tessin und Brenno (▶Disentis) vereinen, thront die romanische Kirche **Santi Pietro e Paolo** (um 1100), deren Bau trotz Platzmangel der Neigung des Hangs folgt (Freitreppe und Vorhalle der Westfassade 1685). Hervorragende Wandmalereien des 13.–17. Jh.s schmücken ihr Inneres; die Majestas-Darstellung in der Chorkalotte entstand in der Renaissance. Ein Kreuzweg von 1779 führt durch schöne Kastanienhaine zur Kapelle **Santa Petronilla** von 1632.

Kirchen im alpin-lombardischen Stil: S. Maria di Castello in Giornico

Das breite Tessin-Tal von Biasca bis Bellinzona wird »Riviera« genannt und zeigt sich mit Reben, Esskastanien, Nuss-, Maulbeer- und
Feigenbäumen ganz südlich. Oberhalb von **Osogna** birgt die Kapelle S. Maria del Castello einen geschnitzten Flügelaltar des Memmingers Ivo Strigel (1494) und Fresken aus dem 17. Jahrhundert. Bei
Arbedo (283 m) mündet das vom ▶ San-Bernardino-Pass kommende Misoxer Tal ein. Kurz darauf erreicht man ▶ Bellinzona.

Valle Riviera

✱ Sankt Moritz

✦ K 24/25

Kanton: Graubünden   **Einwohner:**
Höhe: 1768 m ü. d. M.   5200

**Als »Top of the World« sieht sich St. Moritz, der in aller Welt
berühmte exklusivste und teuerste Wintersportort der Alpen.**

St. Moritz (gesprochen »moríz«; rätoromanisch San Murezzan) liegt
im Zentrum des Oberengadins (▶ Engadin) in einer grandiosen Gebirgslandschaft mit kristallklaren Seen, dunklen Wäldern und leuchtenden Gletschern. Zusammen mit dem legendären »Champagner-
klima«, Mineralquellen und gut 320 Sonnentagen im Jahr sind sie die
Basis für die Lifestyle-Inszenierung von Menschen, die viel Geld
haben, und solchen, die davon profitieren. Von der Hotellerie und
Gastronomie übers Shopping bis zum Sport- und Unterhaltungsprogramm ist alles auf die betuchte internationale Klientel abgestellt. Die
Kehrseite: Viele Menschen, die hier arbeiten, können sich die Mieten
nicht leisten und nehmen Anfahrtszeiten von bis zu 1 Std. in Kauf.

Die Lage von St. Moritz ist in der Tat fantastisch.

Kuren, Aktivitäten, Veranstaltungen

Schon 1535 lobte Paracelsus die Heilkraft der Mineralquellen, die im **Kurzentrum** bei rheumatischen und neurologischen sowie bei Herz- und Kreislaufbeschwerden genützt werden. Im **Sommer** kann man wandern und klettern, auf den Oberengadiner Seen windsurfen und segeln, auf dem Corvatsch Ski fahren, Tennis und Golf spielen, reiten, inlineskaten, mountainbiken usw. Als Beginn des **Wintertourismus** gilt eine Wette des Hoteliers Johannes Badrutt 1864, der britische Gäste davon überzeugen wollte, dass in St. Moritz auch der Winter schön sei. Zweimal fanden hier die Olympischen Winterspiele statt (1928, 1948). Zwischen Sils und Pontresina erschließen über 60 Bergbahnen und Lifte 350 Pistenkilometer meist unterer Schwierigkeitsgrade; Loipen erstrecken sich von Maloja bis Zuoz, es gibt Funparks für Snowboarder, Eis- und Curlingbahnen, Schlittenwege, die berühmte 1214 m lange Skeletonbahn Cresta Run und die 1722 m lange Olympia-Bobbahn nach Celerina. Tausende lassen sich von den Pferde- und Windhundrennen, den Polo-, Golf- und Cricketturnieren auf dem zugefrorenen See und vom **Engadiner Skimarathon** am 2. März-Sonntag anziehen. Eine riesige Liste von weiteren Events, wie das Jazzfestival in Juli und August, Opern- und Konzertwochen, Oldtimer-Rallyes, Gourmet-, Juwelen- und Modefestivals, bieten reichlich Gelegenheit zur Zerstreuung und Selbstdarstellung.

SEHENSWERTES IN ST. MORITZ

Parkhaus Serletta

Das 2004 eröffnete Parkhaus Serletta, am Seeufer westlich des Bahnhofs, ist gemäß Pressetext »das wahrscheinlich schönste der Welt«. Auf jeden Fall gibt es eine gute Einstimmung auf den Ort.

St. Moritz-Dorf

St. Moritz besteht aus zwei Teilen: **Dorf** liegt auf einer Terrasse über dem St. Moritzer See, **Bad** an dessen Südwestufer. Im Gegensatz zum

Namen ist St. Moritz-Dorf eine kleine Stadt, und zwar eine von bemerkenswerter Hässlichkeit. Hier konzentrieren sich die legendären **Hotelpaläste** wie Badrutt's Palace, Carlton und Kulm Hotel; in den Straßen ist rund um die Uhr Verkehr. In den Boutiquen findet man das Teuerste vom Teuren, echt beeindruckend ist die Anzahl der Pelze, die im Winter spazierengeführt werden. An das einstige Dorf erinnert nur noch wenig, etwa der **Schiefe Turm**, Wahrzeichen und Rest der 1980 abgebrochenen romanischen Mauritiuskirche. Die weiteren »Sehenswürdigkeiten« finden sich alle in St. Moritz-Bad.

In einem Engadiner Haus von 1906 erhält man einen Einblick in die **Lebensweise vergangener Zeiten**: Möbel aus dem 16. –19. Jh. vom Prunksaal eines Patrizierhauses bis zur bäuerlichen Küche, Hausrat, Stickereien und Trachten, dazu Grabungsfunde aus dem Engadin, u. a. die bronzezeitliche Einfassung der Mauritiusquelle.

Engadiner Museum

❶ So. – Fr. 10.00 – 12.00, 14.00 – 17.00 Uhr, Mai und Nov. geschl., Eintritt 8 CHF

Ein strenger Kuppelbau aus Granitquadern (1911) ist Giovanni Segantini (1858 – 1899; ▶Berühmte Persönlichkeiten) gewidmet, der in seinen letzten fünf Jahren im Engadin lebte und malte. Schwerpunkt bildet das große **Alpentriptychon** »Werden«, »Sein« und »Vergehen« (1897 – 1899), eine Allegorie des menschlichen Lebens, für das das Museum gebaut wurde.

*Segantini-Museum

❶ 20. Mai – 20. Okt., 10. Dez.– 20. April Di. – So. 10.00 – 12.00, 14.00 bis 18.00 Uhr, Eintritt 10 CHF

Die Leihbibliothek (Plazza da Scoula) hat nicht nur einen reichen Bestand an Büchern und anderen Medien in den Schweizer Landessprachen, es hütet auch St. Moritzer Kulturgut.

Bibliothek

Der 1,5 km lange, 500 m breite und ca. 40 m tiefe, vom Inn durchflossene See ist sommers wie winters ein frequentierter Sportplatz. Segler und Surfer nützen den zuverlässigen »Malojawind«. Für die Seen von Sils und Silvaplana ▶Engadin. Eine Tour über die zugefrorenen Seen führt vom Langlaufzentrum in St. Moritz zum Lej da Champfèr und weiter bis nach Maloja.

St. Moritzer See

Nahe dem Ostrand des Sees steht das Walserhaus der naiven Malerin Mili Weber (1891 – 1978), das sie mit Märchenszenen und anderen kindlichen Motiven ausgemalt hat (Anmeldung Tel. 079 539 97 77).

Mili-Weber-Haus

UMGEBUNG VON ST. MORITZ

Von St. Moritz-Dorf führt eine Standseilbahn (2,1 km) über die Station Chantarella (2005 m) auf den Hausberg Corviglia (2486 m) mit

*Corviglia

Sankt Moritz erleben

AUSKUNFT
St. Moritz Tourist Information
Via Maistra 12, 7500 St. Moritz
Tel. 081 837 33 33, www.stmoritz.ch

ESSEN
❶ *Talvo by Dalsass* €€€€
Champfèr, Via Gunels 15
Tel. 081 833 44 55, www.talvo.ch
Außer Febr. Mo./Di. geschl.
Kulinarische Hochburg in einem Bündner Haus von 1658. Weinkarte und Service sind ebenso hochklassig.

❷ *Acla* €€€
St. Moritz, Via dal Bagn 54
Tel. 081 837 07 07
www.schweizerhofstmoritz.ch
Das traditionsreiche Hotel Schweizerhof atmet solide, unprätentiöse Gediegenheit, ähnliches gilt für das gemütliche Restaurant und seine sehr gute regionalinternationale Küche. Für St. Moritzer Verhältnisse fast preiswert.

ÜBERNACHTEN
❶ *Landgasthof Meierei* €€€
St. Moritz, Via Dim Lej 52
Tel. 081 838 70 00, www.hotel-meierei.ch
Über dem Ostende des Sees gelegenes, stilvolles Haus mit großzügigen Zimmern zum See oder zum Wald. Das Restaurant pflegt eine verfeinerte gutbürgerliche Küche (Mo. geschl.). Die Zufahrt ist für Hotelgäste frei.

❷ *Waldhaus am See* €€€–€€€€
St. Moritz, Via Dim Lej 6
Tel. 081 836 60 00
www.waldhaus-am-see.ch
Schönste Lage in St. Moritz. Gemütliche Zimmer im Engadiner Stil. Gerühmt für Gastfreundlichkeit, vorzügliche Küche und die Bar mit 2500 Whiskysorten.

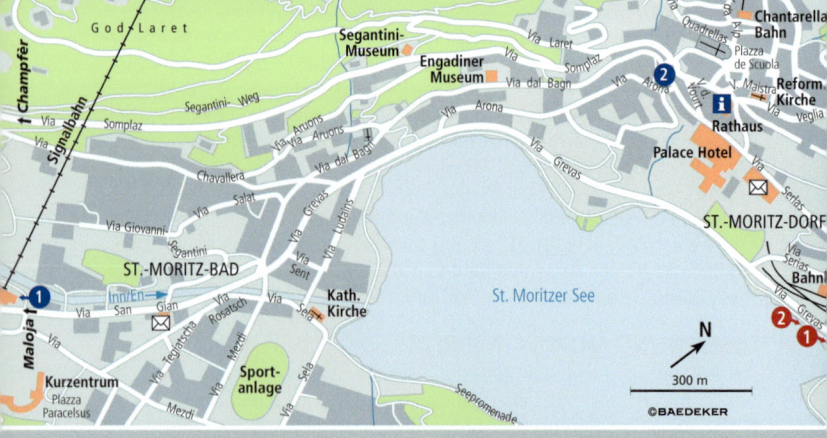

St. Moritz

Essen
❶ Talvo by Dalsass ❷ Acla

Übernachten
❶ Meierei ❷ Waldhaus am See

traumhaftem Panorama und der Gourmetstation »Mathis Food Affairs«. Die von hier ausgehende Kabinenbahn erschließt die Pisten am **Piz Nair** (3057 m). Am Piz Nair verlaufen auf halber Höhe Wanderwege mit herrlicher Aussicht; außer den Corviglia-Bahnen erleichtern die Kabinenbahn zum **Signal** (von St. Moritz-Bad) und die Gondelbahn nach Marguns (von Celerina) den Zugang. Sehr lohnend ist auch die Besteigung des ***Piz Julier** westlich von St. Moritz (3380 m, 5 Std., für Geübte nicht schwierig) über die Alp Suvretta.

Von St. Moritz-Bad aus erreicht man auf herrlichen Waldwegen über **Hahnensee** den Quellenberg (1920 m) oder Johannisberg (2002 m) in 1.30 Std. den Hahnensee (2159 m, Restaurant). Für die Wanderung zur Fuorcla Surlej (2755 m), die vom Hahnensee in 2 Std. zu erreichen ist, und zum Piz Corvatsch ▶ S. 297.

Sarnen & Sarnenland

G 15

Kanton: Obwalden
Höhe: 476 m ü. d. M.

Einwohner:
10 000

Zwischen dem Vierwaldstättersee und dem Brienzersee öffnet sich ein weites, idyllisches Tal mit dem Sarnersee und dem Lungernsee. Am Weg zum Berner Oberland im »touristischen Windschatten« gelegen, bietet es Beschaulichkeit und schöne Ausflüge zu Fuß und per Fahrrad.

Am Nordende des Sarnersees – 6 km lang, 51 m tief – liegt der hübsche Kantonshauptort Sarnen. Der **Dorfplatz** mit Bruder-Klaus-Brunnen (1608) ist von alten Häusern umgeben, u. a. dem Zunfthaus (16. Jh.); im Eck an der Sarner-Aa das barocke **Rathaus** (1732). In Richtung See die Dorfkapelle von 1662 und das **St.-Andreas-Kloster** (17. Jh.); dessen Kirche wurde 1687 von Kaspar Moosbrugger, dem Baumeister des Klosters Einsiedeln, erweitert (mit dem »Sarner Jesuskind«), 1966 geweiht wurde die beeindruckende Kollegiumskirche. Westlich auf dem Burghügel **Landenberg** – auf dem bis 1999 die Landsgemeinde abgehalten wurde – das hübsche **Schützenhaus** (1752). Südlich am Hangfuß steht der **Hexenturm**, ein Rest der Burg; im Historischen Archiv wird hier das **Weiße Buch** aufbewahrt, ein Urkundenbuch mit einer Schweizer Befreiungsgeschichte (1474), die zum ersten Mal den Tell-Mythos mit dem Rütli-Schwur verbindet. Südöstlich über dem Ort thront die zweitürmige Pfarrkirche **St. Peter und Paul** (1742). Im benachbarten Beinhaus (um 1500) eine bemerkenswerte Decke mit bemalten Flachschnitzereien (1507). Das Historische Museum im Zeughaus von 1599 (Brünigstr. 127) infor-

Sarnen

miert über die Obwaldner Geschichte, außerdem zeigt es sakrale Kunst des 14. – 18. Jh.s und heimische Kunst des 17. – 20. Jh.s.

Zeughaus: 15. April – Nov. Mi. – So. 14.00 – 17.00 Uhr, Eintritt 6 CHF

*Glauben- Landschaftlich sehr schön ist die Fahrt nach Westen über den **Glau-**
berg **benbergpass** (1543 m) nach ▶ Entlebuch (31 km).

MELCHTAL

*Flüeli-Ranft Der einzige Schweizer Heilige, **Niklaus von Flüe** (1417 – 1487, Heiligsprechung 1947), stammt aus diesem Dorf südöstlich von Sarnen. Volkstümlich »Bruder Klaus« genannt, wird er als Schutzpatron der Schweiz verehrt. Der wohlhabende Bauer, einflussreiche Politiker, Ehemann und Vater von zehn Kindern entschloss sich mit 50 Jahren, als Einsiedler zu leben. In den Konflikten zwischen den Stadt- und den Landkantonen nach den Burgunderkriegen wurde auf seinen Rat hin im »Stanser Verkommnis« 1481 eine Einigung erzielt, womit der Fortbestand der Eidgenossenschaft gesichert war. – Von **Kerns** folgt man dem Wegweiser »Flüeli«. Bald überquert man die gedeckte **Hohe Brücke**; von ihr hat man einen atemberaubenden Blick in die 100 m tief eingeschnittene Klamm der Melch-Aa. Auf dem Hügel von Flüeli, mit herrlicher Aussicht übers Sarnenland, steht die **Wallfahrtskapelle** von 1618 (beachtenswerte Ausstattung); an seinem Fuß das **älteste Holzhaus der Schweiz** (14./15. Jh.), das als Ge-

Sarnenland erleben

AUSKUNFT
Sarnen Tourismus
Hofstrasse 2, 6060 Sarnen
Tel. 041 666 50 40
www.obwalden-tourismus.ch

ESSEN
Gasthaus zum Landenberg ⊜–⊜⊜
Sarnen, Jordanstr. 1, Tel. 0 41 660 12 12
Sa. bis 18.00 Uhr und So. geschl.
Im 1. Stock des 460 Jahre alten Hauses an der Sarner-Aa liegt das moderne Restaurant »Pappalappa« mit eleganter, leichter schweizerisch-internationaler Küche (sehr preisgünstige Tagesgerichte). Gute, große Weinkarte. Im Parterre

Muffi's Nachtrestaurant, eine Kombination von »Beiz« und Bar.

ÜBERNACHTEN / ESSEN
Paxmontana ⊜⊜–⊜⊜⊜
Flüeli-Ranft, Dossen 1
Tel. 041 666 24 00, www.paxmontana.ch
Ein echtes Juwel: prächtiges Jugendstilhotel, erbaut 1896 und liebevoll modernisiert, mit Panoramablick über den Sarner See. Edle, schlichte Zimmer ohne TV, dafür gibt es eine Hauskapelle und einen Raum der Stille. Auch hier nur einmal speisen ist ein Erlebnis. Zum Hotel gehören auch ein preisgünstiges Gasthaus und ein Chalet (⊜).

Idylle abseits: Flüeli mit Wallfahrtskapelle und Hotel Paxmontana

burtshaus des Niklaus von Flüe gilt, und wenige Schritte entfernt sein Wohnhaus (beide rekonstruiert). Die **Einsiedelei** lag unterhalb am Abhang des Ranft. Hier stehen in schöner Landschaft die Obere Kapelle (1701) mit der Eremitenzelle und die Untere Kapelle (1504), jenseits der Schlucht die **Möslikapelle** (d. h. Moorkapelle, 1484); dort bemerkenswert die spätgotische Decke und die barocke Kreuzigungsgruppe mit segnendem Christus.

In St. Niklausen ist die Pfarrkirche mit gotischen Fresken (um 1380) und bemalter Holzdecke (1704) sehenswert. Von **Melchtal** führt eine Seilbahn zur Rütialp (1350 m) mit schöner Aussicht. Über die Balmmatt am Fuß der Rämisfluh (1866 m) erreicht man die **Stöckalp** (1075 m) mit der Talstation der Seilbahn nach Melchsee-Frutt.

St. Niklausen

Die schmale Straße (ca. Ende Juni – Mitte Okt., Maut, Einbahnregelung) führt von der Stöckalp unter den Felswänden des Brünighaupts (2311 m) hinauf nach Melchsee-Frutt (1920 m), das schön in einem grünen Hochtal am Melchsee liegt; hier hat man die ganze Titlis-Kette vor sich. Lohnende Bergtouren, etwa zur Erzegg (2176 m, 1.15 Std.) und auf den Hochstollen (2484 m, 2 Std.). Als schönste Passwanderung der Innerschweiz gilt der bequeme Höhenweg über Tannalp, **Engstlenalp** (2 Std.) – hier das Berghotel Engstlenalp von 1893, das seinen alten Charme bewahrt hat – und den **Jochpass** (2207 m) nach ▶ Engelberg (gesamt 5.30 Std.). Eine Sesselbahn bringt vom Melchsee auf das Balmeregghorn (2255 m); von hier großartiger Weg hoch über dem Gen-Tal zu den **Planplatten** (2245 m, ▶ Meiringen).

Melchsee-Frutt

*Passwanderung nach Engelberg

ÜBER DEN BRÜNIGPASS NACH BRIENZ

Sachseln Hübsch am Ostufer des Sarnersees – mit beliebtem Strandbad – liegt Sachseln (475 m). In der Wallfahrtskirche **St. Theodul** (1684, Turmunterbau romanisch) birgt ein gläserner Sarkophag die Gebeine des hl. Niklaus von Flüe (s. o. Flüeli-Ranft). Die Innengestaltung mit schwarzem Melchsee-Marmor und ohne Stuck ist noch der Renaissance verpflichtet, einen reizvollen Kontrast bilden die schönen Altäre von J. Pfister (1779). Am Kirchturm erinnert eine bewegende Plastik (R. Brem, 1991) an Dorothea, die noch junge Frau, die mit ihren Kindern von Niklaus von Flüe verlassen wird. Im barocken Haus des Landammanns P. Ignaz von Flüe ist ein **Museum Niklaus von Flüe** gewidmet (Palmsonntag – Okt., Mo. geschl.); hier findet sich auch eine Sammlung von Manuskripten und Werken des einst populären Schriftstellers Heinrich Federer (▶ Brienz). Sehr schöne Ausblicke hat man vom **Wandelen** (2104 m, 4.30 Std.).

> **!** **BAEDEKER TIPP**
>
> ### Brünigbahn
>
> Die Brünigbahn, bis 2004 die einzige Schmalspurstrecke der SBB (heute ZB), überwindet den Pass mit 124 Brücken und dem 120 ‰ steilen Zahnradabschnitt Giswil–Meiringen (Führerstandsmitfahrten Tel. 058 668 86 50). Im Sommer fahren an einigen Sonntagen zwischen Interlaken und Giswil die alten Dampfzüge. Info bei den Tourismusbüros der Region, www.dampfbahnen.ch.

Giswil Die Pfarrkirche **St. Laurentius** im Urlaubsort Giswil (488 m) wurde bis 1635 auf einem ehemaligen Burghügel erbaut und 1744 umgestaltet. Letzter Zeuge der aus Schillers »Wilhelm Tell« bekannten **Burg der Edlen von Rudenz** ist eine Turmruine. In westlicher Richtung kurvt eine Bergstraße mit schönen Ausblicken über die Mörlialp zum **Glaubenbüelenpass** (1611 m) hoch; jenseits liegt Sörenberg im Tal der Waldemme (▶ Entlebuch). Der geografische **Mittelpunkt der Schweiz** ist im benachbarten Kleinen Melchtal auf der Älggi-Alp zu finden (Gasthaus). Ein Rastplatz wurde mit einer Mauer in Form der Schweiz umgeben, in der Mitte steht eine Pyramide als Symbol für die Landesvermessung. Bei Kaiserstuhl (Strandbad) öffnet sich der Blick auf den malerischen **Lungernsee**, dem durch einen Stollen aus dem Großen und Kleinen Melchtal Wasser zugeführt wird (Kraftwerk zwischen Giswil und Kaiserstuhl). Im Süden erscheint die Schwarzhornkette, links die drei Gipfel des Wetterhorns (3701 m).

Älggi-Alp

Kaiserstuhl

Lungern Am Südende des Sees, von bewaldeten Bergen umgeben, liegt Lungern (715 m). Hier wurde 1325 zwischen Bern und den Urkantonen Uri, Schwyz und Unterwalden das Bündnis gegen die Habsburger geschlossen (Gedenktafel am romanischen Turm am Ortsrand). Die über der Hauptstraße thronende Kirche Herz Jesu datiert von 1893. Von **Obsee** (Kapelle St. Beat von 1567) führt eine Seilschwebebahn

zum **Schönbüel** (2011 m, Skigebiet); von hier herrlicher Höhenweg
zum **Brienzer Rothorn** (2.30 Std., ▶Brienz).

Der Brünigpass (1007 m) überwindet den bewaldeten Sattel zwischen Wilerhorn (2004 m) und Gibel (2035 m). Links der **Bahnhof
Brünig-Hasliberg** der Brünigbahn (▶Tipp S. 540). Schöne Aussicht
auf Engelhörner (2783 m) und Faulhornkette (2684 m); links im
Aare-Tal sieht man Meiringen, rechts den Brienzersee. Ende Juli findet auf dem Pass der **Brünigschwinget** statt, einer der angesehens-
ten Schwingwettbewerbe der Schweiz. Vom Pass lohnt ein Abstecher
nach **Hasliberg** über dem Aare-Tal (▶Meiringen). An der Straße
nach Brienz liegt bei Brienzwiler das **Freilichtmuseum Ballenberg**,
eine besondere Sehenswürdigkeit (▶Brienz).

Brünigpass

✴ Schaffhausen

✦ B 17

Kanton: Schaffhausen
Höhe: 404 m ü. d. M.

Einwohner:
35 100

**Die alte Handels- und Handwerkerstadt nahe dem berühmten
Rheinfall glänzt mit einer ungewöhnlichen Burg, einer malerischen Altstadt und großen Kunstwerken.**

Im Norden der Schweiz springt eine »Blase« in deutsches Gebiet vor:
der Kanton Schaffhausen. Im Stadtkern, dessen Anlage sich seit dem
14. Jh. kaum verändert hat, sind die Gassen mit Durchgängen verbunden, schmucke Bürgerhäuser präsentieren reich verzierte Fassaden mit über 170 prunkvollen Erkern aus Spätgotik und Barock.

Gegründet wurde »Scafhusun« – der Name ist wohl vom althochdeutschen »scafa« für »Schiff« abgeleitet – oberhalb der Stelle, wo der
Rheinfall die Flussschifffahrt zwischen Basel und Konstanz unter-
brach und die Waren ein Stück auf dem Landweg transportiert werden mussten. Kaiser Heinrich III. verlieh der Siedlung 1045 das
Münzrecht, das Marktrecht folgte 1080. Die wirtschaftlich erstarken-
de Stadt war von 1330 bis 1415 den Habsburgern verpfändet und
danach bis 1501 Reichsstadt. 1454 schloss sie ein Bündnis mit der
Eidgenossenschaft, der sie 1501 beitrat. 1529 hielt die Reformation
Einzug in die Stadt, die sich verstärkt der Textilherstellung zuwandte.
Nach dem Bau des Rheinkraftwerks 1866 setzte der industrielle Aufschwung ein, die mittelalterliche Stadtbefestigung wurde bis auf Reste abgetragen. Im Zweiten Weltkrieg wurde Schaffhausen, dessen
bedeutende Uhren- und Rüstungsindustrie ihre Produkte nach
Deutschland verkaufte, »aus Versehen« von den USA bombardiert.

**Ein wenig
Geschichte**

SEHENSWERTES IN SCHAFFHAUSEN

*Altstadt Zentrum der Altstadt ist der **Fronwagplatz** mit Fronwagturm, Mohrenbrunnen (1520) und Metzgerbrunnen (1524). Nördlich geht es durch die Vorstadt zum trutzigen **Schwabentor** (14. – 16. Jh.), westlich durch die Oberstadt zum **Obertor** (13. Jh.). An der **Vordergasse**, der repräsentativen Ost-West-Achse – man probiere die »Schaffhauser Zungen« der Confiserie Reber – stehen das **Rathaus** von Anfang des 15. Jh.s mit schönem Großratssaal (originelle Uhr mit dem Schaffhauser Bock) und Ratslaube sowie das **Haus zum Ritter** (1586) mit prächtiger Fassadenmalerei von Tobias Stimmer (1570, Originale im Museum zu Allerheiligen). In der nördlich abgehenden Sporrengasse verdient das **Museum Stemmler** mit präparierten Vögeln und Säugetieren aus ganz Europa einen Besuch. **St. Johann,**

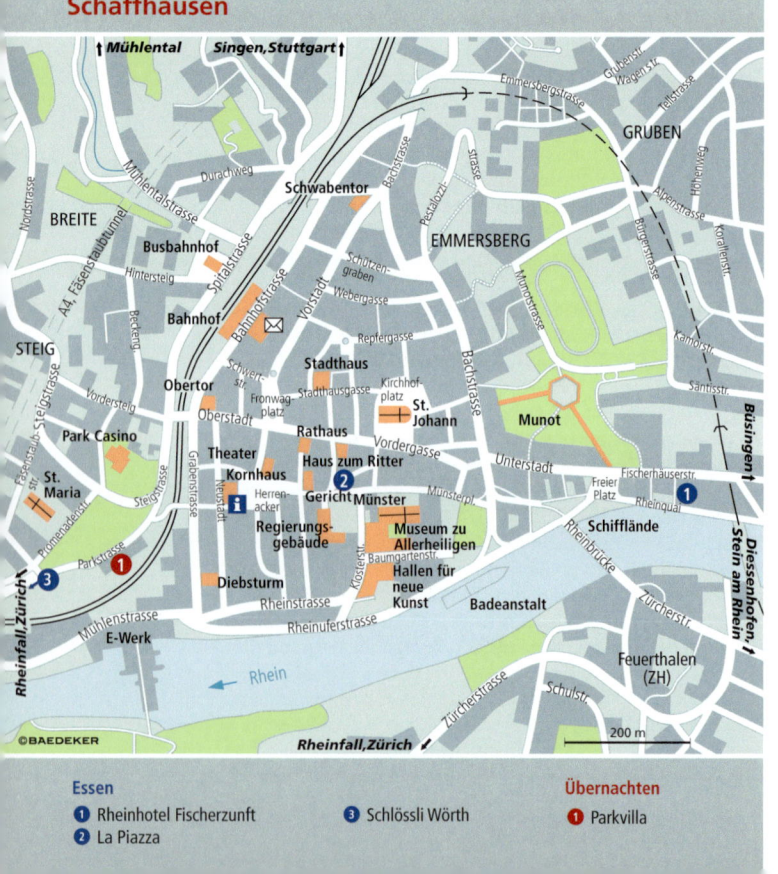

Schaffhausen

↑ *Mühlental*   *Singen, Stuttgart* ↑

Emmersbergstrasse

GRUBEN

BREITE

Schwabentor

Busbahnhof

EMMERSBERG

Bahnhof

STEIG

Stadthaus

Obertor

St. Johann

Rathaus

Munot

Park Casino

Theater

Haus zum Ritter

St. Maria

Kornhaus

Gericht Münster

Regierungsgebäude

Museum zu Allerheiligen

Schifflände

Diebsturm

Hallen für neue Kunst

Badeanstalt

E-Werk

Rhein

Feuerthalen (ZH)

©BAEDEKER

Rheinfall, Zürich ↗

200 m

Essen
❶ Rheinhotel Fischerzunft
❷ La Piazza
❸ Schlössli Wörth

Übernachten
❶ Parkvilla

Frei nach Dürer: der Munot, das Kastell von Schaffhausen

ursprünglich 11. Jh., wurde 1517 fünfschiffig ausgebaut und ist nach den Münstern von Basel und Bern die breiteste Schweizer Kirche; ihr markanter Turm datiert von 1350. Auf dem Kirchhofplatz findet Fr./ Sa. der »Puuremärkt« (Bauernmarkt) statt. Am weiten **Herrenacker** im Südwesten der Altstadt liegen das **Kornhaus** (1679) und das Stadttheater von 1956, weiter östlich das **Alte Zeughaus** (1617, heute Kantonsregierung) mit prächtigem Portal.

Museum Stemmler: So. 11.00 – 17.00 Uhr

Das **Münster**, eine romanische Säulenbasilika (1104), war einst Kirche des Benediktinerklosters zu Allerheiligen und ist heute reformierte Stadtkirche. Im Chor sind Reste von Fresken aus dem 15. Jh. erhalten. Südlich grenzt der stimmungsvolle **Kreuzgang** aus dem frühen 12. Jh. an, in dem die 1486 in Basel gegossene **Osannaglocke** steht – ihre Inschrift »Vivos voco, mortuos plango, fulgura frango« (»Die Lebenden rufe ich, die Toten beklage ich, Blitze breche ich«) regte Friedrich Schiller zum »Lied von der Glocke« (1800) an. In den schönen Klostergebäuden ist das **＊Museum zu Allerheiligen** untergebracht, eines der reichhaltigsten Stadtmuseen der Schweiz (Geschichte, Kultur und Kunst Schaffhausens). Zu den Glanzstücken gehören eine spätrömische Glasschale mit Jagdszenen, der »Onyx von Schaffhausen« (Sardonyx-Kamee aus frühaugusteischer Zeit in einer staufischen Fassung des 13. Jh.s) sowie Gemälde von Cranach, Strigel, Hodler, Füssli und Dix. Die Interieurs geben Einblick in die bürgerliche Wohnkultur des 16.–19. Jh.s. Interessante Wechselausstellungen. Das Café gilt als eines der besten in der Stadt (auch So. geöffnet); im Sommer sitzt man im idyllischen Pfalzhof.

Museum zu Allerheiligen: Di.–So. 11.00 – 17.00 Uhr, Eintritt 12 CHF

＊Münster

Schaffhausen erleben

AUSKUNFT
Schaffhauserland Tourismus
Herrenacker 15, 8201 Schaffhausen
Tel. 052 632 40 20
www.schaffhauserland.ch

SCHIFFSVERKEHR
Zwischen Schaffhausen und Konstanz
verkehren die Schiffe der Schweizerischen Schifffahrtsgesellschaft Untersee
und Rhein (▶ S. 702). Vom Rheinfall
kann man sich zum Kloster Rheinau
schippern lassen (▶ S. 497).

FESTE UND EVENTS
Theaterspektakel im Schaffhauser Kraftwerk. Um den 20. Mai: Beim Jazzfestival
im Kulturzentrum Kammgarn trifft sich
die Schweizer Avantgarde (www.jazzfes
tival.ch). Mitte/Ende Mai, in geraden
Jahren: Internationales Bachfest. 31. Juli,
21.45 Uhr: Feuerwerk am Rheinfall.

ESSEN
❶ *Rheinhotel Fischerzunft* ❺❺❺❺
Schaffhausen, Rheinquai 8
Tel. 052 632 05 05
www.fischerzunft.ch
Mo./Di. geschl.
Das exquisite Restaurant, eines der bes-
ten der Schweiz, verbindet europäische
Küche mit asiatischer Exotik. Preiswert

isst man in der Vinothek »Vinopium«.
Mit schönen Gästezimmern. Westlich
benachbart die prächtige alte »Güter-
hof« (Bar/Lounge und Restaurant).

❷ *La Piazza* ❺–❺❺
Schaffhausen, Münsterplatz 38
Tel. 052 620 30 30
Sehr angenehmes Restaurant in einem
schönen alten Haus, hübscher Hof. Italienische Küche und Schweizer Spezialitäten, preiswerte Mittagsmenüs.

❸ *Schlössli Wörth* ❺❺
Neuhausen, Rheinfallquai
Tel. 052 672 24 21
Sept.–März Mi. geschl.
www.schloessliwoerth.ch
Spektakuläre Lage am Rheinfall, dazu in
recht edlem Ambiente einen feinen Im-
biss oder heimische Gerichte genießen.
Auch Selbstbedienungsrestaurant.

ÜBERNACHTEN
❶ *Parkvilla* ❺–❺❺
Schaffhausen, Parkstrasse 18
Tel. 052 635 60 60, www.parkvilla.ch
Etwas skurriles »englisches Schloss« am
Rand der Altstadt, umgeben von alten
Bäumen. Nicht sehr stilsicher gestaltete
Zimmer, aber wunderbarer Garten.
Gespeist wird im Louis-XVI-Salon.

***Hallen für
neue Kunst** Eine Brücke führt über die Baumgartenstrasse zur ehemaligen
Kammgarnspinnerei, in der seit 1984 zeitgenössische Kunst gezeigt
wird: Installationen der **Minimal Art** (Andre, Flavin, Judd, LeWitt)
und der **Arte Povera** (Merz, Kounellis), große Werke von Weiner,
Long und Nauman, neue Malerei von Ryman und Mangold; von Joseph Beuys stammt die eindrucksvolle Installation »Das Kapital
Raum 1970 – 1977«.

❶ Sa. 15.00 – 17.00, So. 11.00 – 17.00 Uhr, Eintritt 14 CHF; Di.–Fr. nach
Anmeldung Tel. 052 625 25 15

Das Stadtbild wird dominiert vom einzigartigen **Kastell Munot**   *Munot
(»der Munot«) auf rebenbestandenem Hügel, ein 1564 – 1589 nach
der »Befestigungslehre« Albrecht Dürers errichteter Rundbau mit
Wehrgängen, Festungsgraben und über 5 m dicken Mauern. Heute
gibt es hier Openair-Kino, Konzerte, Feste u. a. m. Im **Hauptturm**
diente eine spiralförmige Rampe zur Versorgung der Artillerie; von
oben hat man einen schönen Ausblick.

UMGEBUNG VON SCHAFFHAUSEN

Bei Neuhausen 4 km südwestlich von Schaffhausen stürzt das Wasser   **Rheinfall
des Rheins in 150 m Breite 15 – 22 m tief über eine Schwelle aus Jurakalk. Am eindrucksvollsten ist der **mächtigste Wasserfall Europas**
im Juni und Juli, wenn der Schnee in den Alpen schmilzt. Zum nördlichen Ufer verlässt man Schaffhausen durch die Mühlenstraße und
die Straße Nr. 4. Vom Parkplatz in Neuhausen geht es zu Fuß am
rechten Ufer aufwärts zur 192 m langen Brücke der Bahnlinie Schaffhausen – Winterthur und über diese in 20 Min. zum **Schloss Laufen**
(16. Jh., Restaurant), dessen Altan einen guten Blick über den Fall
ermöglicht. Durch den Park gelangt man hinunter zu den Aussichtspunkten Pavillon und Känzli sowie zur **Fischez**, einer bis fast ins
tosende Wasser ragenden Plattform. Boote bringen hinüber zum
Schlössli Wörth (12. Jh.), wo man die beste Gesamtansicht hat – das
Restaurant (▶ S. 544) hat einen echten Logenplatz. Von hier am Restaurant Park vorbei in 10 Min. zurück zum Parkplatz. In Neuhausen
ist auch das **Fischereimuseum** interessant (Rosenbergstrasse 37).

Am eindrucksvollsten schäumt und tost der Rheinfall im Frühsommer.

Das Jahrtausendloch

In einem beispiellosen Kraftakt ist die Schweiz darangegangen, die Verkehrssituation im Herzen Europas grundlegend zu verbessern. Im Rahmen des »AlpTransit« (Neue Eisenbahn-Transversale), zu der auch der Zimmerberg-, der Ceneri- und der Lötschberg-Basistunnel gehören, soll 2017 der längste Eisenbahntunnel der Welt in Betrieb gehen.

Die Bahnen und Straßen durchs Gebirge, vor allem die Gotthardstrecke, sind seit langem überlastet; die engen Täler klagen über Dreck und Lärm. Studien prognostizieren einen weiteren massiven Anstieg des Güterverkehrs im Alpenraum. Zudem wächst das europäische Hochgeschwindigkeits-Bahnnetz, in dem die Schweiz eine Schlüsselstellung einnimmt. Nach über 50-jähriger Planung machte 1998 eine **Volksabstimmung**, in der die vorrangige Förderung des öffentlichen Personen- und Güterverkehrs befürwortet wurde, den Weg frei. Die 30 Mrd. Franken, die investiert werden sollen, werden etwa 65 % durch die **Schwerverkehrsabgabe** finanziert, die weiter erhöht werden soll, um möglichst viele Lkws bzw. Güter auf die Schiene zu bringen. Zwischen Zürich und Lugano entsteht so eine »**Flachbahn**«, deren Scheitelpunkt 550 m ü.d.M. liegt, gegenüber 1150 m bisher; die maximale Steigung verringert sich von 26 Promille auf 12,5 in der offenen Strecke und 8 Promille im Tunnel, die

Entfernung verringert sich um 40 km. Damit sollen Personenzüge mit 200 bis 250 km/h die Alpen durchqueren können, wodurch die Fahrzeit von Zürich nach Mailand um eine ganze Stunde auf 2.40 Std. schrumpft. Die Anhängelast der Güterzüge steigt von 2000 t auf 4000 t, und sie sollen bis 160 km/h fahren können, also doppelt so schnell wie heute. Der 57 km lange Gotthardtunnel zwischen Erstfeld und Bodio wird von fünf Punkten aus gleichzeitig erstellt. Er besteht aus **zwei Einspurröhren**, die alle 325 m durch Querschläge verbunden sind und so gegenseitig als Fluchtweg dienen. Bei den Zwischenangriffen Faido und Sedrun sind Multifunktionsstellen vorgesehen, d. h. Betriebseinrichtungen, Nothaltestellen und Spurwechselröhren. In Erstfeld, Sedrun und Bodio-Pollegio gibt es **Besucherzentren**; für eine Baustellenführung sollte man sich früh nach freien Terminen erkundigen (auch im Internet möglich). Weitere Informationen unter www.alptransit.ch und Tel. 041 226 06 06.

Gotthard-Basistunnel

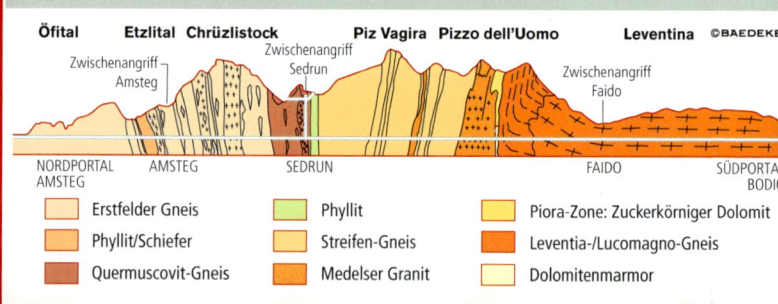

Öfital · Etzlital · Chrüzlistock · Piz Vagira · Pizzo dell'Uomo · Leventina · ©BAEDEKER

Zwischenangriff Amsteg · Zwischenangriff Sedrun · Zwischenangriff Faido

NORDPORTAL AMSTEG · AMSTEG · SEDRUN · FAIDO · SÜDPORTAL BODIO

- ☐ Erstfelder Gneis
- ☐ Phyllit/Schiefer
- ☐ Quermuscovit-Gneis
- ☐ Phyllit
- ☐ Streifen-Gneis
- ☐ Medelser Granit
- ☐ Piora-Zone: Zuckerkörniger Dolomit
- ☐ Leventia-/Lucomagno-Gneis
- ☐ Dolomitenmarmor

Die ausgebrochene Tunnelröhre wird auf verschiedene Arten gesichert: mit Ankern, Beton oder wie hier mit Stahlbögen.

Die hochkomplexe Tunnelbohrmaschine wird über eine ausgeklügelte Elektronik gesteuert.

©BAEDEKER

Die Menge des ausgebrochenen Gesteins ist gewaltig: Man könnte daraus fünf Cheops-Pyramiden auftürmen. Ein großer Teil wird für die Herstellung von Beton genützt, ein anderer bildet Badeinseln im Vierwaldstättersee. Zwischenlagerung und Verarbeitung des Ausbruchs übernehmen große Anlagen wie hier in Amsteg.

Schnitt durch den Gotthard-Straßentunnel
1. Tunnelröhre
2. Ventilationsanlage
3. Frischluftzufuhr
4. Abluft
5. Energieversorgung, Beleuchtung
6. Sicherheitsstollen
7. Entwässerung

Klettgau Im fruchtbaren Klettgau (»Chläggi«) südwestlich von Schaffhausen wachsen Getreide und an den Südhängen Blauburgunder-Reben – der Klettgau ist das **größte Weinbaugebiet der Deutschschweiz** (www.blauburgunderland.ch), Ende Sept. / Anf. Okt. gibt es »Herbstsonntage« und Winzerfeste. Typische Winzerorte sind Wilchingen, Osterfingen, Gächlingen, Schleitheim und besonders **Hallau**, das von zwei »Moritzkirchen« überragt wird. Im spätgotischen Netzgewölbe der Bergkirche (1491; seitliches Schiff 1598) sind drei Schlusssteine zu beachten: mit dem Kirchenpatron St. Moritz, mit vier Soldaten der Thebäischen Legion bzw. dem Wappen des Konstanzer Bischofs Otto IV. Weinbaumuseum im Haus zur Krone.

Weinbaumuseum: Mai, Juni, Aug. – Okt. So. 13.30 – 17.00 Uhr, Eintritt 7 CHF

Schwyz

✳ F 17

Kanton: Schwyz   **Einwohner:**
Höhe: 517 m ü. d. M.   14 300

Die Schweiz hat ihren Namen von Schwyz, der alten Stadt östlich nahe dem ▸ Vierwaldstättersee. Unter den Felszacken des Großen und des Kleinen Mythen wird der Bundesbrief aufbewahrt, die Gründungsurkunde der Eidgenossenschaft. Und in der Umgebung kann man schön Ferien machen.

Aus der Geschichte Mit der Eröffnung der Route über den Gotthard im 13. Jh. gewann das nördliche Vorland mit Uri, Schwyz und Unterwalden rasch große Bedeutung, was im Heiligen Römischen Reich Begehrlichkeiten weckte, und nachdem Schwyz 1240 – nach Uri 1231 – reichsunmittelbar geworden war, bekräftigten diese drei Talschaften in dem in Schwyz aufbewahrten **Bundesbrief** von, wie vermerkt ist, zu »Anfang August 1291« ihren gegenseitigen Beistand. Die erste, für die Entstehung der Schweiz grundlegende Bewährungsprobe ließ nicht lange auf sich warten: In der Schlacht am Morgarten 1315 (▸Zug) vernichteten die Schwyzer das Heer des Habsburger Herzogs Leopold I.; im Dezember 1315 wurde dann das Beistandsverhältnis ausdrücklich zu einem politischen Bündnis erweitert.

Der eidgenössische Bundesbrief

Das Schwyzer Rathaus vor dem Großen und Kleinen Mythen

SEHENSWERTES IN SCHWYZ

Auf dem **Hauptplatz**, der nach dem Brand 1642 neu angelegt wurde, **Altstadt**
finden im Jahr fünf große Märkte statt, u. a. zur Kilbi im Oktober
und um Martini. Hier stehen die prachtvolle barocke **Pfarrkirche St.
Martin** (1774) und der »Kerchel« (Beinhaus, 1518), gegenüber das
prächtig bemalte **Rathaus** (1645); die Szenen aus der Schweizer Geschichte schuf der Münchner F. Wagner (1891). Im Großen Ratssaal
sind Porträts der Landammänner von 1544 bis 1850 zu sehen, im
Kleinen Ratssaal eine schöne Wandtäfelung und eine geschnitzte Decke von 1655. Der um 1200 erbaute **Turm** südlich des Rathauses
dient der Schwyzer Museumsgesellschaft für Wechselausstellungen.

Das barocke Zeug- und Kornhaus (1711, westlich des Hauptplatzes) **Museen**
wurde zum **Forum Schweizer Geschichte**, das einen facetten- und
aufschlussreichen Einblick in die Entstehung der Eidgenossenschaft
vermittelt. Weiter westlich (Bahnhofstr. 20) ist im **★ Bundesbriefmuseum** (1936) neben anderen historischen Urkunden und Bannern der erwähnte, auf Latein (!) abgefasste Bundesbrief ausgestellt.
Forum Schweizer Geschichte: Di.– So. 10.00 – 17.00 Uhr, Eintritt 10 CHF
Bundesbriefmuseum: Di.– Fr. 9.00 – 11.30, 13.30 – 17.00, Sa./So. 9.00 bis
17.00 (Nov. – April ab 13.30) Uhr, Eintritt 4 CHF

Schwyz besitzt etwa 30 stattliche Herrenhäuser aus dem 17./18. Jahr- **Ital-Reding-**
hundert, so das Ceberghaus, den Maihof und die Hettlingerhäuser. **Haus**
Ein großartiges Zeugnis repräsentativer Wohnkultur des 17. Jh.s ist
die **Ital-Reding-Hofstatt** (1609/1663) nordöstlich des Hauptplatzes,

Schwyz erleben

AUSKUNFT
Info Schwyz
Bahnhofstr. 4, 6431 Schwyz
Tel. 041 810 19 91, www.info-schwyz.ch

FESTE & EVENTS
Prächtige Fasnacht. Große Märkte auf
dem Hauptplatz, u. a. zur Kilbi im Oktober und um Martini. Anf. Juni: Natur-
Juuzer-Fäscht Unteriberg (Jodelfestival).
2. Juni-So. Schwingfest auf dem Stoos.

ESSEN
Rigiblick ❸❸❸
Lauerz, Seestr. 9, Tel. 041 811 54 66
Freundliches Ambiente und verfeinerte
Schweizer Küche, exzellente Weinkarte.
Terrasse am Lauerzer See mit herrlichem
Blick auf die Mythen.

Adler ❸❸
Ried im Muotatal, Kapellmatt 1
Tel. 041 830 11 37, So./Mo. geschl.
Eine der Bilderbuch-Wirtschaften der
Schweiz: außen schlicht, innen heimelig
bis fein. Die Küche: Bodenständiges auf
höchstem Niveau, insbesondere berühmt
für Wildgerichte. Mit Gästezimmern.

ÜBERNACHTEN
Wysses Rössli ❸❸–❸❸❸
Schwyz, Hauptplatz, Tel. 041 811 19 22
www.wysses-roessli-schwyz.ch
Traditionsreiches, innen gänzlich modernisiertes Haus im Zentrum mit gediege-
nem Ambiente. Klassische Küche. Wenn
möglich, werfen Sie einen Blick in die
grandiose Täferstube aus dem Schwyzer
Acherhof (17. Jh.).

u. a. mit einem reich intarsierten Täfersaal mit Winterthurer Kachel-
öfen. Auf dem Grundstück steht auch das als ältestes Holzhaus der
Schweiz geltende **٭Haus Bethlehem** von 1287 (im 17. Jh. umgestaltet). Im Talkessel von Schwyz haben sich 16 mittelalterliche Häuser
erhalten. Das älteste sicher datierte hölzerne Wohnhaus Europas, das
Haus Niederöst von 1176, wurde 2001 zerlegt und dem Tierpark in
Goldau geschenkt; ein Wiederaufbau ist wohl nicht mehr möglich.
Ital-Reding-Haus: Mai–Okt. Di.–Fr. 14.00–17.00, Sa./So. 10.00–12.00,
14.00–17.00 Uhr, Eintritt 5 CHF

UMGEBUNG VON SCHWYZ

**٭Großer
Mythen**
Von Schwyz aus können erfahrene, trittsichere Wanderer über das
Gasthaus Holzegg (1405 m, Seilschwebebahn von Brunni) in 4 Std.
der Große Mythen (1899 m) zu erklimmen, der eine weite Sicht über
die Zentralschweiz bietet.

٭Stoos
Eine Standseilbahn von Schlattli (an der Straße ins Muotatal) und
eine Luftseilbahn von Morschach am ▶ Vierwaldstättersee bringen
hinauf zum autofreien, auf einer Terrasse liegenden Ferienort **Stoos**
(1280 m, gutes Skigelände). Auf den **Fronalpstock** (1922 m) führen

Sessellifte und von Stoos eine Kabinenbahn; vom Gipfel bietet sich eine schöne Sicht auf den Vierwaldstättersee.

Die bis Bisistal (20 km) ausgebaute Straße führt durch Obstgärten zum Fuß des Giebels (918 m) und durch die bewaldete **Schlucht der Muota**. Nach 4 km passiert man **Schlattli** (573 m, Stoosbahn), bevor man an schönen Wasserfällen vorbei zu den Weilern Ried (Sesselbahn zum Oberberg, 1157 m) und Föllmis gelangt. Etwa 8 km entfernt liegt **Muotathal** (612 m) mit schöner Pfarrkirche von 1793 (Rokokostuck von P. A. Moosbrugger) und dem malerischen Franziskanerinnenkloster St. Joseph von 1693. An der Muota aufwärts erreicht man nach 8 km das hübsch gelegene **Bisistal**. Die Straße ins **Starzlenbachtal** führt 1 km hinter Muotathal am Eingang zum **Hölloch** vorbei, dem **größten Höhlensystem Europas** (bisher bekannte Länge 190 km). Kurze Führungen bis mehrtägige Expeditionen in absolute Stille und Nacht können bei Trekking Team (www.trekking.ch, Tel. 041 390 40 40) gebucht werden.

Muota-Tal

> ! **BAEDEKER TIPP**
>
> *Victorinox*
>
> In Schwyz – genauer in Ibach – ist einer der beiden Hersteller der weltberühmten Armeemesser ansässig. Die 1884 gegründete Firma lieferte erstmals 1891 Taschenmesser an die Armee, 1897 wurde die Bezeichnung »Original Offiziersmesser« geschützt. Von den ca. 100 Modellen werden pro Tag 28 000 Stück gefertigt. Einen »Brand Store« gibt es in Brunnen (▶Vierwaldstättersee).

Durch den Gutentalboden (1281 m) bringt ein schmales Sträßchen über den 18 % steilen Pragelpass (1550 m, Sa./So. und im Winter für Kfz gesperrt) zum Klöntalersee und nach Netstal (▶Glarnerland).

Pragelpass

* Scuol · Schuls

✳ H 27

Kanton: Graubünden
Höhe: 1250 m ü. d. M.

Einwohner: 2250

Berühmt sind die Quellen von Scuol, dem Hauptort und touristischen Zentrum des Unterengadins. Für erlebnisreiche Ferien in Sommer und Winter ist hier gut gesorgt.

Die Quellen von Scuol und Tarasp im ▶Engadin wurden erstmals 1369 erwähnt, und ab den 1860er-Jahren, als St. Moritz noch ein unbekanntes Bergdorf war, kurte in der »Bäderkönigin der Alpen« der europäische Hochadel. Der Geschichte als Wintersportort begann um 1950, und seit der Eröffnung des Eisenbahntunnels Vereina 1999 (▶S. 699) sind Scuol und seine Nachbarorte Tarasp und Vulpera wie-

Bäderkönigin der Alpen

Schloss Tarasp über dem gleichnamigen Dorf

der gut besucht. Es gibt über 20 Mineralquellen (Glaubersalz, alkalische Eisensäuerlinge u. a.), dazu kommt das subalpine Reizklima mit viel Sonne und reiner Luft. Für »Kurlauber« und sportliche Menschen jeden Alters gibt es ein großes Programm, auch liegt der Schweizerische Nationalpark (▶Zernez) vor der Tür.

SEHENSWERTES IN SCUOL UND UMGEBUNG

Scuol-sura   Die große Attraktion in Scuol-sura (Oberscuol) ist das Badezentrum **Bogn Engiadina**. Hier kann man vor imposanter Kulisse in zehn Innen- und Außenbecken planschen; römisch-irisches Bad, Sauna und Gesundheitsangebote aller Art gehören dazu. Den Dorfplatz von

Scuol-sot   Scuol-sot (Unterschuls) umgeben reich verzierte Häuser mit malerischen Giebeln und Erkern. In der schönen **Claustra Vedra** (Altes Kloster, 1704) sind eine Bibliothek und das **Museum d'Engiadina Bassa** untergebracht; außer Geräten aus dem ländlichen Alltag ist hier die erste in Scuol gedruckte romanische Bibel zu sehen (1679). In der spätgotischen Pfarrkirche **St. Georg** nebenan (1516) sind Kanzel, Empore und Fenster mit schönem Maßwerk zu beachten.
Museum d'Engiadina Bassa: Juni Di., Fr. 16.00–18.00, Juli–Okt. Di.–Fr. 16.00–18.00 Uhr

Motta Naluns   Vom Bahnhof geht es mit der Gondelbahn hinauf zur Bergstation Motta Naluns (2146 m), Zentrum des schönen Skigebiets an **Piz Minschun und Piz Champatsch**; Sessel- und Schlepplifte bringen bis in 2783 m Höhe. Die schönste Abfahrt, die 10 km lange »Traumpiste«, führt vom Salaniva nach Sent. Von Motta Naluns bringt ein bequemer Weg nach **Prui** (1 Std., im Winter mit Schneeschuhen); von dort gelangt man mit der Sesselbahn (im Winter mit dem Rodelschlitten, 3,5 km) nach Ftan und mit dem Postauto zurück nach Scuol.

Das alte Kurzentrum von Tarasp (330 Einw.) liegt ca. 1 km westlich **Tarasp** von Scuol an einer Engstelle des Tals am Inn. Hier entspringen die Mineralquellen; 1864 wurde das **Kurhaus** mit dem Kurhotel am linken Inn-Ufer erbaut (gegenwärtig verwaist), am anderen Ufer liegt die **Trinkhalle** (Büvetta, 1867) mit den stärksten Glaubersalzquellen Europas. Eine Straße führt nach **Vulpera** (1270 m) hinauf, einer Hotelsiedlung in schöner Lage auf einer schmalen Terrasse mit Parkanlagen und Golfplatz. Das Bild beherrschen das Jugendstil-Hotel Schweizerhof (Robinson Club) und das romantische Hotel Villa Engiadina (1902) mit seinem Burgturm.

Auf hohem Schieferfelsen thront das **Wahrzeichen des Unterenga- ✶Schloss dins**, das mächtige Schloss Tarasp, über dem rechten Innufer. Errich- **Tarasp** tet wurde es um 1040 für die Herren von Tarasp. 1239 gelangte es an die Grafen von Tirol und war bis ins 18. Jh. Sitz der österreichischen Vögte. Anfang des 20. Jh.s erwarb der Dresdner Industrielle August Lingner (»Odol«) die Anlage und richtete sie nach der Restaurierung

Scuol erleben

AUSKUNFT
Gäste-Info Scuol , Stradun, 7550 Scuol
Tel. 081 861 88 00, www.engadin.com

FESTE
1. Februar-Sa.: Hom Strom (Frühlingsfest mit Verbrennen eines Strohmanns). Am Morgen des 1. März: Chalandamarz (▶Engadin, Zuoz)

ESSEN/ÜBERNACHTEN
Hotel Paradies ⊙⊙⊙⊙
Ftan, Tel. 081 861 08 08
www.paradieshotel.ch
Luxuriöse Adresse in der Abgeschiedenheit Ftans mit modernen Zimmern und Suiten, in drei Restaurants kann man sich verwöhnen lassen. Sonnenterrasse mit atemberaubender Aussicht.

Belvedere ⊙⊙–⊙⊙⊙
Scuol, Stradun 330, Tel. 081 861 06 06
www.belvedere-scuol.ch
Stilvolles, dennoch noch bezahlbares Domizil mit herrlichem Bergblick, im Haus von 1876 oder im ultramodernen Anbau. Ein kleines Juwel ist der Speisesaal. Das Bogn Engiadina erreicht man über einen geschlossenen Gang.

ÜBERNACHTEN
Munt Fallun ⊙
Ftan, Tel. 081 860 39 01
www.hotel-muntfallun.ch
Altes Engadiner Haus, herrlich am östlichen Rand von Ftan-Pitschen gelegen, moderne Zimmer. Was man hier spart, kann man im Restaurant »L'Autezza« des Hotels Paradies investieren.

mit Engadiner Antiquitäten ein. Den schönsten Blick auf das Schloss hat man vom **Munt la Crusch** (Kreuzberg, 1477 m) östlich.

❶ Führungen 11. Juli–20. Aug. tgl. 11.00, 14.30, 15.30, 16.30; 20. Mai bis 10. Juli, 21. Aug.–20. Okt. 14.30, 15.30 Uhr, Eintritt 12 CHF

Ftan   Ftan (Fetan, 530 Einw.), oberhalb von Scuol auf 1650 m in einer Geländemulde gelegen, besteht aus Ftan Pitschen (»klein«) und Ftan Grond (»groß«). Auch hier gibt es viele schöne Engadiner Häuser mit prächtigen Quadersgrafitti, fantasievollen Giebeln und schönen Erkern, außerdem eine 400 Jahre alte funktionsfähige **Mühle**. Sensationell ist das Eis der **Glatscharia Balnot** aus Biomilch (geöffnet tgl. 13 – 19 Uhr). Sessellift nach Prui (2060 m).

Val S-charl   Bei Scuol mündet von Süden das einsame Val S-charl ein, das den Ostrand des **Schweizerischen Nationalparks** (▶Zernez) bildet. Im Winter ist es nur zu Fuß und mit Pferdeschlitten zugänglich. Das Dorf **S-charl** (1810 m, ca. 10 km von Scuol, mit drei Gasthöfen) war wegen seiner Silber- und Bleivorkommen ein Bergbauzentrum. Das **Museum Schmelzra** unterrichtet über die 300-jährige Bergbaugeschichte und die Geologie der Region, hier steht auch ausgestopft der letzte Schweizer Braunbär, der 1904 in der Nähe erlegt wurde. Die romanische Kirche stammt aus dem 11./12. Jahrhundert.

Schmelzra: Juni–Okt. Di.–Fr., So. 14.00–17.00 Uhr, Eintritt 5 CHF

Sierre · Siders

✦ L 11

Kanton: Wallis · Valais   **Einwohner:**
Höhe: 538 m ü. d. M.   15 600

Das alte Städtchen im Rhone-Tal ist der östlichste Ort des französischsprechenden Unterwallis und die Hochburg des Walliser Weins. Im benachbarten Varen beginnt das Rebbaugebiet mit den meisten Sonnenscheinstunden in der Schweiz.

SEHENSWERTES IN SIERRE

Rathaus   Vom Bahnhof (Tourismusbüro) hinauf zur Av. Général Guisan, der Hauptachse der Stadt. Rechts das stattliche **Château Bellevue** (1666, mehrfach umgestaltet; zeitweise Grand Hotel, heute Rathaus). An der Rue du Bourg folgt das **Château des Vidomnes** (Schloss der Vitztume, der bischöflichen Statthalter), etwas weiter unten die barocke Pfarrkirche **Ste-Catherine** von 1649; über dem Hauptaltar ein eigenartiger Baldachin mit Krone (Ende 18. Jh.). Das »französische« Haus

In den Weinbergen über Sierre wacht die Tour de Goubing.

jenseits der Straße zur Bahnunterführung ist die Maison de Courten (1796) mit dem **Musée R. M. Rilke,** das u. a. Manuskripte und Briefe des Dichters zeigt; Rilke hatte 1921 im Schlösschen Muzot in Veyras (s. u.) sein letztes Domizil gefunden. Nördlich, jenseits der Av. des Ecoles, die Kirche **Notre-Dame-des-Marais** (»Maria der Sümpfe«, 1422/1524) mit einem schönen Fresko (16. Jh.) an der Westwand. Weinfreunde besuchen das Weinbaumuseum im **＊Château de Villa** (16. Jh.) am nordwestlichen Stadtrand; es gibt hier auch ein schönes Restaurant – v. a. Fondue und Raclette – und eine Önothek mit über 500 Weinen. Einen Führer zu Winzern und Kellern (»Carnotzets«), in denen man – ggf. zu heimischen Spezialitäten – Wein probieren und einkaufen kann, hat das Tourismusbüro.

Musée Rilke: April – Okt. Di. – So. 14.00 – 18.00 Uhr, Eintritt 6 CHF
Château de Villa: Museum April – Nov. Di. – So. 14.00 – 17.00 Uhr. Önothek und Restaurant tgl. geöffnet, Tel. 027 455 18 96, www.chateaudevilla.ch

Östlich über der Stadt thront auf einem Felsen in den Weinbergen die mächtige **Tour de Goubing** (1297). Auf dem **Géronde-Hügel** südlich der Innenstadt liegen zwei kleine Seen mit einem Strandbad, außerdem Spuren der ältesten Besiedlung. Im 13. Jh. wurde dort die **Kartause Géronde** (Gerunden) gegründet.

Außerhalb der Altstadt

UMGEBUNG VON SIERRE

Einen guten Überblick über die Weinberge (empfehlenswert auch der Abstecher in die Raspille-Schlucht) vermittelt der 6 km lange **Rebenweg**, der das Weinmuseum in Sierre mit dem Rebbaumuseum

Salgesch

Sierre & Val d'Anniviers erleben

AUSKUNFT

Office de Tourisme Sierre-Salgesch
Place de la Gare 10, 3960 Sierre
Tel. 027 455 85 35
www.sierre-salgesch.ch

FESTE & EVENTS

Ende Juli, Vercorin: Jazzfest. 31. Juli,
Sierre: Fest bei den Géronde-Seen
mit Feuerwerk. 1. Sept.-Wochenende,
Sierre: Vinea (große Weinmesse).

ÜBERNACHTEN / ESSEN

Grand Hôtel Bella Tola & St-Luc
❻❻❻–❻❻❻❻

St-Luc, Tel. 027 475 14 44
www.bellatola.ch
Juwel der Belle Epoque mit zauberhaften Räumen (die Südzimmer sind den
preiswerteren Nordzimmern vorzuzie-
hen). Französisches Restaurant in der
verglasten Veranda, im rustikalen Tzam-
bron gibt's regionale Spezialitäten. Mit
großem Well-/Fitnessangebot.

Terminus ❻❻

Sierre, Rue du Bourg 1, Tel. 027 455 13
51, www.hotel-terminus.ch
Traditionelles Haus mit angenehmen,
unprätentiösen Zimmern. Das Restaurant von Didier de Courten gilt als eines
der besten der Schweiz (❻❻❻❻, 2 Mi-
chelin-Sterne, So./Mo. geschl.), preisgünstig isst man im Atelier Gourmand.

Hostellerie d'Orzival ❻❻

Vercorin, Tel. 027 455 15 56
Mit herrlichem Blick ins Rhonetal und
die Walliser Alpen gelegenes Haus, gemütliche, schlicht-modern gestaltete
Zimmer. Mit feinem Panorama-Restau-
rant, kredenzt werden Walliser Weine.

Hotel Weisshorn ❻❻

St-Luc, Tel. 027 475 11 06
www.weisshorn.ch
In der Bergeinsamkeit gelegenes Kurhotel von 1891, das seinen Charme
bewahrt hat – nur zu Fuß erreichbar.

Zumofenhaus in Salgesch verbindet. In Salgesch (1400 Einw.) sind
über zwei Dutzend Weingüter oder Kellereien ansässig, die die zu ca.
90 % roten Trauben verarbeiten; viele bieten Degustationen an.
Zumofenhaus: April–Nov. Di.–So. 14.00–17.00 Uhr, Eintritt 6 CHF

Venthône   Der berühmte Sommer- und Winterurlaubsort ▶Crans-Montana ist
von Sierre aus mit einer Standseilbahn und auf der Straße erreichbar,
die sich durch Weinberge und Wald über Venthône hinaufschlängelt
(15 km). In **Veyras** ist der Turm Muzot zu sehen, in dem Rilke ab
1921 lebte (nicht zugänglich); dort schrieb er die »Sonette an Or-
pheus« und vollendete die »Duineser Elegien«. **Venthône** (800 m)
ist ein malerisches Dorf mit Schloss (15. Jh.) und gotischer Kirche.

Pfynwald   Südlich der Rhone dehnt sich zwischen Sierre und Leuk der Pfynwald aus, der **größte Kiefernwald** der Schweiz, Kerngebiet des Regionalen Naturparks Pfyn-Finges. Seine einzigartige Lebenswelt, die
zwischen extremer Trockenheit und Auwäldern variiert, lässt sich auf

Wanderwegen erkunden (auch mit Leihrad). Info im Natur- und Landschaftszentrum Salgesch (www.pfyn-finges.ch).

Südlich von Sierre, 800 m hoch über dem Rhone-Tal, liegt das schöne alte Dorf Vercorin (1320 m). Man erreicht es auf der Straße über Chalais oder von dort mit der Seilbahn. Eine leichte Wanderung führt vom **Crêt du Midi** (2332 m, Seilbahn) in den Schluss des Val de Réchy und dann nach Vercorin hinunter (ca. 3.30 Std.). `Vercorin`

* VAL D'ANNIVIERS

Vom Tourismus nicht übermäßig vereinnahmt ist das reizvolle, von der **Navisence** (Navigenze) durchflossene Val d'Anniviers (dt. Eifischtal), das von Sierre 20 km weit nach Süden zur ******»Kaiserkrone« vordringt: den Viertausendern Weißhorn, Zinalrothorn, Gabelhorn, Dent Blanche und Matterhorn. Die schönen alten Dörfer haben sich mit sonnengeschwärzten **Häusern aus Lärchenholz** noch viel Atmosphäre bewahrt. Für den Wintersport ist das Tal gut erschlossen, insbesondere oberhalb **Chandolin und St-Luc** zwischen Illhorn und Bella Tola. Die Viehwirtschaft spielt in Zahlen kaum mehr eine Rolle, wohl aber für die Landschaftspflege. Ein wichtiges Datum ist der **Almauftrieb** Mitte Juni, da kämpfen die kleinen, starken, schwarzen Kühe der Eringer-Rasse um ihre »Königin«.

Wettergegerbte Walliser Holzhäuser in Grimentz

Vissoie Die Route ins Val d'Anniviers zweigt östlich von Sierre von der Straße 9 ab und führt in Kehren – unten das große, ab 1905 erbaute **Aluminiumwerk** von Chippis – über Niouc (900 m) nach Vissoie, dem Hauptort des Tals (1221 m, 480 Einw.). Seine meist aus Stein errichteten Häuser werden von der trutzigen **Cour Neuve** (13./14. Jh.) überragt, einst Sitz des Vogtes. Die benachbarte Kirche Ste-Euphémie (1809, Turm 1784) ist barock ausgestattet. Sehenswert sind auch die Marienkapelle von 1688 und das **Museum der »Patoisants«**.

St-Luc Ca. 5 km Serpentinen führen hinauf nach St-Luc (1643 m), einem beliebten Sommer- und Winterurlaubsort mit herrlichem Blick über das Tal auf Dent Blanche und Matterhorn sowie auf die Berner Alpen. Sehenswert sind die **Wassermühlen**. Am Weg zum südlich in 2337 m Höhe gelegenen Hotel Weisshorn (s. u.) liegt der **Pierre des Sauvages**, ein zerbrochener Felsblock mit 350 mysteriösen Vertiefungen (Schalensteine). Eine Standseilbahn bringt zur **Alp Tignousa** (2050 m); auf dem Planetenweg gehts zum **Observatorium** (interessante Vorführungen, www.ofxb.ch) und zum **Hotel Weisshorn** (▶S. 556). Die **✶✶Bella Tola** (3028 m, Aufstieg (4 – 5 Std.) bietet eine einzigartige Aussicht über die Berner und Walliser Alpen bis zum Montblanc. Herrliche Ausblicke gewährt auch **Chandolin** (1936 m), eines der höchstgelegenen Dörfer der Schweiz. Eine grandiose Steigerung stellt die Wanderung aufs **✶✶Illhorn** dar (2717 m, gesamt 4 Std.): Berner Alpen, Walliser Alpen mit Matterhorn, Montblanc, dazu der Blick durch den Illgraben ins 2000 m tiefer liegende Rhone-Tal.

Mühlen: Juli – Sept. Di., Do. 16.00 – 18.00 Uhr, www.lesmoulinsdest-luc.ch

✶Grimentz Reizvoll am Val de Moiry liegt Grimentz (1570 m, 380 Einw.), in dem sich alte, blumengeschmückte Holzhäuser (**Turmhäuser**, teils 16. Jh.) aneinanderreihen. Einzigartig ist der Gletscherwein, den Rebberge bei Sierre liefern, der aber hier ausgebaut wird; verwendet wird ein Verfahren wie beim Sherry, so dass der Wein ähnlich schmeckt. Er ist nur hier und vom Fass zu bekommen. Zu beachten das **Bürgerhaus** (1550) und die Theodulskapelle nördlich des Dorfs (17. Jh.). Weiter hinten im Tal liegt der Stausee **Lac de Moiry** (Restaurant), fahren kann man bis zum See unterhalb des Glacier de Moiry. Schöner Aufstieg zur Cabane de Moiry (2850 m, ca. 1.30 Std.).

Zinal Weiter im Val d'Anniviers. Über **Ayer** (1484 m), ebenfalls ein schönes, gut erhaltenes Dorf mit einer Wassermühle, erreicht man Zinal (1675 m) in beeindruckend wilder Gebirgsumrahmung, das erst Ende der 1950er-Jahre Straßenanschluss erhielt. Den Talschluss mit dem **Zinalgletscher** überragen die zweizackige Pyramide des Besso (3668 m), das Obergabelhorn (4063 m), das Zinalrothorn (4221 m), die Pointe de Zinal (3806 m) und die **Dent Blanche** (4357 m), alles anspruchsvolle Hochtouren.

* Simmental

* H – K 10/11

Kanton: Bern

Prächtige Holzhäuser, »Oberländer« Kirchtürme und Wiesen mit schönem Fleckvieh eigener Rasse machen das Tal zum Inbegriff des bernischen Bauernlandes. Ein Dorado für Menschen, die es etwas ruhiger und gemütlicher haben wollen.

Das Simmental ist eine ausgedehnte Talschaft im Berner Oberland, die sich vom Thunersee in weitem Bogen südwestlich bis nach Lenk und zum Wildstrubel erstreckt. Kommt man von Spiez, zweigt nach ca. 10 km das **Diemtigtal** nach Südwesten ab. Bis Weissenbach befindet man sich im **Niedersimmental** (Unteres Simmental), das im Norden von den schroffen Kalkklötzen der Freiburger Alpen begrenzt wird; das **Obersimmental** verläuft dann südlich. Bei Saanenmöser überschreitet man die Wasserscheide zur **Saane**, die durch das Pays d'Enhaut (▶Gstaad) ins ▶Greyerzerland fließt.

Landschaften

Von Spiez (▶Thunersee) fährt man auf der Straße 11 mit schönem Blick auf den Niesen nach Wimmis (681 m). Neben hübschen alten Holzhäusern ist hier eine der **Thunersee-Kirchen** (10. Jh., im 15. Jh.

Wimmis

Erlenbach, eines der Bilderbuchdörfer im Simmental

Simmental erleben

AUSKUNFT

Diemtigtal Tourismus
3753 Oey, Tel. 033 681 26 06
www.diemtigtal-tourismus.ch

Lenk-Simmental Tourismus
Rawilstrasse 3, 3775 Lenk
Tel. 033 736 35 35
www.lenk-simmental.ch

BAHN

Die Montreux-Oberland-Bahn (MOB)
verbindet Zweisimmen mit dem Genfer
See, die Bern-Lötschberg-Simplon-Bahn
(BLS) mit Interlaken. Beide sind Teil der
»GoldenPass Line« (▶ S. 701).

FESTE & EVENTS

Mitte Febr., Lenk: Schlittenhunderennen.
Um 20. Juni, St. Stephan: Supermoto
(Motorradrennen). Mitte Juli, Lenk: Jazztage. Ende Aug./Anf. Sept., Lenk: Mu-
sik-Akademie. Sept., St. Stephan: Alpabfahrt. Mitte Okt., Lenk: Älplerfest.

ÜBERNACHTEN/ESSEN

Lenkerhof ⊚⊚⊚⊚
Lenk, Tel. 033 736 36 36
www.lenkhof.ch
Das alte Kurbad Lenkerhof mit den
Schwefelquellen wurde zum lifestyligen
5-Sterne-Hotel, in einem Stilmix von al-
penländisch bis italienisch, von alt und
neu. Mit zwei Restaurants (Schweiz/Itali-
en) und »Wellbeing-Area« mit Frei- und
Hallenthermalbad, Schwefelbad etc.

Hotel Post ⊚
Zweisimmen, Bällizgasse
Tel. 033 729 30 40
Nettes Holzhaus an Bahnhof (Bahnver-
kehr kein Problem) und Gondelbahn
mit angenehmen Zimmern. Rustikales
Restaurant mit einfacher Schweizer
Küche, aber auch Pizza und Pasta
(tgl. geöffnet). Mit Terrasse.

Alte Post ⊚
Weissenburg, Tel. 033 783 15 15
www.altepost-weissenburg.ch
Stattlicher Gasthof an der Simme mit
schönen, großen Zimmern. Man speist
im eleganten Restaurant, in der Bauern-
stube unter bemalter Balkendecke oder
informell auf der Terrasse zum Fluss.
Mi./Do. geschlossen.

Hirschen ⊚
Oberwil, Auf der Egg/Hirschen
Tel. 033 783 17 57
www.pension-hirschen.ch
Familiengeführter, über 100 Jahre alter
Gasthof mit schlichten Zimmern in Holz.
Nach Absprache Abendessen möglich.

umgestaltet) zu sehen. Darüber, am Absturz der Burgfluh, thront das stattliche **Schloss Wimmis** (13. Jh., 1695 ausgebaut; Amtssitz des Niedersimmentals). Von Wimmis nach Boltigen führt der **Simmentaler Hausweg** (beschildert). Für die Besteigung des Niesen ▶ Thun. Hinter Wimmis fährt man durch die **Port**, eine Talenge zwischen den Felswänden der Burgfluh und der Simmenfluh.

*Diemtigtal In Latterbach zweigt die Straße ins Diemtigtal ab, ein schönes Wandergebiet und fast ein »Bauernhausmuseum« (Diemtigtaler Hauswege, beschildert). Unbedingt besuchenswert ist **Diemtigen**. Pfarrhaus (1782), Ofenhaus und Gasthof Hirschen – gegenüber der Kirche (13. Jh., 1490/1721 umgebaut) – bilden ein schönes Ensemble; an der Strasse nach Horboden steht das Grosshaus (1805), das größte Simmentaler Haus (mit Ründegiebel). Im Talschluss liegt die **Grimmi-Alp** (1222 m), Stützpunkt für Touren zum Seehorn (2283 m, 3 Std.) und zur Männliflue (2652 m, 4.30 Std.), die beide eine prächtige Aussicht gewähren – angeblich bis zur Schwäbischen Alb.

Erlenbach (707 m, 1700 Einw.) ist ein charakteristisches Simmentaler Dorf mit Holzhäusern des 18. Jh.s. Eine beeindruckende gedeckte Holztreppe führt hinauf zur ***Kirche** (10. – 13. Jh.), die wie eine Bilderbibel ausgemalt ist (1420 – 1450, Christophorus rechts vor dem Chorbogen um 1300). Im herrlichen ***Agensteinhaus** von 1766 dokumentiert das Museum der Landschaft Niedersimmental bäuerliche Kultur. Sehr schön ist der »Bauernhausbummel« nach Weissenburg: hin über Balzenberg und Nidflue, zurück am rechten Simmenufer über Moos und Badweidli (ca. 4.30 Std.). Mit der Seilbahn (zu Fuß 4.30 Std.) gelangt man von Erlenbach auf das ***Stockhorn** (2190 m, Restaurant), das einen großartigen Ausblick auf Berner Alpen, Seen und Mittelland bietet.

Agensteinhaus: Mai – Okt. Mi., Sa. 14.00 – 17.00 Uhr, Eintritt 5 CHF

*Erlenbach

Auch Därstetten (850 Einw.), ein ehemaliges Kurbad, glänzt mit schönen Holzhäusern des 18. Jh.s. Das **Haus Knutti** in Moos (südlich der Simme), 1756 von Hans Messerli erbaut, ist das berühmteste der Gegend (▶ 3 D, S. 562). In **Nidflue** oberhalb Därstetten (920 m) steht u. a. das frühbarocke Bieri-Haus von 1642, das älteste Bauernhaus des Simmentals.

Därstetten

Weissenburg (742 m) besaß einmal eine **Burg** (im 15. Jh. aufgegeben) und im Buuschebachtal das berühmte Kurhotel **Weissenburgbad** (1974 abgebrannt, abgetragen). Heute empfiehlt sich der gemütliche, 200 Jahre alte Gasthof Alte Post. Die 1228 erwähnte Kirche St. Mauritius in **Oberwil** wurde Ende des 15. Jh. ausgemalt. Reizvoll, aber anstrengend ist die Wanderung hinauf zum **Schnurenloch**, einem altsteinzeitlichen Rastplatz (gesamt 3.30 Std.).

Weissenburg

Über Boltigen (850 m, 1350 Einw.) ragt der schroffe Kalkkegel der **Mittagfluh** (1890 m) auf, an der noch die Spuren des Bergsturzes von 1978 zu sehen sind. Dunkelbraune Holzhäuser prägen die Dorfstraße. In Reidenbach (840 m) zweigt die Straße über den **Jaunpass** nach Bulle (▶Greyerzerland) und ▶Montreux ab. Etwa 2 km hinter Weissenbach trennt eine Enge das Untere vom Oberen Simmental. Hinter dem Felsen Laubeggstalden (Burgruine und Wasserfall) weitet sich das Tal; am Osthang die Burgruine **Manneberg** (1016 m).

Boltigen

Simmentaler Bauernhäuser

Die Baumeister und Zimmerleute achteten nicht nur auf Funktionalität, sie legten auch besonderen Ehrgeiz in Ausstattung und repräsentativen Schmuck. Besonders prächtige Bauernhäuser besitzt das Simmental im westlichen Berner Oberland. Unser Beispiel ist das einzigartige, 1756 von Hans Messerli erbaute Knuttihaus in Därstetten.

❶ Fassaden

Die meist zum Tal oder zur Straße gerichtete Giebel-Hauptfront ist aufwendig gestaltet. Schon elementare Bauteile wie Fenster und Balkenverbindungen werden in den vielfältigsten Varianten dekorativ eingesetzt. Zusammen mit der geschnitzten und gemalten Zier entsteht ein ganzes Kaleidoskop von Details, das dank der klaren Gliederung und der Symmetrien nicht erdrückend wirkt.

❷ Grundrisse

Die Berner Bauernhäuser entwickeln sich in zwei Achsen, wobei die kleinsten Häuser entweder einstubenbreit und zweiraumtief oder zweistubenbreit und einraumtief sind. Der Zugang liegt meist traufseitig, so dass sich ein Quergang ergibt, der den Wohn- vom Küchenbereich trennt. Das großzügige Knuttihaus ist dreistubenbreit (mit 5/4/5 Fenstern) und zweiraumtief.

❸ Die Stube

Dieser von der Küche getrennte, geheizte und rauchfreie Raum war Mittelpunkt des Lebens: im Sommer als abendlicher Aufenthalt und Schlafstätte, im langen, harten Winter des Berglandes als Vielzweckraum, in dem Wäsche, Windeln und Stiefel trockneten, in dem man aß, arbeitete (vom Weben und Sticken über das Schuheschnitzen bis zum Wursten) und sich zum Schwatz traf.

❹ Die Küche

Da die hohe Küche nur durch Türen und Kamin Tageslicht erhielt, war sie finster und nicht als Wohnraum geeignet. Über dem offenen Feuer hing in einem drehbaren Galgen der Kessel, in dem Mus (das Grundnahrungsmittel), Wasser und die Milch zum Käsen erhitzt wurden. Die Gerätschaften und Lebensmittel wurden in Regalen und Schränken verwahrt.

Die Sonntagsstube im Knuttihaus lässt die Repräsentationsbedürfnissen der bäuerlichen Oberschicht erkennen.

Das Foto auf der Klappe zeigt die Hauptfront des Knuttihauses.

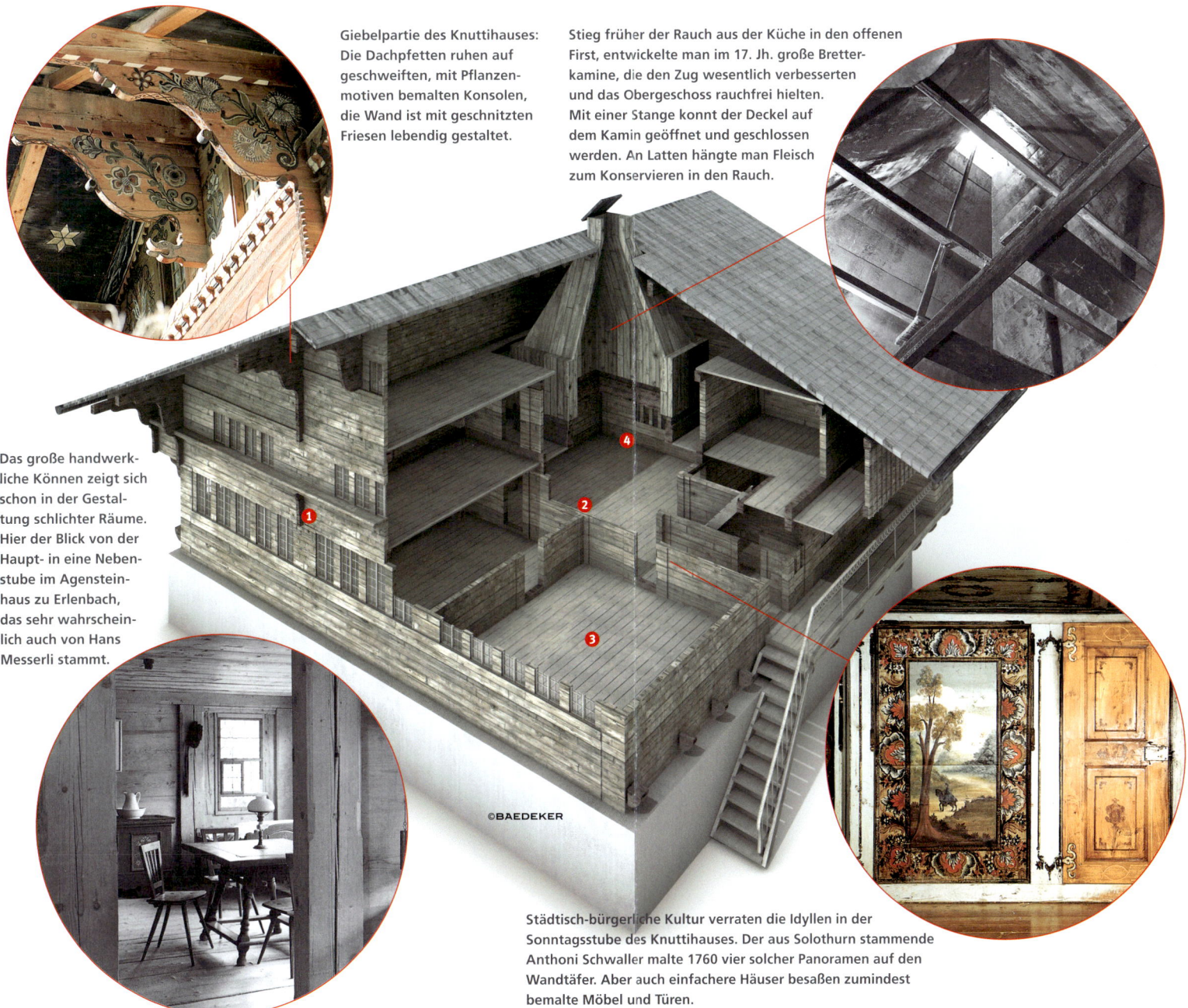

Giebelpartie des Knuttihauses: Die Dachpfetten ruhen auf geschweiften, mit Pflanzenmotiven bemalten Konsolen, die Wand ist mit geschnitzten Friesen lebendig gestaltet.

Stieg früher der Rauch aus der Küche in den offenen First, entwickelte man im 17. Jh. große Bretterkamine, die den Zug wesentlich verbesserten und das Obergeschoss rauchfrei hielten. Mit einer Stange konnt der Deckel auf dem Kamin geöffnet und geschlossen werden. An Latten hängte man Fleisch zum Konservieren in den Rauch.

Das große handwerkliche Können zeigt sich schon in der Gestaltung schlichter Räume. Hier der Blick von der Haupt- in eine Nebenstube im Agensteinhaus zu Erlenbach, das sehr wahrscheinlich auch von Hans Messerli stammt.

©BAEDEKER

Städtisch-bürgerliche Kultur verraten die Idyllen in der Sonntagsstube des Knuttihauses. Der aus Solothurn stammende Anthoni Schwaller malte 1760 vier solcher Panoramen auf den Wandtäfer. Aber auch einfachere Häuser besaßen zumindest bemalte Möbel und Türen.

Zweisimmen Zweisimmen (954 m, 2950 Einw.), der Hauptort des Obersimmentals, liegt in einem weiten Wiesental am Zusammenfluss der Großen und Kleinen Simme und ist als Sommer- und Winterurlaubsort beliebt. Die reformierte **Kirche** (13.–15. Jh.), zu der eine gedeckte Treppe führt, wurde um 1480 ausgemalt in stilistischer Verwandtschaft mit schwäbischen Werkstätten (Glasfenster 15./16. Jh.). Das **Obersimmentaler Heimathaus** (1647) oberhalb der Kirche, das dem Dorfbrand 1862 entging, führt bäuerliche Lebensweise vor Augen. Eine gut 5 km (!) lange Gondelbahn bringt auf den **Rinderberg** (2079 m; sehr empfehlenswerte Höhenwanderung nach Schönried, 3 Std.). Auch der Aufstieg westlich zum **Hundsrügg** (2049 m, 4 Std.) wird mit weiter Aussicht belohnt.

Heimathaus: 20. Mai–20. Okt. Mi., Sa., So. 14.00–16.30 Uhr, Eintritt 5 CHF

Oberes Simmental Von Zweisimmen geht rechts die Hauptstraße 11 nach Saanen ab (▶ Gstaad), links die Straße durch das Obere Simmental zur Lenk. In **Blankenburg** (alter Name Betelried, 960 m) sind das 1746 für den Landesschatzmeister Grünenwald erbaute Haus und das Schloss Blankenburg (1770, Amtssitz) zu beachten. Weiter an **Ried** vorbei (993 m) – hier bemerkenswert die Kirche St. Stephan (15. Jh.) mit skurrilen Schnitzreliefs an der Chordecke – mit Blick auf den Wildstrubel nach **Matten** (1026 m) an der Mündung des Fermeltals.

Lenk »Die« Lenk (1068 m, 2450 Einw.), zwischen Matten und Wäldern im Oberen Simmental gelegen, hat den Charakter eines geruhsamen **Kurorts** bewahrt; das 1862 begründete Kurbad bezeichnet sich heute als »Lenkerhof Gourmet Spa Resort«. Seit 1689 ist das schwefelhaltige, 8,5 °C kalte Wasser bekannt, das gegen Rheuma und Atemwegserkrankungen helfen soll. Großes kulturelles Angebot. Das **Skigebiet** der Lenk ist mit Adelboden verbunden (▶ Frutigland).

Mülkerblatten Von der Lenk bringt eine Gondelbahn über Stoss und Betelberg (1650 m, Restaurant) zur Bergstation Leiterli (1943 m) am Mülkerblatten, vom Wallbach eine Sesselbahn über die Wallegg. Der **Betelberg** ist für seine Moorlandschaft bekannt. Sehr schön und wenig anstrengend ist der Höhenweg vom Leiterli über Trütlisbergpass und **Wasserngrat** nach Gstaad (ca. 4.30 Std.); man passiert dabei ein Gelände mit großen Kratern im wasserlöslichen Gipsgestein.

*Iffigfall Eine schmale Straße führt südlich im **Pöschenriedtal** am 180 m hohen Iffigfall vorbei zur **Iffigenalp** (1584 m). Sie ist Ausgangspunkt für lohnende, für Geübte unschwierige Touren auf das Wildhorn (3248 m, 6 Std.) oder den Wildstrubel (Westgipfel 3251 m, 7 Std.). Von Iffigenalp erreicht man in 3 Std. den ***Rawilpass** (2439 m), über den in alten Zeiten Vieh getrieben und Wein transportiert wurde. Der kühne Weg an der Felswand hinunter zum **Lac de Tseuzier**

(2 Std.) wurde 1750–1770 angelegt. Das Postauto bringt dann vom
See nach ▶Sion im Wallis.

Auf einem Fahrweg gelangt man südöstlich an der Simme aufwärts
nach Höhenhaus (1103 m) am Ende des Tals. Von hier geht man an
den **Simmenfällen** aufwärts in 1 Std. zu den Hütten im Rezliberg
(1404 m). In ihrer Nähe sprudelt der **Siebenbrunnen** (»Bi de sibe
Brünne«, 1449 m), der als Quelle der Simme gilt, in sieben Öffnun-
gen aus der Wand des Fluhhorns.

Höhenhaus

Östlich von Lenk geht ein Fahrweg steile 6 Kilometer hinauf zum
Gasthaus Büelberg (1660 m). Von dort gelangt man in 1 Std. zur
Passhöhe **Hahnenmoos** (▶Frutigland, Adelboden).

Büelberg

✳ Simplon

✳ **L 14/15**

Kanton: Wallis · Valais
Passhöhe: 2005 m ü. d. M.

**Eindrückliche, einsame Gebirgslandschaften erschließt der
Simplonpass, der das Wallis mit Oberitalien verbindet.**

Trotz seiner bescheidenen Höhe (2005 m) ist die Fahrt über den
ganzjährig geöffneten Pass ein Erlebnis. Mit großartigem Rückblick
auf das Rhone-Tal und das Aletschmassiv führt sie zwischen Fletschhorn und Monte Leone, dann durch die wilde Gondo-Schlucht hinunter ins Valle d'Ossola (Brig – Domodossola 65 km).

Der Simplon, der ▶Brig mit dem Valle d'Ossola verbindet, wurde
schon in grauen Vorzeiten begangen; um 196 n. Chr. wurde er unter
dem römischen Kaiser Septimius Severus befestigt und im 17. Jh. von
dem Kaufmann Kaspar von Stockalper ausgebaut. Der »König vom
Simplon« (▶Brig) ließ auch Brücken und Versorgungsbauten errichten, die noch erhalten sind; diese Route wurde rekonstruiert und als
Wanderweg (Via Stockalper) eingerichtet. Die Passstraße folgt zu
großen Teilen der Trasse, die Napoleon 1801 – 1805 durch den Ingenieur Nicolas Céard anlegen ließ: mit 8 m Breite und 3,5 % Maximal-
steigung, damit die Kanonen gut zu transportieren waren. Zwischen
1898 und 1906 wurde der 19,8 km lange Eisenbahntunnel zwischen
Brig und Iselle im italienischen Divedro-Tal erbaut (Autoverladung).

**Ein wenig
Geschichte**

Die Simplonstraße beginnt in **Glis** (▶Brig; Gedenktafel bei der Wallfahrtskirche) und führt in weitem Bogen den Briger Berg hinauf.
Jenseits des Rhone-Tals mit Brig sieht man die Belalp mit dem Sparr-

Briger Berg

horn (3026 m) darüber, links davon das Nesthorn (3820 m), rechts der Kegel des Eggishorns (2934 m). Unter der Seilbahn nach Rosswald hindurch passiert man **Schallberg** über der wildromantischen **Saltina-Schlucht**; voraus die Passhöhe, im Rückblick die Berner Alpen vom Bietschhorn bis zum Aletschhorn. Das Gantertal – mit der prächtigen Riege von Bortelhorn (3194 m), Furggenbaumhorn (2991 m) und Wasenhorn (3246 m) – überquert man auf einer modernen, 148 m hohen und 678 m langen Betonbrücke (C. Menn, 1980) mit S-förmiger Straßenführung und 5 % Steigung; Brücke und Straße aus Napoleons Zeiten im Talgrund sind noch erhalten.

Gantertal

*Simplonpass Über Berisal (1526 m) und Rothwald (1750 m) – hier erscheint rechts über dem Pass das prachtvolle Fletschhorn (3996 m) – erreicht man die Passhöhe (2005 m, Hotel Bellevue Simplon-Kulm) auf dem Sattel am Fuß des vergletscherten Monte Leone (3553 m) und der schwarzen Wände des Hübschhorns (3192 m). Ein riesiger Adler aus Stein erinnert hier an die Grenzwacht im Zweiten Weltkrieg. Anschließend folgt das **Hospiz** (2001 m), von Napoleon gegründet und seit 1825 im Besitz der Augustinerchorherren vom Großen St. Bernhard (▶Martigny). Außer Unterkunft für Wanderer i n Zimmern verschiedener Größe bietet es Aktivferien für Jugendliche und Erwachsene an (Tel. 027 979 13 22, http://gsbernard.net).

Simplon Dorf Von hier geht es bergab in das tundra-artige Tal des Krummbachs. Unterhalb der Straße steht der 1235 von den Johannitern gegründete und 1666 von Kaspar Stockalper neu erbaute **Alte Spittel** (1872 m; Gruppenunterkunft, Tel. 027 922 46 42). Bei Eggen (1600 m) ging 1901 vom Fletschhorn ein verheerender Berg- und Gletschersturz nieder. Das Dorf Simplon (1479 m, 330 Einw.) – mit ummauerten Holzhäusern und der um 1720 erbauten Kirche St. Gotthard – liegt

Simplon erleben

AUSKUNFT
▶Brig

Verkehrsverein Simplon
3907 Simplon-Dorf
Tel. 027 979 10 10, www.simplon.ch
www.gemeinde-simplon.ch

VIA STOCKALPER
33 km, ca. 2000 m Anstieg, 2 – 3 Tage (Gehzeit ca. 13 Std.). Empfehlenswert

sind 3 Tage: Brig – Simplonpass, Pass bis Simplon Dorf, Simplon Dorf – Gondo.

ÜBERNACHTEN
Hotel Fletschhorn ⊙
3907 Simplon-Dorf
Alte Simplonstrasse 2, Tel. 027 979 11 38
www.hotelfletschhorn.ch
Gepflegtes familiäres Haus, ruhig abseits der Hauptstraße gelegen. In der alten Gaststube gibt's Walliser Spezialitäten.

Eigentümlicher Bau in urtümlicher Landschaft: Alter Spittel

hübsch in einer Talweitung, im Osten vom Monte Leone, im Südwesten von Fletschhorn (3996 m) und Weissmies (4023 m) überragt. Der Alte Gasthof ist Zentrum des **Ecomuseums Simplon** (▶Brig) mit Dokumentationen zur Geschichte des Passes und des Eisenbahntunnels sowie zur Wirtschaft der Gegend.

Ecomuseum Simplon: Juni – Okt. Mi. – So. (15. Juni – 31. Aug. auch Mo./Di.) 13.00 – 17.00 Uhr, Eintritt 5 CHF

Bei **Gabi** (Gstein, 1232 m) vereinen sich Krummbach und Lagginbach zur Diveria oder Doveria, die durch die bis 900 m tiefe Gondo-Schlucht fließt, einen der wildesten Straßen-Engpässe der Alpen. **Gondo** (858 m, 150 Einw.), das letzte Schweizer Dorf, liegt malerisch unter den Wänden der Talenge. Sein Wahrzeichen ist die **Suste**, ein Rasthaus, das Stockalper 1670 errichten ließ. Die Geröllawine, die im Okt. 2000 ein Drittel des Dorfs zerstörte, beschädigte auch die Suste schwer; sie wurde restauriert und ist heute das stilvoll-atmosphärereiche, preiswerte ***Hotel Stockalperturm** (Tel. 027 979 25 50, www.stockalperturm.ch). Dort gibt es auch ein Museum zum Goldabbau (s. u.). Der Bau der schlichten Dorfkirche 1968 hat den Chor des 15. Jh.s erhalten; zu beachten sind Skulpturen aus dem 15./16. Jh. und der Kruzifixus mit einem seltenen Gabelkreuz (13. Jh.). Bei Gondo geht südlich das einsame **Zwischbergen-Tal** ab, das für seine Flora berühmt ist. Bei Hof lag ein Goldbergwerk, das im 17./18. Jh. mühsam ausgebeutet wurde und in den 1890er-Jahren noch einmal für einen kurzen Goldrausch sorgte.

*Gondo-Schlucht

Val Divedro	Hinter der italienischen Grenze fährt man im Val Divedro hinunter nach **Iselle** (657 m), etwas unterhalb liegt das Südportal des Simplontunnels. Bei Crevoladossola erreicht man das breite Tal des Flusses **Toce**, das Valle d'Ossola, das mit seinen Kastanien-, Feigen- und Maulbeerbäumen fast mediterranen Charakter zeigt.
Domodossola	Das Städtchen Domodossola (278 m, 18 500 Einw.) besitzt einen hübschen Marktplatz (Piazza del Mercato), der samstags seinem Namen entsprechend genützt wird. Von hier kann man durch das **Valle Vigezzo** und das **Centovalli** nach ▶Locarno fahren (50 km).

＊ Sion · Sitten

✳ **L 9/10**

Kanton: Wallis · Valais	**Einwohner:**
Höhe: 520 m ü. d. M.	29 300

Mit zwei aus dem Rhone-Tal aufragenden Felsbastionen bietet die Wein- und Hauptstadt des Kantons Wallis ein beeindruckendes Bild, die Altstadt besticht mit französischem Flair.

Sion gestern und heute	Die römische Siedlung Sedunum wurde um das Jahr 580 Bischofssitz, heute ist Sion ein bedeutender Wirtschaftsstandort mit Regionalflugplatz; hier werden Wein, Obst und Gemüse aus dem Rhone-Tal verarbeitet und vermarktet, dazu kommt vielfältige Industrie, v. a. Maschinenbau, Elektronik und die Uhrenfertigung der Swatch-Group. Eine Reihe großer Weinkellereien, wie Charles Bonvin Fils, Robert Gilliard und Provins Valais, bieten Verkostungen etc. an.

SEHENSWERTES IN SION

Place de la Planta	Auf der weiten Place de la Planta stehen das klassizistische **Regierungsgebäude** und ein Denkmal zur Erinnerung an den Beitritt des Wallis zur Eidgenossenschaft (1815). An der hübschen Rue de Conthey ist eines der großartigsten Bürgerhäuser des Wallis zu sehen, die **Maison Supersaxo**, die sich der Landeshauptmann Georg Supersaxo (Jörg auf der Flüe, 1450–1529) 1505 bauen ließ; der Festsaal besitzt eine grandiose ＊＊ geschnitzte Holzdecke, im Zentrum die Geburt Christi. Im Haus das nette Restaurant Coq en Pâte. **Maison Supersaxo:** Mo.–Fr. 8.00–12.00, 14.00–17.00 Uhr, Eintritt frei
Rue du Grand-Pont	Das würdige **Rathaus** (1665) ist mit einer astronomischen Uhr von 1668 geschmückt; über dem herrlichen geschnitzten Portal mit einer Justitia ist der selbstbewusste Spruch zu lesen: »Der Herr liebt die

Tore Sions mehr als alle Wohnungen in Jakob« (nicht aus Psalm 86, sondern 87). Im Vestibül sind römische Inschriftentafeln eingemauert, darunter das **Christogramm** des Prätors Pontius Asclepiodotus von 377, das älteste Zeugnis des Christentums auf Schweizer Boden. Die **Grenette** (Speicher, 1860) ist heute Kulturzentrum, im **Caveau-Oenothèque** »Le Verre à Pied« (Av. Grand-Pont 29) kann man sich mit Weinen der Region eindecken.

Unweit westlich liegt das »geistliche Zentrum« Sions. Der mächtige romanische Turm (12 Jh.) gehört zur Kathedrale **Notre-Dame-du-Glarier** aus dem 15. Jh.; im düsteren Inneren zu beachten der Flügelaltar (um 1505), das Renaissance-Chorgestühl (1623), Taufbecken (1621) und Bischofsgrabmäler des 15. Jh.s. Die Orgel ist ein Werk der berühmten Orgelbauer Carlen in Reckingen (Goms). Der Kirchenschatz mit Reliquiaren des 8.–10. Jh.s ist im **Musée de l'Évêché** neben dem Bischofspalast ausgestellt. Die benachbarte spätgotische Kirche **St-Théodule** wurde im Auftrag des mächtigen Kardinals Matthäus Schiner von Ulrich Ruffiner 1512 begonnen und 200 Jahre später vollendet. Im Chor ein schön ausgemaltes Sterngewölbe.

Kathedrale und St. Theodul

Musée de l'Évêché: 21. Juni – Okt. Mo.– Fr. 14.00 – 17.00 Uhr, Eintritt frei

Die schmale Rue de la Tour führt zum **Hexenturm** (12. Jh.), einem Rest der mittelalterlichen Stadtbefestigung. An der Gabelung Rue de Gravelone / Av. St-François steht ein originelles Maulesel-Denkmal (1966). Die klassizistischen Häuser an der **Rue de Savièse** entstanden nach dem Stadtbrand 1788.

Nördlich des Kirchenbezirks

In den erhaltenen Teilen der **Burg Majoria** und des **Vitztumschlosses** zeigt das Kantonale Kunstmuseum Werke aus dem 17.– 20. Jh.

Musee d'Art du Valais

Die kühne »Skyline« von Sion gegen das Bietschhorn

Sion erleben

AUSKUNFT
Sion Tourisme
Place de la Planta, 1950 Sion
Tel. 027 327 77 27
www.siontourism.ch

FESTE & EVENTS
Mitte Juli – Ende Aug.: Orgelfestival
Valère (Konzerte Sa.). Mitte – Ende Aug.:
Internationales Musikfestival. 10. Sept.:
Fête du Goût.

ESSEN
❶ *Relais du Mont d'Orge* €€€
La Muraz, Route du Sanetsch 99
Tel. 027 395 33 46, www.ricou.ch

So.abend/Mo. geschl.
Einladendes, recht buntes Restaurant
nahe dem Lac Mont-d'Orge, ausgezeichnete französische Küche und vorzügliche
Weinauswahl (Wallis, Frankreich). Schöner Wintergarten und Terrasse mit Aussicht. Mit preisgünstiger Brasserie.

ÜBERNACHTEN
❶ *La Grande Maison* €–€€
Chandolin-près-Savièse, Route du Sanetsch 13, www.lagrandemaison.ch
Kleines (!), restauriertes Haus von 1808
über dem Rhonetal, wunderbare Atmosphäre. Nehmen Sie ein Zimmer/eine
Suite mit Kamin. Preiswertes Restaurant.

(u. a. E. Biéler, E. Bille, P. Messerli, A. Raboud). Davor das Denkmal des hl. Theodul, Bischof und Schutzpatron des Wallis. Das **Musée de la Nature** (Rue des Chateaux 12) ist dem Thema »Mensch und Natur im Wallis« gewidmet. Vom Parkplatz bei der romanischen **Allerheiligenkapelle** (1325/1669) geht man hinauf zu den Burgen.

Musee d'Art: Di. – So. 11.00 – 18.00 Uhr, Eintritt 8 CHF
Musée de la Nature: Di. – So. 13.00 – 18.00/17.00 Uhr, Eintritt 3 CHF

Château de Valère
Die Kirchenburg Valeria (621 m) bietet mit der Kollegiatkirche Notre-Dame-de-Valère (12./13. Jh.) ein markantes Bild. Die schlichte romanisch-gotische Pfeilerbasilika, auf römischen Grundmauern errichtet, besitzt im Chor bemerkenswerte romanische Kapitele; ein Lettner (13. Jh.) trennt den Chor vom jüngeren Langhaus. Auf dem Hochaltar eine Muttergottes (14. Jh.) und ein Tabernakel von 1533; das schöne Chorgestühl entstand 1662 – 1664. Von den Wandgemälden ist das am Grab des Bischofs Wilhelm III. von Raron (Südwand) hervorzuheben, das Peter Maggenberg zugeschrieben wird; er bemalte auch die Türen des Gehäuses (1436) der Schwalbennest-Orgel, die als **älteste noch spielbereite Orgel** der Welt gilt (um 1435, erweitert von C. Aebi 1687).

Im **Bischofsschloss** illustriert das Kantonale Museum für Geschichte die politische, kulturelle und wirtschaftliche Vergangenheit des Wallis seit dem Ende der Römerzeit.

❶ Burg: Juni–Sept. 10.00 –18.00, sonst Di.– So. 10.00 –17.00 Uhr, Eintritt frei. Das Museum öffnet jeweils um 11.00 Uhr, Eintritt 8 CHF

Auf dem Felsen nebenan thront die Ruine der Bischofsburg Tourbillon (655 m), die 1294 für Bonifatius von Challant erbaut und 1788
von den Franzosen zerstört wurde. Schöner Ausblick über das Rhone-Tal von Leuk im Osten bis Martigny im Westen.

Château de Tourbillon

❶ Mitte März – Mitte Nov. 11.00 – 17.00, Mai – Sept. 10.00 – 18.00 Uhr

UMGEBUNG VON SION

In Aproz 5 km rhoneabwärts wird das bekannte, von der Migros ver-
triebene Mineralwasser Aproz abgefüllt. Anfang Mai kämpfen hier
über **200 Eringer-Kühe** um die nationale Meisterschaft.

Aproz

Den besten Blick auf Sion hat man nordwestlich vom Mont d'Orge,
einem beliebten Freizeitgelände, der mit einem **See** und seiner **Tro-
ckenvegetation** zu den nationalen Naturdenkmälern gehört (Mai-

*Mont d'Orge

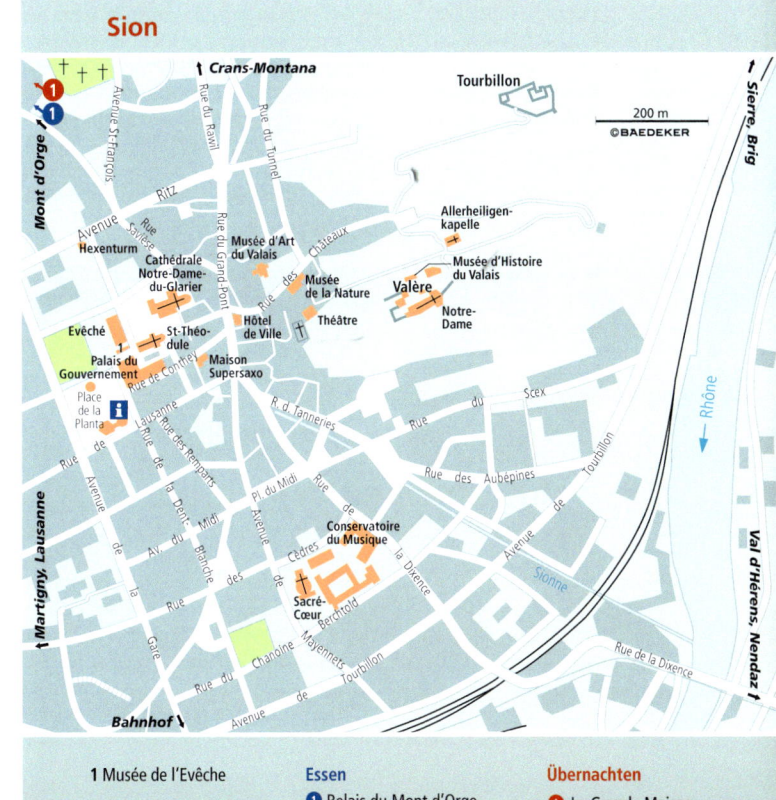

1 Musée de l'Evêché   **Essen**   **Übernachten**
❶ Relais du Mont d'Orge   ❶ La Grande Maison

son de la Nature am Ostende des Sees). Zu Fuß von der Place de la Planta in 45 Min. zu erreichen.

Maison de la Nature: Juli/Aug. Di.–So., Mai/Juni, Sept./Okt Mi., Sa., So. 14.00–18.00 Uhr, Eintritt frei

Weinorte bei Sion

Die Hänge von **Savièse**, **Conthey** und **Vétroz** nördlich und westlich der Stadt gehören mit ihren teils terrassierten Rebflächen zu den Hauptlieferanten des Fendant (Chasselas); Vétroz ist zudem die fast ausschließliche Heimat des weißen Amigne. Weiter westlich, an der Straße 9, liegt **St-Pierre-de-Clages** (650 Einw.), mit 430 ha Rebfläche bedeutendste Weinbaugemeinde des Wallis, außerdem »Village du Livre« mit interessanten Antiquariaten. Mitte Mai werden auf dem Dorfplatz die neuen Weine vorgestellt. Eine bewegte Geschichte hat die sehr archaisch wirkende romanische **Kirche St-Pierre** hinter sich (11. Jh., erste Erwähnung 1152; Glasfenster von E. Bille, 1948).

∗Saillon

Ganz mittelalterlich erscheint Saillon ca. 5 km weiter westlich, das sich am rebenbedeckten Felshang hinaufzieht; die Befestigungen der Altstadt blieben fast ganz erhalten, von der Burg der savoyischen Grafen (12. – 15. Jh.) der **Tour Bayart**. Eine lokale Berühmtheit war der Geldfälscher Farinet, und so gibt es hier ein **Museum der Falschmünzerei**. Südlich des Orts liegt das große moderne **Thermalbad**.

St-Léonard

Bei St-Léonard 5 km östlich von Sion kann man auf dem größten **unterirdischen See** Europas eine Bootsfahrt unternehmen.

Lac Souterrain: 19. März–1. Nov. 9.00–17.00 Uhr, Eintritt 10 CHF

Les Agettes

Am steilen Hang südlich über Sion verstreut sind die Chalets von Les Agettes (1030 m) und Mayens de Sion (1300 – 1400 m). Es gibt dort grüne Weiden, die durch **Suonen** (»bisses«, d. h. Kanäle) bewässert werden, und eine prachtvolle Aussicht auf die Berner Alpen, v. a. auf das Wildhorn (3248 m) direkt über Sion. Westlich benachbart liegt das Dörfchen **Veysonnaz** (1233 m), das sich zum Wintersportort entwickelt hat: Eine Kabinenbahn bringt hinauf zum Ferien- und Sportzentrum **Thyon 2000** (2068 m, auch Straße von Vex über Les Collons, 13 km), Teil des Skigebiets **Quattre Vallées**, das bis Verbier (►Martigny) und zum

Beim Turnier der Eringer-Kühe in Aproz

3330 m hohen Mont-Fort hinauf reicht. Um den 20. Juni kämpfen auf der Alpe Combyre die Eringer-Kühe der Quattre Vallées um den Titel ihrer Königin.

COL DU SANETSCH

Ein kurvenreiches und bis 18 % steiles Sträßchen führt von Sion über **Morge-Tal** St-Germain und **Chandolin** nördlich ins wilde Tal der Morge. Nach 16 km erreicht man den **Col du Sanetsch** (2243 m, mit Hotel), den Pass zwischen Arpelistock (3035 m) und Sanetschhorn (Mont Brun, 2924 m). Sie sind vom Pass in 3.30 bzw. 2.30 Std. zu besteigen (fantastische Aussicht). Noch 5 km sind es zum **Lac de Senin**, einem Speichersee am Oberlauf der Saane (Sarine) mit 42 m hoher Staumauer. Von hier kann man nach Gsteig (▶ Simmental) absteigen.

LA DERBORENCE

Zwei Bergstürze am Südhang der Diablerets 1714 und 1749 ließen ***Derborence-** den **Lac de Derborence** (1450 m) und einen Urwald entstehen, der **Urwald** 1959 unter Naturschutz gestellt wurde. Schon der Weg in den wildromantischen Talkessel ist abenteuerlich, nämlich gut 500 m hoch über der engen **Schlucht der Lizerne**: entweder zu Fuß von Ardon (9 km westlich von Sion) am westlichen Talhang entlang (ca. 4 Std.) oder auf atemberaubendem Sträßchen von Aven oberhalb von Vétroz (6 km westlich von Sion), das auch vom Postauto benützt wird.

* LAC DE TSEUZIER

Ein Erlebnis ist die 23 km lange Fahrt (auch mit Postauto) von Sion in die Bergwelt nordöstlich zwischen **Wildhorn** und **Bella Lui**. Durch das Rebland von Champlan (714 m) und Grimisuat (881 m) geht es hinauf nach Ayent (um 1000 m), einer aus mehreren Dörfern **Ayent** bestehenden Gemeinde. Auf 1777 m Höhe in wilder, einsamer Berglandschaft liegt der **Lac de Tseuzier**, ein 1000 m langer und 800 m breiter Stausee. Von hier steigt man über die Alp Armeillon zum ***Rawilpass** auf (2429 m, 2.30 Std.), seit alten Zeiten Übergang zum Berner Oberland (▶ Simmental).

Oberhalb von Ayent breiten sich die Häuser von Anzère (1430 m) **Anzère** aus, einem besonders winters besuchten autofreien Ort in **schöner Terrassenlage**. Die Kabinenbahn zum Pas de Maimbré (2362 m) erschließt das Skigebiet. Im Norden ragt eindrucksvoll das ***Wildhorn** auf (3248 m, Aufstieg ca. 5.30 Std.).

VAL DE NENDAZ

Nendaz Südwestlich von Sion dringt das enge Val de Nendaz nach Süden vor. Über dem Taleingang und der Rhone liegt der bekannte Skiort Nendaz (1370 m) mit altem Dorfkern und modernen Appartementhäusern. Um den 24. Juli findet hier ein Internationales Alphorn-Festival statt (www.nendazcordesalpes.ch). Eine Schwebebahn bringt hinauf nach **Tracouet** (2200 m) am Fuß des **Dent de Nendaz** (2463 m), der in ca. 45 Min. zu besteigen ist; sehr schön die anschließende Wanderung zur Pointe de Balavaux (2456 m) und über die **Alpe Balavaux** – berühmt für ihre 1000-jährigen Lärchen-Giganten – nach Tracouet (weitere 1.30 Std.). Auch um Nendaz gibt es viele Suonen, alte Bewässerungskanäle, entlang denen ca. 100 km weitgehend flach verlaufende Wanderwege angelegt sind.

Siviez Die Straße ins Val de Nendaz, die streckenweise oberhalb einer Suone verläuft, bringt über **Le Bleusy** (1412 m, sehenswerte Kapelle) und L'Antie (1565 m) zum Beton-Wintersportort Siviez (1758 m, Super-Nendaz). Ein Netz von Seilbahnen und Liften erschließt die Skigebiete am Dent de Nendaz, am **Mont Gelé** (3023 m) und **Mont-Fort** (3330 m), ; sie stellen auch die Verbindung mit den Pisten von Verbier (▶Martigny) her. Im Talschluss der **Lac de Cleuson** (2115 m), ein 1,2 km langer Stausee.

VAL D'HÉRENS · VAL D'HÉRÉMENCE

Das grüne Val d'Hérens – zu deutsch **Eringertal**, die Heimat der kleinen, starken, schwarzen Eringer-Kühe – führt südöstlich von Sion ca. 50 km in die gewaltige Bergwelt zwischen Mont Blanc de Cheilon **Vex** und Dent Blanche. Bei der Fahrt hinauf nach Vex (gesprochen »wä«, 957 m) hat man einen herrlichen Blick auf Sion und das Rhone-Tal, von Vex in die Schlucht der Borgne und das Val d'Hérens. Von hier **Val d'Héré-** führt ein Sträßchen in das herbe Val d'Hérémence und zum schönen **mence** Bergdorf **Hérémence** (1236 m), in dem die Betonkirche St-Nicolas (W. Förderer, 1971) einen schroffen Kontrast zu den schwarzen Holzhäusern bildet. Über die Weiler Mâche und Pralong (1608 m, Bartholomäuskapelle mit spätgotischem Flügelaltar) nach **Motôt** (1925 m); von hier gehen Serpentinen hinauf zum **Lac de Dix** mit der ***größten Staumauer der Welt** (Barrage de la Grande-Dixence, 1961, Höhe 284 m, Länge der Krone 748 m, Breite 15 m, Breite an der Basis 198 m). Das Wasser wird unterirdisch zum Kraftwerk Fionnay im Val de Bagnes (▶Martigny) und zur Hauptzentrale Nendaz im Rhone-Tal geleitet. Vom Fuß der Talsperre (Hotel) bringt auch eine Kabinenseilbahn zum Stausee. In der großartigen Gebirgsszenerie ragen Rosablanche (3336 m), Mont Blanc de Cheilon (3871 m) und

Les Haudères, im Hintergrund der Dent Blanche

Aiguilles Rouges d'Arolla (3646 m) hervor. Empfehlenswerte Wanderung am See entlang und zur **Cabane des Dix** (3.30 Std.) oder über den **Riedmattenpass** nach Arolla (gesamt 6 Std.).

Die Straße in das **Val d'Hérens** führt am Hang weiter. Nach Überquerung der Dixence fährt man in einem Tunnel unter **Erdpyramiden** hindurch, die aus eiszeitlichen Moränen vom Regen ausgewaschen wurden und mit Steinen bekrönt sind.

*Pyramides d'Euseigne

Der Weiler Ossona oberhalb von St-Martin, in den 1960er Jahren verlassen, wurde wieder »aktiviert«; in restaurierten alten Häusern kann man Ferienwohnungen mieten (www.ossona.ch).

Ossona

Im Val d'Hérens folgt Evolène (1378 m, 1500 Einw.) im breiten Talboden zwischen dem Sasseneire (3254 m) auf der östlichen sowie Pic d'Artsinol (2998 m) und Mont de l'Etoile (3372 m) auf der westlichen Talseite. Den Blick talaufwärts beherrschen die kühnen **Dents de Veisivi** und links der gewaltige **Dent Blanche** (4357 m). Evolène ist bekannt für seine schmalen, mehrstöckigen alten Holzhäuser, zu beachten ist auch die Friedhofskapelle St-Théodule (1639).

Evolène

Les Haudères (1433 m), das oberste Dorf im Val d'Hérens, liegt schön an der Teilung des Tals in das Val d'Arolla und die einsame Combe de Ferpècle; auch hier gibt es turmhohe Holzhäuser.

*Les Haudères

Im Val d'Arolla führt eine Straße an der Borgne aufwärts (11 km) nach Arolla, eigentlich **Mayens d'Arolla** (1962 m) in prachtvoller Lage unter Pigne d'Arolla (3801 m) und Mont Collon (3637 m), ein bescheidener Stützpunkt für Hochtouren und Wanderungen.

Arolla

Salay In der **Combe de Ferpècle** gelangt man auf einem z. T. recht steilen Sträßchen zu den Hütten von Salay (früher Ferpècle, 1766 m, Gasthaus) nahe den Gletschern Glacier du Mont Miné und Glacier de Ferpècle. Einen prächtigen Blick hat man von der *Alpe Bricola (2415 m, 2 Std.), westlich gegenüber ragen Dents de Veisivi (3418 m), Aiguille de la Tsa (3668 m) und Dents de Bertol (3547 m) auf.

* Solothurn

E 11

Kanton: Solothurn	**Einwohner:**
Höhe: 442 m ü. d. M.	16 300

Solothurn, am Fuß des Juras an der Aare gelegen, gilt als schönste Barockstadt der Schweiz. Vieles zeugt vom Glanz der »Ambassadorenstadt«, in der die französischen Gesandten bei der Eidgenossenschaft 1530–1792 ihren Sitz hatten.

In der Tat macht die Hauptstadt des gleichnamigen Kantons mit ihrem Stadtbild aus Renaissance und Barock einen »französischen« Eindruck; die Rolle als Sitz eines katholischen Bischofs wird durch die beherrschende Kathedrale augenfällig. Als »magische Zahl« Solothurns gilt die Elf: So kam die Stadt 1481 als elfter Kanton zur Eidgenossenschaft, es gibt elf Kirchen und Kapellen, elf historische Brunnen und elf Türme; die Kathedrale hat elf Altäre und elf Glocken, ihre Freitreppe ist in drei Läufe zu je elf Stufen gegliedert.

Die »gute Stube« Solothurns: Hauptgasse mit Kathedrale St. Ursen

Salodurum soll – wie das lateinische Distichon des Humanisten Gla- **Aus der**
reanus am Zeitglockenturm besagt – neben Trier die **älteste römi- Geschichte**
sche Stadt nördlich der Alpen gewesen sein. Im Jahr 303 fanden
hier Ursus und Victor von der The-
bäischen Legion (▶St-Maurice) den
Märtyrertod, und um 370 errichteten die Römer ein Castrum, von dem
noch Reste erhalten sind. Der
Grundriss der Altstadt, ein Rechteck
von 400 × 300 m, geht auf die Gründung durch die Zähringer zurück.
Seit 1828 haben die Bischöfe von Basel hier ihren Sitz.

> ! **BAEDEKER TIPP**
>
> *Süße Solothurnerin*
>
> Die »Solothurner Torte«, 1905 er-
> funden, ist aus Haselnussbiskuit
> und Buttercreme aufgebaut, den
> Abschluss bildet ein Deckel aus
> feinem Japonais. Jede Konditorei
> schwört auf ihre Version, die Su-
> teria beansprucht das Original.

SEHENSWERTES IN SOLOTHURN

Am **Bieltor** (ursprünglich 12. Jh.) beginnt die zum Marktplatz füh- **Gurzelngasse**
rende Gurzelngasse. Im Haus Nr. 12 verbrachte der polnische Gene-
ral und Nationalheld **Tadeusz Kościuszko** (1746 – 1817) seine beiden letzten Jahre (Museum). Daneben (Nr. 11) das Haus Reinhart
(1692) mit schöner Barockfassade. Kaffeehausfans steuern die 1880
eröffnete, modernisierte Kaffeehalle im Haus Nr. 26 an.
Kościuszko-Museum: Sa. 14.00 – 16.00 Uhr

Ein Rest der **Zähringerburg** (12. Jh.) ist der Zeitglockenturm, dessen **Zytglogge**
kunstvolle **astronomische Uhr** (1545) ein schönes Figurenspiel besitzt (König zwischen Tod und Kriegsmann). Den Mauritiusbrunnen
daneben ziert eine Statue des berühmten Meisters Hans Gieng aus
Fribourg. Nach dessen Vorbildern in Bern schuf L. Perroud den Simsonbrunnen (1543), den Georgsbrunnen (1548, Börsenplatz) und
den Gerechtigkeitsbrunnen (1561).

Die Jesuitenkirche (1689) an der Hauptgasse ist kunsthistorisch be- **Jesuiten-**
deutend; sie gilt als Bindeglied zwischen den oberdeutschen Jesuiten- **kirche**
kirchen und der Vorarlberger Wandpfeilerhalle. Innen ist sie prächtig
mit Stuck Tessiner Künstler gestaltet. Durch das Westportal ist das
Steinmuseum im Kreuzgang des ehemaligen Jesuitenkollegiums zugänglich, das die Entstehung und die Verwendung des Solothurner
Jurakalks seit römischen Zeiten vor Augen führt.
Steinmuseum: Mai – Okt. Di. – Sa. 14.00 – 17.00, So. 10.00 – 17.00 Uhr,
Eintritt frei

Sehr effektvoll in die Achse der Hauptgasse wurde die prachtvolle ***St.-Ursen-**
St.-Ursen-Kathedrale gestellt, 1763 – 1773 von G. M. und P. A. Pisoni **Kathedrale**
in italienisch-klassizistischem Barock errichtet und seit 1830 Dom

des Bistums Basel. Die monumentale Freitreppe wird von zwei Brunnen mit Statuen von Moses und Gideon (J. B. Babel, 1774) flankiert. Im Erdgeschoss des 66 m hohen Turms sollte man sich den ***Domschatz** ansehen, der u. a. Goldschmiedearbeiten, Reliquiare, liturgische Gewänder des 15.–19. Jh.s und das Hornbacher Sakramentar (983) umfasst (Anmeldung Tel. 032 622 19 91). Die herrliche Aussicht auf Stadt, Jura und die Alpen belohnt den Aufstieg zur **Turmgalerie** in 45 m Höhe (zugänglich Ostern – Allerheiligen, 3 CHF).

*Altes Zeughaus Im riesigen Alten Zeughaus (1614) ist die **größte Waffensammlung Europas** zu sehen: Kriegsgerät vom Spätmittelalter bis zur Neuzeit. Rund 400 Harnische erinnern an die große Zeit der Schweizer Söldner. Schräg gegenüber das 1476 begonnene, aber erst 1711 fer-

Solothurn erleben

AUSKUNFT
Region Solothurn Tourismus
Hauptgasse 69, 4500 Solothurn
Tel. 032 626 46 46
www.solothurn-city.ch

FESTE & EVENTS
Markt Mi. und Sa. zwischen Bieltor und St. Ursen. Ende Jan.: Filmtage (neben Locarno das bedeutendste Filmfestival der Schweiz). Fasnacht vom Schmutzigen Donnerstag 5 Uhr bis zum Verbrennen des Bööggs am Aschermittwochabend. Mitte Mai: Literaturtage. Ende Juni: Märetfescht. Ab Ende Juni: Classics (Opern-Openair).

ÜBERNACHTEN & ESSEN
❶ *Hotel an der Aare* ⓔⓔ
Solothurn, Oberer Winkel 2
Tel. 032 626 24 00, www.hotelaare.ch
Stilvoll modernisiert wurde das einstige Schwesternhaus des Alten Spitals. Komfortable Zimmer mit prächtigem Blick auf Aare, Altstadt oder Jura. Bistro & Brasserie »Aaregarten« mit schöner Terrasse am Fluss. Das Alte Spital ist ein Kulturzentrum mit großem Programm.

❷ *Hotel Baseltor* ⓔⓔ–ⓔⓔⓔ
Solothurn, Hauptgasse 79
Tel. 032 622 34 22, www.baseltor.ch
In dem putzigen Haus aus dem 18. Jh. treffen sich Kulturszene und Feinschmecker: ungezwungene Atmosphäre, gutes Essen aus der gläsernen Küche, exzellente Weinkarte, faire Preise. Feine Zimmer und Gärtchen hinter dem Haus.

ESSEN
❶ *Zum alten Stephan* ⓔⓔ–ⓔⓔⓔ
Solothurn, Friedhofplatz 10
Tel. 032 622 11 09, So./Mo. geschl.
Am idyllischen Platz speist man hervorragend, ob in der Stadtbeiz mit preisgünstiger Bistroküche oder in der Zunftstube. Der Service ist ebenso gediegen wie das Ambiente. Mit Terrasse.

❷ *Zum Brunnen* ⓔⓔ
Fraubrunnen, Bernstrasse 6
Tel. 031 767 72 16, Mo./Di. geschl.
In bodenständiger, dennoch einfallsreicher Küche schwelgen kann man 16 km südlich von Solothurn in diesem prächtigen alten Gasthof. Berühmt ist der »Suure Mocke mit Härdöpfustock«.

tiggestellte **Rathaus** mit manieristischer Fassade; im gotischen Mittelturm öffnet sich ein schönes Renaissanceportal (1624). Die Seitenpavillons stammen aus den Jahren 1623 – 1711. Nördlich des Zeughauses liegt der hufeisenförmige **Ambassadorenhof**, ein Werk des Vorarlberger Baumeisters Franz Beer (1721).
Zeughaus: Di. – Sa. 13.00 – 17.00, So. 10.00 – 17.00 Uhr, Eintritt 6 CHF

Das sehenswerte Kunstmuseum (1902; Mo. geschlossen) ist bekannt für seine **alten Meister** (»Madonna in den Erdbeeren«, »Solothurner Madonna« von H. Holbein d. J.), v. a. aber zeigt es **Schweizer Kunst** des 19./20. Jh.s (u. a. Ferdinand Hodlers »Wilhelm Tell«, Frank Buchser, Otto Frölicher, Cuno Amiet, Giovanni Giacometti).
❶ Di. – Fr. 11.00 – 17.00, Sa./So. 10.00 – 17.00 Uhr, Eintritt frei

*Kunstmuseum

ENTER heißt das einzige Schweizer Museum, das sich der Computertechnik und ihrer Geschichte widmet (Obere Steingrubenstr. 9).
❶ Mi. – Sa. 13.00 – 17.00, So. 10.00 – 17.00 Uhr, Eintritt 18 CHF

Computermuseum

Der älteste Platz der Stadt ist der Friedhofplatz (ohne Friedhof) südlich der Gurzelngasse. Hier sind, wie an der Löwengasse und am Westring, Reste des römischen Castrums erhalten.

Friedhofplatz

Entlang der Aare
An der **Aare** beherrscht das mächtige **Landhaus** (Lagerhaus, 1722) das Bild; als Kulturzentrum beherbergt es auch die Literatur- und die Filmtage. Am Klosterplatz ist im ehemaligen **Kornhaus** das Naturmuseum untergebracht, das sich besonders auf Kinder eingestellt hat, und in Haus Nr. 7 unterrichtet das Kabinett für sentimentale Trivialliteratur über diese einst besonders für Frauen bedeutsame Textsorte. In der **Kapelle St. Peter** sind die Märtyrer Ursus und Victor beigesetzt. Ihre Deckenbemalung wurde rekonstruiert, das grausige Altarbild (Kreuzigung des Apostels Petrus) malte N. Hermann 1653.

Naturmuseum: Di.–Sa. 14.00–17.00, So. 10.00–17.00 Uhr, Eintritt frei

Schloss Blumenstein
Das hübsche Schloss Blumenstein (um 1720) nördlich der Altstadt gibt einen Einblick in aristokratische Wohnkultur des 17./18. Jh.s, im Pächterhaus wird die Frühgeschichte der Region illustriert (Mo. geschlossen). Etwa 1 km weiter westlich liegt die Kirche **St. Marien** von 1953 mit den größten Glasmalereien der Schweiz (H. Stocker).

Schloss: Di.–Sa. 14.00–17.00, So. 10.00–17.00 Uhr, Eintritt frei

UMGEBUNG VON SOLOTHURN

Aare
Südlich des Krummen Turms legen die Schiffe der BSG zu ihrer etwa 1.30 Std. dauernden **Aare-Fahrt** nach ▶ Biel ab. Interessant ist auch eine Fahrt nach Altreu zur ältesten **Storchenkolonie** der Schweiz.

Einsiedelei St. Verena
Ein beliebtes schönes Ausflugsziel ist die Einsiedelei in einer beeindruckenden Schlucht bei **St. Niklaus** nördlich der Stadt mit der Martins- und der Verenakapelle, beide im 15. Jh. erwähnt.

*Weissenstein
Der in Solothurn nur als **»Berg«** bezeichnete Weissenstein bietet ein Panorama, das schon der Baedeker von 1844 rühmte: vom Säntis bis zum Montblanc mit der Jungfrau-Gruppe in der Mitte – noch schöner im Herbst, wenn über dem Mittelland dichter Nebel liegt. Entsprechend frequentiert ist der Gipfel, zu dem eine 22 % steile Straße hinaufführt (die Seilbahn soll neu errichtet werden). Das **Kurhaus** aus dem Jahr 1827 (1287 m, Ende April–10. Nov.) bietet typische Ausflüglerkost. Um den 20. Juli findet die Weissenstein-Schwinget und eine Woche später das Uhuru-Festival für Musik und Tanz statt. Lohnend der halbstündige Gang auf die **Röti** (1395 m) und die Wanderung auf dem **Planetenweg** nach Grenchenberg (10 km), oder die Überschreitung des Weissensteins von der **Ruine Balm** (bei Balm) nach **Gänsbrunnen**; Bergwirtschaften bilden erquickliche Etappen.

Schloss Waldegg
Ein großartiges barockes Ensemble ist das Schloss Waldegg bei Riedholz 4 km nordöstlich von Solothurn, 1682–1690 für den Schultheissen J. V. von Besenval als Sommersitz erbaut. Das Interieur spiegelt

das Selbstverständnis des Patriziats zu Zeiten des Absolutismus wider, im Obergeschoss ist ein Ambassadorenmuseum eingerichtet.
❶ März – Okt. Di. – Do., Sa. 14.00 –17.00, So. 10.00 –17.00, Nov., Dez. So. 10.00 –17.00 Uhr, Eintritt 6 CHF

Das mittelalterliche Städtchen Wangen (10 km nordöstlich von Solothurn) besitzt eine annähernd quadratische, liebevoll erhaltene **Altstadt**. Bei der **gedeckten Holzbrücke** über die Aare von 1552 (1795 und 1967 modernisiert) steht das um 1680 umgebaute **Schloss** mit barocken Deckenmalereien aus der Werkstatt von J. Werner. Das **Gemeindehaus** beim Zeitglockenturm – beide um 1660 umgestaltet – beherbergt eine Sammlung zur Ortsgeschichte sowie Ofenkeramik aus der Hafnerei Anderegg (1820 – 1870). In der Kirche **Hl. Kreuz und St. Maria**, die auf das 13. Jh. zurückgeht (1825 großenteils erneuert), sind ausdrucksvolle Fresken aus dem 14./15. Jh. erhalten.

Wangen an der Aare

Das romantische Städtchen Wiedlisbach, nördlich von Wangen jenseits der Aare, ist wie Solothurn eine Gründung der Grafen von Froburg (um 1240). Von der Befestigung ist im **Hinterstädtli** ein Eckturm erhalten. Spätgotische Fresken von 1469 schmücken die 1338 gestiftete Katherinenkapelle. Im **Kornhaus** (1693, Städtli 46) zeigt eine kleine heimatkundliche Sammlung Keramik-, Glas- und Zinnarbeiten aus bernischen und solothurnischen Werkstätten.

Wiedlisbach

Die langgestreckten Höhenzüge des Juras werden da und dort von **Klusen** (Quertälern) unterbrochen, von denen die zwischen Oensingen (17 km nordöstlich von Solothurn) und Balsthal eine der größten und eindrücklichsten ist. In der Inneren Klus dehnt sich das Gelände der Von Roll'schen Eisenwerke aus, die von Anfang des 19. Jh.s bis 1980 ein wichtiger Arbeitgeber waren. Im kleinstädtischen Balsthal (5700 Einw.), im weiten Dünnern-Tal (Naturpark Thal) gelegen, sind außer den **Gasthöfen Kreuz (1621) und Rössli** – die Wirte spielten in der Stadtgeschichte eine Rolle – die Kirche Unserer Lieben Frau und die Antoniuskapelle zu beachten. In der **Burg Alt Falkenstein** (südlich) ist ein Heimatmuseum untergebracht, von der Ruine **Neu Falkenstein** (nordöstlich) hat man einen schönen Blick auf den Ort und das Tal. Empfehlenswerter Ausflug nach **Passwang** (12 km nördlich) und auf den gleichnamigen Berg (1204 m, Aussicht).

Balsthal

Das von Wassergraben und Park umgebene **Schloss Landshut** in Utzenstorf 11 km südlich von Solothurn wurde 1624 – 1630 in die Mauern einer Burg des 14. Jh.s gebaut. Es ermöglicht einen Blick in die Wohnkultur des 17. Jh.s und beherbergt außerdem das **Schweizer Museum für Wild und Jagd**.
❶ Mitte Mai – Mitte Okt. Di. – Sa. 14.00 – 17.00, So. 10.00 – 17.00 Uhr, Eintritt 7 CHF

Utzenstorf

** **Stein am Rhein**

✳ **B/C 19**

Kanton: Schaffhausen
Höhe: 405 m ü. d. M.

Einwohner:
3200

Wo der Rhein den Bodensee verlässt, liegt in idyllischer Landschaft das »Rothenburg des Hochrheins« mit prächtigen Stadttoren, erker- und freskengeschmückten Stein- und stattlichen Fachwerkhäusern.

Neben Murten gilt Stein am Rhein als die am besten erhaltene mittelalterliche Kleinstadt der Schweiz (und wird folglich im Sommer von Touristen überschwemmt). Einen Ausflug per Fahrrad oder Schiff – die Strecke bis Schaffhausen ist sicher eine der schönsten Flussfahrten Europas – sollte man nicht versäumen, und in den Strandbädern lässt sich gut ausspannen.

SEHENSWERTES IN STEIN AM RHEIN

** **Rathaus-platz** Der überaus malerische Platz wird im Osten vom **Rathaus** (1542) beherrscht, dessen Fassade 1900 gestaltet wurde. Sehenswert ist der Rathausschatz mit den Wappenscheiben der 13 Alten Orte der Eid-

Stein am Rhein erleben

AUSKUNFT
Tourismus Stein am Rhein
Oberstadt 3, 8260 Stein am Rhein
Tel. 052 742 20 90
www.steinamrhein.ch
www.schaffhauserland.ch

ÜBERNACHTEN/ESSEN
Rheinfels ⊙⊙
Stein am Rhein, Rhigass 8
Tel. 052 741 21 44, www.rheinfels.ch
Zoll- und Zunfthaus von 1517 an der Rheinbrücke mit schöner Terrasse. Großzügige, nicht mehr ganz moderne Zimmer. Gute Küche, Spezialität: Äschen aus dem Rhein (Hotel Jan./Febr. geschl., Restaurant außer Juli/Aug. Mi. geschl.).

Rheingerbe ⊙
Stein am Rhein, Schifflländi 5
Tel. 052 741 29 91, www.rheingerbe.ch
Hübsches Fachwerkhaus am Fluss, angenehme Zimmer, teils mit Blick auf den Rhein. Ordentliches gutbürgerliches Restaurant, die interessante Weinkarte enthält auch Regionales.

Zum Hirschen ⊙–⊙⊙
Oberstammheim
Tel. 052 745 11 24, Rest. Mo./Di. geschl.
Ein wunderbares Juwel von 1684 mit schönen Zimmern (Dusche/WC auf der Etage). Herrliche Gaststuben, lauschiger Wirtsgarten und vorzügliche Schweizer Küche (u. a. Wild, lokaler Grünspargel).

Landschaftlich und städtebaulich ein Idyll: Stein am Rhein

genossenschaft. Alle anderen Häuser am Platz sind mindestens bis ins 15. Jh. nachweisbar. Das Haus **Zum weissen Adler** links des Rathauses besitzt die früheste Renaissance-Fassadenmalerei der Schweiz (um 1520), vermutlich vom einheimischen Thomas Schmid. In den 700-jährigen Kellern des Hauses lässt der renommierte »Chaes Graf« seinen Käse reifen. Die Fassade des benachbarten Hotels »Adler« gestaltete 1956 der bekannte Schweizer Maler Alois Carigiet.

In der Unterstadt, die den Rathausplatz nach Westen fortsetzt, ist in einem Empirehaus das Museum Lindwurm untergebracht, das Einblick in die Lebensweise der bürgerlichen Oberschicht im 19. Jh gibt. Außerdem ist das Atelier von Hermann Knecht (1893 – 1978) zu besichtigen, der vor allem seine Heimat Stein am Rhein porträtierte.
❶ März – Okt. tgl. 10.00 – 17.00 Uhr, Eintritt 5 CHF

Museum Lindwurm

Das Kloster im Südosteck der Stadt geht auf eine Gründung König Heinrichs II. und seiner Gemahlin Kunigunde um 1005 zurück, 1524 wurde es aufgehoben. Die Kirche **St. Georgen**, eine querschifflose romanische Säulenbasilika (um 1060), wurde in der Reformation umgestaltet. Die **Konventsbauten** aus dem 14.–16. Jh. sind als Museum zugänglich; eine Kostbarkeit ist der **Festsaal** mit Grisaillemalereien (1516) von Thomas Schmid und Ambrosius Holbein.
❶ **Konvent:** April – Okt. Di.– So. 10.00 bis 17.00 Uhr, Eintritt 5 CHF

*Benediktinerkloster

Auf dem Burghügel am gegenüberliegenden Rheinufer liegen die Reste des **römischen Kastells** Tasgaetium (294 n. Chr.); innerhalb des Kastells die Kirche **St. Johann**, die ins 6. Jh. zurückgeht, mit romanischem Chor (lombardisch-sienesisch beeinflusste Fresken, um 1420) und Langhaus von 1671. Großartiger Ausblick.

Burghügel

Südliches Rheinufer Vom romanischen **Benediktinerkloster** in Wagenhausen (von der Brücke flussabwärts) sind noch die dreischiffige Pfeilerbasilika (1087) und der Ostflügel des Kreuzgangs erhalten. Von der Rheinbrücke flussaufwärts geht man 20 Min. zum idyllischen *Inselchen **Werd**, auf der Othmar, der erste Abt von ▸ St. Gallen, 759 starb.

UMGEBUNG VON STEIN AM RHEIN

*Burg Hohenklingen Nördlich der Stadt, ca. 40 Min. zu Fuß, thront über den Rebhängen des Klingenbergs die Burg Hohenklingen (12. Jh.), Sitz des Minnesängers Walther von Klingen (um 1215 – 1286). Stimmungsvolles Restaurant (Mo. geschl.), großartiger Blick auf Stein und Rhein.

Stammheimertal Südwestlich von Stein, jenseits des Stammerbergs, liegt das reizvolle Stammheimertal mit idyllischen **Seen** (Nussbaumersee, Hüttwilersee, Hasensee) und **Dörfern** mit schmucken Riegelhäusern (besonders Guntalingen, Unterstammheim). Der *Gasthof Hirschen* von 1684 in **Oberstammheim** (▸ S. 582) gehört zu den bemerkenswertesten Fachwerkhäusern der Ostschweiz, die hübsche Gallus-Kapelle (9. Jh.) ist mit Fresken aus dem frühen 14. Jh. geschmückt.

** Tessin · Ticino

J – N 16 – 20

Kanton: Tessin · Ticino

Immer noch hat das Wort »Tessin« einen magischen Klang: Die »Sonnenstube der Schweiz«, der südlichste Kanton der Eidgenossenschaft, ist heute wie gestern eine der reizvollsten und beliebtesten Ecken der Schweiz.

Das Tessin (ital. Ticino) wird im Norden von den Dreitausendern des Gotthardmassivs abgeriegelt, im Süden ragt es wie ein Keil in die italienische Lombardei hinein. Benannt ist es nach dem Fluss Tessin/ Ticino, der am Nufenenpass entspringt, den Lago Maggiore durchströmt und nach insgesamt 248 km in den Po mündet. Raue alpenländische Kulisse im **Sopraceneri**, dem Nordteil der Region, kontrastiert mit der mediterranen Herrlichkeit an den Seen des **Sottoceneri**, des Südteils. Vor der Kulisse schneebedeckter Gipfel wachsen an den Ufern von ▸ Lago Maggiore und ▸ Luganersee in einem besonders milden Kli-

Tessin erleben

AUSKUNFT

Ticino Turismo
Via Lugano 12, 6500 Bellinzona
Tel. 091 825 70 56
www.ticino.ch/de

ma mit 2300 Sonnenstunden im Jahr Magnolien, Azaleen, Oleander, Mimosen, Kamelien, Korkeichen, Palmen, Eukalyptus und sogar frostempfindliche Olivenbäume.

Amtssprache und für 85 % der Einwohner Muttersprache ist Italienisch, 10 % sind deutschsprachig. Bis ins 15. Jh. war das Tessin Besitz der Bischöfe von Como bzw. des Herzogtums Mailand, denen es die Eidgenossen zwischen 1403 und 1516 abrangen. 1803 ließ Napoleon Kanton und Republik Tessin gründen und in die Eidgenossenschaft aufnehmen. Anfangs wechselten sich Locarno und Lugano alle sechs Jahre als Hauptstadt ab, 1881 wurde ▶Bellinzona Sitz der Kantonsregierung. Anfang des 20. Jh.s entdeckten Künstler, Literaten und Weltverbesserer verschiedener Couleur das Tessin. Ihnen folgten die Touristen. Und obwohl der »Fortschritt« Wunden geschlagen hat – Verkehrswege, die das Land zerschneiden, zugebaute Berghänge an den Seen, aufgegebene Bauernhäuser, die wohlhabenden Wahltessinern wenige Wochen im Jahr als Feriendomizil dienen, entvölkerte Dörfer in entlegenen Tälern – kommt das Tessin dem Idealbild einer »ursprünglichen« Landschaft immer noch sehr nahe.

Einige Fakten

Das »goldene Dreieck« ▶Lugano, ▶Bellinzona und ▶Locarno (mit dem benachbarten ▶Ascona) und das wildromantische Hinterland mit den Valli Ticinesi – Verzasca-, Maggia-, Onsernone-Tal und Centovalli –, bilden einen wunderbaren Kontrast. Während die städtischen Zentren mit ihrem Flair, mit Musik- und Filmfestspielen Gäste aus aller Welt anziehen, führen dort schmale Pfade in einsame Höhen, durch abgelegene Täler und stille Dörfer. Die vielen Meisterwerke bekannter und unbekannter Baumeister und Künstler in Riva San Vitale, Biasca, Giornico, Prugiasco, Locarno und Lugano haben das Tessin zu einem kunsthistorisch reichen Landesteil gemacht. Im 20. Jh. setzten die Architekten der Neuen Tessiner Schule – Mario Botta ist der bekannteste – diese Tradition fort. Zahlreiche Museen präsentieren hochkarätige Kunst oder die alte bäuerliche Kultur des Tessins. Ganz paradiesisch wird es, wenn in einem Grotto Käse, Speck und guter Nostrano aufgetischt werden oder ein edles Restaurant verfeinerte Tessiner Küche serviert.

Was es zu entdecken gibt

Feine »Merenda« im Grotto

Thun & Thunersee

✳ H 11/12

Kanton: Bern
Höhe: 560 m ü. d. M.

Einwohner:
42 700

Als »Tor zum Berner Oberland« gilt dieses reizvolle alte Städtchen am Westende des Thunersees.

Aus der Geschichte
Der Ortsname rührt vom keltischen Wort »dunum« für »befestigte Anhöhe« her. Im 12. – 14. Jh. im Besitz der Zähringer und der Kyburger – aus dieser Zeit datiert die trutzige Burg, die das Stadtbild beherrscht – kam der Ort 1384 an Bern. Seit 1818 ist Thun ein Hauptstandort der Schweizer Armee, deren Magazine und Kasernen große Areale in den Außenbezirken einnehmen.

SEHENSWERTES IN THUN

Rathausplatz
Am heimeligen Hauptplatz stehen das stattliche Rathaus (1589, 1685 erneuert), gegenüber das Platzschulhaus (1797) und jeweils westlich davon das spätmittelalterliche Velschenhaus (Hotel Rathaus) bzw. das Zunfthaus zu Metzgern (1770; Hotel), das Zunfthaus zu Pfistern (Hotel Krone) wurde 1972 neu gebaut. Eine Treppenweg führt hinauf

✳Schloss
zum Schloss, das um 1190 von Herzog Berthold V. von Zähringen

Thun

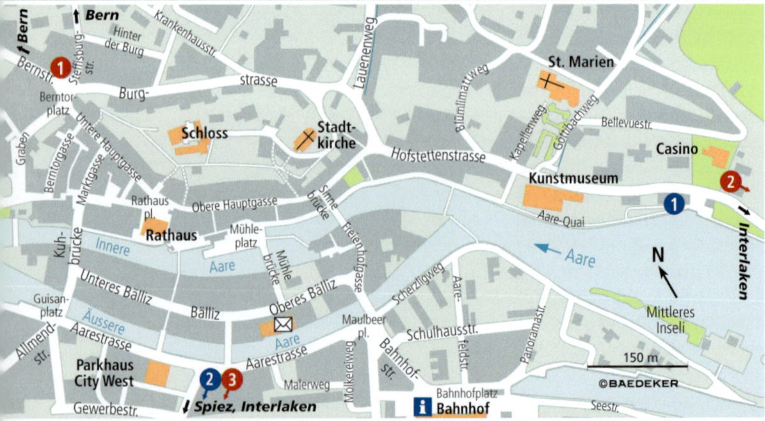

Essen
❶ Restaurant Dampfschiff
❷ Bahnhofbuffet Spiez

Übernachten
❶ Emmental
❷ Beatus
❸ Belvédère

Über Thuns reizvoller Altstadt thront die Burg der Stadtgründer.

erbaut und um 1430 zum Amtssitz des Berner Schultheißen erweitert wurde. Das *Historische Museum zeigt dort Waffen, Rüstungen und Bildteppiche des 14./15. Jh.s, prähistorische und römische Funde, Möbel und Keramik (u. a. Heimberger Geschirr und Thuner Majolika) sowie eine Sammlung zum Schweizer Heereswesen des 19. Jahrhunderts. Der großartige **Rittersaal** wird für kulturelle Veranstaltungen (Konzerte) genutzt.

Historisches Museum: Febr./März 13.00 – 16.00, April – Okt. 10.00 – 17.00, Nov. – Jan. So. 13.00 – 16.00 Uhr, Eintritt 8 CHF

Stadtkirche

Vom Schloss und von der reformierten Stadtkirche (1738 neu erbaut, Turm um 1330) hat man einen herrlichen Ausblick auf See und Berge: von rechts Stockhornkette, Niesen und Blümlisalp. Die gedeckte Kirchtreppe (1818) führt hinunter zur **Oberen Hauptgasse**, dem Markt der Stadterweiterung Ende des 12. Jh.s; sehr reizvoll machen sie die erhöht gelegenen Trottoirs, die Räume darunter dienten einst als Ställe, heute sind sie schöne Ladengeschäfte.

Hofstetten-Quartier

Östlich der Aare, in Richtung See, liegt das Hofstetten-Quartier, das von Hotelbauten des 19. Jh.s geprägt ist (u. a. Beau-Rivage, Thunerhof, Bellevue). Im einstigen Grandhotel Thunerhof (1875) zeigt das **Kunstmuseum** Schweizer Werke der klassischen Moderne, der Pop-Art und der Gegenwart. Das Becken der Aare wird vom **Johannes-Brahms-Quai** gesäumt; hier erinnert ein Denkmal an den Komponisten, der mehrere Sommer in Thun verbrachte.

Kunstmuseum: Di. – So. 10.00 – 17.00 Uhr, Mi. bis 19.00 Uhr, Eintritt 10 CHF

Bälliz

Das Bälliz, die Insel in der Aare, ist das **Einkaufszentrum** der Stadt. Beliebt ist der Spaziergang um die Halbinsel südöstlich des Bahnhofs zwischen Aare und Schiffshafen (»die Inseli-Kehr machen«). Auf

Thun & Thunersee erleben

AUSKUNFT
Thun-Thunersee Tourismus
Bahnhof, 3600 Thun
Tel. 0842 84 21 11
www.thunersee.ch, www.thun.ch

SCHIFFSVERKEHR
Die Schiffe der BLS (▶S. 703) verkehren
April – Ende Okt. tgl., sonst tgl. mindes-
tens 1-mal Thun – Interlaken – Thun. Das
»Schmuckstück« ist der 1906 in Dienst
gestellte Raddampfer »Blümlisalp«.

FESTE & EVENTS
Juni: Schlosskonzerte. Anf. Juli: Bluegrass-
Festival. Mitte Juli, ungerade Jahre: Dreh-
orgelfestival. Juli/Aug.: Bachwochen;
Musical auf der Seebühne. Ende Sept.:
Volksfest »Fulehung« (»Fauler Hund«).

ESSEN
❶ *Restaurant Dampfschiff* ⑥–⑥⑥
Thun, Hofstettenstrasse 20, Tel. 033 221
49 49, www.dampfschiff-thun.ch
Schönes, informell-feines Biedermeier-
Restaurant mit Terrasse, herrlich am
Aarebecken gelegen. Unkomplizierte
Schweizer und internationale Gerichte,
gute Weinauswahl (auch glasweise).

❷ *Bahnhofbuffet* ⑥
Spiez, Bahnhofstrasse 12
Tel. 033 654 86 54
Das Buffet im denkmalgeschützten
Bahnhof von 1914 ist nicht zufällig

immer gut besucht: gute gutbürgerliche
Küche zu unschlagbaren Preisen, freund-
licher Service.

ÜBERNACHTEN
❶ *Emmental* ⑥–⑥⑥
Thun, Bernstrasse 2
Tel. 033 222 01 20, tgl. geöffnet
www.thunisst.ch
Hübsches Gasthaus von 1898, ge-
schmackvoll modernisierte schlichte
Zimmer (mit Schallschutzfenstern).
Gutes Bistro und Eventbühne.

❷ *Hotel Beatus* ⑥⑥⑥–⑥⑥⑥⑥
Merligen, Seestrasse 300
el. 033 748 04 34, www.beatus.ch
Unaufdringlicher Luxus und großzügige
Wellnessanlagen – inklusive Solefreibad
– unmittelbar am Thunersee. Außen der
Stil der 1960er Jahre, innen gediegen,
wenn auch etwas plüschig. Mit zwei
Restaurants, das elegante Bel Air besitzt
eine herrliche Terrasse. Das Haus verfügt
über eigenes Strandbad.

❸ *Hotel Belvédère* ⑥⑥⑥
Spiez, Schachenstrasse 39
Tel. 033 655 66 66
www.belvedere-spiez.ch
Sepp Herberger hat seine Weltmeisterelf
1954 hier untergebracht, auch heute
wohnt man im Belvédère ruhig, stilvoll
und komfortabel. Restaurant und Terrasse mit herrlichem Blick über den See.

dem **Unteren Inseli** steht die klassizistische Villa Julia (1887), und
auf dem anschließenden **Oberen Inseli** stand bis 1940 das Haus, in
dem Heinrich von Kleist 1802 am »Zerbrochenen Krug« arbeitete.

Scherzligen Etwa 1,5 km südlich des Stadtzentrums, im Vorort Scherzligen, steht
sehr schön am Westufer der Aare die Kirche *Unserer Lieben Frau

(Langhaus um 1000, Chor 1370/80, Fresken 13. – 15. Jh.). Sie zählt zu den zwölf sog. **Thunersee-Kirchen**, die gemäß der Strättliger Chronik um 1454 auf Weisung von Rudolf II. von Burgund (reg. 923 bis 937) erbaut worden sein sollen. Dies ist Legende, tatsächlich entstanden sie im 10. und 11. Jh. nach oberitalienischem Vorbild. Ein Bauhistoriker hat entdeckt, dass die Längs- oder Querachse dieser Kirchen auf andere Kirchen der Gegend zeigt, was für Esoteriker auf alte kultische Bedeutung oder Kraftlinien hinweist.

Im südlich anschließenden Park thront mit herrlichem Blick auf die Alpen das Schloss Schadau, stilistisch zwischen Loire-Renaissance und Tudor-Gotik angesiedelt, erbaut 1847 – 1854 für den Neuenburger Bankier A. de Rougemont. Außer dem großartigen Restaurant »Arts« (Tel. 033 222 25 00, Mo. geschl., im Winter auch Di.) beherbergt es das **Schweizerische Gastronomiemuseum** mit Gerät und Interieurs alter Hotels. Im Park ist das 38,3 × 7,5 m große **✶✶Wocher-Panorama** zu bestaunen, das älteste Rundbild der Welt, gemalt 1809 – 1814 von Marquard Wocher (1760 – 1830). Mit vielen liebevollen Details »schaut« es über die Thuner Altstadt. **✶Schloss Schadau**

Gastronomiemuseum: Di. – Do. 14.00 – 17.00 Uhr, Eintritt 5 CHF
Wocher-Panorama: Nach Wiedereröffnung 2014 voraussichtlich
Di. – So. 10.00 – 17.00 Uhr, Mi. bis 21.00 Uhr, Eintritt 5 CHF

UMGEBUNG VON THUN

Die größte der Thunersee-Kirchen, die Stiftskirche **St. Mauritius**, ist in Amsoldingen (800 Einw.) zu finden, das ca. 6 km südwestlich sehr hübsch zu Füßen des Stockhorns an einem kleinen See liegt. **Amsoldingen**

In Kiesen 8 km nordwestlich von Thun lohnt ein Besuch des **Nationalen Milchwirtschaftlichen Museums**, das in einer Käserei von 1815 eingerichtet wurde, der allerersten Emmentaler Talkäserei. **Kiesen**

❶ April – Okt. Mi. 14.00 – 17.00, So. 13.00 – 17.00 Uhr

✶✶ THUNERSEE

Zusammen mit dem ▶Brienzersee bildet der Thunersee – 18 km lang, bis 3,8 km breit, 217 m tief – die nördliche Begrenzung der ▶Jungfrau-Region im Berner Oberland: eine Kombination von Naturschönheiten, die sich ein Tourismusmanager nicht attraktiver ausdenken könnte. Hübsch gelegene Orte, Baden im allerdings immer recht frischen See, ein Ausflug mit dem Raddampfer, Wanderungen in den sanften grünen Voralpenbergen, verbunden mit Fahrten in die Welt der Viertausender – eine Urlaubslandschaft par excellence. **Urlaubslandschaft**

Schloss Oberhofen – mit Eiger, Mönch und Jungfrau

THUNERSEE: DAS NORDUFER

**»Riviera des Berner Oberlands« Das Nordufer verfügt über ein ungewöhnlich mildes Klima. In der heiteren, von grünen Matten und blauem See geprägten Szenerie folgen reizvolle Orte – in deren Gärten mediterrane Pflanzen gedeihen – dicht aufeinander. Jenseits des Sees die herrliche Kulisse der Berner Alpen: zunächst rechts am Eingang des Kander- und Simmentals das markante Stockhorn (2190 m), links davon die Pyramide des Niesens (2362 m); östlich anschließend sieht man zunächst die drei Gipfel der Blümlisalp (3664 m). Rechts von ihr treten nach und nach (v. l. n. r.) Fründenhorn (3369 m), Doldenhorn (3643 m), Balmhorn (3709 m), Altels (3629 m) und Rinderhorn (3453 m) hervor. Nach Interlaken zu stehen Jungfrau (4158 m), Mönch (4107 m) und Eiger (3970 m), dann Schreckhorn (4078 m) und Wetterhorn (3701 m).

Hilterfingen Auf der schönen Thuner Uferpromenade (Brahms-Quai, Bächimatt-Promenade), dann der Beschilderung folgend erreicht man Hilterfingen mit dem **Schloss Hünegg**, erbaut 1863 für den preußischen Ex-Offizier A. E. O. von Parpart (um 1900 umgestaltet). Seine Räume beeindrucken mit ihrer prätentiösen Mixtur aus Loire-Renaissance und Jugendstil. Südöstlich, jenseits der Schiffslände, die barocke **Kirche** (1727), die auf einen romanischen Bau zurückgeht; die Glasmalereien stammen aus der Mitte des 15. Jh.s.

Schloss: Mitte Mai – Mitte Okt. 14.00 – 17.00, So. ab 11.00 Uhr, Eintritt 9 CHF

*Schloss Oberhofen Ein Blickfang am See ist das idyllische Schloss Oberhofen, das von den Herren von Oberhofen im 12. Jh. als Festung errichtet wurde. Aus der Zeit der Landvögte (1652 – 1798) stammt der westliche Wohntrakt. Ihre romantische Note erhielt die Anlage ab 1844 durch den neuenburgisch-preußischen Grafen K. F. von Pourtalès und ab 1868 durch den Grafen von Harrach. Besonders eindrucksvoll ist der

»türkische« Rauchsalon im obersten Stock. Das schönste Kino weit und breit ist das kleine Schlosshofkino (Aug.). Im zauberhaften Park spaziert man zum **Wichterheergut** (16. Jh.); hier gibt es alte Uhren und mechanische Musikinstrumente zu sehen, in Wechselausstellungen auch Werke der Kunstsammlung Suter in Steffisburg bei Thun.

Schloss: Mitte Mai – Mitte Okt. 11.00 – 17.00 (Mo. ab 14.00) Uhr, Eintritt 10 CHF

Gunten ist ein hübscher Standort für Segler und Windsurfer. Wunderschön speist man auf der Terrasse des Hotels Hirschen. Oberhalb liegen mit herrlichem Ausblick die Dörfer Aeschlen, Tschingel und Sigriswil (viele Privatvermieter). In **Sigriswil** ist eine der Thunersee-Kirchen (umgestaltet 1679) zu sehen, in **Schwanden** gibt es ein Planetarium mit Sternwarte. Östlich Sigriswil begrenzen die eindrucksvollen Wände von **Sigriswil- und Güggisgrat** (mit dem Niederhorn) die sanften Berge der Voralpen. Ein Mautsträßchen führt von Sigriswil nach Beatenberg (Einbahnverkehr). **Gunten**

Ein netter Ferienort ist auch Merligen (800 Einw.) an der Mündung des **Justistals**, eines beliebten Wandergebiets (▶Interlaken). An der **Beatenbucht** (Schiffslände) liegt die Talstation der Standseilbahn nach **Beatenberg** (▶Interlaken). Am bewaldeten Steilufer erreicht man den Parkplatz bei den **Beatushöhlen** (10 Min. Anstieg), einem riesigen System von Tropfsteinhöhlen mit Höhlenmuseum. Der Legende nach hauste im 6. Jh. hier der hl. Beatus, ein irischer Mönch, und bis zur Reformation wurde die Höhle als Wallfahrtsort besucht. **Merligen**

THUNERSEE: DAS SÜDUFER

Man verlässt Thun Richtung Spiez und fährt, den Niesen vor sich, nach Einigen (1700 Einw.) mit der hübsch gelegenen **Michaelskirche,** einer der Thunersee-Kirchen; sie soll auf eine Kirche des 7. Jh.s am Platz eines keltischen Heiligtums zurückgehen. **Einigen**

Im malerisch gelegenen Spiez (12 400 Einw.) bilden **Schloss und Kirche am See** ein schönes Ensemble. Der Donjon des Schlosses stammt aus dem 10./13. Jh., die Anbauten aus dem 14. – 18. Jh.; zugänglich sind u. a. die Renaissance-Täferstube und der frühbarocke Festsaal. Die benachbarte Kirche, die bedeutendste und schönste der Thunersee-Kirchen und zum Hochzeiten beliebt, wurde um das Jahr 1000 auf den Mauern eines 762 erwähnten Vorgängerbaus errichtet. Im erhöhten Chor der frühromanischen Basilika sind **einzigartige Fresken** aus dem 11. Jh. erhalten; eine Besonderheit ist auch die ovale Krypta mit einer Priesterbank. Durch die umgebenden Rebberge führt ein Lehrpfad; das Weinfest, der **Läsetsunntig**, wird am letzten Septembersonntag gefeiert. Das **Heimat- und Rebbaumuseum** ist **＊Spiez** in einem schönen Simmentaler Anwesen von 1728 eingerichtet. Ein schöner Uferweg führt von Spiez in ca. 40 Min. nach **Faulensee** (s. u.). An der Straße dorthin empfiehlt sich ein Halt auf den Parkplätzen links, um die Aussicht auf Spiez zu genießen; östlich ragt die Mauer des Därliggrats auf, der sich vom Morgenberghorn (2249 m) zum Rugen bei Interlaken hin absenkt.

Schlossmuseum: Karfreitag – Mitte Okt. 10.00 – 17.00 (Mo. ab 14.00 Uhr, Juli/Aug. bis 18.00 Uhr), Eintritt 10 CHF

Heimatmuseum: Mai – Okt. Mi., Sa., So. 14.00 – 17.00 Uhr

**Niesen

Der Niesen (2367 m) ist mit seiner makellosen **Pyramide** nicht nur das Wahrzeichen des Thunersees, sein Gipfel bietet auch eine einzigartige Aussicht auf die Seen, das Jungfraumassiv und die Blümlisalp – und traumhafte Sonnenauf- und -untergänge. Von Mülenen an der Straße nach Kandersteg fährt Mai – Mitte Nov. die **Standseilbahn** (1910, max. 68 %) in 30 Min. hinauf zum **Berghaus Niesen-Kulm** von 1856 mit moderner Erweiterung (offen ca. 25. April – 10. Nov., Tel. 033 676 77 11). Der Anstieg von Wimmis (▶ Simmental) braucht gut 5 Std., der Abstieg ca. 3.30 Stunden. Entlang der Bahn verläuft die längste Treppe der Welt mit 11 674 Stufen (nicht zugänglich), die beim Niesenlauf Anfang Juni zur »Rennstrecke« wird.

Aeschi

Eine herrliche Sicht auf den Bergrücken zwischen See und Kandertal bietet Aeschi (2000 Einw.) ca. 6 km südöstlich von Spiez. Die **Kirche** geht auf die Zeit um 1000 zurück (Chor mit Fresken 14. Jh., Schiff 16. Jh.). Die Trychlerchilbi Anfang Juli, das Höhenfeuer am 1. Aug. und das Hornussen im Okt. sind Höhepunkte des Veranstaltungskalenders. Bei Aeschi und Krattigen kann man **Alpkäsereien** besichtigen. Schöne Fahrt auf der kurvigen Straße nach Leissigen.

Spiez mit dem Schloss der Freiherren von Strättligen

Reizvoll an einer Bucht des Sees liegt Faulensee (1200 Einw.). Oberhalb der Straße thront die **St.-Columban-Kirche** (1962). Von Obstbäumen umgeben ist **Leissigen** (950 Einw.), dessen romanische Kirche 1675 zum barocken Predigtsaal umgestaltet wurde. Hinter
Därligen fährt man am Därliggrat entlang nach ▶ Interlaken.

Faulensee

Thurgau

✦ C/D 18 – 22

Kanton: Thurgau

**Der Thurgau, der Obstgarten zwischen Bodensee und Bergen,
liegt ein wenig im touristischen Abseits. Doch lassen sich hier
Ferien in wohltuender Landschaft mit großer Kultur (z. B. in
Winterthur) und städtischer Zerstreuung (in Zürich) verbinden.**

Südlich des westlichen Bodensees erstreckt sich der Kanton Thurgau
mit seiner – der Ausdruck ist angebracht – lieblichen, sanft gewellten
Landschaft, die vom See allmählich bis in Höhen um 700 m ü. d. M.
ansteigt; nur im waldigen »Tannzapfenland« südlich von Fischingen
erreicht sie im Hohgrat 991 m. Am schönsten präsentiert sich der
Thurgau Anfang Mai, wenn die Obstbäume blühen; neben großen
Plantagen sind es viele Streuobstwiesen, die das Bild »Mostindiens«
prägen. Ca. 2200 bäuerliche Betriebe mit Obstkulturen liefern u. a.
ein Drittel der in der Schweiz verspeisten Äpfel, bedeutend ist auch
die Produktion von Beeren aller Art. – Für die Orte am Bodensee,
von Arbon bis Steckborn, siehe unter diesem Stichwort.

Von der römischen Besiedlung des Thurgaus zeugen Funde bei Arbon (»Arbor felix«) und Pfyn (»Ad fines«); um 455 wanderten alemannische Stämme ein. Nach Zähringern und Kyburgern waren ab
1264 die Grafen von Habsburg Landesherren. Im Jahr 1460, als Herzog Sigismund von Papst Pius II. mit dem Bann belegt wurde, eroberten die Alten Orte der Eidgenossenschaft den Thurgau und an-
nektierten ihn als »Gemeine Herrschaft«. Konstanz, Hauptort des
Thurgaus, kam bei der neuen deutsch-schweizerischen Grenzzie-
hung im Jahr 1795 zu Deutschland. 1798 – 1803 war der Thurgau Teil
der Helvetischen Republik, seither ist er ein eigener Kanton.

*Aus der
Geschichte*

Hauptort des Kantons ist der Industriestandort Frauenfeld (414 m,
23 700 Einw.) am Südrand des weiten Thur-Tals. In der Oberstadt, die
nach Großbränden 1771 und 1788 spätbarock-klassizistisch wieder
aufgebaut wurde, thront hoch über der Murg das **Schloss**, einst Sitz
der eidgenössischen Landvögte, mit mächtigem Turm (um 1227,
schöne Aussicht). Das ∗**Historische Museum** des Kantons zeigt hier

Frauenfeld

Die Kartause Ittingen, ein kulturelles Zentrum im Thurgau

reiche Sammlungen vom Neolithikum bis zum Frühmittelalter, außerdem bäuerliche und bürgerliche Interieurs des 17.–19. Jh.s und sakrales Kunsthandwerk. Im **Luzernerhaus** (Freie Straße 26), das wie das **Berner- und Zürcherhaus** mit einer prunkvollen Barockfassade beeindruckt, sind das Naturmuseum und das Archäologische Museum untergebracht. Am Ostrand von Frauenfeld, in Oberkirch, sind in der Kirche St. Laurentius (10./11. Jh.) wertvolle Wand- und Glasmalereien des 14. Jh.s zu sehen.
Museen: Di.–So. 14.00–17.00 (z. T. So. ab 12.00) Uhr, Eintritt frei

*Kartause Ittingen Etwa 5 km nordwestlich von Frauenfeld liegt die ehemalige Kartause Ittingen, 1152 als Augustinerpropstei gegründet und 1461–1848 im Besitz der Kartäuser. Heute wird die Anlage als Heim und Werkstätten für psychisch bzw. geistig Behinderte sowie als Bildungszentrum genutzt (mit zwei Hotels). Das **Kunstmuseum des Kantons Thurgau** ist hier ansässig, es gibt Konzerte und andere kulturelle Veranstaltungen. Die Produkte der Werkstätten und der Käserei sind wie der eigene Wein in einem Laden zu erstehen. Die ***Klosterkirche** von 1553 – ohne Orgel, Beichtstuhl und Kanzel, da nur für Mönche gedacht – wurde 1695–1703 nach Plänen von Kaspar Moosbrugger erweitert und 1763–1767 umgestaltet: heiteres Rokoko mit Wessobrunner Stuck. Prächtiges Chorgestühl von C. Fröhli (1703). Sehenswert sind auch die **Klausen**, in denen die Mönche lebten.
❶ Kloster und Museum Mai–Sept. tgl. 11.00–18.00, sonst Mo.–Fr 14.00 bis 17.00, Sa./So. ab 11.00 Uhr, Eintritt 10 CHF; www.kartause.ch

THURGAU-RUNDFAHRT

Von Frauenfeld führt die Straße 14 am Talrand östlich nach Wellhausen. Hier thront südlich auf der Höhe das **Schloss Wellenberg** (13. Jh.). 13 km weiter östlich, jenseits der Thur, liegt Weinfelden (432 m, 10 500 Einw.) am Fuß des Ottenbergs, an dessen Hängen Reben für den »Ottenberger« gedeihen (v. a. Müller-Thurgau und Blauburgunder). In Weinfelden – das im Mittelalter beschloss, nie das Stadtrecht zu beantragen, und immer noch »Dorf« ist – tagt im Winter das Kantonsparlament (im Sommer in Frauenfeld). **Weinfelden**

Über **Bürglen** mit seinem weithin sichtbaren Schloss, Stammsitz der Freiherren von Bürglen (16./17. Jh.), gelangt man nach Amriswil (437 m, 12 400 Einw.), das im Mittelalter aus einem Gut des Klosters St. Gallen entstand. Hier hat der Amriswiler Textilfabrikant Robert Sallmann eine einzigartige Sammlung von Pferdewagen und Postkutschen aufgebaut, u. a. aus dem Kriegstross Kaiser Napoleons III. **Amriswil**

Kutschensammlung: Tel. 071 414 12 39 (Stadt), 071 411 65 27 (Sallmann)

Knapp 3 km südöstlich liegt das idyllische Dorf Hagenwil mit seinem hübschen, gut erhaltenen Wasserschloss (13./15. Jh.); nach der Besichtigung der Kapelle kann man im wunderschönen, feinen Restaurant einkehren, das auch den gotischen Rittersaal umfasst. **Hagenwil**

Ein Kleinod ist das 1248 erstmals erwähnte Städtchen Bischofszell (510 m, 5500 Einw.) südwestlich von Amriswil. Durch den **Bogenturm** (Mosaik »Heimkehr der Bischofszeller aus der Schlacht am Gubel 1531«) betritt man die kleine Altstadt. Das **Stadtmuseum** liegt gleich rechts. Markt- und Kirchgasse sind durch die Bürgerhäuser geprägt, die nach dem Stadtbrand 1743 von den Teufener Brüdern Grubenmann (▶ Appenzellerland) erbaut wurden. Das prächtige **Rathaus** (1750) mit seinen kunstvollen Eisengittern stammt von dem Deutschordens-Baumeister Johann Caspar Bagnato. In der gotischen Stiftskirche **St. Pelagius** (15. h., Turmhelm 1826) ein Hochaltar Konstanzer Meister von 1640. Nebenan steht die alte Michaelskapelle. Bei der modernen Johanneskirche (Richtung Bahnhof) hat man am Stadtgraben die pittoreske Rückseite des »Grünen Hofs« vor sich. Die achtbogige Alte Thur-Brücke stammt von 1487. **Bischofszell**

Stadtmuseum: Febr. – Mitte Dez. So. 14.00 – 17.00 Uhr, sonst auf Anfrage

---

BAEDEKER TIPP

! **Rasten wie die Äbte**

In Niederbüren fällt an der Durchgangsstraße ein Fachwerk-Täfer-Haus auf: einst Raststation der St. Galler Äbte, heute Gasthof zur Alten Herberge. In der Wirtsstube und in der feinen Äbtestube oben wird man mit Schweizer Küche und angenehmem Service verwöhnt (Tel. 071 422 20 91, Mo. geschl.). Mit Gästezimmern.

Thurgau erleben

AUSKUNFT

Thurgau Tourismus
Egelmoosstrasse 1, 8580 Amriswil
Tel. 071 414 11 44
www.thurgau-tourismus.ch
Der Thurgau ist besonders auf Bauern-
hof-/Familienferien und Radtouren eingestellt. Thurgau Tourismus gibt ausgezeichnete Gratis-Broschüren heraus,
u. a. einen Radwanderführer.

ESSEN

Taverne zum Schäfli ❶❶❶–❶❶❶❶
Wigoltingen, Oberdorfstrasse 8
Tel. 052 763 11 72, So./Mo. geschl.
www.schaefli-wigoltingen.ch

Seit über 25 Jahren eine zauberhafte
Oase: Schönes winziges Fachwerkhaus
mit Biedermeierinterieur und raffinierter
internationaler Küche. Weinkarte mit
über 500 Positionen. Reservieren.

ÜBERNACHTEN/ESSEN

Zum Goldenen Kreuz ❶❶
Frauenfeld, Zürcherstr. 134, Tel. 052 725
01 10, www.goldeneskreuz.ch
Prächtiger Gasthof mit herrlicher getä-
ferter Stube aus dem 17. Jh. (»Goethe-
Stübli«) und schattiger Terrasse. Feine,
vielfältige Speisekarte zu fairen Preisen,
angenehme großzügige Zimmer mit
modernem Komfort.

Hauptwil   Über Hauptwil mit dem **Schloss** der Textilkaufleute Gonzenbach
(1665) fährt man durch das Sorn- und das Thurtal – Uzwil (▶ St. Gallen) und Wil (▶ Toggenburg) passierend – nach Westen bis nach
Münchwilen. Von hier lohnt der Abstecher südlich nach **Sirnach**
(550 m, 7200 Einw.) mit seinen hübschen Riegelhäusern und weiter
ins **Tannzapfenland** nach Fischingen (620 m, 2600 Einw.), dessen
✳Benediktinerabtei um 1135 gegründet und 1848 aufgehoben wurde.
Ihre prächtige Kirche, an deren Plan Kaspar Moosbrugger beteiligt
war, erhielt ihre Ausstattung bis Ende des 18. Jh.s. Ein kleines Juwel
ist die nördlich angebaute **Idda-Kapelle** (1708) mit spätgotischem
Kenotaph der hl. Idda, Wessobrunner Stuck und Altären von Domi-
nikus Zimmermann (1708; Hochaltarblatt J. Stauder, 1716).

Toggenburg

✦ **D/E 20–22**

Kanton: St. Gallen

**Abwechslungsreiche Ferien abseits der »großen«, sprich über-
laufenen und teuren Destinationen sind im Toggenburg möglich, dem schönen Bergland zwischen Säntis und Churfirsten.**

Das Toggenburg ist das weite Tal der Thur, das sich von Wil westlich
von ▶ St. Gallen in weitem Bogen um das ▶ Appenzellerland herum

bis zur Wasserscheide bei Wildhaus erstreckt; von dort geht es hinunter ins Tal des ▶ Rheins nach Buchs. Von Wil bis Wattwil reicht das liebliche **Untertoggenburg** mit seinen an den Hängen liegenden Bauernhöfen; in den Dörfern erinnern »Fabrikantenhäuser« aus dem 18. Jh. an die frühe Zeit der Textilindustrie. Das **Obertoggenburg**, großartig zwischen dem Alpstein-Massiv und den dramatischen Zacken der Churfirsten gelegen, ist sommers wie winters ein schönes, beliebtes Urlaubs- und Wanderziel.

UNTERTOGGENBURG

Das Tor zum Untertoggenburg ist Wil (571 m, 18 200 Einw.), das ab *** Wil** 1226 den St. Galler Fürstäbten gehörte und von diesen als Sommerresidenz genützt wurde. Das Oval der hübschen, erhöht gelegenen **Altstadt** gruppiert sich um Kirch- und Marktgasse, die auf den Hofplatz (»Goldener Boden«) mit der Residenz (»Hof«, 13. – 15. Jh.) und dem prächtigen **Baronenhaus** (1795) münden. Im mächtigen **Hof** dokumentiert das Stadtmuseum die Geschichte Wils und seiner Umgebung, im Turmgeviert erfährt man mehr zur Geschichte des Hofs; außerdem gibt es ein gutes, preisgünstiges Restaurant. Die ehemalige Kleinviehmarkthalle westlich unterhalb des Hofs wurde zur Kunsthalle (Wechselausstellungen). In der Marktgasse das nette Café Berlinger mit Blick auf den Stadtweiher. Am Ostrand der Altstadt ragt die **Stadtkirche St. Nikolaus** auf (15. Jh.; mehrfach umgestaltet); die grässliche Ausmalung datiert von 1932 (Decke, Hochaltar, Kanzel) bzw. 1983 (Wände). Das eindrucksvolle Christophorus-Wandgemälde wird dem Winterthurer Hans Haggenberg zugeschrieben (um

Eindrückliche Bergszenerie: die Churfirsten, hier bei Unterwasser

Toggenburg erleben

AUSKUNFT
Toggenburg Tourismus
Hauptstr., 9658 Wildhaus-Lisighaus
Tel. 071 999 99 11
www.toggenburg.ch

ESSEN
Falkenburg ⊖–⊖⊖
Wil, Kirchgasse 43, Tel. 071 911 04 62
Ein Schmuckstück ist diese praktisch
original erhaltene Altstadt-Gaststätte
von 1887 in einem Haus des 16. Jh.s.
Bürgerliche Küche – renommiert ist die
Falkenburg für ihr Cordon bleu.

Bergwirtschaft zum Chapf ⊖
Hemberg-Bächli, Tel. 071 377 13 04
Alter Bergbauernhof mit kleiner Wirtschaft auf den Höhen östlich von Wattwil (von Hemberg Richtung Urnäsch).

Beim legendären »Chapf-Köbi« gibt's
einfache Kost, u. a. eigenen Käse.

ÜBERNACHTEN/ESSEN
Rössli ⊖–⊖⊖
Mogelsberg, Dorfstr. 16, Tel. 071 374 15
11, www.roessli-mogelsberg.ch
Ein mächtiger, prächtiger Gasthof von
Anfang des 18. Jh.s, liebevoll nach bio-
logischen Gesichtspunkten restauriert
(Dusche/WC auf der Etage). Im Restau-
rant genießt man eine leichte Küche der
Jahreszeiten (⊖⊖, Mo./Di. geschl.).

Hotel Friedegg ⊖
Wildhaus-Lisighaus, Tel. 071 999 13 13
300jähriges Haus südlich der Hauptstrasse, schöner Blick auf die Churfirsten.
Schlichte Zimmer mit Balkon, regional
und gut isst man in der schönen Stube.

1500). Östlich der Altstadt lohnt die barocke **Klosterkirche St. Katharina** von 1607 einen Besuch.
Stadtmuseum: Sa., So. 14.00 – 17.00 Uhr, Eintritt frei

Bazenheid In Bazenheid 6 km südlich von Wil ist das größte betriebsfähige
Schmiedemuseum der Schweiz zu finden (Wilerstrasse 69; man
schaue auf gut Glück vorbei oder frage an unter Tel. 079 6960 460).

Lichtensteig Lichtensteig (618 m, 1900 Einw.), malerisch auf einem Felskopf über
der Thur gelegen, war 1468 – 1798 Sitz eines St. Galler Vogtes. Seine
Hauptgasse ist von Fachwerkhäusern mit Laubengängen gesäumt.
Das **Toggenburger Museum** zeigt ländliche Wohnkultur und
Volkskunst; sehenswert sind auch die Kirche **St. Gallus** (W. Förderer,
1972), **Fredy's mechanisches Musikmuseum** im Haus Zur Froh-
burg, die **Gall'sche Offizin** (alte Buchdruckerei) sowie Europas
größte **Modelleisenbahn in Spur 0**. Berühmt sind die feinen Kekse
und Waffeln von **Kägi** (z. B. die »Fretli«; Laden: Loretostrasse 52).
Toggenburger Museum: April–Okt. Sa., So. 13.00–17.00 Uhr, Eintritt 5 CHF
Musikmuseum: Führung letzte Sa., So. im Mt. 15.00 Uhr, Eintritt 13 CHF
Gall'sche Offizin: letzter Sa. im Mt. 13.30–16.00 Uhr, Eintritt 5 CHF
Modelleisenbahn: Mi., Sa., So. 10.30–16.30 Uhr, Eintritt 13 CHF

Wattwil (617 m, 8100 Einw.) ist der wirtschaftliche Mittelpunkt des
Toggenburgs mit vielseitiger Industrie (Textilfachschule). Hier arbei-
tete der Volksschriftsteller **Ulrich Bräker** (1735–1798) als Wollweber.
Interessant ist die ehemals paritätische **Kirche**, eine klassizistische
»Querkirche« (F. W. Kubly, 1848).

Am westlichen Talhang liegt das
Franziskanerinnenkloster St. Maria
zu den Engeln (17. Jh., nicht zugänglich), gegenüber die Burg Iberg
(13. Jh.). Von Wattwil gehen zwei
landschaftlich schöne Strecken aus:
östlich über Hemberg nach **Urnäsch**
(▶Appenzellerland) und westlich
über den Ricken zum **Zürichsee**; am
Weg dorthin liegt das Kloster Berg
Sion, von dem man einen schönen
Blick über den Zürichsee hat.

> **!** **BAEDEKER TIPP**
>
> *Toggenburger Wege*
>
> Herrliche Eindrücke vermitteln
> der Thurweg, ein 60 km langer
> Wanderweg (17 Std.), und der
> Toggenburger Höhenweg, eine
> anspruchsvolle Bergtour (87 km,
> 5 Tage), beide zwischen Wil und
> Wildhaus. Info bei den Tourismus-
> büros im Toggenburg und unter
> www.wandersite.ch.

* OBERTOGGENBURG

Im breiten Thurtal erreicht man den Doppelort Ebnat-Kappel
(633/650 m, 4900 Einw.). Im 1752 erbauten und 1951 hierher ver-
setzten **Ackerhus** ist eine hervorragende volkskundliche Sammlung
zu sehen, darunter alte Hausorgeln, die manchmal gespielt werden.
Ackerhus: Anmeldung Tel. 071 993 19 05

Das Tal wird enger, voraus rechts sind die markanten **Churfirsten** zu
sehen, links der Stockberg (1781 m), ein Ausläufer des Alpsteins. In
einer kleinen Talweitung folgt Krummenau (716 m) mit der Sesselbahn nach **Rietbach** (1120 m) und zur **Wolzenalp** (1456 m,
Hochmoor-Naturreservat). Hinter Krummenau fließt die Thur unter
einer natürlichen Felsenbrücke hindurch, dem **Sprung**, und durch
den Kesseltobel, über dem die Straße hoch am Hang entlangführt.

In Neu St. Johann (760 m), einem kleinen Sommer- und Winterferienort, ist das ehemalige Benediktinerkloster mit einer stattlichen
Barockkirche sehenswert (1644). Als kulinarische Etappe ist der
»Ochsen« mit seiner echten Landküche zu empfehlen (So.abend geschl., Tel. 071 995 60 60). Von Krummenau oder Nesslau aus kann
man den eigentümlich geformten Nagelfluhberg *Speer ersteigen,
der mit herrlichem Rundblick aufwartet (1950 m, gesamt 6 – 7 Std.);
schön ist auch der Abstieg nach Amden (▶Walensee).

Von Neu St. Johann führt eine Straße mit Blick auf den beeindruckenden Säntis im Tal des Luternbachs aufwärts nach Ennetbühl und

Toggenburger Bauernbarock: »Türmlihaus« von 1620 in Brunnadern

Rietbad (927 m, Schwefelquelle) am Fuß des Stockbergs (1784 m, Aufstieg 1 Std.). Das Kurhaus Seeben passierend geht es zur Passhöhe **Kräzeren** (1300 m); von der **Schwägalp** aus ist per Seilbahn oder zu Fuß der Säntisgipfel zu erreichen (▶ Appenzellerland).

Giessenfälle Die Straße 16 verläuft bei Germen oberhalb einer Talenge, in der die Thur die Giessenfälle bildet (Kraftwerk). Dann an Stein (860 m) vorbei und durch die von der **Burgruine Starkenstein** überragte **Enge von Starkenbach** (894 m) in das weite Obertoggenburg, dessen Wiesenhänge mit Bauernhöfen und Hütten übersät sind. Rechts ragt der gezackte Kamm der Churfirsten auf, links voraus der Wildhauser Schafberg mit seinen gefalteten Schichten.

Churfirsten Der Nordhang der Churfirsten – nach Süden fallen sie jäh zum ▶ Walensee ab – bietet im Sommer schöne Wandermöglichkeiten und im Winter vielfältige Pisten; viele Berggasthäuser und der herrliche Blick auf das Alpsteinmassiv machen das Angebot »rund«. Erschlossen wird er durch mehrere Bergbahnen und Lifte: von Starkenbach zur **Alp Selun (eine offene Kiste mit 8 Plätzen), von Alt St. Johann zur **Alp Selamatt** (1390 m), von Unterwasser Standseilbahn zur **Iltiosalp** (1350 m) und Schwebebahn auf den ****Chäserrugg** (2262 m). Auf halber Höhe verläuft der »Toggenburger Höhenweg«. In der Nähe der Alp Selun liegt das **Wildenmannlisloch**, eine

Höhle der Altsteinzeit (begehbar), zwischen Iltiosalp und Oberdorf die **Schwendi-Seen**. Jeder der Churfirsten ist zu besteigen, so etwa der **Hinterrugg** (2306 m), ihr höchster Gipfel, in 3.30 Std. von der Alp Selamatt aus. Gut Trainierte machen alle Gipfel an einem Tag

Alt St. Johann (890 m, 1400 Einw.) geht auf das im 12. Jh. gegründe- **Alt St. Johann**
te Benediktinerkloster **St. Johann im Thurtal** zurück, von dem noch
Kirche und Propstei erhalten sind. An der Vereinigung der beiden
Quellbäche der Thur liegt **Unterwasser** (906 m); im Haus Roten-
brunnen an der Dorfstraße ist ein Sennereimuseum untergebracht.
Von Unterwasser führt ein Sträßchen nördlich 2 km steil bergauf zur
Alp Kühboden (1032 m); von dort erreicht man zu Fuß in 1 Std. den
reizvollen kleinen **Gräppelensee** (1302 m).

In dem zu Wildhaus gehörenden Weiler Lisighaus (1056 m) ist das **Lisighaus**
schlichte Geburtshaus des **Reformators Ulrich Zwingli** zu besuchen.
❶ Weihnachten – Ostern, Pfingsten – 15. Okt. Di. – So. 14.00 – 16.00 Uhr

Auch Wildhaus (1098 m), das prächtig auf der Passhöhe am Fuß des **Wildhaus**
Wildhauser Schafbergs (2373 m) liegt, ist ein beliebter Ferien- und
Wintersportort. Sesselbahnen führen südlich über Oberdorf
(1230 m) zur Gamsalp (1770 m) sowie nordwestlich auf die **Alp
Gamplüt** (1334 m); etwa 1 km östlich der Talstation liegt der kleine
Schönenbodensee (1104 m) mit einem Freibad.

Von Wildhaus geht es durch das waldreiche Simmitobel und am
Gamser Berg – mit prächtigem Ausblick ins Rheintal und auf die
Liechtensteiner Alpen – hinunter nach **Gams** (504 m). Vom südlich
gelegenen Grabs aus lohnt der Ausflug hinauf zum reizvollen **Voralpsee** (1123 m), sehenswert ist auch Werdenberg bei Buchs (▶S. 499). **＊Werdenberg**

Vevey

✦ K 6/7

Kanton: Waadt · Vaud **Einwohner:**
Höhe: 385 m ü. d. M. 18 400

**Mit dem benachbarten ▶ Montreux bildet das hübsche Vevey
das Zentrum der Waadtländer Riviera, wie das Weinbaugebiet
Lavaux am Genfersee auch genannt wird. Weltweit bekannt
ist es als Sitz des großen Lebensmittelkonzerns Nestlé.**

Das römische Vibiscus war ein bedeutender Etappen- und Hafenort. **Aus der**
Um 1200 wurde die Siedlung zur Stadt erhoben, die als wichtiger **Geschichte**
Handelsplatz an der Straße von Burgund ins Piemont aufblühte und

nach den Savoyer Grafen bis 1798 unter der Herrschaft Berns stand. Im 17./18. Jh. war Vevey Zuflucht französischer Hugenotten, und im 19. Jh. entwickelte es sich zu einem der bevorzugten Aufenthalts-und Tourismusorte am Genfersee. In der Stadt und ihrer Umgebung lebte Größen aus Kultur und Politik wie Victor Hugo, Dostojewskij, Kokoschka und Charlie Chaplin. Etwa alle 20 Jahre findet in Vevey das grandiose Spektakel der Fête des Vignerons statt.

SEHENSWERTES IN VEVEY

Grande Place

Schönster Punkt ist der **Marktplatz** am See mit der klassizistischen **Kornhalle** (1808, Tourismusbüro); Markt ist Di. und Sa., im Juli/August findet am Sa. der »Marché folklorique« statt. Dahinter steht nahe dem Theater die **Auberge de la Clef**, in der J.-J. Rousseau 1730 wohnte. Im Haus Grande Place 5 dokumentiert das **Schweizerische Kameramuseum** das ganze Spektrum der fotografischen Technik bis zur digitalen Bildaufzeichnung. Der Marktplatz und der östlich an-

Quai Perdonnet

schließende Quai Perdonnet gewähren einen herrlichen Blick über den See auf die Savoyischen Alpen mit dem Grammont (2175 m) im Vordergrund. Vor dem Quai ragt die 8 m hohe **»Fourchette«** (J.-P. Zaugg) aus dem See, seit 2009 das Emblem der Stadt. Berühmt ist das kleine »Charlot«-Denkmal (J. Doubleday) für Charlie Chaplin, der in Corsier-sur-Vevey wohnte. Gegenüber das **Alimentarium**, ein überaus interessantes Museum zur Geschichte der Nahrungsmittel, das von Nestlé unterhalten wird.

Kameramuseum: Di.–So. 11.00–17.30 Uhr, Eintritt 8 CHF

Alimentarium: Di.–Fr. 10.00–17.00, Sa., So. bis 18.00 Uhr, Eintritt 12 CHF

Musée Historique de Vevey

Im »Schönen Haus« aus dem 16. Jh. – erbaut als Sitz des Berner Vogts, wie die Rinde signalisiert – ist das Historische Museum untergebracht, das Möbel, Waffen, Trachten und Dokumente zur Ge-

Vevey

Essen
1 Auberge de la Veveyse

Übernachten
1 Hôtel des Trois Couronnes
2 Hôtel des Négociants

© BAEDEKER

Charlie Chaplin vor dem Alimentarium

schichte des Weinbaus ausstellt. Das Haus ist im Besitz der Confrérie des Vignerons, die das Winzerfest ausrichtet (▶ S. 604).
❶ Di.–So. 11.00–17.00 Uhr, Eintritt frei

Kunstfreunde finden in dem klassizistischen Gebäude, gestiftet von Frau Senator Jenisch aus Hamburg (1801–1881) und bis 1897 erbaut, bedeutende Werke seit der Renaissance aus vielen Sammlungen, so Gemälde und Skulpturen Schweizer und ausländischer Meister des 19./20. Jh.s (Courbet, Hodler, Bissier u. a.), Zeichnungen (Veronese, Tiepolo, Ingres) sowie Werke von Oskar Kokoschka, der von 1953 bis zu seinem Tod 1980 in Villeneuve nahe Montreux lebte. Das Kantonale Druckkabinett besitzt Meisterwerke in allen möglichen Techniken, z. B. von Dürer, Rembrandt und Canaletto. *** Musée Jenisch**
❶ Di.–So. 10.00–18.00 (Do. bis 21.00 Uhr), Eintritt 12 CHF

Nördlich der Bahntrasse steht auf einer Terrasse (mit Orientierungstafel für die Aussicht) die Kirche **St-Martin**, die ins Jahr 1174 zurückgeht (erweitert im 14./15. Jh., Glasfenster 20. Jh.). Hier sind Edmund Ludlow und Andrew Broughton bestattet, englische Politiker des 17. Jh.s, die zu den »Königsmördern« Oliver Cromwells gehörten. **St-Martin**

An der Straße nach Lausanne kündet das riesige **Nestlé-Verwaltungszentrum** (1960) von der Bedeutung des in aller Welt tätigen Konzerns. Weiter Richtung Lausanne steht an der Straße die bescheidene **Villa Le Lac**, die Le Corbusier 1923 für seine Eltern erbaute. **Palais Nestlé**
Villa Le Lac: Route de Lavaux 21, April–Okt. Mo. 9.00–12.00, Mi. 13.30 bis 17.30, Juli/Aug. auch Sa., So. 10.00–17.00 Uhr

Im südöstlich an Vevey anschließenden Städtchen La Tour-de-Peilz (gesprochen »tur de pä«) gibt das **Schloss** (13. Jh.) am See ein zauberhaftes Bild ab. Spiele aller Art aus aller Welt, alte und neue, zeigt hier das *** Musée Suisse du Jeu** (Schweizer Spielmuseum); Spielfans **La Tour-de-Peilz**

Vevey erleben

AUSKUNFT

Montreux-Vevey Tourisme
Rue du Théâtre 5, 1800 Vevey
Tel. 0848 86 84 84
www.montreuxriviera.com

FESTE & EVENTS

Juli/Aug., alle 20 Jahre (wieder 2019):
Fête des Vignerons. Ende Juli: Léman
Tradition (alte Segelboote). Ende Aug.:
Straßenkünstler-Festival. Mitte Sept.:
Oldtimertreff. Nov.: Foire St-Martin.

ESSEN

❶ *Auberge la Veveyse* ⊜⊜–⊜⊜⊜⊜
St-Légier, Route de Châtel-St-Denis 212
Tel. 021 943 67 60
So., Mo., Di.mittag geschl.
Exzellente Adresse oberhalb von Blonay:
kühne Geschmackserlebnisse im Restau-
rant oder beste gutbürgerliche Küche in
der preisgünstigeren Brasserie. Terrasse.

ÜBERNACHTEN/ESSEN

❶ *Hôtel des Trois Couronnes* ⊜⊜⊜
Vevey, Rue d'Italie 49
Tel. 021 923 32 00
www.hotel3couronnes.ch
Prächtiger Hotelpalast der Belle Époque,
seine Zimmer und Suiten – mit Blick auf
See oder Altstadt – vereinen diskreten
Luxus und modernen Komfort. Grandio-
ses Restaurant im Louis-Quinze-Stil mit
Terrasse, Veranda-Bar mit Pianist. In Spa
und Wellnesszentrum kann man alles für
sein Wohlbefinden tun.

❷ *Hôtel des Négociants* ⊜–⊜⊜
Vevey, Rue du Conseil 27
Tel. 021 922 70 11
www.hotelnegociants.ch
Atmosphärereiches kleines Haus in der
Altstadt mit sehr schönen modernen
Zimmern. Im Erdgeschoß die beliebte,
preiswerte Brasserie.

jeden Alters können an Ort und Stelle Neues ausprobieren. Auf der
Place du Temple steht der Freiheitsbrunnen, ein Werk von Gustave
Courbet, der in La Tour-de-Peilz lebte († 1877).
Spielmuseum: Di.–So. 11.00–17.30 Uhr, Eintritt 9 CHF

UMGEBUNG VON VEVEY

*Mont Pèlerin Nordwestlich von Vevey steigt der 1080 m hohe Mont Pèlerin an, der
einen großartigen Blick auf See, Rhonetal und Savoyer Alpen eröffnet. 1977 eröffnete hier das **tibetische Zentrum** Rabten Choeling als
Ort der Begegnung für im Exil lebende Tibeter, aber auch für alle, die
die tibetische Kultur kennenlernen wollen (Tel. 021 921 36 00, www.
rabten.eu). Auf den Mont Pèlerin gelangt man auf einer Straße über
Corsier und Chardonne, der **Antennenturm** auf dem Gipfel bietet
per Lift die Möglichkeit, noch höher hinauszukommen. Eine Standseilbahn bringt von Vevey-Plan über Corseaux und Chardonne zu
den am Hang des Mont Pèlerin gelegenen Hotels (von der Bergstation Bus zum Antennenturm).

**Auf die
*Pléiades**

Für den Ausflug nach Blonay und die Pléiades kann man die Zahnradbahn vom Bahnhof Vevey oder die Straße wählen. Für Letztere sei
ein kleiner Umweg empfohlen, und zwar die Avenue de Blonay hinan
und nach ca. 1 km links in die Route de St-Legier. Rechts liegt das
Schloss Hauteville (18. Jh.; schöner Park mit Aussichtspunkten).
Dann durch **St-Légier** und **La Chiésaz**, in denen einige Häuser mit
humorvollen Malereien von A. Béguin geschmückt sind; in La Chiésaz ist der Komponist Paul Hindemith (1895 – 1963) bestattet. Links
oberhalb ist das mächtige **Schloss Blonay** zu sehen, das im 12. Jh.
erbaut wurde und seitdem im Besitz der Familie Blonay ist. In Blonay
(620 m, 6000 Einw.) lebte Hindemith ab 1953; in seiner Villa veranstaltet die Fondation Hindemith Kurse für junge Musiker. Zwischen
Blonay und Chamby verkehrt Mai – Okt. Sa./So. eine **Museumseisenbahn** mit alten Dampfloks und Triebwagen. In steilen Serpentinen führt die Straße hinauf bis **Lally** (1237 m); hier nimmt man die
Zahnradbahn oder geht in 20 Min. zum Gipfel (1348 m) mit schönem Gasthof und traumhafter Aussicht. Von hier kann man auf der
Haute Route de la Riviera in 6 Std. mit geringen An- und Abstie-
gen zum Dent de Jaman oberhalb von ▶Montreux wandern.

**Train des
Vignes**

Die Bahnlinie von Vevey nach **Puidoux** (an der Strecke Lausanne –
Fribourg) führt durch die Weinberge des Lavaux. Von hier kann man
in 2 Std. (oder mehr, je nach den »Weinpausen«) nach Vevey zurück-
kehren. Wunderbar ist auch die Wanderung von Puidoux westwärts
nach La Conversion bei Lausanne (3 Std.; Bahnstation).

✱✱ Vierwaldstättersee

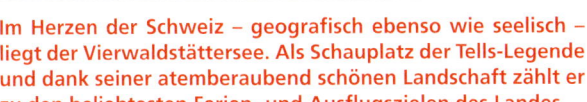

✦ F/G 16/17

Kanton: Luzern, Nidwalden, Schwyz, Uri
Mittl. Wasserspiegel: 434 m ü. d. M.

**Im Herzen der Schweiz – geografisch ebenso wie seelisch –
liegt der Vierwaldstättersee. Als Schauplatz der Tells-Legende
und dank seiner atemberaubend schönen Landschaft zählt er
zu den beliebtesten Ferien- und Ausflugszielen des Landes.**

Der Vierwaldstättersee, mit 114 km² der fünftgrößte See der Schweiz,
hat seinen Namen nach den vier »Waldstätten«, die ihn umgeben,
den Urkantonen Uri, Schwyz, Unterwalden und Luzern. Seine Gestalt erinnert entfernt an ein Kreuz: Den Kopf bildet der Luzernersee,
den nördlichen Arm der Küssnachter, den südlichen der Alpnacher
See. Östlich schließen der Weggiser und der Buochser See an. Bei
Brunnen beginnt der Urnersee, der südlichste und eindrücklichste
Teil. Zwischen Luzern und Flüelen ist der See 38 km lang, die brei-

Grandioser Blick von der Rigi: links der Bürgenstock, in der Ferne rechts der Pilatus

teste Stelle misst 4 km, die engste, zwischen Vitznauer Stock und Bürgenstock, nur 825 m. Im Gersauer Becken hat er mit 214 m seine größte Tiefe. Berühmte Aussichtsgipfel wie Rigi, Pilatus (▶ Luzern) und Stanserhorn, abwechslungsreiche Uferlandschaften, hübsche Orte und die Stätten, die mit dem Ursprung der Eidgenossenschaft verbunden werden, machen seinen Reiz aus, der sich auf herrlichen Wanderungen und Touren genießen lässt.

Ein wenig Geologie Die ästhetischen Reize des Sees beruhen besonders auf seiner interessanten geologischen Situation. Hier folgen die diversen Zonen der Schweiz dicht aufeinander, vom moränenbedeckten Vorland bis zur zentralen Aufwölbung des Gotthardmassivs: die schmale Zone der Nagelfluh mit nach Süden einfallenden Schichten (Rigi), die Kalke und Flyschschiefer mit pultartigen Bergformen (Bürgenstock) und zusammengepressten Falten (Axenfluh), die überschobenen Decken (Mythen) und als großartiger Hintergrund die steilen Falten der Urner Alpen mit ihrem auffälligen Wechsel der Gesteine.

DAS NORDUFER: VON LUZERN NACH FLÜELEN

Küssnacht Küssnacht (12 200 Einw.) liegt am nördlichen Ausläufer des Vierwaldstättersees am Fuß der Westflanke des Rigi-Massivs, ca. 2 km vom Zugersee (▶ S. 657) entfernt. Das empfehlenswerte **Hotel Engel** am Marktplatz, ein schöner Fachwerkbau, datiert von 1552; im Tagsatzungssaal versammelten sich hier einst die Vertreter der Kantone, und die Goethestube erinnert an den Aufenthalt des Dichters 1797. Am Ufer stehen die barocke Kirche **St. Peter und Paul** (1710/ 1968) und das **Rathaus** von 1728, über dem Ort die Ruine der Gesslerburg, die mit dem Tell-Gessler nichts zu tun hat. 2 km nordöstlich von Küssnacht, an der Straße nach Immensee (▶Zug), ist die berühmte **Hohle Gasse** zu finden, wo Tell den verhassten Landvogt Gessler erschossen haben soll. An bewusster Stelle, an dem von alten Buchen eingefassten Hohlweg, steht die **Tellskapelle** (1638/1895; mit Info-pavillon), Gemälde von H. Bachmann stellen dort die »Ereignisse« dar. Eine schmale Straße und eine Seilbahn führen hinauf zur **See-bodenalp** (1030 m), Ausgangspunkt für Wanderungen im Rigi-Ge-biet, z. B. nach Rigi-Staffel, Känzeli und zum Gipfel.

Um die Halbinsel Hertenstein geht's zum Ferienort Weggis (4200 Einw.) gegenüber dem Bürgenstock. Im fast mediterranen Klima ge-deihen hier Esskastanien und Palmen. Eine Seilbahn fährt hinauf nach **Rigi-Kaltbad** (1453 m, ▶S. 610). Nun folgt eine herrliche Stre-cke am See mit wunderbarem Bergpanorama. **Weggis**

Vitznau (1300 Einw.) ist Ausgangspunkt für einen Besuch der Rigi mit der **Vitznau-Rigi-Bahn** (▶S. 608, 611); das 1871 eingeweihte technische Meisterwerk sorgte dafür, dass sich das Dorf zu einem gut besuchten Ferienort entwickelte. Die Uferstraße führt weiter am oder etwas über dem See um die **Obere Nase** herum; der gegenüberlie-gende Landvorsprung, die Untere Nase, ist 825 m entfernt. **Vitznau**

Gersau (2100 Einw.) ist der älteste Kurort am Vierwaldstättersee. 1390 kauften die Gersauer ihre Gemeinde den Habsburgern ab; bis 1817, als sie Schwyz zugeschlagen wurden, blieben sie selbständig. Mehr über die Geschichte erzählt das Museum im **Rathaus** von 1745. Schöne Häuser aus dem 16.–18. Jh. bilden den Dorfkern. Kurz hinter dem Ort passiert man die **Kindlimordkapelle** (1708) am Fuß der Hochfluh (1699 m); hier öffnet sich der Blick auf die beiden My-then (▶Schwyz). Der Legende nach soll ein Vater hier sein hungriges Kind an einem Felsen zerschmettert haben. Rund 4 km weiter östlich liegt die Talstation der Schwebebahn auf den *Urmiberg (1198 m) mit prachtvoller Aussicht, Ausgangspunkt für schöne Wanderungen und Gleitschirmflüge. **Gersau**

Brunnen, ein beliebter Sommerferienort, 440 m, 8500 Einw.), war schon im 11. Jh. ein wichtiger Hafen an der Gotthardroute: Da das Ostufer des Urnersees zu steil für eine Straße war, musste man nach Flüelen das Schiff nehmen. Ehrwürdige Belle-Époque-Hotels und die **Seepromenade** erinnern an die Frühzeit des Fremdenverkehrs; hübsch ist auch die Partie am Dorfbach (»Leewasser«). In Brunnen **∗Brunnen**

Vierwaldstättersee erleben

AUSKUNFT

Nidwalden Tourismus
Bahnhofplatz 4, 6371 Stans
Tel. 041 610 88 33, www.lakeluzern.ch

Rigi Bahnen, 6354 Vitznau
Tel. 041 399 87 87, www.rigi.ch

FESTE & EVENTS

Mitte Juli: Schwing- & Älplerfest auf der
Rigi, der »Urstätte« des Schwingens
(www.rigi-schwingen.ch); etwas später
Treffen der Alphornbläser auf der Rigi.
Am 1. August (Nationalfeiertag) fährt
man mit dem Schiff zur Bundesfeier
auf dem Rütli: mit Verlesen des Bundes-
briefs, Festrede und Feuerwerk.

VERKEHR

Unverzichtbar ist die Fahrt mit einem der
fünf Raddampfer der Schifffahrtsgesellschaft des Vierwaldstättersees (▶ S. 703).
Autofähre Gersau–Beckenried (ca. 20.
März–20. Okt.). Der Tell-Pass gewährt
freie Fahrt an 2/5 Tagen innerhalb von
7/15 Tagen, sonst 50 % Ermäßigung.
Viele Kombi-Angebote Schiff/Bergbahn.

ESSEN

Gasthaus Zwyssighaus ●●–●●●

6466 Bauen, Tel. 041 878 11 77
www.zwyssighaus.ch, Mo./Di. geschl.
Am Westufer des Urner Sees steht das
Geburtshaus von Alberik Zwyssig, dem
Komponisten der Schweizer Nationalhymne. Feine schweizerisch-internationale Kost in der getäfelten Stube oder
auf der Seeveranda. Reservieren.

ÜBERNACHTEN/ESSEN

Central am See ●●

Weggis, Seestrasse 25

Tel. 041 392 09 09
www.central-am-see.ch
Wunderschön am See gelegenes Haus,
außen romantisch, innen kühn modern.
Man speist im »Stübli« (schlicht), im
»Wintergarten« oder auf der Terrasse
am See (fein). Mit Pool und Strandbad.

Beau Rivage ●●–●●●

Weggis, Gotthardstrasse 6
Tel. 041 392 79 00
www.beaurivage-weggis.ch
Noble Adresse – dennoch nicht überteuert – mit wunderschönem Garten
am See und Pool. Klassisches Restaurant,
ausgezeichnete Fischgerichte.

Gasthaus Tübli ●

Gersau, Dorfstrasse 12
Tel. 041 828 12 34
Das 1767 erbaute Gasthaus kredenzt
in seiner hübschen, gemütlichen Stube
ehrliche Innerschwyzer Gerichte. Mit
wohnlichen Zimmern, teils zum See.

Vitznauer Hof ●●●–●●●●

Vitznau, Seestrasse 80
Tel. 041 399 77 77
www.vitznauerhof.ch
»Jugendstilschloss« von 1901 mit hochkarätiger Tradition in Traumlage am See,
jünst von Grund auf restauriert und modernisiert. Im Restaurant »Panorama«
wird mediterran gekocht, im »Sens«
leicht experimentell. Großzügiger Well-
ness- und Spa-Bereich.

Rigi Kulm Hotel ●●–●●●

Rigi-Kulm
Tel. 041 880 18 88, www.rigikulm.ch
Seit 1816 gibt es den Stützpunkt für den
berühmten Sonnenaufgang. Sehr stilvoll

modernisiert, erhalten blieb der noble Gründerzeit-Speisesaal. Mit Selbstbedienungsrestaurant und Terrasse.
Für Preisbewusste ist das schlichte kleine Hotel **Alpina** an der Station Kaltbad zu empfehlen (Tel. 041 397 11 52).

Seehotel Sternen ⊖⊖⊖
Horw, Winkelstrasse 46
Tel. 041 348 24 82
www.seehotel-sternen.ch
Schöner Platz am See südlich von Luzern, mit prächtigem Blick auf den Pilatus und gediegener, als es das Äußere verspricht. Nette Restaurants (im Winter Mo. geschl.), preiswerte Mittagsmenüs.

Gasthaus Schlüssel ⊖⊖–⊖⊖⊖
Beckenried, Oberdorfstr. 26
Tel. 041 622 03 33
Schönes Haus von 1727, liebevoll restauriert und edel modernisiert. Saisonale Menüs – keine Speisekarte – in der atmosphärereichen getäfelten Gaststube.

hat man ein herrliches **Panorama** vor sich: Am gegenüberliegenden Ufer ragt am Seelisberg der 25 m hohe **Schillerstein** in den See; links von ihm sieht man die berühmte **Rütliwiese**. Im Westen ragt der Bürgenstock (1128 m) auf, im Süden der imposante Urirotstock (2928 m) mit zwei Zacken. Die **Bundeskapelle** (1635) erinnert an den 1291 in Brunnen besiegelten Bundesbrief (▶Schwyz), in dem die Einwohner von Uri, Schwyz und Unterwalden ihren Vertrag bekräftigten, Zwistigkeiten unter sich auszumachen. Das Altarbild malte der Rubensschüler Justus van Egmont (1642). Im »Swiss Knife Valley Visitor Center«, dem Tourismusbüro des Kantons (Bahnhofstr. 3), bietet Victorinox seine Produkte an (▶Baedeker Tipp S. 551 und Special S. 114).

Morschach
Idyllisch auf einem Plateau am Fuß des **Fronalpstocks** (1922 m) liegt der Kurort Morschach (645 m, 1000 Einw.). Bekannt ist hier der Swiss Holiday Park, eine ansprechende Hotelanlage mit Ferienwohnungen, Bäderlandschaft, Schau-Bauernhof etc. Eine Luftseilbahn bringt ins Wander- und Skigebiet **Stoos-Fronalpstock** (▶Schwyz).

**»Weg der Schweiz«
Um den Urnersee, zwischen Brunnen (Platz der Auslandschweizer) und der Rütliwiese, wurde zur 700-Jahr-Feier der Schweiz 1991 ein 35 km / ca. 12 Std. langer, überaus malerischer **Wanderweg** angelegt (www.weg-der-schweiz.ch). Jeder Kanton erhielt einen Abschnitt, und zwar pro Einwohner 5 mm; so bekam der Kanton Zürich 6089 m, Appenzell ganze 71 m.

Axenstraße
Hinter Brunnen verläuft die verkehrsreiche Axenstraße am steilen Ostufer des fjordartigen Urnersees. Die alte, 1863–1865 angelegte Trasse führt durch zahlreiche Tunnels; zwischen Sisikon und Flüelen ist sie zu Fuß zugänglich (die neue verläuft ganz im Tunnel). Außerdem quetscht sich die Trasse der Gotthardbahn an den See.

Sisikon

Hinter Sisikon (400 Einw.) an der Einmündung des Riemenstalden-Tals hält man am Hotel Tellsplatte und geht hinunter zur Schiffslände und zur **Tellskapelle** (1570/1880). Hier soll Tell beim Sturm aus dem Boot des Landvogts gesprungen sein. Bilder des Basler Malers Erich Stückelberg stellen Szenen der Sage dar. Oberhalb der Tellskapelle ertönt zur vollen Stunde das größte Glockenspiel der Schweiz. Am Freitag vor Christi Himmelfahrt findet die Urner Landeswallfahrt statt: per Schiff um 19.30 Uhr von Flüelen zur Tellsplatte (gratis). Vom Hotel Tellsplatte bringt eine Seilbahn auf den **Axen** (825 m).

Flüelen

Flüelen (2000 Einw.) am Südende des Urnersees war bis zum Bau der Axenstraße ein wichtiger Umschlagsort (s. o. Brunnen). Zu beachten sind die **Alte Kirche** (1665, 1912 profaniert) und das benachbarte **Schlösschen Rudenz** (14. Jh./1815), das jahrhundertelang als Zollstation an der Gotthardroute diente. Die Plastik »Schwurhände« (W. Witschi, 1964) am Wasser soll die Einigkeit der viersprachigen Schweiz darstellen. Mit einer Seilbahn kann man auf die **Eggberge** (1526 m, Gasthäuser) hinauffahren, sommers und winters ein Wanderrevier bzw. Familienskigebiet über dem Nebel. Altdorf ▶dort.

** RIGI

Königin der Berge

Die Rigi – genannt »Regina montium«, »Königin der Berge« – ist der allerberühmteste Aussichtsberg der Schweiz. Wie eine Insel ragt der 14 km lange und 6,5 km breite Bergstock zwischen Vierwaldstätter, Zuger und Lauerzersee auf; höchster Punkt ist der 1798 m hohe **Rigi-Kulm**. Gleich drei Bahnen (Seilbahn von Weggis, Zahnradbahnen s. u.) erschließen die Rigi; hotelgäste bekommen bei den Rigibahnen 50 % Ermäßigung. Die Straßen von Küssnacht, Weggis und Gersau führen nur bis auf halbe Höhe. Sommers und winters stehen herrliche Wanderwege zur Verfügung, im Winter locken die Weiler Kaltbad, Klösterli und Staffel mit Abfahrten, Loipen, Rodelbahnen und Schneeschuhwegen. In **Rigi-Kaltbad** setzt das 2012 eröffnete Mineralbad von Mario Botta die jahrhundertealte Badetradition fort. Seit dem 17. Jh. zieht die Rigi Besucher an, darunter Berühmtheiten von Goethe über Königin Victoria bis Mark Twain, die das überwältigende **Panorama** genießen wollten. Aus der Kette der

---

BAEDEKER WISSEN

? *Die Rigi und der Sonnenaufgang*

Die ergötzlichste Schilderung einer Rigi-Tour gibt Mark Twain in seinem »Bummel durch Europa« (1880): Nicht weniger als drei abenteuerliche Tage brauchte er für den Aufstieg, um dann den berühmten Sonnenaufgang doch mehrmals zu verpassen (und Herrn Baedeker »davon zu unterrichten, dass er sich um drei Tage verschätzt hatte«). Heute hat es der Gast des traditionsreichen Hotels Rigi Kulm (▶ S. 608) leichter.

Alpengipfel ragen im Osten der Säntis und hinter den Mythen der Glärnisch, im Südosten der Tödi, im Süden Urirotstock und Titlis und im Südwesten die Riesen des Berner Oberlandes heraus. Im Westen schließt der Pilatus das Panorama ab, rechts von ihm reicht der Blick über das Mittelland bis zum Jura und zum Schwarzwald. Auf dem Gipfel stehen ein Antennenturm der Swisscom und der Triangulationspunkt der Landesvermessung.

Früher gelangten die »Gipfelstürmer« zu Fuß, zu Pferd oder im Tragsessel auf den Berg, seit 1871 bequem im Zug. Von Vitznau fährt die **Vitznau-Rigi-Bahn**, die älteste Zahnradbahn Europas (7 km, max. Steigung 25 %, 30 Min.); vier Jahre später wurde die Nordseite mit der **Arth-Rigi-Bahn** erschlossen (9 km, max. Steigung 21 %, 35 Min.; bei der Bergfahrt rechts sitzen). Von Arth-Goldau – hier steht noch der alte »Hochperron« von 1897 – führt die Bahn auf das Bergmassiv zu und an der Station Kräbel (766 m; Luftseilbahn zur Scheidegg, 1661 m) vorbei, dann an der Kräbelwand aufwärts mit Blick auf den Rossberg und den Zugersee (▶ S. 657). Nach 4 km passiert man **Klösterli** (1315 m) mit der Wallfahrtskapelle Maria zum Schnee (1689/1721, Wallfahrten 1. Juli-Mittwoch, 8. Sept.). Bei der Station **Staffel** öffnet sich eine prächtige Aussicht nach Norden und Westen. Im Juli/Aug. schiebt sonntags von Vitznau aus eine Dampflok ihren Zug auf die Rigi, und von Ende Juni bis Ende Aug. fährt, ebenfalls sonntags, die Arth-Rigi-Bahn frühmorgens zum Sonnenaufgang mit Alphornuntermalung und Frühstück.

Zahnradbahnen

DAS SÜDUFER: VON LUZERN NACH SEELISBERG

Hergiswil (5400 Einw.) am Ostfuß des Pilatus (▶ Luzern) ist bekannt durch seine **Glashütte** (»Glasi«), die älteste der Schweiz (1817), am See. Man kann den Glasbläsern zusehen, im Mmuseum erfährt man alles über die Geschichte der Hütte, und im schönen Glasi-Restaurant Adler wird Vorzügliches auf Glas serviert. Über Hergiswil liegt die Talstation der Gondelbahn auf die **Alp Gschwänd** (1216 m, Gasthof, schöne Aussicht). Die Straße verläuft weiter am Hang des Lopperbergs (965 m), eines bewaldeten Ausläufers des Pilatus.

Hergiswil

Glasi: Mo.–Fr. 9.00–18.00, Sa. 9.00–16.00 Uhr, Eintritt frei; Museum 7 CHF

Ein 150 m breiter Kanal verbindet den Vierwaldstättersee mit dem Alpnachersee (Alpnachstad ▶ Luzern). Über **Stansstad**, den Hafen mit Wachtturm von 1308 (hübsches Strandbad), erreicht man Stans (455 m, 8000 Einw.), den Hauptort des Halbkantons Nidwalden am Eingang zum Engelberger Tal (▶ Engelberg). Der Ort wurde 1713 bei einem Brand teilweise zerstört und barock wieder aufgebaut. Den großzügigen **Dorfplatz** beherrscht die Kirche St. Peter und Paul

Stans

(1647), ihr Turm stammt von einem Vorgängerbau aus dem 12./13. Jh. Ein Denkmal (1865) erinnert an den Helden Arnold von Winkelried (▶Luzern, Sempach). Neben der Kirche das Beinhaus von 1482. Im Rathaus (1715) hängen Porträts der Landammänner, der Oberhäupter Nidwaldens. Im **Frauenkloster** St. Klara (1627), das dem berühmten Erzieher J. H. Pestalozzi als Waisenhaus diente, ist ein prächtiger Hochaltar des Walliser Schnitzers Johann Ritz mit einem mystischen Altarbild von Johannes Brandenberg (um 1723) zu bewundern. Vier Teile hat das **Nidwaldner Museum**: Im Winkelriedhaus (13./16. Jh.) werden Brauchtum und Wohnkultur vorgestellt; das Salzmagazin (um 1700) wird für Wechselausstellungen genützt. Das Höfli (13.–17. Jh.), ein prächtiger Herrensitz, ist u. a. dem Stanser Ortsbild und der Entstehung des Kantons gewidmet (hier das sehr gute, schöne Restaurant zur Rosenburg, Mo./Di. geschl., Tel. 041 610 24 61). Zuletzt die **Festung Fürigen** nordöstlich am See, die 1941/1942 zur Landesverteidigung angelegt wurde.

Winkelriedhaus: Mi. – Fr. 14.00 – 17.00, Sa., So. 11.00 – 17.00 Uhr, 5 CHF
Festung Fürigen: April – Okt. Sa., So. 11.00 – 17.00 Uhr (Temperatur ca. 10 °C)

*Stanserhorn Von Stans bringt erst eine urige Standseilbahn von 1893 zur Kälti (714 m) und dann die einzigartige, 2012 eröffnete **CabriO-Seilbahn** mit offenem Oberdeck zum Stanserhorn (1898 m) mit dem Drehrestaurant Rondorama: grandiose Sicht auf die Urner, Unterwaldner und Berner Alpen, auf den Vierwaldstättersee und das Vorland.

*Bürgenstock Der bewaldete Bürgenstock ragt vom Vierwaldstättersee fast senkrecht auf, nach Süden fällt er sanft ab. Man erreicht den beliebten Aussichts- und Wanderberg von Stansstad auf einer steilen Straße oder mit der **Standseilbahn** von Kehrsiten (Schiff von Luzern). In 900 m Höhe eröffneten zwischen 1873 und 1904 drei luxuriöse Hotels, weshalb der Bürgenstock auch »Zauberberg der Millionäre« getauft wurde. Seit 2007 ist die ganze Anlage im Besitz der Qatari Diar Real Estate, bis 2015 soll ein neues Resorthotel entstehen. Vom Bürgenstock Resort führt der ***Felsenweg** in ca. 30 Min. um die Hammetschwand zum ***Hammetschwand-Lift**. Mit dieser 119 m hohen, freistehenden Eisenkonstruktion von 1909/1990 hinauf zum Gipfel (1132 m, Gasthof, prächtige Aussicht). Von hier in ca. 1.30 Std über das Honegg-Känzeli zurück zum Bürgenstock Resort.

Beckenried Bis Beckenried (440 m, 3000 Einw.) verläuft die Straße am Ufer. Im Ort stehen noch ein paar schöne alte Häuser. Einen Blick wert ist die prachtvolle barocke Kapelle **Maria im Ridli** (1701) etwas außerhalb. Eine Seilbahn bringt zur **Klewenalp** (1600 m) hinauf, einem sehr beliebtebn, »volkstümlichen« Ausflugs- und Skigebiet; hier man eine herrliche Aussicht, im Sommer gibt es Jodelmessen und -abende, im Juli ein Country-Openair.

Eine Dampferfahrt gehört einfach dazu … An der Station Treib

Über Emmetten erreicht man Seelisberg (800 m, 650 Einw.), für Richard Wagner die »reizvollste Entdeckung« in der Schweiz. Eine Standseilbahn verbindet den Ort mit der Schiffsstation ***Treib** am Landvorsprung zwischen Vierwaldstätter und Urnersee; das gleichnamige prächtige Haus (1659) dort war Tagungsort der Eidgenossen und ist heute ein **idyllisches Gasthaus** (Mi./Do. geschl.).

Seelisberg

Die hochberühmte **Rütli-Wiese**, das mythische Herz der Schweiz, erreicht man zu Fuß von Treib (1.15 Std.) und Seelisberg (40 Min.) oder mit dem Schiff (Station Rütli, 15 Min. zu Fuß). Der Überlieferung nach – Belege dafür gibt es nicht – trafen sich hier, wenige Meter über dem Urnersee, im August 1291 die Vertreter der Waldstätten Schwyz, Uri und Unterwalden und riefen gegen die Herrschaft der Habsburger einen **»Ewigen Bund«** aus (▶ S. 51). Im 15. Jh. wurde diese Geschichte mit dem **Tell-Mythos** verbunden; die Festlegung des Rütli-Datums auf den 1. August war eine Reaktion der Katholisch-Konservativen auf die erste sozialistische 1.-Mai-Feier im Jahr 1891. Bis Mitte des 19. Jh.s befand sich die idyllisch gelegene Waldwiese in Privatbesitz, heute »gehört sie der Schweizer Jugend«. Hier endet bzw. beginnt der »Weg der Schweiz« (▶ S. 609). Selbstredend findet am 1. August hier die Haupt-Bundesfeier statt, und am Mittwoch vor dem 11. Nov. kommen seit 1862 Schützen aus der ganzen Schweiz – heute über 1000 – zum **Rütlischiessen**, und zwar frühmorgens mit dem Schiff von Luzern.

**Rütli

Schweizer (und) Schokolade

*Der Pioniergeist Schweizer Schokoladenfabrikanten hat die »Schoggi«
erst zum für jedermann erschwinglichen Genussmittel gemacht.
Die Erfindung der Milchschokolade allerdings, lange dem Schweizer
Daniel Peter aus Moudon zugeschrieben, sprechen Experten
heute der Dresdner Firma Jordan & Timaeus zu.*

▶ **Schweizer Schokoladenhersteller**
Zürich ist das Zentrum der
Schweizer Schokoladenindustrie.

Insgesamt 18 Unternehmen
sind in der Schweiz angesiedelt.

Mitarbeiter (2010): 4328

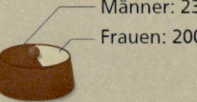

Männer: 2322
Frauen: 2006

Umsatz (2010, in Mio €): 1362

Inland: 701
Ausland: 661

Verteilung der verkauften Produkte (in Prozen

Tafeln	Halbfabrikate (inkl. Pulver)		Übrig
50	21	18	6

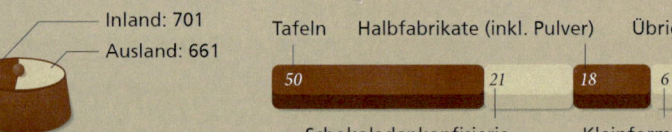

Schokoladenkonfiserie   Kleinforma

▶ **Top 5 der Kakaoproduzenten (Jahresproduktion 2010)**

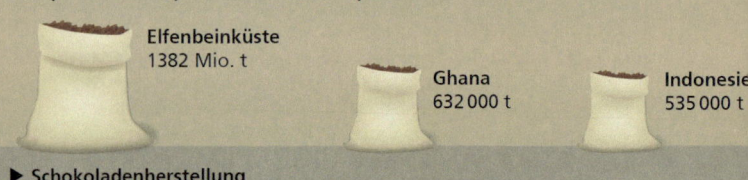

Elfenbeinküste
1382 Mio. t

Ghana
632 000 t

Indonesie
535 000 t

▶ **Schokoladenherstellung**
Bis zur fertigen »Schoggi« gibt es einiges zu tun.

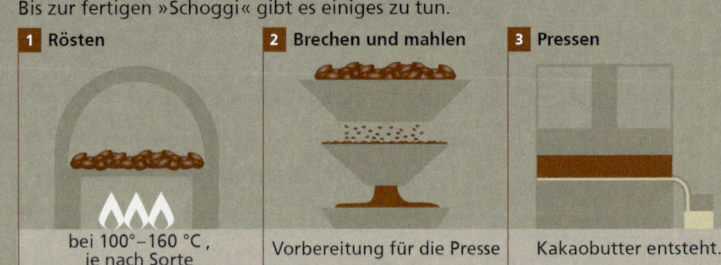

1 Rösten
bei 100°–160 °C,
je nach Sorte

2 Brechen und mahlen
Vorbereitung für die Presse

3 Pressen
Kakaobutter entsteht.

▶ **Kakaoanbaugebiete**
Der Anbau ist nur in Äquatornähe möglich.

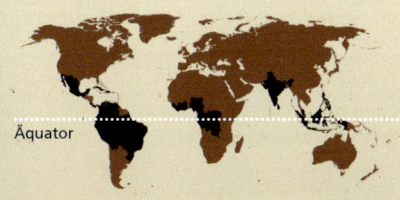

Äquator

▶ **Jährlicher Schokoladengenuss nach Ländern**
in kg pro Kopf (gerundet), 2009

Schweiz	10,5
Norwegen	9,5
Großbritannien	9,5
Deutschland	9,5
Schweden	8
Dänemark	8
Finnland	7
Österreich	6,5

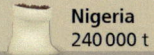 **Nigeria**
240 000 t

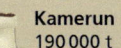 **Kamerun**
190 000 t

▶ **Die Väter der Schokolade**
Sie stehen exemplarisch für den Erfolg
der Schweizer Schokolade.

**Philippe Suchard
(1797–1884)**
Er erfand den Mélangeur, eine Maschine
zum Vermischen von
Zucker und Kakaopulver. Sie wird bis
heute verwendet.

**Theodor Tobler
(1876–1941)**
Er erfand die
berühmte Toblerone.
Die dreieckige
Form ist noch immer
ihr Markenzeichen –
sie stellt der
Legende nach das
Matterhorn dar.

**Rodolphe Lindt
(1855–1909)**
Er erfand die Conche,
eine Maschine zum
Veredeln der Schokolade. Sie macht die
»Schoggi« zart schmelzend, die Grundlage für
ihren Welterfolg.

©BAEDEKER

4 Untermischen

… von Kakaobutter,
Milchpulver und Zucker

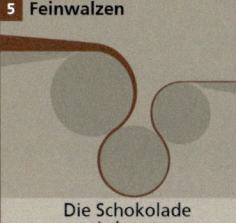

5 Feinwalzen

Die Schokolade
wird zarter.

6 Conchieren

Bis zu 72 h wird die »Schoggi«
bei ca. 90 °C langsam gerieben.

Walensee

✶ F 20/21

Kantone: St. Gallen, Glarus
Wasserspiegel: 423 m ü. d. M.

Zwischen dem Rheintal und dem Zürichsee schiebt sich der Walensee wie ein Fjord zwischen die Glarner Alpen und die fast 2000 m hohen Felswände der Churfirsten. Im mediterranen Klima am Nordufer – die Weiler dort sind per Boot oder zu Fuß zu erreichen – gedeihen Reben, Feigen und Kiwis.

Weesen Am Westende des 15 km langen, 2 km breiten und 151 m tiefen Sees liegt das idyllische Städtchen Weesen (423 m, 1500 Einw.), dessen **Seepromenade** einen schönen Ausblick gewährt. Am Hafen erinnert ein Denkmal an **H. C. Escher**, den Schöpfer des 1827 fertiggestellten Kanalsystems der Linth, das Weesen und Walenstadt von der ständigen Hochwassergefahr und die Linth-Ebene von der Malaria befreite. Von Fly führt ein schmales, in die Felswände gehauenes Sträßchen (Einbahnverkehr, 2 Wechsel / Std.) am Nordufer – vorbei am Muslenfall und an der Ruine Strahlegg – nach **Betlis** (520 m). Lohnender Spaziergang (15 Min.) zum insgesamt 600 m (!) hohen **Seerenbachfall**, dem höchsten der Schweiz; man kann den Weg nach Quinten und Walenstadt fortsetzen.

Amden Hoch über dem See breitet sich am sonnigen Hang der Urlaubsort Amden (950 m, 1700 Einw.) aus. Lifte führen hinauf zur Alp Walau

Ein echter Geheimtipp ist der Walensee. Von Unterterzen bringt die Seilbahn hinauf zum Wander- und Skigebiet Flumserberg.

(1285 m) und zur Hinteren Höhe (1416 m) am Mattstock (1939 m). Vom Parkplatz Lehni (Bushaltestelle) zwischen Weesen und Amden geht man in ca. 20 Min. zum **Atelier Amden**, einer besonderen Kunstgalerie: In einer Scheune und in ihrer Umgebung werden zeitgenössische Werke präsentiert (jederzeit zugänglich). Zu empfehlen ist der Aufstieg zum ***Speer** (1950 m, 3 Std., Blick auf Säntis und Zürichsee) sowie zum Leistkamm über dem Walensee (2101 m, 5 Std.).

Reizvoll ist der Abstecher von Weesen nach Näfels (▶ Glarnerland) und die anschließende Fahrt über den Kerenzerberg: Von **Mollis** steigt die Straße in nördlicher Richtung an, wobei man einen schönen Blick auf Näfels und die Linth-Ebene bis zum Zürichsee hat, südwestlich auf Rautispitz und Wiggis, Glärnisch und Tödi.

Näfels und Kerenzerberg

Filzbach (720 m), schön auf einer Terrasse 270 m über dem Walensee gelegen, wird von der Pyramide des Mürtschenstocks (2442 m) überragt. Von hier lohnt sich der Ausflug ins **Hintere Tal** unter dem Nüenchamm mit dem kleinen Talalpsee (1100 m, 1.15 Std.). Der Sessellift von Filzbach zur **Alp Habergschwänd** (1280 m) ermöglicht im Winter bis 7 km lange Rodelfahrten, Mai – Okt. ist die 1,3 km lange Sommerrodelbahn in Betrieb. Ebenso attraktiv liegt **Obstalden** (700 m, 450 Einw.) mit seiner ins Mittelalter zurückgehenden Kirche; innen ist ein Freskenzyklus aus dem 14. Jh. erhalten.

Filzbach

Über Mühlehorn steuert man Murg (430 m) an, das mit seinem hässlichen Hochhaus auf dem Schwemmkegel der Murg liegt. Herrliche Wanderung nach Süden ins einsame ***Murgtal** zu den Murgseen (1673 – 1825 m, 4 – 5 Std., Berggasthaus; Mautstraße); von hier geht man in ca. 3 Std. hinüber nach Engi im Sernftal (▶ Glarnerland).

Murg

Gegenüber von Murg liegt am Nordufer des Walensees unter der Wand des Leistkamms, der den westlichen Pfeiler der Churfirsten bildet, das idyllische Quinten, das nur zu Fuß (von Walenstadt oder Weesen, je ca. 3 Std.) oder per Schiff erreichbar ist. Der Name des Weinorts stammt wie der von Terzen und Quarten von der lateinischen Nummerierung des Churer Grundbesitzes im Mittelalter.

*Quinten

Oberterzen (662 m) ist Ausgangspunkt für schöne Wanderungen, v. a. zur **Seebenalp** (1643 m, 2.30 Std.) mit drei Seen und herrlich gelegenem altem Kurhaus (▶ S. 619). In dessen Nähe (Weg erfragen) das »Züribänkli« mit großartiger Aussicht. Die Gondelbahn von Unterterzen stellt die Verbindung mit **Flumserberg** (▶ S. 619) her; an Winterwochenenden fährt die S-Bahn von Zürich zur Talstation.

Oberterzen

Über den Seez-Kanal geht's nach Walenstadt (430 m, 5300 Einw.) am Ostende des Sees unter den Wänden des Hinterruggs. Es gibt hier ein

Walenstadt

Walensee erleben

AUSKUNFT
Heidiland Tourismus
Walenseestr. 18, 8882 Unterterzen
Tel. 081 720 17 17, www.heidiland.ch

SCHIFFSVERKEHR
Anfang April – Ende Mai Di., Do., Sa.,
So.; Ende Mai – 20. Okt. tgl.; zwischen
Murg und Quinten/Au ganzjährig tgl.
mehrere Kurse. Sehr eindrücklich ist eine
Fahrt zwischen Walenstadt und Quinten
entlang der Felswand. Diverse (z. B. kuli-
narische) Sonderfahrten.

FESTE & EVENTS
Lebhafte Fasnacht, v. a. in Walenstadt.
Juli / Aug.: Musical auf der Seebühne in
Walenstadt.

ESSEN
Fischerstube ⊜⊜⊜
Weesen, Marktgasse 9
Tel. 055 616 16 08, Mi. geschl.
Gediegenes Restaurant am Dorfplatz mit
drei heimeligen Stübli und anspruchsvol-
ler Küche, besonders Fisch. Reservieren.

Wirtschaft zur Schifflände ⊜-⊜⊜
8878 Quinten, Tel. 081 738 14 60
www.schifflaendequinten.ch
In der getäferten Stube oder am Wasser
unter der Platane frischesten Fisch genießen, dazu eigenen Wein (Di./Mi. geschl.). Für Spontanübernachter gibt's
Platz in einer Gruppenunterkunft.

ÜBERNACHTEN / ESSEN
Landgasthof Paradiesli ⊜-⊜⊜
Weesen-Betlis
Tel. 055 611 11 79
Jan./Febr. geschl.
Ein traumhaftes kleines Refugium,
1893 als Molkenkurhotel erbaut; belieb-
te Gartenwirtschaft (Di. geschl.) mit vor-
züglicher Küche und herrlichem Blick
auf See und Berge.

Hotel Churfirstenblick ⊜
Flumserberg-Tannenboden
Tel. 081 733 11 24, www.unterkunft.ch
Ein romantisches Molkenkurhaus wurde
zur familiären, schlichten »Jugend-Her-
berge« mit Restaurant, Bar, Terrasse und
Aufenthaltsräumen. Zimmer für 1 – 6
Personen, z. T. ohne eigenes Bad.

Hotel Seebenalp ⊜
8884 Oberterzen
Tel. 081 738 12 23
www.seebenalp.ch
Herrlich gelegenes schlichtes Kurhaus, das
nur zu Fuß (von Flumserberg 1 Std.) oder
auf Ski erreichbar ist. Einfache, nette Zimmer. In den Seen kann man fischen.

Ortsmuseum im **Alten Rathaus** (u. a. Fasnachtsmasken, die »Rölli«)
und ein **Strandbad**. Auf der Seebühne werden nationale Mythen wie
»Heidi« und »Tell« als Musical inszeniert, was viel Publikum anzieht.
Von **Walenstadtberg** (800 – 900 m), 4 km nordwestlich auf einer
Terrasse über dem Walensee gelegen, lässt sich die großartige **Wanderung** unter den Zacken der Churfirsten nach Betlis/Weesen unternehmen: von Knoblisbühl (982 m, Postauto) zunächst zum Gasthaus Schrina-Hochrugg (1313 m); in dessen Nähe hat der Grafiker
Karl Bickel 1924 – 1949 das tempelartige **Pax-Mal** errichtet.

Die Straßen Richtung Sargans verlaufen von Walenstadt im breiten Seez-Tal, das nördlich vom **Alvier** (2343 m, ▶ Bad Ragaz) begrenzt wird. Rechter Hand grüßt auf einem Bergvorsprung die Burgruine **Gräpplang** (s. u. Flums). Von **Berschis** geht man hinauf zu der auf einem Felsvorsprung erbauten zweischiffigen Wallfahrtskapelle **St. Georgen** (12./15. Jh.) mit sehenswerten Malereien (um 1580). Seez-Tal

An der Mündung des Schils-Tals liegt Flums (4900 Einw.). Zu beachten ist die Kirche **St. Justus** mit Chor und Wandmalereien von 1452, einem Sakramentshäuschen von 1468 und einer 1725 bemalten Holzdecke; an der Südwand ein großes Fastentuch (Ende 17. Jh.). Das prachtvolle Alemannenhaus nebenan geht ins 13. Jh. zurück. Über dem Ort thront die Ruine der **Burg Gräpplang** (rätorom. »crap lung«, »langer Fels«); der Weinberg gehört zum gleichnamigen Hotel, ein schöner Platz ist seine Terrasse. 15 Min. südwestlich liegt die **Kapelle St. Jakob** (um 1450) mit einem winzigen Chor von 1100; das Original des Muttergottes-Glasfensters, des ältesten der Schweiz (um 1140), ist im Schweizerischen Landesmuseum in Zürich zu sehen. Flums

Über Flums steigen die Flumser Berge an. Östlich des Schilsbachs der Kleinberg, an dem sich schön spazierengehen lässt; beliebte Fixpunkte hier sind das Restaurant Frohe Aussicht (900 m, 5 km von Flums) sowie die Hotels Sässliwiese (1200 m) und Schönhalden (1494 m, Gondelbahn von Saxli). Am Großberg westlich des Schils-Tals breitet sich *Flumserberg aus, ein sehr schönes, abwechslungsreiches Wander- und **Skigebiet** (am Wochenende frequentiert). Mit Blick auf Churfirsten und Alvier kurvt man von Flums steile 11 km hoch nach **Tannenheim** (1220 m). Von hier und vom benachbarten Tannenboden (1342 m) führen Bahnen zum Prodkamm (1939 m), zum Maschgenkamm (2020 m) und zum Leist (2222 m). Ruhige Bergferien erlebt man im wunderbar gelegenen Kurhaus **Seebenalp** (von Tannenboden ca. 1 Std., ▶ S. 617). Eine schöne, leichte Tour führt vom Prodkamm über die Maschgenlücke zum **Maschgenkamm**, dann zur Spitzmeilenhütte und über die Alpen Fursch und Panüöl zur Prodalp (5 Std.). Flumser Berge

Quinten, winziger Weinbauort am Walensee

** Wallis & Rhone-Tal

————————————————— ✦ J – N 6 – 16

Kanton: Wallis · Valais

Berühmt ist das Wallis im Südwesten der Schweiz für seine Gipfel und Wintersportorte, besonders das unglaubliche Matterhorn mit Zermatt oder auch Saas-Fee und Crans-Montana. Das Motto des Rhone-Tals mit seiner französisch-südlichen Atmosphäre könnte hingegen »Wein und Kultur« heißen.

Topografie Der Kanton Wallis (frz. Valais) im Südwesten der Schweiz ist identisch mit dem Einzugsbereich der Rhone etwa bis St-Maurice. Der Fluss entspringt am Rhonegletscher am Dammastock und fließt insgesamt 260 km weit durch Schweizer Gebiet. Das ca. 160 km lange **Rhonetal im eigentlichen Sinn** ist das tief eingeschnittene, bis 3 km breite, von eiszeitlichen Gletschern ausgehobelte Tal zwischen dem Südabfall der Berner Alpen und dem 30 – 40 km entfernten Hauptkamm der Walliser Alpen. Im Westen bilden der Große St. Bernhard (▶Martigny), im Osten der ▶Simplon wichtige Pässe nach Italien, Übergänge in die Zentralschweiz sind der Grimsel- und der Furkapass (▶Andermatt), ins Tessin der Nufenenpass (▶Goms).

Landschaften Der junge Fluss prägt – unter dem Namen Rotten – ein sanftes Hochtal, das ▶ **Goms**. Der Pfynwald bei Leuk (▶Leukerbad) markiert die Grenze zwischen dem deutschsprachigen **Oberwallis** und dem französischsprechenden **Unterwallis**. Dort ist das Landschaftsbild anders: Die flache Talsohle ist mit Mais, Gemüse und Obstbäumen bepflanzt, die Schwemmkegel und unteren Hangteile – die außerhalb der Vegetationszeit ein ödes Bild bieten – mit Reben; darüber liegen Wälder und Matten. Bei ▶Martigny wendet sich die Rhone in scharfem Knick nach Nordwesten. Vor ▶St-Maurice beginnt das **Chablais**, dessen Teil westlich der Rhone zum Kanton Wallis gehört, der östlich von ihr (ein renommiertes Weinbaugebiet mit ▶Aigle) zum Kanton Waadt. Bei Bouveret mündet die Rhone in den ▶Genfersee.

Urlaubs- In erster Linie sind es die berühmten **Wintersportorte** ▶Zermatt
destination und Saas Fee (▶Saas-Tal), die Urlauber aus aller Welt anziehen; in jüngerer Zeit haben sich auch ▶Crans-Montana, Riederalp und Bettmeralp (▶Brig), Verbier (▶Martigny), Grimentz und Zinal (▶Sierre) zu beliebten Wintersportzentren entwickelt. Neben den Berner Alpen nördlich des Rhonetals bilden dafür die grandiosen ****Walliser Alpen** im Süden die Grundlage, in denen der Großteil der 4000er der Schweiz – über 30 – zu finden sind, insbesondere der »Berg der Berge«, das **Matterhorn** (4478 m), und der **Monte Rosa** mit der Dufourspitze (4634 m), der höchste Berg des Landes. Für

Genuss-Bergwanderer ist somit ebenso viel geboten wie für Extrem-alpinisten. Aber auch das **Rhone-Tal** selbst bietet vielfältige Möglichkeiten für Unternehmungen, die landschaftliche, kulturelle und leibliche Genüsse versprechen. Für das Gebirge ist (außer Winter) Juli bis September die beste Zeit, für das Tal Frühling oder Herbst.

Für den Kulturfreund ist das Wallis nicht weniger interessant. Von den Bauten der **Romanik** haben die Zeiten nicht viel übriggelassen, v. a. Kirchtürme; zu beachten sind besonders St-Pierre-de-Clages und das Burgstädtchen Saillon westlich von ▶ Sion. Die **Gotik**, die bis ins 17. Jh. lebendig blieb, wurde durch den Bischof Matthäus Schiner gefördert, der insbesondere den Baumeister Ulrich Ruffiner beauftragte (z. B. Kirche St. Theodul in Sion, Kirche in Leuk); in beiden Orten auch bedeutende gotische Profanbauten (Supersaxo-Haus in Sion, Rathaus in Lenk). Überraschend reich vertreten ist der **Barock** in vielen Stadtbildern wie in ▶ Sierre, ▶ Sion und ▶ Brig; in Brig steht mit dem mächtigen Stockalper-Palast auch der bedeutendste Profanbau. In der Zeit der Gegenreformation entstanden – besonders im Goms – viele üppig ausgeschmückte Kirchen, meist im Schema des **Walliser Barocks** mit rechteckigem, einschiffigem Langhaus und dreiseitiger Chorapsis (herausragend die Ringackerkapelle bei Leuk). Die **Bauernhöfe** aus schwarzbraun verwittertem Lärchenholz sind aus Einzweckbauten zusammengesetzt: Das Wohnhaus ist ein Blockbau mit flachem Satteldach, oft auf gemauertem Sockel; besonders markant ist die Bauweise des Korn- und Vorratsspeichers, dessen Holzaufbau vom Sockel oder gemauerten Untergeschoß durch steinerne »Mäuseplatten« getrennt ist.

Architektur

Wallis erleben

AUSKUNFT

Wallis Tourismus
Rue Pré-Fleuri 6, 1951 Sion
Tel. 027 327 35 90, www.wallis.ch

FESTE & EVENTS

Mai: Nationales Fest der Eringerkühe in Aproz. Ende Mai/Anf. Juli: Alpaufzug, oft mit Kuhkampf, Jodelmesse, Alpsegen und Raclette. Juli: Schäferfest auf der Gemmi. Aug.: Weinmesse Vinea in Sion.

Ländliche, in Jahrhunderten der Abgeschiedenheit gewachsene **Traditionen** sind noch lebendig, v. a. in den Seitentälern wie im ▶ Lötschental, wo im Februar die furchterregenden »Roitschäggätä« (riesige Masken) ihr Unwesen treiben und an Festtagen wie Fronleichnam prächtige Trachten getragen werden. Man feiert **Alpauf- und -abfahrt**, **Trachten- und Schäferfeste** (etwa auf der Gemmi) und im Rhone-Tal **Winzerfeste**. Im Unterwallis sind die (unblutigen) **Kuhkämpfe** berühmt: Kleine schwarze Eringer-Kühe ringen um die Ehre der »Königin«, der »Reine«; Höhepunkte sind die Turniere in Aproz (▶ Sion, Anfang Mai) und in ▶ Martigny (Ende Sept.).

Brauchtum

Wirtschaft Mit sommerheißem Klima und etwa 600 mm Niederschlag im Jahr zählt das Rhone-Tal zu den trockensten Gegenden der Schweiz, weshalb für die Landwirtschaft Bewässerung notwendig ist. Das Wasser aus den Bergen wird in Kanälen gesammelt (frz. bisses, dt. Suonen), die in jahrhundertelanger Arbeit in die Felswände geschlagen wurden. Zu Beginn des 20. Jh.s wurden große Industriebetriebe im Tal angesiedelt, etwa die Alusuisse, die die reichlich vorhandene Wasserkraft – die etwa 30 % der Schweizer Stromenergie liefert – nützen (2001 wurde die Alusuisse verkauft, woran der BZ-Banker Martin Ebner und der SVP-Grande Christoph Blocher ca. 1 Mrd. CHF »verdienten«). Der größte Industrie-Arbeitgeber ist heute der Pharmakonzern Lonza, in seiner Fabrik in Visp arbeiten 2800 Menschen. Etwa 5 % der Arbeitskräfte des Kantons finden in der Landwirtschaft ihr Auskommen, etwa ein Drittel in der Industrie, der große Rest im Dienstleistungsgewerbe, v. a. im Tourismus.

Weinbau Das Wallis ist mit 5070 ha Rebland und ca. 40 % der nationalen Weinproduktion das **bedeutendste Anbaugebiet** der Schweiz. Das zwischen hohen Massiven eingesenkte Rhone-Tal besitzt ein trockenes **Steppenklima** mit ca. 2100 Sonnenstunden im Jahr sowie langen, milden Herbsten mit kalten Nächten. In 470 – 800 m Höhe (1150 m bei Visperterminen, die höchsten Weinberge Europas) gedeihen vor allem (ca. 70 % der Rebfläche) Pinot Noir und Gamay (für den Dôle, der auch bis zu 15 % andere Sorten enthalten kann), Chas-

Aus dem Walliser Bilderbuch: St-Leonard bei Sion mit Mont Gond

selas (für den Fendant) und Sylvaner (Johannisberg); daneben zählt man noch über 40 andere alte, heimische Sorten wie Petite Arvine, Amigne, Ermitage, Humagne, Heida (Païen), Cornalin und Lafnetscha, die exzellente Tropfen ergeben. Die ca. 22 000 Weinbauern verkaufen ihre Ernte meist der großen Genossenschaft **Provins** in Sion (23 % der Walliser bzw. 10 % der Schweizer Produktion) oder bekannten Firmen wie Caves Orsat, Charles Bonvin Fils, Robert Gilliard, Varone Vins und Caves Imesch. Schöne **Weinbaumuseen** gibt es in ▶ Sierre und Salgesch; Informationen über Weinwege, Winzer usw. bekommt man dort sowie bei Les Vins du Valais, Avenue de la Gare 4, 1964 Conthey, Tel. 027 345 40 80, www.walliserweine.ch.

Im 9. Jh. drangen die Alemannen aus dem Mittelland über die Grimsel ins Goms vor und besiedelten bis Ende des 15. Jh.s das Oberwallis bis zum Pfynwald (»pfyn« kommt von lat. »finis« für »Grenze«). Dabei machten sie v. a. bis dahin unbesiedelte hochgelegene Gebiete landwirtschaftlich nutzbar; um in den harten Bedingungen bestehen zu können, entwickelten sie die Viehzucht mit Milch- und Käseproduktion sowie die sog. Wiesen-Alp-Wirtschaft. Die Landesherren, die ihre Arbeit schätzten, gewährten den Wallisern besondere Vergünstigungen, insbesondere Abgabenfreiheit und eigene Gerichtsbarkeit. Teils durch Übervölkerung (das Land wurde ungeteilt vererbt), teils durch Anwerbung anderer Landesherrn, breiteten sie sich im 13. Jh. in die benachbarten italienischen Täler sowie über Furka und Oberalp ins Vorderrheintal aus und von dort bis nach Vorarlberg; der Name »Walser« taucht zum ersten Mal 1319 in einer Galtürer Urkunde auf. Der 850 km lange »Große Walserweg«, der in 39 Etappen vom Wallis bis ins vorarlbergische Kleinwalsertal führt, macht die große Leistung der Walser nachvollziehbar.

Die Walser

✴✴ Winterthur

✦ C/D 18

Kanton: Zürich
Höhe: 449 m ü. d. M.

Einwohner:
100 300

Winterthur, bis in jüngere Zeit Standort bedeutender Maschinenbaufirmen, ist berühmt für die ungewöhnlich reiche Museenlandschaft, ein Vermächtnis kunstsinniger Unternehmer.

Die zweitgrößte Stadt des Kantons Zürich liegt auf halbem Weg zwischen Rhein und Zürichsee. Ihre kleine, kompakte Altstadt besitzt eine große Zahl erkergezierter Bürgerhäuser von der Gotik bis ins Rokoko. Die Industrieareale erstreck(t)en sich südöstlich (Tössfeld, Töss) und östlich (bei Oberwinterthur) der Innenstadt.

Winterthur gestern und heute Anders als Oberwinterthur, das auf das helvetisch-römische Vitudurum zurückgeht, entstand Winterthur um 1150 als kyburgischer Marktort. Unter Rudolf von Habsburg erhielt es im 13. Jh. Stadtrecht, von 1417 bis 1442 war es sogar Reichsstadt, um nach der Verpfändung an Zürich 1467 ein bedeutungsloses Dasein zu führen. Um 1830 begann der rasante industrielle Aufschwung: Neben die Keramikmanufakturen und Uhrenwerkstätten traten in großem Stil Textilfabrikation und Maschinenbau mit weltweit bedeutenden Firmen wie Sulzer, Schweizerische Lokomotiv- und Maschinenfabrik (SLM) und Escher-Wyss. Einschneidende Auswirkungen hatte der Zusammenbruch bzw. die Auflösung der Firma Sulzer bis 1992, die noch in den 1960er-Jahren SLM und Escher-Wyss aufgekauft hatte und allein in Winterthur 15 000 Menschen beschäftigte; 2004 waren es noch 800, heute sind es wieder 11 000 an ca. 120 Standorten, nicht zuletzt dank der Investitionen des russischen Oligarchen V. Wekselberg. Die wirtschaftlichen Standbeine sind heute Medizin- und Produktionstechnik, Elektronik, Versicherungen (Winterthur) und Banken (UBS). Das Sulzer-Areal südwestlich des Bahnhofs wandelt sich zum neuen Wohn- und Arbeitsquartier mit frequentierten Kultur- und anderen Lokalen (www.sulzerareal.ch).

? BAEDEKER WISSEN

Industrie in Winterthur

Für 200 Jahre Schweizer Industrie steht die Geschichte Winterthurs, die auf dem 13 km langen »Industriekulturweg« (auch per Fahrrad) erfahrbar wird. Einen Wegweiser bekommt man gratis im Tourismusbüro, Führungen veranstaltet die InBahn GmbH (Tel. 052 202 77 39, http://inbahn-ausfluege.ch).

SEHENSWERTES IN WINTERTHUR

St. Laurentius Die doppeltürmige reformierte Stadtkirche St. Laurentius mit gotischem Chor (1264) und Langhaus von 1515 wurde im 19. Jh. neogotisch umgestaltet, die Ausmalung, ein Werk von P. Zehnder (bis 1930), gilt – nun ja – als bedeutendste Schweizer Kirchenmalerei des 290. Jh.s. Den Taufstein fertigte H. C. Frey (1656). Im Orgelprospekt von Joseph Anton Feuchtmayer ein Instrument von Walcker (1988), vom Originalinstrument von Karl Joseph Riepp aus Ottobeuren (1768) sind noch einige Register erhalten.

Kirchplatz Das **Gewerbemuseum** am Kirchplatz widmet sich der Gestaltung unseres Alltags in Handwerk, Design und Industrie; besonders interessant hier sind die Produkte des Winterthurer Gestalters Max Bill (1908 – 1994). Im selben Haus lädt die **Uhrensammlung Kellenberger** zu einer Zeitreise durch vier Jahrhunderte der Zeitmessung ein.
❶ Di. – So. 10.00 – 17.00, Do. bis 20.00 Uhr, Kombi-Eintritt 8 CHF

Museum Reinhart am Stadtgarten

Im spätgotischen **Waaghaus** (1503) mit markanten Arkaden werden in Wechselausstellungen zeitgenössische Künstler präsentiert. Weiter östlich, neben dem Rathaus, das Doppelhaus **Zur Geduld** mit frühbarocker Fassade (1690/1717). Das frühklassizistische **Rathaus** (1784), dessen Saal eine prächtige Stuckdecke ziert, erhielt Ende des 19. Jh.s eine Ladenpassage nach italienischem Vorbild, die Marktgasse und Stadthausstraße verbindet. Im Rathaus ist auch das **Museum Briner und Kern** zu Hause, das v. a. Niederländer des 17. Jh.s und europäische Porträtminiaturen des 17. – 19. Jh.s zeigt.
Museum Briner und Kern: Di. – So. 14.00 – 17.00, So. auch 10.00 – 12.00 Uhr, Eintritt 5 CHF

Marktgasse

Ein Teil der bedeutenden Kunstsammlung des Winterthurer Großkaufmanns **Oskar Reinhart** (1885 – 1965) – Werke Schweizer und deutscher Künstler vom 18. bis zum frühen 20. Jh. – ist im ehemaligen Knabengymnasium (L. Zeugheer, 1842) ausgestellt. Die Palette reicht von der Winterthurer und Zürcher Malerei des 18./19. Jh.s (J. H. Füssli, J. J. Biedermann) über Genfer Landschaften des 19. Jh.s (A. Calame, B. Menn) bis zu den deutschen Romantikern und den Symbolisten des späten 19. Jh.s. Einige Highlights: C. D. Friedrich (»Kreidefelsen auf Rügen«), C. Spitzweg, A. von Menzel, A. Böcklin, W. Leibl, A. Anker, F. Hodler, G. Segantini, M. Liebermann, M. Slevogt, K. Hofer.
❶ Di. – So. 10.00 – 17.00 Uhr, Eintritt 12 CHF

**Museum Oskar Reinhart am Stadtgarten

Das Stadthaus von Gottfried Semper (1869, Erweiterung 1934) mit korinthischem Säulenportikus, genauer der über drei Etagen reichende **Konzertsaal**, ist ein Fixpunkt im Musikleben von Winterthur.

Stadthaus

Winterthur erleben

AUSKUNFT

Winterthur Tourismus
Im Hauptbahnhof, 8400 Winterthur
Tel. 052 267 67 00
www.winterthur-tourismus.ch

FESTE & EVENTS

Febr.: Fasnacht mit Verbrennen des
Bööggs am Rosenmontag. Ende Febr.:
Lichtspieltage. Pfingsten: Afro-Festival.
Letztes Juni-Wochenende: Albanifest
(riesiges Stadtfest). Aug., Schloss Kyburg: Openair-Kammermusik von Mittelalter bis Jazz. Ende Aug.: Musikfestwochen. Anf. Nov.: Int. Kurzfilmtage.

MUSEEN

Der Museumspass (incl. Museumsbus)
für 1 oder 2 Tage lohnt sich nur, wenn
man an 2 Tagen mindestens die drei
großen Kunstmuseen besuchen will.

ESSEN

❶ *Wirtschaft zum Taggenberg* ❸❸❸
Winterthur, Taggenbergstr. 79
Tel. 052 222 05 22, So./Mo. geschl.
Zauberhaftes Haus im Grünen mit Blick
auf Winterthur, gilt als bestes Restaurant
der Stadt. Abwechslungsreiche Karte und
großes Weinsortiment. Anfahrt vom
N 1-Anschluss Winterthur-Wülflingen.

❷ *Concordia* ❸❸
Winterthur, Feldstr. 2, Tel. 052 213 38
32, Sa.mittag, So., Mo. geschl.
Das Schweizer Ambiente täuscht: Hier
kocht man italienisch, einfallsreich und
auf hohem Niveau. »Grüne« Veranda.

❸ *Schloss Wülflingen* ❸❸–❸❸❸
Winterthur, Wülflingerstrasse 214
Tel. 052 222 18 67, tgl. geöffnet
▶ Baedeker-Tipp S. 629. Unter der Wo-
che sehr preisgünstige Mittagsmenüs.

ÜBERNACHTEN/ESSEN

❶ *Krone* ❸❸–❸❸❸
Winterthur, Marktgasse 49, Tel. 052 208
18 18, www.kronewinterthur.ch
Denkmalgeschütztes Haus mit großzügigen, eleganten Zimmern (niedrigere Wo-
chenendpreise, eigener Parkplatz). Edles
Ambiente in Restaurant und Bistro, schöne Terrasse. Preiswerte Mittagsmenüs.

**Kunst-
museum
Die Sammlung des **Kunstvereins Winterthur** im Kunstmuseum hat
andere Schwerpunkte, ist aber ebenso bedeutend. Der Alte Bau
(1915) ist der französischen Kunst das späten 19. Jh.s (van Gogh,
Monet, Bonnard, Vallotton), dem Kubismus (Braque, Gris, Léger)
und anderen Strömungen der klassischen Moderne gewidmet (Kandinsky, Klee, Magritte, Miró), im Erweiterungsbau von Gigon &
Guyer (1995) wird internationale zeitgenössische Kunst wie Marden,
Kelly, Richter, Merz gezeigt. Im selben Gebäude sind auch die **Naturwissenschaftlichen Sammlungen** der Stadt untergebracht, Saurier
und Ammoniten, Kristalle, Gesteine und Gebirgsmodelle sind hier
zu bewundern. Kinder von 4 bis 8 Jahren (mit Begleitperson) begeistern sich im **Kerala Kindermuseum** an Natur »zum Anfassen«.

Kunstmuseum: Di. 10.00–20.00, Mi.–So. 10.00–17.00 Uhr, Eintritt 10/15
CHF. **Naturmuseum**: Di.–So. 10.00–17.00 Uhr, Eintritt Erw. 5 CHF.

Interessante Münzen, Medaillen und Banknoten besitzt das **Münz-kabinett** in der Villa Bühler, einer der schönsten der Stadt (1869). Neben den Schweizer Münzen sind die antiken griechischen Geldstücke international bedeutend. – Durch die Theaterstraße gelangt man wieder zum Stadtgarten. Im **Swisscom-Turm** kann man im Café im 23. Stock Pause machen, das **Theater am Stadtgarten** zählt zu den größten Gastspieltheatern im deutschsprachigen Raum.

Villa Bühler

Villa Bühler: Di., Mi., Sa., So. 14.00–17.00 Uhr, Eintritt 5 CHF

Im **Landhaus Lindengut** von 1787 wird die Geschichte der Stadt von den Römern bis ins 19. Jh. dokumentiert, mit Funden aus dem helvetisch-römischen Vitudurum, Kunsthandwerk und Interieurs aus dem 18. Jh. sowie einer **Spielzeugausstellung** im Kutscherhaus.

Museum Lindengut

❶ Di.–Do., Sa., So. 14.00–17.00, So. auch 10.00–12.00 Uhr, Eintritt 5 CHF

Der Augenarzt A. Hahnloser-Bühler und seine Frau Hedy, Tochter eines Textilfabrikanten, bauten zwischen 1907 und 1930 eine Sammlung bedeutender **Schweizer und französischer Kunst** auf, die in ihrer Villa zu sehen ist. Schwerpunkte sind die Nabis (mit Bonnard, Roussel, Vallotton und Vuillard) und die Fauves um Henri Matisse (ab 1905). Als Kontrast dazu sind auch einige Werke der vorangegangenen Generation zu sehen, u. a. von Cézanne, van Gogh, Gauguin und dem Symbolisten Odilon Redon.

***Villa Flora**

❶ Di.–Sa. 14.00–17.00, So. 11.00–15.00 Uhr, Eintritt 12,50 CHF

*Foto-museum

Internationale **Fotografie nach 1945** wird in einem ehemaligen Fabrikgebäude (Grüzenstr. 44) in mehreren Ausstellungen pro Jahr als Kunst und als Dokument der Wirklichkeit präsentiert.
❶ Di., Do.–So. 11.00–18.00, Mi. 11.00–20.00 Uhr, Eintritt 10 CHF

**Sammlung O. Reinhart »Am Römer-holz«

Ein Schatzhaus europäischer Malerei – von Cranach bis Picasso, mit Schwerpunkt auf französischen Werken des 19. Jh.s – ist die Sammlung Oskar Reinhart in der **Villa Am Römerholz** (Haldenstr. 95). Oskar Reinhart erwarb 1924 die von M. Turrettini errichtete Villa (1915) als Wohnsitz und ließ Turrettini ein Gebäude für seine Kunstsammlung anbauen (Umbau Gigon & Guyer, 1995). Der Parcours durch die rund 200 Werke der Sammlung beginnt in der Halle, dem Esszimmer der Familie mit einer Bronzebüste von Dr. h. c. Oskar Reinhart (O. C. Bänninger, 1946), und setzt sich über das Renaissancezimmer (Herrenzimmer), den Salon mit Louis-XVI-Möbeln, den Ostsaal und das kleine Kabinett fort bis zum Großen und Kleinen Galeriesaal. Einige Höhepunkte: Tintoretto, L. Cranach d. Ä., P. Brueghel d. Ä., Matthias Grünewald, Hans Holbein d. J., Rembrandt, Picasso, Courbet, Claude Lorrain, van Gogh, Impressionisten wie Renoir, Cézanne, Sisley und Manet. Berühmte Stücke sind etwa »Griechenland auf den Ruinen von Missolunghi« von E. Delacroix und ein Großinquisitor-Porträt von El Greco. Weltweit bedeutend ist das Kabinett mit Karikaturen von Honoré Daumier (1810–1879). Museumcafé mit herrlicher Terrasse (frei zugänglich).
❶ Di.–So. 10.00–17.00 (Mi. bis 20.00) Uhr, Eintritt 12 CHF

Oberwinter-thur

An der Straße 1 nach Frauenfeld liegt der Vorort Oberwinterthur (445 m). In der romanischen Basilika **St. Arbogast** (12. Jh.), die auf

Nicht nur Kunst in Winterthur: Markt in der Steinberggasse

römischen Mauern steht, lohnen die Fresken (ca. 1330–1340) einen genaueren Blick, die stilistisch der in Zürich entstandenen Manesse-Liederhandschrift nahestehen. Neben Heiligen, Aposteln und der Passion Christi ist die Legende des 687 verstorbenen hl. Arbogast hervorzuheben, der den Sohn König Dagoberts nach seinem Sturz vom Pferd wiederbelebt. Im Ortskern sind das Hollandhaus, das bis ins 12. Jh. zurückgeht, und das Pfarrhaus (um 1750) zu beachten.

Im Technorama in Oberwinterthur an der Straße nach Frauenfeld wird Wissenschaft und Technik auf vergnügliche Art verständlich gemacht. Modelle, über 500 interaktive Stationen, ein Jugendlabor und Attraktionen im Park provozieren mit einer Fülle von Experimenten zu Aha-Erlebnissen.

❶ Di.–So. 10.00–17.00 Uhr, Eintritt Erwachsene 26 CHF, Kinder von 6 bis 16 Jahren 15 CHF

*Technorama

UMGEBUNG VON WINTERTHUR

Im Wasserschloss (13. Jh.) im östlichen Nachbarort Hegi kann man bürgerliche und bäuerliche Kultur der Ostschweiz kennenlernen.

❶ März–Okt. Di.–Do., Sa., So. 14.00–17.00 Uhr, So. auch 10.00–12.00 Uhr, Eintritt 5 CHF

Schloss Hegi

Von Sennhof an der Straße 15 nach Rapperswil geht ein Fahrweg zur malerisch auf der Höhe gelegenen Kyburg, die 1027 erstmals erwähnt wurde und als wichtigste Feudalburg zwischen Limmat und Bodensee von 1065 bis 1264 Sitz der mächtigen **Grafen von Kyburg** war. Rudolf von Habsburg, ab 1273 deutscher König, soll hier die Reichskleinodien aufbewahrt haben. Um den Burghof gruppieren sich das Grafenhaus mit Burgturm, das Ritterhaus mit Rüstkammer und die freskierte romanisch-gotische Kapelle. Die Burg ist Mo. sowie Dez./Jan. geschl.; unterhalb des Schlosses laden an der Töss Feuerstellen zum Picknicken. **Rikon** weiter südöstlich ist der wichtigste Ort für Exiltibeter in der Schweiz, das 1968 eröffnete Tibet-Institut das erste buddhistische Kloster außerhalb Asiens (www.tibet-institut.ch).

Kyburg: 21. März–Okt. Di.–So. 10.30–17.30, sonst Sa., So. 10.30–16.30 Uhr, Eintritt 9 CHF

*Kyburg

? BAEDEKER WISSEN

Schloss Wülflingen

Optischer und kulinarischer Genuss verbinden sich im Schloss Wülflingen (3 km westlich, ▶ S. 626), dem ab 1644 erbauten bedeutendsten Winterthurer Herrenhaus mit herrlichen Stuben. Die Gerichtsstube malte 1767 Christoph Kuhn aus, von dem auch die Grisaillen in der getäferten Salomon-Landolt-Stube stammen. Landschafts- und Genre-Szenen schmücken das Rosenzimmer. Alle Räume sind mit schönen Winterthurer Öfen ausgestattet.

Mörsburg Nördlich von Winterthur, bei Stadel, liegt auf einem Höhenzug zwischen Töss- und Thurtal die Mörsburg, die wohl ins 10. Jh. zurückgeht und 1250 unter Hartmann von Kyburg ausgebaut wurde. Im Rittersaal sind u. a. Waffen und Glas ausgestellt.

❶ März–Okt. Di.–So. 10.00–12.00, 13.30–17.00 Uhr, sonst So.; Eintritt 5 CHF

Zürcher Weinland Von Winterthur bietet sich die schöne Fahrt durch das Zürcher Weinland nordwestlich zum Rhein an. Schöne Stopps sind **Andelfingen** mit altem Stadtkern und **Marthalen**, dessen prachtvolle Fachwerkbauten aus dem 16.–18. Jh. die einstige Bedeutung des Weinlands widerspiegeln. In **Rheinau** ist die zauberhaft auf einer Insel gelegene Abtei besuchenswert (▶Rhein, Hochrhein).

Yverdon-les-Bains

☩ H 5

Kanton: Waadt · Vaud
Höhe: 435 m ü. d. M.

Einwohner:
25 800

Ein Thermalbad und kilometerlange Badestrände laden am Südende des Neuenburgersees zum Aufenthalt. Nahe ist der Waadtländer Jura mit seinen berühmten »Uhrendörfern«.

Ein wenig Geschichte Spuren früher Besiedlung wurden in der Sumpfebene der Orbe und am Seeufer gefunden, als durch Regulierungsmaßnahmen im 19. Jh. der Wasserspiegel sank; die frühesten Pfahlbauten werden auf 2800 v. Chr. datiert. Der Ort Eburodunum der Helvetier entwickelte sich unter den Römern zum bedeutenden Ort an der Straße zum Rhein. Zu Anfang des 5. Jh.s drangen die Burgunder in das Gebiet ein. Im 13. Jh. erbaute Graf Peter II. von Savoyen das wuchtige Schloss, von 1536 bis 1798 war es Sitz der Berner Landvögte war.

SEHENSWERTES IN YVERDON

Schloss Das Stadtzentrum wird von dem mächtigen, einst von Wassergräben umgebenen Schloss der Grafen von Savoyen beherrscht (1279), ein typisches **Savoyer Karree** mit runden Ecktürmen. Von 1805 bis 1825 betrieb **J. H. Pestalozzi** hier eine Erziehungsanstalt; in den Wohnräumen des berühmten Pädagogen sind Möbel und Erinnerungsstücke zu sehen. Im Schloss sind das **Historische Museum** der Stadt (u. a. mit einer ägyptischen Mumie und gallorömischen Booten) und das sehr schöne **Schweizer Modemuseum** untergebracht.

Museen: Di.–So. 14.00–17.00, Juni–Sept. ab 11.00 Uhr, Eintritt 8 CHF
Centre Pestalozzi: Do. 14.00–18.00 Uhr, Eintritt frei

An der Place Pestalozzi stehen das **Rathaus** von 1773 (interessante   **Place**
Kunstausstellungen) und die reformierte **Stadtkirche** aus gelbem   **Pestalozzi**
Jurakalk (1757); ihre schöne Fassade schmückt im Giebel eine Allegorie des Glaubens, den Chor ein schönes Gestühl (1502). Nördlich
gegenüber dem Schloss die **Maison d'Ailleurs**, in dem alles Mögli-
che zum Thema Sciencefiction zu finden ist, von Büchern über Zeitschriften, Comics und Spiele bis zu Videos und Filmen; der Espace
Jules Verne ist dem berühmten Schriftsteller gewidmet. Die Rue du
Casino führt nach Norden zum prächtigen Théâtre Benno Besson,
erbaut 1898 als Casino.

Maison d'Ailleurs: Mi.–Fr. 14.00–18.00, Sa., So. ab 11.00 Uhr, Eintritt 12 CHF

Reste des **römischen Kastells** sind südlich des Stadtzentrums zu se-   **Centre**
hen. Im modernen **Thermalbad** neben dem großartigen **Grand**   **Thermal**
Hôtel des Bains (www.grandhotelyverdon.ch) kann man in der seit
der Antike bekannten Schwefelquelle (34 °C) Entspannung oder Hei-
lung suchen.

UMGEBUNG VON YVERDON

Am Westufer des Neuenburgersees, ca. 4 km nördlich von Yverdon,   **Grandson**
liegt das alte Städtchen Grandson (3100 Einw.), das in der Schweizer
Geschichte einen großen Namen hat: Am **2. März 1476** errangen die
zahlenmäßig weit unterlegenen Eidgenossen – die ein Jahr vorher
Stadt und Burg erobert hatten – in der Nähe ihren ersten Sieg über

Yverdon erleben

AUSKUNFT

Office du Tourisme et du Thermalisme
Av. de la Gare 2, 1401 Yverdon-les-Bains
Tel. 024 423 61 01
www.yverdonlesbains-tourisme.ch

SCHIFFSVERKEHR

Die Schiffe der LNM (▶ S. 702) über Estavayer nach Neuchâtel fahren ca. 24. Mai
bis Ende Sept. vom Quai de Nogent am
Fluss Thièle.

Place Pestalozzi mit der Stadtkirche

ESSEN

❶ *La Grenette* ⊖-⊖⊖
Yverdon, Rue du Four 1
Tel. 024 425 25 56

Beliebte Brasserie nach bester französischer Art mit entsprechender Karte.
Sehr gutes Essen zu fairen Preisen.

ÜBERNACHTEN

❶ *Hôtel du Théâtre* ⊖⊖
Yverdon, Avenue Haldimand 5
Tel. 024 424 60 00
www.hotelyverdon.ch
In bester Lage und distinguiert wohnt
man in dem geschmackvoll modernisier-
ten Patrizierhaus oder seinem neuen
Anbau im Garten. Kein Restaurant.

❷ *Le Rive Sud* ⊖-⊖⊖
Estavayer-le-Lac, Rue de l'Hôtel de Ville
16, Tel. 026 663 92 92
www.lerivesud.ch
Im Zentrum des mittelalterlichen Städt-
chens. Schön aktualisierte Komfort-
zimmer mit Blick über die Dächer auf
den See, Gaststuben unter mächtigen
Balken: unten moderne Brasserie, oben
feines Restaurant (1, So./Mo. geschl.).

❸ *L'Auberge* ⊖
Baulmes, Rue de l'Hôtel de Ville
Tel. 024 459 11 18, www.lauberge.ch
In dem ruhigen Dorf 10 km westlich
von Yverdon wohnt und speist man auf
hohem Niveau und zu sehr erfreulichen
Preisen. Restaurant Di. geschl., abends
nur Do.–Sa. offen. Charmantes, liebevoll restauriertes Haus.

Herzog Karl den Kühnen von Burgund, der dabei seine Artillerie und
einen reichen Schatz verlor (im Historischen Museum zu Bern). Das
mächtige ✴**Schloss** auf einer Anhöhe am See (13. – 15. Jh.) repräsentiert eine abgewandelte Form des Carrée Savoyard. Besonders sehenswert sind hier der Rittersaal (Gestühl von 1620), die Waffensammlung und das **Oldtimer-Museum** mit dem Rolls-Royce von
Greta Garbo (tägl. geöffnet). Schöne Caféterrasse.

Die Kirche *St-Jean-Baptiste ist der Rest eines 1049 gegründeten und 1554 aufgehobenen Benediktinerklosters. Ab 1146 war es der Abtei La Chaise-Dieu in der Auvergne unterstellt, deren Einfluss sich u. a. im Umbau 1368 in eine dreischiffige Basilika spiegelt. Das Gewölbe des Mittelschiffs wird von monolithischen **römischen Marmorsäulen** aus Avenches oder Yverdon getragen; das Bildprogramm ihrer Kapitelle kreist um die Tragik der menschlichen Existenz und das Mysterium Christi. Der **Priorssitz**, der u. a. den hl. Bruno, den Gründer des Kartäuserordens, mit seinem Schwan zeigt, gilt als reichstes Schnitzwerk dieser Art in der Schweiz. Hervorzuheben sind auch das Fresko in der Südkapelle (»Grablegung«, 15. Jh.) und der Wandtabernakel (1470) in der Nordkapelle.

Château: 8.00 – 18.00/17.00 Uhr, Nov.–Febr. Mo. geschl., Eintritt 12 CHF

▶ Neuenburgersee, S. 480. Dort ist auch Payerne beschrieben.   **Estavayer**

Knapp 25 km südöstlich von Yverdon liegt das Industriestädtchen   **Moudon**
Moudon (4900 Einw.), das auf das römischen Minnodunum zurückgeht. Das **mittelalterliche Stadtbild** ist gut erhalten, Burg und Mauer sind jedoch verschwunden. In der Unterstadt steht die **Kirche St-Etienne**, nach der Kathedrale in ▶Lausanne der bedeutendste gotische Bau des Kantons (13. Jh.); außer Fresken des 13. – 17. Jh.s ist das reich geschnitzte Chorgestühl (1502) hervorzuheben. Beim Bummel durch die **Oberstadt** sind hübsche alte Häuser zu bewundern, etwa die Maison d'Arnay mit ihrem riesigen Vordach (1646), sowie die Tour de Broye (12. Jh.) und das Schlösschen Rochefort (1595, Heimatmuseum). Außerhalb liegt das **Schloss Billens** (1677).

Vorbei an **Champvent** mit seinem eindrucksvollen Schloss aus dem   **Orbe**
13. Jh. (nicht zugänglich) fährt man von Yverdon südwestlich zum Landstädtchen Orbe (479 m, 6400 Einw.), das sich aus der römischen Siedlung Urba entwickelte.
Im nördlich der Stadt (jenseits der Autobahn) gelegenen **Boscéaz** sind großartige **Mosaiken einer luxuriösen **römischen Villa** des 3. Jh.s zu sehen, die Gottheiten und Tiere darstellen.
Vom 7. Jh. bis 1476 war Orbe eine befestigte burgundische Residenz. Die Kirche **Notre-Dame** (15./16. Jh.) besitzt ein schönes gotisches Portal, das Innere ist im Flamboyant-Stil reich ausgestattet (skulptierte hängende Schlusssteine). Über der Stadt erbaute Amadeus III. von Montfalcon 1255 – 1259 eine **Festung**, von der noch der Donjon und ein Viereckturm erhalten sind. Sehenswert ist auch das **Rathaus** (1789) mit dem Stadtwappen an der Balustrade.
In **Montcherand** 2 km westlich sind im alten Kirchlein beachtliche Fresken aus der Zeit um 1130 erhalten.

Boscéaz, Mosaiken: Ostern – Okt. Mo. – Fr. 9.00 – 12.00, 13.30 – 17.00, Sa., So. 13.30 – 17.30 Uhr

La Sarraz Das Städtchen (2300 Einw.) 9 km südlich von Orbe hat ein mächtiges **Schloss** aus dem 13./16. Jh., dessen buntscheckige Geschichte sich in den Ausstellungen spiegelt (Musee Romand, Maison des Artistes). In der Scheune von 1725 ein **Pferdemuseum**. In der ehemaligen Pfarrkirche St-Antoine ist das kunsthistorisch bedeutende Grabmal (frühes 15. Jh.) des Grafen Franz von La Sarraz († 1363) zu beachten.
Schloss und Pferdemuseum: Juni–Aug. Di.–So. 13.00–17.00 Uhr, April, Mai, Sept., Okt. nur Sa./So., Eintritt 9/14 CHF

WAADTLÄNDER JURA

Sainte-Croix Der Industrieort Ste-Croix (1086 m, 4600 Einw.), ehemals Dorf der Uhrmacher und Spitzenklöpplerinnen, liegt 19 km westlich von Yverdon (sehr schöne Fahrt mit der Schmalspurbahn). Musikautomaten, Spieldosen und mechanische Musikinstrumente sind im **Musée des Automates** CIMA sowie im Ortsteil L'Auberson im **Musée Baud** zu bewundern. Unverzichtbar ist der Gang auf den ****Chasseron** (1607 m, ca. 3 Std.; Hotel), der ein grandioses Panorama von den Savoyer Alpen bis zum Säntis eröffnet, besonders schön an klaren Herbsttagen. Sehr zu empfehlen ist die Fortsetzung der Gratwanderung und der Abstieg durch die Schlucht **Poëta Raisse** nach Môtiers (ca. 4 Std., ▶ La Chaux-de-Fonds).
CIMA: Führungen Di.–So. nachmittags, Eintritt 14 CHF, www.musees.ch
Musee Baud: Juli–Sept. tgl. 14.00–17.00 Uhr, sonst Sa./So., Eintritt 10 CHF

*Romain-môtier Das altertümliche, bezaubernd gelegene Städtchen Romainmôtier (460 Einw., 8 km südwestlich von Orbe) ist berühmt für einen der ältesten und bedeutendsten Sakralbauten der Schweiz. Die **Kirche St-Pierre et St-Paul**, Rest des im 5. Jh. gegründeten und 1537 aufgehobenen Cluniazenserpriorats, wurde ab Ende des 10. Jh.s unter Abt Odilo von Cluny an der Stelle zweier älterer Kapellen erbaut. Der Narthex folgte im 12., die Vorhalle im 13. und der Chor im 14. Jahrhundert. Wertvolle Fresken aus dem 13.–15. Jh.; die moderne Orgel hat einen guten Ruf. Konzerte v. a. Juli/Aug. So. 17.00 Uhr.

Vallorbe An der gestauten Orbe liegt das malerische Vallorbe (749 m). Einst für Eisenverarbeitung bekannt und als Station an der Bahnstrecke Lausanne–Paris (auch für den TGV!) besitzt es ein **Eisen- und Eisenbahnmuseum**, beeindruckend ist der 130 m hohe **Viadukt in Le Day**. Sehenswert sind auch die **Festung Pré-Giroud** (1937–1941) und die Tropfsteinhöhlen **Grottes des Fees**. Von Vallorbe kann man in 4 Std. auf den 1486 m hohen **Dent de Vaulion** gehen und die herrliche Aussicht auf den Lac de Joux und den Genfersee genießen.
Musee de Fer: April–Okt. tgl. 10.00–18.00, sonst Di.–Fr. 13.30–18.00 Uhr, Eintritt 12 CHF

Zu Füßen des Dent de Vaulion breitet sich der Lac de Joux aus.

Zwischen den Bergrücken Risoux und Mont Tendre erstreckt sich **Lac de Joux**
der 9 km lange, stille Lac de Joux. Am Südufer das herbe Dörfchen
L'Abbaye; von dem 1126 gegründeten Prämonstratenserkloster ist
der romanische Kirchturm und ein gotischer Torbogen erhalten. Unweit des Südwestendes des Sees liegen **Le Sentier** und **Le Brassus**
(1036 m), Standorte berühmter *Uhrenfabriken. Die 1875 gegründete Firma **Audemars Piguet** in Le Brassus bietet Führungen durch
ihr mit Preziosen gespicktes Museum, in Le Sentier informiert der
Espace Horloger de la Vallée du Joux über die Uhrenproduktion
gestern und heute. Zwischen Le Pont und Le Brassus fahren sommers
auch Dampfzüge (Sa. oder So., www.ctvj.ch). Von Le Brassus kann
man über den **Col du Marchairuz** (1447 m) oder teils auf französischem Gebiet über La Cure – machen Sie Rast im alten Hotel Arbezie
Franco-Suisse, das genau auf der Staatsgrenze steht (▶ S. 722) –, den
Col de la Givrine (1228 m) und St-Cergue (1041 m, lohnender Abstecher zur aussichtsreichen **Dôle**, 1677 m) hinunter nach Nyon
am ▶ Genfersee fahren.
Audemars: Nur Gruppen ab 8 P., nach Anmeldung Tel. 021 845 14 00
Espace Orloger: Mai – Okt. Di. – So. 10.00 – 17.30, sonst 13.00 – 17.30 Uhr,
Eintritt 12 CHF

Grandios ist die Überschreitung des Mont Tendre (1679 m), des **** Mont**
höchsten Schweizer Jura-Gipfels, von Le Pont (Bahnhof) über **Tendre**
L'Abbaye zum Col du Marchairuz (mittelschwere Wanderung, ca.
6 Std.). Das Chalet du Mont Tendre bietet handfeste Kost. Am Col du
Marchairuz gibt es einen traditionsreichen Gasthof (Tel. 021 845 25
30, Mo. geschl.); von hier fährt Ende Mai – Mitte Sept. Sa./So. das
Postauto nach Le Brassus bzw. Allaman am Genfersee.

** **Zermatt**

Kanton: Wallis · Valais
Höhe: 1616 m ü. d. M.

M 12

Einwohner:
5700

Zermatt und das Matterhorn, das ist der Inbegriff der Schweizer Alpenwelt. Wer zum ersten Mal diesen »Berg der Berge« vor sich hat, erfährt, dass das Erlebnis noch jede Beschreibung hinter sich lässt.

Rund um das von Wiesen und Lärchenwäldern umgebene Zermatt ragen 38 Viertausender auf, darunter der schönste Berg der Welt, das Matterhorn (4478 m), der höchste Berg der Schweiz, die Dufourspitze (4634 m) im Monte Rosa und der höchste Berg, der ganz auf Schweizer Gebiet steht, der Dom (4545 m) in der Mischabelgruppe (▶Baedeker Wissen S. 638). All dies war und ist für Zermatt Kapital und Schicksal zugleich. Aus dem Walliser Bergdorf, von dem sich noch einiges erhalten hat, wurde ein Tourismusort mit fast 120 Hotels und über 1500 Zweitwohnungen, im Jahr zählt man gut 1,8 Mio. Übernachtungen (davon deutsche Gäste: ca. 200 000, russische Gäste: ca. 48 000). Bei Vollbelegung halten sich hier 30 000 Menschen auf, was heißt: Zermatt ist voll, laut und teuer. Und das Nachtleben intensiv.

Sport und Freizeit
Das Skiparadies von Zermatt ist dreigeteilt: Schwarzsee / Trockener Steg / Klein Matterhorn, Gornergrat / Stockhorn und Sunnegga / Rothorn. 17 Kabinenbahnen – darunter die höchste Europas –, eine Standseilbahn, eine Zahnradbahn und eine Fülle von Liften erschließen 200 km Pisten aller Schwierigkeitsgrade (plus 160 km in Italien, inkl. 17 km langer Abfahrt nach Cervinia), und dies in immer wieder begeisternder Landschaft. Auch kulinarisch ist das Zermatter Skigebiet ein Dorado, an den Pisten bieten einige Restaurants Gourmetküche. Besondere Erlebnisse vermitteln Heli-Skiing oder ein Hochtour. Im Sommer skilaufen kann man auf dem Breithorn-Plateau (Klein Matterhorn) und dem Plateau Rosa (3500 m) am Theodulpass. Sonst sind im Sommer alle mehr oder weniger schweiß- und adrenalintreibenden Betätigungen wie Mountainbiken, Paragliding, Wandern und Bergsteigen möglich. Wer das Matterhorn – wie der alte Knecht in dem zauberhaften Film »Kleine Fluchten« – aus der Vogelperspektive bestaunen möchte, kann einen Rundflug mit dem Hubschrauber buchen, der Heliport liegt am Nordrand von Zermatt.

Ein wenig Geschichte
Bis zum Ende des Mittelalters lag die Baumgrenze bei 2600 m. Damit war der Theodulpass leicht begehbar, man fand dort römische Münzen aus vorchristlicher Zeit. Zermatt (»zur Matte«) wurde 1235 unter dem französischen Namen Praborgne, 1280 lateinisch als Pratobor-

Hochbetrieb am Trockenen Steg – das Matterhorn ist »immer dabei«

num erwähnt. Bis 1618 konnten sich die etwa 190 Familien von den Grundherren des Rhone-Tals freikaufen; sie gründeten eine »Burgergemeinde«, die bis heute eine praktisch geschlossene Gesellschaft darstellt und die Geschicke Zermatts in der Hand hat. Danach gelang es nur noch dem Hotelier Alexander Seiler, aufgenommen zu werden (1889). Die Erschließung der Zermatter Berge ab 1850 war ein Werk der Engländer, die einheimische Bergführer engagierten; 31 von 39 namhaften Gipfeln erstiegen sie als erste (1830 Breithorn, 1855 Monte Rosa, 1865 Matterhorn). 1855 baute Seiler die 1838 eröffnete erste Herberge zum Hotel »Monte Rosa« aus, der Bahnanschluss wurde 1891 eingeweiht, 1898 die Gornergratbahn. Der erste Skiläufer erschien 1898, der Aufstieg zum Wintersportplatz begann 1927/28, als Seiler sein Hotel Victoria auch winters offen hielt.

Das Matterhorn – lokal das »Horu« (frz. Mont Cervin, ital. Monte Cervino; 4478 m) – wurde zum ersten Mal am 14. Juli 1865 von den Engländern Edward Whymper, Charles Hudson, Lord Francis Douglas, Douglas Robert und Robert Hadow mit den Zermatter Führern Michel Croz sowie Vater und Sohn Peter Taugwalder erstiegen. Beim Abstieg stürzte Hadow etwa 400 m unter dem Gipfel mit Hudson, Douglas und Croz ab, während Whymper und die Taugwalders unversehrt blieben, weil das Seil riss. Whymper stieg über den Hörnligrat auf, der italienische Grat wurde wenige Tage später von dem Bergführer Carrel erstiegen, der Zmuttgrat 1879, der schwierige Furgg-Grat 1911. Von den Wänden wurden die Westwand 1927, die eisgepanzerte Nordwand 1931 von Toni und Franz Schmid aus München, die Südwand 1931 und die Ostwand 1932 durchstiegen. Heute hat das Wort vom »Kampf ums Matterhorn« eine andere Bedeutung. Etwa 3000 Alpinisten nehmen im Sommer die steinschlaggefährdete

Der Kampf ums Matterhorn

Das Dach Europas

82 Alpengipfel ragen über 4000 m auf. Zwar finden sich die beiden höchsten Berge der Alpen in Frankreich und Italien, doch allein 47 der 4000er liegen (zumindest auch teilweise) auf Schweizer Gebiet. Zu ihnen gehört mit der Dufourspitze im Monte-Rosa-Massiv der dritthöchste Alpengipfel – das Matterhorn, der Inbegriff der Schweizer Berge, belegt nur Platz 12.

▶ **Die höchsten Berge**
Die 4000er der Schweiz liegen bis auf den Piz Bernina und den Mönch im Kanton Wallis.

Kanton Wa

Weisshorn
4505 m

Zinalrothorn
4221 m

Dent Blanche
4357 m

FRANKREICH

Grand Combin
4314 m

Matterhorn
4478 m

ITALIEN

▶ **Erstbesteigungen**
Im »Goldenen Jahrzehnt des Alpinismus« zwischen 1855 und 1865 ernteten meist britische Bergsteiger den Ruhm als Erstbesteiger vieler Schweizer Gipfel – doch ohne ihre einheimischen Bergführer wären sie wahrscheinlich kaum bis zur Spitze gekommen.

Berg Bergsteiger (Land)		Grand Combin Fellay/Bruchez (CH)	Dom Davies (GB)		Alphubel Hinchcliff/Stephen (GB)
1855	1856	**1857**	1858	1859	**1860**
Dufourspitze Hudson u.a. (GB)		Mönch Almer u.a. (CH)	Eiger Almer (CH)/Barrington (IRL)		

Weisshorn Tyndall (GB)				Zinalrothorn Stephen/Grove (GB)	
1861	1862	1863	1864		1865
Liskamm Hall (GB)	Dent Blanche Kennedy/Wigram (GB)				Matterhorn Whymper u.a. (GB)

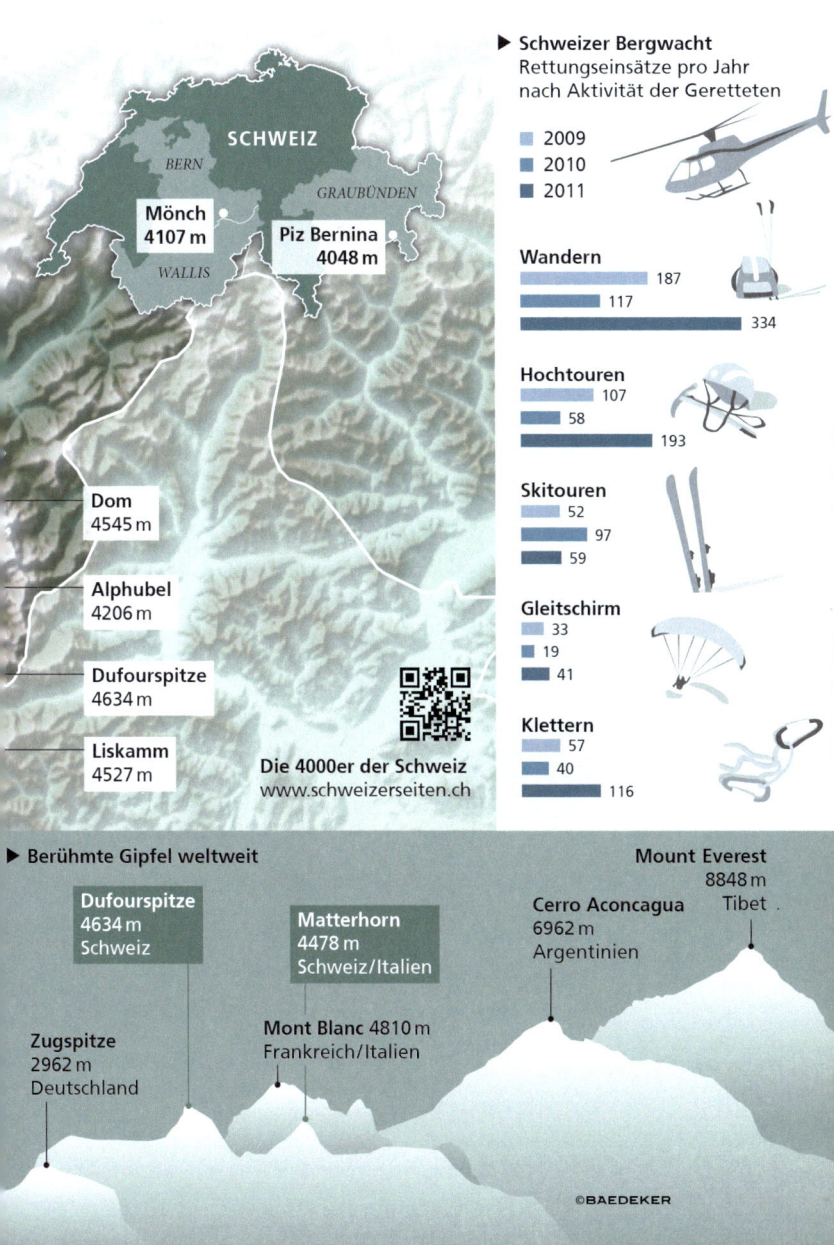

SCHWEIZ

BERN

GRAUBÜNDEN

Mönch
4107 m

Piz Bernina
4048 m

WALLIS

Dom
4545 m

Alphubel
4206 m

Dufourspitze
4634 m

Liskamm
4527 m

Die 4000er der Schweiz
www.schweizerseiten.ch

▶ **Schweizer Bergwacht**
Rettungseinsätze pro Jahr
nach Aktivität der Geretteten

■ 2009
■ 2010
■ 2011

Wandern
187
117
334

Hochtouren
107
58
193

Skitouren
52
97
59

Gleitschirm
33
19
41

Klettern
57
40
116

▶ **Berühmte Gipfel weltweit**

Mount Everest
8848 m
Tibet

Cerro Aconcagua
6962 m
Argentinien

Dufourspitze
4634 m
Schweiz

Matterhorn
4478 m
Schweiz/Italien

Mont Blanc 4810 m
Frankreich/Italien

Zugspitze
2962 m
Deutschland

©BAEDEKER

Zermatt erleben

AUSKUNFT

Zermatt Tourismus
Bahnhofplatz 5, 3920 Zermatt
Tel. 027 966 81 00, www.zermatt.ch

VERKEHR

Zermatt ist autofrei. Die Straße von Visp ist bis Täsch öffentlich (gebührenpflichtige Parkmöglichkeiten), weiter mit der Matterhorn Gotthard Bahn. Im Winter ist es je nach Wetterlage empfehlenswert, schon in Visp oder St. Niklaus (kostenlose Parkplätze) die Bahn zu nehmen. Zermatt ist Endpunkt des Glacier Express von St. Moritz (▶ S. 701). Die Bergbahnen bieten eine Reihe unterschiedlicher Abonnements, u. a. den Peak Pass (ab 3 Tage) für Wanderer und MTBler.

FESTE & EVENTS

2. Aug.-Wochenende: Folklore-Umzug mit über 1200 Teilnehmern. Anfang Sept.: Zermatt Festival (Klassikkonzerte).

ESSEN

Findlerhof ©©

Findeln, Tel. 027 967 25 88
In der Nähe der Kapelle. An gemütlichen Holztischen genießt man (nur mittags) überwiegend Italienisches und Heimisches, von rustikal bis fein; das gilt auch für die Weinkarte. Legendär sind die Desserts wie Apfelstrudel. Zu erreichen mit der Sunnegga-Bahn und zu Fuß.

Walliser Stube ©–©©

Gryfelblatte 2, Tel. 027 967 11 51
»Normale« Schweizer Kost – vom Fondue über Rösti und Poulet bis zum Rindsfilet –, dies jedoch zu normalen Preisen, in guter Qualität und angenehmem, heimelig-rustikalem Ambiente.

ÜBERNACHTEN

Parkhotel Beau-Site ©©–©©©

Brunnmattgasse, Tel. 027 966 68 68
www.parkhotel-beausite.ch
Ruhig und etwas abseits, dennoch zentral gelegenes »kleines Grandhotel« mit Matterhornblick, angenehmes, luxuriöses Ambiente. Gutes Restaurant, Bar, Wellness mit Sauna, Pool, Massage etc.

Backstage Hotel ©©–©©©©

Hofmattstrasse 4, Tel. 027 966 69 70,
www.backstagehotel.ch
Das etwas verrückte Lifestyle-Glashaus des Multikünstlers Heinz Julen, im Haus das Kulturzentrum Vernissage (Kino, Café etc). Wenige Schritte vom Bahnhof.

Unique Hotel Post ©©–©©©©

Bahnhofstrasse 41
Tel. 027 967 19 31, www.hotelpost.ch
Klare moderne Linien gehen mit alten Bruchsteinmauern und Holzbalken eine elegante Liaison ein. Mit lebhaften Bars und Clubs – ruhiges Zimmer verlangen.

Hotel Welschen ©©

Wiestistrasse, Tel. 027 967 54 22
www.reconline.ch/welschen
Gemütliches, gepflegtes Haus bei der Sunnegga-Talstation mit herrlichem Blick aufs Matterhorn. Ungewöhnlich gutes Preis-Leistungs-Verhältnis.

Hotel Riffelberg ©©©

Tel. 027 966 65 00
www.riffelberg.ch
Seit 1855 das Bett mitten im Wanderparadies bzw. an der Piste. Einmaliges Panorama – das Haus liegt 2548 m hoch. Achtung: Der letzte Zug von Zermatt geht um 18 bzw. ca. 19.20 Uhr.

Route über den Hörnligrat (von der Hörnlihütte 4.30 – 6 Std.) in Angriff, wobei Staus und gefährliche Situationen aufgrund von Selbstüberschätzung und katastrophaler Ausrüstung häufig sind.

SEHENSWERTES IN ZERMATT

Hauptachse des Orts ist die 600 m lange Straße vom Bahnhof zum Marktplatz mit Hotels, Mode-, Uhren- und Sportgeschäften, Souvenirläden und reizvollen alten Häusern. Zermatt ist zwar autofrei, dennoch gibt es Verkehrsprobleme! Der **alte Bahnhof** wurde durch ein Betongebäude ersetzt. Vor dem Hotel Mont Cervin erinnert eine Steinpyramide (1902) an die »Gründer der Fremdenstation Zermatt« Alexander und Katharina Seiler. Im **Alpin Center** westlich des Hotels bekommt man alle Informationen über Bergbahnen, Bergführer und Kurse; dahinter die 1871 vom britischen Alpine Club erbaute **Englische Kirche** mit Bergsteigergräbern auf dem Friedhof. Und vom Hotel Mont Cervin geht's östlich ins **Hinterdorf**, den alten Dorfkern mit Ställen und Speichern des 15.–19. Jh.s aus Lärchenholz, man beachte die Mäuseplatten. An der Bahnhofstraße weiter dorfaufwärts das **Hotel Monte Rosa**, das ab 1855 lange Zeit das Quartier der Bergsteiger war. Links neben dem Hotel das schmucke **Pfarrhaus** von 1576. Gegenüber das sehenswerte **Matterhornmuseum**, das die Erschließung der Walliser Bergwelt dokumentiert. Interessant sind auch die kartografische und die volkskundliche Sammlung.

Museum: 1. WE nach Ostern–Juni & Okt. tgl. 14.00–18.00, Juli–Sept. 11.00 bis 18.00, Mitte Dez.–1. WE nach Ostern 15.00–19.00 Uhr, Eintritt 10 CHF

Bahnhofstrasse

Am **Marktplatz** mit dem reizenden Murmeltierbrunnen (1902) stehen außer dem Gemeindehaus noch charakteristische alte Häuser; an einem eine Gedenktafel für Whympers Führer Vater und Sohn Taugwalder. Die reformierte Kirche **St. Mauritius** entstand 1914 neu; ihr Turm gleicht dem der alten Kirche, innen sind drei herrliche Altäre im typischen Walliser Barock zu bewundern. An der Vispabrücke liegt der **Friedhof**, auf dem viele verunglückte Bergsteiger ruhen.

Marktplatz

Ca. 45 Min. südlich von Zermatt braust die Mattervispa, die vom Gornergletscher kommt, durch eine beeindruckende Schlucht.

*Gornerschlucht

RIFFELBERG · GORNERGRAT · STOCKHORN

Unvergessliche Eindrücke vermittelt die Fahrt mit der höchsten Zahnradbahn Europas, die offen im Gelände angelegt ist (9,3 km, 40 Min.; Talstation beim Bahnhof; bei Bergfahrt rechts sitzen). Nach 4 km passiert man die Station **Riffelalp** (2211 m) mit dem Riffelalp

**Gornergrat

BAEDEKER TIPP

! *Iglu-Hotel*

Am Gornergrat kann man in einem speziellen Hotel nächtigen: in Iglus mit 2er-Suiten und 6er-»Zimmern«, in warme Schlafsäcke verpackt – ein ungewöhnliches Erlebnis. Info bei Zermatt Tourismus und http://iglu-dorf.com.

Resort, Nachfolger des 1961 abgebrannten Grandhotels von 1884. Dann geht es mit immer großartigerem Blick aufs Matterhorn zur Station **Riffelberg** (2582 m, 6 km) mit dem gleichnamigen Hotel von 1854. Wenige Minuten zu Fuß über der Station **Rotenboden** (2815 m) liegt der **Riffelsee**, in dem sich die Pyramide des Matterhorns eindrucksvoll spiegelt (besonders schön morgens). Der letzte Teil der Strecke verläuft hoch über dem Gornergletscher zur Endstation (3089 m). Im Sommer werden Sonnenaufgangsfahrten angeboten; in den Kuppeln des **Hotels Kulm Gornergrat** von 1910 sind diverse Teleskope installiert. In wenigen Minuten geht man zum Gornergrat (3130 m) mit einem überwältigenden Panorama: im Mittelpunkt das Matterhorn, links Breithorn, Zwillinge, Lyskamm und Monte Rosa; im Norden die Mischabel-Gruppe mit dem Dom, im Westen die Berge zwischen dem Zermatt- und dem Zinal-Tal. Im Winter bringt eine Kabinenbahn über den Hohtälligrat zum **Stockhorn** (3532 m). Lohnend ist der Abstieg auf dem »Weg der Stille« in 1.30 Std. steil hinab zum Berghaus Grünsee (2296 m); von hier Abstecher hinauf zum ***Findelngletscher** (1 Std.). Nach einem Bad im Grünsee über **Findeln** (2164 m) in 1 Std. zurück nach Zermatt.

SCHWARZSEE · TROCKENER STEG · KLEIN MATTERHORN

Bergbahnen Gondelbahnen bringen von Winkelmatten über Furi (1867 m) zum **Schwarzsee** bzw. zum **Trockenen Steg** (2939 m) am Theodulgletscher. Von dort Skilift zum Furggsattel (3365 m, Sommerbetrieb) an der italienischen Grenze. Weitere Skilifte führen über die Gandegg zum **Theodulpass** (3317 m) und zur Testa Grigia (3479 m). Spektakulär ist die Fahrt mit der höchsten Luftseilbahn Europas vom Trockenen Steg zum ****Klein Matterhorn** (3820 m), ein Aufzug bringt dann hinauf zum Gipfel (3883 m). Achtung: Die rasche Fahrt auf diese Höhe kann Kreislaufprobleme und Kopfschmerzen verursachen, auch ist es dort oben immer sehr frisch bis sehr kalt. Unterhalb des Gipfels ein Restaurant mit Bergsteigerlodge.

Wanderung zum Schwarzsee Zu Fuß erreicht man Schwarzsee in rund 3 Stunden: Am linken Ufer der Vispa und dann am Zmuttbach aufwärts, nach 15 Min. links über den Zmuttbach (prächtiger Blick aufs Matterhorn) und über die Hütte Zum See (1763 m) und Hermettji (2027 m) zum **Schwarzseehotel** (2583 m). Wenige Minuten unterhalb des Hotels liegt der kleine Schwarzsee (2552 m) mit der Bergführer-Kapelle Maria zum See (18. Jh.), etwa 2.30 Std. oberhalb die **Hörnlihütte** (Berghaus Matterhorn, 3260 m), »der« Stützpunkt für die Besteigung des Matterhorns.

Die Tour (ca. 2.15 Std.) verlässt den Weg zum Schwarzsee 20 Min. oberhalb der Hütte Zum See nach rechts und führt über dem Zmuttbach durch schönen Bergwald hinauf zur Stafelalp (2199 m, Restaurant) mit großartigem Blick auf Matterhorn und Zmuttgletscher.

*Stafelalp

Einige anspruchsvolle Bergtouren, die mit Führer unschwierig absolviert werden können und grandiose Eindrücke vermitteln. Über den Theodulgletscher zum **Theodulpass** (Matterjoch, 3317 m); vom Theodulpass auf das **Breithorn** (4164 m) oder das **Klein Matterhorn** (3883 m). Von Rotenboden an der Gornergratbahn zur Monte-Rosa-Hütte (2883 m, s. u.) und auf die **Dufourspitze** (4634 m), den höchsten Gipfel der Schweiz mit einem der gewaltigsten Panoramen in den Alpen. Sie ist benannt nach dem General G. H. Dufour (1787 – 1875), der in Konstanz geboren wurde und als Stadtplaner, Direktor der Thuner Militärschule, Stratege im Sonderbundskrieg 1847 und Begründer der Schweizer Landestopografie berühmt wurde.

Touren mit Führer

Die spektakuläre, 2009 eröffnete Monte-Rosa-Hütte ist zum Magneten für Touristen und Architekturfreunde geworden: Mit ihrer Form und der Aluminiumhülle erinnert sie an einen Bergkristall, in Haus- und Energietechnik gingen der Schweizer Alpen-Club und die ETH Zürich neue Wege (www.section-monte-rosa.ch). Aufgrund der dramatisch gestiegenen Zahl von Un- und Notfällen sei hier **ausdrücklich gewarnt**: Unerfahrene sollten nur mit Führer gehen. Die Hütte ist eine echte Berghütte mit dem üblichen einfachen Komfort. Der anspruchsvolle Weg führt über Gletscher und erfordert hochalpine Ausrüstung (ggf. Steigeisen, Seil), mit ca. 4 Std. Gehzeit von Rotenboden (zurück 2.30 Std) ist eine Übernachtung sehr zu empfehlen. Geöffnet ca. 20. März – 25. Mai und 20. Juni bis 15. September.

Monte-Rosa-Hütte

Der Sunnegga-Express, eine Tunnel-Standseilbahn, bringt von Zermatt-Zentrum zur Sonnenterrasse Sunnegga (2288 m) mit vielen Wanderwegen. Von dort – im Sommer auch zum Sonnenaufgang – mit der Gondelbahn über Blauherd auf das **Rothorn** (3103 m). Zum **Oberrothorn** (3415 m) steigt man in 2 Std. auf.

Sunnegga

VISPER- UND MATTERTAL

Von Visp (▶Brig) führt das schmale Vispertal nach Süden; links am Hang liegen die Weinberge von **Visperterminen** (die höchsten Europas). Bei Neubrück überspannt eine Brücke von 1599 die Vispa,

Vispertal

jenseits die Kapelle Unbefleckte Empfängnis (1727). Am Zusammenfluss der Matter und der Saaser Vispa (▶ Saas-Tal) liegt **Stalden**, dessen alte Holzhäuser sich um die Kirche von 1777 scharen. Über Staldenried spannen sich die Seile der Bahn zum Plateau von **Gspon** (1893 m), wo der Höhenweg durchs Saas-Tal beginnt, westlich führt eine Straße hinauf zum schönen Dorf **Törbel** (1491 m). Die Sattlerei Karlen macht dort aus alten Schweizer Armeedecken Lifestyle-Accessoires, vor allem Taschen (www.karlenswiss.ch). Nun ins Mattertal. Durch die Chipfe-Schlucht erreicht man **St. Niklaus** (1130 m), das größte Dorf des Tals vor Zermatt; Pfarrkirche von 1964 mit mittelalterlichem Turm und schönen Barockaltären. Über Randa erreicht man **Täsch** (1449 m) mit der Bahnstation nach Zermatt.

Grächen

Von St. Niklaus sind es acht kurvenreiche Kilometer nach Grächen (1617 m), einem beliebten familienfreundlichen Urlaubsort auf aussichtsreicher Bergterrasse, die von **Kanälen** (Suonen) durchzogen ist: Mit 299 Sonnentagen und 560 mm Niederschlag im Jahr gehört sie zu den trockensten Gebieten der Schweiz. Seilbahnen führen zum **Seetalhorn** (2864 m) und auf die **Hannigalp** (2110 m), die einen herrlichen Ausblick bietet, v. a. nach Norden zum Breithorn. Auf der Hannigalp beginnt ein schöner Höhenweg nach Saas-Fee (ca. 6 Std.).

Zernez

——————————————— ✶ H 26

Kanton: Graubünden
Höhe: 1474 m ü. d. M.

Einwohner:
1100

Zernez ist ein hübsches Dorf am Übergang zwischen Ober- und Unterengadin (▶ Engadin). Es empfiehlt sich besonders als Sommerurlaubsort und Ausgangspunkt für Ausflüge in den Schweizerischen Nationalpark und ins Val Müstair.

Sehenswertes in Zernez

Das **einheitliche Ortsbild** – Kuben mit Flachdächern – erhielt Zernez nach dem Brand 1872. Im Ortsteil Rumantsch steht erhöht die frühbarocke **reformierte Kirche** (1609), deren Turm ins 12. Jh. zurückgeht; innen sind schöner Stuck und die Chorempore von 1741 zu beachten. Im trutzigen **Schloss Planta-Wildenberg** (17./18. Jh., Eckturm von 1280) residiert die Nationalparkverwaltung. Der abweisende monolithische Betonkubus davor (Architekt: Valerio Olgiati, 2008) ist das **Zentrum des Nationalparks**, in dem man alles über das Verhalten im Park, über Wanderungen, Führungen, Wetter und Wege erfährt. Auch das Tourismusbüro ist hier zu finden.

Nationalparkzentrum: Juni – Okt. tgl. 8.30 – 18.00, sonst reduzierte Zeiten; www.nationalpark.ch, Tel. 081 851 41 41; Museum Eintritt 7 CHF

SCHWEIZERISCHER NATIONALPARK

Zwischen dem 11. und 17. Jh. wurde im Gebiet des Nationalparks intensiv Bergbau betrieben. 1909 wurde der Schweizerische Bund für Naturschutz gegründet und 1914 der Nationalpark, der erste in Europa. Damals war das **Großwild** nahezu ausgerottet, und die Region musste erst **wieder aufgeforstet** werden. Mit 170,3 km² (etwa die Fläche des Kantons Appenzell) ist er das größte Naturschutzgebiet und der einzige Nationalpark der Schweiz. Im Süden grenzt er an den italienischen Parco Nazionale dello Stelvio. Er umfasst alpines Gelände in Höhen von 1400 bis knapp 3200 m. Höchster Gipfel ist im Norden der **Piz Pisoc** (3174 m), während im Südteil der **Piz Quattervals** (3154 m) vier von ihm ausgehende Täler beherrscht. Auf 21 **weiß-rot-weiß markierten Wegen** kann man den Nationalpark erkunden, auf eigene Faust oder auf geführten Touren. Wanderungen für Experten werden ebenso angeboten wie Spaziergänge für Kinder. Übernachten kann man Ende Mai bis Mitte Okt. im altehrwürdigen **Hotel Il Fuorn**, das in der Mitte des Parks an der stark befahrenen Ofenpassstraße liegt (Tel. 081 856 12 26, www.ilfuorn.ch), oder im Blockhaus Cluozza, das zu Fuß zu erreichen ist (ca. 3 Std. von Zernez, Mitte Mai – Mitte Okt. Tel. 081 856 12 35, sonst 081 856 16 89).

> **BAEDEKER TIPP**
>
> ! *Nationalpark-Bike-Tour*
>
> Für einigermaßen trainierte Menschen nicht schwierig ist die Runde durch bzw. um den Schweizerischen Nationalpark in 4 Etappen (pro Tag 24 – 47 km, 840 – 1140 m Anstieg), die man in Scuol oder S-chanf beginnen kann. Die Tourismusbüros sorgen für Unterkunft und Gepäcktransport. Näheres unter www.engadin.com.

Die Natur ist im Park sich selbst überlassen, über 5000 Tier- und über 650 Pflanzenarten werden gezählt. **Großwild** ist nicht sehr artenreich vertreten; Hirsche, Rehe, Gemsen und Steinböcke leben zumindest einen Teil des Jahres im Nationalpark. Mit etwas Glück bekommt man sie zu sehen, wenn auch nicht aus der Nähe, da man die Wege nicht verlassen darf. September ist **Brunftzeit** der Rothirsche, besonders wildreich ist das Val Trupchun bei S-chanf. Im Val da Stabelchod wurden **Bartgeier** angesiedelt, mit fast 3 m Spannweite der größte Vogel der Alpen; er ernährt sich vorwiegend von Knochen.

Flora und Fauna

ÜBER DEN OFENPASS INS MÜNSTERTAL

In Zernez beginnt die Straße zum 2149 m hohen, in der Regel auch im Winter offenen **Ofenpass** (Pass dal Fuorn). Sie führt durch den Nationalpark und ist die einzige direkte Straßenverbindung ins Münstertal (s. u.). Etwa 3,5 km hinter Zernez öffnet sich rechts der

Ofenpassstraße

Blick hinab in das wilde **Val Cluozza**, den ältesten Teil des National-parks, mit dem 3165 m hohen Piz Quattervals im Hintergrund. Bei **Punt la Drossa** zweigt ein 3,3 km langer Straßentunnel der Kraftwerke Munt la Schera zur italienischen Grenze bei der Punt dal Gall (1963 m) ab. Fährt man am 8 km langen Stausee (Lago del Gallo, 1805 m) weiter, kommt man nach **Livigno**, einem bekannten Skigebiet und Zollausschlussgebiet, und schließlich zum ▶Berninapass bzw. nach Bormio am Fuß des Stilfserjochs.

Livigno

*Münstertal

Das mit dem übrigen Graubünden erst seit 1872 verbundene Münstertal (Val Müstair, 1600 Einw.) ist noch recht ursprünglich, das gilt auch für seine Orte. In **Valchava** ist die Chasa Jaura interessant, als Heimatmuseum sowie Kunst- und Kulturzentrum; einheimische Künstler haben das Hotel Central aufsehenerregend bemalt. **Santa Maria** (1388 m, 350 Einw.), der Hauptort des Tals, besitzt viele schöne Häuser (u. a. Perl, Nr. 50, 1671; am östlichen Dorfrand die Chasa de Capol, 1651, heute Hotel); die Pfarrkirche wurde 1492 von A.

Zernez erleben

AUSKUNFT
Zernez Touristinformation
Via d'Urtatsch 2, 7530 Zernez
Tel. 081 856 13 00
www.engadin.stmoritz.ch/zernez

Gästeinfo Val Müstair
Chasa Cumünala, 7532 Tschierv
Tel. 081 861 88 40, www.val-müstair.ch

ESSEN/ÜBERNACHTEN
Hotel Acla-Filli ⊙–⊙⊙
Zernez, Röven 61
Tel. 081 851 51 51, www.hotelfilli.ch
Wohnliche, mit Arvenholz gestaltete Zimmer und Appartements. Mit Restaurant (Engadiner Spezialitäten und Pizza), Konditorei und Supermarkt. Ruhig und zentral gelegen.

Hotel Central ⊙⊙
Valchava, Bauorcha, Tel. 081 858 51 61
www.centralvalchava.ch
Das würdige alte Haus wurde außen ungewöhnlich, innen geschmackvoll-schlicht modernisiert. In der zauberhaften Stüvetta genießt man Bündner-Münster-taler Spezialitäten, in der Ustaria treffen sich Einheimische und Besucher.

Chasa de Capol ⊙⊙
Santa Maria, Tel. 081 858 57 28
www.chasa-capol.ch
In der prachtvollen Propstei des Klosters St. Johann in Müstair (1651) wohnt man komfortabel, in der getäfelten Stüva und im Gewölbe wird gute traditionelle Kost aufgetragen. Mit Haustheater, lauschigem Park und Schwimmbad.

Chasa Chalavaina ⊙⊙
Müstair, Tel. 081 858 54 68
www.chalavaina.ch
In dem wunderbaren Haus aus dem 13. Jh. hielten die Bündner Hauptleute vor der Schlacht an der Calven 1499 Rat. Ein einzigartiger Ausflug in alte Zeiten, aber mit neuzeitlichem Komfort.

Müstair mit dem Kloster St. Johann, ein Juwel des Engadins

Bühler aus Kärnten (▶Samedan, St. Peter) erbaut. In der Handweberei Tessanda entstehen Textilien nach alten und neuen Mustern. In Santa Maria teilt sich die Straße: Geradeaus geht es über Müstair ins **Südtiroler Etschtal**, rechts zweigt die Straße zum **Umbrailpass** (2501 m) und zum **Stilfserjoch** (2757 m) ab. Der Umbrail ist im Winter geschlossen, sein unterer Teil dient dann als rassige Schlittenbahn. Talabwärts sieht man die Burgen von Taufers und darüber die Ötztaler Alpen mit der Firnkuppe der Weißkugel.

Chasa Jaura: Mi.–Fr. 10.00–12.00, 14.00–17.00, Sa., So. 15.00–18.00 Uhr

Das 1240 m hoch und 1 km vor der italienischen Grenze gelegene Müstair Müstair ist mit 750 Einwohnern der größte Ort des Münstertals. Der Name bedeutet »Kloster«, von lat. »monasterium«. Benediktiner gründeten hier um 780 ein Männerkloster; seit dem 12. Jh. ist es mit Benediktinerinnen belegt, die das **Museum** im Plantaturm, dem ältesten Wehrturm im Alpenraum (10. Jh.), ein Gästehaus und den Klosterladen betreiben. Die **✶✶Klosterkirche St. Johann** (UNESCO-Welterbe) besitzt karolingische Fresken von Weltrang. Von einst 90 Szenen sind die meisten erhalten, einige Bilder in den Apsiden wurden im 12. Jh. übermalt. Die romanischen Fresken des 12. Jh.s erzählen u. a. das Martyrium des hl. Stephanus. Eindrucksvoll ist das Antlitz der einst farbig gefassten Statue Kaiser Karls des Großen. – Einen Blick wert sind auch die **Heiligkreuzkapelle** mit ungewöhnlichem Grundriss und die ins 13. Jh. zurückgehende **Chasa Chalavaina** gegenüber dem Kloster (Gasthof, ▶S. 646).

Kloster: Kirche & Museum Mai–Okt. tgl. 9.00–12.00, 13.30–17.00 (So. nur 13.30–17.00) Uhr, sonst kürzer; Eintritt 12 CHF, www.muestair.ch

Malende Mönche

Zwischen dem 8. und dem 11. Jh. wurden im Kloster St. Gallen pracht-
volle Bilderhandschriften angefertigt, im Kloster St. Johann in Müstair
entstanden um 800 großartige karolingische Wandmalereien.

Irische Wandermönche gaben in den noch jungen Benediktinerklöstern der Schweiz der Buchmalerei im 7. und 8. Jh. neue Impulse. Vor der Erfindung des Buchdrucks wurden in den Schreibwerkstätten der Klöster Bücher für ihre Verbreitung kopiert. Diese »Ateliers« konnten Bücher komplett produzieren, von der Herstellung des Pergaments bis zur Illumination und Bindung.

Der Folchart-Psalter entstand
um 870 in St. Gallen

Im Skriptorium

Die Herstellung der kostbaren Handschriften war aufgeteilt. Der **Scriptor** sorgte für die kunstvolle Schrift, dem **Miniator** (lat. »miniatus«, »rot gefärbt«) oblagen die mit roter Mennige aufgetragenen Bildumrandungen und Initialen, die Anfangsbuchstaben und die Kapitelüberschriften. Die teils ganzseitigen Bildszenen dagegen schuf der **Illuminator** (von lat. »illuminare«, was »erleuchten« und

»schmücken« bedeutet). Geschrieben und gemalt wurde auf **Pergament** (geglättete Tierhaut), wobei die Ausschmückung der Seiten durch Rohrfeder mit Tusche und Mennige über Pinselzeichnungen mit Wasserfarben bis zu aufwendiger Deckfarben- und Goldmalerei reichte. Zum Schluss bekam das Werk einen **Einband** mit kunstvollen Beschlägen. Die Abschriften wurden hauptsächlich in der eigenen Klosterbibliothek zu Bildungszwecken genutzt. Vielfach kamen die Aufträge auch von außen: von Welt- und Ordensgeistlichen, aber auch von Fürsten und Mitgliedern von Herrscherfamilien, die die Handschriften zur Ehre Gottes, für ihr eigenes Seelenheil und zum Ruhm der Kirchen und Klöster stifteten.

St. Galler Handschriften

Das lebhafte Interesse der karolingischen Herrscher führte zur Aufwertung der Buchmalerei in St. Gallen, und so entstand um 870 der prachtvolle **Folchart-Psalter**. Ein Psalter ist eine Sammlung der 150 Psalmen des Alten Testaments für das Stundengebet. Das bildnerische Interesse kreist dabei in der Regel um die Gestalt König Davids, der als Sänger, Heros und Vorläufer Christi Anlass zu allerlei historisierend-erzählerischen Szenen bot. Unter dem von 890 bis 919 amtierenden **Abt Salomon III.** gewann das St. Galler Skriptorium europaweiten Ruf durch den Schreiber und Maler Sintram, den Dichter Notker Balbulus und den Elfenbeinschnitzer und Goldschmied Tuotilo. Sintram erhielt den Auftrag für das **Evangelium longum** mit Initialen aus feinem Bandgeflecht mit Blattwerk und Tierfigurationen. Vermutlich auf Sintram und seine Mitarbeiter geht das **Psalterium Aureum** (Goldener Psalter) zurück, benannt nach den goldenen Unzialminuskeln und der reichen Goldornamentik. Manchmal nehmen die Miniaturen zur Geschichte Davids eine ganze Seite ein. Die St. Galler Schule entwickelte dabei einen eigenen Stil mit Rahmenleisten und bewegtem Umriss der Figuren, die auf dem purpurnen Hintergrund ausgespart waren. Zahlreiche kolorierte Federzeichnungen waren eine weitere Besonderheit, darunter der Zyklus von 48 Zeichnungen in der Astrologia des Aratos und 20 in der Psychomachia des Prudentius. Zarte Zeichnungen weist auch das zweibändige Antiphonar (Sammlung von liturgischen Wechselgesängen) des Hartker aus der Zeit um 1000 auf, und um 1050 waren auch Miniaturen in Deckfarbenmalerei üblich. Den umfangreichsten Beitrag zur althochdeutschen Schriftsprache lieferte der 1022 verstorbene **Notker III. Teutonicus,** dessen Übersetzungen und Kommentare wichtige Lehrmittel für die Klosterschüler waren. Mit dem Tod des reformbewussten Abtes Nortpert im Jahr 1072 ging die führende Rolle St. Gallens in der Buchmalerei zu Ende.

Karolingische Wandmalerei

In dem zwischen 780 und 790 gegründeten Kloster **St. Johann in Müstair** entstand um 800 ein Freskenzyklus in den Farben Dunkelgrün, Ocker und Ziegelrot, in den spätrömische, byzantinische und frühmittelalterliche Vorbilder ein-

gingen. Zum ersten Mal in der heutigen Schweiz wurde ein Gotteshaus monumental ausgeschmückt mit Szenen aus der **Heilsgeschichte,** die von David als dem Ahnherrn Christi über den neutestamentlichen Bilderbogen zum Leben Jesu, seinen Wundertaten bis zur Passion führen. An der Westwand über der Empore ist ein Monumentalfresko des **Jüngsten Gerichts** zu sehen. Christus thront als Weltenrichter unter den Aposteln, die als Mitrichter unter Rundbögen erscheinen, während der sternenübersäte Himmel gemäß der Offenbarung zurückweicht »wie eine Rolle, die sich zusammenrollt«. Die Wandmalereien in St. Johann in Müstair und die in der Stiftsbibliothek von St. Gallen verwahrten bebilderten Handschriften zeugen noch heute vom mönchischen Leben, ausgerichtet auf die Erlösung durch Christus und eingebunden in Gebet, Arbeit und Kunstschaffen.

Zofingen

──────────────── ✳ E 13

Kanton: Aargau
Höhe: 437 m ü. d. M.

Einwohner:
10 900

Als Marktort an der Gotthardroute kam Zofingen zu Wohl-stand, was an der liebevoll erhaltenen Altstadt abzulesen ist, der größten der zwölf historischen Städte des Aargaus.

Zofingen gestern und heute

Die großen Autobahntransversalen der Schweiz, Basel – St. Gotthard und Bodensee – Genfersee, kreuzen sich bei Zofingen im westlichen Aargau. Das schöne, 470 × 225 m große Rechteck der würdevollen Altstadt zeugt von bedeutender Vergangenheit. Gegründet wurde Zofingen von den Grafen von Froburg (▶ Olten), die um 1150 – 1170 ihr Territorium mit acht Städten und mehreren Burgen sicherten. Die erste urkundliche Nennung datiert von 1175 bzw. 1179. Nach der Eroberung des Aargaus durch Bern 1415 erhielt die Stadt eine gewisse Selbstverwaltung, 1803 wurde sie Bezirkshauptort. Ab etwa 1830 entstanden die heute noch wichtigen Industriezweige der Stadt: Druckerei, Textilverarbeitung, Chemie und Maschinenbau.

SEHENSWERTES IN ZOFINGEN

*Niklaus-Thut-Platz

Der Grüngürtel, der die Altstadt umgibt, entstand an der Stelle der um 1820 abgetragenen Befestigung. Zentrum ist der noble Niklaus-Thut-Platz, benannt nach dem Schultheissen, der in der Schlacht von Sempach 1386 sterbend das Stadtbanner vor den Feinden rettete (Brunnen 1894). Beherrschend das barocke **Rathaus** (1795) und das anschließende **Metzgern-Zunfthaus** (Antoni Stab, um 1602). In der **Kustorei** (»Löffelburg«, 14. Jh.) ist das Regionalzentrum untergebracht. Von der Stiftsschaffnerei an der Nordostecke des Platzes ist nur der schmucke »Schneggen« von 1595 erhalten (Dach 1695). Im stattlichen **Neuhaus** (1770) residiert eine UBS-Filiale. Von Antoni Stab stammen auch die Stiftshelferei (1599) und das **Lateinschulhaus** (1602, Stadtbibliothek). An der Hinteren Hauptgasse – früher das Adelsquartier – erstellte der Seidenfabrikant J. A. Senn bis 1732 den **Sennenhof**. Hier sind erlesene Stofftapeten zu bewundern.

Stadtkirche

Die reformierte Stadtkirche St. Mauritius ist teils romanisch, das meiste stammt aus dem 14./15. Jh. (Umgestaltung nach dem Einsturz des Langhausdachs 1979). Der Chor (um 1520) besitzt ein **Gestühl** von 1518 und bedeutende **Glasmalereien** (Passionszyklus, um 1400) sowie eine romanische Krypta. Vom 56 m hohen Turm (1649) hat man einen prächtigen Blick; die älteste Glocke stammt von 1403.

Die Markthalle südlich des Kirchplatzes entstand im 15. Jh. als Fleischbank und wurde 1726 zur **Tuchlaube** mit barocken Arkaden umgestaltet (Wochenmarkt). Die **Alte Kanzlei** dient wie das Stadthaus (1930, mit Teilen des Spitals) der Stadtverwaltung. **Markthalle**

Von der schon im 13. Jh. erwähnten »ringkmur« sind der Schwarz- oder **Pulverturm** und der Strecke- oder **Folterturm** erhalten. Am Platz des Oberen Tors entstanden zwei Amtshäuser (1851). **Stadt-befestigung**

Außerhalb der Altstadt sind das Alte Schützenhaus (1822) mit der städtischen Kunstsammlung, das monumentale Gemeindeschulhaus (F. Kubly, 1876), das **Museum Zofingen** (1901) mit historischen und naturkundlichen Sammlungen sowie die Abdankungshalle (1873) des alten Friedhofs an der Schützenmatte zu beachten. **Weitere Sehenswür-digkeiten**
Museum: Mi. 14.00 – 17.00, So. 10.00 – 12.00 Uhr (Sommerferien geschl.)

Von dem lindenbestandenen Platz südöstlich über der Altstadt – beliebt als Treffpunkt sowie als Konzert- und Festplatz – hat man einen **herrlichen Blick** über Zofingen bis zum Jura, über das Wiggertal bis zu den Alpen. ***Heiternplatz**
Südlich der Altstadt sind beim Restaurant Römerbad drei Mosaikfußböden einer römischen **Villa rustica** aus dem 1. Jh. n. Chr. zu sehen (interessante Grabungsfunde im Museum).

UMGEBUNG VON ZOFINGEN

Ein herrliches Werk des Vorarlberger Baumeisters Franz Beer ist die ehemalige Zisterzienserabtei St. Urban (13 km westlich). 1184 ließen sich die Zisterzienser hier nieder und gewannen bald große wirtschaftliche und kulturelle Bedeutung. Die **Kirche**, erbaut bis 1715 ***Zister-zienserabtei St. Urban**

Zofingen erleben

AUSKUNFT
Stadtbüro Zofingen
Stadthaus, Kirchplatz 26
4800 Zofingen
Tel. 062 745 71 72, www.zofingen.ch

FESTE
Am 1. Juli-Freitag wird das traditionsreiche Kinderfest begangen.

ESSEN
Schmiedstube ⓔⓔ
Schmiedgasse 4, Tel. 062 751 10 58
Gutbürgerliches »Wohnzimmer« im Obergeschoß eines Hauses aus dem 15. Jh., serviert werden Schweizer Klassiker und anderes Feines. Hervorragende große Weinkarte. Schöne Terrasse am Platz. Sa. ab 14 Uhr, So. geschlossen.

und von den Wessobrunnern J. und F. Schmuzer stuckiert, beeindruckt mit weiß-goldenem Prunk. Der Spätrenaissance-Hochaltar (1662) stammt vom Vorgängerbau; großartig sind außerdem das Chorgestühl (P. Frölicher u. a., 1707), die Kanzel sowie die Orgel von Joseph Bossard (1721) mit über 2500 Pfeifen.

Wässermatten Die Zisterzienser waren es auch, die im Langetetal südlich von Langenthal (5 km westlich) die Wässermatten einführten, die unter Denkmalschutz stehen. Ein Kanalsystem verteilte das Abwasser der Dörfer auf den Wiesen, die es mit doppelter Fruchtbarkeit dankten. Heute werden die Matten nur noch aus landespflegerischen Gründen unter (sauberes) Wasser gesetzt. Sehenswert ist das liebevoll erhaltene Dorf **Madiswil** 5 km südlich von Langenthal mit Doktorhaus, Zehntspeicher und spätbarocker Kirche (1779).

Zug

✶ E 16/17

Kanton: Zug
Höhe: 426 m ü. d. M.

Einwohner:
26 900

Zug, das schöne alte Städtchen am Nordende des idyllischen Zugersees, ist vor allem für drei Dinge berühmt: die niedrigen Steuern, das Kirschwasser und die Kirschtorte.

Im Kanton Zug haben ca. 30 000 (1990: 13 500) schweizerische und ausländische Firmen ihren Sitz oder zumindest einen Briefkasten, hat er doch mit die niedrigsten Steuersätze der Schweiz (was auch in der Schweiz für Unmut sorgt). Sein Hauptort wirbt mit über 32 000 Arbeitsplätzen; im ganzen kleinen Kanton zählt man ca. 115 000 Einwohner und 83 000 Arbeitsplätze. Ganz im Gegensatz zur wirtschaftlichen und finanziellen Potenz darf man den Kanton und auch die Stadt Zug außerhalb ihrer Altstadt großenteils als städtebauliche Katastrophe bezeichnen.

Aus der Geschichte Gegründet wurde Zug 1242 durch die Grafen von Kyburg, 1273 kam es an die Habsburger und wurde ein bedeutender Stützpunkt im Kampf gegen die Waldstätten (Schlacht bei Morgarten, s. u.). 1352 wurde sie von Zürich und Schwyz erobert und mit der Eidgenossenschaft zwangsverbündet. Im Jahre 1415 erhielt Zug die Privilegien einer Freien Reichsstadt, und bei der Gründung des Kantons 1803 wurde es seine Hauptstadt. Zweimal brach Ufergelände in den See ab, wobei viele Menschen ums Leben kamen: 1435 versanken zwei Häuserzeilen der Altstadt und 1887 eine Kaianlage vor dem Rigiplatz, der heute »Katastrophenbucht« genannt wird.

SEHENSWERTES IN ZUG

An der Seepromenade – vom Landsgemeindeplatz nach Norden – **Altstadt** hat man einen herrlichen Blick auf Rigi, Pilatus und Berner Alpen mit Eiger, Mönch und Jungfrau. Der **Sonnenuntergang** über dem Zugersee gehört zu den schön-sten, nicht nur der Schweiz. Zen-trum ist der weite **Landsgemein-deplatz** am Wasser (Markt am Sa.vormittag); nördlich das Ge-bäude der Kantonsregierung (1873). Südlich geht es in die hüb-sche **Altstadt** mit liebevoll erhal-tenen Bürgerhäusern und Brun-nen. Der 52 m hohe **Zytturm** (Zeitturm), das Wahrzeichen der Stadt, entstand als Stadttor um 1200; um 1480 wurde er aufge-stockt, die **astronomische Uhr** datiert von 1574. Das spätgotische **Rathaus** (1509) am Fischmarkt besaß eine offene Markthalle im Erdgeschoß. Im gotischen Rats-saal ist kostbares Schnitzwerk von 1507 erhalten, sehr schön sind auch das Renaissance-Portal (1607) und der Kleine Ratssaal (1726; Besichtigung bei Stadtfüh-rungen). Den **Kolinplatz** ziert ein Brunnen (1541) mit einem Ban-nerträger mit Zuger Standarte, wohl den Bürgermeister Wolf-gang Kolin darstellend, der das heutige prächtige Gasthaus Och-sen 1544 erbaute. Am **Stadthaus**

Schmucke Bürgerhäuser in der Altstadt

von 1497 ist die Geschichte von der »Kappeler Milchsuppe« darge-stellt. Von der einstigen **Befestigung** der Stadt sind an ihrer Ostseite noch vier Rundtürme und Reste der Letzimauer erhalten.

Ratssaal: Während der Öffnungszeiten der Bürgerkanzlei (Mo.–Fr.)
Zytturm: Schlüssel (Personalpapier als Pfand) bei der Polizeiwache (Mo.–Fr.) und in der »Wunderbox« (Mo. –Sa.) am Kolinplatz

Die spätgotische Kirche St. Oswald (ab 1478, bis 1545 erweitert) ist **St. Oswald** ein Werk des aus Oettingen im Ries stammenden Baumeisters Hans Felder d. Ä.; zu beachten sind das **Hauptportal** (Königspforte) mit prachtvollen Skulpturen der Muttergottes und der hll. Oswald und

Zug erleben

AUSKUNFT
Zug Tourismus
Bahnhofplatz, 6304 Zug
Tel. 041 723 68 00
www.zugtourismus.ch

FESTE & EVENTS
Fasnacht: Mi. vor 5. Febr. »Bäckermöhli«;
Rosenmontag »Greth Schell«; So. nach
Aschermittwoch »Chröpflimee-Singen«.
Ende Juni: Seefest mit Feuerwerk. Ende
Aug.: Zentralschweizer Biomarkt. Anf.
Sept.: Jazz Night; Stierenmarkt.

ESSEN
❶ *Rathauskeller* ❺❺–❺❺❺
Zug, Ober Altstadt 1
Tel. 041 711 00 58, So./Mo. geschl.
www.rathauskeller.ch

»Das« Zuger Lokal in einem schönen
gotischen Haus, unten das legere, preiswertere Bistro mit Terrasse, in der Zunftstube oben feines Restaurant.

❷ *Liguria* ❺❺–❺❺❺
Zug, Fischmarkt 2
Tel. 041 710 24 24, tgl. geöffnet
Angenehm modernes Ambiente in
600-jährigem Haus, mit Blick auf den
See – und den Sonnenuntergang. Italie-
nische Küche, Spezialität ist Meeresfisch.

❸ *Hafenrestaurant* ❺❺
Zug, Hafenplatz 2, Tel. 041 711 90 70
Besonders Fisch- und Weinfreunde sind
in dem modernen Bistro am Wasser
(Wahnsinns-Panorama!) richtig.

❹ *Moosrank* ❺–❺❺
Baar, Moosrank 2, Tel. 041 711 18 85
Schlichtes Haus mit Wirtsgarten in
traumhafter Lage über dem Zugersee,
heimelige getäfelte Gaststube. Handfeste bürgerliche Küche, Anf. Jan. gibt's
Kabierfleisch (▶ S. 169). So./Mo. geschl.

❺ *Sternen* ❺❺❺–❺❺❺❺
Walchwil, Dorfstrasse 1
Tel. 041 759 04 44, Mo./Di. geschl.
Im edlen Gasthaus von 1830 am Zuger-
see tafelt man hochklassig. Herrliche
Terrasse mit Blick auf Pilatus und Rigi.

ÜBERNACHTEN
❶ *Hotel Löwen* ❺❺–❺❺❺
Zug, Landsgemeindeplatz, Tel. 041 725
22 22, www.loewen-zug.ch
Feines Haus in schönster Lage: am
verkehrsfreien Platz am See. Mit Res-
taurantterrasse. Die Zimmer sind am
Wochenende ca. 20 % günstiger.

Zug

Essen
❶ Rathauskeller
❷ Liguria
❸ Hafenrestaurant
❹ Moosrank
❺ Sternen

Übernachten
❶ Hotel Löwen

Michael, das Jüngste Gericht über dem Chorbogen (M. P. von Deschwanden, 1866), die Bossard-Orgel und das Chorgestühl (1484).

Die »Burg« entstand um 1200, später war sie Amtssitz des kyburgischen und des habsburgischen Vogts. Hier ist das beeindruckende **Historische Museum** der Stadt und des Kantons untergebracht. Das *Kunsthaus im »Hof im Dorf« (1526) präsentiert v. a. innerschweizer Kunst des 20. Jh.s; unbedingt ansehen: die Sammlung der Wiener Moderne (Wotruba, Klimt, Kokoschka, Schiele u. a.).
Historisches Museum: Bis Febr. 2014 geschlossen; dann voraussichtlich Di.–Sa. 14.00–17.00, So. 10.00–17.00 Uhr geöffnet.
Kunsthaus: Di.–Fr. 12.00–18.00, Sa., So. 10.00–17.00 Uhr, Eintritt 10 CHF

Burg

Im **Brandenberghaus** von 1540 (St.-Oswalds-Gasse 17) – benannt nach dem Urheber der Außenbemalung von 1710 – zeigen die Missionsschwestern vom hl. Petrus Claver Kult- und andere Gegenstände aus Zentralafrika. Am Eck Zugerbergstraße das ehemalige **Kornhaus**, heute Teil der Stadt- und Kantonsbibliothek.
Afrikamuseum: Mo.–Fr. 8.30–11.30, 14.00–17.00 Uhr, Eintritt: Spende

Afrika-Museum

Nördlich des Kolinplatzes sind die Münz (16./17. Jh.) und der benachbarte Rokokopavillon **Gloriettli** (1772) zu beachten. Erhöht steht das **Kapuzinerkloster** (1595–1597) mit Kirche von 1676.

Münz

Der See sorgt für eine Spezialität der Stadt, die **Zuger Rötel**, die ab Mitte November für einige Wochen auf den Speisekarten stehen. In der Unter Altstadt gibt es eine Fischbrutanstalt mit einem Museum. Am unteren Ende der Gasse die schon 1266 erwähnte **Liebfrauenkapelle**, die wird; drinnen ein Marienzyklus des Zuger Barockmalers Johannes Brandenberg. Das **Theater Casino** weiter südlich ist das Zentrum des Zuger Kulturlebens, sehr schön sitzt man auf seiner Caféterrasse; davor liegt die »Seebadi« Seeliken.
Fischereimuseum: März–Mitte Mai Sa./So. 11.00–15.00 Uhr, sonst nach Anmeldung Tel. 041 710 36 34

Unter Altstadt

Im Museum für Urgeschichte (Hofstrasse 15, Südstadt) sind Funde aus dem Kanton von der Steinzeit bis zum Frühmittelalter ausgestellt, darunter aus neolithischen Ufersiedlungen und vom römischen Gutshof Cham-Hagendorn.
❶ Di.–So. 14.00–17.00 Uhr, Eintritt 5 CHF

Kantonales Museum für Urgeschichte

Wer auch ein wenig vom modernen Zug sehen will, begebe sich ins nördlich gelegene Bahnhofsviertel: Der **Bahnhof** leuchtet nachts in magischen Farben, das **UBS-Gebäude** wird von einer bunten Stele von Matt Mullican markiert, das Gelände der **»Metalli«** wurde zum postmodernen Büro- und Geschäftsviertel mit Einkaufspassage.

Bahnhofsviertel

UMGEBUNG VON ZUG

Zugerberg Ein beliebtes Ausflugsgebiet sommers wie winters ist der Zugerberg südöstlich der Stadt (1039 m; Standseilbahn von der Schönegg, Bergstation 925 m). Die »klassische« Höhenwanderung führt von dort zur *Wildspitz (Rossberg, 1580 m, 3.30 Std.); dann nach Unterägeri (3.30 Std.), Walchwil (2.45 Std.) oder Goldau (2.30 Std.). Vom Westteil des Rossbergs ging 1806 ein **Bergsturz** nieder, der den Lauerzer See zu einem Viertel zuschüttete und in Goldau und einigen Dörfern ca. 450 Tote forderte. In seinem Gebiet ist der **Tierpark Goldau** eingerichtet; es gibt auch ein **Bergsturzmuseum**. Erhalten blieb ein Bauernhaus von 1761, heute der Gasthaus »Bauernhof« in Goldau (Gotthardstrasse).

Tierpark: Tgl. 9.00–19.00/18.00/17.00 Uhr, Eintritt 18 CHF

Bergsturzmuseum: 19. März–1. Nov. Mi., Fr., Sa. 14.00–17.30, So. 13.30 bis 17.30 Uhr, Eintritt 3 CHF

Baar Traditionell für Textilindustrie bekannt ist der nördliche Nachbarort Baar (22 800 Einw.). Heute hat hier Glencore seinen Sitz, einer der größten Rohstoffhändler der Welt, und auf seiner Website wirbt Baar mit »privilegierter Besteuerung ausländisch beherrschter Unternehmungen«. An der Hauptstraße lohnen die Pfarrkirche **St. Martin** (14. Jh./1777, romanischer Turm mit Barockhelm) sowie das Rathaus von 1676 einen Blick. Die spätgotische Friedhofskapelle St. Anna (1507) besitzt eine geschnitzte Holzdecke. Zu empfehlen ist der Gang südöstlich (45 Min.) durch den **Lorzentobel** zu den *Höllgrotten mit prächtigen Tropfsteinhöhlen; auch die idyllische Gartenwirtschaft von 1909, ausgezeichnet für die Erhaltung der Bausubstanz, lohnt den Ausflug (bürgerliche Küche, Tel. 041 761 66 05, Mo. geschl.).

Höllgrotten: April–Okt. 9.00–17.00 Uhr, Eintritt 10 CHF

Kappel Das 4 km nördlich von Baar gelegene Kappel ist berühmt als Schauplatz der **Schlacht der Fünf Orte** gegen die Zürcher Truppen 1531, bei der der Reformator Ulrich Zwingli ums Leben kam, und für seine *Zisterzienserabtei. Sie ist die älteste in der Deutschschweiz und wurde von Hauterive (► Fribourg) aus gegründet. Der ins 13./14. Jh. zurückgehende Konvent dient als »Haus der Stille«. In der Kirche (ca. 1250–1310) sind der Zelebrantensitz im Chor und die herrlichen Glasfenster im nördlichen Hochgaden zu beachten (um 1310).

Albispass

Wer von Kappel nach Zürich strebt, sollte nach Norden zum Türler See und auf den 791 m hohen Albispass fahren: Von dort erreicht man in 15 Min. einen Aussichtsturm, der ganze Zürichsee mit Zürich liegt Ihnen hier zu Füßen.

✱ ZUGERSEE

Landschaft

Der anmutige Zugersee – 14 km lang, 38 km² groß, 198 m tief – ist in seinem Nordteil von einer sanften Hügellandschaft umgeben, sein Südende ist zwischen die steilen Flanken von Rossberg und Rigi (▶Vierwaldstättersee) gebettet. Die Orte am Ufer werden von den Schiffen der Schifffahrtsgesellschaft Zugersee angefahren (▶S. 703). Schön ist eine Radtour entlang des Westufers (Zug – Arth 28 km).

Ostufer

Ein hübsches Ensemble bildet **Oberwil** (2 km südlich von Zug) am Fuß des Zugerbergs. Am gegenüberliegenden Ufer sieht man das **Schloss Buonas** (15./17. Jh.) und das Dorf **Risch**, weiter südlich die **Halbinsel Chiemen**. Malerisch zwischen Weinbergen und Edelkastanien liegt **Walchwil** an der »Zugersee-Riviera«. Am Fuß des Rossbergs – mit prächtigem Blick auf die Rigi – geht es nach **Arth** am Südende des Sees, einem Knotenpunkt an der Gotthardstrecke. Die Pfarrkirche St. Georg und Zeno ist eine der frühesten Barockkirchen der Zentralschweiz (1696). Vom Bahnhof Arth-Goldau in Goldau fährt eine Zahnradbahn auf die **Rigi** (▶Vierwaldstättersee).

Westufer

Am Steilabfall der Rigi entlang fährt man nach **Immensee** mit altem Ortskern (u. a. Ehrlerisches Haus). Von hier schöner Spaziergang am Ufer nach **Baumgarten** (1,5 km, Restaurant, Schiffsstation). An der Straße von Immensee nach Küssnacht liegt die berühmte Hohle Gasse (▶Vierwaldstättersee). In **Risch** sollte man das idyllisch gelegene Kirchlein St. Verena ansehen (1680, gotischer Turm). Das Schloss Hertenstein auf der **Halbinsel Buonas** (1498, Vorgänger 11./12. Jh.) gehört dem Pharmakonzern Hoffmann-La Roche. Nördlich von Hünenberg steht eine der bedeutendsten Sehenswürdigkeiten des Kantons, die Kirche St. Wolfgang (Hans Felder d. Ä., 1475) mit Sakramentshäuschen von 1486. In **Cham** am Nordende des Sees sind die Kirche St. Jakob (1794, gotischer Turm mit Helm von 1853) und das Schloss St. Andreas zu beachten. Die Villa Villette, einst Residenz eines Zürcher Bankiers, ist heute Kulturzentrum und Restaurant.

ÄGERISEE

Auch der 5,5 km lange Ägerisee südöstlich von Zug ist per pedes oder Velo schön zu erkunden; ergänzt wird der Ausflug mit einer

Morgarten

Schiffsfahrt. Bei der Anfahrt von Zug überquert man auf hoher Brücke die **Schlucht der Lorze**. Von **Unterägeri** braucht man zu Fuß am Südwestufer entlang 2 Std. nach Morgarten, dem Schauplatz der berühmten **Schlacht** vom 13. November 1315, in der die Schwyzer den Habsburger Herzog Leopold I. besiegten. Denkwürdig ist sie auch dafür, dass zum ersten Mal die Grundsätze des ritterlichen Kampfs – v. a. Schonung nach der Kapitulation – missachtet wurden und die Schwyzer die Gegner in ihren Rüstungen im Sumpf massakrierten. Am See stehen das martialische **Morgarten-Denkmal** von 1908, auf der Anhöhe die **Schlachtkapelle** (1501/1603) und der Letziturm von 1322. Fährt man nach Arth am Zugersee zurück, passiert man – mit schönem Blick auf die Rigi und die Mythen – den Weiler **Ecce Homo** (735 m, Kapelle 1672) und das Dorf **Steinerberg** (629 m, Wallfahrtskirche von 1570), anschließend das Goldauer Bergsturzgebiet.

⁎⁎ Zürich

— ✦ **D 17**

Kanton: Zürich
Höhe: 409 m ü. d. M.

Einwohner:
377 000

Inoffizielle Hauptstadt der Schweiz ist Zürich, Weltfinanzplatz und das bedeutendste Wirtschaftszentrum der Eidgenossenschaft. In jüngerer Zeit avancierte die Stadt, die zeitgemäß als »Downtown Switzerland« firmiert, zum Lifestyle-Mekka.

Wohlgefüllte Banktresore assoziieren viele mit Zürich, der größten Stadt der Schweiz und Hauptstadt des gleichnamigen Kantons. In der Metropolregion, die etwa 1,7 Mio. Einwohner zählt – davon sind ca. 30 % Ausländer –, wird ein Fünftel des Schweizer Volkseinkommens erwirtschaftet, drei von fünf Schweizer Großbanken und etliche Versicherungen haben ihren Hauptsitz an der berühmten Bahnhofstraße. Textil-, Maschinen- und Elektroindustrie sind die Pfeiler des Produktionssektors. Mit der Universität und der Eidgenössischen Technischen Hochschule (ETH) besitzt Zürich weltweit renommierte Ausbildungs- und Forschungsinstitute. Den attraktiven landschaftlichen Rahmen bildet der Zürichsee; eingebettet zwischen dem Uetliberg im Westen und dem Zürichberg im Osten liegt die Stadt links und rechts der aus dem See strömenden Limmat.

Kultur und Zeitvertreib

Das kulturelle Angebot ist überaus reichhaltig und hochklassig, mit über 50 hervorragenden Museen, dem Opern- und dem Schauspielhaus sowie der Tonhalle, die alle zu den bedeutendsten Institutionen ihrer Art zählen. Die Stadt Zwinglis – von der es einst hieß, sie sei doppelt so groß wie der Wiener Zentralfriedhof, aber nur halb so

Zürcher Panorama an der Limmat: links Fraumünster und St. Peter, rechts das Grossmünster

lustig – liegt »voll im Trend«. Insbesondere machen die ehemaligen Industriequartiere im »Kreis Fünf« zwischen Hauptbahnhof und Zürich-West von sich reden, in dem die »In-Locations« zu finden sind: etwa die Dependance des Schauspielhauses im Schiffbau und die Kunsthäuser im Löwenbräu-Areal, dazu Clubs, Discos und Bars, die ihr Publikum am Wochenende aus der ganzen Nord- und Zentralschweiz rekrutieren. Beim Zurich Pride Festival Anfang Juni feiert sich die lebhafte schwule Szene der Stadt.

Zürich hat seinen Namen vom römischen Kastell Turicum (auf dem heutigen Lindenhof), das 15 v. Chr. eingerichtet wurde. Nach der Legende waren im 3. Jh. die späteren Schutzheiligen Felix und Regula mit der Thebäischen Legion (▶Saint-Maurice) nach Zürich geflohen, wo sie enthauptet wurden. Eine erste Befestigung im 13. Jh. sicherte die aufstrebende Stadt, die unter Kaiser Friedrich II. reichsunmittelbar wurde; der Patrizier Rüdiger Manesse († 1304) gab die berühmte, nach ihm benannte Liederhandschrift in Auftrag (in der Heidelberger Universitätsbibliothek). Durch einen Sturm aufs Rathaus 1336 erlangten die Zünfte die Gleichberechtigung mit dem Adel. 1351 trat Zürich der Eidgenossenschaft bei. Unter Bürgermeister Hans Waldmann entwickelte sich im 15. Jh. eine bürgerliche Kultur, die von den Abgaben der Bauern im Umland und den Pensionen der im Ausland begehrten Schweizer Söldner profitierte. 1523 führte der Leutprediger am Großmünster Huldrych Zwingli (1484 – 1531) die Reformation ein. Nach Zwinglis Tod in der Schlacht von Kappel (▶S. 53) festigte sein Nachfolger Heinrich Bullinger (1504 – 1575) die enge Verbindung zwischen Stadtregiment und Kirche, ein Sittengericht wachte fortan über die Einwohner. Seiden- und Baumwollindustrie sorgten für einen lebhaften Aufschwung. Vom Geistesleben

Ein wenig
Geschichte

Highlights Zürich

► **Altstadtbummel**
Mal großbürgerlich, mal liebenswert kleinstädtisch präsentiert sich die Altstadt links und rechts der Limmat.
Seite 667, 669

► **Zürcher Soziologie**
Lernen Sie das »Zürich-Gefühl« in der berühmten Kronenhalle oder einem der Zunfthaus-Restaurants kennen.
Seite 665, 669, 673

► **Kunsttempel**
Exkursionen in die Kunstgeschichte vom Mittelalter bis in die Gegenwart im Kunsthaus und in der Sammlung Bührle
Seite 671, 674

► **Banktresore im Untergrund**
Auch wenn der Glamour schwindet, in der Bahnhofstrasse wandelt man buchstäblich über Gold.
Seite 662

► **Leuchtende Farben**
In der Fraumünsterkirche und im Grossmünster haben sich Marc

Chagall, Augusto Giacometti und Sigmar Polke mit großartigen Fenstern verewigt.
Seite 668, 669

► **Schweizerisches Nationalmuseum (Landesmuseum)**
Die Schweizer Geschichte in ihren prächtigsten Zeugnissen nacherleben
Seite 661

► **Züri-West / Kreis 5**
Wo sich das junge und das junggebliebene Zürich vergnügen.
Seite 677

► **Schiffsfahrt zum Zürichhorn**
Besonders an Sommerabenden ein großer Spaß, wenn (fast) ganz Zürich in den Parkanlagen relaxt.
Seite 670 (Tipp)

► **Uetliberg**
Der schönste Aussichtspunkt. An grauen Wintertagen wird an den Tramlinien am Uetliberg angezeigt, wenn er »hell« ist.
Seite 667

des 18. Jh.s gingen viele Impulse aus, besonders durch den Theologen Lavater, den Pädagogen Pestalozzi, den Gelehrten Bodmer und den Dichtermaler Salomon Geßner, auf den die »Neue Zürcher Zeitung« zurückgeht. Nach der Gründung der Börse 1877 stieg Zürich zum Weltfinanzplatz auf. Im 19. und 20. Jh. blieb die Stadt weitgehend ein Hort liberaler Gesinnung, in der u. a. Gottfried Keller, C. F. Meyer, Georg Büchner, August Bebel, Lenin, James Joyce, C. G. Jung und Thomas Mann wohlfühlten. Während des Dritten Reichs war Zürich Zufluchtsort vieler Verfolgter und profitierte von deren Fähigkeiten und Vermögen. In den frühen 1980er-Jahren machten die Drogenszene und die gewalttätigen Auseinandersetzungen zwischen Jugendlichen und Polizei Schlagzeilen; heute ist in einst desolate Altbauten und aufgelassene Industriequartiere moderner Lifestyle eingezogen.

BAHNHOF UND BAHNHOFSTRASSE

Mit der **Spanischbrödli-Bahn**, die 1847 Zürich mit ▶Baden ver-   Haupt-
band, fing das neue Verkehrszeitalter in der Schweiz an. Heute emp-   bahnhof
fängt ein monumentaler historistischer Bau den Besucher (J. F. Wanner, 1871). In der über 40 m hohen Halle schwebt der »Ange
protecteur« (Schutzengel) von Niki de Saint-Phalle (1997). Den **Vor-**
platz schmückt ein Denkmal (1889) für den liberalen Politiker und
Initiator der Gotthardbahn Alfred Escher († 1882).

In der schlossähnlichen Gebäudegruppe (G. Gull, 1898) nördlich des   **** Landes-**
Bahnhofs präsentiert das Schweizerische Nationalmuseum die **be-**   **museum**
deutendste Sammlung zur Kultur und Geschichte des Landes, die   **Zürich**
allein schon einen Zürich-Besuch lohnen würde. Von der Vor-
geschichte bis ins 19. Jh. reichen die Schätze; Beispiele: eine Ritz-
zeichnung von Wildpferden auf einem Rentiergeweih (11. Jt. v. Chr.),
der Goldschatz von Erstfeld (um 400 v. Chr.), das kleine Goldkreuz

von Stabio, ein emaillierter Buch-
deckel (um 1200) aus dem Kloster
Rheinau, das Fußreliquiar aus
dem Basler Münsterschatz sowie
die sitzende Madonna aus Raron
(um 1130). Das Leben im
Spätmittelalter veranschaulichen
großartige Interieurs wie die Ratsstube aus Mellingen (1467), die
Untere Kapelle mit Chorgestühl
und Grabmälern, das Zimmer der
Stiftsdame Caecilia von Helfen-
stein (1489) und das Wohnzimmer
(1507) der Äbtissin Katharina von
Zimmern aus der Zürcher Frau-
münsterabtei. Im Gefolge der
Schule des »Nelkenmeisters«
(1480–1520) schufen H. Fries, H.
Boden und Hans Leu d. J. wirk-
lichkeitsnahe Altarbilder, so das
erste Zürcher Stadtbild als Hintergrund im Polyptychon mit dem
Martyrium der Stadtheiligen (um

Bürgerlichen Wohlstand zeigt der Saal aus dem
Lochmann-Haus (17. Jh.) im Landesmuseum.

1500). Neben intarsierten Möbeln der Renaissance und humanistisch
geprägten Porträts von H. Asper zeugt der vergoldete Himmelsglo-
bus (1594) von Jost Bürgi vom Aufbruch in die Neuzeit. Das Prunk-
zimmer mit Winterthurer Kachelofen aus dem Alten Seidenhof (um
1620) und der Gesellschaftssaal (um 1660) zeigen den Geschmack
des wohlhabenden Zürcher Bürgertums. Möbel, Kleidung, Geschirr,

Gold- und Silberwaren lassen den Alltag im 18./19. Jh. lebendig werden. Die **Waffenhalle** mit Ferdinand Hodlers Monumentalfresko »Rückzug der Eidgenossen bei Marignano 1515« (um 1900) präsentiert die Schweizer Militärgeschichte von 900 bis 1798.

❶ Di. – So. 10.00 – 17.00, Do. bis 19.00 Uhr, Eintritt 10 CHF

Bahnhof-straße

Zürichs Bahnhofstraße, eine Fußgängerzone, die den Hauptbahnhof mit dem Bürkliplatz am See verbindet, zehrt noch vom – schwindenden – Ruf als **eine der exklusivsten Einkaufsmeilen Europas**. Elegante Boutiquen, Mode-, Schmuck-, Uhren- und Pelzgeschäfte sowie große Bankhäuser – die z. T. als Eigner der Immobilien an den astronomischen Mieten verdienen – werden zunehmend von den üblichen »Global players« des Massenkonsums verdrängt. Nach »oben«, d. h. zum See hin, ist es (noch) edel und teuer. Zu den interessanten Bauten in Bahnhofsnähe gehört das **Modehaus Feldpausch** (Bahnhofstr. 88) des Zürcher Architekten Th. Hotz, vis-à-vis der Pestalozzi-Anlage mit dem Denkmal (1899) für den Erzieher J. H. Pestalozzi (▶ Berühmte Persönlichkeiten). Um 1900 entstanden das Geschäftshaus Weber (Nr. 75) und das exquisite Kaufhaus **Jelmoli** (Seidengasse 1), eine Glas-Eisenskelett-Konstruktion. Vom 51 m hohen Turm der **Sternwarte Urania** kann man ferne Galaxien unter fachkundiger Anleitung erleben (bei schlechtem Wetter interessantes »Ersatzprogramm«). Das Lichtermeer der Altstadt hat man im selben Haus

Zum Shopping in die Bahnhofstrasse

in der **Bar Jules Verne** unter sich, die von der Brasserie Lipp zugänglich ist. Die **Pavillon-Skulptur** aus grauem Granit an der Ecke Pelikanstraße hat Max Bill geschaffen, der berühmte, aus Winterthur stammende Designer und Hauptvertreter der Zürcher Konkreten Kunst. In der Bahnhofstr. 31 zeigt das **Uhrengeschäft Beyer** – das älteste der Schweiz – in seinem Museum Zeitmesser aller Art von Sonnen-, Öl- und Wasseruhren über die Nürnberger Türmchenuhr (1580) bis zu Neuenburger Pendulen des 18. Jh.s und Navigationsinstrumenten. Den historistischen Eisenbetonbau **Peterhof/Leuenhof** (Bahnhofstr. 30; 1916) entwarfen die Brüder O. und W. Pfister, der wuchtige neobarocke Palazzo gegenüber (Paradeplatz 8) ist der Hauptsitz der **Credit Suisse** (J. F. Wanner, 1876).

?

BAEDEKER WISSEN

Sechseläuten

heißt das große Fest der Zünfte am 3. Wochenende im April. Ab dem 14. Jh. verkündete im Sommerhalbjahr um sechs Uhr eine Glocke vom Großmünster den Feierabend, und das erstmalige Läuten war Anlass zu einem Frühlingsfest. Höhepunkt ist der historische Zug am Montag mit 3500 Zunftmitgliedern, der auf der Sechseläutenwiese beim Opernhaus mit der Verbrennung des »Bööggs« endet, eines großen Watteschneemanns. Je früher sein Kopf durch die Sprengladung darin zerrissen wird, desto schöner wird der Sommer. Danach brät man mitgebrachte Würste in der Glut des großen Holzstoßes.

Urania: Do.–Sa., Sommer ab 21.00, Winter ab 20.00 Uhr, Eintritt 15 CHF
Museum Beyer: Mo.–Fr. 14.00–18.00 Uhr, Eintritt 8 CHF

Paradeplatz

Wo sich die Bahnhofstraße zum Paradeplatz weitet, lag im 18. Jh. der Viehmarkt und später ein Exerzierplatz, heute Tram-Knotenpunkt. In der prachtvollen Bar des 1838 erbauten Luxushotels **Savoy Baur en Ville** kann man sich von der Hektik erholen. Süßschnäbel lassen die berühmte **Confiserie Sprüngli** nicht aus, bevor sie weiterflanieren, am Neuen Posthof (Neorenaissance) vorbei durch die reizvollen Karrees Zentralhof und Kappeler Hof zum 1922 vollendeten neoklassizistischen Gebäude der **Schweizerischen Nationalbank**.

Westlich der Bahnhofstraße

Auf den Spuren des irischen Erzählers, der 1941 in Zürich starb, wandelt man im **Pub James Joyce** (Pelikanstr. 8), denn die Bartheke u. a. m. stammt aus dem abgerissenen Dubliner »Jury's Hotel«, das durch Joyce berühmt wurde. Das **Völkerkundemuseum** im Alten Botanischen Garten (Pelikanstr. 40) führt in die Welt außereuropäischer Kulturen ein. Im **Haus Konstruktiv** (Selnaustr. 25) lernt man das Spektrum der Zürcher Konkreten seit Max Bill, R. P. Lohse und C. Graeser in Malerei, Plastik und Design kennen.

Völkerkundemuseum: Di.–Fr. 10.00–13.00, 14.00–17.00, Sa. 14.00 bis 17.00, So. 11.00–17.00 Uhr (bis April 2014 geschlossen)
Haus Konstruktiv: Di.–So. 11.00–17.00 (Mi. bis 20.00) Uhr, Eintritt 14 CHF

Zürich

Zürich erleben

AUSKUNFT
Zürich Tourismus
Im Hauptbahnhof, 8021 Zürich
Tel. 044 215 40 00
www.zuerich.com.

VERKEHR
Flughafen Unique (Kloten) ▶ S. 701. Zum Zürcher Verkehrsverbund gehören Tram und Busse der Verkehrsbetriebe Zürich (VBZ), die Schiffe der ZSG sowie die Postautos und die S-Bahnen ins Umland. Mit den ZVV-Tickets sind beliebig viele Fahrten innerhalb der gelösten Zeit und Zonen möglich (bei Fahrtantritt abstempeln). Sinnvoll sind bei einem kürzeren Besuch Tages-, Tageswahl- und Mehrfahrtenkarten. Achtung: Es gibt viele fest installierte Radarkontrollen (Limit 50 km/h). Kostenloser Fahrradverleih: Velostationen Hauptbahnhof Nord und Süd, ganzjährig; Mai–Okt. gibt es weitere Standorte (www.zuerirollt.ch).

ZÜRICH CARD
Die ZürichCard für 1 oder 3 Tage gewährt freie Fahrt mit dem ZVV im Großraum Zürich, freien Eintritt in den meisten Museen, Ermäßigungen bei Führungen u. a. m. Zu bekommen beim Tourist Service im Hauptbahnhof, den VBZ-Schaltern und vielen Hotels.

FESTE UND EVENTS
Ende Jan.: CSI (Reitturnier). Febr.: Karneval (1 Woche nach den üblichen Terminen). April: Sechseläuten (▶ S. 663). Mitte Juni–Mitte Juli: Zürcher Festspiele. Anf. Juli, alle drei Jahre (wieder 2016): Züri Fäscht, das größte Volksfest der Schweiz. Mitte Juli: Live at Sunset (Pop-Openair auf dem Dolder). Anf./Mitte

Aug.: Street Parade (größtes Technofest der Welt). Zweite Aug.-Hälfte: Theater-Spektakel. Ende Aug.: Dörfli-Fäscht im Niederdorf. 2. Sept.-Wochenende: Knabenschiessen, an dem 5000 Jungen und Mädchen teilnehmen. Ende Okt.: Jazzfestival »jazznojazz«. Info und Termine in »Züritipp« (www.zueritipp.ch), »City Guide« (Tourismusbüro), »Stadt- & Szeneführer Zürich« (Unterwegs Verlag), http://zuerich.usgang.ch, www.kulturinfo.ch, http://zuri.net. Karten beim Tourist Service Hauptbahnhof, bei Jelmoli (Seidengasse 1, Tel. 044 220 44 66) und Jecklin (v. a. Kultur; Rämistrasse 30).

ESSEN
❶ *Zunfthaus zu Zimmerleuten*
€€-€€€
Limmatquai 40, Tel. 044 250 53 63
Ehrwürdige historische Gaststätte. Im ersten Stock das gepflegte Restaurant mit bester gutbürgerlicher Küche, im Parterre das gemütlich-moderne Küferstübli mit Terrasse. Kein Ruhetag.

❷ *Mesa* €€€€
Weinbergstrasse 75, Tel. 043 321 75 75
Sa.mittag, So., Mo. geschl.
In angenehm schlichtem Ambiente erlebt man eine kreative, ungewöhnliche Küche. Unter der Woche mittags preiswerter (tatsächlich) »Business-Lunch«. Reservieren ist anzeigt.

❸ *Sala of Tokyo* €€€€
Limmatstrasse 29, Tel. 044 271 52 90
www.sala-of-tokyo.ch, So./Mo. geschl.
Einer der besten Japaner in der Schweiz, ja in Europa (daher früh reservieren). Authentische Atmosphäre, heute muss man aber nicht mehr Japanisch können.

❹ *Alpenrose* ❷–❷❷
Fabrikstrasse 12, Tel. 044 271 39 19
www.restaurant-alpenrose.ch
Mo. und Di.-/Sa.-/So.mittag geschl.
Schweizer Küche in leicht veredeltem
Beizli-Ambiente. Zu empfehlen sind auch
die Beizen Eisenhof (Gasometerstr. 20)
und Josef (Gasometerstr. 24).

❺ *Hiltl* ❷–❷❷
Sihlstrasse 28, Tel. 041 44 227 70 00
www.hiltl.ch, kein Ruhetag
Seit 1898 – als erstes vegetarisches Restaurant Europas – die »leichte« Oase in
der Schweiz, und dazu absolut trendig.
Erstklassige Küche (da ohne Fleisch, sehr
preisgünstig), erstklassige Weine.

❻ *Ristorante Cooperativo* ❷❷
Sankt-Jakob-Str. 6, Tel. 044 241 44 75
www.cooperativo.ch, kein Ruhetag
Das über 100 Jahre alte »Coopi«, legen-
däres Zentrum italienischer Emigranten
und eine Institution der linken Kultur,
wurde auch von Studenten, Lehrlingen
und Angestellten entdeckt. Normale italienische Speisekarte, gute Qualität.

❼ *Il Giglio* ❷❷–❷❷❷
Weberstrasse 14, Tel. 044 242 85 97
www.ilgiglio.ch; Sa.mittag, So. geschl.
Versteckt im Arbeiterviertel Aussersihl
liegt dieser hochklassig-familiäre, nicht
überteuerte Italiener mit Tradition. Sehr
kleine Karte. Frühzeitig reservieren.

ÜBERNACHTEN
❶ *Hotel Otter* ❷
Oberdorfstrasse 7, Tel. 044 251 22 07
www.hotelotter.ch
Ungewöhnliches Haus in der Altstadt,
sehr originell eingerichtete, unterschiedliche Zimmer, je drei teilen sich Bad/WC.
Im EG die Trendbar »Wüste«.

❷ *Alden* ❷❷❷❷
Splügenstr. 2, Tel. 044 289 99 99
ww.alden.ch
Kleines, sehr feines Haus aus der Gründerzeit mit luxuriöser Ausstattung. Im
Bankenviertel ruhig nahe dem See gelegen. Mit Restaurant und Bistro.

❸ *Uto Kulm* ❷❷–❷❷❷
Zürich-Uetliberg, Tel. 044 457 66 66
www.utokulm.ch
Unübertreffliche Sicht über Stadt, See
und Berge. Sehr schöne, moderne Zimmer und Suiten (unterschiedliche Preise
je nach Ausblick), mit ebensolchem
Restaurant.

❹ *Rothaus* ❷
Sihlhallenstr. 1, Tel. 043 322 10 50
www.hotelrothaus.ch
100-jähriges Backsteinhaus im lebhaften
»Kleine-Leute-Kreis« 4, schön modernisiert und persönlich geführt. Zimmer
z. T. mit Kochnische. Manchmal gibt's
Lesungen und Konzerte.

❺ *x-tra* ❷–❷❷
Limmatstr. 118, Tel. 044 448 15 95
www.x-tra.ch (2 – 4 Betten)
Gebäude der 1930er-Jahre in der Nähe
des Löwenbräu-Areals, geschmackvolle
Zimmer. Zum Hotel gehört das Palais X-
tra, der größte Club-Lounge-Bar-Kom-
plex der Stadt. Viele Ethno-Restaurants
in der Umgebung.

❻ *Villa Feldpausch* ❷
Rehalpstrasse 5, Tel. 041 79 203 28 30
www.villa-feldpausch.ch
Die fern des Getriebes wunderbar auf
der Höhe gelegene bürgerliche Villa
von 1926 beherbergt ein feines B & B.
Herzliche, persönliche Betreuung.
Ca. 5 km südöstlich des Zentrums.

ALTSTADT WESTLICH DER LIMMAT

Die Polizeiwache im riesigen Amtshaus am Bahnhofquai überrascht mit ihrer Eingangshalle, die kein Geringerer als Augusto Giacometti sehr ungewöhnlich ausgemalt hat (1923–1925).
*Urania-Polizeiwache

❶ Tgl. 9.00–11.00, 14.00–16.00 Uhr, Eintritt frei, Personalausweis nötig

Zwischen Bahnhofstraße und linkem Limmatufer erstreckt sich auf einem Hügel die westliche **Altstadt**. Ihr Zentrum ist der baumbestandene Lindenhof, wo früher eine helvetische Fluchtburg und ein römisches Kastell, später eine kaiserliche Pfalz stand. Von der Terrasse hat man einen schönen Blick über die Altstadt. Die malerische Gasse **Schipfe** am Limmatufer war im späten 13. Jh. Schiffslände mit Badehäusern und wurde im 17./18. Jh. bebaut. Das preiswerte Restaurant »Schipfe 16« beschäftigt Bezieher von Sozialhilfe. Im **Spielzeugmuseum** (Fortunagasse/Rennweg) spiegelt Spielzeug des 18.–20. Jh.s aus ganz Europa das Leben der jeweiligen Zeit. Echtes »Spiel-Zeug« – kein Plastik, nichts Elektronisches – findet man im traditionsreichen Geschäft Pastorini (Weinplatz 3).
*Lindenhof

Spielzeugmuseum:
Mo.–Fr. 14.00–17.00,
Sa. 13.00–16.00 Uhr, 4 CHF

Der Lindenhof, eine Oase in der Altstadt

Vom 1524 aufgehobenen Kloster der Augustiner-Eremiten existiert nur noch die dreischiffige gotische **Pfeilerbasilika** aus dem 14. Jh. mit moderner Altarraumausstattung von F. Fischer. Der **Münzplatz** erinnert daran, dass die Klostergebäude bis 1841 Münzstätte waren (heute beherbergen sie die schicke Bar-Lounge »Münz«).
Augustiner-kirche

Sehr malerisch ist die Augustinergasse mit vielen erkergeschmückten Häusern aus dem 17. Jh., im stimmungsvollen **Strauhof** (Nr. 9) finden Wechselausstellungen zu literarischen Themen statt.
Augustiner-gasse

Die älteste Zürcher Pfarrkirche steht auf einem römischen Kultplatz. Die bis zur Reformation einzige Leutpriesterkirche (d. h. keine Klosterkirche) der Stadt mit spätromanisch-frühgotischem Turm (größtes Zifferblatt Europas mit 7,8 m Durchmesser – die Spitze des großen Zeigers legt in der Minute 41 cm zurück) und barockisiertem Langhaus von 1705 bewahrt **Grabsteine Zürcher Bürgermeister**
St. Peter

und »Seckelmeister« (Kämmerer), zu beachten sind der barocke Lettner (1706), der Taufstein von 1598 und das spätgotische Chorgestühl. Der streitbare Philosoph und Prediger J. C. Lavater (1741–1801) war hier 23 Jahre lang Pfarrer; er wohnte im Haus zur Armbrust am Vorplatz St. Peterhofstatt 6, wo ihn sein Freund Goethe besuchte.

Münsterhof Durch die Schüssel- oder die Glockengasse gelangt man hinab zum reizvollen Münsterhof. In der **Confiserie Teuscher** am Weg (Storchengasse 9) gibt's feinste Pralinen. An der **Münsterbrücke** (1838) steht das bronzene Reiterdenkmal (1937) für den Bürgermeister Hans Waldmann, dessen strenges Regiment in der Zeit der Burgunderkriege mit seiner Hinrichtung 1489 endete.

* Zunfthaus zur Meisen Das Rokoko-Palais von 1757 (Münsterhof 20) – das prächtigste der Stadt, ein Manifest des bürgerlichen Reichtums – beherbergt einmal ein großartiges Restaurant (So. geschl., Tel. 044 211 21 44), zum anderen die **Porzellansammlung** des Nationalmuseums. Neben einem herrlichen Fayenceofen sind Geschirre Schweizer Manufakturen des 18. Jh.s sowie reizende Figuren, Tee- und Kaffeeservices des 18. Jh.s aus der Manufaktur Schooren bei Kilchberg und der Manufaktur Nyon (1781–1813) zu sehen.

Porzellanmuseum: Do.–So. 11.00–16.00 Uhr, Eintritt 3 CHF

Fraumünster Das Fraumünster, eine **Pfeilerbasilika** mit spätromanischem Chor, frühgotischem Querhaus und gotischem Langhaus, entstand ab 1250 am Platz eines karolingischen Vorgängerbaues. Seit Kaiser Ludwig der Deutsche das Fraumünster 853 seiner Tochter Hildegard übergeben hatte, war die Vorsteherin des Frauenklosters bis ins Hochmittelalter auch Stadtregentin. Ein schönes Werk der Spätgotik ist der **Lettner** (um 1470), beachtenswert sind auch die Grabplatte für den Bürgermeister Waldmann und die spätgotischen Fresken. Die große Magneten in der Kirche sind die ****Glasmalereien**: Augusto Giacometti schuf in den 1930ern die Fenster im nördlichen Querschiff zum Thema »Himmlisches Paradies«, Marc Chagall 1970 fünf expressive Fenster für den Chor, v. l. n. r. Propheten, Jakob, Christus, Zion, Gesetze. 1698 musste der **Konvent** dem Stadthaus weichen, doch steht noch der romanisch-gotische Kreuzgang, der 1928 von P. Bodmer mit den Legenden der Stiftsgründung und der Stadtheiligen Felix, Regula und Exuperantius ausgemalt wurde.

*Zunfthaus zur Waag Das Zunfthaus zur Waag von 1636 (Münsterhof 8), eines der schönsten Zürichs – mit ausgezeichnetem Restaurant – besitzt grandiose Säle, u. a. den Zunftsaal mit spätgotischen Fensterrahmen.

Stadthausquai Am Stadthausquai liegt die ***Frauenbadi**, eine echte Badeanstalt von Ende 19. Jh., in der die Damen unter sich bleiben (geöffnet Anf. Mai

bis Mitte Sept.); am Mi., Do. und So. vergnügen sich hier abends beide Geschlechter in der »barfussbar«. Am Biergarten **Bauschänzli**
vorbei zur Quaibrücke und zum **Bürkliplatz**; dort legen die Zürich-
seeschiffe ab, nach Süden bietet sich ein herrlicher Blick über den See
auf die Glarner Alpen. Von Anf. Mai bis Ende Oktober findet hier
samstags zwischen 6 und 16 Uhr ein großer **Flohmarkt** statt.

ALTSTADT ÖSTLICH DER LIMMAT

Überquert man die Limmat auf der Rathausbrücke, hat man das **Rathaus**
wuchtige Rathaus (1698) in einem Renaissance-Barock-Übergangs-
stil mit reichem Bauschmuck vor sich. Reizvoll ist der barocke Festsaal mit Stuckdecke und allegorischen Malereien. Links davon die
Rathauswache mit dem postmodernen Rathaus-Café.

Am Limmatquai, einer lebhaften Einkaufsstraße, zeugen in südlicher **Limmatquai**
Richtung **vornehme Zunfthäuser** mit reicher Ausstattung vom
Wohlstand der Zünfte, die bis 1798 das Stadtregiment innehatten: Nr.
54 Zur Saffran, Nr. 42 Zum Rüden (1295 erwähnt, 1660 umgebaut)
und Nr. 40 Zu Zimmerleuten mit schönem Erker, teils mit sehr guten
Restaurants; in den Arkaden des Saffran die trendige Bar »Wings«.

Die spätgotische Wasserkirche (1486), die einst ganz von der Limmat **Wasserkirche**
umflossen wurde, steht an der Stelle, wo vermutlich die Stadtheiligen
Felix und Regula den Märtyrertod erlitten. Eine Landverbindung
entstand erst 1839 durch die Aufschüttung des Limmatquais. Vor
dem Chor der Kirche erinnert ein Standbild (1885) an Zürichs großen Reformator **Huldrych Zwingli** (1484 – 1531). Nördlich an die
Kirche angebaut ist das **Helmhaus** (1794, Kunstausstellungen).

Das Grossmünster auf der 1839 angelegten Terrasse über der Limmat **＊Gross-**
beherrscht mit seinen neogotischen Turmhauben von 1787 das **münster**
Stadtbild. Der Legende zufolge soll **Karl der Große** einen Hirsch von
Aachen bis Zürich verfolgt haben, als sein Pferd an der Stelle nieder-
sank, wo die Gebeine der Märtyrer **Felix und Regula** ruhten, worauf
er hier Kirche und Propstei für die beiden Stadt- und Münsterpatro-
ne errichten ließ. Zwischen 1100 und 1200 entstand die romanische
Emporenbasilika mit erhöhtem Chor über der 1107 geweihten zwei-
geteilten Hallenkrypta. Im 15. Jh. wurde die Fassade mit einem großen Maßwerkfenster durchbrochen. Am Südturm ist zur Limmat hin
eine Kopie der Sitzfigur Karls des Großen zu sehen, das Original von
1467 steht in der Krypta. Den Nordturm ziert ein Relief des Reformators **Heinrich Bullinger**, der 1531 Nachfolger von Zwingli wurde
und 1566 mit seinem »Zweiten Helvetischen Bekenntnis« die Grundlage der reformierten Kirche schuf. Eindrucksvoll ist der Kontrast

BAEDEKERTIPP

! *Schiffstour auf der Limmat*

Zürich ist auch eine Flussstadt, was eine Schiffsfahrt vom National-museum zum Zürichhorn, vorbei an Limmatquai, Rathaus, Frau-münster und Utoquai, beweist. Anf. April bis Ende Okt., mehr-mals in der Stunde (www.zsg.ch).

zwischen den romanischen Figuren des Hauptportals und den Bronzetü-ren von Otto Münch (1935, 1950). Im schlichten Inneren, das nur mit Kanzel (1853) und Taufstein (1598), der auch als Abendmahlstisch dient, ausgestattet ist, sind die **romani-schen Figurenkapitelle** mit der Gründungslegende und der Ermor-dung Abners durch Joab beachtens-wert, außerdem Reste spätgotischer Wandmalereien sowie die drei **Chorfenster** von Augusto Giacomet-ti (1933), die in glühenden Farben die Weihnachtsgeschichte erzäh-len. Die **Fenster im Langhaus**, 7 aus Achatscheiben und 5 aus Glas, gestaltete Sigmar Polke (2009); die Glasfenster haben Gestalten des Alten Testaments zum Thema und können als Präfigurationen Chris-ti gelesen werden (Thema der Chorfenster). **Zwingli** war von 1519 bis zu seinem Tod Leutpriester am Grossmünster, in der nahen Kirchgasse 13 befand sich seine Amtswohnung. 1523 stimmte der Große Rat seinen Reformvorschlägen zu, was zu einem Bildersturm führte, bis 1525 mit dem Ersatz der Messe durch den Predigtgottes-dienst, mit der Schaffung des Ehegerichts 1525 und der Synode von 1528 die Reformation in geordnete Bahnen gelenkt wurde.

Münster-gasse und Napfgasse

Reizvoll ist ein Gang durch die Gassen der **östlichen Altstadt** mit ihren zahlreichen Antiquitätenläden. Vom Zwingliplatz nach Norden durch die Münstergasse, wo mit **Kolonialwaren & Café Schwar-zenbach** die beste Kaffeerösterei der Stadt zu Hause ist, zur Napfgas-se mit dem Brunnenturm, im 14./15. Jh. Sitz der lombardischen Geldwechsler. In der grandiosen alten ＊**Conditorei Schober** (Nr. 4) kann man sich mit Wegzehrung versorgen. Das **Haus zum Napf** (Nr. 6) besitzt eine reiche Ausstattung aus Renaissance und Régence. In der Spiegelgasse 14 wohnte 1916/17 der russische Revolutionär **W. I. Lenin**. Spiegelgasse 1 ist das **Cabaret Voltaire**, in dem Tristan Tzara, Hugo Ball und Hans Arp 1916 den Dadaismus aus der Taufe hoben.

Neumarkt

Im östlich anschließenden Neumarkt birgt das Haus »Die Eintracht« (1742), einst Sitz der Schuhmacherzunft, das **Theater am Neu-markt**. Im Hinterhof-Restaurant Neumarkt kann man unter Bäumen speisen. Im hochmittelalterlichen Haus zum Rech (Nr. 4) hat das Stadtarchiv seinen Sitz. Der frühgotische **Grimmenturm** wurde im 13. Jh. als Wohnturm errichtet. Am Haus Nr. 27 erinnert eine Tafel an den hier geborenen Schriftsteller **Gottfried Keller** (1819 – 1890), der 1861 – 1876 erster Staatsschreiber des Kantons war. Am nahen Rindermarkt findet man die ＊**Oepfelchammer**, seine Stamm-Wein-stube (gutbürgerliche Küche, So./Mo. geschl.); sein Sterbehaus (Zeltweg 27) steht südöstlich vom Heimplatz. Im Haus Zeltweg 9 lebte die Jugendbuchautorin **Johanna Spyri** von 1886 bis zu ihrem Tod 1901.

Nördlich des Neumarkts steht die Predigerkirche (1614), ein frühbarocker Bau mit neogotischem Turm. Der Chor wurde 1917 zum Staatsarchiv umfunktioniert. Am Platz des anschließenden Dominikanerklosters entstand 1915 – 1917 die **Zentralbibliothek**. Bis 1995 wurde sie unter Einbeziehung von Resten der alten Stadtmauer erweitert. Für eine Stärkung empfiehlt sich das **Café Zähringer**, eine Genossenschaftsbeiz am Zähringerplatz.

Prediger-kirche

Östlich des Neumarkts (Hirschengraben 40) steht in gestaffelten Gartenanlagen das herrliche, 1759 – 1770 für den Zunftmeister J. C. Werdmüller erbaute **Haus zum Rechberg**. Im **Haus zum Kiel** (Hirschengraben 20) mit seiner heiteren klassizistischen Innengestaltung finden Ausstellungen außereuropäischer Kunst statt. Sehenswert ist auch das Ensemble des **Hauses zum Neuberg** (Nr. 59 – 60; 1733, 1818 umgebaut), Geburtshaus des Zürcher Politikers Alfred Escher, sowie das **Haus zum Krönli** (Nr. 42; 1739, später umgestaltet) mit prachtvollen Täfelungen im Obergeschoss.

Hirschen-graben

Am Heimplatz signalisiert die Bronzeplastik »Porte de l'Enfer« (»Höllentor«, 1917) von Rodin das Kunsthaus Zürich, eine der **bedeutendsten Gemälde- und Skulpturensammlungen Europas**. Die von der Zürcher Kunstgesellschaft betreute Institution geht auf eine 1787 gegründete Künstlergesellschaft und die Galerie Künstlergüetli (1847) zurück. Der Bau von K. Moser wurde 1910 eröffnet und seitdem mehrmals vergrößert; ein Erweiterungsbau von David Chipperfield soll ab 2017 die Sammlung Bührle präsentieren (▶ S. 674).

**Kunsthaus Zürich

Kunsthaus: europäische Kunst von der Spätgotik bis in die Gegenwart

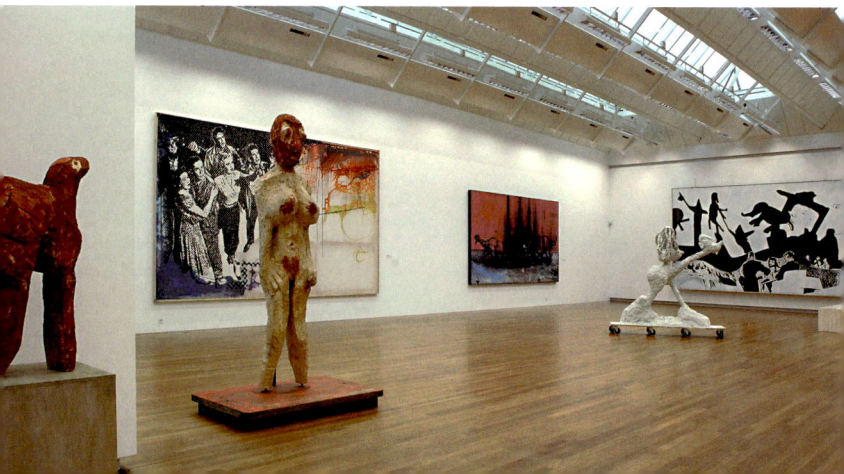

Ein großer Bereich sind die **Alten Meister** vom Mittelalter (u. a. die spätgotische Schule der »Nelkenmeister«, die mit einer roten oder weißen Nelke signierten) über die Flamen und Niederländer (Brueghel, Rubens, Rembrandt) bis zu den Venezianern des 18. Jh.s (Tiepolo, Bellotto u. a.). Die **Schweizer Kunst** des 18. Jh.s ist u. a. durch S. Gessner und den romantisch-schaurigen J. H. Füssli vertreten; die Schweizer Malerei des 19. Jh.s umfasst Werke von Koller, Zünd, Böcklin und Segantini. F. Hodler, einer der wichtigen Erneuerer der Kunst um 1900, bildet einen Schwerpunkt, und nirgendwo anders ist das Werk von Alberto Giacometti (1901 – 1966) umfassender dokumentiert. Dass der **Dada** umfassend präsent ist, liegt auf der Hand, wurde er doch in Zürich »geboren«. Auch der Zürcher Konkrete Richard Paul Lohse und Schweizer Künstler der Gegenwart wie Pipilotti Rist und Peter Fischli/David Weiss sind vertreten. Zu den internationalen Schwerpunkten gehören die größte **Munch-Sammlung** außerhalb Norwegens, wichtige Bilder von Picasso, die Expressionisten Kokoschka, Beckmann und Corinth, eine bedeutende Werkgruppe von Claude Monet, darunter zwei Seerosenbilder, und **Marc Chagall**, dem ein ganzer Saal gewidmet ist. Tendenzen jüngerer Zeit sind u. a. mit Rothko, Merz, Twombly, Beuys, Bacon und Baselitz repräsentiert. – Fürs leibliche Wohl sorgen die Cafeteria, die Café-Bar mit schönem Miró-Garten und das Kunsthausrestaurant.

❶ Mi.–Fr. 10.00 – 20.00, Sa., So., Di. 10.00 – 18.00 Uhr, Eintritt 15/22 CHF

Schauspielhaus
Gegenüber dem Kunsthaus steht an der Südostseite des Platzes das **Haus zum Pfauen** (1889) mit dem 1978 umgestalteten Schauspielhaus, einem der renommiertesten Theater deutscher Sprache.

Bodmer-Haus
Vom Heimplatz führt die Rämistraße hinauf zur Universität. Zuvor links in die Schönberggasse mit dem um 1664 erbauten Bodmer-Haus (Nr. 15), das 1756 – 1783 im Besitz des Aufklärers J. J. Bodmer (1697 – 1783) war. Hier ist **Thomas Manns** letztes Arbeitszimmer zu sehen, mit Schätzen wie der ersten Seite des »Buddenbrooks«-Manuskripts, Notizen zum »Tod in Venedig« und zu »Felix Krull« sowie die Nobelpreis-Urkunde. Der Nachlass des Schriftstellers war an die ETH gefallen, die 1960 das Thomas-Mann-Archiv einrichtete.

Bodmer-Haus: Mi., Sa. 14.00 – 16.00 Uhr, Eintritt frei

Universität
Die 1838 gegründete Universität residiert in einem Bau vom Ende des 19. Jh.s mit 64 m hohem Kuppelturm. An dieser größten Schweizer Universität sind ca 26 000 Studierende immatrikuliert. Das **Medizinhistorische Museum** (Rämistr. 69) verfügt u. a. über eine Apotheke des 18. Jh.s. Im benachbarten **Zoologischen Museum** (Karl-Schmid-Str. 4) kann man sich in die Welt der Tiere versetzen. Im selben Gebäude präsentiert das **Paläontologische Museum** Saurier und Fische aus der Trias Die **Bibliothek** der Rechtswissen-

schaftlichen Fakultät (Rämistr. 74, weiter bergab) wurde von Santiago Calatrava aufregend neu gestaltet (2004).

Medizinmuseum: , Di.–Fr. 13.00–18.00, Sa., So. 11.00–17.00 Uhr
Zoologisches und Paläontologisches Museum: Di.–Fr. 9.00–17.00, Sa., So. 10.00–17.00, Eintritt frei

Die 1855 gegründete Eidgenössische Technische Hochschule (ETH), die 18 000 Studierende zählt, ist in einem residenzartigen Bau von Gottfried Semper (1864) untergebracht. Im Hauptgebäude Rämistr. 101 sind in der **Graphischen Sammlung** Werke von Schongauer, Mantegna, Dürer, Rembrandt, Piranesi und Goya sowie Schweizer Druckgrafik des 19./20. Jh.s zu sehen. Von der »Polyterrasse« an der Südwestseite der ETH hat man eine schöne Aussicht auf Stadt und See. Die **Polybahn** von 1889 verbindet ETH und Central (außer So.).

ETH

Graphische Sammlung: Ausstellungen Mo.–Fr. 10.00–17.00 Uhr, Eintritt frei; Sammlung Mo.–Fr. 14.00–17.00 Uhr nach Anm. Tel. 044 632 40 46

AM ZÜRICHSEE · OSTUFER

Am bzw. nahe dem verkehrsreichen Bellevueplatz liegen Zürcher »Institutionen«. Das Jugendstil-**Café Odeon** am Limmatquai (Nr. 2), wohl das berühmteste Café der Schweiz, sah Größen aus Kultur und Politik wie Thomas Mann, James Joyce, Lenin, Franz Léhar und Max Frisch. Im Sternen Grill soll es – das ist umstritten – die beste Bratwurst der Stadt geben. Die **Kronenhalle** (Rämistr. 4, tgl. geöffnet), ein »soziologisches Biotop« mit Stammpublikum aus Wirtschaft und Kultur, ist das bekannteste Lokal der Stadt, teuer und ein Touristenmagnet. Ihr Direktor ließ 2011 verlauten, keinen Wert auf kulturlose deutsche Gäste zu legen. Am **Sechseläutenplatz** beginnt das Ostufer des Zürichsees, das sich mit Grünanlagen, vornehmen Villen und Strandbädern zum Zürichhornpark weitet (s. u.).

Bellevueplatz

Das Café Odeon, wohl das berühmteste Kaffeehaus der Schweiz

Das von den Wiener Theater-Architekten Fellner & Helmer, die vor allem in Osteuropa arbeiteten, bis 1891 erbaute Haus beherbergt die Oper, eine der führenden Opern- und Ballettbühnen Europas. Nach dem »Opernhauskrawall« 1980, in dem Jugendliche gegen das Bil-

Opernhaus Bernhardtheater

dungsbürgertum aufbegehrten, wurde 1984 nebenan das Bernhard-theater eröffnet, ein Bau von C. Paillard.

*Johann Jacobs Museum
Ein Spaziergang führt am Seeufer entlang, vorbei an der Belle-Époque-**Badeanstalt Utoquai** (1888) zur Villa Ernst (1913) mit dem Johann Jacobs Museum (Seefeldquai 17): Grafik, Malerei, Literatur, Porzellan und Silber illustrieren die Kulturgeschichte des Kaffees.
❶ Fr. 14.00 – 19.00, Sa. 14.00 – 17.00, So. 10.00 – 17.00 Uhr, Eintritt 3 CHF

Höschgasse
In der Höschgasse weiter südlich sind einige Kunstadressen versammelt. Das **Museum Bellerive** (Nr. 3) demonstriert in Wechselausstellungen der Kunstgewerblichen Sammlung der Stadt Zürich, was im weiten Feld zwischen Funktion und Dekoration möglich ist. Das Atelier des Bildhauers Hermann Haller (1880 – 1950) zeigt eine Reihe seiner Bronzeplastiken, meist weibliche Akte (Nr. 6). Der Pavillon **Centre Le Corbusier** (Nr. 8) ist als »Heidi-Weber-Haus« bekannt, weil die Galeristin sich nach dem Tod Le Corbusiers (1965) für die Verwirklichung des Baus eingesetzt hat. Durch den Garten der chinesischen Partnerstadt Kunming gelangt man zum **Zürichhorn**, einem beliebten Freizeitgelände; im Juli und August gibt es Freiluftkino (OrangeCinema), im Restaurant Fischstube und im Lake Side Casino kann man sich rekreieren. Nahe der Fischstube steht die riesige Maschinenskulptur »Heureka« (1964) von Jean Tinguely, die ca. 25. Mai bis Mitte Okt. um 11.00, 15.00 und 19.00 Uhr mit Getöse die Zuschauer fasziniert. Die Bronzeplastik »Sheep Piece« von Henry Moore (1971) nützen Kinder zum Spiel und Erwachsene zum Picknick. Nahe der S-Bahn-Station Tiefenbrunnen findet man die **Mühle Tiefenbrunnen** im »Schlössistil« (1890) mit Büros und Ateliers, dazu passt das exzellente Restaurant Blaue Ente (So. geschl.).
Museum Bellerive: Di. – So. 10.00 – 17.00, Do. bis 20.00 Uhr, Eintritt 9 CHF
Centre Le Corbusier: Juli – Sept. Sa.,So. 14.00 – 17.00 Uhr

*Nordamerika Native Museum
Das **NONAM** genannte Museum (Seefeldstr. 317) führt die Kultur nordamerikanischer Indianer und Inuit vor Augen, u. a. mit Kupferstichen von Karl Bodmer. Im Laden kann man Schmuck und Kunstobjekte von Indianern erwerben (direkt eingekauft).
❶ Di. – Fr. 13.00 –17.00, Sa., So. 10.00 – 17.00 Uhr, Eintritt 8 CHF

** Sammlung E. G. Bührle
In der östlich parallel zur Seefeldstraße verlaufenden Zollikerstraße (Nr. 172) befindet sich die 1960 gegründete Stiftung für die Sammlung des Rüstungsfabrikanten E. G. Bührle (1890 – 1956). Die Villa ist ein **Schatzhaus europäischer Malerei** vom 17. bis zum frühen 20. Jh., das in privater Atmosphäre allein 8 Gemälde von Manet, je 7 von Cezanne und van Gogh sowie 5 von Gauguin zeigt, der ursprüngliche Schwerpunkt der Sammlung. Auch französische Meister des 18. und frühen 19. Jh.s (Greuze, Fragonard, Ingres), veneziani-

sches Rokoko (Guardi, Canaletto, Tiepolo) und niederländische Malerei des 17. Jh.s (u. a. van Goyen, Ruisdael, ter Borch, Hals, Rembrandt) fanden das Interesse Bührles; mittelalterliche Madonnen und Heiligenfiguren sind im Wintergarten ausgestellt.

❶ Führung am 1. So. des Monats 14.00 – 17.00 Uhr, Eintritt 25 CHF

Tropischen Regenwald, Mittelmeerflora, Baumfarne und Alpenrosen findet man im 1974 angelegten Botanischen Garten mit dem Botanischen Museum (Zollikerstr. 107, tgl. geöffnet). **Botanischer Garten**

AM ZÜRICHSEE · WESTUFER

Bis 1887 wurden die beliebten Seepromenaden am linken und rechten Ufer des Sees angelegt. Vom Bürkliplatz geht nach Westen der General-Guisan-Quai ab, hinter dem Arboretum folgt der Mythenquai. Nahe der Schiffslände stehen das Kongresshaus (1939) und die prächtige **Tonhalle** von 1895. Der Komplex bildet mit Konzerten, Tagungen und Festivitäten einen Mittelpunkt des Zürcher Gesellschaftslebens. Am Mythenquai haben große Versicherungen ihren Sitz. Weiter südlich dehnt sich der schöne **Belvoirpark** aus mit subtropischen Pflanzen und dem hochklassigen gleichnamigen **Restaurant der Hotelfachschule** in der ehemaligen Villa Escher (So./Mo. geschl.; reservieren, Tel. 044 286 88 44). **Kongresshaus Tonhalle**

Jenseits der Seestraße lädt der Rieterpark zu Spaziergängen ein. An seiner Nordseite (Gablerstr. 15) liegen die **Villa Wesendonck** und die **Park-Villa Rieter**. Sie bilden das Museum Rietberg, das einzige Kunstmuseum für außereuropäische Kulturen in der Schweiz mit einer international renommierten Sammlung von Werken aus Asien, Afrika und Amerika. Die Villa des deutschen Kaufmanns Otto Wesendonck, in der Richard Wagner, Johannes Brahms und C. F. Meyer zu Gast waren (Wagner interessierte sich auch für dessen Frau, wovon seine »Wesendonk-Lieder« zeugen), wurde 1952 von der Stadt Zürich erworben und beherbergt seit 1956 die Sammlung des Barons Eduard von der Heydt. 2007 eröffnete der unterirdische Erweiterungsbau »Smaragd«. Im Sommer versorgt das Café mit allem, was man für ein Picknick im Park braucht. **＊Museum Rietberg**

❶ Di. – So. 10.00 – 17.00 (Mi./Do. bis 20.00) Uhr, Sonderausstellungen 16 CHF

BAEDEKER TIPP !

Planschen auf dem Dach

Die Brauerei Hürlimann erbohrte im 500 m Tiefe eine Thermalquelle, und nach der Schließung der Brauerei 1997 entstand hier ein schönes, atmosphärereiches Spa mit Thermal-Schwimmbecken auf dem Dach – toller Ausblick. Nächtigen kann man hier im feinen, teuren »B2 Boutique Hotel«. Brandschenkestr. 150, tgl. 9.00 bis 22.00 Uhr, Thermalbad ab 32 CHF, mit Spa 55 CHF.

Städtische Sukkulentensammlung

Die rostigen eisernen Kakteen am Mythenquai 88 signalisieren die Gewächshäuser der Städtischen Sukkulentensammlung. Diese europaweit einzigartige Sammlung zeigt 8000 Arten wie meterhohe Kandelaberkakteen, Aloen, Aasblumen und Euphorbien (tgl.).

∗Rote Fabrik

Die Rote Fabrik in der 1892 erbauten Seidenfabrik (Seestraße 395) zählt zu den größten und vielseitigsten Zentren der »Off-Kultur« in der Schweiz, in Selbstverwaltung werden Musikbühne, Theater und Party-Location betrieben (www.rotefabrik.ch). Uriges Selbstbedienungsrestaurant »Ziegel oh lac« direkt am See (Mo. geschl.).

WESTLICH VON SIHL UND HAUPTBAHNHOF

Museum für Gestaltung

Das Museum für Design und visuelle Kommunikation ist den vielfältigen Möglichkeiten der Umweltgestaltung gewidmet (Ausstellungsstr. 60). Neben Ausstellungen sind Zeichnungen und Grafik vom 16. Jh. bis zur Gegenwart und eine Plakatsammlung zu sehen.

❶ Di.–So. 10.00–17.00 (Mi. bis 20.00) Uhr, Eintritt 12 CHF

∗Kunst im Löwenbräu-Areal

Im ehemaligen Löwenbräu-Gelände zwischen Limmatplatz und Escher-Wyss-Platz – mit altem Stahlsilo und zwei neuen Hochhäusern – hat sich die aktuelle Kunstszene niedergelassen. Im **migros museum** (Limmatstr. 270) ist internationale Gegenwartskunst zu sehen, wie Baselitz, Judd, Kounellis, Merz. Im selben Haus macht die

Von der Schiffbauhalle zum Kulturort: Foyer des Theaters

Kunsthalle Zürich Sichtweisen jüngerer Künstler erlebbar (gleiche Öffnungszeiten). Man trifft sich im »Steinfels« – mit Hausbrauerei – in einer alten Seifenfabrik beim Prime Tower (Heinrichstr. 267). Weiter westlich, jenseits der Hardstraße/Hardbrücke, dehnt sich um die **Schiffbauhalle** (Theater, mit Restaurant und Jazzclub) das einstige Industriequartier und heutige »In-Viertel« **Zürich West** aus. Wer sich bei Freitag (▶ S. 115) eine Tasche aussuchen will, kann das im Freitag Store ca. 500 m südlich der Schiffbauhalle tun (Geroldstr. 17). migros museum & Kunsthalle: Di. – Fr. 12.00 – 18.00 (Do. bis 20.00 Uhr, ab 17.00 Uhr gratis), Sa., So. 10.00 – 17.00 Uhr, Eintritt 12 CHF

Im Viertel Außersihl südwestlich des Hauptbahnhofs findet man die »Jungen Wilden« der Modeszene, z. B. in der Einkaufs- und Essmeile Ankerstraße. Im Restaurant **Caduff's Wine Loft** (Kanzleistr. 126) – in einer einstigen Blumenhandelshalle – kann man aus über 2000 Weinen das Passende zum hervorragenden Essen wählen (auch große Auswahl offener Weine; So. geschl., relativ hochpreisig). **Außersihl**

UMGEBUNG VON ZÜRICH

Im Osten der Stadt steigt der Zürichberg (679 m) an, ein bewaldeter Höhenrücken mit Gaststätten in aussichtsreicher Lage. Der ***Zoologische Garten** gilt als einer der schönsten in Europas, in seinen naturgetreu nachgebildeten B sind über 2000 Tiere aus 250 Arten angesiedelt. Vor dem Zoo liegt an der Zürichbergstrasse der **Friedhof Fluntern**, auf dem der 1941 in Zürich verstorbene irische Schriftsteller James Joyce seine letzte Ruhe fand, ebenso sein Kollege Elias Canetti (1905 – 1994) und die Schauspielerin Therese Giehse (1898 – 1975). Zur benachbarten Anhöhe **Dolder** mit Golfplatz, Eisbahn und Spazierwegen führt vom Römerhofplatz eine Standseilbahn hinauf (Hotels Waldhaus Dolder, Dolder Grand). Zoo: März – Okt. 9.00 – 18.00, sonst bis 17.00 Uhr; Tram 5/6; Eintritt 22 CHF ***Zürichberg**

Die fantastischste Aussicht über Zürich – dazu die Walliser, Berner und Glarner Alpen, im Norden zum Schwarzwald, im Osten zum Säntis – hat man vom Uetliberg südwestlich der Stadt (S 10 vom Hauptbahnhof). Von der Bergstation geht man in 10 Min. hinauf zum Kulm (871 m, 72 m hoher Aussichtsturm), wo man auf riesige Fabelwesen von Bruno Weber (1991) trifft. Auf den Terrassen des Hotels Uto Kulm (▶ S. 666) und des Restaurants Uto Staffel (Mo. geschl.) speist man mit herrlichem Ausblick. Im Winter sind bis zu 3 km lange **Schlittenbahnen** in Betrieb. Auch der Planetenweg zur **Felsenegg** (ca. 1.30 Std.) belohnt mit schönen Panoramen. Eine Seilbahn bringt hinunter nach Adliswil, von dort geht's mit der Sihltalbahn (S 4) zum Hauptbahnhof zurück. ****Uetliberg**

Dübendorf In Dübendorf ca. 10 km östlich von Zürich liegt ein Militärflugplatz mit dem großartigen **Fliegermuseum** der Schweizerischen Fliegertruppen. Hier sind auch vier Junkers **Ju-52** (»Tante Ju«) stationiert (Rund- und Ausflüge, Tel. 044 823 20 17, www.airforcecenter.ch).

❶ Di.–Fr., So. 13.30 –17.00, Sa. 9.00 –17.00 Uhr, Eintritt 10 CHF

*Regensberg Auf dem östlichen Vorsprung der Lägeren (▶Baden), 18 km nordwestlich von Zürich, liegt Regensberg (612 m, 460 Einw.), eines der besterhaltenen **mittelalterlichen Städtchen** des Landes, um 1245 von den Freiherren von Regensberg gegründet. Der 21 m hohe Rundturm des **Schlosses** (16./17. Jh.) und der 57 m tiefe Brunnen – der tiefste der Schweiz – in der Oberburg stammen aus der Gründungszeit. Die **Kirche** aus dem 13. Jh. wurde 1506 erneuert. Von den Bürgerhäusern beeindrucken u. a. »Engelfrid« und »Rote Rose« (Riegelbau, 1540), heute luxuriöse Gästehäuser (www.rote-rose.ch).

Greifensee Am Nordostufer des unter Naturschutz stehenden Greifensees 15 km östlich von Zürich liegt das verträumte gleichnamige Landstädtchen (5000 Einw.). Das **Schloss** war einst Sitz des Landvogtes Salomon Landolt. Das gotische Kirchlein (um 1330) hat einen ungewöhnlichen dreieckigen Grundriss. Schöne Rundfahrten auf dem See.

Aathal In Aathal (S-Bahn 14) südöstlich von Uster finden Urweltfans ein Paradies im **Sauriermuseum**. Glanzstücke sind ein 23 m großer Brachiosaurus und Köpfe von sechs Saurierarten. Beim renommierten Händler **Siber + Siber** gegenüber dem Museum kann man wunderbare Mineralien und Fossilien erstehen.

❶ Di. – Sa. 10.00 – 17.00, So. 10.00 – 18.00 Uhr, Eintritt 19 CHF

Zürichsee

✦ **D/E 17 – 19**

Kantone: Zürich, St. Gallen, Schwyz

Eine reizvolle voralpine Landschaft umgibt den Zürichsee, den rund 1 Mio. Zürcher, St. Galler und Schwyzer als Wohngegend schätzen – nur noch ein Drittel des Ufers ist daher zugänglich.

Das Bett des 39 km langen, bis 4 km breiten und 143 m tiefen Sees wurde in der letzten Eiszeit vom Linthgletscher ausgehobelt. Von 88 km² Fläche entfallen 20 km² auf den »Obersee« östlich des Rapperswiler Damms. Sein Hauptzufluss ist die Linth, die seit der großen Regulierung 1807 – 1823 aus dem Glarnerland zunächst in den Walensee fließt, dann durch den Linthkanal in den Obersee; der Abfluss erfolgt bei Zürich durch die Limmat zur Aare.

DAS NORDOSTUFER BIS RAPPERSWIL

Das nördliche Ostufer, an dem sich von ▶Zürich aus praktisch ohne Unterbrechung freundliche Siedlungen am Fuß von **Weinbergen** und Obstgärten entlangziehen, wird wegen der sonnigen Lage und der zahlreich hier ansässigen begüterten Menschen **Goldküste** genannt. Überall sind hübsche Strandbäder zu finden.

Das angenehme Küsnacht (13 500 Einw.; nicht verwechseln mit Küssnacht am Vierwaldstättersee) gruppiert sich um die reformierte Kirche St. Georg aus dem 15. Jh. (beachtenswerte Fresken im Chor). Neben dem **Höchhus** (spätmittelalterlicher Wohnturm; Gemeindebibliothek, Ausstellungen), der Johanniterkomturei (Kantonsschule) und der **Zehntenrotte** (Fresken, um 1410) ist das originelle Ortsmuseum in der **Oberen Mühle** beachtenswert. Sehr schön wohnt und speist man im »Seehotel Sonne« (▶ S. 680), »Rico's Kunststuben« gehören zu den besten Restaurants der Schweiz (Seestr. 160, Tel. 044 910 07 15, So./Mo. geschl.).
Obere Mühle: Mi., Sa., So. 14.00 – 17.00 Uhr, Eintritt frei

Küsnacht

Meilen (423 m, 12 700 Einw.) ist Bezirkshauptort. Die Kirche am See, deren Vorgängerbau Kaiser Otto der Große 965 dem Kloster Einsiedeln übertrug, hat einen schönen **spätgotischen Chor** (1495). Im Seehof vollendete C. F. Meyer 1875 seinen Roman »Jürg Jenatsch«, im Haus Mariafeld der Familie Wille arbeitete Richard Wagner an den »Meistersingern«. Ein steiles Sträßchen (5 km) führt hinauf zum aussichtsreichen **Pfannenstiel** (853 m, guter Gasthof).

Meilen

Stäfa (417 m, 13 900 Einw.) ist mit rund 46 ha Rebfläche die größte **Weinbaugemeinde** des Kantons Zürich. Zwei Weinwanderwege, in der Sternenhalde und im Lattenberg, machen mit Rebsorten und Weinkultur bekannt. Die Anfänge der hochgelegenen reformierten Pfarrkirche (1689/1788) reichen bis ins Mittelalter zurück. Auf dem Friedhof ist der deutsche Schriftsteller E. Wiechert (1887 – 1950) bestattet. In **Uerikon am See** stehen zwei sehenswerte Ritterhäuser (um 1520) und eine Kapelle aus dem 14. Jh.; gutbürgerlich speist man im **Restaurant Seehof** am Ufer (Seestr. 248, Mo./Di.geschl.).

Stäfa

Seit 1878 gibt es den knapp 1000 m langen Damm zwischen dem eigentlichen Zürichsee und dem Obersee. Am Südende liegt die Halbinsel **Hurden** mit Fischerdorf (Kapelle von 1497), am Nordende das malerische mittelalterliche Rapperswil (7500 Einw.). Im 13. Jh. von den Grafen von Rapperswil gegründet, war es im 15. Jh. für kurze Zeit Reichsstadt. Heute ist es als **Rosenstadt** bekannt, denn von Mai bis Oktober blühen beim Kapuzinerkloster und auf der Schanz Tausende von Rosen. Im **Schloss** (seit dem 13. Jh.) dokumentiert das

Rapperswil

Zürichsee erleben

AUSKUNFT
Verkehrsverein Rapperswil-Jona
Fischmarktplatz 1, 8640 Rapperswil
Tel. 055 220 57 57
www.vvrj.ch, www.rapperswil-jona.ch
www.zuerich.com/de/zuerichsee.html

SCHIFFSVERKEHR
Die Zürichsee-Schifffahrtsgesellschaft
(▶S. 702) bedient mit Motorschiffen und
alten Schaufelraddampfern ganzjährig
die Orte bis Rapperswil, von April bis ca.
20. Okt. auch den Obersee. Autofähre
Meilen – Horgen.

Wanderung in herbstlichen Rebhängen

FESTE & EVENTS
Ende Juni, Rapperswil: Blues 'n' Jazz.
1. Aug., Horgen: Feuerwerk auf dem
See zum Nationalfeiertag. Anf. Aug. in
Rapperswil: Seenachtsfest. Ende Sept./
Anf. Okt. alle 5 Jahre (wieder 2015) in
Stäfa: Großes Herbstfest.

ESSEN
Wirtschaft zum Wiesengrund
ⓔⓔⓔⓔ
Uetikon am See, Kleindorfstr. 61
Tel. 044 920 63 60, So., Mo. geschl.
www.wiesengrund.ch
Für ungewöhnliche Geschmackskombi-

nationen bekannter Gourmettempel
über dem See, rustikal-edles Ambiente.
Schöne Gartenterrasse.

Buech ⓔⓔ–ⓔⓔⓔ
Herrliberg, Forchstrasse 267
Tel. 044 915 10 10, kein Ruhetag
www.restaurantbuech.ch
Wunderbare alte Landbeiz (mit Garten)
im Weinberg über Herrliberg – traumhaftes Panorama und interessant neu
interpretierte Schweizer Gerichte.

ÜBERNACHTEN/ESSEN
Seehotel Sonne ⓔⓔ–ⓔⓔⓔ
Küsnacht, Seestr. 120
Tel. 044 914 18 18, www.sonne.ch
Gediegenes, altehrwürdiges Haus am
Schiffsanleger mit großzügigen, roman-
tischen Zimmern. In der »Sonnengale-
rie« und den heimeligen Gaststuben
gibt's vor allem Schweizer Spezialitäten.
Prachtvoll sitzt man auf der Terrasse.

Gasthaus Weinhalde ⓔⓔ–ⓔⓔⓔ
Rapperswil-Kempraten, Rebhalde 9
Tel. 055 210 66 33, kein Ruhetag
www.weinhalde.ch
Sehr schöne Adresse zum Essen und
Nächtigen, ruhig mit herrlichem Ausblick
gelegenes Haus (1656 erwähnt). Herz-
hafte bis feine Schweizer Küche, sehr
preisgünstige Wochenmenüs.

Gasthof Schiff ⓔⓔ
Pfäffikon, Unterdorfstrasse 21, Tel. 055
416 17 18, www.schiff-pfaeffikon.ch
Nicht zufällig sehr beliebt ist die Restau-
rantterrasse am Ufer unter Kastanien.
Im Gasthaus unten die Bar, das moderne
Haus nebenan ist das Restaurant. In bei-
den schöne Zimmer im Shaker-Stil.

Polenmuseum Polens Beitrag zur europäischen Geschichte, im Rittersaal und im Hof gibt's Konzerte. Nebenan die Kirche St. Johann (1253), die nach einem Brand 1882 neogotisch erneuert wurde. Das Stadtmuseum im spätgotischen **Breny-Haus** (1492, modernes Entrée aus Bronze) informiert über die Geschichte der Rosenstadt. Die Alte Fabrik (der Firma Geberit) ist heute ein lebhaftes Kulturzentrum. Seit der Gründung 1919 ist der Schweizer National-Circus Knie in Rapperswil zu Hause; am Fischmarktplatz

Rapperswil mit Schloss und St. Johann

gibt ein **Circus-Museum** und südlich des Bahnhofs einen Zoo für Kinder. Das »Kunst(Zeug)Haus« (Schönbodenstr. 1) präsentiert Schweizer Gegenwartskunst. Schön ist der Gang über den Holzsteg von Rapperswil nach Hurden. Mit dem Schiff kann man zur idyllischen **Insel Ufenau** übersetzen, die seit 965 im Besitz des Klosters Einsiedeln ist (Martinskapelle, 8. Jh.; Kirche St. Peter und Paul, 1141); am Spazierweg nahe der Kirche das Grab des Humanisten Ulrich von Hutten, der 1523 hier starb.

Polenmuseum: April – Okt. tgl. 13.00 – 17.00, Nov., Dez., März Sa., So. 13.00 – 17.00 Uhr, Eintritt 4 CHF

Stadtmuseum: Mi. – Fr. 14.00 – 17.00, Sa., So. 11.00 – 17.00 Uhr, 6 CHF

DAS SÜDWESTUFER BIS PFÄFFIKON

Die »linke« Seite des Sees, wo sich schon früh Industrie ansiedelte und abends die Sonne früher weg ist, wird abfällig »Pfnüselküste« genannt, zu hochdeutsch »Schnupfenküste«. Wegen der dichten Bebauung und der Bahntrasse hat man oft keinen Zugang zum See.

In Kilchberg wohnte der Dichter C. F. Meyer (1825 – 1898) ab 1875,　**Kilchberg**
verbrachten **Thomas Mann** (1875 – 1955) und seine Frau Katia (1883 – 1980) ihre letzten Lebensjahre. Begraben sind sie, wie der deutsche Psychologe Ludwig Klages (1872 – 1956), auf dem stimmungsvollen Friedhof der Peterskirche. Diese, die »Kilche auf dem Berg«, wurde 1248 erstmals erwähnt und 1408 an das Kloster Kappel verkauft; sie besitzt drei Glasfenster von Augusto Giacometti. Das Ortsmuseum (Alte Landstraße 170), ein Weinbauernhof von 1785, erinnert an Thomas Mann und C. F. Meyer sowie an die einst renommierte Porzellanmanufaktur im Schooren. Schokoladenfreaks besu-

chen den »Chocolate Shop« des 1845 gegründeten Hauses **Lindt & Sprüngli**, des größten Confiserie-Unternehmens der Schweiz.

Lindt-Laden: Seestrasse 204, Mo.–Fr. 10.00–18.00, Sa. 10.00–17.00 Uhr

Rüschlikon Rüschlikon ist durch das **IBM-Laboratorium** nahe der Autobahn Zürich–Sargans bekannt, dessen Forscher 1986 und 1987 mit dem Nobelpreis für Physik ausgezeichnet wurden. Auf dem Friedhof ruht **Gottlieb Duttweiler**, der 1925 die **Migros** gründete (▶Berühmte Persönlichkeiten). Dann folgt Thalwil (17 200 Einw.) mit traditionsreicher Seidenindustrie. Weithin sichtbar ist die protestantische Kirche, entworfen von dem »Kirchenarchitekten« F. Stadler (1847).

Langnau a. A. Erlebnisreicher Ausflug zum Albis: Im **Wildpark Langenberg,** dem ältesten Zoo der Schweiz (1869), leben Bären, Wölfe, Luchse etc. in naturnahen Räumen. Ganzjährig geöffnet, mit Restaurant. Für die herrliche Aussicht vom **Albispass** ▶Zug, Umgebung.

Horgen In Horgen (19 000 Einw.) ist die protestantische **Saalkirche** (J. J. Haltiner, 1782) mit vorzüglichem Stuck des Vorarlbergers Andreas Moosbrugger zu beachten. Im **Ortsmuseum Sust** sind Funde aus der prähistorischen Ufersiedlung Horgen ausgestellt, weitere Themen sind das lokale Handwerk und die Seidenfabrikation.

Ortsmuseum: So. 14.00–17.00 Uhr

Halbinsel Au Hinter Käpfnach folgt der Landvorsprung Au, ein beliebtes Ausflugsziel mit einem interessanten **Weinbaumuseum**, ihr Prunkstück ist eine riesige, 250 Jahr alte Baumpresse. Den Rebberg betreibt die Zürcher Hochschule für angewandte Wissenschaften.

Weinbaumuseum: April–Okt. So. 14.00–16.00 Uhr, 15. Juli–14. Aug. geschl.

Wädenswil Im Industrieort Wädenswil (20 900 Einw.) ist – im hochgelegenen Neuen Schloss (1818) – die **Forschungsanstalt Agroscope Changins-Wädenswil** (Acker-, Obst-, Wein-, Gemüsebau) ansässig; öffentlich zugänglich ist u. a. ein Unkrautgarten. Die von J. U. Grubenmann 1764–1767 errichtete Kirche, ein querrechteckiger Saalbau, war Vorbild für die protestantischen Predigtkirchen im Kanton Zürich (Rokokostuck von P. A. Moosbrugger). Das Theater Ticino am See, in einer ehemaligen Bäckerei, fungiert als das kulturell Zentrum der Pfnüselküste. Von Wädenswil führt die Straße in Richtung Zug zum ∗**Hirzel** hinauf (750 m). Hier hat man einen fantastischen Blick über Zürich-, Zuger- und Vierwaldstättersee. Im Ort Hirzel hat **Johanna Spyri**, die Autorin der berühmten Heidi-Romane, ihre Jugend verbracht; das **Museum** im schönen alten Schulhaus von 1660, das Johanna besuchte, präsentiert Erinnerungsstücke an die Schriftstellerin und ihre Romanwelt.

Spyri-Museum: So. 14.00–16.00 Uhr, 15. Juli–14. Aug. geschl., Eintritt frei

Richterswil, reizvoll in einer Bucht gelegen, wird von **zwei Kirchen**   **Richterswil**
überragt, deren Terrassen eine schöne Aussicht bieten. Hübscher
Ausflug über Wollerau (507 m) mit klassizistischer Kirche (1787)
steil hinauf nach **Schindellegi**: herrliche Aussicht auf Zürich- und
Sihlsee sowie die Zentralschweizer Alpen. Die Wanderung (5 Std.)
vom Bf. Schindellegi über **Etzel** (1098 m) und **Stöcklichrüz** (1247 m)
nach Willerzell (▶ Einsiedeln) gehört zu schönsten in der Schweiz.

Pfäffikon (415 m, 10 800 Einw.) liegt am Südende des Seedamms. Die   **Pfäffikon**
Wasserburg am See diente einst dem Kloster Einsiedeln als Verwaltung. Ein sehr schöner Platz ist das **Gasthaus zum Schiff** (▶ S. 680).
Wasserratten zieht's ins **Alpamare**, im Hotel Seedamm Plaza erwartet das **Casino Zürichsee** die Glücksritter. Ein schönes Sträßchen
führt von Pfäffikon über den ***Etzel** nach ▶ Einsiedeln.
Alpamare: 10.00 – 21.00/22.00/23.00 Uhr, Eintritt ca. 40 CHF

OBERER ZÜRICHSEE

Östlich des Damms heißt der See »Oberer Zürichsee« oder »Ober-   **Altendorf**
see«. Westlich von Altendorf (430 m, 6200 Einw.) passiert man das
Etzelwerk, dessen Turbinen aus dem 480 m höher gelegenen Sihlsee
gespeist werden. Im Ort die Ende des 18. Jh.s barockisierte Pfarrkirche. Über der Straße nach Lachen thront die spätgotische **Kapelle
St. Johannes** mit drei geschnitzten Flügelaltären, errichtet im 15. Jh.
auf den Trümmern der 1350 zerstörten Burg Alt-Rapperswil.

Lachen (420 m, 7900 Einw.), hübsch an einer Bucht des Obersees   **Lachen**
gelegen, hat seinen Namen von lateinisch »ad lacum«, »am See«. Die
zweitürmige **Kirche zum Hl. Kreuz** wurde 1707 – 1710 von J. Peter
und G. Thumb im Vorarlberger Schema erbaut, bemerkenswert ist
die Ausstattung mit Hochaltar von J. Kasper (1738) und Chorgestühl
von F. J. Brägger (1715); die Deckengemälde entstanden 1883.

Durch die einst sumpfige Linthebene (▶ S. 678) erreicht man Uz-   **Uznach**
nach, das für **Störche** bekannt ist. Einen Blick wert sind die Kreuz-
kirche (1505) und die Friedhofskapelle von 1679. Nördlich über dem
Ort liegt das moderne Benediktinermissionskloster St. Otmarsberg.
Von Uznach gelangt man südöstlich ins ▶ Glarnerland oder nördlich
– den Berg Sion mit kleinem Nonnenkloster passierend (guter Ausblick) – über den **Ricken** nach Wattwil (▶ Toggenburg).

Am Ostende des Sees liegt **Schmerikon**. Östlich vor Rapperswil ist
am See das **Zisterzienserinnenkloster** von Wurmsbach interessant   **Wurmsbach**
(Internat); die malerische Gebäudegruppe aus dem 16.–18. Jh. mit
Kirche und Kreuzgang steht am Platz eines Klosters von etwa 1270.

PRAKTISCHE INFORMATIONEN

Was muss man bei der Ein- und Ausreise beachten?
Wie schnell darf man auf Schweizer Straßen fahren?
Wichtiges und Wissenswertes für eine angenehme
und sichere Reise.

Anreise · Reiseplanung

ANREISE

Mit dem Auto
Aus dem Norden und Westen Deutschlands fährt man meist über die A 5 nach Basel bzw. die A 81 nach Singen/Schaffhausen, aus dem Nordosten auf der A 96 nach Lindau. Von dort kann man die Bundesstraßen nach Bregenz und z. B. nach St. Margarethen nehmen. Österreichische Autobahnen sind mautpflichtig; für die 23 km lange Strecke in Vorarlberg vom Grenzübergang Lindau/Hörbranz durch den Pfändertunnel bis Hohenems gibt es eine Korridorvignette (2 €, 24 Std. gültig, Info: www.asfinag.at). Immer schön ist die Fahrt mit der Fähre über den Bodensee von Friedrichshafen nach Romanshorn (Auskunft in Deutschland: 07541 92 38-0, www.bsb.de). Der schnellste Weg ins Tessin führt über die Schweizer A 2 / Gotthardtunnel. Eine Alternative für die Überquerung der Alpen sind die Tunnels mit Autoverladung (▶ S. 699). **Autoreisezüge** mit Schlaf-/Liegewagen verbinden Hamburg und Hildesheim mit Lörrach nahe Basel. Informationen: Tel. *0180 5 99 66 33, www.dbautozug.de.

Mit der Bahn
Eurocity-, Intercity- und ICE-Züge verbinden zahlreiche europäische Städte mit Schweizer Städten und Regionen. In der Hauptsaison empfiehlt es sich, zu reservieren (für Schlafwagen bis zu 3 Monate, für Liege- und Sitzplätze bis zu 2 Monate vorher möglich). Besonders günstig reist man von Deutschland mit dem Ticket Europa-Spezial an, der ÖBB Railjet fährt nach Zürich. Komfortabel und preisgünstig sind die Züge der City Night Line, die u. a. Amsterdam, Hamburg, Frankfurt, Berlin und Dresden/Leipzig mit Basel und Zürich, teils auch mit Brig verbinden (Sitz-, Liege- und Schlafwagen, Fahrradtransport; www.citynightline.de). Weiteres ▶ Verkehr.

Mit dem Flugzeug
Zürich-Kloten, Genf-Cointrin, Basel-Mulhouse-Freiburg, Bern-Belp und Lugano-Agno (über Zürich oder Genf) werden von verschiedenen Airlines angeflogen, u. a. Lufthansa, AUA, Swiss, Air Berlin, Germanwings und SkyWork. Für die Nordschweiz kommt auch der Bodensee-Airport Friedrichshafen in Betracht, für das Tessin die Mailänder Flughäfen Linate und Malpensa. Weiteres ▶ Verkehr.

EIN- UND AUSREISEBESTIMMUNGEN

Personalpapiere
Seit dem Beitritt zum Schengener Abkommen gibt es keine Personenkontrollen mehr, wohl aber Zollkontrollen (s. u.). Österreichische und deutsche Bürger benötigen für die Schweiz und das Fürstentum

Liechtenstein bei bis zu dreimonatigem Aufenthalt einen Personalausweis oder Reisepass. Kinder brauchen ein eigenes Dokument: 0 – 12 Jahre Kinderreisepass, danach Reisepass oder Personalausweis.

Nationaler Führerschein und Kraftfahrzeugschein sind mitzuführen; die grüne Internationale Versicherungskarte ist ratsam (die Kfz-Haftpflichtversicherung ist vorgeschrieben). Kraftfahrzeuge ohne EU-Nummernschild müssen das ovale Nationalitätskennzeichen tragen.
Fahrzeugpapiere

Haustiere (Hund, Katze) müssen mit einem Mikrochip gekennzeichnet sein, vorgeschrieben ist auch der EU-Heimtierausweis. Er enthält ein Tollwutimpfzeugnis, die Impfung muss mindestens 21 Tage zurückliegen.
Haustiere

Bei einem Verlust von Papieren sind Fotokopien sehr hilfreich, um der Polizei Meldung zu machen und beim Konsulat provisorische Papiere zu bekommen. Die Kopien sind getrennt von den Dokumenten aufzubewahren. Es ist auch sinnvoll, einen Satz bei einer Vertrauensperson zu Hause zu deponieren.
Verlust von Papieren

Für eine problemlose Wiedereinfuhr wertvoller neuwertiger Gegenstände sollte man sich bei der Ausreise aus Deutschland einen »Nämlichkeitsnachweis« ausstellen lassen, Österreich empfiehlt die Mitnahme von Kaufbelegen. **In die Schweiz** können Gegenstände für den eigenen täglichen Bedarf sowie touristische Ausrüstung zollfrei eingeführt werden. Abgabenfrei für Personen ab 17 Jahre sind 200 Zigaretten oder 50 Zigarren oder 250 g Tabak, an alkoholischen Getränken 2 l mit bis zu 15 Vol.-% Alkohol und 1 l mit über 15 Vol.-% Alkohol. Überschreitet der Gesamtwert der Waren 300 CHF, sind alle abgabenpflichtig. Für Lebensmittel, besonders Fleisch, bestehen eigene Vorschriften. Weitere Auskunft gibt die Eidgenössische Oberzolldirektion (Tel. 031 322 65 11, www.ezv.admin.ch).
Zollbestimmungen

Telefonnummern
Gebührenpflichtige Service-Telefonnummern sind mit einem Stern gekennzeichnet: *0900 …

Bei der **Ausreise nach Deutschland oder Österreich** sind pro Person Waren bis 300 € Gesamtwert (für Flugreisende 430 €) zollfrei, für Personen unter 15 Jahre bis 175 €; ferner für Personen über 17 Jahre 200 Zigaretten oder 100 Zigarillos oder 50 Zigarren oder 250 g Tabak sowie 1 l Spirituosen über 22 Vol.-% Alkohol oder 2 l Schaumwein und 2 l Wein. Weitere Info: www.zoll.de bzw. www.bmf.gv.at/zoll.

In- und ausländische Zahlungsmittel dürfen in unbeschränkter Höhe ein- und ausgeführt werden. Bargeld und übertragbare Wertpapiere (z. B. Schecks) ab 10 000 € Gesamtwert müssen bei der Einfuhr in ein EU-Land ohne Aufforderung deklariert werden.
Devisen

Auskunft

Schweiz Tourismus
»Schweiz Tourismus«, die Tourismusorganisation der Eidgenossenschaft, unterhält ein ausgezeichnetes Informationssystem. Dazu gehört ein **Call Center**, das weltweit gebührenfrei Auskunft gibt, Prospekte versendet und über das **Switzerland Travel Centre** (STC) Buchungen für Verkehrsmittel, Hotels etc. tätigt. Reichhaltiges Material halten auch die regionalen und lokalen Tourismusbüros bereit. Ihre Adressen sind im Kapitel »Reiseziele von A bis Z« vermerkt.

Internet
Das Internet ist eine reiche Quelle für Informationen aller Art. Im Teil »Reiseziele von A bis Z« sind gegebenenfalls wichtige Adressen genannt; im folgenden Kasten einige Websites, die für die Schweiz insgesamt interessant und hilfreich sind.

Apps
Die Smartphone-Technik wird auch für touristische Anwendungen genützt. Schweiz Tourismus bietet diverse Info-Apps an, ebenso wie eine wachsende Zahl von Städten, Hotels und kulturellen Institutionen. Die Handhabung und die Inhalte (der Werbung dienende sind mit Bedacht zu nützen) sollten sich noch deutlich verbessern.

SCHWEIZ TOURISMUS
In Deutschland
Rossmarkt 23, 60311 Frankfurt a. M.

In Österreich
Schwindgasse 20, 1040 Wien

In der Schweiz
Toedistrasse 7, C. P. 695, 8027 Zürich

Call Center
Tel. 00800 100 200 29
Fax 00800 100 200 31
info@myswitzerland.com
www.myswitzerland.com

BOTSCHAFTEN DER SCHWEIZ
In Deutschland
Otto-von-Bismarck-Allee 4 A
10557 Berlin
Tel. 030 3 90 40 00
ber.vertretung@eda.admin.ch

In Österreich
Kärntner Ring 12, 1010 Wien
Tel. 01 7 95 05-0
vie.vertretung@eda.admin.ch

BOTSCHAFTEN IN DER SCHWEIZ
Deutsche Botschaft
Willadingweg 83, 3006 Bern
Tel. 031 3 59 41 11

Österreichische Botschaft
Kirchenfeldstrasse 77/79, 3005 Bern
Tel. 031 35 65-252

INTERNET
www.myswitzerland.com
Die ausgezeichnete Website von Schweiz Tourismus informiert über alles: Orte und Regionen, Sehenswürdigkeiten, Touren, Veranstaltungen, Schneelage und Wetter, Verkehrsunternehmen, Hotels u. v. m., mit unzähligen Links.

www.schweizerseiten.ch
Überblick-Infos und Links zu den Themen Geschichte, Orte, Nachrichten, Verkehr, Veranstaltungen u. v. m.

www.ch.ch
Offizielles Schweiz-Portal, sehr guter Überblick und Linkssammlung.

www.swissworld.org
Website des Schweizer Außenministeriums zur Außendarstellung, leider nicht frei von den üblichen Schweiz-Klischees.

www.swissinfo.org
Nachrichtenplattform des Schweizer rundfunks und Fernsehens.

www.nzz.ch
Neue Zürcher Zeitung: Aktuelle Nachrichten, Hintergrundartikel, Kultur- und Restauranttipps.

www.classicpoint.ch
Info über die Schweizer Klassikszene, aktuelle Konzerttermine etc.

www.swissart.ch
Das Portal zur bildenden Kunst: Institutionen, Künstler, Museen, Veranstaltungen, Zeitschriften, Aktuelles.

www.usgang.ch
www.lautundspitz.ch
Was kann/sollte man tun in Basel, Bern, Luzern, Zürich und anderswo?

www.germanticketoffice.com
www.ticketcorner.ch
Infos und Tickets für größere Veranstaltungen in der Schweiz.

www.veloland.ch
Diese Webseite lässt keine Fragen zum Thema Radfahren offen.

www.wandersite.ch
Hervorragende Website mit detaillierten Infos zu fast allen (!) Wandertouren.

www.tourenguide.ch
Plattform für Sommer- und Winterwanderungen sowie Radtouren.

Elektrizität

Die Netzspannung beträgt 220 Volt Wechselstrom. Die dünnen Kontakte der Eurostecker passen in Schweizer Steckdosen, die dicken der normalen Schukostecker nicht. Adapter gibt es im Fachhandel, auch verleihen einige Hotels solche.

Etikette

In Restaurants und Hotels ist der Service inbegriffen, dennoch ist es üblich, gute Bedienung mit einem Trinkgeld (frz. *pourboire*, it. *mancia*) zu belohnen. In Restaurants und im Taxi rundet man den Betrag auf. In Hotels erhalten Kofferträger 1 – 2 CHF pro Gepäckstück, Zimmermädchen dieselbe Summe pro Tag.

Trinkgeld

Die »deut- Was in der Schweiz am häufigsten an Besuchern oder Arbeitskräften
sche Art« aus dem »Großen Kanton« bekrittelt wird, ist zu forsches, zu »direk-
tes« Auftreten bis hin zur arroganten Besserwisserei. Ein Gutteil dieses Bildes ist einfach dem nicht-schweizerischen, »hochdeutschen«
Tonfall des Gastes geschuldet, was man durch freundlich-höfliches
Verhalten leicht wettmachen kann. Und mit Neugier darauf, was anders ist als zu Hause (das ist vieles!).

Dresscode In Firstclass-Restaurants ist für Herren ein Jackett und evtl. auch ein
Schlips angezeigt; in manchen sind Jeans unerwünscht. Nacktbaden
ist auf wenige ausgewiesene Badestrände und Bäder beschränkt,
»oben ohne« jedoch durchaus üblich.

Rauchverbot Öffentliche Verkehrsmittel sind rauchfrei, sonst ist die Lage kantonal
unterschiedlich: vom gänzlichen Verbot in öffentlichen Räumen bis
hin zur Erlaubnis für kleine Cafés, Bars und Restaurants sowie für
separate Raucherräume in größeren Lokalen. Also ggf. nachfragen.

Geld

Währung Die Währung in der Schweiz und im Fürstentum Liechtenstein ist
der Schweizer Franken (CHF / sfr; 1 CHF = 100 Rappen). Es gibt
Banknoten zu 10, 20, 50, 100, 200 und 1000 Franken, Münzen zu 1,
2 und 5 Franken sowie zu 5, 10, 20 und 50 Rappen.

Geld- 1 CHF entspricht ca. 0,83 €, 1 € ca. 1,20 CHF. An Geldautomaten
geschäfte (Bancomat) kann man mit Bank- und Kreditkarten (mit Geheim-
nummer) Geld abheben. Die meisten Hotels, Restaurants, Geschäfte
und Verkehrsbetriebe akzeptieren auch den Euro. Die Bankkarten-
Gebühren beim Direkt-Bezahlen sind fair (ca. 2 %), am Automaten
abheben kostet meist ein wenig mehr. Geld tauschen kann man –
außer in Banken – in Bahnhöfen und Flughäfen sowie in größeren
Hotels. Getauscht wird dort zum
Tageskurs, jedoch mit unterschiedlichen Gebühren.

In größeren Städten haben die Banken in der Regel Mo.–Fr. zwischen
8.30 und 16.00 / 17.00 Uhr geöffnet,
einige Banken auch durchgehend.
In Wechselstuben auf Flughäfen und
an vielen Bahnhofsschaltern kann
man zwischen 5.30 / 6.00 und 21.00
Uhr, oft auch bis 22.30 / 23.00 Uhr,
Devisen eintauschen.

? **BAEDEKER WISSEN**

Karte verloren?

Unter Tel. + 49 116 116 kann man
von der Schweiz aus Bank- und
Kreditkarten, Handys und Kran-
kenkassenkarten sperren lassen.
Weitere Sperr-Rufnummern:
Visa Tel. 0800 901 179 (gebührenfrei, nur Festnetz). Mastercard:
Tel. 0800 901 387. American Express: Tel. + 49 69 97 97 20 00.

Raddampfer auf »großer Fahrt« – auf dem Vierwaldstättersee

Gesundheit

Apotheken sind i. A. Mo.– Fr. 8.00 – 12.00, 13.30 – 18.30, Sa. bis 17.00 Uhr geöffnet. Außerhalb dieser Zeiten geöffnete Apotheken werden Aushang bei den anderen Apotheken und in den Tageszeitungen genannt. Adressen von Ärzten und Kliniken findet man sind in den örtlichen Telefonbüchern. Wegweiser zu den Krankenhäusern sind mit einem »H« gekennzeichnet. Notrufe ▶ dort.

Apotheken, Ärzte, Kliniken

Versicherte gesetzlicher Krankenkassen haben Anspruch auf kostenfreie Behandlung nach Schweizer Recht, jedoch nur bei Notfällen und chronischen Krankheiten. Zahnärztliche Behandlungen müssen selbst bezahlt werden. Als Anspruchsnachweis ist beim Arzt/Krankenhaus die Europäische Krankenversicherungskarte (EHIC) vorzulegen. Wenn Arzt/Krankenhaus eine Bezahlung verlangen, lassen Sie sich eine Rechnung mit genauer Leistungsbeschreibung geben, die Sie Ihrer Krankenkasse vorlegen. Verordnete Medikamente müssen meist bezahlt werden, auch diese Rechnungen reichen Sie ein. (Wer sich in grenznahem Gebiet aufhält, kann sich evtl. ins Heimatland begeben, das ist einfacher.) Da Behandlungen immer mit mehr oder minder hohen Kosten verbunden sind und ein Rücktransport nicht erstattet wird, ist der Abschluss einer Auslandsreise-Krankenversicherung dringend geboten. **Privat Versicherte** sollten sich unbedingt über die Konditionen bei Schweiz-Reisen informieren und ggf. ebenfalls eine Reisekrankenversicherung abschließen.

Kranken-versicherung

Die Selbstverständlichkeit, mit der man heute im Handumdrehen in große Höhen gelangt, kann unangenehme bis bedrohliche Auswirkungen haben. Wer auf dem Jungfraujoch (fast 3500 m), am Mittelallalin (Saas-Fee, 3500 m) oder am Klein Matterhorn (Zermatt, fast 3900 m) aus der Bahn steigt und erst mal in die Knie geht, sollte nicht

»Höhen-krankheit«

überrascht sein. Der rasche Luftdruckabfall kann Atemnot, Übelkeit und Kreislaufbeschwerden auslösen, und zwar bei gut Trainierten ebenso wie bei Flachlandtirolern. Ein erhöhtes Risiko besteht bei Kindern und Menschen mit Herz-Kreislauf-Krankheiten.

Literaturempfehlungen

Landeskunde und Geschichte

Atlas der Schweiz: Das Gemeinschaftswerk von ETH Zürich, swisstopo und dem Bundesamt für Statistik gibt 1000 Möglichkeiten, die Schweiz zu erforschen: 2D-Teil mit über 1000 Kartenthemen, 3D-Teil mit Panoramen und Blockbildern aus frei wählbaren Blickwinkeln (DVD/CD-ROM); www.swisstopo.ch).

P. Felder u. a.: Die Schweiz und ihre Geschichte. Lehrmittelverlag des Kantons Zürich, Zürich. Das anschauliche, sehr gut illustrierte Buch ist gleichzeitig eine ausgezeichnete Landeskunde.

Peter Kamber: Ach, die Schweiz … Arche, Zürich 1998. Eine Bestandsaufnahme und Brevier der weniger schönen Seiten der helvetischen Geschichte vom Mittelalter bis zur Gegenwart.

Kurt Meyer: Wie sagt man in der Schweiz? Wörterbuch der schweizerischen Besonderheiten. Duden, Mannheim 1989

Romano P. Riedo: Alpzeit. Fischer Media, Münsingen 1996. Bildband über das Dasein als Senn, eine Lebensform, die für die Identität der Schweiz einst so bedeutsam war und bald Vergangenheit ist.

Verband der Museen der Schweiz (Hrsg.): Schweizer Museumsführer. Reinhardt Verlag, Basel

Land und Leute

Jürg Altwegg: Ach, du liebe Schweiz. Nagel & Kimche, Zürich 2002. Ein Versuch, die Komplexitäten und Widersprüche der modernen Schweiz zu durchleuchten.

Peter Bichsel: Des Schweizers Schweiz. Suhrkamp, Frankfurt a. M. 2000. Die 1967 entstandenen Texte des streitbaren Dichters (dazu einige neuere Reden) sind heute so aktuell wie ehedem.

DuMont Bildatlas Schweiz. DuMont, Ostfildern. Ein Porträt der Schweiz in schönen Bildern und interessanten Texten.

T. Küng: Gebrauchsanweisung für die Schweiz. Piper, München 2009. Der Autor stellt die »Abgründe des herzigen Alpenlandes« vor, mit viel Witz und Ironie, aber nie unfair.

Susann Sitzler: Grüezi und Willkommen. Die Schweiz für Deutsche. Links, Berlin 2009. Die gebürtige Baslerin erklärt wichtige Züge ihrer Landsleute, besonders aber ihr spezielles, durchaus nicht einfaches Verhältnis zu den Deutschen.

»Klassiker« und Literarisches

S. Chönz und A. Carigiet: Schellen-Ursli. Ein Engadiner Bilderbuch. Orell Füssli, Zürich. Nicht nur Kinder lieben diese kleine, von dem

Bündner Maler Alois Carigiet liebevoll illustrierte Geschichte vom Ursli, der sich tapfer eine große Glocke für den Chalandamarz holt.

Johanna Spyri: Heidi (zwei Romane, in vielen Ausgaben). Ungeachtet der späteren Verkitschung lesenswert: Eine aufgeklärte Frau erzählt von einem selbstbewussten, feinfühligen Mädchen, in einer Zeit, in denen von den Bedürfnissen der Kinder wenig die Rede war.

Lisa Tetzner/Kurt Held: Die schwarzen Brüder (1941). Die Autoren der »Roten Zora« erzählen die Geschichte von Giorgio aus dem Verzascatal, der als Kaminfegerbub nach Mailand verkauft wird und mit Hilfe seiner Schicksalsgenossen viele Mühen und Härten übersteht.

Friedrich Dürrenmatt (1921–1990) und **Max Frisch** (1911–1991), wohl die bekanntesten modernen Schriftsteller des Landes, waren engagierte Diagnostiker Schweizer Befindlichkeiten. Viele Romane und Theaterstücke sind auch Exkursionen in Sachen Schweiz.

Thomas Hürlimann: Der 1950 geborene und mehrfach ausgezeichnete Schriftsteller setzt sich in seinen Werken (u. a. »Die Tessinerin«, 1981, »Fräulein Stark«, 2001) engagiert mit der jüngeren Schweizer Geschichte auseinander.

Jenny Zoe: Die jüngste der bekannten Schweizer Schriftstellerinnen (*1974 in Basel) schrieb die Romane »Das Blütenstaubzimmer« (1997), »Der Ruf des Muschelhorns« (2000), »Das Porträt« (2007) und das Kinderbuch »Mittelpünktchens Reise um die Welt«.

Notrufe

IN DER SCHWEIZ
Pannenhilfe
ACS Tel. 044 628 88 99
TCS Tel. 0800 140 140
Auf Autobahnen sind die Notrufsäulen zu benützen.

Allgemeiner Notruf
Tel. 112

Polizei
Tel. 117
(auch in Liechtenstein)

Medizinische Notfälle
Tel. 144

Feuerwehr
Tel. 118

Flugrettung REGA
Tel. 14 14

IN DEUTSCHLAND
ADAC-Notrufzentrale
Medizinische Beratung und Rückholdienst Tel. +49 89 76 76 76
Beratung bei Unfällen, Dokumentenverlust etc. Tel. +49 89 22 22 22

IN ÖSTERREICH
ÖAMTC
Tel. +43 1 251 20 00

Post & Telekommunikation

Postsendungen
Briefe bis 20 g und Postkarten nach Deutschland und Österreich kosten 1,30 CHF (Economy) bzw. 1,40 CHF (Priority, empfohlen).

Öffnungszeiten
Die Postämter sind meist Mo. – Fr. 8.00 – 12.00, 14.00 – 18.00, Sa. 8.30 – 12.00 Uhr geöffnet. In kleinen Orten können kürzere Zeiten gelten, in Städten sind wichtige Postämter durchgehend geöffnet, in Bahnhöfen auch Sa.nachmittag und in Flughäfen auch am Sonntag.

Telefon
Die noch existierenden Telefonzellen funktionieren mit Telefonkarte (Taxcard) zu 5, 10 und 20 CHF, zu bekommen bei Postämtern, an Bahnhöfen und Kiosken. Anrufe nach Deutschland und Österreich kosten 0,60 CHF Grundgebühr plus 0,12 CHF/Min., nachts und am Wochenende gelten niedrigere Tarife.

Mobiltelefon
Mobiltelefone – schweizerisch »Natel« – wählen sich automatisch in das Netz des Partner-Providers ein (Swisscom, Sunrise, Orange). Achtung: Roaming ist sehr teuer! Vieltelefonierer besorgen sich besser eine Schweizer SIM-Card auf Prepaid-Basis, angeboten von den Providern, von Coop, Migros und Aldi. Beim Autofahren ist Telefonieren nur mit Freisprechanlage erlaubt (kostet sonst 100 CHF).

Internet
Bei **mobiler Internetnutzung** unbedingt vor der Reise die Tarife prüfen! Viele Hotels bieten kostenlosen WLAN-Zugang. Insgesamt gibt es ca. 2000 Hotspots, v. a. in Bahnhöfen, Flughäfen, Restaurants etc. Näheres unter www.swisscom.ch.

TELEFONIEREN

In die Schweiz
Tel. 00 41
Die führende 0 der Ortsvorwahl entfällt.

Aus der Schweiz
nach Deutschland	Tel. 00 49
nach Österreich	Tel. 00 43
nach Liechtenstein	Tel. 00 423

Die führende 0 der Ortsvorwahl entfällt.

In der Schweiz
Die Ortsvorwahl ist Bestandteil der Teilnehmernummer.

Wichtige Telefonnummern
Auskunft Tel. 1812 (Automat)
Tel. 1811 (Gebühr)
www.tel.local.ch
Straßenzustand Tel. 163
Wetterbericht   Tel. 162
Lawinenbulletin Tel. 187

Gebührenfreie Servicenummern beginnen mit 0800. Ortstarif gilt bei Nummern mit der Vorwahl 0848. Schweizer Mobilfunknummern beginnen mit 076 bis 079.

Preise & Vergünstigungen

Die Schweiz ist ein sehr teures Reiseland. In Hotellerie und Gastronomie liegen die Preise für vergleichbare Leistungen 2- bis 2,5-mal so hoch wie in Deutschland und Österreich. Grund dafür ist v. a. der unrealistische Kurs des Franken, denn die durchschnittliche Kaufkraft – das Verhältnis von frei verfügbarem Einkommen und Preisniveau – ist in der Schweiz nicht größer. (Einige Besonderheiten, wie teure Milch- und Fleischprodukte, gehen v. a. auf unterschiedliche Steuern und Subventionen zurück.)

Preisniveau

▶ Übernachten, S. 117

Unterkunft

Besonders kostspielig sind kurzgebratenes Rindfleisch und Wein. Die meisten Restaurants bieten, v. a. mittags unter der Woche, preisgünstige Tagesteller oder -menüs. Sinnvoll ist es, das Hotel mit Halbpension zu buchen, der Mehrpreis ist relativ gering. Pizzerien sind, da vergleichsweise billig, verbreitet und beliebt, ebenso Fastfoodketten. Supermärkte und Kaufhäuser wie Migros, Coop, Manor und Globus haben gute Selbstbedienungsrestaurants.

Essen gehen

Für die vielfältigen Möglichkeiten, günstig zu reisen, ▶ Verkehr. Bergbahnen sind teuer; ein kurzer Trip schlägt mit 10 – 25 CHF zu Buche, größere Unternehmungen umso mehr: z. B. die Titlis-Bahn in Engelberg mit 86 CHF, ein Ausflug von Interlaken aufs Jungfraujoch mit 198 CHF (Normalpreis Erwachsene, hin und zurück).

Eisen- und Bergbahnen

Die Eintrittspreise bewegen sich zwischen 5 und 30 CHF. In einigen Städten ist der Eintritt am 1. Sonntag des Monats umsonst. Kinder bis 6 Jahre gehen meist gratis, Jugendliche bis 16 Jahre und Studenten bekommen eine Ermäßigung, ebenso da und dort Familien. Der **Schweizer Museumspass** gilt ein Jahr in über 470 Museen (1 Erwachsener 155 CHF, inkl. 5 Kinder 188 CHF). Er ist in den beteiligten Museen, größeren Postämtern und in Tourismusbüros zu haben (www.museumspass.ch). Ob sich ein lokaler Museumspass lohnt, sollte man prüfen; oft ist die Gültigkeitsdauer zu kurz.

Museen

Reisezeit

Die beste Reisezeit für Mittelland und Voralpen ist Mitte Mai bis Anfang Juli sowie September/Oktober, für das Hochgebirge Juli bis September (dann sind auch alle Pässe befahrbar). Die Seenregion im Süden der Schweiz ist vor allem im Frühjahr und Herbst attraktiv.

Regionen

Jahreszeiten Reizvoll ist im Mai der Gegensatz zwischen dem blütenreichen Frühling in den Voralpen und den noch winterlichen Hochgebirgsregionen. Die Sommerurlaubsorte nehmen den Betrieb gewöhnlich im Mai auf und schließen gegen Anfang Oktober. Juli/August ist die Zeit der höchsten Preise, der belegten Hotels und der bevölkerten Wanderwege. Im Herbst nützen Kenner das stabile Hochdruckwetter des Altweibersommers für herrliche Wanderungen und Touren. Die Wintersportsaison beginnt etwa Mitte Dezember, mit einem absoluten (Preis-)Hoch zwischen Weihnachten und Dreikönig, einem Zwischentief im Januar, normaler Hochsaison in Februar/März und Auslaufen im April. In den Bergen schließen viele Hotels zwischen den Hauptreisezeiten in Sommer und Winter. Im Allgemeinen sind in den Bergurlaubsorten die Preise im Winter höher als im Sommer.

Verkehr

AUF DEN STRASSEN

Straßennetz Es gibt Autobahnen (A; frz. *autoroute*, it. *autostrada*; grüne Wegweiser, Nummer auf rotem Feld), Hauptstraßen (blaue Wegweiser, Nummerierung nur für Straßen von 1 bis 30), übrige Straßen (weiße Wegweiser, ohne Nummern) und ggf. Europastraßen (E, Nummer mit grünem Feld). Die Autobahnen sowie einige Schnellstraßen und Tunnels sind gebührenpflichtig. Die vom 1. Dez. bis zum 31. Jan. des übernächsten Jahres, also 14 Monate gültige Vignette (40 CHF/ 33 €, www.vignette.ch) bekommt man in der Schweiz an Grenzübergängen, in Tankstellen und Postämtern, im Ausland bei den Autoclubs und grenznahen Tankstellen.

Passstraßen Die wichtigen Nord-Süd-Verbindungen sind gut ausgebaut, während kleinere Passstraßen recht schmal und »abenteuerlich« sein können. Ein Großteil der Pässe ist im Winter gesperrt (▶ S. 698), für andere sind Winterreifen und ggf. Ketten vorgeschrieben. Aktuelle Lage unter Tel. 163, www.tcs.ch und www.ig-alpenpaesse.ch.

Straßen- tunnels **Großer St. Bernhard**: Strecke Wallis (Martigny) – Aostatal (Italien), 5,8 km. Autobahnvignette und zusätzliche Maut (www.sitrasb.it).
San Bernardino: Graubünden (Chur) – Tessin (Bellinzona), 6,6 km. Autobahnvignette genügt.
St. Gotthard: Zentralschweiz (Andermatt) – Tessin (Airolo – Bellinzona), 16,9 km. Autobahnvignette genügt.
Munt-la-Schera: La Drossa (Zernez) – Livigno (Italien), 3,5 km. Maut. Einspuriger Tunnel, im Einbahnverkehr geöffnet (im Winter

Sa. 5.00–10.00 Uhr Richtung Schweiz, 11.00–18.00 Uhr Richtung Livigno). Auskunft: www.engadin-strom.ch.

An den Autobahnen sind die Tankstellen meist von 6.00 bis 23.00 Uhr geöffnet. Viele Tankstellen besitzen Automaten, die Banknoten, Bankkarten und Kreditkarten akzeptieren. Die Treibstoffpreise sind inzwischen so hoch wie in Deutschland.

Tanken

Auf Autobahnen darf man max. 120 km/h fahren, auf Landstraßen 80 km/h, innerhalb geschlossener Ortschaften 50 km/h. (Eine »besonders krasse Missachtung« der Höchstgeschwindigkeit, z. B. über 100 km/h innerorts, oder waghalsiges Überholen werden mit bis zu 4 Jahren Gefängnis bestraft.) Die Höchstgeschwindigkeit für Caravangespanne beträgt 80 km/h. Vorfahrt hat das von rechts kommende Fahrzeug (Ausnahmen sind beschildert); der Kreisverkehr hat Vorfahrt vor dem sich eingliedernden Verkehr. Auf Bergstrecken sind aufwärts fahrende Kraftfahrzeuge bevorrechtigt; ein Schild mit Posthorn auf blauem Grund signalisiert, dass Postautos Vorrang haben. Sicherheitsgurte müssen auf allen Sitzen angelegt werden. Mit einem Blutalkoholgehalt von 0,5 ‰ gilt man schon als fahruntüchtig. Telefonieren mit dem Handy ist während der Fahrt verboten. Die **Bußgelder** sind deutlich höher als in Deutschland oder Österreich!

Wichtige Vorschriften

Autofrei sind Braunwald, Rigi-Kaltbad, Stoos, Wengen, Mürren, Bettmeralp, Riederalp, Saas-Fee und Zermatt.

Autofreie Ferienorte

In Innenstädten kann man sein Fahzzeug außer in Parkhäusern an Parkuhren (Mo.–Sa. 8.00–19.00 Uhr) sowie in den Blauen Zonen mit Parkscheibe abstellen (max. 1 Std.; Mo.–Sa. 8.00–18.00 Uhr, die Zeit 11.30–13.30 Uhr wird nicht gezählt). Wenn Sie sich wundern, dass Parkplätze von Einkaufszentren nicht gratis sind: Die Firmen holen sich so die hohen öffentlichen Gebühren zurück.

Parken in Städten

Bei Fahrten ins Gebirge sind von Oktober bis ins Frühjahr Winterreifen und die Mitnahme von **Schneeketten** dringend geboten (zu leihen u. a. bei ADAC und AvD). Wer mit Sommerreifen Behinderungen verursacht, wird zur Kasse gebeten. In längeren Tunnels sind Schneeketten verboten.

Winterausrüstung

Bei Panne oder Unfall müssen die Warnblinkanlage eingeschaltet und das Warndreieck aufgestellt werden (auf Schnellstraßen mindestens 100 m, sonst 50 m vor dem Fahrzeug). Warnwesten sind nicht Pflicht, aber höchst wichtig. An Autobahnen und einigen Hauptverkehrs- und Alpenstraßen gibt es Notrufsäulen. Bei reinem Sachschaden genügt es, ein Europäisches Unfallprotokoll auszufüllen und vom Unfallgegner unterzeichnen zu lassen (u. a. beim ADAC erhält-

Panne/Unfall

Pass	Höhe	Endpunkte	geöffnet	Steigung
Albula	2312 m	Tiefencastel – La Punt	Juni – Nov.	12 %
Bernina [1]	2328 m	Pontresina – Tirano	ganzjährig	12 %
Brünig	1008 m	Luzern – Interlaken	ganzjährig	13 %
Croix	1778 m	Villars – Les Diablerets	Mai – Nov.	12 %
Flüela [2]	2383 m	Davos – Susch	April – Nov.	12 %
Forclaz	1526 m	Martigny – Chamonix	ganzjährig	9 %
Furka	2431 m	Gletsch – Andermatt	Juni – Nov.	11 %
Grimsel	2165 m	Meiringen – Gletsch	Mai – Okt.	11 %
Großer St. Bernhard	2469 m	Martigny – Aosta	Mai – Okt.	11 %
Jaun	1509 m	Boltigen – Bulle	ganzjährig	14 %
Julier	2284 m	Tiefencastel – Silvaplana	ganzjährig	13 %
Klausen [1]	1948 m	Altdorf – Linthal	Mai – Okt.	10 %
Lukmanier	1914 m	Disentis – Biasca	Mai – Dez.	10 %
Maloja	1815 m	Chiavenna – Silvaplana	ganzjährig	11 %
Mosses	1445 m	Aigle – Château-d'Oex	ganzjährig	10 %
Nufenen	2478 m	Ulrichen – Airolo	Juni – Okt.	11 %
Oberalp	2044 m	Andermatt – Disentis	Mai – Nov.	10 %
Ofenpass (Il Fuorn)	2149 m	Zernez – S.ta Maria	ganzjährig	12 %
Pillon [1]	1546 m	Aigle – Gstaad	ganzjährig	11 %
San Bernardino [3]	2065 m	Thusis – Bellinzona	Mai – Nov.	12 %
St. Gotthard [3]	2108 m	Göschenen – Airolo	Juni – Nov.	11 %
Simplon	2006 m	Brig – Domodossola	ganzjährig	10 %
Splügen	2113 m	Thusis – Chiavenna	Mai – Nov.	13 %
Susten	2224 m	Innertkirchen – Wassen	Mai – Nov.	9 %
Umbrail	2501 m	Santa Maria – Bormio	Mai – Nov.	12 %

[1] m Winter z. T. nachts geschlossen   [2] Im Winter z. T. tagsüber befahrbar
[3] Tunneldurchfahrten ganzjährig geöffnet   Aktuelle Lage: Tel. 163

lich), die Polizei erreicht man unter Tel. 117. Bei Unfällen mit Verletzten sind Polizei und Notarzt zu rufen (Notarzt Tel. 144).

Mietwagen Filialen der internationalen Autovermieter findet man in allen größeren Orten, Flughäfen und Bahnhöfen. Um einen Mietwagen zu bekommen, muss man mindestens 21 Jahre alt sein, einen Führerschein sowie eine Kreditkarte besitzen und mindestens ein Jahr, teils auch zwei Jahre Fahrpraxis haben.

Taxi Taxifahren ist in der Schweiz relativ teuer, die Preise variieren von Ort zu Ort. Preise für Zusatzleistungen (z. B. Gepäck) sind im Wagen angeschlagen.

EISENBAHNTUNNEL MIT AUTOVERLADUNG

Oberwald – Realp, ganzjährig, Fahrzeit 15 Min., keine Reservierung. Auskunft Tel. 927 76 76 (Realp), 027 927 76 66 (Oberwald), www.matterhorngotthardbahn.ch.   **Furka**

Kandersteg – Goppenstein, ganzjährig, Fahrzeit 15 Min., keine Reservierung. Von Kandersteg kann man im Sommerhalbjahr auch direkt nach Iselle fahren (1 Std., frühzeitige Reservierung empfohlen; s. u. Simplon). Auskunft Tel. 058 327 41 50, www.bls.ch.   **Lötschberg**

Andermatt – Sedrun, bei Wintersperre der Passstraße, Fahrzeit 1 Std. Reservierungspflichtig. Auskunft: Tel. 027 927 77 07 (Andermatt), Tel. 027 927 77 40 (Sedrun), www.matterhorngotthardbahn.ch.   **Oberalp**

Brig – Iselle (I), ganzjährig, Fahrzeit 20 Min., keine Reservierung.   **Simplon**

Klosters-Selfranga – Lavin-Sagliains, ganzjährig, Fahrzeit 18 Min., keine Reservierung. Auskunft: Tel. 0 81 288 65 65, www.rhb.ch. An Winter-Samstagen sind längere Wartezeiten normal (bis 1.30 Std).   **Vereina**

MIT DER BAHN

Das Eisenbahnnetz in der Schweiz ist hervorragend ausgebaut. Das Streckennetz der Schweizerischen Bundesbahnen (SBB / CFF / FFS) umfasst rund 3100 km, hinzu kommt eine große Zahl von Privatbahnen, so dass insgesamt ein Netz von etwa 4800 km zur Verfügung steht. Kursbuch: www.fahrplanfelder.ch. Reservationen für alle Bahnen sind bei allen größeren Bahnhöfen möglich.

Das Swiss Travel System ermöglicht Personen mit Wohnsitz außerhalb der Schweiz und Liechtensteins preisgünstiges Reisen mit Bahn, Bus und Schiff. Informationen über den Geltungsbereich und die verschiedenen Fahrausweise geben DB-Reisezentren, Reisebüros mit DB-Lizenz, Schweiz Tourismus (▸Auskunft), die Österreichisches Verkehrsbüro AG und RailTours Austria, viele (nicht alle!) Schweizer Bahnhöfe sowie www.swisstravelsystem.com.   **Swiss Travel System (STS)**

Der **Swiss Pass** gestattet 4, 8, 15, 22 aufeinanderfolgende Tage oder einen Monat lang freie Fahrt auf dem ganzen Netz des Swiss Travel Systems. Inbegriffen sind auch Straßenbahnen und Busse in 75 Städten, 50 % Rabatt bei den meisten Bergbahnen sowie kostenloser Eintritt in 470 Museen. Der **Swiss Flexi Pass** gilt an 3 – 6 frei wählbaren Tagen innerhalb eines Monats und bietet dieselben Vorteile wie der Swiss Pass; an den »nicht genützten« Tagen erhält man 50 % Rabatt.   **Abonnements des STS**

Das **Swiss Transfer Ticket** (außerhalb der Schweiz, in Grenz-/Flughafenbahnhöfen oder übers Internet zu erwerben) gilt für die Hin- und Rückfahrt zwischen Schweizer Grenze bzw. Flughafen und dem Reiseziel (Ankunfts- und Abreiseort können unterschiedlich sein). Die **Swiss Card** bietet dieselbe Leistung wie das Swiss Transfer Ticket; zwischen dem ersten und dem letzten Tag erhält man darüber hinaus 50 % Rabatt auf alle weiteren Fahrkarten.

STS-Rabatte Gibt es ab 2 zusammen reisenden Erwachsenen (15 %), für Kinder bis 16 Jahren in Begleitung mindestens eines Elternteils (gratis), Kinder ohne Begleitung 50 %, Jugendliche bis 26 Jahre 25 %.

Fahrräder Fahrräder können in fast allen Zügen mitgenommen werden (Selbstverladung, Tageskarte 18 CHF). Zusammengelegte Räder im Transportsack gelten als Handgepäck (kostenlos). Man kann Fahrräder an über 80 Bahnhöfen mieten und zurückgeben. Auskunft an allen Bahnhöfen, unter www.rent-a-bike.ch und www.sbb.ch/velo.

Sonderzüge Die Bahngesellschaften bieten unterschiedlichste Sonderzüge und -wagen an. So die Rhätische Bahn (außer dem berühmten Glacier Express) den Panoramazug, Gourmetfahrten (u. a. »Gourmino«, Art-déco-Wagen mit 3-Gang-Menü) und den Pullman Express, darüber hinaus Charter von besonderen Wagen (z. B. Pianobar) und Züge mit alten Dampf- und E-Loks (z. B. »Krokodil«) und nostalgischen Wagen. Information geben die Bahngesellschaften.

MIT DEM POSTAUTO

Die »Postautos«, wie die gelben Busse der Schweizerischen Post genannt werden, sind eine wichtige Stütze des öffentlichen Verkehrs, besonders in den Bergregionen. Mit ihrem berühmten Dreiklanghorn (Tonfolge cis – e – a, aus Rossinis Oper »Wilhelm Tell«) sind sie von den Passstraßen nicht wegzudenken. Die Haltestellen liegen meist am Bahnhof oder an der Post. Auf einigen Linien muss man einen Sitzplatz reservieren. **Fahrräder** werden mitgenommen, solange der Platz reicht; eine Reservierung ist immer sinnvoll, einige Strecken sind reservierungspflichtig. In den Bergen sind die Postautos mit Fahrradträgern oder -anhängern ausgerüstet, vor allem im Wallis, in Graubünden und im Berner Oberland. Zusammengelegte Räder in Transporttaschen werden kostenlos befördert. Passfahrten sind ggf. nur im Sommer (Anfang Juni – Mitte Oktober, je nach Passöffnung) möglich. Die Fahrpläne sind im Kursbuch der SBB verzeichnet (www.fahrplanfelder.ch), dort sind auch die Telefonnummern der **Kundendienststellen** zu finden. Darüber hinaus kann man schöne Touren buchen, etwa die Engadin-Meran-Linie, den

STRASSENVERKEHR
Verkehrsmeldungen
Tel. 163, www.tcs.ch
Vom Ausland: Tel. 0041 848 800 163

Automobilclubs
Automobil-Club der Schweiz (ACS)
Wasserwerkgasse 39, 3013 Bern
Tel. 031 328 31 11, www.acs.ch

Touring Club Suisse (TCS)
Ch. de Blandonnet 4, 1214 Vernier
Tel. 022 417 27 27, www.tcs.ch

EISENBAHNEN
Schweizer Bundesbahnen
Rail Service, Fahrplanauskunft
Tel. *0900 300 300, www.sbb.ch
Kursbuch: www.fahrplanfelder.ch

Deutsche Bahn
Reiseservice / Autozug
Tel. *0180 5 99 66 33
www.bahn.de, www.dbautozug.de

Österreichische Bundesbahnen
Tel. *05 1717, www.oebb.at

Rhätische Bahn (RhB)
Bahnhofstrasse 25, 7002 Chur
Rail Service Tel. 081 288 65 65
www.rhb.ch, www.glacierexpress.ch

Matterhorn Gotthard Bahn
Bahnhofplatz 7, 3900 Brig
Tel. 027 927 70 00, www.mgbahn.ch

Centovalli-Bahn (FART)
Piazza Stazione 3, 6601 Muralto
Tel. 091 751 87 31, www.centovalli.ch

GoldenPass Line
Rail Center, CP 1426, 1820 Montreux
Tel. vom Ausland 0041 840 24 52 45

Tel. aus der Schweiz 021 989 81 90
www.goldenpass.ch

Jungfraubahnen
Höheweg 37, 3800 Interlaken
Tel. 033 828 72 33
www.jungfraubahn.ch

Pilatus-Bahnen
Tel. 041 329 11 11, www.pilatus.ch

POSTAUTO
Postauto Schweiz AG
Tel. *0848 88 88 88
www.postauto.ch

FLUGHÄFEN
Basel · EuroAirport
10 km nordwestlich von Basel bei
Mulhouse (F). Bus 50 zum Bahnhof
Basel SBB, ca. 20 Min.
Tel. 061 325 31 11
www.euroairport.com

Bern · Bern-Belp Airport
9 km südöstlich des Zentrums. Bus zum
Hauptbahnhof alle 30 Min., auf die Flüge abgestimmtes Airport-Taxi (20 Min.).
Tel. 031 960 21 27, www.alpar.ch

Genf · Cointrin
4 km nordwestlich des Zentrums. In die
Innenstadt mit Bus 5 und 10 oder einem
der Nah- und Fernzüge, die von Flug-
hafenbahnhof über Genf-Hbf Cornavin
fahren (6 Min.).
Tel. *0900 57 15 00, www.gva.ch

Zürich · Unique (Kloten)
11 km nördlich des Zentrums.
S-Bahn 2/16 zum Hauptbahnhof
(11 – 13 Min., bis 8-mal pro Std.).
Tel. 043 816 22 11
www.flughafen-zuerich.ch

Lugano

Bei Agno, 4 km südwestlich.
Zubringer zum Stadtzentrum und zum
Bahnhof (10 – 20 Min.), auf die Flüge
abgestimmt. Tel. 091 610 11 11
www.lugano-airport.ch

FLUGGESELLSCHAFTEN

Austrian Airlines

Tel. (A) 05 17 66 10 00
Tel. (CH) 044 286 80 88
www.aua.com

Lufthansa

Tel. (D) *01805 805 805
Tel. (CH) *0900 90 09 22
www.lufthansa.com

Swiss

Tel. (D) *01805 11 00 36
Tel. (CH) *0848 700 700
www.swiss.com

Air Berlin

Tel. (D) 030 34 34 34 34
Tel. (CH) *0848 737 800
www.airberlin.com

Germanwings

Tel. (D) *09001 91 91 00
Tel. (CH) *0900 000 407
www.germanwings.com

SCHIFFSUNTERNEHMEN

Genfersee · Lac Léman

CGN
Av. de Rhodanie 17, 1000 Lausanne 6
Info-Tel. 0848 811 848, www.cgn.ch

Bielersee, Aare, Drei-Seen-Schiffahrt

BSG
Badhausstrasse 1 a, 2501 Biel
Tel. 032 329 88 11, www.bielersee.ch
Bielerseerundfahrt, Flussschifffahrt auf

der Aare, Drei-Seen-Fahrt Biel – Erlach – Murten (s. auch NLM, unten).

Neuenburger- und Murtensee (Lacs de Neuchâtel et Morat)

LNM
Port, 2001 Neuchâtel
Tel. 032 729 96 00, www.navig.ch
Der längste Wasserweg der Schweiz:
44 Anlegestellen zwischen Yverdon und
Solothurn (Neuenburger, Murten- und
Bieler See, verbunden über die Aare).

Basel & Rhein

Basler Personenschifffahrt
Westquaistrasse 62, 4019 Basel
Tel. 061 639 95 00, www.bpg.ch

Untersee & Rhein

Schweizerische Schifffahrtsgesellschaft
Untersee und Rhein
Freier Platz 8, 8200 Schaffhausen
Tel. 052 634 08 88, www.urh.ch
Strecke Kreuzlingen – Schaffhausen.

Bodensee

Schweizerische Bodensee-
Schifffahrtsgesellschaft
Hafen, 8590 Romanshorn
Tel. 071 466 78 88, www.sbsag.ch

Walensee

Schiffsbetrieb Walensee
Walenseestrasse 18, 8882 Unterterzen
Tel. 081 720 34 34
www.walenseeschiff.ch

Greifensee

Seestrasse, 8124 Maur
Tel. 044 980 01 69
www.sgg-greifensee.ch

Zürichsee

Zürichsee Schifffahrt

Mythenquai 333, 8038 Zürich
Tel. 044 487 13 33, www.zsg.ch

Zürichsee-Fähre Horgen – Meilen
Tel. 044 727 37 36
www.faehre.ch

Hallwilersee
Tel. 056 667 00 00
www.schifffahrt-hallwilersee.ch

Zugersee
An der Aa 6, 6304 Zug
Tel. 041 728 58 58
www.zugersee-schifffahrt.ch

Vierwaldstättersee
Schifffahrtsgesellschaft des
Vierwaldstättersees

Werftestrasse 5, 6002 Luzern
Tel. 041 367 67 67
www.lakelucerne.ch

Thuner- und Brienzersee
BLS Schifffahrt
Lachenweg 19, 3601 Thun
Tel. 058 327 48 10, www.bls.ch

Luganer See · Lago di Lugano
Viale Castagnola 12, 6906 Lugano
Tel. 091 971 52 23
www.lakelugano.ch

Lago Maggiore
Via di Motta 1, 6600 Locarno
Tel. 0322 23 32 00
www.navigazionelaghi.it

Palm Express von St. Moritz nach Lugano oder Pässetouren wie die Furka-Grimsel-Susten-Linie (▶ S. 127).

MIT DEM SCHIFF

Die Schweiz ist auch ein Land der Seen (über 4000) und Flüsse. Zu den größten Attraktionen gehört die gemütliche »Besichtigung« des Landes vom Wasser aus, sei es mit echten Schaufelraddampfern oder modernen Motorschiffen. Fahrpläne liegen in den örtlichen Tourismusbüros und an den Anlegestellen aus. Große Seen werden auch im Winter befahren. Für kombinierte Touren mit Schiff, Bahn und Postauto bietet sich der **Swiss Pass** an (▶ S. 699).

Zeit

In der Schweiz und in Liechtenstein gilt wie in Deutschland und Österreich im Winter die Mitteleuropäische Zeit (MEZ), von Ende März bis Ende Okt. die Mitteleuropäische Sommerzeit (MESZ = MEZ + 1 Std.)

Register

Verzeichnis der Karten und Grafiken

Bildnachweis

BAEDEKER WISSEN ?

Reisen verbindet Men-
schen und Kulturen. Doch
wer reist, erzeugt auch
CO_2. Der Flugverkehr trägt

nachdenken · klimabewusst reisen

atmosfair

mit bis zu 10 % zur globalen Erwärmung bei. Wer das
Klima schützen will, sollte sich nach Möglichkeit für die
schonendere Reiseform entscheiden (wie z. B. die Bahn).
Gibt es keine Alternative zum Fliegen, kann man mit
atmosfair klimafördernde Projekte unterstützen.
atmosfair ist eine gemeinnützige Klimaschutzorganisa-
tion unter der Schirmherrschaft von Klaus Töpfer. Flug-
passagiere spenden einen kilometerabhängigen Betrag
und finanzieren damit Projekte in Entwicklungsländern,
die den Ausstoß von Klimagasen verringern helfen.
Dazu berechnet man auf **www.atmosfair.de** mit dem
Emissionsrechner, wie viel CO_2 der Flug produziert und
was es kostet, eine vergleichbare Menge Klimagase ein-
zusparen (z. B. Berlin – London – Berlin 13 €).
atmosfair garantiert die sorgfältige Verwendung Ihres
Beitrags. Alle Informationen dazu auf www.atmosfair.de.
Auch der Karl Baedeker Verlag fliegt mit atmosfair.

Impressum

Ausstattung:
293 Abbildungen, 61 Karten und grafische Darstellungen, eine große Reisekarte

Text:
Dr. Bernhard Abend, Anja Schliebitz
Mit Beiträgen von Wolfgang Lieber-mann, Sebastian Meyer, Dina Stahn, Reinhard Strüber, Manuschak Karnusian und Jürg Steiner

Bearbeitung:
Baedeker-Redaktion
(Dr. Bernhard Abend)

Kartografie:
Christoph Gallus, Hohberg; Franz Huber, München; MAIRDUMONT Ostfildern (Reisekarte)

3D-Illustrationen:
jangled nerves, Stuttgart

Infografiken:
Golden Section Graphics GmbH, Berlin

Gestalterisches Konzept:
independent Medien-Design, München

Chefredaktion:
Rainer Eisenschmid, Baedeker Ostfildern

15. Auflage 2013
Völlig überarbeitet und neu gestaltet

Anzeigenvermarktung:
MAIRDUMONT MEDIA
Tel. 0049 711 4502 333
Fax 0049 711 4502 1012
media@mairdumont.com
http://media.mairdumont.com

Printed in China

Die Erfahrung zeigt, dass trotz aller Sorgfalt von Redaktion und Autoren Fehler und Änderungen nach der Drucklegung nicht ausgeschlossen werden können. Dafür kann der Verlag leider keine Haftung übernehmen.
Kritik, Berichtigungen und Verbesserungsvorschläge sind jederzeit willkommen. Schreiben Sie uns, mailen Sie oder rufen Sie an:

Verlag Karl Baedeker / Redaktion
Postfach 3162
D-73751 Ostfildern
Tel. 0711 4502-262
info@baedeker.com
www.baedeker.com

FSC
www.fsc.org
MIX
Paper from responsible sources
FSC® C002957

Die Erfindung des Reiseführers

Als **Karl Baedeker** (1801 – 1859) am 1. Juli 1827 in Koblenz seine Verlagsbuchhandlung gründete, ließ er sich kaum träumen, dass sein Name und seine roten Bücher einmal weltweit zum Synonym für Reiseführer werden sollten.

Das erste von ihm verlegte Reisebuch, die 1832 erschienene **Rheinreise**, hatte er noch nicht einmal selbst geschrieben. Aber er entwickelte es von Auflage zu Auflage weiter. Mit der Einteilung in die Kapitel »Allgemein Wissenswertes«, »Praktisches« und »Beschreibung der Merk-(Sehens-)würdigkeiten« fand er die klassische Gliederung des modernen Reiseführers, die bis heute ihre Gültigkeit hat. Der Erfolg war überwältigend: Bis zu seinem Tod erreichten die zwölf von ihm verfassten Titel 74 Auflagen! Seine Söhne und Enkel setzten bis zum Zweiten Weltkrieg sein Werk mit insgesamt 70 Titeln in 500 Auflagen fort.

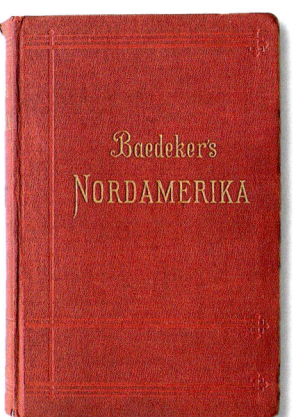

Bis heute versteht der Karl Baedeker Verlag seine große Tradition vor allem als eine Kette von Innovationen: Waren es in der frühen Zeit u. a. die Einführung von Stadtplänen in Lexikonqualität und die Verpflichtung namhafter Wissenschaftler als Autoren, folgte in den 1970ern der erste vierfarbige Reiseführer mit professioneller Extrakarte. Seit 2005 stattet Baedeker seine Bücher mit ausklappbaren 3D-Darstellungen aus. Die neue Generation enthält als erster Reiseführer Infografiken, die (Reise-)Wissen intelligent aufbereiten und Lust auf Entdeckungen machen.

In seiner Zeit, in der es an verlässlichem Wissen für unterwegs fehlte, war Karl Baedeker der Erste, der solche Informationen überhaupt lieferte. In der heutigen Zeit filtern unsere Reiseführer aus dem Überfluss an Informationen heraus, was man für eine Reise wissen muss, auf der man etwas erleben und an die man gerne zurückdenken will. Und damals wie heute gilt für Baedeker: Wissen öffnet Welten.

Baedeker Verlagsprogramm

- Ägypten
- Algarve
- Allgäu
- Amsterdam
- Andalusien
- Argentinien
- Athen
- Australien
- Australien • Osten
- Bali
- Baltikum
- Barcelona
- Bayerischer Wald
- Belgien
- Berlin • Potsdam
- Bodensee
- Brasilien
- Bretagne

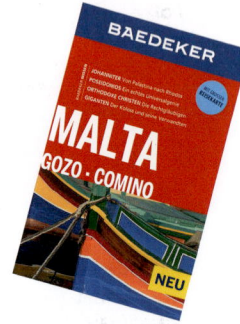

- Brüssel
- Budapest
- Bulgarien
- Burgund
- China
- Costa Blanca
- Costa Brava
- Dänemark
- Deutsche Nordseeküste
- Deutschland
- Deutschland • Osten

- Djerba • Südtunesien
- Dominik. Republik
- Dresden
- Dubai • VAE
- Elba
- Elsass • Vogesen
- Finnland
- Florenz
- Florida
- Franken
- Frankfurt am Main
- Frankreich
- Frankreich • Norden
- Fuerteventura
- Gardasee
- Golf von Neapel
- Gomera
- Gran Canaria
- Griechenland
- Griechische Inseln
- Großbritannien
- Hamburg
- Harz
- Hongkong • Macao
- Indien
- Irland
- Island
- Israel
- Istanbul
- Istrien • Kvarner Bucht
- Italien
- Italien • Norden
- Italien • Süden
- Italienische Adria
- Italienische Riviera
- Japan
- Jordanien
- Kalifornien
- Kanada • Osten
- Kanada • Westen
- Kanalinseln

- Kapstadt • Garden Route
- Kenia
- Köln
- Kopenhagen
- Korfu • Ionische Inseln
- Korsika
- Kos
- Kreta
- Kroatische Adriaküste • Dalmatien
- Kuba
- La Palma
- Lanzarote
- Leipzig • Halle
- Lissabon
- Loire
- London
- Madeira
- Madrid
- Malediven
- Mallorca
- Malta • Gozo • Comino
- Marokko

- Mecklenburg-Vorpommern
- Menorca

- Mexiko
- Moskau
- München
- Namibia

- Neuseeland
- New York
- Niederlande
- Norwegen
- Oberbayern
- Oberital. Seen • Lombardei • Mailand
- Österreich
- Paris
- Peking
- Piemont
- Polen
- Polnische Ostseeküste • Danzig • Masuren
- Portugal
- Prag
- Provence • Côte d'Azur
- Rhodos
- Rom
- Rügen • Hiddensee
- Ruhrgebiet
- Rumänien
- Russland (Europäischer Teil)
- Sachsen

- Salzburger Land
- St. Petersburg
- Sardinien
- Schottland
- Schwarzwald
- Schweden
- Schweiz
- Sizilien
- Skandinavien
- Slowenien
- Spanien
- Spanien • Norden • Jakobsweg
- Sri Lanka
- Stuttgart
- Südafrika
- Südengland
- Südschweden • Stockholm
- Südtirol
- Sylt
- Teneriffa
- Tessin
- Thailand
- Thüringen
- Toskana
- Tschechien
- Tunesien
- Türkei
- Türkische Mittelmeerküste
- Umbrien
- USA

- USA • Nordosten
- USA • Nordwesten
- USA • Südwesten
- Usedom
- Venedig
- Vietnam
- Weimar
- Wien
- Zürich
- Zypern

BAEDEKER ENGLISH

- Berlin
- Vienna

Viele Baedeker-Titel sind als E-Book erhältlich: shop.baedeker.com

Kuriose Schweiz

Der kleinste Weinberg der Welt mit drei Rebstöcken, ein »hintersinniger« steinerner Gruß an Bern, eine Kastanie als amtlicher Anzeiger des Frühlingsbeginns – nur einige Kuriositäten in der Eidgenossenschaft.

▶ **Gut integrierte Einwanderer**
Um 1900 brachte der Besitzer des Kurhotels Bad Schauenburg im Baselbiet einige Reiser aus dem Libanon mit, heute ist die »Schauenburger Kirsche« die wichtigste spätreifende Kirschensorte der Schweiz. Für die kühleren Lagen der Nordwestschweiz ist sie besonders gut geeignet.

▶ **Der kleinste Rebberg der Welt**
Der Falschmünzer Farinet (1845 bis 1880) erlangte einigen Ruhm als Symbol geistiger Freiheit. Am Ende eines »Passionswegs« zu seinen Ehren über dem Walliser Dorf Saillon liegt – mit fantastischem Blick – »Farinets Weinberg«, ein steiler Hang mit Steinen aus aller Welt, bepflanzt von vielen berühmten Menschen, u. a. dem Dalai Lama. 1,67 m² davon, mit drei Rebstöcken und im Grundbuch eingetragen, werden jedes Jahr von einer anderen Persönlichkeit gepflegt. Die nahe Salentzschlucht, in der Farinet starb, kann man auf einer schwindelerregenden Hängebrücke überqueren.

▶ **Mit 28 % Steigung**
Nein, der kleine Postbus mit dem auffällig kurzen Radstand kippt nicht nach hinten, wenn er vom Kiental die schmalen Serpentinenstraße zur Griesalp hinaufkurvt. Mit 28 % Steigung gilt die Strecke als die steilste Postautolinie Europas, eine der schönsten ist sie sicher auch.

▶ **Solothurns Füdlistein**
Das alemannische Wort »Füdli« bezeichnet den Allerwertesten, und den streckten die Solothurner die »geliebten« Bernern hin, am Berntor, in Kalkstein gehauen. Das Tor wurde 1877 abgerissen, heute ist das wohlgerundete Füdli im Steinmuseum des Jesuitenkollegiums zu sehen.

▶ **Le Maronnier Officiel**
Die Genfer wissen ganz genau, wann der Frühling in der Stadt tatsächlich beginnt. Wenn die Blattknospen der schiefen Kastanie aufbrechen, die auf der Promenade de la Treille steht, ruft der/die Parlamentssekretär/in das Ende des Winters aus. Seit 1818 gibt es hier den Frühlingszeiger, an einem 3. Januar wurde der früheste Austrieb registriert, der späteste an einem 23. April.

▶ **Essen & schlafen auf der Grenze**
Im Jura westlich des Genfersees, im Vallee de Joux, quert die Straße öfters die Grenze zu Frankreich. Und seitdem die Grenze unter Napoleon III. verlegt wurde, steht in La Cure das Hotel Arbezie genau auf ihr. Das Haus hat zwei Eingänge und Adressen, die Gaststube zwei Territorien, in einigen Zimmern verläuft die Grenze durch das Bett. Klar, dass das immer wieder zu besonderen Begebenheiten führte. Tel. +33 (0)3 84 60 02 20, www.hotel-restaurant-jura.net.